Rodolphi Hospiniani

Historica Iesvitica

Rodolphi Hospiniani

Historica Iesvitica

ISBN/EAN: 9783741172502

Manufactured in Europe, USA, Canada, Australia, Japa

Cover: Foto ©Thomas Meinert / pixelio.de

Manufactured and distributed by brebook publishing software
(www.brebook.com)

Rodolphi Hospiniani

Historica Iesvitica

HISTORIA IESVITICA RODOLPHI HOSPINIANI.

RODOLPHI HOSPINIANI HISTORIA IESVITICA

HOC EST,

DE ORIGINE, REGVLIS, CONSTITVTIONIBVS, Privilegiis, Incrementis, Progressu & Propagatione Ordinis IESVITARVM.

ITEM DE EORVM DOLIS, FRAVDIBVS, IMPOSTVRIS, Nefariis Facinoribus, Cruentis Consiliis, Falsâ quoque Seditiosâ, & Sanguinolentâ Doctrinâ.

CVM TRIPLICI INDICE CAPITVM, AVCTORVM, RERVM item ac VERBORVM Memorabilium.

Juxta Exemplar excusum

TIGVRI,
Apud IOANNEM RODOLPHVM WOLPHIVM.
M. DC. LXX.

ILLVSTRISSIMO, ac

Potentissimo PRINCIPI & DOMINO DN.

GEORGIO FRIDERICO,

MARGRAVIO Badensi & Hochbergensi, LANDGRAVIO Susenbergensi, DOMINO in Rotelen & Badenvveiler, &c. DOMINO suo Clementissimo.

ILLVSTRISSIME PRINCEPS, *Clementissime*, DOMINE, *quemadmodum Regna hujus Mundi & Respublicæ certas jam inde à condito orbe habuerunt periodos, quibus circumactis, maximis Imperijs & potentissimis Regnis fatales fuerunt, & universales mutationes attulerunt, ut planè novam faciem seu formam induerint, sicut historiæ dilucidè testantur: ita etiam Regnum Christi, seu militans in hisce terris Ecclesia, ab Ascensione Domini in cælos suas periodos, cumprimis in doctrina & externis ritibus habuit. Complectuntur periodi autem istæ ut plurimum annos circiter quingentos: quamvis negari non possit, hunc periodorum numerum non fuisse perpetuum & universalem, & plurima Regna vix dimidium ejus exegisse. Nam si rerum potiantur Principes & Magistratus impij, ac omnis generis scelera & flagitia etiam inter subditos regnent impunè, sequuntur justo Dei judicio pœnæ, quæ mutationes accelerando, constitutos terminos aliquot annis antevertunt.*

Si autem de Origine & progressu veræ ac falsæ doctrinæ, deque mutationibus & erroribus in Ecclesia Christi exortis, rectè judicare & loqui velimus, semper ad primam periodum, atque adeò ad auream illam ætatem recurrendum est, in qua Christus æternus Filius Dei in assumpta humanitate, & Sancti Apostoli viva voce ac scriptis docuerunt, velut omnium præstantissimam, incorruptissimam, & cæterarum omnium normam seu Regulam certissimam. Si quid enim non solùm in principalibus doctrinæ & Fidei articulis, sed etiam in Ceremonijs & Ritibus externis discrepaverit deinceps, id meritò suspectum, vel saltem longè inferiori loco haberi debet. Unde etiam rectè ille dixisse videtur, Id verius quod prius, id prius quod à principio.

Docuit autem Christus, impletis suo adventu, adeoque abrogatis umbris ac typis seu figuris legalibus, jam in Dei cultu hoc unum diligentissimè spectandum, quod olim adumbratum fuerit, sic, ut fideles porrò non amplius in puerilibus istis ceremonijs & ritibus Veteris Testamenti seu pupis quibusdam, sed in præstandis vera in Christum fide & pietatis officijs occupati esse debeant, qui cultus ille Spiritus & Veritatis est, de quo Christus ipse Ioh. cap. 4. loquitur, quid Deus illo in posterum coli velit. Verùm cùm nervi quidam essent publicorum conventuum, quibus Christiani homines erudirentur,

[illegible] symboli remissio peccatorum & iustitia coram Deo cum spiritu [illegible], huic doctrinæ paucissimas addidit ceremonias, Baptismum videlicet & Cœnam sacram.

Hanc formam doctrinæ & ceremoniarum, ut simplicissimam, ita quoque perfectissimam & omnibus suis numeris absolutissimam, sicut à Servatore acceperant, ita etiam fideliter retinuerunt Apostoli, nihil omnino de suo addentes, vel detrahentes, suisque eam tradiderunt successoribus & posteris, quam illi quoque integram, puram & incorruptam ad multos annos conservarunt, testem huius habeo Eusebium, qui ex Egesippo refert, quod illius tempore in singulis successionibus & civitatibus ita se res habere deprehenderit, quemadmodum Lex, Prophetæ & ipse Dominus Iesus prædicassent. Noverunt siquidem adhuc illa aurea secula, corporalem exercitationem paululum habere utilitatis in vera Ecclesia Christi, & humanis traditionibus frustra Deum coli, ipsamque sinceram Religionem funditus corrumpi.

Cum vero status Ecclesiæ trecentis primis annis & aliquot sequentibus primæ periodi ad eiusmodi summamque perfectionem pervenisset, natura autem ultra hanc in terris nihil instituat, facta conversione, cuncta degenerare & in peius ruere cœperunt. Habuerunt quidem illa quoque tempora præstantes aliquot & illustres Doctores, tamen omnes propè à puritate & simplicitate doctrinæ Apostolicæ & proximè præcedentis Ecclesiæ nonnihil recesserunt. Ea verò occasione factum est, ut mox in administratione cœperint esse variæ [illegible], quæ etiam in apostasiam [illegible] videntur. Inprimis verò admiratione dignum est quod ad finem suum primæ huius periodo accelerante, Spiritus Antichristi per Episcopos Romanos, [illegible] sui primatus supra omnes alios Episcopos se impudenter sparsit, [illegible] huius periodi fine quasi in domum & intra viscera Ecclesiæ receptus meritò videri queat.

Facies igitur Ecclesiæ sic nonnihil deformata, tristis fuit circa principium secundæ periodi, quæ paulò ante Gregorij Magni ætatem cœpit, & ad Henrici IV. Imperatoris tempora usque duravit: quæ tamen ferri aliquo modo potuisset, nisi in progressu eius uberiorem & circa finem tristissimam planè & fœdissimam nacta fuisset. Causæ eius fuerunt non solum iacta in priore periodo errorum fundamenta & quasi sparsa semina, sed etiam irruptiones horrendæ barbararum gentium in Europam, quæ annos plus minus centum sexaginta totum Occidentem vexarunt. Hic dici non potest, quoniam in hoc perturbatissimo rerum omnium statu vera Religio, pura doctrina, pietas & eruditio in Occidentalibus Ecclesijs iacturam fecerit. In has igitur occasiones intentus hostis humani generis, horribiles & perniciosas tenebras, seu nubes quasdam atras, totum cœlum occupantes, in Ecclesiam Christi simul induxit, per ipsos Doctores & Ecclesiarum Antistites maximè, quos inter Romanus Episcopus Gregorius Magnus facilè primus [illegible], qui doctrinam præcipuè rerum, quæ horribilem inclinationem & ruinam Ecclesiæ attulerunt, Invocationis divorum hominum mortuorum & Sacrificiorum pro mortuis, autor & quasi fundator fuit: Ceremonias etiam plus quam Iudaicas & Ethnicas Ecclesiam & Religionem Christianam [illegible] in modum [illegible], quarum splendore & pompa mentes hominum mirificè captæ & fascinatæ fuerunt.

Quæ quidem gravia sunt, & piis omnibus hanc fœdam & deturpatam faciem Ecclesiæ diligenter contemplantibus, suspiria ac lamenta [illegible] lachrymas [illegible]. Verum longè infeliciora & tenebricosiora tempora sequuta sunt, rebus subinde iusto DEI iudicio & vindicta in peius ruentibus. Antichristus enim paulò ante in utero Ecclesiæ conceptus, sub Bonifacio Romano Episcopo in lucem editus, non amplius in Mysterio, sed palam operari cœpit. Nam cultum Deorum alienorum instituit, Sanctis mortuos invocatione Statuarum, Imaginum, Templorum & Altarium extructione

honorari

honorari præcepit, & statuas ligneas adorationibus colendas esse pronunciavit: Synodum iconolatriam oppugnantem, damnavit, & velut Divinitate quadam sublimi præcepit, ac ejusmodi Magistratibus, invitationem & invocationem abolentibus, obedientiam aliam præstare. Ceremonias à majoribus suis & prædecessoribus inventas non modò retinuit, sed etiam prodigiosè accumulavit, plus quàm dimidiâ parte secundi hujus periodi evolutâ. Baptismum & Cœnam Domini multis ac variis traditionibus humanis contaminavit, & in alios usus transtulit, quàm à Christo instituta fuerant. Inter hæc verò Ecclesia & sponsa Christi parum præsidij habuit, sed ab omnibus orbis corpus ferè, & quasi ovis in medio luporum constituta semper prædæ exposita fuit, Doctoribus ejus omnem suam operam Antichristo locantibus, præmia inde amplissima reportantibus, & si qui fuerunt, qui his rebus Ecclesiæ afflictissimæ succurrere & auxilium ferre cuperent, mox vel calumniis, vel aperta vi oppressi, aut efficacia errorum & omnis generis superstitionum victi fuerunt.

Excepit hunc tristissimum Ecclesiæ statum tertia periodus, quæ initio Regni Henrici Quarti Imperatoris cœpit, & sese ad Annum quingentesimum supra millesimum usque extendit. Hæc verò majorem mutationem Ecclesiæ & Imperij quàm prior attulit. Nam invenit in Ecclesiam faciem prorsus novam, nec prioribus seculis unquam visam, Regnum videlicet politicis simile, & ab eo, non dico quod in prima, sed in secunda adhuc periodo fuit diversum. In priore periodo Antichristus majorem Principatum seu dominium nactus est artibus suis, quàm ipsi conveniret, nihilominus tamen nondum adhuc arbitrio proprio omnia administrare in Ecclesia ausus fuit, in hac verò periodo tertia, non solùm, quod mediâ parte secundæ periodi cumulatè facere cœperat, caput suum extulit supra omnes alios toto orbe Christiano Pastores: sed velut summus quidam totius orbis Monarcha, sibi soli arrogavit potestatem constituendi & investiendi Episcopos, convocandi Concilia & Synodis ijsque præsidendi, & sibi pro libidine determinandi controversias, præscribendique certas Religionis formulas: imo quasi nihil aliud parum hoc esset, summâ audaciâ in politicum imperium irrupit, sibique Regna hujus Mundi arrogavit: volens etiam ipsos Imperatores, Reges ac Principes cæteros à sese, Dominus scilicet à servis, Regnorum possessionem petere & accipere debere: quin leges quoque præstrictas Imperatoribus ac Regibus, à quibus ipse hucusque Leges acceperat: causarum insuper politicorum cognitionem & decisionem sibi soli vindicavit, gloriatusque est, in scrinio pectoris sui omnia jura contineri, & proinde cunctos homines debere pro Legibus habere quæcunque ipse dixerit. Hac effreni audacia atque impudentia Monarchiam ex politico & Ecclesiastico regimine mixtam constituit, sedem Imperij Romani prorsus invasit, sesque supra omne quod dicitur DEVS exaltavit.

In hac eminentia constitutus Antichristus, in hoc novum suum regnum, ad priores idololatrias novum & prioribus seculis incognitum DEVM Panaceum introduxit: quem sacræ Literæ DEVM Maozim nominant, ejusque peculiare festum magna cum solennitate & reverentia celebrandum instituit. Hic novus Deus occupavit in Ecclesia omnem cultum adorationis & venerationis soli Deo debitum, omniumque oculos & mentes à verò Deo ad se pellexit: Hoc sese in processionibus & theatrica Missa ostentante, tenebricante cœlesti doctrina.

Et quod in primis notandum est DEO regnante, prodijt etiam novum doctrinæ genus in Ecclesia, quod Scholasticam Doctrinam *appellant, hac occasione. Quum Romani Pontifices non solùm errores superioribus seculis introductos, sed jam etiam portentosum illud dogma Transsubstantiationis, tanquam fontem infinitorum aliorum errorum pertinaciter defenderent, & contra sentientes immani tyrannide persequerentur ac opprimerent, sicut Berengarij & aliorum exempla evidenter docent: factum est, ut illa Theologia, qualiscunque tum fuit, à plerisque negligeretur, nec ferè aliquam*

stand

pauci Monachi ei adhærerent, & ad ipsius Ordinis studium Italia & Germania ag-hue [illegible] confluerent. Hoc verò quum ingenium eludere, & tantum non [illegible] [illegible] solum Theologiæ illius temporis, sed etiam recens, nec dum satis confirmatæ Romanorum Pontificum tyrannidi minitari videretur, GRATIANUS Monachus, ut afflictis hic suæ partis rebus aliquam opem & auxilium ferret, legum Pontificiarum Volumen consarcinavit & congessit circa annum Christi 1150. quod Decretorum opus nominatur, & hodie pro prima parte Juris Canonici seu Pontificii habetur. Inter Hierarchiam & tyrannidem Pontificum Romanorum propugnandam suscepta ex Canonum Decretis. In hanc finem excerpsit. Canones in hoc volumine ex quatuor potissimum scriptorum generibus: alios quidem ex Conciliis & Synodis: alios ex Epistolis Decretalibus priscorum Pontificum Romanorum, alios ex scriptis Patrum: alios denique ex historiis Ecclesiasticis; sed ad fidem, ut magno cum judicio hæc omnia legenda sint, multa siquidem falsa, commentitia & multa recitat. tum vero [illegible], malitiosè fallaciter & [illegible], sæpe numero turpiter errat in authorum & librorum inscriptionibus, Hieronymo adscribit quod tribuendum erat Augustino, aut similiter, ex uno Concilio profert Canonem qui alterius est, ididem facit ex Epistola Decretali alicujus Pontificis in qua tamen nihil tale reperitur: & tamen tanto applausu acceptum approbatumque fuit hoc Opus à Pontificibus Romanis, ut mox [illegible] [illegible] secundum id in Consistoriis judicare præceperit. Sequutus mox est Gratianum Petrus Lombardus Parisiensis Episcopus, qui in Theologia versari maluit, quàm in Forensibus [illegible] quæstionibus. Itaque Scholasticæ Theologiæ, qualis tunc erat, fundamenta in quatuor libris, qui Sententiarum dicuntur, congessit. Hi quatuor libri, non ex veris verbi DEI fontibus, sed Patrum duntaxat lacunis desumpti, fuerunt postea omnis Scholasticæ doctrinæ basis & fundamentum. unde ipse etiam vulgò in Scholis Magister Sententiarum appellari cœpit.

Sequitur jam media Scholastica priore illa longè deterior, quæ duravit ab anno Christi 1220. ad annum usque 1330. & habuit Albertum M. velut patronum & authorem. Is enim Philosophiam humanam, inprimis Aristotelicam in ipsa adyta Scholarum Theologicarum & penetralia Ecclesiarum intromisit, & in supremo lis controversiarum quæstionum dijudicandarum ac decidendarum gradu & throno, seu Regnum quoddam collocavit; quo factum est, ut Aristoteli & Philosophiæ humanæ, magno cum Religionis periculo, Principatus in Schola Christi attribueretur, & de possessione hæreditatis Christus depulsus fuerit. Superior enim Scholastica Patrum quidem, sed Ecclesiasticorum duntaxat scripta ac dicta verbo DEI exæquavit: hæc verò ulterius progressa, Aristotelis etiam scripta verbo Dei anteponere [illegible], ut quæ vestigia exigua illius erga verbum Dei reverentiæ in Theologorum Scholis restarent adhuc, ab hac penitus deleta & conculcata fuerint. Cùm enim errores & abusus vel recepti consuetudine, vel à Pontificibus Romanis approbati, tueri defendique non possent, si ad verbi Dei lydium examinarentur, alia fuerunt quærenda præsidia. In hac igitur Scholastica non Prophetarum, non Christi, non Apostolorum, non denique Augustini, Hieronymi, Ambrosii & similium, sed Aristotelis tantum fit mentio, cujus nomen primo semper loco ponitur, cujusque scripta pro apodicticis, verbum autem Dei pro opinione saltè probabili habetur, ut ex [illegible] contrarium apparet. Hinc etenim ut qui illis temporibus pro [illegible] Theologi seu Doctoris haberi cuperet, non in Prophetas, Evangelistas, vel Apostolorum Epistolas, sed Aristotelis tantum libros Commentaria scriberet. Fecit hoc primus Albertus M. & eum deinde sequutus Thomas Aquinas, aliique non pauci.

Interea verò temporis non cessârunt Canonistæ etiam, sed in excolenda Pontificum Rom. authoritate strenuè laborârunt, ad imitationem Gratiani Reimundus enim Barcinonensis Monachus Hispanus circa annum 1230. jussu Gregorii IX. Decreta-

les

les eibdaig, in quibus ne verbulum quidem vsquam de institutione veteris Ecclesiæ, nihil in ijs habetur ex S. Scriptura, nihil ex antiquæ historiæ, nihil ex sanctorum Patrum libris, sed semper sed noua sunt planè omnia, nec Theologis & Ecclesiarum Ministris, Legistis & Canonistis ad propagandam Pontificum Rom. immanem tyrannidem accommodata. Has etiam Decretales in Scholis publicè prælegi & explicari idem Gregorius præcepit. Videtur enim [illegible] bonum, Pontificatum Rom. ægrè confirmaturum, nisi legibus [hæ] hæ quoque cum authoritate promulgarentur & in Scholas ac iudicia introducerentur.

Hinc Bonifacius VIII. anno 1295. in Lugdunensi Concilio Sextum Decretalium confirmauit, suo iussu à tribus doctis viris, ut Platina refert, compilatum, eundémque mandauit etiam passim in Scholis prælegi & explanari.

Clemens V. superaddidit anno 1308. in Concilio Viennensi librum Clementinarum à se compositum, qui quartam partem iuris Pontificij efficit, & in Scholis similiter prælegendum mandauit, ut Trithemius in Chronico Hirsaugiensi indicat. In utroque opere non alia tractantur, quàm in Decretalibus explicantur, nisi quòd quæ super addita sunt, vel quæ in Decretalibus obscuriùs prætermissa fuerant, vel quid amplius cum suo Pontificio, usus in esse formula digna compendiaria quæ auxerentur. Unde liquet, ex quartum tertium explicatione ista librorum congeries & moles maximè æstimatur.

Et tamen his omnibus postremo loco quasi appendix annexa est cum à diversis Pontificibus, tum verò maximè à Ioanne XXII. circa annum 1320. scriptæ quædam Constitutionum, quas Extravagantes vocant. Atque ita ex Canonum exiguâ summâ quæ à Gratiano collectorum, in vastum quendam Oceanum ius Canonicum accessione temporis euasisse videtur. In eo, quo longius progredimur, eò offendimus Canones à puriori & syncera Religione longius degenerantes.

Sed quasi hoc parum, vel nihil esset, sequutum est tertium Scholasticæ doctrinæ genus, anno Christi 1330. & durauit ad annum usque 1515. superque duobus prioribus longè deterrimum & impudentissimum: modestia enim, quæ in prima & media Scholastica adhuc in quadam deliberatione & quæstione posita erant, utrum scilicet Papa Rom. sit simplex homo, an quasi DEUS? an participet utramque naturam cum Christo? an Papa sit supra Concilium? an Virgo Maria à peccato orig. sit immunis? & alia sexcenta similibus, de his certa quædam definire & determinare in hac Scholastica cœperunt, suásque determinationes pro articulis fidei haberi voluerunt: denique nihil non fuit superioribus seculis usquam impiorum, blasphemiarum, ineptiarum & errorum, quod hæc Scholastica suis subtilitatibus, argutijs, distinctionibus, sophismatis, exceptionibus & oppositionibus non ausa sit palàm propugnare ac defendere.

Inde Quodlibeta & Quodlibetariæ quæstiones natæ, & à Gualtero Pictauiensi Episcopo editæ sunt circa annum Christi 1340. magnâ omnium admiratione. Sunt autem Quodlibeta libri, in quibus eorum authores in utramque partem, Academicorum more, de quolibet etiam apice Theologico pro & contrà disputant: ut nihil sit apud eos tam certum & definitum, quod non in dubium vocari possit, contrariásque rationes habeat: & qui hoc præstare potuerunt, pro optimis & excellentissimis Doctoribus habiti fuerunt.

Ecce igitur, Clementissime Princeps, ut obscura ac foeda fuerit processus in hac tertia periodo, veram primæuæ Ecclesiæ faciem, & nitorem Euangelicæ doctrinæ opinimus. Versa est mihi (inquit Dominus apud Ezechiel.) domus Israel in scoriam, & degenerârunt Ecclesiarum Ministri in feces & excrementa sordida.

Durârunt hæ plus quàm Cimmeriæ tenebræ ab Innocentio Tertio seu ab origine & ortu Mendicantium Monachorum maximè, hoc est, ab anno 1215. CHRISTI Saluatoris, ad finem quartæ periodi, & annum CHRISTI 1517. usque: quando DEUS Optimus Maximus ex immensa gratia humani generis misertus, duo illa clarissima lumina, Luthe-

cum alio & Zwinglium, excitavit, qui primi omnium in Germania & Helvetia densissimas has nebulas & obscurissimas tenebras discusserunt, & Verbum DEI *prorsus extinctum atque sepultum in lucem revocarunt, quo toti Mundo luceret. Contra hanc verò perfectam Veritatem mox fremuit, & adhuc hodiè fremit ac frendet Satan, instituit Concilia, Synodos, disputationes & Colloquia: cùmque hoc remedio nihil proficeret, sed veritas magis magisque emergeret, aliud iniit consilium, & potentissimos Imperatores, Reges ac Principes adversus renascentem ubique veritatem Evangelii puramque doctrinam excitavit, & regna passim omnia bellis civilibus, seditionibus, aliisque horrendis motibus concussit, & funestis malis miscuit.*

Verùm ne sic quidem conatus ejus ex animi sententia successerunt, sed quo magis fremuit, eò majores vires & incrementum, DEI *benedictione, sumpsit Veritas. Cum igitur hostis humani generis animadverteret, Curiam Romanam, omnis idololatriæ officinam, labescere, & interitus non fœdam ruinam minitari, simulque intelligeret, Clericorum & Monachorum, quantùmvis præpingues & crassos ventres, hanc ruinam non posse amplius fulcire ac sustentare, ut afflictis suis rebus maturè succurreret, paulò post inchoatam quartam periodum novum fœtum,* IESVITAS *dico, in lucem edidit. Et hi quidem Satanæ in fulciendo ac sustinendo Antichristi Regno strenuam operam locarunt. Vnde etiam ausi sunt Pontificiam cathedram ruentem, aut tamen certè nutantem pingere, quam ipsi suis humeris, densâ testudine conserta, sustinerent. Non pudet eos nec piget adhuc hodiè veternosos, turpissimos ac perniciosissimos, luce meridianâ manifestiores errores, & superioribus seculis subintroductos, jam verò claritate doctrinæ cœlestis in hac postrema Mundi ætate* DEI *beneficio detectos, palliare, tegere, verborum lenociniis involvere, rhetoricisque coloribus pingere, maximè autem augustissimo Catholicæ & Apostolicæ & Apostolicæ Ecclesiæ titulo ornare: adeòque nihil est tam crassum, putidum, tam impurum, tam infulsum, tam impium, tam fabulosum ac falsum in Pontificia lacuna & cloaca, quod novæ isti sectæ non benè oleat.*

Attestatur hoc Paulus Florenius Theologiæ Doctor & Profess. in Colloquio cum Christiano Franco Philosophiæ Professore in Cæsareo Jesuitarum Gymnasio Viennæ Austriæ anno 1578. 20. Januarij habito. In ejus Colloquij initio hæc sunt verba Florenij Jesuitæ ad Francum. Videtur mihi, Christiane, rem omnem sincerius & subtilius contemplanti, nostra hæc, in qua versamur, Religio Iesuitica tota ex superstitione, hypocrisi, & ficta quadam, pictaque sanctitate conflata, ultimaque hac Mundi senectute à Diabolo excitata: quæ omnes errores, nugas & superstitiones; quæ (uno ut verbo dicam, minus honesto quidem, & quo sanè invitus utor, sed huic rei aptissimo planéque necessario) quæ inquam omnia turpissima Papæ stercora (tum graviter per se olentia, tum verò hoc tempore, quo ab eruditis viris crebro commoventur, multò magis fœtentia) sanctitatis jam quadam simulatione condita, temperatave, mirandisque nescio quibus involuta orbi Christiano iterum venderet, pro aromatis, atque ideò per vim fermè quandam obtruderet: ut nihil tam turpe, fœdum & falsum in Ecclesia Roman. cernatur, quod hæc novo nostro artificio, vel mentis aciem præstringendo, vel omnem turpitudinem & falsitatem callidè tegendo pulchrum apparere faceret, atque verum. Quare optime Christiane considerandum nobis etiam atque etiam censeo, in qua religione versemur, ne hanc falsam ignorantes, & ipsi à DEO ignoremur. *Hæc Florenius.*

Et quia à sacra Scriptura, divini Spiritus sancti inspiratione edita & inspirata, palàm repulsi sunt, eò confugiunt, unde subsidium omninò nullum eis ostenditur, ad Scripta veterum

Patrum,

Patrum, & toque orbis Christiani oculos splendore veteris Ecclesiæ luminum perstringere conantur. Utque hoc facilius efficiant, licentia & potestas data est eis à Pontif. Roman. Gregorio XIII. Papa anno 1575. Ianuary die 8. ut terras marique peragrantes, & bibliothecas omnes perlustrantes, Patrum & Historicorum, tum veterum, tum recentiorum, imò Scholasticorum quoque libros, qui non cum ipsis eorumque doctrina per omnia consentiant, interpolare, mutare, sententias, quin etiam integras paginas, addere, asserere, detrahere, negare, mutilare, nefariéque pro arbitrio & libidine sua corrumpere audeant, quod ipsi honesto, si Diis placet, vocabulo scu nomine, Libros repurgare vocant.

Sed quasi hoc nihil, vel parum admodum esset, hoc novum genus hominum, novæ suæ doctrinæ, fomitem ac facem fuisse multorum in Europa motuum, bellorum, partialitatum, seditionum ac turbarum, ipso facto luculenter probat. Docent enim Iesuitæ pro invalidis & planè nullis haberi debere, pacta, conventa Imperatorum, Regum & Principum, aliorumque Ordinum, etiamsi iuramento confirmata, non autem à Rom. Pontifice approbata sint. Ex hoc axiomate docent etiam, Pacem Religionis inter Principes Germaniæ, non esse obligatoriam, nisi per vim extortam. Docent, hoc tempore ad liberationem Pontificis, ut Lutheranos & Calvinianos, aliorumque fautores quovis modo opprimant. Docent, quando Pontifex Regem vel Principem suum pro Tyranno habendum in Collegio suo decreverint, non illum abdicare, & subiectos omni obligatione tam illo ac etiam solvere posse. Docent, Imperatores, Reges aliosque Magistratus à subditis necare & interfici posse. Docent, hæreticos Magistratus (hoc est, Evangelicos) pro excommunicatis habendos, si non de facto, tamen de iure: ideoque proscribendos, abdicandos & è medio tollendos esse. Docent, Principes à Roman. Religione deficientes, vel saltem hæreticis faventes, abdicandos esse. Docent, hæreticis (Evangelicis) fidem prorsus nullam habendam esse. Docent, Æquivocationibus uti, ipsique Magistratum decipere Pontificiis permissum esse: hoc est, licere sibi aliisque Papistis, non tantum simpliciter manifestam veritatem celare, aut negare, sed piè & religiosè asserere, perque salutem æternam protestari, imò iurare ea illa quæ certissimè cognoscunt falsissima esse, retinendo tantum proprium quendam & reconditum animi sensum, & eiusmodi Æquivocationes pro bona prudentia habendas.

At, ut progrediar ulterius quam constitueram, de Verbo Dei & Sacrasancta Scriptura, hoc est, de Prophetarum & Apostolorum scriptis, à Spiritu sancto Sanctis Dei hominibus inspiratis, docent Iesuitæ, quod sit Cerææ nasus, materia litis, liber hæreticorum, litera mortua, muta, ambigua, obscura, varia, mutabilis, insufficiens, imperfecta: & quæ propterea non ab omnibus Christianis in vernaculis linguis legi debeat. Iesuitæ Colonienses in sua Censura S. Scripturam vocant Sermonem abbreviatum, imperfectam doctrinam, quæ non omnia necessaria ad fidem, bonos mores & beatam vitam conservandam contineat. Ex Scriptura verum & tamen intellectum haberi non posse, sed esse tam plumbeum instrumentum, quod & Catholicus & hæreticus suæ sententiæ aptare possit. Quidam Wolffgangus Hermannus Coloniensis blasphemè asserit, Scripturas tantum valere, quantum valent Æsopi fabulæ, nisi accederet Ecclesiæ testimonium: & Hosius de Authoritate Scripturæ lib. 3 pag. 197. affirmat, hoc fidei ad ipsius dici posse. Docent porro, iudicem controversiarum de fide & moribus Romanam Ecclesiam esse. Bellarminus lib. 4. cap. 3. asserit, Scripturam sine Traditionibus non admodum necessariam esse: Traditiones autem simpliciter necessarias esse.

In his non negligenter observanda est Satanæ astutia, nec non Pontificiorum, imprimis Iesuitarum artes ac stratagemata. Iam ab annis aliquot non mediocriter laborant Iesuitæ, circa ipsa Religionis Christianæ dogmata aut vel nostrorum scripta oppugnent, vel suis propugnent ex Scripturis sacris, quod ante hac Papatus defensores facere consueverunt, quandoquedem hujus generis pugna jam olim infeliciter sibi cedere senserant. Compendiosior igitur visa est ad victoriam via, si semel omnem Scripturæ sacræ authoritatem convellerent, quo niam profitebantur: cùmque palàm id facere absque summa impietate non possent, saltem eam Pontifici sui arbitrio secum subjicerent, & omne jus cognoscendi, dijudicandi & decidendi controversias Religionis non ad S. Scripturam referrent, sed ad suum Papam traducerent, & sic, si illos credamus, aut concedimus quod volunt, nihil jam Scriptura sacra contra Papam amplius valeat, nec nobis restet aliud, nisi ut victi manus demus, & colla nostra rursus Romani Pontificis jugo subjiciamus.

Hæc, Clementissime Princeps, paulò pluribus commemoro, ut orthodoxi Principes & Magistratus Christiani, Ecclesiarum item Pastores & Ministri quod faciendum sibi sit intelligant. Frendet Satan, fremit Antichristus, tumultuantur Jesuitæ & summa vi miscere conantur ita adversa ipsius parte hisce furoribus, molibus & conatibus obviam ire decet & omnes nervos contendere, ut vera Religio & doctrina Verbi DEI in Reformatis Ecclesiis pura puta conservetur, & à fermento Jesuitico strenuè defendatur.

In hunc usum ego quoque Historiam Jesuiticam conscripsi, non quidem integram, absolutam & perfectam, quod aliàs ac libenter fecissem, quia enim illorum facinora, doli ac imposturæ hinc inde patrantur, commemorare; sed eas tantum, quæ ad manus meas pervenerunt, diligenter & bona cum fide annotavi. In cujus Historiæ libro primo usus sum interdum Heliæ Hasenmulleri testimonio, qui sponte sua ad Jesuitas se contulit, & aliquot annos in eorum Collegiis hinc inde vixit, speravit quod apud hujus sodalitii homines veram & Catholicam doctrinam invenire posset. Cùm verò apud illos nihil quàm vanas superstitiones, hypocrisim Pharisaicam, falsas opiniones ac turbulentos errores invenisset, eos deseruit, & sese aliquando ad gremium orthodoxæ & veræ Christi Ecclesiæ recepit. Hic scio quid Jesuitæ in promptu habeant quod respondeant, nempe, Hasenmullerum hunc apostatam, & sui Ordinis desertorem fuisse, ideoq; illi in hac causa omnem fidem adimendam esse. Si autem ad hunc modum liceat argumentari, bone DEUS, quot Papistarum Scriptoribus, & quidem non infimæ sortis fides omnis derogabitur? nempe, Staphylo, Rabo, Franco, Isengrinio, Flascio, Lapsio, & & præcipuè Joanni Pistorio: hos enim & alios multos in vera doctrina inde ab ineunte ætate institutos & enutritos fuisse, negari non potest: eos autem splendore Mundi & pinguissimis præbendis illectos, ab agnita veritate defecisse, toti orbi Christiano constat. ergo, vel Jesuitarum confessione & testimonio, his ipsis omnis fides deroganda erit in omnibus quæ contra nostros nostrasque Ecclesias scripserunt.

HANC verò Historiam, Clementissime Princeps, sub splendore auspicii nominis V. C. in lucem prodire tribus potissimùm de causis volui. Prima est, quòd certò scio, pessimam nec gratam historiæ hujus evulgationem à Jesuitis reportaturum, idemque eventurum mihi, quod Propheta Isaias 59. Capite illis prædixit qui Basilisci ova conculcant. Si quis enim conculcaverit ova illa, erumpet ex istis vipera, & serpentis ictum consideratum insequitur. Concitas autem mihi illa viperina, quicunque dolos, fraudes, imposturas, practicas etiam & consilia sanguinolenta & perniciosa in lucem protraho, (quod ego in hac Historia aliquo saltem modo feci) & propterea vindictam experiri cogimur. Cùm etiam dubium mihi non sit, quin locustæ illæ (de quibus Joannes in Apocalypsi 9. Capite verba facit) de puteo fumo prodeuntes, quarum caudæ similes Scorpionum, atque illis aculei, quibus nocendi hominibus potestas data est, his suis aculeis viperisque morsibus laborem hunc meum, omnibus modis sint impugnaturæ, & convitiis ac maledictis infestaturæ, sive mendaciis & mendaci informatione aliqua [illegible] contra me sint promotura, necessarium Patronum quem habeo, qui me contra viperinos istos morsus & locustarum aculeos fortiter defendat ac protegat. Hunc Patronum Celsitudinem V. præ cæteris mihi delegi, quam humiliter rogo & obsecro, ut hanc historiam in suam tutelam, patrocinium ac defensionem suscipere dignetur. Altera Dedicationis hujus

causa

causa est, quod non solum in Marchia seu ditione ac Dominio V. [illegible] verbi divini doctrina splendidissime lucet, eamque magna animi fortitudine, magnoque zelo ac singulari studio Celsitudo V. defendit & propagat: quod si in eo perrexerit, Devm *omnipotentem remuneratorem largissimum experietur, neque in Vestro studio, laboribus & sanctis conatibus unquam deerit; apud cunctos autem Veritatis Evangelicæ amantes æternam laudem & gloriam consequetur. Tertia causa est, ut Historia hæc manifestum ac certum sit quasi depositum, testimonium & signum S. P. Q. Tigurini erga Celsitud. Vestram summæ observantiæ, studij & amoris singularis. Quod reliquum est,* Devm *Opt. Max. ex animo oro rogoque, ut Celsitudini Vestræ in hac vita contingat optata longævitas: in fide Christi perennis stabilitas: in Imperio firma tranquillitas, in obitu felix immortalitas: in cœlo autem expectata beatitas: per* Iesvm Christvm *Dominum ac Servatorem nostrum unicum,* Amen. *Tiguri Helvetiorum Metropoli 18. Octobris, Anno Christi Salvatoris nostri unici* 1619.

CELSITVDINIS V.

Observantissimus

Rodolphus Hospinianvs
Tigurinus.

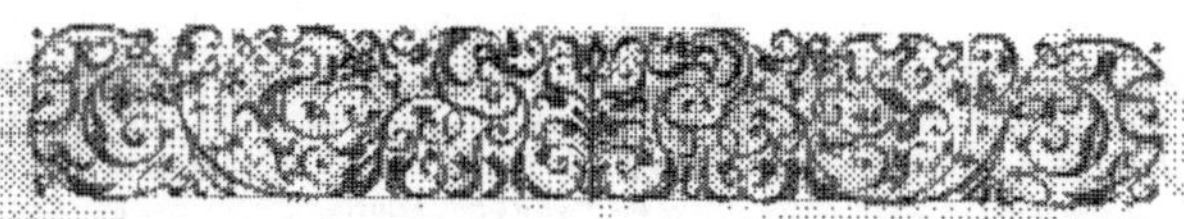

INDEX PRIMUS CONTINENS CAPITA.

LIBER I.

LIBER II.

LIBER III.

LIBER IV.

De Doctrina IESUITARUM.

INDEX

INDEX SECVNDVS.

AVTHORES

PRÆCIPVOS, QVI IN HIS LIBRIS citantur, continens.

Homo-

INDEX TERTIVS

RES MEMORABILES IN HOC OPERE comprehensas, continens.

Domin.

à furi-

[illegible]

Pius

FINIS.

DE ORIGINE ET PROGRESSV

IESVITARVM ORDINIS

LIBER PRIMVS.

CAPVT PRIMVM.

IRCA annos reparatæ salutis humanæ M. D. XL. IGNATIVS LOIOLA Cantaber, *Societati Jesu fraternitati* initium dedit. Fuit is tam truculentâ animi ferocitate præditus, ut, cùm ex ephebis egressus esset, quemvis obvium sibi vel levem ob causam resistentem percuteret & ferro transfoderet: [illegible] non sola docere, *se manu sua devorâ*, quâ gladium vibrabat, [illegible] [illegible], *vel in vita. Duo hostes suos [illegible] prostravisse.* Bobadilla, unus ex decem Loiolæ Socijs & Jesuitarum Patribus, [illegible] fatetur, *eum fuisse hominem militiæ [illegible] affectum.*

Hanc feritatem, immanitatem & insolentiam Jesuita factus adeò non deposuit, ut Hoffæus, Hasenmüllero referente, Romæ in domo Jesuitarum professa Assistens, testatus sit, *eum nonnullos Societatis suæ fratres flagellorum ictibus ita confecisse, ut præmaturâ morte interierint.* Sic [illegible] Sammanassar Neapolitanus Jesuita confitetur, *Loiolam natura ferocem fuisse, durum ac truculentum.* Ribadeneira etiam in vita Ignatij scribit, *in [illegible] [illegible] graviâ interdum exempla [illegible]* [illegible] *statuisse,* quod ab æqualitate & ratione consentanea alienum prorsus est.

Et qualis per universam vitam fuerit, propria ipsius conscientia ei dictavit, dum sub finem vitæ, Ribadeneirâ teste, seipsum detestabilem dixerit, & professus fuerit, se indignum qui honestè sepeliretur.

Hæc ejus immanis, bellvina & truculenta natura in omnes ejus discipulos & Sectatores derivata est, ut qui nihil aliud quàm cædem, sanguinem & interitum piorum & orthodoxorum omnium, quin etiam Regum ac Principum Papisticorum, spirant, sicut in sequentibus indicabitur; hoc autem loco pauca saltem exempla referam. Jacobus Crusius, novitiorum Landspergensium Jesuitarum Rector, *Milites*, dicebat, *esse debere nostræ Societatis Patres: quia, ut militis est tantò viribus in hostem ferocire, nec desistere, donec victor eundem [illegible] est: ita nostri debere, qui Pontifici Romano restiterint, illosque consiliis, dictis & scriptis, invocato etiam seculari brachio,* hoc est, igne & ferro, *tollere & abolere: sicut Pontifex, & nostra vota contra Lutheranos suscepta, volunt & mandant.* Gregorius [illegible] in Bavaria Jesuitarum Provincialis Landspergæ Hasenmüllero dixit: *In urbe Augusta nostri patres non satis habitant, nisi [illegible] Evangelicis concionatoribus [illegible] à nobis.* Item, *Ne-*

fratrum consilijs Evangelicis concionatores Viennæ expulsi sunt, ideo etiam nostri tandem in pace vivemus, & volunt pro animi vestri paruissent. Iesuitæ Colonienses in Censura sua scripserunt: *Nisi Lutheranam Religio ferro & igne tollatur, Ecclesia Romana pacem & tranquillitatem habere non potest.* Rursus Censura pro concione aliquoties dixit: *Non profuimus ob hunc finem in Germaniam missi sumus, ut Doctores, Concionatores & Præceptores in scholis & templis agamus, sed ut operam demus, ut Lutherani & Evangelici Professores majore potentiam sumant, sed succumbant. Si id assequi ab ævo Lutheri fecissemus, jam Ecclesia Romana in pace viveret. Verum cautè tandem studimus: conjungamus mutuas operas, vires & arma, tum facilè poterimus illas exstirpare. Ad hunc finem nisi omnia nostra consilia & actiones direxerimus, periculum est ne nobis idem quod Ismaelitis fuerit, & in foveam, quam paramus hæreticis, ipsi nostra negligentia incidamus.* Ad eundem modum magnus ille Iesuitarum fautor Andreas Fabritius Cæsarem hortatur, *ut semet suam gladio accingat, neque patiatur hæreticos vincere. Quid enim, inquit, faciat ensis in vinea, inquam in molli?* Pater Th. Pelcanus Augustæ inter suos familiares dixisse fertur: *Nos hic tantaque patimur à civibus Augustanis: Si jam nobis Catholici, quorum in urbe major numerus est quàm hæreticorum, obedirent, suaderem, ut omnes occiderent: Sic enim pacem habituri essemus, & Papa in novo Calendario propagando satisfacere possemus: quod nunquam fiet quamdiu in medio nostri protestantes vivere passi fuerimus.* Antonius Possovinus Iesuitarum per Germaniam Inquisitor in libello, quem inscripsit, *Il Soldato Christiano, Miles Christianus*, edito cum Pius V. exercitum in Galliam mitteret auxilio suis, ut adversarios Pontificiæ sedis de medio tollerent, scribit: *Omnes Christianos jure obligatos, ut Romanam Religionem contra Evangelicorum doctrinam totis viribus & propria sanguinis effusione tueantur. Pacem & publicum bonum in Ecclesia Romana conservari non posse* affirmans, *nisi hostes ejus exterminentur.* Quibus addit: *Nisi expuleritis eos, patriam, uxores, liberos, parentes, amicos & opes in tuto posthac non poteritis.* Tandem hortatur Duces exercitûs illius, *ut nihil omnino hæreticis permittant, nec fidem datam servent: Inquisitores clandestinos in eos subornent, domestica & intestina bella inter illos excitare curent: Prædicatores & suasores omnibus locis contra illos exstimulent. Duces aliter facientes, in Ecclesiam Romanam peccare, incurrere & damnari* afferens. In his paucis vides Loiolæ naturam immanem & sanguinolentam in societatis suis.

Contulit autem sese Ignatius cum alijs multis suis similibus, & sanguinem humanum sitientibus Hispanis, in arcem Pompelopolitanam munitissimam, eo tempore, quo eam Galli obsidebant, vehementissimeque oppugnabant. Cum autem nimis ferociter in obsidione illâ, divinâ vindictâ in ipsum exardescente, factum est, ut æneæ bombardæ pilâ à Gallis immissâ, crus ejus dexterum frangeretur, sinistrum quoq; lapide de muro excusso graviter circa inguina vulneraretur, & à Gallis caperetur. Noluit tamen divina justitia modo ita pestilentissimum hominem tunc temporis è media tollere, sed quorundam clementiâ curatus est, ita tamen, ut in utramque latus claudicaret, domumque rediret.

Hoc modo justo Dei judicio punitus, militiam deseruit, & lectioni profanorum librorum, temporis fallendi causâ, totum se tradidit. Cum verò ob claudicationem deformem ab omnibus rideretur, ipseque ad res politicas tractandas se ineptum intelligeret, militaris & politicæ vitæ, cui hucusque plus satis addictus fuerat, pertæsus, vitæ pristinæ genus mutare & aliud instituere proposuit. Contingit autem ut in manus ejus venirent *Legendæ*, mendaciorum plenissimæ, quæ *Vitæ seu flores Sanctorum* vulgo nominantur: tam enim obtusi ingenij erat, ut altiora nec intelligere nec percipere posset. Has tamen, pro more superstitiosorum hominum, avidissimè legit, & legentem tamen incessit Religio, ut de novo Ordine instituendo cogitare inciperet: Ut rectissimè dixerit ille, *Desperatio facit Monachum.*

Ut autem persuaderent Iesuitæ hominibus, non casu aut fortuitò cogitationes has in animo Loiolæ de novo instituendo Ordine ortas fuisse, fingunt, ut res in majore admiratione & authoritate esset, B. Mariam Deiparam, portantem in ulnis puerulum Iesum, apparuisse Ignatio, eumque ut in Filij sui honorem, Societatem seu Ordinem institueret, hortatam esse, simulque promisisse, se illi & Socijs indulgentissimam Matrem, adjutricem & promotricem futuram.

Anno igitur ætatis suæ 26. domo patriâ ac proprijs laribus relictis, ita se comparat Ignatius, tanquam ad Ducem Nagaræ seu Najaræ profecturus esset, re autem verâ ad Templum Deiparæ virginis dedica-

dedicatum, quod *Montem ferratum* vocant, contendit; ibique vestibus pretiosioribus exutus, laceras ac viles induit, in quibus rigidissimam aliquandiu vitam egit. Deinde autem per tempus aliquod solitarius in specu quodam ad latus fluvij per campum Manresanum decurrentis: ibique de asperitate vitæ ineunda, & de peregrinatione Hierosolymitana secum ipse deliberans, viatorium & pauperis peregrini habitum eandem accemit, sportam nimirum vilem, tabernam è sacco confectam, funemque pro baltheo, longissimum baculum, & in usum aquæ cucurbitam. Vt igitur Minoressam accessit, Oppidumque hoc tandem ingressus est, ad publicum infimæ plebis hospitium protinus se contulit, ibique paupertatis & pœnitentiæ studio inter egentes ac sordidos vitam exorsus est. *Ita quidem* Maffeius & Ribadeneira; quorum tamen hic sibi de eodem scribit, *eum delectatum fuisse cultu corporis munde, & alienum fuisse à sordibus.* Hanc autem contradictionem Iguatiani tollere conantur distinguendo tempora: quo tamen ipsi piquiare arguunt hypocrisin Ignatij. Vir bonus semper sui similis est & esse debet, tum in alijs, tum in victu & cultu corporis. Ignatius igitur ut homines in suam nassam pelliceret, primum vilis est vestitu sordido, post nactus id quod volebat, abjecit laceram penulam, ut Monachus ille sorte, quo se aliquandiu texerat, Pontificatum adeptus, quod diceret, *sa-pem à se piscem, tam diu inquisitum esse.*

Victum quoque ostiatim emendicavit quotidie: totam hebdomadam, excepto die Dominico, jejunavit, in ipso cibatu simplici panem cæpiebat: humo nuda cubavit, acerbisque supplicijs singulis diebus ter se flagellis quàm acerrimè cecidit. Sacrificio quoque matutino, vesperarum item & Completorij officijs interfuit assiduè. Verum autem diuturnâ & periculosâ ægrotatione, demum ita convaluit, ut ex reliquo morbi dolore stomachi cruciaretur, ob eamque causam calceos induit, & panni crassioris tunicâ duplici, & capitis tegumento contra hyemem sese munivit.

In hac palæstra cùm sese ad tempus exercuisset, inde in pauperis peregrini habitu Hierosolymam proficisci constituit, Christi sepulchri adorandi & sacrorum locorum visendi gratiâ. Hoc igitur mentis proposito sub initium anni 1523. Minoressâ profectus Barcinonem, indéque Romam, ac tandem Venetias pervenit. Venetijs in Cyprum Insulam, ac deinde in Palæstinam vectus, demum Hierosolymam ascendit,

Ignatius Hierosolymam concessit.

& loca illa, quæ vocant sancta, invisit, ibique sane adjuncta cum delectatione fuit, ut constitueret omnem vitam suam reliquam ibi consumere: quia verò multis eum ab hoc instituto dehortabantur, cum reliquis peregrinis navi ascendit, & in Hispaniam rediit.

Ignatius invitis literis sero studet.

Quia verò intelligebat ad eam vitæ rationem, quam animo perceperat, literarum cognitionem, quarum hactenus nullam prorsus habuerat, imò ne scribere quidem nôrat, plurimùm valere; animum ad eam rem appulit. Vt igitur Barcinonem revenit, anno Christi 1524. ætatis autem 33. repuerascere & elementarius fieri cœpit. Tam autem obtusi & stupidi ingenij erat, ut rudimenta Grammaticæ, verborum item ac nominum inflexiones vix ediscere posset: ex quo fiebat, non solùm ut nihil novi mandare memoriæ posset, sed etiam ut si quid antea impressum esset, id ipsum confestim deleretur. Nihilominus tamen in Grammaticalibus præceptis addiscendis strenuè perrexit, & fructum mediocrem inde percepit. Complutumque ad graviora studia sese contulit. Ibi autem curriculum suum non admodum felici successu; nam præpropera festinatione, sine omni judicio & delectu, nullo servato vel ordine vel discrimine disciplinæ, multa & varia uno eodémque tempore adgressus est: in Logica terminos, quos vocant, in Physica Albertum, in Theologia Magistrum sententiarum, quibus tum in Hispania peringebantur, evolvere, & plures quotidie in Scholis audire cœpit interpretes, quod tamen ei ad id, quod cupiebat assequi, maximo impedimento fuit: tum cùm vidè sequeretur ordinis, nihil propemodum assequebatur, juxta tritum proverbium, *In omnibus aliquid, in toto nihil.*

Ignatius in carcerem conjicitur.

Cùm autem in vili suo habitu acceptum sacram, passim homines ad pœnitentiam hortaretur, nulla accepta ab Episcopo concionandi licentia, nec eruditione sufficienti præditus esset, bis in carcerem conjectus fuit, semel Compluti, deinde Salmanticæ, quò Compluto relicto concesserat, & ab Inquisitoribus, de doctrina & novo quodam vitæ genere suspectus, examinatus fuit.

Interrogationes autem Inquisitorum, Ignatio in carcere propositæ, hæ fuerunt.

Ignatius in carcere examinatur.

I. *Num crederet, sacram Scripturam esse doctrinam superstitiosam, maculam, mortem, quæ non moveret animos ad salutem, siquidem non pro mortali peccato* [illegible]

vit Ignatius. II. *Utrum credat, desolandum illum sacrandum esse assumendo traditiones.* Affirmavit Ignatius. III. *Utrum credat, sacram scripturam in illis quae continet & proponit, esse veluti nasum cereum, non praebentem certam aliquam & immotam sententiam, sed quae ex quavis interpretatione flecti possit.* Affirmavit Ignatius. IV. *Utrum velit fieri, quod in universum Laici à lectione sacrarum literarum arceantur.* Affirmavit Ignatius. V. *Utrum lectio S. Scripturae non tantum non sit utilis, sed multis modis perniciosa.* Affirmavit Ignatius. VI. *Utrum credat, quod post susceptum Baptismum peccatum in homine nullum remaneat, sive quod apertum sit, sive quod ignotum vel opertum.* Affirmavit Ignatius. VII. *Utrum credat, quod concupiscentia, quae reliqua est in renatis, etsi repugnet legi Dei, tamen non sit propriè, verè, in se ut tale sit, & sui natura, peccatum.* Affirmavit Iesuita. VIII. *Utrum credat, falsum esse, quod peccatum sit, quicquid legi Dei repugnat.* Affirmavit Ignatius. IX. *Utrum gravius peccent homines violantes Ecclesiae praecepta, quàm committentes ea, quae legi Dei repugnant.* Affirmavit Iesuita. X. *Utrum credat in hac vita posse suis operibus legis perfectionem consequi.* Affirmavit Ignatius. XI. *Utrum doctrina Evangelii propriè sit, Si vis ad vitam ingredi, serva mandata.* Affirmavit Ignatius. XII. *Utrum in rebus ad salutem pertinentibus, liberum arbitrium tantum valeat, ut nihil damni afferre possit quicquam ipsi, nisi non consentiat, & ad divina gesta suscipienda non paratum & promptum.* Affirmavit Ignatius. XIII. *Utrum fides sit firmissima assensio non tantum eorum, quae in scriptura patefacta sunt, verùm etiam illorum, quae sine scripto in manus tradita sunt.* Affirmavit Iesuita. XIV. *Utrum credat, quòd, justus ex fide vivens non habeat illud in Christo, sed ex operationibus suis.* Affirmavit Ignatius. XV. *Utrum credat, quòd fides justificans illam formam sui non habeat ex Christo, quem apprehendit & possidet, sed ex charitate.* Affirmavit Ignatius. XVI. *Utrum credat, justificationem nihil aliud esse quam iustitiae acquisitionem, vel à philosophica [illegible] sit, motum ad justitiam.* Affirmavit Ignatius. XVII. *Utrum credat, quod misericordia Dei in Christo, in qua nostra salus consistit, haec sit, quòd Deus rectè operantibus, hoc est, legem implentibus vitam aeternam promiserit.* Affirmavit Ignatius. XVIII. *Utrum homo possit satisfacere pro peccatis Deo, secundum mensuram proportionis, etiamsi offensio sit infinita & satisfactio nostra finita.* Affirmavit Iesuita. XIX. *Utrum Sancti invocandi sint, ut pro nobis apud Deum intercedant.* Affirmavit Ignatius. XX. *Utrum invocatio Sanctorum recipienda & concedenda, etiamsi nulla de ea scriptura dicat.* Affirmavit. XXI. *Utrum traditiones Ecclesiae, etsi ex scriptura probari non possint, parem tamen auctoritatem habeant, & eadem fide sint credendae, sicut illa, quae manifesta habent in scriptura, testimonia.* Affirmavit Ignatius. XXII. *Utrum velit adorari imagines.* Affirmavit Iesuita. XXIII. *Utrum contra [illegible] doctrinae impudicitia [illegible] aperiat, ac [illegible] libidines [illegible].* Affirmavit Ignatius. XXIV. *Utrum eorum qui [illegible] coelibatum, & se continere non possint, legitima nuptia appellanda sint, an contra fornicatio, incestus, sacrilegium, ac adulterium?* Affirmavit Ignatius. XXV. *Utrum credat purgatorium?* Affirmavit Iesuita. XXVI. *Utrum credat, Pontificum Romanorum perpetuam successionem [illegible] iudicium esse Catholicae Ecclesiae, & fidei Apostolicae.* Affirmavit Ignatius. XXVII. *Utrum credat penes Ecclesiam esse quandam [illegible] ac factis sacris scripturae commutandi auctoritatem, mutandi sive instituendi parem facultatem, idemque vim [illegible] illi quam expressis Dei verbis [illegible] esse auctoritatem.* Affirmavit Iesuita. XXVIII. *Utrum credat, panem Coenae in verum Christi corpus transsubstantiari vi consecrationis.* Affirmavit. XXIX. *Utrum tota quantitas dimensiva corporis Christi sit in sacramento.* Affirmavit Ignatius.

Utrobique igitur tam Compluti, quàm Salmanticae, Pontificiae doctrinae addictissimus inventus, extra omnem quaestionem absolutus dimissus fuit.

Salmanticâ relictâ Lutetiam Parisiorum se contulit sub initium anni 1528. ibi sese totum literis dedit, ac tandem Magister artium creatus est.

Ignatius Parisiis Magister Artium creatur. Ignatii [illegible] socii.

Quia verò illic loci paupertatem sectabatur, stipem ostiatim colligebat, pauperibus [illegible], omnibus ultro, nulla petita mercede, sua obsequia, labores & studia offerebat, sicque aliquam apud populum eudem existimationem sibi comparabat: factum est, ut nonnulli studiosi, amore ejus incensi, illi se socios & imitatores adjunxerint. Primus fuit *Petrus Faber Allobrox*, pago Villareto Gebennensis dioecesis humili loco natus, qui jam antea sese in solitudines abdere, ibique radicibus herbarum victitare decreverat. Secundus fuit *Franciscus Xaverius* nobilis Cantaber, qui jam antea Ignatii hypocriticam vitam vehementer irridebat.

Hunc

Hoc deinde imitati sunt *Jacobus Lainez* Seguntinus, *Alphonsus Salmeron* Toletanus, Graecis & Latinis literis mediocriter eruditus. *Nicolaus Bobadilla* Placentinus, *Simon Rodriguez* Lusitanus, & post aliquanto *Claudius Jaius* Gebennensis, & *Joannes Codurius* Ebredunensis, *Paschasius Broetus* Ambianensis, Fabri praecipui alumni promoti.

Progressu temporis Imagines aliquot horum Patrum ferè aere expressae, & ad imitationem Symboli Apostolorum, cuique symbolum additum est. Ex his picturis prima plena impietatis est. In qua visuntur nescio qui Principes vel Reges à sinistra parte, una cum Pontifice Romano à dextra & Cardinalibus, ac universo clero genuflexis & manibus sublatis nescio quid adorare. Neque enim paro precari fundi ad literas in hoc cornea cum aeneis imagunculis effictis. Est autem infra scriptum est, *In nomine Jesu omne genu flectatur coelestium, terrestrium & infernorum*: Mysterium tamen hujus dicti, non omnibus notum est. Hoc enim voluit dicere, Quod Papa major sit omni alia creatura, ac illius potestas se extendat ad coelestia, terrestria ac infernalia, ut apud Antoninum Florentinum in Summa ejus videre est. Unde etiam prope Papam ignis purgatorius conspicitur, in quo excoquuntur nescio qui miseri homines. Nam animas quis esse putet, cum faciem, barba & ora intueatur? Ignatii symbolum est *Ad majorem Dei gloriam*: quo ipso innuitur, ab hoc milite Ordinem institutum & introductum, qui gloriam Dei antè à Lutheranis obscuratam illustret. Deum autem intellige non illum, quem adorant omnes fideles, sed Fictum Deum, id est, Papam, qui possit secundum Decretum & Gorrectum facere omnia, quae Deus facit. Symbolum Jacobi Laynesii est, *Apprehendite disciplinam*, à Jesuitis scilicet praescriptam. Franciscus Borgia usurpavit, *A te quid volui super terram*: nihil videlicet aliud voluit quam superstitionum mercium confirmationem & idololatriae horrendae propagationem. Quartus Pater Everhardus Mercurianus hoc sibi adscribi voluit, *In nomine tuo salvum me fac*. Si de Jesu solo loquitur, sociis suis haereticus est: si Missam intelligit, Calvinianis idololatra est. Francisci Xaverii symbolum mirificum est, *Satis est, Domine, satis est*, dreepelmenti scilicet & hypocriseos, vel stultitiae eorum. Alphonsi Salmeronis est, *Quam dulcia faucibus meis eloquia tua*. Placuisse Pontificem Romanum competiit: nam eloquia Dei sordes sunt Jesuitis, eloquia autem Paparum non tantum faucibus, sed etiam Romae his multo dulciora sunt. Nicolai Bobadillae symbolum est, *Non confundar in aeternum*. Sed confundamini magis magisque ob scelerata facinora, dolos, fraudes & mendacia, &c.

Hos socios nactus Loyola, quod jam diu moliebatur & agitabat animo, re ipsa aggredi primo quoque tempore statuit: videlicet, ut Hierosolymam, cum Papae venia, repeteret, gentesque Turcicas ad Pontificios errores converteret etiam cum mortis periculo, & in eandem sententiam socios suos, superstitiosos homines, facile seduxit. Cùm igitur singuli peracta sua confessione essent & Eucharistiam sumpsissent, in aede subterranea, quae *Mons martyrum* dicitur, voto sese obstrinxerunt, omissis Theologiae studiis, Mundo renunciare, & in paupertate perpetua vivere: ac terminum ad constitutum diem, Hierosolymam propter Infidelium conversionem navigare: hoc verò propositum si non succederet, Romam redirent, suamque operam Papae in convertendis haereticis offerrent. Votum hoc ediderunt in dicto templo Anno 1534. 18. Calend. Septemb.

Sub finem anni 1536. itineri sese accingunt, & Venetias proficisci statuunt. Viam igitur capessunt suo quisque baculo innixi pedites. Vestitus erat omnium ut peregrinorum & pauperum: pendebat è scapulis mantica ex corio, in qua Biblia & Breviaria asservabantur. Rosaria gestabant è collo suspensa. Hoc habitu ad sextum Idus Januarias anni 1537. Venetias pervenerunt: ibi valetudinariis seu nosodochiis inter se distributis, aegrotos & pauperes curarunt, Confessiones audiverunt, Eucharistiam administrarunt, quibus id per Sacerdotium licebat. Imo ne vilissima quidem & servilia corporibus peregrinorum praebendis defugerunt ministeria: straverunt lectulos, everterunt sordes, purgarunt scaphia, cadavera mortuorum sepelierunt, interdiu noctuque omnibus praesto erant, & his officiis mirificè apud quoscunq; Venetiis sese insinuarunt.

Interea etiam de profectione Hierosolymitana deliberantes, primò omnium Romam ire constituunt, & à Papa jus tum ad sacros, quos vocant, Ordines titulo voluntariae paupertatis, tum ad navigationem Hierosolymitanam petere.

Deum Patrem ei apparuisse, & Filio suo Ignatium commendasse fingunt.

Negarunt ista Iesuitæ, Ignatio non procul ab urbe Templum ingresso, Deum Patrem illi sese ostendisse, & Iesu filio suo bajulanti crucem, & crudelissimis affecto supplicijs, præsentem Ignatium sociosque commendasse, eumq; illic, eos in fidem ac patrocinium recepisse, ad Ignatium dixisse: *Ego vobis Romæ propitius ero*: atque hoc ipsum vel inprimis fuisse causæ, ob quam Ignatius postea confirmatæ societati nomen Iesu indiderit: de quo paulò post plura.

Ignatius & Socij Romæ benignè accipiuntur.

Vrbem ingressi à Petro Ortisio Hispano Cæsaris Legato ad Paulum III. Papam introducuntur, ab eoque post pedum oscula, omnia quæ volebant de sacerdotiis, deque Hierosolymitana Provincia à Papa impetrârunt: obsequia etiam, quæ Pontifici afferebant in Apostolicis functionibus, non aspernatus est, instructos insuper pecuniâ eos à se dimisit.

Ignatius & Socij de stabilienda Societate deliberant.

Quia verò navigationis & peregrinationis Hierosolymitanæ consilia in irritum ceciderant, subinde autem aliqui ad Loyolæ institutum aggregarentur, aliquid etiam à Papa variis in urbes mitterentur, visum est eis, ut de stabilienda Societate primo quoque tempore inter se consulerent. In unum igitur congregati locum, quæsitum inter alia est, placeretne ad vota duo, paupertatis & castitatis, tertium quoque perpetuæ obedientiæ adjungere, & è suo numero aliquem eligere, qui cæteris omnibus cum potestate præesset: & omnes unanimiter consenserunt, deligendum unum esse, cui omnes in terris, tanquam Christo, parerent, cujus in verba jurarent, & cujus denique nutum ac voluntatem sibi instar divini oraculi ducerent: placuerunt hæc omnibus: ac paulò post Ignatium elegerunt, eumque Generalem Præpositum appellârunt. Additum adhuc in eodem Conventu, ut Societatis candidati, cùm aliis experimentis, tum verò præcipuè peregrinatione, & infimis publici alicujus valetudinarii ministeriis probarentur. In hoc quoque Conventu tribus communibus votis quartum quoque additum est, ut paulò infra indicabitur.

Ignatius Generalis eligitur.

Leges pro Ordine scribi mandantur.

Hæc & alia plura tum quidem ab eis **decreta** sunt, & Ignatio mandatum, ut **ea in** summam redacta, Papæ Apostolica auctoritate sancienda atque approbanda proponeret: deinde ut eadem quæ postea forent explicatiores ordinatione, & quam accommodatissimas ad Societatis vocationem & spiritum leges conscriptas perscriberet.

Post decem annos, quibus Generalatum administravit Ignatius, sub specie & prætextu humilitatis & modestiæ cujusdam sese Generalatu suo omnino abdicare constituit. Sociis igitur Romam evocatis, cùm in consilium convenissent, exposuit, se, qui vitia sua nosset, & animo infirmum, atque adeò corpore, Societatis gubernacula recepisse, perque Christi sanguinem petere atque obtestari sese, ut sive ejus lo sui respectu communi utilitati consulant, & quem primum sibi sufficiant virum & animo & corpore firmiorem: Et ut hunc liberè faciatis, inquit: Ego in nomine Patris, & Filii, & Spiritus sancti depono Generalatum meum simpliciter & absolutè, méque abdico hoc munere privóque, & omnibus animæ meæ viribus obtestor eum Professos, tum si quos Professi adhibere ad hanc deliberationem volent, ut huic meo tam justo desiderio faveant, meamque oblationem libenter admittant. Cùm autem quisque renueret, ne forte alius sibi præferretur, ut ventum est ad suffragia, omnium consensus in eo retinendo extitit, qui olim in eligendo fuerat, modo publicam rem ordinaret, & leges Ordini vel Societati præscriberet Ignatius, ut magis dicto audiens videretur, precibus sociorum non invitus cessit, & hoc onus in se recepit: & scripsit libellum *Exercitiorum spiritualium*, itemque librum decem in partes distributum, in quo leges dedit Societati, & formam gubernationis præscripsit.

Ignatius simulat se Generalatu abdicare velle.

Cùm hæc scriberem, venit mihi in mentem Augusti Cæsaris factum, cui præsens factum ac dolus Ignatii Loyolæ non absimile videtur, si parva magnis componere licet. Augustus enim bis rerum de reddenda Republica Senatui Romano cogitavit, ut hoc pacto invidiam & suspicionem Monarchiæ à se declinaret. Cùmque in Senatu sententiam suam exposuisset, Rationarium Imperii tanquam illud restiturus, Consulibus tradidit. Senatoribus autem sive per simulationem, sive metu, vel etiam ex composito, ut Ignatiani Socii, reclamantibus, variasque rationes afferentibus, cur Respublica Monarchia prestaret, in principatu perseveravit, Deos quoque, et Ignatius, hominesque testatus, intra decennium se omnem administrationem depositurum. Sed cùm ea tempora elapsa essent, tum quoque cùm eo velle Imperium simularet, Senatus alios decem annos, quibus in eodem Magistratu esset, decrevit, atque iterum alios decem annos, quibus functus est, prorogavit.

Sub

Sub idem tempus Papa Socios aliquot ab Ignatio postulavit, quos hinc inde mitteret: idque peregrinationis Apostolicæ fuit exordium: de quo, capita de propagatione Ordinis Iesuitici, infra plura docebunt.

Interea cùm Societas magis magisque crebesceret, Ignatius, ut erat illi jam antea à Socijs injunctum, totius instituti formulam, latiùs postea explicandam, ad certa capita breviter redegit. Deinde nactus opportunitatem, quòd Papa Tibur se receperat, eam formulam authoritate Apostolicâ eidem Papæ obtulit per Contarenum Cardinalem. Eam ubi perlegit Papa, non improbavit quidem; sed tamen ne minus inconsultò aliquid statuisse videretur, rerum negotium tribus Cardinalibus delegavit. Hi etsi approbationem dissuaderent Pontifici, & potiùs numerum Religionum minuendum, quàm augendum censerent, pervicerunt tamen Socij; nam Papa Societatem approbavit 5. Non. Octobr. anno 1540. hac tamen conditione, ut in universum non plures quàm sexaginta numerarentur Socij. Triennio tamen post liberum reliquit Pontifex Paulus III. Ignatio & successoribus, quotquot vellent in Societatem adsciscere.

Regimen quoque & curam fœminarum à Societate sua prorsus depulit Loiola. Cùm enim Elisabetha Rosella Barcinonensis, quæ ejus prima literarum studia foverat, esset Romam ex Hispania contulisset, ut cum alijs fœminis ad normam & præscriptum illius viveret, ille curam fœminarum suscipere sese posse negavit. Papam quoque adijt, ac petijt, ut non ab illis modò, sed ab omnibus in perpetuum fœminarum collegijs gubernandis immunem Societatem esse juberet. Annuit Papa, & Societati ab ejusmodi munere vacationem in perpetuum dedit, eaque postea trinis Bullis testata & confirmata est.

Præterea Prælatis & alijs honoribus Ecclesiasticis in Societatem suam Loiola prorsus omnem aditum obstruere conatus est, sed frustra, ut suo loco indicabitur.

Febri autem ardente correptus, ut intima urgeretur ejus præcordia, obijt Ignatius Iesuitarum Patriarcha horâ post Solis ortum primâ, feriâ sextâ, prid. Calend. Augusti, anno post Christum natum 1556. anno ætatis 65. suæ conversionis 35. confirmatæ verò Societatis 16. quo tempore jam tum ab Ipso constitutæ numerabantur Provinciæ 12. & in ijs viri Ordinis [illegible] fuere centum.

Maffeius, qui Ignatij Loiolæ vitam descripsit, libro tertio cap. 13. placidè ipsum defunctum refert. At Halenmullerus, qui aliquot annos & ipse Iesuita fuit, & in multis Iesuitarum Collegijs vixit, in suæ Iesuiticæ sub historiæ fassione testatur, Torrianum Iesuitam sæpè dixisse sibi, Ignatium in cœna, prandio, Missis, in recreationibus etiam ita à dæmonibus exagitatum, ut magnâ copiâ frigidissimum mortis sudorem sudaret. Bobadillam quoque Iesuitam sæpè fassum, Loiolam sæpius conquestum, se nunquam & nullibi à Dæmonibus tutum esse posse. Octavianum Iesuitam, Romæ Ministrum, seu Novitiorum Oeconomum, dixisse sibi, Sanctus erat pater noster Ignatius: sed circa agonem mortis ita perturbatus, quasi sibi conscius esset, & suspirans dixit: *Multa bona contuli in Ecclesiam Romanam; multas instituere Provincias, Collegia multa, domus, residentias & opes Societatis nostræ vidi: sed hæc omnia me deserunt, & quò me vertam nescio.* Torrianum insuper dixisse, ipsum continuum assiduum usque ad Missæ ritum fuisse Dæmonem; tandem verò eum tremore ipsum obijsse; mortuumque nigerrimum vultu conspectum fuisse, eundem affirmâsse. Cùm etiam, inquit Halenmullerus, corpus ipsius ad Templum, quod Cardinalis Farnesius extruxit, transferre vellent, collibus omnibus Iesuitarum proscissis, cadaveris ejus ossa non sunt inventa, Iesuitis jam fingentibus, ea coelum per Angelos translata esse.

Vt autem Ignatio suo, militi truculento & Ordinis Iesuitici Authori, nec non Asseclis, dolis, imposturis & nefarijs facinoribus Iesuitica majorem authoritatem conciliarent, multa & quidem stupenda Miracula ex Ribadeneira & Maffeio recenset Gretserus in Responsione altera ad alteram Cl. V. Samuelis Sterij Apologiam pro Scholijs suis ad Ignatij vitam, quæ ordine ex Sterio cum Notationibus ejus adscribere placuit.

1. *Graviter ægrotanti familiæ Petrus apparens sanitatem reddit.* Frontispicium sanè egregium, quippe idololatricum, huic ordini pulchrè conveniens, quo nihil est pugnacius in idololatria asserenda & defendenda.

2. *Septem diebus in perpetua Ecstasi persistit. Sæpe internandum à sensibus abstrahitur.* Cùm autem sensus sint & interiores & exteriores, de utris loquatur Iesui-

[illegible]

ca, indicare debebas. Nam si exteriores intelligit, facilis & expedita de somno conjectura est: si utrosque, miror unde habeant hoc Jesuitæ nisi forte stupidis suis discipulis persuasit Ignatius, se in tertium cœlum fuisse raptum.

3. *Maximarum rerum scientia magno in post tempore divinitus infunditur.* Huic ne fidem derogem, exemplis Apostatarum adducor. Qui enim cum Lutheranis essent, indigenciarum nomen vix noverant, jam in sinum Romanæ Ecclesiæ recepti integra volumina de iisdem magno labore descripta ediderunt. Ad quod sanè argumentum necessitas credo eos impulit. Abnegatio enim veritatis copiosâ nimiâ indiget. Cæterùm olim Anabaptistis vitio vertebatur, quòd gloriarentur, copiam scientiæ sibi divinitus conferri universim. Alia ratio Iesuitarum modò est. Pontificis privilegio quidvis & fingere & dicere illis licet.

4. *Aliquoties à terra sublimis miro splendore radiavit.*

Ergo Iesuitæ nobis fingunt nova *paralogia*. Si enim Ignatius à terra miro splendore radiavit, inter *paralogia* eum referri posse quis neget? Præsertim cum neque ex planetis neque ex stellis fixis fuerit. Superavit autem Ignatius ipsum Mosen, cujus eutem faciem legimus radiasse & splenduisse, non tamen à terra sublimis. Ex Hieronymos vertit cornutam fuisse Mosis faciem. Ac credo multò rectiùs facerent pictores, si Ignatij fronti cornua appingerent quàm Mosis. Huic Miraculo adjungitur appendix, *in altero mox cum puero* IESV *adveniente cœlestis dum orabat.* O sanctum hominem Ignatium, ad quem cœlestis dum orandum non simplex Mariæ descensus de cœlo sequitur, sed etiam pueri IESV apparitio maturum cum iis in Germania me misteret, quæ cogitur magnis sumptibus alere ejusmodi [illegible].

5. *Senator Venetus cœlesti jussu admonitus in publico cubantem (Ignatium) noctu inquirit, & in domum suam abducit.* Nomen Senatoris Veneti aveo scire, ut & modum cœlestis mandati.

6. *Quendam, qui se præ desperatione suspenderat, ad dolendum de peccatis suscitat.* Ambiguè hæc dicuntur. Possit enim aliquis suspicari, suscitatum fuisse ab Ignatio mortuum, de quo Lutherani & Calviniani valdè dubitant: aliud forsitan hoc cogitabit, ab Ignatio fuisse interpellatum eo animo suspendij, quod si Iesuitis Miraculum est, scire velim, quo pacto ipsi definiant Miraculum.

7. *Mulierum ardua à multis annis lunaticis ipsius abluenteum parens fugat, alia Dæmonem spectra fugat.* Quo in loco asseverantur patris illi Ignatiani, non facilè produnt Iesuitæ ante Patres sui [illegible], hæc publicatâ profereantur in multorum salutem, & in Iesuitarum quæstum. De fugatis spectris res certa. Ex Ribadeneira enim pridem cognovimus, & ex sequentibus intelligemus, solitum fuisse Ignatium baculo abigere Dæmonem.

8. *Morbo caduco à multis annis laborantem sua contactu sanat.*

9. *Diuturnum à femina taberis pestilens abigit.* Felicem Italiam hoc Medico, cujus contactus si tantum valuit, aut non ipsi claudi jactismeam adeo: idem dico de precibus.

10. *Moribundos à morte revocat.* Caveò, neque enim audebat ponere mortuos.

11. *Multos energumenos à Dæmonibus, ægros ab incurabilibus morbis liberat.* De primo nulli litem moveremus, cogitantes de vexandi Ignatiani; de altero videtur Medici scribi.

12. *Dum sibi quotidianè laborans sæpè in campo contiantur, ejus verba altera turrentes possent distinctè audiremus.* Vento nimirum secundo, hoc addi debebat. Sic enim vox Ignatij omnium facilius ad auditores advolare vel deferri potuerunt.

13. *Multa futura prædicit, multa etiam ex absentia divinitus cognovit.* [illegible] illa cur non divulgantur? [illegible] enim plures emptores invenirent, quam Astrologorum.

14. *Obscurum ejus agrotantis cubiculum divinus splendor illustrat.* Additur (*divinus*) alias enim obscura illatis luminibus illustrari scimus.

15. *A Deo Patre cum filio suo commendatum Iesus in tutelam recepit.* O beatos Iesuitas, hoc commendaturum & rumore, utinam adscriptum fuissent, quibus verbis, quo gestu, quo habitu, quibus præsentibus, quibus audientibus, quo in loco, quo tempore hæc facta fuerint.

16. *Animam Beati Marg. tura clarissimè circumfusam cœlum intrantem vidit.* Præcedens Miraculum si verum est, de præsenti nemo dubitaverit. Cur enim non videret animam Hortij qui DEVM Patrem vidit, quem nemo vidit unquam.

17. *Iudæum obstinato animo Christianæ fidei refractarium, tribus tantùm verbis repentè convertit.* Forsitan ex Hebræorum Cabala desumpta fuerunt hæc verba, de-

de quibus iudicent ipsi Iudæi, qui, vt puto, difficulter credent hoc, quod hic narratur factum fuisse.

18. *In S. S. Eucharistia Iesum aliquoties videt.* Maffejus enim sic scribit lib. 1. cap. 8. in ejus vita: *Dum à Sacerdote de more salutaris hostia attollitur, vidit Ignatius illâ specie Christum, Deum eundem & hominem versari [illegible].* Velemus & animo & oculis: deinde videndi modo loquatur, nos ignoramus. Potest fieri, vt nunquam viderit. Credimus enim fide inuenitur Christianus fidelis, ex quorum numero Ignatius idololatra non fuit: oculis non cernunt, nisi vt Stephano, cœli aperti fuerint. Idem dico de cæteris Sanctorum choro.

19. *Eius facies diuino lumine splendens sæpe à diversis cernitur.* Si splenduit, tam ab vno, quam à diuersis cerni potuit, ac quidem sæpe. In antecedente difficultas est, sed ii, vt est apud Liuium, L. Marcio equiti Romano flamma conalonans fusa à capite sine ipsius sensu, cum magna pauore circumstantium militum fieri [illegible] potuit, vt etiam in hoc Hispano equite nobili fieri: quid existere?

20. Cœlestes sæpenumero voces, sacrificans audit. (Sacrificans in terris, vnde igitur nouerat à cœlo illas venisse? quod verò princeps cœlis ludificare Ignatium non potuerit vocula aliquibus transformatusque a [illegible] & idololatriam, quibus Ignatium immersum videbat, confirmatum. Addit, multa de Sanctissimæ Trinitatis Mysterio, Deo reuelante, cognosse. Hæc si communicasset cum suis Ignatius, folium & minore, credo, cum labore refutarunt Arianos in Polonia Iesuitæ.

21. Orans, sacrificans, aut faciens, grauibus de rebus disserens, Christum ac Beatam Virginem sæpissimè videt. (De dupliui modo videndi paulò ante monuimus. Neutrum in Ignatium accidisse asserimus.)

22. Dæmonem ad tentandum venientem frequenter baculo per contemptum abigit. (Si Apostolum legisset Ignatius, illis se armaturæ instruxisset aduersus tentationes Diaboli. Nam baculo puto non magis abigitur, quam aliunde, vel aqua lustrali.

23. Sua splendore faciei grauiter ægrotantem lenat, & cubiculum obscurum illustrat. (Plus hoc Pseudo-miraculum tribuit Hispano militi, quam sibi Dei Scriptura. Neque enim alicui legimus Filium Dei lumen regionem splendorem faciei. Aequi [illegible] eius. Quod idem de suo parte pronunciaret [illegible] Iesuitæ. Quid enim præter solem obscura illustrat?

24. Dæmones sæpè Lutetiæ apparentes post multa commoda [illegible] ab illis susceptis, per Epistolam fugat. (Apparet valdè familiarem fuisse Diabolum Ignatio, cum quo etiam per Epistolam egerit. Notetur [illegible] nouum genus fugandi Dæmones.)

25. Quidam Incendium ei per iniuriam imprecantes, subito ipse incendio extinguitur. Duorum mutuo se [illegible] [illegible], vnus repentè obrigescit: alter diuinâ voce terretur. Multiplex hoc est miraculum. (Puerum aliquem incendio perire, fidem non superat. Sed repente obrigescere hominem, illud ad μεταμόρφωσιν Ouidianam relegandum. De diuinâ voce etiam quæstio moueri possit à curiosis.)

26. Moses se post mortem (sæpe ostendit, & deinceps, quo obiit tempore momento magnâ collucens gloriâ apparuit: (Diabolus, credo, assumptâ specie Ignatij Iesuitis illudit interdum. Nam quòd magnâ collucens gloriâ apparuerit eodem momento, quo obijt, suspicionem nobis non minuit, scimus enim Diabolum se posse transformare in Angelum lucis.

27. Corpus illius effossum multis luminibus fulget (apparuit illis pro more à Iesuitis.) addit, Cœlestis harmoniæ concentus sæpè audiuntur (ad sepulchrum, credo, Ignatij.) O stultos nostros Germanos, qui Romæ aliquandiu commorantes Symphoniam illam angelicam tam diu aspernantur.

28. Mutas à partu, à vitæ discrimine, multos à pestilentia & grauibus morbis, tentationibusque eripit. (Has ratione numerum Diuorum immittens Iesuitæ: Surrogabunt Rocho Ignatium, itemque Cosmæ & Damiano ac Christophoro, imo ei etiam, quæ in Paganismo Iunoni Lucinæ successerit.

29. Dæmoniacos liberat: cæcos visum, surdis auditum, moribundis vitam & salutem reddit.

Has visiones & similia Miracula plura Iesuitæ referunt, vt Ignatij sui doctrinam, Institutum, Regulas & alia sic confirment, & pro veris hominibus obtrudant. Vnde verò, vel à quo illa habent? A Iesuitis, præsertim à Maffeo & Ribadineira, qui vitam Ignatij conscripserunt. *Iudicium de miraculis Ignatij.*

b

ipſorum. Miſſam authorem nullum nominat: Ribadineira dicit, ſe illa habere à quodam Vir hemo Conſalvo, Conſalvo autem ab Ignatio Loyola, qui etiam menſe ferè ante ſuum obitum hæc omnia communicârit. Nemo autem hæc Miracula vidit, nec ſi interfuit: ſolus Ignatius narravit, Petrum, itemque Virginem Mariam ſibi apparuiſſe: ſeſe à Diabolo in viſibili ſpecie tentatum eſſe, ſe Sacro Sanctam Trinitatem in cœlis: Chriſtum etiam corporaliter in hoſtia, animam quoque Hiſſi in cœlum aſcendere vidiſſe. Deum in ſpeculo monſtraſſe modum, quo univerſum mundum creârit. Ieſum Chriſtum denique promiſiſſe, quod ei propitius eſſet ille Romæ. Hæc omnia ſolus Ignatius communicavit Conſalvo. Quis autem Loyolæ, homini ſuperſtitioſo, ridiculo credat, præſertim in propria cauſa?

An ſe doctrina pro vera habenda ſit quæ Miraculis probatur.

Quæritur etiam, ſi maximè talia Miracula edidiſſet Ignatius, An propterea ea doctrina, inſtituta, &c. pro veris ſuſcipienda ſint, quæ videmus multis & magnis Miraculis comprobari Ieſuitæ aiunt, nos negamus. Ratio negationis eſt, quod Deus propter peccata hominum permittit miracula etiam per falſos Doctores, perque malos & impios homines Miracula edi, Exod. 7. & à Paulo 2. Theſſ. 2. Antichriſti adventus deſcribitur ſecundum operationem Satanæ cum ſignis & prodigiis mendacibus. Vnde Cyrillus quoque lib. 7. cap. 13. in Evang. Ioh. *Miracula*, inquit, *nihil adiuuant ſimpliciter hominem, cum multi ... ad æternam vitam* [illegible], *dicente Domino apud Matth. Multi dicent mihi in illa die, Domine, &c.* Ergo ut poſſimus vera Miracula, quibus credendum, à falſis diſcernere, oportet definire quænam ſint Miracula vera: excepta ſcilicet quædam opera & facta in admiratione apud homines habita, & talia revera, quæ ſolâ appareant divinâ virtute, & ad declarandam doctrinam fidei, vel promiſſionem divinarum, vel potentiæ Dei veritatem & certitudinem, & ad Dei gloriam edita. Hæc definitio ex Patrum collecta eſt, atque ex ea intelligi poteſt, quomodo vera Miracula à falſis ſint diſtinguenda. Vera habent Deum authorem, cum et [illegible] ſunt præter naturæ ordinem, nec ſubeſt aliqua impoſtura, in eum quoque finem eduntur, ut Deum ſatè colamus, eiuſque verbo, miſſis ſcrutoribus, fidem habeamus. Falſorum author eſt Satanas qui illa vel per ſeipſum, vel per impoſtores, tanquam organa edit, idque variis modis. Non igitur negamus, multa in

Quæ Miracula vera, & quæ falſa.

Papatu ficta, quæ pro Miraculis habentur, cum non ſint miracula, ſed impoſturæ, doli & fraudes Monachorum, Sacrificulorum & ſimilium ſuperſtitioſorum hominum: de quibus Nicolaus Lyra in cap. 14. Danielis etiam conqueritur, dicens: *In Eccleſia Dei ſæpius fieri deceptiones per ſacerdotes ſictis Miraculis lucri causâ.* Huius generis plurima apud Gentes quoque accidiſſe legimus, ut eſt videre apud Euſebium lib. 3. de vita Conſtantini & lib. 9. Eccleſiaſt. hiſt. cap. 3. & alibi. Secundò concedimus multa in Papatu verè fieri, minime tamen pro veris Miraculis habenda ſunt, cum reliquæ cauſæ, quas in vera & propriè dictis Miraculis ſpectari oportet, deſiderentur, imprimiſque cum abducant homines à Deo ad idola, & à veritate Religionis ad ſuperſtitionem.

Tutiſſimum igitur ſemper fuerit, ex doctrinæ veritate de Miraculis iudicium facere, non de doctrina ex Miraculis. Et hoc conſilium Deus ipſe Deut. 13. dedit nobis, & Chryſoſtomus in Oratione 3. adverſus Iudæos docet, Miraculis credendum non eſſe adverſus ſacram Scripturam. In hanc ſententiam Auguſtinus quoque contra Fauſtum Manichæum lib. 13. cap. 4. ſcribit: *Si fecerit is magna miracula, et tamen illa in nobis* [illegible] *Deceperunt multi Pſeudochriſti & Pſeudoprophetæ, & facient ſigna & prodigia multa, ut fallant, ſi fieri poteſt, etiam electos, &c.* Vſque adeò nihil credi volunt adverſus confirmatam Scripturarum authoritatem, quæ fidem ſuam in rebus ipſis probat, &c.

In Miraculis de doctrina iudicandum.

Nec illud omittendum viderur, quod in diligentiori authorum lectione obſervatur, à nullo alio digno authore veteri cuiuſmodi falſa & mendacia ſigna, ad confirmandum cultum Deorum aliorum, variaſque ſuperſtitiones, excogitata, referri, qualia poſt Gregorij Magni demum tempora, cum omnis generis ſuperſtitiones catervatim in Eccleſiam irruerent, & hodiè à Ieſuitis de ſuo Ignatio referuntur.

Fruſtra igitur Richeomus Ieſuita in Expoſtulatione ſua Apologetica cap. 74. pag. 122. graviſſimè accuſat noſtros, imprimis autem Stephanum Paſquierum nobilem Advocatum in Parlamento Pariſino, quòd ſummè contemnat & deſpiciat in ſuo Catechiſmo Ieſuitico lib. 1. cap. 17. pag. 87. Miracula & viſiones Loyolæ: *Horribile*, inquit, *dictu cogitatuque eſt, quibus probris maledictis Ethnicus Francus*, (Paſquierium intelligit) *aſpergit ea Miracula, quæ rerum omnium potentiſſimus Deus per*

Ignatium

Ignatium de Loyola edidit, ut Institutum Ordinem prorsus everteret, eorum Institutum perderet, famam profligaret, parum effugeret, &c.

Et Gretserus contra Scenium. *Calumniantur Ignatij Loyolæ Miracula videntes, similitudine datis Iudæis, fidem Christi Miraculis derogantibus.* Irridendo & irrisionem Marano ac profano militi tanquam tribuit, quorum omnipotenti Dei Filio, blasphemiæ inter Christianos non ferendi.

Ignatius canonizatur. Tandem ob hæc Miracula, & fidelem operam, sedi Rom. tam nauanti & vacillanti præstitam, canonizatus & in numerum Papisticorum Unctorum à Papa relatus est Loyola.

Tres Conciones à Iesuitis in honorem Ignatij editæ. Ediderunt autem Iesuitæ tres conciones in die festo solenni Canonizationis seu Beatificationis Ignatij Loyolæ, tanquam à Dominicanis Hispanis habitæ fuissent, & in Gallicum Idioma translatæ. Titulus namque earum hic erat: *Tres eximiæ Conciones in solenni festo Canonizationis, seu Beatificationis, gloriosi Patriarchæ Beati Ignatij, Fundatoris Societatis Iesu: quarum prima est per Reverend. Patrem & Doctorem Petrum de Valderama, Priorem Conventus S. Augustini Hispalensis: Altera per Reverend. Patrem & Doctorem Fr. Petrum Deçam, Ordinis Sancti Dominici in Conventu Valentiæ: Tertia per Reverendum Patrem Professorem, Fr. Iacobum Rebullosum, prædicti Ordinis S. Dominici in urbe Barcelonensi, &c. Excusa Tolosæ per Antonium Menerium impressorem & Bibliopolam ordinarium Regiæ Academiæ Tolosæ, anno 1611.* Sed fraus subolevit tandem, & deprehensum est tres has conciones à Iesuitis conscriptas, habitas & publicatas fuisse.

Ignatio a Iesuitis divini honores tribuuntur. In his Concionibus Iesuitæ Ignatio suo Loyolæ sanctum non divinos honores tribuunt, quales Sancta Scriptura nulli vel Prophetarum vel Apostolorum tribuit, ac Deum faciunt: id quod ex 4. his exemplis articulis harum concionum facilè intelligetur. In prima concione Petrus de Valderama sic inter alia ait pag. 30. & 31. *Scimus equidem Moysen virgâ suâ, quam manu ferebat, Miracula in aëre, in terra, in aqua, in cœlis & passim, ubi cunque illi visum fuit, stupenda edidisse & admiranda, adeò quidem ut ipsum Pharaonem cum exercitu suo in mare rubrum præcipitaret & submergeret, verum ineffabilis divini numinis, quod virga illi seu baculo insculptum fuisse Doctor ille refert. Episcopus Auxilianus affirmat, ita Miracula edere solere. Quid autem rem creaturæ ac auspicantes supremo Regi & Domini sui ordinationes, nomina sua signata sub scriptum, obedientiam illi præstiterint, Ita non sanè erat facultatem nec etiam Magistrorum vobis videri debet, per Apostolos etiam contigisse Miracula, siquidem creaturæ in nomine Dei sciebant, operatis videlicet virtute eius & potentiâ, quam illis concessit, & tanquam sigilla sua insignaverit, sive sic: In nomine meo Dæmonia ejicient, linguis loquentur novis, &c. Quod autem Ignatius signavit ipsius proprio nomine chartæ inscriptio, plura quàm ipse Moyses, Miracula & totidem edere, quot Apostoli: quod signum eius tanta authoritatis potest creaturis imperare, ut subito illi obediant, hoc, hoc ipsum est, quod in summum eius adorationem iudicat.*

Secundus articulus est pag. 82. eiusdem concionis: *Quandoque Ignatius videre hic vestigij, vita pius & moratus tam gravis, tam sublimes, ipse etiam cœlo se statuente, excelsiorum, ut nemini nisi Pontificibus, Diva facilitas Petro Imperatoribus, Deipara videlicet Virgini, denique Monarchæ supremo, Deo Patri, eiusque sanctissimo Filio, eos intueri & videre, tanquam ex singulari gratiâ fuerit concessum.*

Tertius est in Concione Fr. Petri Deçæ, pag. 110. & p. 111. *Verum dubium est, utrum reliquorum Ordinum fundatores ad salutem Ecclesiæ missi fuisse, &c.* NOVISSIME AVTEM DIEBVS ISTIS LOCVTVS EST NOBIS IN FILIO SVO IGNATIO, QVEM CONSTITVIT HÆREDEM VNIVERSORVM, &c. *Hoc nunquam in hoc genere laudationis dicisse videtur, quàm* PER QVEM FECIT ET SÆCVLA.

Quartus articulus est in Concione Fr. Iacobi Rebullosæ pag. 107. *Ignatius, inquit, Martyr tam singulari affectu erga Sanctum Patrem Pontificem Romanum, tanquam legitimum successorem Iesu Christi, eiusque vicarium in terris, &c.* *devotus erat.*

Censura Sorbonæ Concionum istarum. Cùm autem hæ Conciones in Galliam importatæ essent anno Domini 1611. & sacra Theologiæ Facultas Parisiensis die primâ Octob. eiusdem anni, post solennem Missam suo ordinariâ haberet Comitia in Aula Collegij Sorbonæ, tum Magister Ioannes Tiessac, Doctor eiusdem Facultatis, Curio S. Ioannis, Ecclesiastes Parisiensis Ecclesiæ, retulit, aliquos Parisinæ Urbis Viros, ad se has tres Conciones detulisse, & scire percupere, utrum Facultas Parisiensis gratam tam itque easundem approbationem habeat, factam à Fr. M. Mathæo Le-Heni Doctore eiusdem Facultatis, & quid potissimum sentiat de quatuor illis articulis quos modo recensuimus, qui permotem Catholicis offendiculum præbeant. Qui audita supplicatione, & præfatis quatuor articulis maturè & diligenter examinatis Facultas attendens, ex verbis etiam manifestis hæreses nasci, vt apud Magistrum Sententiarum docet Hieronymus (non obstante intercessione Magistri Andreæ Ducal, afferentis, prædicta omnia benignis interpretationibus approbari posse) censuit: Quod ad primum, istam loquendi formulam, qua nomen Creaturæ nomini Dei omnipotentis æquari videtur: præterea [illegible] Miracula, eo, quod Dei nomine edita fuerint: denique Miracula non ita certa, Miraculis indubitatâ fide catholicâ tenendis præferuntur, esse scandalosam, erroneam, blasphemam atque impiam. Quod secundum, istam assertionem, quæ aagit, aliquid boni Deo accessisse ex visione creaturæ, scandalosam esse, ac manifestam hæresin præ se ferre. Quoad tertium, accommodationem huius textus literalis **D.** Pauli: Nouissimè autem **locutus est** nobis in filio Ignatio, & non alteri quàm Christo, esse scandalosam, erroneam, & meram blasphemiam & impietatem redolere. Quoad vltimum articulum, duas habere partes inter se pugnantes, quarum altera alteram destruat: & posterior quidem, Papam esse Vicarium in terra, Catholica est; prior verò, Papam esse legitimum successorem Christi, modum loquendi [illegible] hæreticum continet.

Quæ signa aduentum IESVITARVM *portenderint.*

[illegible] Circa aduentum Ignatij & Iesuitarum Monstrum marinum in Norvegia captum est mari procelloso: cui visio Monachi nomen [illegible]. Humana facie videbatur, sed rustica, capite raso & leui, humeros contegebat velut Monachorum cucullus. Pars infima in caudam latam desinebat: media multò erat latior, sagi militaris figura. Hanc effigiem D. Conrado Gesnero Tigurino donò misit illustriss. Margaretha Nauarræ Regina, & à viro nobili hanc effigiem acceperat, qui similem ad Carolum V. Imperat. in Hispania tum agentem deferebat: illæ Regina affirmans, se monstrum hoc in Noruegia captum vidisse post grauissimas tempestates vndis & fluctibus in littus eiectum: locumque designabat Dieram iuxta Oppidum Dennebloph. Eiusdem monstri figuram D. Gesnero retulit Gisbertus, Medicus ex eadem Norvegia Romam ad se missam esse. Georgius Fabricius eandem imaginem ad Gesnerum misit cum descriptione huiusmodi: Piscis hic captus est in mari Balthico iuxta Elbogam Oppidum, quod miliaribus quatuor distat à Coppenhaga, Daniæ Regni Metropoli. Caput habuit hominis, thorax humana specie; caput rasum vt Monachis: de collo humeris, thoraceque cucullus quasi pependit, qui nigris & rubeis maculis fuit variatus. Cucullus desijt in fimbriam, quali pacisonite lumbos & femora tegere solemus. Brachiorum loco pinnæ fuerunt, pedum quoque cauda pisces. Totius monstri longitudo quatuor cubitorum: ad Regem delatum & toto mobi [illegible] & M [illegible] asseruatum est captum anno Domini 1546. Belsonius addit, non tam vocem edidisse, præterquam suspiria quædam, summum mœrorem ac luctum referentia. Hoc simile Monstrum in Gallico etiam Oceano propè Burdegalas, eodem ferè tempore captum, quidam Gallus eidem Gesnero scripsit. Homines in littore ambulantes hoc Monstrum libenter allicit, & coram eis super aquas ludit: quod si hominem ad mirantem appropinquare viderit, appropinquat etiam ipsum: & si qua potest ratione, hominem capit, & trahit in profundum, vt carnibus eius fatietur. Hoc Monstro marino, Monachum referente, clementissimus Deus Mundo significare voluit, emersisse in terris duo Monachorum Monstra, Iesuitas videlicet & Capucinos: qui Monstri illius ingenium egregiè referentes, doctrinâ & eruditione, item verbis & hypocrisiâ suâ sanctitate, alijsque miris artibus ad se pelliciant homines, & in sui admirationem adducant, quosque sic illaqueatos teneant, hos in profundum barathrum errorum ac superstitionum horribilium demergant, & tandem in abyssum infernalem præcipitent, proindeque sibi ab istis diligentissimè caueant, qui æternum perire nolint.

Referunt etiam historici, an. 1540. quo eum, quo confirmatus fuit Iesuitarum Ordo, sequutus est, in plurimis Europæ prouincijs immedicabilem ingentium locustarum multitudinem subitò exortam fuisse. Hæ primò nullas habebant alas, sed magnos dabant saltus: paulò post, quartas adepti sunt, easque mox caridissimè promouebant, [illegible] vt duo milliaria in longum & latum extenderentur, ita occuparent, vt solis quoque splendorem à toto illo terræ spacio suâ densitate excluderent. Dici non posse affirmant earum Regionum incolæ, quantum damni dederint: sebus humi nascentibus vastantes & depascentes omnia ad radices vsque. Transuolasse etiam aquas, arboresque, & [illegible] quæq; [illegible] fuisse humani digiti magnitudine, & esse atrocius multò grassatas in fruges, & ea, quæ in vsus humanos necessarios gignit terra: tota æstate nullâ vel vi vel arte earum sæuitiam retardari potuisse, sed in autumno demum cœlo frigescente, extinctas esse, atro post se relicto semine, vnde sequenti anno alij vermes nati sint. Metuunt secudes edisse auidissimè, potius impotius, vt Laurentius Surius testatur in commentar. [illegible] qui se illis anno [illegible] creditumque tum fuit, non absimiles extitisse illis Ægyptiacis, quarum in Exodo fit mentio.

Hoc prodigio Deus absque dubio Iesuitas & Capucinos nuper natos significare voluit. Locustas enim Monachorum greges denotare, ita manifestum est ex Apoc. 9. vt longâ probatione non egeat. Et sane hæc locustarum istarum descriptio, quæ non à me conficta, sed ex Pontificiorum Commentarijs desumpta est, Iesuitis & Capucinis egregiè conuenit. Nam illi quoque ab initio nullos habuêre vires, hoc est, in nulla existimatione fuerunt, quum rudiores eorum fuissent [illegible] rudes & literarum omnium prorsus rudis atque ignari. Literarum autem cum aliquam notitiam acquisiuissent, & Disciplinæ [illegible] essent, pauci tamen etiam numero, aliqui ipsi à clero Rom. valdè exagitabantur, multisque molestijs afficiebantur. Mox tamen alæ nactæ sunt, id est quum in authoritate & existimatione aliqua haberi cœpissent, mirum in modum creuerunt, & longè lateque dispersæ sunt per totam Europam, florentissimis pascuis, hoc est, Ecclesiæ Dei maximum inferentes damnum. Quemadmodum verò istæ locustæ [illegible] & [illegible] cœlus partis [illegible] sunt, ita [illegible] ergo, notorum illorum Prophetarum [illegible] esse, quum iam videamus, ob deprehensam eorum hypocrisin seu fucatam sanctitatem, dolos fraudes & imposturas, authoritatem ipsorum plurimum in dies decedere. Quid verò in vltimo illo & vniuersali totius Mundi iudicio, quod propè est, Dominus & Seruator noster cum illis acturus sit, iustus ille iudex & Ecclesiæ suæ fidelissimus vindex solus nouit: quem ego togo supplex, vt citò veniat, Amen.

CAPVT II.

De Nomine IESVITARVM.

QVia res & appellatio seu nomen ordinis Iesuitarum nouum est, ideo etiam, vt fieri solet, variæ sunt de Etymologia nominis Iesuitarum disputationes. Nolim autem, ego tantum Grammaticorum litem meam facere, sed solummodo varias opiniones recensebo, & deinde lectori liberum permittam iudicium. Quidam igitur Romano more constituunt etymologiam: sicut enim olim Rom. Imperatores dicebantur Africani, Germanici, Asiatici, &c. non quòd tamen & sui illarum populorum essent: ita dictos Iesuitas putant, quasi professos & iuratos hostes IESV. Alij ex historia Vet. Testamenti [illegible] quæsitam, dictosque putant Iebusitas, quasi Gigantes vel Heuæos, vel certè Iebusitas. Et historia sanè ista non malè ad Iesuitarum sectam quadrare. Sunt qui arbitrentur ex Germanica lingua rationem appellationis posse commodiùs & meliùs inueniri: nec immeritò; quum debeant esse Germanorum Apostoli. Sunt autem duo [illegible] in Germanica lingua idiomata. Si itaque iuxta idioma Germaniæ inferioris vocabulum examinetur, etymologia erit [illegible], quasi qui se ipsi longè sit à Iesu, & procul abducat à Iesu. In idiomate verò Germaniæ superioris dicitur [illegible] quasi [illegible]. Est enim inter t & d. symbolisimus vtitatus, vt [illegible] & [illegible]. Et sicut nomina sunt fatalia, ita Iesuitæ ipsâ appellatione præ se ferunt characterem Bestiæ Apocalypticæ. Vocatur autem homo ille peccati à Paulo [illegible], à Ioh. Antichristus. Sicut grammaticam quæ ad verbum diceretur [illegible] Christum [illegible], ita hæc secta vocatur [illegible]: oppugnat enim præcipuè nomen Iesu, *quod ipse saluum faciat populum suum à peccatis eorum*, Matth. 1. & Act. 4. *Non est aliud nomen datum hominibus, in quo oporteat saluos fieri.* Sunt præterea Grammatici quidam, qui per vsitatas in Scholis figuras [illegible] [illegible] etymologiam quærunt, & disputant primam syllabam superfluè additam: vero autem nomine sint figurâ appellandos esse *Suitas*, quos Horatius

b 3 vocat

vocari *Heroni de grege porcos.* Et doctior forsitan videri potest haec derivatio, sed ipsi ostendunt tales etymologias in Pontificiae Religionis sectatores esse vitiosas. Qui enim vocantur Canonici Regulares vitâ & factis demonstrant se primâ syllabâ demptâ esse *Ca*[illegible].

Cùm autem Romae vel nata, vel certè confirmata sit haec secta Iesuitarum, volunt nonnulli, non quaerendam esse vel Hebraicam, vel Germanicam, sed Romanam, seu Latinam etymologiam, & concedunt, dictos esse Iesuitas, quod symbolum, Regula & forma professionis ac vitae ipsorum sit IESVS seu IESVITA. Sic etiam Gretserus contra Simonem Stenium Iessaeos Iudaeorum [illegible] contendit esse Iesuitas, ut qui à Iesu Iessaei dicti sint. At verò si hoc verum esset, Philo & Iosephus Iudaei, & propterea Christi ac Iesu infensi hostes, non tam exquisite Iessaeos extulissent.

Rectène autē, vel secus hoc nomen Ordini illorum attributum sit, postea videbimus.

Ignatius [illegible] à quo Iesuitae nomen habeant. Nunc inquirendum à quo hunc titulum satis superbum habeant, & quis eum tribuerit illis. De hoc Ioannes Petrus Maffeius lib. 1. cap. 9. Vitae Ignatij Loyolae sic ferè scribit: *Cùm navigationis Hierosolymitanae consilium Ignatio & socijs in irritum cecidisset circa annum* 1537. *Romam Ignatium contendisse. Quando autem haud non longè ab Vrbe Templū ingressus, precanti* [illegible] *clarissima in luce per speciem illi sese Deum Patrem ostendisse, & Iesu filio, baiulanti crucem,* [illegible] *Ignatium,* [illegible] *commendasse: quae ille cum in fidem ac patrocinium recepisset, ad Ignatium* [illegible] *placido ac sereno vultu conversus, haec verba locutus sit:* EGO VOBIS ROMAE PROPITIVS ERO. *Atque hoc ipsum vel imprimis fuisse causae, quod Ignatius confirmatae postmodum Societati suisque professoribus nomen* IESV *indiderit.* Refert idem Ribadeneira in Vita Ignatij lib. 2. c. 11. P. Annibal Codretus quoque Iesuita hunc titulum ad eandem Originem refert: scribit enim, *Societatem, quam hoc nomine assumpsisse, quod* [illegible] *qui in ea sunt, tanquam* [illegible] *commendârit* [illegible] *qui eos* [illegible] *receperit.*

Quā fide autem haec illorum narratio digna sit, Lector, quaeso, attendat. Maffeius dicit, hanc visionem vel imprimis causae fuisse, cur Ignatius confirmatae postmodum Societati nomen Iesu indiderit. Si hoc verum est, Ignatius titulum hunc Societati suae dedit, non ante, sed post confirmationem demum. Atqui hunc titulum ante confirmationē usurpavit, ut in supplicatione sua ad Paulum III. Papam pro confirmatione impetranda his verbis indicatur: *Quicunque in Societate nostra, quam Iesu nomine insigniri cupimus, sub crucis vexillo militare vult, &c.*

Quaero etiam, si haec visio verè facta est, & Ignatius, cùm primùm Romam venit, illam Petro Lainez, qui post eum Generalis creatus est, ordine exposuit, ut Maffeius & Ribadeneira referunt, cur occultavit eam Lainez, iis maximè temporibus, quibus summa necessitas postulabat, ut eam manifestaret: Cur eam non Parlamento & facultati Theologiae Parisiensi opposuit, cùm interdicerent eis, ne hunc titulum usurparent? In promptu causa est: Quia de hac visione tum adhuc nihil [illegible], vel tam pudendae fabulae eos tunc adhuc temporis puderet.

Dicant etiam Iesuitae quo in loco post Christi ascensionem in caelos, à quibus & quo tempore unquam audita sit vox Patris caelestis. Quis Christianus credat Filium Dei caelo descendisse, ut ferocem ac truculentum militem Hispanum, & insignem idololatram alloqueretur, & propitium se Iesuitis futurum diceret Romae, quae Antichristi seu filij perditionis sedes est, quae, ut Abbas Vspergensis testatus est, per malitiam hominum, non per Religionem orbem vicit; ad quam trahit homines non ipsorum devotio aut pura conscientia, sed scelerum multiplicium perpetratio, & litium decisio pretio comparata. Annon Christus ipse dixit: *Si quis vobis dixerit, Ecce, hic est Christus, ecce illic est: nolite credere.* Ab eo igitur tempore, quo Monachatus exortus est, vix crediderim [illegible] mendacium inter tot myriades fabularum monasticarum à quopiam publicatum fuisse, & tamen eiusmodi homines orthodoxos mendaciorum subinde insimulant.

Cùm igitur hoc mendacium allegaret Montaignes Iesuita, & vanitatem huius fabulae intelligeret, noluit illam defendere, sed alio dolo ac fraude usus est, asserens quod *Papam & Concilium hoc titulo Iesuitarum Ordinem ornasse.* Idem asserit etiam de la Fon. c. 33. inquiens: *Populum sic* [illegible] *appellasse, quod* [illegible] *Societas à fundatore* [illegible] *nomine Iesu appellata sit.* Et paulò post ait: *Iesuitae non se ipsos* [illegible] *Iesu appellavit.* Ex quo intelligimus, ne hunc quidem de la Fon. fidem aliquam huic fabulae

c. 22. 4. [illegible]

fabulæ tribuisse, quam mentionem eius mentionem eius nullam prorsus faciat, neutiquam tamen ad visionem illam, sed aliam authorem referat. Si autem & ipse primam illam Pauli III. Bullam legisset, facilè intellexisset, neque sanctam Sedem, hoc est, Papam, sed Ignatium cum Sociis hunc titulum sibi tum in supplicatione ad Pontificem sibi tribuisse. Sed demus hoc maximè Iesuitis, visionem hanc verè factam fuisse, modò illi hoc nobis vicissim dent, Ignatium Loyolam, vel alium nomen hoc Societati huic indidisse, à Iesu quidem, sed non à vero illo Iesu Filio Dei, sed ab illo mirabili Iesu, qui Ignatio vestigiis correpto, dum Romam proficisceretur, suem visum apparuit, et habitumque gerens Monachi, qualem hodiè Iesuitæ circumferunt.

Quemadmodum autem, vt P. Boquinus in Assertione contra Iesuitas docet, vehementer probandum, quòd noui isti Socij per hanc à se nouitatem appellationem non obscurè significant, se improbare atque adeò damnare antecedentium Ordinum authores, qui his cognomina ab hominum nominibus peti induxerunt, suosque discipulos Franciscanos à Francisco, Dominicanos à Dominico, Benedictinos à Benedicto, Augustinianos ab Augustino, &c. nominarunt (quare ipsos non exiguæ schismatum atque superstitionum speciem fecisse constat) & eos reuocant ad Iesum Christum, vt vnicum verè Religionis fontem & caput (à quo illos defecisse aliquo effectu adfirmant, quæ aquas non continent, sicut cognomina testificantur) ita quoque vehementer improbandum, & hanc ipsorum audaciam atque temeritatem reprehendendam, quod repudiato omnium, qui Christo nomen dedêre communi titulo iam olim recepto, cuius author est Spiritus Sanctus, & quod apud omnes pios maiores summo in honore semper habitum fuit, aliam insolentiam minimèque ipsis conuenientem, & cum nec pariùs Christi omnium piorum Seruatoris, contumelia coniunctum, confingere, absque priuatâ authoritate indere ausi sint. Nouum esse Iesuitarum cognomentum nemo est qui nesciat. Nouitatem autem cùm in omnibus rebus, tum maximè in Religione cauendam esse, pij & docti vehementer fugiendam esse rectè præcipiunt, quod & suo exemplo Apostoli confirmarunt. Nam cum Euangelicæ doctrinæ nouitatis nomine infamarentur initio ab hostibus, ipsos & imprimis Paulum sedulò dedisse operam, vt illam calumniam depellerent, ex ipsorum Scriptis manifestè cognoscitur. Et sane noua nomina cur nisi nouis rebus significandis inueniantur? Vocabula quidem noua singere rebus nouis, non improbatur ipsi quoque Hieronymo in cap. 1. Epist. ad Gal. sed tum id faciendum esse idem existimat, dum vel vtilitas, vel necessitas suadent vel potius vrgent. At cum Iesuitæ ad hoc coisse & prodijsse videri velint, vt antiquam pietatem restituant, quæ ipsos vel vtilitas induxerit, vel necessitas vrgere potuerit ad hoc cognomentum confingendum? Primum novo nomine diuersum ab eo quod instituerunt, promittere atque ita fas ut nisi à scriptis dissideant. Deinde veritatis doctrinæ atque Religioni quî conuenit noua appellatio? Nihil certè magis quàm veritati repugnanti, iuxta sententiam Christi, particula cuiuspiam. Præterea si Propheticam doctrinam pariter & Religionem tradere instituerunt, quæ illustrior est, tum vt verissimam ita & verissimam nouitate falsa appellatione suspectam aduersumque redderet?

Videamus etiam num recens fabricata hæc appellatio Sectæ huic schismatis notam manifestè inurat, vt hoc pacto ipsi criminis rei fiant, de quo nos tamen perpetuo hodiè accusant. Deus concordiam & vnitatem Ecclesiæ suæ omnibus modis commendauit: vnde etiam eiusdem Patris voluntate & consilio effectum est, vt omnes veri Christianorum nomine dicti nouitiquam fuerint, tam sibi ab initio ipsi per Euangelij prædicationem congregationis? Itaque hanc appellationem voluntate illius velut Sacramentum quoddam atque vinculum coniunctionis esse. Apparet etiam in eodem cognomine esse inclusam Religionis professionem. Hoc igitur vinculum violare est, tum quoque aliam sibi indicere appellationem, quod etiam Paulus manifestè docet 1. Cor. 1. Abnegationis quoque & defectionis species est, aliud sibi sine vlla necessitate assumere nomen. Extat enim in Gratiano 11. quæst. 3. Paragraphus ex Augustino citatur, qui docet, *Eum qui se Christianum esse negat, negare simul Christum*. Ac mirabile sane est, quòd Iesuitæ hoc eo suo videri velint, vt dispersa Ecclesiæ membra colligant, interque se coagmentent, cùm ipsi sine ipso ullo authore, sine causa, malo perniciosoque exemplo separationem in Ecclesia induxerint.

At forsitan dicturi sunt, id se finxisse & assumpsisse cognomentum, quo significarent nominéque ipso profiterentur se esse Iesu cultores, hoc est, in eum se credere, ipsi fidere, remissionemque suam salutem ab eo expectare. Sed quæ non est curiositas aut vanitas tantum, verum etiam iniquitas, id quod omnibus piis est commune & Christiano cognomine continetur, & cœlesti Spiritu authore significatur, paucos sibi vindicare, ejúsque rei causa privatâ authoritate novum sibi cognomen [illegible]? Aut si quid privilegii & prærogativæ obtendit novus hic Ordo, diploma proferant verè Apostolicum, id est, non à Romana seu Babylonica, sed cœlesti curia profectum, & omnibus examinandum iudicandúmque exhibeant. Sed nisi me animus vehementer fallit, scio quam ob causam Christianorum cognomine repudiato, novum & prioribus seculis incognitum, Iesuitarum scilicet confinxerint. [illegible] illud [illegible] in Italia nati homines: nimirum ne viderentur stupidi & stolidi, quod Italico idiomate per hominem Christianum stolidum ac stupidum significare ac intelligere solent, ut Christianus Francken, in Iesuiticis castris educatus, in Colloquio suo Iesuitico testatur.

Objicit etiam Gretserus contra Scanionem, *Si fideles rectè à Christo nominantur Christiani, se quoque & sui Ordinis homines ac Socios non minus rectè nominari Iesuitas à nomine Iesu.* Respondeo Filius Dei Iesus appellatur ideò quod nos salvet ab omnibus peccatis nostris, & quòd aliunde salus nec peti debeat, nec alibi reperiri possit. Christus autem vocatur ideò, quòd à Patre ordinatus & à Spiritu Sancto unctus sit Propheta ac Doctor, qui nobis arcanum consilium & omnem voluntatem Patris de redemptione nostra patefecit: & summus Pontifex, qui nos unico sacrificio sui corporis redemit & assiduè pro nobis apud Patrem deprecatur: & Rex, qui nos suo verbo & Spiritu gubernat & partam nobis salutem tuetur & conservat. Ab hoc Christo nos rectè Christiani vocamur, quia per fidem sumus membra Christi & unctionis ipsius participes. Iesuitæ autem perperam à Iesu se nominant: non enim salutem hominibus dant, sed potius auferunt, homines à Iesu Servatore abducendo ad nescio quas [illegible] Divos. Adde quod Christiani vocamur expressè & disertè in Scriptura, ut Act. 11. 26. quum Iesuitæ nullibi vocentur vel in Veteris vel in Novi Testamenti libris.

Ad has igitur absurditates, quantum conjicio, tegendas, difficultatesque quas hactenus enumeravimus, tollendas, inventa est ab ipsis cognominis huius Periphrasis, [illegible] quibusdam in ipsorum scriptis præfixa, nimirum *Socius Iesu* (omisso Iesuitarum nomine) imò etiam Domini de Societate Iesu: vel quòd ipsos Iesus nuper admodum allegerit in collegas & socios ad salutem miseris hominibus impertiendam: quod prorsus impium ac blasphemum esset dicere: hoc enim Iesu Christo sic proprium esse, Apostolica testatur doctrina, ut socium nullum admittat: vel quòd (quæ mitior est interpretatio, & pauciora incommoda secum trahit) talem cum Iesu societatem habeant, ut ab eo salutem quam omnibus in ipsum credentibus sacræ literæ promittunt, consequantur. Primus autem gradus ad ineundam cum Iesu societatem necessarius, est fides. Deinde ad retinendam cum eo societatem, opus est vitâ Christiano nomine dignâ. Tertius gradus quo societas vera Iesu confirmatur, est tolerantia crucis. Nostrum verò Iesu sodalitium verâ Christi fide præditum non esse: nec in eo apparere sanctæ vitæ studium: nullum denique conspici in eo crucis Christi vestigium? [illegible] in prædicta Assertione c. 7. & 11. & 13. [illegible] doctè & solidè probat, ut neque hos titulos ipsis convenire videamus. Et quidem comparatione Iesu & Iesuitarum sequenti Epigrammate, historicâ planè fide, demonstravitque, nos falsò sese vel Iesuitas, vel Socios, vel de Societate Iesu nominare. Id Epigramma autem sic habet.

[illegible margin note]

[illegible margin note]

Presbyteri, & sacra geritis qui nomina IESV,
Dispersum si vos IESVS *amare putet.*
Humano generi [illegible] datur ille salutis,
Vos contra innocuis omnibus exitio.
Cauponantem [illegible] flagris Templa expulit ille,
Et dixit: Precibus est sacer ille locus.
Templa dicata DEO *per vos* SPELVNCA LATRONVM,
Per vos facta DEI *est, magna taberna, domus.*
Fraternum passim Lex Christi inculcat amorem:
Exulat à vestris quam procul ille choris.

Non

Non ipse Christus, non Sodales nos dare flammis
Corpora, uel Christi membra secare iuvat.
Plebem iussit Patrem, natos servare parentem
Exemplis Christi nos monet ordo sui:
Contra in honore Magistratus, uel habere parentes,
Ignatij patria nos documenta vetant.
Ignatij, in cuius iuravimus verba Magistri
Spernere nos homines hinc iuvat, inde Deum.
Ignatij, nos dixit iuvat fraudare parentes
Prole sua, voti summa caputque sui.
Quisquis obit, nobis eadem Legata necesse est,
Nec refert, obiens, an pater ille cluat:
Exhaeredantur nati quoque quidem procul absunt
A IESV: haec Haeres nullus ille fuit.
Vos census patrio dum spoliatis alumnos;
Restitui dominis res iubet ille suas.
Dissipabis fine et pauperi sibi ponere IESVS:
Cordibus in vestris pauper ubique iacet.
Nil habuit Christus, vos omnia nulla suppellex,
Nulla domus Christo, culcitra nulla fuit.
Vos urbem vestris domibus completis, & orbem
Suffultis pluma versicolore supra,
Nos nulli capitis Tonsura coronat IESVS
Nulla nisi è spinis plexa corona fuit.
Perfidiae fucique expers agnoscit IESVS,
Ore nihil nostro pectus esse potest.
Nobis larga datur spirans mendacia fallere;
At Christus docuit nunquam vera loqui.
Plurima sunt Christi Miracula, qualia narrant
Nulla domi à nobis edita multa fero,
Orbe procul nostro: credat Iudaeus Apella,
Non ego: & Autores sit penes ipse fides.
Fabula cum Christo nil [illegible], omnia nostrum.
Quid consors Polo [illegible] Orcus habere?
Aut nobis IESVS? quem [illegible] instructi Magistro
Natura haud Agnos, sed probat esse Lupos.

Sed hanc discrepantionem decidamus verbis Ludolphi Carthusiani, qui ducentis annis ante adventum Iesuitarum vixit. Hic Ludolphus de vita Christi part. prima, capite decimo edita anno millesimo quingentesimo vigesimo nono, sic inter alia scribit: *Christus est nomen gratiae; Iesus est nomen gloriae, beatitis & sanctitatis. Sicut enim in hac vita per gratiam Baptismi à Christo dicimur Christiani, sic in caelesti gloria ab Iesu dicemur Iesuitae, id est, à Salvatore salvati. Sancti, qui in caelis sunt, & fruuntur aeterna gloria, veri sunt Iesuitae, triumphantes & sancti [illegible] Dei: qui vero adhuc in terris degunt, & militant pugnantque in multis periculis, militiae suae nomen retinere & gerere debent,* quod est verum Christianorum nomen. *Si verò ita se gerunt ut sancti, qui in aeterna gloria fruuntur ipso throno Salvatoris, eo nomine Iesuitarum tum [illegible] possunt. Quare cavere habere volunt in numero militantium & pugnantium sub Christi vexillo, Christi quoque nomen retineant suum.* Hanc Ludolpho iungimus adhuc alium, eum videlicet, qui scripsit Pomerium Sermonum, in parte aestivali de Circumcisione Sermone quarto. Is de nomine Iesu sic scribit: *Iesus est nomen Dignitatis & aeternae felicitatis: Christus autem dicitur Vnctus, & sic est nomen militiae Christianae, hoc nomen Christianus, quod [illegible] tanquam pugiles militamus in pugna contra Mundum, Carnem, Diabolum. Vnde in praesenti competit nobis no-*

[illegible]

nen Christi propter militiam sub vexillum, sed in futuro, quem animæ se salutis, conspectu nobis nomen Iesu, id est salutis. Liber hic scriptus est anno millesimo quadringentesimo septimo.

Hinc cùm ita sint, non injuriâ interdictum est Iesuitis in celeberrimo Conventu Possiacensi, totius Ecclesiæ Gallicanæ nomine, ut ab appellatione IESV & IESVITARVM, atque etiam SOCIETATIS IESV deinceps prorsus abstinerent. Factum hoc anno millesimo quingentesimo sexagesimo primo. Decemb. 15. die.

Quicquid sit, quadrat in eos Scriptionis Ephesini verba: *Pro pudibus, inquit, arviam Christiani nudata, dicunt se quidem, quod non sunt, quod autem sunt, dici nolunt, sed suam improbitatem nomine tegunt qui communem quidem debent nomen, student verò ut nomine Christi fraudibus diceant, qui contra Iesum militant, & Iesum invocant.*

Iesuitæ in Gallia ab initio Iesuistæ & Iesuatæ nominati sunt. In Gallia tamen multis in locis à vulgo non Iesuitæ, sed IESVATÆ nominati sunt. Imò anno 1564. in controversia, quam cum Universitate Parisiensi habuerunt, ab Advocatis partium Iesuistæ appellati sunt. Hunc titulum etiam eis tribuit Clarissimus Iurisperitus Carolus Molinæus in suo Consilio, de Receptione eorum in Regnum Galliæ: & titulus ejus sic quidem habet: *An Iesuistæ sint recipiendi in Regno Franciæ, & admittendi in Universitate Parisiensi.* Sic etiam vertitur, Advocatus Iesuitarum, vocat eos in defensione illorum, quam in lucem edidit, pag. 30. Et retinuerunt hoc nomen Lutetiæ Parisiorum, usque ad id tempus quo ex tota Gallia ejecti **sunt**.

Ab eodem etiam tempore, Guilelmus Pratensis Claremontanus Episcopus, Cardinalis Pratensis F. cum novis Sodalibus supra modum faveret, eis Claremontanam scholam Lutetiæ attribuit. inde Claremontanæ scholæ Sodales, suppresso Iesuitarum superbo & ambitioso, sicut jam tum multis videbatur, nomine aliquamdiu nominati fuerunt, Thuano auctore Historiarum lib. 35. pag. 735.

Patres quoque appellari gaudent. Qui verò tales haberi volunt, etiam Patrum officium faciant oportet. Id verò est, per Evangelium gignere liberos in Christo Iesu, hoc est, multos ad fidem Christi adducere, & quasi infantes procreare. Hoc qui præstiterunt Doctores & Pastores in primitiva Ecclesia, meritò Patres dicuntur. Quod si officium hoc fideliter facerent etiam hodie Iesuitæ, Patrum titulum illis nemo invideret. Atqui pro Evangelio Christi nil nisi commenta humana docent atque excogitant, & pro fide veram filios sui inficiant. Dum igitur partes suis asseclas & technis ad fidem Pontificiam pertrahunt, liberos illi quidem gignunt, sed Antichristo, non Christo; & Patres quidem dici possunt, at non filiorum Dei, sed Antichristi & gehennæ, ut Christus de Pharisæis talibus respondit, Matth. 23.

In Concil. Trident. CLERICI Societatis Iesu appellantur, & Religio eorum, ORDO *Clericorum Societatis Iesu.* Κλῆρος autem, unde Clerus, sortem vel hæreditatem significat. Hoc igitur nomine Iesuitæ, & tali omnes in Papatu appellari gaudent, quasi ipsi soli sint hæredes Dei & Regni eius. Divus Petrus autem quoscumque sic fideles appellat.

Canonici etiam Regulares dici cupiunt, quod Regulæ certæ vivendi, non quidem Christi, quâ omnes obligamur, quæque una nobis ad benè beateque vivendum, & ad salutem æternam consequendam sufficere debebat, sed sui Ignatij Loyolæ addicti sint.

Dicti etiam Horat. Turselin. in vita Xaverij lib. 1. c. 3. Iesuitas vocatos fuisse in Lusitania & India *Apostolos & Apostolicos*, sive ex pari numero, sive ex quadam vitæ similitudine. Quasi verò omnes duodecim Socij semper Apostoli vocandi sint propter parem numerum Apostolorum, Decade ex nulla vitæ similitudine sic vocandi fuerunt, cùm nulla vitæ similitudo inter Apostolos Christi & Iesuitas deprehendi possit, nam διὰ πασῶν dissident. Apostoli contemnentes Magnatum aulas, spretoque Mundi huius splendore, apud plebem & ignobile vulgus diversantur: Iesuitæ verò Regum domos & Gynæcea tantùm petunt. Apostoli Scholas & Synagogas frequentârunt; Iesuitæ Prætoria & Curias scrutantur. Apostoli in Aulis Cæsarum, si quando eò abrepti fuerunt, mactati & foras ejecti sunt: Iesuitæ Reges Principesque ipsos vel mactandos curant, vel subditis apud eos perniciem machinantur.

Apostoli Christi Evangelium cum omni patientia ac lenitate prædicârunt: Iesuitæ nil nisi omnis generis idolomanias & doctrinas hominum populis obtrudunt, & eas vel denunciatâ, si pacant, supremi Magistratûs indignatione terrent, vel prædicatâ Cruciata in Magistratum concitant. Apostoli Christi cor Patrum ad filios & filiorum ad Patres, quantum in ipsis fuit, converterunt. Iesuitæ liberos contra parentes, & hos contra illos concitant.

tam. Apostoli Christi dulcissimum jugum, & per hoc conscientiæ libertatem ac pacem prædicarunt: Iesuitæ Hispanicæ Inquisitionis tyrannicum jugum fidelium cervicibus inferunt. Apostoli Christi omni humanâ commendatione propriæ conscientiæ testimonio, legemque suæ auctoritatem contenti fuerunt: Iesuitæ supremi Magistratus mandatis ac severissimis edictis, imò militaribus cohortibus sese muniunt, ut horum præsidio tuti pretiosas suas artes securius exercere queant. Apostoli Christi quocunque venerunt, nemini molesti fuerunt aut graves: Iesuitæ homines innocentes ex avitis suis sedibus variis technis & artibus expellunt, & easdem sibi occupant. Apostoli sentientes se cum Evangelio suo doctrina Christi contemptui haberi, nullam graviorem pœnam experiebant, quam ut excusso pedum pulvere abirent, ab omni vindictæ cupiditate alienissimi. Iesuitæ verò si semel receptis vel ipsi semel per angulum foramen intrusi sint, per potentissimos deinceps valvas frustra conatibus ejicere: expulsi etiam aut vel leviter læsi omnes vindictæ rationes tentabunt.

Putant alii Apostolorum nomen Iesuitis inditum, quod primi in Indiam fidem ac Christianam Religionem importârint. At verò Iesuitas non primo Religionem Christianam in Indiam importâsse, ideoque illorum Apostolos non fuisse, ex Osorii hist. lib. 1. intelligitur, ubi testatur, *in India nuper inventa esse antiqua hominum Christianorum millia.* Et Stapletonus libro primo de authoritate Script. capite 14. 5. refert, *In India Orientali Lusitanos Christianorum reliquias invenisse.* Xaverius etiam Iesuita libro primo, Epistola prima, & libro secundo, Epistola decima scribit, *Socotoriam Insulam, in circuitu milia passuum fermè centum, totam incoli ab iis Christianis, qui multis ab hinc annis Baptismis sacerdotibus orbati, nihil habeant præter nomen: hoc Christianos se esse gloriari, & Sanctum Thomam Apost. sanctè colere, quod se eorum duo prædicent ab eis, quos ille in his locis peperit.* Et lib. 2. Epist. 5. *Non desunt,* inquit, *qui S. Thomam Apost. in Sinas penetrasse confirmant, magnumque eorum numerum ad Christi fidem convertisse. Priusquam Lusitani Indiam in suam redigerent ditionem, Græcæ Ecclesiæ antistites Episcopi, qui Christianos, S. Thomæ, ejusque discipulorum operâ propagatos, tuerentur. Cum primum igitur Lusitani Indiâ potiti essent, unus ex Græcis Episcopis, quem dixi, affirmasse fertur, se intellexisse ab aliis Episcopis, qui in India interierint, S. Thomam discum fuisse ingressum Evangelio divulgato indigenas plurimos Christo peperisse.* Hæc ille. Ioannes Lerius quoque in historia navigationis in Brasiliam scribit, *esse sibi à senibus ejus insulæ relatum, eundem Christum, quem ipse annunciasset, fuisse antiquis temporibus in eadem Insula prædicatum, & de falsis ab ipso consequendo esse à majoribus traditum, idque se à parentibus suis audivisse.* Putat autem traditionem illam inde à Thoma Apostolo quasi à manu in manum traditam fuisse. Apostolatus igitur nomen, & conversionis hanc gloriam vel Thomas, vel alii Iesuitis præripiunt.

Quicquid sit, hoc cognomine Manetis hæresis ab istoris repetitum, à quo Manichæi dicti sunt. Nam Manes Paracletum se, & duodecim suos discipulos Apostolos nominavit, eosque in diversas Provincias ad venenum suum hominibus instillandum dimisit. Reprehendit igitur non injuriâ hoc tanquam superbissimum cognomen in Apostolicis Augustin. libro primo ad Quod vult Deum de Hæres. *Apostolici*, inquit, *qui se isto nomine arrogantissimè vocaverunt, & quòd in suam communionem non reciperent utentes conjugibus, & res proprias possidentes*, &c. Quid dicturum fuisse putas sanctissimum virum, si ejus tempore fuissent, qui se vel Apostolos, vel de Societate, vel etiam Socios Iesu, aut Iesuitas appellâssent?

Monachorum nomen habent Iesuitæ, nec immeritò, non enim illis hoc tempore verè & propriè competit, sicut Monachis antiquioribus. Μοναχὸς enim Græca vox, unde Monachus, significat hominem solitarium, qui solus vivit, & solitariam vitam genus elegit. Iesuitæ autem non in solitudinibus, nec extra hominum consortia vivunt, sed in mediis urbibus, in foro, in viis, in campis, in curiis Senatorum & Aulis Regum ac Principum versantur, in castris quoque & inter armatorum acies circumvolitant, denique in ipsa quoque gynæcea & penetralia mulierum usque perrepunt: Ut non immeritò illis dici possit, quod olim Hieronymus Paulino dixit *Si cupis esse quod diceris Monachus, id est, solus, quid facis in urbibus, quæ utique non sunt solorum habitacula, sed multorum.* Et ad Rusticum in eandem sententiam ait: *Quid desideramus urbium frequentiam, qui de singularitate censemur?* his significare volunt, Monachum in urbibus commorantem, & inter homines viventem, nequaquam suo nomine respondere. Et Aeronium Eremitam dixisse accepimus: *Lethalem esse*

piscibus

[illegible] unde conversationem [illegible]. Monachorum periculum cuiusque vitae & professionis sanctioris conditione contre si [illegible] non satisfaciens, minus in urbibus trahat.

IESVITAE *sint ne* Monachi, *an* Episcopi vel Sacerdotes.

QVemadmodum autem Iesuitae, ut diximus, aegre ferunt, se in eundem album cum aliis Monachis referri: sic indignantur quoque Monachi, privilegia sua Iesuitis communicari, a quibus ceu majorum gentium Episcopis in infimum ordinem amandantur, nec enim in Tridentina Synodo, cum de praedicta [illegible] pares controverteretur, assignatum sibi inter Monachos locum, sua dignitate parem existimarunt. Itaque Iesuitas nunc [illegible] aquiliam avis esse similes, quae indicto avium conventu piscem se profitebatur, indicto piscium concilio, avis se nomine [illegible]. Urgeret igitur ut deposita tandem persona se Monachis aut Episcopis ascriberent. Illi neutris se adjungunt, sed modo ad hos, modo ad illos divertunt, utriusque, ut iubet, participes. Nam cum Monachorum solitudo juvet & otium, ipsi quoque se a populo segregant, ne caeterum [illegible] contagione afficiantur, sed in umbra soli per spatiosas porticus inambulantes cogitationibus suis indulgeant. E diverso, cum Episcopi munus actione contineatur, ipsi quoque animi gratia ad populum declamant, sacramenta sua sancta agunt, publice & privatim ingerunt. Sed quoniam languida nimis videbatur Monachorum conditio, si se toti meditationi dederint, aut ad ipsi diversum gerendarum satagentia diverso [illegible] nimis & anxium Episcoporum munus esset: ideo medium quoddam **& ad** felicitatem propensius vivendi genus placuit, quod laboris & meditationis vicibus temperaretur. Itaque id eatenus attingentes, quatenus commodum visum est, liberaad meditationem & otium sibi tempora reservarunt. Itaque rem gesseris, ut inter Episcopos reliqui monachi inter Monachos semiepiscopi, utrisque merito suspecti habeantur. Adde quod non [illegible] navant operam erudiendis [illegible], & ad suam rationem informandis, atque inter has curas non pauca alia moliuntur. Unde non immerito Monachismo praxis adjungitur, id est, [illegible] cujus cum Monachismo fermentata [illegible] Iesuiticum, medullam doctrinae [illegible]. Ut enim medulla alimentum est, ut animus perfectiusque elaboratur, ita

haec ultima Monachorum ratio [illegible] omnium reliquarum instar est, ipsiusque doctrina subtilior quidam succus ex omnium antiquorum Monachorum Regulis delibatus & expressus. Nam cum Monachorum triplex est genus, ut item triplex animantium gradus, alii tantum vivunt ut frutices, alii vivunt & sentiunt ut bestiae: primi sensu carentes, secundi sensu & ratione simul tecti ad humanitatem propius accedunt quidem, & ratiocinantur, sed non emendare. Tres hos gradus arte sua Iesuitae eximie complexi sunt, Nam vivunt ut primi, & vitam longe vitaliorem; sentiunt ut secundi, & sensu multo liberiore: ex secundis enim hi se aspectu formarum, hi se gustu ciborum orbarunt: utramque licentiam Iesuitae sibi indulserunt, ultimorumque paralogismis correctis, ex ipsis quod utile visum est decerpserunt, sibi Monachos & Episcopos tanquam Regulas Lesbias accommodarunt. Differunt igitur Iesuitae a Monachis, non magis quam species a genere: nam residuo exacto capite [illegible] praeclaram capiant a [illegible] fecerit [illegible].

Huius artis repertor & princeps est Loyola Hispanus, ut diximus, qui praeceptionibus omnibus, quae ad hanc artem pertinent collectis, turbam quandam hominum colligit, jurejurandoque astrictum ex artis hujus praescripto & formula vivere coegit. Is primum miles, mox perfecta aetate, belli pertaesus, ad scholas literarias, a scholis deinde ad peregrinandum se contulit, semper suum finem animo versans, quod erat cum dignitate otium. Quem finem licet multi Monachi viderent, eo tamen pertingere non poterant, quia monasticam desererent, hoc est, a finibus suis in Episcopatum exilirent. Unus Loyola ita callide circumspexit, ut neque ab eo fine aberraret, neque fines suum transiliret. Namque Episcopatus ad leve quoddam exercitii genus restricto, simulque Monachatu ex certis illis legibus relaxato, fecit ut intra Monachatum consistens Episcopalium commoditatum potitus sit, hinc oneris expers, illinc severiorum disciplinae. Itaque sicut nonnullis authoribus nonnullarum artium inventionem acceptam ferimus, quod primitivum usum vagantem & dubium certis legibus circumscripserunt: ita Loyolam artis Iesuiticae laudat authorem, a multis illa quidem Monachorum rivulis deducta, sed ab ipso Loyola ad summum adducta.

Ostendam tamen breviter, quibus in rebus Iesuitae a reliquis Monachis differunt

[illegible marginal note]

tant maximè. Monachus ex testamento suorum aut ab intestato legati capax nulla erat, ideo neque querela de inofficioso competebat. Iesuitæ verò id juris sibi reservârunt, ut hæreditates ad se devolvant, nomine quisque privato edito, ac præteritione testamenta rumpere possint. Et quamvis dona grandia Monachi à caducis & moribundis hominibus aucuparentur, negari tamen non potest, quin id ipsum vel secretius, Iesuitæ præstent. Sed illud tamen interest, quod non ad recitandas manè & vesperè nænias se adstringunt, neque cadaveribus divorum defunctis sanciunt, sed quicquid id est quod donatur potius purum sibi habere volunt. Reformârunt item eam Monachorum turpitudinem, qui manticâ per vicos onusti stipem & annonam ostiatim mendicabant, in templis verò sicut in foro, nummos, pœnitentias, ova gratijs, mercabantur. At Iesuitæ domi & foris nil nisi nitorem & lautitiam præ se ferunt. Suppresserunt præterea quasdam mei & tui appellationes, quæ jam inter Monachos gliscebant, magnamque incommodorum caudam secum trahebant. Simul etiam ac rerum proprietates distinctæ esse cœperunt, deserta causa publica, ad suum commodum quisque collimavit. Unde si ab uno collegio in aliud commigrandum erat, colligendæ simul omnes erant Sarcinulæ, aliorum nuda omnia & inania reperientes. Iesuitæ soli reperêre modum, quo nihil possidentes omnia possideant: nam & depositis omnibus impedimentis semel passim ambulant, & quocunque gentium proficiscuntur, omnem supellectilem & corporis cultum inter suos opportunum nanciscuntur. Præterea informi quodam habitu Monachi incedentes, terricum quiddam & inhumanum sapiunt: hi nudis pedibus, hi fenestratis calceis, hi turbinato vertice & capucio, hi cucullis vel nigris, vel albis, vel cinericiis, &c. aut contortis funibus horrendi. At Iesuitæ formam communem & usitatam tenent, ut se turbis hominum ultro citroque misceant, rumusculos impunè capiant, suumque vigilum & speculatorum, seu potius proditorum munus exequantur. Inde est quòd ad externas oras nullo penè sumptu abeunt, & gravissimas Papæ jussu Legationes obeunt, quæ Cardinalibus antea demandari solebant. Tantum etiam inter Monachos & Iesuitas, quod ad habitûs victûsque formam attinet, interest quantum inter veteres meretrices sulcas & recentiores: illæ pulchritudinem suam in jajunaquadam corporis deditate constituebant, unde misere gemunt suum assi gebant: hæ verò veterem illam hæresin damnantes, corpus suum intus & in cute splendidè extendunt, neque quicquam in fraudem gesti de demenso detrahendum censent.

CAPUT III.

De Habitu & Vestitu IESVITARVM.

AB initio, cùm simularent peregrinationem Hierosolymitanam, Venetias proficiscebantur baculo innixi pedites: vestitus eorum omnium erat ut peregrinorum pauperum: pendebat è scapulis mantica ex corio; Rosaria palam gestabant de collo suspensa, ut supra quoque diximus. Sed audi quæso quantum hodie Ignatiani mutati sint ab illis. Nam cùm hinc inde peregrinantur, *galeris* utuntur seu pileis latis: *Barretam* autem suam consecratam apud se nihilominus reservant: Et si Collegium vel domum Iesuiticam ingrediantur, *pileo turrito* rotundo, *Barretam*, ut agnoscantur, incipiunt, quâ re nescio quam existimationem sibi creari putant. Hæ Barrettæ quadrangulares, & in formam crucis ex petiolis [illegible] formatæ sunt: expendunt enim pro qualibet ut nimirum coronatum. Perhibent Ioannem sextum Minensem Episcopum visis Monachis, dicere solitum fuisse: *Nullum animal audacius esse eo, quod è cucullo prospiceret.* Si quis nostrâ ætate assereret, Nullum animal impudentius esse eo, quod caput piteolo quadrato, seu quadricorputo, tegit, à vero opinor non aberraverit.

Pro Cucullis, quod sanctissimum tamen hactenus Monachorum indumentum habitum fuit utuntur *palliis philosophicis*, hoc est, oblongis & quidem nigris.

Sub his palliis *tunicelas* habent, quas *Sotanas* dicunt, ad plantam usque pedis ferè dependentes, quas Canabe holosericâ stringunt.

Sub tunicelis thoraces, caligas & tibialia gestant de optimo pannorum genere, quo etiam dum seculares erant, utebantur.

Calceos habent corrigijs constrictos.

Regula enim præcipit, *habitum illorum conformem esse debere vestimentis quibus Clerici & Sacerdotes utuntur, ut novo & peregrino habitu hominibus quibus cum versantur & agunt, molestiam & offensionem creent.* Ideò in Regula additur: *Paupertatem illorum non debere esse vestium immunditiâ, sor-*

C 3 *dibus*

ideo vel pannositate sordidatum: sed purum, mundum, nigrorum & honestius gestum.

Cum igitur reliquorum Monachorum quidam alij nudis pedibus, alij fenestratis calceis, alij tonsurato vertice, alij cucullâ aut contortis funibus ipso aspectu horrendi; Iesuitæ soli formam communem tenuerunt, ut se turbis hominum altro citroque misceant, rumusculos impunè captent, suumque vigilum & speculatorum munus solertiùs exequantur.

His suis vestimentis spiritualem interpretationem affingunt. *Pileo* enim Mysterium est quatuor cornuum: significat etiam Trinitatis unitatem, & cum eadem Beatæ Virginis Mariæ coniunctionem. Eorum præterea hoc volunt Mysterium esse, ut quatuor cornua vel anguli quatuor Mundi plagas designent, ad quas vel à Pontifice ipso, vel à suo Generali etiam non accepto viatico, ablegantur. *Tunicula* interior Album, quo Iesum Herodes derisit, designat. *Thoracem, caligas, calceos, cingulum vel zonam, fascias cruralia* ex Pauli Epistola ad Ephesios 6. cap. interpretantur. *Indusium* volunt esse perpetuæ castitatis devotæ memoriam. Si etiam se induunt, vel vestibus exuunt, certas preculas recitant. Exempli gratiâ, si Calceos claudunt, dicunt: *Domine non sum dignus, solvere corrigiam calceamenti tui.* Si se constringunt: *Cinge Domine femora mea castitatis cingulo* &c.

Hunc verò habitum, cùm peregrinantur, interdum deponunt, & alium induunt, puta mercatorum, nobilium, opificum, &c. ut eo securius inter Evangelicos latere, & omnia facilius explicari & explorare possint.

Sed in quascunque tandem sese formas flexerint, & sive cucullati sive palliati vel quocunque alio habitu induti sint, unicus tamen salutis portus omnibus est propositus, ad quem synceri & rectâ fide nisi quis collimet, quocunque tandem pallio, aut cucullo, aut veste ornatus fuerit, naufragium patiatur oportet.

Quod si ab hoc illorum externo habitu oculos ad mores illorum & gestus converteris, ita sunt ad speciem humanitatis, pietatis omniumque virtutum compositi, ut opinari possis aliquis, Ioannem Baptistam, in severo isto cultu non fuisse sanctiorem. Fingite enim, Lectores, vos jam videre ex Iesuitarum grege aliquem: Hominem oculis videretis humanissimum, si vultui: placidissimum & humilimum, si gestui credetis: caput eleganter compositum & in unam partem habet inclinatum, ut videatur eius similis, qui nostri causâ in cruce dependit: cruces etiam pictas & sculptas in manibus habet. At enim verò gestuum his apparatus nihil aliud est, nisi pellis ovina, & larva vicinium, ad decipiendos & fallendos homines comparata. Nec mentior, si dico, sub illo vestitu, gestu & habitu latere lupinum animum, imo antiquum serpentem, auctorem dissidiorum, turbarum, bellorum, cædium atque adeò omnium malorum à quibus usque Ecclesiæ & Reipubl. periculum esse potest.

CAPVT IV.

Quod continet

REGVLAS
ET
CONSTITVTIONES IESVITARVM.

SVMMARIVM CONSTITVTIONVM, QVÆ AD Spiritualem Nostrorum Institutionem *pertinent, & ab omnibus observanda sunt.*

QVamvis summa sapientia, & bonitas Dei Creatoris nostri ac Domini sit,
„ quæ conservatura est, gubernatura, at-
„ que promotura in suo sancto servitio
„ hanc minimam Societatem Iesu, ut
„ eam dignata est inchoare: ex parte verò

tis nostra interna charitatis, & amoris lex, quam Sanctus Spiritus scribere, & in cordibus imprimere solet, potius quam ullae externae Constitutiones, ad id adjutura sit: Quia tamen suavis dispositio divinae providentiae suarum creaturarum cooperationem exigit, & quia Christi Domini nostri Vicarius ita statuit, & Sanctorum exempla, & ratio ipsa nos docet in Domino necessarium esse arbitramur, Constitutiones conscribi quae juvent ad melius in via incepta divini obsequii procedendum, juxta instituti nostri rationem.

2. Finis hujus Societatis est, non solum saluti & perfectioni propriarum animarum, cum divina gratia vacare: sed cum eadem impense in salutem, & perfectionem proximorum incumbere.

3. Nostrae vocationis est, diversa loca peragrare & vitam agere in quavis Mundi plaga, ubi major Dei obsequium, & animarum auxilium speratur.

4. Ratio vivendi in exterioribus, justas ob causas, et ipsa Dei obsequium semper spectando, communis est, nec ullas ordinarias poenitentias, vel corporis afflictiones ex obligatione subeundas habet, sed illas assumere quivis poterit, quae sibi videbuntur, cum approbatione Superioris, ad majorem sui spiritus profectum convenire & quas propter eundem finem Superiores poterunt imponere.

5. Ipso initio sui in Societatem ingressu, debet quisq; generalem totius vitae confessionem apud aliquem Sacerdotem à Superiore assignatum facere, & post eam sacratissimum Christi Domini nostri corpus sumere: & sic sexto quoque mense eodē modo generalem ab ultima inchoando confiteri. Et omnes tam Professi quam formati Coadjutores semel singulis annis parati esse debebunt ad confessionem generalem, quae ab ultima generali inchoetur, ei, quem Superior sibi substituerit faciendam.

6. Utantur quotidie omnes conscientiae suae examinatione consueta: Si sacerdotes nō fuerint, confiteantur oportet, & sanctissimum Sacramentum Eucharistiae sumant octavo quoque die: & unum omnium & Confessarium à Superiore constitutum; quod si fieri non poterit, quisque certè suum stabilem habeat Confessarium, cui ipsius conscientia prorsus aperta sit.

7. Qui autem alii, quam suo Confessario designato confitetur, debet postmodum (quantum recordari poterit) eidem suo Confessario totam suam conscientiam aperire, ut nihil ignorando quod ad eam pertinet, melius in Domino possit eundem juvare.

8. Unusquisq; eorum, qui Societatem ingrediuntur, consilium illud Christi sequendo: Qui dimiserit patrem, &c. existimet sibi Patrem, Matrem, Fratres, & Sorores, & quicquid in Mundo habebat, relinquendum; imo sibi dictum existimet verbum illud: Qui non odit Patrem, & Matrem, insuper & animam suam, non potest meus esse discipulus. Et ita curandum est, ut omnem carnis affectum erga sanguine junctos exuat, ac illum in spiritualem convertat, eosque diligat eo solum amore, quem ordinata charitas exigit, ut qui Mundo, ac proprio amori mortuus, Christo Domino nostro soli vivit, eumque loco parentum, Fratrum, & rerum omnium habet.

9. Ad majorem in spiritu profectum, & praecipuè ad majorem submissionem, & humilitatem propriam, contentus esse quisque debet, ut omnes errores, & defectus ipsius, & res quaecunque, quae notatae in eo, & observatae fuerint, Superioribus per quemvis, qui extra confessionem eas acceperit, manifestentur.

10. Boni etiam omnes consulunt, ut alii aliis, & ad aliorum correctionem juvare, et manifestare sese invicem sint parati debita cum amore, & charitate, ad majorem spiritus profectum, praesertim ubi à Superiore, qui illorum curam gerit, fuerit ita praescriptum, aut interrogatum ad majorem Dei gloriam.

11. Diligenter animadvertant oportet (magnificiendo summique momenti id esse ducendo in conspectu Creatoris ac Domini nostri), quanto opere juvet, ac conferat ad vitae spiritualis profectū omnino, & non ex parte abhorrere, ab omnibus, quae Mundus amat, & amplectitur, & admittere & concupiscere totis viribus quicquid Christus Dominus noster amavit, & amplexus est. Quemadmodum enim mundani homines, qui ea, quae Mundi sunt, sequuntur, diligunt, & quaerunt magna cum diligentia: honores, scilicet, famam, magni nominis existimationem in terra, sicut Mundus eos docet: sic qui procedunt in spiritu, & serio Christum Dominum nostrum sequuntur, amant & ardenter expetunt, quae ijs omnino contraria sunt, indui nimirum eadem veste, ac insignibus Domini sui pro ipsius amore, ac

reverentia,

sententia, adeò ut si sine offensione ullius divinae majestatis, & absque proximi peccato fieri posset, vellent contumelias, falsa testimonia, & injurias pati, ac stulti haberi & existimari (nulla tamen ad id per eos data occasione) eò quod exoptant assimilari, ac imitari aliquo modo Creatorem, ac Dominum nostrum Iesum Christum, ejusque vestibus & insignibus indui: quandoquidem illa ipse propter majorem profectum nostrum spiritualem induit, nobisque exemplum dedit, ut in omnibus, quoad ejus fieri poterit, divina gratia aspirante, eum imitari, & sequi, cum vera sit via, quae ducit homines ad vitam, velimus.

12. Ut melius ad hunc perfectionis gradum in spirituali vita tam pretiosum perveniatur, majus, ac impensius studium cujusque sit, quaerere in Domino majorem sui abnegationem, & continuam in rebus omnibus, quoad poterit, mortificationem.

13. In exercendis officiis abjectis & humilibus, promptius ea suscipi conveniet, quibus sensus magis abhorrebit: si quidem injunctum fuerit, ut in eis se exerceat.

14. Antevertere oportet tentationes, adhibitis earum contrariis, ut cum quis animadvertitur ad superbiam esse propensus, exercendus debet in rebus abjectioribus, ad humiliandum ipsum varias futuras videantur: & sic de aliis pravis animi propensionibus.

15. Omnes constanti animo incumbamus, ut nihil perfectionis, quod divina gratia consequi possimus, in absoluta omnium Constitutionum observatione, nostrique instituti peculiari ratione adimplenda praetermittamus.

16. Omnes, qui se Societati addixerunt, in virtutum solidarum, ac perfectarum, & spiritualium rerum studium incumbant: ac in hujusmodi majus momentum, quam in doctrina, vel aliis donis naturalibus, & humanis constitutum esse ducant. Illa enim interiora sunt, ex quibus efficaciam ad exteriora permanare ad finem nobis propositum oportet.

17. Omnes rectam habere intentionem studeant non solum circa vitae suae statum verum etiam circa res omnes particulares, id semper in eis sincere spectantes, ut serviant, & placeant divinae bonitati propter seipsam, & propter charitatem, & eximia beneficia, quibus praevenit nos, potius quam ob timorem poenarum, vel spem praemiorum (quamvis hinc etiam juvari debeant) & in omnibus quaerant Deum, exuentes se, quantum fieri potest, amore omnium creaturarum, ut affectum universum in ipsarum Creatorem conferant, eum in omnibus creaturis amando, & omnes in eo, juxta sanctissimam, ac divinam ipsius voluntatem.

18. In concionibus domesticis de iis tractent, quae ad sui abnegationem, & in virtutibus profectum, & omnimodam perfectionem attinent, ad ea se invicem exhortando, & praecipuè ad unionem & charitatem fraternam.

19. Magnopere conferet, devotionem, quoad fieri poterit, ex mente in obire, in quibus magis exerceatur humilitas & charitas. Et in universum loquendo, quanto aliquis se arctius Deo adstrinxerit, & liberaliorem erga summam majestatem se praestiterit, tanto eum in se liberaliorem etiam experietur, & ipse in dies magis idoneus erit ad gratias, & dona spiritualia uberiora recipienda.

20. Postquam aliquis in corpus Societatis acceptus fuerit in aliquo gradu, ad alium progredi curare non debet, sed in suo perficere, & obsequio Dei, & gloriae sese impendere.

21. Omnes eorum tempus debitè spiritualibus impendant, & devotioni quaerendae pro mensura gratiae Dei ipsis communicatae insistant. Cura interior.

22. Ab illusionibus Daemonis in suis spiritualibus exercitationibus caveant, & se contra omnes tentationes tueantur: simul rationes sciant, quae adhiberi possint, ut eas superent. Sed ad veras, solidasque virtutes consequendas insistant sive plures adsint visitationes spirituales, sive pauciores: curent vero semper in via divini servitii progressum facere.

23. Paupertas, ut murus religionis firmus, diligenda, & in sua puritate conservanda est, quantum divina gratia aspirante fieri poterit. Paupertas.

24. Diligant omnes paupertatem ut matrem, & juxta mensuram sanctae discretionis suis temporibus ejus effectus aliquos experiantur: nullaque re tanquam propria utantur, paratique sint ad mendicandum ostiatim, quando vel obedientia vel necessitas id exiget.

25. Victus, vestitus, & lecti ratio erit ut pauperibus accommodata: & unusquisque

quisque

quisque sibi persuadeat, quod quæ vilissima erunt ex iis, quæ dom. sunt, ei tribuentur propter ipsius majorem abnegationem, & spiritualem profectum.

26. Intelligant omnes, quod mutuo dare, vel accipere, vel dispensare quidquam de iis, quæ domi sunt, minimè possunt, nisi Superior conscius consensum præstiterit.

27. Omnes, qui sub obedientia sunt Societatis, meminerint se gratis dare debere quæ gratis acceperunt, nec postulando, nec admittendo stipendium, vel eleemosynas ullas, quibus Missæ, vel Confessiones, vel Prædicationes, vel quodvis aliud officium ex iis, quæ Societas, juxta nostrum institutum exercere potest, compensari videatur: ut sic majori cum libertate possit, & proximorum ædificatione in divino servitio procedere.

Castitas. 28. Quæ ad votum castitatis pertinent, interpretatione non indigent, cum constet, quàm sit perfectè observanda, nempè enitendo angelicam puritatem imitari, & corporis, & mentis nostræ munditia.

29. Omnes diligentissimè curent portas sensuum suorum (oculorum præcipuè, aurium, & linguæ) ab omni inordinatione custodire, ac se in pace, & vera humilitate interna conservare, & eam in silentio, cùm id observandum est, cùm autem loquendum in circumspectione, & ædificatione verborum, & modestia vultus, ac maturitate incessus, motuumque omnium, sine ullo impatientiæ, aut superbiæ signo exhibere: in omnibus procurando atque optando potiores partes aliis deferre, omnes in animo suo tanquam sibi superiores ducendo, & externum honorem, ac reverentiam, quam exigit cujusque status, cum simplicitate & moderatione religiosa exhibendo: atque ita fiat, ut se mutuo considerantes in devotione crescant, Deumque Dominum nostrum laudent, quem quisque in alio, ut in illius imagine, agnoscere studeat.

30. In refectione corporis curandum est, ut temperantia, modestia, & decentia interior, & exterior in omnibus observetur. Præmittatur benedictio, & sequatur actio gratiarum: quas omnes agere debent cum ea, qua par est, devotione, & reverentia. Et dum corpus edendo reficitur, sua etiam animæ refectio præbeatur.

Obedientia. 31. Expedit in primis ad profectum, & valdè necessarium est, ut omnes perfectæ obedientiæ se dedant: superiorem (quicunque ille sit) loco Christi Domini nostri agnoscentes, & interna reverentia & amore eum prosequentes, nec solùm in executione externa eorum, quæ injungit integrè, promptè, fortiter, & cum humilitate debita, sine excusationibus, & obmurmurationibus obediant, licet difficilia, & secundum sensualitatem repugnantia jubeat, verumetiam conentur interius resignationem, & veram abnegationem propriæ voluntatis, & judicii habere, voluntatem, ac judicium suum cum eo, quod Superior vult & sentit, in omnibus rebus (ubi peccatum non cerneretur) omnino conformantes, proposita sibi voluntate, ac judicio Superioris pro Regula suæ voluntatis, & judicii, quo exactius conformentur primæ, ac summæ Regulæ omnis bonæ voluntatis, & judicii, quæ est æterna bonitas, & sapientia.

32. Liberam sui ipsorum, rerumque suarum dispositionem omnes cum vera obedientia Superiori relinquant, nihil ei clausum, ne conscientiam quidem propriam tenendo, non repugnando, non contradicendo, nec ulla ratione judicium proprium ipsius judicio contrarium demonstrando: ut per unionem ejusdem sententiæ & voluntatis, atque per debitam submissionem melius in divino obsequio conserventur, & progrediantur.

33. Omnes obedientiam plurimùm observare, & in ea excellere studeant: nec solùm in rebus obligatoriis, sed etiam in aliis licet nihil aliud quàm signum voluntatis Superioris sine ullo expresso præcepto videretur. Versari autem debet ob oculos Deus creator ac Dominus noster, propter quem homini obedientia præstatur, & ut in spiritu amoris, & non cum perturbatione timoris procedatur, curandum est.

34. Ad Superioris vocem perinde, ac si à Christo Domino egrederetur, quàm promptissimi simus, re quavis, atq; adeò litera à nobis inchoata, nec dum perfecta relicta.

35. Ad eum scopum vires omnesque intentionem in Domino convertamus, ut sanctâ obedientia tum in executione, tum in intellectu, sit in nobis semper omni ex parte perfecta: cum magna celeritate, spirituali gaudio & perseverantia, quicquid nobis injunctum fuerit obeundo, omnia justa esse nobis persuadendo, omnem sententiam, ac judicium nostrum contrarium cæca quadam obedientia abnegando.

36. Quisque sibi persuadeat, quod qui sub obedientia vivunt, se ferri, ac regi à

divina providentia per Superiores suos, sinere debent perinde, ac si cadaver essent, quod quoquo versus ferri, & quacunque ratione tractari se sinit: vel similiter, atq; senis baculus, qui ubicunq; & quacunque in re velit eo uti, qui eum manu tenet, ei inservit.

57. Admittere quisque debet quasvis pœnitentias, quæ propter defectus, & negligentiam suam, vel quidvis aliud fuerint injunctæ. Pœnitentias verò hujusmodi prompta voluntate admittere deberet, cum vero emendationis, & spiritualis profectus desiderio, etiam si propter defectũ nõ culpabilem injungerentur.

58. Cum aliquis ad ministeria culinæ obeunda ingreditur vel ad eum juvandũ, qui coquus est, eidem obedire cum magna humilitate, in rebus ad ipsius officiũ pertinentibus debet. Atq; valde necessarium est, vt omnes non solùm Superiori Societatis, vel Domus, sed etiam subordinatis officialibus, qui ex illo auctoritatem acceperunt, obediant: & assuescant non intueri, quis ille sit cui obediunt, sed potius quis ille, propter quem & cui in omnibus obediunt, qui est Christus Dominus.

59. Si aliquis ex iis qui domi sunt, aliquam scribere vult, non nisi obtenta facultate, & literis ei ostensis, quem Superior destinaverit, id faciat. Si ad eundem literæ mittentur, ei primo reddentur, qui à Superiore fuerit constitutus: qui eas leget, & reddet, aut non reddet illi, ad quem sunt destinatæ, prout in Domino expedire ad majus ipsius bonum & Dei gloriam existimabit.

40. Quicunque hanc Societatem in Domino sequi volet, & in eadem ad majorem Dei gloriam manere, sub sigillo confessionis, vel secreto, vel quocunq; ratione ei placuerit, & ad majorem ipsius consolationem fuerit, debet conscientiam magna cum humilitate, puritate, & charitate manifestare, re nulla qua Dominum universorum offenderit, celata, & totius anteactæ vitæ rationem integram, vel certè rerum majoris momenti Superiori, qui tum fuerit Societatis, vel cui ex Præpositis, vel aliis ex inferioribus ille injungeret, prout magis convenire videretur, reddat: & semper quoq; mente rationem hanc suam ab ultima, quam reddiderit, incipiendo quisque reddet. Sic etiam videtur, quod Coadjutores formati, & Professi singulis annis, vel crebrius, si Superiori videbitur, suæ conscientiæ rationem dicto modo ei reddant.

41. Nullam debent celare tentationẽ, quam Præfecto rerum spiritualium, vel Confessario, vel Superiori non aperiant: imò verò totã animam suam illis integrè manifestam esse, pergratum habeant: nec solùm defectus aperiant, sed etiam pœnitentias, vel mortificationes, seu devotiones, ac virtutes omnes, voluntate pura optantes ab illis dirigi, sicubi à rectitudine deflecterent, nolentes suo proprio sensu duci, nisi conveniat cum judicio illorum, quos Christi Domini nostri loco habent.

42. Idem sapiamus, idem, quoad ejus fieri possit, dicamus omnes, juxta Apostolum. Doctrinæ igitur differentes non admittantur, nec verbo in concionibus, vel lectionibus publicis, nec scriptis libris (qui quidem edi non poterunt in lucem sine approbatione, atq; consensu Præpositi Generalis) imò & judiciorum de rebus agendis diversitas, quæ mater esse solet discordiæ, & inimica unionis voluntatum, quantum fieri poterit, cavari debet. Vnio verò, & conformitas mutua diligentissimè curanda est, nec quæ ei adversantur, permittenda: quo juncti invicem fraternæ charitatis vinculo, melius & efficacius possint se divino obsequio, & auxilio proximorum impendere.

43. In Societate, nec sit, nec sentiatur animorum propensio ad partem aliquam factionis, quæ esset fortassis inter Principes, vel Dominos Christianos: sed sit potius quidam universalis amor, qui partes omnes (licet sibi invicem contrariæ sint) in Domino nostro amplectatur.

44. Omnes quamdiu corpore benè valent in spiritualibus, vel exterioribus rebus habeant, in quo occupentur, ne otium malorum omnium origo, quoad ejus fieri possit, domi nostræ locum habeat. Otium [illegible]

45. Vt plenius possit Societas rebus spiritualibus juxta finem instituti vacare, quoad ejus fieri poterit, à negotiis sæcularibus abstineat: (qualia sunt testamentariorum, vel executorum, vel procuratorum rerum civilium, aut id genus officia) nec ea ullis precibus adducti obeunda suscipiant, vel in illis se occupari sinant.

46. Vt nimia sollicitudo in iis, quæ ad corpus pertinent, reprehensibilis est: ita cura moderata tuendæ ad divinũ obsequium valetudinis, ac viriũ corporis laude digna, & ab omnibus adhibenda est. Et eadem causa cum animadverterint aliquid sibi nocere, vel aliquid aliud necessa- Ratio habenda valetudinis.

rium

tium esse visum fuerit, vel si quid de habitatione, officio, aut exercitatione, & sic de aliis rebus, admonendum ducat Superiorem, vel quem ad id Superior constituerit, duo interim observentur: Primum, ut antequam ad eum quid referant, se ad orandum recipiant, & post orationem si senserint rem deferendam ad Superiorem, id faciant. Alterum, ut cum verbo, aut scripto brevi [ne excidat memoriae] Superiori rem exposuerint, ei totam curam rei expositae relinquant, & quicquid ille statuerit, optimum ducant: nec contendere, aut urgere per se, vel alium [sive concedatur quod petitur, sive non] pergant: quandoquidem sibi persuadere debent, id magis expedire ad divinum obsequium ac suum majus bonum, quod Superiori sic inclinato, in Domino visum fuerit.

47. Ut non expedit tanto labore corporali quempiam onerari, ut spiritus obruatur, & corpus detrimentum patiatur: ita aliqua corporalis exercitatio, quae utrumque iuvet, omnibus communiter convenit, etiam iis, qui mentalibus exercitiis debent insistere: quae quidem exteriora interrumpi debebunt, & non continuari, nec sine mensura discretionis assumi.

48. Corporis castigatio immoderata esse non debet, nec indiscreta in vigiliis, & abstinentiis, & aliis poenitentiis externis, ac laboribus, quae & nocumentum afferre, & majora bona impedire solent. Ideo suo Confessario detegi ab unoquoque convenit, quidquid in hac parte faciat.

49. Aegritudinis tempore non solum observare unusquisque obedientiam magna cum puritate debet erga Superiores spirituales, ut ipsius animam regant; sed etiam eadem humilitate erga Medicos corporales, & infirmarios, ut corpus ejus regant.

50. Qui aegrotat, humilitatem & patientiam suam prae se ferendo, non minorem aedificationem, dum morbo laborat, iis qui ipsum inviserint, & cum eo versabuntur & agent, quam dum valebat corpore, ad majorem Dei gloriam praestare conetur, verbis piis, & aedificationem facientibus utendo, quae ostendunt aegritudinem acceptari ut donum de manu Creatoris, ac Domini nostri, quandoquidem non minus donum est, quam sanitas.

51. Atque ut singulis annis omnes à Superiore sibi poenitentias iniungi propter defectum observationis Regularum petant: ut hoc sit indicium illius, quam de suo profectu spirituali in via Dei quisque habet.

52. Omnes denique observationi Constitutionum studeant: ad quem easdem scire, saltem quae ad quemlibet pertinent, necesse est. Quare legere, vel audire easdem singulis mensibus oportebit.

REGVLAE COMMVNES.

Singuli praefinitum sibi tempus suis conscientiae his quotidie examinandae, orationi, meditationi, lectionique impendant, cum omni diligentia in Domino.

2. Omnes quotidie sacro devote intersint, & concionem lectionemve sacram, cum in Templo nostro habebitur, audiant.

3. Singuli suo ordine, & assignato sibi Confessario confiteantur, & non alteri sine Superioris facultate.

4. Omnes (qui Professi aut formati Coadjutores non sunt) bis in anno sua vota renovabunt, praemissa confessione generali; quo tempore rationem suae conscientiae reddent, & quotiens Superiori visum fuerit, juxta morem Societatis.

5. In abstinentia sextae feriae, Societatis consuetudo servetur.

6. Nullus mortificationem publice faciat, nec concionetur, nisi Superiore approbante.

7. Nemo pecuniam apud se habeat, apud alium verò, nec pecuniam, nec quicquam aliud.

8. Libros nemo habeat sine facultate: illis verò quibus uti licet, nec scribat quicquam, nec notam ullam imprimat.

9. Nemo rem ullam ex domo, vel ex alterius cubiculo sibi usurpet, aut ab externo, quovis modo sibi, aut aliis accipiat, sine Superioris licentia.

10. Ad majorem unionem eorum qui in Societate vivunt, unusquisque tam aliorum quam apud quos habitant, singuli addiscant ejus Regionis linguam, in qua resident, nisi forte inter eos nativa alia esset utilior: sed tamen Latinae sit omnis lingua in usu, qui literis dant operam.

11. Nullus in cubiculo suo claudat, quin aperiri e vestibulo possit: nec arcam seu quicquam aliud habeat obseratum, absque Superioris facultate.

12. Aperta fenestra nemo noctu dormiat, nec sine indusio, aut non coopertus.

13. Nemo cubiculo egrediatur, nisi decenter vestitus.

14. Nemo eorum, qui ad domestica Ministeria admittuntur, aut legere discat, aut scribere, aut si aliquid scit, plus litterarum addiscat: nec quisquam eum doceat sine Præpositi Generalis facultate, sed satis ei erit sancta cum simplicitate & humilitate Christo Domino nostro servire.

15. Signo campanæ constitutis horis audito, omnes statim vel imperfecta litera relicta, ad id, ad quod vocantur, se conferant.

16. Vt consulatur valetudini, nemo extra constituta tempora bibat, nec extra domum cibum sumat absque facultate Superioris.

17. Qui malè se habere præter solitum senserit, id Infirmario, vel Præfecto sanitatis aut Superiori referat. Nemo verò medicinam ullam accipiat, aut Medicum eligat, vel consulat, nisi approbante Superiore.

18. Singuli etiam si Sacerdotes sint, cum primum surgunt, lectum operiant, eumque & reliqua componant hora constituta, & semper cubiculum verrant, tertio saltem quoque die, exceptis iis, qui ob occupationes majoris momenti, aut valetudinis causa, judicio Superioris sublevandi sunt.

19. Munditiei, quæ & ad valetudinem & ad ædificationem confert, omnibus curæ sit, tam circa seipsos quam circa alia omnia.

20. Qui gravem tentationem alicujus noverit, Superiorem admoneat, ut is ipse pro paterna sua erga suos cura, ac providentia, convenienti remedio possit occurrere.

21. Quæ à Superioribus circa administrationem agenda sunt, nemo curiose ab aliis exquirat, aut conjecturam faciendo de iis sermonem instituat, sed unusquisque sibi ac muneri suo attendens, quidquid de se, atque aliis constituendum erit, tanquam de manu Dei expectet.

22. Omnes caput aperiant suis Superioribus, & Sacerdotibus ii, qui Sacerdotes non sunt: discipuli etiam suis præceptoribus. Vnusquisque autem Superiores alloquatur longius cum reverentia: is verò, quem Superior alloquitur, aut reprehendit humiliter & sine interpellatione audiat.

23. Si cui à Superiore denegatum aliquid fuerit, alium Superiorem ne adeat super ea re, nisi ei aperiat, quid sibi ab alio fuerit responsum, & quas ob causas negatum.

24. Cui fuerit alicujus rei cura commissa, si impedimentum aliquid intervenerit, maturè admoneat aliquem ex Superioribus, ut provideat.

25. Nemo cum ex uno loco in alium proficiscitur, quicquam secum asportet sine facultate Superioris.

26. Extra tempora recreationi assignata, hac ratione silentium servandum est, ut nemo loquatur, nisi obiter & paucis, aut de rebus necessariis, præsertim in Ecclesia, Sacristia, & Refectorio: in missa verò, concione, mensa, lectionibus, & disputationibus si quid privatim dicere necesse erit, brevissimè, & submissa voce suggeratur.

27. Nemo præter eos, qui à Superiore deputati fuerint, loquatur cum iis, qui in prima probatione versantur: excipiuntur tamen usitatæ salutationes, quæ cum alii aliis obvii fiunt, quatenus religiosa exigit.

28. Omnes demissa voce, ut religiosos decet, loquantur: nullusque cum alio contendat: sed si quid in re nobis est diversa sententia, eaque videatur manifestanda, rationes modestè, & cum charitate afferantur, eo animo, ut sola veritati sit locus, non ut in ea re superiores videantur.

29. Qui facultate accepta ægrotos inviserint, non solum demissa voce loquantur, sed tota etiam moderatione, verbis molestiæ non sint, atque de iis agant, quæ & exhilarare, & consolari ægrotos, circumstantesque ædificare in Domino possint.

30. Caveant sibi omnes ab illo affectu, quo alii de aliis nationibus sinistrè sentire aut loqui solent, quin potius & bene sentiant, & peculiari affectu diversas sua nationes prosequantur in Domino, ut privatim nemo bella, contentionesve inter Christianos Principes in colloquium inducat.

31. Nemo præter eos, quibus per Superiorem licet, quicquam aliis jubeat, aliosve reprehendat.

32. In alterius officium nemo se ingerat: in loca verò alicujus ministerio deputata, nullus ingrediatur sine facultate Superioris, aut Præfecti illius loci, nisi rebus necessariis.

33. Nemo

33. Nemo in alienum cubiculum ingrediatur sine generali aut speciali Superioris facultate: quod si aliquis intrat, non prius aperiat ostium, quam post pulsum audiat, ingredere: & ostium apertum teneatur, quamdiu intus una fuerint.

34. Ut ea, quae religiosos decet, gravitas, & modestia servetur, nemo alterum etiam joco tangat, praeterquam in signum charitatis amplexando eum qui aut abibit, aut redit peregre.

35. Nemo dum mensae accumbit, cuiquam ex nostris praeterquam ei Superiori, qui praeest toti Domui aut Collegio, caput aperiat. Si autem aliquid in mensa cuiquam desit, is, qui illi assidet, admoneat eum, qui ministrat.

36. Domi nemo loquatur cum externis, aut alios ad id vocet sine facultate Generali, aut particulari Superioris.

37. Nemo cujusquam externi ad domesticum, aut domestici ad externum mandata deferat, aut literas, inscio Superiore: saeculares autem rumores, qui foris audiuntur, ne temere, & sine fructu narrentur.

38. Nemo quae domi acta, vel agenda sunt, externis referat, nisi Superiorem id probare intelligat. Constitutiones vero, aliosve hujusmodi libros, aut scripta quibus Societatis institutum, vel privilegia continentur, non nisi ex Superioris expresso consensu, is communicet.

39. Nemo scripta dabit, aut mittet cuiquam externo, vel domestico instructiones spirituales, aut meditationes, aut exercitia spiritualia Societatis alicui communicabit, nisi a Superiore id approbetur.

40. Nemo ab externis consilium petat sine facultate Superioris.

41. Nemo cujusquam negotii, etiam pii, sine facultate Superioris curam suscipiat, aut ad id operam suam promittat, aut se propensum ostendat: saecularia vero negotia, ut quae sunt a nostro instituto aliena, & vehementer a spiritualibus avocant, multo magis avertat sibi convenit.

42. Omnes, pro ratione sui gradus, data commoda occasione, enitantur pio colloquio proximum ad meliora promovere: & consilio, ac exhortatione ad bona opera, praesertim ad confessionem excitare.

43. Nullus domo egrediatur, nisi quando, & cum quo Socio Superiori visum fuerit.

44. Cum quis facultatem a Superiore petit aliquo eundi, simul etiam aperiat, quo, & cujus rei gratia ire velit, praesertim si Praelatus, aut alius vir primarius conveniendus sit: eademque die referat eidem, quid egerit siquidem ipsum velle intelliget, & res postulaverit.

45. Ingressus, egressusque domo, cum tumultu nec vehementius, nec crebrius quam opus sit fiat. Nemo autem nisi consueta domus janua egrediatur, vel ingrediatur.

46. Qui domo egrediuntur, signabunt sua nomina, quae prope ostium domus in tabula descripta sunt, & admonebunt janitorem, quo sint profecturi.

47. Omnes nostri, qui foris sunt, se domum recipiant, nec egrediantur ante lucem sine facultate Praepositi, vel Rectoris.

48. Cum quis iter faciens transit per locum, ubi Domus aut Collegium Societatis sit, ad aliud hospitium ne diverteret: ejusque, qui illic praeest, obedientiae subsit in omnibus, sicut & reliqui, qui in eadem Domo, vel Collegio commorantur. Quod si quis etiam ad negotia tractanda venerit eatenus nisi ex ejusdem consilio, ac directione tractabit.

49. Singuli has Regulas, & officiorum suorum habeant atque intelligant, sibique faciant familiares, ac earum memoriam crebrius singulis diebus legendis, vel audiendis renovent: qui tamen peculiaris Ministerii Coadjutores obeunt, eas, quae ad plurium officia pertinent, singulis hebdomadis repetant.

REGVLÆ PROVINCIALIS

DE IIS,

QVÆ AD EIVS PERSONAM, ET COMMVNEM totius Provinciæ administrationem spectant, Quæ pluribus Capitibus continentur.

CAP. I.

QVæ Præpositis domorum, & Rectoribus, quoad ad eorum personas attinet, in Regulis præscribuntur, ea diligenter servare curabit Provincialis, quæ alioquin pro ratione officij sui, vitæ spiritualis studio præstare debet.

2. Finem officij sui (quem ante oculos habebit) in eo positum esse intelligat, ut provinciam sibi commissam in acquirenda perfectione, iuxta proprij Instituti rationem, & Regulas ipsi datas promoveat.

In Bulla [illegible]

3. Imitetur in gubernatione charitatem, mansuetudinem, & benignitatem Christi Domini nostri, ut iuxta eam normam, quam tradidit beatus Apostolus, non dominans, sed forma factus gregis ex animo, exemplo magis quam verbo subditos ad perfectionem dirigat.

4. Severitatem suo tempore cum benignitate misceat, quamquam auctoritatem per solidas virtutes tueatur, ac diligentiam & curam fratrum pia se ferendo moderatione, & circumspecte præcipiendo, ita amabilem se reddat, ut omnes fiducia ad illum recurrere possint.

5. Subditis animum ad gubernationem applicet, neque tamen iis ita distrahatur, ut in studia orationis, & sancta desideria, quibus illum fulciri debet Provincialem, [illegible] ordinarie concionari non debet, si quando tamen per occasionem [illegible] commode licebit, & hoc, & alia Societatis Ministeria exercere poterit.

6. Nullas Regulas, aut ordinationes, aut consuetudines suæ Provinciæ communes abroget, vel novas inducat in eas sine Generali: sed secundum eas quas habet, gubernet Provinciam.

7. Sicut provincialis, quando necesse est ex Regulis, Ordinationibus, Decretis, & in ipsis etiam Constitutionibus cum particularibus dispensare potest: sic cum dispensaverit in rebus magni momenti, quæ videantur perpetuæ, & in quibus fere graviter contra Generalis voluntatem [illegible], debet eum primo quoque tempore de huiusmodi dispensatione, & eius causa admonere.

8. Præter facultates, quæ in his Regulis conceduntur, habet etiam eas omnes, quæ in compendio facultatum Societatis Provincialibus concessæ sunt, quæ ex compendio ipso intelliget.

9. Omnes facultates eorum Superiorum, qui Provinciali subordinati sunt, ad ipsum quoque pertinent, ut ipsas etiam suspendere poterit, quando id expedire in Domino videbitur.

10. Dum Provincialis in absentia, vel in periculo mortis constitutus, nominare Viceprovincialem, si Generalis nomine designasset: quomodocumque autem modo constituatur, easdem omnino facultates habeat quas Provincialis, nisi à Generali, vel Provinciali limitentur: nihil tamen administrationis non immutabit.

De iis quæ illum ad Bonam Provinciæ administrationem iuvabunt.

CAP. II.

11. COnsultores quatuor habebit à Generali designatos in iis locis, quibus frequentius residet, quoad fieri poterit, cum quibus res graviores communicabit: quod si absentes sint, per transmissas literas [illegible] eundem Generalis constituent, proinde Admonitor & socius suo quoque autem Domus, vel Collegij eius Superiores, & eius Consultorum, quos ad consultationem adhibendos iudicaverit, utatur in rebus iis, de quibus ordinariè consultandum erit.

12. Si expedire praeter Consultores, alios etiam nonnunquam ad Consultationem vocare poterit, & eis quidem, quos de rebus propositis melius iudicare posse existimaverit: vel si absentes sint, iubere, ut de rebus ipsorum sententiam suam ad se transmittant.

13. Literas, & scripta, quæ pertinent ad eum, de quo consultatio habenda est, ostendat Consultoribus (nisi quid obstet) ut

hunc

bene informati sententiam suam melius dicere possint.

14. *Cum ordinationes aliquas communes à Generali acceperit, illas Superioribus suae provinciae & Consultoribus manifestari faciat. Et quae aliquos magis tangent, ad gubernationem vel instructionem pertinentes, in libro ad id designato describendas curet.*

15. *In proponendis rebus, de qua deliberandum est, in neutram partem animi sui propensionem ostendet, ut consultoribus dicendi in eam partem detur occasio, sed quisque liberius in Domino suam sententiam aperiat.*

16. *Si quando difficultas occurrerit, de qua sibi cum Consultoribus agere, poterit juxta primum, & secundum modum in exercitijs ad electionem faciendam traditum, quid agendum sit deliberare.*

17. *Habeat ipse ab aliquo admoneri particulatim de iis, quae ad officium, & personam suam pertinent, & cum praecipue, qui Admonitoris officio fungitur, benignè audiat.*

18. *Habeat curam literarum Apostolicarum authenticarum, & summam facultatum Societatis, Constitutiones, Decreta, Regulas omnes, & quae à Generali ordinantur, eaque bene intelligat, & observari faciat.*

19. *In loco, in quo diutius ei residendum est, habebit Archivum, in quo asservabit instrumenta authentica, libros, & caetera quae ad officium Provincialis, & communem usum Provinciae pertinent, quae omnia ex catalogo à se subscripto successori tradat.*

20. *Habeat libellum, in quem referat ea, quae consultanda, providenda, vel ad generalem scribenda sunt, ne memoriae excidant.*

21. *Orationes & Missas ad tempus indicere poterit, tum in tota Provincia pro causis quae videbuntur id exigere; modum tamen certum non excedat.*

Cap. III.

De Superioribus et subordinatis & eorum officialibus.

22. Ex Praepositos domorum, & Rectores Collegiorum, & Domorum Probationis suae Provinciae constituere non potest: si tamen necesse esset aliquando mutationem facere Superioris alicujus, & periculum esset in mora, vel si in interitum poterit aliquem, qui vices Superioris gerat, interim constituere, donec Generalis admonitus providerit. Ministros autem, Procuratores & Praefectos studiorum ipse designabit, ut etiam Procuratorem, & Praefectos sanitatis, ubi opus esse judicaverit.

23. *Constituat Magistros noviciorum in locis probationum non separatis à Generali tamen confirmandos, & eos quidem, qui in rebus spiritualibus exercitati sint, & in modo procedendi Societatis magis excellant prae caeteris.*

24. *Designabit Professores nostrorum scholarium in omnibus Collegiis, & dominus praesertim quales in primo Regulae officio libros praescribentur. Itemque ordinarios externorum Confessarios, ex quibus sint communes Praefectos rerum spiritualium deligere.*

25. *Designare poterit Consultores, & Admonitorem eorum, qui praesunt in Provincia, ita ut statim suo officio fungi possint, scribat tamen de iis ad Generalem, ut ab eo confirmentur.*

26. *Praedicatores, & Confessarios ipse constituet, praemisso tamen diligenti examine, & approbationem Ordinariorum juxta formam Concilii Tridentini.*

27. *Lectores ordinarios in omnibus classibus, & praeterea Officiales, praeter Rectorem, & Cancellarium in Universitatibus deleget, nemo tamen legendi aut addat, nec scholas aliquas aperiat, & praelectiones, in quibus potest legendo, & scribendo exercitantur (quod nec privatim liceat) sine facultate Generalis aperiat.*

28. *Tenetur universitatis Superiorum immediatorum in subditos illa tamen, ut constet posse omnes ad immediate recurrere, ubi quicquid agendum, vel innovandum est, quod ad immediatorum officium pertinet, per ipsum fieri curabit.*

29. *Si quos ad gubernationem idoneos judicabit, curet de illos paulatim & usque exercendo, & domesticis ministeriis obeundis experimentum sumere, ut & ipsi rationis accipiant specimen dare, & Societas ejusdem eis tuto committi possit.*

30. *Observet, si qui detinentur in Ministeriis aliquibus, qui magis idonei essent ad alia, tum tamen habeat ejusque rationem, ut Universale bonum semper praeferat.*

31. *Neminem ab obedientia Superiorum immediatorum sine facultate Generali eximat, nisi periculum esset in mora, & tunc certiorem faciat Generalem de persona, & de causis propter quas eum exemerit.*

De Admittendis.

Cap. IV.

32. Eos ad probationem per se, vel per alios admittere poterit, quos ad institutum nostrum idoneos esse, Domino judicaverit: caveat tamen ne quemquam admissum fuisse aliquo externorum officio, aut Societati incommodum pariat, quod cumque persi- sionem

fendas observandum erit, quae in scholis nostris instituuntur.

33. Attendat, ne unquam fiat noster in hominibus ad Societatem alliciendis: sed per virtutes, & bona vitae exempla omnes ad Christum trahere studiosè curent.

34. Meminerit, quod impura turba ad institutum nostrum admitti non debet, & observari faciat in hoc diligenter Regulas officij Examinatoris.

35. Quod ad prima quinque impedimenta attinet, ipse Societas in nullo eorum dispensare potest: si tamen in eo, qui admissi peti, dona aliqua Dei illustriora cernerentur, Generalem admoneat: quod si de ejusmodi impedimentis dubitaret, ad eundem recurrat.

36. In secundarijs impedimentis dispensandi facultatem habebit, praeterquam in deformitate magna aut defectu insigni, qualem habent Eunuchi, & in aetate infra 14. & ultra 50. expletos annos, & in conjugatis etiamsi ipsi, in quo non impedimentum afferatur.

37. Poterit in casu aliquo anteponere, & postponere aliqua ex sex experimentis, aliqua moderari, & alia in alia permutare, dummodo biennio, & bene probentur Novitij: quod etiam tempus prorogare poterit, si opus esse judicaverit.

38. Poterit etiam cum Novitijs in secundo anno probationis circa studia dispensare, habita ratione personarum, locorum, & temporum prout expedire in Domino judicabit. Ii verò cum quibus dispensaverit, extra domum probationis, & separatim à Collegialibus esse debebunt sub cura alicujus Sacerdotis ab ipso constituti, qui vicem Magistri novitiorum gerat: ejusque Regulas & examinatorium habeat: ex quibus ea servabuntur, quae commodè servari possunt. Cujusmodi erit, ut per dimidiam horam in spiritu orent: sed ijs tantum diebus, quibus à studijs vacaverint.

39. Coadjutores temporales plures esse non debeant, quàm qui necessarij sint ad subleuandas domos, vel Collegia in rebus, quibus occupari Sacerdotes, & Scholastici non possunt, sine detrimento majoris boni.

De DIMITTENDIS. *Cap. V.*

40. FAcultatem habet dimittendi eos, qui in prima & secunda probatione ante & post emissa vota versantur: nisi à Praeposito Generali in illam Provinciam destinati, vel ab Societate ipsi tam bene meriti essent, ut eorum esse particularis ratio habenda. In his enim casibus inconsulto Generali dimittere non debet, nisi causa [illegible] urgentis & gravis esset, ita ut minimè dubitaretur Generalis mentem [illegible] futuram esse.

41. Scholasticos verò approbatos, & Coadjutores non formatos, qui probationem absolverunt, inconsulto Generali non dimittat, nisi in gravibus & urgentibus causis, & quae ejusmodi sint, ut sine gravi periculo, Generalis responsum expectari nequeat: quem tamen post dimissionem certiorem faciat, ad quodlibet causas dimittendi. Et in universum diligenter Provinciali dispiciendum est, ut qui minus idonei ad nostrum institutum, & tandem aliquando dimittendi videntur, nec ipsos intra tempus probationis dimittat, quod si propter etiam probationes tempore aliquo ejusmodi deprehendantur, tempestivè Generalis moneatur, ne cum Societatis jactura dimittat, quam par est, retineantur.

42. Provincialis erit, juxta commissam sibi facultatem, auditis suis Consultoribus vel si necessitas urgeat Superiore, & Consultoribus ejus loci, ubi tunc erit, quando videbuntur ad dimittendum inducere de causis sufficientibus ad dimissionem curabit tamen, ut ad hoc extremum, nisi quàm consultissimè, & aliquis tentatis remedijs veniatur.

43. Conditiones formati sive spirituales, sive temporales, & Professos nullo modo dimittet.

44. Circa modum dimittendi observet ea, quae in secunda parte Constitutionum capite tertio docentur, & intelligat, an ij qui dimittuntur, aliquid Societati dederit, & si quid ei reddi oporteat, juxta ejusdem capitis declarationem. Scripta verò an secum asportare debeat, consideret ipse diligenter.

45. Declaretur ijs qui dimittuntur, quod liberi maneant à votis simplicibus, sive juxta formulam Societatis conceptam emiserint.

46. Circa dimissos aut egressos è Societate, & postea redeuntes, vel iterum redeuntes, observentur ea quae in Constitutionibus & Decretis dicuntur: & si admittantur, denuo examinentur & probentur prout opus videbitur. Si quis autem semel egressus erit, poterit quidem iterum admitti, sed advertatur, hujusmodi homines raro idoneos ad institutum nostrum disciplinamve inveniri.

De LITERARVM STVDIIS. *Cap. VI.*

47. IN Universitatibus, & Collegiis in quibus nostri literas profitentur, idoneos, & eruditos Professores pro ratione loci, & debitis constituat. Et si aliquis Lector extraordinarius adjiciendus videretur, Generalem consulat.

48. Peculiari cura videat, num Lectiones in scholis nostris, & scholasticae exercitationes diligenter, assiduè, atque ordine habeantur, num Magistri, & Discipuli suum in Domino officium faciant: & si quid opus esse judicaverit, provideat

prouideat iuxta ea, quæ in quarta parte Constitutionum, & Regulis habentur.

49. Ipsius prudentiæ relinquitur, quid hi, qui ibi audiuerint debeant iuxta ætatem & ingenium [illegible], ad maiorem gloriam Dei: [illegible] non esse aptos ad studia [illegible], ab illis remouere poterit.

50. In addiscendis disciplinis ordinem [illegible] [illegible], ut prius [illegible] in lingua Latina solidum [illegible] fundamentum, quam ad alia maiora studia transeant: [illegible] [illegible] [illegible] literarum studia magis [illegible] [illegible], quæ [illegible] [illegible], [illegible] [illegible] haberi & in [illegible] Professores idonei [illegible] [illegible] seminaria [illegible] [illegible], & conseruabit.

51. [illegible] linguarum studium [illegible] commendatum habeat. Hebraicæ vero & [illegible] [illegible] Theologiæ facultate, [illegible] [illegible] [illegible] sunt, [illegible] [illegible] [illegible] [illegible] [illegible], hoc studium [illegible] [illegible] [illegible] [illegible] [illegible] futurum.

52. Designet aliquos, qui [illegible] [illegible] [illegible] suis, ut [illegible] [illegible], ut absolutis studiis Philosophicis, & Theologicis ad ea [illegible] [illegible] [illegible] studium habeant [illegible], ut [illegible] [illegible], qui etiam [illegible] in [illegible] publicis [illegible] suorum studiorum reddant, ut [illegible] [illegible] [illegible], vel publicè ad suam, vel aliorum [illegible] [illegible] possint.

53. Diligenter studeat, ut Præceptores Philosophiæ, [illegible] [illegible] [illegible] [illegible] [illegible] [illegible], qui contra Christiana dogmata [illegible] [illegible], & in Philosophiam [illegible], in Theologia Scholastica, quam nobis commendant Constitutiones, [illegible] [illegible].

54. Cum [illegible] [illegible], vel [illegible] [illegible] [illegible] ipsum, quem Societas ad Dei gloriam propositum habet, impedire possit, sed [illegible] ipsum [illegible] [illegible] [illegible] [illegible]: [illegible] [illegible] [illegible] in [illegible] [illegible] [illegible] [illegible] [illegible] [illegible] [illegible]. Quare diligentissime curent Prouinciales, [illegible] [illegible] Constitutionum [illegible] [illegible] ab [illegible] nostris, & præcipuè à Professoribus obseruari, quæ in [illegible] studiorum [illegible].

55. Caueat, ne ij, qui professionem animum habent ad aliquam facultatem, ad quā possunt [illegible], [illegible] [illegible] [illegible] [illegible] [illegible] [illegible] [illegible] [illegible] de [illegible] Generalem admoneat.

56. Qui propter ætatem [illegible] aut aliam causam in facultatibus Superioribus & Scholasticis studijs [illegible] fieri non possunt, [illegible], ut [illegible] [illegible] [illegible] [illegible] [illegible] [illegible] [illegible], [illegible] [illegible] [illegible] [illegible] nostris, qui hunc studiis [illegible] [illegible], ut [illegible] [illegible] habere possit [illegible] [illegible], qui [illegible] [illegible] [illegible] [illegible].

57. In singulis domibus & Collegijs [illegible] [illegible], qui in casibus [illegible] [illegible] [illegible] [illegible] difficultatibus [illegible] [illegible] [illegible] [illegible] possit.

58. Compendia & [illegible] [illegible] [illegible], & non [illegible] [illegible] [illegible] [illegible] [illegible] [illegible] [illegible] [illegible] [illegible] [illegible] [illegible], [illegible] [illegible] [illegible] [illegible] [illegible] Ecclesiæ [illegible] [illegible] [illegible].

59. Sub finem studiorum Generalem de [illegible] [illegible] talentis admoneat, & quantum [illegible] profecerint, [illegible].

60. Caueat, ut nullus ex nostris librum aliquem [illegible] in alteram linguam transferat, aut imprimat absque Præpositi generalis facultate.

De Promouendis ad Ordines, & Gradus Literarios.

Cap. VII.

61. Potest per se, vel per alios præsentare ex nostris eos, quos idoneos [illegible] [illegible] à Generali [illegible] [illegible] ad ordines Ecclesiasticos recipiendos.

62. Quamuis in aliis Scholasticorum communibus exercendi sunt nostri iuxta Constitutiones: nullus tamen ad Philosophiæ, vel Theologiæ gradus [illegible], [illegible] [illegible] [illegible] [illegible] Præpositi Generalis facultate.

63. Cum nostri de Generalis facultate in Uniuersitatibus Societatis promouendi sunt ad gradus literarios, [illegible] in [illegible] necessaria ad [illegible] [illegible] [illegible] [illegible] [illegible] [illegible] [illegible] [illegible] [illegible] [illegible] in [illegible] [illegible] [illegible], [illegible] [illegible] [illegible] [illegible] [illegible] [illegible] admoneat Generalem.

64. Et si Doctoratus, & Magisterij gradus iuxta Constitutiones prædictas [illegible] [illegible] accipere possunt, [illegible] [illegible] [illegible], [illegible] Magisterij [illegible] gradu, [illegible] se non [illegible].

De Promouendis in Professos, & Coadiutores Formatos, & Scholares.

Cap. VIII.

65. Potest admittere post biennium ad vota simplicia Scholasticorum approbatorum, & Coadiutorum non formatorum, quos in Domino idoneos iudicauerit iuxta Regulas & Constitutiones.

66. Curet autem, ne quem præter aliquam [illegible] [illegible] [illegible] [illegible] ([illegible] de causa differendus videretur) peractis ij[s],

quaquæ in examine habentur, hæc vota in scriptis antequam committeret, emittat coram aliquibus domesticis tantum; non tamen inter eos, qui non fuerit vota renouarent, etiam si ea prius ex deuotione emisissent.

67. Si quis, ut indifferentes admissi sunt (quod eius fieri debet) possit eos applicare ad gradum Coadiutorum, vel Scholasticorum, sicut magis in Domino conuenire iudicabit. In hac porro classe indifferentium ultra tempus biennij probationis nemo maneat.

68. Scholastici, simulatque Superiorum arbitrio studia absoluerint, tertium probationis annum in Domibus Probationum, peragent: quod si commode fieri non possint in Domibus Professorum, vel in Collegijs [illegible] iuxta Regulas [illegible].

69. Finita inspectione consideret, qui sint idonei in sua Prouincia, ut in Coadiutores formatos spirituales, vel temporales, vel in Professos iuxta Constitutiones, & instructionem à Generali traditam admitti possint, & secundum eandem accurate Generalem informare tenetur.

70. Antequam admittantur, qui cum Generalis facultate professionem, vel votum Coadiutorum formatorum emissuri sunt, obseruari curet, quæ ab ipsis etiam facienda eiusmodi sunt, dispositio bonorum temporalium, si quæ adhuc habuerint, exercitia spiritualia, confessio generalis, & alia, quæ in Constitutionibus, & Decretis congregationum dicuntur, ut professiones etiam & vota emittenda seruentur, & ut publice fiant, & cæteris omnibus quæ Instructiones præscribunt.

71. Qui professionem fecerint, etiam [illegible] votorum, emittant vota illa simplicia, quæ post professionem emittenda sunt, idque iuxta formulam primæ congregationis, ut à tertia recognita est: & doctrinam Christianam tum ipsi, quam Coadiutores formati spirituales per quadraginta dies iuxta [illegible] doceant.

72. Habeat librum, in quo omnium nomina scribantur, qui vota solemnia, vel simplicia post biennium in Domibus, vel Collegijs suæ Prouinciæ emiserint, iuxta ordinem Præpositi Generalis, & Rectoribus traditum.

73. Cum aliqui professionem, vel vota Coadiutorum formatorum fecerint, exempla huiusmodi votorum & aliorum quinque, quæ professi post emissam professionem faciunt, manu ipsorum subscripta, ad Generalem quam primum transmittat.

74. Curet iuxta Constitutiones, ut professi, & Coadiutores spirituales formati suas promissiones in Domibus Professis, quantum fieri poterit, renouent.

De Rebus Collegiorum et Domorum.

Cap. IX.

75. Ædificia conseruari, & si quæ [illegible] rit in Domibus, vel Collegijs quæ ædificanda magis necessaria fuerint, ut esset Templum, dormitorium, vel aliquid huiusmodi, nisi approbante Generali non fiant, ad quem pertinet formam, & modum ædificiorum præscribere.

76. Redditus, & reliqua stabilia conseruare iubeat, & ne crescant, vel minuantur, inuigilet: si quis autem huiusmodi bona augere vellet, vel aliquid donare, poterit id admittere: si tamen conditiones aliquæ exigerentur, non nisi approbante Generali, illam admittat, & eodem modo, quæ donantur Domui professæ accipere, & si quid stabile donatum fuerit, etiam vendere poterit: si tamen donans necessarium pretium non esset, & [illegible] de aliorum valorem excederent, consulat Generalem, ut de eo iuxta ipsius præscriptum disponat.

77. Cum lites pro rebus præsertim temporalibus, diligenter nostris fugiendæ sint, non intentet quisquam è nostris [illegible] litem aliquam absque consensu Generalis, nec etiam [illegible] ad hanc rem illi committeret, nisi iure adeo necessarium, ut sine [illegible] expediri nequeat, de quo tamen [illegible] admoneat. Quo casu [illegible] Prouincialis [illegible] compositione componere. Nostris autem si lis intendatur, curandum etiam diligenter, nisi de iure nostro manifeste constaret, ut aliqua transactione vel concordia res ita componatur: id si commode fieri non valeat, poterunt se iudicio se defendere, cum Prouincialis potestatem habent [illegible] Collegiorum etiam in iudicio, cum facultate alios substituendi, si necessarium vel conueniens aliquando fuerit.

78. Intelligat, ut exempla authentica contractuum omniumque instrumentorum, præsertim rerum perpetuarum ad Archiuium, quod est in urbe, penes Præpositum Generalem, missa sint, aliqua mittenda curabit.

79. Videat computa inter Superiorem, & Procuratorem transacta, rationemque exigat accepti & expensi, & residuorum etiam sui computi summam scribi faciat, quam ipse subscribat in libro designato: in hunc autem scriptam summam cuiusque tam de summis acceptis, & expensis ab ultima visitatione, quam de eo, quod residuum fuerit, vel etiam si quid debiti maneat.

80. Videat bona stabilia earum domuum, quæ sine magno incommodo visitari possint, videat [illegible], vel in libro notanti, & quod ad eorum conseruationem opus sit.

81. Si

81. Si Domus vel Collegia cum commoda fundationi [illegible] quod ad commune bonum [illegible] [illegible] ad Commodum [illegible] promovendo.

82. [illegible] Domus [illegible] habitatione reddituum, [illegible] eleemosynarum, quæ [illegible] dari solent, [illegible] possint.

83. Quando contribuendum erit ad sumptus communes Provinciæ [illegible] quid corpori Collegii, vel Domus [illegible] proportione debita, imponi debeat.

84. In [illegible] observari faciat Provinciale [illegible] Collegium, ut ad usum [illegible] & applicatam beneficiorum [illegible] Tertium, ut [illegible] paupertati non repugnet.

85. [illegible] utilem [illegible] diligenter inspiciat [illegible] superflua expendi permittat: & rerum mobilium inventarium [illegible] subscriptum. Observet etiam quæ [illegible].

De iis, qui Bonis suis nondum se abdicarunt.
Cap. X.

86. NOn permittat nostros abdicare se possessione bonorum suorum, nisi quæ constantes & stabiles in sua vocatione cognoverit, atque in ea re maturo semper consilio procedat.

87. Non fiant pactiones inter nostros cum parentibus suis, & quibuscumque aliis de legitima parte, & aliis bonis ad se pertinentibus, nisi illi prius admoneantur, Societatem ipsam ad ea bona nullum jus habere, & Generalis de tota re prius informetur.

88. Cum quis ex nostris est dispositurus de bonis suis in auxilium Societatis, admoneatur Generalis de eorum valore, & de animo relinquentis, & necessitate [illegible] Domorum, & Collegiorum Provinciæ, si in ea hujusmodi bona sint.

89. [illegible] bona applicabuntur Societati cum facultate Generalis, magno [illegible] Provincialis ut cum ædificatione, & charitate, & non cum rigore [illegible], præsertimque per Procuratores [illegible], quam per nostros [illegible] [illegible] eleemosynas aliquas in pauperes ejus oppidi, ubi sunt bona distributas: & ratio dari, & accepti tabulis [illegible] conscribatur, ut ipsi aut Superior illius Domus, vel Collegii, cui applicata fuerint, eam reddere possit ei, qui à Generali fuerit designatus.

90. Non ferat, nostros quicquam petere à parentibus, cognatis, vel amicis; sed omnia eis necessaria Societate providentur, intelligatque etiam si quibusdam ad tempus propterea bonorum temporalium [illegible] usum [illegible] ad propriam utilitatem nulli esse concedendam.

De Modo, quo cum Generali, & aliis Provinciis, ac externis se habere debeat.
Cap. XI.

91. OBedientem, reverentem, ac fidelem se Præposito Generali exhibeat, & hoc re subditis imprimis exemplum præbeat: idque potissimum curet, ut omnes de suis Superioribus bene sentiant, eisque peculiari devotione afficiantur.

92. Perspecta Generali esse cupiat omnia, quæ ad suam Provinciam pertinent, eaque per se, & Superiores Domorum, & Collegiorum, & Consultores suæ Provinciæ juxta formulam scribendi manifestari diligenter curet.

93. Cogitet de communi bono Societatis, illudque juvet, Congregationes Provinciales suo tempore juxta formulam traditam cogat: si quis annotaverit circa Decreta & Constitutiones, vel quid aliud, quod Congregationem generalem expediat, Præposito Generali scribat, vel Procuratori tertio quoque anno ad eundem venturo tradat.

94. Si occasio se obtulerit juvandi alias Provincias, non desit charitatis officio, & literarum communicatione juxta formulam scribendi, mutuam concordiam & charitatem foveat.

95. Benevolos, & devotos conservet, curetque ut beneficiis [illegible] se gratos nostri exhibeant: si qui autem adversantur Societati, studeat, ut melius informari, [illegible].

96. Quæ eleemosynæ externis pauperibus, sive ordinariæ, sive extraordinariæ dari debeant, ipse Superioribus præscribet, auditis Consultoribus, pro Collegii vel Domus facultate. Ubi vero habentur bona Ecclesiastica, eleemosynas aliquas fieri providebit in locis præcipuè, ubi hujusmodi reditus percipiuntur.

CAP. XII.

De communi ratione juvandi Proximos.

97. Invigilet, præsertim sub finem studiorum, qui ex nostris, & quousque, quibusque rationibus domi, & foris externis se communicare debeant: quod tamen nisi probatis & in vocatione stabilibus, discretis, & benè instructis, quique alios ædificare possint, concedendum erit.

98. Consideret, num Missæ celebrentur, & Sacramenta alia ministrentur juxta usum Romanæ Ecclesiæ; concionandi etiam, & doctrinæ Christianæ docendæ munera obeuntur; curetque, ut in his omnibus nostri uniformes sint, & ut finem quem Societas intendit, assequantur. Præcipuè verò circa Concionatores invigilet, & si quis ex iis ad suas se Regulas fortè non accommodaverit, à concionandi munere amoveatur, & in aliis Societatis nostræ ministeriis occupetur.

99. Videat, num & domibus, & Collegiis Concionatores, & Confessarii ad sua munera idonei sint, & statuat pro ratione instituti, & loci, quam frequenter domi, vel foris concionandum, vel publicè legendum sit, vel doctrina Christiana tradenda: & tempore pestis aliqui ab eo designentur, qui separati ab aliis, proximis juvandis vacent.

100. Det operam, ut Confessarii maturioris sint ætatis quantum fieri poterit, præsertim qui ad confessiones Mulierum audiendas instituuntur; curetque ut nostri gratiis, & privilegiis Apostolicis prudenter, & moderatè utantur.

101. In iis locis, in quibus simul Domus Professorum, & Collegium fuerit, Societatis ministeria in domo exercenda curabit: In Collegiis verò ea, quæ ad studia literarum, & auxilium spirituale Scholasticorum pertinent, tractanda sunt.

102. Efficiat, ut in festis, quæ à nostris præcipuè celebrari solent, occupationes Ecclesiasticarum sit moderatio ac religiosa, & quoad fieri potest sine nimia distractione nostrorum, & molestia externorum.

103. Non permittat, ut cum Congregationibus externorum, quæ Confraternitates dicuntur, nostri misceantur, nec in Domibus vel Collegiis alii cœtus conveniant, nisi qui ad finem earundem Domorum & Collegiorum in divino obsequio fiant.

104. Si examinandi ministerium ab Ordinario injunctum effugere nostri nulla ratione possint, quamvis de doctrinæ sufficientia judicium ferre valeant, illud tamen retineant, ut de admittendis vel non admittendis ferant, sed illud omnino Prælatis relinquatur.

CAP. XIII.

De Missionibus & Mutationibus Nostrorum.

105. Provincialis non abeat à sua Provincia sine Generalis, nec Præpositus aut Rector à sua Domo, vel Collegio, absque Provincialis facultate, nisi locus esset vicinus, aut sine gravi incommodo Superioris responsum exspectari non posset. Reliquorum verò mutationes intra Provinciam Provincialis ipse ne faciat sine causa aliqua moveri.

106. In mittendis operariis per Provinciam extra Domos, & Collegia, ut in vinea Domini laborent, observet quæ in Constitutionibus, & Regulis missionum dicuntur: videat tamen, ne Domus & Collegia necessariis Ministris destituantur.

107. Quocunque mittat aliquem, eum per se, vel alium plenè instruat, & ordinariè in scriptis tam de modo procedendi, quam de mediis, quibus eum uti velit ad finem, quem in animo habet.

108. Per crebram literarum communicationem juxta formulam scribendi tenius sæpissime certior factus ex eo loco, ubi ipse commoratur, tum in & concionibus, & aliis rationibus eum juvabit, ut personæ, & negotii ratio postulaverit.

109. Optimi quique, & maturiores ad proximos juvandos, quantum commodè fieri poterit, mittantur: & si ei videbitur expedire, alicui Superiori viciniori Domus, vel Collegii subjiciantur.

110. Cum mutari aliquem oportebit, animadvertat, ut ad eum revocandum, quod fieri poterit, remedium vitetur, ut ii, à quibus revocetur, potius benevole emendo maneant, quàm offensi, vel malè affecti.

111. Si missus à Superiore, vel à summo Pontifice in iis certis occupati videntur, Generalem admoneat.

112. Extra Provinciam suam neminem

nem mittat, nec etiam ad Infirmandum in aliam Domum, nisi negotii alicuius, aut peregrinationis causa, aut nisi ei constaret de Generalis voluntate, vel conveniret cum Provinciali illius Provinciae, ad quam mittere aliquem voluerit: ad Provinciam tamen extra Europam, & inter [illegible], hæc transferenda sine facultate Generalis ne fiant.

113. Post congregatam Generalis mortem Provincialis nominetur ex iis, qui ius suffragii habent ex sua Provincia in aliam mittatur, nisi [illegible] causa sit valde urgens, ut ipse de novo per consultorum ipsius existimet esse mittendum.

114. Cum peragrare erit nostris proficiscendum, aliquem, cui maxime confidat, praeficiet, cui toto huius temporis curam tanquam Superiori in omnibus obedietur.

115. Ad retinendam religionis disciplinam, & perpetuam rationem, det operam, ut nostri in professionibus quas inferiorum Superiores id praestare posse iudicaverint, in toto, vel in parte [illegible] nec [illegible] solius necessitatis, sive personae, sive negotiorum ratio habeatur.

116. Expensas itinerum solvere erit Provinciae, aut Collegium aut Domus, in cuius bonum & utilitatem cedit profectio: quod si in re dubium esset, arbitrio ipsius cum suis Consultoribus statuendum relinquitur: si aliquando tamen inter aliquos Provinciales non conveniret, recurrant ad Generalem.

117. Quando quis ab uno loco ad alium transfertur, Superior, ad quem talis mittitur, informandus est, quantum ad cognoscendum, & iuvandum eum sit satis. Neminem autem ex uno in alium locum ire permittat, sine literis patentibus.

CAP. XIV.

DE VISITATIONE.

118. *Singulis annis per se ipsum singula loca suae Provinciae visitet, cum hoc formulae praeceptum sit efficere, & ubi [illegible], ubi magis necesse, praesertim in loco ad communicationem cum informandum & Generali Praeposito magis commode.*

119. *Si quando ob causas graviores visitare omnia loca suae Provinciae ipse non possit, re cum suis Consultoribus collata, ea loca, quae non poterit, per alium substituat. Quamvis summe curandum sit, ut Domus probationis & scholasticorum seminaria per alium non [illegible], & per se visitet.*

120. *Cum ad Domum, vel Collegium aliquod pervenerit, Superiorem eius loci, nisi aliquid urgeat, cui statim necessarium sit remedium adhibendum, ut Visitationis praesentem petat, deinde omnes simul benigne alloquatur, eosque ad renovationem in spiritu, & studium perfectionis hortetur.*

121. *Incipiat Visitationem a templo, atque ipse clausa, videat, quomodo custodiatur sanctissimum Eucharistiae Sacramentum, mox vestes sacras, ornamenta altarium, & sanctorum reliquias, ex quibus [illegible], altaria, sedes Confessionum, atque alia, quae tam in Templo quam in Sacristia ad divinum cultum pertinent.*

122. *Postea ad visitationem personarum accedat, & curet, ut omnibus benignum se exhibeat, ne aliquis metum subeat suspicio, quod ob similem aliquam informationem [illegible] videatur ipsi [illegible].*

123. *Petat a Superiore, & consequenter a Consultoribus & aliquibus Patribus antiquioribus, vel praecipuis Officialibus, ut ea quae sciunt alicuius momenti de statu Collegii, vel Domus, aut de personis referant: quod si iudicaverit expedire, iubere poterit, ut informationes huiusmodi, vel partem earum breviter scribant, & sibi tradant: scripta autem quae secreta continent, clausa ipse diligentissime servet, caveatque ne minimo quidem indicio [illegible], quis sibi aliquid referre [illegible].*

124. *Huiusmodi informationibus acceptis & consideratis, petet cum Superiore catalogum personarum Domus, vel Collegii, breviterque de singulis ab eo capiat informationem.*

125. *Deinde quos singillatim omnes eo ordine, qui ei magis conveniens videbitur, & singulos perscrutetur iuxta instructionem in separato capite positam, memoriae petat, quid ex scriptis [illegible], & quae advertenda iudicaverit, sibi memoriae causa scribat: quid vero a quoque interrogandum sit, illius prudentiae relinquitur.*

126. *Moneat omnes ad veritatem singulis dicendam, [illegible] silentium [illegible], & [illegible] admoneat [illegible] quod [illegible] transferentur [illegible] a quoquo alio [illegible], de ea re interrogentur.*

127. *Non facile credat, si quae fortasse contra alios, praesertim Superiores dicantur, sed eos audiat, & expendat, ut veritatem assequatur. Curetque ut, dum subditos consolatur Pater, illi debitam in obedientia & reverentia erga suos immediatos Superiores [illegible].*

128. *Si quis dissentiat, aut dissensionis*

rorumque qui unà vivunt, inter se, vel cum suis Superioribus esse conveniunt, diligenter quid ab ea congregatione, velut peste, quae cum progressu inficere possit, remedium non adhibetur, separandum est.

129. Visitatio rerum, aut personarum domus, juxta ea quae in praecedentibus Regulis, praesertim in 9. capite hujus officii dicta sunt, fieri debet: in qua simul examinandae sunt Regulae Officialium, qui ejusmodi rerum curam habent: si quid autem non solum informationem, sed inspectionem requirat, id ipse per se, aut facturus id praestabit.

130. Summarium Constitutionum & Regulas communes coram Superiore, Consultoribus, & Ministro examinabit, & si quae non observari intellexerit, consideratis causis remedia adhibebit, ut observari possint. Regulas autem Ministri, Consultorum, & Admonitoris, Concionatorum, & Lectorum, itemque praecipuorum Officialium poterit ipse facere, aut alteri eorum singulas earum examinandas committere.

131. Provincialis integram rationem totius antecedentis Vitae, juxta Constitutiones ab iis accipiat qui Societatem ingrediuntur: & ab iis semper, qui ad studia missi sunt ab eo, qui illis absolutis ad tertiam probationem eundum peragendam mittuntur. Quod si id aliquando per se praestare non poterit, substituet ad id ordinario Superiorem Domus, vel Collegii. Singulis vero annis in quacunque Domo, vel Collegio suae Provinciae absoluta rerum domesticarum inspectione, aut in ipso visitationis decursu (si id opportunum in aliquibus fore judicaverit) rationem conscientiae ab omnibus accipiat ab ultima, quam reddiderunt, juxta modum alibi praescriptum. Quod si visitatio circa renovationem votorum inciderit, (quam extra statutum tempus ratione sui adventus in domum aliquam, vel Collegium praesertim magnum, per unum aut alterum mensem praetermittere, aut differre poterit) ipse ad excipiendas confessiones generales nostrorum aliquos Patres probatos & maturiores designabit, ut sint, qui sibi confiteri volentes benigne audiant.

132. Praeterea ab aliquibus nostris Superiorem Domus, vel Collegii circa ea quae ad personam & officium ejus attinent, juxta ejusdem Regulas, & ea, quae ex scriptis informationibus colliget, inquiret.

133. Visitatione cujusque Domus, vel Collegii absoluta, & rebus omnibus perspectis, ut [illegible] sibi statim copias, decreta omnia, quae accepit in visitatione, consideret, & ea, quae majoris momenti sunt, diligentius expendat: quid item statuere, quidque tantum probabile videatur, & de quibus Generalis consulendus est, & quaenam sibi Superiore Domus, vel Collegii, quae etiam cum Consultoribus, & quae cum aliis particularibus sint transigenda, diligenter discernat.

134. Quae ad gubernationem spectantia ipse ordinaturus est, vel tam huic rei quam [illegible] expendenda tradat, quos de unaquaque re melius judicare posse confidat. Et antequam ultimum [illegible] statuat rebus omnibus [illegible] in orationibus, & sacrificiis suis ipse Deo commendet, ut juxta ipsius divinum beneplacitum dirigantur.

135. Postquam autem quid sit omnino constituendum ex praeterita visitatione memoriali, ubi rerum quae temporariae sunt, ordinationes scribuntur, eas quae executioni mandatae fuerint, expungat. In libro vero, in quo non nisi majoris momenti ordinationes scribendae erunt, ipse ea tantum scribet, singulasque manu subscribet, quae cum Generali communicaverit, & ab ipso fuerint approbata.

Instructio de iis, quae in VISITATIONE *interroganda sunt.* Cap. XV.

Quae ad GUBERNATIONEM *pertinent à* SUPERIORIBUS, *&* CONSULTORIBUS, *& aliis, quibus videbitur, petenda.*

1. Interroges, si quid gravius in ea Domo, vel Collegio accidisse extra confessionem intellexerit, & quod remedium sit adhibitum.

2. Quomodo serventur Regulae, quae ad Novitios pertinent.

3. An aliqui, praesertim pueri, aut Mulieres ad vota emittenda inducantur, vel ad consilia alia observanda indiscrete trahantur.

4. An aliquis domi nimis affectus videatur ad consanguineos, vel ad eorum subventionem teneatur.

5. De numero, & sufficientia Confessariorum, & de frequentia, & fructu confitentium.

6. Quomodo literarum studia vigeant, & quam exacte serventur, quae de opinionum novitate & diversitate statuta sunt. Et an aliqui videantur statim jam studiis educendi à Collegiis.

7. An infirmi, hospitalia, carceres, & egrotantes (ubi essent) visitentur, & adjuventur à nostris.

8. Ex quibus operibus aliis juxta nostrum institutum, major fructus percipiatur.

9. De nota in tradendis spiritualibus

bus exercitiis, & quam exactè illa fiant. Et de vigilantia in puerorum ac rudium in doctrina Christiana institutione.

10. De modo conversandi juxta rationem & finem nostri instituti.

11. De Missionibus & earum fructu, & modo procedendi eorum, qui mittuntur.

12. An aliqui praetextu valetudinis juvandae à spiritus perfectione degenerent, & à laboribus nostri instituti abhorreant, atque ad otium aspirent.

13. An erga nostros infirmos & hospites debita Societatis charitas, & cura exerceatur.

14. An aliqua ambitionis & proprietatis indicia in aliquo appareant.

15. Quae eleemosynae externis pauperibus dentur.

Quae ab omnibus peti possunt.

16. QVomodo valeat corpore, & viribus, & quomodo ei conveniat ratio victus, vestitus, cubiculi, & exercitationis corporalis, qua utitur.

17. Si quid dubitationis, aut difficultatis, si quid etiam ad suam consolationem, instructionem, aut profectum facere putat, confidenter proponat.

18. Quod ad alios attinet, interrogetur, quomodo tractetur à suis Superioribus, & quid sentiat de illis, tam de personis, quàm de officiis eorum.

19. An aliquis Superior impedierit libertatem subditorum scribendi ad Superiores mediatos, aut quovis modo significaverit, sibi non placere, ut nostri de ipso, aut ejus gubernatione, ad eosdem scribant.

20. An noverit extra confessionem aliquid de quavis persona, quod non ei probetur, ut de inobedientia, murmuratione, conspirationibus, praesertim contra Superiores; & si quid parum honestum, & incautum in familiaritate nimia cum aliqua persona accidisset, vel contra de dissensione.

21. Quomodo serventur Domi Constitutiones, Decreta, Regulae, communis ordo, & ordinationes, quae à Praeposito Generali, & aliis Superioribus emanant.

22. Quomodo exerceantur Ministeria Societatis erga externos, quod ad modum, & fructum attinet.

23. Quis sit profectus nostrorum in rebus spiritualibus, & quid omnium in solidis virtutibus acquirendis studium.

24. Si de iis etiam, quae pertinent ad alias Domus, & Collegia nostrae Provinciae aliquid habet, quod alicujus momenti videatur, libere proponat.

Pro SCHOLASTICIS *addunt*

25. QVid ingenii, memoriae, virium, & propensionis ad literas in se experiatur.

26. An occupationes exteriores, vel studiis removeatur, vel distrahatur à rebus spiritualibus.

27. An habeat libros necessarios, & an scribat, legat, disputet.

28. De suo profectu in **literis** quid sentiat.

29. An omnia experimenta Societatis fecerit, & quo fructu.

Pro iis, qui in Probatione *versantur*.

30. AN firmus sit in proposito vivendi, & moriendi in Societate.

31. An sit indifferens ad quemlibet gradum, Ministeria, & exercitia Societatis, prout obedientia constituerit.

32. An exercitia spiritualia, vel aliqua alia experimenta fecerit, & in quibus plus profecerit, & alia, si videbitur, ex Examine.

Modus accipiendae rationis Conscientiae.

QVod in formulis Constitutionum, praescribitur de manifestanda conscientia. Id magni momenti ad Dei gloriam & Societatis nostrae bonum Pater noster sanctae memoriae Ignatius existimavit: quare, ut omni diligentia & exacta quarentia servetur, Provinciali curandum erit. Et cum quisque dixerit, quae dicere voluerit, juxta instructionem datam, poterit Provincialis, si quae existimaverit amplius interroganda, ad eorum facere; cavendo, qua hominem possint molestum afficerent, ut extra confessionem interroganda non essent. Nec à singulis singula petat, sed prudenter & circumspectè pro ratione personarum. Denique cum suavitate tractet, ut illa omnia non tanquam judex exigere, sed ut benignus pater, ad subditis consolationem cognoscere velle videatur.

REGVLAE

REGVLÆ PRÆPOSITI DOMVS PROFESSÆ

De iis,

QVÆ AD EIVS PERSONAM, ET TOTIVS DOMVS administrationem pertinent; Quæ pluribus Capitibus continentur.

CAP. I. Omni studio enitatur, ut talis sit, qualem optaret Rector in nostris constitutionibus, atque eo magis, quod illis præest, quos viros spirituales, & perfectionis studiosos esse oportet.

2. Primam officii sui curam in eo positam esse intelligat, ut oratione, & sanctis desideriis totam domum velut humeris suis sustineat, & quæcunque in iis, quibus præest, ad ipsorum, aliorumque ædificationem, iuxta instituti nostri rationem, optare debet, primum in seipso præstare studeat.

3. Communes Regulas ipse servet, & particularia in cibo, indumento & aliarum rerum usu quantum fieri potest, vitet: familiaritatem, atque indulgentia cum quibusdam, alios ne offendat.

4. Intra annum, postquam officium Præpositi prima vice inierit, quadraginta diebus Christianam doctrinam eo modo, quo in secunda Congregatione de Rectore expositum est, [illegible] doceat: sed ex causa per alium id munus [illegible] facultate Provincialis obire poterit.

5. Consuetudines receptas, & à Generali, vel Provinciali approbatas servet, ac servari faciat: si tamen aliqua alia à Præcedenti Præposito inducta fuerit, non mutet inconsulto Provinciali: ipse verò, nisi suo Superiore approbante, nullam introducat.

6. Eos, qui domestica obeunt Ministeria, (exceptis quibusdam, quorum electio ad Provincialem pertinet) prudenter constituat, suas cuique Regulas tradat, aliquando visitet, & prout in Domino convenire iudicabit, vel in eisdem Ministeriis detineat, vel ab eis removeat. Quia verò officia quædam, ut bene fiant, experientiam requirunt, qui ad ea idonei inveniuntur, non facilè mutari debebunt.

7. Ut prospiciatur Officialibus de subsidio, si necessarium id fuerit, ne labore graventur, debebit, cum tempus vacuum illis fuerit, ut illud utiliter impendant divino servitio, curabit.

8. Et si potestatem habet designandi Confessarios suis subditis, ordinarium tamen Confessarium Domus aut confessarios suis subditis ordinarium tamen Confessarium Domus non constituet sine approbatione Provincialis.

9. Quemquam in virtute obedientiæ iubere possit, non nisi rarissimè, & ex gravi ac urgenti causa id faciat.

10. Ordinarias tantum pœnitentias imponat, quales sunt parva mensa, publica reprehensio, [illegible], edere sub mensa, osculari aliorum pedes, orare in refectorio, dicere culpam suam, substractio cibi usque ad panem, & aquam, si res postulaverit, disciplina publica in refectorio, & alia exercitia humilia, & domestica.

11. Sicut ad Præpositum pertinet dispensare in Regulis, & Constitutionibus, & decretis Congregationum generalium cum particularibus, quando necessitas exiget, & cum dispensaverit in rebus maioris momenti, quæ videntur vigere, & in quibus sine gravi incommodo Provincialis responsum expectari non potest, tum primo quoque tempore de huiusmodi dispensatione, ac eius causa admonere.

12. Nomina eorum, qui vota solem-

nia,

" [illegible], vel [illegible] [illegible], in libro
" ad hoc parato notentur, in Professis
" quidem, & Coadjutoribus formatis cum
" nominibus admittentium, in reliquis ve-
" ro post triennium cum nominibus cele-
" brantium, adnotato loco, & tempore,
" juxta Constitutiones.

13. Quas habet facultates partim ex
" iis, quæ ipsi in his Regulis conceduntur,
" partim ex compendio facultatum
" Societatis intelligat, ut in iis, quas
" non habet, sciat ad Superiorem re-
" currere.

De iis, quæ PERTINENT ad bonam Administrationem. [illegible]

Cap. II.

14. Sit solicitus, ne [illegible], & [illegible] Officiales sua [illegible] [illegible], [illegible] [illegible], quæ possunt [illegible].

15. Singulis vel saltem alternis hebdomadis cum suis Consultoribus conveniat, (nisi pro re nata aliquid extraordinarie esset consultandum) de quo [illegible] majoris momenti, quæ pro temporum, & negotiorum varietate occurrunt, cum illis agat; quamquam iis auditis, penes ipsum erit de singulis statuendi facultas.

16. Consultores, aliosque omnes, cum ei aliquid proponunt, [illegible], & benigne excipiat; & præcipue eum, cui Admonitoris officium commissum est; efficiatque, ut ea, [illegible] quæ in formula scribendi præscripta sunt, serventur.

17. Habeat librum, in quo scribantur [illegible] Domus à Generali [illegible]; in quo etiam ordinationes alio [illegible], quæ à Generali mittuntur; & quæ perpetuæ fuerint, ab iis, quæ temporariæ sunt, [illegible] notentur; alia vero, quæ visitator, & Provincialis præscripserint, in alio libro scribantur.

18. Institutum Societatis cognoscat ex lectione litterarum Apostolicarum, Constitutionum, Decretorum generalium Congregationum, Regularum particularium [illegible] [illegible], quæ [illegible] sui, & aliorum, qui sub ipsius cura sunt, [illegible], & compendii facultatum Societatis, [illegible] ex [illegible] [illegible], ac [illegible] ad Superiorem in iis, de quibus dubitabit.

19. Libellum habeat, in quem referat [illegible] sibi ad bonum Domus [illegible] [illegible], ne memoria excidant, præsertim illa, de quibus ad Generalem, vel Provincialem scribendum putat.

20. [illegible] [illegible] [illegible] [illegible], & [illegible], [illegible] [illegible] [illegible] juxta [illegible] Societatis applicare poterit.

De Cura Nostrorum in Spiritu.

21. Curet, ut unusquisque in suo officio integram obedientiam [illegible] præstet, & officiales [illegible], & [illegible] [illegible] eisdem exemplo obedientiæ [illegible], quam ipse suis Superioribus, quos Christi loco habet, præstare debet. Cap. III.

22. Det operam, ut Constitutiones, & Regulæ observentur, omnibus [illegible] [illegible] solicitudine invigilet, eisdemque ab iis, quæ nocere possint damno & [illegible] [illegible], [illegible] [illegible], tum etiam, si quid mali acciderit, remedium adhibendo.

23. Efficiat, ut [illegible], vel aliquid ipsa [illegible] [illegible] temporibus [illegible] [illegible] [illegible], juxta modum, qui [illegible] Provincialis [illegible], & [illegible] [illegible] [illegible] [illegible] à Professis quidem, & Coadjutoribus formatis [illegible] anno, ab aliis vero bis; & [illegible] [illegible] [illegible] [illegible], qui eorum confessiones generales excipiant, nisi Provincialis [illegible] [illegible].

24. Meminerit, ut Scholastici, [illegible], & Coadjutores non formati, bis singulis annis [illegible] [illegible] Domini nostri, & Apostolorum Petri & Pauli vota sua renovantes, [illegible] [illegible], quæ fieri solent.

25. Singulis, vel alternis diebus Veneris exhortationem nostris vel ipse faciat, vel alius quis [illegible], qui rationem nostri Instituti bene teneat, in qua agatur de observatione Constitutionum, & Regularum, de fraterna charitate, humilitate, patientia, mortificatione, & aliis virtutibus, præsertim de obedientia; [illegible] exhortationis loco spiritualis collatio [illegible] [illegible] aliquando haberi poterit.

26. Crebro, & magna charitate [illegible] [illegible] [illegible], earumque necessitatibus [illegible] [illegible] [illegible] [illegible] animo paterno [illegible] Et quem [illegible] intelligat aliqua tentatione pulsari, [illegible] [illegible], [illegible] [illegible] curam & solicitudinem [illegible] [illegible], si [illegible] [illegible], per alias [illegible]; nec remedium [illegible] [illegible] [illegible] [illegible] [illegible].

27. In [illegible], & [illegible] [illegible] rationem habebit [illegible] [illegible], & [illegible] [illegible], & [illegible] [illegible], ad gloriam Dei.

28. Nisi prudentia [illegible] [illegible]

adhibita

afflictio aliter procedendum dictaverit, illud in correctionibus observet, ut iis, qui peccant, primo in charitate, & dulcedine admoneantur; secundo in charitate quidem, sed ita tamen modo, ut eis confusio, & rubor injiciatur; tertio amore, ea quae timorem incutiant, si opus erit, adhibeantur.

29. De publicis defectibus, publica debet esse poenitentia, sic tamen, quae ad omnium aedificationem faciunt, declaratis.

30. Poterit mittere interdum aliquem ex suis, ut ostiatim petat eleemosynam, aut ut inserviat hospitali, aut concionetur, aut in plateis [illegible] Christianam doctrinam doceat, prout magis in Domino expedire videbitur, habita ratione aedificationis & spiritualis utilitatis nostrorum.

31. Delegare poterit Consultori, vel alijs vices suas, ut eas poenitentias injungant vel imponant, quae ad majorem sui spiritus profectum, assumere quisque volet. Et, ut nostris, qui Sacerdotes non sunt, facultatem dare possint frequentius quam alioquin quoque diu communicandi, quos ex ratione magis in spiritu juvari in Domino judicaverint.

32. In dando facultatem jejunandi, sicut & in alijs poenitentiis concedendis, videat, ne mensuram rectae rationis excedat: atque operam, ut omnes intelligant, ad singularitatem non pertinere, si quis jejunet alijs non jejunantibus, dummodo [illegible] jejunandi, quae juxta Constitutiones non sit non introducatur.

33. Unio, & conformitas mutua diligentissime curanda est, nec ferenda inter alios domesticorum perturbatio, vel ira mutua: & si quando hujusmodi acciderit, curet, ut statim congrua satisfactione debita in gratiam invicem redeant.

34. Tam ipse, quam omnes alij Sacerdotes, qui ei videbuntur, juxta Constitutiones, eligendo [illegible] annum officium, vel officiorum, qui domi inserviunt, ad tempus aliquod obibunt.

35. Videat scripta, & literas omnes, quae scribuntur ad domesticos, & quae ipsi alijs scribunt, aut aliquem earum [illegible], & qui [illegible] difficultatis habeat, [illegible] consultat, qui eas literas reddat, aut non reddat, prout in Domino magis expedire judicabit, [illegible] si quid [illegible], quod tamen [illegible] sit, ut de ea Superior [illegible] judicare [illegible] possint, numerum scribere permittat: nec [illegible] sine [illegible] Provincialis facultate.

36. Non sint [illegible], nec instrumenta musica, nec [illegible] aut [illegible] introducantur.

De Auxilio Animarum.

37. Mandatur hoc pertinere ad finem nostrae Societatis, ut ad animarum salutem, & perfectionem cum divina gratia promovendam incumbat, & nostri instituti puritatem in omnibus professis praecipue elucescere debere; quae non tantum circa media ad hunc finem praeparanda (quemadmodum Collegia) quam circa finem ipsum & usum mediorum ad eum consequendum versantur. Cap. IV.

38. Videat, an nostri zelum habeant animarum, & an fervent, ut diligentia eorum salutem procurent, ut ij saltem, quos fortius Dei amor impellit, nec solum immoderatos pro viribus labores suscipi non sinat, sed multo etiam minus in proximis juvandis negligentiam colere.

39. Proponatur populo assidue in Ecclesia verbum Dei in praedicationibus, & sacra Scriptura vel doctrina Christiana legendis, quod etiam in aliis Ecclesijs, plateis, & locis praestari possit, quando ad majorem Dei gloriam conferre videbitur: nominatim vero puerorum, ac rudium personarum in Christianismo institutionem tanquam proprium nostrae vocationis Ministerium valde commendatum habeat: intelligatque Christianam doctrinam rudibus doceri posse, ubi ad majorem aedificationem id fore observabitur. Modus autem [illegible] id [illegible], sicut fieri solet, pro locorum ratione ad aedificationem & majorem utilitatem [illegible].

40. Procuret diligenter ut assidui designati Confessarij, qui domi in administratione Sacramentorum confessionis & communionis cum fructu exerceantur, atque extra domum [illegible] confessiones audire, [illegible], & eos, qui in carceribus, & hospitalibus inveniuntur, visitare, & consolari possint, & reliquis pietatis operibus, quae in literis Apostolicis instituti nostri, & Constitutionibus proponuntur, incumbere: sed haec omnia [illegible] juxta ordinem à Provinciali praescriptum sequantur, qui pro ratione loci, & [illegible]: quantum in hujusmodi rebus opera sit ponenda.

41. Curet, ut nostri in spiritualibus exercitiis tradendis accurate exerceantur, postquam ea in se ipsis fuerint experti: nullus tamen debeat [illegible] tradere, nisi prudentia, ac rerum spiritualium usu satis probatus esset.

42. Si operariorum copia suppetat, poterit suos mittere ad alia loca vicina habito consensu Provincialis, ut [illegible] charitatis [illegible], domum, [illegible] tempore redeant.

43. *Non plures eodem tempore [illegible] Sacerdotes abesse, sed semper domi, qui [illegible] aliqui maneant, qui occurrentibus necessitatibus proximorum satisfacere possint.*

44. *Cum quis praedicationis, lectionis faciendae, aut confessionis audiendae munus [illegible], provideat, ut studijs tempus, aliaque necessaria illi desint.*

45. *Si quis ad Sacros ordines promovendus, aut in Confessarium [illegible] eligendus videbitur, Provincialem admoneat.*

46. *Si quem ex ijs, qui in Ecclesia nostra [illegible] ad Sacramenta accedunt, intelligeret non suo exemplo alios offendere, quantumvis ipse [illegible], remedium per confessarium, vel aliquam aliam convenienti ratione adhibere [illegible].*

47. *Non permittat, ut nostri curam Monialium [illegible], & aliarum quarumcunque suscipiant, ut ordinarie illarum confessiones audiant vel [illegible]: quamvis nihil repugnet aliquando apud eas concionari, aut semel [illegible] Monasterij confessiones [illegible] ob causas audire, quod tamen non fiet, nisi [illegible] ij, qui [illegible].*

48. *Et si proprium Praepositi officium est, Domum sibi commissam diligenter, ac [illegible] gubernare, neque is propter aliud quidquam huic muneri deesse debet: si quando tamen per officij sui occupationes [illegible], & concionari, & confessiones audire, & alia Societatis ministeria exercere poterit, ut decebit.*

De Ordine Domestico.

49. *Quotidie post orationem matutinam [illegible] factam, [illegible] omnes, qui Sacerdotes non sunt: nisi aliquibus propter [illegible] aliud tempus ad sacrum audiendum concessum sit.*

Cap. V.

50. *Tempore orationi, & examini assignato, si aliquis, qui observet, num omnes [illegible], quod & Minister ipse aliquando faciat, & Praepositum [illegible] diligenter [illegible].*

51. *Syndicum domi constituat, qui Ministro aut [illegible] opera ad id non [illegible], cujus officium erit observare in omnibus quod ad honestatem, & decentiam externam pertinet, Ecclesiam, & domum [illegible] publicis [illegible], & si quid, quod non conveniat, animadverterit, Superiori referendo.*

52. *A [illegible] statim ad [illegible],* *ut [illegible] aliquid vero amplius usque ad [illegible] diebus [illegible] tempore [illegible], usque ad [illegible] servetur.*

53. *Benedictio, & gratiarum actio [illegible] semper [illegible] in mensa fiant, [illegible] teneri [illegible] antiqua benedictio, & gratiarum actio, quae à singulis sublimior, & clara [illegible] fieri debent.*

54. *In mensa Sacerdotes [illegible] ad eum gradum non promoveat: sed nec inter Sacerdotes, nec [illegible] qui Sacerdotes non sunt, alius ordo constituatur.*

55. *Si aliquis de causa Praepositus prima mensa adesse non poterit, curet, ut Minister adsit.*

56. *A prandio & à coena hora una: diebus autem [illegible] post collationem vespertinam [illegible] relinquant [illegible], idque in una loco, si commode fieri poterit: sed neque extra [illegible] laboribus nimium [illegible], sive aliqua [illegible] relaxatione fiunt.*

57. *Conferentiae casuum conscientiae bis singulis hebdomadis habeantur, quibus Sacerdotes omnes, qui commode poterunt, interesse debent: praesit [illegible] aliquis, qui ea, de quibus agetur, [illegible] explicare, ac definire possit.*

De ijs, quae pertinent ad Res Temporales.

58. Magno, & constanti animo sperare à divina bonitate suae Domui subsidia temporalia adjicienda, & nobis ad quaerendum Dei Regnum sibi, & proximis serio incumbant, & ipse ratione indigentiae, adduci nostri integritatem violari nunquam permittat.

Cap. VI.

59. Habeat procuratorem, qui eleemosynas petat, aut alios ad eam rem substitutos poterit, si necessarium judicabit, ita tamen, ut quam paucissimi in mendicando occupentur.

60. Singulis mensibus à Procuratore rationem accepti, & expensi praesente Ministro exigat, ut totius Domus administrationis ratio ipsi constet, eamque reddere possit cui, & quando per Superiorem constitutum fuerit, ne Domum alieno aere gravet.

61. In ijs, quae ad rationem [illegible], & aliorum

[illegible] rerum vitæ necessarium, aut convenientium spectant, quamvis curandum est, ut commoda illa sint, & valetudini accommodata: habenda tamen semper est ratio humilitatis, paupertatis, & spiritualis ædificationis Domini.

62. Ut curam debet, ne ii, qui in vinea Domini magno cum proximorum fructu se exercent, necessariis subsidiis privati majora bona relinquere cogantur, neve morbo, aut ætate debiles nimium, fraternæ charitatis destituantur: ita iis, qui nostra ratione aliorum indigent opera, adjutores assignare non debet.

63. Ægrotorum verò cura habeatur magna, & observetur diligenter tam in victus ratione, quàm in cæteris quod Medicus præscripserit.

64. Si cui particulari quidpiam ab externo aliquo mittatur, id in communem usum accipiatur, ac dispensetur.

65. Caveat, ne Domus ipsa, aliquæve Professorum, aut Coadjutorum [illegible] Collegiorum, præterquam in rebus minimis utatur.

66. Si quod stabile donatum, legatumve Domui fuerit, Provincialem admoneat, ut quam primum vendatur, & pretium in usus necessarios juxta illius judicium expendatur: temporis tamen opportunitas ad vendendum non excludenda.

67. Lites forenses fugiat, nec ullam inconsulto Provinciali intentet, nec intentæ respondeat, nisi rogatus.

68. Si bona alicujus ex nostris distribuenda essent, si [illegible] contrahere, si fabrica aliquid moliendi, & expensæ extraordinariæ faciendæ, aut si bona offerantur cum aliqua obligatione, rem ad Provincialem deferat.

69. Depositum pecuniæ nullum pro[illegible] admittat; aliarum verò rerum non nisi [illegible], dummodo sint eorum, quorum [illegible], aut aliqui id [illegible] sine magna offensione, denegari non possit.

70. Neminem ex nostris in [illegible] [illegible] examinari [illegible], qui ad [illegible] compellerent [illegible], nisi in rebus, quæ ad Religionem Catholicam pertinent, aut aliquid [illegible] [illegible] cedant.

71. Nullum domi jumentum equitandi causa ad usum alicujus de ipsa Societate ordinarie habeatur, nisi aut propter continuam infirmam alicujus valetudinem, aut propter publica negotia, id necessarium, & urgens judicaverit Generalis.

De Communicatione cum Externis & Gratitudine erga Fundatores & Benefactores.

72. Mulieres invisere, vel ad eas scribere, nisi in necessitate, aut cum spe magni fructus, nostros non sinat, nec hoc quidem permittat, nisi viris valde probatis, & prudentibus. Cap. VII.

73. Non permittat feminas domum nostram ingredi.

74. Caveat, ne primarios viros invisere nostri consuescant, nisi studio piorum operum ducerentur, vel quando intima benevolentia in Domino conjuncti essent.

75. Non sinat offerri munuscula, quæ Magnatibus ad res majores obtinendas offerri solent.

76. Non permittat, ut nostri cibum capiant apud externos: aut ab eis, cum ægrotant, visitentur, nisi causa non levis momenti ad id concedendum moveret, quam eandem esse oportebit: si quando externus aliquis, ad mensam prælatorum refectorii, invitandus videretur.

77. Amicos conservare, & eos, qui male erga nos affecti sunt, præcipue si homines sint non vulgaris auctoritatis, [illegible] & rationibus convenientibus in amicitiam revocare, aut saltem ne adversarii sint efficere studeat.

78. Observet, quæ erga Fundatores, & Benefactores, tam vivos, quàm mortuos observanda sunt, eisque gratitudinem exhibeat, & si quam aliam obligationem habet ei satisfieri curet.

De iis qui admitti petunt, ad Domum [illegible], aut foras mittuntur.

79. In Societatem neminem admittat, nisi à Generali, vel Provinciali Cap. VIII.

id

id ipsi committatur, sed de iis, qui admitti petunt, ad Provincialem referat, vel scribat, quales illi sint, & quibus donis sint prediti.

80. Si is, qui admitti petit, ad institutum nostrum valde idoneus videbitur, & accessum urgeret, poterit eum tanquam hospitem domi recipere, donec responsum à Provinciali recipiat, vel ad eundem mittere, si expedire iudicaverit.

81. Recedentem sine licentia ab alio loco Societatis, vel ab ea dimissum non admittat, sed si expedire videretur ad Provincialem de eo scribat, & eius resolutionem expectet, illo domi ut hospite, vel in alio pio loco, si videbitur detento.

82. Charitatem magnam exhibeat erga alios de Societate per domum transeuntes, eosque amanter hospitio excipiat, ut meminerit, se aliquo viatico, aut eleemosyna eos, si indigerent, iuvare posse: curet item diligenter dirigere, ac iuvare expeditiones hospitum, qui negotiorum causa domi versantur.

83. Externi ne excipiantur hospitio, ut domi pernoctent, nisi ii sint, quibus multum debemus, aut id omitti sine magna offensione praetermitti non posset: quos ita ut habeantur procul a habitationibus Religiosorum, nisi necessitatis causa ad nos divertunt.

84. Cum quis domo egreditur, det ei socium convenientem: si quando autem aliquem solum foras mittere, is sit, cui merito possit confidere.

85. Neminem ex sua Domo in aliam Domum mittat sine literis patentibus.

86. Si quis experimento comperietur ferre non posse domus coelum, & male habere continenter conspicietur, vel alia ratione videretur mutandus, Provincialem admoneat, an alio mitti debeat.

87. Profecturi ad alia loca ea, quibus *viaticum* vocant, & in aliis itinerariis indumentis, quibus utuntur, privari non debent, nisi forte certo tempore, aut alioqui charitas suaderet melioribus esse commutanda. Reliqua vero omnia, quae ad iter necessaria erunt, magna charitatis significatione ab eo loco, unde mittuntur, subministrentur, sumptibus tamen eorum, quorum est expensas itineris solvere.

REGVLÆ RECTORIS,

Quae pluribus Capitibus continentur.

De iis, quae ad eius PERSONAM, *& totius* COLLEGII *administrationem pertinent.*

Cap. I. OMni studio enitatur, ut talis sit, qualis optatur in nostris Constitutionibus, primamque officii sui partem in eo positam esse intelligat, ut oratione, & sanctis desideriis totum Collegium veluti humeris suis sustineat.

2. Communes Regulas ipse servet, & particularia in cibo, indumentis, & aliarum rerum usu, quantum fieri potest, vitet: de familiaritate, atque indulgentia cum quibusdam, alios ne offendat,

3. Intra annum postquam officium Rectoris prima vice inierit, quadraginta diebus Christianam doctrinam eo modo, quo in secunda congregatione expositum est, legat, aut doceat: sed ex causa per alium id munus eius facultate Provincialis obire poterit.

4. Consuetudines receptas, & à Generali, vel Provinciali approbatas servet, ac servari faciat: Si tamen aliqua alia à praecedenti Rectore inducta

liceris, non intret inconsulto Provinciali ipse etiam, nisi suo Superiore approbante, nullam introducat.

5. Eos, qui domestica obeunt ministeria (exceptis quibusdam, quorum electio ad Provincialem pertinet) prudentes constituat, suas eisque Regulas tradat, singulorum vires, et prout in Domino convenire iudicabit, vel in eodem ministerio detineat, vel ab eo amoveat. Quia vero officia quaedam, ut bene fiant, experientiam requirunt, qui ad ea idonei inveniuntur, non facile mutari debebunt.

6. Ut prospiciat Officialibus de subsidio, si necessarium id fuerit, ne laboribus graventur, debebit: ita cum tempus vacuum illis fuerit, ut utiliter illud impendant divino servitio curabit.

7. Etsi potestatem habet designandi Confessarios suis subditis, ordinarium tamen Confessarium Collegii non constituat sine approbatione Provincialis.

8. Quamvis in virtute obedientiae iubere possit, non nisi rarissime, et ex gravi, et urgenti causa id faciat.

9. Ordinarias tantum poenitentias imponat, quales sunt parvi momenti, publica reprehensio, confessio in circulo, edere sub mensa, osculari aliorum pedes, orare in refectorio, dicere culpam suam, subtractio cibi usque ad panem et aquam, et res postularerit, disciplina publica in refectorio, et alia exercitia humilia et domestica.

10. Sicut ad Rectorem pertinet dispensare in Regulis, Constitutionibus, et Decretis congregationum generalium cum particularibus quando necesse erit: sic et cum dispensaverit in rebus maioris momenti, quae videntur urgere, et in quibus sine gravi incommodo Provincialis responsum expectari non potest, eum primo quoque tempore de huiusmodi dispensatione, ac eius causis admoneat.

11. Nomina eorum, qui vota solemnia, vel simplicia emiserunt, in libro ad hoc parato notentur: in Professis quidem et Coadiutoribus formatis cum nominibus admittentium: in reliquis vero post biennium eum nominibus celebrantium adiecto loco, et tempore, iuxta Constitutiones.

12. Quas habeat facultates, partim ex iis, quae ipsi, in his Regulis conceduntur, partim ex compendio facultatum Societatis intelliget, ut in iis, quas non habet solus ad Superiorem recurrere.

De iis, quae RECTOREM ad Domus Administrationem pertinent.

13. Sit solicitus, ut Minister, et reliqui Officiales suo defungantur officio, curetque alios, quae possent impedire. Cap. II.

14. Singulis vel saltem alternis hebdomadis cum suis Consultoribus conveniat, (nisi pro re nata aliquid extraordinarie esset consulendum) deque rebus maioris momenti, quae pro temporum, et negotiorum varietate occurrunt, cum illis agat: quanquam statuendi penes ipsum erit de singulis statuendi facultas.

15. Consultores aliosque omnes, cum ei aliquid proponunt, libenter ac benigne excipiat, et praecipue eum, cui Ministri officium commissum est, efficiatque ut in suo Collegio, quae in formula scribendi praescripta sunt, accurate serventur.

16. Habeat librum, in quo scribantur visitationes Collegii a Generali approbatae, in quo etiam scribantur ordinationes aliae cuiusmomenti, quae a Generali mittuntur: et quae perpetuae sunt, ab iis, quae temporariae sunt, separatim notentur: alia vero quae Visitator et Provincialis praescripserint, in alio libro scribantur.

17. Institutum Societatis perspectum habeat ex lectione literarum Apostolicarum, Constitutionum, et Decretorum generalium Congregationum: magis autem particulariter ex lectione Regularum, tam communium, quam officii sui, et aliorum, qui sub ipsius cura sunt, et Provincialis, et Compendii facultatum Societatis, atque ex observatione consuetudinum acceptarum ac demum ex recursu ad Superiorem in iis, de quibus dubitabit.

18. Libellum habeat, in quo referat quaecunque sibi ad bonum Collegii statum subinde occurrent, ne memoria excidant, praecipue illa de quibus ad generalem scribendum putat.

19. Pro occurrentibus necessitatibus communibus et privatis, Missas et orationes suorum, moderate tamen, iuxta consuetudinem Societatis applicare poterit.

De

De Cura Nostrorum in Spiritu.

Cap. III.

20. Curet, ut quisque in suo officio integram obedientiam Collegiales praestent, & officiales Ministro, & sibi etiam omnes, studeatque eisdem exemplo obedientiae praeire quam ipse suis Superioribus, quos Christi loco habet, praestare debet.

21. Det operam, ut Constitutiones, & Regulae observentur ab omnibus Collegialibus, eam omni sollicitudine invigilet, eosdemque ab iis, quae nocere possunt, domi & foris defendat, cum praeveniendo, tum etiam, si quid mali acciderit, remedium adhibendo, ita ut in virtutibus & literis proficiant.

22. Efficiat, ut sibi, vel aliis ab ipso deputatis statis temporibus ratio conscientiae reddatur a suis, juxta modum, qui in Provincialis praescribitur, & instructionem ad reddendam conscientiae rationem; & aliquos praeterea maturiores Patres assignet, qui eorum confessiones generales excipiant, nisi Provincialis [illegible].

23. Meminerit, ut Scholastici, & Coadjutores non formati bis singulis annis circa festa Circumcisionis Domini nostri, & Apostolorum Petri & Pauli, vota sua renovent, permissis iis, quae fieri solent.

24. Singulis, vel alternis diebus Veneris exhortationem nostris vel ipse faciat, vel aliquis alius, qui rationem nostri instituti bene teneat, in qua agatur de observatione Constitutionum & Regularum, de fraterna charitate, humilitate, patientia, mortificatione, & aliis virtutibus, praesertim de obedientia, tamen si exhortationis loco spiritualis collatio eisdem de rebus aliquando haberi poterit.

25. Crebro, & magna charitatis significatione alloquatur subditos, eorumque necessitatibus non corporis tantum, sed multo etiam magis animae, paterno affectu prospiciat. Si quem vero intelligat aliqua tentatione pulsari, praesertim gravi, ejus peculiarem curam & sollicitudinem, non solum per se, sed etiam, si necesse fuerit, per alios gerat: nec remedium longius differendo, difficiliorem morbi curationem reddat.

26. In correctionibus, & poenitentiis injungendis rationem habebit dispositionis personarum, & aedificationis universalis, & particularis eorum ad gloriam Dei.

27. Nisi prudentia rebus particularibus adhibita aliter procedendum dictaverit, illud in correctionibus observet, ut ii, qui peccant, primo in charitate, & dulcedine admoneantur: secundo in charitate quidem, sed eo tamen modo, ut et confusi, & rubore suffusi; tertio amori ea, quae timorem incutiat, si opus erit, adjiciant.

28. De publicis defectibus publica debet esse poenitentia, in tantum, quae ad omnium aedificationem facere declaraverit.

29. Poterit mittere interdum aliquem ex suis, ut ostiatim petat eleemosynam, aut ut inserviat hospitali, aut [illegible] emptorum, aut in plateis concionetur, & Christianam doctrinam doceat, prout magis in Domino expedire videbitur, habita ratione, aedificationis, & spiritualis utilitatis nostrorum.

30. Delegare poterit, Confessario, vel aliis vices suas, ut eas poenitentias approbent, vel improbent, quas ad majorem sui spiritus profectum assumere quisque volet.

31. In dandis licentiis jejunandi, sicut & in aliis poenitentiis concedendis, videat, ne mensuram rectae rationis excedat: detque operam, ut omnes intelligant ad singularitatem non pertinere, si quis jejunet aliis non jejunantibus: dummodo ordinaria consuetudo jejunandi, quae extra Constitutiones non sit, non introducatur.

32. Unio & conformitas mutua diligentissime curanda est, nec ferenda inter aliquos domesticorum perturbatio, vel simultas: si quid autem hujusmodi acciderit, curet, ut statim cum satisfactione debita in gratiam invicem redeant.

33. Tam ipse, quam omnes alii Sacerdotes, qui ei videbuntur, juxta Constitutiones, aliquando intra annum, officium vel officia eorum, qui domi inserviunt, ad tempus aliquod obibunt.

34. Non permittat nostros Scholasticos frequentius quam octavo quoque die communicare, nisi particulares ob causas, habita magis ratione necessitatis quam devotionis: diebus tamen solemnibus in hoc dispensari poterit. Coadjutoribus vero, & iis, qui literis non dant operam, longe facilius concedi poterit, ut etiam infra hebdomadam communicent, & Praefecto rerum spiritualium aut Confessario delegari, ut id concedat iis, quos ea ratione magis in spiritu juvari in Domino judicabit.

35. Videat scripta, & literas omnes quæ scribuntur ad domesticos, & quæ ipsi aliis scribunt, per aliquem virum fidelem, & qui donum discretionis habeat, Domi constituat, qui eas lectas reddat, aut non reddat, prout in Domino magis expedire judicabit, sibique referat, si quid invenerit, quod tanti momenti sit, ut de eo Superior monendus videatur: res autem vanas, aut quæ alterum offendere possint, neminem scribere permittat: nec sigillum quemquam habere sine sine Provincialis facultate.

36. Non sint in Collegiis arma, nec instrumenta musica, nec libri lascivi, aut vani, nec novæ illæ recreationes introducantur.

De LITERARVM Studiis.

Cap. IV.

37. NEminem ad inchoanda studia admittat, nec eos, qui ad illa ex Provincialis commissione admissi fuerint, ad aliam facultatem promoveat, absque ejusdem Provincialis approbatione, cui post maturam considerationem, & examen, de unoquoque suo tempore significabit, quid sentiat.

38. Impedimenta removeat, quæ à studiis animos Scholasticorum avocant, qualia sunt nimiæ mortificationes, vel devotiones, vel externæ occupationes. Et circa illorum valetudinem peculiarem curam animadvertat, ut & in laboribus mentis, modum servent, & in iis, quæ ad corpus pertinent, religiosa commoditate tractentur, ut diutius in studiis perseverare tam in literis addiscendis, quam in eisdem exercendis ad Dei gloriam possint.

39. Videat, quomodo Professores omnes suo munere fungantur, curetque diligenter à Philosophiæ & Theologiæ Professoribus eas servari circa opinionum diversitatem, quæ in Constitutionibus, & ratione studiorum præscriptæ sunt. Intelligat etiam per se, vel per alios, quomodo Scholastici in suis studiis proficiant: quod si animadverterit aliquem in iis inutiliter tempus terere, ad Provincialem referat.

40. Singulis hebdomadis dies unus saltem à prandio Scholasticis ad quietem destinatus sit, in quo eos adducendi, aut ad prædium Collegii, vel alio exercitii corporis, vel recreandi animi gratia mittere poterit. In reliquis autem studiorum intermissionibus sequatur ordinem à Generali, vel Provinciali constitutum.

41. Etsi præceptorem publicum in scholis instituere non possit absque Provincialis facultate, ad tempus tamen necessitatis gratia id facere poterit.

42. In scholis promovendorum ad gradus literarios (ad quos nostri sine facultate Generalis promoveri non possunt) si qua in re aliquo momenti dispensatione opus esset, Provincialem admoneat.

43. Constitutiones, sive Regulæ, quæ ad Scholasticos Societatis pertinent, publicè in Refectorio bis, aut ter singulis annis legantur.

44. Sub finem studiorum cujusque, statum esse partium Rector intelligat, auditis Consultoribus Provincialem de uniuscujusque talento admonere: & quantum singuli profecerint, referre, & num aliqui ad sacros Ordines promovendi sint, aut in Confessarios, aut in Concionatores, aut Lectores eligendi, proponere.

De Ordine Domestico.

Cap. V.

45. *QVotidie post orationem matutinam sacrum fiat, cui intersint omnes, qui Sacerdotes non sunt: nisi aliquibus propter peculiarem causam aliud tempus ad sacrum audiendum concessum sit.*

46. *Quando nostri ad sacram communionem accessuri sunt, præsertim dum Sacerdotes, curet, ut in Ecclesia (si commodè fieri potest) id faciant, separati tamen ab externis, quantum locus feret.*

47. *Tempore orationis & reliquorum exercitiorum assignato sit aliquis, qui observet, num omnes iis vacent, quod etiam Minister & ipsemet Rector aliquando faciat.*

48. *Syndicum domi constituat, ubi Ministri aut Subministri opera ad id non sufficiat, cujus officium erit observare in omnibus quod ad compositionem, & decentiam externam pertinet, Ecclesiam, & domum in locis publicis perlustrando, & si quid, quod non conveniat, animadverterit, Superiori referendo. Præter hunc alios particulares Syndicos in classibus singulis habeat, qui, quantum fieri poterit, ex prudentioribus, & maturioribus deligantur.*

49. *Omnes præter illos, quos ipse judicaverit excipiendos, horæ quadrantem ante prandium vel cœnam examini tribuant.*

50. *A postmeridiano prandii signo ad cœnam, aliis ne minimum horæ intersint: aliquid*

una

[illegible] amplius [illegible] ad [illegible] spectantium [illegible] & [illegible] tempore autem, quo [illegible] ad signum, quo excitantur, [illegible].

51. Benedictio, & gratiarum actio [illegible] ... in prima mensa [illegible] in secunda vero & [illegible] antiqua benedictio, & gratiarum actio, quae à singulis [illegible], & [illegible] fieri debent.

52. In mensa Sacerdotes [illegible] ad eum gradum non promotos: sed nec inter Sacerdotes, nec inter eos, qui Sacerdotes non sunt, [illegible] ordo [illegible].

53. Si aliquis de [illegible] Rector prima mensa adesse non potuerit, curet, ut [illegible] adsit.

54. Dominicis diebus, & festis, si commode fieri possit, & aliis etiam, si Superiori videatur, fiat aliquis pro [illegible] Scholarium à Superiore [illegible], qui [illegible] pro [illegible] concionem habeant, quibus [illegible] aliquod tempus eodem die ad [illegible] pro Superioris arbitrio dandum erit.

55. A prandio & à coena hora una: [illegible] autem [illegible] post collationem [illegible] [illegible] recreationi [illegible], atque in una loco, si commode fieri potest: sed neque [illegible] hora [illegible] sine aliqua [illegible] fiant.

56. [illegible], ubi aliqua [illegible] [illegible] Dominicis ad [illegible] post prandium [illegible], [illegible] tractantes, quae ad [illegible], & [illegible] spectant.

De iis, quae pertinent ad Res Temporales.

Cap. VI.

57. Singulis mensibus à Procuratore rationem accepti, & expensi praesente Ministro exigat, ut totius Domus administrationis ratio ipsi constet, eamque reddere possit cui, & quando per Superiorem constituetur: caveat autem, ne Collegium aere alieno gravetur.

58. In iis, quae ad victum, vestitum, & habitationem, & alia corpori necessaria pertinent, curet, ne quid desit, in quo probetur virtus, & sui ipsius abnegatio, non desit tamen, quo sustentetur natura, habita convenienti ratione personarum in Domino. Cum Scholasticis vero in [illegible], quae ad vestitum pertinent, [illegible] quam cum iis, qui profitentur [illegible] decorum ratio habeatur.

59. Aegrotorum curam habeat [illegible], & observari diligenter tam in victus ratione, quam in caeteris quod Medicus praescripserit.

60. Si cui parentum quidpiam [illegible] excedat aliquo munere, id in communem usum accipiatur, ac dispensetur.

61. Caveat, ne quae Domus Professorum, aut aliquis eorum, aut Coadjutorum formatorum addictus Collegii sui, praesertim in rebus minimis utatur, nisi iis eidem Collegio necessarium sit, aut conveniens, ut in eo commoretur.

62. Lites forenses fugiat; nec ullam inconsulto Provinciali intentet, nec intentae respondeat, nisi cogatur.

63. Si bona alicujus ex nostris distribuenda essent, si ineundi contractus; si fabrica alicujus momenti & expensae extraordinariae faciendae, aut si bona offerantur Collegio cum aliqua obligatione; rem ad Provincialem deferat.

64. Depositum pecuniae nullum [illegible] admittat: aliarum vero rerum [illegible] nisi cautissime; [illegible] quibus multum debeamus, aut à [illegible] sine magna offensione, denegari non possit.

65. Neminem ex nostris in causis civilibus, multo minus criminalibus examinari (nisi, quod ad veritatem obligare possit) compelleret, permittat absque licentia quam minime dabit, nisi in causis, quae ad Religionem Catholicam pertinent, aut aliquod piae finis; & ita [illegible], ut non in alicujus detrimentum cedant.

De Auxilio Animarum, Communicatione cum Externis, & Gratitudine erga Fundatores & Benefactores.

Cap. VII.

66. Det operam, ut à nostris Ministeria Societatis juxta Provincialis praescriptum, & cuiusque talentum exerceantur non solum in nostra, sed etiam in aliis Ecclesiis, Carceribus & aliis locis, quantum commode fieri potest, nominatimque Ministerium doctrinae Christianae commendatum habeat.

67. Curet, ut nostri spiritualibus exercitiis tradendis accurate exerceantur, postquam ea in se fuerint experti: nec tamen debeat [illegible], nisi prudentia, ac rerum spiritualium usu satis probatus esset.

68. Non permittat, ut nostri eorum Monialium religiosarum suscipiant, & aliarum quarumcunque ex ordinario illarum confessiones audiant, vel ipsas regant, quamvis nihil repugnet aliquando apud eas concionari, semel aut iterum Monasterii confessiones speciales ob causas audire: quod tamen non fiet, nisi postulent ii, qui imperabunt.

69. Esse proprium Rectoris officium est, Collegium sibi commissum diligenter, ac fideliter gubernare, neque is propter aliud quidquam huic muneri deesse debet: si quando tamen per officii sui occupationes licebit, & concionari, & confessiones audire, & alia Societatis Ministeria exercere poterit.

70. Mulieres invisere, aut ad eas scribere, nisi in necessitate, aut cum spe magni fructus, nostros non sinat: nec hoc quidem permittat, nisi viris valdè probatis, & prudentibus.

71. Non permittat foeminas Collegium nostrum ingredi.

72. Caveat, ne primarios viros invisere nostri consuescant, nisi sancto studio plurium operum ducantur, vel quando intima benevolentia in Domino conjuncti essent.

73. Non sinat offerri munuscula, quae Magnatibus ad res majores obtinendas offerri solent.

74. Non permittat, ut nostri cibum capiant apud externos: aut ab eis, cùm egrotant, visitentur, nisi causa non levi momento ad id concedendum moveatur, quam tandem esse oportebit: si quando externus aliquis, ad mensam praesertim refectionis, invitandus videretur.

75. Amicos conservare, & eos, qui malè erga nos affecti sunt, praecipuè si homines sint non vulgaris authoritatis, orationibus & rationibus convenientibus in amicitiam revocare, aut saltem ne adversarii sint efficere studeat.

76. Observet, quae erga Fundatores, & Benefactores, tam vivos, quàm mortuos observanda sunt, eisque gratitudinem exhibeat, & si quam aliam obligationem habet ei satisfieri curet.

De iis qui admitti petunt, ad Collegium *divertunt, aut foras mittuntur.*

Cap. VIII. 77. IN Societatem neminem admittat, nisi à Generali, vel Provinciali id ipsi commissum sit: sed de iis, qui admitti petunt, ad Provincialem referat, vel scribat, quales illi sint, & quibus donis Dei praediti.

78. Si is, qui admitti petit, ad institutum Societatis valdè idoneus videbitur, & necessitas urgeret, poterit eum tanquam hospitem domi recipere, donec responsum à Provinciali accipiat, vel ad eundem mittere, si expedire judicaverit.

79. Recedentem sine licentia ab alio loco Societatis, vel ab ea dimissum non admittat, sed si expedire videatur ad Provincialem de eo scribat, & ejus ordinationem expectet, illo domi ut hospite, vel in alio pio loco, si videbitur detento.

80. Charitatem magnam exhibeat erga alios de Societate per domum transeuntes, eosque amanter hospitio excipiat, ac meminerit, se aliquos viatico, aut eleemosyna eos, si indigerent, juvare posse: curet item diligenter dirigere, ac juvare expeditiones hospitum, qui negotiorum causa domi versantur.

81. Externi ne accipiantur hospitio, ut domi pernoctent, nisi ii sint, quibus multum debeatur, aut id officii sine magna offensione praetermitti non possit: qua in re habeatur praecipua ratio Religiosorum, cum necessariis causa ad nos divertunt.

82. Cum quis domo egreditur, det ei socium convenientem: si quando autem aliquis solus foras mittitur, is sit, cui meritò possit confidere.

83. Neminem ex suo Collegio in alium locum mittat sine literis patentibus.

84. Si quis experimento compertum sit ferre non posse domus aërem, & malè habere continenter cernetur, vel alia ratione videretur mutandus, Provincialem admoneat, an alio mitti debeat.

85. Profecturi ad alia loca ea, quae *Sarcinas* vocant, & in aliis interioribus indumentis, quibus utuntur, privari non debent, nisi forte ratio temporis, aut aliorum charitas suaderent non simul esse commutanda. Reliqua verò omnia, quae ad iter necessaria erunt, magna charitatis significatione ab eo loco, unde mittuntur, subministrentur, sumptibus tamen eorum, quorum sit expensas itineris solvere.

REGV-

REGVLÆ EXAMINATORIS,

Quæ pluribus CAPITIBVS continentur.

Quæ in Examinatore requirantur, & quid præstare debeat.

Cap. I.

1. QVi examinat eos, qui Societatem ingredi petunt, habeat opportunam cognitionem rerum ejusdem Societatis, ac zelum boni progressus ipsius, ut nulla ratione dimoveri ab eo possit, quod magis in Domino convenire judicaverit.

2. Moderatus admodum sit in admittendi desiderio: nam ut pium est solicitè cooperari vocationi divinæ, ut augeatur in Societate numerus operariorum vineæ Christi: ita diligenter curandum est, ne qui admittantur, nisi qui illis Dei donis præditi sint quæ ad ipsius gloriam hoc institutum exigit.

3. Quando aliquis Societatem ingredi petit, primum ipse agat cum eo, ut intelligat quæ sint ejus dotes, & vocatio: & quos autem clarè deprehenderit esse ineptos ad Institutum Societatis, Superiori significet, & accepta ab eo facultate, illum consilio, & si quid aliud charitas suggerit, adjuvet; quem admittendum videt, ad eos mittat, qui à Superiore designati fuerint, ut cum illis colloquatur.

4. Postquam omnes designati, eum, qui admitti desiderat, allocuti fuerint, coram examinatore, ut à Superiore vocentur, & referant, quid de eo sentiant; Superior autem, quid facto opus sit, constituet.

5. Si ille, qui ingredi cupit, nullis fuerit satis notus, intellectis ejus nomine, rerum, quibus cognitus est, extra domum inquiri poterit, cujusmodi homo ille sit; juvabit etiam ad hoc ipsum si ad Sacramenta in Ecclesia nostra frequenter accedat. Quod si adhuc de eo dubitaretur, non parum conferet, si in spiritualibus exercitiis constituatur: quibus peractis, si eis tandem con-fuerit, intelligat à Superiore utrum differendum responsum, aut omnino dimittendus sit.

Primum Examen, quo uti debet cum iis qui ingredi petunt.

Cap. II.

6. IN primis qui admitti vult, interrogetur diserte de quolibet impedimentorum essentialium, prudenter tamen, ut ea impedimenta esse, quæ à Societate excludunt, ille non intelligat, ut tanto accuratius responsionem accipiat.

7. Si aliquod ex iis impedimentis in quoquam deprehenditur, non est quod ulterius procedatur; sed quoad fieri poterit, cum ædificatione dimittatur: si tamen in eo dona aliqua Dei illustriora cernerentur, prius oportebit cum eo rem cum Superiore conferre.

8. Si nullum tale impedimentum esse, ulterius interrogetur, an decreverit sæculum relinquere, quibus de causis, aut quamdiu desideraverit ei in mentem venerit, & quem modum eo habuerit, an in hac ejus sententia remanserit aliquando sollicitus fuerit, & quomodo.

9. A quo tempore deliberavit hujusmodi ingredi, & quid ipsum impulerit, ut hoc potius quam aliud institutum amplecteretur. An à quoquam, præsertim nostris promotus ad id motus fuerit. Num deliberatum habeat animi propositum vivendi & moriendi in Domino in hac Societate. Et an fuerit in ea alias admissus, & quare sit egressus.

10. Num habeat æs alienum, aut alias obligationes. Num uxorem aliquam acceptam, vel sponsam, & an habeat liberos, vel defectum in aliqua sui parte patiatur.

11. Interrogetur de statu, Patris, Parentibus, & eorum conditione, an eorum corporalem penuriam patiantur, & an ex consa-

vel quaecunque alia necessaria ipsius opera indigeant, aut probabiliter indigere possint.

12. *An sit ex legitimo matrimonio, num à progenitoribus iam olim Christianis, an à modernis, vel haeretica descendat. An aliquis ex ipsius progenitoribus notatus fuerit, vel declaratus ob aliquem errorem contra Christianam, & Catholicam Religionem.*

13. *Si literis praeditus est, interrogetur, ubi & quam operam dederit, quantum profecerit: ingenij autem & iudicij sui iam ex sermone, & alijs coniicere licebit.*

14. *Si Coadiutor est futurus, petatur de aetate, ac viribus: an omnino sorte Marthae contentus futurus sit, & num aliquam artem noverit, & instructus, an ad virtutem, & devotionem propensus sit.*

15. *Tandem curandum est, ut qui admitti desiderant, summam nostri Instituti, probationesque, ac difficultates, quae in eo sunt, bene intelligant. De ijs vero, quae hic interrogantur, aut de Instituto explicando dicuntur, plura, aut pauciora pro personarum qualitatem, & cognitionem loqui, & explicari poterunt.*

16. *Reliqua, quae ad officium examinatoris pertinent, si quando cum ijs, qui in primis probatione sunt, vel alijs nostris illa obeunda erunt, petat ex officio Magistri Novitiorum.*

17. *Caeteri vero à Superiore designati, ut cum illis colloquantur qui admitti petunt, ijsdem fere interrogationibus utantur, exceptis ijs, quae interrogata taedium iniicere possent.*

REGVLAE
MAGISTRI NOVITIORVM,

Quae pluribus CAPITIBVS continentur.

De ijs, quae ad eius Personam, & Instructionem pertinent.

Cap. I.

1. REm esse magni momenti sibi commissam intelligat, quandoquidem ex prima Novitiorum institutione, prout magna ex parte eorundem profectus, & spes nostrae Societatis in Domino, pendet; curetque ut se Deo per studium propriae perfectionis, instrumentum aptum ad eos iuvandos praebeat.

2. *Amabilem se praebeat, & vitae integritate ac discretione ita se gerat, ut omnes, qui in probatione sunt, ad eum in suis tentationibus confidenter confugiant, eique se ipsos confidenter aperiant, & ab eo consolationem & auxilium in omnibus in Domino sperent.*

3. *In Domibus probationis separatis praeter has regulas officij sui, habeat etiam Regulas, & omnes facultates aliorum Rectorum, exceptis ijs, quae Novitiatui non conveniunt.*

4. *Habeat socium Sacerdotem fidelem & in rebus spiritualibus exercitatum à Provinciali designatum, qui in ijs, quae in Novitiatu agenda sunt, sit eius Coadiutor. Habeat etiam aliquem Fratrem ex antiquioribus in virtute probatum, & prudentem, qui iuxta ordinem obedientiae, significet Novitiis exercitia exteriora, in quibus occupandi sunt, & manum det illis, cum opus est, ad illa facienda.*

5. *In Domo probationis coniuncta Domui Professorum vel Collegio, habitatione tamen distincta, Magister Novitiorum erit subordinatus Praeposito, vel Rectori: non tamen erit sub obedientia Ministri, sicut nec eius socius. In ea autem Domo vel Collegio camera sit communis, mensa aliqua Novitijs & eorum Magistro designata.*

6. *Hic Magister Novitiorum poenitentias in Novitiatu communes suis Novitijs imponere poterit, extra vero nonnisi consulto Superiore.*

7. *Habeat hic idem Magister Novitiorum potestatem ordinariam absolvendi à casibus reservatis Novitios, qui sub ipsius cura degunt, nisi cum Superiori hac facultas aliqua de causa restringenda videretur.*

8. *Versatum esse oportebit in doctrina librorum spiritualium, ut discrepantias, quae in spirituali vita accidunt, non tantum experientia, sed etiam scientia intelligat. Quibus an-*

tem

tem militare ipse mihi videtur, [illegible], qui in subjecto catalogo numerantur. Novitius vero eos tantum legendos tradet, qui nostro instituto conveniunt, ne quid ab eo alienum hauriant, aut quacunque ratione quicquam detrimenti capiant.

LIBRI AD VSVM MAGISTRI NOVITIORVM accommodati.

Basilij Ascetica & Regulæ.
Gregorij Moralia.
Augustini Confessiones, & Meditationes.
Bernardus.
Bonaventuræ Opuscula.
Cassianus.
Homiliæ Dorothei, Macharij, Cæsarij Arelatensis Episcopi.
Opuscula Ephrem, Nili, Esaiæ Abbat.
Diadochus.
Hugo de S. Victore de Claustro animæ.
Richardus de S. Victore.
Humbertus de eruditione Religiosorum.
Innocentius de contemptu mundi.
Thomas de Kempis de imitatione Christi, & alia ejus opuscula.
Vincentij tractatus de vita spirituali.
Ludovici Blosij opera.
Dionysij Carthusiani opuscula.
Albertus Magnus de Virtutibus.
Epistolæ Catharinæ Senensis.
Ludolphus de vita Christi.

HISTORICI

Gregorij Dialogi.
Gregorius Turonensis de gloria Confessorum, & vita S. Martini.
Eusebij Historia Ecclesiastica.
Severus Sulpitius de vita S. Martini.
Vitæ Patrum selectæ.
Vitæ SS. Lipomani & Surij.
Petrus Damianus.
Petrus Cluniacensis de Miraculis.
Literæ Indicæ.
Vita Patris N. Ignatij, & aliæ similes ad Novitiorum utilitatem accommodatæ ex quibus desumet aliquas pro illorum usu.

Cap. II. 9. Postquam in Domino statuetur, ut ad probationem aliquem admittendum esse, in domo vel habitatione separata primæ probationis hospitum more duodecim dies, vel usque ad viginti & amplius, prout Superiori videbitur, diversetur: ut eo tempore de iis, quæ pertinent ad Societatem, ipse certior reddatur, & Societas eundem plenius in Domino cognoscat.

10. Postridie ei declarabitur, quomodo in eo loco se gerere debeat, & nominatim ne verbo, aut scripto (nisi Superiori aliquid de causa aut levis momenti aliud videretur) cum externis, vel domesticis agat, præterquam cum iis, quos ad id Superior designaverit.

11. Librum completum examinis, hisque declarationibus, Latina lingua pro iis, qui eam intelligunt, & vulgari pro aliis habeat, nec non & eisdem linguis Summarium Constitutionum, & Regulas communes habere debet.

12. Elapsis duobus aut tribus diebus examinari accuratius incipiat, & relinquatur ei scriptum prædictum examen, ut solus ad maturius consideret, nisi in aliquo particulari aliud examen, brevius proponendum esse Superior judicaverit.

13. Postea literæ Apostolicæ Iulij anno 1550. & Summarium Constitutionum, & Regulæ communes eidem ostendantur, & relinquantur, ut omnia per otium magis consideret: is vero, qui literas Apostolicas Latinas non intelligeret, satis esset earum summam declarare.

14. Ordo examinandi esse debet, in primis proponere, ac prosequi, quæ quatuor primis capitibus examinis continentur: deinde ea, quæ specialiter ad literatos pertinent, vel Coadjutores, vel Scholares, aut indifferentes: quamvis autem omnibus integrum examen relinquatur, non sunt tamen omnes particulariter examinandi, nisi de iis, quæ ad unumquemque pertinent, & si quid alicujus momenti occurrerit, quod Superiorem scire oporteat, scripto notabit.

15. In his omnibus proponendis, & declarandis paulatim procedatur, ut qui examinantur, res omnes nostri Instituti juxta ipsorum gradum bene percipiant, ad suam majorem satisfactionem, & stabilitatem: & illa præsertim sunt magis explicanda, quæ possent aliquam difficultatem afferre postea, ut de animi promptitudine ad serviendum Deo ubique, & in re quavis, & de manifestatione suorum defectuum juxta Constitutiones, de indifferentia ad gradus Societatis ut Scholaribus, & literatis, & de manife-

stantiam conscientiae, suorum temporibus.

16. Si quis ad studia majorem propensionem quam par esset, & minorem indifferentiam, quam ad alia Ministeria Societatis pro se ferret, & videretur nihilominus ad ea minus aptus, non tantum proponatur ei scriptum examen: ut reliquis, sed & aperiatur illi explicetur, interrogeturque an patienter se dimitti sinet à Societate, dummodo ab omni voto ac promissione liberetur [illegible].

17. Admoneatur, ut verè omnino, ac sincerè respondeat: nam aliter multa gravia incommoda inde oriri possent: & nihilominus admonere Confessarium oportet, ut si quis verè non respondisset, ejus de ea re conscientiam [illegible].

18. Si quid est in interrogationibus, quod secretum requirat, id observabitur, ut par est, & interrogato placuerit: declaretur tamen ei, quod juxta Constitutiones licebit eum omnem Superiori manifestare.

19. Promittat relicturum se omnia bona sua post unum annum ab ingressu, quandocunque injunctum à Superiore ei fuerit: & declaretur, quod actus hujus promissionis, nec votum est, nec solum propositum, sed promissio simplex, hac conditione affecta, si ipse perseveraverit, & Superior ei injunxerit.

20. Hoc tempore primae probationis per quinque vel sex dies accuratè informentur praedicto modo de iis, quae ad institutum, & ad ipsos pertinent, & lectione alicujus pii libelli, qualis esset de imitatione Christi, solent recreari.

21. Coadjutores verò temporales, qui legere non didicerunt, aut qui minus ad haec tractanda idonei videbuntur, quantum in propria voluntate juxta ipsorum capacitatem, planè informandi sunt: poterunt tamen hoc tempore aliquo exercitio corporali, aut labore mecanico, judicio Superioris occupari, sejunctim tamen ab aliis.

22. Deinde qui literis operam dederunt, de singulis facultatibus, in quibus versati sunt, singulas perlegant lectiones coram eo, qui à Superiore ad eorum talentum cognoscendum in doctrina, & proponendi modum sunt constitutus, & postea exhortationem unam quisque faciat.

23. Tum si quis, antequam fuerit in Societatem admissus, spiritualia exercitia non fecerit, hoc primum experimentum (ut sequenti capite, ubi de experimentis agitur, mox dicetur) juxta quartum caput Exa. §. 11. aggrediatur, & juxta exercitia suo tempore generaliter confiteatur, nisi ante ingressum, saeculari, aut de Societate, generaliter confessus: tunc enim satis erit, si ab eo tempore generalem confessionem incipiat: & eodem tempore conscientiam suam Superiori, aut ei, quem Superior designaverit, aperiat, juxta Pa. 3. Const. c. 1. §. 6. & si ab aliqua censura virtute nostrorum privilegiorum absolutus fuerit, admoneatur: quod si non perseveraverit, in eandem reincidet. Declaretur etiam illi, si qua vota antea edita esset in saeculo emissa (praeterquam Religionis determinatae) in nostra Societate tamdiu suspensa esse, dum ipse in Societate manserit: quod si recesserit, eadem obligatione teneri, qua ante ingressum tenebatur. Expleto autem tempore hujus experimenti, sacrosanct. Eucharistiae Sacramentum accipiet, & communem domum habitationis ingrediatur, ubi cum aliis versari, & in secunda probatione diutius exerceri Novitii solent.

24. Si vel cujuspiam valetudo, vel aliqua temporis aut personae ratio postulaverit, non esse tam diu haec mentalia exercitia continuanda, antequam exercitiis aggrediatur, per quatuor vel quinque dies vacare, & separatim recreari poterit: vel si Magistro Novitiorum videretur, facta confessione generali & peractis exercitiis primae hebdomadae. Sed quando haec retardatio longius ob valetudinem aut aliam rationem protrahenda Magistro Novitiorum visa fuerit, poterit semper Eucharistiam etiam ad communionem conventum admitti: & ubi firmior fuerit, sua exercitia peraget.

25. Si Superior judicaverit eum domi retinendum, curet, ut in libro ad id designato, quem penes se Procurator habere debet, scribant quicquid unusquisque domum attulerit, cum subscriptione ejus qui examinatus est, ut haec alicubi separatim asserventur, quousque biennio expleto constans vota emiserit.

26. In alio libro, quem apud se habebit, notabit diem & annum ingressus uniuscujusque incipiendo à die, quo primam probationem intravit, & nomen, & patriam, & quod contentus sit observare omnia ei proposita. Quando vero aliqui in Coadjutores temporales, & indifferentes admittentur, specialem adjiciens declaretur, quod ut talis examinati, & admissi fuerint: & haec, qui examinatus est, manu sua scribat, & si scribere nesciat, alius ejus nomine scribat.

De

De Secundâ Probatione.

De Experimentis.

Cap. III.

27. IN primis diligenter curet, ut Novitij sex illis experimentis, quae in Constitutionibus traduntur, serio, & cum desiderato fructu exerceantur, intelligatque praecipuam Novitiorum partem in his probationibus positam esse.

28. Exercitia spiritualia primum singulis, eo quo praescribitur ordine, integre atque exacte tradantur, secundum uniuscuiusque dispositionem, & captum, juxta Regulas libri Exercitiorum: praemonitis iis, qui ad electiones spectant: ut inde, praeter alia, certam, ac magis assuetam consuetudinem, modum, & viam orandi habeant, quam in posterum servare debeant.

29. Quod ad secundum experimentum, quo hospitalibus per mensem servire debent, videbit ipse quid magis expediat, an nostros ibidem cibum capere, & dormire, an vero per aliquot horas quotidie Novitiorum operis impendere.

30. In hac probatione advertat, ne nostri nimio fervore sua valetudini noceant, aut periculo contagionis aliquo modo se exponant: admoneatque, ne ingrediantur partem illam Xenodochij, ubi Mulieres habitare solent.

31. Mittet alio ad peregrinandum sine pecunia mittantur, ostiatim pro Christi amore mendicando, ut ad incommoditatem comedendi, & dormiendi assuescant, & ut omni spe abjecta, quam in pecunijs, & rebus alijs creatis possent constituere, eam integre, & vera cum fiducia in Domino constituant.

32. Advertendum, ut robustiores, ac maturioris aetatis his peregrinationibus mittantur, ne Socios separare liceat, aut fervori aetatis. Illisque Regulas Peregrinantium, literas patentes, & cum opus erit, particularem etiam instructionem tradat, & ab ultimo loco ad quem pervenerint, testimonium à Superiore Domus, vel Collegij Societatis, si ibi fuerit, vel ab alio fide digno secum ferant, quod suam devotionem secuti sine ulla cujusque querela eo pervenerint: & in eundo, redeundo, & sexto experimento, juxta Constitutionem idem servetur.

33. In quarto experimento, quo in officijs abjectis exercentur, advertat, ne nimia corporis fatigatione, spiritus obruatur: & à Subalternis suis potius ad propriam cujusque abnegationem, & humiliationem, quam pro domesticâ aliqua necessitate. Dum autem hac probatio fit in Domo probationis, mutabit quae probatur, ut alijs exerceantur, nisi in necessariorum damnis constitutionem, & ordinem eorum ordinaria.

34. Cum hac probatio non fit in Domo probationis, sed in Domibus professis, vel Collegijs, sit aliquis, qui Novitiorum peculiarem curam gerat, ubi sub Praefecto separati sint, & ab alijs, à quibus in Domino adjuvari possint.

35. In docenda doctrina Christiana pueris, ac personis rudibus, publicè vel privatim, prout occasio se obtulerit, & in Domino ei commodius visum fuerit, tanquam in progressu ministerij nostri exercitatio, habita personarum ratione.

36. In confessionibus audiendis, & praedicatione Dominicae verbi, inter, aut sub finem primi anni probatur, qui ad hujusmodi ministeria idonei inveniuntur, & bona aedificationis specimen jam dederint, ea tamen modo, ut tanquam operarij ordinarij ad ministeria hujusmodi exercenda exponantur, sed brevi tempore, & ad probationem.

37. Tametsi exercitia spiritualia exactè omnibus in principio tradenda sint, quaedam reliqua tamen experimenta, si quod ratione commodum, aut multum moderandum judicaverit, in ea facias intermisso praecedentibus, quam quam anteponere, aut postponere ipsi ea poterit, pro ratione personarum, temporum, aut locorum.

38. Advertat, ut hae probationes inter se debitis spatijs distinguantur, ita, ut Novitij inter peracta, aliquandiu ad solita exercitia Domus probationis redeant, ut corpore, & spiritu recreati uberiorem fructum ex praecedentibus laboribus colligant, ea tamen ratione, ut intra annum omnino absolvantur. Quod si pro diversis aliquâ de causa, hae probationes ad secundum annum differenda videantur, prius Praepositi consulatur.

39. Praeter haec experimenta, alia satis hoc biennio probationis possunt, & hac eadem ex parte repeti, quando in Domino ita expedire judicaverit, & quidem omnia cum maturitate & prudentia, adhibitaque eorum exhortatione, sunt facienda.

De Institutione & Regimine NOVITIORVM.

40. NE fiant mortificationes publicae, nisi ordinariae, juxta Constitutiones, ut sunt patet solita experimenta, prius assistant circumspectam, consuetas Superiore, ad comportanda ea quae offeruntur, indutis vestibus vilioribus, quae tamen Religiosos deceant, & alia

alio id genus, ut in officio Rectoris dicitur.

41. Curet, ut ii qui probantur, [illegible] suam rationem ad mortificationem, & abnegationem sui, & ad mundum ejusque vanitatem sub pedibus conculcandam provehant, & ad quidem quantum consuetudo, officium, & personarum circumstantiae patientur. Discretioni autem ejus relinquetur, habita ratione aedificationis, an cum ipsorum vestibus, quas ex seculo attulerunt, incedere sint permittendi, an vero cum aliis eas permutari oporteat.

42. Conferet, ut aliquando occasionem praebeat iis, qui probantur, exercendi obedientiam, & paupertatis virtutem, eosdem tentando ad majorem ipsorum utilitatem spiritualem, in hac tamen mensura, juxta uniuscujusque vires, adhibendam.

43. In poenitentiis, & corporis afflictationibus advertat, ne nimius in eo rerum usus tam tempore vires debilitet, ut postea ministeriis nostri Instituti inutiles reddantur; nec contra tamen in illis [illegible], ut fervore spiritus refrigescente, humani ac inferiores affectus invalescant.

44. Lectiones fiant de his, quae ad institutionem pertinent, & continentur Litteris Apostolicis, Regulis, & Constitutionibus, praecipue vero de iis, quae in examine, & tertia parte habentur, aut de aliis quae eo referuntur, mutata interdum materia, ut taedium tollatur: modus vero lectionum facilis sit, & simplex, & ad Novitiorum animos ad cognitionem [illegible], & solidarum virtutum perfectionem promovendos accommodatus.

45. Explicetur brevi enarratione doctrina Christiana, ac modus bene, & cum fructu confitendi, communicandi, Missam audiendi, & ei ipsam decenter ministrandi, orandi item, meditandi, & libros devotos pios legendi pro captu uniuscujusque tradatur.

46. Admoneat crebro Novitios, ut in omnibus rebus Deum quaerant, & in suis actionibus intentionem puram ad Dei beneplacitum dirigant, ut familiares cum Deo in spiritualibus devotionis exercitiis esse curent, & tandem ita sint instructi Novitii, ut nihil perfectionis, quod divina gratia consequi possint, ex [illegible] nostri Instituti observatione praetermittant.

47. Omnes perspectos habeat, ut magis illis prodesse possit, ad quod juvabit, cum illis frequenter singulatim agere, & rationem ab unoquoque eorum saltem singulis [illegible] exigere: in his autem [illegible] magnam utilitatem positam esse sciet.

48. Det operam, ut Novitii [illegible] modestiam per se sciant, juxta Constitutiones, & Regulas, quae de ea conscripta sunt, in quibus tempore Novitiatus diligenter instituendi erunt.

49. Cognoscat, quem procedendi modum in oratione, & examine servent: & petat interdum, an circa aliquem defectum adhibeant examen particulare, & quando tentationibus [illegible], an propriis remediis utantur: In acquirendis virtutibus, quam rationem teneant; & intelligat demum, an in his omnibus praestent ea, quae ab ipso acceperunt.

50. Si aliquis solicitetur, vel perturbetur ab hominibus, qui in via spiritus non bene procedunt, & expediat illum in alium locum transferri, Provincialem tempestive moneat.

51. Si duo in eodem cubiculo habitent, alter eorum ejusmodi sit, ut minime dubitetur, quin alter sit ejus Societatis professurus; & tandem ob eandem causam cubicula, quae seorsum unicuique Novitiorum assignantur, per se, aliquos maturos ex antiquioribus intromitteri [?].

52. Si aliquando permittendum videretur ut aliquis consanguineos, vel amicos, quos in seculo habebat, alloquatur, eorum aliquis a Superiore ad id designatus, id fiat, & breviter, nisi particulariter ob causas aliud statuerit Superior [illegible] domus vel Collegii.

53. Novitii non fiant, ut plurimum, assignandi in socios nostris, qui adeunt domus saecularium, nec debent habere officia publica, in quibus necessarium sit agere cum externis, ut Emptoris, Janitoris, & Sacristae.

54. Videat, num aliqui ex Scholasticis, Novitiis assignandi sint, ut cum eis loqui possint, quorum exemplo, & colloquiis proficiant in Domino, & si cum aliis sint facultate agendi, debitam eis [illegible] adjungat.

55. Admoneat eos, ne vota devotionis emittant sine Superioris facultate, quam in primo anno Novitiatus, solus Provincialis ex magnis causis dare potest. Horum autem, qui vota semel apud se ex licentia Superioris, juxta formulam Societatis emiserint, nomina in libro aliquo asserventur, & postea tempore Novitiatus, bis in anno statutis temporibus, seorsum ab aliis, qui huiusmodi vota emiserunt, ipsi simul inter se illa renovabunt.

56. Diligenter observare debet in toto probationis decursu, an inepti aliqui, aut inutiles nobis infuturum probabiliter futuri sint: in quo major habenda est ratio boni communis Societatis ad gloriam Dei, quam particularis cujusque: quod autem sentiat in hac re, ad extremum saltem quoque mense ad Provincialem scribat, ut ipse provideat.

57. De singulis etiam sub finem biennii ad eundem scribat, ut cum illius facultate consecrata vota Societatis emittant, aut dimitti [?] probentur: prius autem quam vota emittant,

proper hebdomadas studium se colligent, & aliqua exercitia spiritualia, præter alia, quæ præscripta sunt, facient.

58. Scholastici, qui studiis absolutis tertium probationis annum peragunt, in verbis exprimendis, & specialim in nonnullis iam dudum quæ illis prius iam perfecta fuerunt, probentur. Huius autem probationis tempore, in schola affectus se exerceant, & in rebus spiritualibus, & corporalibus, quæ ad profectum in humilitate & abnegatione vniuersi amoris sensualis voluntatis, & iudicii proprii, & ad maiorem cognitionem, & amorem Dei conferunt, insistant.

59. Adhibeatur diligentia, vt Coadiutores temporales in modo orandi iuxta Constitutiones instruantur, eisque mysteria Rosarii doceantur, & præcipue instruantur, vt ad suæ vocationis ministeria afficiantur, & fortè se vnâ contentos sint.

60. Exhortationibus ordinariis omnes intersint. Coadiutores tamen temporales, & indifferentes non interrogentur in Conferentiis, nisi cum rerum de professione dubitatio, nec ad Tonos assignentur, & ii quidem per sex menses ad minimum in domo probationis sint, reliquo autem biennii tempore, si sub cura Magistri erunt, vt alibi officiis ad instar aliorum Coadiutorum vacare possint, & tempus ordinarium orationis Domus, vel Collegii, vbi agunt, habeant; experimenta tamen, ad quæ apti fuerint, intra annum obtineant.

61. Quando aliis concio domi, vel in Ecclesia, quam Nouitiis sint audituri, ex die à Lectionibus, & Conferentiis, & Tonis liberi erunt.

62. Singulis hebdomadis, die vno à ſolitis exercitiis vacent, in quo aliquid honestæ recreationis poterunt sumere domi, vel foris.

De Examine semestri NOVITIORVM.

63. Sexto quoque mense per biennium probationis, literas Apostolicas & Regulas vnusquisque videre, & considerare debet, Et examen, relicto secundo & tertio capite, & aliis, quæ ad gradum suum non pertinent, vt Regula 22. & 23. dictum est, & eorum ne aliquando hæc à malis videri, interrogetur.

64. An ea in illis omnibus contentus sit, an vero aliquid dubii, vel difficultatis circa ea occurrat, qua experimenta peregerit, & quo modo in illis se habuerit.

65. An vero spiritualibus, ac spiritualibus subiectum se sentiat ad vltima perferendum, qui in Societate requirantur: num det operam habeat animi propositum viuendi & moriendi in hac Societate IESV Domini nostri.

66. Examen hoc factum mittatur scriptum, vt constet quod si quid noui occurrat aut si qua mutatio aliqua; animo illi accidat, Superiorem certiorem reddat.

67. Demum qui sic examinatus est, reddat rationem conscientiæ suæ Superiori, aut ei, quem Superior delegauerit, & ab aliena confessione generali incipienda generaliter confiteatur Sacerdoti, qui fuerit à Superiore delegatus.

De Ordine DOMVS Probationis. CAP. IV.

68. Nouitii mane post pulsum campanæ, dum surgunt, dum se induunt, & lectum decenter operiunt, aliquas orationes ad Deum fundant, aut aliquid in Domino meditentur, & reliqua symbola spatio, per aliquam lectionem, aut alia ratione ad orationem se præparare poterunt.

69. Postea vnam integram horam orationi mentali, aut vocali, vel meditationi dent, iuxta instructionem & Magistri Nouitiorum instructionem.

70. Absoluta oratione, modica illis conceditur hora ad lectum, & cubiculum componendum, & ad discutiendum, quem fructum ex oratione collegerint.

71. Post hæc, Missam audiant, & conuenter audiant, qua absoluta, intersint lectioni, seu exhortationi, quæ de rebus spiritualibus bis in hebdomada, per dimidiam horam, esse fiet; reliqua autem dimidia statim repetant audita, & conferant inter se rerum, aut quæ erant, sine vlla disputatione, sed cum humilitate, & modestia.

72. Sequenti die, vt de rebus, vt melius ad praxim reducantur, eodem hora semi exhortationi, hac ratione, vt lectiones præcedenti breuiter per vnum, aut plures à Magistro designatos repetita, [illegible] aliquis, quomodo se vincentur tali tentatio, aut difficultatio in re proposita, aut quomodo orandum hoc, vel illud impedimentum, & quid remedii possit adhiberi, & alia similia. [illegible] autem aliquis dubitat, quid sibi accurate, Magister constituet quid tenendum sit.

73. Reliquum istis temporis vsque ad examen, quod semper ante prandium fit, per quartam horæ partem in suis officiis, aut in aliquo exercitio corporali, aut labore manuum Magistro Nouitiorum præscripto occupabuntur, aliquid tamen temporis quotidie præsertim ante prandium, [illegible] Regulas, & Doctrinæ Christianæ, & aliis, quæ iudicio Magistri Nouitiorum cuique conuenient, addiscendis, & memoriæ mandandis.

74. Post examen sequatur prandium, quo absoluto

solam horam integram recreationi dabunt, tam qui in prandio, quam qui in posteriore mensa pransi erunt. Tempore autem recreationis, quatuor invicem colloqui, deinde non pauciores quam quatuor non convenient, nisi aliter Magistro videbitur. Agent autem de exemplis vitae Christi, vel Sanctorum, aut de his, quae cum aedificatione in Societate fiunt, aut de re aliqua utili in Domino.

75. Expleto recreationis tempore, audita campana pulsa, sese ad cubicula recipient, (praeter eos, qui in aliquibus officiis occupabuntur) ut aliquid legant, vel scribant, vel quid aliud agant, juxta Magistri praescriptum.

76. Post secundam horam, omnes cum Magistro convenient, et praesente aliquid eorum, quae antea memoriae mandaverint, reddent. Postea explicabitur illis bis singulis hebdomadis, per dimidiam horam Doctrina Christiana, deinde eam exercebunt vicissim, et interrogantes, et aliis respondentibus vel ipso Magistro interrogantibus, et instruentur in modo docendi illam juxta nostram Regulam. Ter vero die cujusque hebdomadis, sicut Toni.

77. Hoc expleto, ad sua officia, vel ad aliquid legendum, aut ad alias occupationes se conferent; deinde ante ultimam horam, quae coenam praecedit, per sonitum campanae vocabuntur; ipsam vero horam ultimam, sequentem ante coenam, partim officiis domesticis, partim corporali exercitationi, vel aliis occupationibus quas Magister praescripserit, impendent.

78. Post Coenam horam integram recreationi dabunt, reliquo tempore usque ad examen (quod semper fiet antequam cubitum eant per quadrantem horae partem) poterunt aliquid legere, vel alia ratione se ad orationem sequentis diei praeparare, vel aliud facere pro arbitrio Magistri Novitiorum.

79. Novitii inter se conversari non poterunt: sed silentium servare, et cum aliis observare, nisi in rebus in quibus loqui necesse sit, excepto recreationis tempore, de quo paulo supra dictum est.

Cap. V.

De Examine eorum, qui biennio absoluto in SCHOLASTICOS approbatos admittuntur.

80. Postquam qui biennium Novitiatus peracto experimento, expleverint, et ad interrogationes quae fieri quoque mense solent, responderint, antequam inter Scholasticorum coetum aggregentur.

81. An velit se duci semper in iis, quibus studere debet, ac studiorum modum, et tempus juxta quod Superiori videbitur.

82. An contentus futurus sit eodem, atque alio modo in Collegiis agere, nullisque privilegiis aut prerogativis omnino uti velit, quae ei fuerint attributa, omnem suorum curam Superiori relinquendo.

83. An statuerit animo, quod si, studiis absolutis, ac probationibus peractis, Societati placuerit ad vivendum in ea et moriendum, ingredi in eo gradu, quem Superior constituerit, ad majorem Dei gloriam.

84. Admonebuntur, quod nunc post biennium ab ipsis emissa non poterint sine facultate Generalis a Societate nostra recedere, nec ad aliam Religionem, excepta Carthusianorum, transire, sub poena excommunicationis ipso facto incurrendae juxta Bullam Pij V. anno 1565. expeditam.

Cap. VI.

De Examine SCHOLASTICORUM Studiis absolutis.

85. Scholastici studiis suis absolutis, statim postquam ad tertium annum probationis peragendum missi fuerint, generatim interrogandi sunt, an firmi in sua deliberatione, et votis, et promissione Deo oblata, antequam ad studia se conferrent, permaneant, ut eorum constantia melius cognoscatur, et ipsi magis in Domino juvari possint.

86. Interrogentur etiam, et examinentur particulatim iisdem interrogationibus, et examine, quae singulis quoque mense, antequam ad studia mitterentur, interrogari solebant, ut Superioribus eorum memoria renovetur, et manifestetur, si aliqua in rebus iam affirmatis acciderit, cognoscatur.

87. Postremo reddent rationem vitae suae incipiendo ab eo tempore, quo eam reddiderunt, quando ad studia missi sunt.

REGULAE MODESTIAE.

1. In conversatione nostrorum, illud in universum dici potest, ut in omnibus externis actionibus appareat in nostris modestia, et humilitas conjuncta cum religiosa maturitate: spectatim autem haec observanda erunt.

2. Caput huc illuc leviter non moveatur, sed cum gravitate, ubi opus erit: et si opus non sit, teneatur rectum cum moderata inflexione, in partem anteriorem, ad neutram partem deflectendo.

3. Oculi demissi ut plurimum teneantur,

nec

nec immoderate sublevando, nec in hanc, aut illam partem, circumflectendo.

4. *Inter loquendum cum hominibus praesertim alicujus auctoritatis, non defigatur aspectus in eorum vultu, sed potius sub oculis.*

5. *Rugae in fronte, ac multo magis in naso evitentur; ut serenitas exterius cernatur, quae interioris sit indicium.*

6. *Labia nec nimis compressa, nec nimium disjuncta.*

7. *Tota facies hilaritatem potius prae se ferat, quam tristitiam, aut alium minus moderatum affectum.*

8. *Vestis sit munda, & cum religiosa decentia composita.*

9. *Manus, si non sustinendo veste occupentur, decenter quietae teneantur.*

10. *Incessus sit moderatus sine notabili festinatione, nisi necessitas urgeat: in quo tamen, quantum poterit, decoris ratio habeatur.*

11. *Omnes denique gestus, ac motus tales sint, qui apud omnes aedificationem pariant.*

12. *Si plures simul erunt, ordinem praescriptum a Superiore bini, vel terni incedendo servent.*

13. *Si loquendum fuerit, meminerint modestiae, & aedificationis, tum in verbis, tum in ratione, ac modo loquendi.*

Instructio ad reddendam Conscientiae *rationem, juxta morem* Societatis.

INtelligant singuli, dum rationem conscientiae sunt reddituri, quantum momenti Pater noster sanctae memoriae Ignatius id duxerit ad majorem Divinae bonitatis gloriam: ut subditi magis in spiritu cum gratia vberiori proficiant, ac tanto majore cum diligentia, amore, & solicitudine juvari, & a periculis conservari possint, ut quae in Examine, & Constitutionibus toties commendantur, & ¶. 40. summarii Constitutionum praescribuntur de reddenda ratione conscientiae, exacte serventur. Proinde vnusquisque magna cum puritate, sub sigillo confessionis, aut secreti, aut quacunque ratione ei placuerit, & ad majorem ipsius consolationem fuerit, totam animam suam integre manifestam faciat, nullam rem omittendo, qua Dominum vniversorum offenderit, post vltimam rationem redditam conscientiae vel certe aperiat eos defectus, qui magis ab eo tempore gravant ipsius animam.

Capita vero, quibus conscientiae ratio reddi debet, haec sunt omnia: ex quibus tam ea retulerint, quae ad plenam sui manifestationem dicenda putaverint, petant a Superiore, ut eos interrogando juvet, ac suppleat, si quid esse judicet, quod ad majorem Dei gloriam & eorum notitiam scire velit.

1. An vivat contentus juxta suam vocationem.

2. Quomodo se habeat circa obedientiam, etiam intellectus, paupertatem, castitatem, & alias virtutes, & quarum praecipue studio teneatur.

3. An sentiat aliquas animi perturbationes, aut tentationes molestas, & de facilitate, seu difficultate, & modo eis resistendi, & ad quem affectum, vel peccata sit magis propensus & inclinatus.

4. An contra Constitutiones, vel Regulam aliquam, vel ordinationem Superiorum firmum judicium habuerit, vel contra eam disputaverit.

5. Quid sentiat de ipso instituto Societatis, & mediis, quibus illa vtitur ad suum finem consequendum, & quem expetiatur in se zelum animarum.

6. Quomodo spiritualibus rebus sit affectus, quantum temporis orationi tribuat, & num vocali, an potius mentali juvetur, & vtri plus temporis tribuat, & quem modum in orando teneat.

7. Num in vsu rerum spiritualium consolationem & devotionem habeat, an vero contra desolationem, ariditatem, & vagationem animi patiatur, & quomodo in iis se gerat.

8. De fructu, quem ex communione, confessione, examine, praesertim particulari, & aliis exercitiis spiritualibus percipiat.

9. Num post vltimam rationem conscientiae, quam reddit, majorem an minorem fructum fecerit, & quem animum expetiatur ad perfectionem consequendam.

10. Quomodo observet, quae ex Constitutionibus & Regulis tum communibus, tum officii sui ad eum pertinent.

11. De mortificationibus, poenitentiis, & aliis exercitationibus, quae fieri solent ad spiritus profectum: & in specie de praeparatione ad missas, & ad alia, quae ad Christi crucem pertinent, ferenda, atque de eorum desiderio.

11. De finalis & quomodo ex eorum conversatione proficiat in Domino, & an alicui plus sit familiaris, quàm aliis.

13. An aversionem animi sentiat ab aliquo, & an offensus sit in aliquo à Superioribus vel Officialibus, vel quavis alia persona.

14. An tentationes aliquas sit passus, quas alii intellexerint, praesertim circa vocationem.

REGVLÆ

PEREGRINORVM.

1. Persuadeant sibi, peregrinationis finem non tam esse corporis defatigationem, & ut multum itineris conficiant, quàm ut ex ea fructum aliquem spiritualem percipiant: atque ex eo fine, & iter ipsum, & caeteros peregrinationis labores moderentur.

2. Litanias simul omnes quotidie in ipso itineris ingressu vel Itinerarium dicant, aut orationem, & conscientiae examina [illegible], & alias etiam Regulas observent, quatenus ratio itineris permittet.

3. Studeant frequenti oratione, & meditatione comitem itineris sibi Christum facere, & colloquiis interdum piis, & religiosis ac lectione alicuius libri pii molestias itineris levare poterunt. Quod si cum externis in via, aut in hospitiis egerint, tractaverint pro ratione sui gradus habita ratione temporis & personarum, sermones de rebus spiritualibus inducere, & fructum aliquem, quoad poterunt, efficere.

4. Eleemosynas simpliciter pro Christi amore petant: ut omni spe illa abjecta, quam in pecuniis, & rebus creatis habere possent, integrè, vera cum fide & ardenti amore eam in suo creatore, ac Domino constituant: memores à Christo Domino Apostolos sine sacculo, & pera missos, ipsum etiam Dominum eam habuisse, ubi erant [illegible].

5. Indigentias, si quae in rebus corpori necessariis [illegible] occurrent, ut ad incommoditatem aliquam sustinendam accipiendi libenter afficiantur: atque etiam repulsiones, & opprobria, quae in itinere inferri contigerit, patienter cum Dei gratia ferant, gaudeantque [illegible] aliquo modo Christum Dominum aliquibus vestibus, atque [illegible] [illegible] dnendi.

6. Qui majoribus pollent ad viam peragendam viribus, eos, qui sunt infirmiores, subsequi & non praecedere debent, & iter cujusque diei horum debilium infirmitati commensurare: quod si quis viribus destitutus [illegible] alia ratione juvari debet: quia in eo non aequalitatis personarum, sed necessitatis, charitatis, fraternae ratio est habenda.

7. Si quis in morbum incideret, ita ut viribus progredi non posset, nec expediret reliquos ibi moram trahere, si vicinum esset Collegium, aut Domus Societatis, eo esset (si modò morbus patiatur) deducendus: alioqui aliquis ex nostris illi erit socius relinquendus, ut consolationi ei sit, & auxilio: atque [illegible] viribus restitutus, iter ambo prosequentur.

8. Si in via ab honesto & pio amico invitarentur, poterit, qui praeest, hospitalitatis beneficium admittere: tunc autem curare debent verbis, & religioso exemplo hospites aedificatos in Domino relinquere.

9. Ejusdem aedificationis, & exempli in omnibus hospitiis meminisse debent: sobrietatis etiam in mensa, & modestiae in conversatione nunquam obliviscantur.

10. Cum in itinere ad Collegia, vel Domos Societatis diverterint, studeant omnes bonum aedificationis odorem exemplo vitae, ac morum, nostris relinquere. De rebus verò aut personis aliorum Collegiorum, aut Domorum nihil loquantur, aut tractent, nisi ad aedificationem.

11. Si transierint per locum, ubi Domus, aut Collegium Societatis sit, nihil ab externis, nec pro se, nec pro aliis petant, aut accipiant sine facultate Superioris ejusdem Domus vel Collegii.

12. Omnes alii, qui iter faciunt ex nostris Equites, aut Pedites, has Regulas peregrinorum suo modo, quantum fieri potest, etiam servent, & tam peregrini, quàm reliqui, qui iter faciunt, patentes literas sui Superioris habere debent.

REGVLÆ

MINISTRI.

1. Eius officium erit, Praepositum, vel Rectorem juvare, in iisque in ge-

in genere, vel in particulari ei commendabit: aut disponendi, aut [illegible], aut quidquam faciendi, ei-[illegible] ejusdem praecipiendi, facultatem habebit.

2. Valde commendatum sibi existimet, quod pertinet ad obseruationem Constitutionum, Regularum, Ordinum communium, & approbatarum Consuetudinum Domus, vel Collegii: ideoque habeat in scriptis, & aliquando legat, tam communes, omnino, quam particulares Superiorum, & Officialium Regulas, & eisdem Officiales suas habere, intelligere, atque obseruare curet.

3. Officiales visitet quoties opus fuerit, obseruando, quomodo suum officium exequantur: quod saltem alternis diebus faciet: frequenter etiam vestibus cubicula, & alia loca domus, ut videat, quomodo omnia se habeant.

4. Cum quis ab officio aliquo amouendus erit, ut is suum successorem instruat de ratione exercendi illud, juxta Regulas, & Consuetudinem à Superiore approbatam.

5. Animaduertat in temporum mutationibus, quomodo in Collegio vel Domo fieri debeat [illegible], vestiumque mutatio, & Superiori in memoriam reducat, praesertim bis in anno, sub initium veris, & autumni: obseruet etiam crebrò num aliquid desit ex necessariis, aut abundet: eorumque potissimum rationem habeat, qui in corporis cura minorem de seipsis solicitudinem gerunt: curetque, ut eadem, cum Medicus e-[illegible] iusserit.

6. Quotidie hora sibi designata, de rebus omnibus domus rationem Superiori reddat, à quo excipiet in libello ad id parato, quae ei facienda committet, & cum primum commodè poterit, eidem referat, quae executus fuerit.

7. Redigat Superiori in memoriam quaeque necessaria domui judicabit, ut de emendis rebus ad victum, & vestitum necessariis suis temporibus de Fratrum [illegible], aut exiguo labore, de sanitate, & similibus.

8. Notet, ac referat Superiori eam defectus, si quos vel Domi, aut in Collegio animaduerterit, vel aliunde intellexerit, quin quaecumque alia, quae ad bonum gubernationem conuenientia ei occurrent: tum etiam circa res sibi commissas, & quales alias, et quomodo se vestri habeant circa Obedientiam, orationem, aedificationem, & in omnibus virtutibus profectum & studium.

9. Curet per se, vel per alium designatum obseruari, ut omnes die statuto communicaverint: & si quis intra tempus designatum ad confessionem, aut communionem non accesserit, intelligat à Superiore, num subtrahendus ei sit cibus corporis, donec cibum spiritus sumat.

10. Peculiarem habeat curam, ut domus munda sit, & omnia ea quae decentius loca componi, ad principe [illegible] lia, quae ab externis videri solent.

11. Noctibus singulis ponat diligenter, quibus in publicum exitur, videat an benè clausae sint.

12. Designet aliquem ex commissione Superioris, qui campanam, & lucernas domus opportuno tempore incendat, & extinguat, qui item publicas fenestras suo tempore aperiat, & claudat, ac pro abluendis faciebus, & manibus in locis destinatis aquam infundat, & pro [illegible] candis manibus abiis, quae in vinum refectorii sunt, distinctè adhibeat, quae alia non Sacerdotibus, alia Sacerdotibus destinata erunt, & bis saltem in hebdomada mutabuntur.

13. Studeat animos Patrum, & Fratrum inter se per beneuolentiam, & praesertim cum Superiore per obedientiam vnire, & si quid minus aequo animo aliquis ferret, vertat potius in se [quoad fieri potest] quam in Superiorem, causam rejiciat, caueat in injungendis poenitentiis, quas ipse juxta praescriptum Superioris imponet, & tamen in eis, quoties in reprehensionibus ab animi perturbatione caueat, charitatemque prae se ferendo studeat, ut illi quibus poenitentias imponet, nec sibi injungi cognoscant.

14. Si quando absente Superiore aliquid acciderit, quando adeò vrgeat, ut commodè Superior expectari nequeat, id Ministro, auditis Consultoribus, exequi poterit, quamvis in speciali non sit ei commissum: dummodo existimet juxta Superioris mentem id fore, statimque redeunti quod factum fuerit, referat. Quod autem sibi ordinariè agendum erit, absente Superiore, ab eo ante intelligere.

15. Si Subministrum habuerit, vtatur ejus opera in iis, quae commodè per se facere non poterit, juxta praescriptum Superioris: si vero non habuerit, alternis saltem diebus singula cubicula visitet, & alia quae in officio Subministri continentur, suppleat.

REGVLÆ CONSVLTORVM

1. INtelligant quanti momenti sit earum officium, ut Superiores eorum consilio, & relatione adjuti melius, & facilius gubernare possint.

2. Bonum universale ac commune, studeant in omnibus consultationibus præ oculis habere, atque ut divinæ inspirationi dent locum, & sanioris sint eorum consilia, in suo sensu non nimis abundent.

3. In Consultationibus syncerum intentionem habeant, & à perturbatione liberam, ut fideliter, & debita cum modestia Charitatis & Obedientiæ memores sententiam dicant.

4. Sint inter se maximè Charitate conjuncti, & alter alterum honore præveniat; atque apud alios alter alterius existimationem verbo factisque tueatur. Si vero contingat aliquem in Consultationibus diversæ aut etiam singularis esse sententiæ, nemo illum ob eam alieniorem habeat, vel offendat.

5. Rem, de qua consultatur, benè intelligant, nec sint in dicendo præcipites: sed ergo ea secum considerata, & oratione præmissa: præcipuè cum de rebus agitur difficilibus, sententiam suam aperiant; quod si quid ex tempore definiendum proponeretur, & sibi maturius considerandum judicarent, Superiori significabunt.

6. Explicare breviter debent sententiæ suæ rationes: quod si ad rem confirmandam aliorum rationes essent dissolvendæ, id etiam modestè faciant.

7. Cùm Superior Consultoribus auditis aliquid statuerit, judicium ipsi suum illius judicio submittant: neque contra consultationem, aut quod statutum fuerit, sibi displicere, aut se in alia fuisse sententia significabunt: laudent potius Superioris consilium apud alios, atque tueantur. Quod si de re, de qua agitur, gravitatem, adhuc sentirent ad alium Superiorem esse rem deferendam, quod nihil minus sua si effectu [illegible], sperarent, ac prius apud se maturius considerata, & oratione præmissa, ad immediatum illius Superiorem, aut si [illegible] provideat, ad Supremum id scribere ac perscribere necessarium.

8. Etiamsi non interrogentur, si quid tamen in mentem venerit, quod ad commune bonum, vel alicuius personæ particulare pertineat, poterunt id Superiori proponere, ut is statuat, num ea de re sit deliberandum, nec ne.

9. Consultores neque ea, quæ quisque in consultatione senserit, neque alia quæ proposita fuere, aut definita, aliis significare debent, præcipuè cum res ipsa secretum exigunt. Superioris autem erit ea, quæ definientur, promulgare, cum opus esse judicabit.

10. De literis ad Superiorem suo tempore mittendis, servent diligenter quæ in formula scribendi à Consultoribus exiguntur. Et hæ literæ sigillo, quod apud Admonitorem erit, obsignatæ mittantur: nec quisquam eorum sciat, quid alius scripserit.

11. Siquis ex nostris ad Generalem scripserit, & literas Admonitori, aut alicui ex Consultoribus tradere voluerit, is acceptas cum suis, aut sub sua propria manu inscriptione, ad Generalem mittendas curabit.

12. Si quid circa victum, vestitum, labores, & occupationes Superioris, aut circa gubernationem moderandum, augendum vel minuendum censerent, cum præmissa oratione admonendum curent, quod fiet per Admonitorem faciant.

13. Si quis cum eis de difficultate aliqua sua, aut perturbatione agat, illum cum jam monitis & consiliis juvare studeant, ut semper, quantum possint, existimationem Superioris tueantur.

14. Ad omnia melius obeunda Superiorum suorum, & aliorum Officialium Regulas teneant, Constitutionesque & reliqua omnia, quæ ad nostrum institutum, & administrationem pertinent, familiaria sibi reddant.

15. Ita suum munus exequantur, ut nullam gubernationis partem sibi assumant, atque ea submissione se gerant, ut cæteris Obedientiæ exemplum præbeant.

REGVLÆ ADMONITORIS.

1. EA modestia & humilitate officium suum obeat, ut subditum decet erga Superiorem, quem Christi loco habere debet, ne huius muneris occasione, reverentia atque Obedientia interior, vel exterior in ipsa debitur reddatur.

2. Animadvertat autem, ne reverentia hæc & Obedientiæ fidelitatem, aut necessariam libertatem opprimat, quo minus Superiorem admoneat de iis, quæ præmissa oratione proponenda in Domino judicabit.

3. Admoneat Superiorem de iis, quæ maior pars Consultorum ei dicenda judicaverit: de aliis verò, quæ sive ipsi in mentem veniunt, sive ab aliis suggeruntur, non

facta

facile eum admonendis, sed de prudentia, quæ non tantum necessaria esse censetur, sive alia ad personam sive ad officium Superioris pertinebunt juxta Constitutiones & Decreta.

4. *Ea, quorum Superiorem admonuerit, memoriæ juvandæ causa apud se servare; quoniam interrogetur à Consultoribus de iis, quæ ipsi commiserint docendo vel à Superioribus, rationem sui officii debebit reddere.*

5. *Cum Superior cuipiam rei admonitus, illi remedium non adhibuerit, Admonitoris erit, cum debita submissione iterum, & facilius eum commonefacere: quod si emendationem sperat facta prius oratione, id Superiori significet.*

6. *Admonitoris erit, ordinarias Epistolas Consultorum suis temporibus colligere, atque ad mediatos Superiores mittere, nisi cui illi alia via mittere voluerint, simulque referet eisdem, utrum illi scripserint an non.*

7. *Caveat, ne occasione sui officii debitam subordinationem, & observantiam subalternorum erga suos Superiores aliqua ex parte imminuat, aut debilitet.*

8. *Sigillum apud se habeat, quo suas, & Consultorum ac aliorum nostrorum literas, si ad eum detulerint, qui ad immediatos Superiores scribere voluerint, obsignare possit. Hoc tamen nulla ratione, sine facultate Superioris, uti liceat, nisi in iis literis, quæ ad Superiores mediatos scribuntur.*

FORMULA SCRIBENDI.

1. MAgnopere juvat ad unionem animorum in Societate, literarum ultro citroque missarum inter inferiores, & Superiores frequens commercium: & crebrò alios de aliis certiores fieri, & audire, quæ ex variis locis ad ædificationem, & eorum, quæ geruntur, cognitionem afferuntur.

2. Superiores Domorum, & Rectores scribant singulis hebdomadis ad suum Provincialem in Europa, in Indiis verò, ut suis Provincialibus visum fuerit commodum & opportunum.

3. Scribant autem ad suum Provincialem de statu personarum, & rerum omnium, non solum quæ inter nostros, sed etiam quæ per ministeria Societatis erga externos in Domibus suis, vel Collegiis fiunt, & non tantùm de his, quæ rectè se habent, sed etiam de his quæ secus: & quod fieri poterit, curent, ut omnia tanquam præsentia Provincialis cernat.

4. Primo quoque tempore ad suum Provincialem scribant Superiores Domorum, & Rectores de obitu eorum, qui in suis locis decedunt. Provincialis verò reliquos de sua Provincia admonebit, ut quàm primum solitis suffragiis, & orationibus eorum animæ juventur; deinde Præpositum Generalem, & vicinos Provinciales certiores reddat, ut similiter officium præstare possint.

5. Missi ad fructificandum in agro Domini, scribant ad suum Provincialem, aut ad eum, quem ille designaverit, singulis hebdomadis, vel quoties ipsis fuerit præscriptum, ut per crebram literarum communicationem, quantum fieri potest, totum successum suarum missionum illi declarent.

6. Provinciales Superioribus Domorum, & Rectoribus, ac iis, qui in missionibus versantur, singulis mensibus, personis autem privatis, quibus, & quando opus erit, scribant.

7. Provinciales omnium Provinciarum Europæ scribant ad Generalem semel quolibet mense: Rectores autem, & Superiores Domorum, & Magistri Novitiorum tertio quoque mense.

8. Provinciales Indiarum scribant Præposito Generali, quando se obtulerit navigationis commoditas: Rectores verò, & Superiores Domorum, ac Magistri Novitiorum ex Indiis semel, ex Brasilia, & nova Hispania bis in anno, si se obtulerit occasio.

9. Prædicti omnes extraordinariè sibi mutuò scribant, quoties necessitas urgebit.

10. Superiores Domorum, & Collegiorum, & Magistri Novitiorum scribant ad Generalem, quæ alicujus momenti fuerint, etiamsi apprehendant Provinciali scribi: illa verò potissimùm scribant, in quibus Provincialis admonitus vel non providet, vel providere nequit, vel postquam Provincialis cum illis tractaverit, ipsi ab ejus judicio dissentiunt: sed tunc quidem addant, quid Provincialis responderit, & quibus rationibus ipsi ab eo dissentiant, pareant tamen ei per omnia obedientes.

11. Cum Provinciales scribent Generali, meminerint ut statum Domorum, & Collegiorum suorum, ac totius Provinciæ benè explicent, & suppleant, si quid intellexerint, quod Superiores Domorum

rum, & Collegiorum minus declarentur; & in universum ita scribere debent, ut Generalis omnium rerum, omniumque personarum ac Provinciarum statum, quoad ejus fieri possit, ante oculos habeat.

12. Generalis ad Provinciales scribet secundo quoque mense, ad Rectores verò & Præpositos Locales sexto quoque mense, nisi aliqua necessitas prius ad respondendum suadeat.

13. Si quis nostrorum aliud per literas cum Præposito Generali, aut cum suo aliquo mediato Superiore tractare velit, ne impediatur: nec ipsorum literæ aperiantur, neque mediatorum Superiorum ad ipsos.

14. Literæ nostrorum, quæ negotia continent, solùm ad Præpositum Generalem & non alios, qui cum ipso agant, destinentur; poterit tamen ad eos scribi, ut illi tractari & expedire curent.

15. Literæ negotiorum ad quorum expeditionem Procuratoris Generalis opera, aut informatione opus erit, propriis literis ad Præpositum Generalem scribantur, adjecta exteriùs litera P. sub inscriptione earum.

16. Negotia majoris momenti, ex utraque India & Brasil. ternis exemplis scribantur, binis autem ex reliquis Provinciis, si sit periculum ne literæ intercidant, vel certè in proximis literis earum summa repetatur: & ut inveniantur, cum opus fuerit, quæ scripta sunt ad Generalem, exemplum ejusmodi literarum, vel earum summam in libro aliquo, qui scribunt, apud se retineant.

17. Si quid secreti scribendum, vel soli Superiori committendum sit, seorsum in propria Epistola scribatur, quæ cum aliis in eodem fasciculo colligata includatur, adjecto exteriùs [soli] sub inscriptione ejusdem Epistolæ: quod si ejusmodi Epistola sola mitteretur, alia charta involvatur, quæ absque [soli] inscriptionem habeat.

18. In rebus, quæ secretum requirunt explicandis, his vocabulis utendum erit, ut ea intelligi nisi à Superiore non possint: modum autem præscribet Generalis.

19. Nullus inferior, nisi morbo impeditus literas ad Superiorem ex sua commissione scribi faciat.

20. Consultores Rectorum & Superiorum Localium literas obsignatas ad Provincialem dabunt bis in anno, mense Ianuario, & Iulio, & ad Generalem singulis annis mense Ianuario: Consultores verò Provincialium ad Generalem mense Ianuario & Iulio, nisi res aliqua ita urgeret, ut de illa, etiam extra hæc tempora scribendum judicarent.

21. Iis literis sinceritè & sine amplificatione, omnique privato, aut humano respectu remoto, significabunt, quid sibi de Superioribus, quorum sunt Consultores, & de eorum administratione, ac rerum statu scribendum in Domino videatur, oratione tamen præmissa, & re priùs diligenter considerata.

22. Vt Rector Vniversitatis de omnibus Præceptoribus, & aliis de Societate: ita etiam Cancellarius & Consiliarii Vniversitatis de ipso, ac aliis scribent semel singulis annis mense Ianuario Præposito Generali, & bis in anno mense Ianuario, & Iulio Provinciali.

23. Hujusmodi literæ Consultorum, & horum officialium Vniversitatis mittantur obsignatæ, nec quisquam eorum sciat, quid alius scripserit.

24. Quivis Præpositus, & Rector habeat librum à scribendis Visitationes Domus, vel Collegii à Generali approbatæ, in quo etiam scribantur ordinationes aliæ alicujus momenti, quæ à Generali mittuntur: & quæ perpetuæ fuerint, ab iis quæ temporariæ sunt, separatim notentur: alia verò, quæ Visitator, & Provincialis præscripserint, in alio libro scribantur.

25. Si quid scribendum esset de rebus, quæ externorum aliquem attingerent, ita scribatur, ut etiam si literæ in ejus manus inciderent, offendi non possit.

De Literis Annvis.

26. Svperiores Domorum, atque Rectores curent ea observari, quæ indies in eorum Domibus Collegiisque per nostros Dominus operari dignatur, quæque ad nostrorum consolationem, ac proximorum ædificationem pertinent, ex quibus selecta optima quæque, atque in ordinem redacta, sub finem uniuscujusque anni ad suum Provincialem mittant.

27. Provinciales ex omnibus Superiorum Localium, atque Rectorum suæ Provinciæ, & eorum, qui in Missionibus versantur, Epistolis rejectis vel

addi-

additis, iis quæ videbuntur, singulis annis mense Ianuario, rerum gestarum capita Latinè collata, ex quibus deinde viæ breves annales Romæ conficiantur, manu ipsorum subscripta Romam ad Generalem destinent.

28. In ea compendiaria narratione hic ordo servabitur: Recensebunt initio numerum nostrorum in universum, tum etiam singulis Domibus, Collegiis, & Missionibus nominatis, quot sint in iis Sacerdotes, Præceptores, Scholastici & Coadjutores temporales, itemque quot admissi sint eo anno in Societatem, quotque è vita decesserint; neque deinde necesse erit ad singula Collegia aut loca redire, nisi aliquid in eo contigerit peculiari narratione dignum.

29. Agent primò de profectu nostrorum in Domino, & explicabunt, si quid in eo genere ædificationem facere possit: deinde de ministeriis Societatis erga proximos, ut de concionibus, lectionibus sacris, doctrina Christiana, & exercitiis spiritualibus, visitatione carcerum & hospitalium, reconciliatione dissidentium, de pœnitentium frequentia, & de aliis nostri instituti piis operibus: ita tamen ut ea tantùm commemorentur, quæ sunt alicujus momenti. Item de Scholis, & discipulorum numero, & profectu, præsertim in Universitatibus & Collegiis majoribus: de bona item Societatis existimatione, de contradictionibus etiam, & persecutionibus, si quæ fuerint, ea tamen attingant, quæ ædificationi fore videbuntur. Dicent etiam de piorum erga nostros charitate, & eleemosynis paulò insignioribus.

30. Hæc omnia exponent, quàm plenissimè fieri poterit (semper tamen vitata nimia prolixitate) adhibitis omnibus circumstantiis, etiam nominibus eorum, qui eas res gesserunt, ut si opus fuerit, aliquando conscribi possit historia. Qua etiam de causa cum aliquid occurret dignum memoria, quod tamen propter aliquam causam non expediat omnibus vulgari, id scribent separatim integrè, & perfectè: in illa autem communi narratione vel omninò reticebunt, vel tantùm ex parte, quæ ædificationi esse possunt. Et quæ ad externos pertinent, ita narrentur, ut in ea ipsa domo aut civitate, ubi scribuntur, ac ubique publicè legi citra cujusquam offensionem possint.

31. Cum literæ annuæ Romæ confectæ ad Provincias mittentur, legantur quàm primùm in singulis Domibus & Collegiis. Et ut Coadjutores nostri temporales ex Latinis etiam literis fructum aliquem percipiant, sit aliquis, qui illarum summam, aut interpretationem aliquo modo explicet: neque ultra duas hebdomadas retineri debent, ut ad reliqua loca citius deferantur: postquam verò ubique perlectæ fuerint, in præcipua Domo, vel Collegio ejusdem Provinciæ asserventur, & simul conserventur.

De CATALOGIS & INFORMATIONIBUS *Annuis.*

32. AD clariorem omnium nostrorum cognitionem, Superiores Domorum, & Collegiorum, duos Catalogos conficiant ante id tempus, quo Procuratores Provinciarum ad Generalem veniunt, ita exactè, ac si nunquam missi fuissent. In primo describantur omnes, qui in suis Domibus, vel Collegiis, ac missionibus sunt, in quo contineatur uniuscujusque nomen, cognomen, patria, ætas, vires, tempus Societatis, studiorum, & ministeriorum, quæ exercuit, & gradus in literis, si quos habet, & an Professus, vel Coadjutor sit, &c. & à quo tempore.

33. In secundo Catalogo dotes, & qualitates uniuscujusque describantur, videlicet, ingenium, judicium, prudentia, experientia rerum, profectus in literis, naturalis complexio, & ad quæ Societatis ministeria talentum habeat: quæ omnia diligenter, re Deo prius commendata, & maturè considerata, & omni privato affectu remoto, syncerè & breviter perstringenda erunt, & utrumque catalogum ad suum Provincialem mittant.

34. Sub finem cujusque anni intermedii, tertium etiam aliud breviorem catalogum ad Provincialem mittant, continentem nomina, & ministeria, in quibus unusquisque nostrorum occupatur: mittant etiam supplementum primi, & secundi catalogi, in quo ea tantùm adnotabunt, quæ eo anno de novo occurrerint addenda: ut qui in Societatem interim fuerint admissi, aut qui ab ea defecerint, vel qui mortui sint, vel alia quavis causa.

35. Hunc tertium catalogum & supplementum primi & secundi catalogi totius Provinciae, cum narratione pro annuis literis, de qua dictum est, ad Generalem mittet Provincialis mense Ianuario: primum verò, & secundum per Procuratorem Provinciae, ad eundem, sigillo suo obsignatos, perferendos curabit. Quod si quid ipsi in his catalogis, & aestimationibus notandum addendumve videretur, id seorsim ad Generalem scribat.

REGVLÆ PRÆFECTI RERVM SPIRITVALIVM.

1. PRæfectus rerum spiritualium cognitionem instituat Sociorum, & velut boni progressus ipsos habeat, & in Obedientia, & Humilitate exemplum aliis praebeat, & affabilem se eis exhibeat, ut ad eum omnes confugiant, conscientiae suae omnia detegant, & ab eo consolationem, & auxilium sperent in Domino.

2. Instruat nostros privatim, secundum uniuscuiusque captum, quomodo interius, & exterius se habere debeant, & ad id exhortetur, & in memoriam redigat, & amanter admoneat, praesertim ut puram habeant intentionem divini servitii, & familiaritatem cum Deo in spiritualibus devotionis exercitiis, & zelum syncerum animarum.

3. Doceat quem procedendi modum in oratione, & examine habeant, & si contra aliquem defectum examen particulare faciant, & si contra inordinatos affectus propria remedia adhibeant, & in solidis virtutibus acquirendis, praesertim in Obedientia quid observent, & de poenitentiis, & aliis devotionibus.

4. Si ubi in his à rectitudine deflexerint, eos dirigat, juxta modum Societatis: erga cujus institutum, curet ut omnes benè affecti sint, & det operam, ut orandi & meditandi modos, quos docuit Pater noster Ignatius in libro Exercitiorum, retineant, & ut illo libro familiariter utantur, videatque, ne dum nostri devotionem habere procurant, caput laedant, aut vires corporis nimis debilitent.

5. Vestibum ipsum esse oportebit in lectione librorum spiritualium, & unicuique doceat tempus, & modum cum fructu eos legendi, qui sint faciliores, & nostro instituto magis convenientes.

6. Peculiarem habeat curam consolandi afflictos, & tepidos exhortandi, remedia pro cujusque indigentia, vel necessitate adhibendo: qualia sunt, frequentiùs communicare, plus temporis orationi impendere, Exercitia spiritualia facere, plus aliquid poenitentiae assumere, libros aliquos spirituales legere, & similia. Quae autem ex his ipse concedere possit, & in quibus ad Superiorem recurrendum sit, ab eo intelligat.

7. Parem quoque adhibeat diligentiam, ut Coadjutores temporales quieti sint, & sorte Marthae contenti, & pro eorum captu illos instruat, mysteriaque Rosarii doceat, ut majore devotione illud tractare possint.

8. Doceat omnes, ut praemissa oratione, & cum magna reverentia ad Sacramentum altaris accedant, & post ejus perceptionem per aliquod temporis spatium orent, & gratias agant.

9. Praeter eos, quos satis instructos Superior judicaverit, cum unoquoque agere de his ultra mensem ne differat: saepè verò consideret, quem fructum bonorum operum ex oratione, & ex reliquis rebus spiritualibus colligant, ut in dies magis in Domino proficiant.

10. In his autem omnibus videat, ne ordo uniuscuiusque praescriptus impediatur, ac praesertim studia illorum, qui literis dant operam, nisi cum Superior aliter judicaverit.

11. Curam peculiarem habeat Novitiorum, si qui Domi, vel in Collegio fuerint, à Superiore aliunde prospectum sit, & erga eos observare studeat ea, quae juxta Magistri Novitiorum, & examinatoris Regulas observari commodè poterunt.

REGVLÆ PRÆFECTI ECCLESIÆ.

1. CVret, ut Aedituus Regulas suas observet, quas Praefectus ipse apud se etiam habeat.

2. Praebeat illi catalogum singulis diebus Sabbathi, quo dies festi, ac jejuniorum proximae hebdomadae continentur, ut eum in [illegible] diei Dominicae sequentis.

3. Sta-

3. Singulis diebus Sabbathi, vesperi in Sacristia scripto proponat, quemadmodum quotidie Sacra sint facienda sequenti hebdomada, & quo ordine rem divinam in Altari summo facturi sint, qui ad hoc fuerint designati.

4. Det operam, ne in Altari maximo desit unquam Sacrum, quo tempore celebrari solet, habeaturque ratio, ne plura Sacra simul inchoentur, sed nihilominus omnia suis spatiis distinguantur.

5. Curam gerat Missarum, & orationum, quæ pro defunctis Societatis, & pro Fundatoribus, & Benefactoribus, ac pro ipsa Societate fieri debent, quas ex subjecto catalogo intelliget: & catalogum earum, quæ secundum nostrum institutum, & ex præscripto Generalis ordinatim facienda sunt, referat in duas tabellas, quarum alteram appendat in Sacristia, alteram in alio convenienti loco, quæ initio cujusque mensis publice in Refectorio legetur.

6. Cum Superior aliquid in Sacris Deo commendari, aut Sacra ipsa, quæ ab omnibus facienda sint, applicari ad finem aliquem jusserit, curet scribi in schedula in Sacristia affigenda.

7. Quæcunque autem ex his non ab omnibus facienda erunt, ea Præfectus unicuique privatim significanda curabit.

8. Librum habeat, ubi mandata Superiorum de his rebus, si aliquamdiu duratura, aut non statim facienda sint, scribantur, ne memoria excidant, & cum fuerint adimpleta, deleantur.

9. In Collegiis & Domibus probationum curet juxta ordinem Superioris de candela danda Fundatoribus juxta Constitutiones.

10. Si quando externi Sacra aliqua fieri postulaverint, se Superiorem consulturum respondeat: nisi ejus animum perspectum jam habeat.

11. Externos Sacerdotes ad faciendum Sacrum in nostro Templo, non sine delectu admittat, sed eos tantum, qui ædificationi sint, præsertim notos, idque juxta ordinem Superioris: & intelligat an à suo Ordinario legitimam habeant facultatem.

12. Videat an Sacerdotes Regulas suas observent, & unam barbam, & coronam decenter rasam habeant.

13. Per se, vel alium a Superiore designatum, promovendos ad Sacerdotium instrui curet, & videat ut ad Romanæ Ecclesiæ ritum suum ii, quàm omnes Sacerdotes se accommodent, & ne Confessiones audiant, nisi sint legitimè approbati.

14. Animadvertat, ne ulla pro Sacris faciendis aut confessionibus audiendis eleemosynæ admittantur.

15. Nulla sit in Ecclesia arcula, in qua Eleemosynæ conjiciantur, sive pro nobis, sive pro aliis.

16. Det operam, ut sanctissimum Domini nostri Corpus decenter in custodia conservetur, diligenter curans, ne unquam in ea Sacramentum desit, habita communicantium ratione, & ut saltem decimo quinto quoque die innovetur, & Sacris absolutis in tabernaculo altari observetur.

17. Quando nostri in Templo communicaverint, curet Præfectus, ut id faciant separatim ab externis.

18. Oleum Sanctum, ut oportet, asservatum singulis annis renovet, & Sanctorum reliquias (quæ quidem mobiles fuerint) in tabernaculo ad id deputato decenter custodiat: si quando autem devotionis causa ostendendæ erunt, duo cerei accendantur: atque hujus tabernaculi clavem unam ipse habeat, & alteram diversam Præpositus, aut Rector.

19. Cruces, Calices, ornamenta, & reliqua id genus, ut par est, custodiantur: nec desint velamina ad cooperiendos calices, & alia ad divinum cultum, & ornatum necessaria.

20. Mutari faciat Altarium, & Sacerdotum ornamenta, quod ad colores attinet habita temporum, & Festorum ratione, juxta ritum Romanæ Ecclesiæ.

21. Cum Templum ornandum fuerit, nihil sine facultate Superioris ad eam rem commodato ab externis petat: deinde operam, ut quod acceptum fuerit, summè custodiatur, & dominis quàm primum reddatur.

22. Si Templum instauratione, aliqua in parte indiguerit, aut aliis ad divinum cultum necessariis, provideat, sicut ipsi à Superiore fuerit præscriptum.

23. Superiori in memoriam redigat, ut aliquem designet, qui de concionibus, & modo concionandi judicare possit: quorum saltem unus concioni intersit, ut Concionatorem, cum opus fuerit, & Superiori videbitur, admonere possit.

24. Conciones & lectiones Templi,

hore spatium superare non debent: ut vero ordine Missæ dicantur, ne impediant, quo minus conciones tempore præfixo inchoentur.

25. Advertat ne viri in Templo, mulierum locum occupent, neve ex adverso earum quantum fieri poterit, maneant.

26. Curet ne domi desint Confessarii, qui necessarii in Templo nostro sunt, & ut confessiones vesperi decenti hora absolvantur.

27. Pridie Palmarum Confessarios admoneat, ut Constitutionem illam observent, quæ ad externos ad suas Parochias dimittendos Eucharistiæ sumendæ gratia pertinet, & ante id tempus, si consuetudo Regionis id postulaverit.

28. Officia Hebdomadæ Sanctæ, & Vesperæ (si hæ dicantur,) fiant tono simpliciter more Societatis sine cantu etiam firmo, nisi ubi Generalis Præpositus dispensaverit, id autem quod de vesperis dictum est, de Benedictione candelarum, & ramorum intelligatur.

29. Cum aliquid petendum erit pro Ecclesia, aut ejus Sacristia, intelligat in ea re Superioris voluntatem, eamque exequatur: cumque pecuniæ alicujus momenti summa dabitur, aut colligetur, eam deponat apud Procuratorem in scrinio aliquo, cujus clavem unam Superior habeat, & alteram diversam ipse Præfectus.

30. Librum habeat, in quo eleemosynarum, quæ Ecclesiæ usibus dantur, & expensarum rationes constent.

31. Panni omnes lintei semper serventur, & lavatorum corporalia, atque etiam purificatoria (quæ quatuor crucem in angulis habeant) lavantur, & utrumque absoluto, & omnes eorum, quæ vestitum contempta conburantur, in sacrum piscinam mittantur.

32. Catalogum rerum rerum omnium Ecclesiæ mobilium, quæ alicujus momenti sunt, custodiat: in altero vero illa scribantur, quæ aut nova sibi traduntur, cum die, anno, &c. aut vetustate consumuntur, ut possit cum exigetur, prioris catalogi rationem reddere: sæpe etiam res pretiosiores inspiciet, ne aut lædantur, aut amittantur, sicut in quibus servantur, & Sacristiæ januis bene clausis, & munitis.

33. Cum nostrorum aliquis extremum diem obierit, spatio diei naturalis decenter tumuletur, nisi ratione mali odoris, aut ex alia justa causa, ante eam hoc tempus Superiori posse videretur.

34. Observetur circa vestitum Sacerdotum mortuorum, quod de viventibus dicitur in Constitutionibus, ut scilicet vestiantur eo modo, quo Sacerdotes honesti ejus Regionis, in qua versantur, uti solent: Fratres vero qui Sacerdotes non sunt, sepeliantur eo modo induti, quo alii Clerici honesti, qui Sacerdotes non sunt, sepeliri solent.

35. Curam suscipiet sepulchri, candelarum, precum, quæ consueto more dicuntur, rerumque cæterarum, quæ ad eam remetum necessariæ.

CATALO-

CATALOGVS MISSARVM, ET ORATIONVM, quæ NOSTRIS præscribuntur.

SACRA IVXTA NOSTRVM Institutum à Sacerdotibus Societatis ordinariè facienda.

ORATIONES IVXTA NOSTRUM Institutum, ab iis qui Sacerdotes non sunt, ordinariè facienda.

Singulis ANNIS.

1. IN principio cuiusque anni vnusquisque Sacerdos Missam celebret pro nostra Societate.

ET singuli, qui Sacerdotes non sunt, ad eandem intentionem integrum Rosarium Domini nostri, vel [illegible] quinquaginta Aue Maria, & quindecim Pater noster, aut tres coronas recitent.

2. Singulis annis præscripto die, in quo memoria fundationis Collegij vel Domus fit, Missa cum solemnitate pro Fundatore proprij Collegij, vel Domus, & benefactoribus viuis, & defunctis celebretur; & reliqui Sacerdotes, qui in Collegio, vel Domo habitauerint, pro eisdem sua Sacrificia offerant.

Et singuli, qui Sacerdotes non sunt ad eandem intentionem vnam coronam, vel tertiam partem Rosarij recitent.

Singulis Mensibus.

3. In principio cuiusque mensis vnusquisque Sacerdos Missam celebret pro nostra Societate.

Et singuli, qui Sacerdotes non sunt, ad eandem intentionem tertiam Rosarij partem, aut vnam coronam recitent.

4. Initio cuiusque mensis omnes Sacerdotes, qui in Collegio, vel Domo fuerint, Fundatori proprij Collegij, vel Domus, & benefactoribus viuis, & defunctis semel Missæ sacrificium offerant.

Et singuli qui Sacerdotes non sunt, ad eandem intentionem vnam coronam, aut tertiam Rosarij partem recitent.

Singulis Hebdomadis.

5. Singuli Sacerdotes pro illis de Societate, qui intra Prouinciam moriuntur, semel in quauis hebdomada Missæ sacrificium offerant.

Et singuli, qui Sacerdotes non sunt, ad eandem intentionem vnam coronam, aut tertiam Rosarij partem recitent.

6. Singulis hebdomadis, vbicunque fuerint decem, vel pauciores Sacerdotes, pro nostra Societate vna Missa, à designato à Superiore dicenda; duæ verò, si fuerint plures, quam decem; tres autem, si fuerint plures, quam viginti: & ita deinceps in reliquis decadibus, si numerus Sacerdotum fuerit maior.

Et singuli, qui Sacerdotes non sunt, in quauis hebdomada ad eandem intentionem septem Pater noster, & septem Aue Maria recitent.

7. Singulis hebdomadis pro Benefactoribus viuis, & defunctis propriæ Domus vel Collegij, præter eas quæ pro Fundatore dicuntur, vna, aut duæ, aut plures Missæ pro numero Sacerdotum offerantur, seruando ordinem modo prædictum.

Et singuli, qui Sacerdotes non sunt, in quauis hebdomada ad eandem intentionem septem Pater noster, & septem Aue Maria recitent.

8. Singulis hebdomadis Missa so-

Et vnus ex iis, qui Sacerdotes non sunt,

mel pro Fundatore proprii Collegii, vel Domus, & benefactoribus vivis, & defunctis à designato à Superiore celebrentur.

à Superiore designatus, ad eandem intentionem unam coronam, aut tertiam partem Rosarii recitet.

9. In Domibus & Collegiis, quæ alere viginti ex nostris alere possunt, etiamsi non habeant proprium Fundatorem, fiant pro iis vivis & defunctis, qui eorum fundationem notabiliter adjuverunt, eadem Sacra quæ pro Fundatoribus ordinariè fieri solent.

Et singuli, qui Sacerdotes non sunt, ad eandem intentionem pro eisdem facere debent easdem orationes, quæ pro Fundatoribus ordinariè fieri solent.

SACRA AB EISDEM EXtraordinariè facienda.

ORATIONES AB EISDEM extraordinariè faciendæ.

10. Cum primùm Societas in Collegii alicujus possessionem venerit, quilibet Sacerdos ter Sacrum faciat pro superstite Fundatore ipsius, ac Benefactoribus.

Et singuli, qui Sacerdotes non sunt, ad eandem intentionem, Rosarium integrum aut tres coronas recitent.

11. Cum ex hac vita idem Fundator excesserit, singuli Sacerdotes ter Sacrum pro anima illius, & Benefactorum faciant.

Et singuli, qui Sacerdotes non sunt, ad eandem intentionem Rosarium integrum, aut tres coronas recitent.

12. Idem judicium erit de Communitatibus, vel Rebusp. quæ non moriuntur: fient enim tria Sacra pro viventibus, & tria pro defunctis earum. Sic etiam faciendum, quando plures simul fundationem constituunt.

Et singuli, qui Sacerdotes non sunt, integrum Rosarium aut tres coronas pro viventibus Communitatibus, & totidem pro defunctis earum recitabunt. Similiter facient, quando plures simul fundationem constituunt.

13. Cum primùm Societas in alicujus Domus professæ possessionem venerit, quilibet Sacerdos infra illam Provinciam ter Sacrum faciat pro superstite Fundatore ipsius, ac benefactoribus: & quando vita functus fuerit, alia tria Sacra ab eisdem pro animabus illius & benefactorum fiant.

Et singuli ejusdem Provinciæ, qui Sacerdotes non sunt integrum Rosarium, aut tres coronas pro superstite Fundatore, ac benefactoribus, & quando vita functus fuerit, alterum Rosarium integrum, aut tres coronas pro animabus illius ac benefactorum recitent.

14. Pro Communitatibus verò, & pluribus, qui simul Domus professæ fundationem constituunt, fiant intra eandem Provinciam, quæ de Collegiis dicta sunt num. 10. 11. 12.

Et singuli ejusdem Provinciæ, qui Sacerdotes non sunt, ad eandem intentionem faciant, quæ de Collegiis, eisdem numeris dicta sunt.

15. In domo, vel Collegio ubi quis de Societate decesserit, singuli Sacerdotes pro eo tria Sacra in aliis verò Provinciæ locis duo facta faciant.

Et singuli ejusdem Domus, aut Collegii, qui Sacerdotes non sunt, pro eo tres coronas, aut tres partes Rosarii: pro aliis verò ejusdem Provinciæ duas coronas, aut duas partes Rosarii recitent.

16. Cum de obitu cujusque nostrorum, qui extra Provinciam obiit, significatur, per Universam Societatem omnes Sacerdotes in Missa, illius animam Deo commendent, pro cujusque devotione.

Et singuli qui Sacerdotes non sunt, in suis orationibus illius animam Deo commendent pro cujusque devotione.

17. Omnes Sacerdotes curent, juxta Constitutiones frequenter orare pro universa Ecclesia, ac pro iis præsertim, qui majoris sunt momenti ad ejus universale bonum, cujusmodi sunt Principes Ecclesiastici, & seculares, & alii, qui multum prodesse, vel obesse bono animarum possunt: & pro amicis, & benefactoribus, viventibus, & vita functis, & pro aliis, in quorum auxilium peculiariter ipsi, & reliqui de Societate in variis locis, inter fideles, & infideles, incumbunt, & etiam pro malè affectis erga nostram Societatem.

Et omnes, qui Sacerdotes non sunt, idem juxta Constitutiones curare debent.

SACRA EX PRAESCRIPTO P. N. GENERALIS ab unoquoque Sacerdote Societatis ordinarie facienda.

18. Vnusquisque Sacerdos singulis mensibus duo Sacra faciat: alterum pro Indiis, & Gentium conuersione: alterum pro Regionibus Septentrionalibus, & Haereticorum reductione, & in aliis Sacrificiis, & orationibus eadem Domino commendabit.

19. Singulis hebdomadis vnusquisque Sacerdos Sacrum vnum ad intentionem Reverendi Patris nostri Generalis faciat, & in aliis Sacrificiis, & orationibus eandem Domino commendabit.

ORATIONES EX PRAESCRIPTO P. N. GENERALIS à singulis, qui Sacerdotes non sunt ordinarie facienda.

Et singuli, qui Sacerdotes non sunt, unam Coronam, aut tertiam partem Rosarii pro Indiis, & Gentium conuersione: & alteram unam, aut tertiam Rosarii partem pro Regionibus Septentrionalibus, & Haereticorum reductione recitent: & in aliis orationibus eadem Domino commendabunt.

Et singuli, qui Sacerdotes non sunt, ad eandem intentionem unam Coronam, aut tertiam Rosarii partem recitent, & in aliis Orationibus eundem Domino commendabunt.

Non intendimus per ea, quae superius referuntur, excludi reliqua Sacra, & Orationes omnes, quae pro occurrentibus necessitatibus à Superioribus imponi ad tempus solent.

REGVLAE SACERDOTVM.

Quae ad Disciplinam religiosam in Regulis, & Constitutionibus nostris seruandam communiter proposita sunt, ea Sacerdotes, pro ratione sui gradus, sibi praecipue vtilia existiment, & obseruent.

2. *Diuinum officium attente, deuote, & opportuno tempore recitent.*

3. *Ita viuere studeant, vt quotidie digne celebrare possint: ad idque conducet (quamuis ex Constitutionibus obligentur ad minimum quaque die octaua teneantur) saepius in hebdomada confiteri.*

4. *Ceremonias Missae ex usu Romano accurate vnusquisque obseruet: in eaque celebranda pronunciationem & quamcunque aliam exteriorem actionem ita moderetur, vt non minus aliorum aedificationi, quam propriae deuotioni seruiat; & ideo semihoram in faciendo Sacro non multum excedat, neque ita breue sit, vt illam non expleat.*

5. *Qui in summo Ecclesiae Altari Sacra facturi sunt, simulatque campana significari solitum audierint, vel admoniti fuerint, ad vestes Sacerdotales induendum se conferant, vt in tempore exire ex Sacristia possint.*

6. *Salutare credendo doctrinae Christianae Ministerium patres ac eius, quod à sui origine nostra Societas tanto affectu complexa est, pro omni studio promouere curent.*

7. *Intelligant sibi rationem peculiarem incumbere, vt exercitiorum spiritualium, quae tantopere ad Dei obsequium conferre cernuntur, vsum valde familiarem habeant: quo & alios ad ea suscipienda adducere, & in eorum vsu & in omni spiritualium genere tractando dexteritatem habere possint.*

8. *Omnes ii, quibus ex obedientia confessiones audiendi facultas munus committitur, maximum ad id opus studeant, & tanquam nostri Instituti valde proprium magni faciant.*

9. *Nemo ad confessiones audiendas accedat, nisi à Superiore deputatus, qui quisque intelligat, quam facultatem ad hoc munus ab eo habeat.*

10. *Modum in Sacramenta ministrandi, quem Sacerdotes nostrae Societatis tradere possunt, perfectum omnes habeant, in eoque vniformes sint, quantum Regionum varietas patietur; formam tamen & rationem absoluendi ab excommunicatione, & à peccatis, eandem omnes sequantur, atque idem modum vtendi facultatibus Societatis, Ordinarii, & Parochi, [illegible].*

11. *In casibus conscientiae, vt quae praesertim [illegible] pertinent, sibi diligenter exercitati sint, [illegible] & breuem aliquem [illegible] singularum [illegible] exempla & dicta [illegible] confessionibus [illegible].*

12. *Confessiones autem [illegible] procedendi cum poenitentibus [illegible] & quantum vis [illegible], sic ad alium Confessariorum [illegible] sibi [illegible] faluer,*

solos, ut omnes intelligant, magno charitatis & uniformis doctrinae vinculo, Societatis Confessarios in Christo esse colligatos.

13. *Vocati ad Ecclesiam ad Confessiones audiendas, statim cum omni charitate eo se conferant: & quo maior poenitentium multitudo fuerit, eo magis temperabunt ab aliis occupationibus se expediant.*

14. *In templo confessiones audiant, nisi aeger sit, vel surdus, vel aegre audiat.*

15. *Confessiones ita audiant poenitentes, ut maximum affectum fugiant: sic enim attentius, & liberius audient. quod si locus non erit eiusmodi, ut tabula Confessarium a confitente dividat, manus interponatur inter faciem propriam, & confitentem, qui ad latus esse debet ad praestabilia.*

16. *In audiendis confessionibus, foeminarum praesertim, severos potius se, quam familiares exhibeant: in universum tamen paterna quadam, & spirituali gravitate in eis eluceat.*

17. *Eos, qui crebrius confitentur, maxime foeminas, breviter expediant; nec de rebus ad confessionem non pertinentibus in confessione loquantur: extra confessionem vero, si opportune cum aliquibus loquendum, sermonem non misceant, & omnes modestia domestica habeant.*

18. *Quando quis a Superiore mittetur ad confessiones foeminarum audiendas, vel alia de causa eas adierit, socium, quem Superior ipsi designabit, quamdiu cum foemina Sacerdos loquitur, eo in loco erit, unde videre eos, si id non, quae secreta esse oportet, audire possit, quantum loci dispositio patietur: quod si non patietur, curet omnino Sacerdos, ut ostium sit clausum, nec locus obscurus.*

19. *Particularium personarum, praesertim foeminarum, curam non facile suscipiant: & quamvis Confessarius pro suo munere in vita spirituali poenitentem instituat, nullam tamen obedientiam admittat.*

20. *Si quis uni confiteri solitus, ab eodem aliquem Confessarium adeundi facultatem petierit, vel eo non petito adierit, ad sibi gravem esse Confessarius benigne ostendat.*

21. *Ut sanitatis etiam ratio ad Dei gloriam habeatur, confessiones mane ad horam usque prandii tantum audiantur, ita ut cum signum prandii audietur, studeant se ita accommodare, ut ad secundam accedant: nisi fidelis poenitentium necessitas aliud exigat.*

22. *Nemini aut petere, aut accipere quidquam liceat, sive ab iis, quorum confessiones audiverint, sive ab aliis, quod vel in pauperes distribuat, vel alicui satisfaciendum nomine restituat, nisi Superior, cum opus esset, facere faciendum iudicaverit.*

23. *Ac si vota ad perfectionis statum pertinentia, ut sancta laudari debent, & quam ea Confessarii consilium, sed magna cum consideratione, dare possunt: quia tamen non humanam, sed divinam vocationem requirunt, primo ad ea amplectenda quempiam inducere; verum ad orationem talis hortetur, ut a Deo adiuti, vocationem suam melius intelligant, & expendant.*

24. *Si quos viderint ad Religionem propensos, non facile ad unum potius, quam ad aliam, ad hoc, quam ad illud Monasterium inclinent: sed liberam illis suam electionem relinquant: poterunt tamen praecedente consilium aut Religionem, vel Monasteria proponere, quae illis magis commoda in Domino iudicaverint.*

25. *Nulla re, quarum audit confessiones, certum vestimenti genus, hunc aut illum habitum, vel colorem praescribat: sed hortetur omnes ad honestatem, & sui status convenientem vestitum laborari possint.*

26. *Utile est, ad frequentem communicandum fideles exhortari. Ita quos ad id propensos viderint, admonere debent, ne crebrius, quam octavo quoque die accedant, praesertim si matrimonio sint coniuncti.*

27. *Admoneant eos, qui sibi confitentur, a Dominica Palmarum ad Dominicam in Albis eodem tempore (nisi aliud consuetudo loci postulaverit) debere semel in sua Parochia communicare, exceptis Peregrinis, & iis, qui facultatem habuerint, & reliquis, quos ius excepit.*

28. *Qui vocantur ad iuvandos eos, qui morti vicini sunt, ea in promptu habeant, quae eo tempore, in quo tantum est momenti, usui esse possint: & tamdiu quoque illis adsit, quamdiu sola necessitas postulabit. Caeterum etsi cum opus est, aegrotos ad condenda testamenta hortari conveniat, sic tamen conficiendis non assistant.*

REGVLAE
CONCIONATORVM

1. REgulae, quae Sacerdotibus propositae sunt, eas sibi Concionatores imprimis commendatas existiment, nec minore cura, quam caeteri observent.

2. Memores sint, vocatos se esse ad reducendas animas suo creatori: quod cum sit opus omnium difficillimum, summo studio media illa adhibeant, quae instrumentum cum Deo coniungunt, eiusmodi sunt solidae virtutes, ac praecipue charitas, pura intentio divini servitii, familiaritas cum Deo in spiritualibus devotionis exercitiis, & zelus syncerus animarum ad gloriam divinae maiestatis.

3. Enti-

4. Enitantur cum Dei gratia esse coram exemplo: ut non minus vita, quàm doctrina, ad omnem virtutem proximos alliciant.

5. Lectioni S. Scripturæ, ac Patrum præcipuè incumbant: conferet etiam plurimum studio vidisse Evangelia toto anno currentia, & in his ea, quæ usui esse possunt, adnotasse; itemque compendium fecisse explicationis rerum ad fidem, & Christianam vitam necessariarum, atque in communes locos redegisse omnia, quæ ad virtutum commendationem, & peccatorum detestationem pertinent.

5. Conferet vidisse præceptiones, si quæ de modo concionandi illi tradunt, qui benè hoc munus obierunt: bonos audivisse prædicatores, & in concionibus domi, vel in aliis locis minus frequentibus se exercuisse.

6. Optare debent, ut admoneantur, si quid in concione corrigendum videbitur, itaque Superiores id deputati fuerint, & humiliter, & grato animo id accipiant.

7. In operibus suum in celebrationibus concionibus libenter impendant, ut quæ minus se ad docendos pueros, & alios rudes instruendos, faciles, & paratos exhibeant.

8. Si quando occasio tulerit, ut alius eodem tempore concionari velit, quantum in ipsis erit, libenter cedant.

9. Ea populo proponant, quæ ad captum, & utilitatem auditorum erunt accommodata, iis insistant quæ ad Christ. institutionem, atque ad extirpanda vitia, & virtutes inferendas valent & à rerum subtilium curiosa tractatione se abstineant.

10. Commendare debent Confessionis, & Eucharistiæ frequentem usum, in bonis operibus profectum, & perseverantiam, Ecclesiasticarum cæremoniarum observationem, & cæteras, quæ ad cultum divinum pertinent; cum obedientiam, quæ Principibus & Prælatis, qui Dei in terris vices gerunt, exhibenda est.

11. Commendabunt etiam peculiari ratione pœnitentiæ, & misericordiæ opera sanctorum patrum, & aliarum piarum devotionum exercitia, utilium librorum lectionem, & bonam filiorum educationem.

12. Cum experientia docuerit, & sanctæ memoriæ Pater Ignatius scriptum reliquerit, nihil inde nostris ex concionibus, in quibus Principes & Magistratus Reip. Prælati, & alii Ecclesiastici in particulari reprehenduntur: Concionatores nostri ab hujusmodi reprehensionibus abstineant.

13. Caveant, ne religiosos aliorum ordinum, quos revereri, & observare debent, etiam secus videantur reprehendere: & quamvis nostros ad majorem in virtute progressum excitare possint, præsertim in domesticis exhortationibus; comprehensionem tamen alicuius particularis, vel ipsius Societatis ne attingant.

14. Ne concionibus populi moveantur, ut nova, & parum fundamenta in publicum afferant: & multò minùs ea populo proponant, quæ aliqui dubia, & incerta sunt.

15. Curent ut rationem, & modum, quem observare debent in rebus populo denunciandis, & certis pauperibus aliisque piis operibus commendandis, à Superiore accipiant.

16. Caveant omninò, ne fabulis, aut inutilium rerum narratione concionem contemptibilem faciant, sive auditores ad risum moveant, vel cõtia, ut ad fletum excitent, spectanda aliqua populo proponantur: communiter in Societate concionandi consuetudine aliena, nisi in aliquo particulari casu ad bonam ædificationem pertinere Superior, pro ratione loci judicaverit.

17. Ea quæ dicturi sunt, diligenti præmeditatione, & peculiari ad Deum recursu (quatenus per ipsos licebit) parandum sit.

18. Caveant arrogantiam, & ostentationem in concione, humilitatemque, qui ex sermone eorum affectu studere debent, in omni actione præ se ferant: quod si aliquid pro se, aut Societate cogantur respondere, ea modestia satisfaciant, ut causam Christi, non suam agere videantur.

19. Modus concionandi, qui à Scholastico diversus esse debet, ita se ad docendum comparatus, ut ad animum commovendum propriè dirigatur: cumque quæstio aliqua catholica, quæ ad fidem, aut mores pertineat, modo aliquo tractanda erit, non ita crudè proponantur argumenta, quibus contraria pars confirmatur (nisi auditorium id postulet) ut simpliciores ipso proponendi modo offendi possint; sed eo pacto res exponatur, ut illi ex data explicatione solutionem eorum, quæ sibi in mentem venerint, aut ab aliis audiverint, facilè colligant.

20. Ne sint affectati, aut verborum lenocinia sectentur, nec studio politioris sermonis eos libros habeant familiares, ex quorum lectione detrimentum in spiritu accipiant: & fastidire aliquid videantur.

21. In laudibus, & reprehensionibus à nimijs exaggerationibus; & ab omni specie adulationis abstineant.

22. Gestus corporis sit moderatus, & in quo gravitas quædam religiosa præluceat: vocemque accommodent ad res quas tractabunt: proinde tamen ubi opus est; ne prætermodum extollant, aut deprimant.

23. In concionibus, & lectionibus temporis spatium horæ ne excedant.

REGVLÆ EORVM, QVI IN MISSIONIBVS versantur.

1. Cum scopus, ad quem tendit Societas, sit, varias Mundi partes, ex Obedientia Summi Pontificis, vel Superioris Societatis peragrando verbum Dei prædicare, confessiones audire, & reliquis quibuscunque poterit medijs uti ad animas divina aspirante gratia, juvandas: quicunque in hujusmodi Missionibus versantur, sibi persuadeant, rem maximi ponderis in Societate sibi commissam esse, atque ita se componere studeant, ut apta Dei instrumenta ad tantum esse possint.

2. Quia vocationis nostræ est, vitam agere in quavis Mundi plaga, ubi majus Dei obsequium, & animarum auxilium speratur; unusquisque paratus esse debet, ut in ea vineæ Christi parte, atque opere se exerceat, quod ipsi commissum fuerit, sive per varia loca discurrendo, sive in quibusdam continenter residendo.

3. Vnusquisque plenam se liberè, ac integrè suam dispositionem Superiori, qui eum Christi loco dirigit, relinquat: quamvis tamen motus animi, aut cogitationes, quæ in contrarium occurrent, illi proponere, subjiciendo suum sensum, & velle eo quod ipse in Domino judicaverit.

4. Ei, qui mittendus est, plurimum convenit, ut intelligat à Superioribus scopum suæ Missionis, & effectum, cujus gratia mittitur: id quod in scriptis, si fieri possit, habere curabit.

5. Cum aliquando missi fuerint ad fructificandum in vinea Domini, debent operam, quoad fieri poterit, ut omnia propterea Evangelium prædicent, proficiscantur pedites, vel itinera, ut in pauperes fecerint; Nam Superior id præscripserit, & ex eleemosynis, vel obsonio, cum hospitalitatis commendatione vivant: nisi alia ipsis à Superiore sustentationis ratio sit constituta.

6. Si nullum eis à Superiore designatum fuerit hospitium, intelligant sibi ad aliquod hospitale, tanquam ad hospitium pauperum esse divertendum: si tamen honestum id sit, atque ad exercenda ex eo Ministeria Societatis accommodum: alioqui convenientius erit, ut in domum pij alicujus, exemplaris Ecclesiastici, aliusve ejusmodi hominis se recipiant, & in qua cum ædificatione manere possint.

7. Cùm ingressi fuerint loca ea in quibus ordinariè residere, aut quàm primùm adeant, summique operam illis submississè offerant, & facultatem ad exercenda Societatis Ministeria modestè, ac religiosè petant; eosque omnes tam Ecclesiasticos, præcipuè Parochos, quàm seculares, quorum authoritate, aut favore opus habent, benevolos sibi facere studeant.

8. Cum eò pervenerint, ubi diutius immorari debeant, prudenter ac maturè operam dabunt, ut notitiam habeant probatorum Virorum, & piorum, ac rebus agendis idoneorum, quorum informatione, vel auxilio juvari possint ad munera Societatis majore cum fructu animarum exercenda.

9. Qui in missione Superior erit, initio suscipiendorum operum, vel quando major subsidij necessitas accidet, (quod res magni momenti sint, vel difficultates graves inciderint) applicabit, curabitque applicari Missas & Orationes, ut omnia cedant ad majorem Dei gloriam & proximorum utilitatem.

10. Missi, qui mittuntur non facilè inusitatum, & medio aliquo utantur limitato, quale esset, vel legere, vel prædicare, aut quæ in ijs sanctitate exercebuntur, quibus locis in usu solet, juxta Constitutiones: conferre tamen illa cum eo Superiore, qui eis propior fuerit, semper erit expediens.

11. Media spiritualia, quibus juxta Institutum Societatis, & beneplacitum Superioris uti poterunt, ferè sunt ministerium verbi Dei in prædicationibus, sacris lectionibus privatisve exhortationibus, ac colloquijs, Sacramentorum Confessionis, & Eucharistiæ administratio, Exercitiorum spiritualium traditio, dissidentium reconciliatio, ex ijs quæ pertinent ad Ecclesiasticam [illegible] precum explicatio, & Christianæ doctrinæ ad pueros, ac rudes publica declaratio,

12. Con-

12. Corporalibus etiam pietatis operibus, quantum spiritualia permittent, & vires patiuntur, incumbere poterunt, ut assistendo praecipue in Xenodochiis, per se, vel per alios juvando, & pauperibus in custodiis detentos, quantum licebit, eodem modo sublevando.

13. Etsi certus ordo in nostris ministeriis exercendis praescribi non potest, pleraque tamen utilior erit, & securius ab humilioribus inchoata, ut a Doctrina Christiana pueris explicanda, ab aegrotis hospitalium invisendis, eorumque & aliorum magis indigentium confessionibus audiendis.

14. Quamquam humana media non solum spernenda non sunt, sed etiam cum opus est, prudenter, & religiose adhibenda, divinis tamen, & nostro instituto magis propriis praecipue ostendi necesse est, in eisque magis fidendum; orandusque Deus, ut in omnibus det eam efficaciam, quae ad propositum finem consequendum necessaria.

15. Juxta eam Charitatis Regulam, qua se Apostolus omnia omnibus faciebat, ut omnes lucri faceret, expediet nonnunquam, ut ingenio eorum, cum quibus agent, sese submittant (quatenus ratio & virtus ferunt) ita tamen, ut meminerint ad id tendere, ut eos cum Dei gratia perducere, quod illis in Domino magis expedire judicabunt.

16. Eam animi magnitudinem, & aequabilitatem retinere studeant, ut & prosperis successibus, & adversis superiores sint; quo nullo eventu fracti, nec religiosae modestiae nec sanctae libertatis, nec bonae de se conceptae existimationis, quae ad fructum colligendum necessaria est, quicquam amittant.

17. Si quos erga se, aut Societatem male affectos esse intellexerint (praesertim non vulgaris auctoritatis homines) aut qui nostra Ministeria impediant, non solum pro eis orabunt, sed etiam convenientem aliquam rationem inibunt, ut eos amicos aut saltem non adversarios faciant. Ad quam rem non parum conferet, si data occasione, instituti nostri rationem illis exponant, nullumque officii genus praetermittant, quo illos cum opportunum fuerit, syncere, ac religiose demereri, & conciliare possint.

18. Si quando Praelatum aliquem in visitanda Dioecesi comitabuntur, nihil se in negotiis ad visitationem spectantibus, aliisve id genus ad jurisdictionem pertinentibus immisceant, sed ijs tantum Ministeriis attendant, quae sunt nostri instituti propria.

19. Quamvis operari debeat, ut in sua quisque vocatione proficiat, aequum tamen est, ut pro suo munere ad eam rem animos hortentur; nullam tamen suscipiendi Cleri, aut Monialium, aliorumve Religiosorum curae partem admittant, ut & munus suum sine impedimento exequi; & populum ad uberiorem fructum ex visitatione percipiendum sine offensione disponere possint.

20. Cum praeter id, quod eis fuerit peculiari ratione injunctum, res aliqua divini servitii se obtulerit, in qua possent sine detrimento suae Missionis suam operam ponere, opportunitatem, quam Deus ad eam dederit, quantum in se eodem convenire judicabunt, e manibus elabi non sinent.

21. Si in locis designatis diutius residendum erit, secumque dederint praecipua negotia (quae nunquam propter alias occasiones, licet bonas, divini obsequij posthabebunt) excursiones aliquas facere, si eas cum fructu fore judicabunt, non erit inconveniens.

22. Sine facultate Superioris nulli Confraternitati, Congregationive statuta concedentes, seu vetus illa sit, seu nova instituenda videatur. De novis autem instituendis, & quae nobis sint in usu, non prius agent, quam Superiorem consulant.

23. Quae Deo auctore perficient, ea quantum licebit, ita constituant, ut stabilia sint, & diu durare possint. Quod fiet, si res eo certo ordine disponant, earumque bonum progressum ijs commendent, quorum exemplo, auctoritate, studio, & diligentia, facile conservari, & promoveri possint.

24. Scribent ad eum, qui eos designaverit illis, a quo missi sunt, singulis hebdomadis, vel quoties ipsis fuerit constitutum, & quantum fieri poterit, notitiam successus eum certiorem reddant, quemadmodum personae, & negotia exegerint, ut consilio, & aliis auxiliis juvari possint.

25. Cum propter nullas occupationes intermittendum sit propriae perfectionis studium, diligenter animadvertant, ne praetextu procurandae aliorum salutis, propriae perfectionis obliviscantur, ipsamque propriam salutem ea ratione in discrimen adducant; sed saepe illud Domini mente revolvant: Quid prodest homini, si universum Mundum lucretur, animae vero suae detrimentum patiatur? Et quod illud D. Pauli unusquisque dictum existimet, Attende tibi, &

doctrinæ, insta in illis; hoc enim faciens, & teipsum salvum facies, & eos qui te audiunt.

26. Hanc ob rem caveant, ne confidant in Cellulis, ac Domibus grandi, & examinandæ conscientiæ exercitia, nisi si quando necessitas, aut in eventu aliquo charitas illud faciendum postularet. Conversationem cum sæcularibus nimiam non habeant, aut inutilem, aut quæ charitatem sapiat: sed in omnibus se integriores, & graviores exemplum præbeant: atque in summa Regularum Societatis, sive earum, quæ omnibus communes sunt, sive quæ ipsorum officii propriæ, quantum fieri poterit, observationem non prætermittant.

27. Præter hæc, si pro ratione diversitatum Regionum, & Missionum quarum, alia quædam à Superioribus confirmanda videbuntur, ea in peculiaribus instructionibus addita pari diligentia observanda erunt.

REGULÆ PROCURATORIS GENERALIS.

1. IN omnium negotiorum tractatione perpetuo memor sit instituti Societatis, quæ Dei omnipotentis gloriam quærens, profectui animarum invigilat. Ipse igitur verbo, & exemplo, omnes ædificet, quibuscum versatur, & in his, quæ ad officium suum spectant, fidelitatem, prudentiam, & dexteritatem habere studeat, atque eos sibi benevolos conservet, quorum opera ad negotia peragenda indiget.

2. Ad eum pertinent negotia omnia ad expeditiones, lites, & quævis contractus, sibi à Generali commissa incumbendas spectantia, quæ ad universam Societatem, Collegia vel Domos quasvis, vel etiam ad particulares personas pertinebunt.

3. Superintendat non solum iis, quæ à Procuratore, & sollicitatore externo curantur, sed etiam Sociis, qui illi dabuntur adiutores, quod ad negotia attinet: & iis quæ Romæ faciunt Procuratores Societatis rerum particularium, vel etiam Provinciarum, ab ipso dirigentur, prout Generali videbitur.

4. Nihil, quod ad expeditiones, lites aut præcipua negotia pertinet, incipiet agere, nisi à Præposito Generali, per se vel per alium approbatum sit, & ei commissum, ut exequatur: quod si Generalis rem consultatione indigere judicabit, scilicet, ut maxime de ea statuatur, præcipuè à rei sufficientiæ egere videatur: si quid autem ex iis, quæ statuuntur, ipsi videretur non convenire, proponat suam sententiam, & rationes quibus movetur.

5. Illud vero præcipuè ante oculos habeat, ut antequam litem ullam intendat, eas controversias (si fieri possit) concordia aut compromissione componat: si quando tamen ad litem descendendum erit, curet ut magnam pacem interius exteriusque custodiat, & semper ad libitum concordiam se paratum esse, contrariæ parti innotescat.

6. Curet diligenter, ut recte, & fideliter fiant, quæ expedienda, vel præsentatione agenda erunt, quæ in scriptis, aut certaminibus confirmanda sint, maximè idonei eligantur: idem de causis, per quos res est transigenda, intelligatur.

7. Conferat cum Præposito Generali, eique reddat rationem eorum quæ fiunt, & quo in statu sint negotia, aut illi, qui à Præposito designabuntur: quod si rerum difficultas extraordinarium favorem, aut diligentiam exigere videatur, eidem significet, & auxilia, quæ opportuna visa erunt, petat.

8. Rationem quoque reddat statûs negotiorum, eorumque, prosecutionis, vel expeditionis, iis qui de negotiis scribunt, suasque literas legendas dabit illi Assistenti, ad quem Provinciæ negotia pertinebunt.

9. Rationum libros conficiat, in quibus singillatim omnia quæ recipiet, scribantur, & quas pecunias quibus in rebus expenderit, ut tam clara & distincta ratio dati & accepti sit, ut ipso etiam absente, separari possit, quid singulæ Provinciæ, Domus, Collegium aut particulares personæ dederint, aut debeant Procuratori, aut quid eis à Procuratore debeatur. Quod ut commodius observetur, singulis tertiis anni ad Nativitatis Dominicæ festum rationem omnium summam colliget, & scribet, atque eos, quorum intererit, monebit: si quid autem pecuniæ superfuerit, eisdem significabit, ut pro ipsorum arbitrio de ea disponatur.

10. Librum habeat, in quo scribat beneficia omnia Ecclesiastica, quæ singularum Provinciarum Collegiis sunt unita, & horum etiam catalogum, ubi tempus, in quo sunt facta, quæque unio, & valor etiam annotetur, aliaque etiam

que

quae, ut antequam adveniat dies praescriptus solvendi quindennia, Rectores Collegiorum, ad quae hujusmodi uniones pertinent, diligenter admoneat, ut opportuno tempore pecunias Romam mittant.

11. Curet, ut a Provinciis mittantur pecuniae, quas contribuere debent ad sumptus necessarios in Procuratorem, et cum opus fuerit, in advocatos, litteras literarum, & alios similes faciendos: utque Romae sint eo tempore, quo illis sunt solvendae, eademque diligentia, quae libro ex libro rationum colliget, ut reddantur, curabit.

12. Cum pecuniae Procuratori ad negotia conficienda transmittuntur, si tantum literae cambiales, quae de credito dicuntur, mittantur, nihil capiat, nisi quantum & quando pro negotio conficiendo oportuerit: si vero bancharia litera ad certam aliquam summam, quae jam alibi soluta est, capienda missae fuerint, & ea ipsa jam jam ad negotia expedienda erit necessaria, ne tum quidem a Mercatore, praesertim locuplete, & spectatae fidei educatur, donec numeranda sit; si vero non tam cito erit necessaria, vel de fide Mercatoris non tam certo constaret, primo quoque tempore ab eo accepta pecunia, tam si alicujus momenti fuerit, reponat in arca sub duplici clavi, quarum alteram ipse, & alteram diversum Socium habeat.

13. Scripturas, bullas & brevia authentica, quae in Archivio conservantur, non nisi exigente necessitate accipiat: acceptas vero, quam primum commode poterit, reddat: caeteras autem scripturas, Procuratoris instrumenta, literas negotia continentes, quamdiu necessariae fuerint, & demum quaecumque ad officium ejus pertinent, & quae nec perpetuo necessaria sunt, nec semper servandae erunt, ipse custodiat ordinate, & distincte, facto eorum omnium inventario, suboculoque sub clavi collocatum.

14. Informationes ad se missas in omnibus expeditionibus habeat prae oculis, ut ad eas omnino supplicationes conformentur: deinde animadvertat, ut bullae, & brevia, quae expediuntur, cum supplicationibus concordent.

15. In librum referat summam omnium negotiorum, quae ei commendantur, atque majoris momenti, quae in eorum progressu peraguntur, iisdem brevi, ad dilucidationem actionum conferibus.

16. Exempla literarum, quas ad varias Provincias, & loca scribit de negotiis, in librum peculiarem referat: & cum memorialia, informationes, supplicationes, vel alia scripta alicujus momenti exhibebit, exemplo eorum apud se servet.

17. Regulas Cancellariae habeat, bullasque & brevia quae a Summis Pontificibus emanant, in iisque animadvertat, quid novi contineatur: quod si in Cancellariae Domini Bullis aliquid addatur, aut mutetur, eam statim ad omnes Provincias transmittat: mittat etiam pro provincialibus, consulto tamen Praeposito Generali, Provincialibus ...

18. Cum Praepositus Generalis, adeo voluerit, creatum novum Pontificem, ut juxta Constitutiones suae Sanctitati obedientiam, formamque Societatis deferret, rediget illi Procurator in memoriam, ut videat, an expediat ab eo impetrare confirmationem gratiarum, & privilegiorum Societatis.

19. Subditus sit Superioribus Collegii, praeterquam in iis, quae ad sui officii executionem spectant.

REGVLÆ
PROCVRATORIS DOMVS PROFESSÆ.

1. IN omnium negotiorum tractatione perpetuo memor sit Instituti Societatis, quae Dei omnipotentis gloriam quaerens, profectui animarum invigilat. Curet igitur ipse verbis, & exemplo praesertim humilitatis, & patientiae cunctos aedificare, quibus cum conversatur, atque eos sibi benevolos conservare, quorum opera ad negotia peragenda indiget: & cum opportuerit, de instituto nostri ratione illos informet.

2. Quaerat diligenter eleemosynas, easque simpliciter, & amore Domini petat, nec eas & eas augere, ac conservare studeat, quibuscumque eos vestiet a quibus petenda erunt.

3. Habeat Catalogum eorum, qui ordinarie, & extraordinarie eleemosynas faciunt, & de liberalioribus faciat Superiorem, ac videat, ne sua negligentia aliquos permittat, quorum beneficio domus juvari possit.

4. Animadvertat quid, a quibus petere debet, juxta id quod unusquisque facilius, & commodius suo tempore dare possit: & caveat ne in petendis eleemosynis gravis, vel molestus existat, ita ut ad eos, cum opportuerit, gratus semper pateat aditus restituitur.

5. Habeat socium à Superiore designatum, cujus opera utatur in iis, quæ ad suum officium pertinent, præter alium substitutum (qui in virtute, & conservatione probatus, possit eleemosynas ordinarias per domos colligere.

6. Procuratoris erit, quascunque eleemosynas recipere, & quæcunque afferuntur domum, in libro quodam ad id designato, quotidiè scribere.

7. Videat in quærendo, vel admittendo eleemosynis, ne præjudicium fiat puritati nostri instituti quod attinet ad ejus Ministeria, gratis omninò exercenda.

8. Pecunia undecunque provenerit, & aliorum momenti fuerit, quid est in Superioris in arca reponatur ad id designata. Hujus Præpositus clavem unam, & ipse Procurator alteram diversam custodiat: in eandem liber asservabitur, in quo scribetur pecuniæ summa, tam ejus quæ infertur, quam ejus quæ effertur: quando autem cogente aliqua necessitate pecunia in arcam non inferretur; nihilominus accepti, & expensi summa semel in hebdomada in eodem libro scribatur, ac si in ea reponeretur.

9. Quoties ex arca pecuniam accipiet, ejus summam, & diem in libro suarum rationum adscribat, in altera verò parte libri, expensi ratio constet.

10. Procurator in libro ad hoc designato, quem penes se habere debet: scribat omnia, quæ unusquisque Novitiorum domum attulerit, cum ejusdem subscriptione, & ea Custodi vestium asservanda tradat, nisi sit pecunia, quam separatim custodiet in arca, ubi pecuniæ domus reponuntur, donec, biennio expleto, Novitius consueta vota Societatis emiserit.

11. Singulis mensibus dati, & accepti rationem Superiori reddat, & debita etiam indicabit, quo ipse domus statum probè intelligat.

12. Diligenti cura asservabit in Archivio ad hoc designato instrumenta originalia, & titulos, quibus constat de jure eorum, quæ domus ad usum, & proprium habitationem possidet, suis locis reposita, ut facilè inveniri possint. Archivij autem duæ claves diversæ erunt, quarum alteram Præpositus, alteram ipse habebit Procurator.

13. Item seorsim habebit hæc eadem instrumenta, exemplata manu Notarij publici facta, quæ eandem fidem faciant, si aliquando in judicio producere necesse sit.

14. Præter hæc Procurator librum habebit, in quo summa quædam horum instrumentorum, & titulorum contineatur: cum autem contractus majoris momenti, præsertim rerum perpetuarum fient, redigat in memoriam Præposito ad Archivium, quod est in Urbe penes Præpositum Generalem, eorum exempla authentica mittenda esse.

15. Cubiculum clavi obseratum habeat, & asservabit scripturas, quibus ad Procuratorium munus indigebit, cumque aliquas ex Archivio accipiet, easdem in libro, qui in eod. Archivio erit, adnotato die, mense, & anno memoriæ relinquet, quas etiam suo tempore restituet, ex eod. libro expunget.

16. Cùm sit domui necessaria providere ipse debeat, juxta Superioris ordinem, curet, ut res omnes, præcipuè diu duraturæ, quæ in opportunè emantur, aut pretio bonæ, aut non æquo pretio cogantur comparare; caveat etiam ne dum nimium pecuniæ parcit, non bonas, aut insalubres res emat.

17. Emptori pecunias ad quotidianos sumptus subministrabit, à quo singulis diebus expensarum rationem ex codice, summam verò in librum suum ipse referat.

18. Videat autem ea, quæ empta sunt, fideliter conservari, atque animadvertens aliqua, non ut oportet conservari, aut expendi, Superiorem, vel Ministrum admoneat.

REGVLÆ
PROCVRATORIS COLLEGII, & Domus Probationis.

1. IN omnium negotiorum tractatione perpetuò memor sit instituti Societatis, quæ Dei omnipotentis gloriam quærens, proximorum saluti invigilat. Curet igitur ipse verbo, & exemplo, ut omnes ædificare, quibuscum conversatur, atque amicos benevolos conservare, quorum opera ad negotia peragenda indiget.

2. Procuratoris erit conservare res temporales suæ curæ commissas, & eas curare, tanquam bona propria Domini nostri Iesu Christi. Cùm verò tum Collegio necessaria providere ipse debeat, juxta Superioris ordinem, ad eum pertinebit proventus quoscunque Collegij, vel Domus probationis, & eleemosynas, ubi petendas à Rectore intellexerit, exigere ac recipere: syngraphas verò solutionum, quando opus erit, ipse dabit subscriptas à Rectore, aut à se illius commissione.

3.

1. Omnes Collegij proventus, & tempora, quibus colligendi sunt, in peculiari libro scribat, & seorsim summam contractuum & locationum, quæ ad breve tempus fiunt, seorsim etiam quasvis que res, aut pecunias ex fructibus Collegij perceperit, addito à quibus, & quando ea provenerint: [illegible] autem alio in loco scribantur.

2. Singulis mensibus dati & accepti rationem Rectori reddet, debitaque, & credita Collegij indicabit: quo ipse domus statum penitus intelligat.

3. Pecunia, undecunque proveniat, si alicujus momenti fuerit, judicio Superioris, in arca reponetur ad id designata: hujus Rector clavem unam, & ipse Procurator alteram diversam custodiet: in eadem liber asservabitur, in quo scribetur pecuniæ summa, tam ejus quæ infertur, quam ejus, quæ effertur; si quando autem urgente aliqua necessitate pecunia in arcam non inferetur, nihilominus accepti, & expensi summa in eodem libro statim scribatur, ac si in ea reponeretur.

6. Quoties ex arca pecuniam acceperit, ejus summam & diem in libro suarum rationum adscribat: in alia verò parte libri, expensi ratio constet.

7. Procurator in libro ad hoc designato, quem penes se habere debet, scribat omnia, quæ unusquisque Novitiorum domum attulerit, cum ejusdem subscriptione, & ea Custodi vestium asservanda tradat, nisi sit pecunia, quam separatim custodiet in arca, ubi pecuniæ Collegij reponuntur, donec, biennio expleto, Novitius confirmata vota Societatis emittat.

8. Emptori pecunias ad quotidianos sumptus subministrabit, à quo singulis diebus expensarum exiget rationem ex codice: summam verò in librum suum ipse referet.

9. Curet, ut res omnes, pro tempore domui necessariæ quam opportunè emantur, ne his non perinde bonis, aut non æquo pretio cogatur comparare: caveat etiam ne dum lucrum pecuniæ putat non bonas, aut insalubres res emat.

10. Videat autem ea, quæ empta sunt, illæsa conserventur, atque animadvertens aliqua non ut oportet conservari, aut expendi, Superiorem, vel Ministrum admoneat.

11. Advertat, num ea quæ à Collegio possidentur, reparatione indigeant, seu domus, seu prædia, seu quidvis aliud, ut ad Superiorem referat: & quid faciendum videatur, eodem quoque consilio, ut fiat.

12. Omnia, quæ speciem habent secularis negotiationis, ut conducere vel colere agros, vendendis in foro fructibus, & similibus, intelligat prohibita esse nobis.

13. Nihil, quod momenti, contractus aut debita contrahenda, aut alia ejus momenti negotia pertinent, faciat, nisi ipsi à Superiore commissum sit: & quia autem ei sit, quæ judicatur, ipsi videatur non expedire, etsi eos proponat modestè suam sententiam, & rationes, quibus moveatur.

14. Exemplar in indicem lites, si quæ fortè erunt, & quæ gravioris momenti circa eas fiunt, continenter & summatim annotabit.

15. In Tribunalibus judicium non compareat, nisi quando aliqua necessitas plurimùm urgere Superiori videretur, sed per externos Procuratores nostra negotia in publicis judicijs peragantur.

16. Illud verò præcipuè ante oculos habeat, ut tanquam litem aliam intendat, res controversia (si fieri possit) concordia, aut compromissione, consilio Superioris, componatur: si quando tamen ad litem deferenda ducit eris, memor sit, ut magnam pacem interius externisque custodiat, & semper ad justam concordiam ipsum paratum esse contrariæ parti innotescat.

17. Curet diligenter, ut rectè, & solidè fiant, quæ expedienda erunt: quod si periti juris consulendi sint, maximè idoneos eligat. Idem de cæteris officialibus intelligetur.

18. Conferat cum Superiore, eique reddat rationem eorum quæ fecit, & quo in statu sint negotia, aut ei, quem ille designabit: quod si rerum difficultas extraordinarium favorem, aut diligentiam exigere videatur, eidem significet, ut auxilia, quæ opportuna visa erunt, parentur.

19. Diligenti cura asservabit in Archivio ad hoc designato instrumenta originalia, & titulos, quibus constat de jure eorum, quæ à Collegio possidentur, suis locis reposita, ut facilè inveniri. Archivij autem duæ claves diversæ erunt, quarum alteram Rector, alteram ipse habebit Procurator.

20. Seorsim habebit hæc eadem instrumenta, & titulos manu Notarij publici subscriptos, ut fidem faciant si ali-

quando in judiciis producere necesse sit.

11. Pixides pro Procuratore libreas habebit, in quo summa quadam horum instrumentorum, & reddituum convocentur; cum autem contrahet majoris momenti, praesertim rerum perpetuarum, &c. redigere in memoriam Rectori ad Archivium, quod est in urbe penes Praepositum Generalem, eorum exempla mittenda esse.

12. Cubiculum clavi obseratum habeat, & asservabit scripturas, quibus ad Procuratorum munus indigebit: nam quae aliquis ex Archivio accipiet, eadem in libro, qui in eodem Archivio erit, notare diem, mense & anno, memoriam relinquet: quas cum suo tempore restituet, ex eodem libro, expunget.

13. In libellum referet quaecumque à Superiore ipsi facienda injungentur, ne memoria excidant, & effectu frustrentur.

14. Intelliget, qui sint illi potissimum qui beneficia magni momenti in Collegium contulerunt, & eorum catalogum habeat, & superiorem certiorem faciat, ut juxta modum professionis nostrae grati in illos esse possimus.

REGVLÆ
PRÆFECTI LECTORVM
ad Mensam.

1. Curet, ut idonei in Lectores mensae à Superiore destinentur, & eos instruat, ut alta, clara, & distincta voce legant.

2. Det operam, ut lector praevideat diligenter lectionem, ut bene, & emendatè proferat, & in dubijs ad se recurrat.

3. Admoneat lectorem, ut si quid perperam pronunciaverit, correctus repetat, & emendatè iterum proferat.

4. Habeat à Superiore assignatos sibi socios, ut in utraque mensa de iis, qui lectorem corrigat, eo[illegible] juxta has Regulas instruat.

5. Initio cuiuslibet anni in primis, atque etiam (sub nostrorum ... aliud [illegible]) in secunda mensa in prandio, & Coena legatur caput de Scriptura sacra Novi aut Veteris Testamenti, cui succedat semper aliquis liber pius ac facilis, juxta judicium Superioris praescriptum, & habeatur peculiaris, ratio Coadjutorum, ut pro arbitrio Superiorum aliquid vernacula lingua ad illorum etiam consolationem legatur.

6. In celebrioribus festis legatur aliquid omisso capitulo Scripturae, ex Patrum homilijs, & tractatibus, quod ad lectionem, & celebrationem festi pertineat, & à Dominica in passione Domini tractatum, aliquot de eadem legantur.

7. Cùm afferuntur literae annuae, & Indicae, quam primùm legantur.

8. Initio cujuscumque mensis Summarium Constitutionum, Regulae communes, & Epistola P. N. Ignatij de Obedientia legantur.

9. Vespere absoluta lectione, seu praedicatione legatur martyrologium vulgare sequentis diei: quo verò die fit abstinentia, caput aliquod ex libro de imitatione Christi, cum martyrologio: cum verò jejunatur, nihil legatur vesperi, sed martyrologium legatur ad prandium.

LIBRI divinae Scripturae, quae in Refectorio leguntur.

Ex Novo Testamento, *omnia integrè leguntur.*

Ex Veteri, Pentateuchus, *praeter* Leviticum.

Historiales omnes, & Sapientiales, *praeter* Cantica.

Prophetales, *praeter Capita aliquot obscuriora.*

LIBRI *qui post* Lectionem SCRIPTVRÆ legi possunt.

Historia Ecclesiastica Eusebij Caesariensis.

Historia Ecclesiastica Nicephori Calisti.

D. Gregorij Dialogi.

Historia Ecclesiastica Bedae.

Vitae Sanctorum Aloysij Lipomani.

Vitae Sanctorum Surij.

Severus Sulpitius de Beato Martino.

Gregorius Turonensis de gloria Confessorum.

Selectae Epistolae Divi Hieronymi.

Chrysostomus de orando Deum, de Providentia, & de Sacerdotio.

Ambrosius de fuga saeculi, de bono Mortis.

S. Augusti. sermones, Meditationes, Confessiones, & alia ejusdem opuscula & tractatus.

D. Bernardi de interiori domo, & aliqui sermones & tractatus.

Homiliae Patrum selectae.

D. Bonaventurae stimulus divini amoris.

Thomas de Kempis de imitatione Christi, & aliqua ex ejusdem authoris opusculis.

Capi-

Catechismus Romanus.
Litteræ Indicæ.

10. Possunt hos libros præterea quidem alij legi tum vulgares, tum Latini, sed examinati, & approbati à Provinciali atque illi esse debent qui & pietatem promoveant, & vocationis propriæ propositum confirmare possint.

11. De singulis libris suo tempore prælegendis in mensa, iuxta indicem præscriptum prius conferet cum Superiore, ut ille constituat, quid legendum sit.

12. Catalogum à Superiore habeat eorum, qui in refectorio commodè concionari poterunt, ex quibus Superior ipse eligat, qui statis diebus concionentur, & eos præscripto tempore admonebit, qua de re sint concionaturi.

REGVLÆ
PRÆFECTI SANITATIS.

1. Præfecti sanitatis munus erit, superintendere ijs, quæ ad corporis bonam valetudinem pertinent conservandam in sanis, sed in ijs præsertim, qui ex ætate aut alijs de caussis sunt debiliores; tum restituendam in ægrotantibus.

2. Præsit Infirmario, & cæteris quibus cura ægrotorum commissa erit, deque operam, ne desit Medicus, adsitque in veniendo, præsertim ubi morbi qualitas id postulaverit, & quicquid ab eo præscriptum fuerit, studeat, ut executioni mandetur: & ubi viderit ægrotorum cubicula salubria non esse, ad Superiorem referat.

3. Observet, num qui eximia fatigatione corporis, aut spiritus plus æquo laborent, vel alia de caussa se nobis periculo exponant, & Superiori significet.

4. Si in cibis, aere, frigore, aut alia quapiam re aliquid probabili ratione animadverterit, quod communi omnium, vel alicuius saluti prodesse, vel obesse possit, Superiorem admoneat.

5. Curet, ut infirmarius Regulas observet, quas apud se etiam habebit.

REGVLÆ
PRÆFECTI BIBLIOTHECÆ.

1. Indicem librorum prohibitorum in Bibliotheca habeat, & videat, ne fortè aliquis sit inter eos ex prohibitis, aut alijs, quorum usus communis esse non debet.

2. Bibliotheca clausa sit; cuius claves ipse habeat & alijs tradat, qui eas iuxta Superioris iudicium, habere debebunt.

3. Libri omnes eo ordine in Bibliotheca collocentur, ut singulis facultatibus suus certus sit locus propositis titulis inscriptus.

4. Singuli libri titulis exterius inscribantur, ut facilè cognosci possint.

5. Omnium librorum, qui domi sunt, catalogum habeat, diversarum facultatum auctoribus ordine alphabetico in diversas classes distributis.

6. In alio catalogo, diversis etiam per classes facultatibus, ij libri scribantur, qui in nostrorum usum extra Bibliothecam concessi sunt: qui vero intra dies octo restituendi extrahuntur, in tabula in hunc usum parieti appensa notentur: quibus redditis, quod fuerat scriptum, deleatur.

7. Nullum librum ex Bibliotheca cuipiam dabit sine Superioris licentia speciali, aut generali, & advertat, ne quisquam eum, etiam cum licentia, se inscio accipiat.

8. Curet, ut Bibliotheca valdè munda, & composita sit, quam in hebdomada bis verret, & semel ex libris pulverem excutiet: cavere etiam debet, ne libri humiditate, aut alia re lædantur.

9. Quando intellexerit domi deesse aliquos libros necessarios, aut aliquos valdè utiles in lucem editos esse, commonefaciat Superiorem, ut si illi visum fuerit, emantur. Si verò domi libri inutiles fuerint, eundem admoneat, an cum alijs melioribus commutandi sint.

10. In loco publico, præsertim in maioribus Collegijs sint quidam communiores libri, quibus unusquisque pro ratione suorum studiorum, uti possit.

11. Habeat librum, in quo eo omnia iudicio Superioris selecta diligenter scribantur, quæ in suo Collegio publicè exhibentur, ut Comœdiæ, Dialogi, Orationes, & id genus alia: Conclusiones verò singulorum annorum quæ publicè defenduntur: simul consutæ in Bibliotheca asserventur.

12. Si aliqui libri extra domum accommodato dantur, adhibeat diligentiam ut recuperentur suo tempore: & in aliquo scribat libro nomina librorum suorum, & quibus eos accommodaverit.

REGULÆ SUBMINISTRI.

1. Subminister est instrumentum Ministri, & aliorum Superiorum, ad res particulares obeundas, & executioni mandandas.

2. Nihil ordinat, sed tantùm est executor, & exactor officiorum domesticorum juxta modum & ordinem sibi à Superioribus præscriptum.

3. Sit ejus præcipua cura ut omnia, quæ attinent ad culinam, refectorium, penum, cellam vinariam, & aquarium, bene, & ordine, & tempore suo parata sint & ministrentur: videatque ut cubicula sint decenter composita, quæ alternis saltem diebus visitabit.

4. Curet, ne nostri per Domum vel Collegium vagentur, vel intempestivè colloquantur; ac denique ut unusquisque in suo officio versetur, & contineatur.

5. Referat de omnibus rebus quotidie ad Ministrum, ac Præpositum verò vel Rectorem, quoties eum visum fuerit.

6. Nullam injungat pœnitentiam, sed de defectibus domesticis admoneat Ministrum, vel alium Superiorem: poterit tamen impositas pœnitentias nomine alicujus Superioris aliis denunciare.

7. Erit Superior nostrorum, qui Sacerdotes non sunt: Sacerdotibus tamen aliquid injungere poterit nomine alicujus Superioris.

REGULÆ ÆDITUI.

1. Præfecto Ecclesiæ obediat in omnibus quæ ad Templi Ministerium pertinent.

2. Servet modestiam in incessu, vultu, sermoneque: tam in Templo, quàm in Sacristia: iis verò, qui aliquid exigunt, satisfacere [illegible] studeat per se, vel ad Præfectum remittendo, aut ipsos ad eum [illegible]: si quando verò necesse sit cum mulieribus loqui, id [illegible] & quàm brevissimè faciat.

3. Dum Sacris inservit, attentus ad [illegible] Ministrorum cum devotione, & [illegible]. Nec [illegible] ad latus ex æquo, sed [illegible] Sacerdos omnia rectè proferat, nec celeriter nimium, nec nimis lentè. Denique in iis sit bene instructus, & ceteros, qui Sacerdotibus ministrabunt, eadem doceat.

4. Curet, & vestimenta, quæ Sacrum facturus induitur, sint rectè aptata, ipsumque circumquaque intueatur, antequam è sacristia exeat.

5. Diligenter det operam, ut Sacerdotes, qui Sacrum facere volunt, quàm primum Ministros habeant sibi à Superiore præscriptum, & quotidie unumquemque eorum, qui ordine in summo Altari Missas dicturi sunt, opportuno tempore admoneat.

6. Tot habebit appensa sudariola in Sacristia, quot fuerint Domi Sacerdotes, inscriptis singulorum nominibus, & addito uno, vel pluribus pro extraordinariis.

7. Dum Sacra fiunt, accendat, ut minimùm, candelas duas, & cum sanctissimum Sacramentum elevatur, facem, aut cereum: quo tempore etiam tintinnabulum pulset: accendet etiam facem, cum aliis sanctissimum Sacramentum ministrabitur, ipseque confessionem generalem eorum vice recitabit.

8. Curet, ut vinum, quod in Sacrificium paratur, sit bonum, & merum, ac mundum, eoque ipso die haustum: similiter & aqua, & ampullæ sint mundæ, & decenter coopertæ.

9. Hostias faciat, quoad fieri poterit, pulchras, eo numero, ut & Missis, & communicantibus sufficiant.

10. Ante Missas, & conciones, ac lectiones, pulset campanam, prout sibi præscriptum erit: det etiam signum salutationis Beatæ Mariæ in aurora, in meridie & vesperi: det etiam signum, cum primum quis ex nostris vita functus fuerit: ut omnes, pro cujusque devotione illius animam Deo commendent.

11. Si quando propter universalem aliquam causam in reliquis Ecclesiis campanæ pulsentur, ipse etiam juxta Superioris præscriptum pulsabit.

12. Pridie quàm sit habenda concio, disponat scamna in Templo, juxta solitum morem.

13. Det operam, ut nullo modo lumen desit ante sanctissimum Sacramentum, neque interdiu, neque noctu.

14. Ex iis Sacerdotibus, quos habet à Superiore designatos, vocet diligenter ad Templum qui [illegible] ad confessiones audiendas: quod si [illegible]

[illegible]

natum non praemittur, ad confessiones audiendas, eo, juxta ordinem sibi praescriptum accedat, & quantum in ipso est, det operam, ut omnibus, qui confiteri volunt, satisfiat.

15. Si qui Missas, aut orationes petunt, ad Praefectum recurrat, vel ad eum illos remittat.

16. Si quis aliquid quaeret, hoc quod ei alio tempore melius satisfieret, eum ad portam domus remittat. Si vero etiam, qui per portam, quae à Templo in domum patet aditus, ingredi vellent, nisi viri essent ejusmodi, ut eorum peculiaris esset habenda ratio, prout à Superiore fuerit instructus, nunquam autem porta ea aperta relinquatur.

17. Curet, ut nunquam illic aqua desit, ubi lavantur manus solis ante & post Sacrum extergendas.

18. Provideat, ut aqua benedicta in pila non desit.

19. Si quando eleemosynae Missarum, vel Confessionum gratia offerantur, eas non admittat: si quid tamen alicubi in Altaribus, aut aliis templi locis reperiatur, aut in eleem. Templi oblatum fuerit, id Praefecto tradat.

20. Templi portas mane, sed non ante auroram aperiat: easdemque vespertina solis occasum diligenter obseret: quod etiam faciet circa meridiem, nisi Superior in certo aliquo loco faciendum judicaverit: & quotidie noctu claves Ecclesiae ad Superiorem deferat.

21. Quamdiu Templum erit apertum, diligenter curet, ne unquam sine custode relinquatur, sed semper, aut ipso, aut alius in eo sit, vel in Sacristia, ita ut & videre Templum & custodire possit.

22. Advertat, ne quis in Templo deambulet, neve strepitus in eo audiatur: eos verò, qui loquuntur aliis, modestè, ut decet, admonebit.

23. Det operam diligenter, ut altaria sint munda, & bene praeparata, & pro ratione temporum ornata, atque ut vasa sacra, ornamenta, & caetera omnia, quae ad divinum cultum pertinent, in suis locis apte, & decenter reponantur, & conserventur.

24. Videat, ut Templum sit mundum & his singulis hebdomadis, ut scopis, si necesse sit, purgetur, in solemnioribus vero vigiliis, sordes, si quae visentur, omnes etiam ex Templo abigat.

REGVLAE INFIRMARII

1. Curam habeat infirmorum, quorum aegritudo simulacque ei innotuerit, & censeret expedire aliquem accersere, Praefectum, & Superiorem admoneat.

2. Cum quis in morbum inciderit, à Superiore intelligat, num statim Medicus vocandus, qui unus ordinariè esse debet, nisi ingravescente morbo, aut in quibusdam aliis casibus, alio Medico opus esse Superior judicaverit: & quoties Medicus aegrotos invisit, adsit ipse.

3. Studeat, ut quae aegrotantibus danda sunt, & opportunè emantur, & bona sint, & bene praeparata administrentur.

4. Curet, ut aegrotorum cubicula sint valde munda: lecti commodè sternantur, & tanquam alia, & hujusmodi aliqua decumbentes oblectent.

5. Aegrotorum consolationi, & exhilarationi studeat, non solum rebus à Medico probatis, sed verbis etiam spiritualibus, & festis, habeat etiam libros, quorum lectione aegroti recreari, & juvari in spiritu possint.

6. Intelligat à Superiore, quos ex nostris ad aegrotos inviscendos, ac recreandos accersere debeat, caveat autem, ne dum infirmis placere studet, aliquid fiat, quod eis nocere ulla ratione possit.

7. Medicinalia, & cocta, quae aegrotantium usui necessaria sunt, habere ipse debet, nisi Pharmacopola domi sit, & in loco convenienti ea custodire & singulis revisere, ut incorrupta conserventur: & quando opus fuerit, ut de novo suo tempore conficiantur, curare juxta ordinem Superioris.

8. Nihil omnino eorum, quae à Medico praescribuntur, praetermittat, aut mutet: ordinem etiam observet temporum praefixorum, quibus prandium, coenam, syrupos, caeteraque medicamenta det; omnia scripto excipiendo, quae Medicus praescripserit.

9. Advertat, quo die quis experiri coeperit, & quae horae febris aegrotum & corripiant, & dimittant, ut eum Medicum, & Superiorem admoneat, cum ut cibum tempestivè praebeat.

10. Si morbus sit contagiosus, seposita separari debet, ne unquam noceat.

Conva-

11. Convalescentes è lecto surgere non permittat, priusquam ad Medicum consuluerit, & operam det: ut ea convalescentibus præbeantur, quæ Medicus præscripserit, quoad Superiori visum fuerit.

12. Patienter & cum Charitate cum ipsis, tum sociis ejus ferat molestias & difficultates, quæ interdum in curandis infirmis accidere solent. Quemadmodum autem diligenter curare debet, ne debitum ministerium ægrotis desint, ita etiam animadvertere, ne nimiæ vigiliæ, immoderatique labores, aut morbi contagio vel propriæ ipsius, vel sociorum saluti noceant.

13. Cum gravitas morbi id postulaverit, Superiorem certiorem reddat, ut ægrotus antequam judicio privetur, omnia Sacramenta accipiat: quod si ægrotet, diu licet, sine periculo decumbat, curet ut octavo quoque die pro more Societatis communicet, ut hujusmodi spirituali fructu, & consolatione potiatur, nisi aliqua causa judicio Superioris impediat.

14. Ingravescente morbo Superiorem admoneat, ut orationibus omnium domesticorum valde periclitantes infirmum juvari faciat: idque eò magis, quo mortem propinquiorem viderit & ut morienti quo plures poterunt ex nostris adsint, qui eum animosiorem reddant, iisque auxiliis juvent, quæ eo tempore conveniunt, & cum primum vita functus fuerit, Æditum admoneat.

15. Provideat, ut eorum corpora, qui ad meliorem vitam migrarint, ad sepulturam consueto Regionis more præparentur, ut ne spacio diei naturalis decurso tumulentur, nisi ratione mali odoris anteverti posse hoc tempus Superiori videatur.

16. Præfecto sanitatis obediat in omnibus, quæ ad hoc officium pertinent, qui si nullus fuerit constitutus, Præfecti munere ipse fungatur.

REGVLÆ IANITORIS.

1. NOmina omnium domesticorum prope ostium domus in tabula scripta sint, ubi notis quibusdam illi designabuntur, qui egredientur: nemini verò foras exire permittat, qui facultatem à Superiore generalem aut particularem non habeat: & ab aliis, qui egrediuntur, quo eant, intelligat.

2. Nihil cuiquam nunciabit [illegible] postquam cum in mensa sedetur, nisi ea res esset necessaria, aut personæ annunciatæ conditio aliud exigeret.

3. Literas omnes, & schedulas quæ domesticis mittuntur, Superiori tradat; iis verò, ad quos dabuntur, eos esse acceptas ne intelligant, caveat etiam ne alicujus domestici literas, aut quid simile externis det injussu Superioris.

4. Cum aliqui ex Societate peregrè veniunt, januam ingressis dicat, ut illic expectent, dum Superior de adventu eorum fit certior.

5. Festinet ad januam, cum tintinabulum pulsari audit, & cum nox fuerit, per fenestellam venientes expediat, porta non aperta.

6. Si quis aberraverit quærens, qui domi non sit, modestè intelligat, quis sit ille qui petit, & quid velit, ut id redeunti, si opus sit, cum facultate Superiorem ſignificare possit.

7. Talem cum omnibus conversandi modum teneat, ut discretione, modestia, & spiritualibus verbis singulos ædificare & contentos à se dimittere studeat.

8. Cum externum aliquem è nostris alloqui volentem, Superiorem adibit, qui si ad id facultatem dederit, diligenter eum qui petitur, quærat & ad locum colloquiis destinatum, eos remittat.

9. De eleemosynis, quæ ad januam mittentur, Superioris mentem intelligat, illiusque ordinem sequatur, & ſi aliquid momenti sint, Procuratorem certiorem faciat.

10. Si quando Prælati, aut Magnates domum invisant, curet si commodè possit, ut Sacerdos aliquis eos comitetur, dum Superiorem ipse accersit.

11. Cum pauperes eleemosynæ causa ad januam accedunt, benignè respondeat, ac sedulò quærat, quidnam eis erogari possit, juxta Superioris arbitrium idque ipsis cum charitate distribuat.

12. Mulieres, si quando ad ostium accedant, paucis verbis dimittat, aut si pluribus opus esse videatur, in Ecclesiam eas mittat ad Æditum, ubi respondere ipsis poterit.

13. Obserata semper janua sit, clavisque in porta ne relinquatur: loca etiam portæ vicina munda servet, & ut juxta januam omnes summissa voce loquantur, curet.

14. Portas domus ante noctem claudat: exinde verò nec nullius causa aperiat, nisi de Præpositi vel Rectoris expressa

pectis linteis & antequam cubitum eat, claves afferat Rectori si quis forte ea-nent, illi renunciabit.

15. Nihil custodiendum à quoquam externo accipiat, absque Superioris jussu.

16. Quoties Medicus domum ingreditur, signum dabit campana, ut Infirmarius, & ceteri qui debent adesse possint.

17. In Collegiis, in quibus Scholae externis aperiuntur, signum campana dabit pro initio lectionum, ac fine: & Gymnasii statis temporibus aperiet, atque claudet, nisi horum cura aliis demandetur.

REGVLÆ
CVSTODIS VESTIVM.

1. Servare debet omnem supellectilem, sive laneam, sive lineam, & quicquid ad indumenta, & ubi opus fuerit, etiam ad calceamenta attinet: quae diligenti cura, ut rem paupertatis Christi, custodiet.

2. Inventarium rerum, quas ipse custodit, si alicujus momenti sint, in libro habeat, & seorsum scribat, quae de novo fiunt, addito die, mense & anno, ut cum Superiori jubebitur, possit sui muneris rationem reddere.

3. Vestes ordine dispositas servet, & novas, ac integras à veteribus sejungat, & ne corrumpantur, videat: eas etiam repurgandas, & reficiendas curet, ut decet religiosam paupertatem: quas verò non amplius usui nostrorum futuras judicabit, eas Superiori ostendat, ut ille quid de eis faciendum sit, statuat.

4. Quae singuli Novitij domum attulerint, ea alicubi separatim asservabit inscripto nomine ejus qui attulit, donec biennio expleto emissis votis Societati uniatur.

5. Singulis mensibus omnia domus visitabit cubicula: ut ex Superioris sententia, si quid eis desit, suppleri possit: & quod etiam superfluum invenerit, in vestiaria officina custodiatur.

6. Infirmis etiam quibus vestibus indigeant, ut Superiori dixerint, ejusque ordinatio exequatur; eo verò inconsulto nihil cuiquam dabit. Coadjutores autem temporales *fortasse* dimidio palmo brevioribus, quam Sacerdotes, & palliis *fortasse* brevioribus utantur.

7. Lintea panni lotori, sive externus ille sit, sive domesticus, semper numerata dentur, & accipiantur.

8. Sub certis signis linteorum, quae ad curam lavandariae convenire debent, signis particularibus intermisceantur, ne permisceri contingat.

9. Pannos lineos omnes, quos utendos Refectorij Praefecto, Coquo, atque Ministris dividet, numerato det, & recipiat.

10. Sabbathi vespere lintea munda per omnia cubicula distribuat: Dominica verò die manè ex iisdem cubiculis immunda colligat, & an omnia, quae dederat, recipiat, animadvertat.

11. Aestivo tempore interula munda pro lectis decimo quinto quoque die: hyberno verò post tres hebdomadas distribuat, ubi id fieri poterit.

12. Haec omnia custos vestium praestabit, nisi ejus officium in magno aliquo Collegio, aut Domo in plures personas distribuere *necesse sit*.

REGVLÆ
EMPTORIS.

1. Diligens sit in emendo ea, quae ad quotidianum usum, Superioris arbitrio, domum comportanda sunt, ea quae tempestivè Dispensatori tradat: emat autem res bonas, & quam commodissimo pretio poterit, licet longius sint petendae.

2. Adnotet pecuniae summam, quam à Procuratore in dies accipiet, & quam in res eas expendet: & rationem ut quotidie reddat dati & accepti: quid autem sequenti die emptum sit, à Ministro intelliget.

3. Caveat quantum poterit, cum quibuscum agit discretione, ac modestia aedificare: & quatenus ejus officium decet religiosis verbis in spiritu juvare.

REGVLÆ
DISPENSATORIS.

1. In rebus distribuendis ordinem Superioris sequatur, & quantum potest communiter aequalitatem inter omnes servare debet: habeat tamen infirmorum, & convalescentium rationem, prout ei fuerit praescriptum.

2. Vinum in mensis ponendum aqua temperabit, ubi, & quantum Superiori videbitur.

3. Quae ex mensis supersunt, diligenter conservabit, quemad pauper-

tate, ut & domesticis, & externis pauperibus iuxta ordinem Superioris, usui esse possit.

4. Curam habeat conservandi res ad victum necessarias, quae ipsi committuntur, clausasque custodiat, advertens ne corrumpantur: quod si corruptionis sit periculum, Superiorem admoneat. Ut autem hoc melius observet, visitet saepe Penum, & alia loca, ubi ista reconduntur.

5. Tam Penum, quam reliqua omnia quae in eo sunt, munda habeat.

6. Antequam penitus absumantur ea, quae domi reconduntur, Superiorem admoneat, ut alia eorum tempestive [illegible] possint.

7. Curet concinnitatis dolia, & purganda cum opus est, ad novum vinum infundendum: cuius rei, cum tempus impendet, Superiorem admonebit.

REGVLÆ PRÆFECTI REFECTORII.

1. CVret refectorium, & quae eius usibus serviunt, omnia esse quam mundissima.

2. Ne aqua manibus abluendis, aut mantilia extergendis desint, advertat: horum autem (quae bis in hebdomada saltem mutabuntur) alia Sacerdotibus, alia non sacerdotibus destinata erunt.

3. Mantilia singulis saltem hebdomadis semel, mappae vero, quae singulis singulae serviunt, bis mundae ponentur: omnia autem linea numerato & recipiat, & reddat.

4. Curet, ne vasa, & caetera in refectorio necessaria desint, & ut quam maxime munda sint: cultellos autem frequenter acuere faciat.

5. Parvam mensam paratam habeat.

6. Signum campana temporibus suis dabit conveniendi ad primam, & secundam mensam: sed ante primum pulsum (qui quinta parte horae secundum praecedat) a Coquo intelligat, an sint omnia parata.

7. Mensae rebus necessariis paratae esse debent, cum campana signum [illegible] dabitur: quae autem ad [illegible] pertinent, [illegible] a secundo signo apponantur, & aqua, ac vinum [illegible]

8. [illegible] refectorium, [illegible] nihil, nisi quod ab eo [illegible] apponat: faciet autem [illegible] qualitatem, [illegible] necessi-

cessitatis causa esset a Superiore mittens, sine cuius adiutorio, neque ientaculum, neque aliud quicquam ulli concedet.

9. Postquam e mensa surgatur, inferiores orbes aliquot in mensam, ut quisque locum suum mundet: qui autem provideri post secundam praeparata omnia habuerit, signum campana dabit: provideat item ne desint, qui ministrare debent.

10. Quae ex mensis supersunt, colliget, atque illi tradet, ad quem id ex officio pertinet, sive Coquus is, sive dispensator sit.

11. Nomina eorum, qui domi cibum in refectorio, quam extra vescuntur, in quadam tabula habeat, & eos qui cibum cepere, notabit, ut intelligat, quinam supersint, & Coquum, qui portiones distribuit, certiorem faciet.

12. Mensis expeditis, mantilia plicentur, vertaturque refectorium: & si quis inter comedendum silentium non servaverit, aut aliquid minus modestum fecerit, ipse Superiori significabit.

13. Habeat a Ministro catalogum, in quo scriptum sit, quinam, & quibus diebus in prima, & secunda mensa ministraturi sint, eumque ordinem servet. In affigat etiam Sabbatho, quinam per hebdomadam sequentem in refectorio legere debeant: eosque faciat certiores.

14. Catalogum habeat rerum, quae in refectorio serviunt: ut cum ratio ab eo requiritur, in promptu sit, & in loco ad id designato eas custodiat.

15. Ad finem recreationis, quae una post primam mensam, altera post secundam a prandio, & coena durare debet, distincta signa campana dabit.

REGVLÆ COQVI.

1. IN iis, quae ad suum munus pertinent, munditiam servet ipse, & ab aliis servandam curet, det operam, ut omnia recte, & opportune parentur, ea praesertim, quae ad aegrotos pertinent.

2. Carnes pisces, & alia, quae ad mensam portanda sunt, dum secat, & distribuit, digitis minime contrectet, sed furcula, aut cultello ad eam rem utatur.

3. Semihora, aut saltem quarta horae parte, antequam in mensa sit sedendum, praeparati cibi omnes esse debent.

4. Circa qualitatem, & quantitatem portionum ordinem a Superiore datum sequetur.

5. Coquere, aut aliud quidpiam pro aliquo particulari parare, infirmorum rebus excepto, nullatenus licet, neque

ipse

ipse faceret sine Superioris facultate.

6. Scriptum in Codice habeat catalogum rerum, quarum est usus in coquina, quas ipse servare debet.

7. Diligenter advertat, ne plura quam necessaria sint, ligna comburantur. Hanc similiter diligentiam in rebus, quas consumit, adhibebit, ne quid non necessarium insumatur: ut religiosam paupertatem decet.

8. Quae ex mensa supersunt, siqua tradantur, conservabit, memor paupertatis: ut & domesticis, & externis pauperibus usui esse possint, juxta ordinem Superioris.

9. Si quem habeat adjutorem, curet ut verbo, & exemplo suo aedificet, praesertim Novitios.

REGVLÆ EXCITATORIS.

1. MEdia saltem horae parte ante caeteros cubitum eat, eodemque temporis spatio ante alios mane surgat, & horâ constitutâ campanam pulset, statimque ad omnia cubicula, lumen deferens, cunctos excitet: quod ut certius, & melius praestare possit, horologium excitatorium à Superiore habebit.

2. Quarta horae parte ab excitatione elapsa, cubicula rursus inviset, ac si quos nondum surrexisse compererit, Superiori nunciet.

3. Post etiam quartam horae partem ad orationem pulsabit, ita ut ab excitatione ad orationis usque initium, tertia hora intercedat: absoluto vero tempore orationi deputato, finis signum dabit.

4. Si quorum opera indigebit propter multitudinem eorum, quos excitare, aut visitare debet, eos à Superiore petet, quos servare easdem Regulas curabit, si qui autem debiles, aut valetudinarii erunt, eos juxta ordinem Superioris excitabit.

5. Si quem viderit communem illam Regulam minus observantem, qua omnes decenter cooperti dormire jubentur, Superiorem monebit.

REGVLÆ NOCTV CVBICVLA Visitatoris.

1. HOra à Superiore praescripta ad nocturnum conscientiae examen pulsabit, transactoque quadrante signum dabit ad cubandum.

2. Elapsa quarta horae parte à cubandi signo, singula cubicula adibit, & an omnes ad lectum se receperint, ac lucernas extinxerint, videbit: si quos invenerit extra lectum, aut qui lucernas non extinxerint, Superiori renunciabit.

DE OBEDIENTIÆ VIRTVTE.

Epistola N. P. IGNATII.

IGNATIVS LOYOLA

FRATRIBVS SOCIETATIS IESV,

qui sunt in Lusitania, gratiam, & amorem Christi Domini sempiternam.

I. *MAgnam animi voluptatem capio, Fratres in Christo charissimi, cum affertur ad me, quanto vos studio conatuque ad summam omnium virtutum, ac divini obsequii perfectionem contendatis, beneficio illius, qui vos, ut ad hoc vitae institutum vocavit, sic eadem pro sua clementia in eo conservat, dirigitque ad beatum finem, ad quem, qui sunt ab ipso electi, perveniunt.*

II. *Atque ego sane, cum in omnibus donis atque ornamentisque spiritualibus perfectos esse vos cupio, tum vero (quod aliter ex me cognovistis) in primis obedientiae virtute praestantissimos esse cupio: idque non solum ob eximium quoddam, ac singulare ejus bonum, quod tot tamque illustribus sacrarum literarum testimoniis atque exemplis in testamento utroque novo, ac veteri comprobatur: sed etiam, quoniam (ut est ad S. Gregorium) Obedientia sola virtus est, quae virtutes caeteras menti inserit, insertasque custodit. Haec dum floruerit, florebunt procul dubio reliquae: edentque fructus, quales ego in*

[illegible]

III. [illegible]

IV. [illegible]

V. [illegible]

VI. [illegible]

VII. [illegible]

VIII. [illegible]

voluntatem (quam divinae potius debebant) ad nostram detorquere conantur: Id enim esset non nostram divinae conformare, sed divinam nostrae voluntatis norma regere velle, ipsiusque divinae sapientiae ordinem invertere. Sane quam magnus est error, & quidem eorum quos amor sui obcaecavit, obedientes existimare sese, cum Superiorem ad id quod ipsi volunt, aliqua ratione pertraxerint. Audiamus Bernardum in hac re praeclare exercitatum audientes: Quisquis vel aperte, vel occulte satagit, ut quod habet in voluntate hoc ei spiritualis pater iniungat, ipse se seducit, si forte sibi quasi de Obedientia blanditur: neque enim in ea re ipse Praelato, sed magis ei Praelatus obedit. Quae cum ita sint, quisquis ad Obedientiae virtutem volet pervenire, oportet ad hunc secundum Obedientiae gradum ut ascendat, ut Superioris non solum iussa exequatur, sed etiam voluntatem suam faciat, seu potius suam exuat, et divinam a Superiore expressam induat.

IX. Qui vero se totum penitus immolare vult Deo, praeter voluntatem, intelligentiam quoque, qui tertius & summus est gradus Obedientiae, offerat necesse est, ut non solum idem velit, sed etiam ut idem sentiat, quod Superior, eiusque iudicio subiiciat suum, quoad potest devota voluntas intelligentiam inflectere. Quamvis enim tamen haec non ea, qua voluntas, polleat libertate, praedita sit, atque ipsa naturali feratur assensu in id quod sibi verum [illegible], tamen multis in rebus, in quibus nondum cognita veritatis evidentia vim illi non infert, potest voluntatis pondere in hanc potius quam in illam partem inclinari. Quae res cum incidunt, debet quisque obedientiam professus inclinare sese in sententiam Superioris. Etenim cum Obedientia sit quoddam holocaustum, quo totus homo sine ulla prorsus imminutione Creatori suo, ac Domino per manus Ministrorum in charitatis igne immolatur: cumque sit eadem renunciatio quaedam integra, per quam omni suo iure sponte decedit Religiosus, ut divinae providentiae Superioris ductu gubernandum, ac possidendum vitro se addicat, ac mancipet: negari non potest, quin Obedientia comprehendat non solum executionem, ut imperata quis faciat & voluntatem, ut libenter faciat, sed etiam iudicium, ut quaecumque Superior mandat, ac sentit, eadem inferiori & recta & vera esse videantur, quatenus, (ut dixi) vel sua potest voluntas intelligentiam flectere.

X. Utinam hanc mentis, & iudicii Obedientiam, ita & intelligerent homines, & exercerent, ut grata Deo est, ac omnibus, qui in Religione vivunt, necessaria. Nam ut in corporibus globisque caelestibus, ut alter alterum afficiat, moveatque, requiritur, ut certa quadam convenientia & ordine inferior orbis Superiori subiectus sit: ita in hominibus, cum alter alterius authoritate movetur, quod per Obedientiam fit, oportet, ut is qui ab altero movetur, subiiciatur, & ordinetur, ut virtutem ab imperante ad eum derivari possit, recipiat. Haec autem subiectio et ordinatio praestari non potest, nisi voluntas ac iudicium inferioris cum Superioris voluntate, ac iudicio congruat.

Iam vero si finem, & causas Obedientiae spectes, quemadmodum voluntas, ita & iudicium in eo, quod nobis convenit, decipi potest, itaque sicut, ne voluntas erret, cum Superioris voluntate coniungitur: sic intelligentia, ne fallatur, ad Superioris intelligentiam conformanda est. Ne innitaris prudentiae tuae, sacrae literae monent: atque in rebus etiam humanis censent sapientes, vere prudentis esse, sua ipsius prudentia minime fidere: praesertim in rebus suis, quarum homines animo perturbato fere boni iudices esse non possunt. Quod si in rebus nostris, alterius etiam non Superioris iudicium, atque consilium nostro anteponendum est, quanto magis ipsius Superioris, cui nos ut Dei vicem gerenti, ac divinae voluntatis interpreti moderandos tradidimus? In causis vero personisque spiritualibus eo maior etiam cautio necessaria est, quo gravius spiritualis vitae periculum, dum sine fraenis consilii discretionisque in ea decurritur. Quare de re commode Cassianus in Collatione Abbatis Mosis ait: Nullo alio vitio tam praecipitem Diabolus Monachum pertrahit, ac perducit ad mortem, quam cum eum neglectis consiliis seniorum, suo iudicio persuaserit, definitionique confidere. XI.

Praeterea nisi haec Obedientia iudicii adsit, fieri non potest, ut vel assensus voluntatis, vel executio talis sit, qualem esse oportet. Naturali enim impetu ut eam efficiant animi nostri vires, quae appetitivae dicuntur, sequuntur apprehensivas: & voluntati adhibentes, voluntas iudicio repugnante, diu obtemperare non poterit. Quod si forte quis aliquandiu obediat per communem illam apprehensionem, qua censetur Superiori etiam perperam praecipienti parendum esse: certe id stabile, ac firmum esse non poterit: atque ita perseverantia deficit, vel saltem Obedientiae perfectio, quae in prompte, & alacriter obediendo consistit: non enim ibi potest esse alacritas, ac diligentia, ubi est animorum, sententiarumque dissensio: perit etiam studium & celeritas, cum ambigitur, expediat necne, facere quod iubemur: perit simplicis illa Obedientiae caeca simplicitas, cum apud nos ipsos in quaestionem vocamus recte ne praecipiatur, an secus, atque etiam fortasse damnamus Superiorem XII.

m quod

quod ea mandet, quæ nobis non sint jucunda: porrò humilitas, quandoquidem ex altera parte proprium, ex altera autem voluntatem Superioris præferimus: porrò in rebus arduis fortitudo: porrò denique (ut summatim complectar) virtutes hujus nobilitati ac dignitati succedunt. Atque ad eorum locum dolor, molestia, tædium, lassitudo, obmurmurationes, excusationes, aliaque vitia, non sane levia, quibus Obedientiæ pretium, ac meritum prorsus extinguitur. Itaque sanctus Bernardus de iis, qui graviter ferunt imperata, nomine sibi suaviter ait: Hæc si moleste capere cœperis, si dijudicare Prælatum, si murmurare in corde: etiamsi exterius impleas quod jubetur, non est hæc virtus patientiæ, sed velamentum malitiæ. Quod si pax, & tranquillitas animi quæritur, certè hac non fruetur is, qui habet intra sese causam perturbationis, atque tumultus, dissensionem videlicet judicii proprii ab Obedientiæ lege.

XIII. Atque ideirco, tuendæ concordiæ causa, quæ Societatis omnis est vinculum, tantopere hortatur Apostolus, ut id ipsum omnes sapiant, & dicant: nimirum ut constitutionibus & judiciis & voluntatibus unione foveantur, & conserventur. Iam si unum eundemque quiddam esse membrorum se ipsam & capitis facile cernitur, utrum sit æquius, caput membris, an membra capiti consentire? Atque ex iis quidem quæ dicta sunt hactenus, satis apparet, Obedientia judicii quàm sit necessaria.

XIV. Quàm verò sit eadem ipsa perfecta gratáque Domino, inde primum ostenditur, quod per eam præstantissima pars hominis, ac pretiosissima Domino consecratur: deinde quod obediens ita fit holocaustum vivum, gratumque Majestati divinæ, cum nihil sui omnino retineat: postremò quod magna est hujus certaminis difficultas: siquidem sese Dei causa obediens ipse vincit, resistitque naturali propensioni, quæ omnibus hominibus insita ad suam complectendam sequendamque sententiam. Ex his igitur rebus efficitur, ut Obedientia tametsi propriè voluntatem perficere videatur, quippe quam reddat ad nutum Superioris promptam, ac paratam: nihilominus ad intelligentiam quoque ipsam, ut diximus, pertinere debeat, eamque inducere ad sentiendum idipsum, quod sentit Superior: sic enim fiet, ut animorum omnibus viribus, & voluntatis, & intelligentiæ, ad executionem celerem integramque veniamus.

XV. Videor mihi vos, Fratres charissimi, audire dicentes, de virtutis quidem hujus necessitate jam non ambigere: illud autem vos cognoscere vehementer cupere, quanam ratione ad ejus perfectionem pervenire possitis. Huic ego quæstioni cum sancto Leone respondeo: Nihil arduum est humilibus, & nihil asperum mitibus: hæc modò non desit vobis humilitas, non desit mansuetudo, non itemque deerit Dei benignitas ad vos adjuvandos, ut quæ illi promisistis, cumulatè præstare possitis, animo non solum æquo, sed etiam libenti.

XVI. Præterea vobis tria nominatim propono, quæ ad Obedientiam induendam comparandam multum juvant. Primum illud est, ut, quemadmodum initio dixi, non intueamini in persona Superioris hominem obnoxium erratibus, atque miseriis, sed Christum ipsum, qui est sapientia summa, bonitas immensa, charitas infinita, qui nec decipi potest, nec vos vult ipse decipere. Et quoniam certò vobis fixum est, vos Dei amore jugum Obedientiæ subiisse, ut in Superioris voluntate sequenda, voluntatem divinam certius sequeremini: nolite dubitare, quin pergat fidelissima Domini charitas, eorum ministerio, quos vobis præfecit, vos deinceps gubernare, & rectis itineribus ducere. Itaque Superioris vocem, ac jussa non secus ac Christi vocem excipite: siquidem Apostolus etiam in hanc sententiam scribens ad Colossenses, cum ad obtemperandum Præpositis subditos adhortatur, ait: Quodcunque facitis, ex animo operamini sicut Domino, & non hominibus: scientes, quod à Domino accipietis retributionem hæreditatis, Domino Christo servite. Sanctus verò Bernardus, Sive Deus, inquit, sive homo vicarius Dei mandatum quodcunque tradiderit, pari profectò obsequendum est cura, pari reverentia deferendum, ubi tamen Deo contraria non præcipit homo. Atque ita, si non hominem externis oculis, sed Deum ipsum oculis internis, haud sane grave fuerit vobis voluntates vestras, atque judicia conformare ad eam Regulam actionum vestrarum, quam ipsimet elegistis.

XVII. Altera est ratio, ut quod Superior mandat, vel sentit, defendere semper apud animos vestros studeatis, improbare autem nunquam: atque ad eam ipsam rem prodesse bene animatos, affectosque esse addecet, quod ipsi injungitur sic eum fert, non solum ut sine molestia, sed etiam ut cum voluptate, lætitiaque pareatis; nam (ut est apud sanctum Leonem) non dura ibi necessitate servitur, ubi diligitur quod jubetur.

XVIII. Postrema subjiciendi judicii ratio est cum facilior, tutiorque, tum etiam apud sanctos Patres in more posita: ut statuatis vobiscum ipsi, quicquid Superior præcipit, ipsius Dei præceptum esse, & voluntatem: atque ut ad credendum, quæ Catholica fides proponit, toto animo assensuque vestro statim incumbitis: sic ad ea facienda, quæcunque Superior dixerit, cæco quodam impetu voluntatis parendi cupide sine ulla prorsus disquisitione feramini. Sic egisse credendus est Abraham fi-

lium

rum (sane immobilem) jussus: sic Nam refe-runt scriptores aliqui e sanctis Patribus ut quos commemorat Cassianus, ut Joannes Abbas, qui quod erat ei imperatum, non reputabat utile ne esset, an inutile: ut cum aridum lignum tanto, ac tam diuturno labore per annum irrigavit: nec utrum fieri posset nec ne, ut cum conatus est tam serio, ut saxum ingens se eum solus dimovere tam, quod ne multi quidem simul homines impellere potuissent. Quod Obedientiae genus ipse interdum Miraculis divinis comprobatum videmus. Nam (ut alios taceam, quos ipsi non ignoratis) Maurus, sancti Benedicti discipulus mandato Superioris sui in ingressus, nec mersus est: alius quidam a Superiore jussus leaenam ad se ducere, illam cepit, atque perduxit. Est igitur haec ratio subjiciendi proprii judicii, ac sine ulla quaestione sanciendi et collaudandi, quidquid Superior jusserit, non solum sanctis viris usitata, sed etiam perfectae Obedientiae studiosis imitanda omnibus in rebus, quae cum peccato manifesto conjuncta non sunt.

XIX. Nec tamen idcirco vetamini, si quid forte vobis occurrat a Superioris sententia diversum, idque vobis (consulto suppliciter Domino) exponendum videatur, quominus id ad Superiorem referre possitis. Verum ut hoc recte, nec amor vestri judiciumque decipiat, illa cautio est adhibenda, ut animo sitis et ante, et post relationem aequissimo, non solum quod pertinet ad eam rem, de qua agitur, vel suscipiendam, vel deponendam: sed etiam ad approbandum, rectiusque putandum quicquid Superiori placuerit.

XX. Atque haec, quae de Obedientia diximus, aeque privatis erga proximos Superiores, atque Rectoribus Praepositisque localibus erga Provinciales, Provincialibus erga Generalem, Generali denique erga illum, quem Deus ipsi praefecit, nempe suum in terra Vicarium, observanda sunt: ita, ut ea ordinum perfecta distinctio, ac proinde pax retineatur, et charitas: sine qua nec Societatis nostrae, nec alterius cujuslibet sodalitii posset recta gubernatio conservari. Namque hoc modo providentia illa divina disponit omnia suaviter, infima per media, media per summa, suos ad fines cuncta perducens. Hinc illa videlicet in Angelis variae Hierarchiae ad alium subordinata series: hinc et caelestium, et aliorum omnium, quae cientur, corporum certis locis, sedibus inter sese apta connexio, quorum conversiones ac motus ab uno motore supremo gradatim usque ad infimos sita permeantur. Item in terra, tum in omni civitate bene instituta legitur, tum vero in Hierarchia Ecclesiastica cernitur, cujus omnia membra et functiones ab uno generali CHRISTI Domini nostri Vicario derivantur, et quo accuratius hoc dispositio, et subordinatio servatur, eo melius, gubernatio, et melius. Contra vero hanc hominis negligentia, quam gravia incommoda omnibus omnium Societatibus importentur, nemo non videt: atque idcirco in hac, quam mihi Dominus curam demandavit, tam diligenter hanc virtutem curari, atque perpetuo, quasi in ea Societatis nostrae bonum, ac salus universa consistat.

XXI. Atque adeo ut iam finem faciam, ut unde exorsus sum iisdem terminetur Epistola, vos ego per Christum Dominum nostrum obsecro, qui sese nobis non modo praeceptorem, sed etiam exemplar praebuit Obedientiae, ut ad eam comparandam toto pectore incumbatis, et gloriosa victoria potiamini, atque vestri ipsius superare, id est, excelsiorem, et difficiliorem animi partem, voluntatem illam atque iudicium expugnare, et subjicere studeatis: quo Dei Domini nostri solida vera cognitio, atque amor vestros ad se animos penitus trahat, totaque vita duce, et quasi peregrinationis curriculo usque eo gubernet, ac regat, donec nos denuo aliosque complures per vos opera vestra ad ultimum et felicissimum finem, nimirum ad beatitudinem sempiternam perducat. Vestris ad Deum precibus me valde commendo. Romae 7. Calend. Aprilis, M.D.LIII.

REGVLAS IESVITARVM NON EVVLGANDAS ESSE.

IEsuitae in suis Regulis mandant et stricte praecipiunt, ne quis eas cuiquam extraneorum concedat vel communicet, vel quidquam de illis vel scripto vel dicto alius referat. Paulus III quoque in Bulla Anno 1549. data, concessit Generali Ordinis, ut eas Regulas evulgantes seu in apertum producentes, vel librum Vota revelantes, in quemcunque habitum contigerit latitare, possit ac debeat excommunicare, carceri mancipare, et si opus sit brachii saecularis auxilio invocato, libere et licite invadere, captivos ducere, et pro arbitrio tractare. Voluit quoque, ut nulli Praelatorum liceat, Regulas et Constitutiones Jesuitarum excepto Papa, sub censuram sumere.

Quia enim Regulae illorum nihil aliud sunt quam centones, rapsodiae & fragmenta ex omnibus reliquorum Monachorum Regulis consuta: & nihil aliud docent & praecipiunt, quam traditiones humanas, superstitiones, hypocrisis, ido-

idolomaniæ & propriæ ἐθελοθρησκείας opera, qualia sunt per omnes orbis terrarum plagas oberrare; homines Christianos ad Ethnicas superstitiones ac idolomanias revocare; habitu religiosum se declarare; Horas Canonicas & Rosaria recitare; Sanctos, vel opinione saltem tales, vel potius à Papa canonizatos invocare; quotidie Missis adstare easque audire; perfectam obedientiam Superioribus præstare; Ecclesiæ Romanæ decreta, placita, statuta & præcepta inculcare; ad Papæ obedientiam omnes cogere; homines ad auricularem confessionem excitare; jejunare; flagellis & cilicis sese excruciare; mundum & parentes aspernari, &c. mirum certè non est, si ipsos nunc pudet has aliasque superstitiones ac idolomanias in suis Regulis contineri & divulgari.

Eodem modo non licebat apud Ethnicos quoque arcana, quæ in Sibyllinis libris continebantur, effutire & nota facere. Similiter Cereris Mysteria tam arcana esse debuerunt & secreta, ut vulgò proverbium jactaretur in secretos & tacitos Ἄρρητα μυστήρια. Et Aristophanes in Nebulis ἄρρητα ἱερά, id est, non evulganda sacra nominat, & subinde dicit: *Mysteria Cereris nolle aliis ea magis quàm sibimet facta fuisse.* At Orpheum dixerunt aliqui, fulmine ictum concidisse, quod arcana hæc rudibus & profanis hominibus divulgâsset. Aristoteles quoque lib. 3. Ethic. narrat, *Æschilum quendam ad Areopagum in judicium vocatum fuisse, quòd in sua poemata arcana Cereris induxisset.* Alcibiadem etiam simili de causa ab Atheniensibus condemnatum & morti addictum fuisse historici prodiderunt.

Rectè autem Augustinus in Quæstionibus utriusque Testamenti ait: *Nihil apud nos in tenebris vel occultè geritur. Unde enim quod honestum fuerit, publicari non timetur. Illud autem quod turpe est & inhonestum, prohibente pudore non potest publicari. Quamobrem Pagani Mysteria sua in tenebris celebrant, qui in ea prodiderint. Ecclesiasticam autem simplicem ideolò: piacula enim, quæ illic sub nocte legi aguntur, ostium manifestare, &c.*

Cùm itaque Regulæ Iesuiticæ hactenus ab orthodoxis comparari & legi non potuerint, singulari Dei beneficio factum est, ut Lugduni Galliæ typis Iacobi Roussin Superiorum permissu anno 1607. ab ipsis Iesuitis excusæ sint, non quidem ut in publicum ederentur: hoc enim singulari studio prohibitum est; sed ut hoc compendio tyrannidis hujus novæ Constitutiones Summariæ per Collegia Domusque probationum, perque officia Provincialium, Præfectorum, Rectorum, Examinatorum, Magistrorum, Novitiorum, aliorumque Ministrorum distribuerentur, velut leges, quibus cæco quodam impetu voluntatis, sine ulla prorsus disquisitione, eos, qui sub obedientia vivere decreverunt, haud aliter ac senis baculum obtemperare oporteat. Cumque hæ Regulæ ad manus meas pervenerint, eas in Christiani Lectoris gratiam integras adscripsimus.

VARIA

DE IESVITICÆ

OECONOMIÆ membris ad REGVLÆ Declarationem

pertinentia.

AC PRIMO

De Generali PRÆFECTO.

Cap. V.

CVm ab initio primi Patres & Socii Iesuitarum sine certis & propriis legibus, ac Magistratibus vixissent, necesse esse judicârunt, ut de stabilienda quàm maximè Societate primo quoque tempore inter se consulerent. Ubi igitur eam ob causam convenissent, in secundo & tertio consessu de Religione relatum est in primis, placeréque ad vota duo, Paupertatis & Castitatis suscepta, tertium quoque perpetuæ Obedientiæ adjungere, & è suo corpore unum eligere, qui cæteris amplissima cum potestate præesset. Omnium igitur in unum congruebant sententiæ, quandoquidem Christum Magistrum sibi imitandum proposuissent, prorsus oportere ut ipsi quoque Christum effingerent. Hoc sic constituto, Ignatium suasisse, talem deligendum sibi videri, cui omnes in terris tanquam Christo subjecti essent ac parerent, cujus in verba etiam jurarent, ejusque sibi nutum ac voluntatem instar divini cujusdam oraculi ducerent. Quæsitum est etiam de hujus ipsius potestate, utrum certo temporis spacio definitam, an verò perpetuam esse oporteret; perpetuam esse placuit Ignatio, ac cæteris omnibus, idque cùm aliis ob causas, tum verò ut negotia graviora, quæ ad conficiendum non modò plenæ libertatis, verùm etiam longi temporis indigent, ex animi sui sententia ad exitum sine ulla trepidatione perducere possit.

Professio in voto secundo locata

Cum

Cum igitur Generalis Præpositi (sic enim qui omnibus præest appellari placuerat) tempus eligendi adesset, Ignatii Socii, qui quidem in Italia erant, per literas moniti, eundi Præpositi causâ ad urbem accedendi, sub initium Quadragesimæ anni 1541. Convenere omnes, uno Bobadilla excepto, ac omnium suffragiis Præpositus Generalis Ignatius declaratur, quo munere etiam functus est ad annum usque 1556. eo enim obiit Romæ Prid. Calend. Augusti ætatis anno 65.

In hoc munere constitutus, omnia Erasmi opera in Societate sua legi vetuit, quòd singula hæretico veneno infecta putaret, & ne quis formâ facetiis & eloquentiâ eius caperetur, Maffeo teste in ejus vita.

In Ignatii locum eligitur *Iacobus Laynez*, natione Hispanus, & Loyolæ in constituenda Societate inter primos socius & adjutor. Cardinalitiam dignitatem à Paulo IV. sibi oblatam repudiavit. Mortuo verò Pontifice illo ac sede vacante, duodecim Cardinales in ipsum extra conclave Romæ agentem, sua suffragia contulerunt, ut Pontificem eligerent. Societatem octo annos cum dimidio rexit.

Anno 1561. à Pio IV. cum Hippolyto Estensi Cardinale Legato in Galliam ad Colloquium inter Pontificios & orthodoxos à Rege & Proceribus Regni de Religione institutum, missus. Ribadeneira in libro de Scriptoribus Iesuiticis mendacissime scribit, eum in publico totius Regni conventu Theodorum Bezam, Petrum Martyrem & alios à partibus Evangelicorum, maximâ sententiarum & verborum gravitate reprehendisse, stupuisse ac mutos reddidisse. Nam hanc laudem ipsius quoque Pontificii, præter Ribadeneiram, ei tribuere haud ausi sunt. Habuit quidem orationem Italicâ linguâ contra nostros, in qua inprimis Evangelistarum in concepta forma consensum visus, nimirum in verbis, *Hoc est corpus meum*: sed statim illi respondit in vestigio, & petrexisset, ni Espensius Sorbonista responsionem ejus exceptionibus suis interrupisset, ut parte altera historiæ nostræ Sacramentariæ pag. [illegible] docuimus. Moritur anno D. 1565. die 19. Ianuar. ætat. LIII.

Successit huic Laynezio *Franciscus Borgia* Hispanus, patriâ Valentinus, is spreto Gandiæ Ducatu, ut Ribadeneira refert, & amplissimis honoribus, opibus, deliciis, dignitatibus & familiæ suæ ornamentis, Societatem hanc tunc nascentem, secundam famis supplicium, atque suplicium, ingressus est anno D. 1547. Cardinalatum à Iulio III. sibi oblatum respuit. Ejusdem Societatis in Hispania Commissarius generalis fuit, Romæ sub Vicariatu demum Præpositus ordine tertius Generalis, in quo munere septem annos & tres menses versatus est. Mortuus est anno Christi 1572. ætatis 62. Prid. Cal. Octob.

In ejus locum eligitur *Everardus Mercurianus* quartus Iesuitarum Generalis Leodius patriâ.

Huic successor est *Claudius Aquaviva*, natione Italus, patriâ Neapolitanus, Ducis Atrii filius, & Pii V. cubicularius. Ducatum suum filio tradidit, ut solutus sese mancipavit, quorum ordini maximas opes, ut aliqui referunt, vigin. duorum millia coronatorum de causa Provinciæ Neapolitanæ primum gubernandæ mandatur ei, ac postea etiam Romana. Demum in Comitiis, quæ habita sunt Romæ anno Domini 1581. die 19. Februarii Præpositus Generalis creatur. Eo die, quo electus erat, suburbium ascendens, stipante turba omnis generis hominum, osculandas manus, instar Papæ, præbuit, ut habetur in annuis Epistolis Iesuiticis anni 81. Moritur Romæ 31. seu ultimâ die Ianuarii secundâ horâ noctis, stylo novo, vetere autem vicesimâ [illegible] ejusdem mensis. Anno 1615.

Huic successit *Mutius vel Mutius Vitellescus*. Paulo antequam expiraret Aquaviva, misit ad Papam nuncium, qui ei significaret, in electione successoris sui grave datum iri scandalum, propter duas contrarias in Societate factiones, quarum una Sebondum quendam, altera Marianum Vuelleram eligere omni studio conaretur: rogare igitur se vehementer Papam, ut authoritatem suam interponere dignetur. Papa, ut voto ejus satisfaceret, Cardinalem Borgesium destinavit, qui electioni interesset, eamque authoritate sua moderaretur, ut demum *Vitellescus* eligitur.

Cùm anno Domini 1558. post mortem Ignatii primum suum Conventum generalem Iesuitæ celebrarent, Paulus IV. Papa Cardinalem Pacechum ad eos misit, qui suo nomine significaret eis, placere sibi, ut Generalis Præpositi potestas certo annorum numero definita, non perpetua sit, ne videlicet in tyrannidem verteretur, aut sese supra Papam efferret. Nihil tamen apud eos obtinere potuit, licet per Cardinalem Tranensem de eodem rursus eos moneret. Excepit igitur quod Papa moriebat. Nam Romæ semper habitat, & per hanc suam sedem Romanæ sedi se Consi- Concessionum ... pag. 67. ... Generalis perpetua ...

suam quam effigiem ac amplissimum ibique suam juxta Papæ sellam collocat: semper etiam à latere & secretis Pontificis sedet, ut inter sese consilia communicent, nec alter sine altero quicquam in hæreticos machinetur.

Præfecturam igitur suam perpetuò retinet, quum Provincialium, Rectorum & aliorum plerumque triennis sit, ab eodem tamen Generali interdum prorogari potest. Licet Paulus III. anno 1549. in Bulla decreverit, posse & debere Præpositum per personam ad id à Societate facultatem habentem, & id ad deputatam, in certis casibus amoveri, & alium ipsius loco, per easdem personas substitui.

Officium Generalis. Ad eundem quicquid Jesuitæ per totum terrarum orbem faciunt, explorant, & resciscunt ipsi diligenter singulis mensibus deferri curant. Is deinde omnia ac singula, Papæ refert: & tunc ab utroque, qui suam operam fidelissimè & graviter impenderunt, honoribus augentur, & capitibus donantur, ut Annales ipsorum testantur.

Officium quoque ejus est, Jesuitarum potestatem secundum Ignatii Constitutiones in omnibus dirigere.

Licet tamen illi etiam, ut Papæ, novas interdum condere leges, vel etiam veteres pro circumstantiarum varietate mutare & abrogare.

Licet ei bona ordinis sui vendere, oppignorare & abalienare, & nulli de eo rationem reddere tenetur.

Generalis Jesuitarum vocatur Dei Legatus. Parte 9. Constitut. cap. 3 & parte 6. cap. 1. vocatur *Dei Legatus.* Gloss. part. 4. Constitut. cap. 2. vocat eum *Vicarium Christi.* Montaigne cap. 17. scribit, *Cum vocat et Vindicationem, id eo de causa fit, quod in hujus Societatis Republica Dei Vicarius est.* Bullæ quoque Pauli III. anno 1540. & Julii III. anno 1550. Jesuitis datæ, hortantur eos, *Præpositum Generalem Christum velut præsentem agnoscant.*

Hinc fit, ut quicquid ordinarie præcipit Jesuitæ tanquam oracula suscipiant, credant ac faciant, haud aliter quàm si ipse Christus vel ejus Vicarius esset. Sic enim Maffeus in vita Ignatii, *Hæc*, inquit, *summopere diligendus est* (Generalis) *ut omnes* [illegible]

Abunde etiam solent hodie Generalem eligere, qui in seculo Principem virum agere, ut se etiam in mundo potentes ad suam Societatem pertrahant, ubique apud superiores & infimos tantò majorem authoritatem & potentiam comparent.

Ex quibus omnibus intelligitur, Generalem Jesuitarum Papæ equivalentem, imò ad Pontificatam dignitatem evectum, adeòque ultimum Ecclesiæ Romanæ caput esse.

Reliqua de gradibus seu generibus Jesuitarum ex Hasenmullero, & Colloquio à sacræ Theologiæ Doctore & Professore, Paulo Florenio, cum Christiano Francken Philosophiæ Professore in Cæsareo Jesuitarum Gymnasio Viennæ, Anno 1578. 10. Januarii habito, subsequentibus referam.

Quod autem Romæ est & præstat Generalis, id est & præstat in singulis regnis Provincialis. Primum Provincialem Ignatius Loyola Lusitaniæ præposuit Simonem Rodericum: Hispaniæ Antonium Araozium Cantabrum: Italiæ Jacobum Lainum: Indiæ Franciscum Xaverium: Germaniæ Petrum Canisium: Galliæ Paschasium Broettum, aliosque deinde alios. Ac diligenter cavent Jesuitarum Patres, ne in Nationibus Provinciales requirant qui indigenis eligant, sed vel Hispanis vel Italis dignitates has conferant, ut saltem iis qui ex Anglia, Gallia, &c. propter facinora aliqua profugerunt, & propter nimium Hispanicæ studium ex prædictis Nationibus proscripti sunt.

Officium Provincialis. Unusquisque Provincialis ab ea Provincia vel Regno potius, quod inspectioni vel curæ suæ commissum habet, denominatur. Ejus officium est invisere Collegia, eorumque supputare redditus & census, insuper annotare diligenter, quinam ex Magnatibus liberos in Collegiis erudiri curent, & quot liberorum sint numero? num quot annis sua accessio descriptorum, & amplificatio fortunarum & operum? num qui sint & quot ex Lutheranismo conversi: si nulli aut etiam aliqua facta Possessionis Religionis imminutio, aut jactura bonorum: exprobrat negligentiam & socordiam, mandatque severius, ut acceptum damnum resarciant. Quod si gesserunt se egregiè, multos converterunt, multum comparârunt & corraserunt, omni laude cumulat, & in coelum effert. Insuper sciscitatur, quænam sit vicinorum hæreticorum de ipsis opinio? quænam consilia Magnatum? quales habeant Conventus? & quot? & ubi? quid decernant, quid velint? Item, an hæreticorum Principes crebrius simul conveniant, an [illegible] ad quos proficiscantur frequentius? quali quisque sit ingenio? quibus

rebus

rebus ut plurimum destituunt? an aliquam suscipiat Rempublicam? an studio & amore aliquo teneatur Religionis? an potius vino, veneri & venatui indulgeat? an potens habeat in aula Catholicum? quisnam sint populares rumores de suis Principibus? num Ecclesiae adversariorum ferveant? num pastores Ecclesiarum sint viri docti & diligentes, an verò somnolenti & illiterati? num Theologica facultas in vicina Academia haereticorum floreat? num celebriores habeant Theologi disputationes, & contra quos maximè? quot libros & de qua materia in lucem ediderint nuperrimè? Ad haec & alia si respondeant Regens & reliqui Patres appositè, mirificè praedicat industriam & vigilantiam: sin minus, eosque adeò rerum illarum nescios deprehendit, acerbè vituperat. Quid agitis, inquit, vos somnolenti & desides? cur perditum itis Roman. Ecclesiam? quomodo summus Pontifex hanc sacratam vestram prudentiae cur infirmatis vos agendis rebus? cur metuitis? cur non intrepidè eam aggredimini? Dudum haec gesta, dudum perfecta oportuit. Videte vigilantiam haereticorum incredibilem, & vos stertitis. His & similibus verbis ipsos increpat, & exacuit. Tandem quaerit de discipulis, convictoribus, novitiis & reliquis, quot eorum sint numero, quanti cujusque profectus? ad quod quisque studium inclinet? num quis inter eos spinosior & scrupulosior? Talem enim à Theologico studio prorsus removendum existimat, nisi scholasticis disputationibus probè exercitatum & opinione Religionis imbutum. Quaerit praeterea, num quem habeant in grege, qui pro amplificanda Romana Ecclesia laudabili aliquo facinore se obstringere, & vitam denique profundere non dubitet, si quidem necessitas aliquando flagitare videatur? Ad extremum, omnia isthaec consignata Generali transmittit Romam, per quem immediatè significantur Pontifici. Atque sic per totum orbem Christianum nihil geritur aut consultatur, quod non per hos Imperii proditores Papae innotescat. Per Provinciales etiam sedulò ab uno Collegio in aliud transferuntur, idque ferè triennio quolibet.

3. De IESVITARVM Assistentibus, *seu intimis Papae & Generalis Consiliariis.*

Assist. sub ass. numero. Generalem proximè sequuntur primi Assistentes, quatuor numero. Horo- potest Romae residens, frequentiores Papae & Generalis Senatus: Sessionibus & deliberationibus assidere, ipsis assistere, & in rebus Romanam Ecclesiam concernentibus, atque in perniciem Orthodoxorum facientibus, consilio ac scriptis adesse, hos propulsare, illas totis viribus propugnare. Et ut Generalem Papae in omnibus, ac hos vicissim Generali ad nutum obedire oportet.

Ut autem quatuor illorum sunt, harum officium eorum est in quatuor Mundi plagis res Pontificias curare & promovere, & ad eas Provinciales, Visitatores, Rectores, Regentes ac Spirituales Praefecti, quaecunque in Mundo Iesuitae reliqui agunt, omnia ac singula scribunt. Oportet etiam illos non minus quam reliquos quatuor etiam voto, absolutae obedientiae, Papae obligatos esse, ne quid vel contra Papae vel sui Generalis voluntatem decernere audeant. Si res magni momenti ipsis aliunde significantur, illas confestim Generali vel Secretario indicant, qui eas deinde ad Papam referant, quo sic ipsorum opera ac studio consiliaque, possint de coercendis impediendis vel etiam opprimendis haereticorum conatibus, ipsorum autem res magisque promoveantur, augeanturque.

Summa verò literarum, quas ex diversis Mundi Regnis & Provinciis accipiunt, haec plerumque est, Quis sit Regum ac Principum erga Papam & Ecclesiam Romanam, atque etiam Societatem eorum affectus, & quinam illos clementer excipiant. Hos mirificè laudant; qui autem Iesuitarum conatibus resistunt, tanquam capitales hostes Romanae Ecclesiae accusant.

Et autem de his Assistentes diligentius certiores fieri queant, tanquam Germanicarum praecipuè Principum, consilia & acta accuratè inquirunt, atque utque, licet ex variis aliisque rationibus multa saepè cognoscant, Romam perscribunt. Utque facilius in rerum Germanicarum notitiam perveniant, saepè mutato habitu, vel pedites vel equites Germaniae aliarumque Nationum Provincias peragrant, & proditorum more cuncta explorant. Exempla in promptu sunt.

His cognitis, Assistentes eos in proposito suo confirmant, eosque, ut strenuè sic pergant, hortantur, Papae clementiam in illos praedicant, & eis plaustra indulgentiarum remittunt, quas illi Germanis aliisque nimis stupidis & credulis aere vendunt.

Assistentium quoque officium est, in tota Societate Visitatores, Inspectores, Rectores, Regentes, Concionatores, Spirituales Præfectos & Inquisitores ordinare, non tamen nisi cum consensu Generalis. Ad has munera autem non promovent alios, quam quos nôrunt in Papatus idolomania induratos, & orthodoxorum capitales hostes esse.

De IESVITARVM Professis.

Professi qui sint.

QVartum Iesuitarum genus, Professi sunt: qui præter tria vota se insuper speciali quodam, quod votum Professionis vocant, Pontifici Romano obligant, eique promittunt ac profitentur, se Papæ in omnibus absolutam obedientiam præstituros, neque unquam commissuros, quin in obedientia ei præstanda, **in rebus** fidem & mores concernentibus, prompti **inveniantur**, sic, ut etiam non petito viatico, licet ad ipsos Turcas mittendi mitterentur, sine ulla tamen intellectûs judiciique repugnantia obedire velint. Hoc Ignatius omninò fieri voluit: & Paulus Tertius quoque in sua Bulla approbavit & confirmavit. Sic enim verba ejus habent: *Et quamvis Evangelio docemur, & fide orthodoxa cognoscimus, ac firmiter profitemur, omnes Christi fideles Romano Pontifici tanquam capiti ac* IESV CHRISTI *Vicario subesse: ad majorem tamen nostræ Societatis humilitatem ac perfectam uniuscujusque mortificationem & voluntatum nostrarum abnegationem, summoperè conducere judicavimus, singulos nos ultra illud commune vinculum, speciali voto astringi, ita ut quicquid Modernus & alii Romani Pontifices, pro tempore existentes jusserint, ad profectum animarum & fidei propagationem pertinens, & ad quascunque Provincias nos mittere voluerint, sine ulla tergiversatione aut excusatione illicò quantum in nobis fuerit, exsequi teneamur, sive miserit nos ad Turcas, sive ad quoscunque alios infideles etiam in partibus quas Indias vocant existentes, sive ad quoscunque hæreticos, sive schismaticos, seu etiam ad quosvis fideles.*

Ad hoc votum Professorum non nisi [illegible], & quorum industria in [illegible] Pontificis [illegible] cognita & explorata est, admittuntur. Antequam autem ad hoc votum accedant, totum triduum tenentur [illegible] quærere, prima exercitia [illegible], vota renovare, & omnia humilitatis officia, quæcunque excogitari possunt, obire. Hujus generis sunt, loca secreta expurgare, ægrotos lavare, aliorum pedes osculari, domum verrere, vasa eluere, coquo ministrare, humi cubare, ad pedes inferiorum accedere, sub mensa edere, ostiatim mendicare, seipsos flagellare, peregrinari, seseque omnibus subjicere. Posthæc abnegare cognatos omnes hæreditatem, & jurare, se operam omnem daturos, ut Romana Religio floreat, Evangelica autem exstirpetur.

Horum Professorum Romæ circa ducentos aluntur, qui proprium, & quidem amplissimum habent Collegium, in eoque lautè splendidèque sumptibus Papæ, Cardinalium & Episcoporum, qui illorum utuntur consiliis & scriptis, sustentantur. Nihil proprii, nullos reditus, ut reliqui Iesuitæ, possident.

Professi quibus [illegible] in [illegible] sint [illegible].

Distinguuntur etiam à reliquis Iesuitis in eo, quòd sint illorum quasi Episcopi, qui in cæteros inquirunt, iisque præficiuntur. Ex horum numero enim, inprimis qui sunt Hispani vel Itali, Visitatores, Inquisitores, Rectores, Regentes & Spirituales Præfecti eliguntur: qui quod sint rerum Iesuiticarum & Papisticarum peritissimi, sibi subjectos egregiè in palæstra Pontificia exercere noverunt. Germanis non Germanum præficiunt Rectorem, sed vel Italum, vel Hispanum: aut si nobilior ex Germanis constituitur, habet tamen Hispanum, qui eum observet, ne quid præter morem Hispanicum agat.

Generali quoque sese totos devovent & obstringunt, abnegatione honorum, quod nimirum extra Societatem vel Cardinales vel Episcopi fieri nolint. Et tamen hoc ipso nomine sunt Cardinales in Societate, ex quibus Generales, ipsorum Papa, eliguntur: quibus tanquam Cardinalibus, tota Societas vertitur: qui habent [illegible] doctrinæ & [illegible]. Sicque vana ac stulta Societas dum ambitionem se fugere simulat, in ipsam ambitionem incurrit. Non secus ac vani illi Philosophi, qui in ipsis libris, quos de contemnenda gloria scribebant, in iis nomina inscribentes sua, ipsam gloriam aucupabantur, ut sapienter de iis Cicero lib. 1. Tuscul. Quæst. refert.

De trium VOTORVM PROFESSIS.

Professi trium votorum [illegible].

IEsuitarum genus quintum, sunt trium tantum vulgarium, & cum reliquis Monachis communium *Votorum Professi*. Hi se Papæ ac suo Generali in hanc formam obligant ac devovent: *Omnipotens sempiterne Deus: Ego licèt undecunque divino tuo conspectu indignissimus, fretus tamen pie-*

tate

[illegible] Virginis Mariæ [illegible]

Hæc est formula iuramenti quo Iesuitæ non Deo, sed Societati suæ, cuiusque servituti se totos mancipant. Adhæc autem vota facienda studiosi ac [illegible] probationis exacto, [illegible] vel demum absoluto, admittuntur.

Tandem in votorum professione [illegible] in sequentes articulos, quos Canones Professionum [illegible] iurato [illegible].

1. *Ego N. N. credo & recipio quæcumque sacrum generale Concilium Tridentinum credit & recipit, [illegible] ad se Contra [illegible] non fuisse [illegible]. [illegible] in Evangelio & Apostolicis [illegible].*

2. *[illegible] vero Evangelicæ & Apostolicæ [illegible] Concilium [illegible] in Evangelio & Apostolicis [illegible] Ecclesiæ Catholicæ [illegible].*

3. *Catholicam Ecclesiam credo esse [illegible] Romanam Ecclesiam [illegible] Romanum Pontificem, Petri Apostolorum Principis successorem, & Iesu Christi Domini nostri Vicarium esse agnosco.*

4. *Hanc ergo esse Catholicam Ecclesiam [illegible] Patrum Orientalium & Occidentalium [illegible] Catholicam Ecclesiam & Ecclesiæ [illegible].*

5. *Prædicta autem [illegible] Apostolis [illegible].*

6. *Sanctis vero Apostolis idem credo quia [illegible] à Domino nostro Iesu Christo [illegible].*

7. *Christo Domino [illegible] credo, quia [illegible] gentium.*

8. *Missum autem fuisse Christum Dominum [illegible] Missæ [illegible] prædicationi.*

9. *Prophetis [illegible] Christo Domino [illegible] Christum crediturum.*

10. *Prophetas [illegible] quæ de Christo Domino sub [illegible] tradita loquuntur [illegible] non solum Christianis [illegible] Mahometani & Iudæi [illegible] Christianorum [illegible].*

11. *Propter prædictam rationem [illegible] propter [illegible] nemo [illegible].*

12. *Communis ergo [illegible] ad Prophetarum [illegible] Testamenti [illegible] S. Pauli [illegible].*

13. *Profiteor [illegible] Sacramenta [illegible] Baptismum, Eucharistiam, Confirmationem, [illegible] Matrimonium [illegible].*

14. *Profiteor pariter in Missa offerri Deo verum proprium & propitiatorium sacrificium pro vivis & defunctis.*

15. *Profiteor in sanctissimo Eucharistiæ Sacramento esse vere, realiter & substantialiter Corpus & Sanguinem, una cum anima & divinitate Domini nostri Iesu Christi.*

16. *Profiteor fieri conversionem [illegible] Transsubstantiationem vocat.*

17. *Profiteor sub altera tantum specie totum atque integrum Christum sumi [illegible]*

sub

sub una tantum specie percipiendum esse Sacramentum.

18. *Constanter teneo, sanctos una cum Christo regnantes, orationes pro nobis Deo offerre, nos iuvare, sacerdotum [illegible] quae apud nos geruntur, quam ferre animadu[illegible] Purgatorii, & hic regere, visitare & illuminare.*

19. *Constanter teneo Sanctorum reliquias esse venerandas.*

20. *Firmiter assero, imagines Christi ac Deiparae semper Virginis, nec non aliorum Sanctorum habendas & retinendas esse, atque illis debitum honorem & venerationem impertiendam.*

21. *Indulgentiarum etiam potestatem à Christo in Ecclesia relictam fuisse, illarumque usum Christiano populo maxime salutarem affirmo. Ex quo, ecc [illegible] spirituali Ecclesiae Thesauro possint dari indulgentiae ex superabundantia meritorum Christi & sanctorum, quibus ipsi non indigent.*

23. *Constanter teneo Purgatorium esse, animasque ibi detentas fidelium suffragiis iuvari.*

24. *Omnia & singula quae de peccato Originali & de iustificatione in sacro sancta Tridentina Synodo definita & declarata sunt, amplector & recipio.*

Obligatio iuramenti professorum qui ad [illegible] aspirant.

Quod si aliqui etiam votorum professi ad sacros aspirent, & sive in Doctores, sive in Magistros promoveri cupiant: vel si quidam ex Evangelicis idololatriae papisticae se devoverint, eos secundum Tridentinum Concilium in hunc modum iurare oportet, ut habetur ab initio Tridentini Concilii. *Ego N. N. Apostolicas & Ecclesiasticas traditiones, reliquasque eiusdem Ecclesiae observationes & constitutiones, firmissime admitto & amplector. Item sacram Scripturam, iuxta eum sensum, quem tenuit, & tenet sancta Mater Ecclesia, cuius est iudicare de vero sensu & interpretatione sacrarum Scripturarum, admitto, nec eam unquam, nisi iuxta unanimem consensum Patrum accipiam & interpretabor. Profiteor quoque septem esse vere & proprie Sacramenta novae legis à Iesu Christo Domino nostro instituta, atque ad salutem humani generis, licet non omnia singulis necessaria, scilicet Baptismum, Confirmationem, Eucharistiam, Poenitentiam, Extremam Unctionem, Ordinem & Matrimonium, illaque gratiam conferre, & ex his Baptismum, Confirmationem & Ordinem sine sacrilegio reiterari non posse. Receptos quoque & approbatos Ecclesiae Catholicae ritus in supradictorum omnium Sacramentorum solemni administratione, recipio & admitto: omnia & singula, quae de peccato Originali & iustificatione in S. S. Tridentina Synodo definita & declarata fuerunt, amplector & recipio. Profiteor pariter in Missa offerri Deo verum, proprium ac propitiatorium sacrificium pro vivis ac defunctis. Atque in sanctissimo Eucharistiae Sacramento esse vere, realiter & substantialiter corpus & sanguinem, una cum anima & divinitate Domini nostri Iesu Christi, fierique conversionem totius substantiae Panis in Corpus, & totius substantiae Vini in Sanguinem, quam conversionem Catholica Ecclesia Transsubstantiationem appellat. Fateor etiam sub altera tantum specie, totum atque integrum Christum verumque Sacramentum sumi. Constanter teneo Purgatorium esse, animasque ibi detentas fidelium suffragiis iuvari. Similiter & sanctos una cum Christo regnantes, venerandos & invocandos esse, eosque orationes Deo pro nobis offerre, atque eorum reliquias venerandas esse. Firmiter assero imagines Christi, ac Deiparae semper Virginis, nec non aliorum sanctorum habendas & retinendas esse, atque eis debitum honorem ac venerationem impertiendam. Indulgentiarum etiam potestatem à Christo in Ecclesia relictam fuisse, illarumque usum Christiano populo maxime salutarem esse affirmo. Sanctam Catholicam & Apostolicam Romanam Ecclesiam omnium Ecclesiarum Matrem & Magistram agnosco, Romanoque Pontifici, B. Petri Apostolorum Principis, successori, ac Iesu Christi Vicario veram obedientiam spondeo ac iuro. Caetera item omnia à sacris Canonibus & Oecumenicis Conciliis, ac praecipue à S. S. Tridentina Synodo tradita, definita & declarata, indubitanter recipio atque profiteor, simulque contraria omnia, atque haereses quascunque ab Ecclesia damnatas & reiectas & anathematizatas ego pariter damno, reiicio & anathematizo. Hanc veram Catholicam fidem, extra quam nemo salvus esse potest, quam in praesentia sponte profiteor & veraciter teneo, eandem integram & immaculatam usque ad extremum vitae spiritum constantissime, Deo adiuvante, retinere, docere & praedicare, quantum in me erit, curaturum. Ego idem N. spondeo, voveo ac iuro, sic me Deus adiuvet, & haec sancta Dei Evangelia. Nulli ergo omnino hominum liceat hanc paginam nostrae ordinationis, inhibitionis, derogationis, voluntatis, statuti, decreti & mandati infringere, vel ei ausu temerario contraire. Si quis autem hoc attentare praesumpserit, indignationem omnipotentis Dei, ac B. Petri et Pauli, Apostolorum eius, se noverit incursurum. Datum Romae apud S. Petrum, Anno incarnationis Dominicae 1564. Idib. Novemb. Pontificatus nostri anno 5.*

Cum autem hi trium votorum Professi hoc modo Ecclesiae Romanae se devoverint ac obligarint, tum à Generalibus in Rectores, Sacerdotes seu Patres, Confessarios, Concionatores, Praefectum spiri-

spirituales, Praesumptores, Coadiutores spirituales, & temporales vel formatos & formandos adiutores, in Scholasticos & Idiotas diuiduntur, quorum nouissimi dicuntur *Nouitij*, hoc est, qui nuper ordinem Iesuiticum ingressi sunt.

6. De IESVITARVM Rectoribus, *seu* Regentibus.

Rectores & Regentes. RE*ctores & Regentes* in Collegiis, dominatum & celebritatis primatum tenent. *Rectores* tamen propriè dicuntur, qui Iesuitis; *Regentes* verò, qui etiam exteris praesunt, eosque secundum suas Regulas regunt.

Rectoris potestas. Potestas *Rectoris* in Collegio libera & absoluta est; quicquid ille ordinat vel facit, nemo ipsi contradicere audet, nisi in poenam inobedientibus constitutas incurrere velit. Haec ea, quae Societatis praecipua, ex Generalis sententia, & Ignatii legibus sumit: eam ob causam etiam rigidissimè delinquentes punit. *Regentes* verò nonnihil exterius mitiores & humaniores sunt, quia nullis votis sunt obstricti. Quicquid in Collegio desideratur & constituendum est, id à *Rectore* petitur & expectatur. Si his quid negat alicui, rationem eius non expetat, neque ab alio postulet, sed tacens gratiasque agens, in humilitate abeat, quasi voti compos factus esset.

Archiua asseruantur à Rectore. In Musaeo etiam *Rectoris* Societatis arcana, priuilegia, literae & thesauri asseruantur. Ad pecuniae tamen arcam solus claues non habet, sed custodiuntur illae tribus quos Generalis ad hoc ordinat, nominatim à *Rectore*, *Ministro* & *Sacerdote* aliquo, quorum quilibet clauem habet. Nulli autem soli conceduntur claues, quòd ante hac aliqui *Rectores*, multo auri pondere collecto, Societatem reliquerint & aurum ablatum in suos vsus conuerterint.

Rectoris etiam officium est, vt singulis mensibus singulorum mores & progressus Prouinciali significet, qui deinde Generalem de iis certiorem facit.

Rectores qui eliguntur. Hos Rectores vel Seniores & similes his rarissimè ex Nobilibus extra Italiam & Hispaniam, sed ex plebe tantum eligunt & adoptant. Quod cur fiat, coniectura non est difficilis: generosa nempe nobilium pectora erga patriam ita affecta manent, ut suis consiliis & practicis ea minus commoda & opportuna statuant. Interim his rebus fit, vt cum Iesuitis vni veniam indigeant suis opibus expiere & sufficienter rogamur, caput tamen Hispanico & Italico cerebro repletum habeant, ad cuius nempe sensum reliquum corpus mouetur.

7. De IESVITARVM Ministris, *seu* Oeconomis.

Ministri qui sint. RE*ctori* dignitate proximi sunt *Ministri*, quos nos *Oeconomos* vocamus. Hi singulis diebus Sabbathis à *Rectore* accipiunt quomodo, quantum & qualiter res pecuniarias & ad victum spectantes per septimanam dispensare debeant. Horum est omnes in genere, praeter *Rectorem* obseruare, admonere, & in Regulis Societatis ac exercitiis Collegiorum rectè informare. Si quos deprehendunt in Regulas delinquentes, illis poenitentiam aliquam iniungunt.

Est etiam *Ministri* curare supellectilem domesticam, quid vel intereat, vel perdatur, vel amittatur: debet etiam cellae & culinae prospicere, ne quid rerum necessariarum desit, sed vt omnia suo tempore emantur & dispensentur. Penes hunc ergo est cura & custodia domus. Id in etiam cum secularibus agit, vt *Priores* & *Abbates* in Monachorum coenobiis, & *Oeconomi* in Monasteriis.

8. De IESVITARVM Sacerdotibus.

Sacerdotum officium. S*acerdotum seu Patrum* est, secundum Loyolae Regulas, quotidiè pro viuis & mortuis, pro Pontifice Romano, pro Societatis incremento, & ad promouendam castitatem, Euangelium legere facere & Missas celebrare, & horas canonicas seruare, officiumque, vel in horto, vel in Templo, vel in cubili, vel in Musaeo, vel in dormitorio, vel lectorio, vel in alio loco domus orare. Conferunt se quoque interdum ad exercitium aliquod corporale, mediocre tamen, qualia sunt, Bibliothecam ornare, hortulos plantare, libros legere, scribere, pingere, aut quid simile agere, quo diei taedium leuant.

Eorum etiam est, in eos, qui Sacerdotes non sunt, animaduertere, & delinquentes paternè admonere, vel Superiori ea, quae minus rectè fieri vident, deferre. Singulis quoque diebus Veneris ad Iuniores & Nouitios exhortationes collimare debent, quarum finis sit, mundi contemptum, Societatis amorem, abnegationem sui, & perfectam obedientiam in omnibus, secundum Societatis institutum, iuniorum animis instillare.

tur, ii singulares à Papa consequuntur indulgentias.

9. De IESVITARVM Pœnitentiariis.

POEnitentiarii Romæ dicuntur, qui eidem apud S. Petrum integrum diem sedent, vt ibi confessiones audiant. His mandatur, vt diligenter in hæreticos, quos sic vocant, inquirant. Si quos in confessionibus intelligant Evangelicis fauere, & de Religione Romana dubitare, neque Papam pro Vicario Christi in terris agnoscere, eos non absolvant, nisi statim revocent. Si contra disputent, ad Inquisitores remittant. Ab illis miserrimè, non secus quàm malefici à carnificibus, torquentur. Diligenter etiam cauent, ne quisquam Evangelicorum scripta in suis ædibus habeat. Si quos in confessione cognoscunt, aut hospitia Evangelicis dare, aut familiaritatem cum illis contrahere, eos excommunicant, & Magistratui, ceu proditorum fautores, puniendos indicant, non obstantibus decretis, quæ præcipiunt arcana confessionis nulli revelanda esse. Tandem peccatis omnibus cognitis pro qualitate eorum pœnitentias iniungunt, & homines inprimis ad crebras confessiones adhortantur.

10. De IESVITARVM Confessariis.

COnfessarii apud Iesuitas vocantur, qui in casibus reservatis satis instructi, in Iesuiticis & Cathedralibus Templis, quatuor Ieiuniorum temporibus, certas occupant sedes, in quibus accedentium confessiones audiunt. Hi confitentes secundum Regulas ipsis præscriptas examinant, & plenariam circumstantiarum enumerationem extorquent sine qua ipsam absolutionem, & eum, qui peccati circumstantiam aliquam reticet, sacrilegum esse dicunt. Examinant autem primò confitentes de peccatis occultis & cogitationum reatu: secundò de verbis: tertiò de factis: quartò de omissis: quintò de leuibus: sextò de venialibus, actualibus & tandem de mortalibus. Et vt hæc rite peragant, ex Decalogo confitentem examinant, & ab hoc Ecclesiæ præcepta digrediuntur: & in hæc qui peccat, grauiorem sustinet pœnitentiam, quàm qui in Decalogum delinquit. Ab his descendunt ad septem mortalia peccata, hinc ad quinque sensus, ad peccata aliena, ad neglecta misericordiæ opera, denique ad inquisitionem anxiorum Pontificiorum veniunt. Si qui etiam apud Iesuitas peccata sua confiten-

11. De IESVITARVM Concionatoribus.

COncionatores Iesuitarum sunt, qui vices Parochorum in concionandi munere subeunt. In quibus enim locis Iesuitæ Collegia, domus vel residentias habent, ab eius loci Episcopo, Decano & Parochis petunt, vt sibi concionandi facultatem dent: quam ipsi ob Papæ authoritatem, quâ muniuntur, non audent negare. Hi conciones suas non ad Prophetica & Apostolica scripta dirigunt, sed ad mandatum Papæ, secundùm Tridentini Concilii Canones & Scholasticorum commenta. Optimi ex ipsis videntur, qui atrocet in Evangelicos invectivas instituunt, populumque adversus illos exstimulant.

12. De Spiritualibus IESVITARVM Præfectis.

SPirituales præfecti Iesuitarum dicuntur, qui in Collegiis & domibus Iesuiticis, iuniores & novitios observant, ne primam, vti loquuntur, charitatem, quam ad Societatem attulerunt, deserant, sed semper in Societatis spiritu proficiant, & senioribus similes efficiantur. Horum igitur est conscientias scrutari & in exercitiis spiritualibus iuniores informare. Ad hos, si qui novitiis inficiuntur scrupuli vel tentationes, confugiunt: à quibus tentationes bonæ malæ, & vicissim malæ bonæ redduntur.

Officium quoque illorum est, iunioribus tradere & commendare devotos libellos, illisque præscribere quæ ad mensam legere debeant, observare insuper, vt ritè ac debitis horis spiritualia officia persoluantur. Non obsequentibus pœnitentias iniungunt: si lubitum emendantur. Rectori eos deferunt, qui ieiunia, afflictis & flagellis castigant, quibus vel inuiti, nisi mortem malint, parere coguntur.

13. De Præceptoribus IESVITARVM.

IEsuitarum Præceptores hi sunt, qui in Scholis & Academiis suos discipulos in Religione, linguis & artibus, ad præscriptum Inquisitoris, Visitatoris & Provincialis instituunt & docent. Horum quidam publici sunt, quidam domestici. Publici sunt, qui gradum intra vel extra Societatem sunt consequuti & publicè docent,

cent Domesticos, qui solum disciplinas domi privatim exercent, & nulla ab illis mercedes exigunt. Hi nullum pro laboribus suis habent stipendium, propter Regulam ipsis præscriptam: *Gratis accepistis, gratis date.* Quod si autem a Principibus & Academiarum patronis illis pro laboribus præstitis aliquot coronatorum millia ad Collegia mittuntur, ambabus manibus, non ut mercedem, sed ut eleemosynam illa accipiunt.

Præter hoc aliud etiam apud Jesuitas Præceptorum genus est, quod præficitur iis, quos Papistici Principes & nobiles sua munificentia alunt, & vulgo *Beneficiarii* vocantur. *Præceptores* hi non ut reliqui Professores, intra Jesuitarum collegia manent, sed cum Beneficiariis illis in ipsorum ædibus, quas *Stipendiarias* nominant, vivunt, in quorum idem & vitam inquirunt diligenter. In hujusmodi stipendiariorum domo, singulis mensibus, ad quam electo ordinantur, Inspector & Præceptor præficitur Jesuita, qui audita ab illis exigit, eosque non tantum in Philosophicis studiis instituit, sed etiam in Pontificiorum erroribus informat, & qui sunt inter illos maximæ spei adolescentes, variis illecebris & promissis ad Societatis ingressum sollicitant: quo fit, ut multi contra parentum suorum voluntatem Jesuitæ fiant.

14. De JESUITARUM Servis spiritualibus.

Servi sunt *Coadjutores* Jesuitarum *Spirituales* dicuntur, qui consiliis & scriptis suis sententiam Jesuitarum juvant. Hi horum quidem sua consilia superioribus referre, sed ita, ut non cogant, sive illa recipiantur, sive repudientur, sique deinceps eorum sit non imperare, sed consilia vel sententiam in medium proferre, aut scripto significare, liberum tamen superioribus relinquere, ut eligant quod ipsis optimum videtur. In Synedrio ergo assident, & suam sententiam dicunt: sin autem secedere jubentur, & Generalis cum Assistentibus, quid faciendum sit, decernerit, licet aliud ipsis videatur, contra tamen ne hiscere quidem audent. *Spirituales* autem vocantur, quod eorum sit, circa res spirituales Jesuitarum, hoc est, omnis generis errores & idolomanias Papisticas ac Jesuiticas occupari.

Hi omnes, qui etiam votorum Professos sequuntur, generali nomine *Coadjutores spirituales* dicuntur, qui nuncupatis peciis votis paupertatis, castitatis & obedientiæ, bellum hoc adjuvant in persequendis & traducendis ad primam bestiam animabus. Quos in iis quoque tempus aptos & diligentes existimet, eos etiam professionem admissos membrum hujus Societatis efficiunt.

15. De Scholasticis & Noviciis JESUITARUM.

Scholastici & Novitii in eum finem in Collegiis aluntur, ne Societas hæc unquam deficiat: sed ut pro decedentibus veteribus membris in recentioribus & novis semper conservetur. Eorum autem est, cujuscunque ordinis, status vel conditionis ante ingressum fuerint, mundum, ut ipsi loquuntur, deserere, seipsos abnegare, bona sua relinquere, a parentibus & cognatis amicis valedicere, & ab omnibus, quæ unquam amat, abhorrere: naturalem parentum affectum, in spiritualem, hoc est, in Jesuiticorum sociorum amorem convertere, omnium suorum, atque adeo sui ipsius quoque oblivisci: Præceptis corporis obsequiis & indulgentia quam longissime recedere: fratribus repugnantia apparere: carnis suæ ratione disciplinis, hoc est, secundum Jesuitas, flagellis, fasciis, flagris & aliis spontaneis corporis suppliciis ejicere.

Noviciorum Magister in his omnibus eos exercet, ac instar stolidorum versat, donec sibi ipsis in totum emoriantur, & non sibi amplius, sed soli Papæ, vel Jesuitarum Patribus vivant. Hæc Jesuitis est Deo vivere, Christo inseri, & in mortem ejus baptizati & sepeliri.

Ad perpetuo autem occultandam, conservandam & augendam superstitionem & idolatriam Jesuiticam, Novitiis suum intellectum, a quo habent, ipsumque sensum negant. Pater enim eorum Ignatius Lojola in Epistola illa quæ in Collegiis Jesuitarum singulis mensibus ad mensam legitur, monet & mandat serio, ut ea, quæ Superior jubet, cæca quadam obedientia simpliciter perficiant: quæque ipse facit cæco judicio prætereant, non considerantes, an bonum vel utile sit, necne, quod præcepit. Quam quidem in re Jesuitæ Carmelitas egregie imitantur, petant Hildebrandinorum Pontificum adulatores & mendicantium sectatores. Hi enim dicunt, e Paparum Christianos persuadere jam aliquos fecisse conati sunt, *Romanum Pontificem tanta esse dignitatis authoritatisque, ut haec [illegible] quæ [illegible] populus [illegible] in [illegible] [illegible] mundum [illegible], [illegible] ex ipso hujus facti [illegible], vel deberet rationem quærere.* Sic prorsus quoque, imò multò potius Societatem Iesuitarum [illegible] institutum docet: *Quæque Superior jubet, quæque ipse facit, non solum [illegible] non esse, multoque minùs reprehendenda, sed etiam tanquam bona & sancta* (sic enim Pater eorum Ignatius in eadem Epistola loquitur) *præsupponenda*: quo nimirum omnis tandem [illegible], idololatria & superstitio Sanctitatis nomen obtineant, hacque reliquiarum Societatis colantur.

16. De IESVITARVM Servis Temporalibus *seu* Coadjutoribus formatis.

Officii Coadjutorum temporalium.

COadjutores temporales eorum Societatis sunt Servi & membra Societatis non tantùm in voto simplici, sed etiam solenni. Eorum est totum Societatis corpus fovere, curare, [illegible] & amictum ei parere, omniaque negotia domestica tractare. In horum numerum ac ordinem referendi sunt officiales & artifices: ut sunt [illegible], [illegible] sartores & similes, quorum artificiis in Societate indigent. Recipiunt enim externorum artificum operas, ne illorum doli manifestentur. Habent autem nullius rei conficiendæ licentiam, sed omnia ad jussum & nutum Rectoris facere coguntur. Si quid emendum sit, ipsis à Rectore annumeratur pecunia certa, pro qua ea quæ Rector jubet, semper tamen optima, emere, & cùm primum domum reversi fuerint, reliquum reddere, & [illegible] pretium Rectori [illegible] tenentur: Emptæ deinde quoque pro Rectoris voluntate & arbitrio dispensare & erogare.

Temporales servi cur dicantur.

Temporales verò dicuntur, quod tantùm temporalibus rebus occupentur, & in rerum humanarum dispensatione versentur, & ea jussu Rectoris peragant quæ ipsi cum [illegible] efficienda incumbunt. Ne tamen nomine *Temporalium* offendantur, docent, illos non minores esse merito, quàm reliquos, si eodem Spiritu eas [illegible] [illegible], quo illi Spiritualia tractant. Quia non sibi ipsis, non hominibus, sed Sociis Christi Iesu, imo ipsi Iesu inserviant. Illosque hoc recognituros esse [illegible], quos labores subeant pro Societatis Patribus, qui in tractatione rerum spiritualium occupati sunt, & curent, ut Societas floreat, augeatur & dilatetur. Denique, si qui ex his ante Societatis ingressum legere vel scribere nesciant, Regulâ prohibentur, ne illam literam in Societate addiscant, sed idiotæ & fratres ignorantiæ maneant. Sic enim habet Regula: *Nemo illorum qui præsto sunt ad [illegible] domestica, legere vel scribere addiscat, aut si quid horum sciat, nihil amplius addiscat, neque alium ipse doceat, absque permissu Præpositi generalis; sed illis sancta in simplicitate & humilitate Domino nostro Iesu Christo servire sufficiat.*

Qui plura scire cupit de gradibus & generibus Ordinis Iesuitici, legat *Hiliæ* HASENMÜLLERI Historiam, & *Christiani* FRANKEN in suo *Colloquio Iesuitico*, qui ambo olim fuerunt Iesuitarum mancipia, sed facti tandem liberi servi Iesu Christi.

DE CONFIRMATIONE ORDINIS, Regulæ Constitutionum *atque* Œconomiæ IESVITARVM.

Cap. VI.

IGnatius Loyola vestigiis in vita ejus indicatum est quoque, cùm aliquot annis Lutetiæ Parisiorum literis operam navâsset, tandem Anno Domini 1536 in Hispaniam reversus, adscitis decem novæ suæ Religionis sociis: ii erant *P. Faber, Fr. Xavier, Iacobus Laynez, Claudius Gajus, Iohannes Coduri, Alphonsus Salmeronius, Simon Rodericus Lusitanus, & Nicolaus Bobadilla.* Sequenti anno, qui fuit tricesimus septimus supra millesimum quingentesimum, Romam se contulerunt, ut à Romano Pontifice in terram sanctam abeundi licentiam impetrarent. Ante verò quàm Romam venissent, Venetiis in pauperum hospitiis, quæ Xenodochia & Nosocomia appellant, ut versati sunt, eamque diligentiam & solicitudinem in ægrotum [illegible] morbis curandis, vulneribus obligandis, molestâ, gravi ac putidâ sanie abstergendâ impenderunt, ut omnes in sui admirationem pertraxerint. Datâ verò Romæ licentiâ à Papa proficiscendi in Syriam, Venetias redeunt: ibi cognoscunt, ob pacem inter Turcas & Venetos, per id tempus ruptam, nulli navi Hierosolymam navigare licere. Mutatâ igitur sententiâ, septem ex illis sociis [illegible] & ad Sacerdotium promoveri voluerunt. Cùm verò Ecclesiasticâ lege, ex Pauli III. institutione caveatur, ne quis sacris initietur, qui aut hæreditatem, aut Ecclesiasticis bonis, unde honestè vivere posset, careret, hi novi Apostoli am-

plissipistiam ibi hæreditatem esse Deum ipsum, lautissimumque patrimonium, qui eos modò Christum sequi affirmabant, pro quo egere, extremamque penuriam pati, maximas opes ducerent. Quod sapientissimum esse, & Sacerdote Christiano dignissimum patrimonium cùm judicaret Veralius, Archiepiscopus Rossanensis qui per id temporis Venetiis Apostolicæ sedis Legatus fuit, postea Cardinalis factus, paupertati spontaneæque paupertatem Deo ante ejus pedes promiserunt, itaque patrimonio [illegible], ex illis septem sunt Sacerdotio inaugurati: facultas quoque illis data est, ut secretas atque occultas peccatorum confessiones liberè ubiq; audire possent.

Ab eo tempore cœperunt per urbes Venetæ Ditionis in Italia prædicare. Postea simul omnes se Romam contulerunt Anno Christi 1538. In itinere somnum quandam seu raptum Ignatius habuit. Socios enim præire jubet: ipse verò ad sacellum quoddam, quasi in eo oraturus, divertit: dumque aliquamdiu ibi commoraretur, Socii regrediuntur ad sacellum, suum Ignatium quæsituri: qui conspectis illis in faciem procidit, & aliquandiu, quasi extra se raptus esset, jacuit. Paulò post à simulata ecstasi evigilans Sociis dixit: Visum habui, pergimus Romam, ubi nos dura pati oportet. Sed præsentibus animis sitis, B. Maria promisit se nostram fore patronam.

Ubi Romam venissent, gravissimis molestiis à Clero Rom. exagitati sunt: imprimis autem Augustiniani Eremitani Ignatio & Sociis ejus restiterunt, eosq; multorum scelerum accusarunt. Metuebant enim Sacerdotes & Monachi, ne quæstus suos, ac fortunas & Monasteria ab his Sociis aliquando occuparentur.

Multi etiam Cardinalium ac Episcoporum eo tempore Ignatio Loyolæ vehementer resistebant, maximè verò Bartholomæus Guidiccionus Cardinalis, cui cum aliis doctis Regulam Ignatii examinandam tradidit Paulus III. Regulæ confirmationem dissuaserunt vehementer, ut priscas Religiones potiùs reformandas, quàm novas instituendas, rectè prudenterque judicantes.

Ægrè etiam tulit Pontifex ipse, quòd majorem in Regula promitterent Generali suo Jesuitæ, quàm sibi, obedientiam.

Sed horum prudentiam Ignatii astutiâ opprimebant: nam mutato hoc capite Regulæ, Papæ eandem potestatem quam Generali Ordinis concessit ac tribuit: ut summo Pontifici ad nutum pro-suo forma Socii, & omnino ad eam normam vitam dirigerent suam, quæ à se esset constituta, simul etiam promiserunt Pontifici diligentem institutionem puerorum. Quod quidem Papa Tiburi tunc commorans, libentissimè audivit, & Societatem approbavit 5. Non. Octob. Anno 1540. Atque ita præter omnium opinionem hæc nova Pharisæorum & hypocritarum Societas in tutelam & patrocinium Roman. Pontificum suscepta, & multis commodis legibus ac privilegiis 17. præ cæteris Monachorum Ordinibus munita & confirmata est.

Duobus igitur dolis, imposturisque fraudibus à Paulo III. confirmationem sui Ordinis extorserunt & impetrârunt Jesuitæ: primò, promissione absolutæ obedientiæ erga sedem Roman. in omnib. quæ eis præciperet, sive mitteret eos ad Turcam, sive ad quoscunque alios infideles, etiam in partibus quas Indias vocant, existentes, sive quoscunque hæreticos, seu schismaticos, sive etiam ad quosvis fideles. Secundò, promissione institutionis puerorum & rudium in Christianismo, decem præceptorum & aliorum rudimentorum. Neutrum autem præstiterunt: pauci in Indias proficiscuntur vel ad alios infideles, tota agmina sunt in orbe Christiano, ut ibi turbas, seditiones ac bella inter Christianos excitent: abjecta etiam puerorum institutione, adultiores tantum in Philosophia & Theologia instituunt.

Privilegia à Pontificibus Romanis JESUITIS concessa.

Quam igitur præter omnium opinionem hæc nova Pharisæorum & hypocritarum Secta & Societas in tutelam & patrocinium Roman. Pontificum semel suscepta esset, mox eam multis privilegiis, præ cæteris Monachorum Ordinibus, immodicè muniverunt & extulerunt, eoque ipsos insolentissimos, arrogantissimos & audacissimos fecerunt.

Nam Paulus III. Rom. Pontifex in prima Bulla Jesuitis potestatem concessit, pro libitu & arbitrio, in suæ Societatis usum & incrementum, Regulas & Constitutiones tot quotquot volunt condendi: quarum tamen omnium scopus & finis sit, Confirmatio Pontificiæ sedis, ac Jesuiticæ Societatis amplificatio.

Iis Ignatio tribuit facultatem recipiendi 60. Socios. Adhuc enim numerum Societas illa anno 1540. restricta fuerat. Astutum certè & callidum consilium, nam

ut in

vt in eo numero arcti ac vices Iesuitarum crapocarerentur, nisi si è re sua non videretur, nos facturus suppeteret. Iesuitæ verò, quos harum angustiarum tædebat, omnes operam intenderunt, vt ex iis emitti possent. Missam igitur quàm facere [illegible] fidem suaque corpora deuouerint, quaque fronte supra monachalem audaciam commendârint. Non potuit igitur Pontifex tā prompta & libera mancipia aspernari, quæ vel sine mercede soli auris sui considerâ seruire gestiebant. Paulo post igitur Pontifex definitum illum numerum in indefinitum auxit: ita vt nunc Iesuitarum Generali liceat, tot suscipere Socios, quot idoneos agnosci poteft.

III. Omnibus anathemata & maledictionem minatur, qui hanc Societatem, tanquam Romanæ sedis communionem *imare tentaret*, vel impedire eam moventur.

In secunda Bulla his Sociis Anno 1543. egregia robur auxit, quibus illorum officium deprouit. Primò enim affirmat, *quòd per eos Religionis fructus* [illegible]. Secundò *tribuit illis fidei catholicæ dilatationem*. Tertiò diuinæ nominis laudem *quod sint in Theologia exercitati Extiæ Parisiensis graduati, & à Spiritu sancto afflati*. Quartò, *quod animarum sint zelatores*.

In tertia Bulla, cum Iesuitarum artes in seducendis hominibus Paulus III. videret, & agnosceret ipsos præ reliquis Ordinibus omnibus Pontificiæ doctrinæ & idolomaniæ propagandæ studiosè inuigilare, nec nos professionem eorum animaduerteret, voluit hunc suum nouum creaturam, vt reliquos Monachos inter [illegible] tectis latitare, sed temporibus vbique [illegible] prodire, hominum negotiis se inserere, Scholas & Templa occupare, industriamque operam nauare, vt omnia Pontificia officia recte, & secundum Papæ voluntatem & morem exsequerentur, ne quid detrimenti Romana Ecclesia accipiat. Numerū igitur sexaginta Sociorum abrogauit, liberumque Ignatio & successoribus reliquit, quotlibet petentes in Societatem recipere. Concessit insuper illis facultatem vbique locorum pro lubitu concionandi, & quorumuis vtriusque sexus ad eos venientium, accedentium confessiones audiendi, & confessionibus eorum diligenter auditis, ipsos & eorum singulos ab omnibus & singulis eorum peccatis, criminibus, excessibus & delictis, quantumcunque grauibus & enormibus, etiam Sedi Apostolicæ reseruatis, & à quibusuis ex iis [illegible] sententiis, censuris & pœnis Ecclesiasticis (exceptis in Bulla contentis, quæ in die Cœnæ Domini legi solita est) legitimè absoluendi, ac eis pro commissis pœnitentiam iniungendi. Concessit etiam potestatem vota peregrinationes, &c. pro tempore commutandi: Missam ante diei exortum, & post meridiem celebrandi: Eucharistiæ Sacramenta administrandi: Officium Romanum nouum, non ex præcepto sed ex libertate dicendi. Item, vt Assistentes sint & Cardinales, quæ rebellantes Iesuitis compescant, & rebelles [illegible]. Factum Prid. Idus Martias Anno 1545.

In quarta Bulla Paulus III. 1546. ad instantiam Iesuitarum potestatem illis fecit *vt socios suos in certas distinguant species, admittant scilicet & suscipiant Coadiutores spirituales & temporales, Sacerdotes & Seculares*. Horum autem officium exprimunt attributo *Coadiutorum*, quorum officium est, in omnibus, ad quorum tamen Rectores Societatem adiuuare. Et hi sunt vel operum Ministri & serui, quales sunt [illegible], coqui, lotores, sartores, pistores, cellarii. *Hi*, quod tantum circa res occupantur externas, nec [illegible], vel horas canonicas celebrent *Temporales* vocantur, vel *Seculares* vt paulò ante diximus. Reliquos verò, qui Missas peragunt, vocant *Patres Spirituales*.

Ne autem Seculares hi Coadiutores putent se non tantum habere meritū, quot consequuntur illi qui [illegible] Professionis summe Votum, [illegible] temporibus & [illegible] bus Patri [illegible] mancipia tradunt, Iesus parumideo fecit illis Patribus potestatem etiam hos *Coadiutores ad sacros ordines promouendi, & paritèr reddendi* [illegible], *quibus gaudent Iesuitæ Professi*, illi nempe qui peculiari voto se Papæ deuouerunt.

In quinta Paulus III. Cal. Nouemb. Anni 1549. Iesuitas mirificè commendat: nempe *quod sint viri similes in Domino: quod vberes animarum fructus pariant: quòd verbo & exemplis prosint: quod sint tibi Patres & seduli mentis Papæ*. Vult etiam *Generalem, plenariam & omnimodam, tamque liberam potestatem habere, omnes Iesuitas secundum suam Institutionem gubernandi: nec sit ille villi Cardinalium vel Episcoporum, verum soli & vni Pontifici subiectus. Cum quo etiam* [illegible] *Apostolica* [illegible] *traditur*. Ne autem Generalis ille Pontificatum affectet, vel quid cū suis vel alius contra Ecclesiæ Roman. auctoritatem præsumat, concedit Sociis, hūc & alias ob causas *Generalem suum*, [illegible]

[illegible]

iam per suas primarium Papa carere, propterea esse debet, amovendi, aliumque secundum suas Regulas substituendi. Sed autem Papa temporum quantum Apostolicæ sedis auctoritate, & Societatis suæ dignitatem quærat, posse illum etiam inconsulto Papâ suum quocunque voluerit amovere & revocare, nulla temporis limitatione adhibitâ. Hinc est crebra illa Iesuitarum mutatio.

Concedit præterea Generali *quod possit absolvere omnes hæreticos confitentes cum irregularibus dispensare: absolvere, nisi Societatem ingredi, vel vota emittere volunt, prohibere ingressum suum, ut vel ipsi, vel ii, quos ordinaverit, confessiones suas audire nullum nisi Cardinalem audire posse.* Generali datur etiam potestas, *Iesuitas aliam Ordinem sine venia ingressos, maximè apostatas,* ut loquuntur, *fugitivos, aut in Societate insolentes, vel contradicentes, vel illorum Regulas in spretum producentes, vel illorum vota revelantes, in quocunque habitu inveniantur, excommunicare, & si opus sit, auxilio brachii secularis invocato, liberè & licitè invadere, capiendo ducere, & pro arbitrio tractare.*

Deinde Iesuitarum maximas opes vult esse omnino liberas, suos vult esse nulli tributario, nullius exactioni, vectigali, censui vel alteris subjectos, una cum tota Societate. Sic enim verba Bullæ habent: *Ipsa verò Societas & illorum bona, ab omni Superioritate, jurisdictione & correctione Ordinarium sunt exempta, liberata, & sub protectione Papæ.*

Tribuit etiam eis *Oratoria & usum Altaris portatilis.* Dum enim per Christianorum loca exploratores & proditores agunt, neque ubique altaria consecrata, in quibus Missam celebrent, habere possunt, secum altare vel mappulam, in illum usum deputatam, portant.

Adhæc non solùm Iesuitas, ut illorum bona, sed etiam ipsorum Regulas ab omnium Prælatorum censura exemptas esse vult. Sic enim habent verba Bullæ: *Nulli Prælatorum, exceptâ Papâ, licere, vel concessum esse constitutiones Iesuitarum sub censuram sumere: aut sumentem nihil efficere, illiusque sententiam nullius esse roboris.* Hinc etiam Iesuitæ, ut supra quoque indicatum est, suis Regulis mandant, ne quis illas cuiquam extraneorum concedat vel communicet, vel quicquam de illis referat dicto vel scripto.

Mandat etiam aliis hominibus, ut Iesuitas illorumque substantias defendant.

Permisit etiam in hac Bulla, *ut quicunque velint occultè suo tempore Iesuitarum Missas audire, & ab ipsis Sacramentum percipere, id impunè facere possint.*

Concedit idem Papa Paulus in eadem Bulla, ut tot Sacerdotes curent ab Episcopis Romanis radi, [illegible], ungi & consecrari, quot voluerint.

Permisit etiam, *ut ad hæreticos ire, & in illorum Regionibus liberè commorari, cumque ipsis versari possint, de licentia tamen Generalis vel Præpositi, à quibus in [illegible] necessaria petant & recipiant.* Hujusmodi Iesuitarum multi, nunc habitu studiosorum, nunc Nobilium, modo aliis atque aliis circumvagantur: qui etiam se mirificè apud homines insinuare noverunt, indeque fit, ut sæpè Principum, Theologorum, Ecclesiarum, Scholarum & Rerumpubl. res & statum melius, quàm illi ipsi norint. Et has suas proditorias artes hoc sophismate excusant, quòd Papa id mandârit ac jusserit.

Ne autem in his expediendis, aliis fortè negotiis impediantur, ideò vult hæc ipsa Bulla, *ut ab omni visitatione & verè Monasteriorum, vel aliarum religiosarum personarum liberi & immunes sint.*

Eadem Bulla Papa ab omni contributione Iesuitarum **bona** exemit. *Non tenentur Iesuitæ,* **inquit,** *solvere decimam bonorum,* ***vel aliam*** *dare contributionem, sive procurationem,* **aut** *Papalem, vel Canonicalem pertinentem.* **Etiamsi** priùs fuerint illa bona sub censu: **nisi sit** id specificè **&** expressè in literis Apostolicis. Ab omni quoque Episcoporum jure, interpellatione & impedimento **eximit.** Adhæc Episcopis mandat, ut illorum domos & Templa consecrent: impedientes verò illorum vel Scholas, vel Templa reprehendit, & desistere nolentes excommunicat, illorumque bona Iesuitis tribuit.

Ne quoque desint homines qui Iesuitas in Papatu fulciendo adjuvent, *dat illis facultatem quoscunque valent irregulares & seculares arripere & ad sua ministeria promovere.* Hinc dixit Landspergensium Iesuitarum Rector Anno millesimo quingentesimo octogesimo quarto: *Sunt in Romana Ecclesia ordines, quorum aliqui non nisi doctos, alii non nisi nobiles, alii non nisi ex legitimo conjugio natos recipiunt: at nobis authoritate Pontificia permissum est, bonos & malos, fures & latrones, & quoscunque volumus recipere, modò se Papæ & nobis subjiciant, nosque secundum Societatis Institutum juvent.*

Ut etiam Iesuitarum Ædes, Collegia,

Templa & Scholas inspiciuntur, & ipsa sacrosancta violantur, hominesque in illa afferunt; addit Bulla: [illegible]

Tandem in hac Bulla datur illis [illegible] Episcopatum peragere, qualia sunt ordinare, ungere, chrismare, adjurare, exorcizare, confirmare, reformare, indulgentias distribuere, dispensare, Templa consecrare, campanas baptizare, Altaria nova facere, & similia, quæ in Papatu Episcoporum sunt propria.

Vide etiam, [illegible] Hanc Bullam lectores Mare magnum vocant, quòd in ea omnis generis privilegia ipsis non aliter, quàm in Oceano navibus onerarijs merces advehantur.

Mare magnum vocant Bullam. [illegible]

[illegible]

Dignissimus certè est Iesuitarum Ordo tali confirmatione & patrono Paulo Tertio Pontifice. Ante mortem ejus editus est libellus Italicus, cum Præfatione ad Ascanium Columnam, quem ille [illegible]. In hoc libello author varia & immanissima quidem scelera recenset, & Antichristum illum appellans, [illegible]

[illegible]

[illegible] *Christianum functionis [illegible]* [illegible] *Pontifex, per Ecclesiae Romanae fines* [illegible] *quando ubique* [illegible] *Gaudentium, Canisium, Lainium, & alios.* [illegible] *quamobrem à* [illegible] *debent* [illegible]. Egregium, si Dijs placet lesuitarum patronus.

Julius Tertius Pauli successor 12. Calend. Augusti Anno 1550. ad instantiam Iesuitarum Vota sua renovantium praecedentis Bullae privilegia omnia confirmavit: & addidit insuper, *omnes Episcopi* [illegible] *Dei* [illegible].

Cum etiam in Bulla Anni millesimi quingentesimi quadragesimi à Paulo Tertio prohibitum esset, ne alijs in locis aliis Collegia erigerent, quàm apud approbatas Universitates, Iulius in hac Bulla concessit Iesuitis ad instantiam eorum, ut ubicunque vellent aedificarent ea, & instituerent. Verba supplicationis eorum sic habent: *Quia autem domus, quae Domus dicuntur ad operandum in vinea Christi, & non ad Scholastica studia* [illegible] *ad literarum studia* [illegible] *Seminarium* [illegible] *Scholarium habere Collegia* [illegible] *ad Sedem Apostolicam* [illegible] *auctoritate Apostolica* [illegible] *Collegia habere* [illegible] [illegible] *super dicta Collegia,* [illegible] *Iesuitas* [illegible] *Collegiorum* [illegible] *suis usibus* [illegible] *ut* [illegible] *in propriis usus* [illegible], &c.

Idem Papa 22. die Octobris Anno 1552. Iesuitis nova, pariter Superioribus Privilegia: videlicet, *licere* [illegible] *circa* [illegible] *dispensare* [illegible] *Missae* [illegible] *Collegiorum* [illegible] *gradus promovere.* Ne quis autem illos, ut qui publica non subierint examina, arguat, rideat & contemnat, praecipit Papa, *ut tales graduati, qualificati & formati, quasi in publico id factum esset,* [illegible] *habeantur.* Concedit etiam illis eadem Privilegia, quae habent ij, qui legitimè promoti sunt.

Digni sunt Iesuitae hoc quoque Pontifice Patrono & Confirmatore Ordinis sui. Is galerum suum mox Pontificio, cuidam adolescenti, Innocentio nomine, dare constituit, non modò nullis praedito virtutibus, sed pravis & obscoenis moribus à puero imbuto: quem ille in delitijs habuerat, dum esset Bononiae legatus. Romae sciebatur, & libellis quoque taxatum à se-ve Ganymedem foveri. Cùm ergo institutum suum de donando suo pileo Innocentio, deferret ad Senatum Cardinalium, & omnes refugerent, unus imprimis dixeret, *Et quid* [illegible] *purpura* [illegible] *splendore?* Respondebit Iulius, *Et quid* [illegible] *quod Pontificiâ dignitate* [illegible]? &c.

Pius Quartus Aprilis 13. Anno millesimo quingentesimo sexagesimo primo animadvertens Iesuitas in ipsos primum defendendos sedulos, & ad omnia paratissimos esse concessit illis *potestatem aedificandi collegia ubicunque vellent.* Et mandat ut in hujusmodi coactibus Parochi, Ancillares & Episcopi Iesuitas adjuvent, inobedientes autem coërceant.

Augusti decimo anno die eodem anno Iesuitis [illegible] *Republica* [illegible]. Idem praecipit, *ut* [illegible] *Collegia* [illegible] *iurament* [illegible] *Papa* [illegible] *sunt.*

sint omni alieno, forum, censu, decimis, & exactionibus liberi relinquuntur, tam ijs quæ jam possident, quàm quæ illorum usum futuris temporibus cessura sunt: tam in domibus & Collegijs, quàm in civitatibus & Vniversitatibus. Nullum tributum, nullum censum, nullas decimas, de domibus & Collegijs & fundis solvant: sed sua ab omni solutione exempta & libera possideant. Secundo, non vult, ut Iesuitæ, sicut reliqui qui Monachi, intra latibula sua se contineant, *sed liberè ad omnes exeant, prædicent & professiones agant, & ubique etiam, ubicunque sperant se commoditatem habituros homines ad Ecclesiam Romanam adducendi Collegia & Scholas erigant.* Contradicentes vult graviter puniri. Tertiò, tribuit illis *facultatem ad gradus promovendi vel, præsertim pauperiores, quos publicè Academiarum Professores admittere & promovere noluerint: vel etiam ditiores, quos interdum non erudita, sed vita moribus probata excludit, tamen, ut semper cedant in usum Doctorum publicorum, vel juribus Vniversitatum.* Et tali ratione promotos, iisdem privilegijs gaudere vult, quibus fruuntur qui publicè sunt promoti. Etiam hic Pontifex prædecessorum suorum vestigia fideliter secutus est.

Privilegia Pij V. Iesuitis data.

Pius Quintus Anno 1567. [illegible] Calend. Februarij cùm ex Iesuitarum relatione intelligeret, nonnullos cognitâ hac novâ Sodalitate studijsque perspectis pœnitentiâ ductos Societatem hanc reliquisse, & vitam politicam sectari: ut his accessum intercluderet, & reliquos intra Societatis limites coarctaret, decrevit etiam, ut *egredientes ex Societate, licentiâ Generalis vel Papæ, si aliam ordinem ingredi velint, ut nullum alium quàm in Carthusianorum recipiantur: Egredientes verò sine permissu Papæ vel Generalis, si in Romana Ecclesia permaneant, excommunicentur: si transeant ad Ecclesiæ Romanæ hostes, quibuscunque possunt artibus & insidijs capiantur, incarcerentur, & secundùm jus Pontificium cum illis procedatur:* hoc est, ut vel ad vomitum redeant, vel comburantur.

Tandem ne Iesuitæ aliorum etiam destituantur privilegijs, idem Papa concedit illis *omnia privilegia, quæ sunt Ordinibus Mendicantibus concessa:* ut sit ubique, quocunque veniant, sic habitu diversoria, & similia invenire, qui illos in regnis Pontificiorum excipiant juvent.

Anno 1568. [illegible] Calend. Septemb. idem Papa nomine [illegible] Iesuitarum privilegia [illegible] omnes eorum conditiones probat, contractus concedit, & ab aliorum impetitu, pœna ac censura reddit immunes.

Die decimo Martij Anno 1571. aliâ Bullâ concessit Iesuitis *facultatem liberè & publicè legendi, etiam ubi Vniversitates sunt.* Vbicunque ergo ad Academias veniunt, etiam non vocati, cathedram & suggestum docendi causâ ascendunt. Permittit etiam studiosis quibusque, ut ejusmodi Professores advenientes audiant reclamantibus Ordinarijs: qui si nolint Iesuitarum auditores promovere, licet Iesuitis illos domi promovere. Et ne Vniversitatum Rectores pro jure suorum privilegiorum in Iesuitas & illorum discipulos procedant, & eos illegitimos arceant, vult eos omnes excommunicari, qui vel impedire, vel molestare Iesuitas præsumunt. Verba Bullæ sunt hæc: *Decernimus & declaramus quòd præceptores hujusmodi Societatis, tam literarum humanarum, quàm liberalium artium, Philosophiæ, Theologiæ, vel cujuscunque earum facultatum, in suis Collegijs, etiam in locis ubi Vniversitates existunt, suas lectiones, aliis publicè legere (dummodo per duas horas de mane, & per unam de sero, cum Lectoribus Vniversitatum non concurrant) liberè & licitè possint: quodque quibuscunque scholasticis liceat in hujusmodi Collegijs, lectiones & alias scholasticas exercitationes frequentare, ut quicunque in eis, Philosophiæ vel Theologiæ fuerint auditores, in quavis Vniversitate, ad gradus admitti possint, & cursum, quos in eis Collegijs fecerint, ratum habeatur. Ita ut si ipsi in examine sufficientes inventi fuerint, non minùs, sed pari omnino, & absque ulla penitus differentia, quam si in Vniversitatibus prælectiones audivissent, ad gradus quoscunque, tam Baccalaureatus, quàm Licentiaturæ & Doctoratus, admitti possint & debeant, easque super præmissis licentiam & facultatem concedimus. Districtiùs inhibentes, Vniversitatum quarumcunque Rectoribus & alijs quibuscunque, sub excommunicationis majoris, aliisque arbitrio nostro, moderandis, infligendis & imponendis pœnis, ne Collegiorum hujusmodi Rectores & Scholasticos permissis, quovis quæsito colore, molestare audeant, vel præsumant. Decernentes quæque præsentes literas, nullo unquam tempore, de subreptionis vitio, aut intentionis nostræ, vel alio quopiam defectu notari, vel impugnari, nullatenus posse, minusque sub quibuscunque similibus, vel dissimilibus gratiarum revocationibus, limitationibus, & aliis contrarijs dispositionibus comprehendi posse.*

Paulo post die 7. Iul. concessit illis omnia

Mendi-

mendicantium privilegia, licet ipsi propria Collegia habeant, & tamen ubique adsciscant. Alij Monachi peregrinantes Iesuitas dissi...ter excipere [illegible], illisque [illegible] [illegible] multis ipsis divites, Collegia habentes & alias, ad eas deverint. At Iesuitæ [illegible] à Pio V. ut Monachis ipsis divertant & pernoctare in suis Cœnobijs peteret recipere cogantur, nisi in Papæ indignationem incurrere & pœnas dare velint.

Gregorius XIII. sub initium Pontificatus Iesuitis dedit *facultatem Conservatores, Iudices & Advocatos assumendi in quibusque causis. Illos autem jubet sequentes excommunicari jubet: sic ut & sub Ecclesia Romana custodia, & etiam seu patibulorum tutela [illegible], absque omni impedimento vos Papæ [illegible] possint.* Vult etiam, *ut Archiepiscopi & reliqui Clerici Iesuitas laborantes vel prædicantes, cum patenter, [illegible] [illegible], neque permittant, ut Iesuita vel impediantur, vel molestentur, vel expellantur, vel bonis suis exuti cogantur.*

Idem Papa Anno 1573. Prid. Calend. Mart. concedit Iesuitis præ Clericis reliquis, *ut suas horas Canonicas extra chorum, & ubi voluerint, recitare possint.*

Permisit etiam illis, ut *quandocunque voluerint, vel ante, vel post vota suscepta Sacerdotalis ordines suscipiant, modo sint idonei.*

Anno 1575. Ianuarij octavo, prorsus novum illis concessit privilegium, quo *eos Bibliothecarios Pontificios creavit, varias facultates illis tribuens circa librorum prohibitorum lectionem, emendationem, interpretationem, [illegible], expurgationem & [illegible].*

Sequenti mense Maio ejusdem Anni Gregorius hic favorem suum totum in suos Iesuitas infundens, tribuit & concessit illis omnibus *facultatem omnium Ordinum & locorum privilegijs, more suo, utendi.* Quocunque igitur pervenient Iesuitæ in regno Pontificio, nemo tamen illis dicere audet: Quis vos vocavit? quid facitis? Quare intra vestrorum Collegiorum parietes, ut Monachos decet, vos non continetis? Aut si quid tale audeant, mox Papæ Bullas proferunt.

Mense Iulio Anno 1576. die 16. exemit illos hic ipse Papa *[illegible] intersissendi [illegible] [illegible] & funeralis [illegible]*

Aliorum Pontificum Rom. qui his successerunt privilegia, Iesuitis concessa, non minora vel leviora prioribus fuisse, sequentium annorum historia proba-

Nihil autem sunt aliud quam exaltatio Iesuitarum Ordinis supra omnes Clericorum & Monachorum Ordines ac licentia quidlibet agendi.

Mirum autem non immeritò videri alicui posset, quo consilio, seu, ut rectiùs dicam, quâ astutiâ, post tot Monachorum examina, quibus totus Mundus scatet, Thiara Babylonica hunc novum fecerit, præsertim cum jam pridem in Lateranensi Concilio Anno 1215. sub Innocentio Tertio, & in Lugdunensi anno 1274. sub Gregorio Decimo celebrato decretum fuerit, *ne quis de cætero novam religionem inveniat, ne nimia Religionum diversitas gravem in Ecclesia Dei confusionem inducat.* Idemque conqueritur etiam Petrus de Alliaco Cameracensis Cardinalis in suo libro de Reformat. Ecclesiæ Constantiensi Concilio oblato. Similiter Armacanus & Guilhelmus de sancto Amore sacræ Theologiæ Doctor insignis quondam in Sorbona Parisiensi, quem Ioannes Gerson summis laudibus evexit: Et novissimè novem selecti præstantissimi & doctissimi viri, quorum quatuor erant Cardinales, reliqui Archiepiscopi, Episcopi & Abbates, à Paulo Tertio Pontifice Romano Anno millesimo quingentesimo trigesimo octavo congregati & dicis adjurati, ut absque ulla dissimulatione veritatem edicerent, & concilium darent ad judicandum de corrigendum abusus & medendum morbis Ecclesiæ. Hi inter alios abusus corrigendos, censuerunt *prohibendum esse ad[illegible] novorum Religiosorum etiam in [illegible] jam existentibus ordinibus: [illegible] omnes qui tam [illegible] erant profecti, [illegible] & expellendos, [illegible] minus novas [illegible] [illegible], etiam Ordinem vel Religionem approbaverant, & [illegible] [illegible] Iesuitas religiones admitterent.* Sed quia intelligens homo ille peccati & filius perditionis tempus illud adesse, quo Dominus ipsum Spiritu oris sui confecturus sit: simulque videt reliquorum Ordinum, quamvis plurimos & crassos veteres, non posse labascentem Rom. Ecclesiam fulcire: ut afflictis suis rebus maturè succurreret, novum hunc ecclesiam stabiliat, sollicitè quo in Regulis eorum, ne contemnentur multitudine ceremoniarum, sed [illegible] [illegible] & linguarum cognitionem, & scripta veterum evolvant, quo eruditis & doctioribus, & verbo Dei [illegible] jam [illegible] detectis, plusquam [illegible] [illegible] frenum [illegible] Iesuitico induere, & novum regni Pontificij conservare possent, ut si alias pertentarent jam lacerum luce Evangelii separatistim, ita expostulantes, ex hoc Ordine prodeunt, tanquam emissarij in omnem terram submittit propugnatores & patroni. Factum hoc in Germania præcipuè, in cujus perniciem hic Ordo potissimum institutus videtur. Quia enim ista natione, ij quoque qui Pontifici parati sunt, quique magna mercede conductitiam linguam Romanæ Curiæ locarunt, nonnullos manifestos errores & nimium crassos abusus improbârunt, quædam etiam timidius defenderunt, de quibusdam denique nimis modestè & minus quàm status Pontificij regni ferat, loquuti sunt; idcirco sedulò curârunt in primordijs statim Ordinis hujus, ut in teneris annis mox pueri ingenio pollentes in hunc ordinem cooptarentur, & Romam missi, ibi in medijs abominationibus educarentur instituerenturque: & postquam viderentur imis visceribus imbibisse abominationes, quas Thais Babylonica calice suo propinavit, satisque characterè bestiæ confirmati, tunc per Germaniam, tanquam locustarum examina, dispergerentur, ut hac artificia fortissima illa gens sub jugum Pontificiorum errorum reduceretur, & lux Evangelij extingueretur, aut certè obscuraretur, sicut sæpè factum legimus, ut agmina locustarum oculis hominum solemque lucemque eripuerint.

[illegible]

Quæ igitur de Dracone magno & rufo, ejusque ministris Ioannes in Apocalypsi scribit, quæque Hilarius & ignatius de ijs referunt; *Quod nimirum seducere & scandalizare soleant quidem pusillos in CHRISTVM credentes, bona omnia ubique ...arum ... , ... patris sui diaboli perficiendo, zizania in agro DOMINI superseminando, quorum semina sunt variis serpentibus*: Hæc, inquam, in nullos quadrant aptius, quàm in hanc Iesuitarum sectam. Quum primùm enim post horrendas, diuturnas, Pontificios auctosque errores tenebrasque plus quàm cimmerias, lux verbi Dei, immensa ipsius bonitate illuxit mundo, statim Draco ille magnus Scortorum pullorumque corpore novissimum, qui & scorpionum aliquot venenosos, iniquissimos ac perniciosissimos ... mentiendi manifestiores errores, damnare doctrinæ veritatis, hoc nostro sæculo imperio Dei beneficio, ... hominum ... involvere, ... cubilibus pingere, maximè autem

augustissimo more & præsenti Catholicæ Ecclesiæ corpori: nihilque adeò est tam crassum, tam putridum, tam impurum, tam insulsum atque impium in Pontificia lacuna, seu potius cloaca, quod novis istis Socijs non optimè oleat, quod editorum ab ipsis librorum lectio certissimè docere potest.

Rectè igitur Princeps quidam magni nominis comparavit Iesuitas chartis aleatorijs, quas maximi valoris postremas proferunt, ponuntque lusores, ad vincendum adversarium; ita quin Curiæ sic enim Pontifices ad extremum assiduissimos istos emissarios in Germaniam ablegasse ad missam sibi authoritatem recuperandam, & quæ superat conservandam.

Cùm igitur Pontificiæ Sedi jam ruenti humeros suos certatim supponerent Iesuitæ, opponunt etiam Pontifices Romani tam fidis satellitibus diligenter providere, ne quid detrimenti Secta illorum nova, alijs Monachorum Sectis supra modum exosa, caperet, sed incrementum haberet maximum. Vnde Gregorius XIII. Papa Iesuitarum Annales legens, ac opera considerans, quæ hinc inde artibus Iesuitarum efficiuntur, dixisse fertur, *Tot sunt mihi millia Clericorum, sed soli Iesuitæ omnes superant in stabiliendo Regno nostro. Digni ergò sunt qui præ cæteris etiam foveantur.*

Vt etiam his privilegijs à Pontificibus Romanis ornati ad summum authoritatis gradum in Ecclesia Romana evecti Iesuitæ, gratos sese aliquo modo præberent, ipsi vicissim Pontificibus sese in omnibus subjiciunt, ab eorum nutu pendent, omnia ipsorum facta & dicta pro oraculis habent, & eos tantùm non pro Deo colunt ac venerantur. Sic Iesuita *Ledesma*, Romæ in monte di Cabailo Iesuitarum neophytorum apud D. Andream moderator, dixit: *Impossibile est enim Deum in cælis non diligi, quos summus ejus in terris Vicarius, Pontifex Romanus diligit, per quem quasi scalâ quadam ad cœlum gradu ascendum.* Præterea in prima Regula traduntur, *Papa Romano utcunque non aliter ac sermonem Christi, audiendum esse. Hunc si haberent*, aiebat Iesuita *Petrus* Lansperge in Catechismi Canisiani explicatione, *quis contra nos esset? Cardinales, Episcopi, Curiati, nobis non modò præesse non audent: sed etiam in hoc quoddam ordinati sunt, ut nos sub protectionis suis authoritate protegant atque defendant*: ut in Bulla secunda constitutum est? *Quid? quod*

brachium

brachium seculare, videlicet Principes, omni postpositâ appellatione à nobis convocatum, arma capere, & nobis resistentes, si ita opus sit, tollere, proscribere & condemnare debent. Quamobrem, dilecti fratres, aiebat, *Pontificem amemus, patentem, amicissimum, & patrem dilectum praesentis. Illum enim sectemur, & hujus vitae praemia & aeternae laetitiae gloria consequamur. Ille enim est, qui nostram Societatem confirmavit, auxit, ornavit, & hactenus conservavit.* Et inquit Iesuita Augustae editis aiebat: *Confratres dilectissimi, ut Pontificem Romanum aspiciamus, ab illius Majestate & nostrum esse & interesse dependeat: huculò, quicquid sumus & habemus, id omne & totum Papae Romano acceptum ferendum est.* Iterum dixit Tardanus: *Ipse est noster animus, nos ejus corpus. Et sicut corpus absque anima mortuum est: ita etiam Societas absque Pontifice Romano [illegible] mortua est, planeque cadaverosa.* Dixit etiam Iesuita Gregorius Augustae, *quòd diu inter Societatem nostram & Pontificem Romanum pax atque concordia fuerit conservata: tam diu sanctam Petri, & sedes Apostolicae [illegible], nostra vero Societas fuerit munitum. Dissidium autem oriri, utrumque concidere, neque amare tali modo [illegible] [illegible] fuisset sanum. Agnoscamus ergo, Pii, Pontificem Romanum Patrem, & huic soli in omnibus, quae vult obediamus. Ipsi enim est nobis imperare & jubenda praescribere: nostrum vero est, non petere rationem, absque ulla tergiversatione, ut filios obedientes & Papae dilectos decet obedire. Ita enim,* dixit Iesuita *Bonaventura* Ingolstadii Rector, *apud Pythagoreos, pro argumenti & causae ratione fuit αὐτὸς ἔφα: quanto magis obedientia nos facimus, & sine ulla refragatione exequamur ea, quae in mandatis à Pontifice Romano accepimus? Illum est dicere hoc facias nostrum vero est agnoscere illud modo uno & ut natis suscipi [illegible], addere, Amen.* Alii dicunt sodalibus suis: *Est sane magnum, esse in gratia, alicujus cumulo majus in Principis & Caesaris: at maximum est vivere sub gratia, favore, pace & indulgentia Romani Pontificis pro Sanctitate & Majestate sua [illegible] [illegible] orare, & huic intendendum quae quanta nobis hanc induxit, partim ex Residentiis, domibus, collegiis, fundis, redditibus, partim etiam ex Epistolis & Bullis notum est.* Atque hic quidem Mutuum multi sodalium, ut est in proverbio, videbatur, Pontificem Romani & Iesuitae.

Examen Regularum de VOTIS Iesuitarum.

De VOTO PAVPERTATIS.

IN Iesuitarum constitutionem Summatim trium tantum votorum, quae *Simplicia* vocant mentio fit, nempe *Paupertatis, Obedientiae & Continentiae*, & quatenus illa vobis esse indicatum. De Paupertatis Voto sic habet Constitutio vigesima tertia. Cap. VIII.

Paupertas, ut murus Religionis firmus, diligenda, & in sua puritate conservanda est, quantum divinâ gratiâ aspirante fieri poterit.

Constitutio vigesima quarta. *Diligant omnes paupertatem, ut matrem, & juxta mensuram [illegible] discretionis suis temporibus eius aliquos effectus experiantur, [illegible] [illegible] [illegible] propriâ [illegible], paratique sint ad mendicandum ostiatim, quando vel obedientia, vel necessitas id exigat.*

Constitutio vigesima quinta. *Victus, vestitus, et lectus ratio erit ut pauperibus accommodata: & nemo quicquam sibi persuadeat, quod quae vilissima erunt ex iis, quae domi sunt, ei tribuantur propter ipsius majorem abnegationem & spiritualem profectum.*

Constitutio vigesima sexta. *Intelligant omnes quod nemo dare, vel accipere, vel dispensare quicquam de iis, quae domi sunt, mutuò possunt, nisi Superior conscius consensum praebuerit.*

In his Constitutionibus multa & speciosa de paupertate sua gloriantur Iesuitae, cùm tamen nulla, sed ejus loco potius Croesi opes reperiantur. Ideo recte Constitutio vigesima tertia habet *Paupertatem diligere oportere*, QVANTVM *divinâ gratiâ aspirante fieri poterit*: id est, religiosâ paupertate sua Mundi opes concutiunt: interea autem ita se gerant, ut pauperes coram Mundo videantur. Et ob hanc famam comparandam, Novitii etiam saepè ostiatim mendicare coguntur: ipsi etiam Patres ad divites mittere & eleemosynas, sed opimas, petere solent. Rectè etiam Regula vigesima quinta *matrem suam* vocant *Paupertatem*. Est enim illis indulgentissima mater, à qua tenerrimè, mollissimè, lautissimè, dulcissimè & splendidissimè foventur, nutriuntur & alluntur. Addunt, *ut interim eam omnem mensurâ & conformitate juxta discretionis metiantur.* Ea discretio

& moderatio est, ne quis honestatem & gravitatem religiosam nimio Paupertatis studio, media corpus affligendo, vel nimis sordide se vestiendo contemptam reddat, sed sancta discretione & conformitate sic moderetur, ut Paupertas illorum, ut sequens Regula habet, sit pura a mundo, ne aliquod fastidium vel tedium ac nauseam aliis praebeat. Volunt etiam, *ut certis temporibus effectus aliquos Paupertatis experiantur.* Hoc vero in Collegiis ac aedibus eorum non fit, in quibus rerum omnium copiam & abundantiam habent. Hypocritice tamen paupertatis hujus experimenta quaedam edunt. Quando enim Socii mensae accubuerunt, & splendide epulantur, progreditur in medium illorum Jesuita aliquis, & indutus centone, calceis perforatis, pileo dilacerato & semirudos. Is, ut grave paupertatis Jesuiticae jugum experiatur, patinam & lagunculam ligneam manibus tenet, & a Patribus reliquisque Sociis cibum potumque emendicat: quibus acceptis, post januam sedet & cibum capit. Est hic **voti** hujus primus effectus.

Sed ut **extra** quidem Collegia sua paupertatem aliquam experiuntur. Nam primis probationis annis adolescentes aliquos ad experiendam paupertatem Jesuiticam, Rector ad unius mensis spacium cum literis commendatitiis emittit. Ipsi ab Abbatibus, Prioribus & Episcopis liberaliter recipiuntur & tractantur lautissime, ut in istis emissionibus vel peregrinationibus ne unum quidem paupertatis actum experiantur.

Additur in eadem Regula, *ut ne ulla re, qua tanquam propria utantur.* Unde crebrae rerum omnium mutationes, non solum vestium, sed etiam cubilium, mobilium & similium. Praecipitur etiam, *ut omnes parati sint ad mendicandum ostiatim, quando vel obedientia vel necessitas id postulaverit.* Necessitas autem haec illis tantum incumbit: qui votum professionis suscipere volunt. Hi enim tandem ostiatim cibum quaerere coguntur, ut sic probati, levati & in omnibus mortificati, sese digne gerere possint. Obedientia autem tunc illis jubet ostiatim mendicare, quando hominibus nimis devoti fieri videntur; ut hoc modo falsos ad esse probent, & severe pauperes habeantur.

Praeterea Regula 28. ipsis injungit, *ut etiam victus, vestitus, & lecti ratio sit tanquam pauperibus accommodata: & unusquisque sibi persuadeat, quod quae vilissima sint ex iis, quae domi habentur sibi tribuenda fore.* Contrarium autem fieri ipsi negare nequeunt. Lecti enim ipsi sunt partim *Mataraza*, ut vocant, quae sunt lana mollissima & floccis subtilibus, partim mollibus plumis repleta. Quilibet proprium lectum habet, quem ipse sibi sternat, qui etiam, ne forte nudus conspiciatur, velo circumcirca cingitur. Et ne quid desit, vel pereat, proprium habent lectorum inspectorem: qui si quos in illis curandis negligentiores, vel sordidos & superbos deprehendit, eos Rectori indicat, qui deinde illis certas prandii ac coenae tempore poenitentias imponit: quales sunt, lectos non bene adornatos circumportare, in medium refectorii deponere, & ab Inspectore vel Visitatore discere, quomodo pro more Societatis suum lectum recte adornare debeat. Singulis diebus Sabbathi, vespere ad illorum lectus, indusium & lodicum nullos, quilibet mundum indusium, duo strophiola & tiberum ponit: decima autem quarta quavis die lodices. Si autem sudavit, semper nova & pura recipit indusia ac lodices munda: & haec quidem omnia quam mundissima & tenerrima: quae paupertas Jesuitica est in cubilibus.

Quod ad vestitum attinet, Emptor juxta Regulam, non vilia vel mediocria, sed optima & pretiosa quaeque emit, quod haec diutius quam illa usui esse & durare possint.

Sequitur in Regula; *Quilibet persuadeat sibi semper dona [illegible].* Ut igitur hanc ab Ignatio Regulam illis praescriptam in tanta rerum copia servare possint, in dispensatione vestimentorum & aliarum rerum, junioribus & iis qui Sacerdotes non sunt, vilia solent distribuere, ut sic etiam paupertatis quendam gustum percipiant.

Haec autem omnia fiunt Jesuitice, *ad majorem sui mortificationem & ad profectum spiritualem.* Qui igitur quam diligentissime Regulas observat, eum etiam spiritum Societatis prae caeteris habere dicunt: qui profectus illorum spiritualis est. Mortificatio eorum est, in omnibus sensibus repugnantiam & contrarium appetitui in omnibus [illegible] mortificationem; in nulla voluptatem, affectum vel appetitum quaerere suo sequi.

Item; *omnes quidquam mutuo dare, vel accipere, vel dispensare de iis, quae domi sunt, minime possunt, nisi Superior conscius consensum praebuerit*, ut habet Regula vigesima sexta. Habent quidem tres omnes

pecunianummulos, infirmioribus tamen non licet aliquid emere absque Superioris licentia sumere, neque accipi dare, neque per domum suo Rectori permissa dispensare, vel expendere. Et hac ratione absque Superiorum quidem licentia pauperes sunt, attamen propria possident, in Rectoris tamen opulentia, quae illis opera non licet, omnia habent.

Reditus Jesuitarum.

Quae denique ratio Jesuiticae paupertatis sit, satis declarant magnae & sancta illa Collegii opes quas possident. Vel unus enim Claudius Aquaviva, olim Principis & Papae cubicularius, non ita quidem vero Generalis, eloquens Dux & caput Jesuitarum, studio filii Ducatu, multas opes, & ut Hasenmüllerus testatur pagina vigesima nona se ex multis audivisse, ultra quinquaginta millia ducatorum Societati huic intulit.

Idem declarant amplissimi, quos habent reditus. Author historiae Jesuitarum, quid dicam, inquit, *de illorum paupertate? Certè quod per Italiam & Germaniam expertus sum, sic Jesuitas mirari & [illegible], domibus & Collegiis, hortis & fundis, possessionibus & reditibus, multos Canonicos, aliosque nonnullos Principes superare.* Sunt qui G. Sederum Jesuitam, & in Bavaria notum Provincialem, his verbis gloriantem audiverunt: *Nostra lingua Episcoporum & aliorum [illegible], ut Comites & Barones [illegible] possimus.*

Anno millesimo sexcentesimo decimo sexto, Jesuitae magnificentissimum & sanctum non regium convivium instruxerunt Viennae in honorem legati Turcici Imperatorem Romanum pacis conciliandae causa missi.

Augustae Vindelicorum, quod Hasenmüllerus refert, se ex Gregorio Rosepho audivisse, Fuggerorum opibus, civitatis jura & privilegia emerunt. Jactant etiam, se hodie viginti centies [illegible] millia quotannis ex vectigalibus Collegiorum suorum percipere. Huic summae adde quod provenit ex fraudibus & imposturis Jesuitarum, & intelliges rationem esse maximam. Quid autem fiet si ad centum adhuc annos Ordo hic duraverit.

Quid quod adhuc Hieronymus ad Principem * *Frustra professi*, inquit, *ejus linguae praedicat paupertatem, & deest [illegible], quae est divitiis [illegible], [illegible] palam pagum [illegible] suorum.*

Sunt igitur pauperes sine dubio. Et rectè Nobilis quidam non procul à Landsperga nomen habens, dixit: *Si mendicare vellet, quod non secundum velles mendicare, illos omnino [illegible], sed mille carinatos plerumque non [illegible] à Principibus efficerent,* ut Hasenmüllerus capite sexto refert.

De VOTO Obedientiae JESUITARUM.

HAbent quidem Jesuitae hoc secundum OBEDIENTIAE Votum cum reliquis Monachis commune. Ignatius autem Loyola hoc Votu sectatores suos omnes Monachos & Clericos superare voluit. Sic enim in Epistola ad Lusitaniae Patres ferè scribit: *Ceteris aliis religionis Ordinibus facilius patimur superari nos jejuniis, vigiliis, & ceterâ victûs cultusque asperitate, quam suo quisque ritu ac disciplinâ sanctè suscipiunt; verâ quidem & perfectâ obedientiâ, abdicationeque voluntatis atque judicii maximè velim esse conspicuos, quicunque in hac Societate Deo deserviunt, ejusque Societatis veram germanamque sobolem hac quasi notâ distingui, qui nunquam intueantur personam ipsam, cui obediunt, sed in ea Christum, cujus causâ obediunt. Superiori enim, nec si prudentiâ, bonitate, ceterisque quibuslibet divini muneris instructus sit ornamentis, propterea obtemperandum est, sed ob id solum, quod vices gerat Dei; nec contra si consilio, aut prudentiâ minus valeat, quidquam id circo de obedientia remittendum, quatenus ille Superior est, quando illius personam refert, cujus sapientia falli non potest.*

Quocirca sedulò vos in eam curam atque exercitationem incumbere cupio, ut Christum Dominum in Superiore quolibet agnoscere studeatis, in eoque divinae Majestati reverentiam atque obedientiam summa cum Religione praestare.

Jam vero illud etiam in animis vestris penitus insidere vehementer cupio, infimum, & valdè imperfectum esse primum illum obedientiae gradum, quae mandata dumtaxat opere exequitur, nec virtutis nomine dignam, nisi ad alterum gradum ascendat, qui voluntatem Superioris suam efficit, & cum ea consentit, ut non solum in effectu executio appareat, verum etiam in affectu consensio, sitque idem velle atque nolle. [illegible] voluntates vestras, quod ejus fieri potest, omninò deponite, libertatemque Conditori vestro quam vobis ipsimet elargitus est, in ejus ministris liberè reddite ac dicate.

Itaque diligenter illud etiam considerandum

est, ut Superioris voluntatem nullo unquam tempore repugnantem ad vestram detorqueri existimo: ut enim esset non vestram divinae conformare, sed divinam vestrae voluntatis norma regere velle, confuso divinae sapientiae ordinem invertentes. Quam magnus est error eorum, quos amor sui obcaecavit, obedientes existimare se, cum Superiorem ad id, quod ipsi volunt, aliqua ratione pertraxerint.

Qui vero se totum penitus immolare vult Deo, praeter voluntatem, intelligentiam quoque (qui tertius et summus est gradus Obedientiae) offerat necesse est, ut non solum idem velit, sed etiam ut idem sentiat, quod Superior, ejusque judicio subjiciat suum, quatenus potest devota voluntas intelligentiam inflectere.

Et paulo post: *Tria vobis nominatim proponam, quae ad obedientiam judicii comparandam multum juvabunt. Primum illud est, ut quemadmodum initio dixi, non intueamini in persona Superioris hominem obnoxium erroribus atque miseriis, sed Christum ipsum, qui est sapientia summa, bonitas immensa, charitas infinita, qui nec decipi potest, nec vult vos ullo modo decipere. Et quoniam conscii vobis estis, vos amore ejus jugum obedientiae subiisse, ut in Superioris voluntate sequenda, voluntatem divinam sequeremini, nolite dubitare, quin per fidelissima Domini charitas, eorum ministerio, quos Deus vobis praefecit, vos dirigere, gubernare, et recto itinere ducere. Itaque Superioris vocem ac jussa non secus ac Christi vocem excipite,* &c.

Item: *Alterum est ratio, ut quod Superior mandat, defendere semper apud animos vestros studeatis, improbare autem nunquam, atque ad eam ipsam rem prodesset voluntatem, assensusque vestri ad id omne quod ipse jusserit,* &c.

Paulo post: *Postrema subjiciendi judicii ratio est cum facilior tutiorque, tum etiam apud sanctos Patres in more posita: ut statuatis vobiscum ipsi, quicquid Superior praecipit ipsius Dei praeceptum esse et voluntatem; atque ut ad credendum, quae Catholica fides proponit, toto animo assensuque vestro statim incumbitis, sic ad ea facienda, quaecunque Superior dixerit, caeco quodam impetu voluntatis parendi cupidae sine ulla prorsus disquisitione feramini.*

Et in fine: *Haec, quae de Obedientia diximus, cum privatis erga proximos Superiores, atque Rectores, Praepositosque localibus erga Provinciales, Provinciales erga Generalem, Generalem denique erga illum, quem Deus ipsi praefecit, summum scilicet in terris Vicarium* (Papam Romanum) &c.

In Summario quoque Constitutionum Ignatianarum, in quas Iesuitae omnes jurare oportet, Constitut. 31. sic praecipitur: *Impendio expedit ad profectum, et valde necessarium est, ut omnes perfectae obedientiae se dedant, Superiorem, quicunque ille sit, loco Christi Domini Nostri agnoscentes, et interna reverentia et amore eum prosequentes; nec solum in executione externa eorum, quae injungit, integre, prompte, fortiter et cum humilitate debita, sine excusationibus et murmurationibus obediant, licet difficilia, et secundum sensualitatem repugnantia jubeat; verum etiam conentur interius resignationem, et veram abnegationem propriae voluntatis et judicii habere, voluntatem et judicium suum cum eo, quod Superior vult, et sentit, in omnibus rebus, ubi peccatum non cerneretur, omnino conformantes, proposita sibi voluntate ac judicio Superioris pro regula propriae voluntatis et judicii, quo exactius conformentur primae ac summae regulae omnis bonae voluntatis et judicii, quae est aeterna bonitas et sapientia.*

In Constitut. 32. *Liberam sui ipsorum, rerumque suarum dispositionem omnes cum vera obedientia Superiori relinquant, nihil ei clausum, ne conscientiam quidem propriam tenendo, non repugnando, non contradicendo, nec ulla ratione judicium proprium, ipsius judicio contrarium demonstrando, ut per unionem ejusdem sententiae, et voluntatis, atque per debitam submissionem melius in divino obsequio conserventur et progrediantur.*

33. *Omnes obedientiam plurimum observare et in ea excellere studeant; nec solum in rebus obligatoriis, sed etiam in aliis, licet nihil aliud quam signum voluntatis Superioris sine ullo expresso praecepto videretur. Ante oculos autem debet ob oculos Deum Creatorem, ac Dominum nostrum, propter quem homini obedientia praestatur; et ut in spiritu amoris, et non cum perturbatione timoris procedatur, conandum est.*

34. *Ad Superioris vocem perinde ac si a Christo Domino egrederetur, quam promptissimi simus, re quavis, atque adeo littera a nobis inchoata, nec dum perfecta relicta.*

35. *Ad eum scopum vires omnes, ac intentionem in Domino convertamus, ut sancta obedientia, tum in executione, tum in voluntate, tum in intellectu sit in nobis semper ex omni parte perfecta, cum magna celeritate, spirituali gaudio et perseverantia, quicquid nobis injunctum fuerit, obeundo; omnia justa esse nobis persuadendo, omnem sententiam ac judicium nostrum contrarium caeca quadam obedientia abnegando; et id quidem in omnibus, quae a Superiore disponuntur, ubi definiri non possit, aliquod pec-*

catum

[illegible] *quisque* [illegible] *Superiores* [illegible] *in* [illegible]

In his omnibus intelligit [illegible] *Ignatium* [illegible] *praecepisse* [illegible] *obedientiae* [illegible] *Superiori* [illegible] *inferiores* [illegible] *prompte* [illegible] *hilariter* [illegible] *& integre executantur opera* [illegible] *tamen primam obedientiae formam* [illegible] *esse* [illegible] *requiri* [illegible] *ad inferiore* [illegible] *Superioris voluntatem suam faciat* [illegible] *& eum quae a Superiore* [illegible] *Verum* [illegible] *obedientia* [illegible] *non solum executionem, ut impleta quae faciat, & voluntatem, ut* [illegible] *faciat, sed etiam intelligentiam & judicium, ut, quaecunque Superior mandat ac* [illegible] *eadem inferiori & recta, & vera, & justa & aequa esse videantur. Obedientia ergo, quam Ignatius a suis* [illegible] *requirit, non solum in externa mandatorum executione, sed etiam in propriae voluntatis, judicij & intellectus abnegatione & omnimoda resignatione, cum omni devotione & reverentia, haud aliter quam si ipsi Christo obedirent, consistit.*

Qualem autem in suis obedientiam esse velit Ignatius, atque etiam ab ipsis exigat, Hasenmüllerus [illegible] aliquot exemplis capite sexto declarat, quorum aliqua in Lectoris gratiam adscribam. *Si Rector tibi dicat, si illam ad* [illegible] *& consolationem,* [illegible] *ut* [illegible] *sed etiam, si* [illegible] Sicuti Bobadilla, qui unus ex primis Ignatij Loyolae socijs fuit, Romae ad Hasenmüllerum, in monte de Caballo dixit Anno millesimo quingentesimo octogesimo tertio, 1. Augusti. *Si* [illegible] *mandata Superioris* [illegible] *voluntas* [illegible] *& intellectu* [illegible] *Rector* [illegible] *Si* [illegible] *a fratribus* [illegible] *petitur* [illegible] *ut Iesuita* [illegible] *Si Superior* [illegible] *omnia* [illegible]

dit, [illegible] *Superiori* [illegible] *Si* [illegible] *& indignationi* [illegible]

Apud Sanctum Andream in monte di Caballo Romae, Oldanonus Frater Novitius, cum experiretur [illegible] *Rector* [illegible] *Novitius vero* [illegible] *Quam, ut Rector vidit,* [illegible] *interrogat, & respondit, ait: Vade ad* [illegible] *enim* [illegible] *obedientiam* [illegible]

Landspergae Christoph. Ziegleeus Novitio tradit rapas & arbores [illegible] ait: *Has* [illegible] *terrae* [illegible] *Frater vadit, sed ut Natura* [illegible] *Natura* [illegible] *mandata* [illegible] *plantulas* [illegible]

Quidam Frater Veronae laborat imbecillitate stomachi. Cui Medicus praecepit, ut Zingiber mane comederet, vespera vero [illegible], quod et salubre [illegible] ventrem circa umbilicum [illegible] *Minister vero* [illegible] *Frater* [illegible] *Non Medicus, sed* [illegible] *obedientiam. Hoc ergo* [illegible] *Frater* [illegible] *Minister vero* [illegible] *in medium Rectori* [illegible] *non solum* [illegible] *sed* [illegible] *& gallinas* [illegible] *praecipit.*

Vt autem Novitij Iesuitae sciant, quantum sit illorum obedientia, intelligere possint, iis in cameris & cubilibus ob oculos [illegible] imagines ponunt. Est in medio pictura [illegible], quae dorsum [illegible], quo [illegible] impositam fert [illegible], cui inscriptum est: *Patiens.* Portat deinde Cytharam: quae notum obedite debere eum *hilariter*. A dextra illius assurgit [illegible], ut obediat *celeriter*. Pectus gerit apertum, ut obediat *toto corde*, propria voluntate [illegible] Superioris [illegible] Os tenet [illegible] obediat *sine murmure*, [illegible]

 [illegible]

abjectus ut cetera in rebus singulis exsequatur. Pedibus fert ocreas, ut obediat expedite. Ambabus manibus vela tenet: ut obediat fortiter seu energice. Aures habet obseratas ut obediat in ipsa, quasi nihil audiens [illegible]. Caput inclinat, ut obediat humiliter.

Poenitentiae [illegible]

Si quis autem contra has obedientiae Jesuiticae formulas, & conditiones peccat, huic pro qualitate delicti poena injungitur, quae ipsis poenitentia dicitur. Verbi gratia: Minister mandat Novitio, quem putat esse superbum, ut abeat, & locum secretum (relicto illorum [illegible], ut eas faciant; mihi igitur venia detur, si quae nimis modeste videantur: Nolo enim Jesuitarum vel verba vel facta mutare, sed res illorum, quales sunt, vere demonstrare) aut caligas excrementorum excrementum repletas, aut matulas, aut etiam alia vasa immunda expurget. Novitius sentiens illas res sensui suo repugnare, se excusat, murmurat, aut etiam operam suam denegat. Hujus poenitentia est coram Fratribus, vel prandii, vel coenae tempore suam profiteri culpam: Reverendi Patres, dilecti Fratres (dicit in genua provolutus) dico vobis meam culpam, quod hodie inobediens fui, neque cloacas vel caligas quasdam expurgavi: quare mihi data est poenitentia. Primum ut in refectorio circumeam, vobisque demonstrem, quomodo me excusaverim, & rebellem declaraverim. Tunc horrendum videns, vocemque suam ostentans, pedibus quatiens, ait: Nolo hoc facere, non veni ut caligas expurgem. Quid ad me Magister? quid aliorum caligas expurgem istic, qui ceno eas repleverunt humano. His dictis in refectorio medio consistit, & manu habet caligas lavandas, usque dum ceteri cibum sumpserint, & tenetur abire & jussa exequi.

[illegible]

De hac Obedientia Jesuitica sic a quodam Jesuita Ordinis desertore scriptum est: *Porro ad perpetuo stabiliendam, conservandam & augendam superstitionem & idololatriam bestia haec taliter suis [illegible], si quem habeat, [illegible] & [illegible] fert, ut [illegible], cum obedientia [illegible], quaeque [illegible] fecit, [illegible] aut [illegible], ut bonum vel [illegible], quod praecipitur a [illegible] [illegible] obedientia, quod quidem ut [illegible] Canonibus [illegible] Pontificis [illegible]. [illegible] [illegible] Romanum Pontificem tanta esse dignitate & auctoritate, ut, etiamsi ille totum mundum perderet, nemo tamen ex ipso dicere [illegible] vel posset, vel quaerere [illegible] debeat. Sic porro, imo multo pejor, suos Jesuitas alumnos instituit, tam docet, quaecunque Superior jubet, quaeque ipse facit, non solum judicanda non esse, multa vero minus reprehendenda, sed etiam tanquam bona & sancta, ut Patriarchae Ignatii verba utar, praesupponenda. Quo tandem omnis tandem [illegible], idololatria & superstitio [illegible].*

Hanc quidem Obedientiam vovent & promittunt Superioribus suis imprimisque Romano Pontifici: Politico vero Magistratui sibi a Deo ordinato sunt inobedientissimi, ut ex sequentibus manifestum fiet.

Excipit quidem Loyola in omnibus rebus obediendum Superiori, ubi nullum cognosceretur peccatum, hoc est, ea, quae sine peccato committi nequeunt. Si quis autem examinet illius Regulam & scripta perpendat, mox intelliget, Jesuitas nihil aliud, quam vel hypocrisin, vel idololatriam, superstitiones & similia Dei legibus & pietati contraria, praecipere, facere, & alios, ut similiter faciant seductores, & fautores esse: ac propterea in iis Superiori minime obedire deberent, vel juxta ipsius Loyolae exceptionem.

Exceptio Loyolae [illegible]

Deinde praecedentia & sequentia hanc exceptionem liquido ostendunt, cognitionem & probationem mandatorum illis adimunt: dum simpliciter statuunt, quicquid sibi praecipiatur, id justum esse, dumque agentes faciunt, se caecis suis obedientiae judicium suum abnegare, & dimisso esse vel cadaveri, vel baculo senis, qui utrumque, & quocunque in re eo uti velit, qui eum in manu tenet, [illegible]. Laelius, ut legitur apud Ciceronem, narrat, C. *Blossium Cumanum amicum Tiberium Gracchum fuisse, ut quaecunque ille vellet, sibi faciendum putaret, Cumque Laelius quaereret: etiamne, si te in Capitolium faces ferre vellet? Nunquam, inquit, voluisset id quidem: sed Nunquam, inquit, voluisset id quidem: sed si voluisset, paruissem.* Amicitia Blossiana per quam similis est Jesuitica obedientia. Nam si Pontifex Rom. vel eorum Generalis vel Reges interficere jusserit, mox parent. Sed ut nefaria vox est Blossii, sic detestabilis haec est parendi servitus externa imperatore conjuncta.

Blossiana [illegible]

Atque hoc modo Jesuitae a Patribus suis facti perfecti, Caecam obedientiam, sic etiam

illa

illi vocant, Rom. Pontifici, suisq; Præpositis, sanctè promittere: hoc est, nullam rationē, quantumvis evidentem, contra id, quod semel animo imbiberint, admissuros se jurare poßunt. Atque ita clausis oculis & animis obstinatis, contra veritatem, & suo & aliorum maximo malo sectantur.

De VOTO Continentiæ perpetuæ Iesuitarum.

DE hoc vero Regula 28. sic habet: *Quæ ad Votum castitatis pertinent, interpretatione non indigent, cum constet, quàm sit perfectè observanda, nempe curando angelicam puritatem imitari, & corporis & mentis nostræ munditia.* Ex his patet, non sufficere Loyolæ eam esse puritatem, quæ in hac vita in hominum cadere potest: sed exigere Angelicam. Requirit igitur majora viribus humanis & impoßibilia suis discipulis imponit.

Regulam etiam habent Iesuitæ, *Ne permittant, ut fœmina aliqua infirma vel domus, vel Collegii ingrediatur. Si autem quædam ingressa sit sanitatis invisendæ, mox pulsorem exspectet, ne ultra nostra ingrediatur.* Aliam item: *Ut ambulantes per plateas oculos à fœminis avertant. Si quæ fœmina ad januam alterum pulset, porta ipsa non aperiatur: sed per cancellos loquatur cum eo, dicat, & paucis absolvat: non in Collegium illum intromittat. Si autem petat Confessionem ad Templum remittatur, & Confessarium cum se velit & illa ab ipsa diversè, per cancellos confessionem excipiant. Atque ipse ad audiendam ei confessionem descendat, sed à longè sit Socius, qui quidem illa non audiat, sed tamen videre possit, ne quid aliud quàm confessionem tractent.* Tantæ enim sunt puritatis & castitatis, ut etiam in Templo publico Iesuita non ausit sibi & suæ carni confidere, ut solus fœminæ confessionem excipiat.

Commendant quidem Patres Iesuitarum discipulos suos ob insigne castitatis & continentiæ donum: jactantes, habere se juvenes & adolescentes formâ, vultu & robore præstantes, tantæ tamen continentiæ esse, ut ne igniculum quidem carnis in ipsis per confeßionem animadvertere poßint. Vocantes etiam suos Angelos terrestres, qui Dei gratiâ eo evecti: omnem carnis fomitem præciderint, ut jam eam facilè poßint præstare continentiam. Si quis autem Iesuitis larvam hypocriticam detrahat, cor in corde longè aliud sentiunt, quàm quod verbis loquuntur videbis: contrarium etiam testantur cives & incolæ, ubi iique adeo Mundus, quemadmodum Halenmilleras aliquot exemplis cap. 2. docuerat.

De IV. IESVITARVM VOTO, quo se Pontifici Romano peculiariter mancipant & obstringunt.

QVartum Iesuitarum Votum Profeßorum est: hoc est, illorum, qui jam in omnibus Iesuitarum institutis probati, perfecti inventi sunt, & Pontificium cyclopædiam absolverunt: exindeque *Profeßi* vocantur. Ignatius Loyola enim Generalis illorum factus, primos illos 10. Patres quos supra nominavimus, atq; adeo etiam illos sequentes, coegit non solum sese trium simplicium Votorum vinculo obligare: sed etiam sese totos corpore & animâ, in rebus fidei & morum, specialiter Papæ devovere, & eidem se servitio sub sui damnatione mancipare, si vel in minimo vel maximo Religionis ac fidei articulo, à Pontificis Romani placitis & decretis discreparent, vel aliud quàm ille sentirent: vel diversum ab ejus Canonibus statuerent. Vigitur reliqui Iesuitæ omnes, qui non sunt *Profeßi*, ab arbitrio Generalis dependent; ita omnes eorum *Profeßi*, ac ipse quoque Generalis, à Pontifice Romano immediatè dependent, jurantque, se in omnibus ipsi obsequium præstituros, quæcunque is illos præstituere vel statuat, atque etiam ad quascunque fidelium & infidelium terras Papæ ipsos mittere placuisset, eò sine ulla tergiversatione, atque adeò sine ulla non modò mercede, sed ne viatici quidem petitione ituros: ideoque etiam *Miβionis* Votum appellatur. Et hoc speciali vel extraordinario Voto à reliquis omnibus Monachis & Clericis differunt: qua de causa etiam Papa eos, ceu pupillam oculi sui custodit, & ut corpulenti tueatur suis, nutrit, auget & ditat, nec non extraordinariis privilegiis, liberalißimè donat, magno cum totius Cleri Romani damno, ac detrimento. Hi sunt Pontificis Romani molossi & canes venatici, quos robustus ille venator Antichristus, ad indagandos Evangelicos & verè fideles emittit, ut eos capiat, dilaniet ac devoret. Hi sunt, qui instar proditorum & exploratorum totam Germaniam perreptant, ut Germanos sub jugum Pontificium redigant; & in eo toti sunt, ut Germania in pristinum statum

pellantur. Hi sunt, qui Germanorum juratos hostes in perniciem eorum instigant & incitant: qui manus Pontificum Romanorum ad sanguinem innocentum effundendum armant: qui eorum aures his clamoribus opplent, *Ecclesiam Romanam & Apostolicam sedem interituram, nisi Germanorum Principum nomen & decus deleatur & exstirpetur*: qui prodigiosis mendacijs Evangelicos & orthodoxos coram Principibus & Pontificibus praegravant, eos seditionum, rebellionum, conspirationum & aliorum scelerum insimulant, & in odium Principum adducunt: a quibus sanguinolentae conspirationes & conjurationes non tantum contra Germanos, sed contra omnes orthodoxos in cunctis Provincijs fabricantur; ut in titulo de doctrina Jesuitarum prolixè indicabimus.

Formulam autem quarti hujus Voti, quam decem primi hujus Societatis Patres cum suo Ignatio Loyola Paulo Tertio Papae obtulerunt, quamque Papa Julius Tertius repetivit & confirmavit, ita ad verbum habet: *Quicunque in Societate nostra, quam Jesu nomine insigniri cupimus, vult sub crucis vexillo Deo militare, & soli Domino atque Romano Pontifici, ejus in terris Vicario, servire, post solemne perpetuae castitatis votum, proponat sibi in animo, se partem esse Societatis, ad hoc potissimum institutae, ut ad profectum animarum in vita, & doctrina Christiana, ad fidei propagationem, per publicas praedicationes, & verbi Dei ministerium, spiritualia exercitia, & charitatis opera, & nominatim per puerorum ac rudium in Christianismo institutionem, ac Christi fidelium in Confessionibus audiendis, spiritualem consolationem praecipuè intendat: curetque primò Deum, deinde hujus sui instituti rationem, quae via quaedam est ad illum, semper ante oculos habere, & finem hunc sibi à Deo propositum totis viribus assequi. Unusquisque tamen secundum gratiam, sibi à Spiritu Sancto subministratam, & vocationis suae proprium gradum, ne quis forte zelo utatur, sed non secundum scientiam. Cujus proprij cujusque gradus, judicium & officiorum discretio ac distributio tota sit in manu Praepositi seu Praelati, per nos eligendi, ut congruus ordo servetur, in omni bene instituta communitate necessarius. Qui quidem Praepositus, de consilio consociorum Constitutiones ad constructionem hujus propositi, nobis finis conducentes, in consilio, condendi auctoritatem habeat, majori suffragiorum parte, semper statuendi jus habente. Consilium verò intelligatur esse in rebus quidem gravioribus, ac perpetuis, major pars totius Societatis, quae à Praeposito commodè convocari poterit. In levioribus autem & temporaneis, omnes illi, quos in loco, ubi Praepositus noster residebit, praesentes esse contigerit. Iubendi autem jus totum, penes Praepositum erit.*

Sciant omnes Socii, & non solum in primis professionis suae fervoribus, sed quoad vixerint, quotidie animo volvant, Societatem hanc universam, & singulos, sub Sanctissimi Domini nostri Papae, & aliorum Romanorum Pontificum successorum ejus fideli obedientia Deo militare. Et quamvis Evangelio doceamur, & fide orthodoxa cognoscamus, ac firmiter profiteamur, omnes Christi fideles Romano Pontifici, tanquam capiti, ac IESV CHRISTI *Vicario subesse: ad majorem tamen nostrae Societatis humilitatem, & perfectam uniuscujusque mortificationem, & voluntatum nostrarum abnegationem, summopere conducere judicavimus, singulos nos ultra illud commune vinculum speciali voto adstringi: ita ut quicquid Modernus aliique Romani Pontifices, pro tempore existentes, jusserint, ad profectum animarum & fidei propagationem pertinens, & ad quascunque Provincias nos mittere voluerint, sine ulla tergiversatione, aut excusatione, illicò, quantum in nobis fuerit, exequi teneamur: sive miserint nos ad Turcas, sive ad quoscunque infideles, etiam in partibus, quas Indias vocant, existentes, sive ad quoscunque haereticos, seu schismaticos, seu etiam ad quosvis fideles.*

Quamobrem, qui ad nos accessuri sunt, antequam huic oneri humeros supponant, diu multumque meditentur, an tantum pecuniae spiritualis in bonis habeant, ut turrim hanc juxta consilium Dominicum, possint consummare, hoc est, an Spiritus Sanctus, qui illos impellit, tantum illis gratiae polliceatur, ut hujus vocationis pondus, illo adjuvante, se laturos sperent. Et postquam, Domino inspirante, huic IESV CHRISTI *militiae, nomen dederint, diu noctuque succincti lumbos, & ad tam grandis debiti solutionem, prompti esse debebunt. Ne qua autem possit esse inter nos missionum ac Provinciarum hujusmodi aut ambitio vel detrectatio, profiteantur singuli, se nunquam directè aut indirectè de hujusmodi missionibus, quicquam cum Romano Pontifice curaturos; sed omnem hanc curam Deo ac Pontifici ipsi, tanquam ejus Vicario, & Societatis Praeposito dimissuros. Qui quidem Praepositus, sicut caeteri, etiam profiteatur, se nihil de suimetipsius missione, in alterutram partem, nisi de Societatis consilio, cum dicto Pontifice esse acturum. Voveant singuli se in omnibus, quae ad Regulae hujus nostrae observationem faciunt, obedientes fore Societatis Praeposito. Ille autem jubeat ea, quae*

ad

ad consiliarium praepositi sibi à Deo & à Societate, sive congregatione esse oportere. In praelatione autem sua, benignitatis ac mansuetudinis, Charitatisque Christi, Petri, Paulique formulae semper sit memor, & tam ipse, quam consilium ad normam hanc assidue spectent: & nominatim commendatam habeant institutionem puerorum, ac rudium in Christiana doctrina, decem Praeceptorum, atque aliorum similium rudimentorum quaecunque secundum circumstantias personarum, locorum ac temporum illis congrua videbuntur. Est enim maxime necessarium circa praedicationem hujus rei, diligenter Praepositum, & consilium invigilare, cum & in proximis aedificium fidei, sine fundamento non possit consurgere, & in nostris periculum sit, ut ut quisque erit Doctior, ita Provinciam hanc, tanquam primo aspectu minus speciosam, forsitan detrectare, conetur: cum tamen nulla alia sit fructuosior, vel proximis ad aedificationem, vel nobis ad charitatis & humilitatis officia simul exercenda. Subditi vero tum propter ingentes Ordinis utilitates, tum propter nunquam satis laudatum humilitatis assiduum exercitium, Praeposito in omnibus ad institutum Societatis pertinentibus parere semper teneantur, & in illo Christum, veluti praesentem agnoscant, & quantum decet, venerentur. Cum autem experti fuerimus, jucundiorem, puriorem & ad proximi aedificationem aptiorem eam esse vitam, quae ab omni avaritiae contagione quam remotissima, & Evangelicae paupertati quam simillima sit: cumque sciamus Dominum nostrum Iesum Christum, servis suis regnum Dei solum inquirentibus, necessaria ad victum & vestitum esse subministraturum, voveant singuli & universi, perpetuam paupertatem, declarantes quod non solum privatim, sed neque etiam communiter possint pro Societatis sustentatione, aut usu, ad bona aliqua stabilia aut ad proventus seu redditus aliquos jus civile acquirere; sed sint contenti usu tantum rerum sibi donatarum, ad necessaria sibi comparanda, recipere. Possint tamen habere in Universitatibus Collegium, seu Collegia habentia, reditus census seu possessiones, usibus & necessitatibus studentium applicandas, retenta penes Praepositum & Societatem omnimoda gubernatione, seu superintendentia, supra dicta Collegia, & praedictos studentes, quoad gubernatoris, seu gubernatorum ac studentium electionem, ac eorundem admissionem, emissionem, receptionem, exclusionem, statutorum ordinationem, circa studentium instructionem, eruditionem, aedificationem ac correctionem, victus vestitusque eis administrandi modum, atque aliam omnimodam gubernationem, regimen ac curam. Ita tamen ut neque studentes dictis bonis abuti, neque Societas ipsa in proprios usus convertere possit, sed studentium necessitati subvenire. Qui quidem, post cognitum in spiritu & literis eorum profectum, & post sufficientem probationem, in Societatem nostram admitti poterunt. Socii omnes, quicunque in sacris fuerint constituti, licet beneficia Ecclesiastica, vel eorum reditus non habeant: teneantur tamen singuli privatim ac particulariter, & non communiter, ad dicendum officium, & secundum Ecclesiae ritum.

Haec sunt, quae sub praefati Domini nostri Pauli, & Sedis Apostolicae beneplacito de nostra professione, typo quodam explicare potuimus. Quod nunc fecimus, ut summatim scriptis haec informaremus tum illos, qui nos de nostro vitae instituto interrogant, tum etiam posteros nostros, si quos, Deo volente, imitatores unquam habebimus hujus viae. Quam cum multas magnasque habere difficultates fuerimus experti, opportunum duximus etiam statuere, ut nemo in hac Societate recipiatur, nisi diu ac diligentissime fuerit probatus: cum vero prudens in Christo, & vel doctrina, seu vita Christiana puritate apparuerit conspicuus: tunc demum admittatur ad IESV CHRISTI *militiam, qui tenuibus coeptis nostris favere dignetur, ad gloriam Dei Patris, cui soli semper decus & honor in secula. Amen.*

Hanc formulam, ceu piam, sanctam ac spiritualem profectum, Apostolica auctoritate, ex certa scientia approbavit, confirmavit & benedixit, ac perpetuae firmitatis munimine roboravit: ac sub sanctae Sedis Apostolicae protectione suscepit Paulus Tertius Anno Domini 1540. Quinto Calend. Octob. Pontificatus sui anno sexto.

Iesuitae igitur hac in parte non dissimiles sunt L. Flacco: ut enim, Cicerone teste, legem illa iniquissimam de Sulla tulit, ut omnia quaecunque ille fecisset & dixisset, rata essent: sic Iesuitae nullâ praemissâ, nullâ aequitate, nullâ juris ratione habitâ, id & approbandum & exequendum esse ducunt, quod à Pontifice Romano vel à Generali suo mandatum & injunctum ipsis fuerit. At verò se homini alicui, praesertim Antichristo, sic obligare, ut omnia ejus jussa accuratius obires, quàm ipsius Dei mandata, & quidem ita, ut te compares quasi corpus mortuum, sic enim loquuntur Iesuitae, aut nervis alienis mobile lignum, id partim superstitiosi est hominis, partim trunci & stipitis.

Nota

Notae & Animadversiones ad Regulas Iesuiticas.

Cap. IX. [illegible]

HAs autem suas Regulas & Constitutiones scripsit Loyola Hispanus militans Dei verbo & Christi Evangelio longissime praeferunt. Si quis enim in legem Dei peccat, vel conciones sacras negligit, nihil is delinquere videtur Iesuitis, aut peccatum eius veniale est: qui vero peccat in Iesuitarum Regulas, hic ex illorum sententia mortale crimen committit. *Hac Iesuita* [illegible], Hospinianus, pagina 115. [illegible] *Regem de Arragonia, Anno millesimo quingentesimo* [illegible] *sed dico vobis, nihil vobis* [illegible] *proderunt, si non* [illegible] *Ecclesiae Romanae, quam* [illegible] *audire debemus.* [illegible] *Scripturarum, id profecto non est* [illegible] *boni Catholici, sed potius haeretici,* [illegible] *Verus autem Catholicus* [illegible] *Missae & Sermoni* [illegible] Cum quidam [illegible] Respondit [illegible] *Ecclesiae Romanae* [illegible] *boni Catholici non eris.* [illegible] *Lutheranorum haeretici,* [illegible]

Desiderat [illegible] *Ecclesiae Romanae authoritatem* [illegible] *dominum & magistrum suum.*

Inter ea quoque, quae in Regulis Iesuiticis notanda occurrunt, duo videntur esse non contemnenda: Prius est de Religionis, seu potius superstitionis suae propagatione: Alterum instituti sui spectat oeconomiam, seu administrationis ordinem, utrumque ad certa quaedam & peculiaria instituta, quorum in his Regulis frequentem mentionem faciunt, promovendum tendere, omnes, qui scripta illorum cum operibus conferent, facile intelligent.

Verum ne quis ea, quae in illis Regulis proponuntur, tanquam levia, aut non tanti momenti esse temere judicet, ad ista dem [illegible] & debellandis plurimum animos & operam, iis occupare necesse sit, tantum hoc ab eodem expetitur, ut praestantem, quam illi in potentissimos orbis terrarum Reges, Principes & Respub. [illegible] usurpatione, aspiciat, & in domos professas, Collegia, domus probationum, seminaria & residentias, Oratoria (quae non Templa, sed Regiae sunt, suppellectilibus aureis, argenteis, sericis aliisque super fastum Babylonicum ornamentis ditata, quaquaversus redditibus dotata), oculos intendat: conspiciet videbit, illorum zelum non ullius Regis aut Principis territoria circumscribi, sed eos ordini suo Universum orbem globum ad occupandum, & libidini subjugandum, non ad veritatem propagandam proposuisse, itaque sub Tit. primo in Summario Constitutionum, versiculo tertio, ita loquuntur: *Nostra vocationis est diversa loca peragrare & vitam agere in quavis Mundi plaga, ubi majus Dei obsequium & animarum auxilium speratur.* Sic enim Iesuitarum Romae exeunt in universum Mundum, per totam Italiam, Siciliam, Sardiniam, Hispaniam, Africam, Indiam, Orientalem, Occidentalem, in Brasiliam, Mexicanam, in ipsas Indias, in Galliam, in Belgium, Germaniam superiorem & inferiorem, Austriam, Poloniam aliasque quasvis Regiones citra ullum Territoriorum aut jurisdictionum respectum, etiam in coelum more Gigantum manus [illegible] extenderent, nisi gladio [illegible] illis decretum. Quod non injuria facere dicuntur, cum Generalem suum loco Christi, cui sine ulla termini praescriptione in coelis & terra Dominatu & obedientia obedientiâ circa colendum & honorandum esse statuant. Adeò ut etiam liberos invitis parentibus plagiariè illis abducant, ad quod cum blasphemia impiè illi, Christi doctrinâ abutuntur, ut videre est d. cap. 1. vers. 88. ubi notanda & examinanda est illa quæstio: cùm improbos illos ambitio & avaritia usque ad extremos orbis fines pro superstitione, imò tyrannide Romana propaganda impellant, Quid verò Christiano incumbat ad Regnum Dei per Universum Mundum propagandum & an ulla territoriorum circumscriptio illos ab officio charitatis Christianæ impedire debeat: Item an seminaria piorum, apud vicinos propagandæ [illegible], & scholis diligenter ab orthodoxis exculta, item annon horum defectus noceat non solùm conservationi, sed & propagationi Regni Christi, id est, veræ pietatis & religionis Christianæ, item annon horum vigilantia & prudentia quorundam Evangelicorum negligentiæ & oscitantiæ meritò exprobrari possit.

[illegible]

Secundò inter alios, versiculus 31. cum quibusdam sequentibus de obedientia diligenter examinandus esse videtur, quia in illis Iesuitæ, ut fidelissimi Antichristi ministri, se supra Deum, ejusque verbum & ipsam denique æquitatem naturalem extollunt, statuentes quemcunque Superiorem Christi loco agnoscendum & reverendum esse, & voluntatem ac judicium suum, cum eo quod Superior vult & sentit in omnibus, ubi peccatum non cernitur, omninò conformandum, nec non repugnando nec contradicendo, nec ullâ ratione judicium proprium ipsius judicio contrarium demonstrando, sed sinere se debere per Superiores suos ut si cadaver essent, huc inde, quò fiunt, ita se illorum nutu & voluntate regi.

In quo primùm observandum est, & si istis verbis *quemcunque superiorem, &c.* utantur, non ideo eos loqui de Christiana & legitima obedientia Regibus & Principibus, qui Vicarii Christi in hoc Mundo sunt à subditis debita: sed de ea, quam per suos sectarios suis Superioribus præstandam esse volunt, eum supra Deum, supra Reges & Principes extollendo, imò eosdem, hoc unctos Dei, pedibus calcandos [illegible], ubi sectæ suæ requirat, perfectæ suæ obedientiæ ministros & discipulos præscindendo. Præcepta societatis hominum, æternis divinæ & incorruptibilis supremæ mandatis præferendo, sic ut hi his repugnantes, dummodo illis pareant, pro perfectæ obedientiæ filiis habeant, qui veri Dei mandatis obediunt, & humanis traditionibus repugnant, eos pro rebellibus & seditionibus perdendos, imò ipsos Reges & Principes ab [illegible] superiori sui mandati, Regem, Principibus & subditis, ipso jure excidi, subditos ab omni obedientia respectu legitimorum suorum Magistratuum solutos esse.

An non hanc obedientiam, *perfectam* scilicet, Regibus subditis [illegible] enim, qui paucis [illegible] facile hæc intelligunt [illegible], quam [illegible] nunc fuit, [illegible] coloribus depingendam & commendandam esse suæ doctrinæ sectatores judicaverint, exemplis perfectæ illius Iesuiticæ obedientiæ in lucem prolatis, ut fortè illius magni probrum omnibus innotescat, & filius ille perditionis tandem omnium ope & consilio destruatur, secundum Dei zelotis mandatum.

In cap. 1. quo Regulæ communes traduntur vers. 30. observatione dignum est, quo præcipitur, ut alter de aliis Nationibus benè sentiant, & nemo bella vel contentiones inter Christianos Principes in colloquium inducat, hic Iesuitarum qui perpetuæ omnium seditionum, bellorum, rebellionumque & scelerum faces sunt, artes & machinationes ab omnibus veritatis amatoribus sublegendæ, communicandæ & velut in tabella exhibendæ, ut Reges & Principes sibi ab illa Romanensium colluvie quærant melius & priusquam cum illis pereant, vigilantius caveant.

Monopoliorum Iesuiticorum industria cap. 4. de Admittendis versic. 33. ostenditur, quibus perfectius destinandis non mirum videtur posse ingenii studium.

Cum verba sint notæ rerum, atque hæ sine illis rectè intelligi possint, semper ab omnibus commendatum fuit, ut qui res perfectè cognoscere vellent, verborum proprietatibus prius operam darent, Iesuitæ more suo in cap. 8. literarum studiis vers. 51. non solo Hebraicæ linguæ studium juventuti permittunt, quam cum Theologiæ facultate mediocriter eruditi sint, ut animum adversus veritatis salutarem cognitionem quæ per exactam linguæ sanctæ scientiam ex verbo Dei perfectè hauriri potest, [illegible] Theologiæ [illegible] prius præcautum [illegible]. Ita veritatis simplicem viam cavillationibus suis obstruunt.

Quæ ipsorum prævaricatio clariùs ostenditur ex versu sequente, ubi summi

Philosophi scripta commentariis orthodoxorum illustrata, non aliter à legibus suis legi volunt, nisi quatenus Theologiæ scholasticæ subservire possint.

Quòd 55. versu eodem capite traditur, notatu & observatione dignissimum esse videtur, ad unionem (quâ res parvæ crescunt) inter Socios conservandam, videlicet, ut ingeniorum licentia in opinionibus novis, vel introducendis vel sectandis, omnibus modis certâ aliquâ lege coerceatur, hæc enim facilè veritas & Reipublicæ tranquillitas perturbantur, & intervertuntur. Quod sic eâdem operâ Theologiæ Scholasticæ Professoribus præcepissent, ut veritatem utriusque Testamenti omnibus novis opinionibus, quibus pseudo Christiani illam infecerunt, diligenti veritatis perscrutatione, repugnarent, synceriùs illi agerent.

Versiculo sequente 50. præcipitur ut diligens adhibeatur cura ne desint operarii, qui confessionibus audiendis sint idonei, atque ad id casibus conscientiæ operam dent, haud dubiè in eum finem ut conscientiarum tortores eò crudelius piorum mentes excruciare & ad varia pœnitentiarum genera [illegible] adigere possint, hic confessionum Iesuiticarum artes & fines detegendi.

Inter alia & id notari potest, quod capite 1. vers. 1. de officio Rectoris traditur, quod etsi severissimè sint leges obedientiæ, non tamen Rectorem, authoritatem sibi ad eam condendam concessâ ubique & semper uti debere, quod appellant in virtute obedientiæ jubere, ne scilicet magis habenda authoritas videatur. Nec Romani quoque nisi ex gravissima causa imperio utendum esse sentiebant, visus esse cum, ut eos aperent authoritate suadendi magis, quàm jubendi potestate.

Quòd conscientiæ rationem à suis Rectorem exigere volunt, cap. 3. vers. 12. Titul. Regulæ Rectoris, eò impudens videtur, quod Deus ipse sibi *[illegible]* reservavit, ita in cœlestis Regnum involantes, non contenti terrenis. Sed & id absurdissimum videtur, quod eodem capite vers. 28. cum sequentibus de pœnitentiarum generibus additur. Quid autem rationem conscientiæ reddere appellent, id in instructione ad reddendam conscientiæ rationem juxta morem Societatis docetur, his verbis: *Totam*, inquit, *animam suam utique manifestam faciat nullam rem celando, qua Dominum suum offenderit.*

Arcani sibi tegendi & alieni revelandi tanto ostenditur versu trigesimo quarto ejusdem capitis: literas in Collegio ad externos vel ab externis ad Collegiatos scriptas, diligenter Rector legendas committi, quocirca referenda Regula tertia [illegible], quâ præcipitur, ut literæ omnes & schedulæ, quæ domesticis mittuntur, Superiori tradantur, ita ut ne ii ad quos mittuntur, intelligant eas accepisse.

Impendium atque imprudentiæ plenum est, quod in opinionum diversitatibus, Theologiæ Professores ad constitutiones suas, non autem ad sacras literas remittant; unde etiam ex duobus alterum verum esse necesse est, vel nimirum sacras literas non habeant pro norma veritatis, vel institutum suum non ad Regnum Dei, sed Antichristi Tyrannidem promovendam tendat.

Mirum est quod cap. 6. ejusdem tituli vers. 64. præcipitur, de deposito pecuniæ nullo recipiendo, nisi fortè nimis sibi durum fore putent, reddere quod semel acceperint.

In examine recipiendorum, quod de quinque impedimentis essentialibus fertur, nimirum quod imprimis ita sint interrogandi, ut ea impedimenta esse quæ à Societate excludunt, qui recepisse volunt, non intelligant, ne verum occultandi occasionem accipiant, inde certè illorum ingenij dexteritas manifestatur.

Probationum Regulæ, secundùm quas Magistri Noviciorum eosdem primâ, secundâ & tertiâ probatione, examinare debent, diligentissimè inquirenda.

Regula, quæ in [illegible] Magistris Noviciorum capite secundo vers. quinquagesimo primo de consuetudine condiscipulorum traditur, observatione dignissima est, & talis: ut in omnibus Collegiis ubi professionis ratio habetur, exactissimè servanda: id quoque rectè monitum videtur, quod ingeniorum delectus magis boni communis ad gloriam Dei, quàm particularis cujusque ratio habenda.

Ad magnitudinem quoque secularis felicitatis potentiæ pertinet, exactissima illa per universum orbem Correspondentia, cujus ratione & formæ repræsentantur in Titulo de formula scribendi, ubi versu primo dicitur, quod communicationem frequens literarum inter inferiores & superiores, maximè ad unionem in Societate servandam faciat, ad audienda ea, quæ ex variis locis ad ædificationem, & eorum, quæ generum cognitionem afferuntur, & ostendunt in sequentibus versiculis, quibus modis illud communcommercium & exercitatione. Verum vero videmus, manifesté apparet, eam correspondentiam non ad domorum & Collegiorum suorum statum cognoscendum tantum pertinere, sed ad ipsius status politici arcana scrutanda: addimus etiam, ut totius provinciae statum bene inspiciant & suppleant si quid intellexerint, quod Superiores domorum Collegiorum menstrue distribuunt, & in vniversum inscribere debent, ut generale omnium rerum, omniumque personarum ad Provinciarum statum, quoad ejus fieri possit, seque oculos habeat. Quis quaeso nunc Iesuitas exactissimos omnium rerum exploratores & perscrutatores esse negaverit? cum haec ipsi suis scriptis fateantur. Quis nunc negaverit Iesuitas sub praetextu Religionis Regna & Imperia scrutari & penetrare?

Verum cum tantum valeant hi Veneriones ex tota correspondentia vniversam ad vnionem inter Romanenses mendam, sentiant, non ab re est, quod illi qui Reges & Principes Romanenses in sua manu habent, videant persuadeant, ut gravibus propositis poenis, Evangelicos, ab illo literarum commercio abstineant; hoc enim modo illis subitò, neque de communibus periculis, neque de artibus & machinationibus quae in illos conflantur, amicem praemonere penitus possunt, nec mutuis consiliis & ope juvare: deinde si correspondentia, Iesuitis Tyrannidis Romanae propagationibus ad vnionem suam longè latéque propagandam & diffundendam summâ firmitate consequitur, ut ejusdem defectus, Evangelicis & liberis Statibus maximas haud dubiè adferat incommoditates, ideoque ob id per Consortium Romanenses prohibita, ut ita rebellium gentes internis discordiis relinquerentur, illisque plicatis illis hominum in aquis turbatis pro libertate remaneat, qui in tenebris ambulant, lucem videant, bonis communionis & commercii Christiani vestitus, quis tanti momenti est, pro concionibus & scriptis publicis pro dignitate commendique & singularem Regibus Principibus & Magistratibus Christianis & liberis, quàm Rectoribus & Professoribus veritatis admandandum est, ut Antichristi fraudibus retectis, Ecclesiae Christi adversus has tempestates & fortiter caveri, & locustarum & viperarum illarum agmina, in puteum abyssi, unde prodierunt, repelli & praecipitari quam ocyus possint: tantum semper etenim privatis (quae in publicis commo-

gio & periclitantur, neque extra eorum totelam tuta esse possunt) ut commodius esse credatur, in publicis periculis parata, privatorum studio male publica curanda. etiam ad modicum privatis simultatibus & actionibus suspensis, pro salute publica adversus communem hostem vigilare, & in publicum prodesse oportet.

Notandum quoque est, quod in Praefecto Rerum Spiritualium statuitur, ut nimirum secundum vigorem suae industriae Societatis zelo majori diligentiae studia promoveat & tepidos exhortetur. Iesuitarum enim est plurimum ossicium, ut neque fugiti neque miliri, nullo que affectu aut commiseratione ducantur, modò illis benè sit, qua in re quàm necessarium sit charitatis Ordinibus, repulsis tepidi & efficacem illam non tantùm charitatem Christianam, sed & vi c[illegible] indignissimum, decantat, omnem perpendere vehim, qui se equidem Christi membra esse sciunt & profitentur, an autem minimum hominis membrum dolere possit, citra totius corporis sensum?

Quod autem institutum Iesuitarum neque tantum ad privatas rei amplificationem & magnitudinem, sed ad omnia totius orbis Regna sub Romanae Sedis jugum reducenda, condat, supra ostensum est: verùm quod contra nullos majore odio quàm adversus haereticos & Septentriones ferantur, ex eo constat, quod in Catalogo Missarum & Orationum ad finem praecipitur, ut frequentia offerantur sacrificia & recitentur Rosaria, pro Septentrionalium & haereticorum reductione: hoc enim maior ex illis lateat, aut si iidem nocuit esse possit, non facilis sibi ab permovere, movendi & serio hortandi esse videntur, ut animadvas majori quàm antè odio persequantur, ut Duplum illis juxta doctrinam D. Iohannis Apocal. 18. incubantur.

Quoniam, quibus ex obedientiae confessionis audiendi facultatem mutuo committit, in tituli Regulae Sacerdotum vers. 5. volum, multum ad id affert, & tanquam sui instituti valde proprium, magnificant, nec sine magna causa. Nam enim aptius est, non solum ad familiarum & matrimoniorum, sed & imperiorum, Regnorum & Rerumpub. arcana scrutanda, unde etiam in Venetorum Repub. Auricularis confessio illis penitus interdicta, sed nihil est, si responderi causa fortiter, caecum enim est taciturn & venenum deviare verbatum.

q 4 Lib-

Libidinis quoque suspicionem à se avertere omni curâ conantur, ut vers. 18. [illegible] ut & in Summario Constit. vers. 8. & seqq. maximè autem in confessionibus mulierum. Verum quæ illorum in ea temperantia, in omnibus locis, ubi illi impunitatis spe [illegible] patim est, & tacere [illegible] in agro Basiliensi.

Sic quoque avaritiæ studium à se multis hujus libri titulis & in aliis suis scripsit, avarissimè tamen agere conantur: speciatim autem in ultimo vers. tituli superiori ubi Confessores monentur, ut ægrotos, cum opus sit, ad condenda testamenta adhortentur, sed in conficiendis non assistant. Quod quàm diligenter ab illis alienarum hæreditatum captoribus observetur, ex Collegiis, Domibus vel supellectilibus, fundis & redditibus illorum satis apparet: ideoque vel hic vel in Summario Constitut. vers. 23. & seqq. summa paupertas, ut mutua Religionis firmas, exemplis divitiarum illorum illustranda.

Consiliatorum Regulæ tradunt, illos quidem lectioni S. Scripturæ incumbere debere, sed præcipuè Patrum, tanquam si Patres Patra ipsi fluctibus doctrinam, à fontibus suos ad rivulos seducendo, quæ illorum perversitas comprobarunt Regula 8. Præfecti, Lectores ad mensam, ubi in celebrioribus festis præcipitur aliquid legi omisso sæpius Scripturæ, ex Patrum homiliis & tractatibus, neglectâ lectione Scripturarum, tanquam nimis vulgari & quotidianâ, indigna ut celebrioribus diebus audiretur.

Decima Consiliatoribus Regula injungit, ut populum obedientiam eam doceant, quæ Principibus & Prælatis, qui Dei in terris vices gerunt, à subditis exhibenda est: Ubi notandum verba *qui Dei in terris*, intelligenda esse, Dei ecclesiis, id est, Pontificis, cui curâ obedientiâ præstandum est, vices gerunt. Nam iis qui vices illius non gerunt, sub pœna excommunicationis prævaricatores illi prorsus illis obtemperare prohibentur.

Quod ipsi Iesuitæ in Galliis & alibi exemplis irrefutabilibus demonstrârunt, docentes, Regem sibi rebellem à quovis legitimè caedi & necari posse.

Aliud præcipitur in 12. Regula Consiliatorum, ut contra quæcunque proponant argumenta, quibus contraria pars confirmetur, ne simpliciores ipsis proponendi modo offendi possint: sciunt enim veritatem illi veritatis argumenta sua superstitionis figmentis longè firmiora, simpliciter fraudi aperiendi. illa simplices eludi esse foveant.

Consiliatorum Regula vigesima illis prohibet verborum lasciviam, cum in eo solo lenones illi laborent, ut mendacia sua verborum & rerum [illegible] velent, id restrinxibus ipsorum concionibus & scriptis quotidianis, quæ impudentissimis mendaciis conferta, & per verborum exquisitissimorum fila contexta conspiciuntur.

Quæ in prima & secunda Regula Missionum referuntur, de [illegible] & tyrannide per omnes Mundi plagas aucupanda, Divisionibus Pontifice Romano & Societatis Generali, ea quidem suprà pertractata sunt, sed ex hisce missionum Regulis exactius examinata, multò quàm antè, apertiùs, Regibus, Principibus & Magistratibus ob oculos exponitur, eo fine, ut ab hierarchiæ illius fraudibus sibi & melius & vigilantius, quàm hactenus, caveant, & in illius illam in posterum diligentiùs animadvertant: aliàs timendum esset, ne negligentioribus vigilantissimi illi imponant.

In octava ejusdem Tit. Regula notatur, quomodo se in bonorum virorum notitia circumforanei illi insinuare debeant, quò efficacius operam possint.

Certissimum est, quod Regula 12. d. Tit. traditur ad evitandum æmulationes & odia aliorum Ecclesiasticorum, ut ad iterum missionem reformandi Clericos Monasticorum aliorumve Religiosorum causa prætextu admissam, sed machinas secta in imperium vulgus dirigant, illud enim facilè futurum esse asseverantes sciebant, quia superstitioni natura deditum.

Opportunitates, quas Deus ad institutum Iesuitarum promovendum, assisti dicit, è manibus sibi elabi sinere non debere, constantissimè & vafrèrrimè illis commendant Regula 20. dicti tit. ad factiones nimirum in aliena Regna extendendas, quibus illa tandem sub jugum Sedis Romanæ redigantur, in quo solo summum sedis illius bonum consistere, omnibus notum est, quæ de re quoque non omnem ipsis conversationem cum secularibus, sed inutilem tantùm & nimiam prohibent, ut Regula 26. ne detegantur ipsorum machinationes, aliàs & ea quæ in peculiaribus instructionibus à Superioribus præscribuntur, pari diligentiâ & prudentiâ exequi jubentur, in quem finem illis cum secularibus tantum agere mandatur, sed & in seculares ipsis se maxime afficiant, & ad patriciplia Regum & Principum ob commoditas pariendas, & proditiones factionesque machinandas.

Quod verba haec *Instituti Societatis* in hoc libro toties & cum tanta commendatione reperiuntur, non absque aliquo magno Mysterio est: & procul dubio aliquid insolens in se continent. Illud apparet in regulis procuratoris Generalis, quod Societas magna tributa Sedi Romanae semel diligentia pendenda esse compromiserit, cum Procuratori sit iniungatur, vt antequam dies praefixus veniat soluendi, Quindecim Rectores Collegiorum, ad quos Valores beneficiorum pertinent, diligenter admoneat, opportuno tempore pecunias Romam mittant.

Notae de Cetera Domini obseruatio, eiusque quod in ea mutatur vel additur diligentissime Procuratori Generali commendatur, vt & motus proprij Pontificis: adeo vt si motu proprio excommunicet Reges & Principes, eosque priuet suis Regnis & Principatibus, vel quid sceleratius motu proprio fuerit, statim vt conscio Praeposito Generali Provincialibus omnibus id mittat, vt illi secundum ea Pontifici caeca obedientia pareant, & subditos contra Reges & Principes ad factiones & rebelliones suscitent.

Pro Colophone Iesuitarum adijcitur Epistola Ignatii de virtute obedientiae ex cuius contextu non difficile erit diiudicare, Epistolam eam per Ignatium ductu spiritus contradictionis congestam esse, quia non tantum contradictoria non pauca intus videntur offendi posse, sed contra sententiam Spiritus Sancti Ignatium, ad instar spiritus infernalis, multa loca sacrae Scripturae ad turpissimam summam suam de obedientia institutam doctrinam blaspheme detorsisse, vnde Epistola illa exactissime & velut fundamentum tyrannicae istius Societatis examinanda est, ac demonstrandum, Societatem illo suae tyrannidis promouendae studio, non quaerere salutem, magnitudinem & libertatem Regum ac Principum, sed vt eos suis tyrannicis praeceptis subiiciant, deque solijs suis deturbent, ac Reges ipsos, coronas & sceptra eorum ad pedes Pontificum abijciant: sicuti hoc nuper Pontifex Rom. petijt a Legatis Henrici IV. Galliae & Nauarrae Regis. Verba relationis talia sunt: *Outre ce que dessus, on a faict sçauoir de viue voix par diuerses personnes [illegible]*. Procuratores iuxta haec verba, non enim Legatorum honore dignatus, sed Procuratorum solo nomine superbe dehonestat Regios Legatos) *Si en faisant l'absolution ils se remettroyent pour au nom du Roy deposer aux pieds du Pape par signe d'une Couronne le royaume de France, qu'il auroit occupé de faict, ce disant Sa Saincteté que led. Sieur s'estoit priué du droict successif de son autre, qu'il doubt [illegible] à la Couronne de France, qui seroit [illegible] en signe de submission la remettroit sur la teste desd. Procureurs.* En praeclarum, recentissimum atque indubitabile exemplum obedientiae, quam caeco impetu erga Superiorem praestandam esse docent: adeo vt qui a Regibus & Principibus, omni supplicationis genere in porcum abyssi profligentur, &c.

Notae & Animaduersiones aliae ad quaedam summarij IESVITARVM Constitutiones.

IN Summario Constitutionum lex vel Regula octaua sic habet: *Vnusquisque eorum, qui Societatem ingrediuntur, consilium illud Christi sequendo, Qui dimiserit patrem, matrem, fratres & sorores, & quicquid in Mundo habeat, relinquendum: imo sibi dictum existimet verbum illud: Qui non odit patrem, & matrem, insuper & animam suam, non potest meus esse discipulus. Et ita curandum ei esse, vt omnem carnis affectum erga sanguinem [illegible] vertat.*

Exemplum Constitutionis seu Regulae huius habemus apud Hasenmullerum. *Erat Landsbergae*, inquit, *Nouitius, nomine Franus, artificio sutor: hic cum reliquis Nouitiis aliquando gradu in campum prodijt. Obuiam fit illi pater senio confectus, qui filium [illegible] non viderat, eidemque & salutem [illegible]. Filius autem faciem auertit tanquam ad horrendi monstri conspectum, & ne patrem audire & cum ipso loqui cogatur, aufugit. Pater senex filium reclamat: hoccine est mihi [illegible] gratiam referre? at ille fortius & maior pergit. Pater, fili mi, [illegible] inquit, cur fugis ne aliquando redeas & reliquis [illegible]. Hic ait, [illegible] dormit. Abeat igitur in malam crucem degener ille filius, qui non fugerit vt Christianum decet. Vbi domum deuentum est, Rector ea audita factum Iohannis maxime probauit: [illegible] filium, inquit, qui patrem sibi elegerit Patres Societatis nostrae, quos te magis quam patrem tuum amare oportet, ob quod hic sensualis sit, illi spirituales. Factum hoc insuper dictis Hieronymi (per calcatum perge patrem, ad Christum) confirmare conatus est, & quosdam Paradigmata Nouitiis exemplo, qui [illegible] matris lachrymis [illegible], vel [illegible] mouerunt, vel didicit denique parentibus [illegible]*

[illegible] Iesuitarum abstrahere conantur, [illegible] & [illegible] esse. [illegible] [illegible] non patientibus naturalibus [illegible] abstinentiam [illegible].

Iacob. Gaulter Iesuita Noviciium quendam ab Iesuitismi deserendo, & ad suos redire [illegible], hujusmodi verbis compellavit: *Quid tibi cura sunt parentes [illegible] [illegible] Ignatium.* Hic monet ut naturalem seu carnalem [illegible] in spiritualem convertamus: hoc est, amorem [illegible] & dilectionem in Patres Societatis transfundamus: Ille vero dicit, *Qui non odit patrem & matrem suam, non me est dignus.* Hoc est, Si vis in Societate vivere, necesse est, ut parentes tuos, & ad [illegible] [illegible] conantes, tanquam capitales hostes odio habeas & fugias, & Societatis amorem parentum dilectioni longè praeferas. Hoc est enim naturalem erga parentes affectum in spiritualem convertere, ut sanctus Pater noster Ignatius docuit. Quid tibi cum patre tuo? En pro patre [illegible], recepisti aliquot mille spirituales Patres. Quid tibi cum matre tua? En mater tibi est Ecclesia Rom. & B. Maria. Quid tibi cum fratribus? En pro uno atque altero fratre carnali ubi habes fratres spirituales, quot sunt Iesuitae. Quid cum sororibus? Tot sorores [illegible], quot in Rom. Ecclesia virgines. Quid cum tuis opibus & domibus? En pro una domo tot pulchra Collegia, tot amplas domos, atque tot reditus. Quid cum amicis? Iam [illegible] tui amici Papa Dei Vicarius, Cardinales, Episcopi, Imperator, [illegible] Reges & Principes, & omnes Catholici. Noli ergo Satanam audire, dicentem, Redi ad tuos, contrahe matrimonium, &c.

Respondebis autem non pro Ignatio Loyola, sed pro Christo: Is nihil tale [illegible] [illegible], ut Iesuitae putant, docere voluit [illegible], deserere, vel etiam odio habere [illegible] Iesuiticam [illegible] vitam [illegible] Christum plus quam patrem vel matrem amare: sed hoc potius, ut ipsum omnibus, etiam qui nobis conjunctissimi sunt, quique nostra legibus nobis commendantur praeferamus, [illegible] non odio habeamus [illegible] quando [illegible], [illegible] ipsum abnegare, aut ab ipso [illegible] oporteat. *Per consequentiam* igitur [illegible] [illegible], ut [illegible] nobis tam [illegible] [illegible] [illegible] habeamus, [illegible] gratiam à Christo deficere vellemus. Deinde [illegible] velit, et [illegible], qui per se etiam laude digni sunt, in officio conti-nuantur à fide & pietate, quam ipsi debemus, transversum abripiant. Unde dicit, *Qui amat patrem & matrem*, &c. [illegible] [illegible], [illegible] [illegible] *est me dignus*. Nihil igitur [illegible] [illegible] [illegible] Iesuitica [illegible] [illegible]. Damnamus etiam tales, qui tunc faciunt, [illegible] Gangrenensis Synodi Canone 16. qui sic habet: *Quicunque filij à parentibus, praetextu divini cultus, abscedunt, nec debitam reverentiam & honorem illis dependunt, anathema sunt.*

Constitutio 27. praecipit, *Ut omnes, qui sub obedientia sunt Societatis, meminerint, se gratis dare debere, quae gratis acceperunt, nec postulando, nec admittendo stipendium, vel eleemosynam ullam, quibus Missae, Confessiones, vel praedicationes, vel quodvis aliud officium [illegible], quae Societas juxta suum Institutum exercere potest, compensari videatur.*

Iesuitae omnia gratis docent.

Quis hîc non meritò exclamet, ô leges & constitutiones prodigiosè violatas, eversas & conculcatas. Cum Canonici Augustae Rhetoris, & in primario urbis Templo concionatori 300. aureos in singulos annos offerrent, respondit quidem, sibi propter legem hanc [illegible] recipere non licere, ut quae gratis acceperit, gratis communicet: possint tamen suo eleemosynae quicquid voluerint ad Collegium Iesuitarum mittere, sibi enim licere eleemosynas, non autem mercedem accipere. Itaque quotannis die Nativitatis Christi ad Iesuitarum Collegium deferuntur 300. floreni, quasi gratis, [illegible], praedicti [illegible] concionibus acciperet.

Constitutione 43. praecipitur, *Ut in Societate hac, nec sit, nec sentiatur animorum propensio ad partem alterutram factionum, quae est inter Principes & Dominos Christianos: sed sit potius quidam universalis amor, qui partes omnes, licet sibi invicem contrarias sint, in Domino amplectatur.* O Constitutionem prodigiosè violatam quoque.

Iesuitae non curant factiones.

Constitutione 47. statuitur, *quod plerique possit Societas rebus saecularibus partis suum Institutum vacare, [illegible] neque saecularibus [illegible], nec [illegible] [illegible] [illegible] admodum [illegible], vel in illis se occupari sinant.* At contra Iesuitae hodie in Curiis Senatorum, ut supra diximus, & Principum versantur, à lateribus eorum nunquam discedunt, quin [illegible] coram se gerant, in castris quoque & inter armatorum acies circumcursitant, & in ipsa quoque graviora ac periculosa [illegible] [illegible] perpetrant, & nihil in saecularibus intentatum relinquunt. In Gallia ubi sunt Iesuitae, maxime in

Iesuitae saecularibus rebus se immiscent.

Parienti

Parmensi exercitu, quorum nonnunquam plures occulte & bene ornati interspiciebantur, cum insignibus nominis IESV, quæ tunc Principum curribus sunt insignebant. Ante hunc Principem nunquam visi fuerunt militiam sequi: soliti autem alios Monachos inter milites versantes, reprehendere ac damnare.

[illegible] Et in ultimo etiam suo juramento sanctè profitentur, *se dignitates Ecclesiasticas non ambituros nec procuraturos, quod non conveniat religiosæ humilitati.* Sed candidam & deceptoriam hanc rejectionem judicandam, per opera eidem contraria probari potest. Nam dignitates illas & expetunt & accipiunt, præsertim si insignes & pingues sint. Unde nonnulli ex Pontificiis dixerunt, *Captari ab ipsis dignitates amplas, paupertate simulata & humilitate quasi ficta.*

Anno enim Domini 1593. Franciscus Toletus licet etiam ipse cum aliis Cardinalitiam & Episcopalem dignitatem despiceret, à Clemente VIII. in Cardinalium Collegium cooptatus, & ad summam, excepto Pontificatu Ecclesiasticam dignitatem evectus est. Ac licet simularit, se cunctari & dubitare, acceptavit tamen, & placuit Reverendissimus & Illustrissimus appellari. Triennium autem tantummodo supervixit.

Fatetur ipsemet Ribadeneira in Catalogo Scriptorum Jesuiticorum, hoc factum esse magno cum mœrore Societatis; paulò tamen post, videlicet anno 1599. mensis Martii, idem Pontifex Robertum Bellarminum in eundem dignitatis gradum ascivit. Et mox secuturi plures alii: nec desistent ambitiosissimi homines, donec Pontificum solium occupârint.

Excusat tamen eos Gretserus de hac Cardinalitia dignitate contra leges Ordinis assumpta, quod nimirum Pontifex eos angere, idque imperare possit sub pœna mortalis peccati. Exigit etiam hoc ipsorum juramenti formula: *Mandata Apostolicæ sedis teneor observare.* Scilicet.

Notæ & Animadversiones *aliquot* ad Bullas ac Privilegia à *Pontificibus* Rom. IESVITIS *data, ex Elencho Hasenmulleri.*

Paulo III. Privilegia IN Bulla prima Pauli III. Papæ conceditur Jesuitis potestas condendi tot Regulas & Constitutiones quot volunt, pro libito & arbitrio, in Societatis suæ usum & incrementum: hac tamen conditione, ut illarum supremus finis sit, Romanæ Sedis conservatio. Quod suis ipsi est ad Christianam perfectionem iter, & talibus quidem Regulis, quæ nihil sunt quam superstitiosorum hominum figmenta & placita? Verus noster Regula & via ad salutem est Christus. Is in Decalogo & Evangelio plenè nobis præscripsit, qualiter etiam nostram instituere debeamus, si perfecti esse velimus. Et quicunque juxta hanc Regulam incedunt, pax super eos & misericordia. Gal. 6. Et quidem de hujusmodi Regulis & Constitutionibus scriptis primus Eremita Antonius hinc apparet, quod Petrus Parisiensis Cantor testatur, *cum quibusdam Monachis, petentibus Regulam seu normam piæ vitæ, Evangelicorum codicem obtulisse*: quo ille nimirum indicare voluit, omnia ad pietatem necessaria abunde in sacris literis comprehensa esse, nec esse ullis novis Regulis, Constitutionibus aut normis opus.

In secunda Bulla tribuit illis divini nominis laudem, quod sint in Theologia exercitati, Literarum graduati, & Spiritu sancto afflati, Christo & Papæ dicati, ac speciali voto Pontifici Rom. obligati. Quæ autem est communio lucis cum tenebris? quæ concordia Christo cum Belial? Hosne Spiritu sancto afflatos existimabimus, qui se Antichristo speciali voto obstrinxerint, & in hoc conjurârint, quod velint orthodoxam doctrinam evertere, & Pontificias superstitiones stabilire? Et quis hos Theologos esse putabit, qui Dei verbum esse mutum esse nasum, materiam litis & hæreticorum librum calumniantur, & in ejus locum Paparum placita, Conciliorum decreta, humanas traditiones & Monachorum somnia substituunt? Dicit etiam Bulla, *eos esse animarum Zelatores*: concedo vos zelum habere, sed qualem lupi ovium, & vulpes agnorum.

In tertia bulla datur Jesuitis potestas concionandi, sed non Dei verbum, sed humanas traditiones, quales sunt, diebus festis à Pontificibus Romanis indictis feriari: omnibus diebus feriatis Missam audire: in quadragesima, quatuor item temporibus, Veneris quoque & Saturni diebus jejunare, & à carnibus caseo, lacte, &c. abstinere: semel in anno peccata sua confiteri, circa festum Paschatis Sacramentum altaris sub una tantùm specie sumere: diebus prohibitis à nuptiis abstinere, &c.

In eadem Bulla datur Jesuitis licentia audiendi Confessiones. Intelligitur autem plenaria omnium peccatorum enumeratio: ita ut non secreta conscientiarum, nec intima penetralia cordium, nec cogitationes ciques alia Confessarium lateant.

Tertiò datur in hac Bulla quoque iisdem potestas commutandi Vota. Vovent autem Iesuitæ paupertatem, castitatem & obedientiam. Constat verò omnibus eos apertè quibuscunque possint modis, seu, ut ipsorum verbis utar, *pia fraude*, contravenire. Sic si non possunt continere, loquuntur docentque: *si non castè, tamen cautè*. Eodem modo suo Papæ & Generali suo in fidei rebus vovent obedientiam, quâ non præstitâ, in obedientiam suam flagellis, cilitiis, & aliquâ abstinentiâ [illegible] & expiare oportet.

Quartò Bulla hæc potestatem dat Iesuitis audiendi Confessiones, & absolvendi ab omnibus casibus, etiam iis, qui non sunt in Bulla Cœnæ Dominicæ comprehensi, & ab iis quoque qui Apostolicæ Sedi reservati sunt. Hac verò potestate contra multos, eos verò vel maximè ad conciliationem Ligæ seu Conspirationis illius Gallicanæ adversus Henricum III. Regem, quam præsertim in Anno 1585. validè emergeret, ita sunt usi Iesuitæ, ut nullum absolutione dignarentur, qui ad propositam ante interrogationem se fidelem Regis subditum ac ministrum obsequentem esse profiteri fuisset ausus. Interea verò numerus eorum, qui confitebantur ipsis, adeò crescebat & adaugebatur, ut paulò post, anno videlicet 1587. in annuis illis Romæ impressis Epistolis ad Generalem suum Aquavivam de Collegio Parisiensi suo scribere non sint veriti: Confessiones audire, & quidem universæ vitæ, quam plurimas. Hæc est enim communis ferè omnium opinio, tum demum eorum satisfieri Conscientiæ, quum apud nos confitentur: ideoque nonnullus sexaginta millarium confecit iter, ut à nobis audiatur. Et rursus, anno 1589. Totius vitæ confessiones audire stetimus. Quicunque enim juramenta Regi præstita & debita exinde obsequia sepoluerant, eoque perfidiæ fuerant facti, & quorū peccata (uti loquuntur) illis Pastores ac Sacerdotes alii non ita leviter aut temerè volebant absolvere, à Iesuitis statim absque quæque acceperunt: & indulgentissimam non tantum absolutionem, sed & amplissimam promissionem æternæ retributionis inde consequebantur; modò in rebellione illâ fortiter persisterent graviterque pergerent. Unde passim in absolvendis modum hunc [illegible] ad [illegible] Evangelii jurare tenerentur omnes: quod neque eum temporis [illegible] adhuc Regem, nec si [illegible], se viderent, etiam successorem Navarrænum pro legitimo vellent agnoscere Domino. Id quod à multis apprehendentem eam haud admonentibus, eique sine absolutione dimissis, constanter affirmatum postea & contestatum fuit. Cæterùm quia [illegible] factè licet, efficacissimam, quâ enormis [illegible] cultam subsistit causam, quâ Liga seu conspiratio illa ab exiguis sanè primordiis tam exiguo temporis spacio ad summum fastigium evecta, tantisque non personam solummodò, sed animum quoque, nec non Provinciarum suffragia adversus regnantem tum, sed & residentem deinde Regem numerum concitarat, ac conspiratione facta extinctus fuit.

Quintò Iesuitis concedit Bulla, Peregrinationes, Vota, &c. pro tempore commutandi: Missam ante diem exortum, & post meridiem celebrandi: Ecclesiastica Sacramenta administrandi: officium Romanum novum, non ex præcepto, sed ex libertate dicendi. Mandatur insuper, ut Assistentes sint & Cardinales, qui resistentes Iesuitis compescant, & rebelles in eos tollant. Sunt quidem hæc satis magna Privilegia, quæ Iesuitis in illis conceduntur: sed hoc illud ipsum est, quod Daniel prædicit, Antichristum maximum beneficiis remuneraturum esse, quicunque suum illum Deum Maozim colere, venerari & agnoscere dignentur.

In quinta Bulla permittit Papa, ut quicunque velint, neglecto suo Parocho, Iesuitarum Missas audire, absque Sacramenta ab ipsis sumere possint, nec ad proprias Parochias accedere opus habeant. Aliâs verò coguntur in Papatu omnes & singuli, ut intra Parochiæ suæ septa maneant, Missas audiant, & ordinario suo Sacerdoti in anno semel confiteantur. Hæc autem libertas Iesuitis concessa ipsis quælibet infinitum vel maximè. Nummus enim confessionalis, qui hactenus Sacerdotibus cessit, tunc Iesuitis cedit. Excusant quidem se Iesuitæ apud seculares Sacerdotes, quod Confessionis nummos non recipiant, & nullam mercedem propter Missas postulent. Ita quidem illi, dum in Templis sedent, propter Confessionem nihil exigunt: si qui autem pecuniam super altare ponit, tacent, eamque hominibus abeuntibus auferunt. Item, Si quis propter confessionem illis pecuniam vult dare, eam illi quidem in manus tempore nolunt: dicunt autem, si quid nobis communicare velit, illud ad Collegium nostrum posse mittere, nobis enim non licet quicquam in Templo recipere.

Secundò, in hac Bulla mandantur Iesuitæ ab omni visitatione & cura Monialium, vel

vel aliarum religiosarum personarum liberos & immunes esse debere. Ignatius autem Loyola tanta cura [illegible] est complexus, ut etiam publica [illegible], propriis in [illegible] & ali curavere. [illegible] Habemus [illegible] *[illegible]*

Tertio, Decimis & aliis oneri [illegible] Iesuitarum bona Papa hac Bulla exemit, [illegible] prius sub censu fuerint. A reliquo [illegible] maximos reditus [illegible] singulis annis colligit Papa, [illegible] bona [illegible] habet. [illegible] Bulla, *[illegible]* [illegible] ergo non est, Iesuitas tam brevi temporis spatio tam facile tot tantaque opes collegisse. Papa enim reliquam [illegible] expilat: Iesuitae autem [illegible] addit quia cogit Episcopos, Abbates & alios Praelatos Iesuitis de suis bonis & reditibus largiri, [illegible] Monachis, Fuldae & pluribus aliis locis factum est.

Quarto, dicit Bulla, *[illegible] Iesuitarum aliquam Ecclesiam [illegible]* Aliter vero loquitur Scriptura: *Sanguis Iesu Christi*, inquit Iohannes, *emundat nos ab omni peccato.* Item: *Remissa vobis sunt peccata propter nomen eius.* Non dicit, propter visitationem Iesuiticarum Templorum. Et Paulus dicit: *In Christo habemus redemptionem per sanguinem eius.*

Iulius III. Papa in prima sua Bulla confirmat omnia praedecessoris sui Pauli III. Iesuitis data Privilegia. In secunda vero, quae ordine est septima, die xx. Octob. Anno [illegible] nova insuper addit, [illegible] Professi [illegible] Sacerdos [illegible] Monachus, & Secularis etiam, ex speciali permissione Sedis [illegible], talem permissionem habentis, quicunque ille esset, [illegible] prohiberi [illegible] excommunicarentur, vel aliqua poena [illegible] Iesuitarum autem Professi, qui [illegible] Papa obligati [illegible]

est, permittere sibi & aliis liberum [illegible] quibuslibet vescendi, non quia Deus [illegible] ciborum usum hominibus concessit, sed quia Papa ipsis hanc dispensationis facultatem dedit.

Secundo concessit etiam Iesuitis [illegible] quoque absolvere, hoc est, ex Evangelicis Pontificios, ex Christiano Antichristianum, ex filio Dei filium Satanae, atque duplicem gehennae filium facere. Haec autem potestas Iesuitis data est, ut se commodiorem [illegible] occasionem habeant. [illegible] Non est quod [illegible] [illegible] Romanae Ecclesiae [illegible] [illegible] torquent.

Tertio obtinuerunt a Papa etiam hoc privilegium, ut intra domorum & Collegiorum suorum privatos parietes, suos ad quoslibet [illegible] gradus promovere possint. Ne tamen Academiarum leges [illegible] Rectorem & Cancellarium Academiae [illegible] illis dare [illegible] [illegible] Papa [illegible]

Pius IV. anno [illegible] Bulla concedit Iesuitis potestatem aedificandi Collegia ubicunque velint, licet [illegible] qui nullis supplices fieri [illegible] Papa [illegible] venerunt, non solum hospitio excipere, [illegible] Collegiis. Deinde,

[illegible] Tertio

Templa & Scholas ædificare cogantur, quin etiam propriis possessionibus & bonis cedere, eaque in usum & dominium Iesuitarum tradere.

In altera Bulla die 29. August. Anno 1581.(?) edita, ad imitationem Iulii III. hos suos Socios ab omnibus oneribus & gravaminibus tam Ecclesiæ quam Reipubl. eximit. Nam præcipit ut & ipsi, & Collegia, & bona ipsorum omnia, perpetua libertate, sine ullo juramento, excepto eo quo Papæ devincti sunt, sine omni elura, fœnore, censibus, decimis & exactionibus liberi relinquantur, tam in iis quæ jam possident, quam quæ in illorum usum futuris temporibus ventura sint: tam in domibus & Collegiis, quam in Civitatibus & Academiis: nullum tributum, nullum censum, nullas decimas, de domibus, Collegiis & fundis solvant, sed sua ab omni solutione exempta & libera possideant. Non immerito igitur tam magnificos suos Papæ erga Iesuitas, quia præ reliquis Clericis & Monachis Paparum res augere & propagare nôrunt.

Pii V. privilegia. Pius V. Anno 1565. Calend. 16. Febr. ne Iesuitæ aliorum etiam Ordinum privilegiis destituantur, concessit illis omnia privilegia, quæ Mendicantibus Monachis concessa sunt, ut sic ubique & quocunque venerint, sua possint habere diversoria, & Socios habeant, qui illis in procurandis ac promovendis rebus Pontificiis adjumento, denique præterea aliquem prosperum habeant, dum opus [illegible] Mendicantibus annumerantur. Hoc etiam idem à Papa illis concessum est, ut sic clam in Monachorum res, opes, vitam & doctrinam inquirere, illos Papæ deferre, & tandem illorum monasteria ac bona invadere possint: ob quem dolum etiam nunc & usque pejus Monachi illos oderunt.

Gregorii privilegia. Gregorius XIII. non contentus Iesuitas exemtos esse [illegible] Cardinalium, Episcoporum auctoritate, dedit insuper facultatem [illegible] Anno 1573. Conservatores, Iudices & Advocatos assumendi in quibusvis causis. Illos autem juvare tenentur, ut communicari jubet: sic ut & sub Ecclesiæ Romanæ [illegible], & politicorum tutela [illegible] vagari, sine omni impedimento [illegible] Papæ [illegible] possint. Præcipit etiam, ut Archiepiscopi & reliqui Clerici Iesuitas laborantes vel periclitantes, cum potentia [illegible] protegant, neque permittant, ut vel impediantur, vel ulla ratione molestentur, vel expellantur vel bonis suis [illegible] supercilio, [illegible] omnibus [illegible] quilibet [illegible] apud ipsos Pontifices [illegible] bium ablatæ, ut si quando alii scelera aliqua plecterent dicant: etiã Iesuitas esse compertos falsos. Alii, quos noverunt in favore Papæ esse, dicunt: *Pretiosam habes Pontificem, sed cave ne offendas Iesuitas: quibus inest Papæ clementia in furorem vertitur.* Alii in causis malis aperte dicunt: *Si [illegible] Papa [illegible] esse quam Christum habere, ille enim plus quam Christus, authoritate & gratia in Papa valet [illegible].*

Anno 1573. facultatem illis tribuit, in libris editis quicquid libuerit mutare, detruncare, adulterare & corrumpere. Hinc fit, quòd Iesuitæ, terras marìaque peragrantes, & Bibliothecas perlustrantes, Patrum & Historicorum tum veterum tum recentiorum scripta eis repugnantia interpolant: voces, sententias, quin integras paginas addunt, adimunt, detrahunt, mutant, mutilant & corrumpunt, pro arbitrio & libidine sua, quod ibi honestè scilicet, cujus si Deo placet, Libros expurgare vocant. Hoc juris autem nullus unquam bonus vir sibi sumpsit: contrarium autem idem sæpè Arriani, aliique impudentissimi & audacissimi hæretici, quò facilius portentosa sua dogmata contra orthodoxos tueri possent. Expergiscimini igitur, qui ad clavum Ecclesiarum & Scholarum sedetis, & hoc audax facinus diligenter attendite, ne quid detrimenti Ecclesiæ & Scholæ vestræ fidei commissæ, inde accipiant.

Anno 1578. die 16. Febr. concedit Gregorius Papa Iesuitis etiam medendi facultatem, quâ liceat ipsis, excepta ustione, Medicos & Chirurgos agere, & præcipit, ne quis vel Medicorum, vel Chirurgorum eos impediat. Hoc privilegium extorsit avaritia Iesuitarum, ne cogerentur vel ipsi infirmi sumptus legitimos ac ordinarios Medicis solvere, vel potius ne fundos suos morbos aliis revelare. Idcò proprios habent Medicos, Tonsores & Pharmacopolas, ut sic ubique & in omnibus quæstum facere possint.

Eodem Anno Iulii die 15. eximit Iesuitas necessitate intercedendi processionibus & funeralis associationibus. Et tamen Iesuitarum est animadvertere tum in Clerum, quàm in plebem, ut ritè & more Romano rectè, devotè, reverenter, ornatè & decenter omnes peragantur: secus facientes Episcopis produnt, qui deinde pro suis ut loquuntur, taxa, eos puniunt. Datum est autem hoc eis privilegium, non propter studium, ne concionibus, lectionibus & confessionibus avocentur, sed imprimis ne in processionibus postremos eos esse oporteres ab [illegible] horas [illegible] & singulcm. Indecorum verò hoc est ipsis contra Tridentinum Concilium, quod Sess. 25. c. 17. decrevit, ut etiam Clerici seculares, quam regulares quicunque etiam Monachi ad Processiones publicas vocati accedere compellantur, his tantùm exceptis, qui strictiore in clausura perpetuò vivunt.

[illegible] Sed quòd multis Notis & animadversionibus opus est, Hasbachius Bellunii Episcopi Patavini sententiam refert, non verborum [illegible], *Maior erat privilegiis his Sodalibus à Paulo III. Papa concessis [illegible], quæ [illegible] communi populo et Episcopatum, Curatum & Universitatum [illegible] producerent.*

De magna IESVITARVM Machina, quæ CONFESSIO dicitur, cum Regula non primis instituitur, exigitur ac præcipitur.

NVllam arcem Philippus Macedonum Rex inexpugnabilem esse dicebat, in quam asinus auro onustus ascendere posset: nullam ego [illegible] arcem esse puto, ad quam Confessionis machina à Iesuitis admoveri possit. A Iesuitis inquam [illegible], qui soli ejus tractandæ rationem norunt, deque multis eius machinæ ad quorum animos applicandæ [illegible] in hebdomada disputare solent. Hæc enim, cum nudo & aperto Marte potiri [illegible] videantur, cuniculis agunt, auriculisque surdis [illegible] insidiantur, quibus vigiles quantumvis arcium & oculatos fallunt. Arces autem caducas & curiosas [illegible] appetere solent, [illegible], mercatores [illegible], super omnes [illegible], [illegible] ingenia, & quid [illegible] facile [illegible], in qua multum utilitatis cum voluptate conjunctum habent. Quid enim [illegible] est [illegible] hominum [illegible], quam ne supplicio quidem judicum [illegible]? quid autem dulcius, quàm à [illegible], & id [illegible], [illegible], quod ipsi multo labore [illegible] ? Itaque si [illegible] liberum [illegible], [illegible] non [illegible], quàm [illegible] utilitatem cum voluptate quærunt. Cur enim si quis diu [illegible], [illegible] artibus [illegible] est, ad eum [illegible] machinam admovere laborant? Cur [illegible] in pauperibus [illegible] [illegible] student? [illegible]

[illegible] studio, quàm ut eos exercitarent [illegible] quemadmodum Principem, qui Præfectos Provinciarum, [illegible] hirundines [illegible] fuerant [illegible], [illegible] & sanguine [illegible] in [illegible] semel illum omnem sanguinem exprimunt, quem honestè ipsi à populo sugere non poterant.

Quò autem [illegible] machinam suam [illegible]. Negant [illegible] confessionis à se revelari posse, quæ etiam [illegible] aperiunt, ea non homini, sed Deo aperiri; nec si revelarentur, [illegible] unquam indignum omni fide testibus adhibendum esse. Sed [illegible], si [illegible] alibi, locum habet [illegible] proverbium: *[illegible] la legge, [illegible] l'inganno.* Nam si quicquam Socius revelare cupiat eorum, quæ [illegible] sunt, [illegible] confitentem, ut eadem [illegible] extra confessionem sibi enarrare velit. Quod cum ingenuè confitens negare non possit, locum & horam accipit, quo ipsos adeat, atque adeo eos omni animi scrupulo liberet, si quid rarum rerum [illegible] aperire cupiunt. Confessionum autem [illegible] & [illegible] esse debere probant, [illegible]. Quondam [illegible] confiteretur, [illegible] ex [illegible] esse [illegible] ad [illegible], cum grave quiddam [illegible], majorem [illegible], [illegible] caput [illegible], apparuisse, [illegible] non potuisse, [illegible] ad se totos [illegible]. His [illegible] perducunt, ut quicquid fraudis & perniciei [illegible] Iesuitarum sinum effundant. Præcipuè cum solemniores festivitates apparent, in quibus de more majorum [illegible] quisque se [illegible]. Hic [illegible], hic [illegible], hic [illegible] testamentum, aut alia fraude quæsitam pecuniam [illegible]. [illegible] Iesuitæ instar Crocodilorum, qui hominis, quem [illegible], [illegible], [illegible] vultu [illegible], [illegible]. [illegible] opus esse dicunt, benigni [illegible], [illegible] rigorem [illegible] temperant, [illegible] in quibus [illegible], [illegible] famæ & existimationi [illegible]. Cum enim sine dedecore res palam [illegible] nequeant, quibus [illegible], aut [illegible] [illegible]. Confitentem [illegible] Procuratorem aut sequestrare amatorem qui [illegible] ideo non aut illo nomine [illegible] vereantur. Hæc si quis indigne [illegible] admittat, cum non [illegible] vitæ earum rerum indulgentias se repræsentaturos pollicentur, quæ non solum præsentibus prosint, sed & [illegible] parentum, & qui nascentur ab illis: [illegible]

Hæc utilitas aliam adjunctam habet, nam perversi pandit omnibus quas vocant circumstantiis, [illegible] ab uno discunt omnes [illegible] pertinent, quos [illegible] obnoxios tenent, eorumque capiti semper [illegible] impendet. Hujus tamen inventi laudem non est quod sibi arrogent, aut Alexandrum Abonoteichitam, cognomento ψευδόμαντιν, de quo Lucianus librum conscripsit, laude sua privent. Is enim cum Prophetam ageret, se se omnium petitionibus responsurum profiteretur, libellos offerentium manu subsignatos perlegebat, in quibus si quid grave in Rempub. flagitium commissum reperisset, eos penes se retinebat, ut homines sibi male conscii silentium suum muneribus redimerent. Sed hæc [illegible] sat sit.

Nunc venio ad alteram hujus machinæ partem, quæ voluptas est. Nemo ignorat quam dulce malum sit curiositas, & quam quisque affectuum suorum cum alienis comparatione delectetur. Solet enim hominum vanitas ad anteactæ vitæ commemorationem gestire, magnamque voluptatem cognatione usurpare. Unde fama vulgatum est mos veteris cujusdam [illegible], Jesuitis veteranis non incognitus (ne ne mirentur Jesuitæ eam me sibi [illegible] efferre, [illegible] Massiliæ Clemens VII. ejus gratia [illegible], tantum indulgentiarum induxit, si [illegible] per [illegible] suam doceret, quantum aliis sigillatim ad quemque [illegible] salutationem angelicam recitantibus) quæ magna aviditate hodie ab adventantibus sciscitatur, perindeque audire solent, quid quisque nequissimum in vita gesserit: Ita veterani, cum quod alienarum actionum narratione [illegible] recordationem [illegible] quod [illegible] narratione [illegible], [illegible] omnes animi [illegible] præterito [illegible] aliquid [illegible] de aliquid [illegible] propagarit. Nec enim simplici [illegible] historia contenti sunt, sed eosdem habere, vultus, sermones sibi repræsentari volunt: unde aliquando accidit, ut quædam feminæ, ad honestatem paulò propensiores, lachrymis & pudore suffusæ, petulantes Jesuitarum interrogatiunculas abrumperent.

Mirabitur aliquis tantam mali scientiam in tam sanctis pectoribus habitare, quæretque forsan, unde illa tandem hausta fuerit? Atqui sciant Jesuitas, ea quæ à Cajetano & Soto Hispano hac de re scripta sunt, non paucis additamentis locupletasse. Si quid enim turpis, vafri ve paulò ingeniosius excogitatum, additumve est, continuo in arcanas tabulas refertur, in usum Patrum Societatis IESV, qui hanc artem supra modum excoluerunt. Quemadmodum enim in pendendo auro, si quid justo ponderi deest, addito scrupulo impletur pondus legitimum: sic in expendenda gravitate vel levitate peccatorum, momenta circumstantiarum ita examinant, ut una detracta, vel addita, facilè cognoscant, an peccatum sit mortale, vel immortale, sibi que pronuntient, ut bonus ille Hilarion ex odore corporum, *Voila qui sent le diable: voila qui sent le diableria.*

Præterea doctrinam quandam de casibus reservatis conscripserunt, quarum solutio extra ordinem olim ab Episcopis, interdum à Cardinalibus, atque adeò ab ipso Pontifice petenda erat. Nunc penes Jesuitas tota est, magno id quidem suo ipsorum merito. Nam cum Venetiis primum confessoriam artem agerent, ubi tunc Petrus Carrapha famæ Sanctitatis serviebat, ad eum tanquam ad oraculum confitentes amandabant, si quid id incidisset [illegible] inciderat. Qui à Jesuitis clanculum monitus libros promptos, in iisque apertos habebat, ubi de quæstione sermo erat, ut cum confitentes advenirent, divinitus id accidisse videretur: quo artificio & Prophetæ suspicionem tulit, gradumque sibi ad Pontificiam dignitatem fecit. Cujus deinde compos factus, cum beneficii eorum recordaretur, Jesuitas hac omnipotente facultate remuneravit.

Superest, tertium tantùm ejus machinæ ad versandos juvenum animos adhibendæ. Laudant Jesuitæ miris laudibus eas conscientias, quæ frequentes libenter admittunt, ut se aliis [illegible] patiantur. Quibus laudibus gestientes ambitiosæ mentes juvenum certatim se dedunt in machinam versandas. Hujus ambitionis specimen aliquod referre non pigebit. In humilioribus classibus interdum, contendi musa provocat Ludimagister, ut quis amare in Deum. Deiparam autem Virginem verbera pati velit, quemadmodum videas innumeros hinc inde discipulos, dissonantes caligis, [illegible] narer. Magistrum autem [illegible] in laevam [illegible], ab extremo ad extremum [illegible], nunc illos aspergere nunc. Vide quid possit ambitus. Itaque quasi quiddam valde secretum gerentes, sua omnia Iesuitis enunciant, casus, in somnium, cogitationes, letitiam, iram, metum, quicquid [illegible] ignorantia & juventus suggerere potest. Iesuitae singulis malis suas medelas adhibent, itaque pietatis adminicula subministrant, cruces ligneas, imagunculas, corollas versarias, agnos benedictos, libellosque mirificos, quibus religionis suae faciem fuco & pigmentis exornant. Ubi quis sic diu machinis versatus est, ut jam vertigine correptus videatur, sicut per in sublimi suspensum facili momento huc illuc impellitur, ad se quantum potest attrahunt, interdumque pertrahunt. Pervaid enim hucusque falsus, [illegible] methodi- [illegible].

Est autem methodus hujusmodi. Ubi saepius [illegible] animi, seu solum ferax, in quo semina jacta statim radices agunt, laudibus, ominibus, muneribusque prosequuti sunt, altum gradum superare aggrediuntur. Eum autem efficiunt, quae ad aliquod mirum vivendi genus se debeat comparare, quae difficillima cogitatio sit. Itaque Heremitam in trivio constituunt, aut [illegible] hinc, voluptas illinc aureum vellicat; haec agmine [illegible] & leporum circumsepta, illa maligna fronte supercilioque [illegible]; haec in viam initio planam [illegible], sed quae ad extremum durum horret; illa viam angustam ostendens, [illegible] sed quae paulatim se explicat, ac in magnificum desinit cum dignitate exitum. Hortantur itaque juvenem, ut quantum fieri potest, cogitet, & quicquid in mentem venerit, ad ipsos referat. Iuvenis sive quod ita videatur, sive gratificandi causa [illegible], taedere se societatis humanum, ac incessisse sibi cupiditatem, totum se Deorum altaribus consecrandi. Afflatum numinis Iesuitae venerantur, ibique paululum subsistentes, multiplices ad eum fores [illegible] ostendunt, hinc fratrum Cordigerorum, & Benedictorum Sodalitates; hinc Capucinorum, Carmelitarum, Carthusianorum angelicos greges, quibus tamen singulis sua adhaerent vitia. Cordigeri petulantes sunt & vagi. Benedictini Simoniaci [illegible], beneficiis emundis & vendundis occupati. Carmelitae, [illegible] ligurritorum, & tanquam ca- Apiti schola coqui. Carthusiani [illegible] quiddam, & potionum [illegible], [illegible] sibi pro sale datam putant. Capucini [illegible] ulmis sunt, habitumque cum [illegible]. Videor audire illos versus.

Hinc Numidae infreni [illegible], & [illegible] spicis ferat.

Hinc [illegible] deserta siti, latique furentes Barcaei.

Sola superest dies Iesu Societas, quae omnium perfectiones, [illegible], [illegible] tarcae, disciplinam, [illegible], paupertatem, usum & abusum simul complexa est. Quid ni ergo huic subscribat juvenis? Hortantur tamen denuo, ut sibi deosque consulat, ad id quod optimum maximumque erit eligendum. Procumbit humi juvenis ante ora Deum, & coelum numina, quantum potest, obtorto collo deprecatur. Inde redit ad machinam [illegible] nus magicalibus, [illegible] in omnes partes animum circumagunt, [illegible] profecto [illegible] Iesuitarum [illegible] tatem suam [illegible], [illegible] benedi- [illegible], ad [illegible]. Iterum magno studio [illegible] summos, medios, infimos adorat, [illegible] que magisque vitae Iesuiticae desiderio inflammatur. Ubi ignem hunc languidum Iesuitae solis medullis conceptum [illegible] valeat, ad veteranos veteratores mittunt, cum quibus [illegible] transigendum est, apud quos quantum [illegible] valeat, [illegible] sit in gratiam juvenis [illegible] ut pollicerentur. Quod operosum quiddam, totumque magna [illegible] sit, Iesuitam constitui. Audiunt, juvenis supplicationem veterani, composito ad severitatem vultu, [illegible] tam multis [illegible], ut sancta societas [illegible] jam [illegible] posuit: se tamen testimonio suorum fretos de pietate juvenis, eum in [illegible] suorum [illegible] his [illegible] pessimis [illegible] sub gurgite vasto.

De Carceribus IESVITARVM ex poenis eorum qui in illorum ordine professi sunt.

SI quis, ut saepius evenit, professus est, [illegible] duriore cervice [illegible] nitur, cum in Trophonii antrum conjiciunt, ut in exercitiorum spiritualium [illegible] dore, tanquam [illegible] contrahunt, ac vita [illegible] sibi ipsi [illegible] evadat. [illegible] hominem [illegible] dam in gurgustio, ad respirandum quidam satis apto, ad ambulandum autem neque spatii sesi, neque locū habeant. Ibi totas quas hebdomadas ex more patrum, sub pellibus tritū exeuntes, quantumque potest maximè vaticinantur: nulli ad eum aditus patet, præterquam Patri spirituali, qui semel bisve in die eum ad machinam admovet: ac deinde breves chartulas, in quibus sententiæ sunt, devorandas obtrudit, quas benè nec ne concoxerit, ex responsis eius ita cognoscit, ut Medici ex excrementorum aspectu cruditatem stomachi conjicere solent. Hujus pastus initio, sicut lenitio nauseam parit, assuetudine tamen ita mitescit, ut meliorem speciem & saporem in se convertit. Sic nonnullis ægris evenisse scio, ut post crebras potiones à Medicis propinatas, tandem gustu iis delectari cœperint, neque melliorum ciborum dulcedinem desiderarint. Sunt autem illæ sententiæ piorum Iesuiticæ quasi apices, quibus nil nisi cavum & inanium continetur.

Quis, verbi gratia, Religiosorum ordo de Deo superisque sit optimè meritus: utrum majora sint Francisci Cordigeri, an Loyolæ Iesuitæ facinora.

An melius sit vigilando somniare, an somniando ea intueri quæ vigilantes videant.

In quot dies homo ex sacra hostia cum nonnulla alterius panis & vini administratione vitam producere possit.

An sacra hostia recepta dormiendo idem operetur atque vigilando.

An Bellerophon somnis vel alis volaverit.

An non mirabile sit instrumentum à Iesuitis repertum, quo quis per inane volans secum etiam in multos dies commeatum deferre possit.

De quibus omnibus nisi aliquid satis cavum somniaverit, demensum ei [illegible] minuitur, ut facilius commercium cum insomniis habere possit. Sed quia non omnes ea cum umbris & spectris familiaritate gaudent, interdum fit, ut nonnulli post quatuor aut quinque dies, [illegible] incipiant ac [illegible] quærere: unde se præcipites dare quærunt. Ex [illegible] cerebri, ex somniorum imaginibus ac [illegible] moriuntur, [illegible] in modum [illegible], ut ad delirium [illegible] & amentiam adigantur. Exacto [illegible] tempore emittitur in lucem iuvenis vitæ, ut densque somnians, non [illegible], non [illegible], non [illegible] effectum [illegible]. Olim Heraclitus vigilantibus unum communem mundum esse dicebat, sopitis [illegible] quemque discedere, [illegible] redeunt, ac vigilantes quidem communem cum aliis mundo fruuntur: ecce enim mundos novalesque formas, Tragelaphos, Chimæras, Hippocentauros sequuntur. Sanè in eorum vultu gestuque contemplando non parum voluptatis inest. Hic se rotum circumspicit, ac quocunque caput agit corporis sui figuram in aëre suspensam intuetur: hic se testitudinem factum esse credit, metuitque ne [illegible] obvios quosque [illegible]: hic hominum informium se vultus [illegible], [illegible] dissolvere neque ac somnians vigilat, ac verò vigilans vaticinatur. Vno enim tempore fulgura, tonitrua, Iesuitarum, & Cacodæmonum voces audire videtur.

De Regimine & Republica IESVITARVM, eorumque societatis excellentia, ex epistola Iudica.

ANno 1605. in lucem editum est exemplar literarum Barisonii Iesuitæ ad Venetum adolescentem xi. April. Anno 1605 qui relicta Societate hac adfuere [illegible]: Bononiæ datarum, in quibus Regimen ac Respublica Iesuitarum, cum Ordinis illorum excellentia & perfectione ita exactè depinguntur, & oculis contemplanda subjiciuntur, ut totius illorum Ordinis ideam, seu formam & speciem quandam perfectam inde quisque merito suo conspicere queat. Is quia Iesuitarum artibus fictus est, in eos [illegible] peccatus, præcipua inde in Lectoris gratiam adscribam.

In Societate nostra tredecim [illegible] Iesuitarum librum, in principio & primo appa[illegible]tur, quæ in hac vita animæ generosæ necessaria sit [illegible] quod vel in [illegible] [illegible] vel etiam [illegible] Religionem sive Ordinem [illegible]. Nec verò [illegible] Religionis [illegible] Christianique quam [illegible]. [illegible] quod natum [illegible] sit, ut [illegible] luci, quibus nihil [illegible] Christi, aut etiam alia congregatione [illegible] possit [illegible], [illegible] considerans, præter quam quod [illegible] occupatur [illegible] pretiosissimo thesauro [illegible] habere, absque labore [illegible], tam in [illegible] publicis, quàm privatis, subsecutus in [illegible], à personis [illegible], & [illegible], [illegible] excellentes [illegible], ad [illegible]

[illegible]

publicum bonum, suspicionem [illegible] Nomine subtrahi, & videri rationem Patres nostri in extremis subsistentes, et publicam conversationem. Itaque hic etiam in Collegio de Scholis nostris non amplius audiunt Archiepiscopi Coloniensis quotidianis commoditates, sed cathedra auctoritas longe illustrioribus Doctoribus ornatur, et sanctitate in universum fama ibi Alvari, Toleti, Molinae, atque aliis Summis nostris Theologis loquuntur.

Possunt etiam nostri Socii facile accurate certos modos, quos ad honores & gradus summos evehantur. Ac primorum Scientiarum nostrarum Sociorum, & mediante universitate ingeniorum, aut praedicando, aut docendo celebres evadere: ex quorum tum atque aliorum maximam auctoritatem, & non exiguam praeeminentiam referant: quandoquidem a viris, a mulieribus, a populis & Magnatibus ipsis colantur atque subvehuntur: nec quicquam ipsis in mentem venit, quod non aliud, quam proximo fuerit utile, praemissum ipsis sint & donatum. Ipsis privatarum aedes apertae [illegible] de maximis rebus consulti, consultabitur: pax sacrorum suorum quilibet fiunt participes: & quando eminent ad hos applicatis [illegible] simplicis multitudinis [illegible] pro arbitrio ex Magistris aut praedicatoribus, non quidem Sanctitate, sed tempore Imperatores & Monarchae fiunt: & non solum sibi ipsis commendant & honores conciliant, verum etiam gloria sua nulli Societati nec nostri illustriores & ditiores reddere possunt. Sicut omnibus Patribus in Polonia, Transylvania, Austria, Bavaria, Hispania, atque aliis in locis [illegible] Societatis nostrae Monarchia erecta & plantata est. Qui ex aliorum informationibus, horum qui sibi, cumque apprehenderint, deprehensum esse, Praecipue Ferdinando Archiduci subjectum [illegible] Societatis nostrae Regi, & [illegible] esse, quod omnis Patrum consilio gerantur, sive de dignitate & Magistratibus conferendis, sive de bellis etiam [illegible] tractandis. In Bavaria quoque omnia Patrum nostrorum prudentia gubernantur. Ipsaque Transylvania a solo administrata fuit a Carrillo, qui rursum, ut Imperatoris [illegible] & [illegible] subjugaretur. Apud Gallicum & Regem ipsum Pater Cotton in praesentiarum gubernat? Et in Polonia, non absque [illegible] Christianorum [illegible] familiaritate nostra [illegible] In Hispania, Lusitania, Belgio, Italia & Sardinia, [illegible] sunt ditione & auctoritate qua pollemus! Sed quid de Patre Personio dicam, qui Romae agens, plus auctoritatis habet in Anglia quam Rex ipse aut [illegible] aut Praelatus Catholicus, quin [illegible] dentiam aut gubernationi conscientiae sua aliquem ex Sociis nostris habeat. Ac ut summatim dicam, Confessio nostra, [illegible] omnibus, Regum, regis & Pontificum.

Nos etiam certo [illegible] Sedis Apostolicae tenemur, ut [illegible] quacunque etiam [illegible] destinati fuerimus. Unde non ipsius Sedis immediate facti, & [illegible] ejus causas, ad, quod in [illegible] Pontificibus persuademus. Omnes qui [illegible] aut Praelaturas [illegible] confugiant. Atque hoc Pontificis [illegible] in hac opinione, in Curiae, Regum, & ipsorum Principum animos penetramus. Ita sit, ut cum his dominium super [illegible] & bona subditorum [illegible] Principum, tum [illegible] ac [illegible].

Et quemadmodum sancta Sedes ubi [illegible] maximos faciebat progressus; ita & nos, ubicunque [illegible] Principem [illegible] Cui rei [illegible] Galliae Regnum inter alia [illegible] Quapropter [illegible] inter Principes & [illegible] verum etiam [illegible] pro [illegible] nostra & [illegible] non absque [illegible] quod sancta illius Sedis possessio, in [illegible] Quod cum evenerit, tam [illegible] caput [illegible] Romanae Religioni, ut [illegible] ex Principatu Christiano & [illegible] universo [illegible] & [illegible] Pollere.

Nec vero semper [illegible] aut [illegible] libertas aut praeeminentia nostra: quia [illegible] ipse Pontifex, ex [illegible] & [illegible] singulariter vero, si [illegible] vel [illegible] Magnatum quorundam, quorum in nos beneficia [illegible] Econtra [illegible] est, qui adversus nos [illegible] Pontificium [illegible] quidquam [illegible] A nostris enim [illegible] pro haereticis & [illegible] habebimur: [illegible] & [illegible] conservemus.

Quod si forsan [illegible] aliquis non fuerit [illegible] aut Principum [illegible] familiaritatem, [illegible] arbitrii sui erit [illegible] Deus

I aut

aut Collegia sibi quam maxime plausere solent: sicuti sua quiete, & in Ecclesiis sermocinando, pietatem in hominum animis teneriorum, & muliercularum devotarum pectoribus foveri; quod ipsum magnam quoque honorem & commendationem et comparabit. Nam si eos, qui peccata sua iis confitentur, occasione rerum terribilium, & miraculorum à Patribus nostris ad hoc collectorum, in officio, vitâ pietatis obsirment, continuerit, tum de secularibus & praesenti rerum dispensatione, in honorem Dei, quemadmodumque ipsi placuerit.

At tametsi sanctus hic zelus ex malitiosa interpretatione sinistrè accipiatur & passim spargatur, Nos tandem esse diversissimas huic atque illis referentes, discordiam & lites, dissensionesque inter maritum & uxorem, parentes & liberos, fratres & cognatos, atque hac ratione ad summam consiliorum nostrorum suspicionem habentes [illegible] ex integro Regna dominium. Nos & absolutam tyrannidem in quaslibet usurpare [illegible] tamen a liberis illis [illegible] quam possunt, cum tamen id ad animarum salutem sit directum. [illegible] verbis Evangelii, quod habet: Non veni mittere pacem sed gladium. Veni enim separare hominem adversus patrem suum, & filiam adversus matrem suam. [illegible] habendum non est, si quis aut [illegible] contradictionem, & negationem [illegible] animos [illegible], deserendo id totum ad utilitatem cedat Ecclesiae, & Sanctae Sedis, ut opus [illegible] & [illegible] vera pietas summaque Religio cumulet.

At ut singulas aliquas aut [illegible] mercatoribus [illegible] aliquorum injecti ipsa [illegible] adversus aut vide, quod cum propriis Dominis & nobilissimae cuiusdam Matronae, ex devotione sua ad Ecclesias nostras ventitant, [illegible] in nostros devergentes, ad singulare [illegible] dicunt, & hac illas [illegible], quod in Confessionibus audiendis difficiles quidem [illegible] pauperculas [illegible] à nobis fugentur, in absolutionibus rigidi, in [illegible] poenitentia injungenda intolerabiles. Adversus divites autem, & nobiles viduas, aut conjugatas [illegible] videntes, parumque nullum [illegible] facile etiam absque [illegible] gravissima eis peccata [illegible] à quibuslibet [illegible] generalem [illegible], licet à Deo non mandatam, haud necessariam tamen animarum salutis accessione, ut nostri [illegible] absolvendis debitis, peccata eorum confitentes [illegible], atque hic rebus ut eis à sua [illegible] liceat, quae nisi Religiosi nunquam concesserunt.

Magnum verò illum periculum, quem nobis [illegible] animis à [illegible] & [illegible] quibus [illegible] sunt, expurgandi [illegible], malevole interpretantur. Nos cum illis etiam, longè & frequentibus [illegible] aliquoties, quorum [illegible] mediantibus, quidquid desideraverimus [illegible] ab ipsa obtinuimus, & silentio [illegible] sanctissimi Sacramenti confirmatis, illis nos [illegible] matrimonii [illegible], in id incumbentes, ut absque [illegible] Vicariorum, Clericatorum, [illegible] pareant: quibus etiam in casu magno [illegible] sanctissimo Sacramento administrare possint, [illegible], [illegible] ad hoc [illegible], à nobis repraesentatione, per quam [illegible] sit, loco [illegible] cerimonia quadam conservatum, & ad formam Agni Dei [illegible] Patribus in [illegible] quae [illegible] nostro [illegible], & sanctae Sedis in casu [illegible] obligatur, in [illegible] in secreto habeatur, [illegible], libros & [illegible]. Id quod summè [illegible], pridem occasione, usurpatum quidem fuit, tandem tamen aliqua ex parte in lucem prorupit ob [illegible] nostrorum sagacitatem & simplicem devotarum istarum animularum confidentiam, [illegible] consiliorum nostrorum longè dissitarum, & [illegible] fragilitati sua [illegible] proditarum.

Caeterum, [illegible] etiam [illegible], non est quod miremur, ut [illegible] nostri [illegible] nunquam [illegible], cum [illegible] quibus [illegible] communicationem habemus, à quibus, praeter [illegible] honoraria, [illegible]. Ita fit, ut qui propter honor ipsi accidat: contrario planè modo, quam [illegible] solent: quibus [illegible] qualibet [illegible], absque [illegible] possint fragilitatem suam occultare. Verum [illegible] facile [illegible] quoniam & hac, & omnes alias operationes nostras cum [illegible]: quandoquidem [illegible] pauperculam [illegible] ad quorum [illegible] opus sit singulari & [illegible], aut [illegible] profunditate: sed debita illa [illegible] quidem [illegible] & consuetis quibus cum à quovis Fratrum [illegible] satisfieri possit, [illegible] divina majestas fuerit, si [illegible] opera nostra in [illegible] consolatur conformentur. Et quamvis [illegible] nos atque [illegible]; tamen hac [illegible] ubi [illegible] confusionem peccatorum per-

[illegible] gravioribus abstineant. Ad quod dirigitur [illegible] ratio, quia ab facultatem & [illegible] generum publicorum, in quibus versantur, conditionem multis scrupulis & [illegible] periculis sunt subjecti: efficiat in magnam animorum ipsorum utilitatem vergit, si à viris doctis & sapientibus, qui sunt Patres nostri, examinentur & corrigantur. Quæ de causa libenter eos ad Ecclesias nostras recipimus & [illegible] tractamus, ne ad desperationem adigantur, sed potius, ut ex iis quæ illi, qua ipsi peccando causam præbuerunt, [illegible] Ecclesiæ [illegible] fuerint, & eorum laborantes, à vobis quæ [illegible] ad [illegible] [illegible] erat, [illegible] & [illegible] [illegible], propter [illegible] & neque [illegible] procedimus: qui [illegible] ad divinorum præceptorum [illegible] perducamus, etsi quadam parvi [illegible] [illegible], [illegible] id quod [illegible] significaret, tanquam creatura Dei, [illegible] reddant. Sed neque [illegible] aut alia confessionem genera [illegible], ut [illegible] [illegible], sed potius, ut prava illa [illegible], & [illegible] [illegible] natura [illegible], quibus [illegible] [illegible], & quidem [illegible] [illegible] [illegible] [illegible] ut [illegible] illi [illegible] [illegible] [illegible] [illegible] [illegible]. Modo præfecta futurum, & à [illegible], ad [illegible] [illegible] [illegible], tum quæ [illegible] etiam animi [illegible] & fortiores, [illegible], [illegible] Camera [illegible] [illegible] (quorum [illegible] [illegible] non est [illegible]) ad [illegible] [illegible] [illegible] [illegible] [illegible] [illegible] [illegible], & quidem [illegible] [illegible] [illegible], [illegible] [illegible] [illegible] Pontificum & Regum, [illegible] [illegible] boni illius [illegible], de quo in Sacra Scriptura legitur, figuram repræsentantes, & [illegible] [illegible] [illegible] congregationis nostræ, [illegible] [illegible] [illegible] atque [illegible] [illegible]. Cui [illegible] [illegible] esse [illegible] [illegible] [illegible], quæ [illegible] ipsa [illegible] [illegible] videmus [illegible].

Et sane quilibet [illegible] [illegible] [illegible] de [illegible] [illegible] non [illegible], quàm in nostra Ecclesia debebat participare, [illegible] confessionem exercere, ubi [illegible] & [illegible], quibus à [illegible] culpa quælibet expiari potest, à summis Pontificibus concessa, facilius [illegible] esse [illegible] [illegible] [illegible] [illegible], [illegible] [illegible] [illegible] [illegible], quæ in [illegible] [illegible] [illegible] [illegible], et in hoc constitit, ut absque [illegible] [illegible] [illegible], sequatur quisque [illegible], quæ [illegible] ipsum [illegible] [illegible] & [illegible]. Id [illegible] Patres [illegible] [illegible] [illegible]. [illegible] [illegible] [illegible] hoc modo [illegible], [illegible] [illegible] [illegible] [illegible] [illegible], qui in [illegible] illa simplicitate educati, [illegible] [illegible] [illegible] in libertate relinquant, [illegible] semper [illegible] [illegible], atque [illegible] [illegible].

At licet à Patribus, atque aliis [illegible] [illegible] [illegible] hæc nostra doctrina [illegible] [illegible], non tamen hoc [illegible] [illegible] in illam considerationem trahendum est, cum videamus illam ab Episcopis Cardinalibus, & summis Pontificibus approbatam esse. Et ut concludam, quod plus, quam alia res alia est [illegible], quæ Ecclesiam nostram [illegible] [illegible] [illegible] [illegible] [illegible], id vere est, quod participes sunt innumerabilium meritorum, quæ divinæ Majestati sufficientia esse [illegible], non solum ad tollendum [illegible] [illegible] [illegible], sed ad [illegible], [illegible] [illegible] [illegible], quæ in posterum committere possent, & ad redimendum quæcunque [illegible], quæ ad purgatorium fuerit condemnata.

Nullus vero aliquem [illegible], ut [illegible] [illegible] commoda & honores [illegible], in [illegible] aliquem [illegible] [illegible] [illegible]: quæ in Societate nostra ad [illegible] [illegible], [illegible] & [illegible] [illegible] [illegible] [illegible] sunt, ut quilibet [illegible] [illegible] illa [illegible] [illegible] atque [illegible] [illegible] habere possit. Ibi enim [illegible] de [illegible] & Rebus tractatur: & quicquid vel publicum vel privatum ad [illegible] [illegible] [illegible], [illegible] consultatur: nec quisquam [illegible] [illegible] [illegible], nisi examinata prius natura ejus, & [illegible] [illegible] ejus à Patre Generali (qui omnibus [illegible] [illegible] [illegible] [illegible] habet) [illegible] ad eam [illegible] [illegible]. [illegible] [illegible] [illegible], quod hæc vel illa [illegible] [illegible] [illegible] [illegible] [illegible], [illegible] id et [illegible] [illegible], aut per [illegible] [illegible] [illegible]. [illegible] [illegible] [illegible] [illegible] & [illegible] à Collegio ad Collegium [illegible], et quod [illegible] [illegible], [illegible] [illegible], [illegible] semper [illegible], in quemcunque casum [illegible] [illegible] [illegible] [illegible] aut [illegible] [illegible], [illegible] [illegible] [illegible] [illegible], [illegible] & [illegible] quos habemus, [illegible] [illegible], [illegible] [illegible] [illegible] [illegible] [illegible] [illegible], [illegible], [illegible] [illegible], [illegible] & [illegible] [illegible] & particularium etiam [illegible] [illegible] [illegible] [illegible] [illegible] [illegible] [illegible] [illegible] [illegible] [illegible] [illegible] [illegible] [illegible] [illegible] [illegible] [illegible] [illegible] & [illegible] in [illegible] [illegible] & [illegible] [illegible] [illegible].

Laborent sane in hac sarcina nostri, caeteri [illegible] voluntatis ignari, & obloquantur, Nostris Regulis & [illegible] Dominibus & Principibus hujus Mundi [illegible]. Sic quidem, [illegible], Nationum [illegible] [illegible] in Templis, & [illegible] jam [illegible] & Collegiis nostris [illegible], [illegible] liberos & parentes [illegible]. Sic vero, quod [illegible] Principes Christiani ad [illegible] Ecclesiastica Magistratus, fidei nostrae se committentes, [illegible] consiliis [illegible], ut & statum & vitam perdant. [illegible], quae pro auctoritate sancta Sedis [illegible], [illegible] Politici [illegible] & [illegible] a nobis perpetratarum nomine [illegible], [illegible] fingentes falso, affirmantes scilicet, praedicantes, & [illegible] ad [illegible] a nobis inventa, praedicantes esse [illegible] adversus Principes, [illegible], quibus [illegible] sanctitatis & Martyrium in [illegible] parricidis [illegible]. Patiamur, sed falso. Nam per has ipsas [illegible] vias, [illegible] Jesuitarum nomen [illegible], per quod [illegible] Carthaginiensium imperium [illegible] conservatum fit. Caeterum in toto [illegible], [illegible] liquet, pro [illegible] nunquam haberi posse, sed verum [illegible] esse, quae in Catholica Romana Ecclesia [illegible], [illegible]. [illegible] non [illegible] est, ut [illegible] propria salutis gratia [illegible], & [illegible] cognatum [illegible] ex Evangelica doctrina quilibet [illegible] magis, quam patri, matri, aut liberis se obligatum. Atque

ita apud quoque [illegible]. [illegible] Principes, qui de [illegible], & [illegible] de [illegible], quam [illegible], [illegible] principes, [illegible], [illegible] juramenta [illegible], [illegible], [illegible], ut alii Principes Catholici, qui [illegible] obsequuntur sit, aut Romano Pontifici [illegible] deratus, adhaereant. At si [illegible] principi [illegible] & [illegible] ad ejusmodi apertas declarationes pervenire non poterit: tum legibus Canonicis & [illegible] Decretalibus [illegible], [illegible], per [illegible] non [illegible] propositio, vitae [illegible], [illegible] ipsum etiam doctissimum [illegible] nostro Joanne Marians in quodam tractatu suo ad magnum Hispaniae Regem, [illegible], & [illegible] [illegible], tanquam [illegible] [illegible], [illegible] Catholica semper in [illegible] esse debere. Atque [illegible] Biblijs exempla [illegible] & [illegible] legimus, quam graviter Reges & populi [illegible] a Sacerdotibus & Prophetis, propter [illegible] castigati fuerint. Quin [illegible] in populo [illegible], si [illegible], & temporali dominio [illegible] spirituali [illegible], [illegible] a nobis Ecclesiastici [illegible] & gubernarentur [illegible] fuerint tractati. Atque hoc [illegible] a Patribus nostris [illegible], non minus **quàm** articulus fidei [illegible] observari; quandoquidem [illegible] **mus, nos autem** pro salute [illegible] **gilamus.** Atque hoc est [illegible], & Respub. Societatis nostrae, nunquam à Philosopho aliquo tam perfecte descripta, sed à **celebri** illo Ignatio Loyola [illegible] fundata.

FINIS LIBRI PRIMI.

DE

DE PROPAGATIONE ET INCREMENTIS ORDINIS IESVITICI:

LIBER SECVNDVS:

CAPVT PRIMVM.

IESVITÆ, serpentum in morem, solito terræ pulverem esitabant, & summâ inopiâ adacti solum solo identidem verrere cogebantur. Romæ enim ut excepti fuerint primò, supra indicavimus.

Incepêre autem primùm in gratiam hominum, eosque in sui admirationem pertraxerunt diligentiâ & solicitudine suâ in ægrorum morbis curandis, vulneribus obligandis, & molestâ, gravi ac putidâ sanie abstergenda.

Secundò, auscultandis confessionibus, unde miserè victum suum excerpebant.

Mox ubi paululùm firmitatis accessit, pueros sine mercede docendos & erudiendos susceperunt; quo artificio non vulgarem vulgi favorem emeruêre, criminandis præsertim aliis Doctoribus, quorum doctrina venalis esset, & scholæ nulli sine mercede paterent, ac interdum etiam doctrinâ peregrinâ personarent. Incredibile dictu est, quantum hæc criminatio valuerit. Inprimis, ut facilè est in magnâ piscium multitudine rete suum implere, sic etiam in hac juvenum frequentia Iesuitis facilè fuit continuò aliquos institores suis implicare. Ea enim est ætas hodie, quæ blanditijs simul & doctrinæ admiratione permovetur, & propediem ad operam navandam præstò esse potest. At reliquorum quidem Monachorum in hoc à Iesuitis emendatus est error, qui pusiones vix dum è cunabulis egressos ad se miserunt, totosque quindecim aut viginti annos nutrierunt, antequam ad praxin eos admovere possent. Hoc sagaces & solertes inadvertentes Iesuitæ, suos in eo ætatis flexu intercipiunt, qui jam ad adultam vergit.

Firmato autem & communito à Pontificibus Romanis Iesuitarum Ordine in vitæ instituto, per omnes se Italiæ Vrbes Iesuitæ spargebant, & more ubique in ea Religione collegia ædificabant. Inprimis autem Romæ sedes suas fixerunt, superstitionum & errorum omnium mancipio seu officina. Tria enim ibi Collegia extruxerunt Iesuitæ, unum pro se, alterum pro Anglis, tertium pro Germanis. Nam Ioannes Moronus & Episcopus Prænestinus, qui in Tridentina Synodo legatus fuit Pontificis & Syn. Præses, primùm communicavit cum Ignatio, quanto usui esse posset Ecclesiæ Pontificiæ, si Romæ amplissimum Collegium extrueretur, in quo maxima Germanorum multitudo in bonis literis & Religione, sumptibus Pontificis institueretur, ut tandem in Patriam redeuntes, collapsam & conclamatam Pontificiam Religionem ibi instaurare aliquatenus possent. Opus igitur illud aggressi sunt Iesuitæ anno Domini 1553. extructo illi Collegio Romæ, non procul à suorum Collegio. Adolescentes verò Germanos, narrant Payva Andradius & Surius, in *Iesuitæ Romæ tria Collegia erigunt.*

illud Collegium assum, non ut cooptarentur tandem in ordinem Iesuiticum, sed Iesuitas tantum audirent illos, moderandi & instituendi eorum genere, & ad hunc laborem suscipiendum solum Germaniae salutis desiderio fuisse incitatos, ut per illos emissos Germania ad gremium, unde abductum est, ad oscula pedum Romani Pontificis paulatim reduceretur.

Mirum autem videri nemini debet, Iesuitas tanto agminum & corporum impetu hanc novam sodalitiam jam olim excepisse, & adhuc hodie fovere ac cum stupore admirari. Nam, ut omnis ferè sua ipsorum monumenta testantur, semper fuerunt & quantum hodie sunt, ex naturali quadam ad hypocrysin inclinatione, ad Deorum multitudinem colendam, & ad omnes, quantumvis prodigiosas atque horrendas superstitiones recipiendas, prae caeteris ferè omnibus Nationibus propensiores. Ex quo fornicationis poculo permulta in Christianam Religionem transfuderunt, eamque ferè totam veneno mortifero infecerunt: quae adhuc maxima pars orbis Christiani, suavitate, dulcedine, antiquitate & pulchritudine ipsius illecta, deceptaque inebriatur valdissimè.

Ex Italia rectà in Hispaniam Iesuitae suas duxerunt colonias. Erat enim circa initium confirmationis hujus Ordinis Romae Petrus Mascarenhas, à Ioanne Tertio, Lusitaniae Rege ad Pontificem Orator, qui multum cum Pontifice egit, ut ex viris illis, quorum tunc adhuc pauci numero erant, duos in Lusitaniam mitteret: quo eandem expeditionem profecti sunt illuc Franciscus Xavier & Simon Rodericus anno 1540. ubi à Rege totoque populo, sicut & alii in reliqua Hispania humanissimè excepti, & divitiis locorum in ea gente certatim Collegia eis extructa fuerunt, nec ullo in loco hodie majori cum studio foventur. Nam vulgò in Hispania & Lusitania Apostoli & Apostolici viri etiamnum hodie nuncupantur.

Neque mirum: nam gratis hujus hominesplus quàm servitutis in Romana Religione nascuntur, educantur, instruuntur & confirmantur, nec aliis ferè obsequentiores & ferventiores filios habet Romana Ecclesia. Tanta enim apud eos sit de fide & religione Romana Inquisitio, tamque arcta, ac inde tanta, saepe mortem custodia, ut si qui ad parentes suos, haereticos damnatos, exorandos, aliquis propinquus ex domo legatis tacitasque adspexerit, ipsique propemodum parentum carnifices existant, hareticis ab omnibus judicentur, eodemque digni supplicio censeantur. Ex quo certè necesse est Hispanos superstitiosius credere, aliosque Religionis externae multiplicare, & vel mortuos fidem Romanam spirare: ne si minus multa Religionis suae signa dederint, suspecti eorumque de fide reddantur, & in tertiam & quartam usque generationem crudelissimè exercitari perdantur. Accedit huc, quòd ab antiquis temporibus Marani, seu infideles nuncupati sunt Hispani, quippe à quibus progniti fuerunt. Vt igitur hanc calumniam à se depellant, in excessu peccant, & Iesuitis, tanquam Romanae Ecclesiae columnis, immensos honores exhibent & privilegia dant Hispani per universum suum Regnum, imò aliquibus in locis Magistratibus ipsis parere & obedire praecipiunt.

Ioannes Siliceus tamen Archiepiscopus Toletanus in Hispania Iesuitarum acerrimus infestator fuit. Compluti in sua Dioecesi Collegium ipsis repente exstructum, ita aegrè ferebat, ut de Iesuitis à sua ditione pellendis toto animo dies noctesque cogitaret. Quotquot è suo clero Iesuitis faventes nosset, eos jure in Ecclesia Toletana dicendi potestate privat: vetat etiam in Ecclesia Complutensi, omnino quemquam à Iesuitis Ecclesiae Sacramenta suscipere. Quae res in tota Hispania plurimorum animos vehementer commovit, ut qui existimarent, tantum Antistitem non sine gravi aliqua certaque ratione ita de Iesuitis statuisse.

De Iesuitarum ADVENTV, INCREMENTIS ac PROPAGATIONE in Gallia.

Iesuitae in Gallia difficulter recepti.

IN Gallia verò, non eâdem facilitate, qua ab Italia & Hispania, Iesuitae suscepti sunt. Cùm enim Episcopus Claromontanus *Guilielmus de Prato* eos Lutetiae primùm, exiguo quidem numero, in Claromontium, quod ibi est Collegium, prae nimio erga illos favore, introduxisset, Anno Christi 1550. & moriens testamento ultra 6000. aureorum legasset, ea lege, ut Bilonii & Mauriaci in Arvernis Scholis instantes juventuti erudiendae incumberent: ante Loyola mortem Broetus in Gallia commendatione Caroli Lotharingi Cardinalis, cujus & nomen diplomati appositum est, ab Henrico Secundo impetraverat, ut juxta Pontificium Diploma Societas haec in Gallia reciperetur, & Sodalibus ex eleemosynis aedes & Scholae Lutetiae, nec etiam in aliis

Vrbibus

Vrbibus construerent, ibique iuxta nostram Ordinis viuere liceret. Haud diu post supplices à Parlamento contenderunt, ut & in Regno hoc tolerarentur, & Societas hęc sub specie tum religiosi Ordinis, quam Collegij tandem approbaretur. A Gallo-Francis verò tum quidem repulsam tulerunt.

Post quatuor nihilominus annos, iterum ut admitterentur, supplicârunt. Cum autem diploma, cuius paulò ante meminimus, in Curia lectum esset, 3. Non. Sextil. & id Procurator regius Noe Brulardus vehementer oppugnaret, Parlamentum decreuit, ut regium ac Pontificium diploma, Episcopo Parisiensi, nec non Theologorum Parisiensium Collegio, hoc est, Sorbonę communicaretur: quibus auditis decerneretur deinceps. Sorbona Anno 1554. Decemb. 1. multis in medium adductis rationibus firmissimis, euidentissimisque, hanc Iesuitarum professionem omnibus modis auersata est, & vehementer impugnauit ac reiecit. Decretum autem hoc & sententia Sorbonę de verbo ad verbum sic habet.

Anno Domini 1554. die 1. Decemb. sacratissima Theologię Parisiensis, post Missam de Spiritu Sancto in ęde sacra Collegij Sorbonę, ut moris est, celebratam, per iuramentum in eodem Collegio congregata, ad determinandum de duobus diplomatibus, quę duo sanctissimi Domini summi Pontifices Paulus III. & Iulius III. huic quę Societatis Iesu nomine insigniri cupiunt, concessisse dicuntur. Quę quidem diplomata, Senatus, seu Curia Parlamenti Parisiensis dictę facultati visitanda & examinanda, misso ad eam Ostiario, commiserat. Quamquam vero ipsa Theologię facultas, tanta de re, tantique ponderis tractare incipiens, omnes & singuli Magistri nostri, palam atque aperte ore professi sunt, nihil se aduersus Summorum Pontificum authoritatem & potestatem, aut decernere, aut moliri, aut etiam cogitare velle. Imo vero omnes & singuli, ut obedientes filij, ipsum Summum Pontificem, ut summum & uniuersalem Christi Iesu Vicarium, & uniuersalem Ecclesię Pastorem, cui plenitudo potestatis à Christo data sit, recognoscere, atque eius decretis obtemperare, & pro se quisque teneri & obseruare, ut semper agnouerunt & confessi sunt, ita nunc quoque sincere, fideliter & libenter agnoscunt & confitentur. At quoniam omnium prędictorum unius Theologi, parere nostri munus ad satisfaciendum omnia pertinent ad hoc quod ad fidem, mores, & ad ędificationem Ecclesię pertinent, dicta facultas posceret, mandaret & exigeret Curia prędicta ferendum iudicium duxit. Itaque ... atque Diplomatum ... frequenter lectis, articulatim repetitis, & intellectis, & pro rei magnitudine per multos dies, menses & horas, per multas prius diligentissime discussis & examinatis, tum demum unanimi consensu, sed summa cum reuerentia & humilitate, tum integram correctionem Sedis Apostolicę relinquens, ita censuit.

Hęc noua Societas, insolitam nominis Iesu appellationem sibi vindicans, tam licenter, & sine delectu quaslibet personas, quantumlibet facinorosas, illegitimas & infames admittens, nullam à Sacerdotibus secularibus habens differentiam in habitu exteriore, in tonsura, in horis canonicis priuatim dicendis, aut publice in Templo decantandis, in claustris & silentio, in delectu ciborum & dierum, in ieiunijs & alijs varijs ceremonijs, quibus status Religionum distinguuntur & conseruantur, tam multis, tamque varijs priuilegijs, indultis & libertatibus donata, pręsertim in administratione Sacramenti Pœnitentię & Eucharistię, idque sine discrimine locorum, aut personarum, in officio etiam prędicandi, legendi & docendi in pręiudicium Ordinariorum, & Hierarchici Ordinis, in pręiudicium quoque aliorum Religiosorum, imo etiam Principum & Dominorum temporalium, contra priuilegia Uniuersitatum, denique in magnum populi grauamen, Religionis Monasticę honestatem violare videtur, studiosum, pium, & necessarium, virtutum, abstinentiarum & austeritatis eneruat exercitium, imo occasionem dat libere apostatandi ab alijs Religionibus, debitam Ordinarijs obedientiam & subiectionem subtrahit, Dominos tam temporales quam Ecclesiasticos iuste iuribus suis priuat, perturbationem in utraque politia, multas in populo querelas, multas lites, dissidia, contentiones, ęmulationes, rebelliones, variaque schismata inducit. Itaque his omnibus atque alijs diligenter examinatis & perpensis, HAEC SOCIETAS videtur in negotio fidei periculosa, pacis Ecclesię perturbatiua, Monasticę Religionis euersiua, & magis ad destructionem, quam ad ędificationem. Interfuerunt huic Conuentui Maillardus, Demochares, Picenatus, & Ori Inquisitores fidei, ac Procuratores fratres Benedictus Decanus & Cousseles Subdecanus Theologię Facultatis Parisijs: Itemq; Faber Syndicus & Noel Biul. Iacobus non Petrus Ramus & Mercerus, ut Iesuitę mentiuntur.

Sic iudicauit hoc tempore Sorbonarum Collegium de Iesuitis, hodiè verò non parum illis fauet. Ambitio enim fuit in illud Collegium paulatim intrudunt Theologos, qui in eorum Collegijs literis operam dederunt, & nunc rei

Iesuitarum

Iesuitarum vehementer illi promoverunt.

Iesuitæ vero hanc Scholæ censuram per Hispaniam Inquisitionem annihilari & abrogari curarunt. De quo Ribadeneira libro primo, cap. undecimo sic scribit: *Parisiis in Hispania, quod Sorbonicum decretum esset contra sanctam sedem Apostolicam authoritatem, à qua Religio nostra confirmata & probata erat, Inquisitores illud tanquam falsum, & quod pias aures offenderet, suo decreto legi prohibuerunt.*

In Gallia autem hâc Theologorum Parisiensium sententiâ territis Sodalibus, cum tempori obsecundandum ducerent, & novi Ordinis invidiam tempore mitigatum iri sperarent Iesuitæ, aliquot ea de re silentium fuit, usque ad Francisci II. Galliarum Regis tempora, sub quo potentibus rerum Guisianis, qui impensè huic novo Sodalitio favebant, Iesuitæ intermissum negotium persequuntur: & ante omnia juxta S. C. Eustachius Bellaius Parisiensis Episcopus sententiam rogatur, quam ille scriptam mandavit. In ea Societatem Iesuiticam, ut novos omnes ordines, summè periculosam: & his temporibus admonens potiùs concitandos, quàm Ecclesiæ concordiam stabiliendam institutam asserit. Inprimis Iesuitarum nomen, ut arrogantiæ plenum, improbat, quippe cum ita solis sibi tribuunt, quod Ecclesiæ Catholicæ competit, quæ propriè fidelium congregatio dici potest, cujus caput est CHRISTVS: illi verò cum hoc nomen sibi sumunt solis, & hoc dicere videri, solos se Ecclesiam constituere: tum multa in privilegiis ei à Paulo Tertio concessis inesse dicit, quæ juri communi repugnent, Episcoporum, Curionum & Vniversitatum authoritati ac potestati præjudicent, ac proinde consultius esse, ut quando ad Turcarum & infidelium instructionem & verbi Dei apud illos propriè promulgationem à Pontifice auctorati sunt, in locis, quæ iis vicini sunt, domicilia his Sodalibus assignentur, uti olim in Christiani limitis Rhodienses Equites excubare jussi sunt.

His instrumentis à Rege in Consistorio expensis, instigante Cardinali Lotharingo, diplomate dato 7. Calend. Maij Anno millesimo quingentesimo sexagesimo primo Curiæ mandatur, ut nulla Scholæ Theologorum Parisiensium & Episcopi ipsius intercessionis ratione, tam Pontificia quam Regia diplomata in Senatus gestum sacta promulget.

Et quanquam Sodales protecto Senatui libello supplici se juri communi subjecerent, & juribus ac privilegiis contra illud à Pontificibus concessis, & Episcoporum, Collegiorum, Curionum, Vniversitatum authoritati, Ecclesiæ Gallicanæ & pactionum inter Reges ac Pontifices initarum juri præjudicantibus renuntiare se testarentur, nihilominus Senatus 8. Calend. Mart. decreto facto negotium omne ad Concilium universale, aut Ecclesiæ Gallicanæ conventum remittit, ut ab eo novus ordo approbaretur.

Tandem, cum postea jussu Regis Prælates de Religionis negotio magno numero convenissent Francisco Turnonio Cardinali Lugdunensi Archiepiscopo Præside, 7. Calend. Octob. referente Bellaio Episcopo Parisiensi, & pluribus conditionibus appositis, conventus juxta potestatem ei à Curia factam, causâ cognitâ novam Societatem admisit & approbavit, sub Societatis & Scholæ nomine, non etiam Ordinis recenter instituti, hoc est, tanquam Collegium sive modo quoddam, non autem novum Religionis institutum vel ordinem, astutissimo Cardinalis Turnonij instinctu: expressâ insuper hac conditione, ne aliud quam Societatis IESV, aut Iesuitarum nomen assumant, in ipsisque Sodales Episcopo in sua Diœcesi, ut in alios Sacerdotes, jurisdictio salva maneat, neque nihil agere possint in Episcoporum, Collegiorum, Curionum, Vniversitatum, aut aliorum Ordinum præjudicium, illorumve jurisdictionem & functionem, sed juxta juris communis præscriptum regantur, privilegiisque ei contrariis renunciare teneantur. Insuper additum est, ut pateat, aut si posthac nova à Pontificibus privilegia obtineant, ea approbatione præsenti decreto facta jam nunc renovata intelligantur.

Quid Iesuitæ? nulla aliarum conditionum insisterunt, multoque minus apparentiam illam Ordinis sibi intermiserunt: imò cum primum hoc decretum impetrassent, ludum Lutetiæ aperiunt, & portæ Collegij sui inscripserunt, COLLEGIVM DE SOCIETATE NOMINIS IESV.

Cum igitur universa Parisiensis Academia eorum libertatem audaciamque effrenem interpellaret, rursus res ad Senatum devoluta est. Antequam autem res in Senatu agitaretur, ab Academiis consultus Carolus Molinæus, Franciæ & Germaniæ jurisperitus celeberrimus, & in supremo Parisiensium Senatu Advocatus, An Iesuitæ sic enim eos vocavit in regno Franciæ & Vniversitate Parisiensi sint admittendi, consultationes scriptis mandavit, quæ postea etiam publi-

[illegible] est, responderit, Non [illegible] id [illegible] esse [illegible], sed contra Rempublicam & [illegible] Franciæ Regni, [illegible] Parisiensis, quæ [illegible] Academiarum [illegible] [illegible] rationibus.

1. Primum, inquit, [illegible] novum Religionem [illegible] contra [illegible] **Canones** [illegible] Conciliorum; quibus [illegible] est, **novam** [illegible] Religionem erigere; sed recipere & approbare [illegible] [illegible] [illegible] ad [illegible] [illegible] & [illegible], ad [illegible] populi Christiani [illegible] ex [illegible] ordinis Ecclesiastici, qui certis [illegible] suis finibus contineri debet. [illegible] cap. ult. de Religiosis domibus. Quod desumptum est de Concilio Generali sub Innocentio Tertio Romæ habito [illegible].

2. Secundo, & [illegible], hoc est contra [illegible] Parisiensium [illegible], quibus præfata [illegible] non [illegible] fuerit. Non solum [illegible], sed [illegible] peregrinos [illegible] etiam [illegible] [illegible] Cathedrales [illegible] [illegible] [illegible] [illegible] & Religionis [illegible] **Senatu** rejecta.

3. Tertio, contra [illegible] Consilium & conclusionem [illegible] & [illegible] deliberatione factam [illegible] mense Iulio, Anno [illegible] [illegible] trigesimo [illegible] [illegible] [illegible] [illegible] [illegible] & [illegible]. Quorum quatuor erant Cardinales, reliqui Archiepiscopi, Episcopi, Abbates, a Paulo Tertio Pontifice Romano congregati & [illegible] adjunctis, ut [illegible] [illegible] [illegible] [illegible] [illegible], & consilium [illegible] ad [illegible] & corrigendum abusus, & [illegible] morbis Ecclesiæ. Qui [illegible] abusus corrigendos, censuerunt prohibendam esse [illegible] novarum Religiosorum, etiam in [illegible] [illegible] [illegible]. [illegible] [illegible] nondum erant [illegible] [illegible] & [illegible]; [illegible] [illegible] [illegible] [illegible] [illegible] [illegible] vel Religionum [illegible]: multo minus [illegible] admittendas. Idem ante [illegible] Petrus de Alliaco Cardinalis Cameracensis in suo libro de Reformat. Ecclesiæ, [illegible] [illegible] [illegible], considerat. Idem ante [illegible] [illegible] Archiepiscopus Armacanus, de [illegible], sacræ Theologiæ doctor [illegible] [illegible] in Scholis Sorbonæ hujus Academiæ & Scholæ.

4. Quarto, contra bonum publicum totius Regni, [illegible] [illegible] [illegible] [illegible] [illegible], ut res ipsa clamat. Quod si [illegible] [illegible] ad novum [illegible] [illegible] [illegible] [illegible] [illegible] per totum Regnum [illegible] non solum [illegible] & [illegible] populi, sed etiam Ecclesiarum Regni [illegible] & [illegible]. [illegible] [illegible] [illegible] [illegible] exemplum, quod [illegible] [illegible] [illegible] [illegible] [illegible] [illegible] [illegible] [illegible]. [illegible] [illegible] Franciscus à Paula, qui [illegible] [illegible] [illegible] [illegible] [illegible] [illegible] [illegible], ubi [illegible] [illegible] [illegible] [illegible], [illegible] [illegible] [illegible] [illegible] [illegible], [illegible] [illegible] [illegible] [illegible] tam multa [illegible] sua [illegible] [illegible] [illegible] [illegible] in Gallia [illegible] [illegible] ut major & [illegible] [illegible] [illegible] [illegible], [illegible] [illegible] [illegible], & [illegible] [illegible] [illegible] [illegible] [illegible] & [illegible]. [illegible] [illegible] [illegible].

5. Quinto, non solum tam est contra commoda publica, sed etiam [illegible] in magnum periculum Regni, [illegible] [illegible] & revelandorum [illegible] [illegible] [illegible]. Multi enim non solum [illegible], sed etiam [illegible] [illegible] [illegible] & [illegible] Italis & Hispanis, & [illegible] [illegible]. [illegible] [illegible] [illegible] [illegible] Regni [illegible], quod ad [illegible] & [illegible], [illegible] [illegible] [illegible] [illegible] [illegible] [illegible] & [illegible] [illegible]. leg. [illegible] **Dum.** ¶. [illegible]. Pandect. [illegible], leg. [illegible], de [illegible] & [illegible]. [illegible] [illegible] [illegible] [illegible] [illegible] [illegible] [illegible], ut [illegible] [illegible] [illegible] [illegible] [illegible]. [illegible] Panorm. col. [illegible] **tra. de** appellat. [illegible], [illegible] cap. quod [illegible] **cut. &** ibi Panorm. [illegible] **de** [illegible], [illegible] cap. cum [illegible] col. **sit.** [illegible] de [illegible], in **cap in nova, col.** [illegible] [illegible] in [illegible] [illegible], [illegible] [illegible] Regis [illegible], sub **tit. de** [illegible]. Quanto fortius [illegible] possent [illegible] Monachi?

6. Sexto, illud est contra jus publicum, quo [illegible] Collegiorum [illegible] prohibetur, ut in summa [illegible] Collegium illicitum est, nisi specialiter approbatum appareat. [illegible] leg. [illegible] [illegible] ¶. In summa. Pand. de coll. illic.

[illegible] Collegium illicitum usurpant, [illegible] [illegible] [illegible] tenentur, quam tenentur hi, qui [illegible] armatis loca publica vel Templa occuparunt. leg. 2. Pandect. de colleg. illic.

Et Collegium non specialiter approbatum, nec [illegible] quidem Testamenti [illegible] habet [illegible], Collegium C. de hered. instituend. Nec obstat l. C. de [illegible] Ecclesiæ, quia loquitur de publico & ordinario ministerio Ecclesiæ seu Collegio Catholico, [illegible] [illegible] per [illegible] [illegible] Ecclesiam Christianam, quæ ante Constantinum non licebat [illegible] [illegible], nec Ecclesiam Christianam [illegible] [illegible]: quod cum [illegible] [illegible] [illegible], [illegible], qui [illegible] ante adventum Constantini Romæ [illegible] [illegible], [illegible] [illegible] [illegible] [illegible] in [illegible]. Quod Constantinus [illegible] [illegible] *nentia factus: Imperator interdixit d. l. 1. ad populum lata, quæ non est facta nisi in favorem Ecclesiarum Christianarum, & ministrorum ordinariis. In Ecclesia nulla erant Cœnobia, nulla Collegia Episcoporum & Presbyterorum, qui in locum Apostolorum & discipulorum Christi successerunt, quod nullo modo dici potest de Cœnobiis seu Monasteriis institutis, quæ manent sub Regula prohibitiva, & sub genere Collegiorum illicitorum, nisi de speciali approbatione appareat. leg. 1. & 3. Pandect. de colleg. illicit. Et sic nullo modo includi possunt nec continentur sub gratia & privilegio dict. leg. 2. quæ abusus propter abusum clericorum Romanæ Ecclesiæ, facultatibus morientium insidiantium, revocata fuit per Valentinianum, & Valentem Imperatores tempore B. Hieronymi, qui eam legem laudat, propter sordidam & insatiabilem avaritiam Clericorum & Monachorum Ecclesiæ Romanæ: quam avaritiam valde deplorat & detestatur in Epist. ad Nepot. tom. 1 Epistolarum suarum: qui si viveret, non minus deploraret & exsecraretur sordidum quæstum & avaritiam dictorum Iesuitarum, qui preces suas & suffragia venditant. Non enim illum habent victum: & tamen nec manibus operari volunt juxta exemplum Beati Pauli juxta sanctum Augustinum in libro suo de opere Monachorum: Nec se aliis antiquis approbatis Conventibus submittere, ut jura Canonica jubent. can. ult. de relig. dom. Sed sibi soli novum Regnum erigere, atque superstitionem, quod vetat & maledicit Christus, Matth. 23.*

7. Septimò, quòd in medio ipsius Academiæ, sine ejus permissione, de facto construant novam Ecclesiam, novum Collegium, novos Lectores & novas scholas: Nec volunt eidem Academiæ subjici, sed novum Collegii & exercitii caput erigere. Quod non solum monstrosum est, sed seditiosum & contra jus publicum. l. 1. C. [illegible] Pandect. de [illegible]

8. Octavò, Academia Parisiensis abundat multis insignis & approbatis Collegiis, & ab antiquo fundatis, etiam plus quàm sufficientibus, imo quodam superfluentibus: Et sic nulla ratione admitti & tolerari debet Collegium novum supradictum.

9. Nonò, sine auctoritate Episcopi & approbatione doctorum Theologiæ componunt & novum suum Catechismum quasdam [illegible] continentem, [illegible] omnibus [illegible] industria sola [illegible] nihil perniciosius esse & [illegible]

Quibus consideratis, Procurator generalis ejusdem anno [illegible] causam habere, & quo dubio [illegible] debet [illegible]

di suffragia novum quæ concilare: talique et ab Academia illis novum nullum [illegible] per legitimos terminos compellere. Et ita censere ego Conciliat Majestatem Franciæ & Germaniæ [illegible] & in supremo Parisiorum Senatu [illegible] Advocatum.

Secundùm hæc igitur & alia similia causa ista frequenti Senatu acriter agitata est. Pro Sodalibus Petrus Versoris magni nominis Patronus laudavit multum eorum originem, quam supra memoravimus, & institutionem probavit. Stephanus Pascasius vel Pasquierius contra pro Academia Parisiensi disseruit, & fictam eam ambitiosam & fucatæ Religionis plenam appellavit, in Hispania natam Lutetiæ adolevisse, Venetiis exercitatam, Romæ summo exagitatam, postremo receptam, & privilegiis immodicis à Pontificibus Romanis excellentibus donatam, postea in Gallia Theologorum Parisiensium sententiâ damnatam, itemque à Parisiensi Episcopo rejectam fuisse dixit: nunc verò gratuitæ puerorum institutionis specie grassari, & inde familias expetitis testamentis exhaurire, inde juventutem specie Religionis corrumpere, & fascinatis per superstitiones puerorum ingeniis jam alere factiones & defectiones in Regno periculosè aliquando erupturas. Tum inter plura eorum votum illud exagitat, quo Præposito suo, quem tanquam Deum præsentem in terris venerari se dicunt, obedientiam, quam cæcam appellant, per omnia & in omnibus pollicentur. Deinde in ambitiosum eorum nomen invehitur, quod eam societati alii ante ducentos annos usurpassent ab Ecclesia rejecti, & justo Dei judicio ac flagello omnino dissipati perierint. Hoc nomine nihil aliud agi, quam ut inter ceteros religionis Professores soli [illegible] & [illegible] Christiani. Quod verò adeò se erga Pontificem obsequentes præbeant, eò magis suspectos eos Galliæ esse debere, quæ Pontificem quidem tanquam caput & Principem Ecclesiæ agnoscit, sed ita, ut sanctis decretis & ceremoniis Conciliis tamquam inferior pareat recognitor: nihil adversus Regnum ac Reges pronunciare, aut contra Curiæ placita, aut in præjudicium Episcoporum jurisdictionem suam decernere valeat: tum subjicit, nimis Sodalibus istis semel admissis, jugulum hostes intra Regni viscera ali, qui si contingat, ut exardescente persona hic in Galliam arma vertente Pontifice, Regi nominique Gallico bellum indicturi sint. Postremò verò ad ad Senatores maxime, *Vos*, inquit, *qui nunc [illegible], [illegible] ipsi, sed [illegible] [illegible], cum [illegible] [illegible] [illegible], ut [illegible] [illegible] superstitione, dissimulatione, [illegible] multi [illegible] tranquillitatem non solum in hoc Regno, etiam [illegible] [illegible] Christianum [illegible].*

Post eum replicavit Versorius, ac deinde Baptista Mesnilius Cognitoris Regii partes sustinens, qui increpitâ initio Pontificum [illegible] postquam de novis Ordinibus & periculo in eorum admissione non solum quantum ad religionem, sed etiam quantum ad civilem administrationem multa dixit: tandem contra Iesuitas peroravit, qui, utpote voto obligati, in Schola Parisiensi corpus ad juventutem erudiendam nullo modo acceptandi essent & [illegible], videri in quantum Claromontani Episcopi legatum conversi possit, aut deberet, ut memoria testatoris & voluntas suo genere conservaretur. Causa hac habitam integrum apparet est. Senatus sive futuri [illegible], sive odio Protestantium, quibus debellandis illi homines nati credebantur, de hoc negotio amplius deliberandum [illegible], libertate interim Sodalibus ludum aperiendi & juventutis erudiendæ [illegible]. Hoc Non. Aprilis decretum, Anno millesimo quingentesimo sexagesimo quinto.

Hac igitur occasione Societas ista Paulatim in Gallia augetur & firmatur, & non tantum communem populi, sed Principum Singulorum & Regum ipsorum gratiam ac favorem [illegible] adipiscuntur, qui magnifica Collegia eis in diversis, & quidem primariis Urbibus ædificârunt atque liberaliter dotârunt. Manfit nihilominus altâ mente repostum conceptum, non solum Sorbonistarum, sed etiam totius Universitatis & studii Parisiensis in Iesuitas odium, ita ut exinde semper inter hos & illos fuerint æmulationes & contentiones: [illegible] [illegible] in eos Academiæ Professoribus, quòd sensum & extra ordinem privatum haberent sodalitium, quod in hunc usque diem demens Universitatis detrectant, Rectori non sint auditores, sed suis duntaxat Præfectis privatim [illegible] gerant, quod [illegible] instar [illegible] [illegible], [illegible] plurimas scientias, non [illegible] [illegible], pastoribus suas oves surripiant, privatas [illegible] [illegible], [illegible] & absolvant, cæterorum [illegible] [illegible], & [illegible] [illegible] [illegible] quaslibet familias adolescentes [illegible], [illegible] quo fascinatione suis bellis decanta omnia probrum post se trahant, publicis & clam per Lutetiam frequentes in Scholis docuerint, & soli Universitatem [illegible] [illegible] tam [illegible] frequentibus & [illegible] [illegible] discurrant [illegible] [illegible].

Quamvis autem postquam declaratus Henricus IV. Lutetiam contra Iesuitarum in Galliis rursus [illegible] ac in decretum fuere, sanctissime autem postea in bonum Regni & moram Regni quietem & tranquillum statum inchoare paulatim inciperent: Generalis eorum Aquaviva, ut impendenti malo aliquo modo occurreret ac prævenirent, Provinciales, Rectores, ac præcipuos seu Seniores medias omnes Patres omnes Anno millesimo quingentesimo nonagesimo tertio Romam ad generalem congregationem evocavit, ubi tum, occasione sic ferente, qui tempori semper se accommodarent, in Novembri Decretum tale condiderunt: *Ut ab omni specie mali abstineatur, & querelis etiam ex falsis suspicionibus proveniantur, præcipitur omnibus ac [illegible] [illegible] [illegible], [illegible] sub poena inhabilitatis ad quævis officia & dignitates seu prælationes [illegible] [illegible] [illegible], ne quisquam PUBLICIS AC SECULARIBUS PRINCIPUM NEGOTIIS ulla ratione se immisceat, nec etiam quantumvis per quoscunque requisitus aut rogatus, ejusmodi res tractandi curam suscipere audeat vel præsumat. Idque serio commendatur Patribus, ut permittant sibi ut rebus alio modo implicari, et si quos ad ea propensos animadverterint, [illegible] quamprimum commoneant, ut [illegible] [illegible] [illegible] [illegible] [illegible] [illegible] [illegible].*

Iesuitas autem in ejus Decreti promulgatione non serio egisse, sed hominibus ita [illegible] imponere [illegible] perstringere voluisse, ne viderentur nimis ipsi [illegible]; vel inde liquet quod eorum Superiores illud nunquam observârunt: quin potius ubicunque & quandocunque vel paululum [illegible] nacti aditum esse sibi putârunt, antiquos dolos & astutias resumpserunt, & juxta præsentem rerum conditionem sua consilia moderati nunquam intermiserunt: quum tamen Decretum istud allegatum & juxta illa coram obedientia diversum planè requirat: nisi si aliud in recessu reconditum id habuisse, & ipsimet ejusdem sensum melius intellexissent. Rem ita se habere inde quoque manifestum est, quòd Commune Iesuitas in concione [illegible] [illegible] apud [illegible] [illegible] Lutetiæ habitâ, post exactam [illegible]

Henrici III. Galliarum Regis occasi plausus ingentes & gratulationem illum Parisiensi Iacobitae vel supra Sanctos omnes, [illegible] aliquem [illegible], & vel Monachus sit, seu miles: [illegible] Hac videlicet [illegible] quidem [illegible]. Idem [illegible] postea quoque in Regem Henricum IV. similiter debacchati sunt, & ad perduellionem, & [illegible], tumultus ac bella civilia subditos concitavit. Vnde quidam sic de eo:

[illegible], Romani dicta est furiosa Tribunus
Qui coepit ad [illegible] seditiones suas,
[illegible]
[illegible] et populus [illegible]
Qui Reges [illegible], Reges qui [illegible],
[illegible]
Cuius in ore frequens [illegible]
[illegible]
[illegible] lingua [illegible]
O Jesu Dei sancte [illegible], vale.

Ita quoque postea Anno 1597. Iesuita Richardus Walpoli Edvardo Squirreo venenum praebuit, quo Principem suam legitimam Angliae Reginam inficeret & enecaret. Ita Iesuitae quoque Duacenses Anno seq. 1598. [illegible] quendam Ypresensem Petrum Panneum induxerunt, ut illustrissimum illum belli ducem Mauritium Nassovium interimere conaretur. An autem hoc sit PRINCIPUM IESUITARUM NEGOTIIS [illegible] RATIONE [illegible], & [illegible] Iesuitis quidem ad defendendum, omnibus autem [illegible] hominibus [illegible] relinquimus.

De expulsione Iesuitarum ex Gallia Agitur.

Lutetiae vero Regia anno 1594. restituta, ac bello civili sedato, cum apud omnes praesertim Academicos, constaret, Iesuitas perduellionis, seditionum, conjurationum omniumque turbarum [illegible] in Gallia [illegible]; [illegible] concionibus, [illegible] bellum magis magisque [illegible] Parisiensis [illegible] Regis Eloquentiae Professor [illegible] Iesuitarum expulsionem [illegible] quoque sua promoverat. Is igitur praefatiuncula in disputationem de [illegible], quae est apud Ciceronem lib. I. de Oratore [illegible] in Iesuitas, suppresso tamen eorum nomine, invectus est, & illorum [illegible]

[illegible] ex Regno vehementer [illegible] [illegible] *Academia* [illegible] *Templa &* [illegible]

[illegible]
[illegible] & [illegible]
Ore [illegible]
[illegible]
[illegible]

[illegible] Academiae [illegible]

[illegible]

[illegible]

[illegible]

quemquam [illegible] sibi persuaderet. Qui eos bene norunt. Tigres benignissime [illegible] [illegible] [illegible], & exiguo [illegible], ipsis [illegible] exuberarent. Testis [illegible] [illegible], quibus Reges & summorum Pontificum [illegible]. Fraciata libertatis, [illegible] [illegible], & [illegible] [illegible]. [illegible] benignitate, pro ipso monstro immanissimo [illegible] [illegible], [illegible] caput & capere hereditates. [illegible] patrum [illegible] [illegible], pendebant [illegible] qui ab eo transfixum [illegible] [illegible] fuere. Quotidiana dulcedine illis est pro bono, vel potius pro vero gaudio, quae [illegible] [illegible] [illegible] cum pulveribus. [illegible] parentes, qui suos ipsi credant liberos, [illegible] apud [illegible] [illegible], [illegible] [illegible], & [illegible] [illegible]. Sed quid [illegible] per [illegible] suum de [illegible] [illegible] [illegible] [illegible] suis tradunt? nihil superare Hispanos, [illegible] [illegible] [illegible] patriæ, &c. ut [illegible] [illegible], [illegible], [illegible], [illegible], [illegible] cum [illegible] [illegible] barbarorum [illegible] [illegible] [illegible], [illegible], ut [illegible] [illegible] docerent. [illegible] [illegible] in [illegible] [illegible], [illegible], qua [illegible] [illegible] [illegible] nobilissimum [illegible] [illegible] [illegible] & [illegible] Philippi, & [illegible] [illegible] [illegible] satellites.

Atqui [illegible] apud eos [illegible] [illegible] more. [illegible], [illegible] [illegible] [illegible], [illegible] tamen si [illegible] gestant, sunt Hispaniolo; nec si [illegible] [illegible], [illegible] bene placent, Gallis præsertim, quibus [illegible] sunt [illegible] Deliciæ. Magna laus est [illegible], et [illegible] [illegible], ex [illegible] [illegible] [illegible], & ex [illegible] [illegible] [illegible]. Atque [illegible] [illegible] [illegible] [illegible], quid [illegible] [illegible] fuit, [illegible] [illegible] [illegible] [illegible] [illegible] [illegible] [illegible] [illegible] corrigere videntur, nec [illegible] [illegible] artem [illegible] & [illegible], quas appellant [illegible]. Quid autem aliud [illegible] [illegible], si fabulam aperirent? Sit [illegible] [illegible] [illegible] [illegible], [illegible] [illegible]: [illegible] [illegible] & [illegible] [illegible] illis non [illegible]: sibi habeant, abeantque simul cum [illegible] [illegible], & [illegible] [illegible] [illegible] [illegible] [illegible] [illegible]. [illegible] [illegible] [illegible], [illegible] [illegible] [illegible]: quid [illegible] amplius? Academiam [illegible], quæ [illegible] [illegible], [illegible] [illegible] [illegible], [illegible] [illegible] [illegible], [illegible] [illegible] [illegible], &c. Hucusque Passeratius.

Procedentes [illegible] Doctor, opportunitatem quoque inde nactus, instetit Vniversitati, ut Iesuitas in jus vocaret, [illegible] ex Regno Franciæ penitus ejicerentur. Vniversitas igitur [illegible] [illegible] Rectore [illegible] [illegible]. Anno 1594 die Lunæ [illegible] Mensis Aprilis convocata Vniversitate, [illegible] [illegible] hujusce inclyti studij Parisiensis apud [illegible] S. [illegible] pro supplicatione [illegible] ab Academia ad ædem Sanctæ Capellæ Regalis Palatij Parisiensis, ad reddendas gratias Deo altissimo, pro reductione felici hujusce almæ Vrbis, [illegible], & [illegible] [illegible] Christianissimi & [illegible] Domini nostri Henrici IV. Regis Francorum & Navarræ, [illegible] [illegible] dictæ Vrbis, sub [illegible] & [illegible] dicti Domini nostri Regis, & pro quam plurimis aliis rebus ad Academiam spectantibus, atque super supplicatione facta à D. & M. Laurentio Boucherio, artium Doctore, de in jus vocandis Iesuitis, ut omnino ejiciantur. [illegible] Vniversitas [illegible] ([illegible] est) [illegible] [illegible], ex [illegible] [illegible] [illegible] Doctorum & Magistrorum, singularum quatuor facultatum, & quatuor Procuratorum nationum, nemine repugnante censuit & determinavit, esse annuendum supplicationi dicti D. Boucheri, idemque in judicium & jus [illegible] & [illegible] Iesuitas vocandos, ut ejiciantur omnino. Eandem [illegible] censuit Vniversitas ex singulis ordinibus nominandos aliquot [illegible] viros, qui ei diligenter caveant, quæ ad litem contra Iesuitas movendam pertineat. Vnde facultas Theologorum nominavit D. Magistrum Adrianum d'Amboise, summum Regiæ Navarræ moderatorem, & alium Doctorem, quem dictus D. d'Amboise voluerit eligere. Facultas Decretorum quæ alia sunt approbavit, & quia unicus tantum Doctor, nomine Dominus David Sea aderat, promisit se nominaturum [illegible] alium ex suis Doctoribus. Facultas autem Medicorum nominavit D. & M. Iacobum Cousinotum. Postremo facultas artium nominavit dictum M. Laurentium Boucherium, & D. Georgium Critonium. Atque [illegible] fuit [illegible], & conclusum nemine reclamante, per D. Iacobum d'Amboise Academiæ Rectorem, eademque Academiam anno & die præfatis, quod [illegible] subsignatum fuit Du Val, & à latere [illegible] nec Rectorem Iacobum d'Amboise, sigillo rubricato munitum. Ferebant tempora postulatu Academiæ, & secundatio malorum recentem in bello civili à Iesuitis excitatorum vel silenti Rectori & Vniversitati permittebatur.

Ad hunc igitur iterum Iesuitis intrudendum, designant, postquam concilia inter se constituissent, libellum supplicem Parlamento Parisiensi exhibuerunt, cujus hæc fuit forma [illegible]. *Submisse supplicant Rector,*

Ducatus & facultates, maritum [illegible] suffragatores, & studiosi Academiae Parisiensis, dicunt se jam pridem conquestos esse apud Curiam, de injusti consensus, quo in Academia propter novo quadam secta ex Hispania & Italia [illegible], intrusissent, tantum Societatis nomine sibi [illegible], quae semper, sed hoc potissimum tempore civilium bellorum se factiosam, & studiosam Hispanicae conjurationis exhibuit, ad statum nostri eversionem: non in hac Urbe Parisiensi tantum, sed in omnibus aliis regni locis. Quod quidem à primo ipsorum adventu praevisum fuerat à praedictis supplicatoribus, & praesertim decreto facultatis Theologicae, quod tunc temporis interpositum fuit, quoniam haec secta introducta videbatur ad Ordinem Ecclesiae tum politicum, tum Hierarchicum & imprimis Academiam subvertendam, sicuti Rectori Episcopis, atque adeò Archiepiscopis, Episcopis, Curionibus & aliis in Ecclesia Superioribus. Effluxerant autem anni triginta, ex quo suffragatores praedicti Societatis nomen ipsa sibi arrogantes, cùm in hac urbe tantùm, & non in aliis regni oppidis conventum suum effudissent, libellos supplices obtulerunt, postulantes in Academiam nostram assciscì. Quae causa cum primum proposita fuisset ad fuorem consilium disceptationem rejecta fuit, & [illegible], ut res in eodem statu relinquerentur, quod erat prohibere, quo minus Jesuitae quicquam in illius sententia praejudicium aggrederentur. Cui tamen non satisfecerunt, sed quod gravius fuit, functi sunt ejus rei publicae perturbatores ministros & exploratores se in Gallia gesserunt, ut Hispani commoda promoverent, sicut omnibus manifestum fuit. Hac causa ad Senatus consilium relata, non amplius in judicium [illegible], hic utrinque adhaerens [illegible] ac proinde pendens [illegible]. Hoc ergo nisi examinatis, Domini placeat vobis, decreto vestro hanc sectam, non solum ex Academia, sed ex universa Franciae solo eliminare, & se ex jure & aequo statuere. Signatum Le Royer, & Pierre d'Ambroise Academiae Rector.

Hic verò Patres Ignatianae Societatis tam graviter essent accusati, & tam plures haberent inimicos, non destitêre tamen se opponere, neque hoc solùm sed in concionibus publicis, privatisque confessionibus multa in praesentem Galliae statum, in Principem Regni, in Regem ipsum tam defunctum, quam praesentem liberius fortè, quàm prudenter locuti sunt. Quare paterunt in se indignationem magis provocârunt, ignemque (ut aiunt) gladio fodiunt: Hinc in suspicionem seditionis commovendae venerunt. Sed & ex confessione cujusdam Barrieri, Melodunii ob attentatum in Regem parricidium extremo supplicio affecti, [illegible] Majestatis rei sunt habiti.

Quae omnia multorum animos ab iis abalienârunt; adeo, ut tandem Curia Parisiensis septimo die Julii anno millesimo quingentesimo nonagesimo quarto diem dixerit, eisque ut in jus vocaverit, ut publicè causam dicerent. Ipsique defenderunt. Jesuitae, post varias tergiversationes, ac frivolas hinc inde conquisitas excusationes, per Advocatum suum Claudium Duretum à Parlamento petierunt, ut causa sua, non uti solitum alias esset, palam, sed occlusis januis secretò tractaretur: illo cum praetextu, quod per Apologiae suae structurae seu conditionem, adeoque necessitate ipsa, non possent aliter, quam ut multos, qui Regis ministri admodum fidi veluti haberi, perstringerent, eosque non parum offenderent. Quod ipsis, ut ut longè aliud spectantibus, permissum tamen, atque concessum fuit. Decretum igitur est ut processus januis clausis foribus institueretur. Designati sunt Advocati Academiae Magister Antonius Arnaldus Pastorum nobis, qui se Academiae junxerant, Ludovicus Dollevus, Societati M. Claudius Duretus, Procuratoris Generalis suae Majestatis, Dominus Seguerius.

Societatis defensiones uti & aliorum accusationes videre nobis non contigit: unius M. Antonii Arnaldi accusatio nuper ad manus nostras pervenit, cujus haec ferè praecipua capita sunt.

Jesuitas ad summum apicem pervenisse: In Italia & Hispania Comitatus & Baronias possidere, ad Cardinalatum evectos, & post Pontifices Romanos futuros. In Hispania numerum eorum decem millia esse; Collegia similiter habere ducenta viginti octo, possidere plusquam quadringenta aureorum millia, &c. Capita [illegible] in Jesuitas [illegible].

2. *Primarium eorum votum est, per omnia & in omnibus obedire suo Generali, aut procuratori, qui semper est Hispanus, aut Hispano Regi subjectus. Qui si dixerit: Abi & interfice Regem Franciae, eundum esse.*

3. *Societas haec primum probata est in Hispania. Videtur nata ad Imperium Hispanicum promovendum; vocant Regem Philippum maximum potentem, orantque ante omnia Domine Deus [illegible] pro Rege Philippo, &c. Pro Rege autem Franciae non orant.*

4. *Docent Pontificem jus esse excommunicandi Reges Franciae, subditos ab eorum obedientia solvendi. Caput [illegible] tenetur.*

3. Pa-

5. Patriarcha eorum Ignatius Loyola Cantaber, capitaneus antea peditum [illegible], in oppugnatione Pampelonae [illegible] [illegible] antecedibus [illegible] Quare [illegible] [illegible] Romanorum [illegible] [illegible] prudenter agere, ut animalia [illegible] sint fecunda. At Iesuitae hi, qui primum hanc Societatem instituerunt, ita brevissimo spatio multiplicati, ut decem millia [illegible] Societatis institutum profiterentur. [illegible] Cardinalis Farnesij, & Lotharingij ad magnam amplitudinem peruenerint.

6. Coniurationes [illegible] Collegij [illegible] S. Antonij, & S. Iacobi à Legatis Hispanicis [illegible] [illegible] [illegible] Regi [illegible] Cardinalibus Legatis [illegible] Regi Hispanorum [illegible] Regi Philippo [illegible] Deus [illegible] [illegible] Iacobi Clementis, Henrici Regis III. [illegible] [illegible] &c.

7. In suo statuto articulum habent, [illegible] [illegible] Generali [illegible] [illegible] 40. annos. In quam constitutionem Magister Antonius [illegible] [illegible]

8. Iesuitae authores sunt mortis Regis Lusitaniae Sebastiani. [illegible] Iesuitae Hispani [illegible] Lusitaniae [illegible] [illegible] [illegible] Franciscani [illegible] Monachi [illegible]

9. Iesuitae sunt monstra Regis Hispaniarum: testatur hoc favor, benevolentia & liberalitas, quâ illos prosequitur.

10. Iesuitae sunt Cardinales, ut possint fieri Pontifices. Toletanus enim Cardinalis [illegible] est, qui Regis Navarrae [illegible] [illegible] [illegible]

11. Iesuitae ante 38. annos, cum [illegible] Galliae peterent, tam à Curia, quam à Sorbona sunt reiecti. [illegible] [illegible] [illegible] [illegible] petentes à Cardinalibus [illegible] sunt.

12. Cum Iesuitae contra Regem non comprehendantur, comprehenduntur tamen [illegible] Aprilis, anni 1594. quia sacrosancte [illegible] renunciare: & Regi [illegible] fidelitatem praestare.

13. Salvis Iesuitis, salva non potest esse Parisiensis Academia.

In his omnibus tacitè simul obiectio occurrit: Iesuitae instituunt & docent iuventutem. Respondet, imò docent, sed Regni sui [illegible] & occidere, [illegible] tyrannidem Hispanicam stabilire: Qui filios suos Iesuitis tradunt instituendos, [illegible] [illegible] [illegible] [illegible] Tyrannus Hispania [illegible] Iesuitas per Galliam, ut [illegible] Gallorum [illegible] [illegible] nomine & dominationi inserant.

Deinde, quia Societas maxime se tueri videtur Confessione Anni 64. eaque pro Iesuitis facere videtur quoque sectatur.

Vocat illos non sine gravi causa Hispanorum [illegible] homines [illegible] [illegible] [illegible] [illegible] [illegible] [illegible] pietas, honestas atque [illegible] [illegible] [illegible] [illegible] ad [illegible]

Occurrit etiam illis, qui dicunt, si Iesuitae Iesuitae, qui decent Romae [illegible] [illegible] [illegible] Hispani dicant: Qui Iesuitae Franciae [illegible] [illegible] sunt Haeretici. Alij vero qui Romae & in Italia sunt, & Hispaniam non [illegible] [illegible] [illegible] [illegible] [illegible] [illegible] [illegible] [illegible] [illegible] & [illegible] [illegible] Hispanorum.

Si Iesuitae tam perniciosi sint Franciae, cur tanta [illegible] in India? Hinc [illegible] tyrannidem Hispanorum, quam [illegible] [illegible] [illegible], solis Iesuitis adscribit.

Respondet quoque illis, qui dicunt: Si tam scelerati sint Iesuitae, cur non condemnantur & [illegible]? & respondet, [illegible] [illegible] [illegible] [illegible] [illegible] & ut Templarij [illegible] [illegible]

Denique occurrit his qui dicunt: [illegible] omnes Iesuitae esse [illegible] & [illegible]. Fatetur *[illegible] quidem multos esse indigenas, aliena, at [illegible] pe[illegible], inter indigenas, non esse numerandos. Ego, inquit, potius [illegible] [illegible] qui in extrema Scythia nati, [illegible] Gallia cogitant, quam qui Lutetia geniti & educati, locum, libertatem, gloriam, in qua nati sunt, per summum scelus perdere [illegible] & conantur.*

Perviccrunt tamen hoc adhuc tempore Iesuitæ, tum privatis [illegible], Principum summorumque procerum suffragijs, ut iis mora suspenderetur, adeoque veterasceret. Carolus Borbonius Cardinalis præsensit hoc, tanquam obicem lete opponit, dato supplici libello ad hos qui actioni huic destinati erant, cum gravissimè decambieret, adjecto in calce propria manu, *si per valetudinem liceret, non [illegible], quod tremula manu exarat calamus.* Ludovicus à Gonzaga Dux Nivernensis, supplici itidem libello, non solum rogat in Nivernensi oppido & Ambarris suis, [illegible] Iesuitarum saneta salvum [illegible], sed etiam ob collegarum aliquot damnatiam non esse vindicandum in universos. Claromontanus Episcopus similiter intercessit.

Nonâ quoque die Iulij Anno 15[illegible] supplicem libellum obtulerunt Iesuitæ facultati Theologicæ Parisiensi, in quo exposuerunt, superioribus mensibus Rectorem tam suo, quam omnium facultatum nomine, à supremâ Parlamenti Curia petijsse, ut ipsi cum universa Societate, ex toto Galliæ regno pellerentur: se autem non credere, sacratissimam facultatem huic petitioni assensum præbuisse: petere igitur, quatenus placeret dictæ facultati declaratione aliquâ testificari, eam huius petitionis & litis intentatæ, nullo modo participem esse. Facultas igitur dicta in hunc modum decrevit; *se quidem censere Iesuitas redigendas & ut [illegible] in ordinem & disciplinam Universitatis, non autem Regno Galliæ expellendos esse.* Et hoc quidem Decreto Societatem hanc non simpliciter approbavit facultas Theologica, sed quatenus Universitatis decretis & statutis sese subiiciat.

Futura autem hæc posteritati a [illegible] scriptum Apologeticum ediderunt Iesuitæ, *in quo [illegible] [illegible], Rectorem & Academiam non esse [illegible], [illegible] non [illegible], sed publica [illegible] ac [illegible] [illegible], in quorum [illegible] publice fit [illegible] & [illegible]. [illegible] [illegible] [illegible] [illegible] [illegible] [illegible] [illegible] [illegible] esse in ordinem & disciplinam Universi-*

tatis, Regno autem Galliæ nulla [illegible] [illegible]. Facultatem artium decreto [illegible] [illegible], Syngrapha etiam Procuratorum [illegible] [illegible] Professorum Iuris Pontificij, Medicinæque Syndicum, non de expellendis, sed tantum in ordinem cogendis cogitasse. [illegible] [illegible] Decreti esse [illegible]. Ex quadraginta circiter Pastoribus urbanis, [illegible] esse [illegible] qui controversa nomen dederint, Episcopale Decano [illegible] non [illegible] autem paucis Parochiarum nomine in [illegible] [illegible]. Societatem [illegible] in Tridentina Synodo Pontificijs rescriptis Pauli 3. Iulij 3. Pij 4. & 5. Gregorij 13. & 14. & à Clero Gallicano in Pissiacensi consessu ab Henrico 2. Francisco 2. Carolo 9. Henrico 3. atque à supremis Curijs approbatam & receptam. Senatum Parisiensem non semel [illegible] [illegible] & [illegible] [illegible] sibi [illegible] [illegible]. Contra [illegible] [illegible] [illegible] [illegible] Collegiorum [illegible] calculum adjecisse. Non esse quod [illegible] [illegible] & commotiones Academici conquerantur, [illegible] parati sint [illegible] in [illegible] & decreta Academiæ, Regi Henrico IV. summam [illegible] & [illegible] obsequium [illegible], colere & observare pro suo legitimo Principe, qui à Ludovico IX. [illegible] [illegible], quem ordo sanguinis & [illegible], ac patria leges ad summum imperium [illegible]. Publicâ & universali [illegible] [illegible], & rerum [illegible] [illegible] [illegible] esse [illegible], qui cum [illegible] dictorum & factorum [illegible] [illegible], ut publicis [illegible] [illegible] gratia [illegible]: si sua domestica [illegible] [illegible] [illegible], [illegible] [illegible] [illegible], [illegible] & rerum [illegible] [illegible], [illegible] [illegible] [illegible] publica, quam [illegible] vocant, [illegible] [illegible], ut ab Ecclesiasticis pro [illegible] [illegible] [illegible] factum [illegible] [illegible], non arma induisse, non in publicis [illegible] [illegible] Ecclesiasticum, sed religiosorum [illegible] [illegible], aut [illegible] [illegible] [illegible] [illegible] aut [illegible] [illegible] [illegible] [illegible] [illegible] [illegible] [illegible], [illegible] quidem exemplo & [illegible] [illegible] [illegible] [illegible] [illegible]. In [illegible] [illegible] esse [illegible] ab illis ut rebus [illegible] se [illegible]; quandoquidem [illegible] [illegible] [illegible] in [illegible] congregatione Romæ [illegible] [illegible] 23 [illegible], [illegible] [illegible] [illegible] districte, ut ab omni rerum sæcularium tractatione, & Principum negotijs abstinerent. Si regno [illegible] [illegible] [illegible] [illegible], non leve damnum [illegible] publice [illegible] [illegible] [illegible] [illegible] [illegible] [illegible] Claromontani, [illegible] [illegible] [illegible] [illegible] [illegible] [illegible] [illegible]. [illegible] [illegible] [illegible], [illegible] [illegible] [illegible] [illegible], qui hoc [illegible] [illegible] [illegible] [illegible] [illegible], [illegible] Christi [illegible], ac [illegible] [illegible], [illegible] [illegible] [illegible] [illegible] rex Augusta domi forisque, non levem jacturam faciens. In sublime scholas [illegible] magno compendio temporis et sumptus, plurimum profecere [illegible] in disciplina plurimorum Philosophorum, in quibus certe [illegible] Professores primarios.

Haec vel non dissimilia Apologeticus ille scriptor multò latius explicuit, ac probra forensia sigillatim diluere conatus est. Quatuor autem praecipua, praeter superiora illis objiciebantur: Primò quod Pontifici Rom. nimium addicti sint; Secundò, quod à Gallis degeneres, Hispanicos mores induerint animo; quod iniqui sint [illegible] & tributum [illegible] vulgi: quod Regum Principumque necatores sint.

Ad primum respondit Apologeticus, Jesuitas unà cum caeteris Ecclesiae [illegible] Christianis, *Pontificem Roman. ut vicarium Christi ac successorem Petri gubernatorem, caput Ecclesiae agnovisse. Hoc ubique [illegible] non esse privata neque [illegible] sed orbis universi, qui Christo regeneratus sit. Papam nunquam rerum temporalium [illegible] absque [illegible] vassallorum agnovisse, quibus Principum [illegible] dominia & imperia [illegible]. Falsa calumnia sua Bellarmino [illegible], quod in ea fuerit sententia lib. 5. cap. 1. de Roman. Pontifice. Affirmasse quidem cum, Papam in [illegible] Soto, Armilla, [illegible] Pontificem dominum summum esse Principem, [illegible] Reges [illegible] in regno suo. [illegible] ad Indos [illegible] Quare [illegible] hanc esse [illegible] Pontifici [illegible] obedientiam circa missiones. [illegible] quo [illegible] Pontificem esse, qui cum [illegible] apud suos professos hoc sacramento se obligant [illegible] & successoribus [illegible] obedientiam promittere.*

Secundò, quod [illegible] pugnantia [illegible] exprobrari. Nam [illegible] primo capite [illegible] Pontificem Roman. [illegible] non possidere, ut Hispaniae [illegible] dominium [illegible] Gallis [illegible] & Hispaniae Reges esse [illegible] discrepantes, [illegible] Nam [illegible] de solo Hispaniae [illegible] Gallia [illegible]

Hispanorum [illegible] quam [illegible] partes [illegible] admisse [illegible] Gallicam [illegible] esse [illegible] in aliam [illegible] transformant [illegible] patriam, [illegible] Africanos. Concordes esse [illegible] sed genio & natura [illegible] Hispanorum [illegible] discrepantes. Nec solum indigenam esse [illegible] Gallicam [illegible] sed non paucos esse qui [illegible] Patres. [illegible] Hispanorum [illegible] vendiderunt. Ab Hispania [illegible] qui in Lu*[illegible] sub[illegible] ejus memoria tum ab summo inter [illegible] Principatum, tum [illegible] Cardinalis [illegible] Conimbricae [illegible] Ignatii [illegible] Hispanus, sed [illegible] Cantabro fuerit, [illegible] Navarro [illegible] Henrici IV. [illegible] Sed fuerit Hispanus, [illegible] Hispanus [illegible] Italus fuit, [illegible] in Gallia. Nec Ignatii [illegible] Regina Galliae [illegible] Quae objiciunt, non [illegible] Generalem [illegible] Claudius [illegible] Principum familia [illegible] Hispanos [illegible] fuerit, quod partes Gal-*

locum Audigaverunque Datam adversus Au- ragonios fuisset sive qui eam ... fuisse Trevlensem Belga Germanum. Similiter locu ... habendum, quod ille exprobrat, adversus Antonium Lusitaniae Regem pro Philippo steisse. Ex qua Gonus ad eram Lusitaniam ... dicitur. Contra ... fuisse, ... pro germano, sed ... multis ... Regem Hispaniae, a Senatu ... ut exprimatur non fuisse Jesuitam, sed ex Mendicantium familia, & quidem Hispanum Jesuitae non Gallos juvenes in Hispanias commeare, sed solum, ne haeretica pravitate imbuantur.

Quod ad tertium objectum attinet, Jesuitas seditiosos & vulgi concitatores esse, ab hoc scelere se alienissimos esse. In Italia, Hispania, Germania, Belgio & Sabaudia a pluribus annis scholas & sodalitia habuisse, nec apud gentes illas de natione moribus aliam rusticum & vicinam conque ... scholis & concionibus occupatas, longe a tumultu & intemperie vulgi, in Musas quietas vixisse.

Quartum similiter negat, nempe, Jesuitas esse Regum ac Principum sicarios. Paradum enim Regia ... Barriere non solum non suasorem fuisse, sed eum a perdito & detestando negotio ... abiegisse: scelerato infanda autem, post ingressum Regis Lutetia, mansisse Paradum, donec certior factus, mali criminis habere ... asperi, atque hinc in discrimen vocari, libere ... se subduxisset. Nec illum tam conscientia sceleris, quam quod sua ... moluisse Regem non aliud esse, quam Lutetia, at vero morem gereret discessisse. In suis sodalitiis pro Regibus & Principibus preces & vota quotidiana ... differentiam fieri, sed precantur ... & essent pro eis, in quorum Ditione sunt ... habent, sicuti Augustum, sui Ordinis olim ... Galliae notissimum, in sua Christiana Patrona, pro incolumitate Regum Galliae precantur permulta ... Ribadeneiram Hispanum pro Hispaniae Rege ad ipsum scripsisse, ... Gallia Jesuitis ... nec in Liturgiis aliisque precationibus ... ullo ... Oremus pro Rege nostro Philippo, sed hoc ab aliis fictum esse. Haec quidem ille, sed proculdubio contrarium est facto, ut infra Cap. de Jesuitarum perfidia seditionibus, proditionibus, &c. videbimus.

Irénée ou Mal. Jean Regnault. Sub finem anni 1594, opportunum prioribus gravissimis justissimisque accusationibus accessit ... parricidium Joannis Castelli decemnovem annorum adolescentis, & Collegii Jesuitarum, cui nomen est Claromontium Lutetiae alumni, qui Regem Henricum IV. e medio tollere voluit. Ci- mundi ignis ferventis Castellione hac ad mortem damnatur a Parlamento, supremo Regio Consilio, decretum simul eadem sententia, *ut omnes Presbyteri Claromontii Collegii, & omnes Jesuitae Scholastici, tanquam corruptores juventutis, perturbatores publicae tranquillitatis, inimici Regis & Regni, intra tres dies post promulgationem edicti, Lutetia, & aliis Urbibus atque locis, ubi sua habeant Collegia, discedant, & infra quindecim subsequentes dies toto Regno exeant, &c. ut latius ex ipso edicto Lector plenius intelliget.*

Quamvis autem multis Jesuitae opponerent, ac scriptis etiam apud Regem causam suam agere ac defendere niterentur, tamen ut admitterentur iterum impetrare non potuerunt, sed solum vertere cogebantur.

Qui igitur Lutetiae erant Jesuitae, eorumque asseclae omnes, porta Antonianâ emissi, comitantibus lugentibusque discipulis, alii Virodunum, alii in Lotharingiam & Germaniam, alii in Belgium praesertim Antverpiam, sese receperunt. Quotquot etiam in finibus Parisiensis Curiae, ut Avarici Biturigum, Novioduni ad Ligerim & Lugduni habitârunt, concito certo, ... usque fluminis Rhodani Avenionem devehuntur. Qui Rotomagi Scholas habebant, quamquam Lutetiano foro exempti essent, tamen odio vulgi aliò pedem loco afferre coguntur. Usque adeò taedebat omnes tenebrisi patriciali, ut vel ad infantes obiurgatio, querimonia, & ipsis ultio redire. Qui enim in Scholis Jesuitarum tyrocinium egerant, torve adspiciebantur, pro haeretico, jamque ad publicam pyram deducendus existimabatur, qui vel verbo a Jesuitis patrisandem Castelli depellere voluisset.

Ejectis ex Gallia Jesuitis, quia Petrus Castellus, supra dicti Joannis Castelli pater, filii sui parricidiale contra Regem propositum, ab ipsomet intellexerat, & nihilominus occultaverat apud se ac reticuerat, a Parlamento judicatum fuit, ut quae erat ejus ante Praetorium Portam Palatii domus, funditus destrueretur, publicareturque, & nunquam in posterum reaedificaretur: sed in ejus area, ad perenne monumentum immortalis flagitii pyramis seu columna erigeretur, quae literis marmoris Senatusconsultum publicè testaretur: atque in ejus vertice crux aurea fastigietur, quaternisque angulis totidem insideant ore virgineo virtutes, quas Cardinales vocant, quadrifariam adjiciantur marmoreis tabulis; in quibus

Petri Castelli ... [illegible]

quibus Senatus consultum lociis autem [illegible] esset, & praesidium Castellis, adeoque [illegible] quam Iesuitae in exilium relegati, universaque Gallia exturbati sunt, sequentem in modum.

Arrestum CVRIAE, ut & Versus, extractum Latini nigro marmori literis aureis inscriptis in quadrata facie Basis Pyramidis, ante Palatii portam Parisiis extructae.

VIsa per curiam, magna Camera & Turnella in unum coactis, criminali processu per praefectum Palatii Regii incepto, & postea in eadem producto, ad postulationem Procuratoris generalis Regis actoris & accusatoris adversus Iohannem Chastellum, Parisijs natum, & studiosum, qui studiorum cursum in collegio Claromontano absolverat, captivum in Palatij carcere detentum ob nefarium execrandum & abominandum parricidium in Regis personam attentatum: Quaestionibus & confessionibus eiusdem Iohannis Chastel auditis & interrogatis in eadem Curia super eodem parricidij negotio: Auditis etiam in eadem Curia Iohanne Gueret presbytero, qui se de congregatione & Societate Iesus esse professus est, eodem in collegio agente & antehac eiusdem Iohannis Chastel praeceptore: Petro Chastel & Dionysia Hazart parentibus praefati Iohannis: Conclusionibus Generalis procuratoris Regis, & rebus omnibus perpensis.

Dictum eadem Curiam pronunciasse & pronunciare praefatum Iohannem Chastel convictum criminis laesae maiestatis divinae & humanae in primo capite, ob nefarium impium & maxime detestandum parricidium in Regis personam attentatum. Pro cuius reparatione praefatum Iohannem Chastel ad emendam honorariam adiudicavit & condemnavit, ut ante fores maiores templi Parisiensis nudus, solo interiore indusio, cum face cerea pondo duarum librarum manibus gestata atque ardente, flexis genibus dicat & pronunciet se nequiter & proditorie abominandum parricidium in Regem attentasse, & Regem cultro vulnerasse: & per falsa & damnanda institutione inductum in supra praedicta dixisse, licere Reges occidere, & Regem Henricum quartum nunc regnantem, non esse in Ecclesia usque quo a Pontifice approbationem habuerit: eiusque omnium poenitentiam agere, & veniam petere a Deo, a Rege, & a Iustitia. Hisque peractis ut plaustro in locum Gravinensem deducatur, ibique brachijs & femoribus candentibus forcipibus inustus, & manum dextram, cultrum quo praedictum parricidium perpetrare est adortus, gerens, abscindatur, deinde ipsius corpus quatuor equis distrahatur, membra & corpus eiusdem in ignem coniiciantur, & in cineres redacta in ventos proiiciantur. Pronunciavit eadem Curia & pronunciat universa ipsius bona Regi acquisita. Ante quam executionem quaestioni ordinariae & extraordinariae idem Iohannes Chastel applicabitur, ut socios facinoris [illegible] aperiat [illegible], [illegible] sub poena [illegible] laesae Maiestatis, ut [illegible] aut publice aut privatim praedictae [illegible] Curiae [illegible] & pronunciat [illegible] damnata [illegible] haeretica condemnata.

Statuit ut Presbyteri & studiosi collegij Claromontani, & reliqui omnes qui se eiusdem esse Societatis profitentur, tanquam corruptores iuventutis, publicae tranquillitatis perturbatores, Regis hostes & Regni, Urbe Parisiensi intra tres dies post praesentis Arresti significationem excedant, ut & aliis urbibus & locis, ubi eorum habentur collegia: & quindecim post diebus, toto Regno: sub comminatione, si [illegible] post id temporis deprehensi fuerint, futurum esse, ut puniantur tanquam facinorosi & rei eiusdem criminis laesae Maiestatis. Omniaque ipsorum bona [illegible], tam mobilia, quam immobilia, [illegible] applicabuntur, & quomodo ab ipsa Curia fuerit constitutum. Praeterea inhibet omnibus Regis subditis, ne studiosos in praedicta Societatis collegia, quae extra Regnum sunt, transmittant ut ibidem instituantur, sub poena laesae Maiestatis.

Statuit eadem Curia ut copiae praesentis Arresti ad praedictorum Praesidiatuum huius iudicationis mittantur, ut ibidem executioni secundum eius formam & tenorem mandetur. Iniungit praedictis eorumdem locorum generalibus & particularibus, ut ad executionem [illegible] & Procuratoris generalis substitutis, ut manum teneant ad hoc ut fiat executio, & in delinquentes inquirant Curiam, qui doceant de sua diligentia intra mensem, sub poena privationis officiorum.

Signatum,

TILLET.

PRonunciatum ipsi Iohanni Chastel, & executioni mandatum die Iovis vigesimo nono Decembris, Anno 1594.

II.

Quod SACRVM votumque sit Memoriæ perennitati, Longævitati, salutique maximi, fortiss. & Clementiss. Principis HENRICI IV. Galliæ & Navarræ Regis Christianiss.

Ardi viator, sive sis externus,
Sive incola urbis, qui Paris nomen dedit.
Hic alta quæ sic prominet, domus fuit
Castella, sed quam dirutam funditus
Frequens Senatus crimen ultum censuit.
Hac me redegit tandem herilis filius,
Malis magistris usus & schola impia
Sicariorum, (heu) nomen usurpantibus;
Incestus, & mox parricida in Principem,
Qui nuper urbem perditam servaverat,
Et quem favente sæpe vidit Numine
Difficile tectum [illegible],
Punctusque tactum est dentium septo tenus.
Ubi Pater, plura me vetat loqui
Nefas [illegible] civitatis dedecus.

In PYRAMIDEM eandem.

Quæ trahit à puro sua nomina Pyramis igne,
Ardua barbaricas olim decorabat arces;
Nunc decori non est, sed criminis ara piatrix:
Crimina nam flammis pariter purgantur & undis.
Hic tamen esse parum monstrat quam insigne scelestis
Principis ingeniosa fuerit, quæ fecerit, cessum
Nec mens [illegible] publica damna.

III.

D. O. M.

Pro salute Henrici IV. Clementiss. Regis, quem nefandus parricida perniciosiss. factionis hæresi pestifera imbutus, quæ nuper abominandis sceleribus pietatis nomen obtendens, uncti Domini vivamque Majestatis ipsius imaginem occidere pertentaverat, dum confodere conatur, cultro in labrum superius adacto, & dentium occursu feliciter retuso, violare ausus est: Ordo amplissimus, ut qui civitatem tam ingenti periculo liberaverat, simul & professione illa, quæ Principem ac Regnum, cujus salus in ejus salute posita est, detrimento [illegible] apud posteros memoriæ [illegible], monstro illo adempto, [illegible] & flamma ultrice consumpto, ædibus etiam unde prodierat solo æquatis, & in eo loco [illegible] gloriæ signum erigi decrevit.

IIII. Non. Ian. Ann. prox. 1595.

EX. S. C.

Hic domus ingenti quondam fuit hospite [illegible].
Cum ubi [illegible] tubis in astra caput.
Sancita [illegible] hanc [illegible] Ordo Senatus.
Regibus ut fieret [illegible] esse nihil.

V.

D. O. M.

SACRVM.

Quum Henricus Christianissimus Francorum & Navarrorum Rex bono Reipubl. natus, inter cætera victoriarum exempla, quibus tam de Tyrannide Hispanica quam de ejus factione [illegible] prosperitatem Regni hujus [illegible] est armis, etiam hanc Urbem & reliquas Regni hujus pene omnes recepisset, ac denique felicitate ejus instantissima Francia [illegible] Joannes Petri F. Castellus ab illis [illegible], facinus Regis Caput cultro petere ausus esset, præsentiori tamen [illegible] quam feliciori scelere [illegible]. Ob eam rem hic [illegible] ordinis consulto, vindicato perduellione, diruta P. Castelli domo, in qua Joannes ejus F. [illegible] designatum patre [illegible], in ejus [illegible] hæc pyramis monumentum erectum est, in memoriam ejus diei, in qua [illegible] inter [illegible] liberatum Regni, fundatamque publica [illegible] à [illegible] incepto, Regni autem hujus opes [illegible] ab extremo [illegible] vindicavit, pulsa præterea ista Galliis hominum genere, novæ ac maleficæ superstitionis, qui Rem. turbabant, quorum instinctu piaculare adolescens dirum facinus instituerat.

S. P. Q. P.

Extinctam pestiferam factionem Hispanicam, [illegible] ejus ex [illegible] parricidii [illegible] Majestatique ejus devovit.

Duplex potestas ipsa fortuna fuit,
Galliæ salutem quod faceret, [illegible] dare:
Servare Galliam, quod deus [illegible] optimum.

Post aliquod tempus multi Iesuitarum, qui è Regno Galliæ relegati erant, in id rursus sese intrudere conabantur. Alii ut quos mutabant sua nomina ac vestes, alii simulabant se Ordinem ac sectam Iesuitarum abjurasse, petere igitur ut rursus reciperentur constituendorum Scholarum vel prædicandi causa. Horum subdolorum conatuum Curia Parlamenti Parisiensis certior facta, Arresto omnibus subditis totius Regni prohibuit, ne Iesuitas in hos usus vel publicè vel privatim reciperent. Arrestum de verbo ad verbum sic habet.

Extra-

Extractum ex Registris Parlamenti.

[illegible]

[illegible] Factum in Curia 22. Augusti Anno 1597.

Signatum Balza.

Arrestum CVRIÆ Parisiensis contra IESVITAS Lugdunenses, ne clàm scholas instituant, aut conciones habeant: extractum ex Registro Parlamenti.

D[illegible]

[illegible] Lugdunensi [illegible] fuerit.

Dicta Curia, nulla dictarum [illegible] habita ratione, decrevit & decernit, ut dictum Arrestum 21. Augusti proxime [illegible] & [illegible] in urbe Lugdunensi [illegible] ad dictum Parisiensem [illegible] declaravit & declarat. Et [illegible] Arrestum 25. Septemb. [illegible] ut Parisiis [illegible] capiatur, [illegible] quae informationes ante hac factae continentur, interrogetur & audiatur, & contra eum, prout [illegible], procedatur: Iniunxit & iniungit [illegible] dicti Procuratoris generalis in [illegible] & sede praesidiali Lugdunensi, ut Arrestum hoc [illegible] mandari faciat, & Curiam Parlamenti de sua diligentia certiorem reddat. Et quantum ad administrationem & directionem Collegii dictae urbis Lugdunensis attinet, ei de principali [illegible] & aliis personis idoneis & capacibus, prout [illegible], prospiciatur. Et [illegible] Arrestum [illegible] habitur.

Signatum: TILLET

Ex his intelligitur Arresta & decreta haec non levi animorum motu, sed matura deliberatione praehabita, prolata fuisse. Id etiam testatur Arrestum Parlamenti Parisiensis 18. Augusti Anno 1598. contra Dominum Tournonensem, Iesuitas in suo territorio defendentem, integro anno evoluto, quo prohibetur omnibus cuiuscunque status aut conditionis, liberos ad Collegia Iesuitarum, quocunque sint in loco, literarum causa mittere. Id enim sic de verbo ad verbum habet.

Henricus, Gratia Dei, Galliae & Navarrae Rex, omnibus, qui litteras praesentes videbunt, salutem. Notum facimus, quod super eo, quod Procurator noster generalis, [illegible]

[illegible]

Dicta NOSTRA CURIA, conclusionibus Procuratoris nostri generalis consideratis per Arrestum suum dictum Tournonensem [illegible] declaravit & declarat: Decrevit & decernit, [illegible]

[illegible]

ipsorum propria & privata auctoritate facta existimare, & ipsi cujuscunque [illegible] nostri, aut alterius muneris publici incapaces declarari debeant. Statum & [illegible] Praesidi [illegible], quodlibet [illegible] fuit, videant & [illegible], & sunt [illegible] illius generali, aut [illegible] incapacem & indignum declaravit, & declarat. Mandavit & mandat Vicariis & Officiariis dictae praefecturae, ne ipsi alium ingressum aut dignitatem in suis sedibus permittant; & omnibus nostris subditis, ut ipsam pro tali agnoscant: [illegible], ne ullas communicationes [illegible], & alias [illegible] in ipsius [illegible] amplius concipiant: Omnibus Rationalibus, ne ipsi ulla stipendia, aut jure propter dictum officium solvant: omnia sub poena repetendarum dictarum stipendiarum & [illegible] privationis officii [illegible] arbitrariarum, & aliarum majorum mulctarum, si [illegible]. Et praeterea [illegible], ac praecepit, mandat & praecipit omnibus personis, ne scholasticos ad Collegia dictae praetensae Societatis, quocunque tandem in loco & Regione sint, studiorum causa mittant: [illegible], quae in dictis Academiis continentur, [illegible], quae dictis locis & [illegible] habentur, quae omnibus [illegible]. Et dicto nostro Procuratori generali [illegible], quae fuerint agentes inquirendi committetur, ut informationibus in dicta Curia nostra factis, per eandem adversus contravenientes, prout ratio postulabit, procedatur. Et de praesenti decrevit, & decrevit, ut omnes nostri subditi, qui in Collegiis dictae praetensae Societatis, vel intra vel extra Regnum post Arrestum vigesimo nono Decembris, Anno millesimo quingentesimo nonagesimo quarto [illegible], instituti, aut initiati fuerunt, nullis privilegiis Academiis, tanquam graduum incapaces, fruantur. Gradus etiam, quos jam obtinuerunt, aut in posterum in quacunque Academia obtinebunt, nullos, nullius momenti & valoris declaravit, ut [illegible] nec [illegible], nec [illegible], nec beneficiis graduum [illegible], nec in dicta Curia nostra, aut aliis quibuscunque locis pro Advocatis recipi, nec aliis juribus, praerogativis & praeeminentiis, facultatibus, commoditatibus, aut emolumentis dictorum graduum frui possint. Decrevit dicta nostra Curia, ut praesens Arrestum in omnibus municipiis & praefecturis promulgetur: [illegible] substituti dicti Procuratoris nostri generalis, ut executionem ejus persequantur, & dictam Curiam certiorem reddant de iis, quae contra dictum vigesimo nono Decembris, anno millesimo quingentesimo nonagesimo quarto, Arrestum agentur, [illegible]: & informationes inde [illegible] ad Graphium [illegible] mittant, [illegible] illis propria & privata [illegible] propositio. Et ex Decreto dictae nostrae Curiae mandamus omnibus [illegible], praefectis, aut ipsorum locum tenentibus, singulis in suo [illegible] & praefectura, & suo loco, ad quos hoc pertinebit, ut praesens Arrestum, juxta formam & tenorem suum debite & integre executioni mandent: omnes vero, qui ad hoc requisiti fuerint, modis & mediis debitis & [illegible]. In [illegible] omnibus, ut hoc [illegible]. Datum Parisiis in Parlamento nostro, [illegible] die Augusti, Anno [illegible] millesimo quingentesimo nonagesimo [illegible], Regni nostri decimo.

Signatum.

per CAMERAM.

Ex illo jam fere decennio a Iesuitarum ex Gallia ejectione, anno videlicet 1604. totis viribus, conatibus ac modis variis, imprimisque Apologiis, & supplicibus libellis apud Regem tentarunt, ut reciperentur in Regnum denuo. *Iesuitae ex Gallia ejecti [illegible]*

Sed tunc quidem adhuc temporis tale Responsum a Rege acceperunt. *Perlegi ego, Sacerdotales, Apologiam vestram, satis verbosam, ac diligenter [illegible] perpendi omnia, quae facta sunt in innocentiae vestrae gratia collecta. Quia vero negotium [illegible] est, nec [illegible] adjudicata [illegible], [illegible], ut Regem decet, quid [illegible] statuam, exponam. Totus jam in hoc sum, ut Regnum meum bellis civilibus attritum & viribus [illegible] exhaustum, [illegible] pace [illegible] pristino nitori restituam, [illegible] humanitate [illegible]. Id quando [illegible] ratione [illegible] non possit, nisi ut aequali jure & benevolentia Catholicos & Hugonottos [illegible] complectar, [illegible] Ecclesiasticis jam [illegible], [illegible] mihi [illegible] revocandi [illegible] consilium [illegible]. Novi ego vos viros doctos & disertos, [illegible] zelo Catholicae & Romanae Ecclesiae [illegible] Hugonottorum [illegible] reliquias, [illegible] Agni [illegible] Virginis [illegible], Rosaria vel aliud quidpiam a Pontifice consecratum, [illegible]; quae Hugonotti ridicule [illegible] idololatrica [illegible]. Metuo igitur, ne [illegible], quod in [illegible], & condemnationem, quas [illegible] animum [illegible], atque illa etiam [illegible] authores sitis. Nam, [illegible] ut sunt humana, [illegible] aliquid [illegible] fieri possit (quod tamen [illegible]) ut bellum inter nos [illegible] recrudescat. Quid [illegible] ne [illegible]* *Regis responsum.*

cogitare, quam me docere. Quod enim erat [illegible] donationem admissum [illegible] Regium [illegible] est, vel [illegible] [illegible] Sarracenum igitur [illegible] [illegible]. Vel si veri Galli estis, [illegible], sicut [illegible] Regni, quem vestra [illegible] [illegible]. Dixi quæ volui. Abite & valete.

Non tamen quiescere statuerunt [illegible] homines, sed post hæc omnia, varii [illegible] inierunt consilia, quibus tandem machinis Regis obfirmatum animum expugnare possent. Pontificem quoque, Reginæ & multorum Principum auxilium opemque implorârunt. Eoque rem deduxerunt, ut Rex tandem expugnatus & victus de receptione eorum cogitare inciperet. Ampliſſimus Curiæ Parlamenti Pariſienſis Senatus, cùm hoc reſciviſſet, imprimis quòd Pontifex Romanus per Legatos & Nuncios Ieſuiticæ ſectæ reſtitutionem per univerſam Galliam urgeret, nervoſâ & veriſſimâ Oratione 24. Decemb. Anno 1603. ab hoc propoſito Regem avertere conatus eſt. In hac Oratione nihil à Parlamento Pariſienſi Regi in memoriam revocatur, quod non Acta ipſiſſima antecedentia & ſequentia evidentiſſimâ veritate mihi oſtendant. Verba autem Orationis illius ex Gallico in Latinum fideliter translata, hæc ſunt.

Rex Galliæ expugnatur, de Ieſuitarū reſtitutione deliberat [illegible]

Oratio Parlamenti Pariſienſ. contra IESVITARVM reſtitutionem communicationibus Pontificis Romani petitam coram Rege HENRICO IV. recitata.

PArlamenti veſtri Curia inſtituta deliberatione ſuper literis veſtris patentibus, de presbyterorum & Scholarium Collegii Claromontani (qui Ieſuitarum ſibi nomen indiderunt) in quibuſdam hujus juriſdictionis locis reſtauratione, decrevit: ut humillimæ obteſtationes veſtræ Majeſtati fierent, ac nobis mandavit, ut quædam vobis puncta repræſentaremus, quæ ad rerum veſtrarum bonum & ad ſalutem publicam, quæ à veſtri conſervatione dependet, multum conferre judicavimus, quæ etiam nos retinuerunt, ne ad earum approbationem continuò procederemus.

Et priuſquam ad ſingula proponenda accedamus, ut vobis humilliſimè gratias pro eo honore agamus, quo nos afficere placet, quòd videlicet gratum vobis ſit, ut vivâ voce has obteſtationes faciamus, quo oſtenditis veſtram erga nos in- dulgentiam & benignitatem tanto majore laude dignam, quantò longius à priorum Imperatorum Romanorum ſeveritate abeſt, qui ſubditos accedendi ſui copiam non faciebant, ſed cunctas petitiones & ſupplicationes codicillis ſibi exhiberi ſolebant.

Ordinis hujus, qui ſe Ieſuitas dicunt, in hoc Regno introductio, hinc ſtatim tam perniciosa judicata fuit, ut ſe omnes Ordines Eccleſiaſtici plurimum [illegible] oppoſuerint, adeòque Collegium Sorbonicum decreverit, quòd iſta Societas non ad ædificationem, ſed ad deſtructionem introducta eſſet. Illa quidem in Synodo Eccleſiaſticorum Anno 1561. menſe Septemb. habita, cui Archiepiſcopi & Epiſcopi intererant, & Cardinalis Turonenſis præſidebat, approbata fuit, verùm tam multis cum clauſulis & reſtrictionibus, ut ſi Ieſuitæ eas obſervare debuiſſent, veriſimile fuerit, quòd locum eis mutaturi fuiſſent.

[illegible]

Nec fuerunt admiſſi niſi per proviſionem, ipſiſque Ieſuitarum ac Societatis Ieſu nomen, per Arreſtum Anni 1564. aſſumere prohibitum fuit: quo tamen non obſtante, nomen illicitum uſurpare, ac ſe integre omni poteſtati tam ſeculari quam Eccleſiaſticæ eximere voluerunt. Vos autem, illos nunc reſtaurando, majori eos auctoritate ornabitis, & eorum conditionem meliorem, quam unquam fuit reddetis. Dignius itaque à veſtri Parlamenti Senatu judicatum fuit, imò Procuratores & Advocati, omneſque Ordines veſtri neceſſarium exiſtimant, iſtos homines continere ſuibus continuibus, quibus ipſorum licentia, quæ alias in ipſorum actionibus nimia ſoluta eſt, cujus quoq; incrementum publico bono ſummè perniciosum eſſet futurum, impediatur. In oratione Advocatorum veſtrorum, qui ipſis non patrocinantur, præmonitio eſt valde expreſſa, quòd neceſſarium ſit, ut huic rei provideatur, ne eo quod jam perſpicimus, pejus aliquid inde proveniat.

[illegible]

Et quemadmodum hujus Societatis nomen & votum Univerſale eſt, ſic etiam axiomata doctrinæ ipſorum uniformia ſunt, quòd videlicet Superiorem non agnoſcant, niſi S. Patrem noſtrum, cui juramentum fidelitatis & obedientiæ in omnibus rebus præſtant, & pro Regulâ indubitatâ habent, quòd ille excommunicandorum Regum poteſtatem habeat, quòd Rex excommunicatus nihil ſit, aliud quam Tyrannus, cui populus rebel-

[illegible]

lare

stum posse. Quod omnes Regulares, qui minimum in Ecclesia ordinem habent, si quodcunque crimen commiserint, illud [illegible] Majestati [illegible] habere non possit, propterea quod Regum subditi non sint, nec ad eorum jurisdictionem pertineant: sic ut omnes Ecclesiastici, & per consequens etiam se ipsos a potestate seculari exemptos esse, & impune [illegible] sacratissimi Regum personas invadere posse dicant. Hoc est quod in concionibus apud alios docent, hoc est, quod scribunt, impugnantes sententias eorum, qui propositiones contrarias tuentur.

Duo tamen Doctores Hispani, cum Clericos Regum & Principum potestati subjectos esse tradidissent, aliquis ex ipsorum Societate praecipue contra eos scripsit, inter ceteras rationes afferens, quod sicut Levitæ in V. Testamento potestati seculari exempti fuissent, sic etiam Clerici ab eadem potestate per novum Testamentum immunes & liberi sint, Regulares & Monachi nullam in eos jurisdictionem habeant.

Has Regulas, [illegible] falsas, [illegible] errorum plenissimas, Majestas vestra non approbavit. Oportet igitur, ut illi, qui tenentur, & in Regno vestro manere volunt, eas publice in suis Collegiis abjurent. Hoc si facere noluerint, permitteretis ne vos ut illi hic permaneant & fundamenta potestatis, & authoritatis vestræ Regiæ subverterent? sed si id facerent, credendum est, quod possint habere aliquam doctrinam, quæ Religiosis suis parem est Romæ, Hispaniæ & [illegible] omnibus [illegible], quæ eadem & Galliæ talis esse possit, quam illa, quæ alii acceperint, rejiciant? & quod de loco in locum commeantes, [illegible] & deponere & recipere possint? Quid si dixerint, se hoc per aliquam dispensationem secretam posse? quam quo in securitatem vos in iis ingeniis habebitis, qui in ea professione solent eruditi, quæ per admissionem & mutationem locorum se bonum & malum reddit?

Illa doctrina [illegible], quicunque [illegible] plagæ commune est, & tamen [illegible] in Regno vestro assumit, ac si illi [illegible] fuerint, modeste in Collegiis etiam moderatissime & [illegible]. Antehac [illegible] Adversarium, quam Collegium Sorbonicum non habebant, nunc illud [illegible], propterea quod in [illegible] Collegiis quidem Jesuitarum Theologorum [illegible] docent [illegible]

[illegible] ad [illegible] contenderent, [illegible] primo in Parlamentis vestris officia admitti [illegible] & [illegible] ejusdem doctrinam se potestati vestræ subjiciant, cuncta Diadematis vestri jura & Ecclesiæ Gallicanæ libertates [illegible] relinquentes: ac [illegible] Majestatis, quasi per [illegible] confirmaret. Imo hoc jam [illegible] effecerunt [illegible], ut [illegible] Regiorum [illegible] Ministrorum [illegible] in novo [illegible] Collegio [illegible] & ex illis singulis annis [illegible] Regiis officiis [illegible], aliis [illegible] in [illegible] illud [illegible] & [illegible] paucos annos [illegible] Regum sub Pontificis [illegible] redigent.

Atque nos adeo in hoc vestro [illegible] feliciter sumus, ut [illegible] ex ipsorum [illegible] prodirent, [illegible] propria vestra [illegible] persona [illegible] ad se [illegible] per Varadum [illegible], & [illegible] est, se juramento inter ipsius [illegible] vestris facto, Sacramenti [illegible] superasse; sed [illegible] animum addiderunt [illegible], qui ex parte [illegible] quod [illegible]. Guignardus [illegible] sua propria manu scriptos habebat, [illegible] Regem Antecessorem vestrum [illegible] esse, confirmando propositionem in Concilio Constantiensi damnatam. [illegible] nos [illegible] & [illegible] quæ facile renovari possunt, [illegible]?

Si nos, vestram vitam in periculo [illegible], dies nostros, in perpetuo metu transigere oporteret, quam tranquillitatem nostri procurabimus? [illegible] impietas foret, providere periculum [illegible], ut jam [illegible] ad vos [illegible] cedat, permittere? Nonne hoc esset se in profundissimam miseriam præcipitare, si quis hujus Regni [illegible], & [illegible] superstites [illegible] vobis demonstraverimus, non [illegible] vitæ vestræ longitudine a nobis [illegible] Deus, propriam [illegible] inter vos, & sanctum Patrem nostrum benevolentiam, & gloria. Deus [illegible] Diadema, & ipsam sanctam Sedem longissime [illegible], [illegible] ipsius [illegible] gladium suum [illegible] contra

[illegible]

vos stringeret, quemadmodum Antecessorem ipsius in vestros Reges Franciæ & Navarræ, idem sectantur, quamvis quæso dotes subditos vestros, occuparent, si sot hujus Regni hostes, & contra Majestatem vestram conjuratos, in ipsius videntibus videntur, quæ autem superiorum Regum felicis memoriæ videntur: cùm præcipui Rebellionis auctores & ministri, neque etiam parricidii in ipsum patrati insontes, ex proprio ipsius Regno fuerint?

Societas sua antea acta non magis, quàm reliquorum Ordinum & Societatum omnium, qui non minùs, quàm ipsi erraverint, istis notari aut exaggerari debere ajunt. Fortassis in præjudicium ipsorum dictum fuerit, quòd etiamsi in omnibus reliquis Ordinibus & Societatibus vitia deprehenderentur, illa tamen non universalia fuerint. Societates erant diversæ, omnes verò isti, qui earundem tum adhærebant, se obedientiæ Majestati vestræ debitæ non subduxerunt: sed qui de ipsorum sunt Societate, constantissimè ac pervicacissimè in rebellione sua perstiterunt, ac non solùm nullus ipsorum partes vestras est secutus, verùm è contrario veterum Regni hostium partibus præ cæteris deditissimi fuere; ac cum tales essent, Odo, unus ex ipsorum Societate per sedecim illos conjuratos pro principe electus fuit. Et si exemplum aliquod externum nostris inserere fas est, referendum aliquod ex Historia Lusitaniæ referamus. Cùm Rex Hispaniæ animum ad Regni Lusitaniæ usurpationem applicasset, omnes Religiosorum Ordines constantes in fidelitate Regi suo debitâ permanserunt, soli ipsi, ut Dominationem Hispanicam adjuvarent, desertores fuere: ex quo etiam factum est, ut plus quam duo millia tam Religiosorum, quàm cæterorum Ecclesiasticorum miserrimè perierint: ad quod expiandum Bulla absolutionis concessa fuit. Ipsorum doctrina, & antecedentia gesta causa fuere, ut, cùm Castellus ad cædem vos infirmasset, Arrestum tam contra ipsum, quàm contra universos istius Societatis participes, per os vestrum proprium damnatos, feceritis; Quod Arrestum nos, velut felicissimum nostri temporis Miraculum, memoriæ consecrari voluimus, indicantes, quòd si juventutem malitiosè & exsecrandâ illa doctrinâ inde imbuere pergerent, nihil securitatis vestra vita habitura esset. Quæ astutia causa idonea judicata fuit, quòd nos formulas quasdam constituebamus, quibus adstringebamur ad judicandum cum causæ cognitione de institutis sive statutis, quæ saluti publicæ postponebantur.

Nullâ nos invidiâ, odio, aut malevolentiâ, neque generatim neque speciatim contra ipsos laboramus: si laborassemus, Deus nos puniverit: quòd nihilominus ipsorum judices esse voluissemus. Nihil nisi atrocitas criminis, & affectus ille, quo Majestatis vestræ conservationem in posterum quoque prosequimur, ad illud Arrestum stimulavit, quod in Parlamento Rothomagensi, Divionensi jurisdictione executioni mandatum fuit, & quidem ad vestrum proprium mandatum, idque idem etiam in aliis omnibus factum fuisset, nisi illi qui nondum obedientiæ vestræ sese subjecerant, restitissent: quique etiam à proposito suo, nisi cum animi magno malo suæ voluntatis supplicio, recedere poterant.

Conqueruntur insuper isti, quòd tota Societas propter delicta trium aut quatuor non debeat puniri. Verùm etsi ad Fratrum Humiliatorum conditionem redacti fuissent, occasionem conquerendi nullam haberent: cùm ob cædem in Cardinalem Borromeum per Religiosum unum tantùm ex ordine Fratrum Humiliatorum patratam (quod annis abhinc ferè triginta accidit) totus Ordo per Pium V. Pontificem juxta resolutionem in conventu Cardinalium factam, spreta etiam Regis Hispaniæ deprecatione, abolitus fuerit. Nostrum judicium non est tam severum. Si dixerint, Humiliatorum cum suo Ordine, qui longè major sit, nullam esse comparationem: Nos ipsis dicemus, multò minorem esse comparationem Cardinalis, cum potentissimo Mundi Rege, qui dignitate Cardinalem longius, quàm ipsorum Ordo etiam minimum, superat: Fratres etiam Humiliatos minùs peccasse, quàm ipsos: Nam eorum unus tantum cædis in Cardinalem patratæ auctor fuit, at ipsi nunc parricidii in vos patrati propter institutionem suam rei sunt.

Supplices vos rogamus, **ut, quem**admodum gratum habuistis Arrestum justissimè factum, & tum temporis ad deterrendos tam multos, ne contra vos conspirarent, proditores, necessarium: sic etiam illud conservare, & nobis præmonitionem illius periculi, in quo tum eramus, cùm nimirum communi nostro Parenti, cujus vita nobis propria vita charior est, interitum parari videremus, condonare dignemini. Ac obtestamur etiam infidelitatis, & ingratitudinis vitiû existima-

remur,

cemus, & illius perpetuam curam non agemus: quandoquidem vos nostram vitam, nostram tranquillitatem, & nostra bona nobis reddidistis. Memoria praeteritorum continuo nobis esse debet, ut provideamus, ne per incuriam in abysso secundi naufragii sepulti maneamus.

Non possumus etiam omittere, quin singulari Majestati vestrae, ut Academiae hujus misereri velit, preces exhibeamus. Reges vestri Antecessores hoc optimae vestrae civitati Parisiensi ornamentum relinquere voluerunt: ac nunc intra paucos dies bona ejus pars defecerit: Fieri non potest, quin si quantam hanc urbis partem videatis incultam, & à tam multis familiis, Bibliopolis & aliis, qui à literarum studiis victum quaeritare solebant, nunc ad egestatem redacta, sollicitudineque adgravescendum tantum novorum Undecim parvo eorundem numero, qui sané studere, legere, docere, & publico bono servire cum operis, at nullum corpus singulare, ex ordine & religione nová compositum, facere debebant. Scimus sané quod Varietas suas reformatione opus habeant: verum haec per ipsas mutuum fieri non debet: quae evitari non potest: non quidem ob horum, qui in hac sunt Societate, absentiam, sed propter Collegiorum, quae in diversis sententiis permittetis, multitudinem: quae ubi eam commoditatem ad studium habuerint, liberos suos in hanc urbem non amplius mittent: quod nos facilè magni praejudicii esse judicabitis, quia facilè est videre, quod, qui hic educantur, hisce à teneris ad Reges, & summi imperii insignia suspicienda & & agnoscenda assuefaciunt; illi verò qui in parvis Oppidis educabuntur, eandem educationem non recipient, neque similem affectum habebunt. Et sic Academia haec, alias florentissima, penitus evertetur, continuis donec, aut duodecim Collegiis eorum, quorum Societas semper suspecta, & institutio juventutis periculosissima erit.

Hae sunt humillimae obtestationes, rationesque summariae, quae nos à literarum publicatione habemus abstinuerunt, moverunt, ac justè nobis visio verterunt, quod nimis leviter ad eorum approbationem descendissemus. Humillimè supplicamus, ut eas in meliorem partem accipiatis, eamque nobis gratiam faciatis, ut si nobis aliquid mandaveritis, quod nobis videretur salva conscientia executioni mandari non debere, id non inobedientiae nostrae, sed muneris nostri officio adscribatis. Quandoquidem existimamus, nos illam non velle, nisi in quantum ea justa, & aequa est, & intellectus rationibus, propter quas illa nobis declarari non possit, non praeter ipsius quod obedientia vobis praestita non sit. E contrario quando admonebamini, ut promissum aliquod praestaret, illum Monarcham responsum dare velletis, qui cùm rogaretur, ut promissum suum verbis Regiis factum impleret, respondit, se id velle praestare, si justum esset, & verba non alterum obligare.

Domine, Reges, & quidem Reges magnos, qui melius judicant id, quod justum est, quàm omnes vestri subditi. Verba vestra ipsa justitia sunt. Verùm si nos vobis supplices esse possimus, vosque permissum sitis, ut vobis cum omni humilitate ostendamus: dicemus, quod Antecessores vestri illo semper Parlamenta honore dignati sint, quo Imperatores Senatum: in maximis causis justitiaeque ipsorum consilio moderarentur: & quamvis absolutâ potestate uti potuissent, illam tamen omnino ob hunc respectum deposuerunt, ac voluntates civilibus Legum accommodarentur.

Pergite haec erga nos uti gratia, & conservate auctoritatem illam, quam Antecessores vestri Curiae vestrae Parlamenti contulerunt, quae re ipsâ non ipsius, sed vestra est, quia non aliunde, quam à vobis dependet: & quamvis illa eam perdiderit, ignoscite quae fumus nobis, dicentibus, quod jactura non in ipsam, sed in vos tendat. Deum toto corde & affectu precabimur, ut dies vestros in omni potestate & splendore amplificet, Reginam, & D. Delphinum tam vobis quam subditis vestris conservet, & hanc nobis gratiam largiatur, ut omni felicitate humillimique servitii nostri demonstrare possimus, quòd nullam majorem corporis animique felicitatem optemus, quàm ut à vobis habeamur pro iis, qui sumus, humillimi videlicet, obedientissimi & fidelissimi vestri subditi & Ministri.

Oratio Exhortatoria ad Regem CHRISTIANISSIMUM de IESVITIS in Regno GALLIAE non recipiendis.

AB hoc enim proposito Gallo-Franci quidam alii seu patriae verè amatores omnibus modis Regem avertere conati sunt. Excusa est anno 1603. ingenua Oratio Galli cujusdam anonymi, de eo quod tum postulatum & in deliberationem adductum fuit: nempe ut Iesuitæ restituantur in Regno Galliæ: in qua multis rationibus & argumentis gravissimis & firmissimis hoc Regi dissuadet. Hanc rationem integram hic adscribam, in Lectorum gratiam, ad quorum manus forte illa non pervenit, ut omnes tam Pontificii, quàm Reformati inde excerpant et intueantur, sibi quod ex usu fiet, & quod sapientis esse sciunt, ex aliorum infortunio ac damno præcaveant nostrum. Et hic quidem Orator, quisquis sit, tanto apud omnes dignior esse debet, in iis quæ ad profligandum Iesuitica monstra promit arma, quanto minus favet Lutheranis & Calvinianis, ab utrisque enim partibus se alienissimum esse profitetur, & quanto est καθολικώτερος sedisque Romanæ observantior, quàm sunt Hispaniast.

Respondet his quæ Iesuitæ favere videbantur. In hac autem oratione PRIMO respondet ad ea, quæ huic salutari consilio obstare videri potuissent: ac „Verum quidem „est (inquit,) ô Rex, posse te plurimam „Iesuitarum restitutione magnæ Catholi„corum parti in Regno tuo satisfacere, „qui eos ducunt utiles ad novas opinio„nes, quæ in causa Religionis exstitere, „convellendas; atque eâdem operâ Car„dinales non paucos tibi obstricturum, qui „eorum causæ multis nominibus student: „vel eo maximè, quòd magnos labores „susceperunt ad fidem Catholicam, & pote„statem Pontificiæ sanctitatis in orbe ter„rarum propagandam. Homines sunt a„ctuosi, diligentes, studiosi, animosi, qui„bus multum Sedes illa debet, veneruntque in „tempora rerum difficultatibus admodum „circumfluentia.

Iesuitæ plus damni quam utilitatis afferunt Gallis. „Hæ sunt, ô Rex, maximæ & præcipuæ „causæ, quæ te possunt in illorum partem „commovere. Nam quod de juventutis „institutione dicitur, id magni fieri non „debet: quia revera, omnibus expensis, „plus damni literis, quàm utilitatis attu„lerunt. Rationem breviter explicabo.

„Antequam venissent in Galliam, præ„stantia quæque ingenia, & adolescentes „ingenui literis operam dabant in Pari„siensi Academia: ubi semper ad viginti „aut triginta studiosorum agebant millia „Gallorum exterorumque. Hæc tanta „multitudo attrahebat eò doctissimos „quosque & celeberrimos Europæ viros, „sive erudiendi animo, sive utilitatem ca„piendæ. Lectorum publicorum sortè à Re„ge Francisco I. institora explabantur am„bitiose, continebanturque, per lumine li„terarum summa toto anni decem... „quàm essent vacua. In unica Gymnasii „Cameracensis aula meliores doctioresque „lectiones uno mense habebantur, quàm „toto anno postea in tota Academia, com„prehensis quoque Iesuitis, fuerunt habi„tæ. Hi autem invenerunt sese conflabi„liendi paulatim in optimis quibusque ci„vitatibus Regni; atque hoc facto oblitte„rarunt fontes, unde tanta illa studioso„rum multitudo profluebat, eademque „maximum bonum alterum interveniente„rum ad juventutem pervenient studen„tem Parisiis. Magis enim juventus exer„citabatur, & sermone Gallico, & moribus „& studio erga Remp. totam, quàm postea „exculta fuerit, ex quo subsistit in Provin„ciarum suarum finibus.

„Accedit altera ratio, quam Patavina A„cademia observavit, cum anno CIↃ. „IↃXCI. apud Rempub. Venetam de iis „quereretur, quando fuit interdictum, ne „aliis quam sibi ipsis legerent, aliòsve in„stituerent: nempe quòd, prout Theolo„giæ incumbunt maximè, non alios fermè „singulis suis classibus exceptâ primâ, præ„ficiunt quàm juvenes, qui potiùs discant „ipsi quàm alios doceant: adeò ut pueri, „qui in doctiorum juvenum manus adam„nem usque decimum quintum aut sextum „commissi sunt, fiunt nunquam magni ad„modum. Paucos certè videmus de nu„mero ipsorum, qui in congressibus emi„neant. Demonstravit res ipsa lucule„ntissimè anno CIↃIↃC. XCIII. quum eos „libello supplice pulsavit Parisiensis Aca„demia. Nam de suo numero investiga„verunt aptum aliquem Advocatum, qui „causam ipsorum ageret: quæ res aliquo „pacto eam adjuvisset. Multos quidem à se „institutos, & omnis quos invenerant, qui „vero gravi causæ sustinendæ esset ido„neus, invenerunt neminem. Quapro„pter ad optimum quidem patronum con„fugere nos oportuit, sed qui nunquam ab „eis quicquam didicisset. In contempla„tione quidem magis, quàm in studio & e„ditione informant suos. Inter medium, „quæ facultas est plenissima scientiæ, prin„cipium quo prætereunt de scholis ipsorum. „Literis humanioribus & atque lingua„rum minus dant adhuc operam. Vera cer„tè professio ipsorum est Theologia: hic il„lis thesaurus, hic Marathon, in quo ver„santur plurimum: ideoque ingenia exci„tata, & ex omnibus aliquo prædas deligunt „temporarie, qui in manus ipsorum vene„runt,

runt, eduntque varia diversarum generum rerum mistella est, juvant, & studia inter se conferunt. Necesse est denique fateantur omnes, illos disputationibus licentiæ, aliorum regionum, excellere.

Quum negata largiorum ab eis tenere nego, non contendo inveniri apud eos nego viros mediocri literarum humaniorum scientia instructos: sed hoc est quod volo, non esse quærendos in numero ipsorum viros æquales quosvis illis Galliæ luminibus, literarum Regibus, qui tales agnoscuntur, & censentur in Universo Mundo, quorum tres adhuc sunt superstites, & quartus adhuc vivit optimâ sui parte.

Omnes Iesuitæ, quotquot extiterunt, vix unquam digni sunt, qui unius de quatuor illis discipuli nominentur domi: atque hoc confidenter, quos quicunque ex ipsis aliquid habent scientiæ. Hoc unum responsuri sunt, se non dedisse operam huic studio, præcipuumque suum studium esse Theologiam: & verum est. Tenendum illud præterea, quicunque in numero sunt ipsorum aliqua scientiâ insignes, eos non amplius informationi juventutis incumbere. Statim se ad Theologiæ studium conferunt, ubi maximorum, qui inter ipsos fuerunt labore assumi, ad scribendum veniunt: neque inficiandum est, commodam illis admodum defensioni nostræ Religionis Catholicæ contra nostrorum adversariorum scripta. Quorum in tanto numero unus & item alter, si fortè invenitur est dictione bona, stilo audace, moribus exactis, dispositione commoda, scilicet ingeniis mille annumerabitur.

Denique, si quid indicare possum, libelli supplices, quos exhibuerunt Majestati Tuæ, duo sunt scripta insignia, in quibus ea omnia quæ summi artis Magistri docuerant, accuratè deprehendantur observata. Causa quidem certè ipsorum defendi melius non poterat. Atque hoc quidem magno labore illorum in studio Theologiæ iteratos fuisse eos, qui Religionis reformatæ dicuntur, dubium esse non potest. Verumtamen neque hoc quoque negari potest, multa actionibus malis doctrinæ illorum inesse, quæ odium ipsis Catholicorum summorum excitaverint, qui ne illis ipsis in Religionis studio inferiores sunt. Dicam de uno tantùm capite ipsorum, quia iniquum est tanti Principis absque auditorio. Sed hoc profectò dignum, & illum est, quia in hoc ret summa agitur. Interdum apud Sorbon-

istas, ô Rex, comperti sunt, sed pueri & stulti, qui se palàm desipere eorum pugnantis, qui Romæ scripta ediderunt de potestate clavium, audent asseverare penes Pontifices esse, ut Reges excommunicent, & à Iuramento ac fide data absolvant subditos. Sed propositiones istiusmodi, tanquam Schismaticæ, superiori tempore Sorbonæ fuerunt damnatæ, conjunctâ Gallicanæ Ecclesiæ totius auctoritate, tum Arrestis Parlamenti sui: quid ad maxime clypei existerunt, quibus maiores sui adversus omnes impetus, quos tentabant hostes, fuerunt defensi.

Sunt sæpè, ut & nunc etiamnum Pontifices, proclives studiis in Galliam, maximorum meritorum recordatione, quibus S. Sedes, ô Rex, corona tua obstricta est: sed etiam nonnunquam eliguntur alii, qui in partes Hispanicas, & tibi adversas inclinant plane.

Si quando contingit illud malum, & crederent Galli posse Regem suum excommunicari legitimè, seque à Iurejurando & fide data absolvi, profectò gravissimum Regibus nostris foret periculum, ne spoliarentur dignitate sua, & retentâ nullum imperium nisi precarium obtinerent, id est, omninò pendens ex bona vel mala gratia illius, quem D. Cardinales elegissent: quorum numero semper insunt multi, qui maxima beneficia in ditione Mediolanensi, Regno Neapolitano, atque adeo in ipsa Hispania obtinent. Hic non amplius Rex futurus esset, sed Prorex, nomine Rex, Vicarius generalis, vel Locumtenens & veritate, cujusmodi Reges illi erant, quibus Romani dabant & tollebant sceptra arbitratu suo. Propterea quotquot in hoc Regno, ex quo Christianum factum est, vixerunt, Propositionem istam explodunt, velut omnium (si insideret animis populi) perniciosissimam, & summè adversantem verbo Dei, qui dixit, Regnum meum non est de hoc Mundo. Ioh. 18. Quem in locum August. tract. 115. Audite Iudæi & Gentes; audi præputium, audite omnia Regna terrena: non impedio dominationem vestram in hoc Mundo. Et apud S. Lucam cap. 12. ait quidam de turba: Magister, dic fratri meo, ut dividat mecum hæreditatem. At ille dixit ei, ô homo, quis me constituit judicem, aut divisorem super vos? Quadè re D. Bernhard. lib. 1. de consideratione: Non monstrabunt, puto qui hoc dicent, ubi aliquando quispiam Apostolorum sederit judex hominum, aut divisor terminorum, aut distributor terrarum. Statuisse denique lego Apostolos judicandos, sed esse judicantes non lego. Erit illud non fuit.

Ex quibus indubitatis rationibus & aliis innumeris quas brevitatis causa omitto, Sorbona & unà cum ea Gallicana Ecclesia tota semper definivit, schismaticam illam propositionem esse, quòd Papa habeat potestatem excommunicandi Reges nostros, aut instituendi quicquam in majestatem Christianissimam ipsorum. Ideoque Iohannes Tanquerellus anno CIↃ. IↃLXI. Aresto Parlamenti fuit condemnatus in solennem professionem honorariæ pœnitentiæ, & ut à Rege veniam deeo posceret, quod suis thesibus propositionem istam fuisset ausus inserere, quamvis exposuisset eam à se tantùm disputandi gratia perscriptam esse: & parùm abfuit, quin adjudicaretur morti. Commodè accidit, quod Rex undecim tantummodo annorum esset, si annum egisset Rex decimum quartum, nunquam tale supplicium mortis effugisset.

Quod dixi Propositionem istam semper à Sorbona fuisse damnatam, id volo intelligi **ad illud** demùm usque tempus, quo Patres isti Iesuitæ complures studiosos instruxissent, lectionibus suis assiduis Theologiæ. Etenim anno millesimo quingentesimo octogesimo nono quum excommunicatio in defunctum Regem piæ memoriæ fuit allata, & in Sorbona quæsitum est, utrum potestatem istam haberet Pontifex: constanti Doctores antiqui, Faber Syndicus, Camusius, Chabotus, Faber Curio S. Pauli, Chavagnaeus, omnesque alii vetustiores, & boni notæ fortiter restiterunt: sed haud profectum erat hoc consilio: omnes enim juvenes qui apud Iesuitas Theologiæ studuerant, Boucherus, Pichenatus, Varades, Secretis, Cuilius, Anbourius, & alii innumerabiles vicerunt pluribus suffragiis contra verbum Dei, omniaque axiomata Galliæ. Quis etiam hanc Iesuitarum sententiam esse, quòd Papa Reges excommunicare possit, populares à juramento fidei absolvere, & sceptra, coronas, dignitatemque eis adimere, bonâ fide negari non potest. Nam cum Parisiensis Academia articulatim illud dogma eis objecisset, tantum ab eo negando abfuerunt, ut contra suis defensionibus communi totius Societatis judicio editis commodo suo, anno CIↃ. IↃ. XCV. quarum inscriptio est: Veritas defensa contra actionem Antonii Arnaldi pag. 70. utantur his ipsis verbis: Non e- tiam aut probare, Reges esse, aut esse oportere dominos solos temporales in regnis suis: cum Papa, ut dixi, nihil arroget sibi in illo imperio summo, nisi ut corrigat tanquam pater, atque adeò TANQVAM IVDEX, eos qui peccant contra Ecclesiæ Pontificatum. Tum enim id non solum potest, sed etiam debet se ostendere SVPERIOREM ILLIS bono ipsorum & publico. Exceptio hæc stomachum tibi commovet, facit et elegantis, sed apparet hauries & de centro fatearis tibi nec rationem esse, nec consciientiam. Nam primò ad Principibus est utile, qui continentur persæpe, aut ad officium revocabuntur potiùs REI TEMPORALIS METV, quæ semper illis est cordi, licet improbis, quàm rei spiritualis cujus tamen non habent curam, nisi habeant & bonam conscientiam, quod non semper accidit. Idcirco Deus Regibus Israelis minabatur poenis sic AMISSIONEM TEMPORALIS REGNI, nisi observarent legem, quam eos piaturum, & mem- VIDI ATQVE HOC IPSVM IN PRIMVM REGEM EXSEQVVTVS, CVI SCEPTRVM ABSTVLIT.

Quia verò animadvertunt, ô Rex, omnia axiomata Ecclesiæ Gallicanæ, & Aresta Parlamenti tui periculosæ isti doctrinæ adversari, quam instillant paulatim mentibus populi, ab hac peste alieni maximopere abhorrentis, eò tandem venire coguntur audaciæ, ut historias Regum nostrorum, quas adferimus, dicant exempla rebellionum esse, his ipsis verbis: Adeò desipis & adeò imprudens Gallus es, ut sola producas exempla REBELLIONIS ex historiis Galliæ, obscurantia splendorem illegum nostrorum, & matris nostræ nostræ, &c. Et post duas fermè paginas: In Rege, (inquiunt,) sive vitiosa sive vitiõ, magna omnia, quæ si potentiam suam ad maleficiendi occuparet, nulla est magna potentia inhiberi potest. Ac propterea videmus gladium in personam multorum Regum in multis Regnis fuisse usurpatum, quod si non semper fuit nulla cum ratione, semper tamen videtur esse ALIQVANDO IVDICII ALIENE FVISSET VSVRPATI. Nihil nequam scriptum evidentiùs: nihil nunquam in orbe terrarum extitit, quod magis pugnet cum verbo Dei, hoc enim præcipit gravius apud Deo, si bonos Reges miserit nobis: sin malos, vult etiam laudemus, eumque credamus favere bono nostro, ut mala hunc Mundum diligamus,

mus, eoque clarius dissensimus de Mundo.

Deus solus statuit Reges, ideoque solus potest amovere, & cùm videtur, eos tempore. Claves, quas dedit S. Petro, & S. Patribus successoribus ipsius, ad Regnum coelorum duntaxat pertinent, ad Regnum terrae nullo modo. Hic ipse omnipotens, cum hic in terris ageret, non instituit castigare Reges, non eorum dominia eripere; sed contrà vita ipsius fuit quidam apertus humilitatis liber. Nec alia arma dedit Apostolis ad stabiliendam legem suam: dixit eis: Reges nationum dominantur ipsis, & qui auctoritatem in eas valent, dicuntur benefici. Sed non ita erit vobis. Noluit Deus ut S. Petrus, successoresve illius S. Patres nostri plus aggrederentur ipso: neque verò hoc fecerunt qui successerunt primi. Si alii contra hoc venerint, abutuntur hic potestate sua, nec sunt audiendi. Hoc semper Gallicana Ecclesia judicavit, eosque excommunicavit, qui contra affirmarent, velut calumniatores & infelicissimae doctrinae auctores: quae per impietatem volens homines pios efficere, mundum (ut ita dicamus) pene in immortalibilem odium, incendiorum, raptuum feminarum virginumque, & desolationum per Urbes Provinciasque totas. Abyssus abyssum est, abominationum. Quamvis hoc ad extremum usque experti sumus: & tamen Jesuitae magis magisque obstinant se: quibus si credimus, poterant Romanae bullae spoliare omnes Reges terrae, EISQUE TEMPORALE DOMINIUM ET SCEPTRUM EXCUTERE. Atque his quoque conveniunt ea, quae D. Bellarm. Jesuita, nunc Cardinalis scribit de hoc argumento: Quantum ad personas, (inquit,) non potest Papa, ut Papa, ordinariè temporales Principes deponere, etiam justa de causa, eo modo quo deponit Episcopos, id est, tanquam ordinarius Judex: & tamen potest mutare Regna, & UNI AUFERRE, atque ALTERI CONFERRE, tanquam summus Princeps spiritualis, si id necessarium sit ad animarum salutem, ut probabimus. Id probaturus cap. 8. adfert infinita violenta, quaeque ex diametro pugnantia sunt verbo Dei, & quae historiae omnes exsecrantur: quorum serie docemur stabilimentum Mahometani illius Imperii maximè ex bellis intestinis, & furiosis Christianorum inter se provenisse, quae usurpationes illae pepererunt, fortunaque ut Europa ab Oriente & Occasu

1. Contr. 5. lib. 5. c. 8. Ing. 1581. edit. Venet. 1599.

patres suorum ipsius liberorum sanguine innocente. Optimè S. Ambrosius sese temperavit, ut vel de attingendo sceptro, corona, & temporali dominio cogitaret, deque subdito usu liberando à jurejurandi fide: nec verò potuisset, nisi decedere contra Dei mandata voluisset. Attamen solùm admonitione usus est, ut culpae gravitatem notaret ac sensu Imperatorem afficeret.

Id etiam valdè observandum, quod iidem Bellarm. atque Jesuitae in suis Defensionibus sustinent, & confirmare nituntur famosam illam Extravagantem commentem, Unam sanctam, de majoritate, & obedientia, quam semper damnavit Gallia. Nam si Papa fallitur, si errat, si plus instituit quàm ex officio debeat, hac tamen Extravagante homines tenentur obsequi. Denique solus eum judicare potest. Itaque si licet Papa planè injustissimè fulmina jacularetur in Regem, prout factum vidimus anno CIƆ IƆ LXXXIX. contra defunctum Regem nostrum summè Catholicum, nemo tamen ex Jesuitarum doctrina de causa potest cognoscere, omnibus interdicta est cognitio, & Deo soli reservata. Interea verò oportet Rex ante ora & oculos subditorum omnium, etiam per ipsos, dignitate & corona sua spolietur, & succedat in locum ipsius quemcunque suprema illa potestas voluerit statuere, ut habent illa Bellarm. verba: MUTARE REGNA ET UNI AUFERRE, atque ALTERI CONFERRE: quae eadem sunt Tanquerelli verba, regno & dignitatibus privare posse, celebri Arresto condemnata. Etsi nondum eo audaciae venerat Tanquerellus, ut diceret dare posse uni Papam, quod alteri ademisset.

Bellar. 3. contr. 3. lib. 3. c. 19. [illegible]

Idem Jesuita Bellarm. procedit ulterius: affirmat enim disertis verbis: Omnes Ecclesiasticos Regni sui non amplius sibi subjectos esse. Quae sententia tamen directè adversatur verbo expresso Dei & doctrinae Ecclesiae Gallicanae: quam caetera illa, quae diximus. Audet tamen veteri illud dictum & S. Pauli verba cavillis potius tentat evertere: Omnis anima subjecta sit potestatibus superioribus: non enim potestas est nisi à Deo, & potestates supereminentes sunt à Deo ordinatae: ideò qui resistit potestati, resistit ordinationi Dei. Et postea: Quapropter oportet subjectos esse non solùm ad vitandam iram, sed etiam propter conscientiam. Nam eadē de causa pendi-

Rom. 13. [illegible]

praeditis [illegible] aliis, qui administrationi [illegible] Dei, in toto se occuparent. Quem in locum S. Ioannes Chrysostomus observavit haec verba non solum Laicis imperari, sed etiam Clericis, Religiosis, ipsisque adeo Apostolis. Vult etiam idem Bellarm. haec S. Petri verba eludere: Subiecti estote omni humanae creaturae propter Deum, sive Regi, ut [illegible], sive Gubernatoribus, ut missis ab eo. Et inter caetera idem Bellarminus, Tempore illo, inquit, valde erat necessarium monere Christianos diligenter, ut obsequerentur Regibus, ne impediretur fidei praedicatio. Hoc pacto efficeretur, Religio nostra Religio [illegible] Cybeles, Religio vulpinarum: qui primum quidem dicerent, Regnum nostrum non est de hoc Mundo, nos omnes aequè Ecclesiastici ac alii Regibus Praesidibusque obedimus: postea verò quum loco superiores sunt, & in auctoritatem [illegible] posuerunt pedem, tum demum sermone contrario planè uteremur, idque arrogarent sibi, quod Deus ille omnipotens sibi soli in Reges Israelis & alios omnes reservavit. Haec bona fide vera doctrina Iesuitarum est, hae [illegible] [illegible], haec via quam insistunt, ut se in honores intrudant. Sed longè aliter se habet Religio Christiana: quae semper loquitur ingenuè, verè, sine fraude, [illegible] & fallaciis: nec subditum avertit à suo Principe, aut eripit, ut doctrina Iesuitarum facit. Nam haec demum conclusio ipsa est ejusdem Bellarmini, pag. 272. tractatus illius de [illegible]. Sed dices, Principibus fieret injuria, si contra voluntatem ipsorum privarentur jure, quod habuerunt in Clericos, antequam clericatum adepti essent. Respondeo: Nullam fieri injuriam eis, quia nemini injuriam facit, qui iure suo utitur. Is autem utitur iure suo, qui statum eligit, quem sibi convenientiorem judicat. QVAMVIS PER ACCIDENS SEPARATVR PRINCIPEM PRIVARI SVO IVRE. Hoc non est agitari, non tergiversari, non circuitione uti [illegible] dare Majestati Tuae uno verbo, quos in Gallia sunt Ecclesiastici, hos esse subditos Pontificis. Quinimmo pag. [illegible] his verbis utitur: Papa eximit omnes Ecclesiasticos ex iurisdictione Principum saecularium: ex quo sequitur, non esse illos Principes supremos in eo quod ad personas Ecclesiasticas attinet, &c. Sic, ut apertè dicam, alterum imperium in uno, & Rex, [illegible], alterum Regnum in [illegible] itaque ut doctrinam illam probes, quae Christianae fidei adversatur plane, eodem in ipso argumentatione uteris similis, perinde esse dicens, ac si Rex aliquam partem Regni sui alteri subiiceret, atque hoc pacto iure belli, vel alio quocunque titulo partem imperii sui amitteret. Et verissimum est quod idem dicit, stabilimentum illius propositionis principibus plus afferre periculi, quam si magno vincerentur praelio, aut amplam Provinciam amitterent. Nam in victoribus detrahit magnam, & si qui tam sunt perditi, alios [illegible] [illegible] secretis suis confessionibus, ut ipsam Monarchiam, in qua nati sunt, subvertant. Quod si interdum Magistratus suos cogatur agnoscere, ut ei dicunt fieri, vel a contrahi oportere, sed ex eo non valere consequentiam: quod diligenter agendum est observari.

Amplius dicunt, Edictis Regnum, etsi nihil sit quod Scripturae Canonibusque & sanctis decretis adversetur, tamen non obligari Ecclesiasticos nisi ad directionem, non ad coactionem. Haec propria ipsorum verba pag. 269. quod idem asserunt postea pag. 275. quum aiunt, Clericos non esse amplius temporalis Principi subiectos, hunc illos amittere: proinde revera extra controversiam esse, eum non amplius subiectum esse, qui non amplius ad obsequium legum cogi potest. Illae haereses olim fuerant radicibus, ô Rex, è Gallia tua exstirpatae: Sed ecce venerunt artifices, qui tam magna copia seminaverunt denuò, & nova quadam arte farragines tractatus de indulgentiis hunc [illegible], insuferuntque in semenses alios neque observari possent.

Ex ista autem Propositione, Ecclesiasticos non esse amplius subiectos, admirabile nascitur consectarium, posse illos intentare in Regem suum citra laesae Majestatis crimen. Atque haec consequentia diserte verbis habetur in Aphorismis Confessorum, quos Iesuita Emanuel Sa composuit, in voce Clericus. At enim [illegible] rebellio in Regem non est crimen laesae Majestatis, quia non est subditus Regi. Et in voce, Princeps, demonstrat adhuc evidentius quam quo Dei verbo adversentur: quo praecipuae ferri Principes malus infideles [illegible] tum throno, velut nam illos dicunt. Sic enim ille: Rex potest, inquiunt, per Rempublic. privari ob tyrannidem, & si non facit officium suum, & quum est causa aliqua aliquo justa: & eligi alium à majori parte populi. Quidam tamen solum tyrannydem causam putant.

Inprimis contra malitia est, quid tam vero gravem haerere in incerto sinum. Deum novit, an arte faciant, ut pro ratione operi consiliorumque suorum modo hoc, modo illud statuere possint.

Secunda, quid magis cum fide Christiana pugnat: quàm si libertatem tribuis populo judicandi de bona & mala principis sui administratione, cuique personae, posse cum conscientiâ integrâ & secundum Deum aut operare, aut trucidare Principem. Veruntamen hic exceptione aut lege, ut ita pars major consentiat: quae conditio apposita est necessaria. Nam si sententiam illam opinionem pars minor defenderet, periculosa enim de vita magna nota jactura esset, & perderentur homines. BENE DISPOSITI ad Jesuitarum doctrinam, id est ad ejiciendum Dominum & Principem suum, excitatis in tyrannum clamoribus, ex haereditate ipsius. Idcirco in calce illius libri Inquisitor [illegible], Pardo Anno clɔ.Iɔ.xcvi. pronunciat eum magnam utilitatem allaturum. Cognovit Dominus utrumque plus utilitatis allaturum esse Domum [illegible], qui eum promovendo dissipationem regni sui, quod eum flammâ & ferro oppugnabat. Idem Jesuitae in suis illis Aphorismis Confessorum, quos indesinenter obtrudunt animo populi, in voce TYRANNUS sic aiunt: Tyrannicè gubernans justè acquisitum dominium non potest spoliari sine publico judicio: lata verò sententiâ potest quisque fieri executor. Potest autem deponi à populo, etiam qui juravit ei obedientiam perpetuam, si monitus non vult corrigi.

Verum autem haec doctrina tota adeo, ô Rex, pertinens maximè, judicavimus est. Non enim attingit simul reliquam terram totam, quam te & posteritatem tuam: Gallia est tua haereditas, quam à Deo solo obtines, & justo gladio tuo. Si decem millia annos staret Mundus: & tantundem tua posteritas (ut sperari à nobis convenit) ex ratione est ut semper in Gallos imperium teneat: at non Pontifices, qui interdum hostes tuae familiae possint existere, possint Gallum unicum absolvere à jurejurando fidelitatis, quo posteris tuis tenebantur. Quod si [illegible] tales animos liberant [illegible] posteritas tua, ô Rex, generi [illegible], tantisper dum

sancita fore videbitur, ac non diutius.

Ab hac propositione prima dependet altera, super cujus argumento videntur multa [illegible] sed nemo rem acu tetigit. Dicunt quidam Jesuitas auctores esse, ut Reges occidantur: hoc falsum: nam contra eos ministrant, ideoque non tanto ex animo. Sed haec rei distinctio. Credunt, si quos excommunicavit Papa eos amplius non esse Reges, sed tyrannos. Audivisti quid illi in voce TYRANNUS pronunciant. Planè si de prima illa propositione convenit, secunda est consectaria. Nam si potest Papa manû inhaerere in sceptrum Regum & dominium temporale ipsorum, ut Jesuitae afferunt, ex eo procul dubio constat, si quem Regi sceptrum [illegible] Pontifex privatum eum reddi, privatum permanere. Regem non esse amplius quod si velit & perdat regnum, tyrannum esse. Quisquis in propositionem primam consenserit, necessario ad secundam hanc compelletur. Itaque liber scriptus propriâ manu Ioan. Guignardi Jesuitae, quem in pleno Parlamento agnovit Cameris duabus unà cōgregatis, habuit ambas istas Propositiones continuatione scriptas. Nam inter alias exstabat scriptum: Saevum Neronem ab uno Clemente necatum esse, & Monachum simulatâ manu veri Monachi confectum: FACTUM HEROICUM A IACOBO CLEMENTE PATRATUM VELUT S. SPIRITUS DONUM, HOC NOMINE A THEOLOGIS NOSTRIS APPELLATUM, justè per defunctum Priorem Iacobitarum Burgoing. Confessorem & Martyrem laudatum esse. Coronâ Galliae in alteram familiam quàm Borbonicam transferri debere & posse. Cum Bearnensi, QUAMVIS AD FIDEM CATHOLICAM CONVERSO, lenius actū iri, quàm sit promeritus, si detur ipsi corona Monachalis in conventu aliquo benè reformato, ut illic poenitentiam agat, de tot malis quae apportavit Galliae, & gratias agat Deo, quod ipsi gratiam contulerit sese ante obitum agnoscendi. SI REX QUE BELLO DEPONI NON POTEST, GERATUR BELLUM; SI BELLUM GERI NON POTEST, MORS PARETUR ipsi. Propositionum Majestas tua potest considerare: revisione digna est.

Praetereà Ambrosius Varades Parisiis fuit Gymnasiarcha Collegii Jesuitici per ipsos electus, tanquam unus ex optimis in Ordine ipsorum, & adhuc inter ipsos eundem honorem, quem ante obtinet. Veruntamen si placebit Majestati Tuae mandare, ut alia Baronia ad se afferantur, comperiet ipsum fuisse Varadem qui post mensem à felici conversione sua, hortatus (?) [illegible] cultrum suum bipennem inderet in ventrem suum, datoque Eucharistiæ Sacramento eum obligavit, confirmans per Deum viventem nil ab eo posse fieri magis meritorium, fore ut ipsum Angeli in Paradisum exportarent. Si id non est verum, purget sese Varadem oportet: habitavit dies aliquot in hac Vrbe, quum ingrederetur Majestas tua, & vestes mutatis abiit, Romamq; profectus est, ubi fruitur admodum magnis honoribus. Non est difficile insultari voce, sed facta validiora sunt, & sermonis mendacia redarguunt. Varades perpetrato alto horrendo & execrabili scelere victus per Iesuitas ipsius adduceretur, ut justo supplicio aliis exemplo esset, si cætero sententia non insideret mentibus ipsorum.

Nunc verò ubi eam fidem hominem illum, & supra quam cogitari ab istis honore affici: adeoque tam audaces esse illos, ut cum inter vicos maximis civibus sui referant, omnino sequitur, eos voto, voluntate, studio per Varadem Gymnasiarcham suum, velut organum appositissimum, animavisse Barrieram, nec particulare istud, sed generale parricidium esse. Nititur enim profectò maxima propositione illorum, à cujus executione & effectu plus sibi spondent ipsi laudis, quàm ex alia re alia, ut post disturi sumus. Et mihi nunc, quæso, adhuc locant Varadem istum inter præcipua sodalitatis suæ columina? habetur locus pag. 165. Defensæ veritatis ipsorum (?) ipsi quidem obtrudunt: post annum circiter, quam Varades aufugerat.

Pag. [illegible] [illegible]

Quid enim multi (inquiunt Magistri V I A) hanc societatem pertulerunt? Quæ nescit (?) de Gallia nostra decantari? [illegible] rumoribus [illegible], & calumnias [illegible] contra hunc. Maldonatum, Emundum, Augerium, C L A R I V A V X (?) Matthæum, Iacobum Tyrium, & nunc etiam contra Annibalem Coderetum, Iacobum Commoletum, Bernardum Rollietum, Ambrosium Varadem? Atque hic observatu dignum est, hos scriptores esse magnos martyres, & multa perpessos. Tam propria, tam Christiana est hæc appellatio, quam sibi quæstionibus habitis Parisiis anno 1594. Nam terribilem persequutionem illam vocant, incredibiliter hac vanitate abrepti. Magis verò proprium fuerit, si funesta funestaque bella, quæ in toto hoc Regno lethaliter excitarunt,

Pag. [illegible] [illegible]

persequutionem hos acuunt omnium Gallorum appellaverit.

Quod si Iesuitarum discipulus fuisset Barriera, educatus & institutus in doctrina ipsorum, Varadem vix accusavisset: nam eos credunt esse damnatos, qui judicibus auctores fuerint ejusque facinorum illorum indicaverint. Atque hæc tertia jam propositio est ex prima illa & secunda consequens. Nam si potest Regem excommunicare Papa, & bonum est factum, ac meritorium, si quis post vibratum Papale fulmen eos trucidet, continuò sequitur, martyrium fieri potius confiteri oportere, quàm in causa esse, cur ii tradantur morti, qui tot ad vitam æternam ascenderint. Hic propositiones extenta qui jam inter se devincti & pari procedunt passu.

Quapropter etiam Chastellus noluit accusare nominatim Iesuitarum quenquam ejus cum præsumpti facinoris faciendi bono, ut ipse exposuit, statuisset autem judicium idem petere. Crediderat enim ex eo argumento se damnationem sibi accersere, si indicasset eum, qui iter Paradisi ipsi ostenderat, prout depravatum erat judicium illius. Verumtamen ut Deus ille protector Regum suis veritatem ex ore illorum, qui eam celatam maximè & dissimulatam volunt, educit (?) ipsissima verba ex actis interrogatoriis vel quæstionibus Chastelli, quorum protocollum Majestas tua potest inspicere, & quorum actorum veritatem D. Præsides aut Consiliarii amplius triginta confirmabunt, ipsi ut se modis dignares fide, quàm ex aliquo fide quicquid ibi ei in sua ipsorum causa partibus afferre possunt. Quæsitum, ubi Theologiæ studium novum didicerit, respondit ex Philosophia. Rogatus verum Philosophiæ studuerit in lecturam collegii [illegible] studuisse, idq; sub [illegible], quem ad annos duos cum dimidio se vexisse. Rogatus, annon fuerit in conclavi Meditationum, quo graviores peccatores intromittebant Iesuitæ, ubi spectarent figuras multiformes Diabolorum complurium horrendas, specie revocandi eos in meliorem vitam, ut commoverent animos ipsorum, & monitis ejusmodi ad patrandum grande aliquod facinus excitarent. Rogatus quis persuaserit ipsi, ut Regem occideret: Respondit, multis se in locis audivisse, hanc propositionem verissimam habendam oportere, quod Regem liceret occidere, & qui affirmabant, T Y R A N N V M appellasse Regem, eorum sermones

de

ille occidendus Regis, aequi iniuste essent ordinarij. Respondit se audivisse de eorum Rege, quem ipsi dicerent extra Ecclesiam esse, nec ei obediendum esse, contra habendum pro Rege, donec à Papa fuerit approbatus. Interrogatus iterum in magna Camera D. praesidum & Consiliariorum ejusque Tornenii congregatu, eadem responsa dedit: expressè verò proposita & defendit sua litera, quòd Regem licerat occidere, etiam Regem nunc regnantem, eo quòd in Ecclesia non sit, prout sciebat, quia non est à Papa approbatus. Quisquis libellos supplices leget, quos tibi, ô Rex, obtulerunt Iesuitae, statuet, illos non fuisse à Chastello seductos, quorum negant audacter veritatem. Ego verò haud scio, utrum gravius accusatio natura possit, aut quod gravius excogitari crimen, quam quòd tenellos adhuc juventutis animos tam furibunda doctrina sedicione, quâ effringi laudum Principem suum furantur praecipites.

Huic persimile est, quod legimus de confessione Gvilhelmi Parvi facta ante excessum ipsius se Benedicti Palmio lectore fuisse adductum esse, ut de caede illa cogitaret: quam rem se cum Sacerdote quodam, cui nomen Vares, communicavisse: hunc verò dissuasisse, dicendo, ipsum damnatum fore: ideoque se Confessionis ergo ad Annibalem Codiceum Iesuitam abiisse, qui ex necessitate illo dixerit, ut ille Vares esset haereticus: Quoniam vera Ecclesia minimè dubitat Reges à Papa excommunicatos, Tyrannos esse, ac proinde occidendos. Itaque Commentator liber, qui inscribitur summa Conftitutionum, alias, septimi Decretalium, pag. tricentesima octava, postquam Iesuitas supra modum laudibus extulisset (in bonis revera doctrina, ut illi sunt) tandem ut laudum cumulo extollat eos, pronuntiat de eis: Tyrannos aggrediuntur, lolium ab agro Dominico evellunt. Poterit Majestas tua librum illum in manus sumere: facillimo negotio illum Latinum intelliget: audiet quam dilucidè eum exponerent. Significatur denique his verbis, optimè illos & animosissimè agere, lolium ex agro Domini evellere, eosque tollere quos Roma excommunicaverit: hoc enim est certius, omnes quicunque ejusdem religionis sint, tyrannos voluit.

Enim verò Rex defunctus nunquam alius fuit quàm summè Catholicus: id noverunt omnes, & quam benè esset de Ecclesia meritus multi noverunt. At qui simul Romae excommunicatus est, simul pater Commolettus, pater Bernardus (quos sui defensoribus ante prolatis in certiam ordinem) ac universitas eorum alii Iesuitae nunquam post illud tempus eum ad mortem usque alio nomine donaverunt, quàm tyranni, Holophernis, Moab, Neronis, quae omnia belle cum definitione tyranni, quam supra adduxi, convenient.

Dicebat Clericus: Certè tua Majestas erat Catholica: & tamen ille ipse Commoletus in aede Sancti Bartholomaei dicebat, Aliud nobis opus est, sive Monachus, sive Miles, sive Pastor, nihil refert: sed Aliud nobis opus est. Postea verò ubi cognovit quaestionem de eo haberi, sibi consuluit fuga.

Hoc negari magis non potest, quam factum Varadis: cui non valem quorum, dicerem Barrerium quidem ipsi exposuisse consilium suum: hunc verò illi respondisse, Non posse se, cum sit Presbyter, ipsi de ea consilium dare.

Sed demum fuit, hoc unum est quid hoc severè adduxit dicere, quam aliud eum esse fecerit, ut non ampliùs communicare possit, & esset minus.

Veruntamen si Majestas tua acta de morte Barrerii referri ad se curarit, Varadem istum Iesuitarum Gymnasiarcham hortatum esse, hominem accendisse, & Sancto Sacramento eius confirmasse, ut magnum promptè alacriterque inciperet. Et certè nunquam in majore periculo, dum vixit, versata est Majestas tua. Novit Dominus quae Miracula de tua morte confinxissent, cum de morte defuncti Regis tam stabile fecerint, monumento ejus superbè sufultantes, breviis in omnes partes orbis terrarum datis, quae cultas Romae ad majorem ostentationem excudi curaverunt.

Hae inter sulannos literas & annales ipsorum relatae sunt pag. 13. quarum haec verba sunt: quo die nos Regis edicto Burdegalâ pellebamur, eo die Rex ipse, qui edixerat, verè depulsus est. Ab eo comprogebamur ad S. Macarij, ut simul opprimeremur omnes sive hoc suspiciosius fama tulit, nisi antea oppressor ille noster fuisset. Hoc porrò nunciatum cùm esset, afflixit animos adversariorum. Nunquam gravius incessit animum meum admiratio, quàm quum partem istam literarum, quam praecipiebant, legerem. Etenim qua unquam putassem homines Religiosos, adeoque Christianos

Emissae 1. Apriles anni 1589.

ficas, qui furorem suorum, & inimicitias ferreas atque irreconciliabiles etiam post mortem ostenderent. Nam nos decet inimicorum nostrorum misereri, quum eos videmus bonis penitentes, non possumus amplius nobis inimici esse, qui non sunt amplius. At subditum pedibus proiicere ventrem heri sui, domini sui, & primi in Christiano orbe Regis atque deinde [illegible] cancer: hoc verò crimen, & omnem barbariem, omnem inhumanitatem, omnemque feritatem exsuperans, quae nunquam in mentem posse cadere.

At illam quidem contumeliam non [illegible] istic Principes, neque verò tam est illata ipsi, quam tuae Majestati, ô Rex, & iis omnibus, qui gerunt Francorum nomen.

Verum sensit gravissimè venenum Ligae conspiratorum, sibi à Iesuita Claudio Matthaeo praeparatum, qui sub finem anni 1586. in Italia cohortes laborbus moderatus quae [illegible], secerat in Hispaniam, Italiam, Helvetiam, Germaniam, Belgium, ut extremam clausulam adderet, conditiones atque confirmaret maximam illam atque horrendam conspirationem, quae in defendendum Regem, totamque Borbonium familiam societatis. Vidit Majestas tua, quid super hac re Iesuita Guignardus scripserit, Coronam Galliae posse & debere in familiam alteram, quam in Borbonium transferri. Et quicunque noverunt arcana conspirationis illius, aperte clamant, Patres Iesuitas fuisse Cosmanos [illegible] conspirationes pares: hos seus esse, & omni increscenti [illegible], qui in profundissimam Gallium abyssum coniecerunt. En tibi per brevem historiam, quae rem confirmabit luculentissimè. Notum est consilium Sedecim vitae omnes literis interceptis, quibus Veliem Parisiorum deduobant Regi Hispaniae. Et ubi homines isti praesidium sanguinarii consilii sui quaesiverunt? Ad Iesuitas accesserunt tutò, qui tactum Ordinem Pelletarium rei praesentiatur. Non suis defensionibus agentem Ludovicum, sed adeò solidus praedicari, & Iesuitarum Sedecim exorum [illegible]. Non desunt qui testificentur, hunc [illegible] addi, quum Iesuitas in curiam Sedecimorum [illegible]: Ego verò attestor sermo, illos Sedecim [illegible] se non [illegible] [illegible] [illegible] [illegible] violentior [illegible] [illegible]. Et quis obsecro, qui [illegible] convenientiam illorum Sedecim carnificum admirabilem sapere non possit, cum sciam praesidem illum Parlamenti, qui Luctiae restabat susceperat, quo inquam, non videat admirabilem illorum Sedecim cum Iesuitica Societate convenientiam, quando unum potius de numero illorum sibi depoposcerunt Praesidem, quam alterum Ecclesiasticum, laicumve quempiam.

Tum inde ab eorum anno 1585. Iesuitarum domus Lutetiae & alibi posita, Hispaniae fuisse perpetuò omnibus, qui res Hispanicas ex animo promoverent, literarum [illegible] [illegible] distribuerent esse: [illegible] tempore cum Lupio Mendoza & [illegible] plus Parisiis, [illegible] gubernatoribus & procuratoribus [illegible] Regis Philippi in potentioribus quibusque Civitatibus, ubicunque erant, communicasse, Rex notum est atque notorium. Hoc quis nescit novit, quam Majestas tua?

Aiunt quidem illi, ô Rex, tam arcto vinculo cum Rege Hispaniae conjunctum esse, ut [illegible] hoc dictu magis, quam ladam ipsorum causa. Nam Majestatem tuam nemini tam studere, quam iis, qui ex animo Hispanum diligunt.

Hoc nunc forte obtinendi posset: At mihi quidem certè pernicium videbantur istos homines, quo tempore maximè nostrum fervebat bellum cum Philippo Rege, [illegible] uti. Nam tempore Caroli IX. nunquam de Hispanis [illegible], nisi in [illegible] [illegible] [illegible] gentes, sicut Anglus & [illegible] plus odio oportere esse, qui graviorem injuriam Gallicam, quam alia gens ulla [illegible], sed magis Religionis odio [illegible] [illegible] [illegible] causa [illegible] Regni. Videntur profectò mihi plus studium suum ergà Hispanos eo tempore sustinuisse, quo Gallorum milites aliquot in Picardiae finibus trucidabant. Non decet viros bonos usque adeò [illegible] communi studio & voto Regnis sui, ut [illegible] [illegible] suis, & absque [illegible] doloris ex miseriis patriae suae exempli obtineant: praesertim cum illi ipsi essent Catholici, quos etiam aetate & sexu, maximo numero & hac ulla misericordia jugulabant. Enim videtur planè & feri animi esse, ô hoc de [illegible], qui eodem tempore in Galliam, & quidem Catholicorum sanguine [illegible] [illegible]. Si magis colunt, honorant & reverentur Hispani

& majoribus bonis officiisque infestat patres efficientiis nos vocant Apostolos, ut sentiunt ipsi: tamen non conveniat, ut de isto tempore belli periculo securitatem habeamus pacis.

Supplice libello, quem post exhibuerunt Majestati tuæ, in hoc argumentum [illegible] excesserunt & majorem [illegible] hic verbis; Quod non ex animo sentiunt Hispaniæ esse. [illegible] facta fuit [illegible] temporis [illegible], [illegible] videbar opportunitas temporum ac [illegible] respectu solum, id est, cum Gallia & Hispaniis bellum inter se [illegible] [illegible] nomen erat odiosum, suspectum, [illegible] [illegible] Christianiss. Majestatis [illegible] pacis cum Rege Catholico, ubi Gallus frater est Hispani, & Hispanus Galli, [illegible] est hæc [illegible], intempestiva, [illegible] [illegible].

Id tamen [illegible], ô Rex, fateor necesse est, et [illegible] plus nobis de hac re [illegible], [illegible] videri mihi hac [illegible] pacis [illegible], quam [illegible] Rege Hispaniæ [illegible]. Vehementer [illegible] & [illegible] [illegible] [illegible] placet [illegible] [illegible] [illegible], [illegible] videant [illegible] [illegible] esse, quam [illegible] Philippi Regis, quia hoc rebus suis valde [illegible]. Cum autem [illegible] & cito [illegible], quo antiquarum est Secretum [illegible] contra [illegible], ut quidem [illegible], & cum prima [illegible] ipsorum per capitaneum Hispanum [illegible] in [illegible]. Debemus etiam [illegible] Deum [illegible] & [illegible], ut [illegible] quam diutissime [illegible] & prosperare Philippum Regem Catholicum, qui hereditate & excellenti pietate ac devotione sua prudentia [illegible], vigilantia incredibili, & potentia ad infinitum [illegible] quam unquam fuerit in Mundo ullus Regis, est propugnaculum ad defensionem Religionis Catholicæ. Quam rem non solum armis suis præstitit, quæ semper fuerunt invicta, sed etiam opera magis illius Senatus Inquisitionis, qui vigilat continenter pro Religione Catholica. [illegible] simul omnia [illegible], [illegible] ô Rex, [illegible] necesse est, à quo initio bellum [illegible], [illegible] hominem [illegible] [illegible] operas [illegible] [illegible]. Nec tamen [illegible] tempore [illegible] [illegible] Semper autem doctrina illius [illegible] quam [illegible], [illegible] propagationem, in qua plurimum laboravit. [illegible] valde [illegible] [illegible] ostenderunt. Nam à contra Henricum III. Regem [illegible] [illegible] excommunicatum, [illegible] quidem Regni Urbem [illegible] parisiensem [illegible] vero Iesuitarum opera & libero [illegible] [illegible] [illegible] illo [illegible] tulit, qui illum [illegible] sui [illegible] fuisse facturus. [illegible] dam [illegible] [illegible] mille hominum [illegible] [illegible] contra defunctum Regem, quorum ducentorum Iesuitarum [illegible], [illegible] subditos illius, id est, [illegible] ab alienando, [illegible] ab eis [illegible], [illegible] Galliæ [illegible] [illegible] quidem [illegible], [illegible] simul cadebat, simul [illegible] hæc [illegible].

Ac tamen per quidem [illegible] benè Majestas tua & [illegible] Pontifices [illegible] doctrinæ [illegible] effectum non est productus. Quod semper benè & considerate [illegible] oportet, quæ futura incerta sunt. Quapropter facile sit, quid pacis tempore diligenter [illegible] prospicias: Ut autem fieri potest, [illegible] sanctæ sedi prospiciatur, ne in manus hominis veniat partium Hispanicarum studiosi [illegible] inter D. Cardinales. Tum vero [illegible], ô Rex, & hac [illegible], Corona tua [illegible] tuum & Regnum ab hac [illegible], si [illegible] in subditorum tuorum [illegible] doctrinam Iesuitarum, quam adversam [illegible]. Si doctrina ipsorum [illegible], [illegible] [illegible] esse [illegible], [illegible] quidem Dominum tuum, sed planè sanguine [illegible] mutuum ex subditis [illegible] promittunt [illegible].

Hic [illegible] oportet Majestatem, illud [illegible] caput longè minus nobis esse periculosum, quam ipsum ditiones in Italia & copias habere. [illegible] Papæ adjumento esse, si quæ forte vis eum cogeret, ut [illegible] nobis. Hodierno autem die [illegible] Neapolitanus cum [illegible] Hispaniensibus in Urbe Roma [illegible] [illegible] Pontifex, [illegible] [illegible] dimidium [illegible] [illegible]. [illegible] quod [illegible] Roma [illegible], [illegible] [illegible] graviora.

Vide at Legationis primis. [illegible] [illegible]

„ Accedit ad hæc omnia, unum hoc „ observatu dignum, quod videntes Iesuitæ quantum periculi hæc doctrina „ Principibus afferat, aliquâ ab ea avertenda caveant, quum se insinuant primum „ de conscientiis illis humanis: quum autem in „ suo benè radicati sunt, tum eam paulatim curant instituere, quasi de manu in „ manum per populum hauriendo isti veneno plus satis instruens [illegible]. Quid enim suavius in multorum ingenia, quàm „ ab ea subjectione absolvi qua obstringuntur suis naturalibus? Non sum nescius bonos viros tenere fortiter illud dictum Philosophi, Regi sano obsequi veram magnamque „ libertatem esse; nos & natura & gentium jure doceri atque obligari, ut serviamus legitimo „ nostro Principi, cujus sub imperio solem primum lucemque vidimus: „ neminem hominem in orbe terrarum liberari nos ab eo obsequio posse, quo nos „ ipse obstrinxit Deus. Sed sicubi mens una „ est corrupta, quæ in hac opinione sit, „ comperias ternos qui diversum sentiant. „ Tum verò pessimè habet quòd audacissimi quique & seditiosissimi projectissimi „ in hoc præcipitium ruunt plurimùm, parvaque seditiosorum mobilium hominum „ & axiriosorum manus multitudine aliorum superior existit. Quid? nonnè hoc „ experti sumus? Est omnino mihi persuasum, cùm Lutetiæ coeperunt illi Tyrannum „ dicere defunctum Regem, ut qui à „ Papa excommunicatus esset, eumque exterminari oportere, duplò plures fuisse, „ qui contra judicarent, & qui Regem „ maluissent videre in Lupara tranquillè „ regnantem, duodecimque seditiosos „ pendentes de patibulo: sed respiciebat „ alter in alterum, animus, non vis deerat, „ quemadmodum contingit sæpè, ut Mercatores decem à tribus prædonibus ex „ improviso invadentibus spolientur. Qui „ togam instituunt viam, sequuntur obsequio „ naturæ continent, dormiunt de nocte „ dum in suis negotiis singulis [illegible] „ pant: At ex contrario qui seditiones ludunt, & eversioni publicæ, hi de nocte „ coeunt, conspirant, atque dies confirmant sese, nihil aliud agunt, vivunt „ ex occultis conspirationibus, & aliquandem inopinatò opprimunt: qui primus in arma sunt, primas tenent.

„ Cum itaque Iesuitæ constanter percuriosas istas propositiones teneant, & „ in mundo seminent, ut jam suo demonstravimus: equidem non possum quin profitear, ô Rex, videri mihi periculum impendens à doctrina illius Propagationis, „ si benè examinabitur, longè gravius esse „ omnibus erroribus momentis, quæ in „ contrarium appendi possunt.

„ Nam quod ad confutandas opiniones „ novas in Religionis causa, verè possumus affirmare, quemadmodum primis „ illis quinquaginta annis fuerunt Lutheri „ & Calvini errores superbè propositi, prædicati, atque promulgati: Sic inde à viginti quinque & quadraginta annis, eos „ jam magnificè, potenterque & vivâ voce „ & scriptis esse convulsos, & infinitâ quadam profunditate scientiæ superari in „ hoc tempore, quicquid alii unquam assecuti sunt: adeò ut si ipsi opinionum istarum auctores reverterentur in hanc lucem, „ eos putem fore à suo errore discessuros, „ quum magna illa argumenta sua, quorum præsidio tantopere confidebant, depulsa animadverterent. Itaque primores „ videmus & nobilissimos eorum redire quotidie in Ecclesiæ gremium: quæ in re opinor, animi nostri debent plurimum acquiescere. Feliciter enim conversiones „ illæ non fiunt ensibus, non tormentis, non „ terroribus metus, ut Inquisitio solet „ Hispanica (cui una cum Castellanis armis, Iesuitæ acceptam ferant Religionis „ Catholicæ conservationem, ut ante demonstravimus) sed gladio S. Spiritus [illegible]que verbo, quod docent nostri Doctores, Pastoresque & boni Episcopi, qui in „ causa doctrinæ nihilo inferiores Iesuitis „ partibus videntur esse, quamvis interdum optimis & validissimis argumentis „ contra utantur. Harum censeo, tam diligenter à nobis colligi eorum libros in „ controversiis [illegible] Religionis oportere, quàm eos prout abjici quibus dissimulatur doctrina illa, quam supra [illegible]gimus.

„ Neque verò hoc celaturus sum, etsi „ nonnunquam patres Iesuitæ conversionibus quoque fuerant adjumento, eas „ tamen non æquè mihi in hac re fortunatos videri, ut sunt Episcopi & Doctores nostri. Austerior illorum ratio, „ à natura Gallorum alienior, homines „ prima fronte reddit attonitos: adeò sæpenumero exteris agunt, & ita sese exemplo „ primi auctoris sui gente Hispani conformantur, ut vultu, gestu, actione saltem plerique ipsorum granditatem præ „ se asperitatem ferant.

„ Ita est tamen, accommodari nos oportet ad rationem ægri, & de Medicina non „ ingratis prospici: si quis eam rectè curatum velit. Is nullo pacto Gallis Iesuita „ est. Tam [illegible] maximas contumelias

„ blasphe-

blasphemias in Regem defunctum [illegible] tumuerunt, ut adhuc animus horreat. Iucti Gallis [illegible] ut amorem sui Principis [illegible], quæ [illegible] partem maximam horrore [illegible] ut sermones infaustos de suis Regibus audirem pronunciari. Quia si illis aliquando dixissem diligebam nos fortè supra quàm debuerimus, ego mihi esse, quod eos viderem tam infelices mortuos videri mihi [illegible] quæ mihi ille Princeps erga [illegible] ad sanguinem & vitam usque suorum [illegible] obsidionibus fecerat, [illegible] aliquid memoria ipsius condonetur. Responderunt quidam ex intimis, apud quem iam exposueram, speciosum quidem esse illud dictum: sed tempus ita flagrare, nunc demum Religionem Catholicam stabilitam in Gallia, aut nunquam apparere. Satis hic intellexi, quid sibi vellent: ipsis nempe certum & deliberatum esse, ut exitiam redderent populo Monarchiam, sub qua tam diu vixerunt, carerent omnino Dominum, extincta Borboniorum stirpe. Ut itaque [illegible] Hispanica & Neapolitana post ingressum Lutetiam [illegible] principium esse dixi, quo [illegible] illud sinem effectum redderent. Et ne quid apud te, ô Rex, dissimulem, exordium hoc putabam esse Tragœdiæ, actum esse, antequam ingressuram Parisios Majestatem tuam, & tandem minora Oppida majoribus & potentioribus esse concessura.

SECUNDO, *ad rem ipsam accedit Orator noster*, & Necesse est, inquit, ut de tribus his capitibus unum aliquid statuatur: ut aut [illegible] ex animi ipsorum sententia [illegible] Arresto obsequi quicquid [illegible] omnibus ex Regno imperat: aut denique eo loco res, quo nunc sunt, dimittere. Initium faciam ab ultimo, quod tametsi primâ fronte videtur plausibile, & tamen hoc ipsum re, & veritate est, quod minimum habet speciei, cùm id omninò constet, Iesuitas aut ubique restitui, aut ubique ad parendum cogi oportere. Illa [illegible] turpia sunt, periculosa sunt, [illegible] existimationem, authoritatem tuam. Si justum & utile est eos retinere, cives oportet maneant, at non exulent [illegible] nis, oportet exeant, non exemplum rebellionis præbeant [illegible] adhuc fecerunt [illegible]. Breve solum ex membris ad [illegible] magnitudinem [illegible] Lacedæmonij: & [illegible] eodem necesse erat [illegible] exequi. Id omnino est necessarium [illegible] eam Burdegalæ & Tholosæ pareant Majestati tuæ, quam Lutetiæ aut ad Belgas [illegible]. Sunt illæ [illegible] bono nomine, quod Reges & Domini [illegible] id efficiunt, ne dubita. Quod [illegible] in Provinciis duabus illis [illegible] gere [illegible]. Atque quam hoc nunc potest [illegible] provellere, [illegible] opus est [illegible]. Suspectum nobis oportet esse [illegible] Hispaniæ: semper accubuit fortunæ Hispaniensium [illegible] id [illegible] suis [illegible] confirmabunt, quod antiquior fuit de illis querimonia, eò fortè serior, eò justiorem. Ex Regno cætero exacti [illegible] & [illegible] in duabus Provinciis, [illegible] Hispaniæ, qui ex Hispania venerunt. Quidnam hoc humilitatis exemplum est atque obsequii? Si locus ullus est ubi confirmantes eos sese [illegible] oportuit, id profecto est in Regione Regis Hispaniæ, [illegible] Madritum [illegible] ubi videntur Hispaniæ eos [illegible] contra Majestatem tuam, & palam dicere: Tu nos Lutetia & aliis locis ejecisti: sed [illegible] tibi [illegible] quàm ut nos propellas ulterius. Hoc verò est indignissimum. Quid [illegible] Senatus [illegible] dimicem. Hoc illi tamen oportet sentiant, se æquè tibi, ô Rex, debere obsequium, quàm debet [illegible] Lutetiæ [illegible]. Nimia [illegible] est [illegible] nimis obstinata rebellio. [illegible] ut [illegible] & toti posteritati tuæ perpetuum semper debere obsequium: nemo rerum certior factus est, qui non [illegible]. Nunquam [illegible] injuriarum quæ patri factæ sunt, recordatio. Igitur aut Iesuitæ pareant necesse est, aut irrita fiant Arresta tua. Atque hoc est maximum deliberationis argumentum. De [illegible] illa gaudebant unà, ô Rex, de posteriori modo. De me autem, [illegible] Majestate tua oportere, quid sit his aut illis placiturum, quid [illegible] sit, quid utile. Non potes [illegible] hac re, illis [illegible] quin [illegible] multi, dolorem percipiant multi. Semel tamen oportet [illegible]. Et quæ meliores, [illegible] eligantur, [illegible]

[illegible]

ordinatis & justitia, quæ honestum componebantur.

Quod ad justitiam, manibus Regum eam commisit Deus. Antecessores tui, ô Rex, inde ab omni antiquitate eam fidei Parlamenti illius tui, quod *Parium* vocabant, permiserunt; & prout abundarunt negotia, insuper alia Parlamenta ad septenarium usque numerum statuerunt. Sed Parlamenti Parium semper obtinuit hæc prærogativa atque auctoritas (ut æquum fuit ac necessarium) quòd ea decerneret quæ spectant Universitatem Regni. Hic ordo magnis viris est confertissimus in omni argumentorum genere versatissimis: qui omnium maximè in cognoscendis causis capitalibus atque judicandis solent excellere. Nam si qui sunt in orbe terrarum, qui summum judicium industriamque ad cognitionem causarum afferant, hi profectò sunt: itaque nunquam quisquam est accusatus insons, qui hos sibi judices præ alijs omnibus non postulaverit. Hoc novit Majestas tua.

Non est autem novum quòd querimoniæ contra Iesuitas ad Parlamentum hoc delatæ sunt. Nam inde ab anno 1564. decem advocatos unico Actu audiverunt, qui litem eis intenderunt: quorum [illegible], qui orationem communem habuit, vir bonus, & qui tam studiosus erat Domini sui, quibus qui [illegible] [illegible], stupendam [illegible] prædixit [illegible] actiones atque instituta, quæ in illis hominibus posteà compertimus.

Quam ex omnia videmus contigisse, ut ille prævidebat: primùm enim Academiæ, quam ad paucitatem [illegible] ter mille adegerunt, [illegible] tricies mille in ea vivebant prius, ut principio diximus: deinde, se subducentes paulatim subditos ab eo obsequio, quod suo Principi debent, & ad Pontificem alterum spectantes, hic omnes demùm fremere (nam Iesuitæ jam stabilierant potentiam suam & facti erant alijs formidabiles) omnes mussitare, & [illegible] dicere. Hoc rectè nobis [illegible] Advocatus Regius fuerat vaticinatus: nec ipsi fidem habere visum est, [illegible], qui [illegible] monebat eodem tempore Societatem istam esse ad destructionem, non ad ædificationem [illegible] temporalibus [illegible] Hæc ipsa verba sunt Decreti illius, quod [illegible] [illegible] Majestas tua.

[illegible]

politicus ea usus est habena obsequij refrixit. Magistratus in singulas capitis tam [illegible] qualitas, [illegible] populus adeo templum [illegible] vagantium in bonos sæviens, tum Iesuitæ Patres plebem, bellum illud animantes, & [illegible] Commolet, inde Reinardus Ocearum blasphemiam in Regem suum, Dominum suum emovente: Contra vero efferentes Hispaniæ Regem, & Panegyricis eum omnibus eum celebrantes, quem maximum orbis terrarum Monarcham praedicabant, potentiorem Romanis ipsis, & ampliore dominatu, nunquam se ab illo desertum iri, se illi esse charissimos, tantum bono esse animo & recognoscere vires suas oportere, nunquam sibi auxilium à viris, pecunia, commeatu esse defuturum: tum demum bonos omnes, qui tali erant in animo adhuc lilij florem gestabant, potuisse vehementissime fidem Gallicam ista [illegible] subvertisse, & fero superbiaet Phrygas.

Quum Urbem Parisiorum Majestas tua, ô Rex, in obsequium suum revocasset, omnes pro certo habuerunt, te eodem momento Iesuitas à populo isto ejecturum, qui bonam populi tui partem suo veneno infecerant, & qui tam apertè egissent hostilia omnia in defunctum Regem & in Te exercerent. Sed prudentissimè visum est Majest. tuæ rem manibus eorum tradere, qui juri dicundo præsunt. Academia, quæ multis de causis rationem particularem suam Iesuitis ratione majoris imputabat, ut de causa generali taceam, mense Maio anno 1594. libellum supplicem obtulit Parlamento tuo: idem fecerunt Curiones & Parochi urbis: causa fuit egregia, sed occlusa fuit sub [illegible] Iesuitis maximè commodavit. Nam pleraque crimina, quæ objecta fuerunt ipsis, testari poterant multi, qui fortibus apertis circumstetissent; & nova crimina fuissent prolata, dum causa ista compluribus diebus ageretur. Superveniet ille vir, quem Deus avertit à suis faucibus, totque dentibus suis obvallavit. Nemo dubitavit, à quibus auctoribus, sprætera ubi innotuit, alumnum Iesuitarum esse, qui se ex illis acceperat didicisse, Regem adhuc extra Ecclesiam esse. Occidendum esse, ut in pleno Parlamenti consessu testatum est. Extremum illud scelere infelix [illegible] non aliunde poterat existere, quàm ab istis feris ferocibusque propositionibus, quas antea diximus. Hæc cogitata non oriuntur naturaliter, præcipuè in animis Gallorum qui procul absunt ab Africa, & qui monstra pullis non viderant, quàm scelera ad nos ingressi essent. Nostrorum solum non fert hæc venena ex [illegible] ab alijs dicatur ista.

Quamobrem itur ad Collegium ipsorum; invenitur inter alia narratio patris Guignardi, manu ejus tota, quæ succum medullamque totius libri, truculentæ & horrendæ istius doctrinæ continebat, tamquam commentaria eorum, quæ prævisa fuerant inde ab anno 1564. & quæ recens fecerant prænunciata, licet non haberetur fides. Cognitio itaque instituitur plenè atque solenniter, convocatis duabus Cameris seu Collegiis Parlamentariorum suum Guignardus agnoscit Christallus omnibus dominis audientibus dicens, hunc Ordinarium lectionarium sermonem esse, *Regem adhuc extra Ecclesiam esse, haud Catholicum, quia perdurat adhuc excommunicatus tempore illo quo[illegible] medio.* Hæc planè consonat cum Guignardi disertione. *Si non potest tamen sine bello, quamdiu nullum; si bellum gerere non potest, occidatur.* His omnibus cognitis, quid potuit suum Parlamentum tuum, ô Rex, statuere, quam ut judicaret secundum libellum supplicem Academiæ? Cùm Deus ipse quadam specie Mosaeli judex in hac causa esse voluerit, revelans funditus, & tamen sine incommodo, id ipsum quod totius dictum, repertum fuerat contra Societatem istam: & qui ut certa haberetur fides, artes eorum, mellitis verbis & hypocrisis impedimentum semper attulerant, [illegible] ab eis expedirentur.

Post maximam igitur cognitionem causæ, Parlamentum Parisiense suum Arrestum suum pronunciat, quo jubentur exulare ex toto Regno tuo, omnibusque tuis subditis interdicitur, Ne liberos suos ablegent peregrè in Collegia ipsorum: quæ quidem verè cautio est maxima & sine cujus observatione vix dimidium fructum ex eo perceptura est Majestas tua. Semper enim daturi sunt operam diligentissimè, ut periculosas istas propositiones doceant adolescentem, qui amandabuntur ad se & obstringent eorum conscientias, ut eisdem illis insistant.

Dicunt quidem tibi, Rex Christianissime, non posse id exsequi, non mandare parentes non posse impedire, quo minus extra hoc Regnum liberos ad Iesuitas ablegent informandos: Sed nihil est in [illegible]. Statuatur solum in eos, qui primùm contra hoc Arrestum venient, multa, centenarum millenúm, cujus dimidium ad delatorem pertineat, ego tales depellerem, quoniam contra Arrestum fecerint, ut nunc ipsedem postea comparaturus est. Itaque ergo hæc res videtur facta difficilis, ut etiam nunc impossibilis dicatur esse.

Altero Arresto Guignardus fuit adjudicatus morti horum blasphemiarum, quibus defunctum Regem dominum suum subditus perireat, secundo doctrinæ illius adversari vitæ tuæ, non sinebant te servari vitam sine pergravi tuo periculo.

Atque hæc Arresta adeò justa & necessaria comperta sunt, ut in alijs omnibus Iuridicis conventibus sine mora effecta data sint, si à Tholosano & Burdegalensi discesseris.

De Tholosa nihil mirum? Nam adhuc erant abalienati ab obsequio Majestatis tuæ, quo mense demum Aprili anno 1596. reducti sunt. Burdegalæ autem degebant multi interni Catholici; sed Hispanorum & Iesuitarum (qui Hispanorum tibicines sunt atque æstimata) hostes infensissimi, qui summis votis expetebant, ut ex Aquitania sua pariter excluderentur, ut ex alijs Regni partibus ejecti sunt. Sed Iesuitæ illico, ubi defensoris contra se ista cognovissent, factionem magnam & potentem excitârunt, per intimos congerrones suos in duabus Civitatibus Agenni, & Veronæ Petrocoriorum, ubi tum adhuc valebant cineres perduellis hujus incendij. Sic intercessiones perscribi curaverunt, adeò miras, adeò horrendas, ut nihil possit excogitari hujusmodi: sed non est ignotus Iesuitarum calamus. Nam ut summatim dicam Parlamenta omnia, quæ ipsis exilium imperaverunt, eamque Majest. ad illud edictum perpetraverunt; erant hæretica. Hæc ipsa sunt illorum verba *Antiq. Catholica, Apostolica, atque Rom.* [illegible] *causæ cognitione* [illegible] *mulctaverunt.* An verò unquam Parlamentum Galliæ, tanta iniquitate, mendacio, & sycophantiis laceratum ab alio fuit, atque procuratum? Sed ut hoc quidem fuit illis facile, procedunt longiùs, [illegible] affirmantes supplicibus libellis suis, res novas Regni [illegible], non posse istam mutationem sine alteratione & rebus novis ea fiere. Si ætate Francisci Primi Regis, non libellus supplex hujusmodi [illegible] quis cogitare fuisset ausus? [illegible] scriptum ullum ad hos sermones vel tantillum accedens produxisset, capite suo fuisset luiturus, quisquis illud offerre præsumpsisset. Eam verò illa pertinacia, insolentia ista, [illegible] contumeliæ [illegible] ab illis, dispulisque ipsorum, qui veneno ipsorum infecti sunt, (est autem hoc, Principes, mandata, Senatumque ipsorum contemnere,) gravissimè offenderunt vestros, ô Rex, quibus id erat constitutum, ut eos cogerent in Majest. tuæ obsequium, nec controversias mandata sua pateremur. Visa tamen multitudo urbium, quæ tamen adhuc rebellabant, Theologi studio [illegible] fuisse [illegible] consilium de [illegible] malo caperetur. Videbant omnes tabiem [illegible] tumultum, qui gladium adhuc [illegible] gestabant contra te [illegible] non posse: omnia ipsos [illegible], post [illegible] factâ effectum [illegible]. Hanc exsecutionem variæ cogitationes, [illegible] adhuc retardarunt. Habes narrationem bonâ fide, ô Rex, ac sine fuco, quomodo res illæ gestæ sunt, expositam: quid judicatum & decretum contra Jesuitas, quid effectum ea parte, quid non.

Jam verò non ignorat Majestas tua, tuam Remp. in conservatione & exsecutione Arrestorum plurimorumque consistere, quæ summæ Curiæ statuerint. Quoties de iis labefactandis agitur, sæpè multumque deliberari necesse est. Opus est gravissimum, cujus multa sunt consectaria. Arresta hæc nomen tuum in fronte gerunt, ac infringi non possunt, quin lædatur Majestas Regum; quorum judicia ab omni retractatione & mutatione convenit esse alienissima. Adde, quid in illo consessu, ô Rex, ô domini Cameris adunato, ne unus quidem nominari possit, qui summus non sit Catholicus, & omnis adversæ suspicionis expers. Annos jam septemos agitur, quum Jesuitæ vitam [illegible] [illegible] [illegible] [illegible] [illegible] pollerent? Quodnam igitur [illegible] ista, Oderunt [illegible], qui opinionem sequuntur novam: hoc quidem verum est; sed quæ cum illa [illegible]? quid in concessio [illegible] [illegible]? [illegible] in consiliorum Romanæ nihil magis.

Verumtamen [illegible], & [illegible] Parlamento se [illegible]. Quamobrem quæso? An ideò quod Turonibus non fecimus? Hæc verò [illegible] dicantur, cùm maxima pars consessus Curiæ potiora Lutetiæ non moveret? An ergo quod Jesuitæ summi sint Catholici? multò minus: Nam domini illi, qui sunt in consessu Curiæ, magis Catholici sunt quàm illi, & sine [illegible] hæreticos. Quæ igitur causa major in vos fuisset animo? nihil sanè adductum erit, quod vel minimam speciem habere possit, nisi forte dicatis: *Oderunt nos, quia fuimus in causa tot malorum, quæ obtigerunt Galliæ.* At ego verò respondeo, nullo jure, hanc rationem odii in censum venire posse. Si Carolus fuisset comprehensus, an ergo Romæ Judices non fuisset inventurus? Certè: & tamen omnes Magistratus [illegible] cives omnes factum illum [illegible] oderant. Novum igitur Parlamentum Curiam instituendum esse damnandis seditiosis, & iis, qui factiones exteras adjuvant. Atque hic tibi, ô Rex, rem unam breviter suggero, quam agnoscent Jesuitæ, aut si tui omnes subditi [illegible], ut Jesuitæ isti non jam [illegible] libelli supplices ad te [illegible] nunquam [illegible] illam Regiâ ingressus esset. At isti [illegible] negarunt [illegible], [illegible] tua tamen Majestas [illegible].

Postremò autem, tibi non non habent, quod justitiam Arresti hujus labefactent, cùm [illegible], ut dicant: si nos Chastelius accusavit, & rei sumus, cur non afficiebamur supplicio ultimo? *Hic ego respondeo: [illegible] homines illos alteram [illegible] ex [illegible]. Cum enim [illegible] [illegible] professi erant, qui [illegible] capite tradiderunt morti, et tyrannidem suam [illegible] confirmarent, judicant homines [illegible] [illegible] pœnam fuisse mortem. Cur ergo non fuit adjudicata morti? quia non Chastellani, non Jesuitæ fuerunt ipsorum Judices, qui in Tertiâ Insulâ crimines prætendi [illegible] esse præceptum; & nobilibus [illegible] Galliæ [illegible] [illegible] [illegible], & quinquaginta Franciscanos aliosque Religiosos suspendi, qui Cantionem [illegible] Lusitaniæ Regem [illegible]. [illegible] illam [illegible] Galli: [illegible] semper [illegible], [illegible] sit. Tot homines [illegible] morti [illegible] crudele fuisset factum. Ita [illegible] fuerunt ii, qui tot barbaras [illegible] cædes [illegible] [illegible], [illegible] gravissimaque [illegible]. Quid igitur? ut damnarentur omnes, [illegible] est illud apud Tacitum.* Si, Patres conscripti, unum id spectamus, quæ omnia sint illorum hominum [illegible], non [illegible] in nos sufficientis sed etiam novi, qui nos clementiæ simul ac severitatis non pœniteat: jubeamus eos exire Regno.

Et ipsi quoque Iesuitæ ut se istis destructos vident, qui in hoc Arrestum adeò acriter & acerbissimum Galliæ jaciebant, dicere non dubitant, (vide quousque rabie & furore suo traducantur) non esse amplius Parlamentum Parisiense Parisijs. Vbi ergò, quæso, nunc est maximum illud Parisiense Parlamentum, quod in pretio est & admirationi omnibus Gallis, omnibus exteris? An fortè est Madriti? [illegible] valde provocato à Rege & Parlamento ipsius? Placetne ut ibidem jam [illegible] magnum illud Arrestum sit initum, sicut ibidem [illegible] curavistis decretum Sorbonæ, quod anno 1594. fuerat editum? Vide per Deum Immortalem, oro, vide, ô Rex, hominum impudentiam, fastum superbiam, qui sustinent in Gallia dicere, Parlamentum Parium Galliæ non esse amplius in Gallia; non amplius Parisiense Parlamentum esse Parisijs. Sed aut ab ip[illegible] Supremæ Curiæ potius, cum Regis superioribus [illegible] eorum, & subornent emissarios:

Iustum igitur est, ô Rex, justissimum procurari, ut mandetur exsequutioni Arrestum Parlamenti tui: Iustitia ipsa est. Non aberrat, qui hoc hic insistit, sicut ab omnibus tuis majoribus erratum, qui magis studuerunt, laboraveruntque ut judiciorum fieret Parlamenti sui quàm aliud quidpiam. Nam absque hoc fuisset, quomodo confirmari potuissent fore, ut leges suæ, quas non nunquam in terris, [illegible] relinquebant, non magnopere se populis imperaturi sine his juribus justitiæ suæ, fulcimento sceptri sui, soliditati coronæ suæ, & stabilimento successionis suæ.

Quicunque author est tibi, ô Rex, ut contemnas Arresta de gravissima causa Reip. in Parlamento tuo pronunciata, nunquam istius plagæ gravitatem, consequentiam, adjunctaque omnia expendit satis. Nihil deinceps ibi in orbe certum futurum esset, si quando immunitatem, si infirmitatem, si denique labefactatem amplitudinem tuam amplissimam maximumque tuum propugnaculum contra omnes rebelliones subditorum tuorum, & contra omnia extraneorum insulta.

Atque hinc de [illegible] ad veritatem veniamus. Quis tam hebes est ô Rex, qui non videat hoc ipsum Arrestum in magna felicitatis parte ponendum esse, quam Deus in se contulit? Si parvi [illegible] unius spatio horæ [illegible] in planetario suo, in suo illo seminario [illegible] quàm multò [illegible] adepti essent? Plurimum refert utrum [illegible] centum passus, an [illegible] passuum millia. Dum otium datur cogitandi, dum [illegible], diversa sæpe [illegible] uno solum bono momento opus est, & horæ insinit dies [illegible] quod vulgò dici solet. Sed cum eodem [illegible] eadem rabie, eodem furore impetu, quæ ex illo infernali [illegible] Mediatiorum prodit, horæ momento potest [illegible] hic alea gravis est, ô Rex, hic periculum evidentissimum. Non est in diversorijs commorandum, non [illegible] Lugduno monte (nescio quid dicam) non longa differentia, non vestes variæ. Nulla ex parte monita; nam signa magi[illegible] afferri possunt: simul constituuntur, simul facta. An dubitat quispiam, qui nobis propitior, eò formidabiliorem esse pestilentiam?

Ad alia descendamus: videamus ex actionibus ipsorum, quorum spes nobis ab ipsis hominibus in posterum ostendatur. Quanquam æquum est ante omnia, ô Rex, contendi illis postulatum suum: nempe, ut persequaris vindictam sacrificium *Xaverium Regis Aurelianensis* [illegible], [illegible] postulatio. Quicquid Iesuitæ mandato defuncti Regis commiserunt contra Majestatem [illegible], non debet ipsis obesse. Amplius affirmabo, ipsis prodesse debet. Domino suo servierunt, tum cum non fuisset Dominus. Sed neque de ea re unquam ullum verbum fuit cum illis communicatum. Monstra mera fingunt, quæ oppugnant, quod eis [illegible]: hoc nunquam eis objectum est, nec speciem ullam in Parlamento tuo habuisset. Ac si in rationem venerint, diversa [illegible]. Nam inter [illegible] innumeras [illegible] rum fuit, quo se modo erga regem defunctum gesserint. Hoc scilicet deliberandum opus fuit, servierunt in adversitatib⁹, etiamsi contra permanent ipsius filium (ut quem habuisset, homines ipsi [illegible] esse, merserunt tandem. Rex verò defunctus non fuit Rex Navarræ, non Dux aliquis Aurelianensis: Rex fuit Galliæ. Non adjiciam illud gravius, Regem fuisse erga ipsos beneficum, fovisse ipsos per omnia ignoravisse scelesta omnia facinora, quæ machinabantur in ipsum, tam quam dixi *Regem fuisse Galliæ*, dixi omnia. Erat Dominus illorum, illi naturales subditi illius: huic serviendum fuit, quo-

[illegible] esset; an verò unquam extitit melior? (sequuntur illi tamen fideliter servierunt, an prodiderunt ipsum nequissimè? Hic Rhodus, hic saltus, hic palestra. Non licet hinc evadere, non tempus patentem quaerere, non plausibiles communes locos, ut ostendant eloquentiam suam; ad hunc nodum, ad caput istud redeundum. Audite Domini Iesuitae: non loquor de Aurelianensi Duce, non de Navarraeo Rege; mihi vobiscum de Rege vestro sermo est. An huic Domino unquam bono Regi, qui vos tanti fecerat, servivistis? qui cum fuerat gratiosus vobis, ab ad ostentationem blandus? Istos rogo, non sunt responsuri, cavebunt diligentissimè. Quid hoc probaturi sunt quod non ementiatur Majest. tua? Alium testem eorum non desidero, quàm quae Rex defunctus de ipsis pronunciabat. Nunquam Princeps alius tot effudit querimonias, & justas querimonias de subditorum suorum proditionibus. Ac propterea Rex ille mitis, benignus, facilis; facilior atque prae aliis omnibus subditis, contra istos Burdegala [illegible]; quo certissimo argumento docemur, istos summopere & quasi ad infimum laesisse Regem suum atque offendisse. Et quis haec in dubium vocare possit? an ergo usque adeo hic peregrinamur, ut nondum teneamus eum scripta legisse, & verò [illegible], hos veros Ligae & conspirationis auctores esse? qui omnes atque magnos ac parvos eloquentia sua fascinaverint, qui istam conspirationem constrinxerint agitaverintque adversus Rempublicam, qui velis remisque contenderint, ut Romae Majestas regia excommunicatione feriretur, qui procuraverint ut illud tonitru Galliam percelleret, quique hanc scelestam fidem suis [illegible], Regem excommunicari potuisse, non amplius esse Regem, sed tyrannum, & ipsos à jurejurando fidei absolutos esse? Et quis nostrum adeo malitiosus, ut nolit illud cernere, si Iacobus Clemens non fuisset veneno illo Iesuiticae doctrinae imbutus, ne cogitaturum quidem fuisse unquam de scelere suo, Domino suo, suoque Rege trucidando? Nonne abominanda illa persuasio semel [illegible] & in animo ipsius radicem [illegible], ut mitteret in venenum unde [illegible] impelleret? omnino [illegible] iter [illegible] jussit [illegible] Vere [illegible] cum maxis [illegible]

[illegible] is qui transmiserit? Quis, inquam, adeo malitiosus, qui non nostrum manifestus est, ut nesciat, quàm Iesuitae priusquam in hoc Regno pedem posuerunt, omnes Gallorum animos tam procul abfuisse ab istis haeresibus (nam alio nomine qui vocentur, pestilentia illa existimo periculosissima?) ut inter decies centena hominum millia non fuisset unus inventus, qui tantum scelus vel cogitatione voluisset attingere? contra verò majores nostri perduxerunt mores ipsos, Italianque transmiserunt, ut abierint non comprehensuri, qui Regem [illegible] Lilium excommunicare tentaverat, hominem supra audacem ad honestatem mulierem & perniciem publicam impulerant, qui [illegible] incendiis [illegible]. Ante denique quàm isti homines advenissent, [illegible] ab his scelestissimis propositionibus, quàm Gallorum animus abhorruit.

Dicitur *Iacobi Clementis* Apologiam *Boucherus* probavisse. *Res falsa* facilis. Novit Boucherus nunquam se Lutetiam reversurum esse; hinc in Guignardum sententia est, illius gubernatio. Spondere ibi quotidie Iesuitae, se eò regressuros esse: facit amici officium, cum probat *Apologiam*: certior illis venit nunquam sua, neque conjunctior. Neque verò Iesuitis Theologiae, quàm illis praeceptoribus. Haec tum fuit Academia. Sed ne respiremus illic: sidem speciamus illum infaustum librum, infaustam Apologiam, specimen fundamenta principia illius. An alia sunt fundamenta, cum, quàm posse excommunicari Regem, ejusque subditos à jurejurando fidei praestandi liberari? Quid dicunt aliud, quid proclamant Iesuitae libris suis omnibus, quotquot conscripserunt? Pergamus longius. Quid aliud iste concludit Apologus, quàm *[illegible]* ? Unde hoc didicit, nisi ex Commolero & Guignardo, qui scripsit: *Si non potest deponi sine bello, geratur bellum: si bellum geri non potest, occidatur*? Et ante: *Factum heroicum à Iacobo Clemente patratum, & donum Spiritus Sancti, vocatum hoc nomine à nostris Theologis, jure laudatum est. Observemus illas voces, nostris Theologis.* Quinam sunt illi Theologi? Sanctissimi Augustinus, Bernardus & alii illi boni & docti Patres? nequaquam: contrarium prorsus ostendunt: hi sunt illi reverendi Patres Iesuitae; ab illis quàm liberalissimi apostoli sunt, suae de Societate Iesu: [illegible]

illi

alii quos modo nominabam, nihil quam servi illius erant abjectissimi, indigni qui corrigiam solverent calceamentorum ejus. Tandem verò Pater ille Guignardus, qui theses istas calamo ferreo imbuto Regum nostrorum sanguine perscripserat, suspensus fuit [illegible], tanquam si jacturam fecissent gravissimam. Quid magis [illegible], magis furiosum in illis [illegible] parricidarum [illegible] Apologia?

Hic autem subit animum quaerere, si non probarent Jesuitae istam Apologiam, cur eam Duaci palam vendi, ut fit, permitterent? [illegible] hanc narrationem postulare? Est non [illegible] quam, ut occidat Regem Hispaniae, Mori malim quam auctor esse. [illegible] in vitam illius Regis, [illegible] dubio damnatum esse: Nam sic invenitur in Deut. à quo scriptum est.

Sane Jesuitae non possunt impedimento esse, quia ista Apologia Duaci vendatur palam ac circumferatur in diversoria, ut vendantur Gallis. Miseri scilicet Religiosi isti nihil auctoritatis obtinent in iis Oppidis, quae domui Austriacae parent, nullo pretio sunt. Mirum est quod dicam, sed tamen verissimum. Noverunt omnes quam sit homini Gallo difficile ut ingrediatur in arcem Mediolani [illegible], & maximo periculo si [illegible] Jesuitae [illegible] in Aquitania & lingua [illegible] ingressus, & unus Pater Jesuita, Mediolanum [illegible], dicat se [illegible] Jesuitam agnosceret, sine mora [illegible], magnae aperiuntur portae. Adeo [illegible] Jesuiticum omnes colores exsuperat. Estne verò [illegible] sunt homines [illegible], qui melius sint de Castellanis meriti, quam qui Societatis istius? qui ad exaltationem & amplificationem imperii illorum tantum operae contulerint? Nam huic Lusitaniam debent, ut narrat ipsorum historia. Sed unde obsecro, tantum Jesuitarum in Hispanum studium? duas animadverto causas. Prior est ab [illegible] ipsorum Hispanicus, [illegible] in manum acceperit, in hoc [illegible] spiritu, [illegible]. Posterior est, quod [illegible] ipsi persuadent sibi, [illegible] commune imperium [illegible], qui Monarcha sit totius orbis Christiani: & postquam huc illuc oculos in omnes partes circumduxerunt, nihil esse videre [illegible]tam adeo potentem, adeo opulentum, adeo magnis dominiis imperantem, quam domum Austriacam, quae tenet imperium, partem Germaniae & Belgii, amplius dimidium Italiae, Hispanias omnes, utrasque Indias: ut [illegible] id sibi persuasum esse, solum Hispaniae Regem sufficere, qui totam Christianitatem [illegible] Catholicam.

Nemo autem est in orbe terrarum, qui melius noverit quam Majestas [illegible] consilia domus Austriacae, & [illegible] id sibi spondeat, quod Jesuitae [illegible]. Tres fratres [illegible] à Hispania Calcetum usque Geryon est: sed [illegible] consilium arcanum ipsorum, & quamdiu [illegible] conciliant [illegible] gratiam apud suos subditos, ex Regno tuo exeunt, non est [illegible] quod labores: Geryon fuit Rex Hispaniae, sed Gallum Herculem natum esse Sua Majestas [illegible] fabulam illam [illegible] Trojani, non alia de causa fuisse inventam, quam ut doceamur [illegible] hostes ignominiosè noctu in Republica [illegible] ea, quae aperti hostes quinquagies mille non possint [illegible]. Audivit etiam aliquos [illegible] istos latrones inimicos [illegible], sed eis [illegible] habere nolle. Hanc profectò nobis adhuc contigerunt: nihil enim de Jesuitis ac consiliis eorum dictum, quod [illegible] post [illegible] obtinuit fidem.

Ut autem in gratiam redeant, duo exponunt nobis, se magno numero esse, & se officia magnis Principibus quibusdam praestitisse. Prius illud multitudinem addunt, non video cui sit bono, nisi forte, ut nobis incutiant metum. Equidem valdè ab eis metuo, dum in regno sunt: foris verò non sunt venturi ad [illegible] obsidendam, modò ne [illegible]. Persuadere [illegible] nobis, suam illam magnam propagationem benedictionis Dei argumentum esse. Haec conclusio & periculosissima est & pessima: non enim post multos adhuc annos Arriani vel [illegible] numero aequarent [illegible] de Arrianis, Albigensibus, Judaeis & Mahometanis taceam. Hoc argumentum Lutherani frequentarunt, Jesuitae frequentaverunt: nunc verò abuti eo suam rem volunt: non benè conveniunt ista.

Quod de suis officiis praedicent, quae Principibus nonnullis praestiterunt, [illegible], quia homines [illegible] copiates, atque ad illa idonei. Sed in Mundo quid perniciosius magno ingenio studente malefacere? Quorum tot praestationes istius [illegible] & sufficientiae sunt nemo dicit eos stolidos & barbaros esse. Officia quidem illi, opinor, praestiterunt sunt: sed ii qui virgulam divinam quandam nec Papam suimet [illegible] habuerint, nec causam [illegible] ut illam dissipandam: quisquis vel de obolo cum illis litigat, & fidat istis hominibus, decipietur tandem aliquando, sive citò sive tardè: hoc illi persuasum esto.

Si placebit Majestati tuae curare, ut perlegantur orationes, quas nobiles Poloni quidam in Comitiis habuerunt, videbit seditionem civilemque bellorum illorum, quae inter Christianos vastarunt Regionum illarum, quae à Septentrione ad Ortum pertinent, Jesuitas soli excitarunt: qui plurium illic praeliorum fuerunt auctores, quam per quingentos integros annos sunt continuò commissa. Non est hujus rei ignara Majest. tua, si volet meminisse. Quanquam non habemus opus illis externis historiis, quae aliis suppeditamus ipsi exemplorum satis est. O si querelae nostrae, & justus metus tandem habuerent veritatis.

Summa ex empir. pag. 107. Sed annon eas potius duplicatas sumus, si attenderimus Regulas, & bullas ipsorum earum, ut juretis se obsequiumque suo generali per omnia & in omnibus ut Christo praesenti? Rogo autem si Deus ipse aliquid nobis mandaret suo ipsius ore, nonne faciendum esset? licet cum Abrahamo de occidendo filio Isaaco ageretur? Quis ergo non videat, si quis miser educatus in disciplina propositionum istarum de excommunicatione Regum includitur in illo Meditationum conclavi, & aliis Vaticinis mandatum à Generali adferat, quam Principi, cujus agitur caedes, veritatis in provinciae quasi, quam, non videat miserum illum, qui credit se damnatum fore [illegible] suam perditum, nisi [illegible] Generali, sua tum momento aggressurum esse.

Esto autem decem, viginti, triginta [illegible]: nonne tamen invenietur necesse est, qui nos habeamus & avortent [illegible]. Equidem non possum, ô Rex, cum animo meo commovisse, quomodo ii qui importunius consilio agere apud tuam Majest. volunt, eo devenerunt, ut sibi non ponant id ante oculos, quod jamque videbant, ut repetunt & [illegible] ponere in [illegible] Gallia probabitur [illegible], si infortunium aliquod acciderit. Eos itaque rogatos volo, perpendant diligenter, ac recordentur, nihil facilius absumendi quam sceleratorum consilium, nec posse quenquam penetrare in animum atque cogitationes hominum, nisi Deum solum. Cur ergo tam periculosam aleam mecum [illegible] potius?

Quod si qui obstinatiores in sua sententia fuissent suae (esset non putem) cogitas, si placet, ô Rex, non esse illos cutem Jesuitarum expertos, ne; non irruisse in eos Barteriam, posse vadere eorum esse innumerabiles subditos, sicubi Jesuitae opus habuerint forte adhuc novellos esse, qui statuunt atque dixerunt Galliam bellis civilibus vexaturam esse, nisi hae nubes, hae faces revertuntur. Quisque attendit ad consilia sua: quisque suis contulit negotiis. Tuae Majestatis est, ô Rex, ut imperium hoc tuum, postremoque [illegible] nostrae a[illegible] omnia [illegible] procellarum, [illegible] [illegible].

At Papam inquies, postulas, cupis, velit, ut hoc ille mis bene multis nominibus merito recusaturus est? Respondeo, multis modis. Primum autem sanctissimus Pater eos probaturus est, qui persuadere cupiunt Majest. tuae rem damnosissimam, idque hac specie, quod interpellaverit Majestatem tuam, qui de ea optimè sit meritus. Hic enim audi quid dicat vetus author: *Nihil honestius periculosius: si nec servitute obligant: ut faciamus id, quod permittam judicaverimus.* Exaltes elegantias: *Si homines bene meriti postulaverunt rem futuram, quae mihi valde sit damnosa, non solum potest gratia, sed etiam postulando superest accessu praemicula.* Rex profectò Galliae in conditionem miseram delapsus est, si aliis meritum non potest agnoscere, atque compensare, quàm turbando Regnum suum incendio. Secundo, nego planè hoc desiderari à Sanctitate ipsius, magis diligat Galliam. Novit se de hac [illegible] esse: hanc verò Societatem perpetuam esse subrogatione. Haec enim non invadet, non poterit ille amplius [illegible]. Aiebat quidem Philosophus: *Ut noris si quis quid velit, operam idem posse velle.* Qui autem hoc nescit, non posse Papam Jesuitis renunciare, quin sublevabit omnibus literis, quas ille propalaverit? Quid D. Cardinales dicturi essent, studentes Reg. Hispaniae, quorum pars annuam pensionem pendit, nonne acerbè & supra modum quererentur, deteri in suo difficultatibus homines, qui tot labores ad S. Sedis amplificationem susceperint? Cogitet ergo sua [illegible]

illius

„illius oppressi, totum subscribere: voluntas autem coacta, ne voluntas quidem dicenda. Progrediar longius. Si Papa cuperet Valentiam ad Comitatum Avenionensem adjicere, an propterea fieret? certè nequaquam. Quid ad tentamen respectu Regni universum, id omne pertinet, quam Valentiæ dominium? Quanto, hoc quidem ego didiceram, Aresta Parlamenti irrita fieri solere, quæ veniunt contra libertates & thesis Ecclesiæ Gallicanæ, aut contra Edicta Statutaque nostrorum Regum, aut contra Aresta Parlamentorum ejus; id verò nunquam didiceram voluisse Papæ in Gallia posse Aresta subire. Quid ergo hic opus factor? Rem facilè faciet. Oportet sanctitatem ejus de rationibus præcipuis informari, cur omnino necesse mandari executioni Aresta Parlamenti. Inter eas autem hæc observatione digna, quæ nondum adducta sunt: in aliis quidem curribus & communitatibus quibusdam homines compertos esse, qui se fideliter gesserint contra officium Regi debitum, nec sensus in eo aliis cesserint. Patria fecerunt illis; & si quis aliud contendit voce, alter [illegible] Hoc illi accuratè annotant hodierno die, & tanquam Oratores magni personant mitiscè: extant in scriptis eorum supplicibusque libellis de hac re narrationes integræ, quarum summa hoc redit: Si nolumus mali sentimus, alii Religiosi eadem ferme vestigia sequuti sunt. Sed non dicunt quod est rei caput, ab hoc cavent, hoc prætereunt silentio. Quid autem? Quod in aliis curribus, si qui animi perturbatione partibus Hispani studuerunt, alii tamen non deerant ejusdem ordinis, qui ex dignitate servirent, Turonibus, Cadomi, Redonibus, Andibus, Catalauni, & in aliis civitatibus pariter insignibus, quæ in obsequio nostri Regis defuncti perstiterunt. Hi boni viri, verè Christiani, verè Catholicæ religionis resellebant, destruebantque in suis cathedris veritatis ac non mendacii, consolationis ac non scandali, perversam defectionis doctrinam, quam Iesuitæ & discipuli ipsorum in Civitatibus rebellibus indefinenter explicabant.

„Apud Iesuitas verò omnes, mihi crede, [illegible], ne unum quidem inventum esse, qui non pauci factum dico, ne unum quidem inventum esse, qui inde ab anno 89. ad annum usque 94. vitæ minimum promiserit, quâ patriæ suæ, Principi suo commodaret summa fuerint [illegible] alienigenæ, & in levanda [illegible] dominatione idem. Quæ cum ita sint, quid amplius adduci potest: quis negare conspirationem generalem, maximam, horrendam, [illegible] Nunc verò quorum mali [illegible] multos esse non & plenos [illegible] adhuc spectant, sed apud nos servatum [illegible], non omnino cum regno persuadent.

„Ac duo quidem, ô Rex, adducuntur, ut tibi omnis [illegible] illorum & [illegible] sus existimetur: unum est homines illos valde mutatos esse, non eos jam esse quos videras, qui te modis tam multis infestarent: alterum quod ostendum est, etiam si illis animus esset nocendi Majestati tuæ, non tamen posse.

„De priore, ostendunt in oculis [illegible] Decretum magnum ab ipsis factum: *Ne se deinceps negotiis Status sive Regnorum* [illegible] *publicè immisceant.* Age dicam Decreti illius facti videamus. Dicunt factum esse anno 93. Quid ergo? Iam ne obliti estis, ô Rex, illos homines his ab eo tempore [illegible] tuam procurasse? Quo [illegible] hoc Decreti executio est? An ignoramus generalem exceptionem [illegible] (nisi quid sit pro Religionis bono) [illegible] ad omnia, quæ velit aliquis, prorogandi? [illegible] quæ certè [illegible] ne se possint negotiis ad Statum pertinentibus immiscere, & quæ [illegible] ad Statum faciunt Reip. legendæ. Extant sunt nobis defensiones ipsorum, quas veritatis defensæ nomine ediderunt p. 229. ubi utuntur his verbis: Sed Status iste quænam creatura est? videamus in ea illum, ne Iesuitæ negotiis illius immisceantur, neque indignationem eorum experiantur, qui propugnant ipsum, & sunt æmuli ipsius. Item pag. 232. Exponant itaque boni isti Catholici, quid dicant, cum eos nolunt, quod se negotiis æquo plus occupent; & ipsi viderint, ne perdant Statum, dum tam parvam sui fidei rationem habent: & ne terrenam sequeantur procurando, tum eam non recuperent, tum illam, quæ in cœlis est, amittant. Potestne superbius & arrogantius demonstrari hanc ipsius voluntatem esse, ut pergant diligentius quam [illegible] unquam perdere & subvertere Statum, quem se novisse negant? atque hoc quidem tam ratione dicunt, non quod animo aliorum alia insedit cogitatio, quam ut seniores publicas sollicitent, Magistratum contemptum, motum subditorum excitent: „prout se conjurationi eorum ho-

[illegible]

„Res

ftos declarant esse, qui sunt amantes patriæ. Et illud plurimum observatu dignum, quod in eadem p. 229. *ut eosdem propalam exhibent ipsi, qui conversatum, ô Rex, tranquillitatem, novum separationis* [illegible] vocem Gallicam fabrefecerunt, ut *Ebaeistes, Statuales* appellarent. Durantibus procellis ipsorum, nos *Politicos* appellabant; hæc vox jam non audiens usu, exolevit, [illegible] deinde alteram: hic perpetuo illorum artes.

Vides igitur, ô Rex, quam bella Jesuitæ sunt illud Decretum exequuturi, atque hoc tamen muniunt propugnaculo, ut labefactent omnia, quæ Majestati tuæ exponuntur. Sed quis unquam fando audivit, ejusmodi promissionibus, ejusmodi decretis haberi fidem? Tantidem facio, quam si Piratæ Mercatoribus ostenderent, se in concessu generali statuisse, ne amplius exerceant piraticam, neu prædentur amplius, se liberam eis copiam facere securus navigandi. Hoc pueris facile persuaserim. Et quis tam imperitus administrationis Mundi, qui nesciat, Jesuitas nunc ad omnia jam admovere manum, & amplius, quam unquam fuerint? Quid longe abeamus? Proximi vicini nostri sub tyrannide ipsorum gemunt, & id unum cogitant, qui vi sese ab illis expediant. Sed ut ad institutum sermonem redeam, si Jesuitæ ad nos reversi essent, quis eorum observator esset, sive antigraphus? quis de [illegible] ciis [illegible] subeuntibus in domos & per domos ipsorum cognosceret? [illegible] canis consiliis quæ haberentur? de iis quæ afferrentur judiciis? Quis non illo momento videat in eandem libertatem, qua anno octogesimo octavo usi sunt, venturos esse? Amplius adhuc dico; etiamsi artes illorum contra dignitatem tuam, ô Rex, compertæ essent, quis posthac deinceps eas judicaturus esset Magistratus qui sibi non metueret ab [illegible] redintegratione, ne quando iterum superbam ipsorum tyrannidem subeat, præsertim si ex tam solenni exilio reversos viderit. Certe mihi [illegible] tibi, ô Rex, persuaderi posse, nunquam Jesuitas voluntatem pravam deponere, ad caput aliorum [illegible] re præclarum maledicendi tibi. Atque ut ad hanc fidem melius adducant Majestatem tuam, in libellis supplicibus suis [illegible] soluta oratio, [illegible] & terminos quosque Panegyricos in vernaculam [illegible] sermonem converterunt. Nominat ô [illegible] omnes audita, quam tantas ipsorum Sedulitates, ô Rex, amplificando, [illegible] dignitatis suæ pulcherrimæ factam laudibus ipsorum commenda. Gaudeo [illegible] cum tot hominibus, qui [illegible] parentes vitæ suæ, ex animo studiosos tui, in cœlum usque actus tuos triumphos provehere. Hoc meretur virtus, hoc pabulum, hoc elementum ipsius, hæc pulcherrima ipsius compensatio. Sed caveamus, ô Rex, obsecro, caveamus ab inimicorum laudibus. Anacreontem veteres, magos augustissimos laudando fascinasse. Caveamus, ô Rex, ab illis Sirenibus, quæ adeo suaviter nautis adblandiuntur, ut sopirent nautas, & gravatos somno [illegible]. Quum tam speciosa verba audis, ô Rex, in ore ipsorum, annon recordaris, os eorum ab eodem de seminario isto veteratorum? Cum eos loqui audis eloquentiæ, annon tibi in mentem venit, Gymnasiarchum eorum Barreriæ animum succendisse hoc flumine eloquentiæ? Non male observaverunt illi, ô Rex, in suo libello supplice, non dico clementiam (quæ semper est laudabilis judicio comperta, alioqui virtus esse desinat) sed bonitatem Scholam Julii Cæsaris ab illo Principe Romanæ eloquentiæ evectam esse, & quinquaginta duobus prœliis, quæ ille gesserat, antepositam. Sed non perdocent ad finem historiam eam: sic eum obstupefecisse sui sermonis eloquentia, ut suos capitales hostes revocaverit, lateribusque suis adesse curaverit: qui paulo post eum stilis confecerunt, quem neque Mars, neque Bellona, neque multa centena armatorum millia potuerant offendere. Parce [illegible] tibi fieri, non magis tibi persuasi sum. At cum æquo triumphum canere, ut Orator ille, qui post clamabat: *Fausta magna potentissimum Cæsarem, sed animos accenderunt.* Scio te responsurum, maximum illum Imperatorem fuisse usurpatorem: at ego vicissim respondeo, [illegible] *Romanum ex Jesuitarum doctrina posse efficere, ut tyrannus habeatur*: quam doctrinam profitentur, & jactant hoc adhuc tempore; neque deinceps negaturi sunt, nisi Generalis ipsorum subjectus Hispano, ut alii quarto[illegible] omnes extiterunt, pro dispensatione venientes, ad nutum, dissimulandi doctrinam suam, et pedem reponant in Galliam. Sed hæc verba aperte pronunciata sunt: Non posse Papam excommunicare & fulmine ferire pro au-

thoritate

dorum Regem, & subditos Religionem [illegible] data fidei exsolvere. Quomodo autem ipsorum omnia conciliaturi essent? Has mutationes nova in ipsorum animis [illegible] probationes efficere. Ad institutum redeamus.

Hæc ergo tibi dicitur, ô Rex, quàm optimè constabilitum [illegible] sub [illegible] Speciosa verba, & [illegible] Speciosum, quod maxima ex parte verum: quod benè audit est, & illis malè. Sed in primis te oportet, ô Rex, illud advertere, eos, qui tantopere magnificant potestatem tuam, se adhuc in duabus provinciis Regni tui, contra auctoritatem tuam, contra edictum tuum, contra Arresta [illegible] esse. Non sum nescius, [illegible] excessisse [illegible] tempore habuerant [illegible] memoriam, si placet, ô Rex, in mense Maio anni 84. [illegible] defunctum Regem [illegible] fuerunt, [illegible] post annos [illegible] Legatum excussum esse. A [illegible] brachia fuerunt, & pedes [illegible] illud ipsum corpus, quod regebat sceptrum. Hæc quis melius novit, quam Majestas tua?

Vt tamen liberè dicam, ô Rex, quod sentio, nec amplificans justis meritis causam, nec imminuens (hoc posterius fuit longè periculosius): Optimum pharmacum [illegible] Reipubl. est diffidentia [illegible] Majestas tua & [illegible] quod [illegible] non [illegible] superstes fuerit [illegible] faxit Deus, ut [illegible] adhuc annos & amplius [illegible] futuros esse. Verumtamen pro vero habeo, in hac re mihi assensuram Majestatem tuam, neque [illegible] esse, neque in [illegible] Parlamentorum manu, impedire, quin [illegible] subditorum [illegible] dare opinionem suam de causa excommunicationis, vitiisque illius, illis locis omnibus, ubi fuerit [illegible].

Esse igitur malum, non parvum, nec mediocre, sed magnum, maximumque & quod gravius malum possit existere, quam si ubi [illegible] ante quadraginta annos [illegible] amplius [illegible] subditorum millia [illegible] periculosissimum hoc, inquam, [illegible] est, quod te superstite, te Rege acciderit, ut diligentiam summam, providentiam maximam his [illegible] adduxerit, non poteris impedire. Memento dictum.

Quod Regulæ, restrictiones, & modificationes tibi proponuntur, [illegible] Et quæ possunt in Regnum [illegible] fieri? Videamus [illegible] Quid, [illegible] [illegible] juventutem informatam fuisse? Hic verò [illegible] patrimonia [illegible] quæ maxima [illegible] Rex [illegible] in [illegible] Ergo juventutem sub [illegible] habent [illegible]

Sed fingamus velle non esse Collegia [illegible] ipsorum [illegible] non impedies, quin [illegible] Et novit Deus, qui [illegible] in effectu [illegible] Deus novit, quæ [illegible] & signa [illegible] Certè non [illegible] quis [illegible] deficere? [illegible] Regno [illegible] Regnum [illegible] Hæc [illegible] quod [illegible] Arrestum [illegible] Quid [illegible] Tum verò Majest. tibi [illegible] est amplius [illegible] Arrestum Parlamenti [illegible] inviolabile. An ulla in Mundo potest [illegible] Hic Clypeus [illegible] ut impediatur, ne [illegible] Septembris 88. nisi istud, [illegible] periculosum [illegible] Deum [illegible] istud non dicam [illegible] memoria [illegible]

kk triple-

[illegible] in ullo Regno tuo tuto futurum es, quin ex eo videas innumera domorum rudera, quas everterunt, quae; orphanos infinitos; quos ad paupertatem redegerunt. Et hoc tibi non afficit animum? Afficit, scio; nam tibi melior est animus. At interfectores ipsorum te jugulo tenentur tibi latere desinet?

Centesimam forte mali partem, ô Rex, habes, quod illi te vivo & vidente allaturi sunt. Si chartam hanc meam in aliquem conclavis tui angulum conjeceris, postea verò imprudens aliquando oculis in eam incideris, me vera dixisse judicabis.

Sed esto, demus, eos nec movere, ne spirare ausuros, dum videbunt aspectum tuum: nonne prudentia magnorum Principum tenetur ulterius penetrare & prospicere post cursum vitae suae, praecipuè si adsunt liberi? Dum corpora nostra benè habent, ô Rex, non sentimus plurima incommodaque invadentia; morbo solent existere: ita, cum valetudo magnorum Regnorum accidentibus perturbatur, quae Deo placet immittere, excitantur non pauci humores pravi, quorum stante felicitate nullus sensus extiterat. Haec sunt tempora, hae occasiones, quas Jesuitae observant, nec umquam sinunt effugere. Si primo impetu [illegible], altero vices ingeminant, itemque tertio. Vincunt in omnibus pervicaces.

Non semper idem vigor inest, idem ad resistendum animus. Qui morbus recidivo gravior? cujus minor est commiseratio, si quis nostrâ culpâ factum est, praesertim ubi causa mali benè animadversa est, & nobis cura non fuit, ut benè ab eo caveremus. Faxit Deus, ut sim falsus vates: sed prospicio animo tandem hoc Regnum operâ Jesuitarum in cineres abiturum. Id semel videmus per illos conflagrasse tam horribili incendio, ut inde ab Asia ipsa videretur: inventus est Rex magnus, plenus virium, plenus experientiae, non expiens somnum, nisi quum vellet, fortis ad labores, ad pugnas [illegible], qui hoc impetu extinxit malum. At non semper magnos illos Principes, & florente aetate largitur Deus. Ecquis non videt, quum hujus Regni [illegible], hoc incendium multò [illegible] gravius quàm ante [illegible] & liberos nostros [illegible] deploro, ô miseram [illegible] quidem [illegible] adsunt [illegible] eas [illegible].

Animadverte sequentia tibi, ô Rex, [illegible] quem [illegible]

[illegible] scriptum & speciem magnam habent, quae exponuntur tibi; sed capere animo non possum, quomodo Jesuitae officia tibi non multa essent delaturi, si ita esset doctrina illorum, ut modo audivimus. Fortassè etiam, ô Rex, qui hoc tibi dicit, idem credit, agitque bona fide; quemadmodum plerique eorum, qui causam illam agunt apud te, sunt ignari veritatis, quam modò coram te protuli. Quam illi si tenerent, non minus [illegible] Arrestum suorum executionem mandes, quam [illegible] hodierna die [illegible] eam ergo rei declarationem ex veritate affero. Quum tibi Jesuitae, ô Rex, magnos illos supplices libellos exhibuerunt, adeò phaleratos, adeò splendidos, adeò multos, convenientes cum optimè tibi cum Patre sanctissimo: quae enim igitur fuissent impedimenta illis, ne tibi sponderent officia sua? quid aliud fuisset dictum? an gloriatori adhuc fuissent se tibi hostes conjuratos & capitales esse! Haeccine Jesuitarum via?

Sed an observasti, ô Rex, quamvis libelli illi supplices circumfluant longitudine supra modum, tamen eos non praestitisse, neque attigisse hoc caput quaestionis, hunc nodum controversiae, hunc doctrinae scopulum periculosissimum? videlicet, Non se credere, docereque, posse Papam excommunicare Reges, & manum injicere coronis ipsorum! quae certa basis & fundamentum est eorum omnium, quae perpetrata in Europa aut intentata sunt, & [illegible] omnium, quas perpessi fuimus, ex quo scelestissima haec doctrina tam audacter fuit seminata. Huc, boni Oratores, huc vos venire oportet: non autem narrationes pertexere de obsequio, quod à natura subditi suo Regi debent. Rem magnam scilicet: quid? nonne semper instructi estis exceptione vestrâ? quâ tandem? nimirum ista: Modò ne Rex sit excommunicatus à Papa, qui potest omnes subditos à Religione jurisjurandi & datae fidei absolvere. Hoc demum est rei caput. Praecisè nobis respondete, & nihil circuitione utimini: Verum verum est, vobis hanc exceptionem praestò esse ad manum, at verò esse [illegible]? Sed quid ego consumo tempus in rogando super hac re ipsorum sententiam? En libros illorum, plenos istius argumenti: hoc unum clamant, hoc unum intonant. Ex quo illo fonte profluxit malum, quod ultimis temporibus experti fuimus? Quis ergo fecit, ut excommunicatio contra defunctum Regem nono [illegible] mo quingentesimo octogesimo nono in Gallia obtineret? quæ profectò absque Iesuitis fuisset, non valuisset amplius quam illa anni 1591. Turonibus, ubi non erant magnæ animi Iesuitæ, & ab externis redempta. Nonne videmus, tantum abesse, ut doctrinam illam negaverint, ut contra glorientur de ea sint, etiam post exilium suum, ut principio demonstravi? An verò tam imperitos nos putamus esse, ut supplicibus suis libellis in hanc as-[illegible] tenuere? Profectò non benè versari fecerunt Rhetoricam, quæ silentio præterire eas objectiones jubet, ad quas non datur responsio. Ad has Lector accurate non semper attendit, traduntur oblivioni: modò respondeatur ad id, quod propè abesse videtur, sufficit. An unquam melius suis ars oratori cessit, quam Iesuitis ista? Quis certiorem fecit Majestatem, eos silentio præteriisse magnum hoc quæstionis caput? An quisquam expostulat [illegible] peccatos in dicendo esse? Gallicè non loqui? nunc essemus, quando [illegible] cum Papa agerent? At illi caverent sibi diligentissimè ab eo dicendo, quod dicturi essent, Deum nos usque adeò affligere, Sanctissimo hoc Patre semper ad se, Romæ aliquem nobis daret Bonifacium VIII. Benedictum III. Iulium II. qui excommunicationem ad nos transmitteret aliis continuem, quarum fulmina vibraverunt olim Reges nostros Christianissimos, fortissimè Catholicos, & primos ubique Christianos Reges, ex libris illorum, ex animadversionibus & ex tot prædicationibus illorum, ô Rex, agnovimus, si fides ipsis haberetur, illos tali occasione dicturos esse successorem tuum esse futurum Regnum à subditis, dominium ab hæreditate [illegible], privatum hominem, particularem, maledictum, execrabilem, miserum, errabundum, denique ejusmodi, qualem & defunctum Regem fuerant effecturi, & reipsa fuissent effecturi si omnes Catholici Galliæ fuissent boni Iesuitæ [illegible] consilia docerent ad effundendum [illegible] hominum [illegible] docent, & certum hanc fidem [illegible] insignem fecerunt, & Te & totam posteritatem tuam in perpetuum vi Bullæ ex throno S. Ludovici exturbari posse.

Sed quid rationibus opus est, cum exempla suppetant, quæ Te attingunt proximè? Adeptus es ô Rex, notitiam historiarum multarum: audivi Te historias narrantem, quas ignorabant multi, qui polyhistores sibi videbantur. Quod si nunquam ferè nisi omnium judiciis, ex hac simul esse: narrabo tamen paucis, quis processus est eam Tibi memoria excidisse. Anno millesimo quingentesimo duodecimo agebatur annus vigesimus nonus, quum Catharina Regina fuerunt Navarræ Reges, quod ipsi obtigerat successio Francisci Phœbi fratris, ex hæreditate quam plurimorum antecessorum Regum. Anni octodecim elapsi erant, ex quo cum Ioanne Albretano marito suo coronata fuerat Pompelone: Deus illis liberos novem dederat cum filiabus [illegible] Regnum eorum opibus & potentia adeò florebat, ut semper Castellanos & Arragonios feliciter caderet. Inita pace [illegible] summoque & antiquo fœdere cum Regno Galliæ, Regi nostro Ludovico XII. magno Regi, magno Duci quàm dilectissimi: denique non videbatur forte, ut ipsa tota Europa de aggrediendis illis vel cogitare præsumeret. Papa tamen peterius Gallorum odio, in hos Reges vibravit excommunicationem suam, subditos eorum à Religione jurisjurandi, & debitæ fidei liberavit, Regnumque eorum exposuit prædæ, primo cuivis occupatori, qui iste est ordinarius. Eadem Bulla in Regem quoque nostrum vibratur fulmen, ut jam ante factum. Quid autem accidit? à Gallis ne unum quidem curavit unquam; nomen verò (atque hic mihi ausculta, ô Rex, indolem bonam nostram & [illegible]) dum erga Reges, itaque quàm gustavissemus doctrinam illam Iesuiticam quæ [illegible] commonstrabitur, plagam Regum [illegible] per illos imposuerunt; contra [illegible] omnes nostri, item [illegible] geminas vires animi contulerunt, ut servirent Regi, frenderent hosti, qui odio in ipsum ardebant & amorem suum in Principem suum adeò amplificaverunt, ut vix crederent invicem nisi viderent, Patrem suum, Servatorem suum, Regem optimum appellarent: Denique permansit illi ex eo tempore indictum nomen *Patris populi*, & in æternum permansurum est.

Ex contrario autem quid Navarrenæ Reginæ accidit [illegible] ordines convocaverunt, placuit, ut [illegible] obstante Papæ excommunicatione fulminis. Hoc autem repono, [illegible] homines exstiterunt, [illegible] novarum studiosi, qui nunquam [illegible] velum religionis obducent rebus suis, qui soli homines (si fides habebatur) sunt planè Catholici: illi in populo coeperunt disseminare illam doctrinam, quam ante expulsi, quamque postea Iesuitarum opera fatam in Gallia vidimus. Quid itaque factum est in Navarreno Regno? Scilicet isti alios omnes effecerunt veternosos, destitutos manibus pedibusque, hos e regione, illos seditiosorum interminantium more: adeo ut abavus & abavia tua, ô Rex, in medio subditorum suorum sine subditis comperti sint, & sine milite per medias acies. Nunquam denique defectio proditioque extitit adeo foeda, & pudenda, & miserabilis, qua illi coacti sunt trahentes quaternos liberos, ex quorum ingenuo genus ducis, ô Rex, fugâ se in Galliam proripere, efficientes membrorum unâ Regni spatio unius horulae, quod tota Arragonia & Castella tota mille annis non fuisset effectura. Cùm regnum amittitur, post trium aut quatuor praeliorum insignium jacturam, quae res innumeris aliis accidit, id saltem aliquid consolationis habent: sed ubi Rex se Regno expulsum videt, nemine subditorum contra stringente gladium, neque ullo praetextu; hoc vero indignationes omnes desolationes, & omnes calamitates superat, quae apud homines excogitari possunt.

Sequente anno Rex noster justo dolore perculsus, quod Regem Reginamque suâ occasione videret exules Regno, collectis copiis transmisit Pyrenaeos saltus, & rectà Pompelonem petiit: quibus adeo graviter pressi, ut ab Insula Villens & Canniae signa muris imponerentur oppidi: sed ita fortiter est propugnata, ut re infectâ oportuerit discedere. Post annos 8. rogatu Henrici Albretani Navarrae Regis, alterum exercitum submisit Rex *Franciscus*, qui Pompelonem recepit: sed mox iterum amissa est. In hoc bello *Ignatius Loyola* virum se praestitit. Et unus ex ducibus signorum Hispanicorum fuit: sed cum ita gessit pretio unius pedis & altero pede infirmior est factus ex vulnere. Hic Dux, auctor, & Pater Iesuitarum est. Nunc vide, Rex, annon discipuli vestigia Magistri sui secuti sint? annon ardens suum studium erga Castellanum imperium, & exemplum odium contra Galliam serie aluerunt?

Admodum fundatus eorum juvat, ut Navarreni perferrent sub Castellano jugo, discipuli vero alias unus pro aliis exposuerunt Galliarum libertatem? Vis dicam unum unius praelium non potuerunt perdere, quin ea perderemus, ô Rex, qui nunquam aliud perfugium haberes quam ad signa [illegible]. Illi voluissent te antea perdi[illegible], quis non videt maxime [illegible] Galliam, sicut & Navarram, servam, captivamque sub Castellano jugo ad tenendas & vincula? Quid amplius? auctor illorum fuit unus ex Ducibus praesidii Hispanici Pompelone: discipuli vero, Lutetiae per triennium praesidium Castellanorum locaverunt, atque defenderunt. Verumtamen haec omnia nihil sunt ad illud, quod jam sum dicturus. Loyolae illius discipuli veri judicio providentes, Regis illius Reginaeque tam miserè exturbatorum ex haereditate nepotem Castellanis olim terrori fore, severos quicquid in mentem [illegible] acerrimum hostium venire posset, ut hanc sobolem perderent: quamque eam invito furore suo in Thronum S. Ludovici evectam animadverterent, & mentes & conatus suos contra ipsum Regnumque ipsius ingeminaverunt, idem venenum in populum illius copiosè effundentes, quod olim Regnum Navarrae perdiderat; & quod nunquam in Galliam, nisi per istos subtiles & audaces pharmacopolas potuit importari. Nihil horum fugere haeredem illum Catharinae Reginae potuit: & tamen nescio quae insolentia, nescio quod infortunium aequè Gallis ac Navarrenis fatale atque inevitabile mox persuaserit, ut eosdem Loyolae discipulos retineat in Regno, ex quo solenniter jussi sunt per Parlamenta ipsius exulare. Quis rem tam inauditam unquam crediturus est, postquam leoninâ pelle pugnatum est tam diu, nunc eum se vulpinâ decipiendum exponere? At non invenitur solius Secundus in omni tempore [illegible] ac nec semper exstant quae amittantur Regna. Non opus est tot bellis: unico opus est, & modo Gallos tam bene [illegible], quam Navarrenos [illegible], ô Rex, etiam atque etiam quod mox sum dicturus. Excommunicatio [illegible] Lugdunum, Tholosam, Massiliam, Ambianum, Narbonem, Aurelianum, Bituriges, Nannetas, Trecas, Divionem in defectionem adduxit, & alia innumera. Quid de Iesuitis dicemus, qui strenui sunt milites, homines industrii? si tantum spatio triginta annorum progressi sunt, quid deinceps fuissent facturi, postquam tot conscientias commoverunt, & tot juvenes duxerunt, qui ad honores in dies assurgebant? Cur in confessionibus fere fuerunt omnes probi Galli, juvenes ferme omnes inimici sui comperti sunt? Cur totius filium planè adversantem patris judicio vidimus, nisi quia semper hi Iesuitarum [illegible]?

Sed

Sed placetne, ô Rex, cognoscere audaciam illorum, quâ gloriantur magnum istud & lucrandum vulnus animis fabulorum [illegible] à se fuisse illatum, quod singulis diebus augent, scabunt, atque amplificant? Oportet ex solùm voces in antiquum revocari, quas ante transcripsi ex Defensionibus ipsorum. Ac propterea, inquiunt, videmus gladium in personam multorum Regum ex manu Regis fuisse usurpatum: quod si non semper fuit utile executionem ejus, semper tamen utile potuit esse: *Siquidem subjecti benè fuissent dispositi, nonne hic profuisset clamare?* Olim non fuerunt Galli benè dispositi ad deserendos Reges, cùm primùm intonaret excommunicatio, sed contra potiùs studium suum erga eos ingeminaverunt. Nos verò triginta annis adeò bonam magnamque eorum partem disposueramus, ut parùm abfuerit, quin victoriam simus assequuti. Quid si Regibus nostris, & tam variis hinc inde commendationibus nos adhuc ibidem tueri possumus, tam benè disponemus Gallorum animos, ut plenum triumphum canamus altero impetu. Enimverò plurimùm fueris, ô Rex de posteritate meritus, si eam miserè subjeceris ejus arbitrio, qui primus insidem sanctæ sedi patres Hispanicæ soleas, eos homines restituendo, qui eò audaciæ superbiæque devenerunt, ut schismaticam hanc doctrinam sic[illegible], deque ea glorientur, eam altâ voce proclament, eosque omnibus promoveant. Sic opus accelerabitur. Et quorsum, ô Rex, tot blanditiæ, quibus infantem [illegible] excipis, si eodem tempore structores introminas, poteruntne etiam in Gallia extructores, ut adprimum nobis significationem subditi ejus tam excussi enerventque reddantur, tam *dispositi* quàm antea ipsa fuerant Navarroni? Annon id tibi [illegible] est, hâc doctrinâ ipsi Pompelonem ereptam esse, nisi & Lutetia per eam erepta sit?

Offerunt quidem tibi Iesuitæ supplicibus suis libellis sponsores, qui tibi & tuis omne damnum præstituri sint. Sed [illegible] mibi adhuc fuerat, ô Rex, in causa Regni fidejussores dari. Etenim apud quos [illegible] potestate [illegible], siquis ejectus, errans, vagabundus est per orbem terrarum: cui tamen oportet accommodari. Acquiescamus ergo cautionibus, modò sint idoneæ: aliqua [illegible] est.

Videamus, quonam fuerint sint. Apud tuos subditos, ô Rex, nemo fuerat est o- potentes [illegible] eam ejus bonæ et [illegible] ma quidem pars illius summe facta sunt, de qua est opus caveri. Apud exteros quos idoneos offerant, ut caveat de Regno Galliæ? Video quid sit ô Rex, fidejussores quem tibi daturi sunt, ut rege de fide, de studio ipsorum in servitium tuum, est Rex Hispaniæ, qui corpus suum pro corpore ipsorum pignori dedimus est. Hic enim oppleatus est, cum [illegible] Dominus, *tam amat Gallians* [illegible] reguari?

Atque hæc quidem de cautionibus hactenus. Nunc est [illegible] ad cætera. Quid fiet illâ columnâ, ô Rex, quæ ante Curiam hanc suam præfert notam in marmore posteris nostris illius studii, quo magnus ille populus universus flagrat erga suum bonum Regem, suum magnum Regem, liberatorem suum, qui eodem anno extricabat ipsius Regem Hispanorum excusavit? columna magis honorata, magis gloriosa, quàm illæ Traiani & Antonini cum annis certantes, & immortalitati consecratæ?

Eamne adhuc stare siveris? At enim omninò contra, quàm tu ipse Arresto sanxisti, quod tibi molestum est? Quid dicturi sunt, qui contra videbunt, quàm legent? Nonne magnus ille Senatus Galliæ [illegible] quid sculptum in marmore Arresta ejus, sed nova contempta sunt, post habitæ pedibus.

Rem profectò pudoris plenam. Quid ergò faciamus? Fundum jam nos, & columna evertenda? Quid? sic, [illegible] Extaretne in mundo quisquam adeò infortunatus, ut tibi abominandum illud consilium velles suggerere, ut tu ipse, ô Rex, maximarum & amplissimarum victoriarum tuarum trophæa lubrices tuam memoriam metu & pusillanimitate tanta fœdes? ut quemadmodum primùm ex literis Regibus nostris [illegible] eum, qui effigies regum Romani imperii, [illegible] malè Galliæ tot annis laquearint, sic tuâ diversa in perpetuum habuerimus tot fuisse primum, qui [illegible] ad mandatum Romæ, ipse tuas laurus avulseris, [illegible] palmas tuas, monumentaque miserè dejeceris rerum tuarum fortiter gestarum, & beneficiorum tuorum erga Regnum tuum & Lutetiam tuam, denique magni hujus Imperatoris Europæ & Mundi Monarchæ!

Præterquàm amplius Generalis Iesuitarum optare potest? Si magna arce Hispania dedissent à suis & [illegible] [illegible] universam [illegible] [illegible] Lutetium, neque [illegible] ab extructione illius columnæ fecturi essent?

 Gal-

„ Galliamne pati, ô Rex, te Rege, te mandante maximum [illegible], [illegible] quod ab insolentia Galli- [illegible] unquam subire posse?

„ Si postridie festum illius conversionis tuæ, ô Rex, in fanum Dionysii advenisset Angelus è cœlo, qui tibi Lutetiam reversuro dixisset, Iesuitæ præsidiumque Hispanicum, quod in magna illa urbe locaverant; & quod in ea continent habendo conciones apud populum in gratiam illorum, hi soli impediunt ingressum tuum, desiderant te in ea omnes bonique gredientes [illegible] illis scelestis invitis, & brevi. Post novem menses dabunt operam ut trucideris, sed non poterunt efficere: magnus ille Deus supernè avertet ictum, facietque ut confiteatur parricida nefarium Iesuitarum doctrinam & quotidianos eorum sermones contra te habitos, ipsum produxisse, & impulisse in cædem tuam. Dabit etiam Deus ut ista declaratio insuper sanguine & propriâ manu ipsorum comprobetur: itaque omnes in exilium mittentur; tu verò septimo post anno restitues eos ad eversionem Regni tui, & desolationem familiæ tuæ: si [inquam] Angelus è cœlo hæc tibi prædixisset, ô Rex, fuisset-ne pro vero habiturus sermonem illum? Minimè, generosi pro-[illegible]: adeò postremum hoc caput à tua voluntate pendens tibi visum fuisset alienum. Vide tamen si placet, vide quàm propè absueris à perficiendo hoc malo, tam [illegible] oblitus mali, quo affecerunt te, & quotidie possunt afficere homines illi, qui antiquos Reges nostros *Rebelles* vocant, quòd sua diademata, coronas suas ad primum [illegible] & [illegible] nutum contra ipsius [illegible] in solum non [illegible], & qui fortasse illius doctrinæ [illegible] illud innumeris de populo persuaserunt, Regem defunctum nostrum *Tyrannum* & *Rebellem* extitisse, quæ res profectò ei [illegible] mortem attulit.

„ Non [illegible] tibi, ô Rex, ante oculos imaginem excelsam, pallentem, cogitabundam [illegible] magni illius Principis, optimi tui fratris; ut erat quum affectus vulnere & sanguine madens, [illegible] [illegible] ad [illegible] [illegible] [illegible], [illegible] [illegible] [illegible], tantâ modestiâ [illegible] [illegible] spirantem?

„ In suprema [illegible] quæ illi, [illegible] pro libertate patriæ [illegible] [illegible] liberandis [illegible] [illegible] [illegible]

„ Quid [illegible] fronte Arcesta Parlamenti [illegible] contra parricidas [illegible], qui ipsum viventem cultro mactari curaverunt, mortuumque suis pugionibus confoderunt, proclamando in universâ Europa. Eodem die, quo [illegible] [illegible] [illegible] jubebat ejus [illegible] depulsus est: Aiunt, eum mandavisse ut S. Martij [illegible] omnes ibidem jugulandi, nisi jugulatus fuisset prius. Non est unicus [illegible], ô Rex, corpus Iesuitarum ejusdemque omnes qui sunt [illegible], [illegible], [illegible] in universâ Europa decantant hunc Triumphum. Europa autem? imò in universo terrarum orbe in suis scholis, ubi nunc crudelia effecta suarum propositionum periculi plenarum ostentant, ubi trophæum statuunt [illegible] [illegible] nostri defuncti Regis, superba, inquam, spolia primi in Mundo Regis, quasi de occisis tali multitudine, quæ in Galliam vibrari curaverunt, ubi [illegible] adventum ipsorum nullis unquam viribus extinctam.

„ An ergò placeret, ô Rex, auxiliationem, quæ restat nobis eripere, & solam [illegible] & monimentorum solum, quod [illegible] nostri de cæde Regis defuncti, & Domini nostri defuncto habituri sunt?

„ Ô mi [illegible] Domine mi! ô miser Princeps Domine mi! [illegible] nihil aliud potui, hos [illegible] [illegible], hæ ultimas lacrymas humillimi servi tui & fidelissimi subjecti habeas: forsè etiam suspiria contrahuntur decies centies mille Gallorum [illegible] [illegible] [illegible] non hac ætate, at verò posteritatibus. Cor enim singulos mei, [illegible] mei gemitus non [illegible] [illegible], quamdiu boni Galli in terra durare, fuit?

„ Si majores nostri ô Rex, venenatam istam excommunicationis doctrinam, & de potestate Regnorum transferendorum hausissent, magna hæc successio non fuisset ad te usque continuo [illegible] [illegible] [illegible] avulsa esset. [illegible] [illegible] est [illegible] illius doctrinæ [illegible] verò doctrinæ illius, vita est & gloria & splendor regalis familiæ tuæ. Si qui contra apud te dixerint, eam videre [illegible] [illegible] cupiunt. Rem teneo; quod si tenens non medicaberis, [illegible] [illegible] ipse fundamenta Regni tui, quæ [illegible] est [illegible].

„ Magnanimus & generosus Regis animus non solum in bello spectatur, [illegible] [illegible] [illegible] accendens [illegible], [illegible] multiplicibus [illegible] [illegible], ut in hostibus [illegible], [illegible] [illegible] [illegible] & [illegible] [illegible], quam mox fulmineo impetu proruentes, sed magis adhuc eluces, ô Rex, in tempore graviorumque negotiis regni consilio tractandis. Ibi prudentia opus est maxime: sed exterminandos omnes motus, [illegible] omni cavenda molestia: formido: haec re indigna est, indigna Rege Galliae, etiamsi non esset id, quod est, Rex Galliae legem [illegible], quam à Deo non patitur. Vide, ô Rex, quid [illegible] vide, quid tibi, posteris tuis, & Regno tuo velleraliud ne spectes.

Ius est, ô Rex, ut Arresta Parlamenti tui, Parlamenti Galliae, mandentur executioni in Gallia, hîc maxime Regni tui [illegible]. Quis ergò tibi auctor est, ô Rex, [illegible] brachium dexterum ipse praecidas tibi? revera, mentitis nominibus Rex Philippus est, qui cupit, qui instat, qui molitur. Frater tuus est, novi, sed consilia periculosi [illegible]. Iuvenis est, ambitiosus est, magnus est: scit Reginae Catharinae hereditatem à se deri[illegible], ab hoc veritus atrocium fuisse animum patris ad mortem decumbentis. Dum vixit, [illegible] est ipse sibi, [illegible] [illegible] quum verò [illegible] ejus quod ille vocant magno domino coram magno Iudice mox comparendum esset, horrorem attulit: cum inquisitionis [illegible] alienationes, blanditiæ Iesuitarum illum non potuerunt ipsum contra scientiam ipsam, contra conscientiam suam defendere, necesse habuit loqui, necesse [illegible], & illam perturbationem, illam faciem, illa tormenta dispositione [illegible] alteram. Veruntamen abest, ut hoc testamentum [illegible] exequi, ut contra infinita, incredibilia consilia agitet: sola Gallia [illegible] [illegible]. Quam foret ipsi commodum, ô haberet semper in visceribus magni hujus Regni homines certos, promptos, audacis, fortesque exequendis omnibus operis ipsius, quovis periculo? Quam commodum, si semper haberet exploratores adeò pervigiles, adeò audaces; adeò peritos dissimulandi arcana; ut quisquis sive Gallus, sive extraneus in Regno [illegible], nunquam dubitet [illegible] Italis conventibus fieri possit, [illegible] per errorem accedatur, [illegible]. Sic fecit Barcia: ô [illegible] Iesuitarum [illegible] [illegible], credere omnino [illegible]. Quid nunquam commiserunt simile Temporibus in Galliae [illegible] Francisca[illegible] in Hispania? [illegible] quidem est potestas [illegible] [illegible] [illegible] conjunctim habet [illegible], viatorem Principem principum. Quum magna adhuc communis est, admodum est difficile, plerumq; impossibile [illegible]. Quis enim, ô Rex, deinceps [illegible] [illegible] de consilio [illegible] iis, ut [illegible], quamvis in Regnum tuum, in caput tuum machinentur? quis [illegible] esse vel, quis testis? quis judex? [illegible] principio hominem, ô Rex, qui improbis [illegible] ubi se detectos vident, ubi domus suas à [illegible] circumvolutas vident, qui aliquando [illegible] liberos suos vocarent [illegible], [illegible] ut desperent omnes, ex animo [illegible]: tandem verò paulatim [illegible] [illegible], se quisq; accommodat: & vocem à Regibus [illegible] defunctus Rex in vivis esset, haberet quod diceret super hac re: hoc uno defectu [illegible] devenit, quo tandem deductus est. Ex ejus exemplo, ô Rex, utilitatem cape, etiam ex [illegible] exemplo observa, unquamne Carol. V. aut filius ejus, magni illi politici, in publica Regni causa, infirmari siverunt aut permisere ministros suos. Observa, an unquam homines admiserint, qui in Ecclesiis nemo apud se vocari posset. Etiamsi Majest. sua nihil spectarem amplius, quam primam Iesuitarum institutionem, [illegible], locum, unde veniunt, ea tibi abominationi esse oporteret. Postquam verò horrenda effecta expertus es, quibus graviora hostes maximi operari nequeant: & ab istis [illegible] & periculosa facta magna Arresti liberatus: quo spatio parricidas tuos in Regno tuo restituas, seditionem in populo tuo, factiones in provinciis tuis, quae plus tranquillitatis ab exilio Iesuitarum, quàm prius [illegible] annos [illegible] experta sunt?

Non vult tentari Deus, jam te his, ô Rex à [illegible] [illegible] [illegible] dedit te nunc tot bonis Praelatis Doctoribusque, tot doctis atque devotis Religiosis omnium ordinum plenis probitate, doctrinâ, obsequio, studio erga Majestatem, millies aptioribus ad exaltandam nostram Religionem, nostram Catholicam, quam sint homines illi imbuti hac execranda haeresi, cujus fundamentum unicum est, [illegible] mutandi Regna, [illegible] hunc, & tradendi illi. Cur spernas spicegiatam, quam tibi fecit divina bonitas, [illegible] [illegible] ex illius morte [illegible]? Mortis per tua opera, apparitae, [illegible], qui Galliam eodem [illegible] [illegible] [illegible] [illegible] Regibus [illegible] [illegible] vivat? Non metuis, ô Rex, ne offendas eum, qui admirationi vult esse providentiam suam, & sibi gratias haberi de bonitate & protectione sua? An tibi in dubium venit

„ præfuisse ipsum magno illi consessui, magno Parlamento totius orbis terrarum augustissimo, consilia inquiri de rebus ad vitam sui Principis, & conservationem Regni pertinentibus? Quid? Hoc Arcanum a te inferendi? Et qui scis, ô Rex, an illud sit in causa cur adhuc vivas? qui scis an Deus hos viros voluerit ad te in vita servandum? hos uti propugnaculo adversus impetus illorum? pectine pervestigare judicia & arcana ejus? an nescis magnas abyssos esse?

„ Deus ille Optimus Maximus, qui è caelo novit signatura, hypocrisin, venenum, quod in pectore Jesuitæ fuerat: Deus ille maximus, qui novit conditum perpetuum, essentiale, in venis ipsorum radicatum, de evertenda gloria coronæ hujus atque Monarchiæ: det tibi gratiam, ô Rex, ut bene ab amicis Jesuitarum discernas amicos Alexandri: & exsecutionem jubendo magni illius Aristotelis tui, gubernatori Christiano orbi, ut æquè tibi bene prudenterque cavere possis à technis, artibus, cuniculisque astutiorum hostium, ac feroces magnoque animo frangere, dissipare, & perdere copias, & vires apertas ipsorum, &c.

[illegible] Accidit autem opportunè pro Jesuitis, ut Anno Christi, 1603. Rex ex Mediomatricibus revertens, per Virodunum iter faceret. Tunc enim ab Academica schola rogarunt, ut interdicto decreti Parisiensis, qui in Virodunensi suo Seminario versarentur, eximantur; quòd ditionis Galliæ non sit Virodunum. Rex Arresto non comprehendi respondit, eâ tamen lege, ut qui in Pontimussana Schola literis daret operam Virodunum redirent, in Galliam reversionis [illegible], & in posterum [illegible] Regem illis fore propitium.

Ut hac secunda aura illis afflavit, deliberatorum Virdunensibus & Pontamussanis Jesuitis de Rege adeundo & alloquendo. Hebdomadâ igitur magnâ ante Pascha, Ignatius, Armandus, Castellerius, Brossardus & Turrius a sodalibus missi opportunè adsunt feria 5. in Cœna Domini. Rex de more & [illegible] pauperum pedes abluit, detergit & exosculatur, cuilibet eum regali epulo 13. nummos argenteos attribuit.

Post prandium, Varanum Jesuitis ad reginam [illegible], Ignatius in hæc verba [illegible] esse dicitur. „ Cum primum in hoc Regno, nomina „ suspendit auspiciis, potiri, Rex Christianissime, ubi coelitus tributum, summas in te virtutes, quibus Reges & Principes omnes, qui ante fuere, longè superas, agnovimus, ac præsertim regiæ Celsitudinis cœlestem & summum ornamentum, maximam videlicet Clementiam, qua perduellionum gravissimas offensas condonasti, eâdemque in nos quoque æquanimiter utentem confidimus. Sed ô sæcularium rerum spes lubricæ, in primordiis Regni, [illegible] nostrorum invidorum vota & obloquia in te conspirantem, fatalis casus & [illegible] nostrum [illegible] gressus tum git, quæ rebus ingenti turbine perculit, [illegible] non solum abeuntes, sed ejectos facti sumus: quocunque tamen terrarum sparsi fuimus, nec in te Principem nostrum, nec in patriam ingenitum amorem & debitum obsequium, nec spem tuæ mansuetudinis exuimus, quamvis congesta nimium scelerum malevoli nos apud te immolaverint, hac unâ spe fulti, nostram innocentiam, aliquando discussis nebulis famæ infuscantium, tibi explicatam fore confidimus, tunc nostrarum ærumnarum tempus esse meditati. Jam Fidentia tuæ clementiæ [illegible], [illegible] Regni [illegible] tuo aspectui sistimus, liquidius affatim, & ad tua genua advolventes cingi, rogamus ne more tuæ gratiæ beneficium diutius protrahas, [illegible] nihil [illegible], quam [illegible] patriæ finibus, quibus alienas & peregrinas gentes jam [illegible], non posse ingenuos & industrios natales Galliam prosequi. Hoc nimis exploratum nobis est, apud te longe alios quàm simus, insinuatos habitosque fuisse, hoc est [illegible] contaminatissimos, Regno & omnibus Ordinibus exitiales, [illegible] & nova [illegible], Gallicanæ Ecclesiæ adversam, denique quæcunque deteriora [illegible] & impietatis [illegible] omnibus diris & devotionibus congestum. Sed Jesuitica nostra non semel à proavis Regibus Galliæ, & Curia [illegible] probata sunt, ut quæ longè [illegible] à Pontifice [illegible]. Christianæ Reip. salutaris sanctio sint ex quibus tanquam ex [illegible] officina, adversus [illegible] promi possint. Privatæ constitutiones nostræ [illegible], quæcunque nobis [illegible], ut divinis præceptis & mutuæ dilectioni prorsus dissonantias [illegible] prohibent. Quod si vera sunt quibus [illegible], nostra Societas non solum ad [illegible] animarum esse non possit, sed ad præsentissimum exitium. At quis credat, ingenio & rerum scitu dignissimarum scientia pollentes homines, unquam se in Societatem nostram daturos, quæ, ut causantur malevoli, omnium facinorum sentina sit & vorago? cum verò proximum est qui salutem quærunt, in eum nos appellere portum, in quo per tot [illegible] naufragium. Atqui quod, nos penitissimo obsequio Generali nostro devinctissimos, atque [illegible] votorum, ut ei in omnibus & per omnia simus audientes. Non abnuimus, nos ut membra capiti nostro penitissimè obsequi, sed Regibus, Magistratibus & politico regimini minus esse obsequentes nullatenus prohibemur, quin eo ipso adigimur, & Apostolico præcepto, quo devincti & etiam rectè dominis subditos obtemperare necesse est. Adjiciunt, venari nos & studere ad sodalitium nostrum ex opulentis familiis lectissimos adolescentes, ut his secum hereditatem suam ad nos simul accessuram. Qui hæc de nobis fabulantur, minus rectè & accurate privatas nostras leges noverunt, quæ severissimè distinguunt, ne quemlibet ullâ arte ad institutum nostrum pelliciamus, divino spiritui [illegible] tranquillitates: abundè [illegible] nostrum impervisse credimus, si juvenes rectè & probè in Scholis nostris documus. Vel exemplis hoc liquet, in Gallia non tam esse hæreditatis, cum ex nulla gente instituti nostri Professores sint quàm Galli; Lutetianum, quod in urbe regia est, proclamatur ab invidis factum opulentum, coacervatis Claromontani Episcopi & præsidum S. Andreæ & Hennequini piis largitionibus, vix tria millia librarum annui reditus adæquat. Quid tamen illum illud ad tot Professorum [illegible] omnibus disciplinis sufficiat? Ne magno Regi in tot publicis negotiis longior Oratio tædio aut damno sit, uno verbo tuam illam nobis negatam clementiam deprecamur, nos, qui tui indigenæ sumus, Hispanis, Italis & Germanis, cæterarumque gentium [illegible] nostris, erga te studiosiores esse nolumus, nec tam tibi non præstare fidelitatem, vel cum præsenti vitæ discrimine, quàm illi Regibus Principibusque gentilitatis præstant. Sacra tempora passi Christi, quæ nunc coluntur, lugubris recordatio, nobis æqua postulantibus patrocinari videntur; sanguis ab eo in ara crucis pro nobis [illegible] illud effusus, ad indulgentiam nobis conciliandam. Tantâ gratiâ indignos nos fatemur, sed confessum indultumque velis esse Christo, in cujus nomine magis de impetratione, quàm de meritis nostris confidentes, nostra hæc postulata facimus.

Postquam dicendi finem fecit Ignatius, Rex pauca hæc respondit: *Nihil à Senatu Parisiensi inconsulto in Iesuitas pronunciatum esse, [illegible] in aliquem [illegible] verbis [illegible] scripto exarata sibi tradi.* Habebant illi codicillum [illegible] oratione [illegible] quem ut Rex accepit, Villeroyo tradidit, [illegible] que Ignatianis, ut in sua solennia Paschæ peragerent.

Postridie Dominicæ Resurrectionis admissis in [illegible], non levis benevolentiæ specimen dedit, palam testatus, totum Regno esse redditum non falsum se cupere, sed eorum operâ etiam uti velle, Ignatioque dat in mandatis, ut Lutetiæ cum Cotonio ad se veniat.

Paulò post cùm Rex & Regina per Lotharingiam iter facturi ac Nancei diverterent, totos cum Principesque Lotharingos inviserunt, Iesuitæ Regiæ pollicitationis memores, [illegible] non amplius opus esse arbitrantur, dum enim [illegible] ferrum tundendum, ut vulgò dicitur, Regem adeunt, rogant, urgent per se & alios: Fronto Ducæus & Richeomus apologeticis libellis de cunctis criminibus [illegible] excusant purgantque, quàm sint Regno necessarii ad juventutis Christianæ educationem, stirpitusque eradicandas hæreses prædicant.

Pontificio legato deprecatore utuntur, nec ille partes negotium [illegible], [illegible] Clementis quoque Pontificis Rom. intercessio, cui Rex nihil unquam negatum esse voluit, Iesuitarum causam vehementer promovit.

Postliminio reversos in Gallia plurimi obstrepunt, dicentes, vim Asello & pyramidi [illegible] Regno & urbe receptis, exeat monumentum [illegible] & [illegible] fundatis destruendum diruendumque: [illegible] esse urbis [illegible], nihil in eos [illegible], invidè & malevolè decretum: [illegible] eversu Senatus Consultum [illegible] informatione rerum [illegible] Regem convellit; Senatum Parisiensem cæteris qui sunt in Gallia præstare, [illegible] unus esset, à quo universum Regnum jus acciperet: atque hanc gloriam sibi privatim vindicasse, ut sit Parium Franciæ Senatus: illo [illegible] non solùm [illegible] dem illam, flagitiorum perscriptionis ubellarium, sed totam Parlamenti machinam commovi: ac longè plura adversus Frontonem, Richomum & Iesuitas omnes, objiciebantur Regi.

Nihilominus Rex, ut sibi uni reditum suum in Galliam deberent Ignatiani, edixit, ut Tholosæ, Auxis, apud Garunes, Ruthenos, Burdegalæ, Petrogoris, Ratulæ, Tornoni, Albenari & Biteris, ubi antea precariò agebant, perpetuò & quietè illis esse liceret: Divione præterea & Lugduni antiquas sedes reperere, & novas Flexiæ institueret, vel in regia arcadia, in qua Rex conceptus ac natus est.

Admissi sunt autem & recepti in Galliam non simpliciter, sed sequentibus conditionibus, *Primò*, Ne ulla Collegia in Civitatibus Regni, aut Provinciis Regi subjectis, sine expressa Regis permissione instituant, sub pœna amissionis omnium privilegiorum, & beneficii hujus, ex merâ Regis gratia ipsis concessi.

Secundò, ut omnes Iesuitæ in Gallia natione Galli sint, nec quemquam exterorum, seu alterius nationis in Collegia sua admittant aut recipiant, sine Regis peculiari permissu, peregrini si qui jam inter ipsos inveniantur, omnino à se dimittant. Avenionensem tamen & Venaissinum Comitatum verbo exterorum vel peregrinorum non comprehendi.

Tertiò, ut semper aliquem habeant natione Gallum, qui Regi à sacris concionibus esse, & de omnibus negotiis rationem totius Societatis nomine ipsi reddere possit.

Quartò, ut omnes jam admissi, vel in posterum forsan admittendi, potum præstent jusjurandum, eoque se obstringant, nihil se molituros, quod in perniciem Regis, vel Regni saluti que publicæ vergere possit: cujus jurisjurandi formulam jussi sunt Prætorum ad Cancellarium mittant: qui jusjurandum detrectaverint, Regno protinus ejiciendi sint.

Quintò, ne quid bonorum immobilium, sive emptionis, sive donationis nomine, ad se transferant, nec ab illis etiam accipiant, qui transitum ad Societatem suam faciant, sed hæredibus legitimis ea omnia relinquant.

Sextò, ut legibus statutisque Regni, & ut reliqui omnes clerici, libenter se subjiciant.

Septimò, ne quid vel Ecclesiasticorum vel Politicorum negotiorum suscepturi tractent atque, in præjudicium Episcoporum, Capitulorum & Academiarum Regni, sed ordinariis constitutionibus per omnia se conformare petant.

Octavò, ut nulla Sacramenta, & ne pœnitentiæ quidem, aliis quam sui Ordinis hominibus administrent, sine permissu Archiepiscoporum & Curiatorum, quibus singuli subjecti sint.

Nonò, ut habeant unde vivere & sustentare se possint, non permissum ipsis solum est à Rege, uti frui reditibus, quorum ante hæc tempora participes fuerunt, sine ullo impedimento, sed & de proventu annuo 2000. coronatorum ad 20. annos in urbe Parisiensi ipsis liberalissimè prospectum est, literis super hac re scriptis & Sigillo regio munitis.

Restituti suis penatibus Ignatiani sedibusque literariis, in præscriptis urbibus, sensim se effunduntque, inque dies vires majores acquirunt. Annæ Brussigem etiam, Rothomagi, Ambiani, Rhedonibus eatque Collegia reperere, ac cum suis tum ædificium Decretorumque interventione nova condenda impetrant. Lutetiæ verò mediâ Academiâ, non Scholam Claromontanam, in qua docere non fuit permissum, sed Seratium & succesum seniorum Ludovici Indigeris titulo insignium, Borbonii senioris Cardinalis sumptibus conditum, reperunt.

Quia verò pyramis, in memoriam Iesuitarum ejectionis ex Gallia, ejusque inscriptio Iesuitas singulariter mordebat, ideò ex singulari Regis clementia & gratia in Galliam iterum admissi & recepti, quiescere noluerunt, donec eversionem hujus columnæ sive pyramidis à Rege impetrarent. Hâc igitur destructâ, libellus quidam linguâ Gallicâ prodiit, in quo per insignem prosopopœiam columnæ ipsamet ita loquens introducitur: „Comprime os tuum Pyrrhe, ut lapides loquantur; attendite verò vos ex Gallis meliores quicunque, cum alii aures ad audiendum non habeant. Sum quod non etiam potes, Pyramis nempe sui lapis mutus, vos ad audiendum excitans, & columna eadem fessisque tibi destituta, quo vobis jam exciter eorum. Loquor jam non existens amplius, & cum adhuc essem, loquentem me nemo audivit. De bonitate & gratia plus conqueror, quàm de severitate & crudelitate, ut iisdem mediis eleves memorem quibus distracta sum, & in memoria hominum excitem id, quod de terra deletum est, per justitiâ æternitatem ego, per misericordiam destructa & in nihilum redacta, summæ misericordiæ autem deum interpelli-

vavi,

[illegible] æquè [illegible] adversum sit omnibus agnoscere, quàm gratum declarare nemini. Per parricidium prognata ego, eadem ratione, quâ bonæ ex malis moribus leges natæ sunt, interea, [illegible], in faciem maximè conspicui in hoc orbe Regis, delatæ, me in maximè conspectam hujus orbis faciem statuit, sed videte quæso rerum humanarum flexibilitatem: Ego quæ aliquot perdurare & numerare deberem secula, vix lustrum vidi unicum. Quid posteros dicturos existimem, cùm viderint me fundatoribus meis superesse non valuisse? Quis non mirabitur oblivioni tam citò traditam esse, quod in monumentum perpetuæ recordationis excitatum erat? Et qui rebus mundanis fidei aliquid habebitis posthac, cùm & firmissima consilia mutationibus subjecta deprehendantur? quod marmor quæso tam solidum reperietur, ut tempori non cedat? quæ consilia tam firma sint, ut robur mihi perpetuum confirment? quis credat gossypio tantam inesse vim ut vel exigua ejus particula, tot lapides marmoreos demoliri & dissipare queat? Vix equidem hactenus Cottonii sive Gossypii vis tam [illegible]. Verùm dicite mihi quæso vos, qui Cottonii sectam in Societatem, & Iesuitarum vobis nomen vendicantes, quando Galliæ Regno tanta officia exhibuistis, ut tantam promereri gratiam potueritis? Condemnati haud ita pridem fuistis, [illegible], dicite si meritò vel rectè, atque equidem [illegible] est, cùm in exilium ejicerentur. At si rectè, sententia equidem simul [illegible], quomodo mutata est? injuria [illegible] à nobis nulla facta est, quid enim ad hoc promerendum, unquam à vobis intermissum fuit? Certè non juventutem solùm corrumpere, sed & adolescentes ad universalem aliquam seditionem inflammare cordi vobis & curæ semper fuit, quod quidem usque adeò notum & manifestum omnibus est, ut nullus ullius Cottonianæ eloquentiæ color & fucus oblivioni obscurareque possit. Quòd igitur reversi in Galliam estis, misericordiæ Regis unicè acceptum referre debetis, qui vel propriæ salutis immemor, vos in Majestatis suæ perniciem ex exilio revocavit, sed redite tamen absque pernitiei [illegible] Religio vobis fuit, nec aulam ingredi regiam, quàm per interitum mei portas voluistis. Verè enim verò quid vulgò prædicare audio, Galliæ Iesuitas Regno prodesse? Certè, ut opinor, propter nova hujus sectæ Religionem. Sed quid? propiùs ne ad Catholicam Religionem accedunt quàm Sorbonistæ, à quibus hæreticorum sunt adsequi numeri? Ad offensionem equidem potiùs quàm ad ædificationem eos comparatos dixerim. Ad informandis puerorum ingeniis aptiores sunt quàm tot Collegiorum per universam Galliam Rectores. Quid aliud præstantiores qui ex illorum Collegiis quàm ex aliis Galliæ Academiis prodiere viri? At numquid non extra patriæ imperium declarati sunt? Cur ergo in me demolienda vires suas exercuerunt? At prodesse suo Regi plusquàm Consiliarii [illegible] fuere? Cred. [illegible] Verùm numquid nec injuria ipsi facta, cùm in exilium ejicerentur? si non, quis enim hoc dixerit? quid igitur in Gallia [illegible] est? Contra utique vestra opera Galli facile mores pessimi, quod ipsum satis etiam [illegible] quæ ex Italia vos [illegible] ejicientes declaratum, sed impudentiam vide, verum esse quod dico, nolentes cedere, necessariò in Galliæ ipsi Regno adesse oportere, toti perditorum esse Mundo [illegible]. Quæ quæso impudentia est, si hæc non est, velle Gallis, [illegible] & contra voluntatem eorum admisceri, & per posticum reverti illis per anticum eos ejecerint? Sed quid? Annon hoc merita vestra Regno declarata esse erunt? Annon hinc probitatis vestræ argumentum egregium peti potest? Sunt equidem vel ex ipsa progenie, iniquitate aliqui, qui probi habentur, contra verò qui vitam suam Dei Regisque ministeriis postponere non dubitarunt, improbi existimantur. Qui [illegible] belli motuumque variorum tempore Deorum accensebantur numero? At pace jam composita, pro idolis rerum habetur, regebant eum temporis communem populum contra Regem, cum inflammando moderatur. Age malè egerunt, & puniti sunt. Quid prodest autem odiosa hæc repetere & revocare? præstiterit equidem Lysandrum cum [illegible] suo sermone lepidum esse. At non indignum videri columnas Gallicas subverti ictu ab Hispanicis columnis putetis? Quamvis enim pœnitere aliquem nunquam debeat eorum quæ benè fecit recteque gessit, videtur tamen melius esse, malè aliquid interdum perpetrasse, si melior reprobatorum quàm piorum conditio esse debeat. Quid Iesuitæ? quoties quæso & [illegible] & [illegible] licere subditis Regem suum interficere [illegible]

„omnium tamen Regum quasi devinctum sibi dedatione, seducentque indies magis magisque, si verbis ipsorum aures petentes divinis [illegible]. Non quiescunt enim Jesuitæ, & petulantiæ eorum modum non habet, cujus rei vel egomet testis sum, ejus eversionem donec impetrarent, quiescere nullâ ratione poterant. Reversi sunt itaque Jesuitæ in Galliam, non ut ab exilio revocati Religiosi, sed ut triumphantes quasi de potentissimo orbis huius Rege, quem Jesuitiam suis demoliri & subvertere coegerunt, quod perpetuum laudis suæ monumentum non ita pridem statuerat. Insolentiam hic vide & superbiam! recusabant redire in Galliam, nisi Galliæ Rex prius [illegible] magnanimitatis suæ monumentum demolitus esset. Cæsar olim superato Pompeio superesse ejus statuas voluit, suas ut stabiliret [illegible]. At vos superati & proscripti, jamque ex mera gratia iterum restituti, reditu vestro plus abutimini, quàm si libertate Regum superesse, victores & superiores fuissetis. Quis enim credat, si Gallis Regno ejecti omnibus Hispanis introducere vobis licuisset, amplius aliquid audere vos potuisse, quàm condemnationis & sententiæ in vos latæ monumentum tollere? Sed usque adeò nihil hac ratione profecisse vos, persuasum vobis habeatis velim, ut pro desolata & eversa Pyramide una, quæ conspici non nisi uno in loco poterat, aliquot hominum millia excitaveritis, qui per universum orbem prædicent & palam profiteantur, justè vos & legitimè [illegible] aliquot judicum, Galliæ juventutis corruptores, pacis tranquillitatisque publicæ turbatores, Regis proditores, & publicæ [illegible], declaratos pronunciatosque fuisse, &c.

Alius etiam in Pyramidis hujus destructionem hæc scripsit:

At quo ô Lector, quid vasta ruina [illegible]?
Pyramidis lapsæ marmora muta jacent:
Marmora muta jacent, sed fulta [illegible]
Fulgebit cœlo, fama loquetur [illegible]
Vel si [illegible] hanc [illegible] ferrò [illegible],
Contemptorum hujus charta loquetur [illegible].

[illegible]

Exaravit etiam alius Epigramma ad Regem Christianissimum Henricum IV. super restitutione Jesuitarum. Sic autem habet.

Francorum [illegible] qui [illegible] habenas,
[illegible] Francorum summa cum laude [illegible]
[illegible] REX [illegible] nunc mihi pauca referre
[illegible] sed nunc dicta [illegible],
Pro tanto, [illegible] nobis dicere [illegible].
Tantus HENRICUS, [illegible]
AUGUSTUS colunt Patriæ [illegible],
Candida, & summo semper [illegible],
Ignoras quod CHRISTUS qui per nomen [illegible]
Et [illegible] studia in contraria [illegible];
Tantum sæpe valet sanctæ simulatio vitæ.
Sed [illegible] sese falsâ sub imagine [illegible],
Mendacique diu [illegible] fallier umbra.
Sensisset, [illegible] LUTETIA [illegible],
Tandem [illegible]. [illegible]
Qui Christum [illegible] & latrocinia [illegible],
Quid magis in votis nihil est, quam [illegible]
SANCTI.
FERNANDI, [illegible] Dominum, depellere [illegible],
Et Reges jugulare pios, populumque [illegible]
In proprios [illegible] Deo, & ad arma ciere,
Sceptraque [illegible] tradere [illegible]
iberis,
Cunctaque terrarum Papæ [illegible] habens.
Nec fuit [illegible] hæc committere,
ipsa
[illegible] Dominum, numenque supernum
Iratum posse haud aliâ ratione moveri,
[illegible] monstra,
Et [illegible] Regum, [illegible]
[illegible] Deo, [illegible]
[illegible] Regnumque [illegible],
Quem fuit vera equidem [illegible]
[illegible].
Si meminisse voles, [illegible] exempla [illegible],
[illegible] habes, [illegible] vel [illegible]
Esse potest [illegible] vel [illegible] vita.
Tempora [illegible]
Nunc hodie es, [illegible] ipse [illegible] PA-
TRIÆ
Et [illegible] primum [illegible] esse
[illegible] futura [illegible]
[illegible] Rex [illegible]
Perpetuo [illegible]
[illegible] honore!
[illegible]
Et [illegible] Patria [illegible]
[illegible] & arte.
Hæc [illegible] sed [illegible],
[illegible] sed [illegible] servit in [illegible]
[illegible] referre,
Si [illegible] sævas [illegible],
[illegible] reddere [illegible]
[illegible] Regum [illegible]
Quid [illegible] ad [illegible] facere [illegible]
cellas,
Et [illegible] dolorem?
[illegible] Regum [illegible]
[illegible] perdere [illegible]
Et Regem Populumque [illegible] firmare.
Si [illegible] hunc [illegible], [illegible],

Indu-

Imperij status, mortisque exposuere poenae, Judicio jussuque amentur Ducisque Exuti, & tandem populum cum Rege relinquant.

Iesuitae Sedani Scholam aperire tentant.

Iesuitae autem immemores tanti beneficii Regis, & condemnationum quibus antea in Gallia admissi ac recepti fuerunt, post transactionem Henrici IV. Regis cum Duce Sabaudiae anno 1601. factam, cum Rex Lutetiam rediisset, supplices illum eum rogaverunt, post gratulationem, de successu tam prospero in hac expeditione usus esset, & simul Scholam ut sibi Sedani aperire liceret petierunt. Rex autem respondit, se quidem assensum suum daturum facile, modo id à Duce obtinere possint: conatu igitur irrito discesserunt.

Concionator Iesuita Aureliis.

Iesuitae etiam ex Societate sua miserunt aliquem Aureliis Quadragesimali tempore, ut ibi concionaretur, confessiones audiret & Missam celebraret, sed factum hoc magna cum civium indignatione. Nam neglecto hoc suo officio in id solum totus incubuit, ut superioris temporis Legatos in suas partes pertrahere posset. Hoc cum ex animi sui sententia successisset, rumorem ipse & adhaerentes in urbe sparserunt, Regem omnino velle atque jubere ut Iesuitae in urbem recipiantur. Regi contra persuaserunt, Aurelianenses nihil magis cupere & exoptare, quam ut Iesuitae in urbem intromittantur. Rex autem illis benigne, & concessit ut Collegium in hac urbe extruant, modo id cum licentia & consensu civium fiat. Hoc vero quam primum cives resciverunt, in unum convenerunt, ibique Tenvallerus Advocatus urbis, multis gravibusque argumentis in medium adductis, probavit, non sine ingenti damno & periculo lesionis, irrequietum, superbum & arrogans hominum genus, in urbem recipi posse. Placuit hoc consilium praecipuis Senatoribus & civibus, decreveruntque unanimiter, non recipiendos esse.

Haec breviter de Aurelianensibus & Trecensibus, in gratiam Germanorum & Helvetiorum meorum, ut est ex Gallica in Germanicam linguam translatum, bona fide integrum, descriptum.

VOX.

WARHAFFTIGER BERICHT,

Was sich in der Statt Troyen in Franckreich / bey der von den Jesuiten daselbst gesuchter einkommung / vom Jahr 1603. biß auff den Monat Julium 1611. zugetragen.

Nach dem die Jesuiten / so erst biß zu Pariß im September Anno 1603. aufgangenen Edict / wider inn Franckreich einkommen: haben sie sich / durch ihre geschwinde Ränck / deren sie / ihr fürnemmen ins werck zu richten / sehr zu gebrauchen pflegen / inn die vornembste Stätt deß Königreichs einzuschleichen / understanden. Man hat gewisse nachrichtung / daß die Obersten in ihrer Societet einmütig beschlossen gehabt / ein Collegium zu Pariß nicht hart auff die schuldhaltung zu bringen / damit sie desto leichtlicher in allen Provintzen und vornemsten Stätten in Franckreich einen freyen eingang hetten.

Hierzu zu gelangen / und damit der König ihr fürhaben desto weniger mercken solte / haben sie Ihr May. durch etliche ihrer [illegible] zu verstehen geben / daß deroselben Mayestet gleichsam aller [illegible] in diesem grossen Königreich were / dieselbe ebener massen / wie sie ihren Underthanen den Frieden zu wegen gebracht hette / auch die lehr und unterweisung ihnen zu gemein wider erstatten wolte / und das sich nicht gebürte / daß die Statt Pariß allein / einer so herrlichen und angenemmen Frucht geniessen solte: dardurch würde Ihre Mayestet bey den Underthanen desto mehr geliebt und geehrt werden. Auff diß scheinbarlich anbringen / hat der König ihnen erlaubt / sich allenthalben in Franckreich / da es ihnen ansehen würde / nider zu lassen.

In der Provintzen Champagnen haben sie auch versuchen / die hernach sollen gemeldet werden / ihre augen und gemüth fürnemblich auff die Statt Troyen gerichtet. Zum anfang ist es ihnen ziemlich gelungen / dieweil sie bey vornemme Personen / die ihnen [illegible] gewogen und zugethan waren / angetroffen haben / nemlich den Herrn Bischoff / den Presidenten und General Leutenant / und den Schultheissen in der Statt / welche auß underschiedlichen und sonderbaren ursachen / die hernach in diesem bericht erklärt werden sollen / ihr eusserstes gethan haben / die Jesuiten in der Statt Troyen zu installieren. M. Jacob Nivolle, der fast zwantzig Jar lang / ein Jesuit [illegible] und professus gewesen / und [illegible] wie gemeinlich / hat auch [illegible] darzu geholffen.

Als die Jesuiten jhre beherffschung oder wider einkommung zu Troyen angefangen / ist der Herr Johann Daurey Schultheis daselbst / welcher [illegible] gemeinen geschäfften halben [illegible] gen Pariß kommen war / in dem Herbst / da Herr Kosher / Dechanten der Thumkirche / und einer seiner Brüder / der Statt Rähte / auch dazu gen / eingekehrt. Auff einen Abend fragten sie / ob sie wolten den König selbst zu rechtfertigen / welches sie verwilligt / und sich nach hin dahin verfüget haben / [illegible] vorhatte / und man hett ihnen keine gedancken / daß er sie verrathen / [illegible] zur verrichtung dessen / darvon hernach / außfürlichen wolle.

Daurey gehet in des Königs Kammer hinein / und redet heimlich mit einem seiner des Königs / der Rent Brulé genandt / welcher der Kön. May. Almosenpfleger / und zu einem Bischoff zu Troyen fürgeschlagen war.

Wie nun der König nach eingenommener Mahlzeit sich wider in sein Gemach verfügen wolte / und die Königin bey der hand führete / hat der Daurey an dem Ort / da er fürüber gehen solte / einen fußfall gethan / welches der Herr Kosher und sein Bruder ebener massen auch gethan / dieweil sie meinten / daß Daurey / welcher Schultheis war / etwas / daß die gemeine Statt angieng / dem König fürzubringen hette. Da aber Brulé das wort / und sprach zum König: Es seind / Herr König / der Schultheis und die Einwohner der Statt Troyen / die Ewer Mayestet underthenig ersuchen / daß sie ein Jesuiter Collegium bey ihnen haben mögen. Der König gab dem Brulé kein antwort / sondern sahe starck zur Königin / hierauff meinet Almosenpfleger / [illegible] allein zum Bischoff zu Troyen fürgeschlagen worden / gleichwol wie er schon allbereit die Jesuiten deßhalben unterstützen. Der Herr Dechant Kosher / und sein Bruder / funden sich nicht wenig [illegible] über der beschehenen [illegible] Königs verwundert / [illegible] dieselben daß Schultheissen [illegible] that und fürnemmen noch nie [illegible] / daß er also für sich selbst / auß eigenem gemüth / und ohne vorwissen der anderen Stände in der Statt mit den Jesuiten [illegible] dörffte. Und ihre ihnen sonderlich wehe / daß sie im Königlichen Schloß under dem schein / als solten sie den König sehen [illegible] / zu der thät aber / damit ein so beweglicher [illegible] hierdurch ihre gegenwart desto mehr krafft und [illegible] were / waren geführt worden. Darüber sie in eine verbitterung wider den Daurey gerahten / und ihme solche untrew und gemüte / den er gar zu der Liga [illegible] seine Mutter gezeigt / verwiesen haben. Der Brulé welcher damals umbgieng / daß er [illegible] Jesuiten verpflichtet / und durch ihre hülff seine Bullen beym Bapst umb sonst bekommen möchte / hat [illegible] … des Februarii 1604 … [illegible]

Demnach wir [illegible] die Einwohner unser Statt Troyes [illegible] … [illegible]. Dieser Brieff hat auch eine besondere [illegible] … den Jesuiten zum [illegible] …

Als [illegible] von [illegible] auff dem [illegible] … [illegible]

[illegible]

[illegible] welches am [illegible] Orth der Statt ligt / nahe bey dem Rom vnd [illegible] marck / [illegible]. Darnach an Collegium [illegible] / welches sie für [illegible] vnd ein gantz [illegible] / vnnd mit Wohnungen zuzurichten. Die dritte war wegen der Erbschafft P. Maria, der dritte [illegible] von Orleans erster Erb war / vnnd den sie im siebenzehenden Jahr seines Alters entführet / vnnd im Jahr [illegible]. zu Paris angenommen haben. Dahin jhn sein Vatter / nach dem er jhn vom Pensionat abgefordert / zu studieren gesandt hatte. Diese gute Patres lieffen jhnen an / daß wann sie zu Troyes jhren Sitz würden gehabt haben / sie würden der sachen leichtlich wider deß von Orleans erben auffhelffen. Es wird jhrer viel, die vnmassen zu hören haben / daß das [illegible] / so bevor P. Maria für sein theil zuerhalten / nicht dazu [illegible] Troyes [illegible] / vnd daß sie solches zu auffrichtung eines Collegij zu Troyes verordnet haben. Darn [illegible] / so hatten sie bey der letzten Kriegsempörung an der Ligue erfahren / daß kein Volck in gantz Franckreich sich [illegible] wider den [illegible] der Religion auffbringen lasse / als die zu Troyes / vnnd daß jhnen [illegible] gewisse [illegible] sein würde / das Regiment der [illegible] Statt an sich zu bringen / wann sie alle zwo oder drey Personen gewonnen hetten / die sie schon zu [illegible] hatten / nemlich den Herrn Bischoff / den Presidenten vnd den [illegible]. Vnnd welcher [illegible] wollen sie sich [illegible] nicht bemühet / in Troyes [illegible] / [illegible] ist [illegible] / den die von der Statt [illegible] ungeworffen / dem [illegible] gemeinschafft [illegible] vnd [illegible] / wie solches abzunemmen [illegible] dem [illegible] die P. [illegible] dem [illegible] welcher *Advocatus du Parlem.* [illegible] hatte [illegible] der vielen andern / die [illegible] Person / vnd die [illegible] vnd [illegible] Sachen deß Raths betreffen / [illegible]: *Quid [illegible] Collegium [illegible], quid Trecenses [illegible]* / was die auffrichtung deß Collegij zu [illegible] vnd zu Troyes verhindert? [illegible] mit den Jesuiten in allen [illegible] / die sie fürnemmen / sich [illegible] auff sich [illegible] zu [illegible]: jedoch [illegible] man nicht / daß sie sich [illegible] / [illegible] / [illegible] der Statt Troyes / [illegible] / daß man jhnen nichts geben wolte / haben sie sich [illegible] / damit zu frieden seyn / daß sie [illegible] welches [illegible] können ihr sachen sehr [illegible].

Die in der Statt [illegible] [illegible] / nach dem sie [illegible] / daß es an nichts anders mangel / den [illegible] zu [illegible] / dann daß man [illegible] [illegible] / haben sie alles [illegible] lassen / biß der [illegible] Bischoff Herr [illegible] worden / [illegible] / welcher [illegible] / als bald alle [illegible] der Statt waren / in sich in sein Hauß beruffen. Herr [illegible] von [illegible] / [illegible] zu Troyes / [illegible] / vnd mit jhm Herr *[illegible]* Presidentenrath. Aber [illegible] Bischoff die [illegible] / in dem [illegible] beruffen hatte / sagte Herr *[illegible]* [illegible] daselbst erschienen / [illegible] er auff das Rathhauß / vnd nicht [illegible] Bischoffs Hoff bescheiden war. Gleichwol sind die andere [illegible] daß jhnen der Bischoff [illegible] [illegible] / [illegible]. Der Königs [illegible] / welcher [illegible] die Einwohner zu Troyes noch immer [illegible] Jesuiter Collegium anzunehmen: Deßhalben wolle er / daß sie [illegible] solten [illegible] werden / [illegible]. Darauff [illegible] / [illegible] Jesuiten [illegible] / daß der [illegible] / [illegible] die Statt [illegible] / [illegible] / jhren ersten [illegible] [illegible] / sie [illegible] sich aber darzu [illegible] / daß man jhnen [illegible] [illegible] [illegible]. [illegible] er sie [illegible] / [illegible] sachen genommen. Die [illegible] alle [illegible] / daß die Statt keine [illegible] / vnd daß sie [illegible] stecken. Darumb könte sie nichts geben. Vnd sagten weiters / die Statt könte der Jesuiter wol entrahten / vnd daß sie schon zuvor ein Collegium hetten / welches jhren vorfahren genug gewesen were. Im fall der König [illegible] haben wolte / daß sie sie [illegible] / vnd Er jhnen [illegible] / [illegible] müsten sie es geschehen lassen: Aber wann es jhrer May. belieben solte / [illegible] der [illegible] / so [illegible] sie [illegible] nicht [illegible]. Da sagte Herr *[illegible]*, er hette von den [illegible] befehl gehabt / vnd die Jesuiten [illegible] / welchen aber [illegible] Collegij widersprochen: vnd ist solches [illegible].

Als nun der Bischoff die sach der gestalt auff [illegible] gebracht / sind die [illegible] Jesuiten [illegible] / [illegible] worden / [illegible] / [illegible] das Collegium [illegible] / [illegible] vnder andern [illegible] / daß man eine ansehnliche summa von der [illegible] Personen heben / vnd einen [illegible] [illegible] Personen [illegible] / [illegible] / [illegible] zu [illegible] worden / vnd daß man [illegible] von einem jeden pfund oder [illegible] / [illegible] / verordnen solte. [illegible] aber [illegible] gehalten worden / [illegible] / [illegible] für gut angesehen / ein

gewiß

[illegible]

Nach dem er aber vernommen / daß sein vorgeben [illegible]

[illegible]

2. Daß sie allenthalben / [illegible]

3. [illegible] Man habe wol erfahren / nicht allein in der Stadt Trient / sonder auch [illegible]

[illegible]

[illegible]

[illegible] zu [illegible] werden.

[illegible] ist eine [illegible] des [illegible] worden [illegible] / einen newen [illegible] / [illegible] und Herr [illegible] Præsident [illegible] General [illegible] / von wegen des Capitels zu S. [illegible] Herr [illegible] Dechant [illegible] vom [illegible] Capitels [illegible] Dechant und [illegible] von wegen des [illegible] Vogt / und [illegible] von [illegible] stan. In dem [illegible] sich an [illegible] / so [illegible] man einen [illegible] / welcher [illegible] dar zu bestellt [illegible] der [illegible] von der [illegible]. Da [illegible] der Bischoff fragen / ob [illegible] der Jesuiten [illegible] / sagt er / er [illegible] aber [illegible] am Herren [illegible]. Da [illegible] der Bischoff und der Præsident [illegible] / [illegible] man [illegible] / was den [illegible] [illegible]. Die Deputirten [illegible] / man [illegible] in der [illegible]. Da hat der Bischoff [illegible] / die [illegible] waren / [illegible] einen zum [illegible] / [illegible]

[illegible]

[illegible] und [illegible] sein [illegible] zu [illegible] / [illegible] den [illegible] und den [illegible] befohlen [illegible]. Und ob schon [illegible] ein [illegible] und [illegible] mann / [illegible] und [illegible] Kellner [illegible] den andern [illegible] / so [illegible] die [illegible] / [illegible] eigen [illegible] und Theologos in der [illegible] zu [illegible] / [illegible] will der Keller [illegible] / [illegible] dem [illegible] Der Schulen und [illegible] / [illegible] nicht [illegible] daß sie den [illegible] haben wolten.

In dem man nun mit diesen [illegible] alle [illegible]

[illegible]

man ihr nit allein zu Troyen [illegible] / sonder auch dem König vnd gemeiner Statt viel daran gelegen / daß sie [illegible] nit angenommen würden: vnd so Jhr Majest. [illegible] [illegible] zu Troyen der Jesuiten begeren [illegible] [illegible] / vnd were er [illegible] / alsbald wie ihm zu [illegible] / von demselben abgewendet werden / Jhr Maj. einen [illegible] / vnd Jhr [illegible] / daß die [illegible] zu solcher [illegible] gantz vnd gar nit geneigt weren. Die Königin gab zur Antwort / Sie were [illegible] / als wenn die zu Troyen der Jesuiten begereten: dieweil aber dem nit also / so solten sie wol Jhr / [illegible] nit gezwungen werden: Jhr meinung were nit / sie wider den willen der [illegible] einzuführen. Der Pater Cotton ist [illegible] diser hand [illegible] / aber [illegible] / also ließ er sich damals [illegible] / es were nicht [illegible] der Königin die [illegible] Pater Cotton vnd die [illegible] durch welche man die Jesuiten in Troyen bringen wollen / kund gethan werden.

Sobald die Deputirten von der Statt Troyen nach Fontainebleau gezogen waren / folget ihnen der Bischoff nach / vnd reiset auff einen tag [illegible] / damit er ihnen vorkäme: vnd [illegible] ist ihm [illegible]

[illegible]

[illegible] des Presidents [illegible] / welcher beym [illegible] der [illegible] sich [illegible] / vnd sprach zu [illegible] Herr [illegible] guter freund / [illegible]

[illegible]

[illegible] fahren solte. [illegible] welches auch [illegible] [illegible] Maurice le Tardif [illegible] [illegible] und [illegible] sich auff den Presidenten [illegible] [illegible] daß man dem Herren Presidenten [illegible] [illegible] Herr [illegible] [illegible] Mauduit le Sar [illegible] [illegible] antwortet der Herr Presidenten [illegible] [illegible] Jesuiten [illegible] Prediger [illegible] Pater Coton [illegible] [illegible]

[illegible] Viel fromme und ehrliche [illegible] [illegible] Presidenten in schreiben [illegible] [illegible] Jesuiten [illegible]

Damit nun der [illegible] [illegible] Nicolaus Gabonnerot in Champagne [illegible] [illegible]

Herr [illegible] [illegible] Pater Coton [illegible]

[illegible]

... Conrad ... Drouet ... [illegible]

... Signatum ... Treuel.

Auß diesem bericht kan ein unpartheyischer Leser leichtlich ermessen/ was der Jesuiten zweck und fürhaben sey/ [illegible] Franckreich gefährlich und beschwerlich seyen.

ACTIO

ACTIO MARTILIERI ADVERSVS IESVITAS IN PARLAMENTO PARISIENSI.

ANNO M. DC. XI.

ANno 1610. & 1611. tractata est rursus, & ut multis videbatur, prorsus finita, controversia, quæ diu agitata fuit inter Iesuitas & Academiam Parisiensem. Cùm enim Martilierus Academiæ Advocatus in Parlamento statum controversiæ inter Iesuitas & Academiam: An nimirum potestatem habeant Iesuitæ artes quaslibet liberales in Collegio suo publicè profitendi, dilucidè admodum explicasset, & iniquitate, turpitudine, & [illegible] tam vitæ & morum, quam doctrinæ ipsorum commemoratis, Academiæ non solùm, sed & universæ Reipublicæ detrimento eos esse maximo, certis immotisque argumentis ita confirmasset, ut Regum eos pestes esse, dubium amplius nemini videretur: Et verò Advocatus Iesuitarum tam frigidè ad argumenta ista die postero respondisset, ut appareret facilè, angustias eorum ad dissuadendum clarissimum veritatis solem momenti afferre nihil amplius posse: Servinus [illegible], Advocatus Regius, [illegible] à [illegible] Hurani & Aristoboli, qui ex Regia Maccabæorum stirpe ultimi fuerunt, historia directè [illegible]. Nam, inquit, *Pharisæorum & Scribarum, qui vitæ morumque sanctitate omnium in se oculos converterant, astutia et tandem miserrimum productum fuisse, ut præter nomen & titulum Regium (potestate & imperio omni ad Pharisæos delato) nihil amplius retinuerit.* Porrò autem ex antiquorum Patrum & Doctorum Ecclesiæ scriptis Monasticam [illegible] & in universum omnem Ecclesiasticam vitam, solitudini, humilitati, studijs, castitati, dilectioni, simplicitati, paupertati, bonisque temporalibus & favori Principum contemnendis [illegible] dedicatam esse oportere ostendisset; longè hanc Iesuitarum ab ea alienam esse, [illegible] quæ [illegible] per [illegible] & dolo [illegible] & doctrinam eam in [illegible] quam [illegible] pessimam [illegible], argumentis & exemplis pluribus tam dilucidè comprobavit, ut [illegible] tere quidem contra, qui adversus Iesuitarum primores, potuerint, sed & defendere suam volentes causam, omnium [illegible] fuit expositione.

Actio Petri HARDIVILLERII Parisinæ Academiæ Rectoris pro Academia *adversus* Presbyteros & Scholasticos *Collegij Claromontani* IESVITAS habita *in* Senatu Parisiensi *Anno* 1611. *die* 22. *Decemb.*

ACtionem à Martilierio pro Academia Parisiensi adversus Iesuitas [illegible] breviter modo enarravimus. Eam [illegible] commodius [illegible], Petrus Hardivillerius Academiæ Rector, propositam [illegible] talem in modum sibi sumpsit: *Ecce, inquit, Academiarum omnium Princeps & Regina, Regum Christianissimorum clarissima filia, ad sacrum dignitatis vestræ, Iudices, tribunal prodit, non jam sua amplitudine venerabilis, non nativa pulchritudine spectabilis, non [illegible] & faciem plenè [illegible], non [illegible] quondam [illegible] flammis [illegible] quibus [illegible], sed nuda, [illegible], abjecta, in [illegible] & squalore vitam trahens, miserijs & [illegible] sua [illegible], in [illegible] sua fortis & tyrannis præsidium quærens, [illegible] quorum [illegible] ne usque [illegible] & sordibus extrahatur, non est quod aliud in tanta rerum acerbitate [illegible] quærat, quàm ut [illegible] Senatus audiat, & [illegible] sua [illegible], & Gallicana [illegible] per [illegible]. Tanti autem [illegible] Academia datus sit patronus, qui [illegible] animo Gallorum [illegible] Iesuitas [illegible], se tamen [illegible] ut [illegible] pari [illegible] eloquentia, [illegible]*

quibus

[illegible]

in scholis acquisitam communique dignationem debitam assecutam esse, eaque ne sibi aeternum natiuisque propitiam fore confidere: quae aduersariorum ambitus plus gratiae in futurum apud plurosque valuisse obtinuisse. Nam optime tam commendare, quae extranea sint, non dignitate, quae jam pridem tenent, non amplitudine, qua indignissime continentur, sed precibus lachrymis, squalore & miseria, per Deum enim immortalem eam obtestari, per Henrici Magni, functissimi patriae parentis pios ac propitios manes, per ultimas eius voluntates, per Christianissimi Regis, & Reginae Matris optimae ac Serenissimae securitatem, per Galliae totius tranquillitatem, per decus & amorem patriae, per liberos eorum, quorum praesertim res agitur, per eos ipsos & nomina eorum immortalitatem, ut eripiant tandem aliquando liberos ex praesenti isthoc manibus, easque suae parenti & Academiarum Reginae, vel potius suam ei parentem restituant, neque diutius perpetimum ac veri Crystallinum oculi Galliarum luminem, admixtis externis doctrinae sordibus turbari permittant, cumque certamen nempe, statum esse, ut ad Senatus Parisiensis summi & incorruptissimam eius decretis gestiens prosiliat decidendo, eique aeternam victoriae gloriam Iesuitas decerpat, quam ut novas, & Italicanam professionem generis insolitam Religiosorum hominum coetus à studiis monasticae professionis alienis, cum omnium pene Ordinum querela, cum totius Galliae periculo, cum certissima Magistratuum politicorum ruina, absque culpa & proclamat, ipsis iudiciis, societatem suam in Academiam irrupisse, Academiam, literas meliores infestam iudiciorum severitate constrinxisse, & veteranissimam Gallicanae lib. apicem judicum sententiam invaluisse.

Excusa est haec Actio juxta exemplar Parisiis apud Ioannem Petit-pas, via Iacobaea sub scuto Venetorum excusum. Anno 1612.

ARRE-

ARRESTUM CURIÆ PARLAMENTI

PRIMARIA, RERUM CAPITALIUM ET EDICTI, *Classibus convocatis 22. Decemb. 1611.*

LATUM

IN CAUSA

SACERDOTUM, ET SCHOLASTICORUM COLLEGII Claromontani qui se IESUITAS vocant, Diplomatis Regii 20. August. 1610. comprobationem postulantium, quo omne scientiarum artiumque genus, in Collegio Claromontano, juxta edicti Septemb. 1603. & aliarum constitutionum normam, publicè docendi, potestas concedatur.

ET

RECTORIS, SYNDICORUM AC DECANORUM UNIversitatis, intercedentium Editioni Diplomatis, ac libello supplici oblato 2. Decemb. 1611. postulantium ut ex lege Edicti Restitutionis IESUITARUM, *& Decreti quo illud comprobatum est, ab omni Scholastico munere arceantur: nullo, ex personarum qualitate, præjudicio suborituro.*

Cui inseruntur ex D. Ludovici Servini Advocati fisci Regii Actione excerpta summa capita.

EX ACTIS CURIÆ PARLAMENTI.

Mane.

PRIMARIO PRÆSIDE, ARRESTUM pronunciante.

Controversia, ultrò citróque copiosè disceptata, hinc, inter Sacerdotes & Scholasticos Collegii Claromontani, qui se Iesuitas vocant Diplomatis Regii 20. August. 1610. dati Impetratores, & quod decreto Curiæ comprobari, petunt, quo omne scientiarum artiúmque genus, in Collegio Claromontano juxta Edicti Septemb. 1603. & aliarum constitutionum, declarationúmque normam, publicè docendi potestas conceditur, quique defensorum quoque vices agunt: inde, inter Rectorem, Syndicum & Decanos Universitatis Parisiensis, intercedentes comprobationi Diplomatis, ac supplice libello 2. Decemb. 1611. oblato postulantes, ut juxta legem Edicti, quo restituti sunt Iesuitæ, prohibitione, ab omni munere & exercitio scholastico, arceantur: nullo ex personarum qualitate præjudicio suborituro.

Quumque jam in quartum usque diem, majoris Criminalis & Edicti Classibus convocatis, Montholonius, Diplomatis Impetratorum nomine & Marionius, intercessorum partes sustinens, auditi sint, atque ea causa perorata solemni intentionum clausula, illi Diploma comprobari petant, & hi verò recusent, & supplice libello intercedant, eúmque Rector quoque, & ex Impetratoribus nonnulli, verba fecerint. Quin etiam cùm Cognitoris Regii nomine SERVINUS agens, cujus orationis hæc fuêre capita, sc. jam, 17. mensis hujus, cùm illius causæ, inter Sacerdotes & Scholasticos Collegii Claromontani petentes ut rescriptum Regium, 20. Augusti, 1610. Senatusconsulto comprobaretur, & inter Rectorem, Decanum Facultatum, Natiotum promotores, & alia Membra Vniversitatis, reluctantes & ex occasione Petitores, dissentiendo tamen retrarentur, alterutram illos, antequam Advocati causam agerent, occurrente, exposuisse eum quæ hodie quoque referenda videamus. Nempe, pro muneris ratione, ut suarum est partium, ad gloriam Dei, Ecclesiæ bonum spectare, ac Regis tam vitam, salutem, securitatem, & Reipublicæ totius tranquillitatem salvam tectam tueri, se ad hortationibus utrosque, Actores & Defensores, verbis sancti Pauli commonuisse, ut pacis, quoad fieri posset, & concordiæ mutuæ rationem inirent.

At propterea, Actoribus dixit, vos beneficium ab Henrico Magno, gloriosæ memoriæ, impetratum, grata mente jugiter colere debere, qui cum eo, diquoque fidelissimorum & longo rerum usu prudentissimorum Ministrorum consiliis, ab illorum revocatione deterreretur, nihilominus, id beneficii largiri constituisset, hac spe ex promissionibus ipsorum concepta, inductus, fore videlicet, ut Indulgentiæ & Clementiæ Principali, officiis & obsequiis, Regiæ Majestati præstitis, gratiam aliquam referrent: nec enim unquam, quod nullius rei, præterquam reditus, gratiam postularent, nec aliud sibi finem propositum esse significarent, eadem, ut ea, quæ hodie efflagitant, experturi viderentur.

Addiditque, perpenderent secum ipsi an æquum esset, statim à Magni Regis obitu, illud postulare, quod ipsemet, nequaquam iis concedendum esse censuisset, & quod dum in vivis erat, neque nequaquam assensus ausi. Hæc saltem lex, si pertinaciter petitioni insisterent, ipsis præscribebatur, ut sese priscis Vniversitatis Parisiensis Decretis, & Theologicæ Facultati, in hisce quatuor capitibus, potissimum subjicerent.

Primò, *quo Regum saluti & securitati consulatur, quos sæpenumero jam impetitas, nefaria parricidia, aspirit à vivis sublatos, scelestissimorum parricidarum manu violatos, qui falsa & detestabili Religionis obtentu, ac impudenti, temerariaque doctrinâ, nuper cuiquam ex libris & scholis [illegible] Impostorum hauserant, ut ex Romani confessionibus & Curiæ Arrestis apparuit; illi scilicet ([illegible]) tam detestandam opinionem repudient, vel certiùs scriptoribus suis [illegible], qui eas tradiderunt, non assentientur, sed etiam [illegible], juxta verbum Dei in Veteri & Novo Testamento comprehensum, [illegible] appareant.*

Docent docerent [illegible] aliquis, nefas esse *cujuscunque, sive peregrinum, sive naturalem Regis subditum eadem, in Caput vitamque sacratissimæ Majestatis Regiæ & Principum molire, quacumque [illegible], vel spiritualis, vel temporalis, etiam præcedentibus, quocumque prætextu [illegible], ab de moribus & Religione agitur, [illegible] publicentur & subscriptione sua confirment ac recipiant, prostituantque se, quantumvis intelligens aut sciens, tam horrenda consilia agitare, [illegible] in ea [illegible] dogmatis [illegible] perditorum hominum ingenia, directè vel indirectè, quaquam [illegible] machinationes adversus [illegible] Dei capita, [illegible] exerceatur.*

Secundò, *Diplomatis [illegible] profiteantur, prædicent, doceant, inter cætera potestates summas à Deo constitutas, Francorum Regem Christianissimum, in Temporalibus soli Deo [illegible], non aliud in Terra supra se, præter Deum [illegible], [illegible] subditis [illegible] jure [illegible] spiritualibus [illegible] pœnitentia, pro [illegible], & promovenda vel defendenda Religione [illegible], sic esse Temporalium Regum ac Principum [illegible], magis [illegible] Regibus, auctoritate Regia [illegible], [illegible], [illegible], [illegible] ipsis recipiant, quamquam si hoc in argumento dissentientibus, nuper à quibusdam Doctoribus [illegible], doctrinæ usum, qui [illegible] expressè fuerunt.* Directè aut indirectè, per se vel per accidens.

Agnoscant ingenuè, Scholasticâ subtilitate, hac res sed verba tantummodo, quod in Ecclesia [illegible] usque Principes, [illegible] & Reipublicæ secularium graves & damnosæ consistant, & spiritualis potestas in temporalis imperium transferat, jure & regia Majestate, sacerdotalibus infulis tributa. Contrà inviolabili [illegible], nec publicè [illegible], animum afferant, penes [illegible] auctoritatem & potestatem nullam esse, abdicationem, [illegible], ac Regni [illegible], [illegible], [illegible] vel [illegible] admittere.

Tertiò, *doceant, profiteantur scribantque, Omnes Regis subditos, tam Ecclesiasticos, quam seculares, ad eam, erga Regem, obedientiam teneri, quam Dominus noster Iesus Christus, humanam induens naturam, Imperatoribus & Magistratibus, nascens, moriensque præstitit, quemadmodum hac lege sanxivit,* Reddite Cæsari, quæ Cæsaris, Deo quæ Dei, *atque eam etiam [illegible], Regnum suum negavit esse mundanum, aliaque [illegible] defensores suscitare, qui arma expedirent.*

Atque ista verba, ut & Pauli Rom. 13. Omnis anima potestatibus sublimioribus subjecta esto, quæ sunt *non tantum præcepti* [illegible]

cujus,

Deo & Hominibus, [illegible] cum ut dissordiæ fomitem, [illegible] & dissidia, in Ecclesia & Republica, afferat [illegible] futura [illegible], ex suis [illegible] rationibus [illegible] esse dixi. Quo etiam [illegible] Senatum, ut in [illegible] partem, quæ propositum interpretari dignetur, quæ pro [illegible] omnes æquo animo æstimaturum [illegible] affectibus [illegible], quoque Religionis [illegible] in Facultate [illegible] judicium, quæ dicta sunt, admittere decet: hoc etiam addens, si [illegible] commotionis [illegible], ea quæ desiderantur, & [illegible] reprehendenda sunt, pro temporis & juris ratione, prout animadversionis officium requiret, significatum esse.

Enimverò, cum in [illegible] absque dicto, [illegible] in quo [illegible] fuerit, ea jam [illegible], quæ in instrumentis, & [illegible] judicialibus [illegible] in Scholasticorum Collegii Claromontani, qui se Jesuitas vocant, observavit, excerpsit, collegitque, præter ea [illegible] quæ à Montholonio, & à Marillerio subnotata sunt: quæ partim ad [illegible] institutum, partim ad vitæ genus & Doctrinæ rationem spectant: quæ [illegible] capita sunt examinanda, ut agnoscatur, utrum instituendæ juventuti apti, & [illegible] institutio utilis & salutaris futura sit.

At primum, quod ad Institutum ipsorum Clericorum, quos regulares Religiosos appellant, [illegible] liquet, eos non tam lege, quam privilegio gaudere. Hanc ob causam Ignatii Loyolæ Fundatoris [illegible] vitam, & vitæ rationem, à Ribadeneira & Maffeo conscriptam, expendit, atque constitutiones, & earum varias explicationes, Romæ [illegible] bullas, quas à Pontificibus numero 37. impetraverunt, privilegia, & immunitates, quas subinde, vivæ vocis, ut loquuntur, oraculo, [illegible] Congregationum [illegible] Canones & Generalium Epistolas, sedulò notavit & consideravit.

Quod verò ad ipsorum actiones & res gestas pertinet, retulit, se, ex Actis, (ubi [illegible] occasio, observatis,) eorum, quæ ab eo tempore, quo sunt admissi, in Gallia contigerunt, repetita. Quid de ipsis Eustathius Bellaius Episcopus Parisiensis, Augusti, 1554. judicarit: quid [illegible] & decreverit Theologica Facultas in Sorbonæ Collegium eodem anno convocata, quæ postea Poissiaci gesta, ubi [illegible] dissimulabant [illegible]: quæ post ipsi fecerint: quid ad officia docendi, gratis, oblata Academia [illegible]: quid ea de re [illegible]. [illegible] quoque [illegible], Actionem anno 1564.

habitam, & præsertim [illegible] Advocati Fisci Regii, [illegible] quod causa Consilio permissa, à Curia decretum fuerit.

Item ex retulit, quæ in Italia, Hispania, Germania, Polonia, Moscovia, Anglia, ac Reipubl. Venetæ [illegible] evenerunt, [illegible], quæ [illegible] anno 1577. [illegible] Actiones Pontificii, [illegible] ubi loca notavit, [illegible] anno 1585. descriptus, consentaneas, [illegible] colligitur, [illegible] defungi.

Item diligenter collegit ea, quæ in [illegible] Regis consilio, in Curia, ante & post actionem, in Castellum parricidam, eorum discipulum, [illegible] acciderant. Ea, quæ [illegible] Annalibus annorum 1594. & 95. comprehenduntur, quorum exemplar Neapoli [illegible] anno 1604. sub manu [illegible]. Deinde idem Regius Advocatus, eorundem [illegible] ex [illegible], postquam [illegible] jure [illegible], quod [illegible] & contra [illegible] conditiones, impetraverunt, excerpta attendit.

Item, quæ Regi ab Harlæo, Senatus Principe, [illegible] Exempla, Victoriis [illegible] præcepta oratione fuerunt exposita.

Et, quibus illi Rex Magnus, Clementissimus, Invictissimus & Prudentissimus respondit verbis, quæ [illegible] voluntatis Regiæ propositum exprimebant, [illegible] spe obsequiorum, quæ spondebant Diplomata Impetratores [illegible].

Præterea, quæ ab ipsis facta, tanquam fidei, optimo Regi datæ adversantia cognoverat, & quid ad hæc argumenta illi [illegible] gerant, sedulò attendit.

Denique, alia commemoravit, quibus apparet, quid subinde ad expandendam gratiam, & authoritatem comparandam fecerint, quibus artibus dominatum [illegible], & ad exploranda arcana, & bona corradenda irrepant, ac [illegible] omnibus [illegible] intendant.

Doctrinam denique, quod attinet: quæ in scriptis Bellarmini, potissimùm in Tractatu, *De potestate Summi Pontificis in Temporalibus*, notavit, quæ in *Gregorii Valentiani*, *[illegible]*, *Toleti*, *[illegible]*, *[illegible]*, *Molinæ*, *Ribadeneiræ*, in libro, cui titulus Princeps Christianus, *Kelleri*, *Andreæ Eudæmonis Ioannis*, *Iosephi Cresvelli Angli*, sub *Philopatri* nomine, *Leonardi Lessii*, *Heissii*, *Gretseri*, *Azorii*, & *Marianæ* libris animadvertit. Item, quæ in *Amphitheatro Honoris*, excuso anno 1606. nomine *Clari Bonarscii*, cujus proprium nomen *Ca-*

rolus

rolus Scribanius, antehac Antverpiani Collegii Rectoris, in quibus is ipse, qui loquitur, defunctum Regem Henricum Magnum moneret, ut vitæ prospiceret, perscindit & lacerat, à Scriptore illo expositi, in locis, quæ Regi ipsi, teste Illustrissimo quodam Viro, fidelissimo ipsius Regis, jam à multis annis, Ministro, prælegit: testaque ipso Patre Cottone, qui tum dixit, eum librum, nequaquam à suæ societatis hominibus emanasse, sed Genevæ, ad conflandum societati odium, fictum ab Hæreticis fuisse: qui tamen, postea, longè aliter, quid sentiret, expressit, laudato Scribanii opere, & distributis multis illius exemplaribus, atque etiam, Claro admodum viro, Religioni Catholicæ non minùs, quàm Regio Francico addicto, cum hunc exhibuisset librum, cum stylo laudato, commendavit, eumque juventuti, Latinis literis imbuendæ, apprimè utilem, etiamsi verba, quibus ille utitur, simillima sint, imò ipsissima illis, quæ novissimus parricida, cum super execrabili parricidio, in cæde Regis patrato, interrogaretur, usurpare solebat. Quæ adventus sine horrore referre nequit, de tam horribili libro loquens, quem Catalogo librorum suorum inscriptum, tanquam ab Authore laudato, prefixum, Societas comprobavit. Idem, *Aphorismorum Emmanuelis Sa*, & aliorum *Casuistarum* meminerim fecit, qui Ethicam & Politicam Christianam, funditus evertunt. Item examinatum *Joannis de las Salas*, & librorum *Zanchez*, ex quibus excerpta quædam loca sunt, quæ supprimo, non integram denuo, ob horrendas, & flagitiosas, turpissimasque dissertationes, quibus scatent. Retulit etiam de Richeomi *Apologia*, & alii libris, quos *Richeomus* & *Caus*, aliique sodales, ad causæ suæ defensionem ediderunt. Dicimus, de libro, qui inscribitur, *Defensio Fidei pro Religione Catholica*, *in Infamiam* [illegible] [illegible], & de variis *Jesuitis* ad libellum, qui *Admonitio* inscriptus, *Declarantque ibidem* ejusdem Coetum ad Regiam, Rerum in Regno Administrationis præfectum, sumtam ob ipsius Regis obitum: de quibus etiam, Monsteloterii in contradictionibus adversus Mariettium. Quibus in libris, ubi multa spectantur, plurima & æquissima scholasticè tractantur, forma sapiente cautam veritatem & variis objectis, [illegible] quæ omnis actionibus quæstioni adornatur in quæ ad excusationem eorum professione, ætatem augent, & ejusdem culpæ, cum iis,

qui tuentur, participes demonstrant. Scilicet, errores suos nomine designantur, qui de multis novis & exoticis dogmatibus, alii in Ethica, Politica, Oeconomica, Ecclesiastica & Republica conduntur & propugnantur axiomata, quibus palàm est, eos ad excidendam potestatem à Deo constitutam, Iustitiæ omnis eversionem, ipsius etiam Hierarchiæ [illegible], Ecclesiæ Catholicæ & Apostolicæ Romanæ, & ordinum Religiosorum Clericorum Regularium veterum, ruinam grassari: adversaque quos Jesuitæ subinde, inopes [illegible] atque ad Academiarum [illegible], [illegible] quam Doctorum gradum & [illegible], examinis publica lege vacuos, conferre [illegible] dabantur.

Rogavit quoque Curiam [illegible], ut ex libro inscripto, *Manuale Sodalitatis*, eximi legi locum [illegible], & Rectori, ut prælegeret, traditum, ut liqueat, quæ tamen juventutem ad perjuria, [illegible] judicium & coram Magistratu erudiant.

Denique, lecto à Rectore loco, in Manuali notato, iis multa capita recensuit, in quæ Censura Facultatis Theologicæ, stylum suum firmavit & ea, quæ tribus conclusionibus concludebantur, Hispanico idiomate, anno 1605. & 1610. in honorem Ignatii Fundatoris conscriptæ, quas in Gallicum sermonem transtulit *Franciscus Solerius Jesuita*, qui *librum qui ea, quæ notata fuerant, esse blasphemias in Deum, injurias in Theologos, absona, Censorei afferent & [illegible] non est veritas, [illegible] [illegible] et retulit*.

Tandem ad Universitatis eos, [illegible] accedens monuit in Doctorum & Magistrorum numerum, quorum assiduitati, quæ [illegible] [illegible], & [illegible] ad propagationem & superiorum, & [illegible] decretorum, in Curia [illegible], [illegible], [illegible] peccatum sit, unde justa causa sit querimoniæ causæ, quod non est [illegible] Curia, ut par est, propinquis dignatur, quod aliorum, quam Petro [illegible] [illegible] [illegible].

Quibus, illud Basilii, aliorumque Sanctorum Patrum verbis, Regulas Alienæ Religionis Regularibus perspicue cum objice accrevit potest, illos enim sub Professione indignam, sibi tamen, eumque Reipublicæ professionem postulare, [illegible] ratione, acceptique laudabili, nec dicendum, quæ in Parisiensi Schola frequentatur, aut sive Theologia quæ *Scholastica* appellatur, sive *Ethica*, *Moralis* & *Politica*, possimum ob quarum capita proposita, accedit. *Ille* denique humaniorum literarum ratio sit habenda, quarum studii pænitis admodum, donec Doctores expedire & sufficere queant.

Quoniam solemni clausulâ, ut Regis fauori, securitati, ut Ecclesiæ bono, Regni & totius Reipublicæ tranquillitati, ut honori & perennitati literarum & disciplinarum, consulatur: Intercessioni Parisiensis Vniversitatis attributum suum Regius Advocatus adiecit. Quod si, causâ, ad Consilium, à Curiâ, rejectâ, libros & scripta, unde tractata quædam fuerant, (quæque sibi adesse præsto, dictorum locupletissimum perhibitura testimonium, Advocatus Regius profitetur) Curia examinanda esse decernat, postulat, ut Diplomatis Impetratores, à quavis functione Scholastica, ad juventutis, aliorumque in hac urbe institutionem, lege arceantur, donec in Curia aliter constitutum fuerit, pœnæ, quæ videbitur, irrogatione sancienda.

Curia, causam, de prolati Diplomatis editione, in Consilium mittendam esse pronunciavit.

Litigatorum Consiliarios, Albianæ suas [illegible] *emendare, &c. si quæ videantur subsidia causæ futura, argumenta & rationes additiones addere, judiciaque intra præscriptum tempus condicta, proferre jubet. Interea, ut Provinciales, & à societate, quicquid inter* [illegible] *Curiæ locati sunt,* [illegible], *subscriptione, vitam habeant legum, aut se Provinciali submisso,* [illegible] *consentiendi, in iis præsertim capitibus, quæ ad S. Regiam Majestatem earum salutem & authoritatem, sacram* [illegible] *tuendam, ac libertatum Gallicanarum, ab omni ævo, in hoc Regno observatarum conservationem, faciunt.*

Et ijs omnibus perfectis, ut Regio Cognitori communicatis, & demissis, Curiæ de causa Consilio permittenda, cautum, ea [illegible] *decretum fuit. Interea, praeter ea, quæ Diplomate Regiorum & Senatusconsultis, quâ illud comprehensum est, serventur, ad juventutem erudiendam, aut sui aut aliorum operâ, quicquam tentare, molirive, quocumque* [illegible] *ad rationem sui Collegium* [illegible] *& alio nomine prorsus* [illegible], [illegible] *à* [illegible], *interdicitur: ac denunciatur, ut parant,* [illegible], *ut ipsa* [illegible] [illegible] *multatur.* [illegible] *pendijs exceptis. Actum in Curia Parlamenti* [illegible] *Decemb.* [illegible].

Signatum:

DV TILLET.

EXERPTVM

* *Ex* Oratione D. IOANNIS DESSERICII Rectoris Vniversitatis Parisiensis *ad* Regem.

ETsi verò Iesuitæ tam gravi Decreto jussi sunt abstinere ab omni docendi genere & scholastico munere in urbe Parisiensi, non tamen cessarunt & perierunt irrequieti homines, sed anno millesimo sexcentesimo decimo octavo, rursum apud Regem institerunt, & obtinere conati sunt, ut ipsis publicè docendi potestas iisdem concederetur. Rector autem Academiæ gravi Oratione intercessit coram Rege, in qua inter alia sic inquit: *Serenissime Rex, hæc causa est, cur Majestas vestra Academia Parisiensis* [illegible] *humiliter supplicet, quod maximo periculo rursum exposita est nempe hoc ipso tempore, quo* [illegible] *utrosque suos omnes intendunt, ut Parisijs Stabiliri & confirmari possint.* [illegible] *appetierunt tempore* [illegible] *animis paribus Majestatem vestram Regni* [illegible] *Corde* [illegible], *quod* [illegible] *in Vniversitate Parisiensi, illud nunc operam* [illegible], *ut semel stabiliti si fuerint, quam* [illegible] *potestati sua subjiciant, quemadmodum in omnibus aliis locis, quæ semel occupaverant, fecerant: Si autem in Regno M. V.* [illegible] *non vestra ulla alia quæ* [illegible], *quam Iesuitica, facilè unde apparet,* [illegible] *illam & celebrem Vniversitatem oppressam & suffocatam iri. Consideret* [illegible] *M. V. quæ & quanta* [illegible] *venerabile corpus illud Ecclesiæ & Statui semper profuerit; quomodo populos instruxerit Pastoribus, Episcopis, Prælatis, supremæ Curiæ Consiliarijs & Præsidentibus, Consilium Regium Cancellariis,* [illegible] *Supplicum, Magistris Supplicationum, Consiliarijs & Secretarijs publicis, quæ* [illegible] *doctrinæ,* [illegible], [illegible] *literarum, &* [illegible] *atque libertatum Galliæ,* [illegible] *qui illas* [illegible] [illegible], *quemadmodum semper* [illegible] *tuendo* [illegible], [illegible] *pertinacem, & tum Ecclesia, tum Regis* [illegible]. *Hoc igitur perdito* [illegible] *grandem illam Vniversitatem. Quod* [illegible] [illegible] *detrimento hujus* [illegible] *est, Ecclesiæ & Statui* [illegible] *accidere possit. Ne permittat igitur, ô Rex Magne, ut pulcherrima & amplus* [illegible] *Gallia* [illegible] *tempore* [illegible] *&* [illegible]. *Ne permittat ut* [illegible] *hanc* [illegible] *quæ à* [illegible] *omnibus*

omnibus Regibus vestris ante essentialiter, quamquam pars humanæ necessaria & essentialis Ecclesiæ & Status, conservata fuit, perire sub Rege Ludovico XIII.

Hoc Sacratissime Rex, humillima est petitio, quod Majestati V. hodie supplicant Universitas Parisiensis, ut cum Gratiosè acceperit de manu nostra Majest. V. accipiat simul [illegible] obedientiæ suæ, & [illegible], quod vel in propriam suam ruinam [illegible] [illegible] quod M. V. [illegible] quam [illegible] & humillimam [illegible] fore.

Rex facie plenâ hilaritate & benevolentiæ respondit, *Gratias vobis ago pro vestra bona voluntate; Vos iidem de meliori [illegible], et quod gratam habeam vestram supplicationem.*

Ex impressio Lugduni apud Ioannem Celerier exemplari Gallico in Latinam linguam verso anno 1618. cum permissione.

Quid fit Rex, sic [illegible] potentium hominum, paulò post, propter novorum Collegiorum extructionem, in ipsa Parisiensi urbe Iesuitis potestatem fecit, idem ad [illegible] propè invidiam expositio, ut in Collegio suo omnes disciplinas, etiam Philosophicas & Theologicas, liberè deinceps ac publicè profiteri possent.

IESVITIS in Regnum Navarræ permissus incolatus.

IGnatiani accenseri uno Regno non sciebant sed ut Gallico, sic etiam Navarreo & [illegible] Religionis suæ ibi instituendæ & propagandæ causâ depostulabant anno 1608. [illegible] hac ratione, non esse differentiæ causæ, cur uno Regno potius quam altero, quod uni Domino [illegible] & hæreditarium, [illegible]: Obstabant tamen [illegible] postulationes, qui Ignatianos vehementer oderant ob inquieta ingenia. Rex autem anno 1609. dum Bleslis ageret [illegible] Edictalis [illegible], pro Regno Navarreo & Asturiis, [illegible] & indigenis [illegible] de sua Religione [illegible], ne Iesuitæ in hos fines succederent, ne quid novi [illegible], quo publica quies turbaretur. Nihilominus Episcopus [illegible] contrariam depositionibus, mutavit Rex sententiam suam, decrevitque, ut aquè accenseri Ordinibus liberè ac promiscuè admitterentur; abrogata contraria sanctione. Quintum [illegible] hi in animo esse illos [illegible] Iesuitas, qui episcopis [illegible] manum adhibebant, & Romanam Religionem [illegible] faciunt, Parisiensis autem Curia cæterique Ordines implacabiles edictum hoc tulerunt. Nam [illegible] Ignatianorum hoc genus [illegible] & angue pejus oderunt, & longè à finibus suis propulsarunt [illegible] ut Simones & exploratores [illegible] eodem [illegible] in magno Franciæ concilio Advocatus lib. 13. Comment. pag. 203.

De IESVITARVM in Angliam, Poloniam, Transilvaniam, Bavariam, &c. adventu.

Cap. II.

IESVITARVM in ANGLIAM adventus.

ANno Domini 1580. Robertus Personius & Edmundus Campianus Iesuitæ primi Angliam ingressi sunt, & [illegible] ac fraudulentis artibus apud clericos & laicos sese insinuarunt. Nolebant primò sacramenta administrare sine licentia Sacerdotum; pollicebantur Laicis, se nihil nisi spiritualia tractaturos; paupertatem & humilitatem in summam simulabant, & causam Pontificiorum plurimùm se promoturos sanctissimè promittebant, quo factum est, ut summa cum humanitate ab illis exciperentur etiam. Mox autem, cùm pedes ibi paulò arctius fixerunt, insolentissimi, pro more suo, & prorsus intolerabiles facti sunt. Reginæ Elisabethæ, & Regi Iacobo per suos [illegible] indesinenter struxerunt insidias, eosque vel de Regno deturbare, vel vitâ privare conati fuerunt [illegible] seditionibus, detractationibus [illegible], absque ullo discrimine, sive Clericos sive Laicos, [illegible], quos metuebant impedimento, ne pervenirent ad metam ad quam collimabant: ut Lector intelliget infra, ex capite de illorum [illegible], &c. in Angliâ, & imprimis ex [illegible] Anglorum [illegible] ad Clementem 8. Pontificem Romanum missis.

IESVITÆ in POLONIAM veniunt.

HAud diu etiam ante Stephanum Bathorium Iesuitæ Poloniam ingressi sunt: in nulla autem, vel parva admodum gratia apud proceres Regni initiò fuerunt. Stephano autem Rege creato, cùm familiam Bathoreorum in Transilvania, & forsan etiam in Polonia stabilire vellet, puta-

ff ret

1

ret autem, ut nepotibus in Europa illustres affinitates conciliaret, Romani Pontificis authoritate & favore opus esse, Jesuitae, quos Pontifices imprimis amare sciebat, in Poloniam suscepti, & [illegible] Id. Mart. cum venisset anno 1584. Gotthardi Velingi Syndici urbis & Ioannis Tastii opera Templum Jesuitis à Senatu ad Jacobum impetravit, licet intercederet Gotthardus Curlandiae Dux, & fidem Regis oppidani appellarent, qui nihil in religionis negotio se innovaturum religiose promiserat. Verum ad sedandam eorum querelam primarium Urbis Templum vicissim oppidanis concessit. Rex Stephanus quoque fratri suo Christophoro author fuit, ut idem in Transsylvania, quantumvis reclamantibus subditis, fundaret. Infausti autem hujus consilii is tandem eventus fuit, ut Familia illa, quam hac ratione extollere & ornare volebant, quaeque cum aliquot generosissimis juvenibus florebat, per eorundem Jesuitarum [illegible], inextricabilibus dissensionibus implicaretur, in quibus funditus ferè periit.

De Propagatione IESVITARVM in Bavaria.

Jesuitae in Bavariam [illegible].

VIvebat adhuc Ignatius Loyola, quum sub Paulo IV. Papa Bavariae Dux Albertus omnino decrevisset, ut Societas haec Collegium Ingolstadii haberet. Hoc illum inter alia excitabat quoque Regis Romanorum Ferdinandi exemplum, qui simile Collegium Viennae non ita pridem erexerat. Cum itaque Ignatius votis Bavari annuisset, aliquot Societatis hujus viri ex Italia missi, Ingolstadium pervenerunt, primumque Societatis hujus in Bavaria initium dederunt anno Christi millesimo quingentesimo quinquagesimo sexto. Domicilium illis in veteri, ut vocant, Collegio assignatum fuit ad annum usque 1558. quando ad aedes ampliores & commodiores, quae novae adhaerent Bibliothecae gymnasii, commigrarunt. Voluit enim Princeps, ut & Professorum & Studiosorum hujus Societatis numerus ibi augeretur, qui & paedagogio & Convictorum externorum domicilio gubernando praeessent, hancque daretur operam novi paedagogii instituendi; quorum [illegible] Princeps [illegible], [illegible] concessit. Hinc postea in progressibus annorum facta est accessio, ut [illegible] & [illegible], partim Theologi, partim Philosophi, & variarum artium ac linguarum Professores, partim Scholastici, & [illegible] ex hac Societate Ingolstadii beneficio Principis aluntur.

Anno Domini 1559. Albertus Bavariae Princeps Jesuitarum Collegio Monachiensi initium dedit. Locus Collegii delectus est à principe Monasterium Augustinianorum, qui, cum pauci adessent, facile passuri videbantur, ut pars horti ipsorum in usum novi hujus Collegii converteretur, & illic schola & domus extrueretur. Cives autem Monachienses malè ab initio erga Jesuitas affecti fuerunt, & probra ingrata illis objecerunt.

Cum etiam Comes Swickardus de Helffenstein Praefectum Landspergae ageret, à Principe Alberto petiit locum, montem scilicet arci Landspergensi vicinum, in quo sibi liceret proprium Jesuitarum domicilium construere, in gratiam Noviciorum sive Tyronum, ad hoc vitae genus adspirantium, qui tyrocinii sui tempus ibi absolverent & probarentur. Sic igitur domus illis aedificata est, primum quidem, dicto Comite sumptus suppeditante, & aliis deinde amicis opitulantibus, ut fabrica integra duobus aut tribus annis absolveretur. In eam domum traducti sunt Novitii anno 1578. qui antea in Monachiensi Collegio incommodè viverent & versarentur.

Ex Italia autem, Hispania, Gallia, Anglia, Polonia, Germania & aliis Regnis ac Provinciis Christiani orbis, de quibus hactenus diximus, penetrarunt etiam in Turciam, Moscoviam, Persiam; imò in Indiarum quoque Regna remotissima, in quibus olim vix hominis Europaei vestigium conspectum fuit, ut mox referemus.

Consilium de non recipiendis IESVITIS in Valesiam Helvetiorum Provinciam.

ANno Christi 1600. Jesuitae in Valesia Helvetiorum nidificare, & sedes suas figere tentarunt. Quidam autem ejus Provinciae Primarius & patriae amans receptionem illorum gravissimis rationibus sequentibus dissuasit, & impedivit.

I. Principio, cùm in Concilio Generali, quod sub Innocentio III. Papa Anno 1215. Romae habitum fuit, expressè fuerit decretum, ne ullus praeterea novus institueretur ordo, & Jesuitarum ordo contra Concilii illius Generalis prohibitionem fuerit institutus; Senatui Valesiano est dispiciendum, non solùm utrum utiliter, sed etiam an tutò & salvâ conscientiâ Ordinem hunc novum contra Concilii Generalis decretum, recipere possint, cùm pondere

maximocontroversiis. An Papa sit supra Concilium, nihil sit innovandum, & credibilius sit, Concilium esse supra Papam, quàm hunc supra illud.

II. Cùm ad harum sustentationem Ordinis maximi requirantur sumptus, Domosque splendidis Palatiis Principum sint sumptuosiores [illegible] quoque commodum, habentque [illegible] vestiantur pretiosissimis: plurima ad se rapiunt bona, integraque Dominia [illegible] mentur sumptuosissimè, maximos auri, argentique corradunt thesauros (ut quandoque Principibus sint ditiores) nec aliunde haec omnia, quàm ab iis, inter quos habitant, & commorantur, conquirere possint: Vualesianorum verò ita sit status & conditio, ut non suis tantum rebus indigeant ipsi, sed etiam aliorum nequeant carere ullo modo possint: illorum prudentiae deliberandum proponitur, an consultum fuerit, hujusmodi sumptuosos admittere hospites, qui per Pompam & luxum deglutiant ea, quibus ipsi Regno ad suam sumptuque etiam parcè sustentandum indiget, cùm si quae superesse possent, sanctius in pauperes, aliosque usus converti debeant.

III. Cùm captatoriae virorum, aut defunctorum voluntates jure civili & canonico sint prohibitae, hujusque Ordinis mos sit, eos, à quibus ampla habet expectanda patrimonia, sibi adjungere, ad opes derelictas sibi in terris perveniendas: [illegible] Vualesianorum provinciae est, accuratè secum evolvere, An Hispanis haec, cum Rei publicae & privatae incommodo, admittere, hocque modo legitimos haeredes suis privari haereditatibus, peregrinos verò illis ditari, permittere, eosque, quibus illae merito debentur, jure suo frustrari velit. Iniquissimum profectò videtur futurum, ut peregrini Jesuitae civium & legitimorum haeredum adipiscerentur patrimonium, cùm viventes cives, vel legitimi, ne obolum quidem à Jesuitis, unquam haberent expectandum.

IV. Cùm insuper Hispaniae Rex, ante omnes alios Reges & Principes [illegible], ad absolutam in subditos dominationem contendat, & Jesuitae eundem pro summo Patrono & Benefactore agnoscant, extiterint, ob summa ab eo accepta beneficia arctissimè se obstrictos fatentur, ut propterea commoda quoque ipsius ubique locorum pro virili inservire studeant: verissimè hic fallere videntur Ordines Vualesiani, si perpendant, an Jesuitarum principia (qualia sunt, unus Deus, Unus Papa, & Unus Rex, nempe Rex Hispaniarum, &c.) legibus suae Reipub. conveniant: An verò ejusmodi Patribus in affectione Hispanicis, per institutionem Scholasticam, praedicationes, confessiones auriculares, & alias clandestinas artes, Hispanicam, vel peregrinam tyrannidem in Vualesia stabilire, velint promovendumve possint.

V. Cùm praetereà Vualesianorum laudabilis status ab omni antiquitate liber & Democraticus sit, & Jesuitae, [illegible] nullam aliam Reipub. formam, quàm tyrannicam unius Dominatoris potestatem approbant (Richeomus enim Provincialis Jesuitarum in Aquitania nomine universae Societatis in expostulatione Apologetica cap. 28. circa principium, popularem Democraticum statum [illegible] appellat:) sapientissimo prudentissimoque Vualesiano populo diligenter expendendum relinquitur, an tales in Rempub. Hospites admittere [illegible], [illegible] debeant, qui eum Reipub. statum, quo nunc laudabiliter fruuntur, velut Tyrannicum, improbant, & eversum cupiunt, & Hispanicam Tyrannidem in illius vicem introducere laborant.

VI. Adhaec cùm Jesuitae non solum Evangelicos, velut haereticos, sed & Pontificios moderatos, qui Evangelicis favent, aut cum illis foedera contrahunt, velut haereticorum fautores, & [illegible], hostili & inexpiabili odio persequantur: Vualesianorum laudatissimo statui expedit, quàm diligentissimè expendere, an talium hospitum, aut hostium admissione & [illegible] Venetorum Rempub. quae illos ejecit, & Helvetios Evangelicos, qui [illegible] offendere, quàm [illegible] per illorum repulsionem, conservare malint.

VII. Praetereà cùm ejusmodi in Vualesia status sit, ut Catholici, Evangelicique [illegible] domo, familiaque, & fratres, [illegible] parens & filius, diversae sint confessionis, & apud Jesuitas constitutissimum sit nullam [illegible] Religionem pati, quàm Inquisitionem Hispanicam, sic ut Evangelicos, ubicunque possint, & valent, persequantur & exstirpent: Vualesiani [illegible] facilè dijudicare possunt, an non ex illorum hominum receptione dictitus (qui in Regibus quidem Evangelicis eorundemque fautoribus parcunt) Patres & filios & contrà in se invicem filios parentibus infestissimis, infensiores, exitiales redderent, & Provinciam seditionibus ac tumultibus propter Religionis diversitatem repetitur, miserrimaque quam Deus avertat, non solum rerum omnium perturbatio, sed & horrenda sanguinis effusio consequeretur.

VIII. Deinde, cùm nihil Reipub. Christianæ & liberæ salutaris atque utilius sit, quàm civium liberos intelligentiâ, sapientiâ & verâ pietate imbui, ad verum Deo legitimam patriæ, & naturalem Parentibus, omnibusque debitam obedientiam præstandam: Iesuitæ verò teneros liberorum animos, cæcâ obedientiâ imbuant, & intellectu eorum & judicio privent, eosdemque à parentibus velut plagiarii abducant, & in legitimos Magistratus ad omnia suique deque ferenda animent: Prudentissimæ Vualesianæ Reipub. Administris diligenter considerandum est, an istius impietatis & inobedientiæ Doctores salvâ patriâ potestate, salvâ legitimâ suâ authoritate, & verâ erga Deum pietate, in Vualesia admittere debeant.

IX. Adhæc, cùm nihil ita sit sacrum atque religiosum, quod Iesuitæ, citra ullam reverentiam in privatum suum lucrum convertere non studeant, [illegible] à majoribus in pios usus destinatum sit: Reverendus Vualesiæ Episcopus, totusque clerus, etiam maturè secum perpendere debent, num ejusmodi Corvos, Sacrilegos, Harpyias & Indepetatores, sibi ipsis adjungere utiliter possint; cùm certum sit, ubi hoc avium genus semel ibi nidificaverit, ad eorum interitum & spoliationem ipsis fore salutandum, dum alios Romam excurrere cogent, alios canonicatu & præbendis suis privabunt: atque hæreses [illegible]. Episcopus summatim & clerici sibi sensisse brevi experientur id quod proverbio habet: *Turdus ipse sibi malum.*

X. Vualesianis Abbatibus ac Religiosis quoque qui opulenta & pinguia sua Monasteria possident, atque maturè considerandum videtur, An Dominos Iesuitas brevi vel successores vel bonorum suorum participes habere velint. *Quod enim nullum malum id Iesuita est Monacho.*

XI. Item cùm nihil certius sit, quàm quòd vera omnium Rerumpublicarum tranquillitas à legitima omnium subditorum erga Magistratum politicum obedientia dependeat, omnisque Reipub. pœnis & præmiis contineatur: Iesuitæ autem ejusmodi Domini sint, qui nullum Magistratum politicum, imò nec ipsum Episcopum subditi esse velint: ac si forte seu aliquod flagitium vel commisisse deprehendantur, nec per Magistratum nec per Episcopi propriam

pœnitatem se puniri debere, aut posse dicunt: Laudabili Vualesianorum Provinciæ considerandum relinquitur, an hujusmodi liberos Dominos & Exleges, salvâ Reipub. salvaque authoritate sibi à Deo concessâ apud se admittere debeant.

XII. Item, cùm nulla Respub. citra censum, Decimas, & cætera tributa diu consistere possit, & Iesuitæ semet non solùm Iurisdictioni & oneribus omnibus civilibus & publicis eximant, sed etiam optimos fundos, agros & domos (quorum omnium nomine possessores civiles censum, contributiones, cæteraque omnia onera præstant) sibi comparent, eorumque coemptione & acquisitione ærarium publicum depauperent, atque non solùm Rempub. enervent, sed etiam cæterorum civium bona & patrimonia intolerabilibus oneribus gravent, unde plerumque maximæ Reipub. perturbationes, atque adeò eversiones oriri solent: Vualesianus Senatus diligenter expendat, an ejusmodi Fucos in Repub. admittere consultum fuerit: cùm iniquissimum sit, Regionis & bonorum temporalium commodis uti, frui, & ab oneribus temporalibus, publicis & communibus liberum esse.

XIII. Item, cùm ab ad supra dictas omnes causas gravissimas etiam accedat hæreseos crimen, & Iesuitæ ab ipsis etiam Catholicis hæreseos accusentur [uti apertè convincitur ex libro illo, qui Catechismus, sive exacta vitæ, doctrinæque Iesuitarum demonstratio, inscribitur;] & nullum crimen ipsa hæresi Catholicis magis exosum sit: Senatus, Populusq. Vualesianus exactè perpendat, An ex Repub. & Ecclesiæ usu fuerit, tot insignes eversores in Repub. tolerare.

XIV. Cùm denique unumquemque Iesuitam *Votum cæcæ obedientiæ* facere oporteat, quo juret & polliceatur, se quodcunque suus ipsi superior jusserit, facturum, quodcunque etiam mandaverit, justa esse censurum & contrarium suum judicium sententiamque per votum, ut verba constitutionis ipsorum sonant, obedientiam abnegaturum: an ejusmodi cæcitatis Doctores & Seductores in visceribus Reipub. tolerare utile sit, quivis de populo facilè judicaverit: Cùm accerrimâ experientiâ compertum sit, quòd ex illius modi cæcæ obedientiæ præceptis maledicta filiorum in parentes, inobedientia, turbulentia civium & subditorum in Magistratus, Principes & Reges rebellio: quid? infanda in sacras Regum & Principum personas parricidia,

supremæ.

[illegible]

superiora omnium Regnorum & Rerumpub. mala provenient.

His aliisque rationibus Valesiani adducti sunt, quòd Jesuitas Seduni, quæ est Metropolis suæ Provinciæ, & sedes [illegible] lis, hactenus [illegible].

Cap. III.

De Ingressu IESVITARVM in Indiam, eorumque in Indiis propagatione, profectu & miraculis.

PEtrus Mascarenius, ut supra indicavimus, qui pro Lusitaniæ Rege Ioanne legati munere fungebatur, petiit à Papa Regis sui nomine, ut ex decem Ignatii Loyolæ sociis aliquot promulgandi Evangelii causâ in Indiam mitterentur, cujus Provinciæ ab idololatria multos ad Romanam fidem traducendi Rex magno desiderio tenebatur. Missi igitur sunt ex illis duo, nec enim plures concessit Loyola, cujus arbitrio eorum [illegible] Papa permiserat, Franciscus Xavier Navarrensis & Simon Rodericus Lusitanus Vlyssiponensis, Anno Domini 1540. Tum Franciscus Xaverio Indiæ destinato, Simon autem Rodericus in Lusitania retentus fuit, ut quoniam ad Loyolam alii plures se jam adjungere cœperant, instituendis in Conimbricensi Academia ipsorum Collegio præesset, quod velut seminarium foret eorum, qui deinceps in Indiam supplementi causâ mitterentur. Ei Collegio Rex Vectigalium annuorum quod satis esset ad Socios eorum alendos, qui tamen numerus postea duplicatus est, [illegible] attribuit.

Xaverius in Indiam navigat.

Xaverius autem Anno 1541. cum Indiæ Præfecto Martino Alphonso Sosa Vlyssipone discessit: [illegible] socium duxit à Societate ipsorum nomine Paulum. In Indiam pervenerunt Majo mense Anno 1542. ac Goam tandem appulerunt. Ibi cum aliquot menses versatus esset, in eam oram descendit, quæ vulgò Comorini caput, seu Promontorium dicitur, ab urbe Goa passuum sexcenta millia. Ea gens quondam à D. Thoma Apostolo ad Christum conversa, sed quæ jam Christiani præter nudum nomen haberet nihil. Inde verò in alia Regna ac Provincias se contulit, ut in ejus vita prolixè indicatur.

De Miraculis à IESVITIS in India editis.

HVjus Xaverii alii quàm plurimi, quibus annis subsequutis sunt postulatis navigationibus, & novas barbaris suis superstitionibus imbuerunt, ubi etiam multa eos edidisse, & adhuc quotidie edere Miracula ex Japoniis ac Indicis illorum relationibus gloriantur Jesuitæ. [illegible] in hoc quoque quam reliqui Monachi, qui multa Miracula à suis fictaque edita gloriati sunt aliis inter eos quibus cum habitarunt atque vixerunt, in quibus facile fraus & impostura deprehendi potuit, quam scientes illi, an nihil unquam simile quid accidisse, aut fraude aliquâ [illegible] perpetrata fuisse. Jesuitæ [illegible] apud nos in Europa commorantes, multa spargunt de suorum Miraculis apud Indos & Antipodas editis, ut falsitas cognosci possit. Quis enim ad hæc cognoscenda [illegible] pervenietur?

Bellarminus enim libro 4. de Eccles. milit. cap. 14. *Hoc nostro, inquit, seculo claruit in India omni genere Miraculorum B. P. Franciscus Xaverius Societatis Iesu Presbyter.* Ibidem *Petrus* [illegible] *Xaverij* [illegible] *in Indicis literis quas* [illegible] *qui cum Xaverio versabantur, hoc referunt.* Item Acosta de Procur. Ind. sal. lib. 2. c. 10. *Ex hoc, inquit,* [illegible] *vitam Apostolica vita, cujus tot & tam magna signa referuntur per plurimos* [illegible] *testes, ut vix de alio, exceptis Apostolis, plura & majora legamus.* [illegible] tom. 4. Concion. Conc. de obitu, *ibi* inquit, *Xaverius ex magni Mundi Apostolus* [illegible] *patravit Miracula, Dæmones ejecit, cæcos illuminavit, &c.*

Horatius Tursellinus Jesuita, qui vitam Xaverii conscripsit, libro 6. cap. 2. refert, eum [illegible] prædixisse, [illegible] mortuum novisse, cæcos, claudos, mutos, surdos, leprosos & incurabiles morbos quam plurimos sanasse, [illegible] super eos [illegible] Fidei & Evangelii. Lib. 2. c. 9 narrat, eum uno tempore septem mortuos excitasse & pristinæ vitæ restituisse: inter quos fuerit Echoica puella, quæ cum primum [illegible] Xaverium agnoverit, pariter [illegible] dixerit: hunc hic est ille, qui animam meam ex inferno eripuit & liberavit. Refert præterea rem hactenus inauditam, quòd multas Indiæ gentes etiam per Vicarios suos, qui ferè nullam fidei Christianæ cognitionem habuerint, converterit multosque fecerit [illegible] *Pater noster*, ut vocant. Quid enim [illegible] Meliaporti fuerit ex opulento cive [illegible] Dæmones ejecisse per puerum [illegible], impressione signi Crucis & lectione Evangelii, Dæmonibus vehementer indignantibus, quod per puerum,

& quidem Neophytum pellerentur, idem Tursellinus lib. 5. cap. 6. & 12. aliaque Miracula commemorat, quæ post mortem etiam edidere.

De Aqua benedicta etiam multa Miracula quæ virtute in India patrata magnifice prædicat in Epistola Duartes à Sylva, quòd nempe ex ægrotorum corpora, non alio medicamento commutarentur quoque Alexipharmaco multos pristinæ valetudini restitutos, & alios morbos complures in India passos, & à Dæmonibus liberatos Confirmat Ferdinandus [illegible] libro 3. Epistolarum.

Fabula de Agno Dei.

Aloisius Frois in Epistola de rebus Japponicis Miraculum, seu potiùs fabulam narrat mirabilem de multiplicatione Agnorum Dei. Allatum fuisse inquit prædulem [illegible] Agni [illegible] imaginum, quas Pap. Roman. consecraverit, eas à quadam [illegible] & aliis expetitur esse tantâ aviditate, ut [illegible] in particulas minutissimas secare coacti fuerint, quæ tamen non mille quingentis attigisse [illegible], quæ omnes vel argenteâ, vel aureâ, vel stanneâ theca inclusas, cum nomine Iesu [illegible] [illegible], & cum tribus ad unam [illegible] clavis inesse religiosè conservatione.

Miracula testimonio Indorum nulla fides habetur.

Illis autem Miraculis omnibus fides dubia, vel prorsus nulla haberi debet. Franciscus enim de Vict. Regius Professor in Salmanticensi Academia Relect. 5. num. 5. *Non satis*, inquit, *mihi liquet, an barbaris Indis fides Christiana ita à nobis proposita fuerit & annunciata, ut teneantur credere sub novo peccato. Nam [illegible] [illegible] [illegible], nec exempla vitæ adeò religiosa, [illegible] [illegible] multa scandala & impietates: unde videtur, quòd Religio Christiana non sit eis satis commodè & piè prædicata, ut illi teneantur acquiescere.* Acosta verum Indicarum rerum testis oculatissimus & fide dignissimus, libro de procur. Ind. sal. 4. cap. 4. *Quo est*, inquit, *prædicatio nostræ [illegible]? [illegible] quidem non [illegible].* Et cap. 12. *Nec prodigia, quibus Evangelium [illegible] nulla producimus.* Et cap. 17. *Neque verò est opus, [illegible] [illegible] [illegible] [illegible], ut videntes glorificent Patrem, qui est in cœlis, est omnium ad persuadendum Miraculum potentissimum.*

Mirum tamen est, si tot tamque splendida fuerint Iesuitarum, imprimis Xaverii Miracula, ut vir tamen [illegible] nullum fide dignum [illegible], [illegible] de Indorum jure [illegible] [illegible] [illegible] disputans. Secundò, non solum Infinit, sed etiam alios sunt ad [illegible] hodie ipsius etiam Xaverii de rebus Indicis literis, aliisque aliorum quorundam plenissimæ Miraculorum autem Apostolicorum inanissimæ. Nicolaus Pimenta Provincialis Indiæ Orientalis visitator epist. ad Claud. Aquavivam pag. 6. *[illegible] quidam, scribit, calumniator, [illegible] recens [illegible] [illegible], [illegible] [illegible] [illegible] [illegible] præsentiam, [illegible] nullas offendi [illegible]: itaque non dubitatum est [illegible] [illegible] fuisse.* Rursus pag. 19. *[illegible] [illegible] [illegible] [illegible] vita Patris [illegible], qui à Xaverio missus erat, Deus hoc [illegible] [illegible] [illegible] [illegible] [illegible] [illegible] ex [illegible], [illegible] [illegible], ut intelligi non possit.* Pag. [illegible] ibidem. *[illegible] [illegible] in [illegible], [illegible] [illegible], [illegible] [illegible] [illegible] [illegible], [illegible] [illegible]: ego in fundum [illegible], [illegible] [illegible] emerge [illegible] capite super undas [illegible], [illegible] à famulo [illegible] ad ripam pertrahi.* Ibidem pag. 77. *Nec febri correptus [illegible] [illegible] [illegible], nullo remedio humano [illegible], præter fidei patientem, [illegible] [illegible].*

Nullum horum omnium est Miraculum Apostolicum, qui ejiciebant Dæmones, sanabant mutos, cæcos, &c.

Inquies, hoc modestiæ Iesuitarum argumentum fuisse, non impotentiæ. Sed est hæc tergiversatio, ut ex ipso Xaverio probari potest. Is enim libro 2. de rebus Indicis Epist. 3. ad Societatem Romæ. *In hac, inquit, insula rem valdè incredibilem, & suis hoc tempus inauditam, [illegible] vidi [illegible] [illegible] [illegible] [illegible] [illegible]; [illegible] [illegible], quod propè [illegible] [illegible] [illegible] [illegible], [illegible] [illegible] [illegible] quotidie, quantum [illegible] [illegible] [illegible]. Ego ipse rem perspexi [illegible] [illegible] [illegible] [illegible] [illegible], addere [illegible],* &c. Si Xaverius non naturæ Miraculum tam diligenter investigavit & in nostrum orbem scripsit, cur ea quæ ipse Miracula edidisset, ne quaquam silentio præterisset. Nec est hæc modestia appellanda in Xaverio & aliis aliquem Apostoli immodestiæ [illegible] forent. De iis enim Lucas ita scribit: *Transeuntes Apostoli retulerunt quanta per eas fecisset Dominus,* Act. 15. *Renunciantes quanta per se fecisset Deus.* Rursus in hoc loco *Apostoli*, inquit, *[illegible] Spiritus Sancti [illegible], [illegible] [illegible] [illegible] [illegible] [illegible] gratiæ, gratiæ dicentes Deo, [illegible] [illegible], [illegible]. De his gloriandum, si Dei gloria [illegible], [illegible] [illegible]. Non enim [illegible] [illegible], sed Dei [illegible] [illegible] Christus [illegible] [illegible], Marc. [illegible] David etiam in Psal. [illegible] dicit, [illegible] [illegible] [illegible] mirabilia ejus.*

Postremò, si necessarium fuit Iesuitis aliquod in conversione Indorum Miraculorum tum illud, quod per se est ad alienigenas nationes maximè necessarium, videlicet variarum, & præsertim Indicarum linguarum donum. At hoc præsidio Iesuitæ omnes destituti sunt. Ergo etc. Consequentiam majoris probant Patres in hæc verba Actor. 2. *Et apparuerunt eis dispertitæ linguæ, &c. Necessarium, inquit, erat novæ illi Ecclesiæ ædificandæ linguis variis loqui, ut ab omnibus intelligerentur. Ob eamque causam tribuit Apostolis Deus omnium linguarum excellentem notitiam, quia quæ habebant ad Evangelii negotium impedimentum.*

Impedimenta conversionis INDORUM *ad Religionem Christianam.*

ACosta Iesuita de exiguo profectu Indorum in Christiana Religione, & modo conversionis ad fidem, sic paulò scribit libro quarto de Procurand. Ind. salut. cap. 3. *Circumfusos, inquit, nostri Indorum tarditatem, ad capienda Mysteria fidei, frustra in iis educandis tempus teri: denique post annos jam quadraginta, ab Evangelio ingressu, in tam immensa turba, vix quemquam qui Symboli duo capita intelligat, quid Christus sit, quid vita æterna, quid Eucharistia, vel crux significet, reperias: facilius partus habendos, quam baptizatos. Verum, qui ista jactant, respondeant mihi, qua diligentia illis prædicatur. Recitant illi bis terve in hebdomada Symbolum & preces, idque Hispanice ediscunt, jubentur denique Hispanica hæc dicere, quorum ne syllabam quidem intelligunt, & pronunciant ridiculè. Vulgaris tamen & tritus doctrinæ tradendæ iste est modus, ubi exquisitius res agitur: Sacerdos sermone Indico compositum quendam in Catechismi formam recitat, cum tamen ille linguæ Indicæ penitus sit insciens: quod si peritus sit, quod rarum est, tamen Mysteria fidei nequaquam explanat, neque vero satis novit: quid vero unquam Catechistæ rationem auditorum cepit? Denique parendo Indis doctrina traditur, atque cum à Medico sæpe colligenda cœna, frequentiores aut parvi aliqui cantillantur, qui illud tantum spectant, ut dicendo ipsi ad finem usque perveniant carminis: utrum vero auditores vel attendant vel delectentur, quod jam acceptum, non admodum curant. Tota igitur catechizandi ratio umbratilis & ludicra similis.* Hæc omnia Iesuita. Hæc legenti, subit illud apud A. Gellium (quod in Iesuitas Catechistas & eorum Catechumenos Indos præclarè convenit) *cùm unus loquitur, quod alius non intelligit, similem esse, ac si alter hircum mulgeat, alter cribrum supponat.*

Rursus idem ibidem cap. 4. *Haud quidem, inquam, nesciebam scripsisse Patrem, Non videri sibi ad Indorum barbarum animos penetrasse Evangelium, sed ad speciem tantum receptum. Negari enim non posse, quando maximè syllabas rationes egisse, cujusque manifestis per singulos coarguamus. Quid enim potentius verbo Dei? quid ad immutandos homines efficacius? Mihi sane semper similis semper est visum,* inquit idem Iesuita ibidem libro 5. cap. 2. *Inveni nonnullos Indorum Christianorum nomine donatos, cum esse rogarem qui Christum agnoscerent, ac quod Spiritu aliove de Spiritu S. Patre responderunt, passimque ut Christo melius assumere. (Neque an sit Christus audivimus.* Hæc ille. Hoc est Indos convertere, hoc est aliquid in cœlum: par quidem est in utrisque beata ignorantia.

De eodem Andreas Vega opusc. de Fide & Operibus quæst. 3. *Quidam,* inquit, *hoc nostro tempore, habentes zelum Dei, sed non secundum scientiam, Indos ad Baptismum venientes, indiscriminatim admiserunt nullâ factâ inquisitione de vita & moribus, imò nullâ, vel penè nullâ, in eadem doctrina de vita & moribus necessario servandis: sed hoc solicitantes, quod propositis fidei articulis credere se responderent, illos baptizare. Revocare eos ab hoc errore debuit illud Christi, Nolite sanctum dare canibus.*

Acosta cursus libro 1. de procur. Indorum salute cap. 2. *Nescio quodam,* inquit, *tenore Indis offertur, ut vel facile repudietur, vel ita recipiatur, ut non penitus infigatur. Quid ita? Simulatorem familiarem spiritum præferunt, ita colunt Deum, serviunt & reverentur ad speciem.* Et lib. 6. c. 3. testatur, *ab Hispanis & Iesuitis multos Indos contra ipsorum voluntatem baptizari.*

Idem lib. 4. cap. 4. *Expende,* inquit, *omnia subtiliter, invenies tam tenuem & simplicis successus apud Indos potissimam causam in eo esse, quod doctrinis & accolis quidem, sed justa consideratione, antiquis temporibus prædicatores fuerint prædicatione sua digni, cum nostri tam sint plerumque indigni, ut longè plus evertant & dissipent, quam ædificent atque plantent.* Et libro primo cap. 18. *Equidem certus sum, si Evangelii ministri in his regionibus exstitissent, quales Evangelii praeconem maximè decuit, non alios essemus progressus habituros fuisse, quàm quos in prima & Apostolica Ecclesia legimus, &c.* Et libro 4. cap. 5. *Recte & prudenter scripsisse Patrem rerum Indicarum prudens indagator, tribus de causis tam multo tempore tam modicum promovisse Evangelium. Primum, quod exempla prava nostrorum hominum prædicationi Evangelicæ derogârint: deinde, quod in corrigendis excipiendisque erroribus, superstitionibusque nullam prædicatores operam collocarunt,* &c.

ſeo. Ibidem cap. 11. *Quot Zach.* [illegible] *fani contradie? ut* [illegible] *debeat* [illegible], [illegible] *aliqſ. & nobiliſſimus* [illegible] *Li-kant* [illegible]. Eodem cap. 15. *Præclare* [illegible] *cum rebus Indorum, ſi Sacerdotum* [illegible] [illegible] *moderatio eſſet, ut non* [illegible] [illegible] *quærerent.* &c. Lib. 2. *Salute pluri-morum Indorum* [illegible] *retardare poſſunt exempli mores.* Lib. 3. cap. 8. *Non alia ex cauſa mercatores negotiantur, vel judices præſident, vel Sacerdotes pleraque Evangelizant, quàm ſpe argenti & auri; argentum & aurum ſi ſe ſubducat ex oculis, omnium civilis & ſacerdotalis* [illegible] *brevi evaneſcit, & qui charitas non* [illegible] *animarum, auri ſolum cupiditas* [illegible]; *& quemadmodum olim* [illegible] *Iſraelis ſalus fuit gentium, ita Chriſtianorum avaritia Indorum* [illegible] *facta eſt.*

Hæc & multa alia acerbè dolenterque Ieſuita Acoſta queritur: ex quibus intelligimus, ficta, vana & frivola eſſe omnia, quæ Ieſuitæ referunt ac gloriantur de plurimorum Regnorum, Provinciarum, & multorum millium Indorum ad fidem Chriſtianam converſione.

Aſſumptionem Ieſuitæ concedunt. Pimenta Ieſuita in Epiſt. pag. 14. *Noſtra,* inquit, *Societatis pater Franciſcus Corſi* [illegible] *ad* [illegible]. *Totus,* inquit, *ſum in Perſico idiomate addiſcendo.* Idem pag. 80. *Quod autem ad converſionem attinet,* [illegible] *idiomatis ignari, inquit pater Fernandius, parum effectum eſt.* Acoſta libro 1. de procur. Ind. ſalut. cap. 2. *Ferunt,* inquit, *olim ſeptuaginta linguis confuſam fuiſſe gentis* [illegible], *at Indi ſeptuaginta, & eo amplius* [illegible] *ſe diſſonant linguis.* Libro 4. cap. 8. *Quæ* [illegible] *ut prædicando verbo Dei impedimenta* [illegible] *graviſſima ſunt.* Ibidem cap. 9. *Neque igitur immeritò noſtræ Societatis fundator Ignatius Iudica lingua* [illegible] *præcepit: ſunt enim per quos neceſſaria illa præſidia, ut* [illegible] *verbi divini in Gentibus annunciandi.* Libro 5. cap. 1. *Quid quod confeſſiones ſæpe* [illegible] *faciunt, ut neque Indus intelligat* [illegible], *neque intelligatur ipſe quod dicat?* Ipſe Xaverius quoque libro 3. Epiſt. 5. Ecquidem, inquit, *nos linguam calleremus Iaponicam, non dubito, quin plurimi fierent Chriſtiani. Faxit Deus ut eam brevi addiſcamus; tum demum aliquam Chriſtianæ rei* [illegible] *operam:* [illegible] *nati* [illegible] *verſamur:* [illegible] *nobis & de nos,* [illegible] *ad quæ* [illegible] [illegible] [illegible] *in lingua* [illegible] *elementis* [illegible].

CATALOGVS Provinciarum, in quibus IESVITÆ habitant; item collegiorum ac domorum, ſociorumque, ſeu locuſtarum, quæ in unaquaque provincia ſunt. CAP. IV.

In Italia Provinciæ quinque ſunt.

1. PROVINCIA ROMANA.

Romæ:
- Domus Profeſſa.
- Collegium Romanum.
- Domus Probationis.
- Collegium Pœnitentiariæ.
- Collegium Germanicum.
- Collegium Anglicanum.
- Seminarium Romanum.
- Collegium Maronitarum.

Reſidentia Tuſcana.

Collegium:
- Tiburtinum.
- Lauretanum.
- Peruſinum.
- Florentinum.
- Senenſe.
- Maceratenſe.
- Recinetenſe.
- Setinum.
- Anconitanum.
- Montis Sancti.
- Montis Politiani.

Reſidentia Firmana.

Sunt in hac Provincia Socij 750.

2. PROVINCIA SICVLA.

Panormi:
- Domus Profeſſa.
- Collegium Panormitanum.
- Domus Probationis.

Meſſanæ:
- Domus Profeſſa.
- Collegium Meſſanenſe.
- Domus probationis.

Collegium:
- Syracuſanum.
- Catanenſe.
- Montis Regalis.
- Bivonenſe.
- Caltanisetenſe.
- Rhegianum.
- Drepanitanum.
- Mineoenſe.
- Marſalenenſe.
- Caltagironenſe.
- Melitenſe.

Domus Profeſſa Pletienſis.
Collegium Notianum.
Collegium Saccenſe.
Reſidentia Chia.

Duo

Sunt in hac Provincia Socij 530.

3. PROVINCIA NEAPOLITANA.

Neapoli. { Domus Professa. / Collegium Neapolitanum. / Domus Probationis.

Collegium { Caracense. / Nolanum. / Atrinum. / Barense. / Salernitanum. / Consentinum. / Barolitanum. / Teatinum. / Aquilanum. / Beneventanum.

Domus Probationis Adriensis.

Collegium { Bottuinense. / Tropeense. / Massense.

Sunt in hac Provincia Socij 350.

4. PROVINCIA MEDIOLANENSIS.

Mediol. { Domus Professa. / Collegium Breidanum.

Genuæ { Domus Professa. / Collegium Genuense. / Domus Probationis.

Collegium { Taurinense. / Comense. / Vercellense. / Montis regalis. / Cremonense.

Domus Probationis Aronensis.

Collegium { Bastiense. / Niciense. / Alexandrinum.

Residentia Papiensis.

Sunt in hac Provincia Socij 370.

5. PROVINCIA VENETA.

Domus Professionis Venetijs.

Collegium { Patavinum. / Ferrariense. / Bononiense. / Brixiense. / Foroliviense.

Collegium { Mutinense. / Parmense. / Placentinum.

Veronense. / Mantuanum.

Domus Probationis Novellariæ.

Domus Probationis Imolæ inchoata.

Residentia Cremensis.

Sunt in hac Provincia Socij 390.

1. In LVSITANIA Provincia una.

Olyssipone. { Domus Professa. / Collegium S. Antonij. / Domus Probationis.

Collegium Conimbricense.

Collegium Eborense.

Collegium Portuense.

Collegium Bracarense.

Collegium Brigantinum.

Collegium Pharense.

Domus Professa Villaviciosæ.

Domus Probationis Portalegrensis inchoata.

Collegium { Funchalense. / Angrense. / S. Michaelis.

Residen. { S. Felicis. / Canalensis.

Domus in Regno Angolæ.

Residentiæ in Insulis Hesperidum.

Sunt in hac Provincia Socij 670.

In INDIA Orientali Provinciæ duæ.

1. PROVINCIA GOANA.

Goæ. { Domus Professa. / Collegium Goanum. / Domus Probationis.

Collegium { Salsetanũ cum XI. Residẽtijs. / Bazainense. / Tanense cum V. Residẽtijs. / Damanense. / Chaulense.

Residentia Æthiopiæ.

In Regno Mogoris.

Sunt in hac Provincia 280.

2. PROVINCIA MALABARICA.

Collegium { Cochinense.

Collegium { Vaipicotanum.

Residentia { Pellipotti. / Porcæ.

Ee Colle-

Collegium Coulanenſe.
Collegium Taucoriſenſe,
Collegium S. Thomæ.
Collegium Columbenſe.
Reſidentia Tidorenſis.
Reſidentia Amboinenſis.

Sunt in hac Provincia 130.

In IAPONIA Provincia una.

Nāgaſachij { Collegium Nangaſachienſe. / Domus Probationis.
Collegium Arimenſe.
Domus Omurenſis.
Reſidentia Facatenſis.
Reſidentia { Cocurenſis. / Firoximenſis. / Amacuſana. / Xiquenſis. / Coazurana.
Domus Meacenſis.
Reſidentia { Ozacenſis. / Fuximenſis.

Sunt in hac Provincia Socij 134.

In REGNO Sinarum.

Collegium Macaenſe.
Reſidentia Xauenſis.
Reſidentia Nanquinenſis.
Reſidentia Xanquinenſis.
Reſidentia Paquinenſis.

Sunt in hoc Regno Socij 60.

In BRASILIA Provincia una.

Fernambuci { Collegium Fernambucenſe. / Reſidentia S. Andreæ. / Reſidentia B. Virginis.
Bayæ { Collegium Bayenſe. / Reſidentia S. Spiritus. / Reſidentia S. Ioannis. / Reſidentia S. Antonij. / Reſidentia S. Sebaſtiani. / Reſidentia B. Virginis. / Domus Ilheorum.
Fluminis Ianuarij { Col. Flum. Ianuarij. / Reſid. S. Barnabæ. / Dom. Spiritus Sancti. / Reſiden. { S. Ignatij. / Conc. B. Virg.
Domus Piratiningæ.
Domus Sanctorum.

Sunt in hac Provincia Socij 180.

In Hiſpania Provinciæ quatuor.

1. PROVINCIA TOLETANA.

Toleti { Domus Profeſſa. / Colleg. Toletanum.
Collegium Madritanum.
Domus Probationis.
Collegium { Complutenſe. / Ocanienſe. / Placentinum. / Conchenſe. / Belmontenſe. / Murcianum. / Caravacenſe. / Segurianum. / Huetenſe. / Talabricenſe. / Oropeſanum.
Domus Probationis Villaregienſis.
Reſiden. { Navalcarnerenſis. / Ieſu Montani. / Almagrenſis.

Sunt in hac Provincia Socij 307.

2. PROVINCIA CASTELLANA.

Valliſoleti { Domus Profeſſa. / Collegium Valliſoletanum. / Collegium Anglicanum.
Collegium Salmanticenſe.
Collegium Hibernorum.
Collegium Burgenſe.
Collegium Methnenſe.
Domus probationis Villagarcienſis.
Collegium { Segovienſe. / Abulenſe. / Palentinum. / Compoſtellanum. / Pampelonenſe. / Legionenſe. / Lucronienſe. / Overenſe. / Numantinum. / Santanderenſe. / Montis regalis. / Montiforrenſe. / Arevalenſe. / Vergarenſe. / Tudelanum. / Bilbaenſe. / Bellimarenſe.

Reſiden-

Reſidentia Azemiana.

Sunt in hac Provincia Socij 364.

3. PROVINCIA ARAGONENSIS.

Valentiæ { Domus Profeſſa.
Collegium Valentinum.

Collegium { Barcinonenſe.
Cæſaraugustanum.
Majoricenſe.
Gerundenſe.
Gandienſe.
Bilbilitanum.
Turiaſonenſe.
Vigellenſe.
Oſcanum.

Domus probationis Tarraconenſis.
Collegium Ilerdenſe.
Reſidentia Perpinianenſis.

Sunt in hac Provincia Socij 360.

4. PROVINCIA BÆTICA.

Hiſpali { Domus Profeſſa.
Collegium Hiſpalenſe.
Domus Probationis.
Collegium Anglicanum.

Collegium { Triguerenſe.
Gaditanum.
Marcenenſe.
Cordubenſe.
Granatenſe.
Valtanum.
Malacenſe.
Xerenſe.
Carolanum.
Vbedanum.
Aſtigitanum.
Guadixenſe.
Fregenalenſe.

Domus Probationis Môtellana.
Reſidentia Antiquerana.

Sunt in hac Provinciæ 520.

In SARDINIA Provincia una.

Saſſari { Domus Profeſſa.
Collegium Saſſaritanum.

Calari { Collegium Calaritanum.
Domus Probationis.

Collegium Eccleſienſe.
Collegium Algorenſe.

Sunt in hac Provincia Socij 154.

In INDIA Occidentali Provinciæ quatuor & una Viceprovincia.

PROVINCIA PERVANA.

Limæ { Collegium Limenſe.
Domus Probat.
Seminarium Limenſe.

Reſidentia S. Iacobi.
Collegium Cuchenſe.
Collegium Potoſianum.
Collegium Placenſe, Chuquiſaquenſe.
Collegium Pacenſe.
Collegium Ariquipenſe.
Collegium Guamanganum.
Reſidentia Iulienſis.

Sunt in hac Provincia Socij 364.

PROVINCIA PARAQVARA.

Collegium Chilenſe.
Reſidentia S. Iacobi del Eſtero.
Reſidentia Cordubenſis.
Reſidentia Aſſumptionis.

Sunt in hac Provincia Socij 84.

Viceprouincia novi REGNI & Quitenſis.

Collegium Quitenſe.
Collegium Carthaginenſe.
Collegium S. Fidei.
Seminarium S. Bartholomæi.
Reſidentia Panamana.
† Reſidentia Caſanena.

Sunt in hac Provincia Socij 80.

PROVINCIA MEXICANA.

Mexici { Domus Profeſſa.
Collegium Mexicanum.

Collegium Guazacanum.
Collegium Guadalaxarenſe.
Collegium Angelup.
Collegium Valliſoletanum.
Collegium Paſcuarenſe.
Collegium Tepozotlanum.

Reſidentia { Veræ Crucis.
Cinaloenſis.
Guadiana.

Sunt in hac Provincia Socij 237.

In INSVLIS PHILIPPINIS Provincia una.

Collegium Manilanum.
Collegium Zebuense.

Residentia:
- Antipolana.
- Taytayensis.
- S. Iacobi.
- Boolana.
- Dulacensis.
- Carigarensis.
- Tinagonensis.

Sunt in hac Provincia Socij 70.

In Gallia Provinciae quatuor.

PROVINCIA FRANCIÆ.

Parisijs:
- Domus Professa.
- Collegium Claromont.

Collegium Mussipontanum.
Collegium Flexiense.
Collegium Bituricense.
Collegium Virdunense.
Collegium Nivernense.
Collegium Augense.

Rothomagi:
- Collegium Rothomagense.
- Domus Probationis.

Collegium Redonense.
Collegium Molinense.
Collegium Ambianense.
Collegium Rhemense.
Domus Probationis Nanciana.
Collegium Cadomense.

Sunt in hac Provincia Socij 358.

PROVINCIA AQVITANIÆ.

Burdigalae:
- Collegium Burdigalense.
- Domus Probationis.

Collegium:
- Aginnense.
- Petrocoricense.
- Lemovicense.
- Pictaviense.
- Xantonense.

Sunt in hac Provincia Socij 190.

PROVINCIA LVGDVNENSIS.

Lugduni:
- Collegium Lugdunense.
- Domus Probationis.

Avenione:
- Colleg. Avenionense.
- Domus Probationis.

Collegium:
- Turnonense.
- Camberiense.
- Divionense.
- Dolanum.
- Bisontinum.
- Viennense.
- Ebreduense.
- Carpentoractense.
- Sisteronense.

Sunt in hac Provincia Socij 195.

In Germania Provinciae 3.

PROVINCIA GERMANIÆ SVPERIORIS.

Collegium Ingolstadiense.
Collegium Monachiense.
Collegium Augustanum.
Collegium Dilinganum.
Collegium Ratisponense.
Domus Probationis Landspergensis.
Collegium Oenipontanum.
Collegium Hallense.
Collegium Lucernense.
Collegium Friburgense.
Collegium Bruntrutanum.
Collegium Constantiense.
Residentia Ebersbergensis.
Residentia Biburgensis.
Domus Oetingana.

PROVINCIA RHENI.

Collegium Coloniense.

Treviris:
- Collegium Trevirense.
- Domus Probationis.

Collegium:
- Moguntinum.
- Spirense.
- Herbipolense.
- Fuldense.
- Heiligenstadiense.
- Molshemiense.
- Confluentinum.
- Paderbornense.
- Monasteriense.
- Hildesiense.
- Embricense.
- Aquisgranense.

Residentia:
- Altenensis.
- Erfurdiana.
- Bonnensis.
- Hagenoensis.
- Wormatiensis.

Sunt in hac Provincia Socij 478.

PROVINCIA AVSTRIÆ.

Collegium Viennense.
Residentia { S. Bernardi.
Lincensis.
Collegium Græcense.
Residentia Millestadensis.
Zagrabiense.
Pragense.
Olomucense.
Crumloviense.
Collegium { Commotoviense.
Novodomense.
Labacense.
Glacense.
Clagenfurtense.
Residentia Eberndorffensis.
Domus Probationis Brunensis.
Residentia Thurocensis.

Sunt in hac Provincia Socij 434.

In TRANSILVANIA.

Collegium Claudiopolitanum.
Collegium Albæ Iuliæ.

Sunt in hac Viceprovincia Socij duo,

In BELGIO Provincia una.

Collegium Antuerpiense.
Collegium Atrebatense.
Audomari { Collegium Audomarense.
Collegium Anglorum.
Collegium Bergense.
Collegium Brugense.
Collegium Bruxellense.
Collegium Cameracense.
Cortracense.
Duacense.
Gandavense.
Insulense.
Collegium { Lovaniense.
Iprense.
Leodiense.
Luxemburgense.
Montense.
Tornacense.

Sunt in hac Provincia Socij 782.

In Polonia Provinciæ duæ.

PROVINCIA POLONIÆ.

Cracoviæ { Domus Professa.
Domus Probationis.
Posnaniense.
Calissiense.
Lublinense.
Collegium { Iaroslaviense.
Toruniense.
Gedanense.
Sendomiriense.

Sunt in hac Provincia Socij 310.

PROVINCIA POLONIÆ.

Domus Professa Warsaviensis.
{ Domus Professa.
Vilnæ { Collegium Vilnense.
{ Domus Probationis.
Brunsbergense.
Pultoviense.
Nesviziense.
Collegium { Polocense.
Rigense.
Derpatense.

Sunt in hac Provincia Socij 262.

Sunt omnes Provinciæ in universa Societate 29. cum duabus Viceprovincijs.

Domus Professæ 21.
Collegia 293.
Domus Probationis Separatæ 3[illegible].
Domus & Residentiæ 96.
Socij denique omnes 1058[illegible].

Ex hoc Catalogo (anno 1608. à Petro Ribadeneira in lucem edito) Regnorum, Provinciarum & urbium in quibus habitant Iesuitæ, Collegiorum item ac Domorum, quæ in unaquaque Provincia sunt, propagationem & incrementum Iesuitici Ordinis, spacio 70. annorum, Lector colligere potest.

Et de hac quidem sua propagatione & incrementis multum gloriari solent Iesuitæ. Inprimis de Aquaviva Generali suo inferunt, quòd iactaturi plures se breviorique spacio, milites in castra cogere posse, quàm quilibet Rex Christianus. Et tempore interdicti Veneti, cùm iam undique certum Papæ imminere periculum, spopondisse idem Pontifici Paulo Quinto [illegible]

Iactantia Iesuitarum de [illegible] numero [illegible].

quadraginta hominum millia in subsidium: eâ lege tamen, ut quicunque in prælio occiderent, in Martyrum numerum referrentur.

Simile. Non cogitarunt autem boni isti Socij quod vulgo dicitur, *Malam herbam citò crescere.* Et rectè quidam magni nominis Princeps dixisse videtur Iesuitas similes esse pediculis illis, quos à parte corporis, quam maximè infestare solent, inguinales vocamus, quorum vel ex uno, ibi primum insidente, brevi innumera propagatur ac foecunda multitudo.

Incrementa Ordinis Franciscani. Similia autem vel etiam Majora sensit incrementa Franciscanorum seu Minoritarum Secta. Ab anno enim Domini 1311. ad annum usque 1480. spatio nimirum 170. annorum, per orbem Christianum Coenobia hujus Sodalitatis plus 1500. sunt instituta. Franciscus Aurracinus in suis Commentarijs, quos ad Sabellicum dedit, testatur, difficile sibi videri horum numerum posse ab **ullo** inveniri: sed multò difficilius **Inimicorum,** qui tunc temporis fuerunt **ad** sexaginta millia numero. Sabellicus autem refert Ennead. 9. libro nono **&** sexto, sua ætate Minoritarum quinquaginta **millia** fuisse, sæpè quoque se audivisse, Magistrum universi Ordinis, pollicitum quandoque eorum Pio Pontifici expeditionem in Turcas paranti ex Minoritarum familia 30000. bellatorum, qui bellica munia graviter obire possent, nihil sacrorum cultu interpellato. Sabellici quoque tempore, hoc est, circa annos Christi 1494. Augustinensium Eremitarum Ordinis Coenobia quorum quidem ratio inîri potuit, circiter 2000. Virginum autem 300. fuerunt. Carmelitarum Monasteria 7050. Prædicatorum 4143.

Hæc autem multitudo scarabæorum, bruchorum, locustarum, vermium & muscarum, prædicta est à Spiritu Sancto in Apocal. Joan. 9.

Et rectè monuit Laurentius Iustinianus Venetus Patriarcha, cum sub Mendicantibus Monachis numerus Coenobiorum in immensum cresceret, Rigiditatem vitæ & Monasticum vigorem diutius non posse consistere: Ratam enim perfectionem, ut refert Bernardus Iustinianus in ejus vita. Quid dicturus fuisset si hodiè viveret?

De COLLEGIIS Iesuitarum, *eorumque magnifica* Structuris.

Cap. V.

QUod autem ad Collegia Iesuitarum pertinet, quorum Catalogum paulo ante adscripsimus, illa Regum ac Principum Arces ac Palatia æquare videntur. Gregorius XIII. Iesuitarum Annales legens & intelligens opera quæ hinc inde illorum artibus efficiantur, Romæ contra Senatûs decreta Iesuitis totam attribuit insulam, in qua domos destruxerunt, viduas ac orphanos expulerunt: quod etiam Augustæ, Ingolstadij & multis alijs in locis fecerunt: ibique amplissimum, magnificentissimumque Collegium exstruxerunt, ad cujus ædificationem, ut Iesuitæ Hasenmüllero retulerunt, pag. 23. aureos coronatos 25. prædictus Papa donavit. In eo Collegio 300. Iesuitas ex omnibus totius Mundi partibus collectos ali voluit, qui in Pontificia idolomania instructi, tandem adversus Evangelicos in Germania alijsque Regnis & Provincijs, emitti possent.

Collegium Iesuitarum Romæ [illegible]

De magnificentissima structura Collegij Iesuitarum Monachij in Bavaria, quæ Gallicè scripsit Philippus Marnixius, & quidam in Germanicam linguam transtulit: Was solt anders Ursach geben können / die [illegible] dem überaus prächtigen/ welches der itzt Catholische Fürst unnd Hertzog in Beyern / in der Statt München auffgebawt hat: dessen Gebäw [illegible] mit [illegible] Marmelstein [illegible] Pallästen [illegible] Gold / Silber / Edelgestein / Christall und Corallen / [illegible] Casulen / [illegible] Chorröcken / Alben / Gürtel / Stollen und andern Zierung / etc.

Iesuitarum Collegium Monachij magnificum [illegible]

Posnaniæ in Polonia, non Collegium pro docentibus & discentibus, sed arcem munitissimam summis præsidijs Iesuitæ ædificaverunt. Regis Palatium Posnaniense, nulla parte cum hac Iesuitarum arce & propugnaculo conferendum est, ut refert Eques quidam Polonus in Oratione sua quam in frequenti pro-

Collegium Iesuitarum Posnaniense munitum [illegible]

cerum

eorum Regni illius conventu habuit. Eodem authore, Insolentia etiam; & Lublini aliisque in civitatibus Poloniæ ejusdem munitionis, firmamenti tantorum prædiorum extructæ arces videntur, ut non scholasticos docere, aut muliercularum peccata cognoscere, sed bellum gerere proximâ quaque occasione velle videantur.

De his Collegiis Costerus quoque in literis ex Belgio Romam missis, & intercepsis, sic scribit: *quotquot nos in Germania Collegia habemus, tot nunc Rex noster (Hispanus) in Castella habet.* Eaque ad promovendam Ecclesiæ Romanæ Monarchiam & magnitudinem tendere, Petrus Ribadeneira Iesuita Hispanus apertissimè testatur, cum apertis verbis Collegia & Seminaria Iesuitarum esse ait Hæreticorum ... & Apostolicæ Sedis propugnacula, in Catalogo illustrium Script. Societatis Iesu.

Non injuriâ quoque Iesuitarum Collegia Armamentaria, seu receptacula & repositoria omnis generis armorum & instrumentorum bellicorum dixeris. In direptione Pragensis urbis in Bohemia repertæ sunt in Iesuitarum Collegio quingentæ bombardæ, thoraces ferrei pro ... aliquot militibus, & hastæ, aliaque arma quàm plurima tormentarij etiam pulveris magna vis, multaque alia ad irruptionem illam promovendam & Evangelicos opprimendos: Ideoque numerum quoque præsidiariorum ab Evangelicis in Collegium illud collocatorum auxerunt, quid verò timent, hæc instrumenta omnia bellica ideò ibi recondita fuisse, ut Passavienses milites per pontem in Collegium, quod ponti propinquum est, intrarent, velut Missæ audiendæ gratia, excurrerent, ibique conservati, donec tempus commodum offerretur, velut ex equo Trojano ad portam ponti, ipsumque pontem occupandum, ac deinceps Evangelicos opprimendos egrederentur.

Hanc eandem etiam incommodissimis urbium omnium locis, ad milites vel depellendos, vel excipiendos; si velint urbem aliquam oppugnare, Collegia sua ædificant.

Ex his denique Collegiis hodiè viginti centies aureorum millia quotannis pro vectigalibus percipere Iesuitæ dicuntur, licet pro Mendicantibus haberi velint. Verùs Iesus autem, cujus Sociisti videri volunt locum non habuit in quo caput reponeret, in campis, in montibus ac piscatorum tuguriolis versari per sic voluit, quàm in urbibus, aut Propugnaculis & Palatiis Regum ac Principum.

IESVITÆ *quos crepusculis potissimum* Iuvenes *in hæc sua* Collegia, *suamque* Societatem *illiciant.*

RElique ferè Ordines Monachorum professos eos dum è cunabulis egressos ad se admittunt, eosque 15. aut 20. annos nutriunt, antequam ad praxim admoveri possint. Hos solerter animadvertentes Iesuitæ, ad alliciendos ex bonis diversis quam plurimos expeditiorem accommodatioremque, ut gloriantur, viam repererunt, qui intra paucos annos ad fastigium Sapientiæ juventutem ducere possint. Nam Catalogo certo, cujus ingenij, cujus studij, cujus prudentiæ ac experientiæ, cujus profectus in literis sit, cujus complexionis naturalis, ad quæ Societatis ministeria talentum habeat adolescens quisque inscribunt: ut nempe tantò facilius à parentibus liberos in eo ætatis flexu, qui jam ad adulteram vergit, tanquam observent accuratius singulos, ne in passum suam semel addictos, avolare sinere negotium finant.

Quibus Artibus ac Dolis IESVITÆ *in* Collegijs *suis maximas opes acquirant.*

DIctu impossibile est quibus artibus, dolis, imposturis ac fraudibus Iesuitæ in his Collegiis suis ingentes divitias, & tantum non Crœsi opes per fas & nefas conquisierint. Ex plurimis pauca saltem referam. Non solùm ex Magnatum ærarijs, sed ex ipsis etiam discipulorum bonis dici non potest quantum abstulerint: siquidem in examine suo generali cap. 4. Novitios suos obligant, ut omnia bona sua temporalia distribuant, ac disponant de his, quæ ipsis obvenire possint, juxta propriam devotionem, neglectis parentibus & consanguineis: unde tandem quodam astu, tanquam pauperes, bona illorum faciliùs ad se capiant ac pertrahant.

FINIS LIBRI SECVNDI.

DE

DE VARIIS FACINORIBVS DOLIS AC IMPOSTVRIS ET SANGVINARIIS CONSILIIS IESVITARVM.

LIBER TERTIVS.

CAPVT PRIMVM.

HOc Libro ea referam Iesuitarum facinora, ex quibus intelliget Lector, ab ultima hominum memoria nullo unquam tempore inter mortales, tot inhumanæ crudelitatis facinora, ut sunt parricidia, veneficia, periuria, cædes, proditiones, tumultus, bella, &c. intra tam breve tempus audita & numerata esse, quod ab exortu & origine saltem Iesuitarum privatim & publicè perpetrata, vel saltem attentata fuerunt: & hoc quidem sub zeli religiosi & Catholici prætextu: subornantibus etiam, vel, quod peius est, approbantibus & defendentibus iis, qui omnis in his rebus Religionis magisterium sibi vendicant.

IESVITAS omnium ferè TVRBARVM, SEDITIONVM, BELLORVM, *&c.* in Europa Authores *esse.*

PRæcipuum Iesuitarum [illegible] propositum est, Ecclesiæ Catholicæ Romanæ reparatio & propagatio, [illegible] tiumque & [illegible], ut ipsi quid loquantur [illegible] conversio. Sub hoc prætextu articulos suos promovent. Scopus autem ad quem collimant & respiciunt, est Dominatus & tyrannidis Pontificum Romanorum in his terris restitutio, atque idololatriæ & superstitionum omnium plantatio in his Provinciis & Regionibus, in quibus jampridem evulsæ & eradicatæ sunt. Media autem, quibus id quod semel male ceperunt, urgent & avidiùs continuant, sunt, periuria publica, ad quæ Reges & Principes inducunt, vis conscientiis illata, fraudulentæ & insidiosæ pacificationes, [illegible], innocentiæ oppressio, &c. Hæc, inquam, hodiè sunt, per quæ Iesuitæ [illegible] Rom. defendere & restituere, [illegible] Ecclesiæ Papisticæ [illegible] separare, Concilium Tridentinum [illegible], & hæreses exstirpare conantur. Et harum rerum tam [illegible], qualem hodiè in Europa [illegible], nihil [illegible] aliud, quam bella & [illegible] perniciosissima & calamitosa bella, cædes, parricidia, seditiones, tumultus, &c. exoriri possunt. Ut non immeritò Iesuitæ omnium turbarum ac motuum in Europa hodiè præcipui authores vulgò dicantur & habeantur.

Notum est omnibus, plerasque Europæarum Nationum internam pacem illis Constitutionibus & pactis consistere, quibus ex præsentium temporum usu cautum est, *Ne Religionis homines alii ab aliis infestentur, quocunque modo.* Iam verò ne illud quidem obscurum est Spiritus hos, seu Iesuitas, omnes

suis

tum est, Spiritus hos seu Iesuitas, omnes suas vires ubique terrarum intendere, ut compagem hanc, quæ se in suo proposito & consiliis assiduissimis impedire sentiunt, dissolvant & dissipatam removeant. Ideoque Iesuitæ hujusmodi Constitutiones, in Gallia, Germania, Polonia, Hungaria tot fœderum, pactorum, juramentorumque Sacramentis, sancitas, publicè detestantur, easque, tanquam novum Atheismi, sive, ut alicubi loquuntur, Politicismi genus, pro scelestissimis conjurationibus, Scythicâ barbaráque confœderatione, Diabolique Politici blasphemo favente haberi volunt. Imo contendunt, pacem Religionis inter Ordines Germaniæ Imperij conventam, ut per vim extortam non esse obligatoriam, imprimis ad tempus tantum concessam, nempe ad publicationem Concilij Tridentini, ideoq; dilationem, moratoriam & tolerantiam fuisse. Et Paulus Windeck in deliberat. de hæreticis extirpandis pagina quadringentesima decima quarta hæc scribit: *quid nunquam Catholici cum Lutheris transegerunt, id sine fecerunt, ut interea reliquis negotijs expeditis, postea arma hoc bellum contra Lutheranos adornare ... converterent.* Sin verò ulteriùs eò impudentiæ non audent progredi, illud saltem agunt, ut Religionis pacem calumniosis & malitiosis suis interpretationibus & restrictionibus sugillent, incisisque nervis ejus subditos illius fructu spolient. Operæ nec opus quidem inferni furias ad turbandum Europæ statum aliquid præsentius, perniciosius & efficacius excogitare potuisse. Imo harum Ranarum coaxatui hic assiduus auribus Regum ac Principum perpetuò reverberat & obtundit: Subditis bonâ conscientiâ tantam licentiam non posse concedi: Religionis libertatem nihil aliud esse quàm manifestam Majestatis diminutionem cum maximo opprobrio conjunctam. Tu actutum, qui vivis & flores, non possis vel audeas retractare quæ Antecessor, Parens, Avus, &c. vel imprudens malevo persuasus, vel etiam vi & armis coactus induxit? Annon eodem jure Imperator, Rex, Princeps es, quo illi fuerunt? Fatendum est, ut damnosi memoria plus apud Subditos valeat, quàm præsentis æque cognoscentis persona? Annon vides, Rex, qui pericula tibi objectant, quæ turbandam Religionis pacem sequuntur, tibi non tam consulere, quam operâ miseriis? Diaboli hæc incitamenta sunt, per quæ generosis tuis cogitatis & consilijs remoram studet injicere. Musarum hic, non magnanimorum Principum mo-

rum est: illis juventutem ruunt sperent suggeritur severiore opus est, in sententiâ visum esse animumque tam excelsum naturalibus parem gerere. Possem alicui videri forte considerare hæc me scribere, non aliter, quam si his sessionibus ad Principum mentis interfuissem: sed ipsimet has consiliorum suorum rationes publicis scriptis suis nequaquam dissimulant, ex quibus hæc ad verbum ferè descripsimus.

Scire etiam debet Lector, hæc ipsa insigniora calcaria assiduè illis Principibus adhiberi, quorum calor juventutis & incauta imperiìa aetatum illorum sibi exposita sunt. Apud superstitiosos verò & cunctabundiores etiam hæc adjiciuntur: Eos, qui hanc Religionis libertatem Subditis concesserint, aut in talem concessionem consenserint, in Purgatorio gravissimas peccati hujus pœnas luere. Item, Non Tartaros, non Turcas veros & nativos Reipublicæ Christianæ hostes esse, sed hæreticos, quotquot tumultus contra Ecclesiam Romanam insurgant: In his ergo opprimendis verum & Catholicum Principe dignam laudem quæri. Item, Cavendum esse, si Princeps bello Turcico implicetur, ne rebelles hæretici castra spolient, Magistratuique invito probrosam pacem extorqueant. Cavendum verò, ut Germani cum hoc barbaro hoste ad animi usq; deliquium colluctentur: prætextu illi hæretici suo tandem malo discant quorsum devenerint, quia sedis Apostolicæ obedientia. Si qui verò adhuc à turbarum periculo abhorreant, illis negotijs facilitas ob oculos ponitur: Severiore tantùm rerum opus esse animis & alterius classis supplicio rem posse confici, quorum conspectu cruore reliquæ turbæ animos fractum iri, &c. Interea Principem animum suum ab inferno liberatum.

Aulas Regum ac Principum occupant & infestant IESVITÆ.

EST etiam hoc inter nefaria facinora & artes Simonicas Iesuitarum referendum, quòd in Aulas Regum ac Principum, quin etiam in ipsa Gynæcea sese imprudenter introducunt adeò, ut in hac sublunari Regione, nullus vacuum possit dari, quàm paulo celebriorem aulam quam plus Iesuitica non jam possideat, dummodo aditus eò illi vel per angustam aliquam rimulam pateat:

& ab illis Aulis, ubi pestis haec nondum [illegible] habere locum [illegible] praesidiis, ul[illegible] arte teneri possent. Quin etiam Relationes & Epistolae Indicae testantur, eos, quàm primùm in [illegible] ascendunt, rectà in Aulas & ad Reges tendere, ut hos primos in potestatem suam redigant, & per eosdem deinceps subjectos populos inficiant. Quod si etiam vera sunt, quae illi narrant, in hac sui officij parte singularem quandam fortunae afflatum experti sunt, ut ad Reges non solùm aditus eis patuerit, sed etiam ab iisdem multorum [illegible] sint. Narrationibus tamen illis parùm tutò fidem adhibendam prudentes omnes existimant, ut qui nôrint, eas in Hispania fingi, & ita edi, ut illae ab haereticis Europaeis, ex Ecclesiae Romanae commodo legi volunt. Aliàs constat, eos ad Reges illos Indicos percellendos Regis Hispaniae authoritate [illegible] ut plurimùm uti.

Vtcunque autem se res habeat, illud tamen certissimum est eos in istis etiam remotissimis Orbis locis, secundum officij requisitum, rectà Aulas appetere. Vbi hos enim compertum est, Spiritus illos, quàm primùm hunc navigationis suae portum tenent, protinus omnis Regum, Principumque Sedes, Palatia, Diversoria, Gynaecea, postibusque Aularum recessus perrepere, scrutari & replere, ut hac vermiculatione omnia conclavia [illegible].

Non autem hoc tam illis vitio vertitur, quòd Regibus & Principibus operam suam in Aulis navant, postquam [illegible] cum splendidis & opimis illorum beneficiis fruantur, quamvis hoc etiam [illegible] illos [illegible], quibus [illegible], non minùs commodè facere possent: Sed quòd iisdem se sponte non vocati ingerunt, omnia ad se rapiunt, deque rebus ad Rempublicam spectantibus non è Reipublicae usu & commodo, sed ad illius arbitrium, à quo in Apocalypsi Ioannis vel per Os Draconis, vel per os Bestiae emitti dicuntur. In quo ipso nullum se vel Regis Principisve, vel subditorum periculum impedire patiuntur.

Huic spirituali imperio illae principuè Europae nationes obnoxiae sunt hodie, quae illius olim sub Romano Papatu omnium impatientissimae fuerunt. De Hispania imprimis dicitur, illam robustissimum [illegible] hoc tempore [illegible] ad [illegible] aliquem [illegible]. Ferunt quidem, Iesuitas hoc tempore pejus habere [illegible] quàm in ulla alia Europae natione. Id si maximè verum sit, per illud tamen parum illis decedit, cùm reliquis tantò liberius dominentur. Hoc autem imperiosa ista Natio ante annos ducentos, quando in multa regna adhuc divisa erat, tam patienter nunquam tulisset. Eadem dicitur esse Poloniae ratio in opposito Europae angulo, in qua Iesuitae tam licenter dominari dicuntur, ut ipsis etiam Catholicissimis jam graves adeoq; intolerabiles esse perhibeantur. Sunt qui testantur, se legisse literas non ita dudum Legati cujusdam, qui in Aula illa adhuc versatur, in quibus de Iesuitarum insolentia miranda digna scripta fuerint. Inter alia verò & hoc: *Praesentium tumultuum, quibus Regnum illud perturbari perhibetur, causam ipsos [?], & in ipsorum artes publicè conferri.* Hoc ipsum verò [illegible] hoc nationem suam pudendum dedecus interpretata fuisse.

Rationem verò cur tam densi in Aulis volitent Iesuitae, tantaq; impudentia se ingerant atq; intrudant, Robertus Turnerus Anglus, qui Romae aliquandiu vixit inter Iesuitas, posteà verò Ingolstadii Eloquentiae Professor constitutus fuit, in suis Epistolis indicat, quae anno 1584. Ingolstadii editae sunt. Nam Epist. 79 quam ad Ioannem Bervinium scribit, inter alia haec habet: QVARE *cum Magistratus esse non possim, volui, quantum domi omnibus licet, sic Augusto in Comitijs maximè esse consiliar.* Addit. VOLVI *irrepere, velut [illegible] in intimas Aulas Principum, valui videre omnia, ut ad justitiae normam [illegible] exigerem.* Pergit; *Quia mea vel curiositatis diligentia, vel Aulicorum curiositate cognovi [illegible].* Item, *Ex [illegible] Principum Aulas, cum videam [illegible] Mundum administrari a Stultis. In Catholicis Aulis inveni [illegible], Senecas, qui fronte, verbo, fide [illegible].* Item: *In [illegible] extra paucos, viros Principes illos & Duces [illegible], infantium, &c.*
Ex his Turneri verbis liquet, cur Iesuitae in Principum Aulas sese intrudant, & quid ibidem agant.

Tum quoque [illegible], vigilantes, audaces, laboriosi, tanta denique agendi & nocendi [illegible] praediti in Aulis ita obversantur, ut soli omnia possint, soli eas possideant & ita obsideant, ut nec veritas verbi Dei, nec vel aemula aliqua quae ipsis inimica, sit eò penetrare possit.

Student etiam & adsciscunt eis non ij dumtaxat, qui Religionis & doctrinae nomine eos colunt, sed illi vel maximè, qui Aularum quadam sollertia, [illegible]

maxque

magnæ prabendas & dignitates, vel pro se, vel pro liberis cognatisve venantur. Hi cum nôrint, quam aliquot Iesuitæ commendarunt nepotes sibi pro fortunam, quam potentissimi Monarchæ intercessiones, in omnibus eis afferantur, cupiditatibusque illorum promptissimè subserviunt.

[illegible] Nemo præterea Regum & Principum mentes, eorumque arcana tam exactè explorare & nôsse potest, quàm hujusmodi illorum ut plurimùm Confessarij. Quæ confessio, illa perfectum, quod totius vitæ cursus explicetur, omnes regiorum mentium recessus illis aperiat. Quæ confessione species Pontificem Roman. consilijs plus verè confert, quàm Hispanicum Regi tot auri milliones, quos in classes suas profundere dicitur. Vt mirum non sit, modernum Ducem Venetiarum se intra hos quadecim annos ipsis nunquam examinandum exhibuisse. Veneti enim tam integri nunquam fuerunt, nec erunt, ut Reipublicæ suæ arcana Sacrificulorum fidei committant. [illegible]

His de causis Aulæ Europeæ à Iesuitis gravius hodiè infestantur & affliguntur, quàm Pharaonis olim Ranis Ægyptiacis.

IESVITAS Papæ Exploratores esse.

HOc ipsissimum Iesuitarum legibus, constitutionibus & scriptis probari facilè potest, cùm illa satis noverit, ijsque ad hoc probandum luculentis argumentis abundent. *Nostra vocationis est, inquiunt, vitam agere in quavis Mundi plaga per varia loca discurrere, & in quibusdam continenter residere, & literarum ultro citróque missarum inter inferiores & superiores frequenti commercio, crebrò alias de aliis certiores fieri, & ex qua varijs locis ad aliquem nam, & rerum quæ geruntur, cognitionem adferendis.* Hæc sua esse Iesuitæ non diffitebuntur.

His adde hanc ipsorum Regulam: *Cum Provinciales scribunt Generali, tenebunt, ut singulorum Domorum & Collegiorum, ac totius Provinciæ statum exhibeant, & suppleant, si quid tardè scribant, quæ superiores singuli dederunt. Et in universum ita scribere debent, ut GENERALIS omnium personarum ac Provinciarum statum quantum fieri possit, ante oculos habeat.* Ista illis mandata quam præcepta Iesuitæ pro suis agnoscunt.

[illegible] Ita hunc sanctam Iesuitæ Cancellariam Regni Bohemiæ solicitè suis Exploratoribus explorarunt, ut est videre in Gravaminibus Ordinum Evangelicorum Bohemiæ Anno millesimo sexcentesimo nono exhibitis.

Sic etiam Iesuitæ Galliæ in Regia & Regiæ Domus officia missos, aut suæ disciplinæ nutritios summopere emittunt.

Ob hanc causam etiam Fredericus [illegible] effecerunt, ut subinde Regiorum domesticorum, vel præcipuorum Ministrorum ac liberi in novo Fleshaeo Collegio Iesuiticis præceptis imbuantur; & ex illis singulis annis sex Regia munia perficiantur, alios sex in eorum locum obeundi causam summissis; & sic hisce coniectis intra paucos annos Iesuitæ totum illud Regnum sub Papæ & suam tyrannidem adigent, & per suos discipulos, & pro sua libidine cuncta administrabunt. [illegible]

Neminem igitur in dubium vocaturum existimo, hoc esse fraterâ Imperatorum, Regum & Principum explorare, & Curiæ Romanæ nunciare ut prodere: ac ne Iesuitas quidem, nisi inquilectu & judicio privatos, & per eorum Antichristi obedientiam penitus extinctos, & impudenter cavillatores agere velint, hoc negare posse arbitror. Nam definitoribus Iurisperitis & Pontificijs Canonistis, de pœnit. Dist. 6. Can. Sacerdos de pœnit. & remiss. C. Omnis Cardinal. in Clem. 1 ¶ Quia de statu Monach. explorator is est, qui secreta alicujus Principis explorat alteri prodit & revelat, vel qui mittunt literas vel nuncios ad hostes. Iuxta Bartolum quoque in l. alt. D. ad legem Iuliam, Majest. Proditor etiam is est, qui scit, & non revelat, qualis Garnetus Iesuita fuit in Britannia. Vel ergo Pontifici suo, vel Regibus Christianis Proditores sunt: L. Quisquis Cod. ad legem Iuliam Majest. Etiam illi in Proditorum numero habeantur, qui simulantes se secretò Principis damnum afferunt. Proditores & illi dicuntur, L. Omne delictum ¶ exploratores. D. de milit. qui cum aliquo amicitiam simulantes, hostibus consilia produnt, quod Græci [illegible] proverbialiter dicebant, quodque in omnes nos quadrat, qui hodiè publicis rebus plus studeant, quàm Principis sui commodis; vel amicorum consilia corrumpunt, quò illis noceant, vel ea fœdera, per quæ fortunas omnes & opes amicorum fœdites evertant. Hanc artem Iesuitæ optimè callent.

Quod etiam famæ & honori Regum & Principum Pontificiorum, imò & benefactorum suorum ingratissimè detrahant, Henrici IV. Galliarum Regis probat exemplum. Is enim, cùm vix parricidales manus evasisset, pro de

Lib. 2. Iudicio

judicio legitimo Regno suo in æternum Jesuitas proscripserat, eos tamen, ut dixi, capta à meretriculis & fœminarum suarum illecebris, incredibili clementia in pristinum statum restituit. In cujus beneficii compensationem, illi præcipue honoris dignitate eum expoliarunt; sicut id apud varios Scriptores, maximè verò apud Richeomum Jesuitam evidentissimè videre licet. Hunc Augustissimum Principem, postquam lenociniis veneficiisque & sicariorum stratagemate in seria venatoris Romani compulerunt, ipseque eos majoribus beneficiis & prærogativis cumulavit, quam ab alio Regum in universo terrarum orbe hactenus factum est, ad perpetuam turpissimæ Jesuiticæ ingratitudinis memoriam, suo antiquissimo jure & honore denudârunt, nimirum Ecclesiæ primogenitura, quam ipsi rapinam vel fraude subductam Hispaniarum Regi tribuerunt, cum ipsum nuncupârunt, in Expostulat. Apologet. ca. 17. & 19. & Filium Ecclesiæ quasi natu maximum per totum terrarum orbem proclamantes. Hæc in genere de Jesuitarum facinoribus & studiis.

Res gestæ Jesuitarum in Lusitania, &c.

Cap. III.

NUnc etiam in specie ex multis pauca referamus: ac primò quidem, quod in Hispania ac Lusitania patrârunt.

Anno millesimo quingentesimo septuagesimo octavo Jesuitæ Sebastiano Lusitaniæ Regi ultimo, funestam expeditionem Africanam cum manifesta vitæ jactura suscipiam, suaserunt, classicum satis canendo, ut Regnum Portugaliæ, optimâ animi reditus contemplatione, ad Regem Hispaniarum devolveretur. Chron. Belg. titulo primo, pagina 283.

Nec spes fefellit eos. Nam Sebastiano Rege cum filio, & tota ferè nobilitate sua à Mauris in prælio occiso, statim Philippus Hispaniarum Rex Lusitaniæ regnum invadere & occupare duobus potentissimis exercitibus terrâ marique ad id collectis, animum induxit. Cum autem [illegible], quam sinistri rumores de se passim non solum in Lusitania, sed etiam per totam Italiam spargerentur, aliquid famæ dandum ratus, familiari dissimulatione, quasi post tantos apparatus parum tutum esset, [illegible] examinari voluit, quique inde à Pontifice Romano sollicitabatur, ut rem [illegible] arbitrio suo committeret [illegible] de opinione hominum [illegible] tenebat, quasi id absente Regnum invaderet, calculi juris ratione, cui se assentientes subjecerunt, neque adeo oppressa Regni, quod ambiebat, libertate, cujus Ordines in eo ejus sibi eripi sibi conquerebantur, & aliquam jurisjurandi Religionem teneri se dicebant, quo minus dicto & imperio ipsius audientes essent. Quibus difficultatibus ut citra difficultatem se expediret, rem Jesuitis & Franciscanis in Complutensi Academia disceptandam tradidit, & quæsivit ab iis, si cum sibi de jure suo in Regno Portugaliæ successione per mortem Henrici defuncti certò constaret, conscientia obligaretur, alicui se tribunali submittere, quod sibi Regnum adjudicaret, & in ejus possessionem ipsum mitteret. Deinde si Portugaliæ Regno recusantes eum in Regem admittere, antequam is jure cum aliis competitoribus disceptata controversia judicio obtinuerit, propriâ authoritate Regni possessionem semper contra insistentes armis apprehendere possit hoc posito quod, nullo scrupulo se teneri sentiat: & quia Gubernatores ac cæteri Lusitaniæ Ordines jurisjurandi Religione prohiberi se dicebant, quo minus eum in Regem admitterent, qui non in jure Regni hæres declaratus esset, maximè reclamantibus partibus, qui se juris authoritati offerebant. Quæsivit etiam, an prætextum jurisjurandum excusationis loco, quo Regem legitimum non reciperent, accipi deberet.

Ad hæc Jesuitæ acerrimi Hispanicæ potentiæ propugnatores & Franciscani professo voto Philippi congruentia responderunt, & nullo eum conscientiæ vinculo obligari affirmârunt, ad subjiciendum se alterius jurisdictioni aut arbitrio, quique cum propriâ authoritate Regnum sibi adjudicare & possessionem ejus adipisci posset. Nullas in eo esse Pontificis partes, cum res nihil admistum habeat, cujus respectu fieri debeat intercedens authoritas; neque verò quicquam causæ esse, cur se Ordinum Lusitaniæ judicio summitterent, electis semel Regibus, ut & in eorum successores omnem jurisdictionem [illegible], penes ipsos omnis de jurisdictio, nec ab aliis judicari possint. Quando igitur constet Philippum verum ac legitimum Regni hæredem esse: & hoc verum esse, nullius alterius tribunalis, præterquam proprii, sui jurisdictionem subire debere, delegatis autem illis undecim viris jus nullum esse de causa tanta cognoscendi, nam à se non habere jurisdictionem, verum à Rege mandatum, eamque ut ipso superstite exhibeat, una extinctam censuisse, neque enim jurisdictionem Re-

gum

quam post mortem prorogari posse. Denique quantum ad tertium caput, & statuerunt, nulla interjecta Religione contra Lusitanos, quo minus Philippum Regem admitterent, eumque supra dicta causa, nomine ejus vel dignitate, vel potentia, in hac causa Philippo superiorem, qui de ea posset cognoscere. Atque hanc Iesuitarum sive sententiam, sive censuram approbavit Philippus, & ad arma conclamare jussit.

Iesuitae insulam Terciam Hispanis prodere tentant. Bello hoc inter Hispanos & Lusitanos fervente, Azorae insulae ad Lusitanos pertinentes in fide Ordinum Regni permanserunt: Iesuitae autem in una illarum, quae Tertia nuncupatur, & situ eo fertilitate caeteris longe superior, habitantes, eam Hispanis prodere tentarunt: exorto igitur magno tumultu, plebs ultra modum contra eos commota est, alios aliis in locis discedentes tanquam patriae proditores alii sine mora, tanquam perduelles & Hispanis addictos, una cum Collegio incendendos duxerunt.

Res gestae IESVITARVM in Gallia.

Cap. III. IOannam Albretanam Navarrae Reginam viduam Evangelicorum reformatorum in Gallia patronam, veneno ex chirothecis, quas negotiator Regiae Italus Lutetiae, Iesuitarum instinctu ei dederat infectas, & repentino morbo correptam, necârunt anno millesimo quingentesimo septuagesimo secundo, vide historiam Gallicam, tomo quarto, pagina 19. & Belgicam, tomo primo, pagina 126.

Navarrae Reginam veneno Iesuitae necant.

De Liga *seu* Conspiratione *in* Gallia *à* GVISIIS *excitata, & à* IESVITIS *adversus Henricum III. Regem, regnumque fomentata & promota.*

POstquam Lotharingica Guisiorum familia in Gallia sub Francisco I. Henrico II. & horum liberis Galliarum Regibus alacriter & admodum strenue se gessisset, & egregiis aliquot facinoribus exhibitis (in quibus atque Metensis urbis adversus Imperatorem Carolum V. propugnatio ac conservatio, tum expugnatum & Anglis ereptum Caletum imprimis eminent) Franciae suam fortitudinem ac fidelitatem probasset, eoque magnam apud omnes authoritatem & existimationem adepta fuisset; non exiguam inde spem adipiscendi tandem ipsius Regni, & Regno tum potientem Valesiorum familiam exinde exturbandi concepit. Quae spes haud parum adaucta tum fuit, quum Franciscus II. Mariam Stuardam Scotiae Reginam matrimonio sibi junxerat: hujus equidem cognati proximiores & avunculi, Claudius ille Dux Guisius & Carolus Lotharingus Cardinalis, omnibus etiam Regii sanguinis Principibus antepositi, supremaque Regni munera adepti, summum omnium ac eminentissimum apud Regem illum juniorem, affinitatis illius gratia, locum obtinuerunt, & universum ejus Regnum, sub praetextu nominis regii, pro lubitu, sine unquam etiam venia, absolute tandem administrarunt. Imprimis autem illis adjuvando profuit, quod praecipua tum Regiae domus capita, videlicet Rex Navarraeus & Condaeus Princeps, quorum alioquin ex recepta Maiorum consuetudine munus hoc fuisset, ut proximum apud Regem obtinerent locum, reformatam Religionem amplexi fuissent, eamque publice profiteri coepissent. Unde Guisiani quidem illos usquequaque premendi & tandem omnino opprimendi, tum non Catholicae solum Romanae Ecclesiae adscitis in Gallia, sed & Regem ipsum adeoque Pontificem una cum Hispaniarum Rege sibi devincendi. Itaque futurae possessionis suae structuram cum extremo paene suorum Adversariorum interitu magis magisque tum fundandi solide, tum admodum quoque diu sustinendi splendidam arripuerunt occasionem. Quem etiam in finem jam tum antea Genealogiam per Archidiaconum quendam Tullensem (Toul) conscriptam typisque publice divulgari curarunt: authoritate cujus hominum animis paulatim occupatis persuadere conati sunt, à familia & stirpe Caroli Magni se oriundos esse, ac iniquum in finem Franciae Regnum, ab Hugone Capeto Majoribus olim suis invasum & ademptum esse, quod postquam posteris iis eveniat, postliminio quasi tum denuo reciperent. Ut paulò quidem post apud advocatum quendam Parlamenti Parisiensis, David appellatum, postquam is una cum ejusdem Civitatis Episcopo Romanum iter suscepisset, ejusmodi sunt repertae literae, ex quibus abunde patuit, exempli gratia quid jam tum Romae in Consilio agitatum & tractatum adeoque conclusum fuisset: nimirum ad extirpationem Haereticorum in Gallia necessarium omnino esse, ut Capeti successores tanquam minus idonei removerentur; Posteri autem Caroli illius Magni Regiae dignitati restituerentur: quibus adjuncta fuit etiam delineatio seu designatio mediorum earum rerum commode adhibendorum prout ea postmodum usurpata & à Ligistis conjuratis in praxin etiam publicam deducta fuisse constat.

Etsi verò consultationes & instructiones istae Regi non solùm innotuerint, sed & Anno millesimo quingentesimo septuagesimo sexto, publicè typis editae fuerint: pro figmentis tamen Hugonotarum potiùs, quàm pro narratis veris tum fuerunt habitae: Navarraeus autem & Condaeus nec non alij Religionis ejusdem Socij pro seditiosis & adversarijs tam Regis quàm ipsius quoque Regni, quod adfectans aliquid, & turbarum ac calamitatum in Gallia ferè omnium auctores existant, judicati sunt: ut è contra Gusiani fidelissimi Regis Ministri ac servitores, adeoque fulcra quasi ac propugnacula Religionis simul ac Reipublicae constanter habiti fuêre: donec tandem ipse Rex Henricus III. maximo tum damno, sed & interitu suo toti Mundo patefecit, quodnam utriusque partis institutum fuerit consilium: & uter ex illis amicus fuerit aut hostis, defensor aut oppressor Regis & totius Regni universi. Liga verò seu Ligistarum illa conjuratio contra adversus Regem praememoratum coepit, quum Anno millesimo quingentesimo septuagesimo septimo postremam cum Hugonotis seu Reformatis pacem inijsset, ex indeque res quà bellicas quà politicas & ad regimen superiorum spectantes alias ferè nihil curaret: sed quieti se dederet, [illegible] sodalitationibusque indulgeret, ac subditos interim crebris, adeoque continuis exactionibus emungeret. Isthaec enim ejus socordia non alienam praebuit occasionem apud universum populum in contemptum & odium eum adducendi, maximeque concitandi eos, qui ex praepostero quodam Catholicae Religionis zelo metuebant, ne, si quando forte absque prole Rex Henricus III. decederet, ipse Navarraeus diversae Religionis & à Pontifice excommunicatus Rex in isto cum primis tranquillo rerum statu succederet. Quapropter ut isti malo praeveniretur, de Liga seu conspiratione quadam [illegible] clandestinè coeptum fuit; cujus beneficio Romana quidem conservari, diversa autem ab ea Religio funditus exstirpari, tum exactiones etiam ac tributa plura cum gravaminibus alijs [illegible] tolli vel mitigari saltem, & in commune [illegible] atque tyrannidis locum pietas ac justitia denuò [illegible] posset. Primus qui negocio huic se [illegible] civis quidam Parisiensis [illegible], nomine Rochus Blondus, insignis [illegible] tum

Liga in Gallia quando exorta [illegible].

Mosellanus Guisiae quoque familiae [illegible] cum [illegible], porrò cum tribus alijs, Ioanne videlicet Parvvisio Pastore ad Sanctum Severinum, Ioanne Bouchero Pastore ad Sanctum Benedictum & Matthaeo Launayo Canonico Suessionensi (Soissons) quibus initio statim adeoque ante alios omnes suum proposuerat consilium, & de eo quotidiè cum ipsis consulerat ac multa praeterea consultabat, ita prudenter, ita considerate ac cautè rem adgressi sunt, atque suffragio coaeditorum quorundam & adprimè correspondentium amicorum, tam intra quàm extra Parisiorum Lutetiam, in universo Galliae Regno ac praecipuis ejus civitatibus sub [illegible] capite seu Duce Guisio alijsque Lotharingicae familiae Principibus, tantam adfectatorum & adhaerentium turbam nacti fuerunt, ut saepius tum temporis Rex Henricus III. manifestâ vi petitus ad obsessus, & ex arce Regiâ (le Louvre) ipsaque Metropoli Lutetiâ exturbatus fuerit, quàm callidorum illorum consiliorum ac conspirationum certam aliquam cognitionem habuerit; etsi Parisijs semper praesto fuerit, & de Liga seu confoederatione illa [illegible] mussitationes nonnullas perceperit. At enim ejus socordia, tum verò confoederatorum industria, juxta contemptum ac odium illud populare, quod in concionibus suis Sacrificuli, [illegible] autem [illegible] adversus ipsum [illegible] excitarant, ut paulò post indicabimus, ita invalescebant, ut sepedictae Ligae auctores unà cum alijs paulatim ijs accedentibus in proposito suo per quàm exigua obstacula [illegible] autem undiquaque permotiones & admonitiones [illegible] quàm efficacia senserint. Ad promotionem autem istius validiorem ex sedecim Tribubus [illegible], Parisiorum certus civium numerus eo deputabatur, qui in unaquaque Tribuum istarum quaecunque tandem fierent exactè [illegible], tum confoederatorum ulterius, & probè demum ordinarent ac disponerent. Illos ergo tales Sedecim viros appellarunt, [illegible] respectu jam memoratarum sedecim Tribuum, in quas omnis Parisiorum civitas est distributa: quod ex ijs omnibus Sedecim conferre [illegible] fuerint omnium importunissimi, adeò ut praecipua negocia juxta potestatem ac directionem sibimet [illegible]. Vt [illegible] autem sic, universus quidem populus Parisiensis in suis [illegible] Legato Pontificio Cajetano propositione Sedecim istos, [illegible] ac tribunos [illegible], nominatim [illegible] La Bruiere, Cruce, Bussi le Clerc, Commissarium Louchard, La Morliere, Senault, Commissarium Baros, Advo-

Liga à Sedecim [illegible].

Advocatum Drouard, Ameq[illegible], Emonnot, Labbet, Messier, Capitaneum Passart, Ondineau, Aurous & Morin: Loco tamen istius Auroux aliqui Tellierum & pro Senaulcio Amelinum ponunt, quamvis discrimen inter eos nec adeò magnum appareat. Quanta verò fuerit Archiligistarum istorum auctoritas simulque potestas exinde liquet inter alia: quòd statim post Regis à Lutetia fugam, quæ facta est 12. Maij die anni 1588. unà cum capite suo Duce Guisio cum eo deduxerunt; ut Parisiensi civitati, per vota liberamque plebis electionem, novi darentur Officiarij, & omnes à Regiæ stare partibus habiti dimitterentur. Isti cum Guisio sæpè jam memorato, nec non officiarijs illis novis quotidiè conturbabant de communi statu, & omnibus S. Ligæ necessarijs: isti soli Parisiensem civitatem post Guisicidium illud famosum, quod ejusdem anni die 23. Decemb. Blesis perpetratum est, adversus Regem obfirmârunt, & in rebellione sua continuerunt cum Aumalium quoque Ducem, in absentiâ Mayennij, Gubernatorem constituerunt: isti concilium illud magnum seu Parlamentum etiam integrum anno 1589. Ianuarij die 16. è concilio pleno sustulerunt, & per plateas publicas in arcem propugnaculum captivum abduxerunt: isti denique non acquieverunt priùs, quàm ad instantem importunamque sollicitationem suam generalis omnium Ligistarum Conventus, sub nomine Comitiorum, institueretur, haberetur, & de novo Rege eligendo in eo tractaretur. Interea verò de pace aut induciis cum Rege aliis ne audire quidem sustinuerunt; quin egregiam potiùs de novo eligendo statu & de auxilio inprimis Hispanico, [illegible] populo fecerunt: ut & inter alia literæ Regi Hispaniarum per Iesuitam quendam P. Matthæum mandata destinârunt, quæ tamen propè Lugdunum intercepta, [illegible], atque Regi quàm primùm in originali, ut loquuntur, transmissæ fuerunt. In illis die 2. Novemb. anno 1591. datis hæc inprimis habentur talia: *Catholica V. Majest. hoc sanctè possumus affirmare, animos & studia Catholicorum vota [illegible] esse, ut C[atholica] V. Majestas supremum hujus Regni teneat [illegible] dominium [illegible] Patri nostro, nec ex animo [illegible] [illegible] [illegible] alium [illegible] [illegible] capiet, de Genere suo [illegible] [illegible] [illegible] [illegible] Regem [illegible] [illegible] volentes [illegible]*, &c.

Comparandum autem Ligistarum semper

& propositum erat, Regem Henricum de solio Regni deturbare, in Claustrum vel Cœnobium aliquod detrudere, & Henricum Guisium illi in Regno surrogare: Hinc cùm Henrici III. Regis symbolum Parisijs valuis Regijs inscriptum esset.

Qui dedit ante duas, tertiam debit ille coronam.

Iesuita Cottonus ijsdem valuis hoc symbolo subscribi curavit.

Qui dedit ante duas, unam abstulit, altera nutat,
Tertia tonsoris nunc facienda manu.

Promoverunt & confirmârunt hanc Ligam, seu potiùs seditionem & rebellionem adversus Henricum III. vehementer admodum Iesuitæ Parisijs, aliisque urbibus. Quùm enim Liga anno 1585. magnas vires acquireret & magis magisque emergeret, Iesuitæ potestate suâ audiendi confessiones & absolvendi quoscunque ad conciliandum cujuscunque status homines adversus legitimum suum Magistratum, ita sunt usi, ut nullum absolvere dignarentur, qui ad proposita certans Interrogatoria, se fidelem Regis subditum ac Ministrum obsequentem esse, profiteri ausus fuisset. Interea verò numerus eorum, qui confitebantur ipsis adeò crescebat & adaugebatur, ut anno 1587. in annuis illis Romæ impressis Epistolis ad Generalem suum Claudium Aquavivam de Collegio suo Parisiensi Claromontano sic scripserint: *Confessiones audita, & quidem universæ vitæ quàm plurimæ. Nec est enim fere communis [illegible] [illegible] cum denique [illegible] [illegible] [illegible] [illegible] apud nos confiterentur. Itaque [illegible] [illegible] [illegible] [illegible] [illegible] [illegible]*. Et rursus anno 1583. *Tritam usitæ confessiones audita sunt [illegible].*

Quotquot igitur Iuramenta Regi præstita & debita ei, inde aliquid scrupulûs erant, eaque perfidiosi facti fuerant, & quod peccatum, ut loquebantur, illis Pastores aut Sacerdotes alij non tàm leviter aut temerè noluerunt absolvere: si ad Iesuitas ibant, quibus erant ubicunque etiam receptissimi, & indignissimum non tantum absolutionem, sed & amplissimam promissionem æternæ vitæ ex ipsis inde consequebantur, modò in rebellione ista sua & perfidia tantò perstiterent, graviterque pergerent. Unde palàm in absolutionibus istis honorandum observârunt, ut omnium ad instar, Breviarijs suis Evangelia juxta tenerantur

Ligistis fautores esse pro[illegible] Iesuitæ.

[illegible] [illegible] [illegible] [illegible].

rentur omnes. Quòd neque tum tempo-
ris regnantem adhuc Regem Henricum III. nec si fuisset sic caderet, successorem ejus Navarræum pro legitimo vellent agnoscere Domino. Id quod à multis appendicem eam haud admittentibus, neque sine [illegible] dimissis, constanter confirmatum postea & contestatum fuisse author Naturum ad veram Orationem ad Regem Christianissimum, ne Iesuitæ restituantur in Regno Galliæ pagina 112. & 113. refert. Vix certè quidquam magis admiratione dignius accidit, quàm quòd Liga seu conspiratio illa ab exiguis suis primordiis tam exiguo temporis spacio ad tantum fastigium evecta, tantusque, non personarum solummodo, sed Urbium quoque, & Provinciarum integrarum adversus tyrannidem eam, sed & restitutionem ejusdem Regem, numerus conditus ea conspiratione facta existimatus fuit: & quidem in Gallia, cujus Regni incolæ naturæ quidam instinctu ad Regum suorum venerationem, præ aliis Nationibus Europæis impelli creditur. Sed effecerunt hoc Iesuitæ ut dictum est, disputando, sic enim ipsimet loquuntur, illorum animos, quos non tam sibi illis talibusque concionationes, quàm audiendarum confessionum artificio sic corrumperent.

Liga in Gallia et ab Iesuitis [illegible].

Non tam sanguinolenta Iesuitarum consilia & manus illorum Rex effugere potuit. Nam anno Domini 1589. *Iacobum Clementem Senonensem*, Dominicanum Monachum, hominem vili & servili ingenio, criminum ignobilium reum, obscura & pessimos mores jam ante Carcelariorum judicio damnatum, Iesuitæ claustro evellunt, & variis Dæmonum præstigiis illudentes ei tandem contaminant, ejusque Regis cædem mandant. Cum autem ab illis [illegible] tem præstarent, & nisi ea data se non certam responderunt illi, turpe esse Monacho redimere vitæ [illegible], peregrinus igitur [illegible], Politicorum omnium præsertim Nobilium in carcerem conjectorum [illegible] eidem illi dantes, si patrato facinore atrocius in eum animadverterent. His promissis persuasus & munitur Monachus. [illegible] commento homines [illegible] & [illegible], qui literas menticas & falsas ad Regem [illegible] perferendas Dominicano tradit, cujus facilior aditus ad Regem esset, hoc [illegible] Gallis. *Rex*, [illegible] & *Regis* [illegible] *conspectus* [illegible] *convictum* [illegible] *hac in* [illegible] *temporis* [illegible]

Henricus III. Galliæ R. Iesuitarum consilio cæsus.

conjunctionemque itaque, & [illegible] qui tyrannos occiderant, & patriam servabant, certum esse in cœlo ad [illegible], ubi beati ævo sempiterno fruantur. Illis verbis magis animatus, ad Regem statim proficiscitur. Eo cùm venisset, ductus est ad Procuratorem generalem, cui dixit, se habere varias literas, inter alias etiam Harlæi Parlamenti præsidis, ad Regem deferendas, aliaque nuncia quædam, quæ literis credi non potuerint, & tamen scire Regem vel maximè necessaria esse. Erat autem Harlæus tunc Regi & fidelis & amicus, idcirco Lutetiæ captivus. Procurator hæc ad Regem defert. Rex Procuratori mandat, ut eâ nocte Monachum in suo hospitio excipiat, & humaniter habeat usque in posterum diem. Postridie Rex sub [illegible] ad se vocat, & in conclave, remotis aliis, ducit. Tum præfert Monachus varias literas, quas Rex cùm avidè legisset, interrogat haberet ne plures? habere se prætexit, & fingens se eas quærere, cultrum promit, & capulo tenus in ventrem Regis adegit, adeò ut [illegible] in vulnere reliquit. Rex vulnus sentiens, cultrum confestim dilacerando vulnere eduxit, & Monachum circa genam gravissimè vulneravit, simulque ibi [illegible] clamavit. Accurrunt domestici, atque inter alios Nobilis quidam Balthasar, qui & ante 7. menses cum aliis 44. Guisium interfecisse dicitur. Hic educto gladio Monachum adoritur, eique lethale vulnus infligit, accurrit alius, & bipenne aliud superaddidit. Moriens tandem parricida Deo gratias egit, quòd tam mite & facile genus mortis sibi destinasset, se multò atrocius & gravius expectasse. Mortuum [illegible], & haud multò post [illegible] quatuor equis dilacerandum, ac igni comburendum tradunt.

Hoc parricidium & nefandum facinus Sixtus V. Papa mirè approbavit, & publica Oratione in Consistorio Cardinalium laudavit. *Quòd Monachus*, inquit inter alia, *insigne Deus infelicem Gallorum Regem in media exercitus interfecit, rarum, insigne & memorabile est facinus.* Et subjungit: *facinus hoc non sine Dei Opt. Max. particulari providentia & dispositione, Spiritus Sancti suggestione designatum, fuit. Indique longè majus quàm illud sanctæ Iudith, quæ Holofernem è medio sustulit.* Neque hoc diffitetur Bellarminus: *Quid*, inquit (*in re vocatione Sixti*) *superest, nisi laudes & admirationem Sapientiæ & Providentiæ Dei?*

Parricidium [illegible] laudatur à Papa [illegible].

Commendat etiam & laudat id ipsum parricidium Ioan. Mariana Hispanus Iesuita in lib. de Rege & Regis institutione. Ex [illegible] causa quidem Mariana commendatio-

à Iesuitis [illegible].

nem

[illegible] in hujus Pelletarii hic inquiens: *Et [illegible] videri non debere, si homo [illegible] in media Hispania, quo tempore bellum Hispani cum Gallia gerebant, de rebus Gallicis paulo [illegible] [illegible].* Sed hæc excusatio indigna est homine Christiano & contraria Iesuitarum [illegible]. Nam in Reg[illegible] [illegible] [illegible] hæc lex habetur: *Caveant sibi omnes ab illo affectu, quo illi de aliis Nationibus [illegible] [illegible] ac [illegible] solent, quin potius & bene sentiant, & peculiari affectu in diversis à sua nationibus prosequantur in Domino.*

Cum etiam in ultimis Galliæ tumultibus ac bellorum [illegible] motibus, Poncium Tyardæum Episcopum Cabilonensem, eruditione ac pietate singulari virum, Iesuitæ in suam factionem & conspirationem contra Regem Henricum III. pertrahere non possent, utpote pacis & tranquillitatis Regni cupidissimum, populi [illegible] odium & invidiam in caput ejus modis omnibus concitare studuerunt. Est Collegium Divione Iesuitarum, quod Episcopi hujus non exiguis beneficiis adauctum fuerat: cum bonæ partis fundi illius dominium Patruus, remissione juris sui liberaliter [illegible]. Ob quam rem, libello etiam Græcis, Latinis & Gallicis versibus atque oratione soluta scripto, & ipsi dicato, cum amplissimo laudum ejusque dignitatis [illegible], habuerunt gratiam, & fidem dederunt. Sed quod in conspirationem Iesuitarum & parricidium Regis consentire nollet, quidam Carolus, inter Iesuitas Collegii istius adscriptus, linguam suam [illegible], superiorum instinctu, vehementer contra illum acuit, quamvis ab eo nunquam, nec re, nec verbis læsus fuerit, aut [illegible], unde in ipsum causam invehendi arripere debuerit. Contra hunc igitur Præsulem, ob dictam causam, sæpissimè, non solum in familiaribus colloquiis, sed etiam publicè in concionibus, atque editis quoque libellis, debacchatus est: ac inter alia jactitavit impudenter publicè & privatim, se quadraginta quatuor hæreses in tribus foliolis Homiliarum ejus in orationem Dominicam expressisse. His igitur aliisque multis [illegible], maledictis & convitiis [illegible] [illegible] coactus est Episcopus, ut [illegible] [illegible], & famæ suæ obscurationem liberaret. Id autem brevi quidem, sed accurato scripto sic præstitit, ut primùm ipsum Carolum in specie, deinde totam Iesuiticam [illegible] depingat fideliter, eorumque studia, fraudes, conatus, &c. diligenter detegat, & ad oculum demonstret.

Ac primò quidem quod ad Carolum ipsum attinet, dicit, cum nihil unquam hæreticæ labis alienis [illegible], hæreticorum [illegible]tio dogmata aut nunquam, aut semel [illegible] [illegible] confirmare. In Cathedra [illegible] [illegible] effusum, [illegible]que [illegible] à populo, cujus auribus nugas [illegible]nitet, & sacræ Scripturæ locos plurimos detorquens, incautum vulgus à veritate longè abducere atque [illegible] [illegible]. [illegible] Principem ætate nobilem, [illegible] [illegible], vera eloquentia obliterare tentare: viros probos traducere: pium Regem Christianissimum, piè mortuum, & impiissimè trucidatum, inexpiabilem esse, atque apud inferos indeprecabilem pœnam subiturum clamitare. Ex infimæ verò plebis fæce, vanos balatrones, impuros apostatas, rapaces raptatores, latrones sceleratos, crudeles homicidas, capitales [illegible] [illegible] [illegible] [illegible] sacrarum, legum [illegible] [illegible] [illegible] [illegible] & abominandum Regis Henrici parricidium nefarium collaudare, ut meritos honores improbè [illegible] propudiis istis suis effundat & affingat. Ex oratione Dominica piam [illegible] Theologum, periculosè hanc FIAT VOLVNTAS TVA, credendam esse publicè asseruisse, illud q; DIMITTE NOBIS DEBITA NOSTRA [illegible] [illegible] [illegible] consuisse. Ad bellum, necem, crudelitatem, rebellionem, cæteraque impietatis scelera, populum concitare, atque nihil aliud quam Arma, Arma, in suggestu suggerere, & ad ravim usque clamitare. Pios antistites, quia ab his criminibus animum, linguam & manum arceant: quia sine fuco aut fallaciis voce & scriptis, Regibus pietatem, populo obedientiam, partium benevolam [illegible], pacem Reipub. Christianæ [illegible] & [illegible] hæreticis, & iis qui in errore sunt, ad veram viam reditum, veniam adhuc viventibus & requiem æternam solutis corporum vinculis, [illegible] & [illegible] [illegible] quia illis, qui motus [illegible] atque vulneribus [illegible] [illegible], ut amicitiam colant, & fœdera jungant, [illegible], hæreticos vocare: Hæreticos declarare eos, qui cum Ligæ sanctæ, ut vocant, inimicis & adversariis, vel inter fœderatos non ascriptis, pacem aut concordiam ineundam esse docent: perinde ac si Apostolorum Symbolo, aut Niceno inserendus esset hic nondum auditus Fidei articulus: *Credo sanctam Ligam seu unionem Hispanicam factiosam, & rebellionem in Henricum Tertium Francorum & Polonorum Regem, ejusque [illegible] atque successores, [illegible] Christiani [illegible] [illegible], cujus fidei hoc nostro Sacramentum [illegible], & [illegible] [illegible], & Ordinis Patres, sanctique Ecclesiæ Doctores [illegible]*

qui

qui fuerint, qui in Reges & Imperatores etiam Idololatras & haereticos, sicut quos sua temporibus rerum erat summa, nunquam coniurarunt, aut coniuratis seditionibus consentientibus adhaeserunt.

Et paulo post paginam quadragesimam huius ipsum Iesuitam in suis Demegoriis & declamationibus eodem populo in hunc modum ridere solere & classicum canere, dicit: *Quotquot estis scelestissimi sectarii, nomina vestra sacra nostra Militiae conscribite: militarem [illegible] ... pro hostibus habete, [illegible] ... domos fundibus evertite ... [illegible] ... quia diris devovemus, & nostro gladio flammeo, atque formidabili, ab ipso paradiso expulsos ... [illegible] ... Multi enim ... [illegible] ... omnique venialia Dominici, ... partiscipes fuistis.* Monstrum verius prodigium, quo esse iudicandus est quicunque credit, Deum homicidiis & rapinis gaudere: & eos qui ferro & flammis populandi, domos praedia, supellectilia omne genus gestum, urbes civium, incolarum, [illegible], omnia denique sacra & profana, ad excidium & vastitatem vocant, [illegible] aspergere.

Quod autem ad universam sectam Iesuitarum attinet, *Caveas*, inquit, *Galle Francis ab istis, qui cum domesticis vestris ingressi familiaritatem ineunt, [illegible] ... nihil clausum ... [illegible] ...*

sit prodere, [illegible] ... Nova exempla quorum [illegible] ... Quis vero [illegible] ... Permissione eorum [illegible] Galliae, [illegible] ... vera Religio in [illegible] ... Dei cultum, [illegible] ... Catholicos [illegible] ... sanguinis Christianorum [illegible] ... Mahometis doctrina, [illegible] ... & privatis thesauris [illegible] ... & Chamaeriarum [illegible] ... Testamentarios de [illegible] expetunt & expectant. [illegible]

Quale solet sylvis brumali frigore, Viscum
Fronde virere nova quod non sua seminat arbos.

Tale est hoc daemonum genus. Nam cum suam sedem non habeant, ex aliena vivunt. [illegible] ... Quid plura? [illegible] ... nisi hanc [illegible] ... Sentire tam [illegible] ... Ergo [illegible]

velo,

viris, deridenda, impietates, & omnis generis sce-lera [illegible]? Regis [illegible], ab An-gelorum [illegible] prodita, & à Deo [illegible], [illegible] sacris literis [illegible]?

Et mox pag. 48. *Apage, inquit, [illegible] Religionis fundatores, & patronos de-[illegible]. Sunt scholae & pulvere [illegible] de-clamatores, [illegible] per sacras [illegible] [illegible] qui [illegible] [illegible] ac-commodatiores [illegible] tranquillis [illegible] atque sermonibus: [illegible] [illegible], [illegible] & pro [illegible] [illegible], [illegible] bella-[illegible] [illegible] [illegible] in-[illegible], [illegible]: sed sanguinis [illegible] [illegible], [illegible] ut fratres [illegible] [illegible], [illegible] dissensionibus totus orbis [illegible]. Praeterea vero, [illegible] & [illegible], atque [illegible] [illegible], [illegible] supplicationes, [illegible] [illegible], atque [illegible], ut Regni Galliae Christianissimi & nobilissimi, antiquissimae le-ges, Regiae magistratus & [illegible] ab-[illegible], [illegible] Religionis Christianae à tam multis retro saeculis, ad Christi, Apostolorum, & [illegible] [illegible] Regulam [illegible], ab animis simplicium [illegible] & [illegible]: totaque Galliae [illegible] per summam [illegible] divini & hu-mani [illegible].*

De Parricidio *in* HENRICVM IV. Regem Galliae instinctu IESVITARVM *tentato, anno Christi* 1593.

à PETRO BARRIERIO.

CVm Rex Henricus 26. die Augusti Melodunum Oppidum cum suo comi-tatu, Fontaine Bleau profecturus, ingrede-retur, illo ipso die Rex ab ignorato quo-dam Italo nobili Ludovico Brancaleone praemonitus fuit, quod sicarius quidam Lugduno sequutus eum fuerit interficien-di Regis causa, ejusque statura simul & pro-portio, sed & membrorum omnium, adeò-que barbae, [illegible] vestis [illegible] ratio ipsi ab eo descripta fuit, [illegible] & statim cognitus, & [illegible] [illegible] die Meloduni comprehensus, [illegible] [illegible] [illegible] fuerit. In [illegible] de nomine rogatus, Pe-trum Barriere se vocari dixit, & patriâ Au-relianensem esse. Confessionis ejus summa haec fuit tandem, nam ab [illegible] [illegible] [illegible] [illegible] [illegible] se jam pridem, Rege ad hunc alium Religionem profitente, secum cogitasse, quomodo ipsum interficere & vitâ privare posset. Cùm autem Rex postea Catholicam Romanam Religionem am-plexus esset, apud Clericos nonnullos, nem-pe Carmelitam, Iacobitam, Capucinum & Iesuitam in transitu Lugduni sciscitatum se esse, An hunc cum conscientia Regem in-terimere posset: qui respondissent, id ne-utiquam licere. Vbi verò Lutetiam postmo-dum venisset, & pastori ad S. Andreae Au-[illegible] detexisset suum propositum, ab eo qui-dem laudatum id fuisse, sed tamen ad ipsum [illegible] id est, ad Rectorem Collegii Socie-tatis Iesu cui Varada nomen erat, se fuisse ab eo ablegatum. Illum autem dixisse, Pro-positum esse sacrosanctum, monuisseque, praesenti saltem ut esset animo, constanter-que, & aures aliorum admonitionibus de-hortationibusque occluderet, ac longam continentem [illegible] caperet, aut saepe [illegible] [illegible] [illegible], se eam ob causam Martyrii coronam in coelo consequuturum: dixitque Vara-dam, cum se consistentem audivisset, se ad-[illegible], ut hoc [illegible] perfequeretur, & Galliam à Rege Navarraeo, quem Tyran-num appellavisset, liberaret. Postea in cel-lam se eo introductum fuisse, & benedi-ctionem accepisse. Postero die se confes-sionem alteri Iesuitae, sed intentionem istius sui propositi nullam fecisse, sicque corpus Domini in illo Iesuitarum Collegio per-cepisse. Praeterea verò cognationem suam ad-huc alii patefecisse Iesuitae, qui & ipse tan-quam pias & meritorias eas adprobaverit. Post haec demùm cultrum apud eum in carcere repertum, qui alterâ saltem ex parte, propè manubrium, sicut mensales plerumque solent esse, acer [illegible] fuit, dein-ceps autem utrinque acutus, & ad extre-mum rotundior ad [illegible] formam, mucrone [illegible], quo Regem interimere cogita-verit.

Huic confessioni firmiter institit, in ea-que constanter usque ad mortem perseve-raverat: tum detectis ejus igne jam ustis, [illegible], tum brachiis quoque & [illegible] effent, in tota tandem eandem summa-tim repetiit, & denuò confirmavit: quibus haec insuper addidit, duos nigros Clericos (Iesuitas intelligens) eodem propositu Lugduno profectos esse, quibus ille pal[illegible] [illegible] voluerit.

Sumptum est de Barrierio supplicium 31. August. Die verò 20. qui erat Domini-cus, Pater Comolettus Iesuita Parisiensis in Epilogo concionis suae monuerat & adhor-tatus fuerat Auditores, *ut patientiam adhuc adhiberent & paucis essent animis, si quidem brevi Miraculum à Deo magnum ipsis esse per-spiciendum, atque malis suis usuros.* Interea verò

 ibi

sibi non aliter persuaderent, quàm quasi jam tum illud ipsum evenisset. Quæ suggestio quidem & exhortatio cum præmissa narratione non malè convenit, sed in eo tamen, quod Deus destinaverat, omninò falsa fuit. Mentionem hujus parricidii facit author Orationis Ingenuæ ac veræ ad Regem Christianissimum perscriptæ, de eo quod postulabatur, ut Iesuitæ restituantur in Regno Galliæ pag. 63. & 64. itemque Author Notarum in eandem Orationem pag. 132. & 133. Meminit ejusdem author Catechismi Iesuitici pag. 262. cap. 8. l. 3.

De alio Parricidio in Regem Galliæ HENRICVM IV. *instinctu* IESVITARVM *tentato à* IOHANNE CASTELLO.

[illegible]

SVb finem anni 1594. parricidium in Regem Franciæ & Navarræ Henricum quartum tentatum fuit à Iohanne quodam Castellio, de quo extant adhuc literæ Regis in hanc sententiam scriptæ. *Charissimi & dilectissimi ex hac intelligetis infortunium quod mihi paratum fuerat, & quomodo Dei misericordia me ab eo mirabiliter liberavit. [illegible] me amplius effluxerat, post reditum meum ex expeditione Picardiæ, & adhuc ocreatus eram, ac circumstabant mihi Sobrini mei, Princeps à Conti, & Comites Suessionis & sancti Pauli, cum triginta aut quadraginta præterea [illegible] Magnatum & Nobilium hujus aulæ. Cum nobiles à Ragny & Montigny, qui me adhuc non salutaverant, exciperem, adolescens quidam vocatus Ioannes Castel corpore brevi, ætate annorum [illegible], qui cum turba in eandem irrepserat à nullo ferè observatus, subito arrepto, ut me cultro, quem manu gestabat, transfigeret, sed ictus, quia corpus demiseram, ut prædictos Nobiles salutando corpus inclinatus, sublevarem, in faciem tantum, ad labij superioris latus dextrum illatus fuit, & unum [illegible] dentem meum fregit. Percussor ille subitò comprehensus fuit, & cum aliquantulum primò fronte cultrum abjecisset, tandem nullâ [illegible] confessus est. Nihil tamen adhuc extorquere potuimus, præterquam ipsum, in Collegio Iesuitarum urbis hujus educatum fuisse. Quod primò occurrit agendum fuit, ut pro tanto & tam insigni in me beneficio, Deo gratias redderemus, qui me ab hoc homicidio tutatum esse. Quapropter [illegible]* Te Deum laudamus, *[illegible] Templis cantatum fuit, [illegible] ignes, [illegible] in omnibus compitis excitarique, [illegible] Deo hoc [illegible], ut propterea in lætum [illegible] speramus [illegible], causa reditum nostrum acceleravimus ut [illegible] festum & ceremonias Ordinis S. Spiritus celebraremus. Dicitur autem [illegible] voluit, quia [illegible] de hoc certiores facerem, ne vos reliquique fideles mei, aliunde citius percepto ea sollicitudinem incideritis, imperem verò ut publicè Deo gratias reddere jubeatis, & precibus petatis, ut me ab ejusmodi parricidijs sub sancta [illegible] semper tueri velit. Ad quæ cum [illegible] magis tam sæpius confugiunt, manifestè perfidiam & sceleratam suam mentem declarant, & se à divino favore desertas animadvertentes, perquam execranda consilia amplectuntur, quæ à Deo, ut speramus, in ipsorum caput convertentur, &c.*

Vt literæ hæ Regis melius ac plenius intelligantur, præsertim quod ad confessionem parricidæ de impulsore hujus facinoris attinet, res ita se habet. Læso Rege & parricidâ comprehenso, primùm negato scelus [illegible], sed dum acriùs urgeretur, non ægrè confessus est. Rex dimitti jubet condonatâ veniâ; sed ubi intellexit Iesuitarum alumnum fuisse, exclamavit, *[illegible] oportuit illos ore meo* (hos innuens) *convinci?* Reus igitur à Langelio rerum capitalium in aulæ comitatu quæsitore rogatus, quo œstro percitus tantum facinus nedum cogitare, sed manu exequi tentasset? respondit, jam dudum hoc sibi animo conceptum immotumque stetisse, dolore infectum, etsi [illegible] aggressurum, ratus id Religioni conducere, jam pridem mente volvisse [illegible] animum ante prandium, quem cùm in mensa abdidisset, cum Patre & familiaribus pransum esse. Rogatus de statu in quorum scholis disciplinas didicisset, respondit, apud Ignatianos triennio in studiis exacto, ante aliquot dies, à Patre Petro Castelio ad Gueretum Iesuitam deductum, ut ex animo scrupulum eximeret, quo propter summa flagitia de Dei misericordia diffidebat, in mentem sibi venisse, aliquo non vulgari facinore teterrimas noxas sibi expiandas esse, non fermè cogitasse de Rege necando, patri detectâ cogitatione, ab eo valdè objurgatum.

Habitâ ad hunc modum quæstione alta nocte, totâ urbe undequaque armatis Centurionibus, Iesuitæ omnes dantur custodiæ, & vix ab illis vulgus temperavit, sed ordinatis præsidiis foris intusque, in crastinum [illegible] à cæde & direptione servantur. Postridiè Gueretus & Guignardus Iesuitæ ergastulis includuntur, cæteri in D. Ludovici, [illegible] & veteranorum [illegible] custodiuntur.

In Palatinum carcerem deductus parricida, repetitâ quæstione, eadem quæ antea con-

confessus est. Rogatus quis tantum hoc facinus, quo nocessi sua deteri tabaretur Responsum, Regis caedem fuisse, quam jugulo appetere meris & manus destinaverit, tum manus adactu in dentes, quibus cerosus fuisset, cum ea illa ferata insideret cogitatio, cum Antichristo devotum esse infernorum cruciatibus, ex duobus malis levius sibi eligendum duxisse, ut qui mallet damnari ut quatuor, quam ut esse Rogerus, unde haec prava dogmata hausisset. Respondit, ex placitis Philosophorum quae sub ferula Guereti plus biennio didicisset. Rogatus, num saepius admissus fuisset in Iesuitarum tetrarum meditationum, in quo spectra & terrores Daemonum, cruciatus inferorum, variaque portenta, quae ad perterrendos animos scelestiorum picta ostenduntur, ut terriculamentis horribili formidine concepta poenarum, ad stuprem probatam vitam suam ignaviam ipsi effecti ut redeant responderit, ad hujusmodi pictos inferos saepe deductum. Rogatus, quo magistro vel auctore didicisset, Regem occidendum, respondit, sparsim apud multos audivisse eadem illum per Jesuitas, quod eum Tyrannum nuncuparent. Rogatus, num crebris sermonibus apud Iesuitas hoc propositum aperuerit, sua esse Regem occidere, respondit, audisse saepissime, licere hoc facinus, quod extra Ecclesiam esset, & anathemate percussus, nec ei deberi regio titulo aut obsequio dignandum, donec a Pontifice Romano cum Christianorum regno in ea restitueretur.

Ea omnia Castellus ob tentatum hoc parricidium, & Iesuitas impulsores, hujusmodi sententia criminalis lata est; *Cum in consistoriali magna Camera, quae la Tournelle dicitur, visis, auditisque processum criminalis, incepto quidem a veteri capitalium Praepositis palatii Regis, & tandem delegato ad petitionem Procuratoris generalis Regis, accusatoris Ioannis Castelli, Parisiensi, studiosi, qui studii sui cursum in Collegio Claromontio absolvit, nunc captivi in carceribus Palatii, ob detestandum & execrabile parricidium in Regem tentatum, auditis etiam interrogationibus, examinationibus, & confessionibus dicti Ioannis Castelli. Examinato insuper in eadem Curia eodem Castello super eodem parricidio; & auditis Ioanne Gueret, presbytero congregationis & Societatis Iesu, in eodem Claromontano Collegio, atque olim dicti Ioannis Castelli praeceptore: auditis denique Petro Castello, & Dionysio Hazardo patre & matre Ioannis. Visis demum Procuratoris generalis conclusionibus, omnibusque praedictis consideratis, Dicta Curia declaravit dictum Ioannem Castellum teneri, & convictum esse crimine laesae Majestatis, tum divinae, quam humanae, ob scelestum & detestabile parricidium in Regem tentatum. Pro cujus criminis expiatione et supplicio Curia condemnavit & condemnat praedictum Ioannem poena subsequenti: Inprimis sistet ante majoris primariae Ecclesiae Parisiensis valvas, solo indutus indusio, & cereum ardentem duarum librarum manu tenebit, praedicens in genua constitutus & dicet, se temere & proditorie inhumanum & abominabile hoc parricidium committere voluisse, Regemque cultro in mala vulnerasse; docentes [illegible] damnandi instructione & persuasione induci [illegible] inductum esse, ut crederet, sibi permissum, Regem interficere, & Henricum IV. nunc regnantem, non esse membrum Ecclesiae, priusquam a Pontifice maximo approbatus fuerit. Culpam hac in re detestabitur, Deum, Regem, & justitiam orabit ut sibi ignoscant. His factis curru vehetur ad locum, cui nomen Greve ubi forcipibus ignitis, seu candentibus ejus brachia & pedes vellicabuntur, & laerabuntur: dextera vero, in qua cultrum tenebat, quo facinus perpetravit, amputabitur. Tandem quatuor equis alligatum corpus in totidem partes discerpetur, partes in rogum conjicientur, & in cinerem convertentur, cineres autem in ventum projecti, dispergentur. Declaravit eadem Curia, & declarat, omnia ejus bona Fisco Regio esse subjicienda. Antequam haec executioni mandentur, dictus Ioannes Castellus ordinariis & extraordinariis quaestionibus subjicietur, ut sciatur, qui ejus fuerint complices, & ut interrogetur de aliis quibusdam hanc dependentibus. Prohibuit & prohibet omnibus hominibus, cujuscumque sint qualitatis & conditionis, sub poena criminis laesae Majestatis, ne quis publice, vel privatim dicat, aut faciat ut hujusmodi propositum quasi id quod Curia judicavit, & justitae sit scandalosum, seditiosum. Del verba contrarium, & tanquam haereticam in sanctis divinis condemnatum.*

Constituit insuper, ut omnes Sacerdotes Collegii Claromontani, & omnes alii praedictae Societatis addicti tanquam corruptores juventutis, perturbatores publicae tranquillitatis, inimici Regis & Regni, infra tres dies post promulgationem hujus edicti, Lutetia, & aliis Urbibus atque oppidis, ubi sua tenent collegia, discedant, & infra quindecim subsequentes dies toto Regno excedant. Quod nisi fecerint, & post praescriptum tempus aliquis eorum inventus fuerit, tanquam laesae Majestatis rei puniantur. Illorum autem mobilia & immobilia bona convertantur in alios pios usus, & distribuantur, prout fiet secundum ordinationem & decretum Curiae. Interdicit etiam omnibus Regis subditis, ne filios suos alant extra Regnum in dictae Societatis Collegiis mittant, ut ibidem instituantur, si quis contravenerit id sub laesae Majestatis poena tenebitur. Hactenus sententia Curiae: post quam divulgatam, Ioannes

Castellinus eadem die, quæ erat dies Iovis Decemb. 29. Anni 1594. vinctus in publicum producitur, & secundum præscriptum mandati, seu sententiæ, ad mortem rapitur.

Etsi verò sic plerique sententiam in temerarium juvenem Castellin factam non improbarent, Iesuitis tamen eorumque patronis vehementer displicebat. Vnde paulò post publicum scriptum Duaci excusum prodiit, quo hujus sententiæ absurditatem & injustitiam ostendere conatur. Ait enim author, *ex ipsius sententiæ contextu facile posse considerari* [illegible]

[illegible]

facinus patrari, quàm excusari, &c. Et mox: Ianus Parvus, suo ævo Doctor *non incele-bris, at pugnans animosè, à quo peccatū & sa-crilegij commissum fuerit memorabile in scholis & concionibus professus, Datum à Catholicorum pa-te* [illegible], *propter quod impressum dogma, in pa-læstra Sorbonica, & ab Ordinibus Universi-tatis, ut hæreticum, & bonorum auditorum-que scriptorum, damnatum est. Hæc* [illegible] *Ba-ronius.*

Edidit etiam in lucem Iesuita Franci-scus Veronus Constantinus Apologiam pro Iohanne Castello Parisiensi, contra Edi-ctum Parlamenti, & supplicium de eo ob parricidium sumptum. Apologiæ summa est, *Non obstante decreto Constantiensis Conci-lii generali & publicà persona licitum esse, Reges & Principes hæreticos & tyrannidis damnatos occidere. In parte verò probat Iacobi Clementis parricidium in Henricum III. Galliæ & Polo-niæ Regem perpetratum, quasi contra hostem pu-blicum & juridicè condemnatum.* Nam parte 1. cap. 2. sic scribit: *cum eo tempore* [illegible] *factus sit non, condemnatio Clementis neque de jure, neque de facto comprobari potest, propter tyrannidem Henrici Regis contra Divinum & Ec-clesiam: tam quod homicidium Blesis perpe-tratum, quàm hostilis impetu hodiernè, qui ad op-pressionem Religionis est protensus, mactando Sacerdotes, profanando Sacramenta,* [illegible] *& favendo hæreticis. Quibus de causis putandum sit privatum individui, & subjectum utri-que juri, tam civili, quàm Canonico. Actio igi-tur Clementis nequaquam illicita fuit, quippe perpetrata contra hostem publicum, & eundem* [illegible] *juridicè, in quem omnis obligatio reve-rentiæ atque debiti sublata fuit.* De Henrico IV. sic scribit: *quod obstinatè perseveret excom-municatus, hæreticus, relapsus, profanator re-rum sacrarum, declaratus hostis publicus, oppressor Religionis, ab omni jure pervenien-di ad Regnum exclusus, ac proinde tyrannum esse, non Regem, usurpatorem, non naturalem Dominum, criminis reum, non legitimum Prin-cipem: Id quod, nisi insanus sit,* [illegible] *humano sensu & timore in Deum, Ecclesiam & Patriam, aliter sentire & dicere non potest,* quàm factum Castelli esse generosum, cum virtute conjunctum & heroicum, compa-randum cum maximis, & summa laude di-gnis factis, quorum antiqua, sacra & profa-na historiarum monumenta meminerunt: *Unicum superest, quod improbare possis; nem-pe, quod Castellus illum non peremit à medio sublato.*

Deinde parte 2. c. 3. dicit, *Castellum non se animo habuisse interficere Regem, sed tyrannum & hæreticum excommunicatum.* Nam licet il-lum Regem se dicat, Regni [illegible] gloriæ, & ex Regum Galliæ sanguine procreatum ja-ctitet, atque etiam Rex à suis agnosci & ho-norari velit: tamen revera neutiquam ta-lem non esse, quum nec fidei, nec virtu-tum, nec meliorum denique Regum Gal-liæ sit hæres. Et quandoquidem ob impie-tatem & hæresin suam ab Ecclesia & Sacri[s] bus sit exclusus, Regem nominari non posse esse, nisi de facto, de jure verò nunqua-quam: Quod ipsum tyranni vocari solent.

Cap. 4. dicit, *Henricum Borbonium Re-gem appellari non posse, licet ad Catholicam Ro-manam Religionem conversus sit, nam ipsum hoc fuco in alium finem non uti, quàm ut in ovile irrumpat, ad rabiem suam illic exercendam liberius.*

Cap. 8. dicit, *Henricum IV. si maximè ab-solutus esset à Papa, non tamen illum Regem fo-re de jure, sed tantum de facto.*

Cap. 9. *Illum Regem non dici etiam posse ex jure successionis.*

Cap. 11. probare conatur, *Hæreticos & relapsos, è quorum numero etiam sit Henri-cus Borbonius, jure divino & humano interfici posse.*

Cap. 12. 13. & 14. dicit, *Hæreticos & tyran-nos, multoque magis qui hæretici & tyranni si-mul sint, ut Henricus IV. tolli posse etiam ab ho-minibus privatis, si aliter fieri nequeat.*

Cap. 15. recenset *multas utilitates, quas Re-gnum Galliæ ex hoc facto Castelli accepisset, si il-lud successisset.*

Parte 3. quoque c. 1. probare vult, *factum & conatum Castelli heroicum esse.*

Cap. 8. 9. 10. *ad cælum usque extollit Castelli constantiam inter quæstiones ac tormenta, & in perferendo supplicio: Constantiam, inquit, plus quàm puerilem, & perpetuâ omnium seculorum futurorum memoriâ dignam. Pro hac nemo am-plius mirabitur constantiam Scævolæ,* [illegible] *quæ* [illegible]*.*

Parte 4. c. 1. ostendere vult, *Decreti Parla-menti contra Castellum facti & promulgati nul-litatem & absurditatem.*

Parte quinta tota probare conatur, *mul-ta vitia & absurditates inesse Decreto Parla-menti, contra Iesuitas & universum eorum Or-dinem facto.*

Cum igitur in hac Apologia doceatur, permissum esse etiam hominibus privatis, hostiliter invadere & occidere tyrannos, Reges & Principes, qui ad Pontificiam Rom. voluntatem, imò privatorum etiam hominum judicium æquè iniquum, se totos non conformant, ideoque etiam ambo hu-jus Apologiæ parricidia Henricorum ter-tii & quarti Regum Galliæ [illegible] pu-blicè defenderit: Iesuitæ autem videren-tur, ac commemoratæ Apologiæ suum de- Apologia Veroni [illegible]

se stuesset. Nisi sua de Castello ipsos multum terrisset & detestabiles Regibus & Principibus redderet, quia non assiduo tantum suo & congressu ut in quas machinas Electum potissimum dirigantur, ipsos esse perculsum, sed omnibus etiam Regnis suis & Rebuspub. exterminatum, sicut etiam ante eos Templarii exterminati sunt: ideo hanc suam Apologiam suppresserunt & sepelierunt: non quod ipsos puderet aut poeniteret, sceleratissimo suo parricidio, adeo impudenter defendisse ac propugnasse, sed tantum, ne horrorem, quem Reges & Principes justissime inde concipere poterant, adeo ad Curias & Consilia sua ipsis prohiberet. Quis enim inter homines ratione praeditos adeo vilis & abiectus est, ut spiritus tam fallaces, ac scelestos accedere ad se patiatur? Alii vero hanc Apologiam recudi curarent, ut totus Mundus sciat & compertas habeat Iesuitarum fraudes, dolos, imposturas, technas, consilia & conatus adversus Reges & Principes, ac in universum omnes illos, qui se tyrannidi Pontificis Romani subjicere nolunt.

Relata *à Consiliariis Curiae Parlamenti delegatis ad informandum & inquirendum super illis, quae in Collegio Claromontano* IESVITAE *agebant & docebant: ubi primo de* IOHANNE GVIGNARDO IESVITA.

POst sumptum de Johanne Castello supplicium, quidam Dominorum à Parlamento deputatorum cum se in Collegium Claromontanum, ubi Iesuitae erant, contulissent, & multas chartas scriptaque deprehendissent, invenerunt inter alia duos libros, scriptos manu Iohannis Guignardi Presbyteri de Societate Iesu, qui etiam in illo Collegio Socius erat. Erant illi libelli famosi, quos ille, post Edictum Amnestiae & abolitionis generalis, per dictum Dominum Regem rebellibus suis subditis Parisiensibus, postquam Deo placuisset eosdem sub suam potestatem reducere, clementissime promulgatum, composuerat ac servaverat, in quibus libellis ille non solum calumnias contra honorem defuncti Regis Henrici III. & eius successorem, qui nunc est, verum etiam propositiones, plurimis falsissimis & seditiosissimis argumentis refertas, conscripserat, ad probandum, quod parricidium in Rege antecessore patratum licitum fuisset, persuasionibus variis seu inductionibus ad Regem ipsius successorem trucidandum, in sequentibus sequentibus additis.

Nempe primo loquitur. Si Anno 1572. die S. Bartholomaei venam Basilicam Regem Navarrae tum appellatum praecidissemus, à febri in pestem non incidissemus. Quod jam comperimus. Sed quicquid delirant Reges plectuntur Achivi, sive gentes populi, calcitrare in agnum & jungatum cruciatu sunt, in caput rei devenit malo.

2. *Quod crudelis Nero per Clementem necatus, & Monachus hypocrita per manum veri Monachi e medio sublatus sit.*

3. *Enundabimus nos Neronem aut Sardanapalum Galliarum, vulpem Bearnensem, Leonem Lusitanicum, Lupam Anglicam, Gryphum Suecicum, & porcum Saxonicum.*

4. *Pulchrum palatium fuisse ut deceret illos Reges si modo Reges nominandi sunt, tyrannum defunctum, Bearnensem, & qui se Monarcham praetendebat Antonium.*

5. *Quod pulcherrimum Anagramma, quod nuperum super nomine defuncti Tyranni repertum fuisset. Hoc esset, quo ingenium Herodes appellaretur.*

6. *Quod facinus illud Heroicum per Iacobum Clementem patratum, tanquam donum Spiritus sancti, hoc nomine à Iesuitis appellatum, per defunctum* [illegible] *priorem, Burgundum, Confessorem & Martyrem, propter plurimas rationes tum Luceis, quod ipse ego ipse, inquit Guignardus, multis earum tum clam indicibam*

fuum explicavit. Audiui, quam totum exsequisse Parlamenti Turonensis fuerit laudatum sit, ad quod dictus Burgundus, quod plus sit, sanguine suo contestatus sit, & mortis propria confirmatione oporteret fidem adhibere ijs, quae ab inimicis dicerentur, quod annum ipse aliorum suis verbis facinus illud tanquam detestandum, impugnaverit.

7. *Quod Diadema Galliarum in aliam quam Borbonicam familiam transferri possit & debeat.*

8. *Quod Bearnensis licet ad fidem Catholicam conversus, mitius tamen, quam meritus sit, tractaretur, si eum Monachalis in Conventu quodam bene clausum ipsi daretur, ut ibi de tantis malis Gallia illatis poenitentiam ageret, & Deo pro ea gratia, quod nunc mortem suam ipsum evasisset, gratias ageret.*

9. *Si sine bello deponi non posset, bellum ipsi inferendum: si bellum inferri non possit, causa moriendi illum è medio tollendum.*

Ex iudice propositionibus manifeste evincitur, Arresto Parlamenti contra Johannem Castellum parricidam declarato, Iesuitarum quoque proscriptionem & è Regno ejectionem continens, justissime factum esse, & judicium vere divinum nominari posse: quum ex scriptis Guignardi facile intelligatur, quam pestilens & periculosa sit horum generis hominum doctrina, & ad [illegible] ad quem finem tendat.

Parlamentum cùm hæc scripta vidisset, auctorque eorum Guignardus de iis ipsi [illegible] interrogatus, à se composita & suâ manu scripta agnouisset & confessus esset, Arrestum, quod sequitur, declarauit.

Arrestum ex Registris Parlamenti, *& pœna capitalis* IOHANNIS GVIGNARDI IESVITÆ.

V*Isa per Curiam magna Cameræ & Tornellæ Consiliariis congregatis processu criminali per aliquem ejus Consiliarium formato, ad postulationem Procuratoris Generalis Regis contra Iohannem Guignardum presbyterum, Collegij Claromontani in hac urbe Parisiensi Rectorem, in carceribus custodiarum Palatij captiuum, propterea quod multi libri ab ipso compositi & ejus manu scripti apud eum inuenti fuere, qui inter cætera crudelissimi & inhumanissimi parricidij in Rege antecessore commissi, approbationem, & ad perdendum etiam Regem nunc regnantem inductiones & persuasiones continebant; interrogationibus & confessionibus dicti Guignardi, libris illis, quos composuerat & suâ manu scripserat, ipsi præsentatis, & ab eo agnitis. Conclusionibus Procuratoris Regis Generalis, dicto Guignardo coram Parlamento super criminibus ipsi objectis, & in ipsis libris contentis, audito & interrogato, & omnibus consideratis; Decretum est, quod Parlamentum declarauit & declarat, ipsum Guignardum criminis læsæ Majestatis reum & conuictum, quod ipsos libros composuit & suâ manu scripsit, qui plurimas falsissimas & seditiosissimas [illegible] continent, quibus probare conatur parricidium in Rege Antecessore commissum licitum fuisse, & etiam præsentem Regem Henricum quartum occidere permissum esse. Ad cujus sceleris expiationem damnauit & damnat dictum Guignardum, ut emendam faciat honorabilem, nudus & indusio [illegible], [illegible] è collo pendente, ante principalem Ecclesiæ Parisiensis portam, ut ibi in genibus subsidens, [illegible] ardentem duarum librarum in manu tenens, dicat & declaret, quod sceleratè & nefariè, & contra veritatem scripserat, Reges Antecessorem per Iacobum Clementem justè occisum fuisse, & Regem nunc regnantem, nisi in bello occumbat, è medio tolli oportere. Hiorum autem se [illegible] pœnitere, & gratiam à Deo, à Rege & à Justitia petere. Hisce peractis, ducatur & deponatur in furcam [illegible], & adjectum, qui [illegible] erigetur, suspendatur & strangulatur, & postea corpus [illegible] per [illegible], quod subjecta cinere [illegible], in [illegible]. Declarauit etiam & declarat, ut omnia ejus bona fisco Regio addicantur. Pronunciatum dicto Iohanni Gui-*

gnardo, & executioni mandatum 7. die mensis Ianuarij Anni 1595.

De IOHANNE GVERETO IESVITA.

EOdem die instituto & peracto processu contra Iohannem Guéretum presbyterum Præceptorem, & Petrum Castellum Patrem, & matrem, & sororem, & [illegible] [illegible] ex illis, qui in eâdem [illegible] [illegible] sunt esse capitum & ipsa in carceres detenta, Iesuitas dicti [illegible] suo [illegible] aliquod malum dedisse exclamauerat. Iohannes Guéretus, Petrus Castellus, vxor, & filius [illegible], & ipsorum [illegible], & ancillis, similiter & Curiæ D. Petri de Albiss [illegible], Arrestum sequens declaratum est.

Extractum ex Registris Parlamenti PARISIENSIS.

V*Isa à Parlamento magna Camera & Tornellæ Consiliariis congregatis processu criminali per præfectum prætorij Regis formato ipsius informationibus productis, ad instantiam procuratoris Generalis Regis postulante & accusante contra Iohannem Guéretum Presbyterum, de congregatione & Societate nominis Iesu se denominantium, in Collegio Claromontano habitantem, & antehac Iohannis Castelli, nuper pridem per Arrestum dicti Parlamenti morte affecti, Præceptorem; Petrum Castellum mercatorem pannarium, ciuem Parisiensem; Dionysiam Hazardam ipsius uxorem parentes dicti Iohannis Castelli, [illegible] Comitem & Catharinam Castellam ipsorum [illegible], Magdalenam [illegible] [illegible] Petri Castelli & Dionysiæ Hazardæ [illegible], Antoniam [illegible], [illegible] [illegible] & [illegible] [illegible] [illegible] [illegible], Magistrum Claudium [illegible] Presbyterum, Clericum in dicta Parochia [illegible] & Magistrum Lucam [illegible] Presbyterum in illa ordinatum, in carceribus custodiarum Palatij captiuos, interrogationibus, confessionibus, & denegationibus dictorum Captiuorum dicti Iohannis Castelli cum patre suo Petro Castello [illegible], [illegible] contra Petrum Castellum instantis, [illegible] in [illegible] cum ipsis [illegible] processu criminali Iohannis Castelli, propter exercendum [illegible] parricidium in Regem [illegible], & processu verbali executionis Arresti contra dictum Iohannem Castellum 29. Mensis Decembris [illegible] decreti; [illegible] procuratoris Generalis Regis, dictis Camera, Petro Castello & Hazarda super criminibus ipsis objectis, & [illegible] processu [illegible] auditis & interrogatis. Alijs interrogationibus &*

 Requi-

Anagrammatibus per dictos Guerretum & Petrum Castellum in quaestione per infrascriptam Parlamenti ipsis crimina facta & omnibus consideratis: Decretum est, quod dictum Parlamentum ipsos propter crimina in illo progressu demonstrata, relegavit & relegat extra Regnum Franciae dictos Guerretum, Pet. Castellum. Guerretum quidem in perpetuum, & dictum Castellum ad tempus & spatium novem annorum, & extra urbem & suburbia Parisiensia in perpetuum. Indixit eis mulctam, ut banni suam relegationem observent, poenâ suspensionis & strangulationis, sine ulla alia judicij forma indicta. Declaravit & declarat, ut omnia & singula dicti Guerreti bona in fiscum Regium redigantur & devenerit ac demum dictum Petrum Castellum, ut Regi persolvat bis mille coronatas solidas, quae ad panes captivis in custodijs Palatij emendos & camerarum applicentur & expendantur: nec ille à carceribus liberetur, priusquam dictam summam plenissimè solverit, nec tempus relegationis nisi ipsâ solutâ incipiat. Statuit dictum Parlamentum, ut domus illa, in qua Petrus Castellus habitavit, dejiciatur, destruatur & penitus exscindatur, & locus ille sive area loco publico annumeretur, ne in posterum quisquam ibi aedificare possit: quo in loco ad perpetuam hujus sceleratissimi & execrandi parricidii in Regem statuti memoriam, alta columna è lapide caeso structa ponatur & erigatur, affixâ simul tabulâ, in qua causa dictae demolitionis & erectae columnae scribantur, quod ex pecunia fiet, quae ex demolitione domûs provenerit. Et quantum ad dictos Hazardum, Comitem, Catharinam & Magdalenam Castellam, Pillierum, Russelum, Thuvinum, Carum, Allemantum, Bernardum & Marinum attinet, statuit Parlamentum, ut carceres ipsis aperiantur. Pronunciatum dictis Hazardo, Comiti, Catharinae & Magdalenae Castelliis, Pillierio, Russilio, Thuvino, Caro, Allemanto, Bernardo & Marino 7. die Ian. & dictis Guerreto & Petro Castello 10. die dicti mensis anno 1595.

Ex hoc processu videre est, quod Parlamentum in inquisitione & judicio omnia ea adhibuerit, quae in bona, integra & sancta iustitia requiri possunt, tum omnibus formis in processibus criminalibus consuetis, ita ut Aresta hoc modo data opus non habeant ut per quascunque rationes aliis defendantur. Et tamen Franciscus Veronus Constantinus in sua Apologia pro Ioanne Castello parte 3. cap. 1. 9. & 10. utrumque Guerretum & Guignardum, eorumque [illegible], nefaria & parricidalia facta conatur defendere, & iustissima Parlamenti decreta, & supplicia de iis sumpta [illegible] iniustitiae accusat, imo crudelitatem & sacrilegium appellat, quod in personas ipso-rum commiserint &c.

De aliis IESVITIS.

Plurima praeterea in Iesuitarum Collegio Parisiis Anagrammata contra Regem inventa sunt, quae una obsignata sunt, quae apud Iohannem Castellum reperta, & in scriptis Iohannis Guignardi inventa sunt: sicut & quaedam themata per Grammaticos dictata, quorum Argumentum de morte constanter sufferenda, & Tyrannis invadendis erat. Praeterea cognitum est, quod Magistri Collegii Claromontani, Scholasticos suos, ne pro Rege precarentur, urbe Parisiensi sub potestatem Maiestatis suae redactâ, praeceperint, & eos qui ad Missam eius irent, excommunicatos esse dixerint.

De ALEXANDRO HAIO IESVITA eiusque poena.

Inquisitiones insuper institutae fuerant contra Alexandrum Haium Iesuitam, natione Scotum, qui publicè docuerat *oportere dissimulare, & Regi ad tempus per simulationem obedire*, hisce verbis [illegible] *Iesuita est omnis homo*, hoc est, temporibus se accommodare novit, und [illegible] ist hewser noch [illegible]. Praeterea accusabatur hic Iesuita, quod saepè dixisset, *Se velle, si Rex illorum Collegium praeteriret, ut ipse è fenestra in eum decideret, & collum ei frangeret.* His de causis Quaestione capitali contra eum institutâ, & comperto, quod quaedam eius dicteria ante reductionem Parisiensium edita fuissent, nec tamen aliquanto quam Guignardus condemnatus fuit, ex sequenti Aresto apparet quod sic habet.

Extractum ex Registris PARLAMENTI.

Visa à Parlamento magna Curia & Tornella coniunctim congregata, processu criminali formato & iuxta consuetudinem instructo, ad postulationem Procuratoris Generalis Regis petitore, contra Alexandrum Haium Presbyterum, de congregatione & Societate nominis Iesu se dicentem, in carceribus custodiarum Palatii captivum, interrogationibus, interrogationibus & ipsum confrontationibus, Conclusionibus Procuratoris Regis Generalis, dicto Alexandro Haio, super criminibus ipsi impositis & in dicto processu contentis, coram Parlamento interrogato & audito, & omnibus consideratis: Dictum est, quod dictum Parlamentum, propter crimina

in di-

in dicto processu demonstrata, dictum Magum à regno Galliæ in perpetuum relegauit & relegat, ipsi iniungens, ut Relegationem suam obseruet, pœnâ suspensionis & strangulationis sine alia dia iudicij forma [illegible]. Pronunciatum dicto [illegible] ad portalem dictorum carcerum propterea alligato, decima die Ianuarij Anno 1595.

De Aliis Inquisitionibus, & criminibus IESVITARVM in Galliâ.

PEr alias quoque inquisitiones cognitum est, quod quidam Iesuitæ, cum ex iis quærerentur, quare in Galliâ manerent, cùm soli Papæ obedientiam & fidelitatem iurârint, responderint, vocem suam per hanc immutationem in Regno non violari, quoniam Breue à Pontifice acceperint, quod ipsis tempori obsequi permitteret.

Per Inquisitiones præterea Bituriqibus transmissas, & 7. Ianuarij habitas, compertum est, quendam, cui Francisco Iacobo nomen est, Iesuitarum in dicta urbe scholarem iactâsse, quod Regem occidere vellet, nisi eum iam mortuum, & ab alio quodam occisum existimaret.

Compertum insuper fuit, à Iesuitis multos pueros, qui eos parentibus suis rapuerant, seductos fuisse, ut in longinquas Regiones secum abirent.

De IOHANNE BELO IESVITARVM discipulo.

INprimis processus institutus est contra quendam Iohannem Belum scholarem, qui non ita pridem literis in Collegio Claremontano operam dederat, quod Franciscum Veronem scholarem Pictauiensem, literis operam dantem, contra Patris M. Pregentis Veronis in Parlamento Procuratoris voluntatem seducere conatus esset, ut Iesuitas, contra inhibitionem per Arrestum Parlamenti factam, extra Regnum Galliæ sequeretur.

Præterea idem Belus accusatus fuit, quod plurimas lectiones & compositiones in Societate Iesuitarum dictatas, & ab ipsis, cùm in eorum Collegio esset, exceptas, reseruâsset, & apud se custodiuisset, in quibus plurima præcepta dictata de Regibus occidendis, & approbatio sceleris exequendi illius parricidii, Indefensorum, Regem designati continebantur, ut ex Arresto sequenti manifestum est.

Extractum ex Registris PARLAMENTI.

VIso à Parlamento processu criminali per quendam eius Consiliarium, cui hoc negotium commissum fuit, facto & formato, ad postulationem Procuratoris Generalis Regis petitoris, contra Iohannem Belum Scholarem, qui non ita pridem in hac urbe in Collegio Claremontano operam dedit literis, in carceribus custodiarum Palatij captiuum. Interrogationibus super certis literis, & aliis scriptis, quæ à se scripta aparuit, ipsi factis, Conclusionibus procuratoris Generalis Regis, dicto Iohanne Belo coram Parlamento super criminibus ipsi impositis audito & interrogatis, & omnibus consideratis. Decretum est, quod parlamentum, propter crimina in dicto processu demonstrata, dictum Iohannem Belum damnauit & damnat, ut emendam faciat honorabilem in magna eius Camera, Iudicibus pro tribunali sedentibus, capite & pedibus nudus, & indusio tantum indutus, facem accensam ponderis [illegible] in manu tenens, & ibi in genibus subsidens dicat & declaret, quod temerariè & malo consilio Franciscum Veronem Scholarem in Academia Pictauiensi literis operam nauantem, pellicere & seducere voluerit, ut supradictos Presbyteros & Scholares Collegij Claromontani & alios illorum Societatis, contra inhibitionem Parlamenti, extra Regni limites sequeretur. Et præterea, quod imprudenter scripsit & custodierit multas lectiones & compositiones per quosdam dictæ Societatis dictatas & ab ipso exceptas, & propriâ manu in dicto Collegio Claromontano scriptas, multas doctrinas damnabiles de Regibus interficiendis, & approbationem & laudationem detestandi & nefarij parricidij in Rege Antecessore Henrico III. commissi, continentes. Itemque verò se pœnitere, & gratiam ac condonationem à Deo, à Rege & à Iustitia precari. Hisce peractis eum in perpetuum à regno Galliæ relegauit & relegat, ipsi iniungens, ut hanc Relegationem obseruet pœnâ suspensionis & strangulationis, si deprehendatur, sine ulla alia iudicij forma, [illegible] Declarauit & declarat, & omnia ipsius bona in fiscum Regium redigenda, ex quibus imprimis centum [illegible] ad reparationes necessarias custodiarum Palatij sumantur & impendantur. Decretum in Parlamento 21. Martij, & pronunciatum dicto Belo, & executioni mandatum in magna Camera dicti Parlamenti 10. die April. Anno 1595.

De Parricidio in HENRICO IV. Galliarum Rege patrato à FRANCISCO RAVAILLACO.

CVm Henricus IV. Galliæ & Navarræ Rex, ingenti exercitu collecto, expeditionem extra Regnum suum in Iuliacensem Ducatum decrevisset, & verò mortalitatis suæ periculorumque multorum recordatus, quid Deus in se statuisset nesciret, Reginam conjugem suam regni gubernatricem inaugurare, Filium verò suum natu maximum futurum Regem declarare statuit. Indictis igitur Comitiis, & convocatis ad solennitatem istam regni proceribus, cùm tempus inaugurationis constitutum adesset, [illegible] 4. Maij veteris, vel 14. novi Calendarii, die, horam circiter quartam vespertinam, ascenso curru, ut & arcus triumphales, aliaque ad solennitatem illam facta præparamenta perlustraret, & amicam deinde domum pro more suo ingrederetur, hinc inde per vicos & plateas urbis Parisiorum vectus est.

Accidit autem, ut cùm ad plateam Ferroneriam quam vocant, Rex in curru, Monbasonio & Epernonio Ducibus assidens, columnam adversam contemplaretur, & impedimentum quoddam ab occursu alterius cujusdam currus, fortè fortuna ei objiceretur, Sicarius quidam ex turba currum subitò involârit, & venenato ad eam rem peculiariter parato cultro utrinque acuto, Regem, in sinistro pectore, sub quintam costam, ubi cordis domicilium est, geminato ictu percusserit, tantâ velocitate ut ipsum cultri [illegible], quàm [illegible] fuerit, & tam lethaliter vulneratum, ut semel cum flatu & vires defecerint. Duces igitur ei assidentes, & omnes qui erant reliqui tam atroci & subitaneo facinore stupefacti, ad arcem statim properare aurigam jusserunt, ubi Rex animam statim exhalavit & mortuus est, nihilque præter assiduas utriusque religionis hominum lamentationes & querelas auditum est.

Quod ad sicarium ipsum seu auctorem hujus tam atrocis parricidii attinet, is peracto facinore comprehensus statim & in carcerem conjectus est. Reperta sunt apud ipsum frustula quædam panis azymi, & hostiolæ, quas vocant, seu panis non fermentati rotundi, quorum in Missa Pontificia, & aliàs in S. Cœnæ usu, alteraque schedulæ quædam variis characteribus & literis insignitæ, in quibus ipse spem omnem positam habebat. Interrogatus deinde & quæstioni subjectus, aliud nihil respondit, quàm nomen sibi Franciscum Ravaillaco esse, qui natione Gallus & quidem ex urbe Angolismo oriundus, ante annos aliquot nomen suum Franciscanorum mendicantium Ordini dedisset, & Monachus factus fuisset. Cæterum ad facinus hoc perpetrandum, peculiaribus quibusdam revelationibus & visionibus incitatum & impulsum, à præterito Paschatis festo occasionem Regis interficiendi quæsivisse, nequicquam cepisse, Lætari verò, quòd tandem ex voto res successerit, nec de corpore suo sollicitum esse, liceret proceribus quod velint de eo statuere. Sic igitur, eodem quo anno 1589. primo Augusti die, Regis hujus antecessor, mortis genere, Henricus hic ejus nominis quartus à Monacho interemptus, occubuit. Cùm igitur extorqueri ex eo nihil ampliùs posset, lata in eum sententia, die 27. Maij, horam circiter postmeridianam tertiam interulâ albâ indutum, & facem ardentem manibus tenentem in templum S. Mariæ carnifices, ut Deum ibi, Regemque & justitiæ administros sive judices veniam precaretur, quamvis diabolica ejus lingua ad maledicta magis quàm ad preces prona esset, duxerunt. Inde in aream Greve dictam pontemque eam ob causam ibi extructum, cum eo ascendentes carnifices, manum ejus primo, sicam tenentem, cubito tenus admoto igne combusserunt & in cinerem redegerunt, deinde forcipibus candentibus ex utroque femore, brachio, pectoreque convulsum, fervente oleo & liquefacto plumbo perfuderunt, ceteraque infuso in ventrem ejus plumbo & oleo cum [illegible], mortem ejus ad tantum tormentum usque differendam, ob oculos ei positis, & [illegible] cum sceleris sui maledictum exquisitissimisque jam cruciatibus destinatum esse, si fortè ad agnitionem & detestationem perpetrati à se facinoris, eum moverentur, nequicquam reclamantibus. Tandem cùm nullum pœnitentiæ signum ederet, sed atroci & criminali suo, si perpetratum suum esset, etiam nunc id se perpetraturum diceret, totum corpus quatuor equis in frusta raptatum & discerptum est, populo frusta illa per plateas rapiente, & diris maledictionibusque insultis [illegible] prosequente, donec igni objecta frusta omnia à carnifice in cinerem redacta sunt.

Hujus autem infandi facinoris reos fuisse Iesuitas, plurimis indiciis & conjecturis probat ac demonstrat author Anticotoni literarum Cotonis Iesuitæ ad Reginam viduam

Parricidium à Francisco [illegible]

[illegible] viduam, in quibus hanc suspicionem à toto ordinis sociis amovere & depellere conatur.

Primo dicit, Hispanum quendam, quum primum Lutetiam Parisiorum venisset, in amicitiam & familiaritatem Cottonis Jesuitæ se insinuasse, [illegible]. Cottonem Hispanum ad Regem duxisse, eumque Regiæ Majestati vehementer commendasse. Post horas aliquot Regem à Dn. Foresio Gubernatore in Bearnia literas accepisse, ex quibus cognoverit, Hispanum quendam, cujus staturam, capillos & reliquum corporis habitum adscripserat, Barcinone in Galliam profectum fuisse, Regemque veneno vel aliis artibus è medio tollere [illegible]: ex his Regem intellexisse, Hispanum hunc illum ipsum esse, quem Jesuita Cotton ad se deduxerit, Cottonem igitur ad se vocasse, literas Foresii ei ostendisse, & legendi copiam fecisse. Jesuitam respondisse, vana, falsa & ficta hæc omnia esse, Regemque hortatum esse ne eis fidem habeat: Regem autem monuisse eum hunc Hispanum notum sibi esse: cui respondentem, se deprehensum illum ad Regem reducturum; paulo post autem [illegible] significasse, se Hispanum illum investigare nusquam potuisse, ut qui jam relicta urbe excessisset, & fuga elapsus sit. Quis hinc non intelligat, Cottonem jam tum conscium fuisse propositi hujus Hispani, ab eoque monitum, ut fuga sese eriperet, ne uterque in maximum periculum veniret?

Secundo auctor Anticottoni scribit, post mortem Henrici III. cum jam declaratus esset Rex Henricus IV. Parisiis aliud nihil auditum esse, quam Jesuitarum seditiosas clamores, & hujusmodi conciones, in quibus auditores suos ad parricidium Henrici IV. subinde hortarentur. Inter ceteros Commolettum Jesuitam sæpe inter declamandum in hæc verba erupisse: *[illegible] Ehudo opus habemus, sive Monachus is sit, sive miles [illegible] hoc solum necessarium, ut Ehudum habeamus.* Hardy quoque Jesuitam, [illegible] Nostræ Damæ habitantis filium, in templo S. Severini publicè pro concione dixisse: *Non quidem nunc est Regem, ut ingentes thesauros ad sui amplitudinem & aliorum [illegible] colligant, [illegible] ad Regem supprimendum sufficere.* Huic concioni interfuisse dicit Anticotton, & hæc verba audivisse Dn. le Girard. & Dn. de la Vau Consiliarios regios. Guerinum enim Jesuitam dixisse, *[illegible]*

Tertio refert Anticottonus, Bruxellis & Pragæ, ubi Jesuitæ dominantur, paucis dies ante cædem Regis, rumorem sparsum fuisse de obitu ejus. Argentorati etiam [illegible] literas accepisse Praga à [illegible] præceptorem, in quibus inter alia scriptum fuerit, *Jesuitam quendam sibi paucis ante parricidium hoc indicasse, Regem mortuum esse, non Delphinum, sed Regem Hispaniæ Galliæ Regem creatum iri.* Dixisse etiam præceptorem [illegible], qui Jesuitarum familiarissimus fuerat, & quibus filium suum erudiendum tradiderat, in [illegible]: *[illegible]*

Quarto testatur, *[illegible] die, post perpetratum hoc parricidium, in aula regia, [illegible] Lutetia in summo mærore & luctu versarentur, animadversum fuisse, solos Jesuitas [illegible] & [illegible] in arce regia, quam Lovare vocant, [illegible] Monachorum ordines, non Jesuitarum excepto, ad exequias [illegible] regii cohonestandas convenisse, solos Jesuitas, licet longè plura & majora beneficia, quam reliqui Ordines omnes à Rege accepissent, in funere [illegible] non apparuisse, quod multi [illegible].* [illegible] hanc autem boni illi Socii, si Diis placet, à Tiberio & Iulia, qui, quum Germanicum veneno sustulissent, publicè in luctu comparere noluerunt, ne populus animadverteret eorum luctum & dolorem [illegible] simulatum esse. Tacitus lib. 2. Annal.

Ex his omnibus apparet, atrocissimi hujus parricidii à Ravillaco commissi, suasores & impulsores vel saltem conscios fuisse Jesuitas, nec hoc solum Galliæ, sed & Germaniæ aliquot Nationes constanter credidere. Certè conscios & approbatores ejus fuisse Jesuitas, ex modò adductis indiciis, exemplis & conjecturis quivis facilè intelligere potest. *Nihil [illegible] suasorem & approbatorem fuisse*, Cicero [illegible] in Antonium. Vel sic, saltem inter alia dictamina Jesuitarum parricida ille secutus est. Nam Mariana Hispanus Jesuita in lib. de Institut. Regis defendit, *Licere subditis Regem suum tyrannum occidere.* Docent etiam alii Jesuitæ, ut infra indicabitur, *Hæreticos & fautores eorum, [illegible] tum divino tum humano jure morti addictos, [illegible] principes, siquidem aliter fieri nequeat, occidi posse*, sicut apparet ex c. 8. & seqq. part. 2. Apologiæ Francisci de Verona Constantini pro Johanne Castello. Et ipsemet Ravillacus, cum in tortura interrogaretur, à quibus hoc haberet, [illegible] frequentius in concionibus Jesuitarum [illegible]. Cur etiam cum Ravillaco aliquid negotii [illegible] eum probè exploraverint, facilè deprehendere potuit, cum in quandam religionis capitibus prorsus rudem, in hac vero quaestione, Num liceat privato homini, eum quem ipse pro tyranno habet, occidere? quàm diligentissimè imbutum & instructum fuisse, & omnia subterfugia & distinctiones plus satis cognita habuisse.

CAP. IV.

De Conjurationibus, Turbis, Seditionibus, Parricidiis à IESUITIS in Anglia *excitatis aliisque horrendis & maxime ab* EISDEM *ibidem perpetratis* Facinoribus.

In Actione contra Garnet. pag. 76.

EDuardus Coke Eques Auratus, Attornatus Regius in Anglia in Accusatione Henrici Garneti Iesuitarum in Angliâ Superioris, publicè coram judicibus testatus, à primo Iesuitarum in Angliam ingressu ad hunc usque diem, nunquam quadriennium integrum effluxisse, in quo non conjurationes, turbas, proditiones, parricidia, seditiones in perniciem Regni totius machinati sint & excitarint Iesuitae. Imò non solùm in Angliae Regno, sed etiam in aliis Regionibus commorantes Iesuitas, vel ipsos variis ac proditoriis injustis adversus Regnum illud, ejusque legitimum Magistratum consiliis, vel alios ut id facerent hortatos esse, & in proposito sanguinolento ac parricidali vehementer confirmasse. Et verissimum dixisse, ex sequentibus etiam exemplis manifestissimum fiet.

Guil. Parri conatus adversus Reginam Angliae.

Gulielmus Parrus Iurisconsultus humili quidem loco seu fortunâ natus sed ingenio tamen exquisito praeditus, eoque non parum arrogans & elatus, postquam in Anglia, quae ipsi patria fuit, non adeò probè rem gessisset familiarem, quin omnia potius sua, sed & conjugis suae bona ferè dilapidasset, ac insuper etiam nobilem quendam in ipsiusmet habitaculo perimere conatus fuisset, in Galliam anno 1582. ac deinceps in Italiam profectus est. Venetiis igitur existens, notitiam ac familiaritatem haud vulgarem cum P. Benedicto Palmio contraxit, cujus etiam suasu & authoritate Reginam Angliae, Principem Patriae suae legitimam, è medio tollere, & huic ut succederet Scotiae Regina, viam ita sternere proposuit: quo in proposito à Iesuitis Lugdunensibus, cum illuc venisset, valde confirmatus fuit. Parisiis deinde inter Anglos illuc è Patria fugitivos profugos offendit quendam nomine Thomam Morganum, qui pollicebatur ipsi praeterea, si facinus perpetrasset illud in Anglia, tum ille praestitisset in actum, effecturum esse, ut ex Scotia copiae mitterentur ad eam eripiendam, quibus & ipsum illud Regnum Scotiae adferretur. Etsi vero Anglicani quidam secessionis discessionem [illegible] Venetiis quidam illud propositum nequaquam adprobabant, quia imo publicè sanctum non esse censebant: attamen confirmavit tamen ipsum in hac re corroboravit Parisiis Iesuita Pater Hannibal Codretus, cui antea suum consilium ac propositum in confessione prius aperuerat, eumque deinceps ad communionem unà cum aliis, secundum Iesuitarum morem & consuetudinem usurpandam adhortatus fuit, & instanter ipsi persuasit, iustum, & quicunque tandem à proposito tam pio vellent eum avertere, perversos haereticos esse. Ita demùm in Angliam Parrhus ille, & ad ipsam quidem Reginam in Februario anni 1584. se contulit, ibique de variis non minùs callidis quàm assiduis, eoque valde periculosis transfugarum ex Anglia adversus Regiam ipsius Majestatem consiliis multa memoravit, & quòd ipsemet eorum se tantùm non participem reddiderit, ostendit; quod tamen alium in finem factum haud quaquam fuerit, quàm ut ad certius indicium Majestati Regiae de iis praebendum, eaque ipsam fideliter praemonere posset. Quia verò partim erant vera illa indicia, partim verò ipsi Reginae non prorsus ignota, factum est ut in reliquis ipsi plus quoque fidei tribueret, ipsumque in aula secum detineret, & ad sermonem familiarem seu communicationem interdum admitteret. Quo factum porrò, ut in venatione quadam damarum apud Reginam ille solus aliquandiu versaretur in silva, cùm à Ministris suis semota longiusculè abesset, nonnihil respirationis gratia descendisset ab equo: ubi his cum inesset libido perimendi ipsam, à quo tamen nefario scelere tum fiduciae erga se Regiae tam insignis consideratione retractus fuit. Verùm alio post tempore, quum inter Reginam, in horto regio ad Vestibula Lucidi ad Tamesim idem 3. eam obambulantes, & de navicula ad fugam perpetrato facinore capessendam accommoda sibi jam prospexisset, atque vesperi noctis solitudinem tenebris aliquantum profundiores expectaturus esset, praeter expectationem omnis eventus, ut Regina maturius ad Palatium & conclave suum inde se reciperet; eò quòd sequenti die verum facinus exspectatum esse, cujus etiam gratiâ Parrum ipsum periculo admodum se abducens [illegible] fuit dixitque: *Tantum facinus* [illegible] *malè forsan* cauperent. Postquam igitur & hoc hanc ipsi fuit cæpta oratio, putavit tandem alio sibi ad exequendum suum propositum opus esse nonnullo: ideoque rem omnem aperit cuidam Edmundo Nevillo, quem ex multis utrò citroque habitis & collatis sermonibus ac circumstantiis, [illegible] alios alienum esse periculum habebat, aperuit & concredidit; & idem porrò ostendit, quâ ratione tum ardentem [illegible] [illegible], tum verò navicula beneficio fugâ [illegible], & sic ambo semet utrumque [illegible], & ab omni denique periculo liberare possent. Is autem cum variè cogitationibus aliquamdiu fluctuasset, & distractus hinc inde fuerit, horrendum tamen ac detestandum [illegible] animo suo nunquam probare potuit, quin universam istham rationem Reginæ tandem exhiberet, [illegible] de partium ipsius præmonere constituit; quod in Februario demum anno millesimo quingentesimo octuagesimo quarto cordatè præstitit: unde consequens fuit amborum captivitas, in qua ambo nec ita jam omnes fusi sunt. In primis nec dum violenta causæ cognitione Parrius nullius planè conspirationis adversùs Reginam factæ conscium se volebat agnoscere, quod ipsi vel maximè postea nocuit. Nam enim intempestiva ejus negatio, tam spontanea vicissim confessio, Nevillo convicto, & ipsi omnes repertæ scripta & indicia multa effecerunt, ut in publico damnaretur judicio, primò quidem suspensus, deinde verò statim à laqueo præsectus, & dissectus, adeoque exenteratus fuerit, quò omnium intestina ejus ipsomet adhuc vivente & vidente concremarentur; tandem verò decollatus infamis fuit, & corporis denique dissectio & in quatuor partes distractio.

Executio autem hæc facta est secundo Maij anno 1584. ad quam se venisse tulit ex holoserico Damasceno confecta indutus, & segmentato, nec non amplato, exindeque admodum excensis & erecto fuisse, pro tempore istius vestiendi ratione, ac totum ita composuerat, acsi rectâ ad nuptias pergere vellet. Hanc & [illegible] postulare non est veritus, ut in distributione sua [illegible] vestium illius fiscalis rationem haberi vellet, ne forte vestitum aut consequestrata [illegible].

Anno 1588. ingens exercitus ex Hispania in Angliam trajecit, regnumque illud occupare & Hispaniarum Regi subdere conatus, quem etiam benedictione sua Papa dignatus est, & *invictæ classis* nomine insignivit, constabat enim 138. navibus & commeatu, omnique genere armorum bellorum instructissimus erat. Regina autem Angliæ auxilio Dei omnipotentis & [illegible] cum suorum utraque hanc classem diversis pugnantibus pro tanto [illegible] tempestatis & procellis, & ex 138. navibus [illegible] portum pervenerunt. [illegible] & prænunciâ hujusque [illegible] Garneti pag. 70. qui ante biennium in Angliam transierant, ut conjurationes, proditiones & [illegible] contra Reginam [illegible] excitarent.

Cum igitur aperto Marte infeliciter à parte Hispaniarum Regis debellatum fuisset anno 88. mox alia tentarunt viâ rem aggredi Jesuitæ. Nam anno 1592. transiit in Angliam Patricius [illegible] Cullen, instiganitbus eum *Guilielmo Stanley* Equite aurato, *Hugone Owen*, *Jacobo Franco*, & *Holte* Jesuita, cujus consilio in Reginæ caedem armatus, in eum finem peccatorum remissionem & Eucharistiam ab eodem percepit. Persuaserant illi, parricidium hoc non tam per leges licere, quàm divinum favorem demereri: subjectaque fuerat [illegible] ille, ut [illegible] qui à morte sua anno uno cum Cullen & aliis Reginæ exitium machinatus fuit; *[illegible] Anglicana se fuisse consilio, [illegible] ut [illegible] Domicella illa Elizabetha, quam [illegible] [illegible] [illegible] & [illegible] nequaquam posset.*

Proditionem istam Cullen nominat esset liber, cui nomen Philopater, in hujusmodi facinorum patrocinium, à Cresvelo Jesuita, qui tum in Hispania agebat, conscriptus.

Vicesimo anno Reginæ Elisabethæ Campianus Jesuita, magna comitante cum caterva à ejus faribus hominum, in Angliam venit eo consilio, ut eodem plebem [illegible] Papistis adjungeret, & Pii V. Papæ Bullæ executionem promoveret, quâ Majestas eius ex Ecclesiæ gremio eliminata & Regno exuta fuit, omnesque, qui ei debitam obedientiam præstarent diris devoti: Unde in Borealis parte Angliæ rebellio, ingensque tumultus concitatus est.

De hoc proposito Thuanus lib. 74. pag. 8. sic ferè scribit. *Anglia Regina Elisabetha [illegible] [illegible] & [illegible] adversus homines [illegible] [illegible] Pontificum [illegible], [illegible] [illegible] Anglia [illegible] exploratores ab Religionem patriæ [illegible] [illegible] [illegible], [illegible] [illegible] [illegible] [illegible] [illegible] [illegible] [illegible] [illegible] [illegible] & [illegible] [illegible] [illegible] [illegible] [illegible] [illegible] [illegible] [illegible] [illegible] [illegible] Hanselius Sacerdos, Ford, Cottamus, Scottus [illegible] [illegible] [illegible] [illegible] [illegible] [illegible] [illegible]*, &c.

[illegible] Christinæ Elisabethæ, Hadessem, Schattonum & Marchallum [illegible] qui Iesuitæ [illegible] Thoma [illegible] Episcopo, qui se [illegible] ut id in [illegible] veneno, perfecisset [illegible] clam [illegible] qui [illegible] Georgius Ellioto, [illegible] aliis [illegible] ad mortem, [illegible] sunt. [illegible] quod in [illegible] Reginæ [illegible] nobilitate [illegible] facti sunt contra [illegible] Georgius Ellioto, [illegible] [illegible] qui de [illegible] fidem faciebant: nam [illegible] [illegible] Regina [illegible] Thesaurarium & [illegible] Secretarium [illegible] [illegible] Reginæ [illegible] exclamaret, Vivat Regina Maria. Addebant, [illegible] Angliæ [illegible] conspiratione & [illegible] rotam habuerunt.

[illegible] Anno 1594. in Angliam appulerunt *Vuilliam & Yorke*, in Reginæ eandem sententiâ & ad bonum detestandum facinus in se suscipiendum suasu & adhortationibus Iesuitæ *Holte* & aliorum ejus gregis: & cui id alacrius perpetrarent, *Vuilliam*, Yorke, aliique Iesuitæ Eucharistiam ab Holte acceperunt. Huic autem proditioni librum adjunxit, à Iesuita Personio, qui Romæ Rectoris munere fungebatur, compositum, *de Titulo*, [illegible] ex nomine fictum, ex figmentis, mendaciis & contumeliis totum consutum & confarcinatum.

[illegible] Anno 1597. Iesuita Richardus Vualpoo qui ab aliis Vualfode appellatur, ex Hispania in Angliam trajecit, ut rem ferme desperatam, [illegible] alio modo perficeret. Nam Anglum Eduardum Squire veneno instruxit, quod Reginæ Angliæ & Essexiæ Comiti non edendum aut bibendum præberet, sed quo sellam tantum Reginæ inungeret, ut ex ejus contactu utrique morerentur. Ab hoc Iesuita, post [illegible] concessam, Sacramento adactus est Squirius, [illegible] Iesuita suppeditat. Memorab. Ligæ Tom. 4. pag. 116. & seqq.

Has conspirationes & proditiones conjurati ipsi sponte & libere confessi sunt, propria uniuscujusque manu exaratas, quod arcanum Reginæ in Anglia tabulis obsignatis in accusatione adversus H. Garnetum Iesuitam, demonstrari posse affirmat pag. 71.

Anno 1601. quum vires proditoriæ in Anglia deficerent, viribus iterum eam aggrediendam statuerunt. Nam mense Decembri Henricus Garnetus Iesuitarum in Anglia Superior, Robertus item Tuismondus Iesuita, Robertus Catesby, vir ingenio subacto & vafro, profundæque perfidiæ, cum Francisco Treshamo & aliis, Anglorum Romano-Catholicorum nomine & mandato, Thomam Vuinterum in Hispaniam ablegarunt, illique Garnetus literas commendatitias Cresuellio Iesuitæ, in Hispania tum agenti, perferendas dedit. Vuinterum Tesmond, alias Greenway Iesuita, & unus ex conjuratis, comitem sese adjunxit. Henric. Garnet. p. 72. [illegible]

Legationis summa, Vuintero imprimis demandata, hæc erat, apud Hispaniarum Regem Anglorum Romano-Catholicorum nomine instaret, ut Rex exercitum in Angliam transmitteret, cui Romano-Catholici in Anglia copias suas adjungere, fidelemque illi operam navare velint. Præterea cum Hispaniarum Rege ageret, ut pensiones annuas nonnullis Romano-Catholicis Angliæ, & Maiestati ejus devotis, assignaret. Necnon idem Regi significaret, plures in Anglia esse Nobiles & viros militares, rerum præsentium statu pertæsos, quorum insignem subsidio facilè in suas partes pertraheret. Cumque maxima difficultas navibus ex equorum transvectione intervenerit, quotiescumque de Anglia invadenda deliberatum esset, Romano-Catholicorum Anglorum nomine [illegible] Hispaniarum Regi promitterent, quod in omnem occasionem 1500. vel etiam 2000 equos instructos, qui ipsi militarent, adducturi sint.

Nec multo post [illegible] Iesuitis & aliis conjuratoribus fuisset Thomas Vuinter acceptissimus, & [illegible] Tesmondo in Hispaniam appulisset, Cresuellio Iesuitâ interpretante Petrum Francescum secundum Secretarium convenit, eique rem totam communicavit, ut etiam Duci Lermæ, qui asseverabat hoc nuncium Hispaniarum Regi gratissimum fore, seq; ad hoc negotium promovendum operam daturum.

De loco in quo Hispanorum copiæ exponerentur ut Angliam invaderent, hunc in modum convenit. Si majores essent, inscriptoque Spanolæ [illegible] Cantium & Essexiæ, opportunissima: Sin verò minores essent copiæ & Anglorum subsidio confiderent,

derent,

derent, Milfordum in Vualliæ portum commodissimum fore.

Rex Hispaniarum, qui Angliæ Reginę pacis tunc intensissimus erat, legationem hanc clementer audivit, & Angliæ Romano-Catholicos non minus quam suos Castilianos sibi curæ esse respondit. Sed ad plenius responsum Vuinterus aulam Regiam illâ æstate comitari iubetur: denique Comes Mirandæ illi significavit, Regem 100000. aureos expensurum, quorum altera pars eodem anno, altera verò subsequente persolveretur; simulque postulavit, ne Angli Romano-Catholici fidem fallerent, cum enim proximo ineunte Regiam exercitum in Angliam traiecturum: postremò Regis nomine Vuinterum rogavit, ut se per literas quàm primum certiorem faceret, si interiecto tempore Elizabetha Regina moreretur. Thomas Vuinter spe plenus & tumidus mense Novembri in Angliam rediit, remque totam proditionis sociis, Garneto Iesuitæ, Roberto Catesby & Francisco Treshamo explicavit.

Papa proditionem [illegible] contra Angliæ Regnum.

Hanc proditionem Pontifex Romanus Sanctissimus scil. ille, Vicarius nem Christi & Petri successor, vehementer promovere conatus est duabus Bullis, ut vocant, quas Garneto misit, unam ad Clerum, ad populum alteram. Prior titulus erat, *Dilectis filys Archipresbytero & reliquo Clero Anglicano*. Posterioris, *Dilectis filys, Principibus, & Nobilibus Catholicis salutem & Apostolicam benedictionem*. Summa harum erat: *post obitum Elizabethæ sive naturalem, sive violentum, quicunque sibi Regni illius arrogarent, quantumvis propinquitate sanguinis niterentur, nisi eiusmodi essent, qui fidem Catholicam non modo tolerarent, sed omni ope & studio promoverent, & more maiorum iureiurando se id præstituros susciperent, ad Angliæ sceptrum nequaquam admitterentur*. Hæ Bullæ Papales Vuintero in Hispaniam traiectum sequutæ sunt, quo tempore, vel paulo post traiiciendus erat in Angliam exercitus, qui eam expugnaret. Ex omnibus hæc tum sese aperte, *quandocunque contingeret miseram illam fœminam* (sic Filio illi perditionis Reginam Elisabetham nominare placuit) *ex hac vita excedere*. Bullæ autem hæ cùm ex Cambio postea intellexisset Garnetus, Iacobum iam publicè Regem Angliæ declaratum, adeoque Rempublicam constabilitam esse, illico sunt, ut ipse affirmavit Garnetus, in ignem coniectæ.

Regina cum intelligeret, & reipsa experiretur, se indefessa esse Iesuitarum & aliorum Clericorum in Regno suo opera, instinctu & adhortationibus clandestinis ad [illegible], ut sibi utrique Regno consuleret, omnes Iesuitas ac Sacerdotes edicto publico intra certum temporis spatium exire sub gravi pœna præcepit. Id de verbo ad verbum sic habet.

Serenissimæ Principis ELIZABETHÆ, Angliæ, Franciæ, Hiberniæ, Reginæ invictissimæ, Fidei Apostolicæ, Defensatricis, EDICTVM.

Contra Iesuitas & Sacerdotes seminarios, Anno Domini 1602. die 15. Novembris.

Ex Anglico Sermone in Latinum conversum.

CVm benevolentia ea, qua regia sua ordinaria subditos nostros complexi fuimus, quamquam in interna pectore penitus infixam esse sensimus, nos ab extrema rerum [illegible] quæ [illegible] Regni nostri [illegible] ad Religionem [illegible], & subditos omnes [illegible] [illegible] quam vel [illegible] aliarum, a quibus una Religio [illegible] semper culta & observata est) exemplo [illegible] possimus [illegible] Pontifex [illegible] authoritate [illegible] quo populum a vera Religione [illegible] [illegible] [illegible] [illegible] Regni nostri [illegible] machinati sunt. [illegible] Hispaniæ, Regnum Hiberniæ nostrum [illegible] per quod [illegible] Dom. Rex [illegible] [illegible]

[illegible] dive-

[illegible] verum etiam quotidianis [illegible] dolentes deplorarunt. Regem autem Hispaniae in eam mentem induxerunt, ut [illegible] copias tam angustas, tamque penitus abje[illegible], partim nostro [illegible] fuisse, ut [illegible] spem certissimam pollicerentur. Deinde [illegible] non abundantia [illegible] spem [illegible] nobis penitus esse sublatam, [illegible] quia siue maxima parte Europa, vel ex ipso[illegible] scriptis [illegible] edictis & divulgatis [illegible] [illegible] subditos nostros in partem [illegible] denique ad [illegible] nostri [illegible] machinandam, [illegible] Regnum nostrum [illegible] Quid tamen? Sacerdotes plerique omnes [illegible] a Pontifice [illegible] [illegible] quibusdam Regis Hispania [illegible] [illegible]

[illegible]

[illegible] ut Principes exteros [illegible] ad [illegible] Regnum nostrum, [illegible] ad [illegible] excitarent, [illegible] [illegible] verba ac scripta sua [illegible] non [illegible] si semper [illegible] fore, qui [illegible]

Quapropter tametsi [illegible] de hoc [illegible] ut [illegible] ad [illegible] suppliciis, [illegible] voluntatem nostram [illegible] ostendere [illegible]

[illegible]

quaestum. [illegible] *Nam nihil in summa luce in publicum prodire cupiunt,* [illegible] *palam* [illegible] *Religionis suae* [illegible] *Hi & alij* [illegible] *ad Regnum,* [illegible] *Cum potius, (si nunquam)* [illegible] *ut nos clementiam tam singularem,* [illegible] *necessario* [illegible] *suae* [illegible]

Porro hoc, quod ad istos homines ingratos [illegible] *considerate* [illegible] *quoque malum* [illegible] *aliis rebus* [illegible] *ut* [illegible] *lenitatem nostram* [illegible] *negligentia* [illegible] *ab ipsis* [illegible] *Religio* [illegible] *propugnata esset.* [illegible] *Quia etiam ut Regni nostri,* [illegible] *Ecclesiasticus & Politice Senatus, quem Parlamentum dicimus.* [illegible] *scandalis,* [illegible] *Ministri & Officiarij nostri omnes, quibus Reipub. cura commissa est, admonendi sunt,* [illegible] *quod* [illegible] *in apprehendendis Pontificijs Sacerdotibus,* [illegible] *Nos igitur hac nostra* [illegible] *Iesuitas & Sacerdotes* [illegible] *nostris,* [illegible] *Sacerdotes quoque* [illegible] *Consiliarium nostrorum* [illegible] *Episcopus* [illegible] *Episcopi* [illegible] *ipsis* [illegible]

Deinde Iesuitis & Sacerdotibus Pontificijs [illegible] *sive in Regno, sive extra Regnum* [illegible] *Nos Iesuitas, & qui* [illegible] *Sacerdotes* [illegible] *antequam hoc edictum* [illegible] *in Regionis* [illegible] *Quo* [illegible] *Regnum* [illegible] *nostris,* [illegible] *omnibus* [illegible] *& Sacerdotes* [illegible] *ut dum aliis* [illegible] *ipsi involvantur.*

In hoc Edicto Serenissima Regina de Iesuitis testatur primò, quòd alieno potestate, nempè Papæ & Hispaniæ Regis permissu, in Angliam ingressi sint, quo populum à vera Religionis, adeoq; fidelis erga Reg[illegible]m subjectionis studio abducerent. Secun[illegible], cùm Don Giovan Regnum Hiberniæ occupatu[illegible], selectus Regi mae D[illegible] declarare conatus esset, quòd Iesuitæ hujus facinoris & molitionis suasores & quasi buccinatores fuerint, vel ipsis Hispanis testibus, in maximas tum angustias redactis, & infortunium suum deplorantibus. R[illegible] [illegible] Hispanicum persuasisse Iesuitas, Anglicanas vires ita concisas, Hispanicas contra tantas, tamq; firmatas esse, ut de victo[illegible] [illegible] minimè dubitandum sit. Tertiò, Iesuitas ad hostiū Reginæ laudes prædicandas, subditos Angliæ partes adversarias pertrahendos, & ad interitum Reginæ totiusq; Regni machinandum, confessio maximè, vel intra Regnum maximè conspicabile. Quartò, Iesuitas subditos Angliæ jam ferè persuasisse, ut arma contra Reginam suscipiant, & copias suas cū ijs hostibus coniungant, quo[illegible]

Nomen[illegible] [illegible] Regina [illegible]

Iesuitæ & Sacerdotes [illegible]

Papa ad Regnum hoc subjugandum misserit. Quarto, Iesuitas in omnibus Regni Anglicani negotiis sese immiscuisse, publicè quoque & privatim de Regno & Corona Anglicana decrevisse. Sexto, Iesuitas quoddam quasi juventutis monopolium instituisse, summae indolis juvenes arripientes, & ad exteras Scholas transmittentes, qui nobilissimae ipsorum familiae veneno Iesuitico inficiantur, & rebellionis fax perpetuò alatur. Septimò, Iesuitas omnes, cum aliquibus Secularium presbyterorum, eò cogitationes suas omnes contulisse, ut principes exteros non modò ad occupandum Regnum Anglicanum, sed etiam ad Reginam ipsam occidendam excitârint. Octavò, Iesuitas subditos à Principum suorum amore & obedientia, ad Papam illorum hostem infensissimum seducere.

Fuit igitur haec ratio omnium mitissima & justissima prohibendi Iesuitas finibus & Regno suo: cùm nullus unquam Princeps extiterit, qui eos toleràrit, & non summo potiùs supplicio affecerit eos, qui intra ditionem suam legitimos Reges abnegarent, aut subditos ab imperio eorum abstraherent, vel ad arma, parricidia & proditiones excitarent.

Sequente anno millesimo sexcentesimo tertio, April. 4. die Serenissima Regina Angliae Elizabetha mortua. His verbis satis exprimi non potest, ut illam mendaciis obruerint & conviciis laceràrint Iesuitae eorumque asseclae laici, & Ecclesiastici imprimis post & ante mortem ejus. Appellârunt eam immitem, crudelem, humani sanguinis avidam, Christiani nominis hostem acerrimam & persecutricem, lupam, denique Anglicanam, & ut talis suisse ab omnibus audiretur, quantum ingenii viribus valent, etiamnum hodiè annituntur. Tenebant Catalogorumcum, qui toto Regni ejus tempore, quod longissimum fuit, vel ob proditiones & parricidia, vel ob nefas aliud legibus Regni vetitum, supplicio affecti sunt: deinde illud esse Anglicanum martyrologium miseris populis, & rei veritatem ignorantibus persuadere conantur. Videre est in Iesuitarum aliorumque libris de persecutione Anglicana, Papistarum alios ferarum pellibus indutos à rabidis canibus & molossis dilaniari, alios ad equorum praesepia alligatos foeno ibi pascendos. Cernas gladios, patibula, insontes Papistarum viscera excidentes. Omitto alias suppliciorum diras & horribiles species, innocentium sanguinum pugnantiumque Iesuitarum & similium fa-

gie & sanguine rivos, neque in Angliae Regno unquam visa vel audita. Si quae autem supplicia maximè inscripta sunt, pauciora tamen illa sunt per totum spatium Regni Elisabethae, quod fuit annorum 45. sive 46. quàm per 4. annos Reginae Mariae, de quibus inter alios stabilitum est illustrium. De singulis autem suppliciis, quum causam justam habens conquerendi Iesuitae & alii? Limit Romano Pontifex Pius V. Reginam, in quam tamen nihil prorsus juris vel potestatis habuit, diris devovere, ac intercaldi incolgerim Regni. Principes & populos in ipsius perniciem & universi Regni ruinam excitare. Regine verò & proceribus Regni pestem hanc & ruinam avertere & vim vi repellere non liceat? Auli sunt Iesuitae, Cleri & Laici, domestici & peregrini seditiones in Angliae Regno perniciosissimas concitare, ad parricidia, caedes, omnis generis dolos, fraudes, consilia sanguinolenta & nefaria facinora plurimos instigare & impellere, inque necem Reginae & nonullorum ejus conspirare: & Regina Consiliariique ejus de seditiosis illis, proditoribus, latronibus, ac parricidis non supplicia & meritissimas poenas sumere audeat?

Serenissimae Reginae Elisabethae in Regno succedit Serenissimus Iacobus VI. Scotiae Rex. A primo autem ejus in Angliam adventu non tres vel quatuor menses effluxerunt, in quibus non aliqua contra illum sublimata fit conspiratio vel proditio à Papistis, quos inter Iesuitae primas semper tenuerunt. Scribit etiam doctissimus Casaubonus ad Frontonem Ducaeum Iesuitam pagina 51. Watsonum & Clarcum, Sacerdotes seculares, Regem Iacobum vix Angliam ingressum, nondum certè coronatum anno millesimo sexcentesimo tertio machinatione clandestina, tollere de vivis aggressos esse: Et hanc quidem primam conspirationem in Regis perniciem, postquam in Angliam appulit in apertum & hominum cognitionem venisse. Captos autem & tortura interrogatos, dixisse illos, saepeque & constanter affirmasse, se, cùm sua consilia Iesuitis in Anglia tum degentibus communicassent, petiissentque ab iis, utrum praeclari scilicet incepti participes esse vellent, hoc responsum tulisse; *Non posse Iesuitas illis sese adjungere, ut qui suum ipsi quoque peculiare telum esse, memorabilem in modum quam techinam pararent, tempore opportuno exitum habituram; pergerent modò illi in hoc suo instituto, & rem agerent strenuè*; quo responso nihil aliud quàm pulveratiam vocant, significârunt, de qua postea agemus.

[illegible], eoque haud abfuisse demonstrasset, se enim mox post ingressum Regis Iacobi in Angliam amicitiæ & conjurationis [illegible] fuisse. Et omnino ita erat. Nam [illegible] demum 1605 mense Novemb. [illegible] est conjuratio ista, prima tamen ejus initia anno primo Regis Iacobi, & secundo principio [illegible] ex Watsoni & Clerici presbyterorum [illegible] liquidò constat, tum verò multo magis ex iis quæ in [illegible] judiciis [illegible] apud Iudices confessi sunt. Hæc Casaubonus.

Haud diu post Christophorus Vuright ab Henrico Garneto, qui etiam per eum ad [illegible] ad Cresuuellum Iesuitam literas dederat, itemque à Catesbeio & Treshamo ex parte Anglorum Romano-Catholicorum submissus fuit in Hispaniam, tum ut Reginæ Elizabethæ mortem nuntiaret; tum ut negotium de Angliæ invadendis & pensionibus submittendis urgeret. Uno vel altero mense post adventum Vurighti, in Hispaniam, eò etiam venit Guido Faukes, qui 22. Iunij Bruxellis Brabantiæ missus erat à Gulielmo Stanleio, Hugone Ouveno, qui se [illegible] proditionibus auctor jam annos contra Reginam [illegible], & Baldvino Iesuita in Belgio Legato [illegible], qui etiam Guidoni literas ad Cresuuellum, ut eam studiosè diligenterque curaret, perferendas dedit.

Guidoni Faukes impositum erat à prædictis, priusquam Iacobus Rex vel dictus illis notus erat, ut Regi Hispaniarum significaret, Regem Angliæ asperius cum Romano-Catholicis acturum, & eandem viam Reginæ Elizabethæ ingressurum: nec non [illegible] Regem copias in Angliam ad Milfordum portum submitteret, ubi Angli Romano-Catholici præstò illis futuri sint, eodemque tempore cohortes, quæ è Belgio Spinolæ [illegible] transvehendæ essent, ubi possent commodissimè terram descenderent. Hæc Christophorus Vurigth & Guido Faukes Hispaniarum Regi seorsim exposuerunt. Rex autem tunc illis respondit, *se posthac his similibusque postulatis operam suam præbere nolle, quod Legatum in Angliam ad Regem de pace tractanda misisset.*

CONSILIVM DE FACIENDA [illegible] *de Pulvere sulphurali extinguendo in Anglia Rege, Regia Familia, Proceribus & præcipua Nobilitate Anglicana.*

CUm Hispaniarum Rex non amplius approbaret Consilium de copiis in Angliam transmittendis, propter pacti [illegible] utrumque Regem tractationem, & proptereà ex eo [illegible] nihil ultrà possent, ad occultas molimina prolapsi, conspirarunt. Nam primò ut Mercurius Gallo-Belgicus refert tom. 5. lib. 1. pagina 204. mense Maio anni 1605 quinque ex [illegible] in vincula Londini conjecti sunt, à Iesuitis, ut ferebatur, subornati, ut eo die quo coronationis solemnitas peragi [illegible], excitato diversis in locis ingenti incendio, urbs Londini quàm maximas daret, quibus quod insidiosè decretum esset, in actum commodius produceretur.

Deinde, consilia de pulvere sulphurali egerunt. In cujus sceleratissimi & [illegible] omnibus seculis inauditi facinoris descriptione octo inprimis considerabimus ordine: primò personas per quas: 2. in quo: 3. quo tempore: 4. quo loco: 5. quibus mediis: 6. quem ad finem inauditum hoc facinus tentatum sit: 7. occultam ejus [illegible] rationem: 8. admirabilem ejusdem detectionem.

Personæ delinquentes, & præcipui hujus facinoris authores, fuerunt Laici conjurati & Clerici. Laici fuerunt nobili genere nati & præmijs capturæ dignitatis onerati: Percius, Gulielmus Stanley, Guido Faukes, Ioannes Talbot, Thomas Winter, Robertus Keies, & Catesbei famulus, & Franciscus Tresham. Percius ex familia Comitis Northumbriæ fuit: Stanley & Talbot ex honoratissimis familijs: Thomas Winter Generosus, Robertus Winter, armiger, Guido Fauken Generosus, Ioannes & Christophorus Vuright Generosi & Regis, ut vocant, Pensionarij.

Ex indubitatæ autem fidei Actis, quæ de hac conjuratione sunt edita, potest intelligi, Robertum Catesbeium, Regis armigerum, & nobilem [illegible], hujus dramatis primum authorem fuisse: & sta[illegible] ut de Rege amovendo, & auxilijs Hispanicis spes esset amissa, nullo [illegible] morâ, à vi aperta ad dolos, & [illegible] artes sese contulisse. Cumque dies noctesque de aliquo immani facinore perpetrando cogitasset, tandem machinationem per pulverem tormentarium, ipsissimo haud dubie Satana, qui à principio homicida est, suggerente, idem excogitavit, aliisque deinde, ut se dabant opportunitates, horribile secretum indicavit, & incepti socios sibi accivit. Et certè admiratione dignissimum, inter homines aliquem repertum fuisse, qui scelus adeò inhumanum adeò impium excogitaret; semel excogitatum approbaret, & ad finem perducendum ita animo obstinato pergeret, ut ne tam longi temporis intervallo quidem, morsus conscientiæ ullus, aut pœnitentia aliqua momento subiret. Quid dico de pœnitentia? Certum est, plerosque complicum ad suscipiendum scelus persuasione meriti esse impulsos. Itaque Ioannes Grant perduellionis reus, quo die supplicium de ipso ad portam Occidentalem, Ecclesiæ Cathedralis Sancti Pauli Londini sumendum erat, monitus à Ministro verbi Dei, rediret nunc saltem ad se, & veniam delicti, serio pœnitens à Deo peteret, respondit, *Satis se acceptam habere, in suscepto negotio adeo nihil delicti fuisse, ut è contrario consideret generosi incepti id esse meritum, quod pro satisfactione mortium suorum in cœlo, vitæ peccatorum abunde sufficeret.* Ex quo intelligitur, quam sint pestiferi & horrendi isti Regibus & Principibus monendi. Nam quis satis tutus ab iis esse possit, qui cædes infandas & detestanda parricidia dissidentium à se in Religione causâ, viam esse in cœlos & sedes beatorum compendiariam aeternam & sibi persuasissimum habent?

Clerici in hoc facinore qui.

Quod ad Clericos attinet, testatur Edvardus Coke Eques auratus, & Procurator in Anglia Regius Generalis in Actis Henrici Garneti pag. 10. se nullam proditionem meminisse in Anglia, cui non Sacerdos Romano-Catholicus interfuerit: in hac verò, de qua agimus, Iesuitas plures non solùm sese immiscuisse, sed etiam præfuisse dicit. Ex illis tres sunt Legati ordinarii in Anglia Henricus Garnet alias Walley, Iesuitarum in illo Regno superior: in Hispania Gresuvallus: in Belgio Baldwinus, in Romæ Personius: præter emissarios suos, quales fuerunt Gerardus, Osvaldus, Tesimond alias Greenwell, Hammond, Hall, & alii ex Iesuitica Societate. De quibus in Actione Henrici Garneti jussu Magnæ Britaniæ Regis in lucem edita sic scribitur pagina 3. & 4. *Henricus Garnet Superior Iesuiticæ Societatis in Anglia, Oswaldus Tesimond & Ioannes Gerard Iesuitæ, Robertus Catesbei Armiger, Thomas Winter, &c. contra Regiam Majestatem conspirarunt. Et Henricus Garnet, Oswaldus Tesimond, Ioannes Gerard aliique Iesuitæ malitiosè, perfidè & proditoriè Thomæ Wintero, Guidoni Faukes, Roberto Keies, &c. consiliarunt & persuaserunt, Serenissimum Regem Angliæ, Proceres & prælatos, universamque Regni Angliæ plebem, exceptis Papistis, esse hæreticos, omnesque hæreticos anathemate excommunicatos esse, neminemque hæreticum Regem posse regnare: sed licitum meritoriumque esse Regem & singulos in Anglia hæreticos è medio tollere, ad promovendam & propagandam fictam illam & usurpatam Pontificis Romani authoritatem & jurisdictionem, & ad superstitionem illam Romanam Religionem in Angliam restaurandam. Cui proditioriæ persuasioni Thomas Winter, Robertus Catesbei, Guido Faukes, Robertus Keies, &c. perfidè assensum præbuerunt. Et inde Henricus Garnet ille, Oswaldus Tesimond, Ioannes Gerard & alii Iesuitæ, Thomas Winter, Robertus Faukes, &c. perfidissimè conspiraverunt, & conspiratione pulveris sulphurei, seu fulminalis, quasi uno flatu crumpente Regem, &c. ascendisse ex improviso in altum efflare, membratim discerpere & funditus è medio tollere.*

In Tortura Torti legitur, Iesuitam Tesimundum Batesio eandem persuasisse, in hac pulveraria conjuratione & facinore inaudito, non periculum, nec peccatum ullum subesse, licitum esse & magno bono futurum, animumque ejus ad faciam firmasse, & Eucharistiam insuper ei dedisse. Refertur ibidem, Iesuitam Gerardum uno eodemque tempore quinque simul viris, de conspiratorum numero, juramento taciturnitatis detulisse, quod per Sanctam Trinitatem, perque quod tunc sumpturi erant Sacramentum, nec revelarent rem illam cuiquam cum fidei commendandam, nec nisi venia à reliquis data, unquam ab executione desisterent: & juramentum post, data illis Eucharistia obsignasse. Iesuita Oldcornus seu Halles, damnata demum conjuratione, quasi bonum factum defendit, nec quia successu caruit, ideò non laudandum. De Garnetto suo loco dicemus. Hoc loco minimum tantum de illo referam: Cum primum nunciatum ei detectam esse conjurationem pulverariam & facinus inhumanissimum, *ah, ah*, dixisse illum aiunt, *actum ergo de tota Societate nostra.* Quæ verba satis magno argumento sunt, Iesuitas in hoc facinore vel consultores vel

conscnconscientiores fuisse: sin minus, nullam certè trepidandi & timendi causam habuissent. Neque ipsi proditores vel in judicio criminali, vel in ultimo supplicio negârunt, Iesuitas & conscios & consentientes fuisse. Garnettus etiam, à quo rem totam, & à quo partes singulas rescivit Garnetus, & à quo omnia speciatim audivit, Iesuita fuit.

Et tamen M. Tortus scribit, in hoc conjurationis scelere, non ullum Iesuitam, vel conscium, vel consentientem ullo modo fuisse. Tam manifestum hoc Torti mendacium est ut omnem omnium pudorem & conscientiam ipsum exuisse meritissimè videri ex hoc queat.

Hi Clerici & Laici rem ipsam hoc modo aggrediuntur. Robertus Catesbeius, primarius in Anglia nobilis, accersitum ad se Thomam Winterum, quem iterum in Belgium mittere susceperat, hortatur, ne curam Religionis Pontificiae in patria restituendae abjiciat. Respondet ille, paratum & promptum sese quidem esse causam Pontificiam etiam cum jactura vitae suae promovere; modum autem & viam quâ id commodè fieret, ignorare. Eam verò se scire Catesbeius respondit: Parlamenti nimirum domo, Rege Reginaque cum liberis suis, omnibusque proceribus, proximis Regni Comitiis in ea congregatis, pulveris tormentarii mirâ vi, ex fundamentis erutâ & subversâ. Exhorruisse primò Winterus ad mentionem hujus tam horrendi facinoris: operam tamen suam in exequendo eo ipsi tandem pollicitus est, omnique etiam vitae suae periculo neglecto. Convenit igitur inter eos, ut in Belgium profectus Thomas Winterus, aliquem inde secum in Angliam adduceret, cujus operâ negotium hoc commodè in actum perduceretur. Commorabatur autem in Belgio quendam Guidonem Faukes Catesbeius dicebat, quo magis quidem ad hanc rem perficiendam idoneus, inveniri non posset. Winterus in Belgium veniens, cum Oweno quodam Iesuita de hoc suo proposito confert; qui confirmatum mittens in Angliam redire jubet, promittens se Guidonem illum, hac de re benè informatum, brevi etiam eodem transmissurum. Nec mora illa, cùm vix Oltrodam ascendisset Winterus, hujus Iesuitae hortatu eodem pervenit Guido ille, & in Angliam sine mora cum Wintero trajicit. Dum abesset autem Winterus communicat hoc suum consilium Catesbeius cum quibusdam aliis: itaque reverso jam Wintero, quinque sequentes, Rob. Catesbeius, Thomas Percius, Thomas Winterus, Ioan. Wrighte & Guido Faukes ad Sanctum Clementem congregati juramento praestito invicem se obstringunt, quod quorum consilij essent nihil effuturos vellent, ad Missam abeunt & Eucharistiam accipiunt, ministrante illis eis Iesuita & in proposito eos confirmantibus.

Cùm etiam animadvertisset Catesbeius famulum suum Thomam Bates curiosius observare, & quasi in suspicionem venire quid dominus ejus moliretur, in aedes suas apud Puddingtonum eum accersit, & Thomâ Wintero adstante interrogavit, quidnam ille suspicaretur de suis & sociorum conatibus cum jam pridem accuratè illos observâsset? Bates respondit, se suspicari illos aliquid magnum & periculi plenum quicquid illud sit, machinari. Hoc iterum interrogârunt eum, quodnam esse opinaretur? respondit, se opinari eos aliquid periculosum de aedibus Parlamentariis moliri, quia ad domum proximam conducendam ab illis missus fuerit. Tunc Batesium ad jurandum adegerunt, ut rem omnem celaret. Cum jurasset rem omnem illi communicârunt: ad Eucharistiae etiam sumptionem eum hortati sunt, propter majorem cautionem & occultationem. Hinc Tesmondum Iesuitam, ut peccata ei confiteretur, accessit, & inter confitendum significat, rem admodum periculosam & maximi momenti, quam Catesbeius & Winterus sibi communicârint, occultandam esse, seque vehementer dubitare, an licitum sit, ideoque Iesuitam consulere & rem totam ei aperuit. Iesuita autem, qui ex conjuratis jam ante erat, illi persuasit, id licere maximè ejusque animum ad facinus firmavit, jussitque, ut quod dominus ejus illi significâsset, quam maximè occultaret. Adjunxit praeterea, in occultatione neque periculum, neque peccatum subesse, eumque absolvit & Bates cum domino suo Catesbeio & Wintero Eucharistiam sumpsit. Bockwodus etiam, fide ad rem occultandam jurejurando praestitâ, cùm ex Catesbeio cognovisset, machinationem illam ad Regem & Regnum extinguendum pertinere, attonitus & stupore percussus, dixit, *salvâ conscientiâ tantum sanguinis innocentis effundi non posse*. Catesbeius autem respondit, sibi à Iesuitarum Superiore Henrico Garnetto planè persuasum esse, sine aliqua conscientiae offensa id fieri posse. Hamondus Iesuita quoque conjurationis socios omnes in aedibus Roberti Winteri absolvit die Iovis lotia proxime post proditionem detectam, cum jam parati & arma induissent.

2. Personæ contra quas hæc diabolica machinatio instituta erat, suis totius Regni fuerunt. Primaria fuit Rex ipse Angliæ, adeoque legitimus conjuratorum Magistratus, ad quem diadema regium hæreditario jure pertinuit: deinde Regina: tertiò, regia soboles mascula, quæ Angliæ Regni unica spes, solatium, vita & anima est: quartò, prudentissimi Regis Consiliarij fidelissimi proceres, reverendi Prælati, gravissimi Iudices, præcipui Equestris dignitatis, Generosi Comites, Cives & Parlamenti assessores: Vt si consilium & machinatio hæc illis ex animi sententia successisset, nullus in Anglia futurus fuisset Rex, nulla Regina, Princeps nullus, proles mascula regia nulla, Regni consiliarij nulli, Proceres nulli, nulli Episcopi, nulli Iudices.

3. Consilium autem hoc immanissimum initum est anno primo Iacobi Regis, adeoque illo tempore, quo insignem clementiam in exordio Regni sui erga rebelles exercuit, & per integrum annum, quamvis quæque menses legibus mulctam inflictam ab illis nullam exigeret. Tantum etiam à severitate Regia majestas abfuit, ut præter indultam illam gratiam, omnes dignitate pariter & honore promoverit. Non tamen hoc pacto ad sanitatem revocati fuerunt, sed deteriores [illegible] adhortationibus ac stimulis evaserunt.

4. Locus autem huic facinori destinatus sacræ Parlamenti ædes fuerunt, in quibus Senatui ex utroque totius Regni hominum genere congregari debuit. Hunc locum propterea se huic facinori destinasse dixerunt, quòd præteritis temporibus iniquæ leges in eo contra Romano Catholicos latæ ac promulgatæ fuissent. Sed verissimam causam ex consecrationis fine intelligimus.

5. Finis hujus facinoris fuit, ut Rex, omnesque totius Regni proceres, in hoc loco congregati, delerentur, & universus totius Regni status funditus subverteretur.

6. Modus progrediendi in hoc facinore. Sexto, progrediendi rationem in hoc scelere, & instrumenta quod attinet, Parlamenti congregatio ad Februarij 7. diem indicta erat: ut igitur suam diabolicam hanc machinationem ad effectum perducerent, Thomas Percius domum Parlamenti ædibus contiguam certo pretio conduxit, ut cuniculis sub fundamento Parlamenti agendo, operam dare commodius possent. Sed & domum aliam pro tormentarij pulveris & lignorum, quibus ad hanc rem opus esset, comparatione conducunt, unde nocturno tempore transferre illa ad domum Parlamento proximam, commodè possent. Domus hæc Lamberti cujusdam erat apud quam divertere Catesbeius plerunque solebat, qui famulum etiam Lamberti, Robertum Keest nomine, ut eò secretiora & tutiora essent omnia in societatem sceleris pertraxit. Sub initium Decembris cùm difficultatem cuniculi sub muro Parlamenti tres pertica crasso, agendi sentirent, seque perficiendo operi non sufficere viderent, duos adhuc alios juramento obstrictos, Christophorum Vrigth & Robertum Vinterum sibi adjungunt. Pergunt ergo jam in suffodiendo muro strenuè, Guidone Faukes in excubiis interea constituto, ut si fortè accederent aliqui, certo signo cessandum à labore esse, eos moneret. Accidit autem ut dum in opere essent, strepitum quendam quasi carbonum, in cella subterranea proxima audirent. Ablegatus igitur eo Percius, ut carbones prostare intelligit, illico certo pretio coemptis, cellam negotio suo admodum opportunam conducit, eamque vadis seu vasculis 36. tormentarij pulveris replet, vectes etiam ferreos, lapides & ligna cadis superimponit, ad majorem pernicìem & vastitatem. Differtur interea publicis literis Parlamenti congregatio in mensem Octobrem, atque porrò ad 5. Novemb. diem rejicitur. Proficiscuntur igitur rebus omnibus jam constitutis & perfectis domum conjurati. Guido autem Faukes in Belgium ad tempus concedens, Gulielmo Stanlein, & Oveno Iohanni, quid effecerint exponit: erat enim inter eos ita conventum, ut quam fidum quisque nosset, eum hac de re edoceret.

7. Ad consilij autem hujus seu propositi atrocissimi occultationem his potissimum rationibus usi sunt. Primum, Catesbejus Marchioni Spinolæ ut equitum turmæ in Belgio præesset, commendatus est, ut hoc prætextu sine omni suspicione commeatus equos instrueret. Deinde, jusjurandum omnes, tam pro taciturnitate, quam perseverantia & constantia in prædictae praestanda patione. Iuramenti autem formula hæc erat: *Iurabis per sanctam Trinitatem, & per id quod jam sumpturus es sacramentum nunquam vel directè vel indirectè, verbo aut circumstantia ipsam rem revelare, quæ tibi jam commendanda fuerit, neque ab exequutione desistere, donec reliqui tibi veniam concedant.* Iuramentum hoc

Catesbeio, Percio, Vorigbio & Thomæ Wintero uno eodemque tempore, per Gerardum aliàs Lee & Broke nominatum, Iesuitam, aliòque tempore Baccho & reliquis per Grenuuellum aliàs Osvvaldum Tesimond Iesuitam datum est.

8\. Denique detestandum hoc facinus, ab uno conjurationis socio qui invitus & juramentum & sacramentum accepit, subobscuris literis ad Dominum de Monte-Aquila datis, detectum est: conjurati plerique comprehensi sunt & commeritas pœnas luerunt. Hæc cùm ita sint, non injuria Edouardus Coke Eques auratus & Procurator Regius in Anglia hanc conjurationem appellat *Iesuiticam*, ut ad Iesuitas ex cognomento & condigno spectantem: hi enim ut intelliges Lector, architecti ejus fuerunt, ut est videre in Actis Garneti pag. 66. In hujusmodi autem criminibus plus peccat Auctor quam Actor.

Sed de hoc ita dicto & horrendo facinore Rex ipse Iacobus [illegible] scripsit, & veritatem ejusdem contra ocfa[illegible] quorundam calumnias [illegible] verbis asseruit. *Horrenda illa & prodigiosa conjuratio* (inquit Rex) *quæ per cuniculos pulveris tympanum destinabatur* [illegible] *nulla unquam ætas* [illegible] *quamquam illam* [illegible] *Iesuitæ* [illegible] *ante confessi* [illegible] *Romana Ecclesia hoc tanta conjurationis* [illegible] *Et multi post* [illegible] *non pauci ex* [illegible] *numero, qui Romanam Religionem profitentur,* [illegible] *Romana Ecclesia* [illegible] *Ipsi quoque conjurationis auctores,* [illegible]

Eucharistiæ Sacramento [illegible] *flagitium* [illegible] *Quosdam etiam ex Iesuitarum primarijs* [illegible] *sceleris conscios.* [illegible] *ad exteras gentes* [illegible] *aliquot inter quos* [illegible] *Garnetus &* [illegible] *& facinus confitentes capitis supplicio affecti sunt.* Et paulò post: *Iam verò ille alter qui Garneto hanc* [illegible] *conjurationem aperuit Grenuuellus Iesuita est.* [illegible] *Iesuitæ* [illegible] *ac ut palam fit, plures ex Iesuitis hujus conjurationis conscios fuisse,* [illegible] *conjurationis* [illegible] *desperarent* [illegible] *Ludovici Regis* [illegible] *expeditione* [illegible] *Saladino & Mahumetanis captus est.* [illegible] *quamquam hoc tempore* [illegible] *defuturam.* Quod & Antonium Regius probat; qui in hac conjuratione testatur, Iesuitas, ut diximus, plures non solùm se immiscuisse, sed etiam præfuisse: ex illis enim esse Legatum ordinarium in Anglia Henricum Garnetum, aliàs Walley, Iesuitarum in eo Regno Superiorem in Hispania Cresvvellum, in Belgio Baldvvinum & Romæ Personium, præter emissarios suos, conjuratos sunt Gerardus, Osvvaldus Tesimond aliàs Grenvvell, Hamund, Hal[illegible] & è societate Iesuitarum alij, ita ut Iesuitas hujus nefandi sceleris Antesignanos & primarios authores non immeritò nominet.

Ex his igitur omnibus intelligit universus orbis, proditiones, insidias, parricidia, & veneficia Iesuitica non à levi singulorum Iesuitarum provenire motu, sed illos ea, velut summa generalia, indubitata, & immutabilia doctrinæ suæ principia, & præcepta confirmata suis meritis, & adeo tanquam dogmata, omnibus, qui ipsis aurem præbent, perniciosissimè infundere, atque ita imprimere, donec eos deliberato, pervicaci, cæco & obstinato corde, in illis ad supremum vitæ spiritum perseverandi, abstinuisse [illegible] [illegible].

De Conjurationibus ac proditoriis Consiliis Henrici Garneti IESVITÆ adversus Regiam Majestatem in Anglia.

Garnetus [illegible] multis nominibus nominatus fuit.

HEnricus Garnetus professione Jesuita, alias *Fualitius*, alias *Darcius*, alias *Robertus*, alias *Farmerus*, alias *Phillippus* nominatus fuit, & hæc nomina omnia ipsemet sibi assumsit, pro more & consuetudine Jesuitarum, qui se in omnes figuras transformare, & nomina sua subinde, ad decipiendos ac fallendos homines mutare solent.

Vide Garnet. [illegible] 67.

Patria fuit Anglus genere [illegible], in scholis [illegible] [illegible] sub Tottelio Typographo, juris Municipalis prælo Corrector præfuit. Non paucis dotibus ornatus fuit, modò divina accessisset gratia: quæ cum abesset, tanto nequior, quanto ornatior erat. Professione fuit Jesuita, & in Anglia Jesuiticæ Societatis Superior; & quidem optimo jure: Omnes enim quotquot [illegible] [illegible] fuerant conjuratione diabolicâ multa, quod aiunt, parasangis superavit. Jesuitarum Doctor, id est, in quinque D [illegible] [illegible] [illegible] videlicet Dissimulando, Deponendo Reges, Disponendo Regna, Deterrendo subditos ab officio, Destruendo denique omnia.

De [illegible] [illegible] [illegible] [illegible].

De hoc Garneto referre quidem & scribere non puduit Andream Eudæmon Joannem Cretensem in sua pro illo Apologia, eum nullius sceleris convictum, odio duntaxat Religionis, aut Jesuitici nominis, fuisse damnatum & supplicio affectum. Tortus quoque scribit, Garnetum ipsum constanter affirmasse, non se, nec ullum Jesuitam, vel consiliorum vel conscientiam ullo modo fuisse in hoc scelere. Atverò ex universâ narratione, quæ [illegible] publicis continetur, & ex Epistolis, quas de se & rebus suis in arce Lundinensi scripsit plurimas, quasque Eliensis Episcopus in Tortura sua Torti descripsit & publicavit, certò certius constat, Garnetum zeli præposteri fervore, & cæco studio Romanæ Religionis promovendæ [illegible], ea gessisse, quæ [illegible] verè Christianus & pius ab [illegible] [illegible], nedum Theologo expediverint. [illegible] conjurationis fuisse [illegible] [illegible] [illegible] dem organi, [illegible] [illegible] [illegible] [illegible] [illegible]. [illegible] [illegible] [illegible] [illegible] [illegible] [illegible] Garnetum sceleris [illegible] [illegible] [illegible] [illegible] fuisse, verum etiam approbatorem, & genere quodam auctorem. Liquet enim, cùm Catesbeius, Princeps proditorum, & doli totius primarius architectus, socios sceleris quæreret, cum in eas difficultates incidisse, quarum gratiâ adire ad Garneti oraculum oportuerit, ut rem esse licitam cunctis persuaderet. Ipse quidem Catesbeius, pro ea consuetudine & familiaritate, quæ illi cum Garneto intercedebat, non ignorans ad excindendum Regem Jacobum, Brevia duo ipsum Româ accepisse, [illegible], acquiescebat, & hoc argumento utebatur, *quem valeat Papa adire prohibere, eum sine dubio vult admissum deturbari.* Sed cùm non dubitaret Catesbeius, ad Regem dejiciendum omnes sibi licitas esse fraudes ac dolos, quia tamen placitæ machinationi ea ratio erat, ut rex cum suis tolli aliter non posset, nisi ut multæ Papistæ simul perirent: super hoc dubio Catesbeius, ut & se & alios scrupulo molesto liberaret, non multo post, sub initium anni 1604. ut Acta restantur, Garnetum consuluit. Ex hoc colloquio & pluribus aliis Catesbei cum ipso, atque etiam ex Greenwelli [illegible] è repertis sermonibus, de quibus & Acta, & plurimæ Garneti Epistolæ exstant, luce clarius probatur, Garnetum Jesuitam conjurationis hujus nefariæ non minus conscium fuisse, quàm [illegible] quemvis complicum. Neque verò solum arcani conscius Garnetus fuit, sed etiam plerisque conjuratorum, ut Vintero, Rookwodo, & ipsi Faukio incendiario, audiendi auctor extitit, confessoribus & hortatoribus, priusquam probari rem tanto viro ex verbis Catesbeii agnoscent, sese fuisse [illegible] [illegible] in proditores permissurusco ubi tempus excidendi ditionem advenit, quum inter conjuratos convenisset, in Cowghtonam omnes convenirent de rebus necessariis consultaturi, inter cæteros etiam Garnetus adfuit, omniaque ibi egit, quæ à conjurationis consilio, suaserat & cupidissimè incendere [illegible] erat. Omnia [illegible] [illegible] in ædicta Tortura Torti diligenter exposita, ut ne ipsi quidem Jesuitæ [illegible] [illegible] ad negare possint.

Garneti [illegible] [illegible].

Vt autem adhuc minor de his dubitatio possit, apertissimam ipsius Garneti confessionem, ex literis ejus propria manu scriptis Dominicâ Palmarum hîc adscribam, quarum hæc est inscriptio, *Ad dilectissimos Patres & Fratres*: His graviter et [illegible], quod [illegible] sibi innocentiæ conscius esset, ut respondeat: *Nisi [illegible] forent Prima et nefaria ut aliquid confiteri jurare; Secundo, Catesbeium esse semper apud [illegible] autoritate mea, quod adducen [illegible] omnes, ut hanc sententiam de [illegible] [illegible] habeam pro [illegible] [illegible] quidem Coepi [illegible] cum Gibsono colloquentem, atque eum de re [illegible] [illegible], quod ad [illegible] responsum esse.* [illegible] *[illegible] scripta ad D. [illegible] [illegible] [illegible] [illegible] fassus est, [illegible] [illegible] esse, quod [illegible] CONSTANTIA, [illegible], Regiae Majestati non aperuisset.* Neque hic Tortus [illegible] [illegible] credimus.

Grenovellus quoque, cum detecta esset proditio de Gaineti consilio, in Walliam fellinavit, ut quod occulte non poterant aperta seditione efficerent; ad eamque rem [illegible] in aedibus Abingtonis, se a Provinciali Garneto missum, & hoc in mandatis habere palam confessus est.

Hac referri etiam debet manifestum testimonium Eudaemon. Joan. Cydonii qui in Apologia pro Garneto scribit, *[illegible] regesse [illegible], ut [illegible] [illegible] [illegible], [illegible] [illegible] [illegible] [illegible] [illegible] [illegible] [illegible] ad [illegible] [illegible] Ecclesiasticum [illegible] [illegible] [illegible] pro [illegible] [illegible] de causa Catholicorum sub [illegible] Comitiorum.* Non probabat igitur factum Garnetus, hoc est, caedem Regis, Regiae familiae, & procerum totius Angliae: sed tamen [illegible] eventum, id est, gratum ei futurum erat, & [illegible] de [illegible] [illegible]. Scilicet vero Catholica Religio [illegible] [illegible] ut promovenda opus habet. Profecto Christianam [illegible] [illegible] & [illegible] [illegible]. [illegible] Catholicos [illegible] [illegible]. Sed ipse Garnetus cum postea a Magistratu interrogaretur, quid [illegible] ad [illegible] [illegible] ovibus sui gregis [illegible] [illegible] [illegible] [illegible] [illegible] [illegible] [illegible], sed [illegible] est, *si [illegible] [illegible] fieri posset, [illegible] [illegible], ne ex [illegible] [illegible], sed [illegible] [illegible] [illegible] [illegible] [illegible] [illegible] [illegible].* Apologiam [illegible] [illegible], & de ea [illegible] [illegible] [illegible] [illegible] [illegible] [illegible] Tortus [illegible] [illegible] [illegible].

Hic igitur primum [illegible] [illegible] [illegible] [illegible] [illegible] [illegible] [illegible] [illegible] [illegible] [illegible] [illegible] [illegible] [illegible] [illegible]

[illegible] aliud a condito Mundo Sol non vidit, Garnetum igitur, & caeteros Iesuitas & conjuratos in Anglia colimus, qui caedes tam atroces patrarunt, quibus Deo & hominibus poenas pependisse, negari non potest.

Alterum crimen et objectum hoc fuit, *quod [illegible] [illegible] [illegible] [illegible] [illegible] [illegible] praesentibus [illegible]* quo nihil magis inhumanum aut belluinum est. Atque Garnetus a Consiliariis postulatus, effugit hoc crimen, si alteri non alteri colloqui non possemus semel ita respondet in privatis suis aedibus: *[illegible] [illegible] [illegible] [illegible] [illegible] [illegible] [illegible] [illegible] [illegible].* [illegible] in [illegible] [illegible] [illegible] [illegible] est, in hanc sententiam Caesbeio respondit: *[illegible] [illegible] [illegible] [illegible] [illegible] [illegible] [illegible] [illegible] [illegible] [illegible] [illegible] [illegible] [illegible].* [illegible] de veritate hujus responsionis, primus est Actione [illegible] [illegible] [illegible] Comitis Northamptonii, qui in praesentia Procerum Regni & [illegible] Garneti haec [illegible] [illegible], quae si dubia [illegible] [illegible] [illegible] Garneto [illegible] [illegible] [illegible] propria manu scripta [illegible], quibus ea [illegible] ingenue exposuit. Harum altera scripta est Pridie Non. Aprilis; altera [illegible] Idus mensis ejusdem. Hac autem responsione [illegible] Caesbeio Garnetus addidit, ut nihil amplius deliberaret [illegible], sed [illegible] post [illegible] ad [illegible]. Quod si [illegible] [illegible] [illegible] ad [illegible] [illegible], Caesbeio in [illegible] [illegible] [illegible] *[illegible] [illegible] [illegible] [illegible] [illegible] [illegible] [illegible] [illegible] [illegible]* [illegible] [illegible] [illegible] [illegible] [illegible] [illegible] [illegible] in [illegible] [illegible] [illegible] [illegible].

Similiter Garnetus Aequivocandi [illegible] [illegible] Regem, Illustrissimos Principes & [illegible] [illegible] [illegible] [illegible] in Anglia, [illegible] [illegible] [illegible]. [illegible] [illegible] [illegible] [illegible] [illegible] [illegible] [illegible] [illegible] [illegible] [illegible] [illegible] [illegible] [illegible] [illegible] [illegible] fidei [illegible], aut testimonium [illegible]. Quoniam autem Rex [illegible] [illegible] [illegible] [illegible] [illegible] [illegible] [illegible] [illegible], ne [illegible] [illegible] [illegible] [illegible] [illegible] [illegible] [illegible], ut [illegible] & [illegible] [illegible], qui [illegible] esse fateri, & an ullum sibi cum Hallo sive Oldecorno fuisset colloquium interrogatus, persuasione etiam adjecta, ut sine aequivocatione verum diceret, pertinacissimè per animae suae salutem jurans, negavit, idque toties cum tantis tamque horrendis execrationibus repetiit, ut audientium animis gravo vatius inst[illegible] Sunt haec Comitis Salisburiensis verba, Garnetum de eo compellantis. Ut autem Halli confessione, & testimoniis eorum qui sermones exceperant, intervtum modique se teneri animadverteret: paulò suffusus inter se-ueros, veniam delicti suppetit sic, ut beneficio aequivocationis id sibi licere diceret. *Nam cum aliquis*, inquit, *de crimine à Magistratu respondere, antequam testes producti fuerint, non tenetur: quia nemo tenetur seipsum prodere.* Atque haec constans illius fuit sententia, in qua semper mansit, omnia pernegans, & falsi rationem hanc postea afferens.

Quadam etiam die Magistratum accusare ausus est Garnetus, quòd legitimis probationibus instructos, non esset veritus eum interrogare. Res sic se habet ex scriptis publicis. Die 27. Aprilis interrogatus per Presbyteratum suum, rectène fecisset, quando coram Magistratu negavit, manibus etiam appositis Evangelii codici, se neque nuncium misisse, neque scripsisse ad Tesmundum sive Greenwellum Iesuitam, ex quo uni fuerant Cogitationes; cùm sciret id falsum esse; Respondet: *Nihil se fecisse non legitimum: sed Magistratus non ullegationem ex malam fuisse qui de ejusmodi rebus se examinaverint per presbyteratum suum, quando nullas literas à se scriptas haberent. Neque enim fuisse necessum sibi eas denegare, si quidem prius fuisset ear in potestatem Magistratus devenisse. Nunc quia crederet illas literas non esse interceptas, tum negasse, idque à se legitimè fieri potuisse.* En rem novam & novam & nova vera. Reus Garnetus Magistratibus praescribit, quo pacto de sceleribus sibi interrogari debeat; & si non paretur à Magistratu, cum eo gravissimè expostulat. Satis quidem pro Imperio.

Garnetus plagiariorum Magistratus accusat, quod se non legitimè interrogaverit.

Die etiam quadam Garnetus convictus, multa apud [illegible] sic causae [illegible] rus est: reductus autem in Arcem, & postea iterum interrogatus, [illegible] promitteret ipsum [illegible] & an [illegible] futurum esse [illegible] per [illegible] necessitate, illa dicens ipse manu sua respondit [illegible] hac [illegible] ex Anglicae fidei [illegible] *Non [illegible] se [illegible] Scholasticorum.* Et verò verum est, quid ubi de legitima aequivocatione agitur, *sermo qui per aequivocationem liberatur à mendacio, idem per jusjurandum fine perjurio potest confirmari, & per quam aut aliam in rem vere afficiendam modum, quamvis id fieret per sumptionem Sacramenti, si justa necessitas sic requirat.* *Henricus Garnetus.* Iuxta Garnetum igitur ejusque Socios, aequivocandi disciplina, non hoc solùm permittit hominibus, ut simplici affirmatione mentiantur, sed etiam ut fidei faciendae gratia nihil eorum praetermittant, quae inter mortales eò valere consentur. Iurabunt igitur posthac, sacra Evangelia tangent, & quidem facient: atque adeò si opus sit, sumpturi corporis Christi mendacium suo firmabunt.

Garnetus etiam homo plurimorum nominum fuit. Appellatus enim fuit Garnetus, Walie, Darcie, Robertus Farmosius, Philippus, &c. Et hoc ubitatum est apud Iesuitas hodiè, qui se in varias formas transformare, & nomina sua subinde ad decipiendos ac fallendos homines mutare solent. Vnde etiam scribit Edmundus Campianus in Epistola ad Generalem Societatis Iesu anno 1581. Tractatu eius, paginâ 13. & 14. *in Anglia saepè se commutare nomina, & habitu dissimulatum esse.* Vide eundem de persequutione Anglicana pagina 116. 112. 314. de mentitis nominibus pag. 110. mutatis vestibus 116.

Garnetus fuit plurimorum nominum.

Nullum autem virum bonum tam multiplex falsorum nominum varietate salutarum invenimus unquam, vel rarissimè.

Septuagenarius quoque ad Regis mandatum una cum aliis conspirationis Sociis & conscijs, tum Iesuitis, quàm Politicis, captus ad quaestionem sine torturam adductus, confessus est integros jam sese vigenti duos annos, velut supremum Provincialem, Romani Pontificis nomine, Papistis, qui Papam cum Angliae nominaverunt, & tanto honore prosecuti sunt, et pedes ejus osculerentur, praefuisse, omniumque, quae toto illo tempore, contra Reginam Elizabetham, & Regem Iacobum, Regnumque hactenus suscepta [illegible] fuisse, conscium fuisse.

Garnetus confessio de se ipso.

Itaque ipso ad mortem condemnato, quumque per Angliam Regi [illegible] Pontificijs & Hispanis [illegible] fuisse posse [illegible] prohibitum est.

Accidit autem, ut cum sententia in Garnetum pronunciaretur, Gemes (Sancti Gregorij) magna cum pompa in Angliam advenerit, [illegible] apud Regem de[illegible] *Non potuisse*, inquit, *Angliae Hispaniae [illegible] suam intervenire*, quo[illegible]

Legatus Hispaniae [illegible]

pe[illegible]

peculiarem ad fratrem suum Britanniæ Regem Legatum mitteret, & ei ob singularem in tanto periculo liberationem gratularetur, cum fœlicitas ipsi tanta curæ sit, ut pro ea vota quotidie fiant, &c. Erat hoc quidem Regi gratum, verùm cùm idem Legatus non precibus solum apud Regem pro Garneto instaret, sed & augusta multa coronatorum summa eum redempturum esse profiteretur, animum Regis misisè commovit. Itaque licet Jesuita ille spe veniæ impetrandæ, res alias magni momenti manifestaret, tamen tertio die Maij Anno millesimo sexcentesimo quinto ad supplicij locum ductus est. Cùm scalam tantam gradibus ascenderet, inter alia dixit: *Me cum Domino à Sanctiori consilio familiariter egisse male me habet. Verùm non putaram vos talia contra me indicia & argumenta habere, donec ea produxissetis.* Item: *Faxit Deus ne graviùs cum Catholicis meo nomine agatur, testorque adhuc, ut ejusmodi proditionibus, & rebellionibus contra Regem se immisceant.* Inde orare cœpit, & cruce se signans dixit: *In nomine Patris, Filij, & Spiritus Sancti. Maria mater gratiæ, Maria mater misericordiæ, tu me à malo protege, & hora mortis suscipe*, &c. Tunc scalâ submotâ suspendio vitam finivit.

Apologia pro Garneto Ioan. Cretensis.

Hæc omnia quæ hactenus de Garneto Jesuita recensuimus, supersunt autem alia plurima, eâ verissima sunt, extant enim Acta, publicâ authoritate edita, ex quibus liquido & sine ulla dubio constat, Garnetum, non ut quidam in vulgus impostura sparserunt, proditionis aliquo saltem rumore aspersum fuisse; sed è contrario, ut etiam in Tortura Torti scribitur, variata voce, & vi tabularum testium, probationum, luce, soliditate, pondere convictum, ore proprio & manu propriâ confessum ea fuisse, & nemo mortalium esset, cui vel in animum veniret, inventum iri aliquem, qui hæc facinora defendere: repertus tamen est, ut supra diximus, Jesuitæ Andreas Eudæmon Ioannes Cretensis Græcus, qui Apologiam pro Garneto scripsit, in qua vel novæ doctrinæ Jesuiticæ contra Reges & Principes immunitas causâ dissimulantur, vel confessiones Garneti & cæterorum proditorum, impudentissimè negantur, vel eorum molitiones seditiosæ, consilia proditoria, aliaque nefaria facinora extenuantur & excusantur.

Neque verò solùm Garneti facinora & maleficia defendunt, excusant & extenuant Jesuitæ, sed eum insuper in numerum Deorum sanctum retulerunt, & tanquam Martyrem colunt. Hunc autem Martyrem ipse se non censendum, ipsimet Garnetum arbitrum habemus, quo nemo huic cognitioni magis idoneus inveniri possit. Paucis diebus ante supplicium ejus, venerunt in Arcem & cubiculum ipsius aliquot è præcipuis Theologis, unà cum viro nobili Arcis præfecto inter quos hi quoque erant, D. Iacobus Montacutus, Decanus tum Regij Sacelli, nunc Episcopus Bathoniensis & Wellensis: D. Nelius Sacellanus tum Regius, Regijque Oratorij Clericus & Westmonasteriensis Decanus, nunc Episcopus Lichfeldensis: & Dominus Ioannes Overalus, Decanus ædis Paulinæ Londini. Hi cum Garneto multa cùm essent locuti, fortè evenit, ut unus illorum hanc quæstionem illi proponeret: Si post supplicium Ecclesia Romana Martyrem ipsum declararet, num factum illud laudaret, & verum Martyrem futurum se crederet? tum ille ex alto suspirium trahens, humerosque adducens, *Martyrem me?* inquit, *ô qualem Martyrem! sed neque Ecclesia hoc faciet: & ego contrarium, ne hujus unquam illi in mentem veniat. Etenim si pro Religione Catholica mortem obirem, neque aliud, infelix, scivissem, præter illa quæ per viam confessionis scivi, sacro tamen honore Martyrij non indignus viderer, & productum Ecclesiæ promererer. Nunc peccatum ego agnosco meum, & sententiam, quæ adversus me pronunciata est, fateor esse justissimam.* Deinde iterum atque iterum suspiria ingeminans, & pœnitentiæ signa exhibens: *Utinam*, inquit, *quæ facta sunt, possem infecta reddere. Utinam quovis alio mihi potius accidisset casu: qui ut nomen proditionis infamiâ accumularetur; quod tamen peccatum est gravissimum, per veram pœnitentiam spero deleatur, & Christum misericordem. Ego certè si vel universum orbem terrarum in potestate mea haberem, universum libens darem, ut a proditionis crimine, quod confessione mea comprehensum est, quodque in elogio condemnationis meæ extabit, purus esse possem.* Hæc se ita audivisse scribit Casaubonus in Epist. ad Front. Ducæum pag. 126. à Decano Paulino & duobus Episcopis supra nominatis, quos interfuisse huic Colloquio diximus. Quem igitur mereri se dare poenas non semel confessus sit Garnetus; quæ infamia, imò quæ impietas est, pronunciari & haberi eum Martyrem à Jesuitis, qui justissimâ se damnatum sententia agnovit?

Garnetus in numerum Martyrum relatus.

Cùm verò Rex proditionis & conjurationis ejusmodi pericula variis in posterum modis omnibus adaperuit, Festo amotione mandatum edidit, quo Iesuitos, cum sacrificulis & Romano-Catholicæ Religionis propagatoribus, præfixo ante 19. diem Martij ex vniuerso Angliæ, Scotiæ & Hiberniæ Regno discedere iussit, hac conditione & seueritate, vt qui post diem nominatum comprehensi in Regno fuerint, ex templo nullo ordine aut mora iudicij pœnas dent. Indictum etiam omnibus indigenis, ne hospitio, tecto, mensâ, aut alia ope eos iuuarent ac fouerent, ni eandem cum illis pœnam incurrere velint.

Principio autem quantum laboris post politicæ quidem gubernationis constitutionem, de reformandis ac expurgandis ceremonijs Ecclesiasticis, in Anglia hactenus receptis, susceperit, exponit. Quæ dum ita constitueret, vt [illegible] pietatis amantis displicere posse non [illegible], animaduertisse se interim ait, nihilominus [illegible] Religionis negotium non parum deformari posse ab illis, qui eius hostes sint acerrimi, nempe, à [illegible], [illegible], & id genus aliis, tam qui ante suum aduentum in Regno ipso fuerint, quam qui postmodum accesserint, qui quidem omnes [illegible] Religionis suæ multo quàm ante liberius in Regno ipso professionem fecerint, sive pacem mutationis alicuius [illegible], [illegible] tamen non ipse [illegible], nec suspicandi causam illi præbuerit, partim verò [illegible] illius amicitiæ [illegible] remittendo, quæ semper connotationis sua confusio [illegible] facta sit, quam quidam [illegible] sub sigillo regio sibi comparârint, sperantes se eâ liberos fore ab omni iudiciorum periculo, & propterea eo confidentius [illegible]. Missi & alij [illegible] [illegible] [illegible] cum [illegible] [illegible] ad Romanam Ecclesiæ [illegible]. Cum igitur non minus [illegible] & officij sui sit, attendere, ne subditi in Religione, pietate & [illegible] [illegible], [illegible] se vel sub illius [illegible] [illegible], [illegible], vt [illegible] in Religione [illegible], quæ non [illegible] [illegible], sed [illegible] [illegible] sint, qui ab [illegible] [illegible], [illegible]. Cum [illegible] [illegible] [illegible] [illegible], quam ut [illegible] [illegible] [illegible] [illegible], qui quidem [illegible] Sacerdotes & [illegible] [illegible], qui ab [illegible] [illegible] [illegible] [illegible] [illegible]. [illegible] [illegible] [illegible] [illegible] [illegible] liberi, [illegible] sub sigillo regio [illegible] [illegible] [illegible] [illegible] [illegible] [illegible] Regno suo [illegible], [illegible] [illegible] [illegible] [illegible] [illegible] [illegible] impositæ dimittantur, tam expressè mandato, nunquam sine permissione sua ad sua [illegible] [illegible], sub pœna [illegible] [illegible] legibus definita. Reliqui verò Sacerdotes, Iesuitæ & alij [illegible], qui ordinationem & confirmationem suam ab aliena potestate habent, licet [illegible] [illegible] [illegible] [illegible] à legibus & iudicijs publicis nomine [illegible] absolute gaudeant, ante 19. Martij diem ex Regno suo omnibus discedant: addidit hac manifesta interminatione, vt, qui post dictum diem in quibuscunque Regni sui partibus inventi, aut postmodum [illegible] [illegible] fuerint, iudicio suo & pœnis legibus [illegible] [illegible] sine vllâ spe veniæ aut remissionis consequendæ. Mandat igitur omnibus Archiepiscopis, Episcopis, [illegible], & alijs iustitiæ ministris, vt termino isto elapso, quam diligentissime inquirere, qui forte superfuerint, inquirant, & iudicio rei [illegible].

Ne verò constitutio hæc seueritatis aliquid rigoris habere videatur, aduersus eos, qui per Iesuitas & Sacerdotes istos in Regno suo seducti, Catholicos se nominant, rationes huius suæ proscriptionis affert: præcedentem illam expressionem [illegible], in quo non ipso tantum sed & [illegible] [illegible] Regnum nuper fuerit, propter conspirationem, quæ ab ipso [illegible] [illegible] [illegible] [illegible] sit: itaque vt, sicut supra quoque diximus, eiusmodi periculum caueri in posterum ne [illegible] & [illegible] possit, alter [illegible] se [illegible] [illegible] asserit, quam alio quidem [illegible] [illegible] nullo modo potuerit, siquidem Iesuitæ & Sacerdotes isti eam potestatem se habere arrogarent, qui dispensare sola posse in causa [illegible], quod [illegible] legem & [illegible], [illegible] præstitum.

Sub initium igitur Aprilis ex Anglia nauis multis Iesuitis, Monachis, & aliorum Ordinum Clericis onerata, ad portum Vlissingensem in Zelandia appulit, Antuerpiam inde profectis. Impetrauerant illi, intercessione Legati Hispanici, à Rege Angliæ, vt sine per aliquot adhuc septimanas, [illegible] præstitutum liberè [illegible], & commorari in Regno Angliæ liceret. Interea verò Legatus Regem nonnihil aliquanto [illegible] studens, interrogat, quid caussæ Rex haberet, quòd tam asperum in Catholicos sententiam tulisset. Rex igitur, vt eos [illegible] [illegible] ab illius Legatus cognosceret, literas ei tradi curauit, quibus de conspiratione Papistarum in Regem & Regni [illegible] facta, priuatè perscriptum fuerat: [illegible] autem, quòd Regi Regnoque cum vniuersis familia eorum fuisset, vniuersam Rempubl. [illegible] [illegible] [illegible] officijs, pervenire decrevissent. Audita hisce literis Legatus obmutuit, nihil amplius in causa eorum agere expetens.

[illegible] Sub initium tamen mensis Iunij Anno millesimo sexcentesimo sexto nova in[illegible] animadversa in Regem Angliæ Iacobum detecta est conspiratio, quæ in Flandriis quidem initium cepisse ferebatur, Iesuiticis & Sacerdotum quibusdam authoribus, quorum [illegible] hortatu sex primarij quidam viri [illegible] fœdere, & Eucharistiæ Sacramento accepto, silentium & fidem sibi invicem promiserunt. Convenit autem inter eos de Rege vel in venatione glande plumbea transfigendo, vel alia quacunque ratione e medio tollendo, eumque in finem monilia quædam & clenodia pulcherrima pretiosissimaque veneno ita infecta sibi comparârunt, ut vel solo tactu lethalia essent, eaque, si in venatione res non successisset, Regi offerre & exhibere animus erat, ut illis acceptis necem evitare non posset. Hac conspiratione mirabiliter patefacta, Rex paulo post promulgato denuo edicto publico omnes Iesuitas, Monachos & Romanæ Religionis Ministros, propter conspirationes [illegible] continuas & machinationes perpetuas sub capitalis supplicij pœna, Regno suo ante primum Augusti diem excedere jussit: sine tamen benevolentiam ipsis exhibitum iri promittens, ut si sese in portubus maris [illegible], navibus Anglicis quæcunque [illegible] deferantur. Edictum autem de verbo ad verbum sic habet.

EDICTVM

Serenissimi Magnæ Britanniæ *Regis* IACOBI I. Fidei *Defensoris*, contra Pontificios ANGLIÆ Recusantes, & IESVITAS, SACRIFICVLOSQVE ad diem 1. Iunij M. DC. X. publice promulgatum.

Quamquam summa Regis pij & sapientis cura circa Religionis veræ Catholicæ & Christianæ conservationem & [illegible] versari debeat, atque in hunc finem, [illegible] manu [illegible] ferre [illegible] & [illegible] quantum [illegible] nihil aliud quam simulata & ficta [illegible] busdam conscientia erat, ita semper alieni fuimus, ut non obstante ea cura & zelo, quibus [illegible] antiquæ & veræ Catholicæ Religionis, quam professi sumus, conservationem & propagationem perpetuo prosequuti sumus, [illegible] clementia nostra semper [illegible], ne Leges illas quæ contra [illegible] & Recusantes latæ sunt, [illegible] perpetratis, [illegible] debita, [illegible] mandare [illegible]. Postquam vero [illegible] principio per [illegible] Sacerdotum proditionem, in [illegible] nostro in hoc Regnum adventu, [illegible] manifestatum, [illegible] horribile & deplorandum illud facinus extra hoc Regnum [illegible] (Diabolicum & inhumanissimum [illegible] parricidium [illegible] Gallorum Rege, Fratre nostro charissimo perpetratum) [illegible] fidelissimorum subditorum nostrorum, [illegible] Parlamenti [illegible], ita excitavit, ut [illegible] Domus nos humillime rogaverint & deprecatæ sint, ut [illegible] essemus, & ut [illegible] liberrimas hujus Regni Leges contra ipsos, & quidem magna ex parte ante nostrum in hoc Regnum ingressum [illegible] mandari [illegible] causam habemus, ut juxta humillimas ipsorum petitiones, in [illegible] Leges [illegible] mandari faciamus. [illegible] Pontificiorum [illegible] Sanctorum [illegible] per parricidium Regis [illegible] populum [illegible] Regem, &

fidelis-

sollicitam, qua unusquisque Rex pius, iustus, et prudens, rebus ita contingentibus et sese habentibus, praeditum esse debet, meritò excitabit.

At propterea cùm conscii facti simus, quòd hoc praecipuè tempore maior, quàm antehac unquam, Recusantium numerus in hanc nostram Vrbem Londinensem venerit, licet per Leges Regni nostri certis limitibus circumscripti esse, et intra quinque illa milliaria pro habitatione ipsis designata, manere debebant: certò nobis constitutum est revocare, simul [illegible] in hunc locum redeundi datam licentiam per praesens Edictum revocamus. Et quamquam hoc tempore, quo Parlamentum habetur, et inauguratio Filii nostri primogeniti institui debet, eos hic tolerare periculosum et perniciosum sit, quam et ob causam Parlamentum nostrum humillimè requisivit, ut universi ad domicilia sua remitterentur, et urbs hac ab illis, pro inauguratione dicti nostri Filii [illegible] vacuaretur: nihilominus tamen, contenta nostra tantum bonitate [illegible] nobis est, non respiciendo ullas ipsorum [illegible] machinationes aut proterva, quo tempore hoc durante inde nobis, ad recompensationem clementiae nostrae, provenire possent, sed considerando negotia ipsorum graviora, pro certo ipsorum statum attingentibus, quae fortassis adhuc in proximo termino peragenda habebunt, ipsis terminum usque ad ultimum [illegible] prorogare volumus: intra quod tempus ad domus suas, et ad ea loca, ad quae per Leges vincti sunt, redeunto, nec unquam postea ad hanc urbem nostram et Curiam Londinensem, vel ad Aulam nostram, nec ad Aulam dilectissimae Reginae nostrae coniugis, vel charissimi Principis nostri Filii, quocunque loco fuerint, [illegible] decem ab hac urbe Londinensi [illegible] sine singulari verbis impetratione, [illegible] veniunt, cùm Leges nostras contra transgressores quàm strictissimè executioni mandare, et summam illam Authoritatis nostrae [illegible] quam severissimè vindicare decretum sit. Et similiter, iuxta dictam humillimam charissimorum subditorum nostrorum in Parlamento congregatorum petitionem, omnibus superioribus Magistratibus, in omnibus huius Regni nostri partibus, strictissimè mandandum decrevimus, ut iuxta Leges nostras, ut omnibus Papistis inobedientiae convictis, omnia arma, pulveres, munitiones, et quae [illegible] sunt [illegible], quae quisque sive in [illegible] habet potestate, sive apud alium [illegible], [illegible], et providerint, ut [illegible] et secundum Leges depositae [illegible] quantum per leges [illegible]. [illegible] cum Magistratus nostri hactenus nimis negligentes fuerint, si exequendum hoc nostrum mandatum vel neglexerint, vel executioni non satis diligenter, ut decet, daturi deprehendantur, per severissimas poenas ipsis notum faciemus, quàm grave delictum sit, in Regis nostri mandatis, praesertim in rebus talis momenti, negligentem esse.

Et quandoquidem Iesuitae et Sacrificuli maiori numero nunc, quàm antehac unquam, per totum nostrum Regnum, quàm in Vrbe nostra Londinensi, circumvagantur, non solùm gregatim ad Domum nostram venientes, maxime cum Authoritatis et Legum nostrarum contemptu, quidam etiam [illegible] personarum particularium carceribus, qui postquam carceribus dimissi et per Leges nostras convicti, et nihilominus tamen (ex bonitate nostra) è Regno, sub hac conditione, ne unquam redirent, deducti fuerunt, in Regnum redire ausi sint, maxime cum summa erga eos bonitatis et clementiae nostrae contemptu, nostra merito ad iustissimas poenas provocantes. Nos ad tales abusus et confusiones in posterum praecavendas, omnibus istis Legibus [illegible] amplius non inhibere, sed easdem, ut etiam, praecedentes executioni contra eiusmodi transgressores mandare decrevimus. Et quamvis semper proni fuimus ad severitatem aliquam lenitatis nostrae parte temperandam (non parum respicientes, quod statim in primo, ac postea in quarto Regni huius nostri anno, per duo diversa clementissima Edicta omnibus Sacrificulis et Iesuitis certum diem praestituimus, antequam ex nostris ditionibus discederent, gravissimas etiam poenas, si in Regno nostro [illegible] inventi, proposuimus et decrevimus, non obstante praecedenti nostra gratia contempta, ad [illegible] ipsis indultas), [illegible]: ac propterea per praesens hoc nostrum Edictum declaramus et promulgamus, quòd omnibus Iesuitis, Scholasticis, Presbyteris cuiuscunque conditionis Sacrificulis in hoc Regno nunc agentibus, tam iis, qui nunc carceribus liberati, quàm iis, qui etiamnum in vinculis coniecti sunt, libere et tutò ex nostro discedere licebit, sic ut in hunc finem ad quemdam nostrorum portuum ante 1. Iulij proximè venturi sese conferant, et ibi primâ occasione in exteras Regiones traiiciant. Admonemus et [illegible] singulos dictos Iesuitas, Scholares, et cuiuscunque generis Sacrificulos, iuxta dictum nostrum placitum discedant, ut et caeteros omnes, qui antehac per clementiam nostram eadem cum conditione liberati fuere relegati, quòd si quispiam ipsorum postea in Regnum hoc nostrum reverti ausus fuerit, sanguis ipsorum super capite ipsorum, atque etiam eorum, qui ipsos tolerant, cuique esse debebit, quandoquidem hoc facimus, non solum in

poenam,

[illegible] *Et in genere* [illegible] *Episcopis* [illegible] [illegible]

Et quia denique [illegible] *Parlamenti nostri* [illegible] *a Papa* [illegible] *Pontificum Papistarum* [illegible] [illegible] *Ac propterea* [illegible] [illegible]

Datum in Palatio nostro [illegible] *Regni nostri Magnae Britanniae, Franciae & Hyberniae anno* [illegible]

Deus custodiat Regem.

Hanc inquisitionem & professionem Anglicanam in Proditores, [illegible] institutam, Garnetus Iesuita contra [illegible] cum Hispania confert, [illegible] cum [illegible] nostro, & [illegible] cum [illegible] [illegible] nisi ex solo Garnetio [illegible] omnibus nota esset. Quis enim non videt, vel potius experitur impudentiam eius, affirmantis nihil certius expectandum Papistis, quam carcerem, exilium, &, ut ipsius verbis loquamur, [illegible] in illis Provinciis & Civitatibus, quas solus Lutherus vel Calvinus occupat. Referat [illegible] Iesuita [illegible] Ecclesiarum [illegible], qui est in Germania, Gallia, Belgio & aliis in Regnis. Vbi enim vel fando auditum est, a Lutheranis vel Calvinistis combustos haereticos? Vbi [illegible] qui capitis supplicio affecti sunt [illegible] non exprimunt, ut [illegible] quae gesta sunt, Calvinianos esse crudeles statuunt: multo minus aliquid addent de rogis Hispanicis, laniena Gallica, suppliciis Belgicis, conjurationibus Britannicis, [illegible] Polonicis, tumultibus Suecicis & motibus Vngaricis.

Comprehensi sunt etiam Anno 1606. duo viri ex Iesuitis conjurationis huius conscii in Anglia, & ad Regem adducti: Ex quibus uno, Paccio nempe, Societatis in Anglia Provinciali, Rege praesente, quaesitum est primo, *Possitne Pontifex Romanus excommunicare Iacobum* [illegible] *Angliae Regem?* qui respondit, omnes Catholicos fuisse hactenus & esse adhuc in illa sententia, licere summo Pontifici, tanquam summo Christi in terris Vicario, omnes Reges & Principes haereticos excommunicare. Instantibus vero Consiliariis, non esse hoc directum responsum ad propositam quaestionem, respondendum enim esse praecise ad hoc: *Verum Paulus V. Pontifex modo Romae residens, possit ipse excommunicare Iacobum I. magnae Britanniae Regem hoc tempore gubernantem?* Ille, respondisse se in genere ad propositam quaestionem ex mentete omnium Catholicorum ac velléque in responsione ista acquiescere, cùm in individuo respondere aut desinire velle, quod Paulus V. Pontifex Max. in Iacobum I. posset, majoris esset authoritatis, maturioris consilii & superioris ingenii, petit igitur, sibi, quod falcem in alienam messem mittere nolit, ignosci. Quæsitum deinde ex illo est, *An Angli omnes, qui Anglicanam confessionem sequuntur sint hæretici?* Respondit ille, Quicunque fratres votentes, ab Ecclesia Catholica Romana divortium faciunt, inque eo perseverantes, sunt hæretici. Urgebant illi, *responsionem magis ad Anglos, eorumque Religionem applicandam esse*, at ille se hac sua generali responsione substitit, nam in prima quidem quæstione læsæ Majestatis, in altera verò fractæ seu perturbatæ pacis publicæ reus fieret. Quæsitum porrò est, *An proditio proxima, sua authoritate, consilio & præscitu facta esset?* Hic negando respondit, & adjunxit simul, se detestari ex animo tam horrendos conatus contra Magistratum legitimum conceptos, judicatque autores non eo tantum, quod aliqui eorum jam subiissent sed graviori etiam supplicio, (si tamen aliquid gravius excogitari posset) dignos esse. Postremò quæsitum ex eo fuit, *An autor esset libelli cujusdam, contra statum Regni & Regis Anglicani conscripti?* Respondit ille, autorem se non esse, vidisse tamen istum libellum, & in multis correxisse, cùm quicquid in Provincia illa à Societate conscriberetur, censuræ ejus fuisset subjiciatur, ut res ille omnino esset. Hoc audito in carcerem iterum mandato Regis reductus fuit.

Anno etiam 1607. Iesuita quidam in quatuor partes dissectus est, quòd in contemptum & contemptum mandatorum Regiorum, Sacerdotes aliquos sui ordinis creare, in locis occultis conciones habere, & populum ita docere, quòd Rex in Ecclesiam jus nullum habeat, Pontifex ejus caput sit & subditi ad servandam Regi fidem non teneantur, ausus fuerit.

QVERELA

Anglicani Cleri ad CLEMENTEM VIII. Pontificem Romanum de multis ac variis IESVITARVM studiis, dolis, imposturis ac fraudulentis actionibus in Anglia, Belgio, Romæ & alibi.

IESVITARVM gesta ad Reginam ELISABETHAM spectantia.

Elisabethâ in Anglia regnante, non modò neglecta fuerunt multa media ad Regnum illud convertendum propositæ, sed eorum loco propter libellos famosos quàm plurimos, rumores anxios, incolarumque futuræ invasionis, aliasque molitiones frequentes à Iesuitis solis profectas, tam gravis eos annorum persequutio excitata est, ut magnum Catholici nominis exterminandi periculum sæpè imminerent. Et quamvis ad minuendam hæreticorum superbiam debita & proportionata media assumenda esse non inficiemur, multa tamen in materia, ut appellant, status omnibus Catholicis objecta sunt, obtruserunt, quæ Sacerdotes cum plebe Catholica graviter offenderent.

1. Sacerdotes in Angliam missi, sub Alani auspiciis, ex institutione Pontificis prohibiti, materiæ status se immiscere, post aliquot annos, Iesuitas sub eadem conditione, in subsidium asciverunt. Eam tamen conditionem violabant, quam cum Sacerdotibus, & cum Laicis, in quorum domibus excipiendi erant, pacti fuerant, quamque eorum Generalis in scriptis sub obedientia illis mandaverat: quam Regulam suæ Religionis fundamentalem faciunt, ne scilicet querelis Dominorum temporalium se ingerant, ut ex libro Regularum impresso patet, quam ubique ab illis observari Franciscus Montanus in Apologia Iesuitarum profitetur.

2. Iesuitæ libellum supplicem ad Elisabetham, typis impressum, ediderunt. In eo illam Reginam omnibus regiis virtutibus insignem, & totius illorum justæ spei, post Deum, anchoram appellant. In eo profitentur, se ab Elisabethæ partibus futuros contra Pontificem Romanum, etiam pro causa Religionis Catholicæ Angliam invasurum, nec aliter sentire quenquam Catholicum, nisi ignorantem aut scrupulosum. In eo etiam coram Deo & Angelis protestantur, se immunes esse & fore ab omnibus contra Elisabetham molitionibus, propter quas tamen quàm plurimos ab Elisabetha morte affectos noverant. Quæ Iesuitarum purgatio tamen non erat Sacerdotum assertio. In eo multas alias absurdissimas adulationes comperimus. Adulationes, reclamante etiam conscientiâ, effutitas appellare possumus, quòd quam laudaverant virum, vituperabant suum morituram.

Robertus Personius pro more suo, libris de Conversionibus tribus Angliæ, ab alio quodam, nomine Harbrildo, insignissimo mo Doctore compositum, sua nomine promulgarunt. Duas praefigit Epistolas, unam vivâ Elisabethâ scriptam, in qua illam commendat; aliam mortuâ Elisabethâ factam, in qua illam condemnat: utraque jam in eodem volumine juncta circumfertur.

3. Librum Titulorum ad Regnum Angliae pro Infanta Hispanica conscriptum, adulterum, seditionisque plenissimum, ad augendam contra Sacerdotes suspicionem, sub nomine Sacerdotis secularis Doloman viri singularis meriti promulgarunt.

4. Assassinos ad occidendam Elisabetham subornatos, ex Hispania ad Sacerdotes aliquot in Angliam, quorum nomina praefatus Dolomannus, quasi eorum complices, miserunt. Unde Sacerdotum alii, eorumque amici, nonnisi magnae nobilitatis viri, in maximum periculum conjecti, sed propter perspicacissimam eorum innocentiam maturius liberati sunt.

5. Sacerdotes illos, aliosque, quorum integritas, & in patriam debita affectio jam clarere coepit, infamare non cessarunt, & magis quam antea, tanquam nimium à Magistratibus favorem ac necessariam innocentiae defensionem consequutos. Sciebant ex illo favore Sacerdotibus impenso plurima plurimis Catholicis bona obtingere. Sciebant ex eo favore honorem & incrementum Religionis Catholicae provenisse. Sed Religionis & rebellionis perspectâ differentiâ cum honore etiam Sacerdotum conjunctâ, magnis designationibus Iesuitarum non potuit non esse praejudicio, qui librû de Reformatione Angliae, adaquam extincto Clero, ex more [illegible], conscripserant, in quo tâquam omniû Domini de dispositione duos Episcoporû & Episcopatuum, de redditibus omnibus Ecclesiasticis in massam redigendis & distribuendis, de proceribus in ordinem cogendis, de aliis Ordinibus Religiosorum vix, aut ne vix quidem admittendis, de Provincialibus Iesuitis loco Abbatum Benedictinorum elevandis, de emolumentis ad summum Pontificem provenientibus, ad quinquennium in suam Iesuitarum intervertendis, & aliis multis aliis artium [illegible] vetant.

Nec horum memoria jam fuisset resuscitanda, si simul cum Elisabetha molimina Iesuitarum terminum suum habuissent. Sed verò quia perpetua commiserunt, non minus contra Iacobum Angliae Regem, quam contra Elisabetham, & ferme magis persequutionis causam valde promoverunt, ac omnibus criminis involuti seditionis, Religio Catholica causa fuit, cum multarum animarum detrimento apertum est, ut Sacerdotum innocentia, modestia Regis lenitatis justa expectationi respondisse appareat, in his praecipuè rebus, quibus vestra apparere debet.

Gesta IESVITARVM ad IACOBVM Regem Britanniae [illegible] spectantia.

A Multis annis sic constat, ut nullâ tergiversatione celari possit, Iesuitas manibus pedibusque, ut aiunt, laborasse, ut apud Catholicos Angliae gentium populariter [illegible], Sacerdotibus [illegible] conflata, & praecipuè praeter vel speciem [illegible] Sacerdotes Regis Scotiae, qui esset haereticus, favere, [illegible] solum [illegible] tamen ad sceptrum Angliae evehere personam Catholicam, vel Hispanum, vel Hispanam, vel Farnensem, vel Sabaudum, vel quintam, vel sextam, vel nescio quampiam personam: pro hono [illegible] omni vento [illegible] alteri [illegible] sed semper Catholicam. Unde consequens erat necessariò, ut Rex Scotiae tanquam persona indonea, nihil in se regium habens (id quod sedulò factum est) traduceretur. Nec defuerunt molitiones Iesuitarum variae, ut Rex Scotiae Angliae Regno privaretur, in quibus tamen constitibus dicunt non defuisse eis summi Pontificis consensum.

Liber Titulorum ab illis conscriptus est pro titulo Infantae Hispaniae ad Regnum Angliae contra titulum Regis Scotiae. Ad illum librum [illegible] postea divulgata est, in qua omnes multi [illegible] Catholici Angli asseruntur, sed falsissimè [illegible] refragari esse.

Anno 1586. Cum Rex Hispaniae Philippus II. in Collegio Anglicano Vallisoleti exciperetur, moderantibus tam actionem quatuor Iesuitis, quorum unus erat Robertus Personius, Orationes publicè unius Angli ex persona omnium, exhibitae sunt et [illegible], viri, nomen, studia, vitae, moresque non eorum solum, qui in Collegio erant, sed & parentum, quos habebant, amicorum, necessariorum & Catholicorum omnium in Anglia, ut patet ex libro ad rei memoriam ab illis impresso anno 1592.

In Collegiis Anglicanis Vallisoleti, & Si-

nn 2 villiae

vis[illegible], inducti sunt Angli Iesuitarum fraudibus & minis, ut titulo Infantis ad Regnum Anglicanum subscriberent, & in missionibus ad Angliam subscriptionem [illegible] promoverent: quamvis nonnulli subscriptiones has alibi procuratas fuisse asserant.

Archiduci Alberto & Infanti insinuarunt, tot pro illis obsides esse, quot Angli in Seminario S. Audomari nutriuntur.

Infantam Hispanicam, venientem in Belgium, destinarunt titulo Reginae Angliae insignire. Hoc cùm notum esset factum in Anglia, magna [illegible] Belgicorum occasio fuit.

Quarunt libros contra vel titulum, vel personam Regis Angliae scripserunt, aut saltem imprimi fecerunt. In eorum uno Natalitia Regis taxarunt, ut Mater infamaretur, & Rex non minus quàm Elisabetha contra Religionem perpetuò irritaretur.

Cùm Oglebeus quidam missus fuisset in Hispaniam, tractaturus de foedere inter Hispanum & Scotum, articulos indignissimos, & planè infames contra Regem Scotiae exhiberi procurarunt, ne cum Rege Hispaniarum foedus iniretur.

In prima invasione Angliae ab Hispanis facta anno 1588. notum est, quàs eorum creaturae, ab illis subornatae, Regem Hispaniae commoverint.

In invasione anni 1596. praeter secretiora auxilia sua, promiserunt Regi Hispaniarum, se cum classe Sacerdotes etiam Anglos missuros, qui causam Hispanicam apud Anglos promoverent. Multi autem ex Sacerdotibus Anglis, quòd hoc recusarent, multas indignitates à Iesuitis passi sunt.

Ad invasionem anni 1597. varias fraudes excogitarunt, ut Regem Hispaniae permoverent. Vna erat; Robertus quidam Elliotus Anglus in Hispaniam cum navi propria multis remigibus, aliisque militibus, illi pro tempore servientibus, appulit. Inductus est à Iesuitis, ut se Comitem Angliae esse fingeret, ab aliis proceribus missum, ad persuadendum Regi Hispaniae expeditionem Anglicanam: id quod praestitit, paratissima Anglorum auxilia promittens, deductus ad Regem à Tancredo quodam Iesuita Anglo, à quo sanè, & aliis ad istam imposturam [illegible] erat.

In Scotia praeter quosdam, Huntleium, Arrolium, Angusium & alios, tanto odio Calvinismi ibi devastantes omnia, [illegible] invenerunt, ut ad Iesuitarum imperium, chartas albas subsignatas in Hispaniam mittere non vererentur, ac ex parte Scotorum aliquid deesse ad Calvinismum evertendum. Permisit Deus (ad castigandam forte Iesuitarum superbiam) chartas albas intercipi: unde Braghtonus [illegible] mors consequuta est, proceribus exilium, Catholicis periculum, haereticis insultatio, Regi Scotiae suspicio, & arctior cum Anglia conjunctio.

Proceres exules, quia consensum suum renuntiaverant, ut redditus Monasteriorum in Scotia Iesuitis permitterentur, responsum acceperunt, nihil illis subsidii expectandum esse, nisi Infantam contra proprium Regem ad Regnum Angliae capessendum, adjuvare fidem darent. Inde in Scotiam [illegible] coacti sunt, & cum proprio Rege incolumitatem, ut potuerunt, pacisci.

In invasionibus Hiberniae ab Hispanis factis, si Iesuitae negare vellent, eorum manus fuisse praecipuas in instigando Hispanos, praeter alia argumenta benè nota Regi Britanniae, Ludovici Mansoni Iesuitae in Nunciaturam Apostolicam evectio testabitur.

Sacerdotibus ex Anglia Romam missis, & in Collegio Anglicano incarceratis, ut alii à Scoto fovendo terrore deterrerentur, pro crimine objectum est piaculari, & in quodam [illegible] resolverent, quòd Scoti[illegible] planè essent factionis. Sic loqui & scribere visum est Iesuitis. Idem postea Sacerdotibus aliis in Belgium venientibus, non pro levi peccato, nec cum levi periculo objectum est.

Vt Anglos Catholicos in speciem Hispanis, revera autem sibimetipsis obnoxios redderent, à multis jam annis de tempore in tempus invasionem Hispanicam promiserunt. Nonnullos subornârunt, qui de stupendis Classibus, militibus, apparatibus, mendacia splendida solenni more disseminarent. Nova sunt literae, & in manibus Senatûs Anglicani [illegible] Iesuitae ad alium mittitur, suadentis in illis, ut instanter invasionis futurae [illegible] intermittendo omnem operam navaret. Iisdem fraude detecta & explosa, insinuârunt subdolè, Elisabetham Angliae secretum foedus cum Infanta iniisse, eamque in successionem Angliae destinasse. Addunt, ac id in toto orbe proclamant, eorum operâ factum esse, ut Hispanus nunc Angliae Principes nullam confoederationem inire velit, nisi cum expresso articulo Religionis Catholicae in Anglia liberae. Eventu ipso has technas etiam dissipatas, adhuc Catholicis persuadere conantur, multa

millia

nullis introductis à Rege Catholico designarique illis distribuerentur; cujus rumoris vanitas, ut & aliorum, lippis ac tonsoribus innotescere coepit.

Interea ut à quo, & cujus plebiscito restituti essent, discere inciperet, Iesuitam aliquem Cardinalem creandum esse decernunt. Emendicata, vel ementita suffragia aliquorum Sacerdotum (magnam & tantum non majorem partem tribunus subscriptionum Catalogis) adjungunt nomina Scholarium, militum, lenonum, quibus magno quasi consensu gentis Anglicanae Robertus Personius Regi Hispaniarum commendatur cum auspiciis promovendus. Non facile ratio reddi potest, cur is reliquis Iesuitis Britannicis praeferretur longe illo hac dignitate dignioribus, qui nec infames erant propter mores, qui doctrina competenti imbuti, non necesse habebant ut docti viderentur, aliorum libros ut proprios edere: qui non formidine & aversione Catholicorum coacti fuerant à Britannia aufugere. Sed etsi fama, doctrina, animoque careret, Spiritu tamen turbulentissimo non carebat, propter quem sciebant, eum Regi Britanniae, cui semper opponebatur, merito odiosissimum esse.

Propter Cardinalatus Personiani sollicitudinem Vuorthingthonius praecipuus actor, praesidentia Duacensis Collegii, sed à triennio in triennium, ut à Iesuitis penderet, remuneratus est. Is, ut fidem Roberto Personio praestitam exsolveret, cujus sollicitudinem & studium in Cardinalatu ambiendo intime noverat, audiens Elisabetham Angliae mortuam esse, vel morti vicinam, Anglos convocat, longaque habita contra Regem Scotiae invectiva, docet, quam intolerandum esset, eum sustinere Regem Angliae, & , ne id fieret, opera serio admonebat. Rex Scotiae declaratus tamen fuerat Rex Angliae, & forte Dn. Vuorthingthonius audierat, sed non credebat, quia non volebat. Ex Senatoribus Anglicanis fuit, qui Sacerdotes admonebant, ne à Duaco in Angliam ordinati mitterentur, quod id Regi futurum esset valde exosum propter ipsius Vuorthingthonii nomen.

Nec humanis tantum rationibus nisi voluerunt Iesuitae Hispanorum in Anglia victoriam, sed excogitarunt etiam revelationes, inter alias magna gravitate asseverabant, S. Iacobum cum lapidem in Hispaniam vectum, illi genti victoriam contra Anglos promisisse. Nec defuere fide digni homines, qui Iesuitas suarum authores industriarum non necessariam illis, qui etiamsi à Hispaniarum ad Regnum Angliae promoverent.

An Religio Catholica Promota per Anglo-IESVITAS in Britannia.

Scotorum Seminaria per viginti annos Iesuitis subfuerunt. Laudabile esset, si viginti tantum Sacerdotes idoneos ex illis prodiisse ostenderent. Imo viros aliquot Scotiae nationis eximios, & optime de Ecclesia meritos, pessime exagitarunt, eorumque conatus quoquo modo impedierunt.

Quam parvos Iesuitae in Scotia fructus fecerint, utinam non lamentabilis Regni illius facies toti orbi testaretur, quamvis nova Arithmetica, visitati ne vix quidem viginti Catholicos, ad viginti millia in suis relationibus multiplicarint.

In Angliae negotiis, si Religionem Iesuitae dicant omnium suarum actionum regulam fuisse, fateor ignorantiam meam, & probationem desidero.

Num Religio fecit, ut defectus professionis Catholicae non esset impedimentum in successione Galliae Navarraeo (scribebant in uno ex plurimis suis libello famoso contra Lecestriam) esset vero impedimentum Scoto in successione Angliae?

Num Religio fecit, ut praeter clandestinas omnium officiorum promissiones, Elisabethae Angliae, justissimae, simul & misericordissimae Principi vitam optarent diuturnam, eo quod parem (ut in Apologia quadam typis evulgata loquuntur) successurum non sperarent.

Num Religio fecit, ut Angliae titulus ab illis prostitueretur, non modo Catholicis Principibus in mutuam eorum perniciem sed etiam quibusdam non-Catholicis, ut Ferdinando Derbiensi Comiti, & aliis propter justas causas reticendis?

Num Religio fecit, ut Mariam Scotiae prae omnibus mortalibus tractarent indignissime, cui prae omnibus mortalibus Angli debebant obedire, ut Principi: compassionem, ut captivae: venerationem, ut Martyri.

Num Religio fecit, ut pro atlantis infamarentur à Iesuitis, qui Scotiae multo favebant, nec Archiepiscopo Glascoviensi, nec Episcopo Dumblanensi, viris honorandissimis, exceptis, nec ipso Gulielmo Reinoldo, singulari hujus rerum ornamento, qui in libro contra Beatum edito, [illegible] expressis, & Regi declaratos, contra jus Regni Anglicani hæredes agnoscere non vereretur?

Num Religio fecit ut Vuestmarlandiæ Comes, Regulus Pagetus, & alii ex Anglicana nobilitate, pro fide avitâ propter admissam societatem Iesuitis in sinum, penè perpetuis seditionibus exagitarentur? Generali Iesuitarum per eorum literas transfugium pro remedio interposito?

Num Religio fecit, ut tot seditiosorum libellorum, assassinorum artifices à Iesuitis fingerentur, iisdem tentarentur Catholici [illegible], Rabioghionius, [illegible] Sacerdotes & alii, quibus Sol nihil videt illustrius, eo quod de liberanda persona Reginæ Scotiæ deliberassent, vel nebulones quosdam exploratores ad eam deliberationem subornatos audivissent, potius in libello Apologetico Iesuitarum pro perduellibus damnarentur, accersito illis Sacerdote quodam nomine Vualardo, qui super nuper eum Catholicæ Religioni reconciliaverat?

Num Religio fecit, ut Mariæ Scotiæ Reginæ injustissimus mortis patronum inveniret Iesuitam? Præterea lex in prioribus Comitiis Anglorum fertur, ut si persona quæpiam in mortem Elisabethæ conspiraret, & illa persona, & omnes ab illa jus Regni Anglicani prætendentes, ut perduelles successione in Regnum privarentur. Hæc lex negari non potuit à Christiano quovis ut dum per Matrem impeteret filius, illius martyrium in dubium & in crimen vocatur, imò & damnetur planè, cui similis fœminæ tantæ celsitudinis, ut ait Bossius in libro de signis Ecclesiæ, pro nostra unquam secta aut professione, à Mundo condito, mortem oppetiit. Viget tamen hæc lex contra Reginam Scotiæ à Iesuita authore [illegible] Titulorum.

Num Religio fecit, ut Angliæ, dum in ea Cardinalitium pileum Roberto Personio, vel ex compluribus alicui sanguine Martyrum rubricarent, & Vtopianam, seu quasi Anabaptisticam ad reformandam Ecclesiam instituerunt Constitutionem, [illegible] omnium malorum theatrum?

Vana solutio est, quam se recens Iesuitarum Theologia reperisse, Anglis fecisse Catholicam & Hispanicam esse [illegible] usque progressi sunt, ut in responso quodam ad edictum Elisabethæ quidam asserunt planè, successorem Regni Hispaniæ &c. esse convenientiorem Ecclesiæ, ut alio fulcimento sustineri nequeat Monarchiæ Hispaniæ in tota Europa necessitatem persuadere nunquam Iesuitæ, sed tum magno præjudicio, & [illegible] aliis Monarchis & Principibus, quibus cultum debent cum suspicione [illegible] Regis Britanniæ [illegible] ad Regna exaltent ad astra usque laudibus evehunt, sed [illegible] Dei inscrutabilis abyssus est, propterea omnes à Iesuitis instigatos conatus contra Angliam subsannavit.

Serio autem perpendant Iesuitæ, an illi novi Apostoli, id inveniant quod dicit Paulus 2. Corinth. 1. Gloria nostra hæc est, testimonium conscientiæ nostræ, quod in simplicitate cordis, & sinceritate Dei, & non in sapientia carnali, sed in gratia Dei conversati sumus in mundo: cujus judicium & quasi probatio sequitur, Fidelis est Deus, quia sermo noster, qui fuit apud vos, non fuit etiam & non, sed etiam per se ipsum fuit. Huic Apostolicæ Regulæ, num Iesuitæ se conformaverint ab initio quasi nascentis Ecclesiæ Anglicanæ videndum est: Hispanis [illegible], an illorum sermo de Monarchia Hispanica fuerit etiam & non.

De IESVITARVM *modo procedendi in rebus* ECCLESIÆ *Anglicanæ tractandis.*

PRopter seminaria omnibus Catholicis obvia, magno Anglorum in partes transmarinas confluxu [illegible] anno 1580. Collegium Anglorum, quod per 800. annos Romæ tenuerunt, in novam formam mutatum est, magni Iesuitarum [illegible] dissidium inter Anglos, & Cambrobritannos serendo, sese insinuantes, viros graves excludendo, juniores variis prætextibus eludendo, omnia ad se revocare conabantur.

In Collegio Anglo-Romano pede fixo anno 1580. in Angliam admissi, pro more gentis nostræ cum omni humanitate excepti sunt, præsertim cum in aliis Regnis [illegible] plurimum causam Catholicam promoturos se sanctissimè promisissent.

Robertus Personius, & Edmundus Campianus primi Angliam ingressi, secum Rhemos usque in Galliis adduxerunt Episcopum Asaphensem Anglum, tanquam Patronum, cui auxilium debebant, & sponderant.

In Anglia sacramenta administrare nolebant sine licentia Sacerdotum, in quorum [illegible], in privatis Catholicorum ædibus omnia Sacerdotibus enim, qui jam opus Dei pervenerant, in adjutorium totum non necessario petebantur, & ad messem veriùs, quàm ad sementem admittebantur.

In publicis scriptis & colloquiis privatis, fidem dabant Catholicis Laicis, se nihil nisi spiritualia tractaturos, sub ea conditione, non aliter in eorum domibus excipiendi, & istâ conditione violatâ (quam postea in Roberto Personio [illegible]) ejiciendi.

Paupertatis & humilitatis professionem faciebant. Propter istas externas species, [illegible] admirationem, & alias artes, multi in Societatem Iesuitarū, omnes in bonam de illis opinionem adducti sunt.

Collegii Romani Anglorū administratio cum reditibus illis cedebat. Pecuniarum distributio paulatim in Angliâ [illegible] commissa est, præsertim cùm sacerdotes seculares tam fuerint eorum temporalium negligentes, ut ordo eorum universus nec censum, nec domum nec [illegible] habere, id quod [illegible] auditum [illegible] ordinis superat. Pecuniarum collectionem, licet magnam cum Iesuitæ [illegible] charitate ferre [illegible].

Interea Iesuitæ, ut paulatim omnia sua efficerent, omnes in Collegio Romano, obedientiæ merito præstandæ, juramento sibi obstrictos habere procurârunt, ut ad Iesuitarum libitum fierent Sacerdotes, vel non; & in Angliam proficiscerentur, vel non. Hoc stratagema gloriatur sibi tribuit Robertus Personius, quod fuerit Iesuitarum equus Troianus esse.

Sub specie Regularum in collegio Anglo Romano observandarum, omnes omnium literæ illis aperiendæ veniebant, comprehensis etiam in [illegible] Anglis extra Collegium degentibus, ut nihil ad Angliā spectans tractari posset Romæ, vel cum ipso Pontifice nisi per Iesuitas.

Mortuo Cardinale Morono protectore Anglorum, cujus prudentia effecit, ne in aqua turbata piscari possent, subrogandum ei curârunt Cardinalem Boncompagnum, repudiato Farnesio vera nobilitatis Cardinale, qui propter avitam cum Polo amicitiam, & multa erga Anglos amoris indicia Protectoris munus, quod verò præstitisset, omnino expectavit.

Et in scriptis ad [illegible] pro Protectoribus vendicandis, jactabant se facultatem habere, Angliam, quemcunque vellent, [illegible] Cardinalē, unde facile munera ex se dependentes habere possent: id quod postea amiserunt, facto per ipsos, ut diximus, ipsi Alano Cardinale.

Nec cessabant interim seditionibus, detractionibusque artificiosissimè superseminatis, quoscunque impetrare, quos necesse erat impedientes, ut pervenirent Iesuitæ ad metam, ad quam [illegible]. In eo numero eminet vir [illegible], quantum unquam de [illegible] Dei, & illis etiam [illegible]. Siquis exemplo sit Episcopus Cassanensis, [illegible] Iesuitarum Anglorum Collegium Romæ introduxit, invito Cardinale Morono, & introductus continuis [illegible] persequutus est. Notum est quid Romæ in eorum gratiam fecerit, cùm esset [illegible] Vicarius. Septimanatim ad exercitium usque [illegible] aliquid [illegible]. Inter illum tamen & Alanum discordias serebant maximas, quibus paulò ante mortem finem imposuit Alanus, dicens, Non esse æquum, ut propter greges vel pastores, Abraham & Loth discordarent. Mortuo verò Alano, oculos in Cassanensem conjiciebant Angli, tanquam novum illis & illos nascentem; ideoque petebant, ut Alani authoritas in Cassanensi resideret.

Petitioni tanquam justissimæ Iesuitæ se primò [illegible] Cardinali tamen Caietano clanculum persuadebant, ut se Cassanensi, tanquam Protectoratûs Anglicani æmulo (quod & fecit) & Angliæ petitionem suam Pontifici exhibentibus, opponeret. Hinc magna Anglicani [illegible] calamitas, & perpetua contra Cassanensem oppositio. [illegible] ad [illegible] ignovit, & in ejus rei signum jussit [illegible] Iesuitæ cujusdam literas, in quibus de Cassanensi scripserat, Aut Deus, aut dæmon, aut Turca eripiat eum.

In Anglia erant adhuc veteris Cleri reliquiæ, à tempore Mariæ Reginæ superstites. Inter hos erant viri omni exceptione majores: sed quia à Iesuitis, recenter appulsis, dependere [illegible], degradabantur, cùm his [illegible] honesto prætextu exercendæ [illegible] jurisdictionis Iesuitis in dubium vocant, licet à Pio V. concessa, & à Legato [illegible] Episcopo Lincolniensi adhuc vivo confirmata, qui postea in carcere pro fide obiit.

Inter alios alia intentans [illegible], qui Dolmannus vocabatur, protrudit librum Titulorū ad Regnū Angliæ supradictū, magno cum Dolmanni periculo. Hunc maximè infensi erant Iesuitæ, quod quò abi, ut post per ipsos summa integritatis viro, maximè pecuniarum summæ in fines eius distribuendæ, committerentur.

Vbi hoc modo Iesuitis persuasum, proclamant statim, se habere facultatem illis plenariam indulgentiam concedendi, pro prima voce, qui peccata Iesuitis confiterentur, & ad istam facultatem inermandam, ex suis devotis, quorum jam numerus accreverat, emissarios adornant. Inde frequentè aliorum pœnitentes ad se alliciebant, & sectatores sibi, quos ipsi non genuerunt. Generales etiam esse volunt confessiones, ut omnia omnium negotia ipsis pateant. Facultates alias promunt, quibus nervis belli contra seculare clerum [illegible], ut jam pater, pecunia comparatur. Vnam, ut in incertis restitutionibus aliquid donetur Iesuitis, & satis fiat: aliam dispensandi, ne bona hæreticis debita, hæreticis restituantur, sed Iesuitis: aliam dispensandi de rebus ad Ecclesiam pertinentibus: aliam permittendi Patronis, ut beneficia divendant Hugonotinis Ministris, temporalia beneficia à spiritualibus separando: Hispanicis viribus se interim sustentatos plenis buccis ostentabant.

Ex Collegiis transmarinis per hoc tempus fecerant ferè monopolia. His artis & intemperiis, Iesuitismum se factam Anglia Catholica miratur & ingemiscit.

Neq; tamen alliis artificiis Iesuitæ vel bilum profecissent, si ad sedem Apostolicam pervius accessus fuisset. Omnes itaq; vie aditum obsepiendæ erant. Surreptionibus omnino aures Pontificis præoccupandæ, quam eo potius nomine novam istam congregationem instituisse credendum est.

De Authoritate summi Pontificis à IESVITIS ad suas machinationes detorta.

MVlta perperam facta fuisse, Apostolicæ sedis authoritate prætensa, eoque dignitate imminutâ, dolendum est, negandum non est. Ne aliquis dubitandi scrupulus Angliis inesset, quinam fore, qui malis informationibus de absentibus uti fuerint usi, inter plurima argumenta, divina providentia quæ illi sedi assistit, effecit, ut malè informato Pontifice, aliqui Anglorum præsentes essent.

Quinque Sacerdotes uno tempore in Angliam profecti, D. Barosbero, D. Martino, D. Hensono, aliisq; duobus, & ad Sanctissimum Dominum nostrum Clementem VIII. pro beneficio one [illegible] adducti, illa sancta et [illegible] Italicè, an omnes illi quinq; cursum studiorum in Seminario absolvissent Robertus Parsonius Iesuita præsens respondit, absolvisse. Sua sanctitas (mirum dictu) idem petiit Latinè, hic rursum sine verecundia respondit, omnes absolvisse, idque Latinè. E quinque autem quinque illi ne unus quidem cursum studiorum absolverat. Sed quid facerent Sacerdotes aliunquè modestia causa tacendum putabant, & mihi fuisse expectabam magis, quàm ut ab eo Collegio dimitterentur, in quo diu detenti & vexati fuerant. Nec expectandum est, ut ex illo Collegio Anglo-Romano aliquis audeat aut valeat si auderet, verè Pontificem, aut institutam ab eo congregationem informare: ubi quisque pæne quàm in carcere, secreta custodiæ mancipatur, non collocuturus cum aliquo secundo, nisi in præsentia tertii exploratoris.

Qui è Collegio dimittuntur pauci sunt, qui neque ad ordinationibus, neq; muniis exeunt. De quibus dubitatur, illi uno vel alio modo præveniuntur. Inter alios D. Tempestus, D. Beasonus, D. Hillus, Romà honorificè dimissi in Belgium venientes, tonsura dati cum à in bene diem incognita, facultatibus à Iesuitis privantur, sicut nunc redito, nec manere, viatico consumpto, nisi dimenendo possunt, nec ad munia suscipienda, ex quibus etiam vivendum esset, in Angliam proficiscuntur quam tamen venienti capti, & pro fide incarcerati, omnes tres illustrem confessorem ediderunt.

Nemini erit Romæ residere, qui Cleri seculari Anglicani causam apud sedem Apostolicam agat, præter Iesuitas, cum tamen temporibus Angliæ, ab Anglorum Regibus ante Romanos pastorem, delegatos.

Anglorum extra Angliam quantum in se erat, sustentationem & æstimationem semper Iesuitæ impedierunt, huiusmodi quidam urgentes, ne quis ad Restorati promoveretur, eosque gradus impediendo propter qui Pontificis dignitatem tuentur, quæ secum ab iis impugnant, eos gradus eorumque suscipere prætendunt, & eò magis, quo gradum altiorem ostentant. Hunc Pontificem benè informatum quis jure eum suspicetur? Sed quæ informatio ab hominibus dignitate & sustentatione privata expectari potest?

Ex Angliis iterum ad Pontificem difficillimè mittuntur, propter agnitae primatis Pontificis periculum, præsertim à Sacerdotibus

bus in angustis aedium privatarum, vel carceratum [illegible] afflictis, angustiatos, quibus etiam nunciolum pecuniae, & porro [illegible] bene non est. Quanta ergo afflictio est, quanta injuria sedi Apostolicae inflicta est, quod literae à Sacerdotibus Angliae propter eorum negotia urgentissima ad suam sanctitatem, intercepta non modo fuerint, sed & impunè? Quid dico impunè? imo, [illegible], Pontifice sciente, volente, docente hic, imò & tamen literarum in Collegio Anglicano. [illegible] ipse [illegible] refert, sed penes eum fides esse debet, [illegible] quem etiam Jesuitae factiosi ardentibus addictis torquere [illegible], nisi narrationibus quibusdam, à Jesuitis conscriptis, statim subscriberet. In iis literis significari fuit [illegible] multi, qui Alano & Cassanensi mortuis, in Ecclesiam Anglicanam irruptà experiret. Inter alias recensebantur insolentissimae quaedam propositiones à devotis Jesuitarum absurdè probatae, & postea à Jesuitis absolutae (quod in [illegible] eorum usitatum est) defensaeque. Vna erat, prostibula Romae apostolica esse atque ipsum Pontificem alia [illegible]. Sixtum 5. fuisse lupum, in cujus [illegible] priorem fortè assimilaverant.

Objicitur in illis literis, aliisque, criminum exemplar Jesuitae in Angliam remittunt, & memoriale Pontifici exhibitum appellarunt. Jesuitarum in Anglia Provincialis Henricus Garnetus in illis literis ne [illegible] veritatis inesse solent; tertia literis ad omnes Sacerdotes Anglicanos protestatos, ut contra illud memoriale [illegible] subscriptis ferant, aquisque ordine ab ipso Pontifice [illegible] praescripto. Trectionem subscriptionum praestare: Primum, omnia in memoriali esse falsa esse. Secundum, omnia in memoriali [illegible] falsa esse. Tertium, omnia in memoriali [illegible] ab illis, non à [illegible] [illegible]. A Sacerdotibus [illegible] [illegible], dissimilitudo conveniendi, persecutione eorum qui sunt extra Ecclesiam, sed magis tyrannide eorum, qui sunt intra Ecclesiam, ut querelae eorum testantur, oppressi; facile erat, aliquas subscriptiones extorquere, quas tamen multi recusarunt. Hoc in literis Jesuitis cedebat, quod devotos ab adversariis internoscerent, & ad omnem eventum subscriptiones extortas, vel emortuas habitere paratos. Nec quomodocumque [illegible] erat posse Pontificium cedi, cum nihil Romae intimatum Jesuitis latere possit.

Quid jam mirabimur, Jesuitas in Anglia Sacerdotibus ad Pontificem missis, praedixisse, exceptionem Romae illos habituros, longè ab illa diversam, qui Missionis [illegible] [illegible] [illegible] nobis Apostolus Gregorius Papa.

Quid jam mirabimur, [illegible] [illegible] subsidia, gratias spirituales, hierarchiam, & illa consequentia, sacramenta, sacramentalia, quae ipsius denique appellationis beatificationis Anglicanae denegata: & Clero olim tam nobili, & tam benè de sede Apostolica merito, infimum quidem gradum Archipresbyteratum, infimo homini (ne nihil gravius dicatur) per surreptionem collatum, praeponi?

Jesuitaeque in castello de Vvisbich, ut Jesuitae [illegible] Gulielmo Vvestono, Primarium in Clero Anglicano comparatum, novum ordinem melioris (si Diis placet) disciplinae inceperunt. Ille novus Ordo inter insolitas scandalosissimas absurditates, quia carebat authoritate Pontificis, à Clero rejectus, [illegible] & praetextum dedit Jesuitis, [illegible] separationem à Sacerdotibus (quae sub meliori judicio verum schisma patent) faciendi. Non videbatur postea expediens, ut Jesuitae non laterent primatus ambiretur, clandestinus Jesuita promovendus erat, & quidem Georgius Blackwellus aptissimus inventus est. Ex eo quales, & ob quae merita à Jesuitis promoveantur, apparebit.

Inter alia multa similia sui Novitiatus exercitia, fecerunt, ut scriberet ad Cardinalem Cajetanum literas, jam cum confirmatione impressas. Earum summa erat, Jesuitas in Anglia & sibi malè audire, idque vexatissimum est. Quae sequuntur, in Lovanio [illegible] [illegible] exponi debebant, non esse videlicet Jesuitarum dementiam aliquid, quin potius omnibus illos [illegible] [illegible] praelucere: aliquam tamen [illegible] [illegible], vel [illegible] confirmatam esse, quod valde noluisset fuisse; [illegible] amplissimis suis [illegible] [illegible] moneret, incarceratus principes, [illegible] [illegible], cum tamen per quam exiguum ab illis [illegible] usus conferretur.

Archipresbytero talliter per Cardinalem Cajetanum, sed nomine Pontificis, creato, qui expressum Pontificis contrarium [illegible] [illegible], & bullam authenticam in re tanti momenti plus quàm necessariam, schismatis postulatur. Ab illis Jesuitis [illegible] factum separationem, vel potius schisma.

Archipresbyter post undecim menses per Bullam Pontificis confirmatus, in causa sua dicat se esse debere judicem: docere in ditionem obedientiæ illi stetisse ante bullam Pontificis fuisse schismaticam Libellos scripserunt, qui Sacerdotes schismaticos esse affirmabant & omnibus conviciis proscindebant, plus quam Pontificis authoritate confirmat: prohibet, ne quis innocentiam suam tueatur, aut Academiæ Parisiensis decretum defendat, quæ expectantes Bullam Pontificiam immunes a schismate declaravit, authoritatem editorum, ut Principes, vel canonem, ut Papa, non deinde usurpat. Edixit, ne Sacerdotes inter se de aliquo re, eo inconsulto, tractent, ne dent, vel accipiant suffragia pro quavis re, ne veniant, aut scribant ad partes transmarinas. Aperte adhuc uno anno est dicere, Nulli Pontifici, aut Principi, præter Archipresbyterum, obtemperetur. Quid enim secutum est? Sacerdotes propter istas malè fatti cerebri insolentias, appellationem ad summum Pontificem fecerunt. Exclamant Jesuitæ, Sacerdotes per [illegible] interpositionem appellationis, Archipresbyteri edictum de non dando vel accipiendo suffragia, violasse, non esse dignos, qui ad altare admittantur, nec qui domibus excipiantur, imo fame tollendos esse, expressis verbis per totam Angliam inter Catholicos urgebant: hinc tertiam separationem, vel potius schisma à Sacerdotibus fecerunt.

Quis crederet eos, qui speciali voto obedire Pontifici tenentur, tria dissidia tam intempestiva, tam illicita, tam supra fidem scandalosa contra illos fabricasse, quos omni modo adjuvare tenebantur, ea verò de causa ut cunque [illegible], quod ad authoritatem summi Pontificis in omnibus negotiis Ecclesiasticis, tanquam ad sacram anchoram recurrendum decreverant!

Sequitur, ut Jesuitarum in Anglia & Scotia molitionum particulares effectus recenseantur, & quæ pro incommodis gravatis premonitibus expectanda remedia.

De Rege Britanniæ.

REx meus, ut sibi videtur, contra Catholicos nonnullis rationibus, bonis omnibus officiis promerendus est. Libellis, rumoribus, molitionibus seditiosis statui temporalis, nullo modo, quod scitur fieri, contra Religionem tentandum est. [illegible] partem expellant, partim [illegible], Magistratus quosdam artificialissima mendacia arbitrantur. Bello se defendi in rebus temporalibus ægerrimè ferentes, vix aliqui Catholico credendum censent, cùm fidelitatem erga Principem profiteatur, vel juramento eam confirmet. Pecuniæ etiam in magna quantitate in alias Regiones à Jesuitis transportatæ, fisco interceptæ, semper, nisi justissima causa appareat, suspiciones dant, authores infidelis esse Reipub. membra.

De Seminariis.

SEminaria Anglicana olim numerosa fuere & florentia: nam Rhemense uno tempore supra CCC. alebat, uno die 80. ad sacros ordines promovit. Libera erat omnium commendatorum admissio, & dispositioni singularis quæ Anglicanæ congruis educatio, quæ quales viros ex Anglia Catholica procuderit, Alanus, Sanderus, Hardingus, Stapletonus, Martinus & innumeri alii testantur. Multi sub Alano fuere Rectores, viri maturi ex Academiarum spatiis, & scholarum municipalium hospitiis prodeuntes, benignè excepti & frequenter exciti. Lectiones frequentes erant & doctæ: omnes Christiano zelo ita ad Anglicanam messem anhelabant, ut difficillime aliqui ad scribendum contra hæreticos, vel legendum, vel confirmandum detinerentur.

Seminaria, ut nunc sunt sub Jesuitis, vel eorum devotis, nec numerum habent competentem, nec Doctores, nec lectores, nec confessarios ex sæculari Clero: viri melioris notæ, præcipuè in Academiis enutriti, non admittuntur. Qui pauci veniunt, in Seminariis cursum Solis (ut appellant) studiorum absolventes, non possunt evadere viri maturi, & profligandis hæreticis pares. Scripturas non exactè callent: Patres non versant, antiquitatis monimenta non tenent: linguarum sufficientem cognitionem non adipiscuntur: varia lectio scriptoribus & concionatoribus, quorum magna semper est penuria, & lectoribus necessaria, non attingitur: hinc ait ipsa, nova quasi hydræ capita indies enascentia explorant tempus destitis studiis: omnia explorationibus, susurrationibus, sollicitationibus optima ingenia franguntur: nec interesse incommoditates, forte unus ex clero sæculari assignari poterit, qui cursum studiorum jam per viginti annorum spatium absolverit.

In Collegio Romano decem fuerunt

sub

sub Iesuitica fecundissimi tumulus. Ex eo Collegio literæ ad Pontificem missæ sunt à studentibus in hæc verba; Collegium nostrum castrum foris, carcer intus, &c. Ex eo Collegio Sacerdotes Dei vincti fuerunt in plateis Romanis. Ex eo Collegio non nemo unde infamis sub educatione Iesuitica, in gentem Anglicanam, in sacerdotalem ordinem, adeoque in ipsum nomen Christianum redundavit. Ex hoc Collegio & aliis sub Iesuitis, proditiones, delationes, sycophantiæ, adulationes in pueris inceperunt, ad omnes Angliæ partes permanârunt. Nemo insignis explorator & perniciosus, qui non fuerit sub Iesuitis educatus. Ante eminentem & prævalentem Iesuitarum coetum, non visa fuerunt in Anglia libellorum famosorum, seditionum, dissidiorum, detractionum nomina: nemo nisi post eos sacerdotium suum inficiatus est, è carcere contra datam fidem aufugit, mendacii publicè convictus est, aut à religione publicè apostatavit.

In Seminariis Hispanicis, omnes honestiores viri & melioris judicii **ad ordinem** sancti Benedicti se transtulerunt, non obstantibus Iesuitarum calumniis contra istum ordinem, & alios omnes in Ecclesia approbatos, præter suum, à Iesuitis insusurratis.

Duacenis seminariis multis in Angliæ Scholis Grammaticalibus splendore, doctrinâ & actionum morali bonitate eminet. Per suasionem admissi, blanditiis, suaverbus, mittit ad Iesuitissimum allicientur, si confessoriis, externa indignissima potestate formant, donec tandem inferveserunt juvenili impetu Iesuitismi prorsus. Qui aperte nolunt ad Iesuitismum transire, ergastula poenas, quæ in Collegio experiuntur.

Restituendum necesse est Seminariis, si inde conversio Britanniæ expectetur, doctrinæ & morum maturitas. Viri apti scribendo contra hæreticos, & docendo alios, si inveniri possunt, destinentur. Academici, & melioris educationis viri, non modò sumptu humanitatis in seminariis excipiendi sunt, si veniunt, sed ut veniant, sunt provocandi. Quod non nisi per Academicos manuum facilè fieri potest; ut sub Alano experientia docuit. Iesuitis non amotis è Collegiis, nihil boni sperandum est, &c. *Hæc multis Monachis & Cleri Anglicani de Iesuitis.*

In Scotia quid actum à IESVITIS.

REx *Hispaniarum* haud diu post mortem Mariæ Reginæ Scotiæ Parmensi Gubernatori in Belgio mandavit, suo nomine Regi Scotiæ pecuniam & exercitum adversus Reginam Angliæ promitteret, ut eò facilius matris mortem ulcisci posset. Ea de causa Parmensis nobilem Scotum, Robertum de Bruße, qui à juventute apud Iesuitas educatus fuerat, in Scotiam multa cum pecunia ablegavit. Eodem tempore advenit etiam in Scotiam jussu Sixti V. Pont. Rom. Dublain Episcopus, qui Infantam Hispanicam Scotiæ Regi in matrimonium offerret, sed eâ conditione, si Romanam Religionem amplecti vellet. In hujus Episcopi comitatu fuit etiam Gulielmus Creichton, qui Lugduni aliquandiu Rector in Iesuitarum Collegio fuerat. Repulsam autem passus Episcopus consilio, virtute & fidelitate Iohannis Metelani Magni Cancellarii Scotiæ, qui Regi suadebat, sibi ab hujusmodi dolis & fallaciis prorsus caveret, domum reversus est. Manserunt autem in Scotia Creichtonus Iesuita, & Brussius sese junxit, eique persuadere conatus est, ut Cancellarium obtruncaret, quod molitionibus Iesuiticis, eorúmque perniciosis vel solus resisteret. Ad quæ Brussius totus exhorruit, ejusque postulatis iniquis & crudelibus prorsus consentire noluit. Hortatur igitur Iesuita Brussium, det ergo ipse coronatos, quos à Parmensi acceperat, tribus nobilibus, qui in necem Cancellarii conjurârint. Sed ne hoc quidem persuadere ei potuit, inquiens, unum & idem esse, sive quis sua manu interficiat aliquem, sive pecunia conducat alium ad cædem faciendam. Cum ergo nullis rationibus expugnari posset, accessit tum Creichton Iesuita apud Fratrem Parmensis successorem, quòd pecunias à Parmensi acceptas dilapidâsset, & in alios usus convertisset. Comprehenditur miser Brussius, in carcerem conjicitur, & menses quatuordecim in eo detentus, tandem liberatur, Iesuita autem impunitus evadit.

De Turbis in Patavina Academia, tum inter Venetos & Paulum V. Pontificem Romanum à IESVITIS excitatis.

CVm Iesuitæ Patavii, & aliis passim publicas in suis Collegiis Lectiones haberent, & hoc modo studiosam juventutem ad se pertrahere conarentur, gravis ea de causa inter ipsos & Academiam contentio exorta est. Tandem Academia illius loci de novatione ista apud Magistratum Venetum Anno 1591. admodum conquesta est, & per delegatum suum Caesarem Cremoninum haec talia proponi ipsi curavit: quod nimirum Iesuitae privatâ quadam authoritate, contra Academiae istius leges ac consuetudinem antiquam & approbatam, peculiare quoddam Collegium seu Anticollegium penitus occultò, sub Pontificatum quorundam à Superioribus in Republ. Venetâ, tanquam à Magistratu suo legitimo, nondum approbatarum seu confirmatarum Bullarum praetextu, introduxerint: unde contentiones inter studiosos per ipsam multae & variae exstiterint: itaque non celeberrimae tantum Academiae despectus haud ferendus, sed ipsis etiam Iesuitarum discipulis illis potentioris ab ineptis istis Praeceptoribus majus detrimentum, quàm emolumentum accederet. Rogare itaque se, ut Anticollegium illud temerariè nec non clandestinè contra leges institutum abrogetur. Ad quos Magistratus ille ejusdem Anni 1591. die Decemb. 23. rescripsit & decrevit ita: *Nostra haec est sententia ac voluntas, ut Iesuitae, nisi inter sese & apud affectos suos, ... habeant omninò nullum, neque statutis ac privilegiis Academiae Patavinae nonnunquam adversentur.*

Controversia inter Venetos & Paulum V. Exorta IESVITIS Authoribus.

ANno verò 1605. inter Venetos, & Paulum V. Pontificem Romanum gravissima, & periculosissima intercessit Controversia, super Constitutionibus quibusdam, quarum renovandarum occasionem Senatui Veneto Iesuitarum artes & doli testamentarii praebuerunt. Cum enim Ecclesiastici, maximè verò Iesuitae Venetiis haberent multa aedificia, & bona alia mobilia, & immobilia, tam in urbe, quàm extra eam sita, ad sese sub titulo testamentorum, aliorumque legatorum, variis technis & molitionibus pertraxissent, & verò bonis spiritualibus adnumerata, ita jam possidere inciperent, ut tributi inde ad Magistratum Politicum nihil amplius, vel parum admodum rediret, Magistratus Venetus, non cum Reip. detrimento maximo distenderent, lege cavendum & in commune animadvertendum censuit.

Hieron. Vendra. Iuvat hoc loco non mea verba adscribere, sed Cl. V. Hieronymi Vendramini Sacerdotis & Theologi Veneti, pro Serenissima Venetorum Rep. ad Cardinalium Romanum Collegium. *Trigintaducenti, inquit, praeter ... & amplius Ecclesiasticorum bona ac facultates aestimantur valere sub Veneta ditione imperio hi quidem, quaecunque in Venetiis urbe ... aedificia quaecunque praedia, agros, domos & caetera hujusmodi meliora pulchriora ac magnificentiora conspexeris, illa Ecclesiasticorum esse certò scias. Quod si ex urbe Veneta solum atque agro extraheres Templa, aedificia, bona, facultates Patriarcharum, Episcoporum, Abbatum, Archipresbyterorum, Plebanorum, Presbyterorum, Monasteriorum, Hospitalium, Ecclesiarum & caeterorum hujusmodi, quae temporibus, quibus Veneta Resp. capta est, vel prorsus nulla extabant, vel certè admodum pauca, illaque omnia simul in unum locum conferas: ac seorsim quidem Templa, domos, aedificia, & caetera hujusmodi opera ponas; seorsim verò praedia, agros, rura, hortos, & similia; quid reliquum Venetorum Civitas ac dominium erunt cum his collata? illa certè Vrbs maxima civitas, haec verò vicus & Provincia per quam angusta apparebunt: & tamen Ecclesiastica illa omnia, vel plura certè Venetae Reip. subditorum erant, ac proinde Venetae; Principes enim in subditorum suorum bona jus aliquod habent. Necessarium igitur Reip. Venetae Patribus his malis medendum, ac legibus cavendum fuit, ne more aviae suae ratiocinantem, & Christi Servatoris Domini [illegible] Ecclesiastici, ubi tandem omnia secularia occupent, ac possideant.* Haecusque Vendraminus.

[illegible]

Iesuitae verò hoc indignissimè ferentes, totum hoc negotium Romam ad Papam Paulum V. perscripserunt.

Compellati igitur hoc nomine à Pontifice, Veneti jure suo cedere noluerunt, sed protestati sunt, sibi in ditione sua supremam jurisdictionem, & facultatem legum ferendarum potestatem, non verò Pontifici competere, &c. Hinc ab eodem acceptò, Pontifex Excommunicationis fulmine eos terruit.

Veneti jure suo cedere nolunt.

Vbi notanda summa iniquitas & hujus Pontificis: paulò ante etiam Clemens 8. lege quoque cavit, ne Deiparae Lauretanae Domui, quae Papistis nihil toto terrarum orbe sanctius, valeat deinceps, aut emere, aut acquirere privatorum hominum agros vel bona, propter easdem causas, quae Venetos etiam ad idem statuendum impulerunt. Conciliari haec non possunt. Idem omninò statuunt ac decernunt Veneti & Pontifex. Rom. Pontificis decreta sancta & inviolata: Venetorum autem blasphema & anathemata judicantur.

Pauli V. injustitia.

Dux verò & Senatus contrà Excommunicatio-

[illegible]

ligationem illam decreto publico pro irrita, injusta & omnino nulla decrevit, quippe quae tanquam brutum aliquod fulmen sine jure & legibus contra principem emanasset esset.

Quia verò Decretum hoc dignum est, ut inter hujus sempiternam memoriam ad posteritatem transmittatur, id hoc loco ex Italico idiomate in Latinum sideliter translatum, adjiciam, & de verbo ad verbum sic habet. LEONARDVS DONATVS, *Dei gratia Dux Venetiarum, &c. Reverendissimis Patriarchis, Archiepiscopis, Episcopis totius Dominii nostri Veneti, & Vicariis, Abbatibus, Prioribus, Rectoribus Ecclesiarum Parochialium, & aliis Praelatis Ecclesiasticis, Salutem. Ad notitiam nostram pervenit, die 17. Aprilis nuper praeteriti, de jussu & sententia Sanctissimi Papae Pauli Papae V. publicatum & affixum fuisse Romae BREVE quoddam fulminatum contra Nos, & Senatum & Dominium nostrum, directum ad vos, cujus tenorem & argumentum, quod in eo continetur. Quapropter cum dignoscamus nos esse constitutos ad conservandum in quiete & tranquillitate Statum nostrum nobis ad gubernandum à Deo datum, atque vindicandum & defendendum authoritatem Principis, qui in rebus temporalibus alium superiorem, praeter Divinam Majestatem non agnoscit; praesentibus hisce nostris literis coram Deo & toto mundo protestamur, nos non intermisisse omnium possibilium mediorum, quibus Sanctitati suae validissimarum nostrarum & indubitabilium rationum capacem redderemus; & primum quidem per Oratorem nostrum apud S. S. residentem, postea verò per literas nostras responsorias ad Breviaque S. S. nobis scripta; & tandem per Legatum expressum, ad hunc finem à nobis missum. Verum quia animadvertimus illius aures occlusas, & Breve illud publicatum esse contra formam omnis rationis, & contra id quod docent sacrae Scripturae, doctrina Sanctorum Patrum, & sacri Canones, in praejudicium authoritatis saecularis concessae nobis à Deo, & libertatis nostrae cum perturbatione possessionis quietae, quam, per gratiam divinam, sub dominio nostro fideles nostri subditi possident, bonorum, honorum, vitae ipsorum, cum non consciendale universali & gravissimo scandalo hominum: idcirco nullo modo dubitamus praedictum Breve habere, ut censere nos possimus pro injusto & indebito, sed etiam pro nullo, & tali, quod sit prorsus plane nullius, & ita invalidum, irritum & ab initio fuisse, ac de facto, nullo juris ordine servato, ut indignum atque injustum sit publicandum, aut contra illud remedium, quibus Majores nostri & alii Principes superiori contra Pontifices usi sunt quosdam potestate sua ipsis à Deo data non debitè ad aedificationem, sed ad destructionem usi fuerint, tam omni sinceritate à nobis & aliis nostris subditis fidelibus, adeoque mente tenere valeamus & reputamus tenerrimos & observantes sui, ut quemadmodum hactenus fidelem curam gessistis animarum subditorum nostrorum fidelium, & cultus divini, quae vobis ex officio incumbit in hoc statu nostro, sic perseveretis, ut in posterum etiam officium illud pari continuetis: siquidem certe constituimus perseverare in sancta fide Catholica & Apostolica, atque observantia sanctae Romanae Ecclesiae, quemadmodum Majores nostri à principio fundationis urbis hujus ad praesens per divinam gratiam perseverarunt. Volumus autem, ut praesentes hae literae, quae ab unoquoque intelligantur, affigantur in locis publicis Civitatis hujus nostrae & aliorum dominii nostri subditorum, quemadmodum illam publicationem, adeo manifestam pervenisse ad universos existimamus, qui praedictum Breve cognitionem habebunt, & pervenisse etiam ad aures Sanctitatis suae: cui speramus, ut Dominus Deus noster inspiret gratiam, qua cognoscat Brevis sui nullitatem & aliorum factorum contra Nos, & cognitam constantiam nostram, & justitiam causae nostrae, augmentet nobis semper animum ad praestandam reverentiam erga sanctam sedem Apostolicam: cujus Nos & antecessores nostri una cum hac Republ. semper fuimus & erimus devotissimi. Datum in Ducali nostro Palatio add. diem May Indict. 4. Anno 1606.*

Iacobus Girardus Secr.

Hoc decreto publicato, Serenissimus Dux & Senatus Clerum etiam suum convocant, & jus Reipubl. eidem exponunt, Pontificiaque Excommunicationis invaliditatem demonstrant, eumque prorsus hortantur, ut curam sui officii Excommunicatione Papalem pro nulla habeat, &c. Clerus antiquus adhaec omnium consensu Reipubl. causam contra Pontificem probat, & de dicto suo praelia publice, cum. Adhaec in lucem libros perscribendos ediderunt aliquot Clerici, in quibus partim defensorum technae & Simoniae artes deteguntur, & graphicè depinguntur, partim verò potestas Papae in temporalibus solidis & fictam libris congruentur impugnatur. Inter hos complures egregiam operam studiosam, quae novavit doctissimus ille & omni literarum excellentissimus et expolitissimus PAVLVS VENETVS, quem honoris causa nomino, cujus Tractatus de interdicto Papae, & Considerationes seu animadversiones in Censuras Papales, & Apologia adversus Bellarminum Principem ejusque & unanimem Declarationem Papam, quibus primum Serenissimae Reipub. Papa Paulo V.

 Seje

Iesu [illegible] opposuit, ab Antonio Quirino Senatore ibidem in lucem edita.

Sed bonus Paulus pessimam hoc ipso à Iesuitis iniit gratiam, qui se simul, & iniurias suas, quas ita vocabant, modis omnibus persequi statuerunt. Conduxerant igitur & pecuniâ corruperunt Ridolfum Pomam, & Michaëlem Viti Sacerdotem, cum duobus aliis Anconâ & Florentinâ oriundis, quorum alter Alexander, alter verò Iohannes vocabatur: hi adoriuntur 5. Octob. anno 1607. Fratrem Paulum Venetum, eumque opprimere, Assassinorum more, in ponte de Santa Fosca conati sunt, quòd eorum conatibus vehementer restitisset, & parum abfuit, quin illum stiletis seu pugionibus suis interemissent: latrones autem fugâ elapsi sunt.

Recentiores verò Religiosi, nempe Iesuitæ, Capucini & Theatini, quorum Regulæ præsentis temporis conditioni accommodatæ sunt, Reipubl. causam damnant, & contra mandatum Senatus Ecclesiastica sua officia occlusis semper templis peragentes, varia moliri, & plebem ad seditionem excitare visi sunt. Fecerunt autem hoc Iesuitæ non aliam ob causam, quàm quòd viderent, se, stante & defensa Reip. Venetæ libertate, stantibusque legibus, nec stare, nec institutum suum obtinere posse.

Proscri. Iesuitæ in æternum [illegible] ditione sua pro[illegible] Dux itaque & Senatus Venetus ut malis omnibus maturè obviam iret, Iesuitas omnes ex urbe & ditione sua certa dimittendos edicto novo in æternum censuerunt, & spem omnem ipsis redeundi futuris temporibus præciderunt; parentum quoque nonnullorum omnes omninò liberos, qui in ea ditione fuerant, è Scholis & amplexibus Iesuiticis, ne diutius inficerentur, avulsos, domum prudentissimè revocârunt.

[illegible] Maii igitur 10. anno 1606. Iesuitæ cum vestimentis, lectulisque & necessaria suppellectile, conscensis navigiis ex urbe Mediolanum versus discesserunt. Post illorum discessum, in Iesuitarum Collegium Canonici ad D. Marcum introducti sunt, Monachis, quos Reformatos vocant, aliorum Collegia occupantibus. Franciscani verò Monachi, quorum maxima ibi frequentia est, nequaquam suis Collegiis sunt deturbati, quòd iussu Veneti, adversus Pontificem [illegible] apertè professi sunt. Atque ita Iesuitæ Papæ Excommunicationem [illegible] idem qui [illegible] quenti [illegible].

Verum hîc quæ hactenus diximus de [illegible] à Iesuitis Venetiis [illegible] maior fidei habeatur, ne ve Iesuitæ aliquid in hac tota narratione fictum à me esse calumnientur, adscribam quædam ex literis ad nos à viro gravi & patriæ amantissimo ex Italia scriptis, in quibus superiora omnia, sed breviter confirmantur: Illis autem sic de verbo ad verbum habent.

Postquam publicatum fuit interdictum Pont. Pauli V. contra urbem & statum Venetum in hunc finem, ut subditi si privarentur exercitio Religionis tumultum excitarent, & ob id Senatum ad ipsi gratificandum compellerent: deliberatum fuit imperandum esse omnibus Religiosis, ut in quacunque Ecclesia continuaretur exercitium consuetum divinum sine novitate ulla. Promptè obtemperatum fuit ab omnibus; & nominatim Iesuitæ responderunt, quod & ipsi divinum cultum continuarent: verum interim per civitatem spargebant, quod publicè Missam dicere abstinerent. Hoc cum cognovissent Magistratus, ipsi ad diem 9. Maij, Anno 1606. arcessiti fuerant, ut certò ab ipsis cognosceretur, quodnam tandem animi ipsis esset, & admoniti, ut Principis mandatum in ministeria sua exequerentur: ipsi se Missam posse dicere negabant promissione quandoquidem hoc suæ non adversetur. Missam neque sub nomine officiorum divinorum non comprehendi. Hoc cognito deliberatum fuit à Senatu, ut Patriarchalis Vicarius ablegaretur, qui res Ecclesiæ ipsorum consignaret, & mandatum daret Iesuitis subitò discedendi. Sequenti [illegible] fuit civitatem gubernatoribus, ut omni ex loco discessum illorum procurarent. Confirmatio superiorum.

Iesuitæ intellecta intimatione [illegible] ad Ecclesias convocarunt suos devotos, & ut postea compertum fuit, inde ingens aurum & gemmarum [illegible] deportaverunt. Tunc vesperum Ministros publicos sibi dari petierunt securitatis suæ causâ: [illegible] ipsi [illegible] fuerunt, [illegible] sub horam secundam noctis, singuli cum imagine Christi ad collum, ad discedendum. Christianam [illegible] Collegia [illegible] reliquerunt, in quibus [illegible] integram diem [illegible] profecto duobus in locis, ubi [illegible] capiant [illegible] fuerunt [illegible], reliquêre plurimis instrumentis, quibus funditur metallum. Quod cum per urbem increbuisset non sine scandalo. Patres Professores paucis diebus post Ferrariâ scripserunt, & [illegible] fuit litera publicè, instrumenta non fuisse, ut funderent aurum & argentum [illegible] sed ut candelabra [illegible] fuit sine barbis.

Præterea Patavii multa exempla inveniebant scripti, quod [illegible] continebant regulas cum doctrinale: Regulæ quædam servandæ, ut cum orthodoxa Ecclesia verè sentiamus. *In harum* 17. *præcipitur* prædicandam aut inculcandam aliam non esse gratiam Dei-

[illegible] debere Ecclesiam Hierarchicam credere nigrum esse id, quod oculis videtur album, [illegible] Denique ut ipsi [illegible] Catholicae omnino unanimes, conformes simus, si quid, quod oculis vestris apparet album, nigrum illa esse definierit, debemus itidem quod nigrum sit, pronunciare, &c. [illegible] Nec [illegible] praedicando aut inculcando gratiam Dei, adeo insistendum fore, ut serpere inde possit [illegible] lethale [illegible] liberi arbitrii nostri [illegible].

[illegible]

prohibuit & professorum qualitate: et iuuentutem omnem, quae liberos suos sub disciplina illorum habebant, per [illegible] & sine mora reuocare neque in perpetuum illos ad Collegia eorum remittere, sub grauibus poenis.

Quum susciperetur tractatus pacis inter Pontificem & Remp. Iesuitae sollicite institerunt Romae & in Hispania praesertim, ut & ipsi tractatui includerentur, in medium afferentes summa fide in Ecclesiam merita, & quod occasione ipsorum tam Papa, tum Hispaniarum Regi [illegible] magnum sit [illegible]. Nam dubitauit [illegible] Confessarius Regius [illegible] Societati omni palam [illegible] Non [illegible], sed à tota Curia [illegible] tempore honorem [illegible] possit, nisi Iesuitae Venetiis restituantur in integrum.

Scriptum quoque sparserunt Romae Italicè, & in Hispania Hispanicè, quod dilatum est Pragae à Patribus Societatis Iesu Nuncio Pontificis & Legato Hispanico residentibus apud Imperatorem, anno 1607. Aprili mense, quando fuit nunciatum controuersiam inter Paulum V. Papam & Serenissimam Remp. Venetam compositam esse, ita tamen, ut Iesuitae à statu Veneto exterminati essent: in quo varia, sed futilia ac vana causae afferuntur quibus probare conantur, non permittendam esse Venetis proscriptionem Iesuitarum ex ipsorum Statu. Id autem sic habet.

Scripti Iesuitarum [illegible] Papam & Venetos.

Quemadmodum Veneti tenuere inobedientiae & schismatis declarârunt se contumaciores esse [illegible] haeresi, [illegible] quaerunt hoc tempore, ut Iesuitae nunquam reuertantur, satis ea ostendunt id, quod Demosthenes [illegible] dicit: [illegible] pacem [illegible] tamen, [illegible] qui destructionis fuerint autores. Quod si igitur hoc ipsis concedatur, malum [illegible] dies [illegible] & [illegible] bellum inde tandem [illegible]. Hoc modo plus lucrabantur, quam quod in principio praetendebant, nempe iurisdictionem in bona & personas [illegible], nunc vero castigandi & [illegible] potestatem consequuntur. Manifestissimum hoc erit signum, Regem & Papam [illegible], nec vires habere ad redigendum ipsos in ordinem, seque victos esse, tam iniquâ [illegible] conditione: unde libertati Ecclesiasticae magnum detrimentum [illegible], sicut etiam authoritati Papae [illegible] causa.

Papae similiter fieret iniuria, permittendo, ut primi, qui ipsi obedierunt [illegible] confunderentur in conspectu totius Mundi inter Catholicos & haereticos, & [illegible] perpetuo [illegible]. Hoc modo [illegible] quod [illegible] publicatum per Mundum, nempe [illegible]

& omnes [illegible] Papae contra se [illegible] esse, [illegible] debere [illegible], quando [illegible] praetendebant, atque etiam [illegible], qui ipsi obedierant, hunc in modum castigari.

Ex altera parte etiam Papa praeiudicat suae authoritati, quandoquidem deinceps non poterit amplius publicare interdictum, quod sit validum, [illegible] cum videant, qui obediunt pro eo quod debent, [illegible] grauiter puniri, nemo Ecclesiasticus amplius ipsi obediet, & ipsimet Iesuitae, qui hactenus in omnibus rebellionibus, quae in quacunque parte Mundi contra Sanctitatem [illegible] & Regem [illegible] fuerunt excitatae, ad ipsis seruiendum periculo exposuerunt facultates & vitam suam, [illegible] perdent animam. Quod facient [illegible], cum videant, se desertos esse, [illegible] tractatos, qui [illegible] se gesserunt.

Praeterea Sanctitas & Maiestas sua dabunt maximum scandalum toti Mundo, siquidem istud exemplum animum addet omnibus haereticis & politicis in quacunque parte [illegible] quidquid contra Sanctitatem [illegible] exemplo sese [illegible].

Quod si forte [illegible] ad procurandam pacem [illegible] scandalum [illegible] in medium [illegible] propositum fuisse, cum tractaretur pax cum Anglia: nunc vero apparet quam fuerit id sine fundamento & ratione. Deinde, si consideretur [illegible] quam hactenus sunt professi, [illegible] Ecclesiasticam, & [illegible] nullo modo potest id ipsis [illegible]. Tertio, non [illegible]. Quarto, etiamsi id fecerint [illegible] propria sua voluntate, ut satisfacerent Principi alicui id ab ipsis postulanti, considerari debet, quam [illegible] & [illegible] Catholica, [illegible] & authoritate [illegible] poterint.

Et si quis diceret, necessario admittendam [illegible] conditionem ut non introducatur in Italiam bellum, quandoquidem ipsi volunt [illegible] subiugare se Papae [illegible] maior [illegible] propagatio haeresium in Statu Veneto [illegible] & periculosioris belli causa erit [illegible] haereticorum & politicorum [illegible], ut in conditione illa [illegible] vitetur quo sicut apparet ex Septentrione, [illegible] omnia [illegible] Sanctitatis & Maiestatis Catholicae. Tertio Veneti [illegible] plures habent [illegible] bellum

In sua

in sua ditione modo exiguo quem habent o ipso defendendum, & exiguo securitate erga suos Vasallos, in re tam pudenda & injusta, ut non debeant habere Papam vel Regem Dominum nostrum, qui inferant ipsis bellum ad redigendum eos in officium, quod atque amplectantur, & videant ex altera parte constantiam & resolutionem, qua ipsis conditio negatur tam indigna & intolerabilis.

De Turbis & varijs Calamitatibus in Bohemiæ Regno à IESVITIS excitatis.

ANno 1609. die Augusti mensis Status Bohemici libello supplici Cæsareæ Majestati oblato, graviter conquesti sunt de Iesuitis, quòd quum non Iesuitæ pertraxissent, & nec tributum de illis solvant, nec onera sustineant alia, multò minus æreis contributionem: quam à subditis exigant ullam facerent; necessitate igitur cogente, sese à Cæsarea Majest. petere, ut adigerentur, ut à prædijs illis in posterum abstineant, & nulla sua absque consensu & peculiari indulto Cæsaris vel nomine, vel ex testamentis, donationibus, vel alia quacunque ratione acquirant & ad se transferant. Sed parum impetrarunt.

Ob quas causas autem Iesuitæ ex Bohemiæ Regno Anno 1618. die 1. Jun. mensis proscripti tandem, & in æternum inde ejecti sint malo Statuum Bohemorum verbis, quàm meis referre. *Prima* est, quòd à multo jam tempore fuerint VASTATORES publicæ pacis & tranquillitatis hujus Regni. Notum esse passim omnibus, & ultra, in quam inclytum Bohemiæ Regnum pejoravit per tot ferè omnes annos, ex quo Iesuitica Secta idem Regnum fuit ingressa, vexatum perpetuò fuerit, & quam frequentes mutationum vicissitudines perturbationesque subierit, eaque omnia Status pariterque subditos eorum, & alios Regni incolas quoque suo incommodo persensisse, capite & multa bona expetaque exponere debuisse. Addunt, comperisse se ipso facto; ejusmodi ærumnarum nullos majores authores esse, quàm virulentæ Religionis Iesuiticæ homines: proinde quàmdiu hæc secta in Regno sit permansura, nunquam supradictis calamitatibus finis imponi; nec pax in Regno diuturna esse possit: sed tam ipsa Regia Majestas, quàm Status ipsi perpetuò de cervicibus & bonis omnibus suis periclitaturi. *Secunda* causa proscriptionis Iesuitarum ex Bohemiæ Regno est, quòd studio stabiliendæ Romanæ Sedis, omnia Regna, ac Mundi hujus terras jugo ac potestati ejus subjicere omni adnituntur. *Tertia*, quòd Magistratus politicos alios contra alios concitent, ac tam inter Status eorum ipsorum Religionis professione diversos, quàm inter Magistratus & subditos, dissensiones & dissidia excitent: ipsosque subditos contra Reges consilijs, doctrinis & pollicitationibus, etiam ipsius gloriæ æternæ acquirendæ ac purgatorij ignis evadendi armant. *Quarta*, quòd per confessiones arcana omnia referre, atque in conscientijs hominum dominari, etiam ad illicita compellendo confitentes. *Quinta*, quòd exemplum Templariorum secuti, insignia quæque bona, suo usui vendicent. *Sexta*, quòd administrationi seculari in omnibus sese ingerant. *Septima*, quòd omnes, qui Romanæ Ecclesiæ colla sua subjicere & Papæ parere nolunt, Hæreticos proclament: eisque fidem habendam esse nullam palàm doceant. *Octava*, quòd ejusmodi crimina ac seditiones Societatis Iesuiticæ jussu reddantur etiam ab externis Regnis ac Provincijs, specialiter in Gallia, Anglia, Venetia, Venetijs, Belgio alijsque Sacri Romani Imperij Provincijs. *Nona*, quòd non obstantibus Majestatis literis, à gloriosæ memoriæ Cæsare Rodolpho pro libero Exercitio Religionis concessis; nec non initæ & à Sacra Cæsarea Majestate super eadem & cum cæteris Catholicis Statibus conventione, partem sub Vtraque in concionibus & scriptis audacter scommatis proscindant ac lacerent, verba earundem literarum pervertant, & contrariè explicent. *Decima*, quòd concessione Literarum Majestatis Religionis Statuum in Bohemia concernentium, interponendam fuisse judicem authoritatem Romani Pontificis, qui tamen nec in Statûs sub utraque multò minùs in Regem ullum jus habeat. *Vndecima*, quòd Iesuitarum instinctu & consilio sub Vtraque subditi Regis, aliorumque Dominorum Papisticorum, carceribus, alijsque modis ad Romanam Religionem capessendam adacti fuerint, Templaque & cæteræ ditiones Vtraquistarum in eorundem Papisticorum Dominorum quibusdam locis sublatis, omniaque officia præcipua, tum Regis, quàm Regni & Civilia personis Religionis sub Vna distributa, Vtraquistæ è contra, qui sese pro conscientiæ debito interposuerint, officijs ac dignitatibus suis magno cum præjudicio [illegible] inierant. Concluserunt, quod admonitus [illegible] Papalis quibusdam, perfidis patriae filiis, sicuti pene omnia [illegible] instinctu & [illegible], totum Regnum, ut praecipuè pars sub Vtraque ad extremum propè interitum esset adducta, [illegible] ex [illegible] [illegible] sua lucta, quam erga Verbum summi [illegible] sub Vtraque gerere dignatur, [illegible] praevaleret.

[illegible] Haec est summa Decreti Statuum Bohemiae contra Iesuitas: Ipsum vero Decretum de verbo ad verbum Latinè sic se habet: *Omnibus tribus sub Vtraque Ordinibus satis constare, quanta pericula & incommoda [illegible] Regnum [illegible]*

[illegible]

In hujus Decreti sententia Status Bohemiæ postea constanter perseverârunt semper: nempe, Ne Societas hæc in Regnum posthac unquam recipiatur: et ab officiis & muneribus removeantur & excludantur, ac bona illorum in alios usus convertantur.

Huic verò, quantumvis justissimo Decreto ac sententiæ, hisque accusationis gravissimis capitibus, & caussis æquissimis proscriptionis Iesuitarum ex Bohemiæ Regno, quidam Anonymus Iesuita opposuit Apologiam pro Iesuitis, Viennæ Austriæ editam, in qua omnia simpliciter negat ac pernegat, quæ ipsis in Decreto imponuntur crimina, merasque calumnias & commentitiones esse dicit. 1. Negat enim primum ac tertium Accusationis caput, Quòd Iesuitæ sint perturbatores publicæ tranquillitatis, dissensionesque, turbas & dissidia passim excitent, &c. quodque subditis, vel aliis quibuscunque potestatem tribuant Reges & Vassos Domini invadendi, atque ad id facinus perpetrandum animos eorum pollicitationibus vitæ æternæ [illegible], aut evitandi purgatorii accendant. Dicit hanc impiam & blasphemam doctrinam, nunquam in Scholis Iesuiticis auditam, nunquam in scriptis eorum lectam, nunquam mente conceptam, sed patribus studiis ac animis à Iesuitis ubivis locorum damnatam esse: Addit hac adhibita exceptione, NISI IMPIE SENTIANT AC TYRANNICE Reges & Vassos Domini in Tyrannorum formentur. 2. Negat Anonymus secundum ac septimum Accusationis caput: Quòd Iesuitæ omnes Reges mundi, Romanæ Sedi subjicere satagant, eidemque non obtemperantes Hæreticos pronuntient, &c. Addit, Iesuitis manifestam injuriam fieri, si dicatur, eos docere, hæreticis fidem nullam, ac ne juramentum quidem servandum esse. 3. Negat quartum, undecimum & duodecimum Accusationis caput: Quòd Iesuitæ conscientiis hominum dominari, atque eos ad illicitas compellere omnia suo arbitratu confiteantur, &c. 4. Negat [illegible] sextum caput Accusationis, Quòd Iesuitæ insignia quæque bona ad se trahere, & sensim administrationi sese ingerere soleant. 5. Negat septimum Accusationis caput, Quòd perversa Iesuitarum technæ connexæ sint exteris etiam exempla Galliæ, Angliæ, Hungariæ, Venetorum, Belgii, &c. 6. Negat nonum ac decimum Accusationis caput, quòd literis Majestatis sensum pendulum ac [illegible], facta interpretatione, ad judicium adducere tentaverint, &c.

Hæc omnia Anonymus iste Iesuita negare non erubescit, quæ tamen lippis, ut aiunt, ac tonsoribus sunt notissima, uti ex toto hoc opere nostro Lector intelliget: & paulò infra exempla hujus generis plura referemus, sub hoc titulo: Iesuitæ multa à se & aliis Papistis perpetrata, & dicta & scripta impudenter negant juxta illud Comici, *Si fecisti Nega*. Hic enim illorum mos est, si quæ [illegible] nequeunt, ut ea simplici negatione satisfecisse [illegible] apud suos homines nimium credulos [illegible].

Sed concludam hunc locum: Aut mentiuntur Status Bohemiæ, qui talia conqueruntur in suo Edicto de Iesuitis: aut Anonymus noster, qui ea omnia negat, simpliciter. Sed prius est falsum: quis enim tantis, tantæque auctoritatis, fidei existimationis viris mendacium argueret? Ergo verum est posterius.

Anno verò 1618. ex Moravia quoque sequenti Decreto proscripti & ejecti fuerunt.

DECRET wider die JESUITER in Mähren / dero. [illegible] Anno 1619. ergangen.

WJr N. N. N. die Herren / Ritterschafft / vnd Personen auß den Landen vnd Inwohnern / deß Marggraffthumbs Mähren / so der Evangelischen Religion zugethan / den Leib vnd Blut vnsers Herren vnnd Heylandts Jesu Christi sub utraque empfangen / vnnd anjetzo bey der [illegible] versamblet seyn. Thun kundt vnd offenbar mit diesem Brieff jedermänniglichen / die [illegible] oder hören / [illegible] welcher massen vns von den Herren Ständen deß Königreich Böheim dieses nit nur allein durch die in truck außgegangene Apologiam / sondern auch [illegible] vnd mancherley [illegible] [illegible] worden / [illegible] ist / was für gewaltige [illegible] durch anstifftung der Jesuiter [illegible] / wie in demselben Königreich Böheim / also auch in andern Ländern vnd Provintzen [illegible] vnd [illegible] worden: Also daß viel [illegible] vnd leben [illegible] / auch sie die Jesuiter grosse vnd gewaltige [illegible] vnd [illegible] zu [illegible] der gantzen [illegible] / daß von ihnen den Jesuitern [illegible] durch welche das Marggraffthumb Mähren [illegible] ist nur allein [illegible] / sondern auch [illegible] gebracht ist / [illegible] vnd falschen [illegible] / vnd [illegible] sie /

mehr /

[illegible] Jesuiten auß diesem Marggraffthumb Mähren auff ewig zu proscribieren vnd [illegible]. Derowegen wir euch Rectorn/ Magistern/ Schulmeistern vnd allen Jesuiten/ die sich in diesem Marggraffthumb Mähren/ es sey in Stätten/ Märckten/ Dörffern/ oder an welchen Orten es wölle/ auffenthalten/ hiemit ernstlich anbefehlen/ daß ihr denen von vns zu euch abgefertigten Commissarien [illegible] alsbald [illegible]/ ohn alle außflucht gutwillig die Schlüssel von den Kirchen vnd Collegien antworten/ vnd euch von dannen [illegible] dieses Patents auß diesem Marggraffthumb Mähren hinweg packen/ vnser liebes Vatterland räumen vnd meiden/ keiner aber [illegible] [illegible] in diesem Marggraffthumb Mähren finden lassen sollet.

Wo sich aber einer [illegible] in diesem Land/ [illegible] [illegible] ohne alle gnad vnd [illegible] [illegible] [illegible].

Dessen [illegible] haben wir [illegible] [illegible] Herren [illegible] vnd [illegible] auß den Stätten [illegible] Insiegel [illegible] Patent auffdrucken lassen. Geben in der Statt Brünn [illegible]. Anno 1619.

Similiter Iesuitae ex Hungaria [illegible] ab eadem [illegible] Anno 1619. ab Evangelicis Statibus seu Ordinibus hoc Decreto.

DECRET wegen der JESVITER/ wie dieselben auß dem Königreich Hungarn [illegible] vnd außgeschafft/ vom 16. Junii Anno 1619.

Die Herren Evangelischen Stände deß Königreichs Hungarn [illegible] [illegible] Jesuiten [illegible] in das Königreich [illegible] [illegible]

[illegible] Hungarn [illegible] [illegible]

Wann dann die H. Stände deß Königreichs Hungarn [illegible]

[illegible]

[illegible] Semerum [illegible] postea subinde [illegible] [illegible] quod sit [illegible].

Paulò post hoc Decretum in Comitiis Vratislaviæ à Protestantibus Silesiæ Ordinibus habitis Decretum inter alia quoque de Jesuitis Provincia sua proscribendis factum est, Iohanne Christiano Duce Lignicensi programma ejusmodi publicante. *Non dubitamus, quin Principes & Ordines utriusque superioris & inferioris Silesiæ Augustanam Confessionem amplectentes omnes, in recenti adhuc memoria habeant, quid anteactis temporibus, maximè verò [illegible] anno 1610 [illegible] à Cæsare [illegible] [illegible] [illegible] [illegible] Regionibus [illegible] additâ majorem numerum, qui à Sede [illegible] ei maneri accommodarentur, expellendi partis & pulverem efferre, prolixa demonstratione. Sed [illegible] Dei mentem Cæsaris [illegible] Regiones ista à Jesuitarum [illegible] liberatæ & prohibitæ fuerint, etiam tamen [illegible] [illegible] [illegible] & deplorandam [illegible] quàm probandam esse. Quid in [illegible] Bohemiæ Regno ab ipsis factum [illegible] fuerit; tandem enim jam effectum [illegible], quàm plena sint [illegible] Christiana Regna [illegible] [illegible] [illegible]. Quod [illegible] [illegible] factum, dum [illegible] [illegible] [illegible] Regionibus suis proscripserunt, item & illis [illegible] Principes & Ordines Silesiæ Protestantes [illegible] [illegible] [illegible] [illegible] [illegible] [illegible] ad alia [illegible] Regna [illegible] Regiones [illegible] [illegible] [illegible] [illegible] [illegible] [illegible] Ne igitur [illegible] [illegible] [illegible] [illegible] [illegible] [illegible] [illegible] [illegible] [illegible] [illegible] [illegible] Catholicæ [illegible] [illegible] [illegible] [illegible] [illegible] [illegible] Augustana Confessionis [illegible] [illegible] [illegible] [illegible] [illegible] [illegible] [illegible] [illegible] [illegible] [illegible] [illegible] [illegible] [illegible] [illegible] [illegible] pace & tranquillitate [illegible] [illegible] [illegible] [illegible] Principibus [illegible] flammis alias publicè puniri faciat. Omnes igitur & singulos monemus, ut diligenter hoc Edictum observent, nec quisquam vel contra faciat, vel contra fieri quocunque ratione permittant.*

De Proditionibus, Turbis, Seditionibus in Polonia à IESVITIS excitatis.

De tumultibus in Polonia motis passim rumores audiri sunt. De Rege quidem eorum moderno Sigismundo omnes, qui eum propius noverunt, testantur, a[illegible] illo mansuetius, nihil humanius, minimèque fingi posse. Hunc tamen tam popularium nationi doctum virum & facetum Iesuitarum [illegible] corrupit & intercepit, ut primum animum ejus & hæreditarium Regnum ab ipso prorsus abalienaverint, quod [illegible] hæresis, quam vocant, Lutheranam [illegible] jusjurandi [illegible] Sueciam, [illegible] [illegible] [illegible] Regnum [illegible] Poloniæ, quod ad eundem [illegible] [illegible] [illegible] [illegible] [illegible] [illegible] [illegible] pernicioso dissidiorum replerunt ita turbatum, ut & Rex & Regnum ex æquo vexati, ac gravibus quidem periculis expositi fuerint.

Refert eques Polonus Papisticæ Religionis in Oratione sua, quam in frequenti Procerum ejus Regni Conventu habuit, quamque paulò infra integram adscribemus, Cracoviam urbem celeberrimam, domicilium atque ornamentum totius Regni ita vexatam fuisse à Iesuitis ut plurimi viri boni, quantumvis Catholici, affirmarint, se malle in sylvis inter feras vitam degere, quàm in illa civitate versari. Conspiratione enim facta, cujus Iesuitæ autores atque duces extiterunt, magnâ vi atque impetu tamdiu [illegible] irruerunt, quæ una in tota urbe monumentum [illegible] [illegible] & Evangelicis concessa fuit, ex Regis & omnium Procerum permissu & approbatione. Apparebant etiam aliquot diebus flammæ, quæ per multas urbis partes sparsæ, totæ urbi interitum minabantur. Audiebantur clamores, prædas, [illegible] [illegible] [illegible] quorum etiam verisimile Iesuitæ auctores [illegible] vestibus induti, ne agnosci possent: totaque urbs in summo periculo versata fuit, à quo nonnisi Iesuitarum adventum tutissima fuit. [illegible]

Polonia, quæ civitas Poloniæ insignis est, [illegible] Iesuitarum, Templum Augustanam confessionem profitentium, quæ deleto sæpè sorcibus conati sunt, non successit tamen ipsis propositum, excubantibus ad facinus semper impediendum. Anno autem 1606. Maij die 13. Iesuitarum discipuli, trecenti ferè numero, instinctu suorum superiorum & præceptorum, unà cum aliis conspiratione, sub vesperam impetum cùm in Templum illud fecissent, custodes quidem & excubitores in fugam facilè conjecerunt, postmodo perfractis vi summis foribus subsellijsque Templi in unum locum congestis, incendium excitarunt, quo totum illud ædificium in cineres brevi tempore versum est, sævientibus interim interopera Catholicis illis, ut extinguendo incendio operam dare civis non auderet. Ferventibus hisce rebus, quidam in Xenodochium irruerunt, ægrotos vi summa inde exturbârunt, fornacem, scamna, mensas, fenestras & alia dissiparunt, & perfregerunt, malè affectorum suppellectilem abstulerunt partim, partim per plateas disseminârunt, & ita sese gesserunt, ut facinus nullum tam abominabile ipsis malus inspirare potuisse genius videretur, quin in actum illud statim producerent perficerentque. Æde igitur hac subversâ & vastatâ, qui confessionem Augustanam profitebantur, in aperto postmodum & patenti campo conventus, sacraq; sua celebrare coacti sunt, cumque ibi rursus sese satis ab injuria tutos ex minis atrocioribus colligerent, scloppis semper hastisq; & gladijs armati ad exercitia concionum processerunt, rei totius serie Warsoviam ad Ordines delatâ. Cæterum Iesuitæ, ut sese aliquo modo purgarent, missis ad Regem legatis, non potuisse se discipulos suos in officio continere, qui Religionis Catholicæ zelo accensi Templum illud dirutum modis omnibus voluissent, [illegible] petentes simul ut [illegible] reparatio templi inhiberetur, metuere enim sese, illud quam [illegible] repertum [illegible] evitari vix posse. Contigit non in hac solum civitate, sed & alibi [illegible] libere [illegible] Iesuitas agere, nec esse qui in eos animadverteret, ut nobilitas videret ad Comitia Varsoviæ paulò post celebranda comparere [illegible] Poloniæ Proceribus [illegible] de reformanda hac [illegible] deliberaretur.

[illegible] Thorunæ, [illegible] Borussia ad Vistulam [illegible] Templo, [illegible] Ordines cum Plebano quodam de possessione & jure Patronatus Ecclesiæ ad S. Ioannem multis annis [illegible] sunt. Convenit autem tandem inter eos, ut Plebanus quidem solus in domo parochiali habitans, Templum teneret, ministeriumque Ecclesiæ per Ministros suo more hactenus usitato constitueret, jus verò patronatus penes civitatem & Ordines ejus permaneret, in cujus rei confirmationem non solum literæ confectæ sunt, quas Episcopus quidem Culmensis, quemadmodum etiam Culmensis Capitulum subscriptas sigillis suis obsignârunt, sed & diploma à Rege, Ordines, quo debitum civitati jus patronatus de novo confirmatum est, obtinuerunt. Postquam igitur jam Plebanus ille possessionem Ecclesiæ domusque parochialem, certis tamen cum conditionibus, obtinuit, Episcopus statim Culmensis, contra conventionis literas [illegible], duos in aulam parochialem Iesuitas, alterum qui confessiones audiret, & alterum qui concionaretur in Templo introducere, Plebano ex domo illa [illegible] est. Ordines verò hoc videntes, solenniter contra [illegible] protestati, Plebanum, qui immemor contractus ab utraque parte initi, Iesuitas iterum removeret, monuerunt, intercessione totius Regionis in Comitijs publicis adhibitâ. Cæterum monitionibus & intercessionibus illis non solum nihil proficere hactenus potuerunt, sed & præter duos illos Iesuitas, subinde alij advenerunt, qui occupatâ aulâ parochiali, clam Ordinibus Civitatis, privilegium tandem aliquod obtinere conati sunt, quo Templo illo Iesuitarum Ordini attributo, Plebanus quidem Vicarius promoveretur, possessione verò Ecclesiæ una cum domo parochiali & schola Iesuitis relinqueretur, clavibus Ecclesiæ [illegible] in manus eorum traditis & oblatis. Hoc facto Iesuitæ, aucto indies magis magisque numero suo, viduarum & pupillorum domus emere, scholam aperire, & Collegium in civitate constituere amplius non dubitârunt, usurpatâ peculiari jurisdictione, unde crebri [illegible] per plateas & vicos civitatis tumultus, Iesuitis quidē ipsis multa insidiosè molientibus, discipulis verò eorum omnē petulantiam exercentibus, civesq; injurijs & contumelijs variis afficientibus, [illegible]. Ordines igitur civitatis, ne jure suo per conniventiam sese ipsos privarent, consiliū [illegible] ceperunt, quomodo [illegible] molestis illis hospitibus cives suos liberarent. Missis igitur 12. Octob. die ad Plebanum aliquibus, eum de [illegible] contractu admonentes, [illegible], secundum contractum illum [illegible] in Eccle-

sia

lis & aula parochiali cum quidem relicturos, Scholam etiam, quam tanquam propriam civitatis domum, presbiteri hactenus obtinuissent, imposterum etiam, donec hanc de Republica promeriturus esset, ei relicturos, verum ut Iesuitas, tanquam hujusmodi hospites, qui Ecclesiam parochialem jure patronatus spoliare, & Plebanum ipsum possessione Templi per insidias evacuare, molirentur, & in commutationem status publici, collegium aliquod instituere scholamque aperire, propriâ authoritate sua essent, removerent domoque illis parochiali & Ecclesia interdicerent, vehementer postularunt. Cùm verò eo quidem die resolvere se Plebanus non posset, sed ad Episcopum negotium hoc relaturum se diceret, non expectandum diutius rati Ordines sequenti statim die quosdam, qui in integrum eum restituerent, ablegarunt, quod ipsum quidem illi facili & lubenti animo passus est. Cæterum hoc facto expetierunt postmodum Ordines, agentes cum Iesuitis, ut sponte sua domo parochiali cederent, & à Templo Scholaque in posterum abstinerent, Ordines enim civitatis nolle eos tanquam turbatores publicæ Ecclesiæ securitatis jurisdictionisque diutius in parochiali sua ferre, [illegible] tamen ipsis interdictum nolle, donec quietos sese, velut hospites decet, intra suos terminos contenturi essent. Plebanus igitur mentem hanc & intentionem Ordinum Iesuitis exposuit, qui scholam quidem claudere & collegio abstinere statim promiserunt, dummodo domum parochialem retinere & ministerium Ecclesiasticum peragere sibi permitteretur. Verùm cùm non contenti hac Iesuitarum resolutione Ordines urgerent Plebanum, ut sincera integritate observata, ad statum pristinum omnia revocaret, quo & jus patronatus maneat integrum, & decretum Regium firmum ratumque conservaretur, coacti sunt tandem Iesuitæ, & clavium restitutionem Plebano facere, & ministerio deinde tam in Ecclesia quàm in schola sese abstinere, atque ita tandem domo parochiali cedentes discipulis suis valedixerunt. Accidit autem porrò ut orator quidam Regius ad civitatem in causa quadam ablegatus, Culminensem secum Episcopum adduceret, qui in aulam parochialem cum suis, quod hospitium à multis annis in urbem veniens habere solitus est, divertit. Iesuitæ igitur hanc suis rebus occasionem commodam fore putantes, sequenti statim die Confessionariis operam dare & concionem iterum habere die Solis [illegible] sunt. Ordines igitur hoc intellecto, ad Episcopum statim aliquos miserunt, qui eum rogarunt, ne post discessum suum Iesuitas eo loco relinqueret, addita denunciatione, si remanentibus ibi Iesuitis contumeliæ vel detrimenti aliquid à civibus inferatur, propterea ut id præcaveri [illegible] fuerat. At verò Episcopus neglectis hisce omnibus non solum Iesuitas duos vel tres, post discessum suum, in domo parochiali reliquit, sed falsum conductum à Rege pro illis impetratum Senatui exhiberi curavit. Cùm autem Iesuitæ conductum illum ad malam informationem impetratum esse, nemo dubitaret, Ordines statim contra protestati, scriptum publicum ad valvas Templi: cujus quidem sententiæ, quòd Regem melius informare, & de jure suo cedere ne latum quidem unguem cogitarent, affigi curârunt, ut ita nihil proficere machinationibus suis amplius valentes, domo parochiali cedere iterum necesse habuerint.

Consilium *datum* Proceribus Poloniæ, *de recuperanda, & in posterum stabilienda* Pace Regni Poloniæ *per* IESVITARVM *ejectionem*.

QVamvis tumultus in Polonia aliquomodo sedati à Rege fuissent, Iesuitarum irrequieti ingenij, artibus ac studijs maxima ex parte excitati, Anno millesimo sexcentesimo septimo promissione & spe Nobilitati de Comitijs instituendis factâ, quibus deliberatio malis hisce tempestivè adhibendo susciperetur. Nobilitas tamen cùm inani ac vana sese spe quasi lactari, & promissa Comitia de die in diem differri videret, magnâ copiâ denuò Anno eodem ad Prosoviciam civitatem, quatuor milliaribus Cracoviâ distantem, ubi regia quædam Curia est Conventibus Nobilium celebrandis jam olim destinata, confluxit, & novo Consilio instituto, quæ malo huic medicina adhibenda potissimum esset, deliberare cœpit. Inter varias autem consultationes scriptum quoddam Proceribus ibi congregatis Polonicâ linguâ exhibitum fuit, in quo auctor palam profitetur inter alia, Iesuitarum practicas & artes multivarias & cruentas, omnium in Polonia turbarum ac motuum causam primariam esse. *Si molitum, inquit, in præfatione, publicarum Regni nostri causa internæ & fœdæ dissensionis perpendamus, primam certè, & omnium maximè principalem Iesuitarum*

rum

rum exquisitissimas artes, & astutissimum ea-rumque sibi subiectorum ad caecam suam [illegible] dispositionem facile [illegible] prehendat: alter, ut quicquid usquam malorum in Republica nostra praeteritis annis acciderit, magna ex parte soli illud Iesuiticis artibus imputandum veniat. Ad hæc autem demonstrandum, ostendit primò, quàm institutum Iesuiticum liberæ Reipublicæ inimicum & adversum sit: Deinde quàm periculosè Iesuitæ hactenus statum politicum non solùm in Polonia, sed hinc inde per universam Europam turbârint & labefactarint. Ex quibus tandem colligit, pacem nec constitui nec stabiliri posse in Polonia, quamdiu Iesuitæ in ea maneant, proindeque eos inde expellendos, nec amplius recipiendos: & quæ in contrarium tempestivè pro Iesuitis obijciuntur, refutat solidè. Quia verò Consilium hoc suo Scriptum sublatum est, ideo jam in paucorum manibus versatur, totum adscribam in Lectoris gratiam, ut inde Iesuitarum artes, dolos, imposturas, fraudes, impudentiam, audaciam, studia denique omnia cognoscat & intelligat. Verba authoris hæc sunt.

Executio Concilij Tridentini caput malorum [illegible]

Præterea Poloniæ Regni turbas ex ejusdem generis morbo provenire, quo hodierno seculo omnis Europa periculosè laborat. Certum est, omnes Europæ tumultus & intestinas [illegible] 20. et amplius annis per Executionem Concilij Tridentini excitatos esse, & ex eodem ortum traxisse. Si fuere bellum [illegible], quod inter [illegible] Regem [illegible] ortum est, & [illegible] exceptum.

Hic [illegible] est illa pestilens [illegible] Pandora, ex cuius [illegible] omnes [illegible] calamitates hactenus mihi [illegible], ita tamen ut non tam ipsa Concilij executio, quàm [illegible] parere.

[illegible]

[illegible] alterum [illegible] igitur habere, Executionis modus in decreto [illegible] rebus hactenus fuit expositum. Primum [illegible] sunt, quibus hæc cura incubuit, ut illius Regis & familiæ, quorum in [illegible] adnitens, [illegible] ad Concilij Tridentini executionem exstimularent. [illegible] est illa famosa Catholicorum [illegible].

64.

Deinde [illegible] per artes & qualitates homi[illegible], quæ [illegible] Polo[illegible] [illegible], vel populorum [illegible].

Hic ratione prædictæ Concilij executio[illegible]

[illegible], quantum [illegible] ad [illegible] [illegible]. Quæ [illegible] [illegible], quod [illegible] peculiari fortuna [illegible] [illegible] Alexandri [illegible] [illegible] & [illegible]. Nam [illegible] pro ratione præsentis Europæ [illegible] tamen [illegible] [illegible] extra [illegible] [illegible], quibus tamen non [illegible], [illegible] per prædictum Concilij [illegible] [illegible], [illegible] [illegible] fuit: sed ea [illegible], ut [illegible] turbas quidem longè maximas & [illegible] utique gentium in [illegible], [illegible] tamen nunquam [illegible] [illegible].

Vide Reges Catholicorum [illegible]

Regum enim [illegible] partim per [illegible], partim per [illegible] & [illegible] modo [illegible] & [illegible]: [illegible] tamen [illegible] Regnorumque Europæorum [illegible] [illegible] est, ut [illegible] [illegible] [illegible] [illegible]. Cùm [illegible] Regis [illegible], qui se [illegible] ad prædictam Executionem [illegible], [illegible] illud [illegible] nunquam [illegible], ut [illegible] non sub privato commodo quæsiverunt. Sicuti non [illegible] in Gallijs [illegible], [illegible] Philippus Hispaniæ [illegible] Catholicorum [illegible] [illegible] & [illegible] est [illegible]: [illegible] tandem [illegible], [illegible] sub hoc [illegible] Galliæ Regnum [illegible]. Cùm enim animadverteret, [illegible] non [illegible] ab imperio Hispanico [illegible], [illegible] personas, [illegible] [illegible], [illegible] [illegible], ut [illegible] [illegible]. [illegible] [illegible] [illegible] est, [illegible] [illegible].

[illegible]

[illegible] plura exempla addere possem [illegible], quæ [illegible]. [illegible] ergo [illegible] & [illegible] Regnum [illegible] [illegible] [illegible] [illegible] [illegible], per quam prædicta executionis [illegible], per se haud facile [illegible], & [illegible], de quibus dictum est, [illegible].

Idem fere in reliquarum [illegible] accidit. Cùm enim Tridentina [illegible] non solum diversas Religionis [illegible], per universam [illegible] Europam [illegible], sed etiam [illegible], [illegible] privilegia, libertates, leges & mores [illegible], [illegible] circa [illegible] [illegible] [illegible] [illegible].

Quæ omnia tamen à profundis ingeniis, quibus hæc Prouincia non vitia defectum demandare [illegible], non solum mala, sed [illegible] [illegible] & quocunque [illegible] con[illegible]. Hæc ergo [illegible], hæc [illegible], hæc [illegible], hæc [illegible] [illegible] fatalibus [illegible], quibus nostro tempore [illegible] [illegible], [illegible] ex [illegible]. Id quod omnino [illegible], quæ hæc [illegible], [illegible] [illegible] [illegible] & non aliquam calamitatem [illegible] [illegible], quo [illegible] [illegible] [illegible], [illegible] [illegible] allegans.

Videamus nunc ergo num [illegible] nostrorum Polonorum eadem ratio sit, & num eidem generali causæ adscribi queant. Id quod [illegible] [illegible] difficulter [illegible]. Ego tamen aliud [illegible] afferre, & [illegible] [illegible] hac probationes affero.

Certum est, Clerum Polonia non minori [illegible] laborare, ut Concilij Tridentini decreta [illegible] Regnum executioni mandentur [illegible] [illegible] [illegible] [illegible] [illegible] habemus [illegible] [illegible] partibus laboratum fuit.

In hunc [illegible] & non alium [illegible] post [illegible] [illegible] Regnum Synodus [illegible] [illegible] [illegible] [illegible] [illegible] Polonia [illegible] [illegible] Tridentinis [illegible]. [illegible] [illegible] [illegible] [illegible] [illegible] in Regno administrationem [illegible] [illegible]. [illegible] [illegible] [illegible] [illegible] [illegible] saltem nomine suspecta fuerunt, quod [illegible] [illegible] [illegible] [illegible] & [illegible].

Sed nec illud [illegible] [illegible] esse potest, [illegible] [illegible] [illegible] [illegible] [illegible] fuisse, ut Reges Poloniæ prædicta [illegible] [illegible], [illegible] cum Domo præcipuè Austriaca quam [illegible] [illegible]. Ex quo [illegible] [illegible] [illegible] [illegible] prædicta Executione [illegible] [illegible] [illegible]. Et quo [illegible] [illegible] [illegible] [illegible] & in ordinem [illegible] [illegible] videbatur, [illegible] [illegible] [illegible] [illegible] [illegible].

Harum vero [illegible], post [illegible] illam [illegible] in [illegible] [illegible] sunt, aut [illegible] [illegible] [illegible] exciderunt. [illegible] [illegible], [illegible] [illegible] [illegible] [illegible] [illegible] [illegible], quo tempore [illegible] [illegible] [illegible] [illegible] propterea [illegible] [illegible] [illegible] [illegible] Regem [illegible] [illegible] [illegible] [illegible] [illegible].

[illegible] tamen [illegible] [illegible] [illegible] [illegible] confecerit, Austriacorum [illegible] [illegible] semper [illegible] fuerunt. [illegible] [illegible] [illegible] ad [illegible] [illegible] [illegible] [illegible] [illegible] [illegible] [illegible] [illegible] [illegible]. Cum [illegible] [illegible] illa Regum [illegible] [illegible] [illegible]

tes & dissensiones, alia non pauca quotidie intra & extra Regnum incidebant, quæ hujusmodi conjunctionem Reipublicæ nostræ minus commodam, ipsis etiam Civibus formidabilem efficerent. Per ipsi itaque [illegible] [illegible] amplius effectum fuit, quàm ut [illegible] [illegible] [illegible] [illegible].

Quod ipsum [illegible], qui hæc [illegible], non [illegible], si [illegible] [illegible] [illegible] [illegible] [illegible], publicamque indignationem [illegible] [illegible], ne tamen [illegible] [illegible] ad proposita [illegible], [illegible] [illegible] [illegible] & [illegible] [illegible] [illegible] [illegible].

Hæc ergo [illegible] [illegible] [illegible] [illegible] [illegible] [illegible] [illegible] [illegible] [illegible] [illegible] [illegible] [illegible] [illegible] [illegible] [illegible] [illegible] sit, & non [illegible] [illegible], [illegible] [illegible] [illegible] esse [illegible]. [illegible] [illegible] [illegible] [illegible] ad Rempublicam [illegible] & [illegible] [illegible]. Et [illegible] [illegible] illud Executionis Tridentinæ [illegible] Europæ [illegible] [illegible], [illegible] [illegible], ut [illegible] [illegible] [illegible].

Ad alterum quod attinet, Populi [illegible] [illegible] [illegible] [illegible] [illegible], [illegible] in hoc Regno majore & [illegible] [illegible] fuisse & adhuc [illegible], quàm in alia Europæ Natione. [illegible] [illegible] [illegible] [illegible] nos, [illegible] [illegible] [illegible] [illegible], ad effectum, [illegible] [illegible] [illegible] nullo modo potest, nisi aut [illegible] [illegible] [illegible] [illegible] [illegible] Inquisitionis [illegible] [illegible] [illegible], in Regnum [illegible]. Per quod [illegible] [illegible] ad [illegible] [illegible] [illegible] [illegible], prædicto Executioni [illegible] [illegible]. [illegible] vero [illegible] [illegible] [illegible] libertate [illegible] [illegible], [illegible] [illegible] [illegible] & [illegible] [illegible] [illegible] [illegible] [illegible]. [illegible] [illegible] [illegible] [illegible] [illegible] [illegible] [illegible] [illegible]. [illegible] [illegible] illa, [illegible] [illegible] & conscientiæ [illegible], non [illegible] [illegible] per Confœderationem publicam [illegible] & [illegible] [illegible] [illegible] confirmata est?

Quamvis autem Hispanicam Inquisitionem [illegible] nobis [illegible] [illegible] & [illegible] [illegible] [illegible], quod intelligerent, hac [illegible] [illegible] [illegible] posse [illegible]. [illegible] tamen ad [illegible] [illegible] [illegible] [illegible] [illegible] [illegible] [illegible] & [illegible] [illegible] [illegible] [illegible] [illegible] [illegible] [illegible]. [illegible] [illegible] [illegible], [illegible] [illegible] [illegible] [illegible] [illegible] [illegible] [illegible]. [illegible] [illegible] [illegible] [illegible] [illegible] [illegible] [illegible] [illegible] [illegible] [illegible], ut [illegible] [illegible] [illegible] [illegible] [illegible]

 Quod

[illegible]

Ad primum quod attinet, in eo tria [illegible]: Ipsam Ordinis politiam; Finem ad quem tendit; Operationes sive praxin, per quam hunc finem conatur assequi.

Politiam [illegible]

[illegible]

à se rebus confiscant. Cupiit primum eos ex-gitare, deinde hoc effectum esse voluerunt, ubi nominum Ramiæ acceptum est, ubi perpetuo teneri capitur. Quæ res fallebat inter alia hoc postulat, ut una certa & uniformis arte semper regant, & vigeriant, tamenat nempe consistere assidue, prout tempora et res, qui Romæ armabis possint, efficerent. Disciplina denique forma Jesuitarum hoc longe accuratissima statuit, quia cives ejus ad certum obedientiam (sic infimæ loquar confirmarunt) afferuntur, ut sanctum, ut monstrant in nullo. Majorum qui absolutissima imperia imperium locant, mandantque alioqui ea deserenda suis. Quanobrem in eodem Europam habeant optimos & plane desperata audacia homines, propagationeque Ordo ipse à quamplurimum diffusionem inslitueretur, quod in Asia etiam à Saracenis inter Christianos sunt introducti.

Drusius in libr. Praedict.

Hunc vero Jesuitam esse, non autem modum constituere, constitutum firmissime confirmarunt, adeoque tamen ut ea in ejus significatione sunt, in eam rursus quidem pertinent.

Ille vero ibidem constituit Jesuitarum administrationem, eandemque subditorum esse velle. Quod primum communicantis Regni hujus per Jesuitas, ut Vicarium sedem Romanæ sedis & confirmaret, ut colligitur, quod adhuc & implantaretur. Deinde quod ex codem Hispaniis Doctrina, similiter infirmis, dum huic Jesuitam Generales, qui sibi hoc usque, si acciderint, contrarium succederet, nomine ementes, quibus vel antea vel deinde Hispanis esse, qua non sunt samen historia. Tertio quod ex eos diversis Christianorum ordinibus fere ipse Jesuita ab ordinaria jurisdictione exempti sunt. Et nullum præsse in Nationibus nisi sit corpore Superiorem agnoscant, qui plerumque Italus aut Hispanus est. Et se Ordo rejectionis ab omni prout, versionem subtus inter nos liberrimè exercet, suisque multimodum ferunt incumbit. Quarto quod etiam ut subditorum imperio habeant, diligenter curant, ut in Nationibus Provinciales, neque ex indigenis assignati, sed vel Hispani vel Itali digereant alias nationes, aut saltem ii qui ex Anglia, Gallia, &c. propter factam aliquem perfidiam, & propter nimium Hispanicæ studium ex eradicis Nationibus, præficiuntur. Sexto vero, & hoc semel inter conventiones ex Nationis Ordine, sed ex plebe communi arripiunt. Quod ut fiat, exquisitum esse dispositum; Generalis namque, ut ex ejus Factum ita effecta videtur, ut eas sententiis & profectum eam communicando ut precem affluunt. Jurisdictionem talem habeat, ut tamen Jesuitam nemo nullus fere se quem velit licet nullum omnino exponere & subvertere conarentur, ut eam tamen Hispaniam & Italiam non

non repletam habent, ac ingenio semper suam resumptam corpus monstrat.

Hæc igitur ad Monarchiam solus Hispaniæ per arma mutum faciet, etiamque inprimis ea imperium ratione diligenter & sedis dissidia ad consiliorum suorum executionem necessariam & sanctissimam confirmationem præbent.

Porro huic ipsi imperio Jesuitæ firma per subordinationem dignitatem definitos gradus unusquisque cum exemplo ex ceteris omnes Ultramontana commendaturas & alio præpositum est. Et si ex humana sancta præfecturi ea atque à tyrannica ambitione, nec factiosum absolutione aliena perinde fit exempla esse. Quod ipsum etiam prodit in Judæam ad res gerendas motum corporis agitationem exercitat.

Quantum autem omnium illustre documentum nobis historia præstatum exhibet, ubi compertum est: In illa desperata antea Regni perturbatione, ex hac Jesuitarum Ordine Nuncium, & in eo quidem ipsorum Individuum fuisse, qui Regibus peractis fuerunt esse. Cum vero ex omnibus aliis Christianorum ordinibus parum Regias Majestati subito partes fidelius steterunt, Nostrum autem hi ipsi Jesuita tam pertinaciter abstinuerunt, itaque Jesuita Judæorum, ea subditi ejus pro animam potius pro vanda pontificio qua multis dicunt, quod in corporis humani structura sit primum vivum & ultimum moriens. Praxilla sane sola prout apponere non potuit aut eradicari, spem Jesuita Regno progenerare. Quod sidem et perditas, talem Jesuitam hunc in tam variegata hominum ulterius nihil aliud præstat, quam ea qua habentur de Politia supra diximus.

Num vero hoc Jesuitæ, nam hoc sibi Respublica Paisus necnon debent sibi comparandum ostendunt. Eo autem Publicam Jesuitarum inter non nimium esse assimus, quam gladium gladium & unicum gladium, rasus lamentu gladium in uni Pontificem reconditum sit, sed hoc in corpore Romano, sola & Hispanus utribus tenens, & se cum ad potius suum vibrari. Id quod sollicitum hujus propter suam usque in claruit docebit.

Hic autem & ipse quiddam singulare & ab omnibus aliis Monachorum ordinibus distinctum habet. Omnes enim alii suam Religiosorum Ordines in hunc finem ut plurimum inventi & approbati sunt, ut extendant, ut populis devote per eos augeatur Religio Romana Catholicæ magis splendorem & Ordinis sanctitudinem plurimum obtineat, etc.

Jesuitæ vero ut ab iis variam ex iis sunt, ita se fuerant, hac tamen præcipua sunt longe funiculorum, semper ibi præ omnibus, haec nempe est, ut hominum Ecclesia sibi Apostoli

Ecclesiasticis collapsam authoritatem, non solum recuperent, in quo studio reliquos Clericos commilitones habent: sed ut subsidium praecipuè Romanam Sedem sic corrigant & refirment, ut huiusmodi infamiam quam res Romana hactenus est perpessa, ex longum praeteritis saeculis & quasi obstructis omnium occasionibus, per quas Antehac Haeretici ad eandem oppugnandam aditum praebitum fuit.

Quae occasionis nomine non aliunde densius emersisse, quàm ex subditorum in hisce septentrionalibus Regnis, nimia, ut quidem Romae semper visa est, libertate, illisque barbaris legibus, quibus hactenus ita firmiter ad Inquisitionem Hispanicae intentatum iugum constanter repellat.

Horum igitur remotio & annihilatio Iesuitis per quartum illud & solum huic proprium Votum extra ordinem iniuncta est. In hunc finem tot extraordinariis privilegiis, bullis & Indultis instructi & muniti sunt, ut non solum agendi facultate reliquo clero universo praecellant: sed iam ipsis Episcopis & superiorum Praelatorum ordini graves & formidabiles esse incipiant. Nec ego dubito quin gemitibus aliquando Romanae Ecclesiae horrendi schismatis occasionem praebiturum sit. Interea in hoc ipso verbo speciali differentia constitutionesque, per quam à reliquo clero discernitur, eiusdemque quasi transfiguratio.

Cum vero hoc ipsi constanter negare consueverint, vero illud exemplo tibi demonstrandum est. Inter Venetos & Pontificem hoc memoriae tempore controversia intercedit super constitutionibus quibusdam, quarum renovandarum occasionem Magistratui Veneto praebuerant Iesuitarum quorum testamentaria. Pontifex autem eas in fraudem Ecclesiae factas conqueritur.

Veneti hoc nomine à Pontifice compellati iure suo cedere nolunt, sed palàm pro se faciunt, sibi in sua ditione supremam iurisdictionem, & sic etiam legum ferendarum potestatem, non autem Pontifici competere, &c. Atque animadverso Pontifex Excommunicationis fulmine eos terruit. Itemque hoc equiter Clerum suum conveniat, qui Reipublicae eidem vivunt, Pontificique Excommunicationem [illegible] quisquam demonstrat, aut denique praecise horrore terreatur, ut sacrum officium Excommunicationem pro nullo habeant, &c. Quid sit? Cuiusque Clerus [illegible] Reipublicae causam contra Pontificem probat & in sua suo praebuit publicatur. [illegible] Religiosi, quorum omnis Regula praestare tempori conditioni accommodata fuit, [illegible] Reipublicae causam [illegible] quaeque deseruit. Quamobrem Senatus Magistratus [illegible] capite, & in aeternum relegari prohibuerunt.

Hae autem Iesuita non aliam ob causam fecerunt, quàm quod viderent, se stante & desensa Republ. Veneta libertate, standisque legibus non stare nec consistere sui posse ea finere posse. Quod ipsum satis discrimen illud, quod inter Iesuitas & quoscumque alios Clericos constituimus, satis evidenter probat & confirmat. Tu ergo nunc, mi frater, cogita, quid de Polonia nostra futurum sit, inter cos omnia illa convertat debeant, ut profecta illa remotio cupiant, per quam suae illius adeptione impediantur. Adhuc de Fine.

Videamus nunc Media seu praxin, per quam ad scopum illum peruenire conantur, & hoc ex iis, quae iam dicta sunt, facile intelligant. Hoc primorum capitalia opera providissimè agunt, ut primum Reges Europae, quotquot possunt uni eidemque Foederi alligent. Cuius Foederis Principem & Directorem constituunt Hispaniarum Regem, eorum illorum videlicet possessorem & custodem. Ad cuius videlicet tutelam reliqui se applicare cogantur, sub hac conditione, ut qui vicinitati eius quandoque ratione interceduntur aut quidam minimum adversentur, de haeresi suspectus sit, & tradetur [illegible] indignus censeatur. Sed Regnorum septentrionalium ea sors est natura, ut ad Legum praescriptum, non autem ad absolutam Regum arbitrium regantur. Ideoque coniugium Polonicam confoederatio parum illis prodesse poterit, nisi etiam subiecta Regibus Regna in eundem Foedus mutuum concludant. Atque hoc opus hic labor est. Cum hoc vero infirmum, ut iam dictum est, difficultates objiciantur, quoniam etiam opera aliorum hoc praecipuè aliis & omnium maximè conspicuum illi. Sic autem ex se [illegible] Iesuitae disponunt.

Primum omnium hoc studio curant, ut in Aula se infirment. Nunc enim sudam hoc genere deceptorum sibi ubique praestare cuique eadem iure sua deponere solet, praesertim ad veterem evehant. Iesuitae etiam ibi peregrinatur siue & enim, unde caput dominandum videtur, ubi in Aula attestat. Fine hoc pede, alterum agendi dant, ut clerum Reipublicae in suum quod novum religiosum, id est ut vel Regi regnante in suo corpore Confessarium, vel futuro Haeredi Regni Praeceptorem dent. 1.

Aut si hoc non semper succedat illis dominantur, quorum in Republica administratione praecipua partes sunt & vires. Itaque horum assiduè, cupiditates & dissignationes penitissimè inquirit & perspectas habent: quâ videlicet illos omnes quosque alliciendos & capiendos sit. Ad hoc autem finium prosternendum, Romana Aula, quicquid authoritate, quicquid opibus, quicquid aeditur & consilio valet & potest, liberaliter liberalissimè, ut iam dictum est, indul- 2.

gat. Adhuc Iesuitarum commendationes Romæ ad consequendas Dignitates & Præbendas plus valent, quàm potentissimorum Regum intercessiones.

Quæ omnia res, si reverà abessent, ad corrumpendos omnes, Omnes duces, Europæ etiam abunde sufficeret [illegible] prob dolor [illegible] : quamvis hoc etiam sibi [illegible] est. Genus Iesuiticum extra hoc quandam à natura occultam vim inesse, qua Ingeniis aulicis imperent & dominentur.

Duo spectant in palatinis. Ut autem de occultioribus Generis huius artibus, quas in prædictam palatinorum officinam exercent, nil dicam: Duo sibi eadem potissimum proponunt. Primum ut ipsorum [illegible] ex hac necessitate non impediatur. Utque deinceps adversariis suis nullum sit refugium [illegible], illorumque querelæ, si quæ ad deferuntur vel penitus negligantur, vel quoquomodo eludantur. De his duobus quamprimum Iesuitis cautum est, ipsi deinceps sibi ad reliqua prospicienda sufficiunt.

3. Seminaria in urbibus. Constructis officinis hoc modo fabulatores suas quaque versum emittunt, [illegible] hac sibi ratione instituunt: Primum operam dant, ut in primariis Regni aut Provinciæ Urbibus Seminaria, Collegia, Templa quàm plurima, tanquam [illegible] suæ [illegible], extruant. Per hæc autem duo consequuntur, quæ eo ad finem suum, de quo diximus, valde proficua existunt. Regnum primum universum [illegible] apprehendunt, & ita constringunt, ut ad suum nutum aliud, quod [illegible] palliatur, cum singulis partibus communicare queant. Quod ut facilius consequantur Seminaria, sua in prædictis urbibus, ita plerumque construunt, ut suis ædificiis ipsa urbium mœnia complectantur, eaque sibi ubique pervia faciant. Ut in arcibus, quas Cracoviæ, Vilnæ, Calissii, Posnaniæ, &c. habent, videre licet.

Nec ego Genti nostræ supinam negligentiam & incuriam satis hic admirari, aut pro [illegible] indignitate sufficienter detestari possum. Quod ad huiusmodi periculosa & Reipub. [illegible] subtrahuntur non solum conniventia, sed ad easdem materiam etiam propriis manibus congessimus. Cum sic existimantes, si Rex aliquis [illegible] quid machinaretur, universam Rempub. [illegible]. Et hæc [illegible] Privatorum [illegible] tantum [illegible].

Deinde eadem opera [illegible], [illegible] potestatis, ad suum [illegible], & [illegible], & sic [illegible] & Iesuitas [illegible] fecerunt. Dum autem [illegible] Regni [illegible] agunt, qui ad hæc dona [illegible], reliquos [illegible] & [illegible]

dicandarum confessionum, operosissimo simul & quæstuosissimo artificio per [illegible] student. Quarum actum effectum [illegible] duplex est: Sibi enim primarium, ut illi loquuntur, [illegible] paulatim suum faciunt, [illegible]. Proximum deinceps [illegible] Camera sive Ærario [illegible], [illegible] ut in [illegible] publica & privata bona eis pateant.

Et hoc mihi lætissima fermenti [illegible], si aperiatur, si [illegible] illorum, quibus illi [illegible], Mulierculas præsertim, [illegible] explicare vellem. Cum verò institui & [illegible] cupationum [illegible] habenda sit, illud saltem præterire nolo, in quo etiam secta huius à reliquis Religiosorum ordinibus differentia aliqua perspicitur. Quòd nempe Iesuitæ vulgaria illa [illegible], quæ vulgò in Religiosis [illegible] consueverunt, non curent, nec ea capiant. Quod hoc ob sordidum & [illegible] splendori minus conveniens videatur. Aquila enim [illegible] capiat. Et [illegible] exercitati [illegible] norunt, Pecuniam in loco negligere maximum interdum lucrum esse. Nanque [illegible] simulationem hanc aliquando [illegible], ut [illegible] 30. [illegible] eorum [illegible] repudiarunt. Pecuniam negligere lucrum.

Hominum vero [illegible] testamentis [illegible] legata, & [illegible] adeò non [illegible], ut [illegible] fraudum exquisitissimarum artificia illa [illegible], ut Poloniæ [illegible] hac etiam publica [illegible] quamquam simile [illegible]. Hinc ergo ista pecunia [illegible], qui [illegible] ipsi tam [illegible], illi [illegible] Provinciæ, quas [illegible] in Maiore Polonia Calissii, in [illegible] Cracoviæ, in Russia [illegible], Vilnæ in Lithuania, [illegible] in Masovia, & Braunsbergæ in Borussia deponere & custodire [illegible]. Hæc [illegible] imperij Iesuitici [illegible] publica [illegible] & Gazophylacia, quæ si hoc tempore [illegible], Poloniam haud dubiè [illegible] sit. Et hæc de [illegible] Iesuitica. Gazophylacia Iesuitarum.

Hæc itaque de [illegible] præcipua [illegible] Iesuitica pro [illegible] sufficiant. Totum autem [illegible], qui Iesuitas Poloniæ, Reique [illegible] vehementer formidandos & sedulo cavendos credit. De [illegible] autem [illegible] quàm [illegible].

Super est unum, ut quæ in genere de gentis natura & moribus proposita sunt, per particularia exempla comprobentur, adeòque demon-

[illegible] quibus perniciosa harum rerum praxi Ordinis Politici fuerit, quod secundum erat [illegible] caput. [illegible] nostra experientia [illegible] demonstrauit [illegible] historia [illegible] quod [illegible] posset, [illegible] ad [illegible] fuit. [illegible]

Inter plurima vera documenta, [illegible] quod historia [illegible] Galliae suppeditat. [illegible] contra [illegible] Rex [illegible] Gallia ea est conditio, ut [illegible] per omnia [illegible] certum tamen est, [illegible] Monarchia [illegible] Contra tyrannidem tamen, & [illegible] Parlamentorum [illegible]

Et quamvis [illegible] observantiam [illegible] Gallis [illegible] in hoc [illegible] habere. [illegible] regia familia vetustior est quam [illegible] in Europa. Contra hanc tamen [illegible] ut Henricus III. [illegible] Iesuitica [illegible] Galliae [illegible] Rege in [illegible] Familia regia [illegible] Personam regiam [illegible] Galliae nationem [illegible] Dei providentia [illegible] Galli [illegible] regia familiae [illegible] Galliae [illegible] Regem [illegible]

Hunc autem [illegible] Rom. [illegible] historia [illegible]

Sub [illegible] quaestio illa [illegible] Nam Pont. Rom. Galliae populum, a fidelitatis juramento, quo Regi suo obligatur in casu haereticus

[illegible] Num cuilibet privato liceat Tyrannum propria authoritate occidere? [illegible] Regi [illegible] quod [illegible] Concilium [illegible] Gallijs [illegible] Ad [illegible] Pontificem [illegible] Galliae Regibus [illegible]

Posterior vero ante annos plus minus 200, post [illegible] Ludovicus [illegible] in Sorbonistarum [illegible] publice agitata & solenniter decisa erat. [illegible] Concilio [illegible] Constantiensi [illegible] damnati fuerint.

Per hac autem vice eadem quaestiones [illegible] immunitatem [illegible] Mundus [illegible]

[illegible] Iesuitas [illegible] Sorbona [illegible] Quod Gallorum animi tum [illegible] Hoc est, [illegible]

Hanc igitur Iesuitarum [illegible] Henricus [illegible] Christiano [illegible] Tyrannum [illegible] Romani Pontificis [illegible] Iesuitarum [illegible] Magistratum [illegible] crescent.

[illegible] Cum constet Haereticum illum esse, [illegible] qui [illegible] in Religione [illegible] quae Iesuitarum [illegible] [illegible] per omnia [illegible].

[illegible] Henricum exemplo intelligere possumus [illegible] [illegible]

[illegible] verò certum est, eum, [illegible] ad [illegible] Catholicorum [illegible] Catholica Romana communione [illegible] ad extremum [illegible] [illegible] Quòd scriptum regem non ei tradere volebat, quem illi [illegible] tanquam idoneum [illegible] suorum administrum, Galliae Regem destinaverant.

[illegible] per hac Iesuitarum [illegible] Europaearum Regum [illegible] Politica [illegible]

[illegible]

Sed hoc [illegible]

[illegible] Carolum Magnum, [illegible] Ludovicum, [illegible] Christianissimum & invictissimum [illegible] Ecclesiae Catholicae [illegible] Haereticorum malleum & [illegible] à Deo Galliae [illegible] [illegible] Divorum Catalogum retulerant.

Sed esto, [illegible]

[illegible]

Qualem in Galliis [illegible] legem illam Salicam [illegible] Henricum IV. Regem [illegible] Philippo II. [illegible]

[illegible]

conservatur. [illegible] [illegible] hoc etiam [illegible] nostrum [illegible] [illegible], agimus, dicere nolo, nec [illegible] [illegible]. [illegible] [illegible] Hungaria, [illegible], Styria, Carinthia, [illegible], viderunt. [illegible] [illegible] legibus, quibus [illegible] [illegible] [illegible] libertas [illegible], partim [illegible] [illegible] [illegible], partim ad [illegible] [illegible] adegerunt. Hoc quidem [illegible] publicus [illegible] [illegible] affirmat, in [illegible] Provinciis aliudi [illegible] & [illegible] [illegible] [illegible] publicè [illegible] [illegible] [illegible], [illegible] quam se [illegible] [illegible] [illegible] [illegible], nec [illegible] [illegible] [illegible] [illegible]: quae res fecerit isti male [illegible].

Hoc ergo iam, nos [illegible], quaero, si [illegible] [illegible] in [illegible] [illegible] [illegible], ut [illegible] Maiestatem [illegible] [illegible] vel nunc, vel posteris temporibus [illegible] [illegible], ut [illegible] contra Rempublicam, contra leges & libertates nostras [illegible]. Et quando [illegible] [illegible] [illegible] Regia Maiestate, [illegible] Religionis, [illegible] [illegible] [illegible] Iesuitica [illegible], ita [illegible] [illegible] Tartaricam & Mahometicam perfidiam [illegible], quam Regia Maiestas [illegible] [illegible] [illegible] [illegible] suae [illegible] [illegible] [illegible] possit, [illegible] [illegible] eandem [illegible] [illegible] [illegible] quam [illegible], [illegible] [illegible] [illegible]?

[illegible] [illegible] [illegible] [illegible] hoc [illegible] [illegible] [illegible], [illegible] esse videlicet [illegible] [illegible] [illegible], si Confoederatio illa [illegible] [illegible] [illegible] [illegible], sub [illegible] [illegible] [illegible] [illegible] [illegible] [illegible] inter nos [illegible] &c. [illegible] [illegible] [illegible] [illegible] [illegible] [illegible] Reipublicae [illegible] [illegible]) hoc [illegible] [illegible] [illegible] [illegible] [illegible], [illegible] [illegible] [illegible] Comitiis [illegible] [illegible] [illegible] [illegible] [illegible] [illegible] [illegible] [illegible] ex P. Scarga [illegible] [illegible], [illegible] [illegible] [illegible] [illegible] [illegible] ad Regem se [illegible] [illegible]: Heu Rex, quomodo iam nobis res [illegible] [illegible] [illegible] [illegible]? Reges olim Poloniae de Rebus ad Rempublicam spectantibus cum suis Senatoribus deliberabant. Nunc [illegible] [illegible] [illegible], quae [illegible], [illegible] [illegible] [illegible] rebus [illegible] [illegible], [illegible] non ita dudum introducta sunt. Nunc [illegible] & [illegible] [illegible] [illegible] [illegible] [illegible] [illegible], [illegible] dolor, [illegible] [illegible] [illegible] [illegible] [illegible] [illegible] [illegible] [illegible], qui [illegible] [illegible] [illegible] [illegible] [illegible], [illegible] [illegible] [illegible], [illegible] [illegible] [illegible] [illegible] [illegible], &c. [illegible], [illegible]. [illegible] Rex, [illegible] [illegible] [illegible] [illegible] [illegible] mores [illegible], [illegible] [illegible], sit. Ubi etiam [illegible] [illegible] [illegible] [illegible], quid [illegible] velit, [illegible] [illegible] [illegible] [illegible] [illegible] esse.

Hunc igitur Iesuitae illum nobis [illegible] [illegible] [illegible] [illegible] [illegible], ut ad [illegible] [illegible] [illegible] [illegible] [illegible] [illegible], [illegible] [illegible] [illegible] [illegible] [illegible] aliquid [illegible] [illegible] [illegible] [illegible] [illegible] [illegible]?

[illegible] hodie inter nos de modo [illegible] [illegible], [illegible] de Reip. in Rebus ad Regni [illegible] [illegible] [illegible]. De hac [illegible] [illegible] [illegible] [illegible] [illegible] [illegible] [illegible] [illegible]. Regi namque [illegible] [illegible] [illegible] [illegible] [illegible] [illegible] [illegible], [illegible] [illegible] [illegible], [illegible] [illegible] III. [illegible] & [illegible] [illegible] Henrici IV. [illegible] [illegible] [illegible] [illegible]. [illegible] [illegible] [illegible] [illegible] in Regno [illegible] [illegible] P. Scarga iam [illegible], & [illegible] hoc [illegible] [illegible]? III.

Hoc igitur Reip. [illegible] [illegible] [illegible] [illegible] [illegible] [illegible] [illegible] [illegible] [illegible] [illegible] [illegible] in publicum [illegible], [illegible] [illegible] Iesuitarum [illegible] [illegible] [illegible], & [illegible] [illegible], [illegible] hoc [illegible] [illegible] [illegible] [illegible] [illegible] [illegible] [illegible] [illegible] [illegible] & [illegible] [illegible] [illegible] [illegible].

Hic igitur [illegible] [illegible] respondenda sunt [illegible] hoc [illegible] [illegible] [illegible] [illegible] caput [illegible] [illegible] [illegible].

[illegible] [illegible] Iesuitae [illegible] [illegible] [illegible], primo [illegible] Catholicam Religionem [illegible] [illegible], [illegible] [illegible] [illegible], si [illegible] [illegible] aliquid [illegible] [illegible]. [illegible] [illegible] [illegible] Iesuitica longe [illegible] & maxime [illegible] [illegible], ad [illegible] [illegible] [illegible]. [illegible] [illegible] res gesta Barbarorum [illegible] [illegible] [illegible] [illegible] Mundi [illegible], [illegible] [illegible] in [illegible] partibus [illegible] [illegible] conversio. [illegible] [illegible] [illegible] [illegible] [illegible] [illegible] & [illegible] [illegible] [illegible] [illegible] in Moscovia, [illegible] [illegible], [illegible] ex illa [illegible] [illegible] & Romana Ecclesia [illegible], &c.

Ad haec igitur quid dicemus? [illegible] [illegible], [illegible] [illegible] [illegible] [illegible], [illegible] [illegible] [illegible] [illegible] [illegible]. Catholicam Religionem, [illegible] [illegible] [illegible] [illegible], [illegible] [illegible] [illegible] mille annos [illegible] [illegible] [illegible] [illegible], [illegible] [illegible] Ignatius Loyola in [illegible] [illegible] [illegible] [illegible] ut [illegible] [illegible] etiam Poloniae [illegible] [illegible] [illegible] [illegible]? Deinde [illegible], Christum & Apostolos [illegible] [illegible] [illegible] [illegible] [illegible] Religionem [illegible], [illegible] [illegible] [illegible] [illegible] [illegible] per [illegible] [illegible] [illegible] [illegible]. Et Ecclesia, [illegible] [illegible] in [illegible] [illegible] mis

[illegible]

[illegible]

Restat scriptio Iesuitica, in qua ferè summus Iesuiticae huius excellentiae gradus [illegible]

[illegible]

Quod autem de barbarorum in utraque India [illegible]

[illegible]

Horatius ——— Nondum expiatis uncta cruoribus,
Periculosae plenum opus aleae,
Tractas, & incedis per ignes
Suppositos cineri doloso.

Denique sic prae me semper tuli, si Iesuitae negotio huic se immiscerent, nullam ejus bonum exitum [illegible]

Religionis Confoederatae propagationi [illegible]

[illegible]

genere

consilium compescatur, si omnem [illegible] pax.

Ita denique à nonnullis additur, Inconveniens esse ut Iesuitas Poloni expellant cum Galli, qui propter longe graviores caussas eos ejecerunt, eosdem revocaverint, ubi earum adhuc extra ullum Reipublicæ incommodum vivant, &c.

Galliæ Iesuitas recipere.

Ego vero novi Iesuitas in Galliam reversos esse, sed quod à Gallis revocati fuerint, ut ipsi quidem, quamvis mala dicant, facile [illegible]. Patrem vero [illegible], quibus se in Galliam denuo intruserunt, tales sunt, ut propter illas ipsas exceptionem eorum inter nos maturandam existimem. Ex illis enim liquidissime perspicient, quantum hoc Genus [illegible] Europam in vexando & circumagendo rerum ordine polleat. Sic enim nosse debes, Iesuitas in Galliam non propter aliquem rerum usum, quo Regnum illud carere non posset, receptos esse, sed ad vehementissimam Romani Pontificis instantiam. Quem videlicet Rex [illegible] potentissima parte offensum nolebat. [illegible] Catholicissimus studium [illegible] Iesuitæ Regno arcerentur. Interea ne illud quidem dubium est, ac qui Pontifici in restitutione illa promovenda operam suam apud Regem præstiterunt, [illegible] Reipublica [illegible]. [illegible] Quare [illegible] Iesuitarum [illegible] nunquam [illegible] futurus. Quod autem [illegible] admirationem meretur, [illegible] habeat, cur se in tam recenti [illegible] memoria ad [illegible] illum præsertim Regis imperio, cujus auctoritatem, quam sibi [illegible] comparavit, [illegible]. Quid autem futurum sit, si præsenti [illegible] Gallorum capiti aliquid humani acciderit, [illegible] hæredes [illegible] facile erit [illegible]. Cum verendum sit, Galliam tum denuo [illegible] Iesuitis [illegible] magno malo [illegible]. Nos vero hactenus [illegible], per Dei gratiam [illegible] Gallorum [illegible].

Tam fere per Iesuitas [illegible], qui [illegible] Reipublicam [illegible]. Præter [illegible] ut [illegible] Reipublicæ [illegible] esse [illegible].

[illegible], ut non Iesuitæ & Iesuitissimi nobis colendi, omnesque [illegible] præsenti Reipublicæ pernicie [illegible] extremamque [illegible] illo Ordine [illegible] ab istis nobis commendatus fuerit. Quod Pontifici [illegible] hujusmodi [illegible] Clemens [illegible] jam dudum [illegible]. Ab his ergo [illegible] nobis [illegible] commendaverit?

Ego tamen jam dudum novi, Iesuitas hanc [illegible] Reipublicæ corpori nunquam evacuatam iri, postquam jam [illegible] penetravit, [illegible] civitatis partes [illegible] pertinaciam [illegible] sibi imaginentur.

Quæ enim incommoda nobis narrant, quæ Iesuitarum expulsionem sequuntur, sive Pontificis, [illegible] Hispanus [illegible] afferuntur. Magna profecto nomina, [illegible] haud leviter attendenda est. Quid enim de Polonis futurum [illegible], si iratum [illegible] Europam [illegible]? Ego vero hæc [illegible] possem. Possumne scire quos mihi hos Dominos [illegible]. Ad Pontificem itaque [illegible], ut quidem nullus dubito, [illegible] serio [illegible] fuerit, [illegible] etiam cum nobis formidandum est. Cum vero [illegible] Iesuitas longe [illegible] expulsionem Polonis non nimium esse pertimescendam. Spero etiam ad [illegible] non esse defutura. Pontifex [illegible] & talis, qui [illegible], Rege Poloniæ [illegible] Christianorum Regum [illegible] capiet. Cum tali itaque [illegible] nobis facile conveniemus. [illegible] Iesuitarum [illegible] Reipublica [illegible].

[illegible] qui sua tantum [illegible] Reipublicæ [illegible] Neque enim alia [illegible] Lex Polonorum [illegible] periculum [illegible] publicam conformem.

Quæ in re si neminem tibi judicium suspectum esse, Majorum exemplo te potius traduci, ut [illegible] quod ipsi in simili casu fecerunt. Nostis enim, quanta [illegible] Romani Pontificis [illegible] Crucigerorum [illegible] Regnum Poloniæ defendendum susceperint, quibus [illegible] Regnum nostrum [illegible] fuit, Regnique tandem [illegible] ut [illegible] anno 1450 [illegible] Sylvio [illegible] credimus, Roma Excommunicationem contra Regem Regnumque Poloniæ decreverit. Neque tamen [illegible] Fridericus III. [illegible] ad eum modum se [illegible] Majores nostri, ut majorum salutem Reipublicæ [illegible] Pontificis respectum habuerint. [illegible] nunquam esse [illegible] Crucigerorum [illegible] Nam [illegible] Polonia [illegible] Christiana Religio [illegible] Utrumque tamen à [illegible] ut [illegible] graves & molestæ esse [illegible] Crucigeri [illegible] Majores nostros [illegible] Polonia [illegible] Crucigerorum [illegible] Majorum nostrorum [illegible] Pontifex [illegible] Crucigerorum [illegible] Regnumque [illegible]

Sin tamen hæc aliæ fortè [illegible]

Sigismundus I. [illegible] Regis Polonis [illegible] Romana [illegible] Albertum Brandeburgicum [illegible] Crucigerorum [illegible] Romano [illegible] Borussia [illegible] Ecclesia [illegible]

[illegible] Nec [illegible] fuisset, si [illegible] excommunicationis [illegible] præmissum habere. Hæc tamen [illegible] quæ tamen [illegible] Et quid ego de [illegible] nostris dico, cum nostra [illegible] magnanimitatem & [illegible] in Rempublicam [illegible] Regni Primatis habuerit? Fuit [illegible] Archiepiscopus Gnesnensis, cum Romanus Pontifex Excommunicationis [illegible] quod animadverteret [illegible] publicis majorem salutis Patriæ, quam sedis Romanæ respectum habere, is se [illegible] non passus est à proposito dimoveri, ut [illegible] pœnas subterfugeret, si pergeret [illegible] molestiam [illegible] [illegible] Pontifex, Archiepiscopum [illegible] Polonia [illegible] Crucigeris [illegible] Majorum nostrorum [illegible] Regem [illegible] Polonia [illegible] Cracovia [illegible] Reipublicæ [illegible] Pontificis [illegible] Crucigeris [illegible] Borussia [illegible]

[illegible] Pontificem [illegible]

Ecclesiasticâ collapsam authoritatem, non solum reciperent, in qua studia reliqui Clerici communiter habent; sed ut subjectum præcipuè Europæ Orbem iis corrigant & reformant, ut [illegible] [illegible] perpessa, in [illegible] sublata & quasi [illegible], per quas antehac Hæreticis ad eandem oppugnandam aditus præclusus fuit.

Quæ occasione nuperâ non aliunde [illegible], quàm ex subditorum in hisce septentrionalibus Regnis, nimia, ut quidem Romæ semper visa est, libertate, illisque [illegible] legibus, quibus hactenus [illegible] firmatæ [illegible] Inquisitionis Hispanicæ [illegible] constanter repellat.

Horum igitur remotio & annihilatio Jesuitis per quartum illud & [illegible] proprium votum extra ordinem injuncta est. In hunc finem iis extraordinariis privilegiis, [illegible] & Indultis [illegible] & muniti sunt, ut non solum agendi facultate reliquo Clero [illegible] præpolleant: sed jam ipsis Episcopis & superiorum [illegible] formidabiles esse incipiant. Nec ego dubito quin quartum istud Jesuiticum [illegible] Romanæ Ecclesiæ [illegible] sit. Interea in his ipsis rebus [illegible] differentia [illegible] Jesuitismi, per quam à reliquo Clero distinguitur, [illegible].

Cum verò hæc ipsi constanter negare consueverint, uno illud exemplo tibi demonstrandum est. Inter Venetos & Pontificem hoc maximè tempore controversia intercedit super constitutionibus quibusdam, quarum renovandarum occasione Magistratus Venetus [illegible] aliàs [illegible]. Pontifex autem eas in [illegible] Ecclesiæ [illegible].

Veneti hoc nomine à Pontifice compellati jure suo cedere noluerunt; sed [illegible] in sua ditione [illegible], & se etiam legum ferendarum potestatem, [illegible] Pontifici competere, [illegible] Pontificis Excommunicationis fulmina [illegible]. Senatus hoc cognito Clerum [illegible] convocat, [illegible] Republica eadem [illegible] Pontificiaque Excommunicationis [illegible] demonstrat, [illegible] Excommunicationem pro nulla habeant, & [illegible] Clerus [illegible] Pontificem [illegible] & [illegible] fide sua [illegible]. Excommunicationis [illegible] quorum [illegible] temporis conditioni [illegible] sunt, [illegible] Republica [illegible]. Jesuitæ [illegible] Magistratus edicto nominatim expulit, & in æternum

num relegati prohibentur.

Hæc autem Jesuitæ non alium ob causam fecerunt, quàm quòd videntur, se stare & defensa Republ. Veneta libertate, [illegible] legibus nec stare nec [illegible] posse. Quod ipsum satis differentiam illud, quod inter Jesuitas & quoscunque alios Clericos constituimus, satis evidenter probat & confirmat. Tu ergo nunc, mi Frater, cogita, quid de [illegible] nostra futurum sit, [illegible] removeri debeant, ut præfata illa [illegible], per quæ [illegible]. Hactenus de Fine. 1

Videamus nunc Media sive praxin, per quam ad scopum illum pervenire conantur, & hæc ex iis, quæ jam dicta sunt, facilè intelligunt. Hoc [illegible] compositis opera sedulissimè agunt, ut primum Reges Europæos quotquot possunt uni eidem Fœderi illigent. Cujus Fœderis Principem & Directorem constituunt Hispaniarum Regem, [illegible] possessorem & custodem. Ad caput videlicet omnes reliqui se applicare coguntur, sub hac conditione, ut qui [illegible] quacunque ratione [illegible] adversabitur, de hæresi suspectus sit, & [illegible] censeatur. Sed Regnorum septentrionalium [illegible] est ratio, ut ad Legum præscriptum, non autem ad absolutum Regum arbitrium regantur. Ideoque [illegible] Personarum confœderatio parum illis prodesse poterit, nisi etiam subjecta Regibus Regna in eundem Unionem [illegible] concludant. Atque hoc opus hic [illegible] est. Cum hoc [illegible], ut jam dictum est, difficultates objiciantur, quas [illegible] opera [illegible] maximè [illegible] hic [illegible] dispensant.

Primum omnium hoc sedulò curant, ut in Aula se insinuent. [illegible] genus Acceptorum sibi [illegible] sua deputari [illegible] ad [illegible]. Jesuitæ etiam [illegible] sibi & [illegible] capere [illegible] tur, ubi ab Aula [illegible]. Eò [illegible], ut Clavem Reipublicæ in suam potestatem redigant, id est ut vel Regi [illegible] Confessarium, vel [illegible] Regis Præceptorem [illegible]. 2. Aut si hoc non semper [illegible] illis [illegible], quorum in Reipublicæ administratione præcipuæ partes sunt & voces. Atque horum affectus, [illegible] & [illegible] cognita & perspecta habeant, quâ [illegible] alliciendus & capiendus sit. Ad hoc autem [illegible] perficiendum, Romana Curia, quicquid authoritate, quicquid opibus, quicquid [illegible] & consiliis valet & potest, Gentibus liberalissimè, ut jam dictum est, imperti-

git.

qui. Adde ut Jesuitarum commendationes Romam ad consequendas Dignitates & Prebendas plus valeant, quàm potentissimorum Regum intercessiones.

Quæ omnia cùm, ficuti ostensum, ad carnem, ut dici solet, Omnia dico, Eorumque [illegible] abunde sufficerent, sicut quantum probè dolentes fatere. Quantum hoc etiam sibi adjiciendum est, Gente Jesuiticâ nostra hoc quandam à natura acceptum esse, quæ Regemque animo impetus & dominatur.

Et autem de secularibus Gentis hujus artibus, quas in prædictis politicarum affectum exercent, sub dicam. Duo sibi ibidem potissimum proponunt, Primum ut aditum mollientes ex hac Reipub. Arte non interpellentur, neque deinceps adversarios sui nullum ob refugium petant, illorumque querela, si quando deferens vel propius negligantur, vel quoquomodo eludantur. Ex his duobus quinto quarum Jesuitis commune est, ipse deinceps sibi ad reliqua perficienda sufficit.

Constructa vero prima hæc vada, populatores sunt quoque urrasque emittant, sicutque venatorum hic fere rationi insistunt: Primum operam dant, ut in primariis Regni aut Provinciæ Urbibus Seminaria Collegia, Templa quàm plurima, magnaque conspicua [illegible] horrea, instruant. Per hæc autem duo consequuntur, quæ sit ad sinistrum, denique domum, validè profunt: ut sanè Regnorum primam autoritatem hic eos magnopere apprehendunt, & ita

constringunt, ut ad summum autem illud, quæ nec sit ita palulat, cum singulis verba [illegible] conjungant quærant. Quod ut facilius consequantur Seminaria, sua ut prædictis urbibus, ita plerumque contineant, ut sua ædificia splendidum magis completentur, eademque sibi nec certa denique portio fiant. Ut in urbibus, quas Cracoviæ, Vilnæ, Calissij, Posnaniæ, &c. habent, videre licet.

Nec ego Gentis nostræ supinam negligentiam & socordiam satis hoc admirari, aut pro rei indignitate sufficienter detestari possum: Quod ad hujusmodi periculosa & Reipub. præjudiciales substructiones non solum connivemus: sed ad easdem materiam cum propriis manibus congerimus. Cùm sic exaudiremus, si Rex aliquis tale quid machinaretur, metuerium Reipub. caussa vim infarrectionem. Et hic exteriorum Venatorum indagationibus in nostris temporibus caussam locet?

Deinde eadem opera Indolentiam nostram, simul pudoriatis, ad suam certiorum, distrahunt, & recalcitrantem, expugnant, & sic antur ne Nova & Jesuitica venandi sanctorum fortunis. Dum autem uterque Regni urbes hoc agunt, quæ ad hæc dona Templi sunt instructa, reliqua contineant populariter & [illegible] sionibus

ditudinem confessionum operosissime simul & quæstuosissime artificio per omnis finem Quorum artium effectus iterum duplex est: Habent enim primarium, ut illis loquuntur, hæc ratione paulatim sicuti sint sectantes, publicumque veris adstrinxit. Peculiariter denique qui Camera sive ærario profunt, utque aliquo muniunt, ut in omnia publicâ & privata bona ius possint.

Et hoc mihi lætissimo sermone videtur se aperiret, si aucupia illorum, quibus illi homines, Muliercula præsertim, circumveniunt, explicare vellem. Cùm verò infinitis & incognitianum mearum habeo mihi habendo sit illud saltem præterire nolo, in quo circumspecta hujus à reliquis Religiosorum ordinibus differentia aliqua perspicitur. Quid nempe Jesuitica vulgaria illa munuscula, quæ vulgo in Religiosos erogari consueverant, non curant, nec ea capiunt: Quid hoc est fortisdem & reliquos Ordines splendore minor conventus videatur. Aquila enim ut muscas non capiat. Et ipse alias, ut exercitari Prudenti bene noram. Pecuniam in loco negligere maximum interdum lucrum esse. Neminem e genere simulationem hanc aliquando et ulteriore perceptisse, ut ablatum per auraturum [illegible] caverent se vicium repudiationes.

Hæreditatem vero opulentiorum testamentariâ legata, & cum hæc integra prædia non sufficiunt, ut ac potius fraudum exquisitissimarum artificio illa accipientur, ut Poloniæ, in hac enim publica moratum corruptione vix quicquam simile reperta est. Hinc ergo illa pecunia negociatione, qui suam gratuitam operam nobis non offiturà deserunt, illi nagales haurient Provinciæ, quæ cum reliqua sua arcana in Majore Polonia Calissij, in Cracovia, in Russia Leopoli, Vilnæ in Lithuania, Polozkj in Masovia, & Braunsberga in Borussia deponere & custodire dicuntur. Hæc Ærarium imperij Jesuitici internas, ærania publica sunt & Chartophylacia, quæ si hoc tempore excuti deberent, Poloniam haud dubie de statum sui gradu ratione vestitum instrueret, quàm per Nationem universalem frequentia prædicare potuerunt. Et hæc de fraude Jesuitica.

Hæc itaque de primo designationis meræ parte, depositam omnium initiumque Jesuitici pretia impressione sufficiant. Totum modo velis agitare, nunc si fallatur, qui Jesuitas Poloniæ, Reique eorum publicæ nechominus fundandis & sedulò cavendos censet. De notationibus autem una verum nos tibi melius, quàm mihi persuadeare.

Super est nunc, ut quæ in genere de quali natura & moribus proposita sunt, per particularia exempla comprobantur, adeoque demonstretur.

Margin notes (left): Refectorium in studio publicam. — 3. Acquisitio bonorum temporalium. — 44. — Jesuitarum in prædiis & aliquorum prov. cura parata.

Margin notes (right): Jesuitica largitio [illegible]. — Pecuniam pro loco negligere interdum lucrum. — Jesuitarum ærarium.

ingenium. Cum constet Hæreticis illos esse, qui præ [illegible] in Religione opinione [illegible], quo Iesuitarum artes quascunque modo comprehendam, aut ipsi non permoveri [illegible].

Sicut vel ex Venetorum exemplo intelligere possumus, quam hoc sit, nec universam Italiam pro pestilentissima Hæretica proclamari dicatur, illis saltem, quod sciri, sequi prius renunciatis legibus Iesuitarum, capitaliter [illegible].

Venetiani [illegible] hæreses. De Henrico vero certum est, eum, dum vixit, nullum ulterius [illegible] ad alia Cardinalium [illegible]. Constat etiam eum in Catholica Romana communione usque ad extremum perstitisse. Fuerunt autem, qui eum profiteri fuisse, hæc vera causa fuit: Quod sceptrum regium non ei tradere volebat, quem sibi hi Socii, tanquam idoneum molitionum suarum administrum, Galliæ Regem destinaverant.

[illegible] Anno per hos Iesuitarum [illegible] omnium Europæorum Regum & quorumcunque Magistratuum Politicorum [illegible] Iesuitici [illegible] suspendaturi [illegible] sic illis [illegible] qui vivunt & [illegible] possunt. Quæ de re prodidit Venetorum calamitas, Regni Britannici perpetua pericula, & alterum [illegible] metus, qui hanc [illegible] sibi infestam sentiunt, abunde testantur. Posteriorum tamen exemplum præcipue conspicuum est, quod Respublica illa, ut dixi, Romanæ Catholicam Religionem hactenus [illegible] fui Pontificium accurate observat & acerrime tuetur.

Quæ exempla qualiter expendo, toties [illegible], cum videam quam facile sub præsenti rerum statu inter nos simile quiddam in alterutram partem accidere possit, postquam tamen Gentis Iesuiticæ ad hunc modi [illegible] effectum tam pertinaces & feroces conatus ab aliquot jam annis inter nos deprehenduntur.

Sed hic fortassis dicere velis: Inter nos nihil ab hac parte esse [illegible], quod Iesuitæ cum Rege nostro probe convenient, [illegible] dicere possis, Regi nostro eum Regni ordinibus & [illegible] Regia Majestate [illegible], Hic enim ad Reipubl. salutem [illegible], & [illegible] nostram firmam & [illegible] esse. Nunc autem hoc [illegible], atque tamen hoc ipsum [illegible] tollit, si eandem [illegible]. Equidem vero dicere poteris, quod hic Regi nostro perpetuum [illegible] Quid si aliquando deprehendi [illegible], a quibus cum [illegible], [illegible] animum [illegible] Reip. [illegible] habere [illegible] tempus fuit in Gallia quo Henricum III. in Po-

lonia [illegible] gibus, ut [illegible] quærere, [illegible] niæ [illegible] Constantinum, [illegible] Carolos Magnos, [illegible] Ludovicos, &c. [illegible] esse Henricum felicissimum, Christianissimum & invictissimum [illegible] Ecclesiæ Catholicæ [illegible] vorum [illegible] & [illegible] Deo Galliæ provisum. Quid vero hic [illegible] generoso? Cum hic [illegible] [illegible] in contrarium [illegible] fit, ut eum non solum [illegible], sed vero cadaver, quantum in ipsis fuit, sepulturæ prohibuerint: ipsumque [illegible] in Divorum Catalogum retulerint.

Tu ipse, inter nos [illegible] nihil [illegible] sit [illegible], quo [illegible] Regni [illegible] feceritur? [illegible] ut jam [illegible] Reipubl. [illegible] ta [illegible] & ad posteros propagandum. Quis, inquam, sanus nihil [illegible] nostræ tam [illegible] Exemplo [illegible] tia sit, quam quantique Regi [illegible] Iesuitis probe convenit? [illegible] securæ esse [illegible] quod [illegible]

Dixi quando [illegible] contra [illegible] ge [illegible] [illegible] intelligam. Hæc [illegible] [illegible] esse in [illegible] Reipubl. [illegible] legibus, [illegible] Et quod ad Leges attinet, [illegible] [illegible] in Regno [illegible] libertasque & pax publica [illegible].

Quidem in Gallia præcipue [illegible] legem illam Salicam [illegible] & fundamentalem Regni, per quam [illegible] Regia [illegible] ad regnum sola admittitur. Cum [illegible] Regni post [illegible] Henricum III ad Henricum IV. Regem tum Navarræ devolveretur, Quod ipsum cum secta Iesuitica [illegible] effecere [illegible] ut Galliæ hæc Reipubl. sua fundamentum [illegible] Philippi II. Hispaniarum Regis filia, quam ex Henrico II. Gallorum Rege filia susceperat, in Regni [illegible]. [illegible] & [illegible] Iesuitæ. Quod autem Galliæ Lex Salica [illegible], hoc [illegible] Regum [illegible] per quæ hactenus Reipubl. libera electione sui [illegible]

lenser-

[illegible] quam [illegible] libertatis nostræ [illegible] [illegible] [illegible] [illegible], nec publicam [illegible]. Ejusdem [illegible] [illegible] [illegible] in [illegible] Hungaria, Austria, Styria, Carinthia, &c. [illegible]. [illegible] [illegible] legibus, [illegible] prædictarum Nationum & Provinciarum libertas [illegible], partem parum [illegible], partem ad extremam [illegible] [illegible]. Hoc quidem [illegible] publicas habemus [illegible] affirmat, in prædictis Provinciis [illegible] [illegible] & antiquissima nobilitatis familia [illegible] [illegible], [illegible] quam se [illegible] [illegible] [illegible] [illegible], aut relicta patria sedibus alio migrant: qua res fecerit [illegible] [illegible].

[illegible] ergo jam, mi frater, quæso, si forte res in eum casum devenerit, ut regiam Majestatem [illegible] nec [illegible], nec [illegible] temporibus [illegible], et [illegible] contra Rempublicam, contra leges, & libertates nostras [illegible]. Et quando [illegible] [illegible] [illegible] Regia Majestate, Patrum Religionis, [illegible] aliud [illegible] [illegible] [illegible], ita traducerent, ut eam Tartaricam & Mahometicam [illegible] [illegible], quam Regia Majestas [illegible] salutis suæ [illegible] nec [illegible] posset, [illegible] [illegible] [illegible] [illegible], [illegible] [illegible] [illegible] [illegible]?

[illegible] [illegible] quid etiam [illegible] [illegible], non esse videlicet [illegible] [illegible], si Confœderatio illa [illegible] non [illegible], sub qua [illegible] [illegible] [illegible] [illegible] inter nos [illegible], &c. [illegible] [illegible] (quod tamen [illegible] [illegible] [illegible]) [illegible], quid vero ad [illegible] [illegible], [illegible] [illegible] Comitiis [illegible] Dominica [illegible] [illegible] [illegible] [illegible] ex P. Sterga [illegible] [illegible], quando in concione [illegible] ad Regem sic eum alloquebatur: Ehew Rex, quousque jam nobis res ea hac tempestiva conniventia crediturus? Reges olim Poloniæ de Rebus ad Rempublicam spectantibus cum solis Senatoribus deliberabant [illegible] terrestrium, quos vocant, nulla in hisce rebus potestas erat, ut qui non ita pridem introducti sint. Nunc vero tota & quorundam Minorum eorum [illegible] res est, proh dolor, deducta est, ut quam primum homunculus aliquis Domicellus, qui se pro Nuncio terræ terrestris gerit, votum suum proponit, omnes ei [illegible], [illegible] [illegible] [illegible], &c. Tuum, tuum erat, ô Rex, hujusmodi perversas quæ contra antiquos mores inolescunt, consuetudines cohibere, &c. Ubi etiam [illegible] [illegible] [illegible] jaderovita [illegible] [illegible], [illegible] [illegible] deprimenda esse.

[illegible] igitur [illegible] [illegible] [illegible] [illegible] si reliqui [illegible] [illegible], ut ad [illegible] [illegible] [illegible] [illegible] & vires suas Regi [illegible] in auxilium offerant, [illegible] de nobis [illegible] [illegible] [illegible] [illegible] [illegible] futurum censes?

[illegible] [illegible] [illegible] de [illegible], [illegible] de [illegible] in Rebus [illegible] [illegible] [illegible]. De hac [illegible] [illegible] quid [illegible] [illegible] [illegible] [illegible]. [illegible] [illegible] Majest. [illegible] [illegible] [illegible] [illegible] [illegible], [illegible] [illegible] [illegible], [illegible] [illegible] III. [illegible] & ejusdem [illegible] [illegible] [illegible] [illegible] [illegible]. [illegible] [illegible] [illegible] in Remp. [illegible] P. Sterga [illegible] [illegible], & [illegible] [illegible] [illegible]?

Hæc igitur [illegible] palam [illegible] [illegible] [illegible] [illegible] [illegible] [illegible] [illegible] in publicum [illegible], [illegible] [illegible] [illegible] [illegible] [illegible], & [illegible] [illegible] [illegible], [illegible] sub [illegible] [illegible] [illegible] [illegible] [illegible] [illegible] & [illegible] [illegible] [illegible] [illegible].

[illegible] igitur [illegible] [illegible] respondenda [illegible] [illegible] [illegible] [illegible] nostra [illegible] [illegible] [illegible].

Qui itaque [illegible] [illegible] [illegible] [illegible], primo loco Catholicam Religionem [illegible] [illegible], [illegible] [illegible] [illegible], si in [illegible] [illegible] aliquid deberet [illegible]. [illegible] [illegible] [illegible] [illegible] [illegible] [illegible] & [illegible] [illegible] [illegible], ad quam [illegible] [illegible] [illegible] [illegible] [illegible] [illegible] sub utroque Mundi axe, [illegible] & [illegible] in [illegible] [illegible] [illegible] [illegible]. [illegible] [illegible] [illegible] [illegible] [illegible] & [illegible] [illegible] [illegible] in [illegible] & [illegible], quam [illegible] [illegible] & [illegible] & Romana Ecclesia [illegible], &c.

Ad hæc igitur quid dicemus? Hæc nempe, [illegible] [illegible] [illegible] [illegible], quibus rationibus [illegible] [illegible] [illegible]. Catholicam Religionem, [illegible] [illegible] [illegible] est, [illegible] [illegible] quam mille annis quingentos per [illegible] [illegible], [illegible] (quatenus [illegible] in terra [illegible] est) [illegible] [illegible] ut in nostra etiam Polonia [illegible] [illegible] [illegible] [illegible]. [illegible] [illegible], Christum & Apostolos [illegible] ab initio non solum [illegible] propagationi, sed etiam [illegible] ejus conservationi per [illegible] [illegible] [illegible] [illegible]. [illegible] Ecclesia, [illegible] [illegible] [illegible]

mus

Ipsorum vero [illegible] cum non solum nomina, sed etiam personæ inter nos superfint, quibus illorum cura demandata est, quis dubitet, quin iis, dummodo officium faciant, Religionem [illegible] sint curatori, ut maxime Iesuitæ in Polonia nulli fuere? Certo [illegible] sic dico, Religionis curam & propagationem Iesuiticæ diligentiæ maximam partem esse: quanto nimirum [illegible] non curant, quam quatenus præcipue illius cui ad principaliorem [illegible], de qua diximus, [illegible]. Id quod tibi hinc apparet, quod inter eos partes defendi in Ecclesia inferioribus fere committuntur, at primarii hujus ordinis & qui ingenio præstant, illis quam [illegible] subtilioribus artibus in Aulis liberum vacare queant. Quod experientia testatur, quod etiam virorum doctissimorum, quos vel Iesuitæ ipsi pro Catholicis [illegible] calculo confirmatur, Iesuitas Religioni Romano-Catholicæ circa Europam magis obfuisse, quam [illegible] promovisse. De quo [illegible] inter nos [illegible] pluribus Ecclesiastici Ordinis, querimoniam non semel audire memini.

Hoc ipsum vero cum multis prorsus incredibile videatur, [illegible]. Ad experientiam quod attinet, negari non potest, [illegible] esse, quod Romana Catholica Religio hodie in amplissimo Britanniæ magnæ Regno tanto studio premitur & opprimitur, ut [illegible] Sacerdotum [illegible] penitus privetur, & sic Reges clementissimi beneficio gaudere nequeant. Eandem calamitatem Catholici ante annos non adeo multos in Scotia Iesuitarum culpa perpessi sunt. Cum enim illorum [illegible] in Regno illo Conjurationem [illegible], quæ contra Regem Scotiæ in Hispania a P. Crichtonio Iesuita instituta erat, [illegible] Catholicos [illegible] Ex primaria Scotiæ nobilitate [illegible] qui hactenus [illegible] columna Religionis Romano-Catholicæ in prædicto Regno fuerant, extremum vitæ fortunarumque omnium discrimen adierunt. Sed & reliqui Catholici [illegible] cum ipsa Religione, cui Rex [illegible] adversari videbatur, [illegible] Regno [illegible] in hunc usque diem [illegible] Iesuitas [illegible] cogantur. Et quid aliud Hungaros & Transylvanos non ita dudum [illegible] Iesuitis [illegible] Catholicas [illegible], quam importunitas illa Iesuitarum [illegible]? Dum hi supremi Magistratus auctoritate & favore freti, prædictarum Provinciarum religionis libertatem tanto impetu [illegible] vellent, ut [illegible] omnia [illegible] non [illegible] perferre [illegible] Ad quod [illegible] Provinciarum [illegible]. Nec [illegible] Catholicæ Religioni [illegible] debeant. [illegible] illa, [illegible] Magistratus auctoritatem [illegible] studia [illegible] Catholicæ Religionis [illegible] Iesuitæ [illegible] Europæ [illegible] propagatione fecerunt [illegible] respondeat.

Verum tamen ut hujus etiam Iesuitarum culpam [illegible] extra hoc [illegible] nihil, quod tanto [illegible] dignum sit, deprehenderetur. Religionem [illegible] conservatione, vel [illegible] propagatur & defenditur. [illegible] Conciones & audiendarum confessionum [illegible] comprehendit. In concionibus [illegible] subtiles, diserti, & in [illegible] affectibus acres, vehementes & impetuosi esse [illegible] & percellere possint. [illegible] autem qualescunque [illegible] Scholæ [illegible] conveniunt [illegible] (hanc [illegible] vocare [illegible]) [illegible] sub hoc [illegible]. Quorum utrumque [illegible] non Apostolicum [illegible] adversarios [illegible] Catholicorum adversariis [illegible] magis [illegible]. Me [illegible] ita [illegible] non [illegible] Polonia [illegible] vestra [illegible].

Ad confessionum [illegible] quod attinet, non [illegible], hoc vero [illegible] Iesuitica præcipuum instrumentum & per [illegible] esse. Neque tamen hoc ipsum tam [illegible] habeant [illegible] potuerunt, ut [illegible] pertinere [illegible] non [illegible] tum

faciun-

Scatens

Nondum expiatis uncta cruoribus,
Periculosæ plenum opus aleæ,
Tractas, & incedis per ignes
Suppositos cineri doloso.

nefandum conspirarent, si vnum illud [illegible] excipiat.

His denique à nonnullis additur, Inconveniens esse ut Iesuitas Poloni expellant, cum Galli, qui propter longè graviores causas eos ejecerint, eosdem revocaverint, ubi etiam adhuc citra ullum Reipublicae incommodum vivunt, &c.

Galli Iesuitas recep.

Ego vero non Iesuitas in Galliam reuersos esse, sed quod à Gallis reuocati fuerunt, nec ipse quidem, quamuis multi dicant, facile dixerim. [illegible] vero certe anno, quibus se in Gallijs denuo insinuarunt, tales sunt, ut propter illas ipsas [illegible] rerum inter nos maturandam existimem. Ex illis enim liquidissime perspicitur, quantum hoc Genus [illegible] Europam in vertendo & circumagendo rerum cardine polleat. Sic enim nosse debes, Iesuitas in Galliam non propter aliquam rationem [illegible], quae Regnum illud cavere non posset, receptos esse, sed ad vehementissimam Romani Pontificis instantiam. Quem videbat Rex in tam [illegible] cum vicina potentissime pace [illegible]. Cui tamen [illegible] Catholicorum [illegible] probaturum erat, quamdiu Iesuitas Regno arceret. Interea ne illud quidem dubium est, [illegible] qui Pontifici in [illegible] illa promouenda operam suam apud Regem [illegible], magna praemia constituta esse, [illegible] hactenus Republica vel inter nos vel aliàs militarent. [illegible] non desunt, qui existiment [illegible] hac etiam ratione [illegible] noluisse, quod aliàs à Iesuitarum insidijs nunquam tutus esse futurus. Quod autem hactenus pacem dicuntur [illegible], id si verum est, admiratione non caret: quamvis [illegible] gravissimas habeat, cur [illegible] recentis antecessorum memoriae ad tempus [illegible], sub alio praetextu Regis imperio, cujus authoritatem, quam sibi [illegible] compararunt, non [illegible] & metuant. Quid autem futurum sit, si praesenti rerum Gallicarum capiti aliquid humani acciderit, [illegible], ut antehac factum [illegible] haeredes devolveretur, facile est dictu. Cum veniendum sit, Galliam [illegible] in recipiendo Iesuitis [illegible] male sensuram. Nos vero hactenus [illegible] nulla, per Dei gratiam [illegible], ut Gallorum [illegible], tam ambigua [illegible].

Iesuitae in Gallia [illegible]

[illegible]

[illegible], ut aut Iesuitas [illegible] nobis [illegible], omnesque [illegible] praesentis Reipublicae periculo perpetuo [illegible] ad [illegible]? [illegible] manebunt illa [illegible], quibus ab initio nobis commendati sunt? quod hominum sui amantissimum, pacificum, [illegible], in quibus Poloni [illegible] Clericos habituri sint, quales jam dudum desideravimus? [illegible]?

Ego tamen jam dudum novi, [illegible] ex Republica tempore nunquam [illegible], postquam jam nostro [illegible] ad viscera jam alte penetrarunt, [illegible] praecipuas [illegible] partes jam ante [illegible] futuram, quam [illegible] sibi imaginantur.

Quae enim [illegible] nobis narrant, quae Iesuitarum expulsionem secutura sint? Pontifex, inquiunt, & Hispanus grauissime offenderentur. Magna profecto nomina, [illegible] haud leviter [illegible]. [illegible]

[illegible]

cenſuram propterea Pontificiæ excommunicationi, atque ad aperti belli periculum contemnendi, ſe committerent. Majores ſui in Polonia [illegible] tam [illegible] fuerint?

Quod ſi etiam in hoſce [illegible] aut ad eam [illegible] à Pontifice arbitrio pateremur ſuſpendi, Polonorum [illegible] malè [illegible], adde & ſervitutis [illegible] Jeſuitas [illegible] quæ in conſiliis et Republ. [illegible] Principis atque publica Regalia reſpiciant [illegible] attendunt.

Ad Hiſpanum quod attinet, ego non video, quare juſta offenſionis cauſa à nobis præberi [illegible], ſi nos noſtræ Reipublicæ pro rerum noſtrarum exigentia pro virili ſtudeamus conſulere, citra alienum præjudicium? Cur eidem Regem illum [illegible] magis offendat, quod nos Jeſuitas expellimus, quàm nos hactenus offendit, quod ipſe eos, ut ſibi commodis tam indulgentes fuere? Quid ſi verò Rex Hiſpaniæ, Rex Poloniæ [illegible] vellet, quod equidem [illegible] ad libitum conſequatur per Jeſuitas non ſtabit? nam ad cavendam ejus indignationem [illegible] conſiderandum eſſet? Si denique [illegible] dimiſerimus [illegible] nobis nihil agere aut ſtatuere liceat, niſi quod [illegible], et quam Rempub. in Polonia [illegible]?

Verum hoc [illegible] pergunt excipere, Etiam [illegible] & inter [illegible] multos offenſum iri. Cui aliqua adjiciunt, ſi Jeſuitæ extra Regnum proſcribi debeant, etiam alios & illos præcipuè Evangelicorum Miniſtros una exterminandos &c.

Ad primum quod attinet, de [illegible] intra domeſticos parietes offenſione, ego primum neſcio, quinam illi multi futuri ſint, quorum offenſionem nobis tam periculoſam imaginari debeamus, præſertim reliqui Cleri [illegible]? Cum enim hoc nil aliud quàm ſalus Reipublicæ [illegible] in longam [illegible] quæratur, [illegible] occaſionem habere poterit, niſi forte [illegible] cum Jeſuitis [illegible] conjunxerit, ut [illegible] nequeat. Et hi verò illi ſunt, qui [illegible] & conſiliorum [illegible] contra Regnum ſunt [illegible]. Et quamvis verendum ſit, eorum plures eſſe, quam expediat, [illegible] nobis [illegible] qui Rempub. ſalvam cupiunt, multò major pars [illegible].

Sed eſto, ut hoc [illegible] nobis [illegible] ſuſtinendum eſſet [illegible]? [illegible] Evangelicorum [illegible] poſſemus, qui [illegible] Europæ Pro-

videtur tam diutius [illegible] propter quam eorum commoda aliquid [illegible] Republicæ libertati, ſi Regno nihil periculi eſt, ſi privatorum corpora & fortunæ in tuto ſunt, [illegible] quid tumultuamur? Cur [illegible]? Sin verò hæc omnia nobis in [illegible], ut infeſti eorum [illegible] principales [illegible] periculoſos [illegible] [illegible].

Ad alios verò Evangelicorum profeſſionis Miniſtros quod attinet, ſi in eadem turbata pace & oppugnatione publica libertatis culpa cum Jeſuitis hærent, ut equidem [illegible], qui [illegible] & illos quicunque [illegible] deprehenduntur, cum iis expellantur. In ſufficienti cautio turbatæ Reipub. [illegible] quibuſcunque vitæ genus [illegible] aut eodem [illegible] debet.

Sed numquid hoc [illegible] cum [illegible] cauſa conferri poteſt? [illegible] Pontificem aut Hiſpanum [illegible] intra aut extra Regnum habent, [illegible] aut ad quem [illegible] pateat? [illegible] & circa Rempublicam [illegible]? [illegible] in fraudem Reipub. [illegible]? [illegible] ſuſpecti eſſe debeant? [illegible] Evangelicorum Miniſtri [illegible]? [illegible] adde & radicitus eſt.

Sunt fortaſſis & alia quæ pro Jeſuitis ab illorum [illegible] adduci poſſent, ſed [illegible] majoris momenti [illegible] hactenus allata ſunt.

Ex his ergo quæ hactenus demonſtrata ſunt [illegible] Rempub. [illegible] ſalvam [illegible], ut Jeſuitæ extra Regnum [illegible] prohibeant.

Expulſis autem & [illegible] publica [illegible] Clerus [illegible] per [illegible]

[illegible] & vestitus.

Quamdiu vero hic [illegible] fabula [illegible] in nostra Republica visitare [illegible], nulla nobis salutem & securitatem spes relinquetur. [illegible] quae contra machinabantur, quibuscunque [illegible] & [illegible] studemus, [illegible] in hoc corpore Poloniae [illegible] ad [illegible] quacunque occasione recrudescet. Neque enim Iesuitae, ut cetera omnia fecerunt, ad Regni Poloniae [illegible] familiaritatem [illegible] reducentur, ut illis sub hoc, quae [illegible] qualitercunque durant [illegible].

Ideoque ut eos quidem [illegible], qui ut tot malis addicti sit, non universalem purgationem censent instituendam, sed per paucis [illegible] detractionem & [illegible] putant. Verbi gratia, sunt qui [illegible] intra Regnum [illegible] existimant, qui vel clandestinam machinationem contra Regnum [illegible] aut [illegible] depraehendantur, vel quorum [illegible] publicae paci [illegible] periculosum censetur. Sunt qui [illegible] Iesuitas [illegible] in primariis Regni [illegible] Republica [illegible] aliquid [illegible]. [illegible] qui praesunt, publica [illegible] carceres [illegible]. Haec igitur consilia paucis discutiamus.

De his primum in genere [illegible] dico: Cum [illegible] Iesuitarum [illegible] universam [illegible] ad certam quandam [illegible] indignatione [illegible] plerique [illegible] maxime [illegible]. Nec [illegible] aliquam [illegible] intra [illegible] plus [illegible] futurum sit. Cum enim [illegible] particulari [illegible] difficultate [illegible] quam [illegible] purgatione, cur non hanc ut [illegible] & [illegible] praeferemus? Sed haec ego [illegible] praescribo. Iesuitas [illegible] ex Regno expulsum, quam intra Regnum in ordinem redactum [illegible].

[illegible] qui [illegible] ut non [illegible] & [illegible] conquisitae sunt, quandoque [illegible] ad tempus, propter [illegible] occasiones [illegible] & intra Regnum nunquam [illegible]. Quod [illegible] aliquando [illegible] aliquid & forte [illegible], quid enim [illegible]? Nam quotannis in Iesuitarum [illegible]

Deinde [illegible] qui [illegible] ex Iesuitis [illegible]. Nec [illegible] Iesuita [illegible], ut alter alterum [illegible] sit. [illegible] solum [illegible] inter se [illegible] tam [illegible] ac [illegible] & [illegible] & corpore [illegible].

In [illegible] aliter [illegible]: [illegible] in [illegible] sunt [illegible], ut quod erat, aut aliter fecit, [illegible]. Nec credo te [illegible] quod Iesuita [illegible] fuit, [illegible] publice [illegible] sit. In hoc [illegible] non [illegible] dirigatur, [illegible] esse [illegible]. Quod autem de [illegible] per se [illegible] tamen [illegible] Concertatio [illegible] contra hunc [illegible] verum [illegible] tandem [illegible]. Sed illae [illegible] Deniq; [illegible] ad tempus [illegible]. Num vero hoc [illegible] Regni [illegible]?

Qui vero [illegible] ex Aula & [illegible] Regni Poloniae expellendos [illegible], sed non multo plus quam [illegible]. Videmus [illegible] Respub. [illegible] Iesuitae [illegible] Respub. [illegible] sit Regni [illegible] sed [illegible].

Illud tamen [illegible], quibus [illegible] consilii [illegible] Reipublicae [illegible]

[illegible]

equestri Ordini, ipsisque adeo Clero respectum habeant? Hos itaque libenter interrogarem, quid putent singulari auxilij ad Rempubl. rediturum, si primariæ Regni civitates evertantur, & postea hoc interim liberi in Nobilitatem grassentur? [illegible] Cleri animos [illegible] sollicitare & in transversum agere? [illegible] periculo [illegible] ut ibidem [illegible] aut saltem [illegible] Respublica noceat. Cum hæc primum ipsius Aulæ, ut ostensum est, deinde publica animorum pestis sit, à qua Nobilitati & Clero & per hos demum Reip. præcipue metuendum sit.

Quare inquit, dum Iesuitas in universum extra Regnum propellendos suadeo, in eo Cleri Polonici quam maximum respectum habeo, cujus excessum non aliter, quam bellu hujus fermenti subtractione curari posse existimo. Ex hoc ergo clerum perspicitur [illegible] consilij cum inter nos effectum sperandum esse, quo nobis ad res nostras componendas & firmandas opus est.

Restant ij qui Iesuitas non solum ex Aula removendos & ex Urbibus expellendos, sed etiam latis legibus intra Monachorum claustra redigendos & Ordinariorum jurisdictioni, hoc etiam à nonnullis additur, subijciendos consulunt.

Videamus & his aliquanto longius progredi, quibus ego ad vitandam majorem [illegible] periculum suaderem, si alia saltem consilia hæc sibi subesse [illegible]. Primum Iesuitas ita animatos esse certo novi, ut omnia potius ruptura, omnia turbatum sint, quam ut splendore & existimatione illius, quam ipsorum ordo hactenus supra reliquos Religiosorum ordines, ipsumque Clerum in universum [illegible] qui minimam jacturam subeant. Iesuita autem sive Aula excludatur, si in versanda Reip. clavo non omnibus aliis præpediat, si à publicis ita arceatur, ut e claustro inclusum, aliumque quam proprium militiæ suæ Ducem superiorem agnoscere cogatur, si denique omnium arcanorum explorandorum occasio ei adimatur, à summo ad infima sibi redactum videbitur, ut qui jam nil amplius quam vulgaris Monachus futurus sit. [illegible]

Ego tamen [illegible] Regni [illegible] leges [illegible] publiceq; confirmandas. Bene

dicto, [illegible]

Verum hoc ulterius quærere cogor, Etenim hujusmodi legum & constitutionum, si quæ sanctæ erunt, [illegible] Ordinarijs locorum, respondebis. [illegible] hoc ex Regni legibus sancitum; sed quid si [illegible] recipere nolint, aut excommunicationi Pontificiæ metu non ausint? [illegible] Primum enim antiquam illam disciplinæ severitatem apud nos [illegible] quæ apud Romanos olim parentes [illegible] si forte in Rempubl. peccassent, supplicio [illegible]. Verendumque propterea [illegible] cuique ex hoc ordine, & qui alias in Rempubl. recte affectus est, illud in hac [illegible] imprudenter accidat, quod Vir ille Dei 1. Reg. 20. in historia Achabi sibi evenisse fingit, ut dum ipse aliis rebus intentus est, captivus, cujus custodiam susceperat, aufugerit. Deinde experientia [illegible] Ordinarii locorum hactenus magis Iesuitis parere & obnoxios esse, quam quod [illegible] jurisdictionem [illegible] Qualem ergo [illegible] ab iis expectare poterimus?

Tertio [illegible] Nos tamen contra generalem hanc legem [illegible] Quid enim? Confœderatio publica omni Lex est? [illegible] publico Regis & Nobilitatis juramento sancita & confirmata? Sed quid per hanc quod hactenus contra hanc pestem Politicam profecimus? [illegible]

Et quid tandem Iesuitis [illegible] Patres Societatis Iesu, cum omnibus qui ordini illi adscripti sunt, à censu, & negotiis secularibus in

univer-

Oratio Equitis Poloni contra IESVITAS.

HIc etiam referenda est ORATIO *Equitis Poloni, & quidem Catholicæ religionis, quam habuit in frequentissimo praesentium Poloniæ Conventu, in qua similiter deteguntur & narrantur Jesuitarum artes, doli, fraudes, imposturæ, & multa ab iis facinora, non solum in Polonia, sed etiam in aliis Regnis ac Provinciis ab ipsis patrata. Inter alia sic loquitur:* Ego Rom. Ecclesiæ propemodum alumnus, dico hanc novam Monachorum familiam, quæ à Iesu Salvatore nostro nomen habet, ad perniciem multarum Rerumpublicarum esse institutam. Magna spe ingredior in reliquum Orationis meæ cursum, quia jam periculosissimum illum scopulum vobis tacentibus sum prætervectus. Quid igitur causæ est? ut ita sentiam de istis hominibus, quorum admirabilis pietas, singularis quædam in omni disciplinarum genere scientia, à multis commendatur, & qui primo loco, ordine & authoritate digni sunt habiti? qualnam rationes adferam istius tanti criminis? perarduum mihi erit demonstrare. Quo me vertam? aut quos testes producam? Sunt homines Ecclesiastici ordinis honestissimi, atque etiam Ill. tantâ amicitiâ & tantâ necessitudine cum isto ordine Iesuitico conjuncti, ut etiamsi boni viri non essent, plurimum momenti tamen habere deberet illorum Oratio contra Iesuitas, ita autem boni Catholici sunt, ut etiamsi inimicissimi essent Iesuitis, tamen illis credi oporteret. Quid igitur illi dicunt? Sunt hæc vobis nova & inopinata Senatores Amplissimi? num primum ista crimina aures vestræ accipiunt? Nonne soletis interesse concionibus, in quibus affirmare solent constanter & graviter, ea voce & motu corporis, ea gravitate & constantia viri doctissimi nostri Theologi, Iesuitas eam pestem esse, quæ animadverti non possit, antequam totum Reipublicæ corpus inflammet: eorum mores, gestus, habitum, oculorum conformationem, oris & vultus moderationem, ad res à majoribus nostris benè inventas, atque institutas ad illas, inquam, res omnes, per manus nobis traditas, debilitandas, atque evertendas hunc Monachorum ordinem comparatum esse. Novum illud est Senatores? cum his vocibus, cum his exclamationibus resonuit primarium Templum Lublinense: cum summum istud templum Cracoviense plenum atque refertum his Iesuitarum ornamentis atque testimoniis, ad perpetuam & loci, & temporis, & hominis memoriam? Non sunt hoc, inquam, in illis Templis decantatum? Testes sunt viri Senatorii, magna authoritate, consilio, prudentia ornati, & cæteris ornamentis honoris, ingenii, industriæ clarissimi, qui hoc affirmant. Quid dicam de illustri Episcopo Cracoviensi? quem honoris & amplitudinis causa nomino: cujus ea est ætas, prudentia, authoritas, eruditio, humanitas, judicium, constantia, ingenii acumen, ut ad ejus orationem juramentum vestrum adhibere possitis. Quid igitur is dicit? affirmavit constanter & graviter, & voce & vultu ad rei indignitatem composito, istam novam non ante multos annos inventam Monachorum familiam, quæ Iesu Salvatoris nomine ornata est, ad Ecclesiæ Romanæ dogmata evertenda comparatam esse, & ad excitanda seditionum incendia, ad evertendos Rerpubl. nostræ bonos & omnium comprobatione institutos mores. *Iohannes verò Zamoiscius Regni Cancellarius, & exercituum summus imperator: cujus prudentiam, rei militaris scientiam, virtutem, authoritatem, felicitatem, fortitudinem omnis semper mirabitur ætas, affirmavit verè & sapienter, ut omnia sapè dicere solet, istis Iesuitis in Templo & Synagogis locum aliquem concedendum esse: ut verò ex monasteriis & Templis ad Rempubl. negotia gerenda accedant, hoc nullo pacto ferri oportere.* Zamo. Quid ego nunc producam Doctorem Pinium, civem Cracoviensem, & virum Senatorium: quem verè Philosophum subtilissimum, & Medicum exercitatissimum possumus appellare, in cujus vita extat imago antiquæ virtutis: cujus oratio exemplum est copiosæ loquentis sapientiæ: is verò ita de Iesuitis judicat, ut sæpè affirmet, pessimè cum patria nostra actum esse, quod istos non jam dudum ejecerit. Quid ego vobis nunc adferam voces singulorum hominum? quid producam in medium querimonias cæcarum viduarum, quæ non prius istorum fallaciarum artes deprehendere potuerunt, antequam domos suas spoliatas animadverterent, omnibus vasis argenteis, omnibus ornamentis aureis, in quibus aliqua ars, aut pretium ex singulari excelleret, ut possent eorum cupiditatem saturare? O tempora, ô mores, hæc jam aguntur in foro,

judicent

„ [illegible] in Palatia, [illegible] in omnibus locis, damnantur in Templis, in conspectu [illegible] imaginem Christi [illegible] sanctorum atque sanctarum, hæc declamantur, ad commovendos [illegible] atque [illegible] illis sæpe & multum [illegible] & graviter, [illegible] ab illis experiuntur, qui Religionibus [illegible] atque sanctarum præsunt: & a [illegible] illa [illegible]. Verum [illegible] propter Scholas: multas jam [illegible] literarios aperuerunt: magno [illegible] juventutis, magna nobilium pars, atque ferè præcipua, ab illis erudiri suos filios cupit, propter magnam doctrinæ, fidei, gravitatis, constantiæ existimationem, & propter singularem quandam docendi rationem. Eodem accedit, ut nullis [illegible] laborum propositis, magnos tamen labores suscipiant, & sustineant. [illegible] me miserum: [illegible] ego vos, quos semper laudavi, [illegible] reprehendere? Non videtis, non intelligitis [illegible] hæc omnia ad perturbandam quietem pertinere? [illegible] Scholas ab illis jam dissipatas esse? [illegible] Scholam celeberrimam Cracoviensem, viris doctissimis in omni disciplinarum genere [illegible], jam [illegible] atque [illegible] in [illegible]? Habuit Polonia ante istos Iesuiticos Monachos, habuit viros eruditissimos, oratores vehementissimos, Philosophos acutissimos, Jurisconsultos prudentissimos, Theologos autem dicendi gravitate, copia atque [illegible], habuit nostra patria Scholas, ex quibus, tanquam ex equo Trojano, prodierunt plurimi doctissimi viri: Una Academia Cracoviensis quatuor millia literatorum juvenum numerabat. Prodibant ex illa Schola illi viri, quorum ingenium, prudentiam, [illegible] ista adhuc [illegible]. Jam prope vigesimus annus est, ut Iesuitas illos in Regno nostro videmus, qui [illegible] Scholas suas instituunt, [illegible] industriæ, diligentiæ laudem [illegible] cupiant. Sæpe admodum ludos Comœdiarum, Tragœdiarum, omni splendore [illegible] instructos, exhibent: in quibus [illegible] laudem & [illegible] esse existimant: & hæc [illegible] diversi ad [illegible] atque inter illos [illegible] Magistros [illegible] inter [illegible] illos, qui [illegible]

„ quo genere eruditionis cum illis antiquis nostræ Scholæ Magistris & Doctoribus conferre. [illegible] illo seculo [illegible] concionatorem, cujus ea dicendi vis fuit, ut, quamcunque [illegible], animos hominum flectere facilè potuerit. Credo adhuc [illegible] memoriam [illegible] illius concionatoris, quem [illegible] Polonis appellabant: erat ille homo [illegible], & humanitate, ut semper [illegible] suorum animos atque [illegible] voluptatem afferret, eo ingenii acumine, ea doctrina, ut [illegible] oratione sua [illegible] redderet doctiores suos auditores. Quantum & quam multæ laudes debentur Hosio Cardinali, Cromero Varmiensi Episcopo Orichovio, Fricio?

Hic me incedit quædam cupiditas, ut de illis viris paulò copiosius disseram. Sed metuo, ne ex commemoratione illorum virorum & [illegible] vestra vulnera, quæ patria nostra ex morte illorum hominum accepit. Erant illi viri quædam pulcherrima & [illegible] Ecclesiæ Romanæ [illegible]. Habetis, ut opinor, in manibus vestris præclarum illud Fricii volumen de Republica. [illegible] multi libri Hosii Cardinalis, Cromeri, Orichovii orationes [illegible] multorum manibus versantur: & nulla unquam [illegible] est ætas, ut opinor, quæ illorum memoriam deleturas sit. [illegible] Bembi, Sadoleti, Contareni, Reginaldi Poli & reliquorum summorum hominum libros commentare & judicare, [illegible] æquum est, possem, [illegible] quam oratio deberet. Quid horum similis habent Iesuitæ? Prodeunt quoque quædam illorum lucubrationes. Viserunt [illegible] laborem, quem in scribendis illis libris susceperunt, in suas Tragœdias, vel Comœdias potius [illegible] ita [illegible] sunt refutatæ [illegible], ita profligatæ, ut [illegible] quoque plagam tota Ecclesia nostra Romana acceperit. Provocarunt Lublini superiore anno Antitrinitarios & Anabaptistas ad disputandum: [illegible] triumphum ante victoriam: in ea disputatione nihil præter redundantem quandam verborum volubilitatem, & tragicos clamores, quibus in clamoribus omnes Iesuiticæ laudes positæ sunt, præstiterunt: & tantummodo plebis, & auricularum & [illegible] atque suorum comparatorum approbationem consequuti sunt. & cum rationum vi Antitrinitarios vincere deberent, & eam victoriam, antequam certam esse, literarum monumentis tradiderunt, cum ea quam il-

Gravis oratio [illegible] *Poloniæ* [illegible]

in triumphos suos victoriam habuit, ut Ariani minis, convitiis, terroribus, mi[illegible] fortius [illegible] & primarium quidam illorum hominem Nicomedius etiam verbera senserit. Dolebamus, Senatores Amplissimi, Ecclesiæ Romanæ dignitatem ab istis hominibus ita ludi[illegible]di, ut contra ex illo loco? Romanæ Ecclesiæ observantissimi, animo dubio & suspenso discesserint. Prodiit libellus Posnaniæ Italice, tanquam fax quædam ad excitandum incendium: illius authoritatem si voluissent sequi, nonne jam domestico dissidio eversam Rempublicam aspiceremus? Quæ ista est ratio Senatores? virum eruditissimum non suæ eruditionis arma & doctrinæ instrumenta advincendos suos adversarios conferre? sed ad barbaricam crudelitatem & ferociam decurrere. Moderationis patriæ nostræ honesta hæc oratio est. Verùm si scalpellum adhibeatur ad sanam corporis partem, si viri boni, utiles cives patriæ & Rep. exterminentur: non medicina, sed carnificina est. Quamobrem Concilium non convocatur? Cur publica disputatio non instituitur? Quamobrem istæ faculæ ad vim excitandam adhibentur? Non est magnum negotium homini erudito, vincere eum, qui literarum cognitione non est excultus: præsertim si ad quoque accedat bonitas causæ. Qui ad gladium, ad ignem, ad aquam, ad cædes, ad vim decurrit, faceret is facilius hominem jugulare, quàm eruditè posse animum satisfieri, & barbari atque crudelis prædonis, quàm Theologi mentem eruditam habere.

De Jesuitico Libro.

Juventutem numerosam habent sois in scholis: quibus artibus eam colligant & retineant, metuo, ne serò admodum animadvertamus, & tum demum [illegible] huic malo remedium adhibere, cùm jam non poterimus si ad maturitatem pervenerit illa improbitas, cujus jam magna apparent & extant vestigia. Putatisne Senatores Amplissimi, ab istis Monachorum juventutem Nobilium rectè ad res benè gerendas erudiri posse? Verum tandem aliquando perspicere possitis, Poloniam de statu optimo ad eas calamitates devolutam esse, in quibus Gallicis, Italicis, Hispanicis in patriam nostram receptis. Si majorum nostrorum tempora, quibus illæ Regiones non fuerunt cognitæ, cum hoc seculo conferatur, quæ summum dolorem atque mærorem nobis adferant, plurima occurrunt: quæ spe aliquâ meliorum animum erigant, admodum pauca & exigua, vel potius nulla subjiciantur in mentem. Quid igitur agimus Senatores? Volumusne scholas evertere? Ego verò hanc amentiam à vobis abesse cupio. Placet enim & utile est revocare veterem disciplinam, & patrium morem, præmia Magistris & Præceptoribus proponi: nos gratitudinis & utilitatis spe, ad scholasticum laborem suscipiendum excitari. Novam istam, nostris majoribus incognitam, nobis ac juventuti nostræ inutilem, patriæ perniciosam docendi rationem retineri non placet.

[illegible]

Sed Jesuitarum operâ, studio & diligentiâ effectum est, ut Africa, Asia, America, Persia Romanæ Ecclesiæ instituta & placita amplectatur. Quinam sunt illi viri? quæ est ista pietas? quæ vitæ sanctimonia? ut tantum honorem sibi Christianæ imposuerit. Aspicite istos patres nostros Jesuitas, ut rectè de illis Apostolis fratribus eorum possitis judicare. Non enim, Senatores Amplissimi, omnis similium tam benè refert, neque ovum ovo, nec lac lacti tam simile est, quàm Monachus Jesuitæ, Jesuita Monacho. Quid igitur isti habent? vel in pietate, vel in moribus, vel in eruditione quo nostris antecellant?

Si enim vultum illum ad decipiendos homines accommodatum: si os in illis tarebris Jesuitis compositum: si oculos & totius corporis habitum, atque ipsam orationem ad simulandum & dissimulandum conformatam intuer atque admiror: nihil habebant quod præ cæteris Monachis possint venditare, quibus se illi usque adeò anteferunt, ut quilibet Jesuita cum Jesu in cœlo esse existimet, propterea quòd sanctimoniam quandam possit simulare, & eam, quæ nulla in ipsis est, pietatem benè dissimulet. Nam ut totius corporis motum atque vestitum, ad colligendam hominum gratiam, mirâ quadam curâ & solicitudine moderantur: ita quoque in Templis non veterem illam à majoribus receptam & approbatam simplicem, & non multùm exquisitam in Divinis, atque sanctorum consuetudinem retinent: sed superbiam, studium, atque impudicas mulieres imitantur, quæ splendidius vestiri volunt, quàm honesta matrona: Quæ si ut etiam oculos spectantium in se convertant, & eorum cupiditatem inflamment. Quid verò est ab omni ratione ita alienum, ut non perspiciatis ista illecebris, istis ornamentis, ista subtili fraude suæ operum, & vibrant men-

[illegible]

tentes

„ centu, barbaram gentem, incultos atque horridos homines posse ex [illegible] & ab illis sordibus & squalore, ad istum splendorem, & cultum, ut nec humanus sensus comperit? Haec enim est homini à natura tributum, ut omnia jucunda sequatur. Istam legem non audivimus, legimus, didicimus; sed ex natura ipsa arripuimus, hausimus, expressimus (quemadmodum inquit summus ille orator) ut certa jucunditate aliqua sensu percepta, homines eo magis amplectantur, quo magis etiam sensibus & cupiditatibus obediant. Ceterum gentis mulierculæ & juvenum in [illegible] [illegible], facile barbaræ; sed graves viri & prudentes retinent veterem cultum Matris, qui scilicet novitatis dulcedine non moventur.

Cinctior ergo, viri Amplissimi, Asiæ, Africæ, Americæ, Persiæ istam mentem, cum velim Catholicæ Ecclesiæ nomen [illegible] dare, sed ut verum sit quod Jesuitæ referunt? Falsa enim multa ab illis jactari, jam nonnulli affirmant, & reipsa loquuntur: Sed quemadmodum dixi, ut reperiatur, ne tamen Jesuitæ servire illis apud nobis incumbat, magna cautio adhibenda est. Iidem enim artibus & hoc Religionis nomine, illas Provincias Hispano Regi potentissimo subjecerunt, à quo illic missi, ut explorarent eò cepissent omnia retulerunt, et primum domestica dissidia excitarent, deinde Hispanicos exercitus in Regna convulsa, & dissidiis domesticis debilitata adduxerunt: Quod cum assequuti sunt, omnia cædibus & sanguine ita repleverunt, ut non solum [illegible] capitalis, sed etiam ne respirandi quidem spatium relinquant, illis, à quibus amanter & humaniter fuerant excepti. Legimus in sacris libris, extitisse quosdam Gabaonitas astutissimos exploratores, qui simulata Legatione, calceos saccos veteres imposuerunt, utresque vinarios absoletos, saccos & calceos [illegible] veteres & lacerata [illegible] induerunt: panis tostis se [illegible], omnique in commeatum pane [illegible] sumpto, ad Josuam se in castra contulerunt: eique & Israelitis annunciaverunt, se velle cum eis fœdus percutere. Jesuitæ Gabaonitæ sunt à Rege Hispaniæ Catholicissimo legati, pallia modestiæ contecti, calceis hypocriseos induti, simulatione paupertatis, modestiæ, pietatis, castitatis ornati: se à [illegible] missos esse quasi ad novam aliquam salutem afferendam hominibus affirmant, se vigiliis, laboribus, studiis literarum & pietatis, insuffragiis atque diurnis precationibus exhaustos esse ostendunt. Memoria autem nobis esse, ut quod Anglia superiori [illegible] indicat miserabilis calamitatum hominum, qui sunt in Africa, Asia, Persia, America. Neque illarum Regionum regimini hoc malum inclusum est, latius diffusum, & indies longius progreditur illud incendium. Nam etiam in Germania inferiori exarsit jam [illegible] ab istis Gabaonitis excitatum, quibus [illegible] jam urbes & Provinciæ florentissimæ, quasi uno impetu prostratæ jacent. Non possum hoc loco sine lacrymis Antverpiæ urbis potentissimæ & amplissimæ [illegible] & [illegible] acerbam direptionem commemorare, nullumque esse existimo hominem tam durum, quem non moveat tot hominum mors acerbissima & miserrima, bonorum direptio ac venditio. Nolo autem vos ad summi illius doloris societatem pertrahere. Eodem motu ab istis Jesuitis Gabaonitis excitato, impulsa est Anglia & Scotia: quæ Regna cum istos externorum hostium impetus depulissent, tamen domesticis dissidiis debilitata, & ad interitum jam inclinata sunt. Id vero totum acceptum referendum est illis sanctissimis Patribus Gabaonitis Jesuitis. Hos [illegible], ista commenda illi [illegible] ex [illegible] [illegible]. Vita Reginæ Angliæ veneno & insidiis sæpe appetita est. Scotiæ Regina crudelissimo & ignominioso mortis genere sublata est. Nullum locum nominare possum Senatores Amplissimi, in quo isti Gabaonitæ pedem posuerint, ut etiam non in eodem [illegible] exemplo crudelitatis reliquerint. Ita accidit jam aliquoties, Deo ita permittente, ut iidem autores, qui eorum autores exstiterint, ipsi fuerint oppressi. Nam in Anglia nonnulli ista Patres Gabaonitæ, in quos summo supplicio mactati sunt, quos nostri Gabaonitæ in numerum Martyrum retulerunt. O pulchros Martyres, qui tantorum scelerum convicti fuerunt. Mala [illegible], Senatores Amplissimi, quæ in Helvetia, quæ in Germania superiore ab istis Patribus sunt excitata. Crevit enim magnis progressionibus ista Jesuitarum pestis, & omnes urbes, omnes Provincias, omnia Regna obvia corripit & dissipat.

Ad ea mala, quæ jam commemoravi, propero animus. Nam ignorare, quis turbas excitavit nobis in Livonia illa Gabaonitarum & Jesuitarum modestia? jam potentissimi Regni ad portam positi sedebat eo incendio, quod fuit excitatum ab istis Gabaonitis. Abreptus fuit iisdem procellis & fluctibus, Stephanus Rex fortissimus: qui nisi ad animi sui magnitudinem, consilium & moderationem adhibuisset, jam omnino & cum Rege Magno Regni Sueciae, aut certè Rege Daniae bellum nobis fuisset susceptum. Vrbem profectò & totam Provinciam multis laboribus, magnis sumptibus, magno nostrorum hominum interitu, ad Regni nostri imperium jam diu aggregatam, multò majore caede, aut majoribus impensis atque sudoribus, nunc retenta tueremus. Tota Lithuania & Vilna urbs primaria nonne eodem spiritu Iesuitico & Gabaonitico est agitata? Nonne civium atque meliorum Nobilium fuit concursus ad praelium committendum? unde illa procella perturbationum profecta fuit, nisi à Iesuitis nostris istis Gabaonitis? possitisne dubitare viri Amplissimi, totam Lithuaniam ad interitum ab istis Gabaonitis ita impulsam fuisse, ut jam nunc tantummodo ruinas illius Provinciae aspicere potuissemus, nisi ad haec mala restinguenda Rex sapientissimus authoritatem suam contulisset. Coactus est ille fortissimus Imperator obsidionem, & expugnationem urbis Plescoviae intermittere, ut istis tumultibus à Iesuitis excitatis occurreret. O miseram patriam nostram, o deplorandam conditionem: qui istam pestem, & hoc monstrum in visceribus nostris alimus, & quicquid increpuerit, Iesuitas jam metuere cogimur: quos otium & cibus alienus ita feroces reddidit, ut etiam authoritas & sapientia potentissimi Regis eos coërcere non potuerit. Vidistis, Senatores Amplissimi, Cracoviam urbem celeberrimam, domicilium atque ornamentum totius Regni, sedem Majest. Regiae, omnium ordinum Ecclesiast. & saecularium, ut vocant, receptaculum, praecipuum Regni praesidium, Mercatorum & reliquae plebis Emporium, Matrem artium atque disciplinarum, ita vexatam esse ab istis Gabaonitis, ut plurimi boni viri, veluti cives patriae nostrae, homines Catholici affirmarint, se malle in sylvis, inter feras vitam degere, quàm in illa immanitate versari. Conspiratione enim facta, cujus Iesuitae authores atque duces extiterant, magna vi atque impetu in eam domum irruerunt, quae una insignis olim monumentum antiquitatis erat, Lutheranis concessa, Rege atque Senatoribus approbantibus. Apparebant effusa aliquot diebus flamma, quae per totius orbis partes fusa, toti urbi minabantur interitum. Audiebantur voces scelestissimorum hominum, praedas esse rentium: inter quos, ut quidam affirmant, etiam versabantur illi Patres, non religioso illo habitu induti, sed atrium rusticorum vestibus coöperti. Commodum illis fuit, & jucundum etiam, ut opinor, istam ad tantillum personam Iesuiticam ad aliquod tempus deponere. Tota urbs in summo periculo versabatur. Neque ego sum adeò amens, ut negem, istam vim ad alios quoque Magistros, & Professores, & totam Scholasticorum turbam pertinere: quas dolere jam privatim Lutherani retulerunt ad Senatores. Verum si rem benè consideretis, & istum Gabaoniticum & Iesuiticum spiritum cognoveritis, intelligetis ab hoc Iesuitico nomine haec fulmina profecta esse. Quis enim adeò rerum ignarus, ut nesciat talia perturbationis consilia, plena sceleris, ab his Hispanicis Iesuitis agitari, & nulla unquam ante adventum Iesuitarum talia pericula civibus nostris accidisse? Quid multis opus est? Sunt qui affirment, omne hoc quicquid est mali, Iesuitis tribuendum esse, quibus hoc propositum est, ut Evangelici cum Rectore atque Professoribus, ac tota universitate Academica signis collatis congrediantur, & Iesuitae habeant suavissimum spectaculum, atque in locum illius partis, quae fuerit fusa atque deleta, succedant, & amplissima spolia, suorum consiliorum praemia auferant.

Hic fortassis dicat aliquis Iesuita: Tu Lutheranae causae patrocinium suscipis. Ego verò Patres sancti Iesuitae, non meam nunc de Lutherana Religione sententiam explico, sed quid metuendum sit à vobis Reipublicae nostrae ostendo: & superos testes facio me Catholicum esse. Neque verò is Ecclesiam Romanam oppugnat, atque haereticos defendit, qui liberè, ad Reipublicae utilitates conservandas, ea, quae sentit, dicit. Quemadmodum jam saepe etiam id, quod saepius affirmavi, & magni facere probavi, Tametsi Iesuitae professione Catholici sint, pestem tamen Reipublicae nostrae ab illis metuendam esse. Etenim quoque majores nostri Catholici, acerrimam semper contra illos Iesuitas Cracovienses suspicionem sumpserant, & eos etiam ratione persequendos esse existimabant, summo Pontifice repugnante, & ejus Legatis resistentibus. Archiepiscopi nostri & Episcopi capitali odio ab illis dissidebant, & vi atque armis opprimendos esse statuebant. Vos ego appello

pello Reverendissimus Dominus Episcopus non ignoro, quod observantiâ se perstare summum Pontificem colatis: honorem tamen vestrum tranquillitatemque patriæ nostræ vobis commendatam esse velitis. Exiguum enim admodum est discrimen inter Cruciferos & Iesuitas; inter crucem & Iesum, si iuxta hujus disputationis nostræ limites oratio mea incedat. Crux & Iesus eandem propemodum vim habet pietatis, modestiæq; Religionis: Cruciferi crucis imagine erant insigniti: Iesuitæ Iesu Salvatoris nomine sunt ornati. Quid modestius? quid magis pium & religiosum illis Cruciferis illo seculo extitit? qui verecundi admodum, humani, humiles, abiecti, patres Cruciferi apparebant. Illi quoque Iesuitæ, omni virtutum genere sunt larvati: domi enim tanta solitudine & diligentiâ gestus suos conformant, ut nihil diversum in illis appareat huic personæ, quam sustinent: etiam capita clementer & modestè in unam partem inclinata habent, ut videantur Iesu similes esse qui pendebat in Cruce. Cancellariam pictas & sculptas habent, etiam in valvis suorum collegiorum cruces pingunt. In ista tam pulchra herba latet antiquus ille serpens, inimicus & accusator fratrum, Diabolus, author dissidiorum, perturbationum, bellorum intestinorum, cædis & rapinarum.

Dicite mihi S. Patres, pro vestra pietate, candore, modestia, humanitate, quamobrem vos apud istam hominum multitudinem, cujus benevolentiam iam vobis collegistis, ut etiam multæ mulierculæ, imò verò præclaræ mulieres, ornamenta aurea atque argentea, quæ à maritis suis amoris causa dantur, vobis libenter, fisco propemodum ablata, tradunt, & libenter jam peccatorum suorum causa ad vos accedunt propter vestram humanitatem modestiam, quamobrem Hispanicam Monarchiam in cœlum laudibus effertis? eam commendatis, & exemplum illius Monarchiæ tanquam ad imitandum proponitis? Non ignoratis, ut opinor, in Hispania cives non maior propter levissimam Religionis suspicionem iactari contumeliis, notari ignominiâ, exilio puniri, morte denique acerbissima mulctari. Extant, viri clarissimi, istorum patrum hæc præclara facinora in tabula depicta: forsitan propterea, ut illud exemplum Hispanicum vos imitari velitis. Sed non admodum commodè oculos nostros illâ imagine erudiunt, neque satis copiosè, quid ipsi faciunt, ostendunt. Non enim his est maiorum exitus, quem ostenderet illæ imagines: non hic in minis illorum sanctorum patrum Religio continetur. Nam ad turbandos sepulcrorum manes progreditur illorum modestia & charitas: effodiuntur ossa, dissipantur cineres, & quem terminum, ut vitæ, ita miseriarum natura constituit: ultra hunc terminum graditur ista Iesuitica mansuetudo & charitas. O miseram & lamentabilem illorum hominum conditionem. O Regem credulum. O Regnum citò periturum. Cogitate etiam atque etiam, Senatores Amplissimi, num tanto furori locus in patria nostra concedi debeat, ut fratribus nostris, propter diversas in Religione sententias, hoc modo, hac crudelitate & immanitate lucis hujus usura eripiantur: & alii quamvis sint Catholici, tamen propter opes, vel uxoris vel filiarum formam, in numerum hæreticorum referantur, quia illorum sanctorum patrum cupiditatem maritorum vel parentum vita impedit. Dicite igitur aliquando Patres Sancti, si idem in Polonia facere possitis, quid fieri facto? Etiam illud dicite, Si Hispanorum Rex Patronus & propemodum Deus ordinis vestri, huc in Poloniam, vel mari vel terrâ exercitus suos cupiat adducere, quid, inquam, fieri factum patres S. Iesuitæ? Video enim vos tantis sumptibus iam firma palatia, præsidia, & propugnacula erigere, quos vos monasteria appellatis, quæ si verè, ut sunt, nominari debeant, domicilia scelerum omnium atque flagitiorum receptacula appellari possint. Video Posnaniæ arcem munitissimam summis præsidiis à vobis ædificatam esse: & cum intra urbis mœnia contineatur, aditum ad urbem patefacere posset hostibus, cum quibus communis est vobis cupiditas. Regis palatium Posnaniensi aulæ parte cum isto vestro propugnaculo est constructum. Iesus locum, in quo caput reponeret, non habuit: in campis, in montibus versari potius quam in urbe maluit. Iesuitæ in commodissimo urbium loco, ad milites vel depellendos, vel excipiendos, si vel in urbem oppugnare, castra sua ædificant. Video Iaroslaviæ, etiam Lublini, atque in aliis civitatibus ejusdem munitionis, firmamenti, tantorum præsidiorum extructas arces, ut non scholasticos docere, aut mulierculam peccata cognoscere, sed bellum gerere velle videantur. Respondete igitur patres sancti atque modesti, num etiam illos Hispanicos exercitus in ista palatia vestra sitis admissuri? illius autem Hispanorum Regis,

cui

cui vos divinos cultus et honores praeferetis, & cui accedat Papae authoritas? Si quoque eodem vires suas conferant, tum illa in [illegible] & sceleribus exercitata iuventus, illi scilicet vestri greges aleatorum, in quibus etiam adulteri, impuri, atque omnes improbi versantur. Qui cum sint absque re, absque sede, sine spe, sine fortunis, per urbes pexo capillo, nitidi imberbes, aut [illegible] barbati, volitant: qui totam industriam suam in nocturnis insidiis [illegible], quid sint responsuri. Moneo tamen vos S. Patres, ut existimetis istos homines non adeo stupidos esse, ut non intelligant, quo referantur omnia vestra consilia, quae iam ita in lucem producta sunt, ut omnibus appareant.

Cogitate etiam atque etiam, Senatores Amplissimi, ne cum [illegible] abjectissimi hominis [illegible] tandem sint [illegible], vobis tantum consilium & prudentia defuisse videatur, ut non animadvertere possitis, quam horrendum exitium vobis immineat. Quid enim eo turpius est, si obliviscamini, quibus fluctibus iactata & quae naufragia fecerit nostra Respub. eo tempore, cum vi & armis Crucesignatorum improbitas multis annis non potuit reprimi: tanta contentione, tanta sanguinis profusione, multis annorum centuriis bellum gerebatur, ut ad illius temporis memoriam animus exhorrescat. Fuerunt enim omnes campi majorum vestrorum sanguine cooperti. Quis fuit ille [illegible] tanto ingenio, tanto acumine, tanta prudentia praeditus, ut perspicere potuerit, [illegible], & tam tristem & infaustum, ac toti orbi Christiano perniciosum, atque multis Europae partibus perniciosum esse expectandum, atque metuendum ab illis Crucesignatis: qui in [illegible] urbe Hierosolyma, apud sepulchrum Domini [illegible] studio [illegible] mortis Christi [illegible] illi loco ita affixi, ut totum vitae suae curriculum in eo consumere statuerent, [illegible] ordinem omnium [illegible] amplecterentur, ut nemo dubitaret, illis hominibus [illegible] propositum [illegible] praeter ipsam pietatem. Habebant Monasteria, certis fratrum atque sororum familiis [illegible] moribus informata, ut nihil reperirent homines, quod in illis [illegible] laudarent, & quae admiratione digna judicarent, ita plurima, vel potius omnia [illegible] fiebant, ut Principes certatim [illegible] beneficia conferrent. Sed quid tandem [illegible] & Religionis simulatio reddidit, [illegible] admodum [illegible] nos [illegible] malo experti sumus, quid momenti habeat ad decipiendos homines simulata pietas. Vos autem, S. Senatores, qui in locum Principis Mauritii successistis, [illegible] & nominis eius memoriam illustrem [illegible], quibus Princeps [illegible] sunt iactata, [illegible] Crucesignatorum tempestate; & [illegible] ad eundem [illegible] deferri [illegible], quasi [illegible] & mediante naufragium facere velitis.

Conferte enim Senatores Amplissimi [illegible] Crucesignatis vos, inquam, primum in vestrum [illegible] exemplis. Recordamini Crucesignatos, quibus ex [illegible] Regionibus ad vos opprimendos praesidia habuerint, & simul ad [illegible] vestros Patres, [illegible] vestros Gabaonitas, [illegible] convertere. Cogitate etiam atque etiam, ut ab omnibus rebus inopes & egeni fuerint, cum primum hanc [illegible] illi nostri Gabaonitae. Iam vero quantas opes possideant, quibus [illegible] videtis. Si vero rem totam bene quemadmodum debetis, examinare velitis, cogitate etiam atque etiam, ut non [illegible] longe intervallo a nobis Hispanorum Rex [illegible] a Dantisco sex dierum itinere [illegible] Antverpia, quae urbs domicilium [illegible] & sedes potentiae Hispanicae esse dicitur. Quid agimus? Senatores Amplissimi, quid agimus? Non [illegible] aliorum Regnorum [illegible] exempla, quod [illegible] magis admirandum, quia ad vestri prudentiam & rerum usum accessu [illegible]. Cur non [illegible] aliorum Regnorum historias? Cato ille, cognomine [illegible], inter sapientes primas concedebatur, cum vellet Romanis [illegible] ante oculos ponere, quae illis imminebant a Carthaginensibus ficus recentes, quae [illegible] afferebantur, Senatui ostendebat cum hac oratione: *[illegible] Patres Conscripti, [illegible]* Recitari Catonis verba quibus [illegible] exstant [illegible] valde accommodata, ut [illegible] nostro [illegible]. Quid enim est, Senatores Amplissimi, quod nobis [illegible] Cato dicere posset. [illegible] Hispania, illa suavissima & pulcherrima, cuius [illegible]

nostris

nostris incognita, in quibus colorem, odorem, saporem, succum, si consideres, nunc primum de arboribus decerpta esse videntur. Non ignoramus quantum detrimentum morum & virtutis importent in patriam nostram istæ deliciæ Hispanicæ & Italicæ, sunt multi viri principes, qui intelligunt, magis ac magis hostibus nostris in Regnum nostrum aditum patefieri, & tamen non cogitamus, quibus artibus aliorum Regna eversa sunt, iisdem Remp. nostram adeò debilitatam esse, ut ruere incipiat. Et in his nostris motibus & ruinis, vos Senatores Amplissimi quibus cura Reipublicæ tradita est, vos inquam, in utramque aurem dormitis. Aspicitis exploratores illos Gabaonitas, istos inquam Jesuitas exploratores Hispanicos, qui antea fuerunt pallidi & squalidi, pannis & pulvere obsiti, nunc verò sunt nitidi & splendidi, potentes & gloriosi. Hos non videtis in Regno nostro ita versari, ut pro suo arbitrio velint Regem eligere, & illius authoritatem totam & Majestatem ad libidinem suam convertere? Non videtis quid moliantur? Properavit alter in Sueciam plenis velis: eoque omnium opinione celerius pervenit. Alter Romam, [illegible] Viennam [illegible] pervolavit. O celeritatem incredibilem. O cuniculum volucrem. Quæ causa est tantæ celeritatis? Nobiles Patres sancti Regni administrandi cura ita commissa est, ut [illegible] periturum esse existimeritis? quo spiritu eo adductus & instigatus est unus vester Monachus primarius, vestrorum consiliorum Moderator, ac Defensor, ut munus illud pacis constituendæ inter Stephanum Regem & magnum Ducem Moscoviæ susciperet? Quamobrem illam pacificationem sibi non traditam sumpsit? Tantumne vobis authoritatis patres S. tribuitis? & tantum prudentiæ in vobis esse existimatis, ut credatis, omnes conditiones pacis vos animadvertere & constituere posse, commodas patriæ nostræ? quantum scitis, quibus de causis, quàm magnis atque arduis tam longum, tam grave & periculosum bellum gereretur? Multorum vocibus, & diu usurpatum est proverbium: Quicquid agit Mundus, Monachus vult esse secundus, quod tam præclarè vobis deservit, & vestro huic Principi convenit, quem etiam vobis [illegible] Bernardi [illegible] habitu, à quo vix [illegible] abhorretis, ut etiam [illegible] valdè simile-

sta fortassis propterea, ne eam, quam habetis gratiam amittatis; si hunc nitorem & hanc elegantiam, quæ vobis multorum hominum amorem colligit, cucullo contegatis, atque ita obscuram reddatis. Sed quæ est ista temeritas, inter tantos Principes & Monarchas authoritatem suam interponere tanquam si antea nihil sapientiæ in omnib. Senatorib. fuisset? Tam verò quàm fuerit studiosus pacis & gentis nostræ, is vester Pater libellus, quem postea edidit abundè indicat, plenus contumeliarum & maledictorum. Hunc si exterarum nationum homines legerint, quibus nondum mores nostri sunt cogniti, existimabunt, in Polonia nullam esse pietatem, nullam rationem, nullam virtutem, nullum ordinem. Etiam reliqui Jesuitæ Monachi hujus ducis exemplum sequuntur. Emittunt subinde non solum illos suos juvenes ad omnia sua facinora exercitatos, verùm etiam & libellos, quibus calumniosam famam, atque quasi flammam & incendium, in nostræ Reip. cives viros bonos volunt excitare. Hæc quamvis ita sint, tamen illi vivunt deliciosè & suaviter, non solum nullas pœnas suorum facinorum non metuunt, sed majores etiam honores sibi deferri debere existimant. Magnifici appellari cupiunt, atque [illegible] nominis & dignitatis [illegible] omnibus artibus multa prædia colligunt, vel potius ab iis hominibus, qui fallacem spem pretio emere non dubitant, oppida & prædia exigunt. Atq; hoc pacto nobilitatem, quæ est [illegible] in pace, præsidium & robur in bello, quæ sanguinem suum pro patriæ salute effundit, in majores angustias redigunt. Sunt multi Equites, viri fortissimi & constantissimi, singulari animi atq; nobilitatis magnitudine prædito, quorum majores in bello fortissimè occubuerunt, patrimonia sua patriæ saluti [illegible] fuderunt, ipsi quoque magnâ vitæ suæ parte in Aula Regû collocârunt, hi aliquot famulos quotidiani ministerii vix alere possunt. Illi verò patres Gabaonitæ hoc assecuti sunt pietatis simulatione, illo vestitu & habitu ad decipiendos homines composito, ut multos non tantummodò Equites, sed etiam Regni Senatores jam opibus superent, [illegible] verùm jam ad eorum quosdam, & animo & oculis suis & libellis designare incipiant.

O tempora, ô mores, ô magnam iniquitatem hominum. Legibus cautum est, ut homo peregrinus ad aliquam dignitatem Regni conjunctâ, neque homo plebeius aspirare velit. Ut legis illius authoritas contempta jaceat, quid multis opus est demonstrare? Illud enim multorum vocibus, imò verò multorum gravi & acerbâ oratione reprehensum est. Illud in omnibus comitiis Regnorum [illegible] propè Senatorum clamoribus agitatum esse: & tamen non animadvertimus, Iesuitas, homines obscuros, peregrinos, & plebeios, tanta bona Regni invadere? imò verò jam non pauci reperiuntur Nobiles Regni nostri, qui se [illegible], & sua nomina in illum ordinem Monachorum referunt, ad perpetuam familiae suae ignominiam malunt inter Monachos, quàm inter Nobiles patricios vivere. O caecas hominum mentes, ô pectora caeca. Non videmus Senatores? Italos atque Hispanos esse, quos illi jam generales Patres appellant: verè autem duces seditionum atque conspirationum in patria nostra nominari possunt. Isti duces jam Templa Cracoviae occupaverunt. Sacerdotes, qui in illis Templis sacris praeerant, nostros praeceptores, homines aetate & morbo confectos, sedibus suis ejiciunt atque extrudunt. Apud Poloniam villas Parochorum eripiunt, vel potius jam juris quadam simulatione eripiuntur. In multis Regionibus Russiae omnes illas partes optimas & fertiles, ubertate agrorum, varietate fructuum, magnitudine pabuli, & multitudine omnium rerum, quae exportantur, praestantissimas invadunt: suorum agrorum terminos in singulos menses extendunt: Nobiles, & reliquos homines utiles Reip. exterminant, patriis sedibus nudos proscribi jubent, multas viduas, praeclaras foeminas eò deducunt, ut cogantur suis filiis bona excepta illorum finibus adjungere: liberos suos spem parentum, memoriam nominis, subsidium generis, haeredes familiae, designatos Reip. cives, patrimonio privare. O miseram illorum filiorum conditionem. In omnibus conviviis dispensatur quotidie, in comitiis, in omni omnium nobilium concursu, vim dolentissime patriae nobis fieri. Tollantur mille [illegible], & patriae [illegible], violant patriam, si illius bona in eos homines conferuntur, quorum nulla in Remp. merita extant: qui tempore pacis & belli in Reip. salute defendenda & dignitate amplificanda, operam suam non collocant: qui non [illegible] suam pro patriae salute effundunt. Quid verò Iesuitae habent, quod non sit periculosum nobis omnibus? Quid habent praeter admirabilem potentiae magnitudinem, Hispanicam [illegible], hoc est, fraude acquisitam? quam pecuniam, Senatores, ut videtis, ad agros [illegible], ad Curiam suam extendendam conferunt: reliquam ad nos oppugnandos & jugulandos conferunt. Habent ubique animi relaxandi gratia, [illegible] & [illegible], plura etiam praedia, neque tamen ullam [illegible] & propinquum, domos [illegible] Turcica & Italia. Quid praeterea alii, quòd argenti apud illos esse putaret tantum scilicet, quantum à multis familiis coacervat Religionis simulatione poterit. Familiam verò quantam & quam variam cum auxiliis habeant, quid ego dicam? Est enim [illegible] coquos, pistores & alios artes vulgares: videtis in quotidiano nostro vestitum & ornatum & habitum tota veritate personae illius urbis, quam semel occupaverunt, ut in homines Sacerdotes despiciant, ut neminem hominem prae se esse putent, ut se solos sanctos, solos doctos existiment. Quid futurum esse putatis, Senatores, si quis [illegible] hoc reprehendere velit? Si quid spectant illi statum quotidianum temporis & [illegible], maledicationibus demonstrent! si quis etiam petierit, ut ea bona, quae turpiter his lenocinijs sibi occupaverunt, honestè dimittant! ac illam colligendarum opum rationem, quam humana aequitate defendere non possunt, divinâ Religione tueri desinant? quos tumultus, quas perturbationes futuras esse existimatis? quem putatis ab [illegible] tectum fore? nullum certè, nisi hunc, qui ad illorum nutum & voluntatem se accommodaturus fuerit. Stephanus Rex asserebat, se omni ratione pacem esse conservaturum, inter eos, quorum in Religione sunt discrepantes sententiae. Quamobrem igitur homines novi & peregrini in Regnum nostrum sunt recepti, qui dum faces [illegible] discordiarum, bellorum civilium, inter nos, & contra nos, sic vivunt, ut [illegible] sumptuosos, pecuniam colligant, quicquid est pretiosi in alicujus Equitis domo, illud ad se pertrahant in fraude & ex fraude vivant? Cur non tenetur authoritas Concilii illius amplissimi & frequentissimi Lateranensis, quod vetuit, ne in posterum nova aliqua Monachorum familia à quoquam institueretur? Intellexerunt homines illi sapientissimi, quòd quanto sunt acceptiores Monachorum familiae tanto etiam detrahatur saecularium Nobilium, Mercatorum, Agricu-

larum,

lectam, & viduarum & reliquorum ordinem, Voluerunt igitur illi viri sancti orbi Christiano consulere, nec crederent numero Monachorum, tanquam fundi calamitate, opprimantur boni & prudentes Cives patriæ & Viduæ. Metuebant, ne eò res decideret, quod jam fieri videmus, ut crescente malo hac Iesuitarum tanquam viperarum progenie, augeantur etiam illa mala, quæ metuenda sunt ab illis hominibus, qui in ocio & cibo alieno non possunt nisi ad perniciem potius vivere. Videtis enim Senatores, quid effecerint Cruciferi: videtis etiam quid faciant Iesuitæ.

Sed quorsum hæc omnia spectat oratio, Senatores Amplissimi? quid enim facturus sit summus Pontifex, nondum scimus, quem etiam hoc consilium cepisse ex multis intelleximus, ut istos Iesuitas ex hac splendore, in antiquum & [illegible] vitæ circulum reducet, ut omnibus sit perspicuum, illos esse Monachos. Hoc fortassis beatissimi patris consilium, ad Ecclesiæ tranquillitatem habet aliquid momenti: sed metuo, ne parum admodum aut omnino nihil ad has perturbationes mitigandas, quæ sunt à Iesuitis excitatæ, conferat, & ad ista quoque incommoda atque detrimenta, quæ Reipublicæ allata sunt, compensanda. Illi enim, ut est Monachorum ingenium, [illegible], non animum mutabunt. Quamobrem oportet nos semper esse excitatos, erectos, & propemodum animis armatos, ne blanda aut supplici oratione, aut etiam placato simulatione fallamur. Satis enim jam, satis oppressi fuimus [illegible] Nobilium domus sunt eversæ, fortunæ vexatæ, dissipati agricolæ rapinæ conjuge, malo Nobiles, incredibili pietate & amore in patriam, magnis in angustijs versantur, & propemodum ad pedes istorum Iesuitarum objecti sunt: multi subditi Nobilium in Lithuania atque in Moscovia perierunt crudelitate istorum Iesuitarum, postquam sunt seditiosi, patrijs focis, distracti à suis: Videre licet multos oculis [illegible] squalidos, sæpè etiam sordidatos & reos. Videtis quotidiè magnam accessionem ad numerum istorum Iesuitarum fieri. Videtis, multos ex Hispania atque Italia advolare. Animadvertitis, ut opinor, alijs Sacerdotibus [illegible] vos fieri: videtis etiam Sacerdotes nostros ab illis Iesuitis misere pulsos, & repudiatos, perterritos, & sedibus suis exturbatos esse. Hisquam pretium vos appellent, habent nomen. Vobis suas fortunas commendant. Vobis existimationem committunt ac spem vitæ reliquæ. Miserum est extrema hac fortuna omnibus, miserum illum injurijs. Constituite etiam vobis ante oculos reliquorum hominum [illegible] & agricolarum miseram conditionem, qui suis bonis spoliati sunt, ut cum videant Iesuitas in suis bonis paternis dominari, ipsi liberos atque fratres suos juvare non possunt. Illi vos orant atque obsecrant judices, ut ad illorum dolorem subitò eandem vel recordatione parentum vestrorum, & liberorum jucunditate commoveamini, & pro vestra [illegible] servitutis. Omnes Ordines Regni vos orant atque obsecrant, Senatores amplissimi ut patriam salutem ante oculos vestros constituatis. Libertas enim agitur nostra, quæ est commendata vobis: vita & fortuna omnium bonorum agitur: quo cupiditatem illi [illegible] cum summa cupiditate intendunt illi Hispani atque Itali Iesuitæ: quod pernicies cum immani cupiditate conjuncta [illegible], videte Senatores Amplissimi ne hoc tempore, quo maximè Respubl. sapientiam, & authoritatem vestram requirit, patriæ & vobis atque vestris omnibus, quibus omnia propemodum debetis, defuisse videamini.

De Turbis in Moscovia à IESVITIS excitatis pro Demetrio.

IN Moscovia, amplissimo illo Septentrionis tractu, ingentes turbas Iesuitæ excitarunt. Mortuo enim Basilida, magno Duce Moscoviæ, & alio in ejus locum electo, Iesuitæ Demetrium quendam, qui ipsis supra modum favebat, subornârunt, & variis artibus, dolis ac fraudibus, tanquam Basilidæ filium, adeoque legitimum Regni hæredem, inducere conati sunt. Hic Demetrius apud Regem Poloniæ diligenter instando, Iesuitis eum strenuè adjuvantibus, tandem obtinuit, ut auxiliares sibi copiæ adversus Moscoviæ Ducem decernerentur. Moscus sibi non parum ab illis timens, insigni usus strategemate, Regni sui aliquam partem Demetrio possidendam obtulit: cumque ille necatum illam venisset, facto per insidias in eum impetu, ingentem stragem edidit. de [illegible] Demetrio, cepit illum Custodia autem liberatus, collecto novo exercitu, copias Magni Ducis fudit, & aliquot urbes celeriter occupavit, ac tandem Regno potitus est. Post aliquod verò tempus à subditis suis tali occasione trucidarent destinabant. Suborta erat in multorum animis suspicio, quod Iesuitæ, ob navatam sibi & præstitam fidelem operam, vehementer faverent, aliis non obscuris indiciis, enim non Basilidis filium esse, quem se ex instinctu Iesuitarum venditaverat, sed dolis, fraudibus & imposturis Iesuitarum, ea vi Demetrii in Regnum intrusum esse. Hinc cum, Iesuitis eum adhortantibus, Religionem & ceremonias mutare inciperet, & Polonis, quos magnâ copiâ secum adduxerat, plus, quàm Moscovitis, tribuere honoris videretur, necnon, contra ejus loci morem, copulatio matrimonialis, à Patriarcha licet, peragi [illegible] sed Iesuitarum ritu & solennitates peragere oporteret, tantam in subditorum animis commotionem excitavit, tantumque in se odium provocavit, ut congregati magno numero captatâ occasione, cum [illegible] nuptiis genio Dux indulgeret, multosque Polonos & Iesuitas convivio excepisset, irruptionem ex improviso in Palatium ejus fecerint, eumque cum omnibus Polonis & Iesuitis trucidârint. Hunc rumorem de occiso Demetrio, & turbis in Moscovia excitatis, factio Iesuitica aliquandiu studiosissimè compressit, ut veritas deprehensa Polonis artes eorum magis suspectas redderet: qui aliàs propter factionis Iesuiticæ in aula potentiam & insolentiam graviter aliquandiu tumultuati sunt.

De Hungaricis Motibus.

TEstatur etiam Conradus [illegible] Francus in sua Plagæ Regiæ historia pag. 286, Iesuitas sub belli Hungarici [illegible] aliquot nobilissimas Provincias, hactenus pacatas, in ipso Ianizarorum conspectu, suis artibus evertisse, turbasse, totamque vicinitatem ipsis Christianorum castris ambiguo metu & diffidentiâ replevisse.

De Turbis in Transylvania à IESUITIS excitatis.

Iesuitæ ex Transylvania ejecti.

TRansylvaniam etiam omnium fortunarum miseriarumque & calamitatum, quas hactenus perpessa fuit, causam in Iesuitas, eorundemque [illegible] bilis [illegible] quibus Iesuitarum [illegible] ob hanc causam etiam publici Ordinum Decreto ex hac Provincia ejecti sunt, Anno millesimo quingentesimo octuagesimo sub mensis Ianuarii initium.

Non tamen [illegible] homines. Nam post ejectionem suam, [illegible] clandestinis suis consiliis Sigismundus Bathoreus Transylvaniæ Princeps, varios motus [illegible] perniciem persequeretur, bello inextricabili se implicaret, ac denique misere & inglorius vivere cogeretur.

Eorum operâ quoque Stephanus [illegible] Transylvaniæ Princeps, [illegible] veneno propinato è medio sublatus est anno millesimo sexcentesimo septimo.

Post aliquot etiam annos dolis, ac proditorum conjuratione sanguinolenta [illegible] in hanc Provinciam penetrare conabantur, ut ex literis Caroli Zerotini Baronis intelligitur, quæ sic habent.

[illegible marginal note]

De Transylvanicis motibus nostris quid ad vos relatum sit [illegible] in aula Principis [illegible] Religione [illegible] Caroli [illegible] Principis [illegible] in familia [illegible] Provincia prohibentur. Erat autem [illegible] fuere, quibus [illegible] maximam [illegible] At vir bonus, qui [illegible] Principem in partes suas pertraheret, [illegible] ad quæ alia [illegible] Iesuitica [illegible] magna authoritatis [illegible] Cancellarium Regni, qui fuga [illegible] sed ut [illegible] conspiratio est. Ubi ad notitiam Principis pervenit, illa dissimulare [illegible] consilia procedere [illegible] sine [illegible] Inde [illegible] vel conjuratos, qui ignari quid animi gererent, Pezelium comitarentur, & occasione arreptâ, quid facerent [illegible] esse sua parte [illegible] existimarent, [illegible]. Nec mirari [illegible] [illegible] actum [illegible] etiam [illegible], at [illegible], quæ [illegible] tegendæ [illegible] [illegible], [illegible], [illegible] [illegible] [illegible] [illegible]. [illegible] [illegible] ex [illegible] [illegible] comprehendunt ac præcipui [illegible], & [illegible]. [illegible] in urbem magnam [illegible] adduxit, [illegible] suo in [illegible] [illegible]. Sunt qui hoc [illegible] Cardinalem [illegible] & fratrem Sigismundum cum aliis quibusdam implicare volunt, mihi tamen [illegible] de iis constat, Iesuitas verò Authores Tragœdiæ hujus fuisse minimè ambigo, dudum jam per Europam ob has artibus celebres.

De Turbis *in* Styria, Carinthia & Carniola *à* IESVITIS excitatis.

ANno Domini millesimo sexcentesimo quarto Francofurti ad Mœnum à Ioan. Rapio in lucem est edita historia seditionis & omnis persecutionis in nominatis Provincijs à Iesuitis institutæ, cujus hæc ferè summa est. Vt Iesuitæ in omnes Terras & Provincias longè lateque fraude dolisque irrepserunt, ita & in Styriam [illegible], ex quo quidem ab initio numero, & mox in immensum [illegible], ut jam via Styria, Carinthia & Carniola simul illos capere posse, [illegible]. Et cum id genus hominum [illegible] crudelitatem sub hypocrisi spirent, ibidem eandem, præsertim Græcij, quæ est Styriæ Metropolis, quam alijs in locis [illegible] & seditione & egerunt Tragœdiam, mutatis solummodo personis, renovarunt. Et ut proprium eorum esse solet, Caroli Archiducis Austriæ superioris animum adversus subditos innocentes & fideles exacerbârunt, atque eò [illegible] ijs qui [illegible] ab illorum partibus adduxerunt, ut persecutionem gravissimam, temporibus ijs, quæ diu ob Turcicam expeditionem, aliaque incommoda periculosissima erant, adversus Professores suscitaret. Cœpta semel atque iterum persecutio quidem incepta & promissa facta est, nihil tamen, quod alicujus fuisset momenti, effectum est, Carolo Archiduce morte sublato. Nihilominus Iesuitæ [illegible] incœptum [illegible] propositum suum in effectum producerent, [illegible] Religio-nem, quæ illis sedes erat in oculis, ex tota Styria eijcerent.

Tandem igitur, cùm de processu quodam aliquandiu [illegible] deliberassent, in scenam eruperunt & Tragœdiam, quam diu secum parturiverant, in lucem [illegible]. Mense enim Septemb. anni 1598. Parochus Græcensis M. Laurentius Sonnabent, qui quondam Præceptor juniorum Principum fuit, [illegible] Caroli, scriptum aliquod [illegible] Iesuitarum Ministro Græcensi misit, quo authoritate, quam tum se possidere jactitabat, [illegible] ex hac urbe Religionis [illegible] exercitio deberet: ibi enim hanc curam demandatam esse, & ad [illegible] e dicebat.

Sed hoc scripto non territi Ministri, Sonnabendius illis resistit, Dominos Ordinarios Styriæ (sic nominantur Quinqueviri, penes quos summa rerum potestas est) aggreditur, Ministros graviter apud eos accusat, & ne illi, quem Magistratum suum legitimum appellarent, concionatoribus suis muneris publicè fungendi [illegible] interdicerent, petit. Domini Ordinarij memores privilegiorum suorum, [illegible] promissis Caroli Patris moderati Principis, non ignari imprudentissimorum Iesuitarum postulatorum & conatuum, quos antehac sæpè moliti erant, silentio hominem dimiserunt. Ille verò filium Archiducis jam dudum expeditum secum, & Ministerium Protestantium, & Dominos Ordinarios Styriæ Proceres illustres apud Ferdinandum jam Styriæ Archiducem accusat, & ut is pro ea, quâ instructus esset divinitus authoritate, & amore erga Romanam Ecclesiam præditus, petitioni suæ satisfaciat, & Concionatores Protestantes coerceat, ne illi ab eo neque vocati neque ordinati in urbe, in qua ipse Princeps residens, ipso invito res sacras administrent, sed tandem prorsus expellat etiam atque etiam contendit.

Princeps à Iesuitis Præceptoribus jam antea edoctus petitioni Parochi locum dat, & Dominis Ordinarijs Edictum severissimum mittit mandatque illis, dent operam, ut Ministri Protestantes ab officio concionandi desistant, & intra 14 dies finibus totius Styriæ expellantur. Actum 13. Sept. Anno 1598.

Domini Ordinarij perlectis his literis scripto prolixo respondent, partim sese excusantes, quòd mandato huic sine præscitu reliquorum Dominorum Provincialium morem gerere non possint, partim petentes ut ab hoc proposito suo [illegible] turbulentissimis temporibus, quibus Provincia alijs majoribus conflictatur incommodis, quam ut inde quietus posset, desistat, Iesuitas autem loco expellere non patiatur, adversus subditos innocentes, et contra juramentum, quo ex privilegijs Provinciae obligatus est, quicquam committere, cum commemoratione simul incommodorum, quae inde futura essent, adjecta. Sed tantum abfuit ut scripto illo gravissimo ab instituto suo averteretur Ferdinandus, ut indies magis magisque, Iesuitis facem subministrantibus, ad persequutionem secunderetur. Ac proinde 13. Septemb. mandatum alterum, non quidem ut antea Dominis Ordinarijs, sed Ecclesiae & Scholae Ministris mittit, quo praecipit, ut in hoc ipso momento, sub capitis poena, à docendi & concionandi officio, tam in Schola quam in Ecclesia desistant, & intra octiduum omnibus suis finibus excedant.

Hoc mandatum ubi accepissent Ministri, Dominos Provinciales adeunt ipsisque rem aperiunt. Convocantur & Ordinarij & Provincialium quidem, qui tum Graecij erant, in domum Capitanei Provincialis, quo & Ministri accersuntur. Deliberatio instituitur, an illo die (qui erat Veneris & precibus publicis destinatus, quo etiam Eucharistia ijs, qui die praecedente confessi erant, distribuebatur) concio sit intermittenda. Ministri negant, Capitaneus periculum imminens exponit, & ut accuratius de hac re deliberarent monet. Revocati, respondent, omnino sibi in sententia persistendum esse videri, velleque quaevis **pericula** subire potius, quam docendi Provinciam & concionandi officium deserere. Discedere itaque & expectare responsum jubentur. Interim duo libelli supplices ad Principem mittuntur, & à Principe responderunt, tempus quod concionibus destinatum erat [illegible] cunctando praeteriabatur, & sic conciones ab illo die intermittere in posterum coguntur. Ac licet octiduum ipsis praescripserit Princeps, tamen expectare illud ut [illegible], per summo expellendi [illegible] nolit, sed vigesimo octavo Septembris posteriorum illis mandatum mittit, & ut illo ipso die urbe exeant, sub capitis periculo praecipit.

Illustres quidem Domini Ordinarij, necnon Provincialium pars maxima, nihil non egit supplicibus libellis & scriptis gravissimis, quae vel cautem Marpesiam emollire potuissent, ut manere Ministris suis liceret. Sed Iesuitarum instigationes plus quam omnes Provinciae illustrissimae supplicationes humillimae poterant. Et ut conatus ille succederet, rem ita comparavit. Anno paulo ante Archidux, [illegible] illum comitantibus, in Italiam, ut ferebatur, ad Principem Ferrariensem; ea vero occasione Romam quoque profectus est ad Pontificem, qui, ut aiebant, mensa eum dignari noluit, antequam ei Coenâ Dominicâ ab ipso [illegible] promisisset, se Lutheranos ex Provincijs suis expulsurum. Rediens ille, cum advenissent Regis Hispaniarum, Pontificis & Principum quorundam Italiae Legati militibus non paucis stipati, eo quidem nomine, ut sororem Archiducis Regi Hispaniarum adducerent, ut vero eventus docuit, ut Iesuitarum voluntati satisfacerent. Cum enim illi cum militibus urbe essent [illegible] periculo [illegible], & [illegible]. Archiducissa se non abituram in Hispaniam profitetur, antequam Ministros in exsilium ejectos videret. Proceres terrentur, Ordinarij coguntur, cives minis & vi [illegible], tandem decernitur, ut Ministri Ecclesiae & Scholae omnes uno eodemque die Graecio efficerentur, quorum numerus novendecim erat personarum. Factum 28. Septemb. Anni 1598, qui festus fuit Michaelis Archangeli. Atque ita ex urbe illa clarissima, & paulo post ex universa Styria Evangelij lux, quae tanto labore, magno studio, multis laboribus [illegible] diu propagata & defensa erat ab illustribus Styriae Proceribus, tam cito Iesuitarum fabrie expulsa & ejecta est. Nocte hunc diem proxime praecedente fulgura & tonitrua tam terribilia exaudita sunt, tempore non consueto, ut nemo non portentosa esse arbitraretur. Neque defuerunt, qui Ministris salutem ea attulisse & [illegible] Hispanorum ac Italorum à feritatibus eorum [illegible] perhiberent. Ab hoc etiam tempore pluvia per sex integras septimanas continuo fere decidebat, ut [illegible] aquarum eluviones [illegible], & annonae caritas maxima secuta sit. Domini Ordinarij Comitijs habitis gravissime de Iesuitarum technis conquerentur: in literis etiam ex Comitijs ad Principem missis, pacis publicae hostes, tecto tamen nomine, & perturbatores Rerumpublicarum appellantur, eosque accusant, quod [illegible] Principem, ut privilegia suis Provincijs data, concessiones item, conventiones, conditiones, pacificationes Religionis & pacta omnia quantumvis sigillis & iuramentis approbata & confirmata, infringat, rescindat & irrita reddat: Ministros quo-

quos

quæ in integrum restitui à Principe suppliciter flagitarent; sed frustra.

Fratris Comitis Provincialibus, reliquæ etiam, quæ adhuc in Styria supererant, ut Ministros suos dimitterent, qui mandato plerumque accorem(?) gerunt. Incolæ verò Ferrifodinarum ad latera secesserunt. Milites igitur eò mittuntur, qui civitatem expugnarunt, cives miserrimè captivos plenis plaustris Græcium mittunt ibique indignissimis modis [illegible]. Urbe hac expugnata & capta, Aulam Illustris ac Generosi Domini Iohannis Hoffmanni adeunt & Templum illi vicinum, in quo sepulchrum hujus familiæ erat, pulvere tormentario subjecto evertunt, ut ossa hinc inde dispergerentur. Non diu post Græcij Templum, in quo Evangelicæ conciones habitæ sunt, [illegible] occupant, aram destruunt, corpus Vuilhelmi Zimmermanni Theologi ex sepulchro effossum in Muhram fluvium urbem alluentem projiciunt. Civibus gravissimè interdicunt, etiam sub capitis periculo, ne extra urbem sacris [illegible] utantur, infantesque baptizari & matrimonia confirmari sinant, nisi ab iis qui Pastores Germanicos saltem domi suæ essent. Quidam Magister Iuris advocatus, quòd paucula quædam in potatione, ad populum verba fecisset, in carcerem conjicitur. Alij levibus de causis puniuntur & grandi ære mulctantur, ut non pauci quibus Religio cordi erat, relictis suis bonis alio commigrarint, ut suam ex tyrannide Iesuitarum, qui his omnibus non solum interfuerunt, sed etiam præfuerunt, conscientiam & vitam vindicarent.

Quod in Styria, idem in Carinthia factum & perpetratum est, quod malo, lectores(?), quàm meis verbis referre. Sic igitur Martinus Episcopus Secoviensis ad magni nominis virum Augustum Vendelstein(?) scripsit. *Illustris ac Generose Domine N. N. Do. observandiss., ac observandiss. postquam pridie Nativitatis B. Mariæ Virginis ad vestram illustrem Dominationem literas dedi, quibus significavi totam Styriam circa Religionem Dei propitiante beneficio reformatam esse, sequenti die abijmus(?) in Templo Parochiali Carinthiæ fecimus initium reformationis Commissarij mihi adjuncti erant Dn. Marcus Comes ab Ortenburg, Carinthiæ Supremus Capitaneus; Hartmannus Zingel ejusdem Provinciæ Vicedominus; D. Angelus Costede(?), Serenis. Consiliarius; & Iohannes Christoph. à Franck Guardiæ nostræ Capitaneus. Eodem itinere pla[illegible] [illegible], Carinthiam à radice reformare; [illegible] hæretica Templa cum coemeterijs, scilicet [illegible] Prædicantium ædibus, ubique partim arcibus, partim publicè [illegible] sunt eversa. Prædicantes ubique ex Provincia expulsi, omnes præterea & concubinæ ab eorum consortio abesse, illisque reditus sub pœna proscriptionis [illegible] interdictus. Omnes Catholicæ Ecclesiæ, quæ erant in hæreticorum potestate, sunt recuperatæ, Catholicis Pastoribus concessæ. Omnes Civitates, omnia Oppida, omnes Pagi diligenter reformati; pertinaces hæretici ex ditionibus suæ Celsit. Provinciæ proscripti. Deo [illegible] fuit, maxime cum prompta [illegible] exhortationes à me ad populum in [illegible] & quartam vespere horam habita. Communio sub utraque specie in omnibus locis & [illegible] & per pontificias literas [illegible] Apostolicâ à Do. Nuntio Apostolico Episcopo Adriensi mihi concessas à me sublata. Insuper contra potentes Aemulatores, Gemundensis, Pulsenensi, Currensi, Lavantinensi & Aquonensi, [illegible] salutaria [illegible] remedia, quibus reformatio maneat stabilis, & ad Ecclesiam reductis omnis occasio ad vomitum redeundi sit præcisa. Multa millia librorum publicè in varijs locis combusta, quibus plurima animarum millia ad ovile Christi divinâ gratiâ reducta. Ecclesia tota in Carinthia spatio trium mensium integre reformata; innumerabilibus hominibus de suo ad Ecclesiam reditu summè ipsis gratulantibus. Turba [illegible] & Volkermarkenses sunt quidem tumultuati, attamen illorum furor non diu duravit. Civitas quoque Clagenfurt contra nos semper fuit in armis, donecque nos ab ingressu prohibuit, donec tandem sub* TURRIANI *mandatum cum omni [illegible] reformationi se subjecerunt. Itaque pridie S. Matthæi vexillum 300. militum ex Clagenfurt in civitatem Volckmarck est translatum, eodemque die omnes seditiosi Prædicantes ex eadem civitate discesserunt. Quibus omnibus peractis Clagenfurtensis Civitas tota fuit evacuata. nos in festo sancti Matthæi cum magno militum strepitu ingressi sumus, tota in armis tamen pacificum [illegible] salutantes. Sequenti postea die, quæ erat Dominica in Templo Parochiali ad populum, qui erat numerosissimus, orationem in quartam usque horam habui, & postmodum [illegible]; in omnibus per [illegible] reformata, denuo quoque dispositione Reformationis & Carinthiacæ & Styriacæ Aulæ suæ eloquendo publicè [illegible]. Hæc quoque commissio, per quam feliciter & præter omnium expectationem (Deo sit laus) sine ullo sanguinis effusione peracta, ita nostro Serenissimo placuit, ut inde plurimum ceperit voluptatis. Hæretici multa de rapinis nostrorum militum, & de tyrannide, quam nos Commissarij in populum exercuisse-*

[illegible]

num, speraverant, sed omnia ea quorum sint suasores, & mendacia per se evanescere sinerent, nullâ pro innocentia nostra declaratione apologiâ opus erat. Hæc libenter ad Vestram Illustr. Dominat. scripsi, quum existimem, hanc narrationem saltem aliquam illius dolorem, quem Vestra Illustr. Dominatio ob Casulam, proh dolor, turpiter amissam percepit, mitigaturam fore. Regiomonti Graecij die 12. Novemb.

Ex hac Epistola Lector judicet de Reformationibus Iesuitarum.

Palam etiam præ se tulerunt Iesuitæ, Nullum se hactenus intra Europam plus operæ sumsisse, quàm in ditione Monarcharum in persequendis Hæreticis, exequendisque Pontificum Romanorum jussibus laborare. Hocque inter illos adeò certum est, ut ne Dux quidem Albanus, quamvis crudelissimè sævierit, eis per omnia satisfecerit, vel ipso Albano teste. Et familia Austriaca amoenentissima ad persecutiones primò permoveri non potuit, quam unus atque alter ejus surculus Iesuitis formandus & dispensandus traditus fuisset. Philippum II. quoque Hispaniarum Regem à moderatis consilijs, in quæ ab initio propendebat, ad quæ etiam à Maximiliano Patruele & Affine, eius ad id Carolo fratre incitabatur, Iesuitæ ingenuis avertêrunt, & obtinuerunt ut Inquisitionem Hispanicam in Belgio & Tridentini Concilij executionem per vim introducere maluerit, quàm aviti sui Patrimonij succulentissimam partem pacatè possidere.

De Nefarijs Facinoribus in Belgio & Vicinis Regionibus patratis à IESVITIS.

NOn planè etiam acquieverunt Iesuitæ Furorum infestis, quàm Auriacus Princeps Wilhelmus tandem miserabili & dolenda morte, sclopeto à Balthasare Gerhardi Burgundo, proditoriè petitus, interficeretur anno 1584. 10. Iulij Chron. Belg. t. 2. p. 457.

Idem etiam Mauritij Principis Auriaci filij fortissimi jugulum insidiosè per Petrum de Four & socios plures alios petijsse, & mortem illi præsentissimam, instinctu prorsus diabolico, intentasse anno millesimo quingentesimo nonagesimo quarto & rursus anno millesimo quingentesimo nonagesimo octavo Chron. Belg. testatur t. 1. p. 719. & t. 2. p. 94.

De occupato Iuliaco Artibus ac Dolis IESVITARVM ex Literis magni cujusdam & Nobilissimi Viri Anno 1609. AVG. 10.

LEopoldus Iuliacum ipsum nomine Cæsaris tanquam Imperij sequester occupavit, sed mira arte & Iesuitarum Coloniensium ope, apud quos dies aliquot delitescendi causa, antequam rem aggrederetur, vestitu Iesuitico induebatur. Intercedebat Iesuitis illis cum Rusenburgio Iuliaci præfecto magna & notitia & familiaritas, itaque Primarius Pater illius Collegij septem aut octo alijs fratribus, inter quos & Archidux Leopoldus, hospitem visitandi præfecti causa Iuliacum excurrit: eò ubi advenerat, petit lustrandi copiam, quam obtinuit, etiam pro comitibus suis, qui ubi perlustrando in præcipuum arcis conclave à Præfecto deducti essent, primarius iste Iesuita illum alloquitur & quærit, si Imperator illi præciperet, ut castrum illud in manus alterius traderet, an etiam pareret? ille respondit, se ordinibus Provinciarum de novo obstrictum, non alijs quàm illis reddere debere, posse tamen illud mandatum tale esse, quod ipsi parere necessum foret: quid, inquit Iesuita, si Imperator alicui ex suis agnatis aliquod mandatum dedisset, ut illud ei redderes, parceresne, annon? si utrumque videretur, respondit, deliberarem: at, inquit Iesuita, quid si jam in arce cum isto mandato esset aliquis, num illum iterum expellere velles? adhuc verba [illegible] respondit, minimè, immò recognoscerem in eo Imperatorem & parerem. Ibi Iesuita ostendit Leopoldum, qui ipsi mandatum Cæsareum exhibuit statim, & paulò post juramentum fidelitatis ab ipso exegit, & à cæteris militibus præsidiarijs, recusantes autem arce expulit. Quid ubi de hoc Iesuitarum stratagemate videtur? nisi astutum & vafrum hoc hominum genus in ordinem redigatur, vel certè orbem potius in abyssum unde illi prodierunt, repellantur, hi tandem imperium orbis rapere conabuntur.

IESVITÆ ex omnibus Belgij Provincijs unitis sive confœderatis ob multa nefaria Facinora privatim & publice attentata, excedere jubentur.

IEsuitæ anno Christi 1612. gravis in Belgio afflixit fortuna. Ibi enim Mandatum ab ordinibus confœderatis publicatum est, quo [illegible]

[illegible]

[illegible]

Hoc tamen quoniam ex severissimo Edicto parum Illustrissimi Ordines obtinuerunt. Nam anno millesimo sexcentesimo decimo sexto in lucem editus est libellus hoc titulo: *Jesuitica per unitas Belgii Provincias Negotiatio.* In eo continentur scripta quaedam Jesuitica, reperta inter clitellas cujusdam Patris & sacerdotis Jesuiticae Societatis. In scriptis ac literis illis videre licet, quibus artibus, quantoque studio illam, quam vocant, *Negotiationem* in unitis Provinciis Jesuitae exerceant, & Pontificiam Religionem, cum Dominatione Jesuitica in Ecclesiae & Reip. Reformatae perniciem propagare conentur. Adscribam Indicem quorundam [illegible], quae in his scriptis notatu digna reperiuntur. *Negotiatio Jesuitarum in Belgio.*

1. *Complures Jesuitae in Provincias Belgii foederatas a Superioribus emissi.*

2. *Non tantum ut homines Pontificios confirment, sed etiam, ut quosdam nobis novos lucrifaciant.*

3. *Atque*

3. [illegible] adeo ut integras Provincias ad [illegible] in Religione Papistica perducant.

4. Illud ut efficiant [illegible] per [illegible] se sed vel in primis ad [illegible], ut eos, qui authoritate valent [illegible] rerum potiuntur, [illegible] per [illegible], quoniam apud Iesuitarum negotiationem per totum [illegible] exercent.

5. [illegible] per [illegible] Secretis Catholicis, quod [illegible] modo se totos ad [illegible] & consilia Iesuitarum accommodent.

6. [illegible] cum [illegible] dispensare [illegible] Reformationem [illegible] & [illegible] esse, ut [illegible], & nec [illegible] commodius [illegible].

7. Permittere etiam illis, ut Senatui Reformatorum intersint, in deprehensionem & dissipationem conventuum Pontificiorum [illegible] [illegible], [illegible] Papisticam fidem [illegible] [illegible], [illegible] impediant, [illegible] promoveant, [illegible] Pontificiam Religionem propagent.

8. Omni [illegible] arte & studio Belgium [illegible].

9. [illegible] super [illegible] & [illegible] & [illegible] homine & [illegible].

10. [illegible] superior [illegible] numero, qui se rebus [illegible].

11. [illegible] Iesuitas Belgicae in Provincias [illegible] Iesuitas [illegible] [illegible] [illegible] residentia, [illegible] Superiorum consensu.

12. [illegible] etiam ad [illegible] loca [illegible].

13. Habere [illegible] Provincia [illegible] Superiorem [illegible], ad quem [illegible] incidentibus difficultatibus.

14. Iesuitas [illegible] Pontificiorum in singulis urbibus, & [illegible] ab iis in rem Pontificiam facta referre in libros usui illi destinatos.

15. [illegible] & a Quaestoribus in usum communem [illegible] asservent.

16. [illegible] in Belgio residentes Iesuitas [illegible] ad Superiores scribere de omnibus tam politicis quam Ecclesiasticis, ut omnium locorum [illegible] plenissime [illegible].

17. In hanc [illegible] illis praescripta esse, quae in literis scribendis sequantur.

18. Habere [illegible] non [illegible] Angelicum, & [illegible] de rebus suis scribere [illegible] Mercatores, sive negotiatores, [illegible] & computis, [illegible].

19. Cum [illegible] literas perferendas committant, non [illegible] in [illegible] nomen Iesuitae ad quem perferuntur, sed nomen alicuius Civis aut Mercatoris Pontificii, qui sciat, ad quem sint tradendae literae. [illegible] literas nomine Iesuita sui superiori subscriptas.

20. Superiores de iis, quae in consultationibus [illegible], futura, & si [illegible] consulere Provincialem aut Generalem [illegible], ut pro re nata Romae [illegible] [illegible] Iesuitae [illegible] possint.

21. Non sufficere, ut [illegible] & diligenter [illegible] scribant [illegible], sed [illegible], ut quoties [illegible] ad Superiores scribant, & de omnibus quam accuratissime eos certiores faciant, [illegible], quae [illegible] non [illegible], [illegible] & [illegible].

22. Praeter ordinaria in his partibus [illegible], etiam omni [illegible] qui Regimenti [illegible] Nobilium & [illegible] personarum.

23. Iesuitas ut [illegible] commoda [illegible] & [illegible] authoritatem qua pollent Bruxellis & [illegible] Romae.

24. [illegible] etiam in his [illegible] Iesuita [illegible], in qua ad Illustrissimum [illegible] scribit, Pontificios [illegible] reformatis [illegible] non posse, nisi [illegible] Pontificii. Unde possit intelligi, quid Evangelici [illegible] de pace Pontificia [illegible] [illegible] debeant, si [illegible].

Quid Artibus suis Nefariis IESVITÆ Aquisgrani tentarint atque etiam obtinuerint.

ANno 1611. cives Aquisgranenses inter alia multa Senatui querentes gravamina de Iesuitarum in urbem admissione, [illegible] contra decretum à Senatu anno millesimo quadringentesimo quinquagesimo sexto factum, quo cautum esset, ne privatae [illegible] bonis Ecclesiasticis imposterum [illegible], [illegible] suas [illegible] & invitis tribubus, acquisivisse, [illegible] periculose Sanctae Mariae & aliis Sodalitatibus, apud primarios quosque Senatores & alios, ut & ipsi in Sanctae Mariae Sodalitatem admissi, certis diebus peccata sua confessoribus, & quid vel in Senatu vel alibi gestum fuerit, manifestius [illegible], Insuper etiam ut nulla de rebus actis [illegible] ipsi [illegible] [illegible], nullaque [illegible] profi- [Marginal note: [illegible] Belgii anno [illegible]]

conciliis approbaretur, utque ingens ipsis pecuniæ summa ex ærario publico illis civibus quietandis numeraretur, effecisse.

IESVITARVM Conatus & Facinora in Valesia Helvetiorum Provincia

DIximus supra, Iesuitas in Valesia Helvetiorum non ignobili Provincia, sedes etiam suas figere tentasse. Huic autem illorum conatui vehementer restitit, ob causas supra enumeratas, Bartholomæus Alertus, Leucensis, vir nobilis & magnæ in has Provincia authoritatis & existimationis. Hunc illi è medio tollere veneno, cum alijs artibus & medijs non possent, conati sunt. Facinus hoc illorum ipsissimet DN. Alerti verbis referam ex literis ejus ad amicum suum C. V. scriptis. Ea autem sic habent. Anno 1601. Hat es sich zu getragen auff S. Johans tag im Winter / daß etliche Jesuiter von Sitten zu mir kommen sind [illegible] in mein Hauß / haben mich besucht, und mir etliche scripta presentiert, und zu handen gestellet, welche ich von ihnen empfangen / und in den Tisch gehalten. Hernacher hab ich darin auch gefunden einen Tractat, so auß Petro Martyre copiert, nemblich de Pœnitentia & vera Confessione. Auff solches hab ich mir ein gut Mitnachtbrot zurüsten lassen / zu welchem mir mit [illegible] andern gesessen / ein köstliches Trunck gethan / wie mit gutem Willen [illegible] geschehen. Nachfolgende Tags / war Sambstag / bin ich uber [illegible] durch die Jesuiten geschickten Scripta, [illegible] nüchter / zu lesen, welche die Jesuiter deß vergangenen Mordes am König aus Frankreich [illegible]. Als ich nun diese Scripta nüchter geschaw / ist mir ein böser Staub, oder Geruch in meine Nasen kommen / [illegible] vermeint / es wolle mir meine Augen zum Kopff außstossen / in meinem Kopff [illegible]chen. Und [illegible] ich darauff einen starcken Argwohn wider die Jesuiter gefasset / daß ich mich starck zu [illegible] oder [illegible] begunte / Hierauff Cardebenedicten Wasser getruncken / und folgend Theriackhen [illegible] genossen. Und also ich vermeint / alles böses [illegible] seyn / ist mir doch etwas im Hals und in der Kählen verblieben / [illegible] er mir den Appetit [illegible] genommen / und ich [illegible] das Fleisch essen gar [illegible] / und bin abgeworren / und zu letzt gar in das Bett gelegen / also daß jederman vermeint / ich werde den Geist auffgeben müssen: Jedoch ist es von den Gnaden GOttes besser worden / wiewol ich ein halb Jahr dazu [illegible] gehabt. Uberdem hab ich gemelte Scripta meinem guten Freund zu lesen vergönnet / der vermeint / solcher Staub oder Geruch were darauff gestrichen oder verschoben / so ist doch gemeldem Freundt auch widerfahren / daß er ob dem lesen dieser Schrifften acht Tag ist kranck gelegen / Er hat mir auch solches vermeldet vor zweyen Herrn fürgeworffen / als ob ich das [illegible] gethan habe / etc.

EPILOGVS LIBRI III.

DE

STVDIIS IESVITARVM

ABSTRVSIORIBVS, DOLIS ETIAM,

Fraudibus, Imposturis & Consiliis eorum Sanguinariis, ex Recensione IOHAN. CAMBILTONI, Græcensis olim IESVITÆ.

Quod Marcus Cato olim dixit: Mirum si haruspex haruspicem videns non rideat: idem quis non incommode de Iesuitis pronunciet, Mirum si Iesuita Iesuitam intuens, risum teneat.

Loquor autem non de simplicibus Iesuitis, quibus vel ob ingenii debilitatem, vel Religionis opinionem, vel temporis brevitatem abstrusiora Iesuitismi arcana ignota sunt. [illegible]

[illegible]

quas habeo in promptu, si modo ipse vor- [illegible], eosque per [illegible] & [illegible] ad Venerabiles Dominos Patres deduxit. Illud autem non fuit [illegible], sed sub forum crepusculum. [illegible] & [illegible] exigunt: [illegible] hac non animadvertentibus. Habent enim ad eum [illegible], & [illegible], aut etiam subterraneas [illegible], & [illegible], ut illi, qui olim [illegible] Veneri [illegible]. Quorum tam bellum fuit adversus [illegible] projectum, ut [illegible] Decem [illegible] Senatus, [illegible] illud fundi[illegible] [illegible], sicut Livius testatur.

Hac de Lanitore [illegible]. Quibus & hac adde, si qui forte talem & tantam [illegible] conspiciant, mirenturque quid sibi velit, his respondetur, [illegible] paratas [illegible] gratia. Sed hic est finis omnis principalis.

Iam porro Templum ubi ei ingressus, ut [illegible], quia sub [illegible], Mors [illegible] [illegible] Princeps ille [illegible] [illegible]. Restrum hic bona fide quae ipse vidi. Prope supra Templi [illegible] [illegible] & flagellorum [illegible]: ut Bohemis ferre mos est. Ad latera [illegible] & [illegible] plurima [illegible] & [illegible]. In medio ubi [illegible] [illegible]. Similem [illegible]. De reliquo Collegio non dubito. At in quem finem quaeris obsecro? Patres & mihi non [illegible] & [illegible] visum. Sed res sic habet. [illegible], si in [illegible] [illegible] & [illegible]. [illegible] enim [illegible], ut [illegible] Religionis, [illegible] & Patrie [illegible]. [illegible] animi [illegible] [illegible]. [illegible] quod ab ipsis [illegible], ut sibi [illegible] idem, quod Templaris, qui [illegible] [illegible] & [illegible] [illegible], ut [illegible] Christianorum Principum, & [illegible] [illegible] Pontifices [illegible] [illegible]. [illegible] & Pythagoricis [illegible] in Italia. [illegible] [illegible] & [illegible] [illegible] gratia, ut [illegible] [illegible], [illegible]

[illegible] & [illegible] [illegible] [illegible] et [illegible] & [illegible] [illegible] [illegible]. An vero non [illegible] [illegible] Domus [illegible] speluncam [illegible]. Sed audite, quae magis [illegible] & [illegible]. Nam haec sunt [illegible] & [illegible] illis quae sequuntur. Subter pavimentum Templi, [illegible] & [illegible] [illegible] subterraneae, [illegible] [illegible] sepulchra. [illegible], ut [illegible] ille [illegible], [illegible] & thesauros suos, [illegible] argentum. Et si non modo [illegible] [illegible], sed [illegible] cum voluptate sint pauperes, [illegible] paupertatem admirabili patientia sufferunt, in voluntarios autem pauperes ut [illegible] tam beata [illegible] devenerunt. [illegible] [illegible] & perpendiculariter [illegible]. Atque [illegible] [illegible], supra [illegible] & infra [illegible] [illegible] facta faciunt. In carceribus vero subterraneis [illegible] [illegible], [illegible], [illegible], [illegible], [illegible], [illegible], [illegible], [illegible] [illegible] [illegible]. [illegible] [illegible] [illegible]. [illegible] [illegible] [illegible] [illegible], [illegible] & [illegible], ad [illegible] [illegible], ut [illegible]. In [illegible], [illegible] [illegible] est, [illegible] [illegible] [illegible] instrumenta [illegible]. Si quem enim [illegible] [illegible]. Si quem [illegible] [illegible], [illegible] & [illegible] [illegible]. [illegible] & [illegible] [illegible] [illegible]. Nihil [illegible] [illegible] quod res est.

[illegible] [illegible] [illegible] Christum, [illegible]. [illegible] & [illegible] [illegible] [illegible] [illegible] [illegible], [illegible] [illegible] [illegible]. [illegible] [illegible]. Hac inaudita Tyrannide [illegible] [illegible] [illegible], quod [illegible] Christum [illegible] erat, [illegible]. [illegible] [illegible] [illegible] in Moravia [illegible] [illegible] [illegible] [illegible] [illegible] [illegible] [illegible]

[illegible]

[illegible], nomine hominum oculis subjectum. Et quid existimatis [illegible] devorari & absumi [illegible]? quas [illegible] infantulos? quos [illegible] & [illegible] fodiant [illegible]? Ego quidem non existimo, sed hoc ipsum firmissime [illegible] sub [illegible] Novitii [illegible], vagitus, suspiria & lamenta longe [illegible] gravissimum [illegible] per corpus [illegible], & [illegible] horrore [illegible]. Crediderunt [illegible] esse animas [illegible] illorum. Ego [illegible] & [illegible].

Caeterum, ut quid Jesuitis ad extremum Diabolorum [illegible], solent illi nonnunquam [illegible] ejusmodi subterraneo loco Diabolo [illegible] spectaculum [illegible], Novitiis ad hanc [illegible], horrendo cum [illegible], explorantes [illegible] constantiam & praesentiam animi. Nam qui [illegible] & [illegible] sunt [illegible], [illegible] degeneres, ad Magicarum artium [illegible] non admittuntur, sed ad inferiorum ordinum [illegible] abjiciuntur. [illegible] diligenter notant, & [illegible] referunt: sed res saepenumero [illegible], ut anno 1602. mense Septembri Pragae contigit, dum [illegible] Jesuitae [illegible], sub Diabolica larva [illegible] [illegible], & [illegible] verus Diabolus, qui unum ex [illegible] Diaboli [illegible] complexus [illegible], ut [illegible] post moreretur. Factum id [illegible] & [illegible] notum est Pragae. Nec tamen [illegible], [illegible] Magiae studio [illegible]. [illegible] autem Jesuitas, Magicarum **artium** peritia [illegible] Cotton Gallus quem **Rex** ipse tanti facit, ut [illegible] adhibeat, & familiariter [illegible]. De quo [illegible] Jesuita, quod speculum habeat con[illegible], quo quicquid Rex scire avet, per[illegible] ipsi repraesentet. Nec esse quid tam abstrusum, aut [illegible] in reliquorum Monarcharum [illegible], quod [illegible] [illegible] in [illegible] proferre possit. [illegible] Jesuita, [illegible] Principem, [illegible] Evangelicorum, in partes suas pertrahere, quandoquidem [illegible] studio [illegible] fuisse [illegible].

[illegible] inter [illegible] Novitios [illegible] artis perdiscendae deputatorum, ijs explicant [illegible] illos [illegible] Picus Mirandulanus [illegible]. Item Joannis Trithemij librum de Secundeis. Item, Cornelij Agrippae tractatum de occulta Philosophia. Item, Theophrastum de Constellatione & sigillis Planetarum. Item, [illegible]

[illegible] Steganographiam. Item, [illegible] ad conciliandos [illegible]. [illegible] Paulum intelligunt, quem dicunt [illegible] Magiae [illegible], [illegible] [illegible]. [illegible] dicunt & [illegible] Christum [illegible] numero [illegible] fuisse Magum non dubitant. [illegible] ipsos [illegible], & [illegible] a quibus. [illegible] de Templo Jesuitico, quibus [illegible] [illegible], & Cryptas [illegible] esse plurimas [illegible], [illegible] populus [illegible].

Nunc ubi ex [illegible] ex Templo in Museum [illegible], [illegible] & [illegible]: Item de disciplina Novitiorum, qui jam [illegible], & de [illegible] quae Jesuitarum [illegible] [illegible]. Item de [illegible] & [illegible] studiorum, nihil [illegible] dicam, sed in aliud tempus differam, & sunt [illegible] Museum [illegible], ad dextram [illegible], videbis lautissimam & [illegible] Bibliothecam omnis generis auctorum, libris omnibus [illegible] aut membranis [illegible] compactis, auro & argento radiantibus. [illegible] est [illegible], [illegible] in prolonga tabula & catenulis sunt alligati. Ad [illegible] solis [illegible] licet Patribus, & libros inde [illegible] quos volunt, [illegible] illis [illegible], nec [illegible] **venia** [illegible] vel [illegible] licet.

Caeterum in **hac** Bibliotheca **nulli sunt** libri **Haereticorum, sed** probatissimorum [illegible] & Catholici [illegible]. [illegible] enim judicant, ut [illegible] locum aliquem [illegible], **&** forte [illegible], ne pestifera contagione caeteros [illegible]. [illegible] ad [illegible], ibi [illegible] Haereticorum libri, [illegible] & [illegible], & quidem [illegible] membranis [illegible] & atro colore [illegible] [illegible]. Ex his ut [illegible] quidem [illegible], quas [illegible] sint [illegible]. [illegible] autem [illegible] quidem [illegible], nisi [illegible], aut alio scripto, hunc ipsum Auctorem [illegible] cognoscere [illegible], omni [illegible] [illegible] Musaeum, [illegible], [illegible] [illegible] De [illegible] Patres [illegible], qui [illegible] aliquot [illegible]. [illegible] [illegible] sunt [illegible], ut [illegible], [illegible] [illegible] & [illegible], [illegible] & [illegible] [illegible].

De studijs Jesuitarum hic nihil subjiciam.

Sed de[illegible] [illegible] Provinciale, quod [illegible] arbitror. Provinciale [illegible] Provincia, aut Regno [illegible] quod [illegible] & [illegible] [illegible] habet, [illegible]. [illegible] Collegia, [illegible] & [illegible], [illegible] [illegible] [illegible] in Collegiis [illegible] [illegible], & [illegible] [illegible] Num quaerunt [illegible] accessio [illegible], & amplificatio fortunarum [illegible] Num qui [illegible], [illegible] ex Lutheranismo conversi? Si nulli, aut etiam [illegible] aliqua [illegible] Religionis [illegible], & [illegible] [illegible] negligentiam & [illegible], mandatque [illegible], ut acceptam [illegible]. Quod [illegible] [illegible], [illegible] comparationem [illegible], [illegible] laude [illegible] & [illegible]. [illegible], quantum [illegible] [illegible] de ipsis opinio, qua [illegible] Magnatum? quales habeant [illegible], [illegible] quid decernant, quid valeant? Item, an Haereticorum Principes crebrius [illegible], an [illegible] ad [illegible] [illegible] frequentius? Qualis [illegible] [illegible] quibus rebus ut plurimum delectetur? An rerum [illegible] [illegible] Reipublicae? An amore & studio aliqua teneatur Religionis? An [illegible] [illegible], & [illegible] [illegible]? An quas habeant [illegible] Catholicae? Quanam sint populares [illegible] de suis Principibus? Num Ecclesiasticorum [illegible]? Num Pastores Ecclesiarum sint [illegible] & diligentes, an vero [illegible] & illiterati? Num Theologica facultas in [illegible] Academia Haereticorum floreat? Num crebrius habeant Theologicas disputationes? & contra quos [illegible] & de qua materia in [illegible] [illegible]? Ad haec & alia si [illegible] [illegible] & Reliqui Patres [illegible] [illegible] [illegible] [illegible]. [illegible] [illegible] [illegible] [illegible]. Quid igitur, inquis, [illegible] & [illegible]? Cur [illegible] [illegible] Romanam Ecclesiam? Quomodo [illegible] Pontifex [illegible] [illegible] [illegible]? Cur non [illegible] [illegible] [illegible]? Cur [illegible] [illegible] [illegible]? Dudum [illegible] [illegible], [illegible] Theologiae [illegible]

[illegible] [illegible] [illegible] [illegible] [illegible] [illegible] [illegible] [illegible] [illegible] [illegible] [illegible] [illegible] [illegible] [illegible] [illegible] Romanam Ecclesiam, [illegible] [illegible] [illegible] [illegible] [illegible] [illegible] [illegible] [illegible], si quidem [illegible] aliquando [illegible] [illegible].

Ad extremum omnia [illegible] [illegible] [illegible] Romam per quem immediate [illegible] Pontifex. Atque [illegible] per totum Christianum orbem nihil geratur aut consultetur, quod non per hos [illegible] [illegible] Papa innotescat. Per Provinciales etiam Iesuitae ab uno Collegio in aliud transferuntur, atque fieri [illegible] qualiter.

Addam postremo [illegible] loco [illegible] Iesuitarum [illegible], quae [illegible] [illegible] [illegible] fabricatae, ad subvertendum Ecclesiae & Reipublicae statum in Imperio Romano in effectum traducere conati sunt, & [illegible] etiam nunc hodie. [illegible] [illegible] [illegible], quo [illegible] [illegible] inter se Imperii Principibus, & [illegible] [illegible] [illegible] Hispanicam Tyrannidem, & Primatum Pontificis in Germaniam [illegible]. De qua [illegible] Provincialem [illegible] [illegible] [illegible]. Consilia & machinae [illegible] [illegible] [illegible].

[illegible] [illegible] [illegible], quomodo [illegible] Imperii Principes a se invicem [illegible]. [illegible] [illegible] est. [illegible], ut [illegible] [illegible] ipsa Religionis inter ipsas diversitas. [illegible] [illegible] [illegible], Religionis [illegible] [illegible] [illegible] habere, nisi [illegible] [illegible] [illegible], post [illegible] [illegible] [illegible] [illegible] [illegible] & [illegible]. [illegible] ergo Principes, & [illegible] [illegible] a [illegible] Imperii [illegible] aut [illegible] aut non [illegible]. Si prius, [illegible] [illegible]: si posterius, [illegible] [illegible] [illegible] Principibus, & [illegible] [illegible] Calvinianae, aliis Lutheranae [illegible] [illegible]. Nam cum [illegible] Pontificii, tum [illegible] [illegible] Principes Protestantes in causa [illegible], [illegible] [illegible] ad [illegible] [illegible] [illegible] [illegible] [illegible]. Quae [illegible] [illegible] [illegible] [illegible] & [illegible] [illegible] [illegible] [illegible], non modo [illegible], sed etiam Calvinianis. [illegible] [illegible] [illegible], quam [illegible] [illegible]. Ad haec se converterant [illegible] [illegible]. [illegible]

Prima,

Primo, si primarium Magdeburgensem, qui nunc tenet, Electori Coloniensi Bavaro alternatim administrandum, ita ut quae Brandeburgicus, neque Saxonicus concesserint.

Secundo, si id non succedat pro votis, aliquid caussae obtendendum, quare videatur, aut videri saltem debeat ab Electorali dignitate removendus. Sic enim [illegible] à Caesare [illegible] dejecerunt, quia ipsi [illegible] habere etiam posse Caesarem [illegible] causam, quare [illegible] ab electorali dignitate removeat. Tradat igitur & [illegible] illam dignitatem familiae Winariensi, & quia Princeps ille adhuc minorennis, administrationem Electurae committat Henrico Brunsuicensi Principi literato & vigilanti. Haec res sine dubio incredibiles excitabit turbas per totam Saxoniam; Ita invicem confligent & attritis viribus, ut communi mox supervenienti hosti resistere nequeant. Brandenburgicum; Pomeraniam quod attinet, eandem operam, ut Assistente Caesare Rex Poloniae cum patruo suo Rege Sueciae Carolo, si pacificatur, ut Prussiam communi [illegible] subjiciat, & in capita dividant. Contra quod si Brandeburgicus [illegible] verbum [illegible]. Hassia vero Lantgraviorum adjungendum, ut cum patruo Ludovico [illegible] Haereditatem, & Herrfeldensem administrationem [illegible] Episcopo Herbipolensi [illegible], ut praescribatur, & Ludovico ditiones ejus assignentur. Wirtenbergicum porro Ducem & Electorem Palatinum, facile committi posse inter sese [illegible] Cuardiorum aliquem Ducem adigatur, & si nolit praescribatur, assignetur Electori [illegible] aliquot Monasteria, & inter ea [illegible] dem dedisse decuit.

Haec sunt summa consilia Jesuitarum, quae ex [illegible] cum stupore & admiratione. [illegible] & [illegible] per Belgica & Turcica [illegible] in Ecclesia salutem, [illegible] inter Germaniae Principes [illegible] Caesarem & fratrem ejus Matthiam, Principes [illegible] & charissimos Filios.

Data & haec deliberatio & consultatio est à Jesuitis, ut constet aliquot audacissimis [illegible], praecipue Evangelicae & Calvinianae Ecclesiae [illegible], Lutheri, & quaecunque ad [illegible] hominum sunt, [illegible] Quapropter pius & sincerae Ecclesiae [illegible] fidem adjungant, [illegible] explanaverint.

Haec [illegible] Patriae & Ecclesiae salutem in apricum producere debui, nunc quidem [illegible], at suo tempore, Deo volente, omnibus [illegible] & circumstantiis, loci, temporis & personarum exprimenda.

FINIS LIBRI TERTII.

DE DOCTRINA IESVITARVM.

LIBER QVARTVS.

In hoc Libro eam tantùm DOCTRINAM IESVITARVM referam, quam ipsi & alii Pontificii parricidia Regum ac Principum: item, proditiones, seditiones, perjuria, Ligas & conjurationes Subditorum adversus Reges, aliosque legitimos & à Deo ordinatos Magistratus, Amphibologias quoque seu Æquivocationes, ac similia multa approbant, & horum scelerum patrocinium suscipiunt.

CAPVT PRIMVM.

De Parricidiis & Abdicationibus Regum ac Principum, &c.

I.

PRIMO, *docent, pro invalidis & planè nullis habere Imperatorum, Regum, Principum, aliorumque Ordinum Constitutiones, pacta, conventa, capitulationes, fraternitates, concessiones, quibus alia Religio, quàm moderna Romano-Catholica indulgetur: Etiamsi juramento confirmata; non autem à Romano Pontifice approbata sint.*

In Fascic. Rer. Tom. II. parte 2. pag. 182. Iacobus Simancha Episcopus Pacensis de Cathol. institut. cap. 46. Vbi postquam num. 24. dixit, *se Lutheranorum nomine etiam Sacramentarios intelligere*, post alia num. 25. docet: *Ad haereticorum fidem (Lutheranorum) pactam & ullam etiam pertinere, quod fides illis data servanda non sit* (ut in Concilio Constantiensi factum) *nec obstante juramento firmata. Cum haereticis nullam communionem, nec pacem ullam esse posse; ideoque fidem illis datam, etiam juramento firmatam, nullo modo servandam esse. Saepè* (addit) *id à nobis dictum necesse est tamen incessabiliter iterari, & eundem non tacere, quamdiu pacis illius nomen obtenditur.*

Conradus Brunus qui etiam ex Schola Iesuitica emersit, de Haereticis lib. 5. cap. 15. ponit quaestionem de tali pace Religionis, qualis est in Imperio ex conventionibus Anni 1552. & 1555. An rata sint & valeant pacta, conventiones, leges & rescripta, quibus haeretici pacem & securitatem impetrarunt, ut qui eos offenderit, fractae pacis teneatur? Item, Quibus permittitur, ut Ecclesias, Episcopos, Sacerdotes & Clericos habeant, Ecclesias reformare, Ecclesiarum bona possidere, administrare & dispensare possint, utque Ecclesiastica jurisdictio contra ipsos suspendatur? Et respondet, *non valere; cum haereticis Catholicis nullam pacem esse posse. Et esse conditionem iniquam & blasphemam, quâ haeresibus permittitur, ut Dogmata sua doceant.* Et in fine ejus d. capit. *Hodie nulla pax rata esse potest, quae cum haereticis ea lege contrahitur, ut offendi non possint. Horrendam & abominandam esse pacem ab initio initam,* Fascic. Tom. II. pag. 313.

[illegible], ut quibus offenderetur, facile posset condonaretur. Itaque omnia dicenda & humana pro illorum facultate velle.

Petrus Ribadeneira Iesuita de Principe libro primo postquam capite 16. pag. [illegible] editionis Moguntinæ de Anno 1603. Protestantes Principes impiorè rebelles & summè impios appellavit (ut & socius illius Iacobus Sylvanus alias Iacobus Keller Iesuita Ratisbonensis in nuper edito Philippica eosdem Principes Perduellium appellatione diffamare non erubuit) subjicit capite 17. & 18. *Ex eo hanc Religionis quam publicè usque inveneruni, quamque Germani Lutherana factiosi affecta sunt amplexati, & in Belgio nonnulli sibi vincidi profitent, non indulgendam neque ferendam.* Idem asserit etiam Andreas Eisenberger sive Franciscus Buchardus in Anatomia (laudata à Iesuita Ribadeneira) part. 3. cap. 13. pag. 106.

Martinus Becanus Iesuita Moguntinus in disput. de Fide hæreticis servanda, nuper Anno 1607. Moguntiæ impressa cap. 11. pag. 84. & sequ. asserit, *Libertatem sive pacificationem illam Religionis, qua liberum permittitur, esse Catholicum, vel Lutheranum, vel Calvinistam, omninò esse illicitam, & divino præcepto repugnantem, nec aliter quam aliquo tempore, majoris damni vitandi causâ, tolerari posse: cum hæc libertas petitur (ait pagina 94.) sic adhibitis omnibus modis, quantum commodè fieri potest, impedire & profligari debet. Neither sic ipsa ministrorum locum. Scimus omnes, etiamsi quid speciale rescriptum vel pactis ad lucrifaciendi humanum genere imperium firmum valere.*

Sic Iulianus Cardinalis S. Angeli Ladislao Regi Hungariæ & Poloniæ post pacis conventionem cum Amurathe initam, & juramento ad hostiam sacramentalem firmatam, persuasit fidei datæ violationem. *Iniuria*, inquit Iulianus, *fidei ac fœderis violatæ, & verba quædam inconsulta per fidem, nomenque numen juraverit, qua fœdera nomen facilitatemque non discernat. Iuramentum interpositum, ceremoniam tantum irritam fuisse. Paratum [illegible] [illegible] bellum [illegible] quorum ope, [illegible] spectati. Et eadem fide cum [illegible] [illegible] [illegible], sed [illegible] non [illegible] Pontifice maximo.* Ac postquam de potestate Pontificis media præmisisset, eadem subjecit: *Pontificem maximi auctoritate [illegible] id fœdus, qualecunque esset, rescindere & abrogare. Regemque & ceteros, quorum interesset, à juramento & religione quam Turcis fecerant, absolvere.* Philippus Callimachus Florentinus (qui Romano-Catholicæ Religionis fuit) historiarum de rebus gestis Ladislai Regis Hungariæ, libro tertio. Et Æneas Sylvius (qui idem post Papa Pius II.) Epistola ad [illegible], Cæsar. Idem Iesuita Petrus Ribadeneira, De Principe libro secundo capite vigesimo secundo, hanc perfidiam improbat, & eandem maximè studio fuisse fatetur, illum tamen suppeditasse, quod Cardinalis Iulianus auctoritate perfidiæ & perjurii fuit. Alter verò Iesuita Martinus Becanus in Disputatione de Fide Hæreticis servanda capite septimo pagina sexagesima sexta falsò allegat, *à nonnullis Principibus Christianis Ladislaum ad violandam fidem & bellum redintegrandum sollicitatum fuisse.*

Sic Iohannem Strigoniensem Archiepiscopum, & Iohannem Episcopum Quinque Ecclesiensem erga Matthiam Regem suum ingratissimos Friderico III. Imperatori auctores consilii de violanda fide & jurejurando fuisse; [illegible] Romanos in Episcopatu regum Hungariæ ideoque Matthiam [illegible] [illegible] Germaniæ fines ingressum, quicquid interim [illegible] diripuisse, vastasse, [illegible] Austriam denique, Stiriam Carinthiam occupasse.

At non tantum illis, quos Laverius Regi Pontifex Roman. fidem ipsis [illegible] non servandam, **non servandam, sed** & domesticis fidei **suæ**. Ne longè exempla petantur: Exstant **inter** alia de excessus Imperii [illegible] Maximiliani I. programmata, **quibus** conqueritur, *Iulium II. Pontificem Romanum cum ipso Imperatore, nec non Regibus Galliarum & Arragoniæ de confringendis armis contra Venetos pactum fuisse, & ita coniunctum cum Venetis [illegible] [illegible] pacem [illegible] [illegible], donec sua propria recepisset. Sed Pontificem fidem violasse, cum Venetis ad pacem transgressis. Et hanc violationem insignem perfidiam & dolum vocat.*

Rectè itaque Senatus Venetus Dominicus Trevisanus cum Leo X. à pactione Cameracensi resiliret, & Venetis patronem offerret, in Senatu dixit, ut est apud Guicciardinum lib. 8. histor. Ital. pag. 262. *Si in hoc Pontifice Sacerdotali fides non consideratur, quam ferè semper in aliis fuerat, [illegible] sic minimè servare, quæ contra haberi possit, Pontificem [illegible] & Parmenid. [illegible], non etiam Cervinum & [illegible] [illegible] esse, ad data fidei majorem rationem haberet, quàm Pontifices non [illegible] esse: [illegible] hanc [illegible] fidem [illegible], legibus sanctorum, Ecclesiam summam [illegible] [illegible] & contractibus contravenire posse.*

Anno 1527. edita est Moguntiæ cum

privilegio Cæs. pacto Caroli V. Imperatoris cum Clemente VII. contra Franciscum Regem Galliæ inita, cum Responsione Querela ejusdem Imperatoris; *Quod Clemens Papa fidem non servasset, sed eam violationem prætextu ad pietatem compositam* [illegible] *fuisset.* Ideoque Carolum Imp. dixisse, *nomen esse Iacobi, manus autem Esau.* Et addidisse: *Tantas sibi violationem fidem ruptaque fœdera.* Item: *Contra jus & æquitatem datam fidem, præstitumque juramentum violatum esse. Cum hujusmodi hominibus deinde tutò contrahi non posse.*

Hosius Cardinalis Epistola 193. 205. 220. Henricum Poloniæ Regem hortatur, cum nullo modo debere fidem datam Evangelicis Poloniæ servare. Nunquam est, *putarem, ulli exceptioni ad ea, quæ promissio, servanda Ecclesia, quia Iuramentum non debet esse vinculum iniquitatis.* Et hanc admonitionem postea ad Regem Poloniæ Stephanum Antonius Possevinus Iesuita repetiit.

Sententia ergo Iesuitarum aliorumque Papistarum hæc est, Hujusmodi pacificationes ex ipsorum parte non esse obligatorias, nisi cum authoritate & consensu Pontificis Rom. **initæ sint**, sed nullas & irritas esse. Sed etsi validæ essent, tamen ad Papæ nutum rescindi ac cassari, & juramentum interpositum, Pontificis relaxari, imò & post perjurium admissum absolutionem facilè impetrari posse.

In eandem sententiam docent porrò ex priori autoritate, *Pacem Religionis inter ordines Germanici Imperij conventam, nec per vim externam non esse obligatoriam, imò & ad tempus tantum concessam, dilationem, moratoriam & tolerantiam fuisse.* Nempe usque ad Concilii Tridentini publicationem, quæ Anno 1563. secuta est.

Iohannes Paulus Windeck in deliberat. de hæreticibus extirpandis, impressa Coloniæ cum gratia & privilegio Cæs. Majestatis A. 1. in respons. ad 4. objecti. pagin. 314. *Quod hæc pax formulâ Cæsar Protestantibus concessit, summâ necessitate adductus, non irrueret in eum in Austriam Turca, nec erat, omnes undecunque vires conjungere.*

Ibidem Windeck, *Constat ex te edicto Cæsareum pacem Protestantibus tantùm ad usque Concilij tempus, quod dissidium hoc sanari posset, concessisse. Idem pagina 326. ubi subjicit: Protestantibus tantum moratoriam, dilationem, & tolerantiam concessisse usque ad judicium Concilij Tridentini. Quamobrem mirari haud satis subit recordatum* [illegible]*, qui pro Religione tuenda toties Comitiorum decreta nos* [illegible] *detestari & deblaterare solent.*

Idem Windeck pagina 414. *Quid nunquam Catholici cum seditiosis transegerunt, ea sæc fecerunt, ut caetera reliqua* [illegible] *pedis; postea verò hoc bellum contra* [illegible] *administratur,* [illegible] *fuisse* [illegible]. Idem docet etiam Andreas Eckenberg alias Fr. Burckhardus de Autonomia libro 3. cap. 13 pag. 303. & seq. Et. Auffsatz der Geistlichen cap. 5. fol. 68. & 70.

Melchior Cleselius quoque quondam Archiepiscopus Viennensis, ejusdem farinæ censuram conscripsit anno 1606. ad Matthiam tunc Archiducem Austriæ directam.

Et possevinus aliisque Iesuitæ Henrico Gallo & Stephano Bathoreo Poloniæ Regibus authores fuerunt, ut de hæreticis (Evangelicis) extirpandis serio cogitarent. Nullo enim modo fidem, Evangelicis Polonis datam, servandam esse: quia juramentum non debeat esse vinculum iniquitatis.

II.

SECUNDO, docent etiam, *hoc tempore elaborandum Pontificijs ubique, ut omnes hæreticos, imprimis Lutheranos & Calvinianos, illorumque fautores, politicos alios Catholicos, qui potius pacem servare, quàm auxilia ad hæreticorum oppressionem conferre malunt, igne, ferro, veneno, pulvere tormentario, bellis & aliis machinamentis opprimant. Nisi fortè majus incommodum Pontificij metuant, si ad pacem tenuem, tunc enim tempori serviendum: alij contrà sentientibus, non amplius temporisandum.*

Paulus Chulandus de hæres. quæst. 5 nu. 2. Simancha Instit. Catho. cap. 46. num. 45. & seq. Actio Henrici Garneti Iesuitæ, per totum.

Iesuita Creswel sub nomine Andreæ Philopatris contra edictum Reginæ Angliæ sect. 2. num. 157. Ubi tradit, *Principem, qui à Catholica Religione deflexit, excidere statim omni potestate, argumentans quod Paulus 1. Cor. 7. dicat: Si infidelis discedit, discedat: in hujusmodi enim casu non subjicitur frater aut soror.* Idem paulò post numero 160. *Omnium Catholicorum sententiam esse, obligatos esse subditos ad Principes hæreticos depellendos, qui à fide Catholica defecerint, si modo vires ad hoc habeant idoneas.* Et ibidem num. 162. *Subditi hujusmodi Principes suos non*

tan-

[illegible]

Cardinalis Reginaldus Polus in Orat. ad Carolum V. Imperat. [illegible]

Conradus Brunus de Haeret. libro 3 cap. ult.

Bulla Papalis, quam vocant Coena Domini, sic habet: *Excommunicamus & anathematizamus ex parte Dei [illegible] quoscunque Lutheranos & [illegible] aut fautores & generaliter quoslibet illorum defensores.*

Scioppius in Oratione contra [illegible] [illegible] heres que nuper Monachio prodiit, haec invenimus pag. 15. & 16.

Baronius Cardinalis in Epistola contra Venetos: *Duplex est, ait, Beato Petro ministerium, Pascere & occidere, juxta illud, Pasce oves meas, & juxta illud, Occide & manduca* [illegible] Idem in sua Paraenesi ad Venetos pag. [illegible] [Papa] [illegible]

Rodolphus [illegible] Valentinus Doctor Theologus libro de exaltatione [illegible] Romani Pontificis, ad Gregorium XIII. edito Coloniae, Anno 1580. capite 4. pag. 31. [illegible] ait Paulus 1. Corinth. 15. [illegible]

[illegible]

Sic etiam Cardinalis maximus Polus [illegible] ad arma Carolum V. [illegible] Ecclesiae Christi [illegible]

Ad eundem ferè modum [illegible] Italica lingua [illegible] Papa Pius V. [illegible] Gallorum Regi [illegible]

Hasenmullerus pag. 124. testatur, se audivisse Landspergae Georgium Badaeum, [illegible] Jesuitarum [illegible] Petrus [illegible] Patres verò Jacobus [illegible] Landspergae concionator [illegible]

Confessionistas tradidit, Lutheranos prædicantes [illegible]. Tectorum domos & bona confiscari, tunc & Calendarium novo recipi, & nobis ubi quietè vivere possem. Pertinaciam enim Lutherani, nonnisi morte emendarent. Hæc & similia inter & agitabant Iesuitæ.

Cum etiam ad Iesuitas Landspergenses per Neobergensem quendam hypocritam [illegible], Illustrissimam Principem ac Dominam, D. [illegible] Dorotheam, [illegible] Illustriss. Principis ac Domini, Domini Ludovici, Ducis Wirtembergici, conjugem piissimam defunctam esse; & ipsam priam esse, ipsum quoque Principem ob nimium dolorem & luctum, quem ex conjugis carissimæ morte conceperit, mox eam subsecuturum. Christophorus Ziegletus Stutgardianus, ingratus erga [illegible] curatus, dicebat: *Si hoc fieret, omnia nostra consilia & omnes vires conjungere vellemus, ut ducatus ille, Duci Ferdinando Archiduci [illegible] pateretur. Quia autem id sine gladio & sanguine fieri non posset, suasor essem, ut Clerici & Iesuiti, omnes [illegible] & Canonici, & quicunque per vires possent, concurrerent & una impetu [illegible] invaderent, eosque contrucidarent, & sic illorum Templa & Scholas nostris inhabitarent. Scio, inquit, aliâ ratione ipsos vinci, & ad obedientiam redigi non posse. Nam Wirtembergenses in sua Religione sunt [illegible] & pertinaciores, quàm ut promissis, vel minis, vel muneribus, vel scriptis, vel [illegible] ad Romanæ Ecclesiæ subjectionem & obligationem pertrahi possint.* Iacobus Gretser quoque Rector Landspergensis, pro publica concione aliquoties dixit, Hasenmullero teste. *Non potissimùm ob hanc finem in Germaniam missi sumus, ut Doctores, Concionatores & Præceptores in scholis & Templis agamus; sed ut operam demus, ut Lutherani seu Evangelici [illegible] majora incrementa sumant. Si id [illegible] ab initio Lutheri factum fuisset, jam Ecclesia Romana pace [illegible]. [illegible] nunc [illegible] ad hanc finem nisi omnia nostra consilia & [illegible], [illegible], ut nobis idem quod incendiariis, faciant, & in ferrum, & quem [illegible] hæretici, [illegible] damna.*

Franciscus Veronus Confessarius Iesuita Gallus, in Apologia sua Gallica, pro Iohanne Castello Parisiensi, Henrici IV. Galliarum & Navarræ Regis parricida, contra Arrestum Parlamenti Parisiensis adversus eundem pronunciatum 29 Decemb. 1594. impressa Anno 1595. in quinta parte cap. 13. cum variis multisque locis per totam Apologiam, & verbis expressis [illegible] ostendere adnixus esset, *Hæreticos [illegible]* deteriorem esse, tandem ad eum conclamat, ad Regem Henricum, tanquam hæreticum & hæreticorum fautorem, Hispano ductu [illegible] pro patriæ agmen ducente, [illegible] armis delendum. Verba ejus fideliter ex Gallico Latina facta, sic habent: *Itaque, inquit, cum arma sunt justa, tam justiora, quàm contra [illegible] infideles.* (Loquitur de hæreticorum extirpatione) *Si enim hæresis [illegible] pejor est, omni infidelitate [illegible] Dei, qui permittens populo suo intra [illegible] cum [illegible] circumdatum, longè ab illa abfuit, sed minimè cum propinquioribus, quos Deus vivos illæsos [illegible] voluit, docet nos hæc Theologia cum infidelis, quos propinquiores nihil aliud fuisse, quàm, qui sub nomine Christiano suam impietatem & blasphemias [illegible] omnis hæreticos [illegible] Iesuitica docent) sicut [illegible] bellum contra hæreticos, quanto justius contra caput hæreticorum?* (de Henrico IV. Galliarum Rege agit) *inquit, justum est ad extirpandos Reges hæreticos, ex omnibus Regnis Christianis, quàm, inquit, justius ex regno Christianissimo* Hucusque Veronus.

Ribadeneira libro 1. cap. 18. *In Principe suo scribit etiam, Concilii Toletani decretum esse, Bellum gerendum adversus Hæreticos, idque etiam Principibus & Magistratibus Catholicis Romanis præceptum, illosque ad hoc jurejurando astringendos esse.* Ex eodem libr. cap. 24. dicit, *Ecclesiam fieri non posse, quando [illegible] Catholici in hæreticos [illegible].*

Johan. Paulus Windeck de extirpandis hæresib. Antidoto 11. pag. 404. & Antidoto 13. p. 480. scribit, *Lutheranos bello persequendos, & non solùm armis terrendos, sed etiam delendos, excindendos, tollendos, extirpandos. Nec curandum si Catholici numero pauciores, cùm multo pluribus hæreticis confligere debeant.* Ex exemplis ostendere conatur, paucos [illegible] [illegible], contra numerosissimum hæreticorum exercitum [illegible] victoriam [illegible]. Idem Windeck ibid. p. 411. & seqq. *ad [illegible] propugnandas Catholicorum [illegible] requiritur.* Et Iesuita Crelevel p. 161. dicit, Ligam esse necessariam, & ex obligatione; Windeck pag. 204. *Fœdus [illegible] in Gallia initum, & Anno 1587. publicatum, quam Sacram Ligam vocant, [illegible]* (S. [illegible] Windeck) *[illegible] est [illegible]. [illegible] Protestantes [illegible] [illegible] [illegible] Catholici [illegible], [illegible] ad [illegible] cum [illegible] [illegible] capiendas, [illegible] Carolo V.*

Imperat.

imperat, observatum magna fuit [illegible]. Sed & ceteros [illegible] Catholicos sibi adjungant ad [illegible] Sectarios. [illegible] in [illegible] [illegible] sibi [illegible], [illegible].

Ex eadem hac Jesuitarum doctrina, & [illegible] Pontificis [illegible] manavit proditoria illa & immanis lanieна Parisiensis contra pacificationem fide Regia firmatam in qua supra 30000. innocentium hominum omnis ordinis, Sexus, ætatis, inter paucos dies in domiciliis suis, vel ab iisdé extractis fœdissimé trucidati sunt: Quo spectaculo tum temporis Jesuitæ oculos & animos suos recreârunt, atque Papa Romanus suo palatio, ut & suorum, & Cardinalium oculos pascerent depingendum curavit. Jacobus August. Thuanus Præses Regius Historiarum sui temporis in historia Anni 1572.

Hinc etiam manarunt conspiratio Guisianorum & sociorum anno 1567. in Gallia publicata, & quæ eam secuta sunt bella, & Regum ac Principum parricidia, me à Jesuitis tum temporis magno zelo repetitum hæreticus Johan. Parvi Parisiensis, damnatum pridudum in Constantiensi concilio, de necandis & loco movendis Regibus & Principibus quos Theologi, viri scilicet eruditi & graves, pro Tyrannis habent: de quibus exstant 6. Tomi Memor. Ligæ, idemque Johan. Mariana Jesuita Toletanus De Rege lib. 1. c. 6. Id demorum Constantiense non probat: *Quia non invenias probatum à Martino V. aut Eugenio Pontificibus, & quia tris cipes Pontificum [illegible] concilium illud celebratum sit.*

Hinc etiam fluxit concilium illud de convertendo invadendo, & subjugandi Pontificis ac Hispani [illegible] Regnum Angliæ, ad quem perficiendum classis Hispanica anno 1588. jam sub ad littora & portus Anglicanos pervenerat: quo evento, notum est, quodque ex 158. navibus optimè instructis vix 40. in Hispaniam redierunt. Et fuerunt Jesuites Creswel, alias Andreas Philopater, in Responsio ad edictum Regiæ Angliæ pag. 338. *Dei voluntate adversum illam belli [illegible] [illegible]: [illegible] [illegible] [illegible] [illegible] [illegible] [illegible] [illegible] [illegible] [illegible], [illegible] [illegible] [illegible] [illegible]. Et [illegible] [illegible] [illegible] Angliæ [illegible] [illegible] [illegible] [illegible] ad [illegible] [illegible] Evangelicorum, ut [illegible] [illegible] [illegible] [illegible] [illegible] [illegible] [illegible].*

Et quia ab illo tempore usque ad secundum Regis moderni annum Jesuitæ in Angliam [illegible] [illegible] colligere non poterant, sed [illegible] Dei Opt. Max. voluntate prohibiti sunt, conspirârunt tandem tres Jesuitæ Henricus Garnetus Provincialis Oswaldus Tesmond & Ioh. Gerard, cum aliquot Nobilibus sui farinæ hominibus ad perdendum & displodendum uno momento ipsum Regem & omnes Regni ordines in Comitiis Londinensibus suppositis & incensa pulveris tormentarii copia, ut apparet ex Actis publicis Henrici Garneti nuper Londini editis, & ex ipsiusmet Regis Britanniarum edicto promulgato 15. Januar. Anno 1606. in quibus expressum, tres istos Jesuitas auctores & inventores illius proditoriæ machinationis: Item præcipuos practicantes sive machinatores fuisse. Præmonuerunt id jamdudum Jesuitæ & publicé contestati sunt, *se ab [illegible] [illegible] [illegible] [illegible] à proposito suo non destituros*, veluti fatetur Jesuita Campianus & ejus socii in concertatione Ecclesiæ Catholicæ Anno 1583. Treveris excusa pag. 22. *[illegible] ad societatem nostram attinet, omnes nos, qui per totum orbem longè lateque [illegible], quorum [illegible] [illegible] & [illegible] numerus, Sanctum Fœdus inivisse, nec quamdiu vel unus ex nobis supererit, studium & consilia nostra de salute vestra; hoc est, & Religionis & Regni vestri [illegible] [illegible] [illegible]. Jampridem jacta [illegible] est, & [illegible] [illegible] certamen nullo vis, nullus Anglorum imperium superabile.*

Exceptiunt tamen quidam Jesuitarum, *si Pontifici & [illegible] [illegible] [illegible] [illegible] [illegible] [illegible]. Hæc [illegible] ad tempus aliquid [illegible], & [illegible] [illegible] [illegible] expectandam.*

Memor. Ligæ Tom. 6 pag. 162. & seq. *Jesuita habent breve Apostolicum, in quo per dispensationem ipsis permittitur, ut Serviant tempori suo, dissimulandum, & Regi obediendum ad tempus per dissimulationem.*

Petrus Ribadeneira de Principe libro 2. cap. 12. pag. 178. *Christiana prudentia docet, dissimulationem utendam, si magna periculis [illegible].*

Martinus Becanus Jesuita Moguntiæ de fide hæret. servan. cap. 10. pag. 84. *Si Lutherana Religio commodè impediri & profligari non possit, nisi cum majori damno Ecclesiæ, tunc aliquo tempore tolerari potest.* Et pag. 101. *[illegible] Catholicus [illegible], [illegible] [illegible] [illegible] libertatem Religionis Lutheranæ: [illegible] id facere non potest sine gravi [illegible] [illegible] publici, potest cum tolerare ad evitandum majus malum.*

Johannes Paulus Windeck in delib. de hæret. exstirpan. pag. 33. *Nihil in Religionis negotiis opertet concupisci aut indulgere, nisi ubi libertas fidem [illegible] authoritate, & [illegible] [illegible] [illegible].*

Andreas

Andreas Philopater, alias Creswel Iesuita Adedict. Reginae Angliae pag. 91. *Omnes catholici ad hoc tenentur* [illegible].

Sic Henricus Garnetus Iesuita Provincialis Angliae scripto testatus, & coram tribunali confessus est: *Pium V. & Gregorium XIV. [illegible] Bulla contra Reginam Elisabetham [illegible] calamitates [illegible] contulerunt, easdem [illegible] Catholicis [illegible] obedientiam [illegible] ad [illegible] excusationem [illegible] cautelis [illegible] circumscripsiam. Primo, Rebus si [illegible]. Secundo, Donec publica Bulla executio fieri posset.* In actis Garneti. pag. 68.

Nonnulli verò Iesuitarum docent, *Nimis tribuendum tempori: Nunc itaque omnes Lutheranos & Calvinianos passim exterminandos, opprimendos funditus & radicitus delendos, ne ullam eiusmodi semen renascatur.*

Creswel Iesuita in eod. lib. de quo supra, pagin. 8. *Satis iam constitutum est ab omnibus [illegible], ad placandum hostem; si fieri posset, [illegible] tempori, [illegible] tyrannidi.*

Petrus Ribadeneira De Principe, lib. 1. c. 15. pagin. 90. & sequ. ubi politicam prudentiam illam Regiam Scotiae & Regnum Galliae ac Consiliariorum graviter accusat: *qui putarunt, serviendum temporibus [illegible] esse, connivendo quadam & lenitate servare, quam [illegible] Regnum evertere.* Et pag. 94. addit: *Multum [illegible], nullum [illegible] esse, cui haec politica ratio [illegible] est, qui non [illegible] & temeritatis gravissimas poenas dederit.*

Sic Iesuita Ratisbonensis in publica concione, nuper prima Dominica post Adventum in praesentia Commissarii Caesareae Maiestatis habita, classicum hoc modo cecinit: *Nunc tempus esse [illegible], quod prius expectabatur, [illegible] Catholicis [illegible] consilia deesse.*

Sic & in commonefactione ab Episcopis quibusdam Anno 1605 Ratisbonae exhibita Matthiae Archiduci Austriae: *Non amplius temporisandum, [illegible] ad hoc [illegible] Imperii Ordines [illegible] Et in hanc [illegible] Catholicorum [illegible] necessarium esse [illegible] Cum & parte Catholicorum [illegible] (ut Wenderus in declib. de [illegible] pag. 410.) [illegible] haereticorum copias [illegible] & [illegible].*

Ex eodem Iesuitico pectore nuper sub die 22. Octobris Anni 1607. prodiit Epistola sive exhortatio Episcopalis ad aliquos Pontificiae Religionis Praelatos, quae sic habet: *Maxime [illegible] est, quod inter politicas nostras [illegible], qui Caesareae Maiestati, Electoribus & Principibus persuadere conantur, Ob locum temporum difficultatem, aliquid conniuendum & temporisandum esse. Id enim dum à politicis [illegible], [illegible] Religionem [illegible] promoveat.*

Haec quae hactenus sub numero primo & secundo capitis huius diximus, quaeque in sequentibus etiam referemus, confirmat apertis verbis Thuanus libro 47. pagin. 877. & seq. loquens, *[illegible] Theologorum, qui se Iesuitas appellant, asseverantium, pacem cum sectariis (Evangelicis) nec fieri debere nec rite posse, fide eis data neminem obligari: [illegible] salutarem esse, in [illegible] [illegible]: Christianos omnes adversus pestem eam armari debere ac [illegible] Decretum Synodi Constantiensis, de fide haereticis non servanda, [illegible] plo ex [illegible] & Mosis mandatis [illegible], qui [illegible] adduxisset; ac denique de [illegible] qui [illegible] [illegible] interfecerant.*

Idem lib. 63. pag. 176. *Cum, inquit, res in [illegible] Sebastiani Regis Castrensis de bello in Africa contra Mauros gerendo appareret, ii qui Iesuitarum partes [illegible], ut Regem à [illegible] consilio deterrerent, [illegible] [illegible] propagandi desiderio flagrant; [illegible] adversus sectarios (Evangelicos) [illegible] qui Christi nomen [illegible], bellum suscipiendum esse, quippe cum [illegible] periculi ab illis (Evangelicis) quam ab his impendeat, & quo [illegible] [illegible] inter Christianos [illegible] [illegible] Christianae [illegible] [illegible], [illegible] [illegible] debere.*

Rursus idem lib. 67. p. 190. scribit, *Iesuitarum sententiam esse bella, quae communi [illegible] Christianorum contra Mahometanos gerantur, [illegible] ad Dei gloriam contra sectarios (Evangelicos) qui inter nos sunt, [illegible] debere.* Ubi rursus addit Thuanus: *[illegible] & [illegible] Christiana [illegible] consilium suum [illegible].* [illegible]

III.

TERTIO docent etiam, *Eiusdem subditi Romano-Catholici Imperatorem, Regem,*

Regem, sive Principem suum pro Tyranno habendum in Conciliis vel conventibus suis statuerunt, non illum abdicere, & seipsos tamen obligationis nexu solvere posse. Si verò Comitia habere prohibeantur, tum cuivis subdito, modò Iesuitarum, aut aliorum huiusmodi Theologorum usus sit consilio, permissum, omni laude dignum & meritorium fore, cum, huiusmodi Regem vel Principem occidere. Proindeque rectè fecisse Monachum Iacobum Clementem, quòd Henricum III. Regem Galliæ cultro venenato interfecit; Rectè etiam facturum, qui eo illius successorem Henricum IV. interimat.

Johan. Mariana Iesuita Toletan. De Rege lib. 1. c. 6. in Mogunt. edit. p. 57. *A populo superiore* [illegible] *Regem Principem* [illegible] *posse. At* [illegible] *quocunque Tyrannus* [illegible] *fuit.* Vt ostendit [illegible] abdicandi eiusmodi Principem: *Expedita & maxime tuta via est, inquit, si publici Conventus facultas detur, ut communi consensu statuatur, quid sentiendum esse debeat. Et si monitus Princeps non* [illegible], *consilia explicanda, arma expedienda,* [illegible] *in bello* [illegible] *Principem etiam* [illegible] *auctoritate ferro perimendum.* Et p. 60. *Si publici Conventus facultas sublata erit, non etiam qui vota publica* [illegible] *Regem sive Principem perimere tentabit, haud quaquam* [illegible] *existimabo. At* [illegible] *publica* [illegible] *populi adsit, qua Regem* [illegible] *habere* [illegible] *esse, in consilium viros eruditos & graves adhibeat.* Mariana, *Praeclare, præclare cum rebus humanis agereiur, si multi homines fortes pectoris invenirentur, pro libertate patriæ vitæ contemptores* [illegible] *plerosque* [illegible] *magna* [illegible] *adversa.*

Tales etiam libri à Iesuita Guignardo scripti, Lutetiæ in Collegio Iesuitarum post [illegible] à Castellio parricidium Henrici IV. Regis Galliæ inventi sunt, teste actis Parlamenti Parisiensis relatis in Memor. Ligæ Tom. 6. pag. 256. & seq.

Iesuita Crefwelli Philopater, adversus edicta Reginæ pag. 145. [illegible] *esse* [illegible] *Rex quis sit, an non.*

Defensio Iesuitarum in Tom. 4. Memor. Ligæ pag. 281. ubi (ut & à Mariana De Rege pag. 58.) allegatur ad hos exemplum Aiod Iudic. 3. Adducitur etiam Pontificis Doctores: Caiet. Dom. Soto Thom. Aquinas, Sylvester Prierias.

Cardinalis Pelvæ consilium interceptum à Vincentio Marchione Pisano Regis Cath. Legato in Hispania: [illegible] *Guisianorum partium* [illegible] *Lotharingo* [illegible] *Carolo Magno* [illegible] *Romana Religionis* [illegible] *Henricum Tertium* [illegible] In Vindic. sec. lib. pag. 39.

Titus Iesuitarum liber De abdicatione Henrici III. Regis Galliæ editus, durante adhuc Iesuitarum rebellione anno 1591. Lugdun. apud Iohannem Pillehot, S. Ligæ seu Vnionis Catholicæ Bibliopolam, ex præcepto Superiorum & cum insignibus Iesuitarum, hoc ipsum quoque docet. Accusatur in eo Henricus III. quòd sit impius & impurus Tyrannus, & præcisè à Summo Pontifice, cum suis fautoribus Regibus & Principibus, & interficiendus ab uno vel pluribus vasallis aut subditis, non expectatâ speciali aliquâ excommunicatione vel mandato, & qui tale facinus patrant, eo ipso magnam gloriam & vitam æternam consequuntur, atque etiam Reipubl. commodum & utilitatem promoturos esse. *Non desinam etiam, inquit,* [illegible] *quærere, quibus Rex ipse cum* [illegible], [illegible] *possit.* Cumque editio libri ad finem ferè perducta & simul Rex à Iacobo **Clemento** interfectus, Henricus Quartus autem **in e**-jus locum Rex creatus esset, in præfatione & fine libelli additum fuit, nullâ particulari Henrici III. ratione habitâ, huiusmodi libelli, & doctrina hæc in vulgus spargatur, quò scilicet, ut eo meritò Henricum III. abdicatum & interfectum esse, inde quoque intelligatur, eius successorem quoque Henricum IV. eodem modo iustè abdicari, & opprimi posse: atque ei adhærentes, exemplo Henrici III. [illegible] discant, ne in exitium præcipitentur, quod post necem Henrici IV. ipsis paratum sit: tempus enim iam adesse, quo Regnum Galliæ de gente in Gentem (à Gallis ad Hispanos) transferendum sit.

Idem etiam docet liber sub nomine François de Verone Constantin in lucem editus, hoc titulo, *Apologie pour Iean Chastel Parisien, & pour les peres de la Societé de Iesus:* id est, *Apologia pro Iohanne Castellio & Iesuitis.* Hunc libellum Iesuitæ post eiectionem suam ex Gallia scripserunt & ediderunt in Belgio, in eo principio ad finem usque discipuli sui Iohannis Castellii propositum,

positum; quo Henricum IV. perimere conatus est, tanquam heroicum & justum, laudant & approbant: ut etiam Henrici III. parricidium, & Castellum merito in numerum Martyrum relatum fuisse affirmant.

Ejusdem argumenti est quoque Jesuitæ Reinaldi liber, de Justa Reipub. Christianæ in Reges impios & hæreticos authoritate, justissimaque Catholicorum confœderatione ad repellendum Henricum Navarræum à Regno; editus sub Gulielmi Rossæi nomine.

Post tentatum etiam à Castello Henrici IV. parricidium, decrevit Parlamentum Parisiense, ut omnia in Collegio Jesuitarum diligenter investigarentur: & cognoverunt inquisitores, Castelli præceptorem Joannem Gueret Jesuitam, hoc ipsum discipulos suos publicè ac privatim docuisse, ob eamque causam perpetuo exilio mulctatus est. Eademque pœnâ tum etiam affectus est alius Jesuita Alexander Hajus ob similem culpam. Reperti quoque sunt libri Jesuitæ Guignardi, in quibus parricidium Henrici III. valdè commendat, hortaturque subditos, ut Henricum IV. feriant, seu eodem modo eum interficerent. Docet ibidem, in laniena Parisina anno 1572. peccatum esse à regiis, quòd non una cum reliquis etiam Henricum Navarræum jugularint.

IV.

QUARTO docent, *Si subditi Lutheranum sive Calvinianum habeant Regem aut Principem, qui ipsos in hæresin inducere conetur (ut fit in Anglia) tum illos subditos ab omni homagio & obligatione solutos esse: ipsisque liberum ac permissum hujusmodi Regem vel Principem abdicare, exterminare & opprimere:* licet nihil tale in prima Christi Ecclesia factum sit.

Sic in actis Henrici Garneti Jesuitæ pag. 48. Anno 28. Reginæ Elizabethæ venit in Angliam Parri à Cardinali de Como persuasus, Reginam, seu ex [illegible] ejectam, occidere, & hoc jure optimo liberè dicebat.

Sic dictus Henric. Garnet, Oswaldus Tesimond, Johan. Gerard Jesuitæ, cum aliis complicibus nuper Anno 1605. in Anglia Regem & ordines Regni in Comitiis pulvere tormentario displodere & perdere conspirârunt: ut ex actis Henrici Garneti Londini à Regio Typographo editis apparet, [illegible]

bitarum pag. 66. dicitur: *Hanc proditionem [illegible] appellant, [illegible] gens & condignum [illegible].* Hi enim [illegible] & machinatores extiterunt, [illegible] modi criminibus plus peccare [illegible], quàm actionem. Idque confirmatur edicto Regis Britanniæ publicato 13. Jan. Anno 3. Regis moderni.

Bellarminus de Rom. Pontifice lib. 5. cap. 7. pag. 1075. & Paulus Windeck in Deliberat. de Hæres. extirp. Accedunt in pag. 407. alias rationes habet, *Tum, ait, [illegible] Ecclesia [illegible] Christiani sunt [illegible] hostibus [illegible]. Altera hujus mansuetudinis causa, Quod [illegible] bant Christiani Episcopi, [illegible] patientia Catholicorum [illegible].*

Conradus Brunus de Hæreticis libro 5. cap. ult. num. 13. pag. 309. *Non obstat quod Christus non coegit discipulos recedentes, ut redirent:* nam tunc Ecclesia in novello germine pullulabat, neque Christus, neque Apostoli eam potestatem tunc volebant. Quia nondum completa fuerat prophetia: Et adorabunt eum omnes Reges terræ, omnes gentes Psalm. 72. *Tum impleta est illa prophetia; merito igitur Ecclesia jam plenissima utitur potestate, ut etiam hæreticos rebus adversis & terroribus cogat.* Juxta illud Luc. 14. *Compelle intrare.*

Allenus in Apologia Seminariæ proditionis, quam etiam publicavit, hoc defendit. *Quandoquidem Elizabetha Angliæ Regina & hæretica excommunicata esset, quod non modò hæresi jam [illegible], verum etiam [illegible] Regi Hispano tradere, ut Regina nihil amplius haberet [illegible] jus suum.*

Gretscherus contra Stenium sic argumentatur: *Omnis ille, qui loquitur quæ Deus non præcepit, jure interficitur. Omnis hæreticus loquitur quæ Deus non præcepit. Ergo.* Vides quid maneat orthodoxos non loquentes quæ Papa, Papistarum Deus, non præcepit. Vide Stenium in Apologia contra Gretscherum Triumphantem pag. 292. 293. Vel si verum Deum intelligat, tum Jesuitæ omnes sunt hæretici & interficiendi, quia loquuntur & docent, quæ Deus nunquam præcepit.

Franciscus Suarez in Defensione fidei Catholicæ adversus Anglicanæ sectæ errores, lib. 6. c. 4. num. [illegible] pag. 814. & seq. quæstione facta: Liceatne in defensionem [illegible] vitæ Principem occidere? [illegible], *ait, defensio sit propria vitæ, quam [illegible]*

giagradiatur, cum quidem ordinariè [illegible] subditos in seipsum defendere, maximè cum more Principis sequatur, quia per eandem viam æstimationem, & iustè procepit non est in necessitate, quæ obliget subditum ad vitam pro illo perdendam, sed ipse voluntariè & iniustè in illo discrimine se constituit. Item de pagina quinta decima quarta numero septimo ostendit, Tyrannum in titulo, id est, eum, qui vi & iniustè Regnum occupavit, posse à privato occidi. Item pag. 817. numero decimo citat authores, qui aliter senserunt, & maximè D. Augustinum, qui absolutè dicit, sine publica administratione non licere aliquem occidere. Et non sequitur adhuc modum respondet. Ad Augustinum (inquit) respondetur, illum privatum hominem, qui hujusmodi Tyrannum occidit, non id facere sine publica administratione, quia vel id facit authoritate Reipub. saltem consentientis, vel facit authoritate Dei, qui per naturalem legem dedit unicuique potestatem defendendi se, & Regnum suum à vi, quam similis Tyrannus facit.

Eodem cap. pagina 818. numero decimo tertio, sic concludit, non per modum vindictæ aut punitionis, sed licere privatæ personæ hunc Tyrannum occidere. Et addit, In hoc verò est magna differentia inter hunc & Regem pravum. Nam Rex licet tyrannicè gubernet, quamdiu non movet actuale bellum injustum contra Rempub. sibi subditam, non infert illi actualem vim, & ideo respectu illius non habet locum defensio, neque ullus subditus potest hoc titulo illum aggredi aut bellum contra ipsum movere. At verò proprius Tyrannus quamdiu Regnum injustè detinet, & per vim dominatur, semper actu infert vim Reipub. & ita ipsa semper gerit cum illo actuale seu virtuale bellum, non vindicativum, ut sic dicam, sed defensivum. Et quamdiu contrarium non declarat, semper censetur velle defendi à quolibet suorum civium, imò etiam à quolibet extraneo. Ideoque si aliter defendi non possit, nisi interficiendo Tyrannum, cuilibet de populo licet illum interficere. Unde etiam in rigore verum est id non fieri tunc authoritate privata, sed publica, vel potius Regni volentis à quolibet Cive tanquam à membro & organo suo defendi, vel Dei authoris naturæ dantis cuicunque homini potestatem defendendi innocentem. Unde etiam in hoc non est discrimen inter utrumque Tyrannum. Neuter enim potest occidi authoritate privata, sed necessaria semper est potestas publica. Differentia verò est, quod hæc potestas censetur commissa cuilibet particulari personæ contra proprium Tyrannum, non verò contra proprium Dominum propter differentiam declaratam.

Inde Suarez numero decimo quarto, inquit, Regem, postquam legitimè depositus est, privatum & proprium Tyrannum haberi, & consequenter non posse in illo subsistere assertionem, quæ de legitimo Rege loquitur. Inde (inquit) si Rex [illegible] post depositionem legitimam in sua pertinacia perseverans Regnum per vim retineat, incipit esse Tyrannus in titulo: quia non est legitimus Rex, nec justo titulo Regnum possidet. Declaratur hoc amplius in Rege hæretico. Nam licet per hæresim ipso facto privetur aliquo modo dominio & proprietate sui Regni, quia vel confiscatum manet, vel ad legitimum successorem Catholicum ipso jure transit: & nihilominus non potest statim Regno privari, sed potest illud possidere & administrare donec per sententiam saltem declaratoriam criminis condemnetur, juxta ea quæ sunt leges de Hæreticis. At verò post sententiam simpliciter omnino privatur Regno, ita ut non possit justo titulo illud possidere. Ergo ex tunc poterit tanquam omnino Tyrannus tractari, & consequenter à quocunque privato poterit occidi.

A quo autem possit fieri talis sententia, tradit numero 17. pag. 820. & seqq. Potestatem hanc deponendi Regem esse posse vel in ipsa Rep. vel in S. Pontifice diverso tamen modo. Nam in Repub. (inquit) solum per modum defensionis necessariæ ad conservationem suam. Ideoque si Rex legitimus tyrannicè gubernat, & Regno nullum aliud subsit remedium ad se defendendum nisi Regem expellere ac deponere, tunc ex vi juris naturalis poterit Respublica tota publico & communi consilio Civitatum & Procerum Regem deponere, cum ex vi juris naturalis, quo licet vim vi repellere, tum quia semper hic casus ad propriam Reip. conservationem necessarius intelligitur exceptus in primo illo fœdere quo Respub. potestatem suam in Regem transtulit, &c. At verò (inquit n. 18.) in S. Pontifice est hæc potestas tanquam in superiori habente jurisdictionem ad corripiendum Reges etiam supremos tanquam sibi subditos. Unde si crimina sint in materia spirituali, ut est crimen hæresis, potest directè illa punire in Rege, etiam usque ad depositionem à Regno, si pertinacia Regis & providentia communis boni Ecclesiæ ita postulent. Si verò vitia sint in materia temporali, quatenus peccata sunt, etiam potest illa corripere per directam potestatem: quatenus verò temporaliter nocent Reipublicæ Christianæ, indirectè saltem poterit ea punire, quatenus tyrannicum regimen temporale Principis semper etiam est saluti animarum perniciosum.

Postea pag. 820. nu. 17. & 18. sic ait Suarez: Unde in historiis legimus sæpe summos Pontifices in hujusmodi casibus consuluisse, vel etiam decrevisse, ut Regem tanquam Tyrannum deponeret, ut de Childerico Rege Galliæ tempore Zachariæ Papæ, C. alius 15. q. 6.

Et allegando post [illegible] Regnum Christianorum à Pontifice ita [illegible], ut possit Pontifex non solum consulere, aut consentire ut Regnum Regem sibi perniciosum deponat, sed etiam

[illegible]

V.

Qvinto docent, *Veteres Imperatores, Reges, Principes à subditis vel Ministris suis necari posse, si modò Theologi, Iesuitae, viri eruditi & graves illos pro Tyrannis & excommunicatis habeant. Ita tamen, ut is, qui perimendus est, nihil adhaerens, nec sibi ipsi mortem consciscat.*

Iohan. Mariana Iesuita Toletanus de Rege lib. 1 c. 7 pag. 65. & seq. cujus haec verba sunt, [illegible]

[illegible]

Cate-

Carcathi Isliut pag. 122. Mazarin de Rege pagina 34. [illegible] Et pagina 57. [illegible] Et pagina 72. [illegible] Et sic in epistola libri huius præfatur Magister Provincialis Pagetus de Orona: [illegible] In lib. enim 2. de justa Henrici III. Regis Galliæ abdicatione, & in libro de justa Reip. Christianæ in Reges impios & hæreticos authoritate, &c. probare conantur, [illegible] atque ipsum in primis Henricum IV. Regem Galliæ. Et in hunc finem in præfatione prioris libri dictum Regem vocat [illegible] Tyrannum, Sacrilegum, [illegible] Excommunicatum. Et Ludovicus Aurelius vocat eum [illegible] Satanæ Regem. Similiter in dialogo libri de justa Henr. IV. abdic. [illegible]

VI.

SEXTO docent *Elementa Magistratum* [illegible] *excommunicatis habendos, si non de facto, tamen de jure,* [illegible] *proscribendos, abdicandos, & è medio tollendos esse.*

Symmancha de Excommunicatione titul. 17. sect. 2. pag. 111. b. *Hæretici*, inquit, [illegible] Sed [illegible] Princeps [illegible]

excommunicationis vinculo innodatus & abdicatus ad sinum Ecclesiæ redeat, [illegible] Regnum recuperabit? [illegible] Ecclesia nunquam claudit gremium redeunti. Hoc verum agnoscunt, [illegible] Concilia [illegible] Principem [illegible] & [illegible] hæredem, [illegible] Regia dignitate [illegible] & [illegible] hæreditarium, [illegible] Symmancha, *propter hæresim Regis,* [illegible]

Cresswellus in Philopatro, seu Responsione ad edictum Elizabethæ Reginæ, Sect. 2. [illegible] pag. 153. *Certe,* [illegible]

Tragalsus Verona Constantius in sua Apologia pro Iohanne Castello part. 1. c. 1. planius docet, *Quidem* [illegible] *Concilii Constantiensis* [illegible] *Reges & Principes* [illegible]

Texhamus in libro de officio Principis Christiani cap. 5. *Si Princeps*, inquit, [illegible]

Henricus Garnetus etiam, Oswaldus Tesmond & Iohann. Gerard aliique Iesuitæ Thomæ Wintero, Guidoni Faukes, Thomæ Batesio, nec non Rob. Catesbeo, Thomæ Percio, Iohan. & Christophoro Vurighto, aliisque persuaserunt, Angliæ Regem, omnesque Regni illius Proceres & præsules esse hæreticos excommunicatos; ideoque Tyrannos [illegible] esse, [illegible] è medio quocunque [illegible] tollerentur. Acta Henrici Garneti & aliorum.

Sic etiam Urbanus II. Papa decrevit, connon habendos pro homicidis, quos adversus excommunicatos zelo Catholicæ Matris Ecclesiæ ardentes, aliquos eorum trucidasse contigerit. C. excommunicatorum. 23. q. 5.

VII.

SEPTIMO docent, *Principes Christianos à Romana Religione deficientes, abdicandos.*

Carsvelius Iesuita in suo libro cui Philopater titulum fecit pag. 109. scribit: *Quemcunque Principem Christianum, si à Religione Catholica manifestè deflexerit, & alios avocare voluerit, excidere statim omni potestate ac dignitate, ex ipsa vi juris tam humani, tum divini, hocque ante omnem sententiam supremi Pastoris ac judicis contra ipsum prolatam, & subditos quoscunque liberos esse ab omni juramenti obligatione, quod de obedientia tanquam Principi legitimo præstitissent: posseque & debere si vires habeant, istiusmodi hominem, tanquam apostatam, hæreticum & Christi Domini desertorem, & Reipublicæ suæ inimicum hostemque ex hominum Christianorum dominatu ejicere. Atque hanc esse certam, definitam & indubitatam virorum doctissimorum sententiam.*

Rursus: *Regnandi*, inquit, *jus amittit, qui religionem Romanam deserit.*

Mariana lib. 1. de Rege cap. 6. docet, *Cum iis licitum, qui sacra Patria* (Romanam Religionem) *abjiciunt, tanquam cum tandem rabidis agendum.* Et pag. 58. Moguntiæ edit. *Laudandum esse dicit, qui vitæ suæ periculo publicam utilitatem redimat: & hujusmodi Regem omnibus telis exagitandum quasi crudele monstrum terra expelli.*

VIII.

OCTAVO docent, *Principes Christianos, hæreticis faventes deponendos.*

Tucharius in libro de officio Principis Christiani, manifestè definit & concludit, *Si quis Rex hæreticorum fautor profiteatur, ipso facto Regnum amittit.* Et cap. 5. *Principes indulgendo hæreticis, non solum Deum offendit, sed perdit Regnum & gentem.* Tales Iesplerionus in Oratione contra Politicos Duaci habita B. iij. *hæreticis & Turcis deteriores dicit.*

Iesuitæ in libro quarto cap. 3. de iusta Henrici Tertii abdicatione, citant & probant Concilii Lateranensis Canonem 3. qui sic habet: *Quod Principes terram suam non à hæreticis purgaverint, ab eorum fidelitate solui* [illegible] *vasallos denunciamus, & terram illis possidendam donetur.*

IX.

NONO docent, *Vt hæreticus* (Evangelicus seu Orthodoxus) *sit infamis ipso jure, nec ad publica officia, seu Consilia, nec ad eligendos aliquos, neque ad testimonium admittatur: neque nullus ei super quocunque negotio, sed ipse aliis respondere cogatur, &c. si judex extiterit, sententia eius nullam obtineat firmitatem.* Sic Simancha de Hæret. q. 46. num. 58. Imprimis Conradus Brunus de Hæret. lib. 3. cap. 7. & seqq. Vide etiam c. excommunicamus de Hæret.

X.

DECIMO docent Iesuitæ, *Hæreticis* (*Evangelicis*) *fidem prorsus nullam habendam esse.*

Simancha Instit. cath. tit. 46. Art. 51. *Ad pœnam quoque,* inquit, *pertinet & hæreticorum odium, quod fides illis data servanda non sit.* Rationem hanc addit: *Si enim Tyrannis, Piratis & cæteris Prædonibus, fides servanda non est, qui corpus occidunt, longè minus hæreticis pertinacibus, qui occidunt animas.* Et mox: *Cum hæreticis nullum commercium, nulla pax Catholicis esse debet. Quamobrem fides illis data, etiam juramento firmata, contra publicum bonum, contra salutem animarum, contra jura divina & humana,* NVLLO MODO SERVANDA EST.

Approbatio Doctrinæ IESVITARVM de interficiendis Regibus.

APprobavit etiam præter superiores hanc doctrinam Iesuitarum de interficiendis Regibus, &c. Censura libelli Marianæ de Rege & Regis institutione, regiâ authoritate à Fr. Petro de Oña Magistro Provinciali facta, quæ sic de verbo ad verbum habet: *Diversum planè & eruditum virum Iohannem Marianam esse* (ut alia desint) *tres libri satis indicant, quos de Rege & Regis institutione conscripsit elegantes & graves. Eos regiâ authoritate diligenter & attentè perlegi, licentiam & tristitiam fallendi pro tempore & otio utilissimè. Ita sensim lecti placuerunt. In fine argumento auditores non pauci Regni & Regis Reatum enim ponunt. Nostro Regem à primis annis susceptum, his præceptis instrui, quæ se bene digna sunt,*

Quippe in Deum conjectis oculis, ut sapiunt [illegible], ad eam Regnum instituere fabrica fundamenta & molem universam imponit. Atque [illegible] judice, ut hoc opus typis mandatum ac luce & hominum manibus versetur, curam [illegible] qui ad Regni gubernacula sedent. Quod autem praescriptam ex formam [illegible] & consilia [illegible], ne magnum atque incredibile operae pretium exciderit. Datum in nostro S. Mariae [illegible] redemptionis captivorum Coenobio, Madriti die 30. Mensis Decemb. Anno 1598.

Facultas autem imprimendi hos libros haec est. *Stephanus Hojeda Visitator Societatis Iesu in Provincia Toletana, potestate speciali facta à N. Patre Generali Claudio Aquaviva, do facultatem ut imprimantur libri tres de Rege & Regis institutione, quos scripsit & composuit P. Iohannes Mariana ejusdem Societatis, quippe approbatos prius à viris gravibus & doctis, ex eodem nostro Ordine. In cujus rei fidem has literas dedi meo nomine subscriptas, & meo sigillo munitas. Madriti in Collegio nostro, quarto Non. Decemb. Anno 1598.*

Allatus est quoque ad Regem Angliae liber, ut Casaubonus in Epistola ad Frontonem Ducaeum Iesuitam pag. 16. refert, scriptus, ut videtur in Italia, atque etiam ibidem excusus: cujus libelli duae partes sunt. Prior Epistolam continet P. Cottoni Iesuitae declaratoriam ad Reginam Galliae, in sermonem Anglicum versam. Posterior dissertationem adversus eos, qui post Henrici Magni caedem, doctrinam Iesuitarum accusarent tanquam caedis illius praecipuam causam. In hac parte, ubi primò doctrinam de occidendis Principibus Iesuitis non probari asseruit: mox ad Marianae [illegible] defensionem Anonymus ille scriptor se accingit: praefatus id à se propterea fieri, quod Pater Cotton in Epistola sua Marianam reliquerit indefensum, velle se quod Epistolae illi deest, supplere. Affirmat igitur Marianam totâ illâ disputatione non de Regibus loqui, sed de tyrannis: quod apertissimum mendacium est. tyrannum enim in Scholis Sorbonae & alis antiquae [illegible] legitimo Principi opponitur, & eum significat, qui imperium non suum, per vim aut malas artes invadit: Mariana autem de Henrico III. Rege legitimo, non de aliquo invasore loquitur, Iesuitis autem Tyrannos appellantur, etiam legitimus Rex, qui à Pontifice est excommunicatus. Tum addit libellus, tractari à Mariana quaestionem à pluribus agitatam: quam omnes alii moderatione superaverit Mariana, satis ex eo posse intelligi, illos, qui Marianae librum ejusmodi doctrinae praetextu Lutetiae con-demnarunt, non Marianam, sed Iesuitas, imò non Iesuitas, sed ipsum IESV Christi sanctissimum nomen odisse. Verba auctoris sunt haec: *Hi sunt inimici sanctis. nominis* IESV, *qui condemnabant & ejusmodi praetextu talem doctrinam.* En Lector novus Iesuita, aut à magnis Iesuitarum patronis missus, sed non solius, judicium, de prudentissimis Parlamenti Parisiensis Senatoribus, qui illam lest. [illegible] Marianae damnationemque adhibuerunt. Hinc igitur apparet, parum esse hodie, qui Marianae illam doctissimam diatribam detestentur. Ex quo, obsecro, parricidarum Magistrum excusarentur, quibus parricidae placent, parricidae laudantur, & beatitudine Martyrum digni censentur? planè ejusdem hominis est, Marianae probare judicium, & parricidas Canonizatione dignos judicare.

Approbavit eandem doctrinam de interficiendis Regibus Iohann. *Alvarus* Provincialis Conimbricae in Hispania, commendatione libri Franc. Suarez, cui titulus est, *Defensio fidei Catholicae & Apostolicae adversus Anglicanae sectae errores, &c.* Sic enim illa habet: *Ego Iohann. Alvarus, Societatis Iesu in Lusitaniae Provincia Praepositus simul ac Provincialis, à facultate ad id mihi facta à Reverendo admodum P. nostro Generali Claudio Aquaviva, facultatem concedo, ut hoc opus de schismate Anglicano à Patre Francisc. Suarez Societatis nostrae, Sacraeque Theologiae Doctore & in Conimbricensi Academia primario Professore compositum, & ejusdem Societatis gravium doctorumque hominum judicio approbatum, typis mandetur. In quorum fidem has literas manu nostra subscriptas, sigilloque nostro munitas dedimus Conimbricae 3. April. anno 1612.*

Damnatur IESVITARVM Doctrina de interficiendis Regibus.

Debebant verò Iesuitae meminisse decreti Urbani Papae, quod exstat c. 23. q. 5. quo sancitur, *quod talia facientes, [illegible] defendentes, longè damnabiliores sint [illegible] aut factoribus.* Et quod Seneca ad Alexandrum dixit, *Quid interest inter Lysimachum occidas, an ipse occidas? [illegible] illud at [illegible] O quam caperis! [illegible] esse [illegible] hominum capacem.*

Damnârunt etiam hanc Iesuitarum doctrinam aliquot Toletana Concilia, nempe, quartum, quintum, sextum & decimum. In his Conciliis extat Canon, in quo Hispaut ipsi sententiam contra Iesuitas pronunciarent. Canon enim illic sic habet: *Quicunque nostrum, aut populorum totius Hispaniae conjuratione, aut machinatione sacramentum juramenti datum conservando Regi: aut etiam Regem interfecerit, aut Regno suo privaverit, aut praesumptione tyrannica usurpaverit* [illegible] *in conspectu Angelorum ac hominum, & pellatur ex Ecclesia & societate Christianorum, cum omnibus suis* [illegible] *eandem poenam sequi illos, qui ejusdem criminis rei.* Verba sunt ista voce [illegible] reperta fuerunt in Concilio coram toto coetu, & patrum, et quilibet ea approbaret. Tunc igitur à toto Clero & populo responsum fuit: *Quicunque adversus hanc vestram definitionem* [illegible] *excommunicatur excommunicatione aeternam maximam & perpetuissimam, Anathema illo maranatha & exterminetur sine remissione in perpetuum, usque ad adventum Domini, & partem possideat cum Iuda Scariothe, ipse & socii ejus, Amen.* Habent hic Iesuitae quod diligenter perpendant.

Damnavit hanc doctrinam quoque Concilium Meldense anno 840. celebratum cap. 14.

Damnavit etiam hanc doctrinam tanquam impiam, haereticam & omnibus modis perniciosam ante annos ducentos Constantiense Concilium Sessione 15. cujus verba in sequenti Sorbonae Censura referemus. Iohannes Mariana quidem capite sexto libro primo in fine dicit; *Hoc decretum Romano Pontifice Martino V. probatum non invenio: non Eugenio, aut successoribus.* Rursus: *Concilium istud non sine Ecclesiae* [illegible], *tempore Pontificum dissidio, celebratum fuisse scimus.* Sed nec improbatum à Pontificibus istis decretum hoc fuisse Mariana invenit. Approbarunt etiam hoc Concilium reliqui Pontifices [illegible] quoque ex Iesuitis.

Iohannes Gerson quoque, qui huic Concilio interfuit, *hanc doctrinam violationem omnium legum, divinae, naturalis & humanae* vocat. Idem ait: *Doctrina haec* [illegible] *haereticale, item & sacrilega est,* [illegible] *Christianis, sed & Iudaeis & Paganis & Barbaris* [illegible] Item: [illegible] *errorum & haeresum contra primum praeceptum* [illegible] *Tom. 1. de Orationibus & Propositionibus* [illegible] *Anno 1415.*

& capiti habitus.

Decernit tandem docta nunc Facultas Theologica Parisiensis in Censura contra impios & execrabiles Regum ac Principum parricidas, post caedem Henrici IV. Galliarum Regis à Francisco Ravaillaco patratam, edita, ita se de rebus ad [illegible] habet.

ANNO DOMINI 1610. [illegible] *Theologiae facultas* [illegible] *Ordinis Theologici* [illegible] *Concilii Constantiensis* [illegible] *Collegium Sorbonae* [illegible] *Consultationem* [illegible] *hoc est.*

Curia Parlamenti [illegible] *generali Regis* [illegible] *Henrici IV. Regis* [illegible] *Decani & Syndici Facultatis Theologiae,* [illegible] *Facultatis,* [illegible] *Decembr. Anno 1413.* [illegible] *Theologiae ejusdem Facultatis* [illegible] *Concilii Constantiensis authoritate* [illegible] *Principum* [illegible] *Decretum,* [illegible] *Facultatis* [illegible] *Theologiae* [illegible] *Datum in Parlamento 27. Maij, Anno Dom. 1610. Signatum* [illegible]

Itaque eadem sacra Facultas, [illegible] *justa & necessaria* [illegible] *primum privatim, deinde publice habuit Comitia.* [illegible] *Censuram & Iudicium doctrinae* [illegible] *Parisiensem Academiam* [illegible] *parentem & alumnam optimam ac saluberrimam* [illegible]

[illegible] perpetuo extitisse, unum & tranquillitatem Reipub. ad ordinem, ordinem pacis & potestatis, secundum Deum [illegible] Regum & Principum [illegible] ac solum esse Principes potestatis [illegible] gladio uti, Rom. 13. [illegible] ad [illegible] annis, quamvis perceptis, [illegible] atque impia dogmata, invaluisse quibus plerique pravis hominibus donatis, sacratissimos Reges & Principes, exterendo appellatione TYRANNI contaminare, [illegible] publicè priuandi vel promouendi specie, in sacrosancta Regum & Principum capita conspirare, [illegible] parricidas facere [illegible] sanguine cruentare, ac continuò potentissimarum [illegible] aperire non haurent, ad prodiciones, ad fraudes, insidias, proditiones, populorum seditiones, Urbium Provinciarum ac Regnorum [illegible] excidia, & ad alia innumerabilia nequitia genera, [illegible] patent. Denique [illegible] & diabolica dogmata [illegible] esse, in quo [illegible] ab Ecclesia Catholica & Romana [illegible], [illegible] Doctores & Praelatos Catholicos, quantumvis [illegible], quasi [illegible] ac [illegible].

Eadem itaque Facultas hac & simili [illegible] perpendens, atque [illegible] & [illegible], ista peregrina & seditiosa Dogmata, [illegible] à societate civili, pacis & tranquillitatis publica, ac Religionis Catholica [illegible] extirparet, atque condemnat, in [illegible] fidem & testimonium [illegible] antiquum fidei de integro renovandam esse [illegible], quod decreuit ab hinc annis [illegible] [illegible] quadraginta [illegible] renouandam esse [illegible], quod decreuit ab hinc annis [illegible] centum quadraginta & non Theologiae [illegible], in condemnatione huius execrabilis Propositionis: Quilibet Tyrannus potest & debet licitè & meritoriè occidi à quocumque suo vasallo vel subdito, & per quemcumque modum, maxime per insidias & per adulationes, non obstante quocumque iuramento aut confoederatione factis cum eo, non expectata sententia vel mandato Iudicis cuiuscumque. Sequitur verò Censura Facultatis.

Haec assertio generaliter posita, & secundum acceptionem [illegible] TYRANNVS, est error in nostra fide, & in doctrina [illegible] est contra praeceptum Dei NON OCCIDES, Glossa propria [illegible]: & contra hoc quod dicit Dominus noster, OMNIS QVI GLADIVM ACCEPERINT, Glossa propria, [illegible] GLADIO PERIBVNT.

Item, haec assertio vergit ad subversionem totius Reipublicae & uniuscuiusque Regis aut Principis [illegible], dat viam & licentiam ad plura alia mala & ad fraudes, & ad violationem fidei, & iuramenti, & proditiones, & generaliter [illegible] subditorum [illegible] ad [illegible] & ad omnem infidelitatem & diffidentiam [illegible] ad alterum, consequenter ad aeternam damnationem. Et qui affirmat [illegible] & alios qui inde sequuntur, est haereticus & tanquam haereticus debet puniri etiam post mortem. Notatur in decretis [illegible] Sessio [illegible] die Mercurij 13. Decemb. Quae Censura facultatis Parisiensis in Synodo Constantiensi Sess. 15. An. 1415. prid. Non. Iulij his [illegible] verbis comprobata fuit. Praecipua sollicitudine volens haec sacrosancta Synodus ad extirpationem errorum, & haeresum in diuersis Mundi partibus inualescentium prouidere [illegible] & ad hoc collecta est, nuper accepit, quod nonnullae assertiones erroneae in fide, & bonis moribus, ac multipliciter scandalosae, totiusque Reip. statum & ordinem subuertere molientes, dogmatizatae sunt, inter quas haec assertio delata est. QVILIBET Tyrannus potest & debet licitè & meritoriè occidi per quemcumque vasallum suum vel subditum, etiam per clandestinas insidias, & subtiles blanditias vel adulationes, non obstante quocumque praestito iuramento seu confoederatione factis cum eo, non expectata sententia vel mandato iudicis cuiuscumque. ADVERSVS hunc errorem surgens haec Sancta Synodus insurgens, & ipsum funditus tollere [illegible] deliberatione matura, declarat, decernit atque diffinit huiusmodi doctrinam erroneam esse in fide, & in moribus, ipsamque tanquam haereticam, scandalosam, & ad fraudes, deceptiones, & mendacia proditiones, periuria, vias dantem, reprobat & condemnat. Declarat insuper, decernit & diffinit, quod pertinaciter doctrinam hanc perniciosissimam asserentes sunt haeretici, & tanquam tales, [illegible] sanctiones puniendi.

Sacra itaque Facultas [illegible], [illegible] & singularum Doctorum suffragijs, primo antiquam illam Censuram Facultatis, Synodi Constantiensis sanctione firmatam, [illegible] [illegible] bonorum [illegible] debere. Secundo [illegible], seditiosam, impiam & haereticam esse, quocumque quaesito colore, à quocumque subdito, vasallo, vel extraneo, sacris Regum & Principum personis vim [illegible]. Tertio statuit, ut omnes Doctores & Baccalaurei Theologiae, quo die in statuta & articulos Facultatis iurare consueuerunt, in hoc similiter decretum iurent, ac [illegible] sua [illegible] [illegible] in [illegible] docendo & [illegible] [illegible]. Quarto, ut haec [illegible], [illegible] Latinè, tum Gallicè typis mandentur ac vulgentur.

De mandato Dominorum Decani & Magistrorum Facultatis Theologicæ.

De la Court cum syngrapha.

Censuram & sententiam hanc Facultatis Theologicæ Parisiensis Parlamenti ibidem exhibitam, eam 8. Iun. approbavit & confirmavit. Decrevit insuper *primò*, ut hæc Censura inter Acta publica Parlamenti referatur & scribatur. *Secundò* ad instantiam Procuratoris regij præcepit, ut in Conventu Facultatis hujus quotannis 4. Iunij, & proximâ inde Dominica in omnibus parochialibus Templis atque etiam suburbijs Lutetiæ populo publicè prælegatur. *Tertiò*, ut Iohannis Marianæ liber, in quo hæc doctrina de parricidijs Regum ac Principum manifestè approbatur & defenditur, in **area** ante summum ac primarium Templum Lutetiæ in ignem conjiciatur & comburatur, in æternam rei memoriam, **quòd** doctrina hæc in eo contenta, **sit hæretica**, impia, perniciosa & erronea. *Quartò*, prohibuit, ne quis, cujuscunque sit status, conditionis vel ordinis, hanc doctrinam vel vivâ voce, **vel** editis libris spargat atque defendat.

Rectè autem ille & prudenter, quisquis fit, Gallos sic monuit:

Galli, si sapitis, quid librum traditis igni
Authoris mallem pellite [illegible].
In cineres abeat liber [illegible] mille [illegible],
[illegible], tamen ut ille [illegible].
[illegible] [illegible] pectore [illegible],
[illegible] [illegible] tollere, non [illegible].

Improbavit eadem Ludovicus Richeomus Iesuita in Expostulat. Apologet. pro Societ. Iesu [illegible] cap. 21. pag. 178. & c. 28. pag. 258. *Doctrina*, inquit, *illa de Tyrannicidio, est [illegible] & ab [illegible] [illegible] [illegible], & in Constantiensi Concilio damnata.* [illegible] [illegible] [illegible] [illegible] *& [illegible] [illegible] Concilio damnata.* [illegible] *alterum*, inquit, *il-lud esse Tyrannorum genus, qui [illegible] ad Regni administrationem [illegible] [illegible] tamen [illegible], quos [illegible] et lædere nemo privatus debet, [illegible] quod David [illegible] Rege [illegible] [illegible].* [illegible] [illegible] [illegible], illud genus Tyrannorum, [illegible] [illegible] [illegible] [illegible] esse. Condemnavit [illegible] Parlamentum Parisiense hanc [illegible] doctrinam. Decretum [illegible] [illegible] Francisci Suarez libro, [illegible] hanc confirmavit. Decretum sic ad verbum habet.

Decretum Parlamenti Parisiensis latum 26. & executioni mandatum 27. Iun. 1614.

Contra librum, excusum Coloniæ, Anno eodem cum hoc titulo

FRANCISCI SVAREZ, Granatensis, è Societate Iesu, Doctoris Theologi, Defensio fidei Catholicæ & Apostolicæ adversus Anglicanæ sectæ errores, &c.

Quæ continet maximas & Propositiones contrarias potestati supremæ Regum, ordinatæ & stabilitæ à Deo, ad securitatem personarum, quietis & tranquillitatis status ipsorum.

Extractum è Registris Parlamenti.

VIso à Curia, magnâ Cameriâ, Turnellâ & Edicti congregatis libro impresso Coloniæ anno præsenti cum hoc titulo Francisci Suarez, Granatensis, è Societate Iesu Doctoris Theologi, defensio Fidei Catholicæ & Apostolicæ, adversus Anglicanæ sectæ errores, &c. *continente libro tertio, c. [illegible] p. 178. [illegible] [illegible] & alijs multas propositiones contrarias potestati supremæ Regum, ordinatorum & stabilitorum à Deo, ad quietem & tranquillitatem statuum ipsorum, & quod licitum sit subditis ipsorum & peregrinis personis [illegible] [illegible] [illegible] [illegible] [illegible] [illegible] declaravit, & declarat, propositiones & maximas [illegible] [illegible] [illegible] [illegible] esse, tendentes ad [illegible] [illegible] [illegible] subditorum Regum & Principum [illegible] & alliorum [illegible] [illegible] [illegible] personis [illegible] [illegible]. Item quæ [illegible] [illegible] Regum Ludovici & Philippi Pulchri falsas & [illegible] esse. [illegible] decretum & [illegible], [illegible] [illegible] Suarezij à Curia [illegible] per [illegible] [illegible] [illegible] [illegible] [illegible] [illegible] [illegible] [illegible] & Typographis, [illegible] [illegible], [illegible] [illegible] [illegible] [illegible] [illegible] [illegible] [illegible] [illegible] [illegible] [illegible] [illegible] [illegible], [illegible] [illegible] [illegible] [illegible] [illegible] [illegible] 1611, ut [illegible] [illegible] Theologica [illegible]-*

tum.

sui, ejusdem anni, sicut sequentium [illegible] Mediolanensis ejusdem Provinciæ anno 1608. confirmata prioribus Constitutionibus, inde cum præsentibus Decretum, & [illegible] 1598. & 99. [illegible] Congregationis, item in prædicta [illegible] Collegium quoque Societatis [illegible] & Bibliothecarum [illegible] Commentarios, & quascunque [illegible] & ut ad [illegible] Procuratores Generalis Regis [illegible] informatio [illegible] transgressionum [illegible] Edicti, & prohibitionis de ejusmodi libris scribendis & servandis.

Actum in Parlamento die 26. Iun. 1614. subscriptum.

Voysin.

P*Ræterea decretum est, ut Pater, Ignatius Armandus, Rector in hac civitate, Collegii, Provincialis, [illegible] proximè die in Curiam veniant; eisque denuntietur, quod [illegible] Declarationem & decretum ipsorum Generalis, anni 1610. liber iste Suarezij [illegible] impressus, & in hanc civitatem illatus sit, contra authoritatem Regis, ejusque securitatem personæ & status: quibus etiam injungetur, ut Generali suo declarent, cum pro [illegible] decretum [illegible] renovari & publicari debere: [illegible] & procedendum, ut ejusmodi libri in posterum non mittantur in lucem à Societate sua, continentes propositiones tam damnabiles & perniciosas, injungitur quoque etiam eis, ut exhortentur populum in concionibus suis, ad doctrinam supra commemoratis propositionibus contrariam. Alioquin Curia procedet contra transgressores, ut reos læsæ Majestatis & perturbatores quietis publicæ.*

Decretum prædictum, & quod insuper conclusum fuit, publicata sunt præsentibus Patribus Ignatio Armando, Carolo de Lorme, qui loco Provincialis [illegible] comparuerunt, Frontone Ducæo, & Iacobo Sirmondo. Et decretum executioni mandatum est ante gradus majoris Aulæ, 27. Iun. 1614.

Libro Suarezij [illegible] à Parlamento Parisiensi condemnato & per carnificem publicè cremato, sequenti anno tertii quoque in Gallia Status de doctrina hac declaratio [illegible] sententia publicata est: *[illegible] supremæ [illegible] à [illegible] libro propagata doctrina impia, quæ [illegible] Majestatis [illegible] ut de [illegible] in [illegible] ut [illegible] ut quemadmodum [illegible] ipse [illegible] ab omnibus [illegible] & habeatur, [illegible] ut ulla aliqua potestas, sive Ecclesiastica sive politica [illegible] sibi jure sumat, ut prætendat aliquid in Regiam suam Majestatem, & subditos ab obedientia ipsi debita, ut quamcunque causam absolvere possit. Hanc vero sententiam [illegible] verbo divino congruentem, conservandæque salutis publicæ maximè convenientem, Regnum ab omnibus [illegible] fundatis pro sancta & inviolabili lege habendam, & [illegible] Ministrisque omnibus & singulis antequam vel beneficiorum [illegible] fiant, vel ad officia sua admittantur, jurejurando acceptandam & subscriptione [illegible] propria confirmandam esse. Contrariam vero eam persuasionem, quæ dicere Reges vel interfici, vel exauctorari, & obedientia ipsorum se subtrahere fas sit, impiam & veritati utilitatique publicæ contrariam, [illegible] ad perniciem [illegible] libros tanquam seditiosos, exterendos & damnandos, & auctores quoscunque talia sentientes & in publicum edentes, exteros quidem pro juratis Regiæ Majestatis hostibus, indigenas verò & cujuscunque status & conditionis sint, pro seditiosis, rebellibus, legum violatoribus, & criminis læsæ Majestatis reis habendos esse. Imperandum igitur omnibus parochis, ut liberis præceptoribus, ut [illegible] professoribus, ut studiosis, & concionatoribus, ut [illegible] suis Regulam hanc diligenter inculcent. Quod si [illegible] ab externo [illegible] & [illegible] libello, aliquid vel directè vel obliquè adversus Regulam hanc prolatum fuerit, [illegible] ecclesiastici ejusdem [illegible] illud, sine [illegible] respectu, refutandum, ut [illegible] læsæ Majestatis [illegible] imponendum esse.*

Infelix quoque, ut [illegible] averterent odia Regum ac Principum, nec non etiam omnium hominum, quæ in ipsos & Ordinem universum concitabantur ex Marianæ aliorumque libris, in quibus parricidia Regum defenduntur, in Conventu provinciali, quem Parisijs habuerunt, cum relatum esset de dicto Marianæ libro, hoc ei, quem Procuratorem ad propositum Generalem Societatis Provinciæ nomine destinarunt, Agerent cum Generali, ut compesceret eos qui libros hos ederent, à quibus Regis, totiusque Regni Gallici offensio & odia jure timerentur, neve eos, qui jam emissi essent, recudi pateretur.

Damnavit denique hos Assassinos & parricidas, eorumque doctrinam nobilissimus & amplissimus vir Iacobus Augustus Thuanus Consiliarius Regius, & Curiæ supremæ Parisiensis Præses hac elegantissima elegiâ in parricidas.

Rursus ab immissis Furiis bacchantur [illegible],
Et quondam [illegible] Megaera [illegible]
Rursus [illegible]
[illegible]
[illegible]
[illegible] urbe [illegible]
[illegible]
[illegible]
Hesperiis [illegible]
[illegible]
Nata Magistratum [illegible]
[illegible]
[illegible]
[illegible]
Et [illegible] putat; omnia [illegible]
In Regis longas tendere sceptra manum.
Quae discipulam [illegible], qua Gallica venit,
[illegible] legum solvere iura, [illegible]
[illegible]
[illegible] docet,
Servandamque fidem negat, argutisque cavillis
Diluit [illegible] magni iussa severa Dei.
Sunt tamen, et vae sunt! qui nunc quoque crimine in isto
Obtendunt causam Religionis [illegible].
[illegible]
Et patrocinium [illegible]
[illegible]
[illegible] bile furens,
An putas [illegible] referri,
[illegible]
Quis magis [illegible]
[illegible] pagina sacra [illegible],
[illegible] servare [illegible],
Fallereque et falli [illegible] putare nefas.
Nec [illegible]
Et [illegible]
Si mala Religio est, [illegible]
[illegible]
Si [illegible] Religio est patriae, sine murmure, [illegible]
Accipere [illegible] manu.
[illegible]
[illegible] doctrina [illegible]
Concipit [illegible]
[illegible]
Iamque [illegible] Gallica [illegible]
[illegible]
[illegible]
[illegible]
Atque utinam [illegible]
[illegible]
[illegible]
Gallia [illegible]
[illegible]
[illegible]
[illegible]

Gallia et in medio [illegible] rogus,
[illegible] bella gerit.
[illegible] bella [illegible]
[illegible] bellum [illegible]
[illegible]
[illegible]
[illegible]
[illegible]
[illegible]
[illegible]
[illegible]
[illegible]
[illegible]
Ad bellum [illegible] sollicitantur [illegible].
[illegible]
[illegible] urbe [illegible]
[illegible]
[illegible]
[illegible] Gallia [illegible]
[illegible]
[illegible]
Nunc vero [illegible]
Causa [illegible] agitur, [illegible]
In vno Henrico [illegible]
Ille quidem periit, [illegible]
Credite, nos Reges, [illegible]
Nullus iam miseris [illegible]
[illegible]
Nil securum [illegible]
[illegible]
Nam quibus [illegible] Maiestas Regia [illegible]
Aut quae [illegible]
Si [illegible] Magistrum,
[illegible]
[illegible]
[illegible]
[illegible]
[illegible]
[illegible]
Et [illegible]
[illegible]
Esse Deo curae Gallica sceptra [illegible]
[illegible]
[illegible]
[illegible]
[illegible]
[illegible]
[illegible]
[illegible]
Et [illegible] manum.
[illegible]
[illegible] exempla [illegible]
[illegible] in Regem [illegible]
[illegible]
[illegible]
Flebit, at [illegible] fidem.

[illegible]

Mater infandum exercuit ira volentes,
Quae Phineus merito incubuisse ferunt.
Nempe per hos factum divina ut voce apud nos
Esset ubique fames, esset ubique fuga.
Quis Deus aligeris Arctoo ex axe gemellis
Misit & aetheria monstra fugavit ope?
Frondes nunc mille [illegible] sumere tellus,
[illegible] à patria finibus [illegible]
Reddita libertas nunc pristina, reddita Regna
[illegible]
[illegible]
[illegible]
[illegible]
[illegible]
Turba [illegible], non [illegible]
Continens [illegible] fabula prisca refert.
[illegible]
[illegible]
Quas primo Alcides [illegible]
[illegible]
Quid loquor? [illegible]
Nec tamen [illegible]
Nempe quod his Graja [illegible] Herculi Gallus,
Turba [illegible]
[illegible]
[illegible]
[illegible]
[illegible]
Non [illegible]
[illegible]
Sed [illegible] prudentia mentis,
[illegible]
[illegible]
[illegible]
[illegible]
[illegible]
Sed [illegible]
[illegible]
[illegible]
[illegible]
[illegible]
Namque etiam [illegible] habet ille
locus.
Tu quoque [illegible], qui Gallica nomina,
[illegible]
[illegible]
[illegible]
[illegible]
[illegible]
[illegible]
[illegible]
[illegible]
[illegible]
[illegible]
[illegible]
[illegible]
[illegible]
[illegible]
[illegible]

Illa Religio per [illegible]
Nec tamen [illegible], ut ille, Dei
Consilia, sed [illegible]
Fundit, & in [illegible] multa sigilla gerit.
Hic, quibus [illegible] incipit illi
Relligio [illegible]
Et nova cuncta placent, [illegible]
& illa est.
Ex prisca [illegible] & pietate nihil.
At procul Harpyiae hinc [illegible]
Semiferi, [illegible]
Ista [illegible] procul hinc, hominum [illegible]
Et quae [illegible] nomina quisque ferat.
Gallia nam [illegible]
Nam alit in gremio talia monstra suo,
Nec tamen antiquam vitam producere ritu,
Nec poterit in prisca simplicitate mori.

Claudius igitur de Aquaviva Praepositus Generalis Iesuitarum, cum haec Parisiis ad eum retulissent, seseque intellexisset Marianae librum in Gallia damnatum, hanc doctrinam haud obscure etiam improbavit, [illegible], & ut [illegible] faceret Regibus, alii judicent. Respondit enim. Primum collaudare se studiumque Provinciae: deinde aegerrime tulisse, quod libri ejusmodi editi essent, quam [illegible] quicquam ad se deferretur. Curasse, & ubi primum rem accepisset, mandasse ut corrigeretur, & sedulo daturum operam, ne quid ejusmodi in posterum accideret. Neque eo contentus, decretum etiam addidit vehemens & grave, ne quis posthac ex Iesuitis aut publice quicquam scriberet, & doceret: aut privatim consilium cuiquam daret, quod in Regum & Principum caedem, perniciemque ulla ratione vergeret. Verba ejus haec sunt:

QVANDOQVIDEM *in Societatis scriptoribus ac Theologis, qui docent, caeterisque omnibus operariis, haud satis est id solum providere, quod in aliorum scriptorum libris reperitur, sed illud etiam apprime considerandum, sitne opinio etiam validis nixa fundamentis, data tamen occasione scandalis aut aliis incommodis minime obnoxia: idcirco his omnibus ex causis, quae ad hoc consilium nos impellunt, praesenti decreto praecipimus in virtute sanctae obedientiae, sub poena excommunicationis, & inhabilitatis ad quaevis officia, suspensionis à Divinis & aliis arbitrio nostro reservatis, ne quis deinceps nostrae Societatis Religiosus publice, aut privatim praelegendo seu consulendo, multo etiam minus libros conscribendo, affirmare praesumat, licitum esse cuicunque personae, quocunque praetextu tyrannidis, Reges aut Principes occidere, seu mortem eis machinari. Ne videlicet ista praxis ad perniciem Principum spectaret, vim atque ad certandum parem, rerumque formulam in dubium vocandam, quae posset ex divino mandato revereri, ac observare operaretur, quam perlatam fuerat à Domino Deo pro salute populorum gubernatione in ea [illegible]. Provinciales autem, qui aliquid horum rescierint, nec emendaverint, aut non praevenerint hujusmodi incommoda efficiendo, ut hoc decretum sanctè observetur, volumus his non modo praedictas poenas incurrere, sed etiam officio privari. Ut sciamus [illegible], quid sit ea de re sentiendum, neque [illegible] suspectum reddidit se [illegible] [illegible] apud [illegible] [illegible] partis [illegible] [illegible] corpore reliquo [illegible] debere. Volumus praeterea, ut Provinciales de hoc accepto decreto [illegible] faciant, idemque per suam quisque Provinciam curent promulgandum, & in singulis domibus & Collegiis referendum in libros [illegible] ad perpetuam ejus memoriam.*

Esse & hoc superioribus addendum, quod tyrannis & excommunicatio non tollit jura politica & civilis societatis, quemadmodum nec ipsa infidelitas vel apostasia aperta à Deo tollit ea. Nam infidelis & apostata Imperator, qualis Iulianus olim, manet Imperator, & Magistratus, & pro tali à Christianis agnitus est. Ergo falsa est Iesuitarum & Scholasticorum sententia, qui volunt, non esse parendum Principibus Tyrannis & excommunicatis: & contra sentire videtur Thomas Aquinas in 2. secundae quaest. 10. Sigebertus etiam Monachus scribit in Odone pagina 201. hanc doctrinam & novam & haereticam esse, quae jubet, ne hypocritis Principibus, id est excommunicatis pareamus, quam Hildebrandus, qui & Gregorius VII. Papa primus promulgasse videtur, quum veteres Christiani Iuliano Apostatae paruerint: Ambrosius Theodosio à se excommunicato: Apostoli etiam infidelibus & persequutoribus Ecclesiae Principibus, qualis Nero, Domitianus, &c. paruerunt.

Anno autem 1611. edita est in lucem contra Iesuita Sicario Apodixis, quâ multis gravissimis argumentis ac rationibus probatur, Non licitum esse Subdito maledicere Regi vel Principi suo: multoque minus personam ejus adoriri, obtruncare & interficere. Ex multis pauca referam.

Quod ad Maledicentiam attinet eam Sancta Scriptura expressè prohibet. In Exodo dicitur, *Deo ne obtrectato: & Principi in populo tuo ne maledicito.* Maximadorum formidabilius ceciderunt horrendae poenae, quas Deus ipse sumsit de iis, qui illud non conservarunt. Exemplum habemus in Aarone & Maria, quum contra Mosen murmurassent ob Aethiopissam foeminam. Hoc [illegible] iratus Deus ab iis abiit, & Maria leprosa facta est. Ex his colligimus, Si lege Dei puniuntur, qui Principi suo maledicunt, quid iis fiet, qui Reges suos & Principes adoriuntur ac interficiunt? David cum Saul esset Tyrannus, injustéque illum persequeretur, & magnum Sacerdotum numerum crudelissimè interficeret; potestatem tamen ejus adoriri noluit, quamvis commodam occasionem ad id instructus esset: imò servum, qui mortem ejus acceleraverat, licet ab hero sollicitatus, è medio tollendum curavit. Excommunicantur etiam tales & Satanae traduntur Conciliis aliquot, ut paulò ante indicavimus.

Exod. 22.

Num. 12.

Mysterium IESVITARVM quo initiare solent eum, quem ad Principis alicujus Parricidium inducere volunt, ubi & de Meditationum eorum Camera & Origine Doctrinae IESVITARVM de Parricidiis.

IEsuitae nobilis habent mysticam & execratam inquam, quos ad facinus patrandum destinaverunt, benedicendi, sanctificandi, & in beatorum ac coelitum civitatem adscribendi introducuntur. Extat Processus integer Delphis apud Ioannem Andreae bibliopolam excusus, quem quia non ingratum Lectori fore confido, totum hoc loco adponendum censui. Habet autem in hunc modum.

Is qui eadem Domini, aut Principis sui suscipiendam scelus persuadetur, infelix homo in meditatorium seu oratorium secretò introduci solet. Ibi cultellus involutus & charta circumque typo characteribus variegatâ obtectus, cum agno Dei imbutus profertur. Quem, dum è vagina educitur, aqua benedicta guttis illustrant, & globulos coralinos consecratos manubrio appendunt, donec gemmâ facto, ut quot ictibus occiderint Principem, totidem animas purgatorio educeret. Tum cultrum parricidae in manum praebent, hisce verbis commendantes: Electe filii Dei, accipe gladium Iephte, gladium Samsonis, gladium Davidis, quo Goliathi caput praecidit,

cidit,

sidis, gladium Gedeonis, gladium Iudithæ, gladium Maccabæorum, gladium Fabii Julii secundi, quo se à Principum nequitia, patriæ civitatum sanguine fuso, liberavit. Vade & esto prudenter animosus. Deus brachium tuum confortet. Quo facto omnes in genua procidunt, & primarius ex his talem recitat exorcismum. Adeste Cherubim, adeste Seraphim, vos Throni, vos potestates, adeste vos sancti Angeli, & replete beatum hoc vas perpetuâ gloriâ, & quotidie illi offerte coronam Beatæ Mariæ Virginis Sanctorum Patriarcharum & Martyrum. Non amplius noster est, sed vestri consortii particeps. Et tu Deus, qui terribilis & invincibilis es, qui te ei in meditationum ac oratorio suo, ut Tyrannum, ac Hæreticum exstinguere, & coronam ejus in Catholicum Regem transferre velles, revelasti, corrobora quæsumus hujus, quem ad id opus consecravimus, membra, adauge ejus vires, ut voluntatem tuam perficere possit: da ei loricam divinæ potestatis, qui comprehendentium manus effugiat: da ei alas, quibus sancta ejus membra Barbarorum proditorum conatus vulnera evadant: effunde in eum splendum lætificantes tuos radios, quibus corpus, omni metu deposito, in mediis periculis & cruciatibus gaudio & exsultatione perfusum sublevetur. Hoc peracto exorcismo ducitur parricida ante altare, in cujus pinace depicta est historia Iacobi Clementis, Monachi Dominicani, cum imaginibus Angelorum eum protegentium ad cælumque ducentium. Hanc ei Iesuitæ ostendunt, & simul præsentant coronam cœlestem dicentes, Domine, respice hoc brachium tuum & executorem justitiæ tuæ. Omnes sancti assurgant, & huic locum cedant. Quibus omnibus completis, quatuor tantum Iesuitæ deputati sunt, qui soli cum parricida colloquuntur. Hi inter sermones sæpe dicere solent divinum quendam in eo claritatem apparere, cujus radiis permoti sunt ad manus ejus & pedes osculandos, nec amplius eum hominem videri, sed jam in divis reponunt. Sese etiam assimulant, quasi invideant ei gloriam & beatitudinem, ad quam jam nunc provectus, sic invideant, suspirando dicentes: Quod utinam Deus me tuo loco elegisset, & hoc ratione constituisset, ut liberatus à pœnis purgatorii, rectâ ire in paradisum perducerer.

Quod si vero is, quem idoneum esse censent parricidio perpetrando, scrupulis forte & persuasionibus vacillet, tum aut in cubiculo noctu orationis, monstrorumque apparitionibus ad votum, quod ejusmodi concipiendum adigunt, aut per subornatas Divæ Mariæ Virginis, vel alicujus cælitum, nec non spiritus aliquando Ignatii ac Xaverii ejus personas, sub noctem apparentes ad faciendum animant, & inducunt. Ita scelerati isti & pestilentes Magistri, nunc horrendæ pœnæ, nunc adumbratæ virtutis amore incautos adolescentes miseris, & ô vindicandi tempus circumscribunt, & in animæ pariter corporisque discrimina præcipitant.

Genus hominum in Oriente fuisse memorant, quos plerique Historicorum Assassinos, Pius Papa & Nicolaus Gillius Arsacidas, Nostri Chasisinos nominarunt. Hi Mahumeticæ disciplinæ addicti novam sibi sectam instituerunt, cujus Præfecto Generali sedem Molezæ, qui locus sanctus habebatur, ordinaverunt. Auctor sectæ ac Princeps ALAODIN quidam fuisse perhibetur, alii Veteranus, vulgo Senex de Montanis, à suis Pater & Propheta dictus. Ille sub se ac Rectores alios habuit, qui Palatia munita, splendida, & admodum quàm elegantia amœna hortorum colebant. Rursus & disciplinæ instituerunt in [illegible] absoluta Prophetæ ac Principis sui auctoritate super universa genera versabantur. In eum vero usum Palatia sive Collegia instituta, ut studiosam juventutem ad Mahumeti legem, à teneris comprehensam, confirmarent, & delecta ingeniorum habitu, Juvenes audaciores ac fortiori animo præditos observarent, seducerent, segregarentque. Assassini.

Dogmata nefariæ hujus disciplinæ hæc compendio referuntur. Dogmata eorum.

1. Mahumetum esse Dei Prophetam, reparatorem generis humani, bonorum ac malorum retributorem.

2. Eum vicarium Prophetam, ac Principem Mahumeti esse in terris constitutum super omnes gentes, omnium divini & humani juris à Mahumeto traditi interpretem.

3. Jus fasque esse Principes ejus dicto non audientes occidere, vi, fraude, dolo, prout nata sit occasione.

4. Nec discipulos ejus Principi aliena cuiquam obligatos ac obnoxios esse, licet fidem Gentilium [illegible] præstiterint.

5. Animam esse immortalem, eique post hanc vitam immittere præmia aut pœnas pro diversitate factorumque commerentis.

6. Paradisum esse, hortum lacte & melle affluentem, & omni deliciarum ac volup-

voluptatum genere abundantem, in quo honorum animæ præmia, quæ ad terreni corporis voluptatem faciunt, pro virtute percipiant.

7. Primam ac summam virtutem Deoque omnium gratissimam esse obedientiam, eamque in eo consistere, ut Præpositos suos venerentur, ac observent, & in jussis eorum exsequendis promptos sese, paratos & alacres præstent, hoc est, ut Paulus ait, ut animi sui (scilicet Prophetæ) detestabile exequantur propositum.

8. Qui pro lege Mahometana dimicatione, aut bello occumbat, aut in cæde hostis comprehensus interficiatur, animam suam rectà & cum ipso extremo oris halitu ad gaudia illa Paradisiaca transmittere. Qui verò domi desides & lectulo immorientes pereant, summis prius cruciatibus, per multa annorum curricula purgari, quam ad Paradisum queant penetrare; ubi tamen nec solida gaudii & minus perfectis, quàm illi audaces bellatores, perfruituri sint.

9. Qui autem Principem aliquem Legis adversarium interemerit, proximum à Mahometo locum in Paradiso cum Sanctis Prophetis adepturum esse.

10. Denique esse in potestate Prophetæ, quem modò diximus, Patrem sive senem indigetabant, sibi à Mahometo data atque concessa, Paradisi gaudia distribuere, eorumque gustum aliquem, etiam in hoc tempore conspicuum modo incomprehensibili exhibere.

Adhæc pestifera, & horrenda Dogmata in Scholis ac Collegiis suis adolescentum animis ad audaciam ipsius vitæ inculcabant, ut eo obsequentiores sibi redderent, & ad omnia vitæ pericula intrepidos, quorum primarium Mulieræ seminarium fuit. Huc delecti juvenes ad eam quam dixi Institutionem ducti & educti, poto soporifero haustu, in viridarium Palatio seu Collegio contiguum portabantur, ubi somno experrecti aliquam voluptatum experimentorum caperent. Rivuli variæ aquæ, mellis, vini & lactis decurrentes, [illegible] Musicæ artis instrumenta, melodiæ, choreæ, tripudia, palæstræ, vestes preciosæ, & mores apparatusque omnis delectabilium rerum, quibus [illegible] fruebantur juvenes isto viridario [illegible], qui aliud nihil faciebant quam quod vitam beatam viverent, [illegible] Dormito iterum, & [illegible]

Tanta quidem voluptatis satietate, iterum in Sopore dati ad Collegium & habitacula sua reducebantur. Tunc illi evigilantes (verba sunt Pauli Veneti) & reminiscentes, quibus & quantis ad modicum tempus potiti fuissent gaudiis, super modum dolebant, & tristes afficiebantur, quod deinceps illa perpetuo frui non concessum sit, mortem libenter subituri, modo hoc vitæ cum modico dispendio semper [illegible]. Tunc Tyrannus ille, qui Senis Cognomen [illegible], aiebat illis; Si paratis [illegible], mortem [illegible], ubi illic fuerit, subeatis, participes vos promitto futuros illorum gaudiorum, quæ ad horam [illegible]. Ac musis illis mortem [illegible], nihil tam difficile erat, aggrediendum, quod pro illa beata vita consequenda non libenter subirent. Hos itaque Tyrannus ille [illegible] homines ad [illegible], quoscunque sibi adversarios [illegible] interimebant [illegible]. Sic Paulus: Cui Nicetas Choniates consonat; *Et ad eos missi, inquit, quos tanquam Principes acriter oderunt, ut hospites & amici adstant, & aut se habere, quod eis dicant, aut Legatos venire simulantes, sæpe Dominos suos adversarios [illegible], nulla difficultate & supplicii [illegible] habita, etiamsi alterutrum non evaderent.* Et pergit Paulus; *Ex omnibus hominibus [illegible], & neque [illegible] illorum resistere [illegible]: Itaque factum, ut multi Reges & potentiores Tyranno illi tributarii fierent. Occisus tandem à Tartaris Senis Tyrannus ille, oppressus & cum omnibus Assassinis suis extinctus fuit circa Annum C. M. CC. LXII.*

Ad eundem prorsus modum Iesuitæ juventutem in Scholis & Collegiis suis informant & erudiunt: propositaque præstantissima gaudii cœlestis mercede, & divinæ venerationis honore, ad quodvis parricidale facinus perpetrandum inflammant & propellunt.

De Æquivocationibus Iesuitarum.

XI.

Undecimo docent Iesuitæ, *Amphibologiis seu Æquivocationibus, hoc est, mentiendi & pejerandi arte, barbaros [illegible] quosvis alios decipere, fallere & eludere permissum esse.*

Docent enim Iesuitæ, sibi aliisque Catholicis, præsertim Clericis & Ec- II.

ciasticis

clausulis utuntur permissumque esse, quando ab haereticis Magistratibus examinantur, aequivocationum deceptionibus, sive tergiversationibus uti, ac veritatem supprimere, mentiri, ut commodum se [illegible], & conatus suos promovere possint. Hoc est, licere sibi & aliis Pontificiis, non tacendo simpliciter manifestam veritatem celare, aut denegare, sed pie & religiose affirmare, per quem [illegible] aeternam procedere, imo liquido jurare: in illa quae certissime cognoscunt falsissima esse, [illegible] proprium quendam & secundum animi sensum, quo a Patribus suis persuasi sunt, se tuto & juste quaestionem quamvis eludere posse. Est haec communis Jesuitarum omnium sententia, sed semper cum exceptione quadam. Hic [illegible] a Jesuitis, quas ad Regum & Principum exitium [illegible], ne facinoris confessores & participes prodantur, [illegible] aperte negare, conditionem aliquam mente [illegible]. Atque haec demum causa est, cur parricidae tam constanti animo a Judicibus interrogati, quibus secum authoribus [illegible] los conatum aggressi sint, negant & pejerant, quod Jesuitarum verbis [illegible] sibi persuadent, dum conditionem aliquam mente tegunt, nullum in perjurio [illegible] esse.

Sic Toletus Jesuita & Cardinalis de Instruct. Sacerd. lib. 4. cap. vigesimo primo. *Si quis, inquit, a superiore interrogetur juridice, tum si [illegible] interrogatus juratus, tenetur respondere absque aequivocatione. Si vero injuste, tum potest uti aequivocatione, & respondere non secundum judicis mentem, sed secundum propriam. Et similiter [illegible] ubi, de quo non interrogatur, tum aequivocatione uti potest, respondendo; Nescio, intelligendo tamen intra se, Ut dicam tibi, vel respondendo, Non feci, intelligendo intra se, [illegible] feci, vel aliquid simile. Et si interrogatum, An ex [illegible] contagioso venias (de quo semper communi fama aliquid possit infectus) licet sub juramento interrogatum sit, possit tamen respondere, [illegible], licet inde veniat: quia semper tacitam intellectum in sua mente habet, quod civitas illa non sit infecta, aut quod non sit infectus, licet civitas infecta sit. Quia neminem non facit contra [illegible].*

Similia docet Gregorius de Valentia Tom. 3. Disput. 5. q. 13. De [illegible] punct. 2. pag. [illegible] & seqq. *Quandocunque (inquit) injusta interrogatio sit, etiamsi juramentum accesserit, nullum tamen committetur perjurium quamvis juramento affirmet aliquis aliquem sensum [illegible] alienum ab interrogantis mente [illegible] tione, nec enim assumit nomen Dei, si quidem [illegible], vel sua intentione, ut facit.*

Andreas quoque Eudaemon Joannes in Amphitheatro [illegible] docet, ubi judex reo, ac secreto [illegible] ordine juris interroget, teneri quemcunque sine tergiversatione ulla ad mentem judicis etiam cum capitis sui periculo respondere: quod si vero Magistratus praeter jus & fas, sine ullis indiciis ad quaestionem aliquem rapiat, tum tergiversationi locum esse. Verba ejus haec sunt: *Cum quis nullo [illegible] judicii [illegible] vocatur, quia [illegible] Magistratum producere [illegible] lex ipsa naturae [illegible] apertis [illegible] tergiversationem [illegible] gratia [illegible], quia semper [illegible], ita ut tenetur dicere.*

Martinus Navarrus Azpilcueta in d. c. humanae aures 22. q. 5. pag. 318. post Angelum de Perusio & [illegible] ab Antiquis refert & probat, *ad [illegible] S. Francisci, qui interrogatus ab [illegible] homicidam* (Iesuitas [illegible] in Philipp. [illegible] pagina quaedam pro homicida facere supponunt) *persequentibus, An illac, ubi [illegible] transiisse, immissis manibus intra manicas, respondet, Hac non transiisse,* subintelligendo tacite contra mentem intelligentium: *Non transiisse per illas manicas.* Et addit Azpilcueta: *Hanc doctrinam de aequivocationibus fundari in [illegible] facto [illegible] Patriarcha Francisci.* Consimilis est illa, quam habet Glossa in c. Ne quis. 22. q. 2. si quis, videlicet interrogetur, an hic velit esse, & respondeat non: subintelligendo, ut hic comedat, quam [illegible] dicere, *& ad [illegible] responsionem* [illegible].

Ibidem Navarrus ex Thoma, *quod [illegible] interrogatus de crimine a judice non procedente juridice non tenetur fateri veritatem, sed potest uti aequivocationibus, subintelligendo aliquid aliud, quam verba sonant. Imo & qui respondet judici, sive superiori, vel sine sub juramento, potest uti amphibologia, sive illa contingat ex diversa verbi significatione, sive ex diversa intentione interrogantis & respondentis, & licet falsum sit, secundum mentem interrogantis.*

Idem Navarrus pag. 155. *etiam Magistratui, vel judici injuste interroganti vel adjuranti non tenetur quis secundum suam intentionem respondere* [illegible] Navarrus ait, *Si [illegible] subintelligendo intra se, Nihil, quod dicere tenear.* Abutuntur etiam [illegible] litigantes, qui [illegible] [illegible], *Et [illegible]*

[illegible] *positiones* [illegible] *secundum propriam* [illegible] *quam judex habet.* Et post alia [illegible] *Catholicus* [illegible] *humanæ* [illegible] [illegible] *interrogante, ecquid* [illegible] *non dixisse* [illegible] Ex eadem Azpilcueta, *hoc non esse* [illegible] *sed æquivocationem* [illegible]

Tolletus ut supra, scribit, *Quamvis judex,* [illegible] *respondeat, intelligendo* [illegible] [illegible] *non sum* [illegible] *intelligendo* [illegible] *jurare* [illegible] *intelligendo* [illegible] *ut liberetur* [illegible] *jurare* [illegible] *solvere* [illegible] *æquivocatione,* [illegible] *reddere.*

Interrogans aliquis [illegible] *hodie* [illegible] *æquivocatione* [illegible] *illum vidisti* [illegible] *non vidi illum* [illegible] *illum vidi.*

Francisco Treshamo in arce Londinensi morti proximum uxor ipsius in [illegible] permissum est. Illa vero haud ignara [illegible] Hispanicæ [illegible] & vere Garnetum [illegible] sed [illegible] aliquid de Garneto [illegible] cum jam extremos spiritus [illegible] ut cum ipsa scribere non posset, famulum scribere jussit, quæ ipsa dictaret. In quo scripto [illegible] atque in animæ suæ [illegible] est, [illegible] Garnetum [illegible] eamque ob causam, [illegible] Fuit denique [illegible] vera haberet. Cum tamen Garnetus ipse confessus sit [illegible] [illegible] Treshamo [illegible] de his rebus esse.

Interrogatus [illegible] pro tribunali Garnetus, quid de hac Treshami [illegible] Hinc autem respondit, [illegible]

Garnetus etiam de toto hoc argumento & natura æquivocationis quid sentiret explicare jussus, hoc 20. die Martii anni 1606. responsum dedit. *De æquivocatione* [illegible] *In rebus mortalibus* [illegible] [illegible] *quamvis* [illegible] *sit* [illegible] *ut aliquod* [illegible] *aliqua* [illegible] *aut damno, aut de* [illegible] *aliquo bono* [illegible] *periculo,* [illegible]

Idem Garnetus quoque has Jesuitarum fraudulentas æquivocationes, quum [illegible] pro tribunali staret, hoc [illegible] defendere & excusare conatus est. [illegible] *mendacium* [illegible] *in causis fidei* [illegible] *D. Augustinus* [illegible] [illegible] *in causa* [illegible] *& mendacium* [illegible] *grades, quos Augustinus* [illegible] [illegible] *quod* [illegible] [illegible] *Attornatus autem* Generalis Angliæ ad hoc sic respondit. *Verum quidem* [illegible] *mendacium* [illegible] *quod si* [illegible] [illegible] *Verum quæ* [illegible] *mendacia* [illegible] *aperta* [illegible] *mendacia autem* [illegible] *falsa testimonia,* [illegible] *atque defensionem,* [illegible] *exemplum habent,* [illegible] *at in* [illegible] *& suis* [illegible] *probant & defendant,* [illegible]

Hæc omnino Garneti [illegible] Cum enim a Magistratu interrogatus [illegible]

[illegible]

[illegible] machinationem cum [illegible] communicatio fuisse, ac principes [illegible] successu proinde habuisse; [illegible] convictus respondit pag. 101. *Se [illegible] de [illegible] illius actiones [illegible] [illegible], illud tamen ex animi sententia [illegible] se, quod [illegible] quasdam leges [illegible] fuissent.* Rursus interrogatus à judice, *An [illegible] [illegible], [illegible] non [illegible]*, [illegible], ut sine æquivocatione in veritate responderet, pertinere & animæ salutem testatus respondit, *se [illegible] non fuisse*: idque [illegible] [illegible] accepit. Postea verò quum [illegible] contrarium fassus fuerat, in mendacio aperto deprehensus Garnetus, erubuit, & misericordiam imploravit, agnovitque se deliquisse, *Nisi ipsum [illegible] Æquivocatio [illegible]*. Hinc intelligit Lector neganium fuisse Garnetum Æquivocationum Iesuiticarum defensione. Nam & interrogatus à delatis Regiis, penes quos fuit interrogandi authoritas & potestas; & à judice ipso monitus fuit ut sine æquivocatione & dolo aliquo responderet, & cognitionem, de qua examinatus fuit, ad interrogatores maximè pertinuit, & tamen æquivocavit, id est, mentitus est.

Eâdem fraude [illegible] Garnetus Iesuita Illustrissimo Comiti Salisburgiensi, petenti, ut sine æquivocatione proferret, quod de excommunicatione Regis sentiret, dicens, Regem Iacobum nondum excommunicatum esse. Nam Iacobum [illegible] excommunicatum animo sentiebat. Vide ejus acta pag. 107.

Eadem fraude utuntur Iesuitæ, cùm ipsi, vel eorum discipuli Reges & Principes Evangelicos, imò & Pontificios eorum fautores, & [illegible] Roman. minus obedientes, occidunt. Negant enim se Reges aut Principes occidisse. Quare quia non ut Reges & Principes, sed ut hæreticos, hæreticorumque fautores & excommunicatos atque Tyrannos eos occidunt: *Non enim in eodem subjecto esse posse, ait, Regnum, hæresim & Tyrannidem.*

Hoc arte Richeomus in [illegible] Expostulatione Apologetica pro Iesuitarum Societate Henrico IV. Regi Galliæ [illegible], dum æquivocando impudenter affirmavit: *Se nunquam audivisse, [illegible] defunctum Henricum Regem à [illegible] [illegible] [illegible] Tyrannum esse nominatum. Non enim [illegible] defunctum Henricum Regem, sed [illegible] [illegible] Henricum Tyrannum [illegible] [illegible] nominare*; quum hoc & prioribus verbis [illegible] Iesuitæ, & quibus plurimos libellos editos fuisse constat.

Simili æquivocandi arte utitur Tortus sive Bellarminus, dum negat *[illegible] [illegible] Papam imperasse eundem Henricum Regem interficere*, ut est videre in Responsione ad Apologiam pro juramento fidelitatis pag. 85. Non enim Papæ imperant occidere Reges, sed Tyrannos [illegible], [illegible], qui dicto suo minus sunt audientes. Hoc enim decretum Paparum extra [illegible] esse. Ita ipse Tortus [illegible] [illegible] tradit. Constitutum etiam apud eos [illegible] est, Omnes Reges ac Principes Evangelicos, imò & quosdam Pontificios, minus dicto Paparum parentes, non Reges & Principes, sed Tyrannos esse.

Docent præterea Iesuitæ, *Quemvis non teneri [illegible] quoque Catholicos ad mentem respondere, sed æquivocare & interrogantes decipere posse.* Navarrus ubi supra pag. 31. *Per hanc doctrinam*, inquit, *æquivocationis homines mendacia & peccata vitare possunt, si [illegible] respondeatur cum aliqua sub intellectione: ut si interrogemur, quot habemus [illegible] pecuniam habemus? [illegible] quod [illegible]? quid nobis ille vel ille dixit? &c. ambobus illis absque peccato respondere non posse, subintelligendo aliqua. Ut si quis petenti pecuniam, librum, &c. responderet, Non habeo, licet habeat, subintelligendo, [illegible] non habeo, ut tibi [illegible], vel, ut tecum [illegible], [illegible], manifestare, &c.*

Iesuita Iacobus Sylvanus, alias Keller, in [illegible] contra Anonymum Prædicantem, pag. 5. ait: *Æquivocatione [illegible], quando qui interrogat, non est superior, aut judex. Anne*, ait, *ego obligatus sum cuique ex [illegible] [illegible] [illegible] interroganti respondere ad mentem, quam me [illegible] [illegible] [illegible]?*

Quod verò ad Æquivocationem hujus originem & antiquam attinet, videtur illa primùm referri posse ad Priscillianistas hæreticos, qui docuerunt, *mendacia & perjuria Religionis suæ celandæ gratia [illegible] bonâ conscientiâ posse; quod etiam Audiani [illegible]. Unde [illegible] est [illegible] [illegible], [illegible] [illegible] prodere noli.* Vide Hieron. in Epist. ad Ctesiphont. de Pelag. August. in Enchirid. & lib. de mendacio, [illegible] serm. 63. in Cantic. Sixtum Senensem lib. 5. Bibliothecæ.

Æquivocatio etiam talis Iesuitica ab Ario hæretico usurpata fuit. Is enim cùm à Niceno Conc. damnatus esset, & à Constantino Imp. in exilium ejectus, ad [illegible] [illegible] jussus, [illegible] fidem [illegible] Niceno Concilio, subscriptione, ab eodem Imperat. revocatus fuit. Ille verò domi [illegible], [illegible] opinionem ac sententiam in charta [illegible] consignavit, eamque sinu gestavit. Coram conspectu Imperatoris Nicenam fidei propositam videret, interrogans, utrum Concilij Niceni decretis vere consentiat, & in futurum constanter adhaerere velit: Ille, manu ad sinum admota, ubi chartam occultabat, sine mora, alacri promptoque animo coram Imperatore subscripsit, eam tamen ea quae in Concilio de fide decisa erant, aliunde & aequivoce clauderet. Cogitavit enim apud se tacite & aequivoce, se scriptam illi fidei, quam in sinu gestavit, non ei quae sibi ab Imperatore proposita fuit.

Nostra autem memoria Aequivocandi hanc scientiam ab inferis resuscitatam, multos Iesuitas magna cura & explicuisse & asseruisse ex ijs testimonijs, quae paulo ante ex illorum scriptis adduximus, constat, ut non immerito authores & inventores ejus esse vulgo dicantur. Praecipue autem eam excoluerunt Angliae Regni Iesuitae. Extant enim Iesuitae Personij Angli, qui Romae vixit ibique mortuus est, disputationes ejus argumenti plurimae in quibus Aequivocandi, seu mentiendi & pejerandi artem acriter defendere conatur; sunt autem a Thoma Mortono solidissime confutatae. Liber quoque paulo ante mortem Elisabethae Reginae editus est hoc titulo, *Aequivocationis tractatus*, a Garneto Iesuitarum in Anglia Provinciali & Blackwello Angliae Archipresbytero non solum visus, sed etiam approbatus. In principio autem Garnetus sua ipsius manu verbum hoc tituli *Aequivocationis*, delevit, & sic mutavit, *Tractatus contra mendacium & falsas dissimulationes*, cum non ipsam pro titulo tueatur. In fine etiam Blackwellus librum hunc approbavit & commendavit his verbis: *Tractatus iste vere doctus & vere pius & Catholicus est: vero Sacrarum Scripturarum, Patrum, Doctorum, Scholasticorum, Canonistarum, & optimarum rationum praesidijs plenissime firmat aequitatem Aequivocationis, ideoque dignissimus qui typis propagetur ad consolationem afflictorum Catholicorum, & omnium piorum instructionem.* Et tamen Apologista quidam in secunda Apologia sua negat, ullum unquam ejusmodi Tractatum in rerum natura fuisse, & qui ejus meminerunt impostores vocat. Sunt autem in Anglia plurimi, qui partim viderunt legeruntque eum librum, partim etiam hodie eum servant: Si etiam Andreae Eudaemonioannis Apologiam c. 9. inspexerit, Sinceritatem & Impudentiam suam agnoscere cogetur Apologista iste.

In hoc Tractatu citatur ab authore Ae-quivocationis exemplum. Concionatoribus [illegible] multum in Anglia jactatum, & sic narratur ac defenditur: *Versante in Angliae pestilentia, praeteriens Londini, quidam inde Coventriam venit. Ad portam urbis accurrens deprehensus a Magistratu, qui delicto perquirendo eum interrogavit, annon ex Londino ille veniret, & dicto perjurando fidem fecit. Hic autem [illegible] negat vero peccasse. Causam hanc affert: Principalis, inquit, & finis propositae quaestionis semper fuit, an se veniret ut secum pestem afferret, responsum dedit, licet immediatus quaestionis sensus fuerit, sitne vitam Londini praesulatus [illegible]. De hoc homine concludit [illegible] tare ut posset, persuasum profiteri, aut [illegible] tatis, quam intrare habuit, vel possent sane non esse Londini, vel saltem non esse ibi infectum, neque prorsus omnis infectum: vel [illegible] aeque [illegible] esse.* Haec est doctrina illius Tractatus scriptoris: Sed mirificat enervans hanc doctrinam, admirabilem profert Theoriam, de differentia propositionis verbalis, & scriptionis sive reservationis mentalis: item de propositione simplici vel mixta, quae partim vocis prolatione partim silentio constat: quando animi sensum partim verbis exprimimus, partim silentio premimus & in mente reservamus.

Extat in eodem Tractatu aliud exemplum: *Quidam post contracta sponsalia per verba de praesenti, cum ad aliam nuptias convolaret, fidem suam alteri sponsae similiter per verba de praesenti obligat. Vocatur in jus, per jusjurandum verum dicere jubetur: [illegible] interrogatur, annon priori sponsae per verba de tempore praesenti sese obstrinxerit? negat ille & pejerat.* Author dicti Tractatus negat in hoc peccatum esse: *Nam judex, inquit, quaestionem [illegible] tendebat, ut praesumeret esse priorem matrimonium [illegible] quare igitur reus ad matrimonium [illegible] pro irrito & illegitimo haberet, nullo conscientiae periculo, potest jurare non fecisse quod fecerat, cum hac mentali reservatione [illegible] animo ut id esset legitimum matrimonium.*

Magna [illegible] haec Aequivocationis doctrina est, quae cum facile omnia peccata & scelera excusare possit. Illud quoque fatemur omnes necessario, per hanc novam doctrinam, ad omnis quamvis execranda flagitia, latam patefieri, non dico fenestram, sed januam & portam: ut merito factum sit homines Iesuitarum, & ad omnem impietatem projecti, & patroni & assertores Aequivocationis pro bene de se meritis habeant.

Est & scitum ejusdem disciplinae, ab

gulbore dicti Tractatus de sigillo, *Licere* [illegible] *& omnibus modis falsum negare; si ab eo interrogetur, qui* [illegible] *non habet* [illegible] *apud legitimum judicem licere; non tamen* [illegible] *juramento affirmare.*

Hæc omnia cùm ita sint; *Tamen æquivocationem hanc utilem* [illegible] *& bonam prudentiam esse docent.* Idemque Navarrus aliquâ gravitate, ac judicio, si maxime [illegible] mis Principis usum illius Apophthegmatis, *qui nescit dissimulare nescit regnare,* commendasse, ac etiam doctrinam Principi illi profuisse. Idem Navarrus ind. c. humanæ [illegible] hanc simulandi ac dissimulandi artem ex Thoma *prudentiam ac virtutem* appellavit, *& quoties* [illegible] *laudandam esse.* Hanc Navarri doctrinam Gregorius [illegible] *sanctam, veram &* [illegible] *approbavit & commendavit.* Et Gregorius de Valentia Iesuita Tom. 3 disput. 5. q. 13. *eam prudentem defensionem vocavit.*

Convellitur autem hæc mentiendi doctrina Iesuitarum, aperto Scripturæ testimonio. Nam Hebræor. cap. 6. dicitur; *Omnis controversiæ finis jurejurandum est ad confirmationem adhibitum.* Hoc autem verum non est, si Iesuitarum doctrina vera est: nam illorum juramento controversiæ non finiuntur, nec res dubiæ deciduntur, sed perplexæ magis redduntur. Et Ephes. 4. 25. *Deposito mendacio loquimini veritatem quisque proximo suo.* Et Esa. 28. *Posuimus* [illegible] *spem nostram, & in mendacio absconditum est,* &c.

Longè enim aliter de hoc mentiendi genere docuerunt Patres. Isidorus in Synonimis cap. 10. *Omne, inquit, genus mendacii summopere fuge, nec casu, nec studio loquaris falsum; nec ut prosis, mentiri studeas, nec quolibet fallacia vitam alicujus defendas. Cave mendacium in omnibus.* Refertur etiam cap. Omne, causa 22. q. 2. Et August. in lib. de Mendacio cap. 6. *Si quis, inquit, ad te confugiat, qui mendacio tuo possit à morte liberari, non tamen mentieris. Os enim quod mentitur, occidit animam.* Et mox: *Cum ergo mentiendo vita æterna amittitur, nunquam pro cujusquam vita temporali mentiendum est.* 22. q. 2. c. omne. Cumque Origenes ex sententia Platonis promitteret sapienti bonoque viro mendacium, modò salutare id esset, quorum gratia docet; Et Hieronymum non caret omnino suspicione Origeni dogmatis. (Nam hanc sententiam in commentariis In Epist. ad Galat. scripserat, utrosque, Petrum & Paulum, pro tempore simulasse, ne ulla [illegible] quem se sibi [illegible] mentis [illegible] Paulum, quem illam [illegible] ut per [illegible] Aug. in Epist. ad Hieron. quæ extat inter Epist. Hieronymi tom. 3. p. 130. b. ipsum hac de re diligenter admonet, neganque [illegible]. Rursus Isidorus lib. 2. sentent. cap. 31. *Quacunque arte verborum quisque juret, Deus tamen qui conscientiæ testis est, ita hoc accipit, sicut ille, cui juratur, intelligit. Dupliciter autem reus fit, qui & Dei nomen assumit, & proximum dolo capit.* 22. q. 5. c. Quacunque. Ibidem: *Qui præterea* addens, Deus duplicitatis aspernator, simplicitatis [illegible] intentionem [illegible] Interrogantis & respondentis considerans, verborum artem aspernatur & odit.

Atque non tandem certa verborum Iesuitarum fides, sed quid certum adeo poterit esse [illegible] verba extrinsecus prolata [illegible] ad hunc modum interne [illegible] expressa, aut æquivocationibus eludere, etiam in sanctissimo juramento. Rabbi [illegible]. Hoc est nimirum quod aiebat ille, *Linguam juratam, mentem injuratam habeo.*

Id ipsa Iesuitæ quidem [illegible] & Profitentur hanc doctrinam probans. Nam Ioan. Maldonatus Iesuita Comment. in 14. cap. Luc. v. 36. *Quisquis, inquit, fingendo aliquid falsum conatur, etiamsi proprium aliquod significatum velit,* (id est æquivocatione usus) *haud dubie mentitur, aliqui nullum esse mendacium, quod non defendi possit.*

Sic etiam Sacerdotes Vuisbrecenses in Epistola quam ad Gregorium Papistam nuper scripserunt, *Ita est,* inquiunt, *nostrorum Iesuitarum ut de juramentis suis Magistratibus quærenti: Estne sacerdos? tum sacerdos,* inquiunt, *licebit respondere: Non sum; sed addita hac intentione,* [illegible] *non* [illegible] *quidem esse cogitur, aut* [illegible] *vobis, aut aliquid simile.*

Ethnici quoque damnârunt doctrinam hanc. Cicero enim lib. 3. Offic. *Quod,* inquit, *affirmatè, quasi Deo teste, promiseris, id tenendum est. Ut quibus* [illegible] *Nullum esse fidum, quo* [illegible] *data sit, videant, ut* [illegible] *persona.*

Homerus etiam, quem omnium ætatum sapientes demirari solent, sub Achillis persona gravissimè detestatur eum, qui aliud in mente celat, aliud lingua loquitur, inquiens:

Haud minus ille mihi exosus quàm janua Ditis,
Mente aliud qui celat, aliud quàm lingua loquatur.

Tetricæ quoque hodie improbarunt, [illegible] ... si quis inter ipsos, talia mendacia, & mentiendi, Magistratuque decipiendi artes populo discendas proponeret, ut Iesuitæ faciunt.

Conantur quidem Iesuitæ hoc suum mendacii genus, & mentiendi artes defendere primo exemplis Patriarcharum. *Ita sunt*, inquiunt, *Abrahamum & Isaacum æquivocatione, quum negarunt Saram & Rebeccam suas uxores esse.* Gen. 12. 20. & 26. Iacobus etiam Patri Iacobo dixit, aut simulavit Esauum se esse.

Respondet autem eis Augustin. contra Cresc. c. 9. & 15. *Hæc*, inquit, *quando in Scriptura legimus, non ideo quia facta credimus, etiam facienda credamus: ne violemus præcepta dum passim sectamur exempla.* *Et* [illegible] *quod non nunquam à sanctis viris legimus facta, transferre debeamus in mores.* Et cap. 21. *Testimonia illa, quibus sanctos illi [illegible] mendacijs suis Patronos adhibere moliuntur, partim non esse mendacia, partim etiam, quæ sunt, non imitanda esse*, docet.

Secundò blasphemè dicunt, ipsum quoque Christum æquivocationibus usum esse, quum dixit Marci 13. *De die illo & hora nemo scit, ne Angeli quidem qui in cœlo sunt: nec ipse Filius, sed solus Pater.* *Hic* [illegible], aiunt, *simulavit se nescire secundum humanam naturam* [illegible] *tamen sciverit illum.* Et Bellarminus lib. 4. de Christo, c. 1. Suarez tom. 1. In Thom. quæst. 10. artic. 2. disput. 1. Gregor. de Valent. tom. 4. disp. 1. q. 14. part. 1. & Armandus Iesuita in Epist. ad Chamierum, dicunt, *Fere omnes fere hujus temporis hæretici, & præsertim præcipue, sicut olim Agnoitæ hæretici, qui dicunt, Christi animam humanam aliquid ignorasse.* Maldonatus autem in Matth. 24. c. ex Damasceno scribit, *Agnoitæ simpliciter Christo ignorantiam tribuisse.* Et Alphons. de Castro adversus hæreticos. Deus indicat, *Agnoitas ignorantiam simpliciter* [illegible] *Deo* [illegible] *verbis, de die illo nemo scit.* Idem Maldonatus scribit contra Bellarminum & socios, *Athanasium, Ambrosium, Gregorium Nazianz. Theodoretum, Cyrillum, &c. aperte docuisse, Christum quatenus hominem, diem judicij ignorasse.*

Cap. III.

Miscellanea de IESVITIS eorumque Doctrina.

De Iesuitis conten- tione- mentiendi- coram Deo.

VT Iesuitæ, quorum illis Doctoribus Pontificijs, cum etiam in multis Scripturis considerant aliquas falsum demonstrabunt exemplis. Mendacia enim eorum dignosci non possunt, nisi quando sibimetipsis contraria sunt: A Deo enim ita ordinatum est, ut impij semper seipsos confundant, & mendacia non conforment, sed contra semetipsa semper testentur.

Bellarmin. de Notis Ecclesiæ lib. 4. c. 9. ¶ Nunc, scribit, *Decimus* [illegible] *nemini peccata notare, modò fidem habeat. Item Protestantes.*

Bellarminum autem Iesuitam haud obscurè mendacij insimulat Toletus Iesuita Com. in Ioan. 15. *Affirmavit*, inquit, *Bellarminus, fidem sufficere ad salutem, quamvis mala opera adsint.* *Protestantes autem quidem ad salutem sufficere, negant tamen fidem illam sine operibus esse posse.* Agnoscit igitur Toletus, Pontificios fidem mortuam, Protestantes vivam profiteri.

De prædicatione fidei.

Rursus Bellarminus lib. 1. de Iustif. cap. 12. *Hæc*, inquit, *Sola fide justificari coram Deo, est ipsum paradoxum.* Et Maldonatus Comment. in Matth. 19. *Hæc*, inquit, *maxime hæresium seminarium est.* Et Franciscus Comment. in Ioa. *Iustitia fidei imaginaria est.*

Contradicunt autem alij Pontificij doctissimi. Colonienses Canonici quum etiam authores esse libelli obtulit Cæsareæ Collocutoribus Protestantibus in Comitijs Ratisbon. dicunt: *Tantum per imputationem justitiæ Christi quatenus fide nostra apprehendit misericordiamque, justitiam Christi, propter meritum Christi nos justificari coram Deo.* Præterea Cassandrum, Stapulensem, Peraldum, Ferum & alios, qui hujus sententiæ fuerunt, Stapletonus etiam lib. 9. de justificat. cap. 4. Catholicos, ait aliquos Vega libro 13. de Iustificat. capite 20. pag. 712. viros doctos & pios vocat, sentientes, nullum alium esse justitiæ conservandæ modum, quam si justitia Christi nobis imputetur.

De certitudine fidei an justificati sumus.

Bellarminus lib. 4. de Notis Eccles. capite 9. *Calvini doctrinam, fidem veram esse* [illegible] *non posse, inter* [illegible] *haeretici numerat.* Campianus contra rat. 10. *Nisi*, inquit, *Deus è cœlo detonuerat, credere* [illegible] *poteris.* Catharinus quoque, ipso Bellarmino teste lib. 3. de Iustificat. cap. 9. docuit e his verbis, *Accepistis Spiritum adoptionis, certitudinem* [illegible] *de sua salute non posse falli.* Contradicit etiam Augustinus de Corrept. & Grat. capite septimo, *Homo fides*, inquit, *quæ per dilectionem operatur, aut omnino non deficit, aut reparatur priusquam hæc vita finiatur.*

De longævitate Iesu Christi.

Azoria Iesuita indaut libro 9. capite 7. *Compellat*, inquit, *Dominus* [illegible]

Sacerdo-

Sanctorum, idola, & simulachra, quasi a sacris auctoribus promiscuè usurpentur, fassum.

Valentianus autem lib. 3. de Idol. capit. 8 ¶. Quod autem, hoc ipsum fecit, quod damnat in Calvino. Annuit. *Idolum*, inquit, *Græcè imaginem, sive simulachrum significat.* Hæc notitiam usque adeò contendit Valentianus, ut non veteres simulachrorum cultum in hunc modum ex Scripturis defendere *[illegible]*, inquit, *[illegible] aliquem esse simulachrorum & idolorum [illegible].* Ibidem, Cardinalis etiam [illegible] lib. 1. de sacris & prophanis Imag. cap. 3. *Idolum, imaginem & simulachrum pro eodem accipi [illegible]. S. Hieronymus*, inquit, *scribit, ubi in sacris literis idolo positum est, aliquibus figuras vel imagines interpretatum esse. Et apud Ciceronem legimus, imagines quæ idola nominantur.* Et Plato, *[illegible] imagines, quæ & in aqua, & in speculis sunt, & quæ picta sunt, & quæ [illegible] sua figura [illegible], atque alia hujusmodi [illegible] simulachra nomen quod Latinè dicitur, [illegible] quod est idolum apud Græcos, cum in Latina interpretatione* ubi dicitur in Psalmo: *Simulachra gentium, argentum & aurum, Græcè dicuntur τὰ εἴδωλα.* Addit ibidem: *Imagines nostræ, si [illegible] pompatam aspiciamus, impia & diabolica forma [illegible].*

4\. Bellarminus de Ecclesia triumph. cap. 8. ¶ Ergo inquit, *Calvinus ait nefas esse Deo invisibili & incorporeo, imaginem corpoream & visibilem exhibere: nos Catholici contra.* Mox autem, quasi verborum suorum oblitus, dicit: *Ergo ille Calvinus non licere pingere imaginem Dei in forma humana, ut [illegible] ALIQVOT Catholicorum ut abstinendum [illegible], [illegible], quæ dicunt, hoc non rectè fieri.*

5\. Bellarminus in Præfat. libri de Beat. Sanct. *Quis*, inquit, *Catholicorum unquam divinum honorem imaginibus detulit?* At hoc fieri in Papatu testatur Polyd. Vergil. de Invent. rer. capit. 13. Georgius Cassander in Consult. art. 21. & Joannes Gerson quæstione de neglig. Prælat. capit. 7. Sed quid hos sollicitamus, audiamus Bellarminum sibimet contradicentem. Nam lib. 2. de Eccles. triumph. capit. 21. in princip. *Sit*, inquit, *propositio: Imagines Christi & Sanctorum venerandæ sunt, non solum per accidens, vel impropriè verum etiam per se, ita ut terminentur adoratio in imagine, non solum ut vicem gerit exemplaris.* Vasquez autem libro secundo de Adorat. disput. 8. capit. 5. & 8. *[illegible] hoc est*, inquit, *[illegible] [illegible] probat.* Docet ibidem, *[illegible]*

[illegible] Christi esse adorandas adoratione latriæ, [illegible] sententiam fuisse Thomæ. Azorius etiam Jesuita lib. 9. cap. 6 ¶. Tertiò, *Constans*, inquit, *est Theologorum sententia, imaginem eodem honore & cultu colendam, quo colitur id cujus est imago.* Et Bellarm. lib. 2. de Imaginib. c. 22. *[illegible] loquendo præsertim in concione ad populum, non est dicendum imagines ullas adorari debere latriâ, sed è contrario non debere sic adorari.*

6\. Bellarminus lib. 2. de Monachis cap. 35. *Professionem*, inquit, *in Baptismo non esse votum propriè ac verè dictum, est communis Theologorum sententia, & quidem verissima.* Azorius autem lib. 11. cap. 14. ¶. Tertiò quæritur, *Baptismi*, inquit, *esse votum propriè ac verè dictum, veteres Theologi cum Magistro sentire videntur.*

Rursus Bellarm. ibid. cap. 38. *Dico*, inquit, *votum de præceptis non esse propriè votum, nisi quatenus res illa promittitur ut non præcepta.* Contradicit autem Azorius Instit. lib. 11. cap. 14. ¶. Sextò quæritur. *Qui vovet*, inquit, *rem indifferentem, vel etiam ex communi omnium sententia est [illegible].* Idem ibid. *Nihil impedit, inquit, quominus quis se denuò voto [illegible] obliget, ad quod aliquâ sacramenti lege, & præcepto tenebatur. Deus enim nos sibi suis legibus devinxit, & nos ipsos ei partim voto etiam, vinculisque obligamus, &c.*

7\. Bellarminus lib. 5. de Christo cap. 9. in princip. & ¶. Hæc. *Conveniunt*, inquit, *inter se Theologi omnes, & uno consensu docent, Christum, præter ea bona, quæ suis laboribus peperit nobis, meruisse etiam sibi corporis gloriam, & nominis exaltationem, & omnia quæ accepit post passionem.*

Contra Vega in Opusc. de Meritis quæst. 6. *Christum quoque, tollam fidem gratiam, totamque gloriam essentialem SIBI meruisse [illegible], in primo suæ humanitatis instanti.* Et Scotus dist. 18. *Nec, nisi indirectè meruit gloriam corporis.*

Bellarminus citato loco sententiam suam defendere conatur ex Scriptura sacra. *Hebr. 4.* inquit, *sic legimus: Videmus Iesum PROPTER passionem mortis gloriâ coronatum. Philip. 2. Humiliavit semetipsum, factus obediens usque ad mortem, PROPTER quod exaltavit eum Deus, & dedit ei nomen, supra omne nomen, &c.* Addit, *Respondet Calvinus, has voces, QVAPROPTER & PROPTER, non causam exaltationis significare, sed consequentiam.* Suarez autem dixit Tom. 1. in Thom. disput. 41. sect. 3. *Calvino hoc aliud Hæresiin.* Et Bellarmin. in Philip. 2. cap. *Scripturas impudenter detorquere.*

Contra

Contrà verò Ribera Iesuita Com. in Heb. 1. capit. 23 verba vers. 9. Dilexisti justitiam, & odisti iniquitatem, propterea unxit te Deus, &c. Sanctus, inquit, Thomas [illegible], cum dicitur, Propterea, non meritum indicari, sed signum, ut sit sensus, Ad hoc te unxit Deus, ut haberes hæc omnia, quod satis probabiliter dicitur. Suarez quoque supra disput. [illegible] sect. 1. § sed contra. Per unctionem, inquit, intelligunt multi Patres solam Incarnationem, & unionem ad verbum, Augustinus, Ambrosius, Beda & Cyrillus Alexandrinus: atque ita particula, Propterea, non de causa meritoria, sed de finali intelligenda est. Et disput. 18. sect. 1. §. Dico primò Athanasius, inquit, illum locum exponit de gratia animæ habituali. Et disput. 40. sect. 1. § Nihilominus. Communis, ait, est Theologorum sententia Christum non meruisse gratiam animæ habitualem, sed eam ab instanti [illegible] habuisse. Ergo contra Bellarminum ipsis Iesuitis testibus, vox Propterea, non causam meritoriam, sed consequentiam tantum significat.

1. An Papa possit esse hæreticus & errare.

Greg. de Valentia Analys. lib. 8. cap. 2. *Papa, inquit, ut Papa, id est, quoad publicam personam, hæreticus esse nequit.* Bellarminus etiam lib. 4. de Pontifice Roman. cap. 6. *Probabile, inquit, est, pieque credi potest, summum Pontificem, ut Pontificem, solum errare non posse, sed etiam ut particularem personam hæreticum esse non posse, falsum aliquid contra fidem pertinaciter credendo. Papam etiam non posse ullo modo esse hæreticum, nec hæresin publicè docere, etiamsi solus rem aliquam definiat.* Pighius accessit [illegible] lib. 4. Ecclesiast. Hierarch. capite 8.

Cathalinus autem Comment. in Galat. 2. cap. *Falsum, inquit, hoc est, [illegible] Scriptura [illegible]. Præterea, Legimus multos Pontifices apostatasse à fide: Honorium in Concilio [illegible] Papam damnatum. Confitentur quoque & alii.* Verba sunt Lyræ in Matth. 16. Cani in Loc. Theolog. lib. 6. cap. 8. Alphonsi de Castro lib. 1. advers. hæres. cap. 4. [illegible] *Pontificem etiam ut Pontificem, posse esse hæreticum, si absque generali Concilio [illegible].* Simon Nolas in lib. adversus primatum Papæ, Gerson & Almain in libris de potest. Ecclesiæ, & Adrianus VI. Papa in quodl. [illegible] qui omnem [illegible] in Pontifice, sed in Ecclesia sive in Concilio generali, tantum constituunt infallibilitatem judicii de rebus fidei. Ex Bellarmin. lib. 4. de Pontifice Rom. cap. 2. inquit, *Papam, ut Papam hæreticum esse posse [illegible].* Vide Vargas [illegible] de Pontifice [illegible] pag. 392. Hanoviæ editionis, [illegible] pag. [illegible].

2. Papa [illegible]

Bellarminus lib. 2. de Pontifice Romano cap. 26. *Pontifex, inquit, [illegible] non potest ab ullo Principe seculari sive Ecclesiastico judicari in terris, neque ab omnibus simul in Concilio congregatis.*

Johannes Ferus autem in Act. 15. cap. Cur cum incircumcisis comedisti, &c. *Petrus, inquit, respondebat, & omnia narrabat. Potest igitur Ecclesia à Ministris non modo exigere rationem, sed etiam deponere & repudiare potest. Nunc autem nostri Pontifices, quasi Domini sint, non Ministri, ab Ecclesia quidem argui [illegible] legi nolunt.* Sic refert Bellarminus lib. 2. de Rom. Pontifice cap. 9. celebratum fuisse Concilium Sinuessanum anno Domini 303. in causa Pontificis Marcelli, [illegible] & hæreticus [illegible] & Ecclesiam Romanam [illegible] Liberio Papæ anno Christi 357. Pontificatum abrogasse: Constantinopolitanam quoque Synodum 6. depofuisse Julium.

3. Pontificem [illegible]

Bellarminus lib. 5. de Rom. Pontifice cap. 9. *Non pugnat, inquit, cum verbo Dei, ut unus homo sit Princeps Ecclesiasticus & politicus simul, & ut possit unus homo regere Episcopatum & Principatum.* Et mox: *Et si absolutè fuerit præstantius, Pontifices tractare solum spiritualia, Reges temporalia, tamen propter malitiam temporis experientia clamat utiliter temporales aliquos Principatus Pontifici donatos esse.*

Contra verò Episc. Espencæus in 2. Tim. lib. 2. cap. 9. *Nos, inquit, proh dolor, [illegible] degeneravimus, neque [illegible] Ecclesiæ praxis, ut quæsi [illegible] Theologus, an Canonista sit ad Episcopatum [illegible]. [illegible] quidem [illegible] Theologiam [illegible] Catholicæ [illegible]. Multi vero contra, [illegible] quæ plures accidunt quæstiones ad [illegible] forum spectantes. Sed longè [illegible] quæ Episcopi non minus habeant quam [illegible] prædicare tenentur [illegible] prædicandi officium [illegible] Scriptura, hanc igitur docere magis tenetur quam Canones, quos non immediatè Dominus, sed sancti Dei homines ediderunt.* Et c. 10. *Multa quidem [illegible].* Et c. 11. *[illegible] Episcopos, Canonistas [illegible].* Francisc. de Vit. Relect. 1. quæst. 1. *Regimine, inquit, [illegible] non possit [illegible]* &

& idem utrumque munus implere, administrationi et praedicationi Ecclesiast. possit. Item Salmeron Iesuita tract. 18. in parabolam hominis divitis Luc. 18. num. 1. *Tempore,* inquit, *Augustini, ut ipse docet lib. de opere Monach. cap. 29. Tom. 3. Episcopi libenter Christianorum causas audiebant, non ita tamen litibus vacabant dirimendis, ut intermittent praedicationem. Et Episcopi ignorare vacarent. Quod nunc Episcopi causis incumbunt civilibus, consuetudine Ecclesiae introductum est.* [illegible]

11\. Papam non esse Monarcham. Papam esse Monarcham seu Dominum totius orbis Christiani negat Bellarminus libro quinto de Pontif. Roman. cap. 3. & dicit, *Si res ita se haberet, deberet id constare ex Scripturis, aut saltem ex traditione Apostolica.*

Contrarium autem affirmat Iesuita Alvarez, Hostiensis, Sylvester & alii multi, ut Bellarminus fatetur ibid. c. 1.

12\. Improbi non sunt vera membra Ecclesiae. Malos & impios non esse quidem membra vera, seu simpliciter corporis Ecclesiae, sed tamen secundum quid & aequivoce: Iohannes de Turrecremata Cardinalis libro quinto cap. 57. probat ex Alexandro de Ales, Hugone & Thoma: idem etiam docent Petrus à Soto, Melchior Canus, & alii. At licet dicant, malos non esse membra vera, dicunt nihilominus vere esse in Ecclesia, sive in corpore Ecclesiae, & esse simpliciter fideles, seu Christianos. *Neque enim,* inquiunt, *sola membra sunt in corpore, sed etiam humores, dentes, pili, & alia quae non sunt membra: neque fideles aut Christiani dicuntur tales à charitate, sed à fide, sive à fidei professione.* Sic etiam docet Costerus Iesuita Apolog. part. 3. c. 12. §. Et Hugo. *Ut sanguis,* inquit, *pituita, sanies, saliva, sanguis abundans viventis hominis neque membra sunt, neque partes, & tamen non sunt extra corpus, ita etiam ad superfluos humores referuntur, qui suo tempore, ubi maturi fuerint, cum sordibus egerantur.*

Contra vero Bellarminus libro tertio de militante Ecclesia cap. 9. §. ad ultimum, *Si ita est,* inquit, *sequitur, Pontificem malum non esse caput Ecclesiae: & alios Episcopos similiter, non esse capita suarum Ecclesiarum. Caput enim non est humor, aut pilus, sed membrum, & quidem praecipuum. At hoc est contra Concilium Constantiense, in quo Sess. 15. damnatur error 22. Iohan. Huss, qui asserebat, Pastorem malum esse aequivoce Pastorem: & error in quo asserebat, Praelatum malum non esse Praelatum.* Bellarminus igitur, ne cogatur fateri, Ecclesiam Romanam non habere caput, si malum Pontificem habet, ibidem docet, *malos non esse membra* VIVA *corporis Ecclesiae.* Sed non videtur: nam hoc modo Ecclesia Rom. si habet malum Pontificem, ut frequenter habet, caput non vivum habet.

13\. Collegium Anglo-Rhem. Annot. in Ephes. 3. Irrupturam. *Pontificem alium in fa[illegible] Theologia similem haberent, nunquam dicerent Ecclesiam posse à fide deficere, eiusque, à Christo sponso divortium pati.* Bellarm. vero lib. 3. de Milit. Eccles. c. 13. *Notandum est,* inquit, *multos ex nostris temporis stricte, dum probant absolute Ecclesiam non posse à fide deficere, non Pontifices id concedunt, sed alii non id intelligi de Ecclesia invisibili.* Ita Bellarm. Stapletonus igitur & Valentianus Iesuita contrarium sententiam lædant, qui hoc etiam prolixe satis strenueque probare conantur.

14\. Pontifices [illegible]. Bellarmin. lib. 3. cap. 24. de Pontif. Roman. Ita scribit: *Si Pontifices non condemnantur, tamen multos alios Pastores alio ex certum [illegible], solvunt controversias, iudicant, Episcopos creant, & quae per se commiserunt non faciunt, faciunt per alios.*

Contra Maldonatus Summulae q. 10. art. 2. 5. 6. *Notavimus,* inquit, *alterum in c. 4. ad Ephes. & Aug. epist. 59. propterea Paulum non distinxisse Pastores & Doct. quia omnis Pastor debet docere: nomen Pastoris significat actionem personalem, sicut nomen Medici: itaque sicut nemo potest per alium curare, ita nemo potest suas oves per alium pascere. Nec quicquam valet responsio communis, satis esse per Vicarium laborare, quia secundum eandem Regulam satis esset mandare per Vicarium, quia scriptum est: Qui non laborat, non manducet. Et divino iure multa sunt testimonia in sacris literis, ut n. 18. Introduxit in cubiculum Tabernaculi. Nemo autem potest exercere, nisi praesens. Christus etiam describit mobi Pastorem suis fuit inter alios, ut oves suas cognoscat & ille audiant vocem illius, et non illi eum cognoscere, nisi praesens, nec illae, nisi praesentem, audire possunt.* Valentianus Iesuita quoque Tom. 4. disput. 19. q. ponit: *Christus,* inquit, *Dominus Matth. 28. Apostolis & eorum successoribus Episcopis mandat, &c. Et docet Paulus 1. Cor. 1. Misit me Dominus Evangelizare, non baptizare, id est, praecipue me misit ad praedicandum, non autem ad administrandum Sacramenta.*

15\. Successio [illegible]. Bellarminus lib. 4. cap. 8. de Notis Ecclesiae inquit: *Successione in Rom. Ecclesia ab Apostolis deducta usque ad nos, utitur tanquam argumento evidentissimo ad [illegible] ad veram Ecclesiam.*

Stapletonus autem libro 13. de doctr. princip. cap. 6. *Profitendum* inquit, *successionem nihil movemus, modo doctrinam nostram consentientem Scripturae ostendere possimus.* Bellarminus quoque lib. de Eccles. milit. c. 8. *Successio vera non est, quam haeresis interrumpit.*

34. Bellarminus lib. 5. cap. 6. de Pontifice Rom. dicit, *Papam non habere summam aliquam potestatem temporalem jure divino, nec* [illegible] *ullo modo imperare* [illegible] *Principibus saecularibus nedum eos Regno & Principatu privare, etiamsi illi* [illegible] *mereantur, sed tamen habere eum hanc potestatem indirecte in ordine ad bonum spirituale. Et hoc modo posse Reges deponere, Regna transferre, & uni auferre, alteri conferre, tanquam summum Pontificem spiritualem.* Et [illegible] est hodie Iesuitarum [illegible] & [illegible] sententia.

Tolosanus autem lib. 26. de Republ. c. 7. §. [illegible] *Christi, inquit, passo per intervallum* [illegible] *annorum, nusquam legitur Christianos contra Imperatores, jam saevientes in eos, & placentes* [illegible] *& contra Rempubl.* [illegible] *quidquam molitos.* Bellarminus lib. 5. de Rom. Pontif. c. 7. §. Quod si [illegible] *dicit, quod deposuerint vitae temporales Christiani.* Respondet vero Tolosanus, *etiam cum Christiani potentes viribus & numero fuerint, ipse tamen* [illegible] *Religionem* [illegible] *Christiani* [illegible] *Dogma* [illegible]. *Espenseus* [illegible] *Comm. in Titum* [illegible] *digress. 10.* [illegible] *inquit,* [illegible] *omnes Mundi Potestatibus debere esse subjectos. Sed* [illegible] *Regum & Sacerdotum* [illegible] *quae* [illegible]. [illegible] *Christianos, nihil tale unquam* [illegible] *Apostolis (omnis anima* [illegible] *subjecta sit) Omnis, inquit, sive Apostolus sive Propheta sive Evangelista, sive Episcopus subjectus sit.* Sequuntur Chrysostomum Theodoretus, Oecumenius, & Graeci omnes. Idem Gregorius M. ingenue agnoscebat, Nam Epist. 32. inquit, *Imperatoribus* [illegible] *Sacerdotibus dominari.* Et Bernardus ad Archiepisc. Senonensem idem colligit. *Si omnis anima, inquit, etiam vestra, quis vos excipit* [illegible] *?* [illegible] *tat decipere.* Pontifices quoque ipsi in suis decretis fatentur, se Imperatoribus subjectos esse. Rursus idem Espenseus Com. in Timoth. libro 2. digress. & pagina 275. *Gregorius 7. inquit,* [illegible] *Hildebrandus,* [illegible] *Regnum* [illegible] *Pontificis* [illegible] *contra Principem* [illegible] *Petrum* [illegible]

Dist. [illegible]

[illegible] *in* [illegible] *admiratione.*

Otto Frisingensis quoque in suo Chron. lib. 6. c. 35. *Lego, inquit, et relego Romanorum Regum & Imperatorum* [illegible] *nusquam* [illegible] *ante hunc Henricum Imperatorem, quem Hildebrandus deposuit,* [illegible] *Romano* [illegible] *privatum.*

35. Bellarminus scribit lib. 1. de Ecclesia triumphante, [illegible] *invocationem Sanctorum* [illegible] *antiquitus* [illegible]. Et lib. 1. de Beatitud. cap. 20. § Argumentum sextum. *Dicunt Protestantes, inquit, nullum extare in Scriptura exemplum, nullum praeceptum* [illegible] *de Invocatione Sanctorum.* [illegible] *utroque Testamento.*

Contra vero Bellarm. ibid. c. 6. scribit. *Sancti* [illegible] *veteri Testamento* [illegible] *non solebant. Et* [illegible] *Sancti. Nec* [illegible]*, inquit, in primordio Ecclesiae in Novo Testam.* [illegible] *ad idololatriam* [illegible]. Salmeron etiam in 2. Timoth. 2. disput. 8. [illegible] docet, *Non esse expressum in Novo Testamento de Invocatione Sanctorum* [illegible].

36. Bellarminus lib. 1. de Purgatorio, [illegible] *inquit, prae* [illegible]. Ibidem cap. 15. *Suffragia* [illegible] *defunctis, qui sunt in Purgatorio.*

Georgius Cassander vero in Consult. artic. de Missa [illegible] *ad hodiernum diem, inquit,* [illegible] *in Ecclesia* [illegible] *defunctorum* [illegible] *Augustinus* [illegible]

37. Lyranus [illegible] inquit, *Catholicus est, qui* [illegible] *authoritatem.* Contra Bellarm. lib. 3. de Eccles. Milit. c. 5. § Nostra [illegible] *Catholicus est, qui est* [illegible] *Papae* [illegible].

Bellarminus libro tertio de Rom. Pontifice dicit, Roma non erit Sedes Antichristi.

Ribera Iesuita vero Comment. in Apocal. 14. inquit, *Roma dicitur Babylon, quia ad finem seculi futura est* [illegible] *idololatria.* Adhuc clarius Collegium Anglo-Rhem. Annot. in Apocal. 17. *Roma, inquit, erit sedes Antichristi.* Et Vega Iesuita in Apocalyp. 18. Comm. 4. *Idololatria* [illegible] descendum videtur ex Ambrosio, Augustino, Hieronymo, Ambrosio, & aliis loci [illegible] verum verbo Romam significari, [illegible] esse Romam: [illegible] atque adeo futurum esse, [illegible] & omnis spiritus immundi, & flagitia, & idololatriam, quæ tum temporibus in Romana civitate, Romanoque imperio late grassabantur.

Bellarminus lib. 4. de Christo cap. 7. dicit: Est sententia Calvini, Christum pertulisse pœnas æternorum damnatorum. &c. Idem de Calvino scribit Gregor. de Valentia Tom. 4. in Thom. disp. quæst. 4. punct. 3. ¶ Quinto eorum.

Contra Colleg. Anglo-Rhem. Annot. in Matth. 27. 47. Calvinus dicit, Christum [illegible] cum diris pœnis [illegible] perculisse. Non igitur in inferno, ut Bellarminus ait & Valentianus.

Deinde quod ubi ignem Bellarminus, Valentianus & alii Iesuitæ Calvino, se atque damnant, illorum ipsorum [illegible] [illegible]. Nam, ut Bellarminus refert libro quarto de Christo cap. 15. ¶ Dubium. Aquinas dixit, Christum voluisse in inferno esse, ut pœnas nostras in se susciperet. Et Medina dicit, ut testatur Soarez in Thom. par. 3. q. 52. art. 8. disp. 43. ¶ 1. aliquos catholicorum sensisse, Christum passum esse aliquas contristationis pœnas damnatorum in inferno, non tamen eo modo, quo damnati.

Bellarminus lib. 4. de Christo cap. 15. in princ. ¶ In hoc dicit, Omnes catholici docent, Christum vere, secundum essentiam in inferno fuisse.

Durandus contra in 3. d. 22. q. 3. docet: Christi animam descendisse ad inferos, non secundum essentiam, sed per effectum: & existimavit, non credendum esse necessarium, Christi animam realiter secundum essentiam descendisse ad inferos. Hanc sententiam Bellarminus in Durando tanquam erroneam, in Calvino autem ut hæreticam damnat. Feuardentius etiam in Theomach. lib. 7. c. 1. scribit: Non descendit Christi anima ad inferos damnatorum, sed ad locum, qui sinus Abrahæ, vel communiter limbus patrum dicitur.

Bellarminus lib. 4. de Christo c. 16. dicit: Christus descendit ad inferos, ut inde animas defunctorum patrum, qui sub veteri Testamento fideliter, [illegible] [illegible] [illegible] inferni educeret, ubi eos [illegible] [illegible].

Gregorius Valentianus autem Tomo 4. in Thom. disp. 2. q. 15. punct. 4. ¶ Secundo, [illegible] loquitur [illegible] disp. 6. q. 11. punct. 1. ¶ At vero [illegible] Christus [illegible] [illegible] [illegible] in Christi adventum, sive post adventum, [illegible] aliquando [illegible] [illegible] [illegible] [illegible] [illegible] [illegible] [illegible] [illegible]

Bellarminus dicit lib. 1. de Sanct. beat. [illegible] 4. Catholica ecclesia [illegible] [illegible] [illegible] esse mortuos ad Deum, [illegible] ad infernum, aut alium locum, [illegible].

Contra Valentianus libro de purgat. c. 8. & Iesuitæ Anglo-Rhemen. in Apocal. annot. [illegible] [illegible] [illegible], quibus, præter loca Scripturarum & Patrum, [illegible] Augustino: nullum locum medium esse post hanc vitam, præter Regnum cælorum, & infernum damnatorum.

Bellarminus libro tertio de pœnit. cap. 1. scribit: Ad Mahomet [illegible] [illegible] [illegible]. Confessionem sacramentalem [illegible] [illegible] [illegible] [illegible] Lutheranos docere, Et mox: Quam probabimus de jure divino esse confessionem, & a Christo salubriter institutam.

Maldonatus autem de Sacram. q. 18. art. 4. scribit: Sunt etiam inter Catholicos, qui putant, nullum esse præceptum divinum de Confessione, ut omnes de Romanis interpretes, [illegible] [illegible] [illegible] [illegible] Erasmus in Epist. de amabili Ecclesiæ Concord. Nondum, inquit, persuasum est hominibus horum temporum sacramentalem Confessionem fuisse a Christo ipso institutam. Glossator apud Gratian. de pœnitent. dist. 5. in principio: Melius, inquit, dicitur ab Ecclesiæ traditione, quam novi Testamenti auctoritate, institutam fuisse, quæ non est apud Græcos necessaria, ad quos non emanavit. Gratianus ipse ibidem plane, inquit: Religiosi etiam Confessionem [illegible] [illegible] [illegible] esse confirmant, Ambrosium, Augustinum, Chrysostomum, Theophylactum & alios patres. B. Rhenanus in Argumento ad Tertullianum lib. 1. de pœnit. Publicam, inquit, [illegible] [illegible] [illegible] [illegible] [illegible] [illegible] [illegible] [illegible] [illegible] [illegible] de qua Tertullianus nihil habet, quæ [illegible] [illegible] [illegible] Scotus, ut Valentianus refert lib. 2. de Missa cap. 4. Panormitanus & Gerson non necessariam esse [illegible] [illegible]. Maldonatus etiam lectione in Summulis quæst. 20. art. 3. Confessio, inquit, longo tempore in Ecclesia prisca est obscure satis posita.

Bellarminus in præfat. editio. de Eccles. triumph. & lib. 1. cap. 16. ¶ quamquam ipsi dum sua sententia: Papistæ, inquit Lutherus, [illegible] [illegible] Deum [illegible] [illegible] [illegible] [illegible], [illegible] se [illegible] [illegible], & [illegible] gratia ob ea impetrari [illegible] Christo ipso. Horrenda est hæc ejus ... Quis Catholicorum unquam ...

Deo B. Mariam æquavit?

Negat his verbis Iesuita hanc idololatriam à Papistis admitti, quod tamen multi eorum aliò fatentur, multi etiam scriptis suis Bellarminum mendacii convincunt, Espensæus Episcopus Pontificius Comm. in 2. Tim. 3. *Multi sunt*, inquit, *qui non minus fidunt ac tribuunt Divæ, quàm Deo:* [illegible] *& cumulatum*. Cassander in Consult. art. 21. *Eo ventum est*, inquit, *ut Christus cœlum jam in sola regnans Matri subjiciatur*. Quamquam multi Pontificiorum & Iesuitarum in scriptis à se editis B. Mariam Salvatori Iesu Christo nomine, authoritate, gratiâ, dignitateque non adæquent modò, sed interdum etiam anteponunt.

Vega Iesuita Comment. in Apoc. 12. sect. 1. num. 3. de nomine ejus sic scribit: *Tetragrammaton* (quod est Deo proprium apud Hebræos, ut Sixtus Senens. in Bibliotheca refert) *est nomen, facturone* [illegible] *non solùm, sed etiam suo modo ineffabile, non solùm hominibus, verùm & ipsis angelis*. Et Sect. 1. num. 6. Item Sect. 10. *Nec prætermittendum est*, inquit, *illud doctissimi Idiotæ encomium: Dedit tibi Maria tota Trinitas nomen, quod, post nomen filii tui, est supra omne nomen: ut in nomine tuo flectatur omne genu, cœlestium, terrestrium & infernorum, tamen tanta virtute, ut ad ejus invocationem cœlum rideat, infernus contremiscat*, [illegible] *quia sublato eius patrocinio, potentior* [illegible].

In The- [illegible] Maria 13.

Quod ad gratiam & authoritatem B. Mariæ attinet Cassander in Consult. art. 21. sic scribit: *Non defuerunt viri celebres, qui dixerunt,* [illegible] *regni sui* [illegible] *justitiæ & misericordiæ* [illegible] *Mariam constituisse*. Holcotus Theol. Com. in lib. Sap. lect. 35. edit. vet. *Si quis*, inquit, [illegible] *quia index est, mater* [illegible] *est*. Et juxta quosdam retulisse libros sic [illegible] *pro peccatoribus* [illegible] *Redemptoris*.

Vega in Apocal. 12. sect. 1. num. 3. de authoritate B. Mariæ sic scribit: DOMINA [illegible] *cujus typus* [illegible] *Sara* [illegible] *Princeps mea* [illegible] *Sarah, quod nomen* [illegible] *Principem sive Dominam* [illegible] *Princeps* [illegible] *Maria lingua* [illegible] *Domina* [illegible] *Christus Dominus* [illegible]

creaturam, & quæcunque [illegible] *Mater quoque gratiæ supplicat* [illegible] COMMVNEM [illegible] EANDEM. Osorius Homil. tom. 4. Conc. de Devotione Mariæ inquit: *Sine Maria decrevit Deus nihil dare, Caput est Christus, Maria collum: quæ omnis calores à capite per collum derivatur*. Tursellinus Iesuita in Præfat. histor. Lauretanæ scribit: *Vt omnes intelligant,* [illegible] *quicquid ab æterno ille* [illegible] *bonorum* [illegible] *in terras profluat* [illegible] *per Mariam*.

16. De merito B. Mariæ.

De Merito B. Mariæ Delrius Iesuita Comment. in Cant. cap. 1. sect. 2. scribit: *Obedientia Mariæ similis facta est obedientiæ Christi, magna ergo in hoc laus Mariæ, magna ejus gloria, quòd imitatio ejus gloria* [illegible] *obedientia Christi, quam imitata* [illegible].

17. De majestate B. Mariæ.

De majestate ejus Tursellinus in Epist. dedic. hist. Lauretanæ hæc scribit: [illegible] *propterea ille Deus* [illegible] *majestatis potestatisque* SOCIAM, [illegible]. Item: [illegible] *principatum dedidit: ad hujus arbitrium, quod* [illegible] *terras, mare, cœlum,* [illegible] *moderatur: hac annuente,* [illegible] *per hanc* [illegible] *mortalibus,* [illegible] *dona largitur*. Osorius Iesuita tom. 3. Conc. in assumpt. S. Bartholom. ¶ quod ergo. *Dubitant*, inquit, *aliqui, an Maria* [illegible] *mater Christi* [illegible] *ac homo est* [illegible] [illegible] *Patrem* [illegible] *Mariam* [illegible] *ab utroque genitum* [illegible] *ab utroque genitus, & hac ratione Mater* [illegible] *Maria est, ut æternus pater*. Idem tom. 5. Dominica 4. Epiph. ¶ Volens autem. Sic scribit: *Cui igitur B. Mariam comparabimus? Nec Evæ, quia* [illegible] *nec Sara* [illegible] *nec Racheli, nec* [illegible] *nec Lea, nec* [illegible] *Deo,* [illegible].

18. De libero arbitrio.

Bellarminus libro 6. de libero arbitrio cap. 11. reprehendit Calvinum, quòd dixit, *Chrysostomum in hac quæstione* [illegible] Et lib. 5. cap. 26. itemque Cardinalis Præfat. ad librum Vegæ, exagitant illud, quod Calvinus dixit, *Visus est mihi Chrysostomus* [illegible] *in liberi arbitrii* [illegible] similiter Campianus Petrum Martyrem, qui dixit, *Chrysostomum liberi arbitrii* [illegible] *fuisse*. Cardinalis dicit, *Calvinum hic suam* [illegible] Campianus [illegible] *tradidit*.

Contrà verò Sixtus Senensis in Bibliothlib. 4. in præfat. *Chrysostomum*, inquit, *impetu dicendi* [illegible] *Manichæos, qui Pati necessitatem defendebant, Naturæ vitio PLVS AEQVO attulisse.* Maldonatus Com. in Iohan. cap. 6. scribit, *Etiam Theophylactum, Euthymium, Ar*[illegible] *ita loquuntur, ut si homo, consequenti per gratiam ad gratiam* [illegible] *gratiam me*[illegible]*reri*. Et Toletus Com. in Ioan. 6. *Chrysostomi*, inquit, *doctrina hæc est, hominem per liberum arbitrium* [illegible] *dignum fieri gratiâ* [illegible] *est doctrina Cyrilli* [illegible] *sed aliorum Doctorum, maximè Græcorum*. Maldonatus autem dicto loco inquit, *Hæc doctrina* [illegible] *nimiâ affinis est Pelagianorum errori* [illegible] *Lector, si Chrysostomum in hunc locum legat, ne in Pelagianorum hæresin incidat*. Et Toletus Iesuita Com. in Ioan. 6. *Augustinum*, inquit, *maluit aliter quàm ille. Docet enim à Deo* [illegible] *non modo gratiam, ut credere possimus, verùm etiam ut velimus* [illegible] *Doctores non probantur*. Idem Comm. in Rom. 8. Annot. 19. *Eorum inquam doctrinam in hac parte non probo*. Et Pererius Iesuita in Rom. 9. num. 55. *Profectò*, inquit, *illa doctrina* [illegible] *videtur* [illegible] *in hoc loco* [illegible] *Augustini est doctrina Pauli convenientior*.

Bellarminus scribit: *Docet Calvinus Filium subjectum Patri ratione divinitatis, &* [illegible] *veteres omnes contrarium doceant, ipse* [illegible] *omnes errasse*.

Toletus autem & Maldonatus loquuntur: [illegible] *Patrem majorem esse filio ratione* [illegible] *non quòd substantiam naturæ, sed respectu originis, quia filius à Patre, quam* [illegible] *Doctores* [illegible] *Athanasius*, &c. vbi illius Vadianus [illegible].

Bellarminus libro 4. de Christo cap. 11. in princip. Luc. 16. inquit, *Dives in inferno cum esset, vidit à longè animam Lazari in sinu Abrahæ, & audivit inter hos* [illegible] *seu hiatum esse interjectum.* [illegible] *in hoc sinu Abrahæ fuerunt*. Stapletonus in promptuario feria 5. hebdom. 2. & Costerus in Enchirid. cap. 12. [illegible], inquit, [illegible] *sinum Abrahæ non locum, sed* [illegible] *loca subterranea &* [illegible] *esse*.

Contrà verò Maldonat. Comment. in Luc. 16. cap. [illegible], inquit, [illegible] *non* [illegible] *quia qui in inferno sunt, nondum corporibus* [illegible] [illegible] *Ubi sinum Abrahæ esset Augustinus prudenter dubitat, &* [illegible] *quòd dicitur magnum chaos, vel* [illegible] *per sinum Abrahæ* [illegible] *designari*.

Bellarm. lib. 3. de Pontifice Roman. c. 23. [illegible] *scribit Opera* [illegible] *fide* [illegible] *esse* [illegible] *per* [illegible] *remissionem*. Ibidem. §. Postremum. scribit, *Operibus, quæ à justificatis jam* [illegible] *à Papistis tribui*.

Vega autem in Opusc. de Meritis q. 4. pag. 782. sic scribit. Thomas Waldensis hæc scribit. Ille est senior Theologus, *Doctor Catholicus, & sacræ Scripturæ magis consentaneum, qui meritis simpliciter abnegat, & cum* [illegible] *Apostoli & Scripturarum* [illegible] *quod* [illegible] *regnum cælorum, sed ex gratia Dei, &* [illegible]. [illegible] *Waldensis*, inquit Vega, *de operibus justificatorum*.

Bellarminus libro 1. cap. 18. de Clericis docet, *Cælibatum perpetuum ex institutione Apostolorum omnibus Clericis & verbi Ministris necessario servandum esse:* [illegible] *cum* [illegible] *ante, sive post ordinationem id* [illegible].

Idem ibid. c. 21. docet, *Dicamus* [illegible] *duas vel plures uxores habuerint* [illegible] *ab Ecclesiasticis* [illegible] *esse*.

Costerus in Enchirid. c. de Cœlibatu propos. 9. dicit *Sacerdos si fornicetur, aut domi* [illegible] *sacrilegia* [illegible] *graviùs tamen peccat, si contrahat matrimonium*.

Bellarm. lib. 1. de Clericis c. 19. hæc habet: [illegible] *Catholicis* [illegible] *ut nec* [illegible] *doctrina* [illegible]. Ex hoc quidem *Iure divino*, ut Ioannes Maior refert dist. 24. Castrades in Confess. art. 24. sic scribit: *Theologi quidam* (intelligit Turrianu Iesuitam lib. 4. de dogmaticis characteribus, ut est in margine apud Tassendrum) [illegible] *jure divino* [illegible] *adjunctum esse contendit, nec esse in potestate Ecclesiæ* [illegible] *Sacerdotibus permittat*. Eadem est sententia Medinæ. Clichtoveus etiam lib. de Continentia c. 4. docet *jure divino* [illegible] *ut qui est sacris ordinibus initiatus* [illegible] *neque in hoc* [illegible] *dispensationem* [illegible] *posse*. 28

Aquinas autem 2. 2. q. 88. art. 1. [illegible], inquit, [illegible] *Sacerdotibus* [illegible] *jure humano, ut* [illegible] *dispensabile est*. Idem docent Caietanus in Opusc. tract. 27. tom. 1. & Sotus lib. 7. de Iustit. q. 6. art. 2. Bellarm. etiam docet & probat lib. 1. de Clericis c. 18. *non jure divino, sed humano* [illegible] *esse* [illegible] *Sacerdotibus, &* [illegible] *in hoc dispensari posse*. Concilium etiam

Tridentinum *legem Ecclesiasticam hanc prohibitionem vocat.*

Bellarminus ut supra c. 19. probat. *Celibatum jure humano quidem, sed tamen Apostolico [illegible] esse.* Et Valentianus Iesuita lib. de Coelib. c. 5. dicit, *Lege plane Apostolica hoc sancitum.*

Costerus autem in Enchirid. tract. de Coelibatu. *Antiquissimum,* inquit, *Ecclesiae tempore [illegible] Apostolis, & post Apostolos aliquot adhuc annos, adhibiti adhuc fuerunt ad sacros ordines qui coniugati, non quidem promiscuè, sed electi, qui unicam tantum duxissent uxorem, eamque virginem.* Episcopus Espencaeus Comment. in Tit. cap. 1. Multi, inquit, *[illegible] post Apostolos Ecclesiae Primordia, defectu caelibum, Sacerdotes habuit maritos.*

Addit autem Valentianus quo supra, *[illegible] Sacerdotes non [illegible] matrimonium post ordinationem.*

Et Costerus quo supra, Nunquam, ait, licuit Sacerdoti jam facto Ordinibus initiato uxorem ducere, neque alius est antiquorum Patrum qui aliter scripsisse vel sensisse legitur. Bellarminus quoque ut supra, Nullum, inquit, probum viri exemplum proferre possunt.

Licuisse autem maritis uti uxoribus suis, quas ante ordinationem duxissent: Licuisse item Sacerdotibus etiam post ordinationem uxores ducere, probatur Pontificiorum testimoniis. Georgius Cassander quo supra. *De maritis,* inquit, *ad Ecclesiae ministerium eligendis non [illegible]*

[illegible]

matrimonio [illegible]

[illegible]

Cassander art. 23. *Matrimonium,* inquit, *contrahi post ordinationem [illegible]*

[illegible]

Georgius de Valentia de numero Sacramentorum cap. 7. pag. 503. probare vult Matrimonium esse Sacramentum propriè dictum ex c. 5. Ephes. *[illegible] Sacramentum [illegible] Ephes. Sacramentum hoc magnum est: ego dico in Christo & Ecclesia.* 33.

Contrà verò, Pererius Iesuita Comment. in Gen. 2. evincit, Mysterium hoc & Sacramentum non debere propriè ad novam legem restringi, quia allegoria Apostolica maximè de matrimonio Adami & Evae, non tantum de illo matrimonio [illegible]

[illegible]

Concilium Tridentinum Sess. 7. de Unctione extrema hoc decrevit: *[illegible] Sacramentum [illegible] anathema sit.* Suarez Iesuita tom. 4. [illegible] 34. De Unctione extrema.

dicendum est, inquit, Extremam unctionem esse Sacramentum à Christo institutum, non dicit quomodo ex [illegible] assertio est de fide.

Idem tamen ibidem [illegible] Catholicos, inquit, [illegible] negarent Christum Dominum instituisse hoc Sacramentum, ex quo consequatur, non esse verum Sacramentum.

Maldonatus Iesuita Comment. in Matthæum, Lutherum, inquit, & Calvinum dicunt in hoc Marci [illegible] [illegible] [illegible] Sacramento extremæ unctionis, quæ nunc Ecclesia [illegible] ad sanandos animos adhiberi [illegible] sit, an non est?

Bellarminus autem lib. 1. de Unctione extrema cap. 3. & Suarez tom. 4. disp. [illegible] tom. 4. ita ferè: Illud oleum apud Marcum non erat hoc Sacramentum extremæ unctionis: quia Apostoli [illegible] [illegible], aut [illegible] ad curationem morbi corporalis. Et Cajetanus in Comment. Iacob. 5. c. Ex hoc loco, nec ex verbis, nec ex effectibus colligitur extrema unctio, sed [illegible] miraculosa, quam Christus instituerat [illegible] in [illegible] Evangelio. Nam textus promittit [illegible] & de remissione peccatorum non nisi conditionaliter loquitur. At unctio extrema non nisi in extremo mortis articulo, adhibetur, & directè tendit ad remissionem peccatorum. Illa multos presbyteros [illegible], quod ea ab extrema unctione aliena, [illegible] (conformem [illegible]) [illegible] in extrema unctione fit, non fit [illegible], sed tantum à Sacerdote. Et Maldonatus quo supra, Idem, inquit, quod Cajetanus, non nulli [illegible] [illegible] [illegible]) nuper Catholici docuerunt.

16. De [illegible] Rom. Pontif. Bellarm. de Pontifice Rom. [illegible], inquit, [illegible] [illegible] potestatem [illegible] supremam habet.

Cusanus autem Cardinalis lib. 2. de Concord. Ecclesiæ c. 13. & 14. [illegible] potestate ligandi & solvendi, quæ est immediatè à Christo, in divina jurisdictione [illegible], patet omnes Episcopos, & forte etiam omnes presbyteros [illegible] quo ad jurisdictionem esse. Et Marsilius tom. 2. cap. 18. Vsque ad tempora Constantini [illegible] Episcoporum [illegible] jurisdictionem [illegible].

Bellarminus libro 2. de Rom. Pontifice, & lib. de Notis Ecclesiæ cap. 10. Ad potestatem Papæ [illegible], omnes veteres Patres [illegible].

Cusanus autem quo supra c. 13. Ex Epistola Augustini, inquit, ad Glorium, & ex antiquorum Pontificum Constitutionibus [illegible] [illegible] Et Marsilius quo supra c. 18. Non [illegible], inquit, [illegible] [illegible] [illegible]

[illegible], quam fuit Episcopus [illegible], Vniversitatem Parisien. in qua tamen non erat aliquid jurisdictionem [illegible]. Æneas Sylvius de Concilio Basil. Ante Concilium, inquit, Nicænum non magnum ad Ecclesiam Romanam [illegible] [illegible] habebant. [illegible] Concil. quoque [illegible] [illegible] Patres Rom. Pontifici [illegible].

Bellarminus lib. 1. c. 14 de Concil. Est, inquit, proprium Pontificis munus Concilium generale convocare: & hoc est Christi munus congregare. Canus in Locis Theol. Sine Pontificis Romani [illegible], Concilium non est, sed conciliabulum. 14. Concilium [illegible] [illegible]

Cusanus autem lib. 2. de Concord. Eccles. c. 25. Ex illo tempore, inquit, quo Imperatores Christiani esse cœperunt, ex illorum [illegible] [illegible] [illegible] Ecclesiæ, atque adeo maxima Concilia ex eorum [illegible] [illegible], ut ex Anastasio, Socrate, Sozomeno, Nicephoro patet Rursus. Octo prima Concilia generalia ab Imperatoribus [illegible] [illegible] [illegible], ad [illegible] [illegible] Patriarcharum [illegible] [illegible] [illegible] [illegible] ad Concilia, inquit. Canus in Locis Theol. lib. 5. c. 4 Concilium, inquit, Constantinopolitanum & [illegible] [illegible] Rom. Pontifice congregata erant, & tamen illud [illegible] & Constantinum, hoc Innocentius [illegible]. Franciscus de Vict. Relect. 4 Prop. 23. Posse quoque, inquit, congregari Concilium contra voluntatem Papæ expressè tenet Cardinalis Turrecremata, & Syl[illegible] [illegible] [illegible].

Bellarminus lib. 1 c. [illegible] dicit, Concilium legitimum non esse, in quo non præsidet Pontifex, aut alius ejus nomine. 17. Ubi præsidet [illegible] Concilio.

Cusanus autem, Bellarm. [illegible], In [illegible], inquit, Concilio generali non [illegible] Pontifex, nec per se, nec per alium. Et Cardinal. Turrecremata lib. [illegible] de Eccles. cap. [illegible] In [illegible], inquit, Concilijs [illegible] Papa nullus præfuit. Et Bellarm. lib. 1 de Concil. c. 19 In [illegible] Concilijs Orientalibus interfuit Papa. Et lib. 2. de Rom. Pont. c. 17. In Chalcedonensi [illegible] per legatos [illegible].

Bellarminus & Stapletonus de Concil. dicunt, in Concilijs soli Episcopi vocem decisivam habent. 18. Ad soli Episcopi [illegible] [illegible]

Card. Arelat. [illegible] Æneas Sylvius de gestis Concilii Basil. Quis prohibet, inquit, exemplum Apostolorum [illegible] in Concilio Nicæno, Athanasium [illegible] [illegible] Arianorum disturbabat, & in Constantiensi Concilio [illegible] [illegible] [illegible] [illegible] Idem [illegible] in [illegible] & Lateranensi [illegible] [illegible]. Et Card. Turrecrem. [illegible] [illegible] [illegible] [illegible]. 19. Ad Papa [illegible] [illegible]

Bellarm. lib. 2. de Concil. cap. 17. Pontifex,

[illegible]

Cardinalis Cusanus [illegible] Concord. [illegible]

[illegible] Franciscus de Victoria [illegible] inquit, [illegible]

[illegible]

Bellarminus lib. 4. de Eccles. Milit. cap. 10. § Iam ex hoc.

Contra Erasmus Annot. in 1. Cor. 7. [illegible]

[illegible] *rius I. abrogavit.*

41. De apocryphis libris. Bellarminus lib. 1. de Verbo Dei cap. 10. Quinti, inquit, [illegible]

Bellarminus tamen eodem loco [illegible] lib. [illegible] *Catholici, inquiunt,* [illegible]

Bellarminus lib. 2. de Verbo Dei cap. [illegible]

Maldonatus autem Iesuita Comment. in Matth. [illegible], inquit, [illegible]. Caietanus, *Est*, inquit, [illegible] Franciscus Lucas in Annot. ad Biblia, [illegible]

Bellarminus libro quarto cap. 3. [illegible], inquit, [illegible]. Costerus in Enchirid. pag. 45. [illegible] Et pag. 48. [illegible], inquit, [illegible]

Idem tamen Costerus ibid. [illegible] inquit, [illegible] Ederus in Oecon. bibl. lib. 1. pag. 44. [illegible] Stapletonus praefat. in Evang. [illegible] A'plurallus lib. de Haeres. tit. Scriptura: *Scriptura*, inquit, [illegible]

Iacobus Cenferus contra Stm. Sceianum. *Non aspere*, inquit, [illegible] Vindic. Libr. [illegible], inquit, [illegible] *partes projicere.*

Espencæus Episcopus autem Comm. in Tit. cap. 1. & 2. Tim. cap. 3. Aliquot, inquit, [illegible] temporis [illegible] esse, quam ut debeant [illegible] aliquot [illegible] Patrum [illegible] & Novi Testamenti.

ad. De purgatorio. Bellarminus lib. 1. de Purgatorio c. 6. inquit, esse, Patres Græcos & Latinos affirmarunt. Landanus Pamphil. lib. 4. pag. 114. Purgatorium, inquit, esse, veteres Patres non [illegible].

Roffensis Episcopus [illegible] contra Lutherum: Legat, inquit, qui velit Græcorum Patrum Commentarios, & nullum, quantum opinor, aut rarissimum Purgatorij mentionem inveniet: sed neque Latini simul omnes [illegible] veritatem conceperunt. neque tam necessaria fuit primitivæ Ecclesiæ purgatorij fides, atque nunc est: ex qua pendet omnis Indulgentiarum [illegible]. [illegible], si nullum fuerit Purgatorium, nihil indulgentiis. Contemplantes igitur aliquamdiu Purgatorium incognitum fuisse, deinde quibusdam [illegible] partim ex revelationibus partim ex Scripturis creditum fuisse, & tam fere tuo [illegible] & receptum Ecclesiæ [illegible], etc.

ad. De Imaginibus. Cassanus in Enchirid. de Imag. [illegible] Quod ad, inquit: Quod ad [illegible] Ecclesiam pertinet, [illegible] & imagines Christi & Sanctorum [illegible] & [illegible] in usu fuisse.

Cassander vero in Consult. art. 21. de Imaginibus, [illegible] inquit, [illegible] Evangelio, & [illegible] Imaginum [illegible] fuisse, ut ex Clemente Alexandrino & [illegible] Erasmus in Catech. [illegible] lib. 2. [illegible] ad tempora Hieronymi, inquit, [illegible] Religionis viri [illegible], qui nullam [illegible] imaginem, [illegible]. [illegible] Cassander [illegible]. [illegible], inquit, Romana Ecclesia tempore Gregorij [illegible] scriptis colligitur, [illegible] non ut colerentur, [illegible] imperitis [illegible] admonerentur. Agrippa de Vanit. Scient. cap. 57. Iudæi, inquit, qui erant Dei populo, nihil magis horrebant, inquit, [illegible] quam [illegible] Ethnicis ad Christi Religionem conversi erant, in Ecclesiam [illegible] [illegible], & multas [illegible] introduxerunt, quarum [illegible] nihil est apud primos illos & veros Christianos. Et Polydorus Virgil. lib. 6. Invent. c. 13. Omnes, inquit, veteres Patres, [illegible] [illegible] damnabant.

ad. De Lingua [illegible]. Bellarminus lib. 2. de Verbo Dei c. [illegible] [illegible] inquit, [illegible] populo [illegible], [illegible] Apostolica traditio.

Franciscus de Vill. autem [illegible] inquit, Est [illegible] ex [illegible]. Et Platina in Vita Alexand. Alexander [illegible], inquit, [illegible] aquam quam [illegible] appellamus in [illegible] [illegible] atque [illegible] ad fugandos dæmones [illegible].

ad. De precibus in Lingua ignota. Anglo-Rhemense Collegium Iesu. in 1. Cor. 14. pagina 465. inquit, Populo Christiano antiquæ fuit consuetudini, partem Græcæ, & Latinis precibus [illegible], potius quam vulgari. Ambros. Compan. in [illegible] Visitat. [illegible]. Doctrina, inquit, [illegible], quæ linguam cognitam in precibus [illegible], [illegible] sapit.

Bellarminus vero lib. 2. de Verbo Dei c. 16. Temporæ, inquit, Apostolorum omnes Christiani [illegible] in divinis esse, [illegible] intelligebant. Lyranus in 1. Cor. 14. similiter, inquit, In Ecclesia primitiva lingua vulgari [illegible]. Bellarminus, quo supra, [illegible] etiam. Longo, inquit, tempore post in Græcia & in [illegible], ut ex Chrysostomo & Cypriano constat, populus in divinis respondebat, Amen. Et Erasmus 1. Cor. 14. [illegible] Ecclesiæ consuetudo. Ergo, inquit, [illegible] Cæremoniam [illegible] & [illegible] Ecclesiæ [illegible] lingua vulgari precem [illegible]. Et Vratislaviensis Papa circa annum Domini 1080 [illegible] Platinum, [illegible] Latina [illegible] in Ecclesiastico [illegible].

ad. De Conceptione Virginis. Salmeron Iesuita in Thomam [illegible] [illegible], inquit, [illegible] B. Virginem [illegible] in primo sui [illegible] immunem a peccato fuisse. Antiqui Patres [illegible] de hac [illegible] [illegible] locuti sunt, tum quia [illegible] sanctam Ecclesiam [illegible], tum quia illi in [illegible] explicandis [illegible]. [illegible] parum [illegible] a [illegible] [illegible] [illegible] fidem, ut [illegible], & [illegible] [illegible] hunc [illegible].

Melchior Canus autem in Loc. Theol. lib. 7. cap. 2. Virginem, inquit, fuisse a peccato liberam, [illegible] sacris libris, [illegible] [illegible], quia [illegible] [illegible] traditur, [illegible] [illegible]. Nec vero dici potest, Apostolorum [illegible] ad Ecclesiam [illegible] [illegible] [illegible] [illegible] [illegible] [illegible] [illegible] [illegible] B. Virginem [illegible] [illegible] fuisse.

ad. De [illegible]. Collegium Iesuiticum Anglo-Rhemense Annot. in Act. 1. 14. B. Maria, inquit, [illegible] assumptum fuisse in cælum ex antiqua historia verissimum esse ceasitat.

Sixtus Senen. autem in Biblioth. libro 2. Tit. Mariæ transitio. *Nihil,* ait, *hujusmodi* (*loquit Augustinus*) *invenitur apud Latinos Patres. Est hoc apocryphum dogma, inquit Hieronymus, & ipsam historiam Beda refellit, ut Evangelistæ contradicentem.*

18\. Bellarm. lib. 1. de Pontifice Rom. cap. 23. dicit, *Nisi Petrus alios Apostolos vel per se, vel per alios Episcopos ordinasset, unde ratio est cur Romanam Ecclesiam omnium Matrem esse dicamus.*

Franciscus autem de Vict. Relect. 2. q. 2. ..., inquit, *Petrus eos ordinasset, est incertum.* Greg. de Valent. Iesuita lib. 7. Analys. cap. 1. pagina 12. *Sententia,* inquit, *quæ negat Petrum alios ordinasse, magis est communis.* Idem lib. 2. de Eucharist. pag. 2. *Apostoli,* inquit, *à Christo Iesu in tempore Cœnæ Sacerdotalem potestatem acceperunt.* (Ex his talis Syllogismus formari potest: Si Petrus non alios Apostolos & Episcopos ordinavit, tum Romana Ecclesia reliquarum dici non debet Mater. Major hæc est Bellarm. Sequitur Minor Francisci de Vict. & Valentiani: Secundum communem sententiam Petrus non ordinavit Apostolos & Episcopos. Ergo Roman. Ecclesia Matris prærogativam non habet.)

21\. Bellarminus lib. 4. de Ecclesia milit. cap. 2. *Stultum,* inquit, *nullo tempore docere homines justificari sola fide speciali, quâ quisque certo credit, se propter Christum carum Deo esse justum: quod tamen quilibet paradoxo comparari potest.* Et lib. 3. de Iustific. cap. 1. & 2. *Nos* inquit, *tantum certitudinem conjecturalem defendimus.*

Bellarm. verò ibidem c. 3. *Alios,* ait, *Catholici docent quidem eam certitudinem, quæ nullam habeat de sua salute formidinem.* Pererius Ies. Com. ad Rom. 8. n. 27. *Certitudinem,* inquit, *Catholici contradicunt, ... sufficere solum non posse.* Vega lib. 9. de Iustificatione Orat. c. 36. *Quidam,* inquit, *Catholicus tamen afferebat fidem conjecturalem ... ut eam Lutheranâ opinione ... docetur, quia,* inquit, *cum Lutheranis ... fidei ... Ibidem cap. 41. ... tudinem ... defendit ... Lutheran. Ibid. c. 7. Talem certitudinem ... dem, multi Catholici ... Concil. Tridenti, probabilem esse ... argumentis ... Pererius* Iesuita Comm. ad Rom. 8. num. 27. *Certo* [illegible] *inquit,* [illegible] *certè salutem ... rem ... ecclesia ...*

[illegible] etiam Vega lib. 9. de Iustific. c. 40. Idem Catharinus esse Bellarmino lib. 3. de Iustific. ... inquit, *poterit hanc certitudinem consequi.*

Gregorius de Valentia Iesuita in lib. de Prædest. c. 8. ... Explicemus *Reprobationem,* inquit, *certitudinem ... & Calvinus explicare non possunt, qui sine præscientia peccatorum Deum reprobare hominem asserunt.* 19.

Pererius autem Iesuita Comm. ad Roman. 9. cap. numero trigesimo primo. *Deum,* inquit, *aliquos reprobare, & excludere à vita æterna, non quidem propter eorum prævisa opera, sed quia ipse non vult dare illis vitam æternam, est communis sententia. Est etiam hæc sententia Thomæ, quam alij quoque complures Theologi consequuntur.* Ibidem Pererius numero sexagesimo. *Si,* inquit, *Deus hominem in puris naturalibus, sine peccato consideratum, reprobaret, nolens ei dare vitam æternam, non faceret illi injuriam.*

Gentiles, inquit Maldonatus Iesuita, Comm. in Matth. 11. 21. *Poterant servatâ lege naturæ, omnium Confessione salvi esse. Lex autem naturæ satis illis erat ab ipsa natura prædicata.* 20.

Acosta autem Iesuita libro quinto de procuranda Indorum salute capite tertio, *Vix,* inquit, *satis mirari possum, quid Præceptoribus quibusdam Scholasticis nostri ... in mentem venerit, ut nunc quoque temporis, post tantam revelationem Christum sine Christi notitia salutem cuiquam æternam contingere posse confirment: ... Theologo sententia, quæ (ut liberè dicam) nihil in sacris literis, nihil in sanctis Patribus firmitudinis habet, tantum humana quædam suspicione introducta, propter ... multitudinem, qui in hoc nostro orbe tam longâ ætate Evangelij luce caruere, quibus ... in certam ... salutem fuerit Christi notitia necessaria. Negandum est, ... & à Deo, qui omnes vult salvos fieri, ... ut ea ... quæ nec ipse dat, nec homines per se præstare possunt. Unde concludunt, ... per naturalem tantum cognitionem ipsius salutem consequi posse. Quorum sententia, tametsi ipsi Catholici sint, est aperte heretica, ut nihil magis repugnet fidei, quasi vero fides ab Apostolis necessaria definiatur ad percipienda ea quæ à creatura cognosci possunt, & non potius ad ea quæ in cor hominis non ascenderunt, nobis verò revelavit Deus per Spiritum; ... nos illud, quod ad Patrem nemo venit nisi per Christum, nulla alia via quâ ... aliud ... quo ... ad salutem.*

ad veritatem. At re quidem vera, si possibile sunt [illegible] [illegible] falsus esse, aut [illegible], ergo [illegible] Christus praedicatur, frustra Apostoli [illegible] tam expresse docet [illegible] Apostolus ad Rom. 10. Finis legis est Christus ad salutem omni credenti. Non hic agitur [illegible] [illegible] [illegible] [illegible] & liberale, [illegible] [illegible] [illegible] [illegible] ex iis qui ex [illegible] ante tempus Euangelij servati sunt, Christi salutem contigisse, atque [illegible] unius Mediatoris Dei & hominum Iesu Christi. Toletus Iesuita quoque Comment. ad Rom. *Hoc*, inquit, *non est catholicum [illegible].*

Toletus Iesuita lib. 1. Instruct. Sacerd. cap. 55. *Si*, inquit, *conferretur Ordo etiam [illegible] [illegible] [illegible], Ordo conferre, & character imprimeretur: etiam presbyterum posse conferre [illegible] [illegible] [illegible] habere [illegible] est communis doctrina Theologorum & Canonistarum. Si ad [illegible] [illegible], [illegible] [illegible], [illegible] [illegible] ordinari, & [illegible] [illegible] capax, [illegible] [illegible] [illegible] [illegible].* Franciscus de Vict. Relect. [illegible] [illegible], inquit, [illegible] de [illegible] [illegible] [illegible] [illegible] [illegible] [illegible] Ecclesiastica, sive [illegible], sive iurisdictione, [illegible] [illegible] [illegible] [illegible] [illegible] [illegible] [illegible] [illegible] [illegible] Episcopum consecrare.*

Episcopus Espensaeus autem Comment. in 1. Tim. 4. digress. libro secundo capit. *In Concilijs*, inquit, *cautum est, ut quis ad [illegible] [illegible] ordinetur.* Et Salmeron Iesuita Tract. 10. in Parab. *[illegible]*, inquit, *[illegible] [illegible] [illegible] [illegible] Ecclesiarum Pastores: [illegible] [illegible] [illegible] [illegible] [illegible], [illegible] [illegible] [illegible] [illegible] [illegible] nobili & illustri familia, quia propter Ecclesiam est Minister, non propter Ministrum Ecclesia.*

16. De [illegible] [illegible] [illegible] Collegij in Anglo-Rhem. Annot. in Lucam 11. *Idiota*, inquit, *Catholicus [illegible] [illegible] [illegible] fuerit, [illegible] [illegible] [illegible] [illegible], [illegible] tamen [illegible] si esse [illegible] Catholicum, & Ecclesiam, [illegible] [illegible], [illegible] fidei [illegible] [illegible], [illegible] [illegible] [illegible] [illegible], satis [illegible] Catholicus [illegible] fuerit.*

Espensaeus autem Comment. in 1. Tim. 3. *An sufficit*, inquit, *[illegible] [illegible] Catholicus Carbonarij [illegible] [illegible] [illegible] respondit, se credere quod Ecclesia credit.*

17. De [illegible] [illegible] [illegible] Bellarminus lib. de Verbo Dei cap. 10. *Precibus*, inquit, *[illegible] Ecclesia [illegible] [illegible].* *Ad [illegible]* inquit Collegium Anglo-Rhem. Annot. in 1. Cor. 14. pagina 461. *[illegible], ad [illegible] [illegible] [illegible] valeas quam [illegible].* Cultorem inquit *[illegible] [illegible] [illegible] [illegible].*

Aquinas autem Com. in 1. Cor. 14. *[illegible]*, inquit, *ad [illegible] [illegible] [illegible] [illegible] [illegible] [illegible] [illegible] [illegible] [illegible].* Et Caietan. Com. in 1. Cor. cap. 14. *[illegible] [illegible] [illegible] [illegible] [illegible] [illegible] [illegible] [illegible] [illegible] [illegible] [illegible] in eum locum [illegible] [illegible], [illegible] [illegible] [illegible] [illegible] [illegible] [illegible].*

Toletus Iesuita lib. 4. Instruct. c. 20. 18. De [illegible] [illegible] [illegible] *[illegible] [illegible] [illegible] mortali peccato ad [illegible] [illegible] [illegible] [illegible] [illegible] [illegible].* Et c. 23. *Licet [illegible] [illegible] [illegible] [illegible], & [illegible] licet [illegible] super [illegible] [illegible] [illegible]: licet [illegible] [illegible], [illegible] [illegible] ad [illegible], propter pecuniam: licet in [illegible] [illegible] [illegible] [illegible] [illegible] [illegible] [illegible] [illegible] [illegible] [illegible] [illegible] [illegible] Episcopus [illegible] [illegible] [illegible].*

Catechismus autem Tridenti. Com. *[illegible] [illegible]*, inquit, *prohibemur, ut quaecunque divinum cultum impedire possunt, omnino [illegible]: facile enim perspici potest, omnes [illegible] [illegible] [illegible].*

19. De Miraculis. Costerus in Apolog. par. 3. c. 3. *Haeresis*, inquit, *[illegible] [illegible] [illegible] [illegible] [illegible] [illegible] Miraculis [illegible].* Bellarm. lib. 4. de Ecclesia milit. c. 14. § Vndecima [illegible]. *Nota*, inquit, *[illegible] [illegible] [illegible] [illegible] [illegible] [illegible] Ecclesiam [illegible] Miraculis, quae singulis aetatibus [illegible] & [illegible] fuerunt, atque ad hoc [illegible] [illegible] [illegible], &c.*

Espensaeus Episcopus autem Com. in 1. Tim. 3. ex Aug. de civit. Dei lib. 22. cap. 8. *[illegible]*, inquit, *[illegible] [illegible] [illegible], [illegible] Miraculorum [illegible] [illegible].* Et Stella Com. in Luc. c. 11. *[illegible]*, inquit, *[illegible] [illegible] [illegible] [illegible] [illegible] [illegible] [illegible] [illegible] [illegible] [illegible] [illegible] Miraculis [illegible] [illegible] [illegible] [illegible] [illegible] [illegible] [illegible], [illegible] [illegible] [illegible] Ecclesia [illegible] necessaria [illegible] [illegible] [illegible], [illegible] [illegible], [illegible] [illegible] [illegible] [illegible].* Et Gregorius Magnus homil. 29. in Euang. *Nunquid*, inquit, *fratres mei, quia ista signa non facitis, non creditis? Sed haec necessaria in exordio Ecclesiae fuerunt, ut multitudo ad fidem cresceret [illegible] [illegible] [illegible] [illegible] [illegible], [illegible] [illegible] [illegible] [illegible] [illegible], [illegible] [illegible] [illegible] [illegible] [illegible]; & si semel [illegible] [illegible], [illegible] [illegible].* Acosta de procuranda Indorum salute libro secundo, capite nono. *In hoc*, inquit, *[illegible] [illegible] [illegible] [illegible] [illegible] [illegible]. Si enim Miracula ad initio Euangelica praedicatione [illegible] [illegible], [illegible] est*, inquit, *doctrinam, cui confirmandæ adhibebantur, divinam esse prodidam. Nos autem nostram hic fidem jam minus Gentiles credat, ut longè omnibus ... magnum est, homines illos ... idiotas, ... totum orbem persuasisse. Nunc ergo fides jam satis firmata, Miracula non amplius confirmavit, quia parum nullum esse asserit, quin non careret, quoniam majoris mercedis sit sine illis credere.* Episcopus Roffensis de Captivit. Babylon. cap. 10. part. 2. *Promisit*, inquit, *Christus, ut discipuli dæmones ejicerent; quam promissionem nullam hic diebus effectum sortiri dubitamus. Nemo enim est qui nunc corporaliter dæmonia ejicit, aut morbos sanat, & tamen minime ambigimus, quin plurimi sint, qui fidem eandem, & quod magnam cum prosperis fidelibus habeant: nec tamen manet illa promissio facta, quam nemo efficaciam habere perpetuam, sed pro tempore nascentis & adolescentis Ecclesiæ.* Augustinus de Civit. Dei libro 22. cap. 8. *Miracula*, inquit, *necessaria erant ut crederet Mundus: sed nunc qui quærit Miracula, postquam Mundus credidit, maximum est ipsum prodigium.*

Bellarminus lib. 4. de Ecclesia milit. cap. 14. *Verum*, inquit, *Miraculum sufficiens est testimonium veræ Ecclesiæ, ex quo fundamento probamus non esse apud nos.*

Maldonatus autem Comment. in Matt. cap. 7. *Chrysostomus*, inquit, *Hieronymus, Euthymius, Theophylactus, probant exemplis, etiam per alios, quam Catholicos, vera Miracula fieri. Et hoc ipso loco Matthæi scriptum: Multi dicent in illa die, in nomine tuo ejecimus*, &c. Facilè colligitur, istos illos Prophetas, de quibus Christus loquitur vera Miracula fecisse, verè prophetasse, verè Dæmonia ejecisse: non enim respondet Christus mentiri eos, sed, se eos, quamvis ista fecerint, non nosse: nec magnum est. Si moneret nos, ne falsa Miracula facientibus non crederemus, sed magnum & admirabile est omnino, quod monet ne falsis Prophetis credamus, vera etiam Miracula facientibus. Nullum ergo, dicet aliquis, ad probandam veram doctrinam argumentum hinc sumi potest? Non sequitur omnino, Nullum, sed non necessarium sumi potest. Scimus enim Christum ad confirmandam doctrinam suam, potestatem faciendi Miracula Apostolis suis tradidisse; scimus vi Miraculorum totum penè orbem ad fidem fuisse pertractum; quod qui negat, ut disputat Augustinus, majus ipse Miraculum, Miracula tollendo facit. Incredibile enim tot Philosophos, tot sapientes viros, tam paucis Apostolis, tam imperitis, tamque incredibilia humanæ rationi persuasisse, nisi plus Miraculis credidisse, quam illa ipsa Miracula, quæ ab illis facta narrantur. *Probabile igitur fidei argumentum est, quod ex Miraculis sumitur, quia per fidem sæpe fiunt. Sed vero non [illegible] Miraculosam demonstrant Ecclesiam, nisi ubi priscis Miraculis fieri ordinarie contingit.* Bellarminus asserit, verum Miraculum esse sufficiens testimonium Ecclesiæ. Maldonatus Iesuita ex Scripturis & Patribus contrarium demonstrat. Hieronymus in Comment. ad Galat. lib. 3. *Observandum est*, inquit, *quod operatio virtutum [illegible] qui non tenent Evangelii veritatem.* Hoc dico adversum hæreticos, qui probationem esse fidei suæ in eo signum aliquod fecerint, arbitrantur. Augustinus contra Epist. Fund. cap. 4. *Quod si talia in Catholica Ecclesia fiunt, non ideo esse manifestatur Catholica, quia hæc in ea fiunt; sed ideò approbanda sunt, quia in Catholica fiunt.* Chrysostomus homil. 49. in Matth. *Miracula*, inquit, *operatio [illegible] apud eos [illegible] qui sunt falsi Christiani.* Tertul. præscript. cap. 44. *Quasi hoc non & scriptum, venturos esse qui maximas virtutes edant ad corrumpendam veritatem.* Augustinus lib. uno supra cap. 16. *Dominus*, inquit, *adversus hos Mirabiliarios cautos nos facit, dicendo, Cavete.* Et Theodoret. in Deut. 13. *Jubemur non credere, quando, qui talia edit, contraria pietati docet.*

Collegium Anglo-Rhem. in Annot. ad Apocal. 17. 9. *Protestantes*, inquit, *extremè insulsè [illegible] adversus Romanam Ecclesiam [illegible], ut septem montes literaliter interpretentur, ut inde simplicibus persuadeant, Romam esse sedem Antichristi, cum tamen Angelus seipsum exponens [illegible] septem montes idem esse quod septem capita & septem Reges.* 18.
Bellarminus etiam lib. 3. de Rom. Pontif. cap. 13. ¶ *Nunc respondeo*, inquit, *cum aliis, per Meretricem, quæ sedet super septem montes non intelligi Romam sed universam diaboli civitatem, quæ vocatur simul Babylon, & opponitur civitati Dei quæ dicitur Hierusalem. Per septem montes intelligi universitatem superborum, & principes Regum terræ.*

Ribera autem in Apocal. 14. num. 30. *Babylonem*, inquit, *esse Romam, ex ipsis confirmatur, quia nulli alii conveniunt [illegible], quod dicuntur septem montes sunt. Constat autem Romam supra septem montes fundatam esse, de quibus Virgil.* [illegible] 6. Viega quoque cap. 14. sect. 2. *Apostolus*, inquit, *tam Romam signat, ut manifestum est ex cap. 17. & 18.*

Bellar-

Bellarminus lib. 3. de Pont. Rom. cap. 13. Denique, Loquitur, inquit, Ioannes de Roma, quæ tunc erat sanguine Martyrum, quod certè non habebat locum, nisi in ea Roma, quæ, [illegible] Nerone & Domitiano, Martyres [illegible]. Collegium Anglo-Rhem. Annot. in Apocal. 17. 5. Patres, inquit, per Babylonem Romam partim [illegible], sed ut erat tunc temporibus suis, quæ Paganis Christianos persequebatur: [illegible] de Rom. [illegible], ut erat sedes Imperij, quod nunc ad Cathedram Petri accommodare summa est impudentia.

Ribera autem Iesuita in Apocal. cap. 14. Num. 13. scribit: Caduta Babylon, id est, præteritum pro futuro: & ita [illegible] ubi illa magna [illegible] in Romam convenit. Et n. 40. 54. 55. 56. Roma, inquit, in fine seculi futura est Babylon. Ibidem: Dicitur [illegible] quæstionem: sed hanc ego me ut prajudicium defendi, quo totam materiam [illegible] aperirem, nec plus mihi credas, quam ratio aut veritas permiserit. Erat mater abominationum, cum sæviente Nerone, una die Petrum & Paulum occideret. Et cap. decimo septimo. Ostendam tibi damnationem meretricis magnæ: Hæc, inquit, qui legit, de illa dicta putet, quæ [illegible] tempore [illegible]: & est quidem verum hoc, sed de illa quoque dicuntur, quæ extremo Mundi tempore [illegible] dicitur, Cum mulierem seminabantur. Et Vega Iesuita cap. 17. Comment. 2. sect. 2. & 3 & cap. 18. Comment. 1. sect. 4. Ioannes, inquit, non loquitur de [illegible] multitudine sub typo mulieris & Babylonis, quia ex prædictionibus suis signis distinguitur, ut cap. 17. & 18. manifestum est. Appellavit enim Babylon magna illa civitas, & mentio fit septem montium: deinde [illegible] prædicitur [illegible], qui in [illegible] multitudine comprehenduntur. Angebant propter [illegible] quod necesse est ad extrema tempora ante Mundi finem referre. Quare expositionem communem deserere cogimur, & aliam [illegible] sensui magis congruentem, nimirum, urbem Romanam, non solum eam, quæ erat tempore Iohannis, sed quæ futura est tempore Antichristi: ut ex sequenti capite constat. Ruelius ad hæc verba, exiete ex illa: Cum, inquit, [illegible] est fidelibus, ut ex illa exeant, ne simul in ejus calamitate involvantur, profectò ostenditur, non de Roma illa antiqua, cum nulli adhuc fideles erant: sed de illa, quæ florebit in extremo Mundi tempore.

Costerus in Apolog. part. 1. cap. 2. pag. 39. Roma, inquit, hæretica: Antichristus neque de Ecclesia futurus est, neque in Ecclesia, neque in Templis nostris, ut Patres [illegible] sunt, sed ex tribu Dan oriundus sedebit Hierosolymis. Bellarminus lib. 3. de Pont. Rom. cap. 13. At [illegible]: Antichristi, inquit, sedem fore Hierosolymam, non Romam, verissimum est [illegible].

Collegium Anglo-Rhem. annotat. Apocal. 17. Romæ, inquit, [illegible] Mundi futura est sedes Antichristi. Ribera in Apocal. 14. Ostium, inquit, [illegible]. Vega in Apocal. 18. Comment. 1. [illegible], inquit, [illegible] Christi [illegible].

Ad dictum Augustini: Ego Evangelio non crederem, nisi, &c. lib. contra Epistolam fundi, cap. 5. Stapletonus lib. 2. de authorit. Script. cap. Respondet, inquit, Protestantes, hoc Augustinum dixisse, cum adhuc esset Manichæus, nimirum eum Ecclesiæ authoritatem [illegible], ut Evangelio crederet, ut esset Catholicus. At [illegible] eadem Augustinum jam fuisse Catholicum, ut Scripturis non crederet, ut potius Ecclesiam deferret, quam Evangelio non crederet: ergo majoris apud Augustinum momenti fuisse Scripturarum quam Ecclesiæ authoritatem. Falsum autem omnino: nam sensus est: Quod ad me attinet, nisi me jam Catholica Ecclesiæ authoritas commoveret, nec nunc quidem Evangelio crederem. Itaque frigida est omnino istorum Protestantium solutio, qui hanc sententiam de præterito, Ego nunc non essem Christianus, nisi me commovissent suis persuasionibus Christiani, quæ de præsenti intelligi Augustinum. Hoc etiam respondent Iesuitæ Posnanienses, Costerus, Turrianus, Valentianus, Gretserus & alij.

Melchior Canus autem in Loc. Theol. lib. 2. cap. 8. Augustinus, inquit, negotium erat cum Manichæis, qui absque controversia sacra fidem Evangelio credi volebant. Rogat Augustinum, nequid facturi sint, si in hominem inciderint, qui ne quidem Evangelio credat, quo genere persuasionis sint eum in suam sententiam adducturi? Certè se, affirmat, non aliter potuisse (præteritum tempus) adduci quam Ecclesiæ authoritate voluisse. Non itaque docet, in Ecclesia authoritate fundatam esse Evangelij fidem. Agit enim Augustinus, quomodo infideles ad credendum adducantur. Et Driedo de veris dogmat. lib. 4. cap. 4. Loquitur, inquit, Augustinus de Ecclesia illa, quæ fuit ab initio fidei Christianæ: (Ergo non de sola Romana, sed etiam de primitiva. Gerson de vita animæ,) Augustinus, inquit, intelligendus est per Ecclesiam primitivam fidelium, qui Christum viderunt, & audierunt, & ejus testes extiterunt.

Multi Iesuitarum sibiipsis in Scriptis suis saepe contradicunt.

Costerus in Enchiridio pag. 43. docet, *Non omnia, quae ad fidem pertinent, explicite sacris literis expressa esse, quae non ab id data sint, ut firmissimè credendum fidei praescriberent.* pag. 49. autem contradicit: *Praecipua illa fidei capita, quae omnibus Christianis cognitu necessaria sunt, perspicuè satis Apostolicis literis comprehensa esse.*

Item pag. 49. vocat Sacram Scripturam *membranam & chartaceam, & literam mortuam*: Pag. 49. sic autem extollit, ut nullum iota, apicem nullum in illis agnoscat, cui non suum pondus & efficacitas: unde tanquam divina eloquia mentem hominis, admirabili dulcedine & suavitate afficiant.

Bellarminus in libris de Iustificatione affirmat, *quod propter incertitudinem propriae iustitiae, & periculum inanis gloriae, tutissimum sit fiduciam totam in sola Dei misericordia & benignitate reponere.* Haec autem eius assertio è regione contraria est toti tractationi, & quinque librorum de Iustificatione librorum instituto: in quibus tamen libris seclusa verba reperiuntur.

Costerus in Enchiridio pag. 160. sic scribit: *Nulla nostrorum operum, nulla poenitentia, nulla Martyria, nulla poena, nulla virtus potest mereri cuiquam peccatori, remissionem peccatorum suorum. Peccatum enim, quod in infinitam Maiestatem Dei offensionem infinitam continet, non nisi per infinitum meritum potest deleri, quod infinitum meritum in sola Christi operatione & perpessione ob infinitam divinae personae dignitatem reperitur, non autem in ulla alterius sine meritis creatura.* Quod hic soli Christo tribuit se fatetur, omnibus creaturis excludit: nobis quoque nostrisque operibus nonnunquam merita paulo ante tribuerat. Sic enim pag. 159. *Finitur quoque Deus testimoniis; quae admistionem tentant aliquo modo concurrere, sicut etiam merita*, QVIBVS *ut aliquid concedatur promereamur.* In his manifestissima contradictio est: nulla merita, nisi per Christi meritum, iustificare; sed quaedam merita, quibus aliquid promereamur, iustificant.

Bellarminus lib. 5. de Iustificatione, c. 4. & 12. sic scribit: *Nam sancti Catholicae perditionem defendit, neque tamen sanctorum vitae ad vitam [illegible], sed ad aliam [illegible], vel aliam habeat praemiorum.*

Contra verò Bellarminus lib. 1. de Christo c. 14. & Petro Canisio [illegible] Calvinum [illegible] *animas ante Christi adventum.* Si ante Christi adventum, etiam ante Christi resurrectionem. Si in coelo, ergo non extra coelum. Si inter Sanctorum animas in coelo, ergo non spe, sed respicit.

Bellarminus in toto libro primo de Pont. Rom. pro Petri primatu acriter pugnat, eumque omnibus defendere modis conatur.

Capite 9. autem col. 668. apertissimè dicit, *summam potestatem omnibus Apostolis aequaliter datam esse.* Hoc verò cum ipsius Principatu pugnat. Si enim omnes Apostoli summa potestate erant Praepositi, nihil Petrus supra reliquos Apostolos habere potuit; nisi summum supra summum, aliquid summius summum non est, supra quod possit quicquam esse. Ex his summis Apostolis primatus nullus cogitari potest. Respondet eodem loco Bellarminus: *Summam hanc potestatem datam esse Petro ut ordinario Pastori, aliis verò Apostolis ut delegatis.* Atque hac nova distinctione sanè & omnes Apostolos fuisse, & Petrum tamen aliquid supra reliquos habuisse affirmat: sed & hoc apertè pugnat cum eo, quod omnibus datam esse summam potestatem dixit. Est quoque in hac responsione manifesta contradictio. Nam inter Apostolos summa potestas fuit, non igitur Petri delegati reliqui fuerunt: quia potestas non potest esse tanta per omnia, quanta eius est qui delegavit. Bellarm. autem scripsit potestatem omnibus parem, id est, summam: at delegata potestas summa nunquam est.

Bellarminus lib. 4. de Pontifice Romano cap. 2. in explicando statu quaestionis huius, duo esse dicit, in quibus non haeretici modo, sed Catholici omnes conveniunt. *Primum, posse Pontificem, etiam ut Pontificem, & cum suo coetu consiliariorum, vel cum Generali concilio errare in controversiis fidei particularibus, quae ex informatione testimoniisque hominum praecipuè pendent. Secundum, Papam posse, ut privatum Doctorem, errare, etiam in quaestionibus iuris universalibus, tam fidei, quam morum.* Hoc verò Bellarminus eodem libro capite 6. tollit, propositione 4. quae sic habet: *Probabile est, pieque credi potest, summum Pontificem, non solum ut Pontificem errare non posse, sed ne aliquid contra fidem pertinaciter credendo.*

Talis est Bellarminus in aliis quoque doctrinae capitibus. Nam de Remissione gratiae & statu peccati libro secundo, cap. 12.

dicit

[illegible] non inclinat hominem ad malum neque physicè, neque moraliter. Mox autem sui oblitus contrarium affirmat ibidem paulò post inquiens: *Deus inclinat quidem ad malum, non physicè, sed tamen moraliter.*

In lib. 1 de Clericis c. 14. inquit, *Episcopos Apostolis succedere, Presbyteros autem [illegible].* Contrarium autem affirmat lib. 4. de Pontif. Rom. c. 25. docens, *Episcopi non propriè succedunt Apostolis.*

Lib. 1. de Pontif. c. 12. inquit, *Iudas non [illegible].* Contradicit autem de Iustific. lib. 3. cap. 14. inquiens: *Iudas potius fuit [illegible] bonus.*

Alio in loco dicit, *[illegible] Legis substantiam operis requiri, ut [illegible] praeceptum observetur, ut peccatum non committatur, & non fiat homo reus ob praeceptum non impletum,* de Gratia & libero arbitrio lib. 1. cap. 3. Contrà verò ibid. cap. 9. *[illegible], non esse omnino idem, [illegible] & observare praeceptum secundum substantiam operis: potest enim servari praeceptum secundum substantiam operis, etiam cum peccato.*

De Pontifice Romano libro 4. capit. 3. dicit, *Petrum non amisit eam fidem, quâ corde creditur ad iustitiam.* De Iustificatione autem libro 3. cap. 14. ait, *Petri peccatum fuit lethale.*

De Roman. Pontifice libro 3. capit. 14. *Antichristus*, inquit, *Magus futurus est, & more aliorum Magorum occultè Diabolum adorabit.* At contrà ex sententiis Hippolyti & Cyrilli, & cap. 13. eiusdem libri, *Abhorrebit*, inquit, *ab idololatria, [illegible] & [illegible] Templum [illegible].*

Rursus Bellarminus de Missa libro primo, capit. 27. *Verba consecrationis [illegible] celebrantur.* Contrà de Missa libro 2. cap. 11. *Sacrificium [illegible] magis in eo [illegible] & alia [illegible], quae supra Dominus super altare ponitur, vera & realis oblatio est.*

In libro de Christi anima 4. cap. 3. ait, *Mundi finis non potest sciri.* Contrà de Roman. Pontif. lib. 3. c. 17. *Post antichristi mortem non futuros fore nisi 45. dies usque ad finem mundi.*

Libro 3 de Pontifice Romano cap. 13. *[illegible] meretricem.* Contrà ibidem, Antichristus Romam odio habebit, & pugnabit contra eam, & comburet.

De Pontifice Romano libro secundo capit. 31. *Duobus modis intelligi potest nomen universalis Episcopi: uno modo, ut ille qui dicitur universalis, [illegible] esse solum Episcopum omnium urbium Christianarum, ita ut caeteri non sint Episcopi, sed Vicarij tantum illius, qui dicitur universalis Episcopus: quo sensu Papa NON est universalis Episcopus.* Contrà de Pontif. Roman. lib. 4. cap. 24. *Omnis ordinaria iurisdictio Episcoporum descendit immediatè à Papa, & est in eo, & [illegible] in alios derivatur.*

Et quod peculiariter ad Bellarminum, eiusque consuetudinem attinet, hoc in lectione scriptorum eius, cum multis aliis observavi, eum, quoties cunque graviori aliqua obiectione premitur, quae ipsum vellicet & pungat, nihil incertius meminisse, utrum argumenti solutio, doctrinaeque sibi traduce sit contraria, dummodò ei pro tempore inserviat, & effugio esse possit, quò praesentem procellam declinet. [illegible]

De Calumniis IESVITARVM, sive Inventionibus Maliciosis ac Mendaci Infamatione.

IN bello civili ultimo Regni Galliae, Iesuitae ipsi autores commenti, Huguenotos, quos sic in Gallia vocant, in necem Caroli IX. Regis, delendum que statum ac Reginae matris conspirasse, & hanc verissimam laniena Parisiensis anno 1572. occasionem & causam fuisse: maluisse enim eos praevenire quam praeveniri. Sic enim Cressuellus in suo Philopatre contra Edictum Elisabethae Reginae, pag. 119. *Regina*, inquit, *Angliae consilia fuit [illegible], quae anno 72. in nuptiis Regis Navarrae [illegible] debebat: [illegible] Regis Navarrae [illegible], ob quandam in Catholicos Principes conspirationem.*

Franciscus Costerus Iesuita, de eodem in Sica Tragica capit. 7. pagina 60. sic scribit: *Anno 72. Catholici multos in Gallia Calvinistas, iussu Regis, qui illos conjurationis de [illegible] Catholicorum [illegible], [illegible], quam profitebantur, [illegible].* Idem Costerus in Sica cap. 11. pag. 109. *Confessus Rex*, inquit, *Anno 1572 [illegible] conclusum fuisse ab Huguenotis, ut [illegible], tempore [illegible], [illegible] Catholicis, [illegible] Huic Catholicorum [illegible], & Regis Christianissimi [illegible] parricidio, obviam [illegible] & [illegible] factum est [illegible] celeberrimum, & [illegible].*

Causa autem laniena huius omnibus nota est, ut omnes Pontificios talis de fidelibus Gallis, praeter solos Iesuitas, sciret, hac re, [illegible] Ribadeneira autem, etsi libro de Principe cap. 27. multa mendaciter scripserit de malis ab Hugonotis [illegible] Catholicos [illegible], hujus tamen [illegible] [illegible] ne unum quidem verbo meminit. Et Iacobus Aug. Thuanus in sua Historia, Tomo 1. part. 2. pagina [illegible] pag. 846. aliam, & quidem veram hujus [illegible] lanienae caussam commemorat, videlicet, *Vt sub specie [illegible], & quidem [illegible] Hugonoti Lutetiam, tanquam [illegible] [illegible] & [illegible].*

Cùm etiam Iesuitae intelligerent, se sub Regina Elizabetha, [illegible] doctrinam de Regicidiis, omnibus bonis in Anglia exosos esse, Apologiam ediderunt, in qua inter alia probare conantur, Regicidium & Reginicidium **non à sua** doctrina [illegible] promanare, sed figmentum & technam [illegible] solummodò **esse** politicae nostrae, ut sic Papismus contemptui **&** despicatui foret. Hoc etiam testantur Acta Henrici Garneti & Sociorum ejus pag. 84.

Super etiam [illegible] quibus quantisque **mendaciis & calumniis** Serenissimam **Angliae Reginam** obruerint & [illegible] **Iesuitae.**

Fulminalis quoque pulveris molitiones **contra Regem** Angliae **&** regiam stirpem, Regnique **totius** proceres, Iesuitae Colonienses à Calvinianis, nec ab ullo Catholico excogitatas esse, impudentissimè calumniati sunt.

Anno 1597. rumorem sparserunt Iesuitae, qui ferè per totam Europam pervasit, de Clarissimi viri Theodori Bezae, Pastoris Genevensis Ecclesiae, morte, & constanter affirmârunt, quod paulò ante mortem omnem doctrinam suam revocârit, ac confessus sit, se Romanae Ecclesiae doctrinam pro vera agnoscere, atque in ea mori velle. Author hujus commenti ferebatur Clemens Puteanus, Iesuita [illegible]. Mendacium autem illud impudentissimum Pastores Genevenses refutârunt, edito nomine suo publicis duobus scriptis, uno Latinè (cui Beza Redivivus nomen fecerunt) altero Gallicè. Beza quoque ipse Epistola ad Gulielmum Stuckium Theologum Tigurinum vanitatem [illegible].

Anno Domini 1609. [illegible] Thesis à Iesuitis Monasteriensibus [illegible], *Credo Calvini [illegible]*, [illegible] Calumniarum ac mendaciorum de Calvinianis. [illegible] Confessionem plane blasphemam & abominandam [illegible]. Articulum primum Calviniani symboli hunc esse: *Credo in diabolum, [illegible]*

[illegible], [illegible], Cornipotentem cœli & terrae. Iidem asserunt, *Calvinianos [illegible] [illegible] docere, Non [illegible] [illegible], sed [illegible] & operatione Dei [illegible].*

Thesi 8. dicunt, *Calvinianos [illegible], capita aperire, aut genua flectere ad [illegible] nominis Iesu, [illegible] [illegible] [illegible] et detestari.*

Thesi 14. dicunt, *Calvinianos in Anglia, &c. [illegible] Christum verum esse [illegible], sed [illegible] [illegible] [illegible] humano generi, ac [illegible] [illegible] exemplum.*

Thesi 15 asserunt, *Calvinianos docere, Christum natum ex Maria non Virgine.*

Thesi 17 aiunt, *[illegible] de [illegible] articulo Fidei Christianae, [illegible] [illegible] quàm Calvinistas.*

Iesuitae Colonienses in Censura sua pagina 176. audacter affirmant, publicum ac publicè coram populo, *Evangelicos [illegible] [illegible] [illegible] [illegible] impietatem [illegible] [illegible], & [illegible] flagitiosis [illegible] [illegible], [illegible] [illegible] (quo [illegible] in [illegible] [illegible]) [illegible].* Ad hanc calumniam dico, quod Cicero pro Cluentio dixit, *Magnum & impudens est hoc mendacium.* Quàm serio enim in nostris Ecclesiis urgeantur ad verè bona opera, quotidianae conciones coram toto Mundo testantur.

Thomas Bozius Eugubinus lib. 12. de signis Eccles. c. 14. [illegible] calumniatur, Evangelicos Doctores bonarum artium ignorantiam [illegible], [illegible] dicunt, non esse [illegible] Praedicatores, qui [illegible] [illegible] [illegible] & [illegible] [illegible] [illegible] apud Principes, nobiles [illegible] [illegible] [illegible]. E contra solis Iesuitis [illegible] literarum cognitionem, [illegible] [illegible] studia humaniorum disciplinarum professionem, & Scholarum frequentiam.

Imò [illegible] sunt & calumniis [illegible] [illegible] Religionis [illegible] & Doctores, [illegible] [illegible] doctrina [illegible] [illegible] Scholis, nulli sine mercede patent, & interdum doctrinâ peregrinâ [illegible]. Mirum quantum [illegible] [illegible] & calumnia valuerit; quantum per Papam & Iesuitas [illegible].

[illegible] dicam, Iesuitae in suis scriptis & concionibus nihil ferè aliud agunt, quàm ut omnis generis calumniis & [illegible] mendaciis Evangelicos [illegible], eosque haereseos, seditionis, rebellionis, conspirationis, & aliorum nefariorum facinorum [illegible], [illegible] illos, ut Pharisæi Christum, in odium magnatum adducant.

IESVITÆ multa in Evangelicis reprehendunt, quæ ipsimet faciunt & in Principibus Catholicis laudant.

CRessvvellus in suo Philopatro contra Edictum Elisabethæ Reginæ Angliæ pagina 74. scribit, *Iniquissimum esse Regnum, quod in Anglia [illegible] locum [illegible] sub Turcis, sub Mauris, sub Persis, sub [illegible] vivendi locus permittitur.* Et in Apologia Alani contra duo Edicta Elisabethæ Reginæ pagina 11. & 12. *In Regnis inquiunt, & Provinciis Turcis Persisque subjectis, Catholici libere sua Religione uti permittuntur. Sed & in Germania, Helvetia, Suecia, Polonia, [illegible] nullus Catholicorum compellitur ad alterius Religionis professionem, ut solis Catholicis in Anglia negatur Religionis libertas.* Dicas autem Alane, quæ libertas Evangelicis in Italia, Castella, Carinthia, aliisque Provinciis & urbibus conceditur, in quibus Iesuitæ dominantur. Nulla prorsus, sed in exilium crudelissimè pelluntur. Et hoc [illegible] dignum esse dicis, laudibus Sylvanus in suo Philippico, [illegible] [illegible] in fide & cur non etiam à [illegible] in terras [illegible] [illegible]. Ribadeneira quoque de Rege lib. 1. cap. 18. pag. 117. *Principibus, [illegible] & Magistratibus sub gravi pœna præceptum esse in Concilio Lateranensi sub Innocentio III. ut [illegible] [illegible] [illegible] idque juramento [illegible] se [illegible].* Sic etiam olim in Hispania lege cautum fuisse, Symmancha dicit de Catholic. Institut. cap. 46 num. 55.

IESVITÆ Temporibus sese accommodant. Hencken den Mantel nach dem Wind.

POssumus hoc loco commodissimè uti verbis Cæsaris [illegible] in Sua Tragœdia capite ultimo, pagina [illegible] [illegible], ubi dicit: *[illegible] [illegible] Iesuitis vela [illegible] [illegible] [illegible] & [illegible] se [illegible] aliquo [illegible], [illegible] vel Eurum vel Austrum. Nam facile [illegible] hæc verba jam in Gallia [illegible].* Et Ribadeneira de Principe lib. 1. cap. [illegible] pag. 178. *[illegible] [illegible] [illegible] [illegible] [illegible].* Qui tamen [illegible] pag. [illegible] politicum [illegible] [illegible] Reginæ [illegible] & Regum Galliæ [illegible]; quòd putarunt, *serviendum tempori, utilitatisque esse [illegible] quandam [illegible] formare, quam [illegible] [illegible] [illegible].* Et pag. 94. addit: *Nullum Regem, nullum Principem esse cui hæc politica [illegible] [illegible] [illegible], qui non stultitiæ & temeritatis gravissimas pœnas dederit.*

In actis Henrici Garneti & Sociorum pagina 68. hæc leguntur. *Cum viderent Pontifices, hanc calamitatem (nempe [illegible] Reginæ [illegible]) [illegible] [illegible] [illegible] [illegible] [illegible] [illegible], [illegible] Gregorium XIII. [illegible] omnibus Catholicis, EXTERNAM erga Reginam obedientiam præstare, ad [illegible] [illegible]: hac tamen CAVTELIS & Cautela [illegible] [illegible] [illegible] [illegible] [illegible] [illegible] hæc scripta [illegible] [illegible] Iesuita Garnetus & [illegible] [illegible] confessus est.*

In extract. Parlamenti Parisiensis Tomo sexto Memorial. Ligæ hæc verba [illegible]: Les Iesuites avoyent un bref de sa sainteté, qui les dispensoit, d'obeir au temps. Id est, Iesuitæ habebant Papales literas & dispensationes, quòd sese tempori adcommodare possent. Rursus in eodem Extractu pagina 165. Alexander Hajus Iesuita avoit enseigné publiquement, qu'il falloit dissimuler & obeir au Roy pour un temps par feintise: disant fort souvent ces mots, Iesuita est omnis homo.

Alexander Hajus Iesuita publicè, & sæpè docuit, *ad tempus [illegible] aliud simulandum, quàm [illegible] in corde sentias, & si ad tempus simulandum, [illegible] Regi obedire [illegible].* Sæpè etiam dicere solebat, *Iesuita est omnis homo,* Iesuitam instar Protei in omnes figuras transformare posse.

Similiter Iesuitæ in Anglia docent, *subdolè agere & [illegible] [illegible]. In Anglia [illegible] [illegible], [illegible] Regina, [illegible] [illegible] de Deo, [illegible] [illegible] Catholicum [illegible] & [illegible] [illegible]* (ut scribitur in Epistola Iesuitica in lib. de Concordia Ecclesiæ) *loquendum tibi esse cum [illegible], [illegible] [illegible], quod cæteri affirmant, etiamsi [illegible] [illegible] aliter [illegible] [illegible] in confessione [illegible] [illegible] [illegible].*

Ante annos non ita multos Iesuitæ Duacenses in Belgio scripserunt, *[illegible] [illegible] [illegible] esse, hæretico [illegible] [illegible] [illegible], hæresim profiteri, [illegible] [illegible] communicare, atque adeo nihil non agere, dummodo ad [illegible] promovenda rei Catholicæ fiat*, ut testatur Daniel Plancius in lege [illegible] [illegible] Antwerpiensi *De fide [illegible] non servanda*, pag. 81.

IESVI-

Iesui-[illegible]

IESVITÆ multa à se & aliis Pontificiis facta, dicta & scripta impudenter negant.

Richeomus Iesuita in sua Expostulatione Apologetica pro Societate Iesu anno 1602. edita, *Nunquam*, ait, *ego audiui, gestorum defunctum Henricum à quoquam nostrorum hominum Tyrannum esse nominatum, & tamen cum illis familiariter aliquando sum*, [illegible] (aduersarios) [illegible]. Negat hoc quoque Iacobus Syluanus, alias Keller, in sua Philippica contra Admonitionem ad omnes Reges ac Principes de nefariis & exitialibus Papæ & Iesuitarum conatibus & practicis.

Negat idem Syluanus eadem, Iesuitas docere, *Eodem modo reliquas etiam Principes & Reges, si à Theologis, viris eruditis & grauibus pro Tyrannis habeantur, interfici posse: ideoque recte scripsisse Iacobum Clementem Monachum, quod Henricum III. Regem Galliæ interfecerit: Recte etiam facturum qui illius successorem Henricum IV. aggressus fuerit.*

Negat idem, Iesuitas docere, *Tyrannum (excommunicatum & Euangelicum) veneno à subditis vel ministris necari posse.*

Iohannes Mariana autem in lib. 1. de Regis institut. c. 6. hanc quæstionem tractans, *An Tyrannum opprimere fas sit?* affirmantem sententiam probat, *& inter alia nomina Henrici III. Regis ad Tyrannos, & merito propterea necari.* Quod utique inconueniens fuisset, si eum non pro Tyranno habuisset. Ibidem etiam caussas indicat, cur illum pro Tyranno habuerint: videlicet, propter impios illius ausus.

Addidit ibidem Mariana, Iacobum Clementem præmeditate & de consilio Theologorum hoc facinus perpetrasse, qui eum docuerint, & eoque confirmarint, talem Regem, velut Tyrannum, iure necari posse. *Cognitis*, inquit, *à Theologis, quos erat sciscitatus, Tyrannum iure interfici posse*, &c.

Sed & Petrus Ribadeneira de Principe libro primo, capi. 11. quasi, ut scribit, *Quod Henricus* [illegible] [illegible] Tyrannus describit.

Iustificat etiam Parisiis in Iesuitarum Collegio repertus & à Iohanne Guignardo Iesuita scriptus, inter multa alia quoque docet, *Permissum esse Reges ac Principes occidere.* Diserte etiam verbis Henricum III. TYRANNUM nominat.

In libro quoque toto de Henrici III. abdicatione: *Rex ille dicitur fuisse crudelissimus Tyrannus*, itemque libro secundo, per aliquot capita nominatur *periurus, parricida, assassinus, homicida & quidem Ecclesiasticarum personarum, hæreticus & hæreticorum amicus & fautor, schismaticus, Simoniacus, sacrilegus*, [illegible], &c. [illegible]

Gratulantur etiam sibi Iesuitæ ea in præmio, quam lib. 4. c. 13. de nece Henrici tertii. *Ecce*, inquiunt, *dum scribimus, dum* [illegible]

[illegible] *in factum est.*

Et subiungunt: *Nihil iam ut sit, quod laudibus Holofernis, & Davidis Goliathum abtruncantis, & Samsonis in* [illegible] *Dextera Domini fecit virtutem: Dextera Domini exaltauit me, &c. A Domino factum est istud, & est mirabile in oculis nostris. Desine ergo, qui alterius Henrici anathemate reliquias* [illegible] *Et quid enim anathema acerrimus* [illegible] *exempla* [illegible] *nec timetur?*

Sic & in Præfatione eiusdem libri: *Nos vidimus*, inquit, *id optimum tandem, ut Henricus Tertius abdicatus: quod factum nuper & præsentes* [illegible], *etiam gratulamur. Sed* [illegible] *ut impius & TYRANNUS* [illegible] *Profano*, [illegible] *Henrici*, [illegible] TYRANNI [illegible] [illegible] [illegible] [illegible] [illegible] [illegible] [illegible] DEVS [illegible] in execrandum istud caput [illegible] [illegible] [illegible] DEVS [illegible] [illegible] [illegible] [illegible] [illegible] [illegible] [illegible] [illegible] (Galliam in Hispaniam) [illegible] [illegible].

Becanus Iesuita Moguntinensis contra Christianum Beccensem [illegible] Romano-Catholicos docere & [illegible] Concilio Lateranensi sub Iulio II. & Leone X. celebrato, Tridentino item & Constantiensi decretum esse, Hæreticis fidem non esse seruandam.

Iacobus Simancha item Episcopus Pacensis in Institutione sua Cathol. tit. 46. num. 52. hæc scribit: Ad hæreticorum pœnam & odium pertinet, QVOD FIDES ILLIS DATA SERVANDA NON sit. In Concilio Constantiensi [illegible] [illegible]. Et mox rationem addit: Si enim, inquit, [illegible] [illegible] [illegible] [illegible] [illegible] [illegible] [illegible] [illegible]. Allegat etiam ibidem hujus sententiæ suæ assertorem, Marium Salomonium, leg. 2. § de [illegible], Menochium & alios, ut solus hic [illegible]

tur. Gretserum etiam [illegible] [illegible] quæstione [illegible] [illegible] [illegible] fide & juramento.

Simanchæ adstipulatur etiam Cardinalis Iesuita in suo Philopatro pagina centesima nona. Quicunque, inquit, Principum Christianorum, si a Religione Catholica manifeste deflexerit, & alios avocare voluerit, excidere statim omni potestate ac dignitate [illegible] [illegible] [illegible] [illegible] [illegible] [illegible] Apostatam, ac Christi Domini desertorem, & Reipublicæ suæ inimicum & hostem, ex hominum Christianorum dominatu ejicere, ne alios inficiat, vel suo exemplo & imperio a fide avertat. Atque hæc certa, definita, & indubitata virorum doctissimorum sententia est [illegible] Scriptores adhuc negare audent, id & [illegible] Pontifices docere, Fidem hæreticis seruandam non esse.

Hoc enim generale Papistarum Dogma esse, Testatur Bellarminus in Responsione ad Apologiam pro Iuramento fidelitatis his verbis [illegible] [illegible] [illegible] [illegible] ET AVBERIT [illegible] A FIDE ET OBEDIENTIA LIBERARE. Neque hanc esse novam doctrinam, sed in Concilio LATERANENSI [illegible] [illegible] [illegible] [illegible] negare se hoc docere.

Hosius quoque Cardinalis Epistola centesima nonagesima tertia, & ducentesima secunda, & ducentesima vigesima. [illegible] [illegible] [illegible] [illegible] [illegible] [illegible].

Molanus item libro tertio, cap. 7. dicit [illegible] [illegible] [illegible] [illegible] [illegible] [illegible] *non fortiantur.* Et cap. 7. lib. 4. addit: *Nam quamquam contra Catholicam Majestatem Philippi Regis in Belgio summam, quis partim rebelles, quidam hostes dicendi sunt, ossiturè praedones dicantur: atque si illis aliquid promissum sit, clarum & indubitatam esse resolutionem, ex nobis debere.*

3. Bellarminus libro quarto de Pontifice Romano cap. 10. scribit, Calvinum impudenter mentiri, quòd scribat libro quarto Instit. cap. 12. § 24. *Siricium in Epistola ad Hispanos conjugium Sacerdotum vocasse immunditiem & pollutionem.* Legatur autem Epistola illa. Prohibet in ea presbyteris matrimonium, quia Dominus praecepit: Sancti estote, quia & ego sanctus sum. Si rectè disputet Siricius, necesse etiam conjugium verum & legitimum impurum est, & non presbyteris tantùm, sed omnibus etiam hominibus illicitum: hoc enim Deus non à solis Levitis, sed à cuncto populo exigit, ut sancti sint, quemadmodum & ipse sanctus est. Siricius igitur existimavit, Conjugium in se immundum esse.

4. Eodem loco negat Bellarminus Liberium Papam fuisse Arianum & Arij doctrinae subscripsisse: affirmat autem Athanasius in Epistola ad solit. vit. agentes. Negat etiam Felicem Arianum fuisse: affirmat Hieronymus in Catal. in Acacio, ubi ait, *Acacij opera* Felicem Arianum Romae Episcopum constitutum esse. Negat Coelestinum Papam Nestorianum fuisse: affirmat Laurent. Valla in libro de Donat. Constantini. Negat Vigilium fuisse Monophysitam, & Epistolam Liberati, in qua hoc disertè affirmatur, ab haereticis vel corruptam, vel totam confictam & scriptam fuisse: sed non probat. Negat capite undecimo Honorium Papam haereticum fuisse. At sunt duae Epistolae Honorij in Synodo 6. Act. 12. & 13. in quibus doctrinam Sergij Principis Monothelitarum approbavit. In eadem Synodo Actio. decimatertia Honorius nominatim damnatus, & ejus Epistolae comburendae judicantur, & haec damnatio repetitur in omnibus actionibus sequentibus plus quàm vigesies. In Synodo septima etiam damnatus Honorius tanquam Monothelita. In Synodo 8. generali Actio. septima asseritur, Honorium fuisse à Synodo 6. generali Actio. 7. asseritur, Honorium fuisse à Synodo 6. post mortem damnatum. Agatho Papa in Epistola ad Constantinum Imperatorem, quae habetur Act. 4. Synodi 6. anathema dicit Honorio tanquam Monothelitae: idem etiam facit Leo 2. in Epistola ad eundem Imperatorem, quae habetur in Synodo eâdem. Huc accedunt authores plurimi tam Graeci quàm Latini. Nilus Archiepiscopus Thessalonicensis in libro de primatu Papae, Tharasius Episcopus Constantinop. in Epistola ad Patriarchas quae extat in Synodo 7. Actione tertia, Theodorus Episcopus Hierosol. in Epistola Synodica, quae ibidem habetur. Epiphanius Diaconus Catholicus in disputatione cum Gregorio haeretico, quae extat in Synodo 7. Actione sexta. Item, Psellus in carmine de septem Synodis. Beda de sex aetatibus in vita Constantini quarti Imper. & Liber Pontificalis in Vita Leonis 2. His addendi sunt Melchior Canus libro sexto Comment. c. ult. Sanderus libro septimo de visib. Monarch. Alphonsus de Castro libro quarto de haeresibus. Turrensis de 6. 7. & 8. Synod. Hardingus contra Iuellum, Genebrardus in Chron. in Honorio I. qui omnes haereticum eum fuisse testantur. Solus Bellarminus cum paucis negat. Et quamvis fateatur lib. 4. de Pontifice c. 14. Ioannem 22. Papam revera sensisse, animas non visuras Deum, nisi post resurrectionem demùm, hos tamen peccatum quantum potest extenuat & excusat, ut impudentissimum Costerum Iesuitam esse oporteat, qui in suo Enchirid. apertè asserit, *in tanto Pontificum numero, qui Beato Petro successerunt, ne unum quidem inveniri esse, qui (haeresin) docuerit, aut in errorem lapsus sit.*

Amphitheatrum Honoris Anno 1606. excusum, Clari Bonarscij nomine, cujus proprium nomen Carolus Scribanius erat, antehac Antverpiani Collegij Rectoris, Certum Iesuita dixit, nequaquam à suae Societatis homine hoc emanâsse, sed Genevae, ad conflandum Iesuitis odium, fictum ab haereticis fuisse: qui tamen postea, longè aliter, quid sentiret expressit, laudato Scribanij opere, & distributis multis exemplaribus.

Negare quoque audent Iesuitae tam imprudenter, quàm confidenter, coactis & conductis ad hoc undique argumentis, Historiam de Ioh. Papissa Rom. ejusque puerperio; de cujus tamen veritate à plerisque per 800. jam ferè annos, in ipsomet Pontificio Regno, nunquam dubitatum aut disputatum est. Nunc demum in dubium vocatur à Pontificiorum adulatoribus, inprimis Bellarmino & Baronio, hanc historiam fabulam esse contendunt; eóque plerosque, integros, gravesque scriptores, in quorum consentientium monumentis expressa & contestata legitur, vanitatis & mendacij non minus arroganter, quam inverecundè arguunt: idque non adserendae veritatis causa, quam, ubicunque eis adversatur, adulterant 4. De papessa Ioanna 8.

cerant & supprimant; sed ut probrosam hanc puerperii Papalis historiam diluant, hoc enim primo tempore plurimum jactatum in despectum & ignominiam Hierarchiae Romanae, cujus fundamentum in perpetua illa sede eisque à Petro successione (si modò Petrus unquam Romae fuit) situm praedicant: quam catenam ab hac muliere interruptam dolenter ferunt, & omnibus modis sepultam esse cupiunt. Ranulphus autem Flaviacensis Monachus Benedictinus, hanc historiam Pontificalis puerperii primus commemoravit, & ab aliis propter deformitatem facti omissam apertè fassus est. Vixit juxta Trithemium anno 950. ut Papalis hoc puerperium ab iis accipere potuerit, qui illud viderant. Hunc secutus est Marianus Scotus Anno Domini, inquit 854. anno Lotharii 14. successit Leoni Johanna mulier. Natus fuit Anno 1028. ut hanc historiam vel ex seniorum testatione, vel ex superiorum scriptorum relictis monumentis cognitam habuerit. Tertius est vestis veritatem hujus historiae Sigebertus Gallus Gemblacensis Abbas, *Fama est, inquit, Johannem foeminam fuisse, & uni soli familiari cognitam, qui eam complexum est. Gravida facta peperit Papa existens, quare eam inter Pontifices non numerant quidam. Gran[illegible] de ac extat judicium apud Trithemium in libro de Script. Eccles.*

Supersunt alia quoque de eod facto ac scelere testimonia. 1. Primum est Martini Poloni. Is inquit, *Joan. foemina fuit, & in Papatu à familiari suo impraegnatur. Tempore partus ignorans, quum de S. Petro in Lateranum tenderet, angustiata partu inter Colosseum & S. Clementis Ecclesiam peperit, & postea mortua ibidem, ut dicitur, sepulta fuit. Et propterea, quod Dominus Papa semper eandem viam obliquat, creditur omnino à quibusdam quod ob detestationem facti hoc fiat. Nec idcirco in Catalogo sanctorum Pontificum ponitur, tam propter muliebris sexus, quam propter deformitatem facti.*

2. Alterum testimonium est Francisci Petrarchae, qui Martini Poloni coaetaneus fuit. Is eadem quae Martinus commemorat in suo Chronico Italicè conscripto, & Florentiae excuso anno 1478. *Johannes*, inquit, *Anglicus non ponitur in Catalogo Paparum, quia foemina fuit.*

3. Tertium est Johannis Bocatii, qui intimus Petrarchae fuit. Is libro de claris mulieribus capite 99. graphicè probrosum illud Pontificis puerperium describit, ut et etiam effigiem parentis, & obstetricantes Cardinales & Episcopos exhibeat.

His testibus accedunt alii praeter, doctrinâ & fide dignissimi. 1. Otto Episcopus Frisingensis, qui ante annos 400. claruit. 2. Annales Augustani antiqui. 3. Vuilhelmus Occamus c. 144. operis 90. dierum. 4. Raphael Volaterranus in Comm. suis libro 22. dicens: 5. Platina, qui fuit Sixto IV. à Secretis. 6. Sabellicus Ennead. 9. lib. 1. Jacobus Philippus Bergomensis. 7. Trithemius in Chronico. 8. Johannes Stella. 9. Nauclerus. 10. Albertus Krantzius. 11. Fasciculus temporum, Coelius Rhodiginus, ac plures alii. Horum tantorum virorum testimonio & affirmationi plus credendum est, quam Jesuitarum negationi, qui id solum dicunt, quod Pontificis sui majestatem & authoritatem stabiliat, contrarium simpliciter vel negant, vel saltem eludant.

Refutarunt etiam solidissimè Jesuitarum mendacia & exceptiones, quibus hanc historiam suspectam & falsam esse probare volunt, & veritatem ejus asseruerunt, Vuitakerus in suo libro de **Pontifice** Roman. pag. 719. & 720. Deinde **Franciscus** Junius in Animadversionibus ad Controversiam 3. generalem Bellarmini de Pontifice Rom. lib. 3. c. 24. pag. 490. & seqq. Imprimis autem Conradus Deckherus Praeceptor in Sapientia Heydelbergen. in libro de Papa Rom. & Papissa Romana.

Negant insuper Jesuitae Conjurationi 3.
pulvereae in Anglia, quâ [illegible] aut horribilius scelus post homines natos nunquam susceptum fuit, quenquam Jesuitarum interfuisse, vel ejus conscium & participem fuisse. Facit hoc Andreas Eudaemono Johannes Cretensis in sua Apologia pro Henrico Garneto: & addit, *eum nullius sceleris conscium, nisi [illegible], aut Religionis, aut [illegible] nomine damnatum fuisse.*

At verò conjurationi illius negotio, minimum 4. Jesuitas intervenisse supra indicavimus. Illorum 4. nomina haec sunt: Henricus Garnetus in Angliae Regno Jesuitis 19. Provincialis: Hallus qui & Oldcornus: Osvaldus Tesimondus sive Greenvellius: & Johannes Geraldus. Accessit quidem, ut supra quoque pluribus indicavimus, pro sua quisque virili, singula, quae ratione temporis postulare viderentur, exsequentes, negotium per partes curârunt. Henricus Garnetus autem, ut qui inter Pontificios Anglos dignitate, authoritate, & longè tractandarum rerum usu supra alios eminens, de universo negotio communico sed Catesbei scilicet fuit communicatum, ceterorum omnium conscientiam solicitè refugiens, ut ex Epistolis ipsius, propriâ manu scriptis, & à multis locis apparet. Ad hanc in rebus dubiis, ceu ad oraculum Ga-

gebetur doli totius architectus, vanitans, aut Granvellanum suo nomine mittens, oracula petebat. Ex Colloquiis eorum & pluribus aliis Catesbeii cum illo, quam ex Granvelli sæpè repetitis sermonibus, & quibus & plurimæ Garnetti Epistolæ testantur, hoc clarius probari potest, hunc Iesuitam conjurationis nefariæ non tantum conscium fuisse, quam alium quemvis conjuratorum. Neque verò arcani hujus conscius Garnettus fuit, sed plerisque conjuratorum, & Winterio, Rookuodo, & ipsi Fauxio incendiario, qui sua authoritate, audendi auctor extitit, cunctantibus & hæsitantibus priusquam probare rem tanto viro ex vatibus Catesbeio aggressent. Sed de his satis supra, quo Lectorem remittimus.

Causæ Primariæ Parricidiorum aliorum nefariorum facinorum, &c. IESVITARVM.

CAusa parricidiorum, proditionum, aliorumque nefandissimorum facinorum Iesuitarum non postrema est *Cæca illorum quam sic ipsimet vocant, obedientia*, quam Superioribus vovent, de qua sic scribitur in Constitutionibus eorum part. 6. c. 1. *Ut sancta obedientia tum in executione, tum in voluntate, tum in intellectu sit nobis semper ex omni parte perfecta: cum magna celeritate, spirituali gaudio & perseverantia, quidquid nobis injunctum fuerit, obeundo*, OMNIA *justa esse nobis persuadendo, omnem sententiam ac judicium nostrum contrarium cæca quadam obedientia abnegando. Et id quidem in omnibus quæ à Superiore disponuntur, ubi definiri non possit, aliquod peccati genus intercedere. Et sibi quisque persuadeat, quod qui sub obedientia vivunt, se ferri ac regi à divina providentia per Superiores suos, sinere debent perinde ac si cadaver essent, quod quoquo versus se ferri, & quacunque ratione tractari se sinit: vel similiter atque senis baculus, qui ubicunque & quacunque in re velit eo uti, qui eum in manu tenet, ei inservit.* Hæc ibi.

Ubi animadvertendum, etiamsi prima licet, quam ab obedientia illa excepit, quod ubique peccato fieri non possit, aliquatenus excipi videatur, Iesuitis tamen in mandatis Superiorum inquirendi, eaque probè examinandi potestatem ademptam, [illegible] teneri eos pro justis ac legitimis agnoscere omnia sibi injuncta. [illegible] [illegible] Christus ipse [illegible] credere se peccatum [illegible] aliquid non [illegible] vel tempore, vel ratione, vel [illegible] communis [illegible]

aut mutuo taceo habeantur, nonnunquam, ut obedientia sit in executione sua omnimodè perfecta secundum voluntatem Ignatij, de qua Maffæus in ejus vita lib. 3. c. 7. testatur; *Quam in Societate nostra virtutem hanc cæteris virtutibus antiferret, tum nihil hunc haud tam convenienti dicebat esse, quam ut Superiorum jussis & consilio [illegible], moram, vel per arrogantiam, negaturque obedientia nomine dignam haberi oportere qui legitimi superioris non cum voluntate judicium quoque submitteret. Eamus ad sapientem hanc similemque doctrinam vera obedientia sane, ut essent ad subita & [illegible] promptiores, [illegible]* mactabat. Hinc ergo fit, ut nihil tam scelestum, seditiosum, inhonestum & horrendum inferioribus injungant Superiores, quod illi detrectare audeant.

Altera causa est, quod se Regibus, Principibus aliisque Magistratibus politicis nullo prorsus fidelitatis sacramento, sed soli Papæ, supremo suo Imperatori obstrictos esse putant Iesuitæ, & propterea se in illos nullum læsæ Majestatis crimen committere posse, etiamsi pro nutu ac libitu Papæ in illos insurgant. Cum autem origo, patria, societas, & ipsa debiti locus, Iesuitas legibus Regni & Reipub. in quibus sunt, adstringant: hoc ipso, quod Regibus & Principibus fidelitatem jurare renuunt, fidem quidem, si fides dicenda est, Antichristo integram servant, sed eorum sua perfidia duplex rebellionis crimen incurrunt, committendo id, ad quod eorum superiorum adstringunt, & recusando id quod omnis Magistratus jure ab ipsis potest ac debet postulare. Non enim ob hoc minus Regibus & Magistratibus politicis obedientia civili parere debent, quod singulari voto Papæ obstricti sunt, sed eo ipso magis se Principibus suis perfidos & rebelles ostendunt. Nam illis non propter metum tantum, sed etiam propter conscientiam parendum est. Nec contraria sunt Deo obedire & Magistratui, sed sunt subordinata: nec Deo plenè obtemperat, qui Magistratui debitam obedientiam negat. Cum itaque non ipsis tantum armis rebellio committatur, sed & secreta animi destinatione, qualicunque voluntatis significatione patefacta, malo consilio atque inobedientia usurpata, hæc ipsorum exemtio à superiorum rebellio est, nec magis eâ à crimine læsæ Majestatis Iesuitæ liberari debent, ratio & disciplina publica dictat, etiamsi æquivalens esset, quam liberantur legibus [illegible] civitatum, quæ vel ex privilegio, vel ex longa patientia exemptionem ab imperatoribus consequuntur, [illegible] legitimi Regis mandata [illegible] Majesta-

Majestatis et tamen inaurere [illegible] tradunt. Quis enim unquam audivit libertatis & exemptionis jure contineri impunitatem commissorum criminum? cum libertas sit facultas agendi quod velis, nisi [illegible] aut vi prohibeatur? An non intolerandam insaniam ipsi Jesuitae, si modo ipsis aliquid mentis & juris reliquum est, judicarent, si quis ita argumentaretur: Verbi divini authoritas est super omnem humanam authoritatem: Ergo ejusdem Ministri super omnes Reges & Principes esse debent: Et Regibus ac Principibus nullum in eos jus est. Sed hinc Principes Christiani facile intelligent, Antichristum Rom. non alio consilio Jesuitas tam liberalibus exemptionis privilegiis munire voluisse, quàm ut impunè per eos, velut execratos, omnia in alienis imperiis agere, turbare, capere, & Reges, Principes & Ordines ad nutum suum occidere possit.

Tertia causa est, quòd sentiunt, Reges & Principes, qui vel à Papa, vel à [illegible] conciliis & gregibus, Jesuitis scilicet, vel communi populi opinione haeretici habentur, eo ipso neque Imperii, neque Regni, neque Principatus, neque alicujus civilis dignitatis capaces, sed [illegible] Tyrannos, & regio nomine indignos esse; atque ideo subditos omni obedientiae vinculo solutos, ipsos interficere atque è medio tollere, imò parricidas talium mercedem esse.

Hic verò aliquis mihi objicere posset; Quicquid est in Jesuitis mali, vel [illegible] facinorum & scelerum, [illegible] quidvis dissimulatis [illegible] virtutibus, & ingenii dotibus, quibus illi homines excellunt. Non nego, non inficior. Sed, ut [illegible] non dantur, nisi melle circumlita, [illegible] non decipere possunt, nisi sub specie & pallio virtutum. Proinde nihil aliud est eruditio & doctrina Jesuitarum, quàm [illegible], sub cujus dulcedine pestilentissimum virus occultant. Est enim haec non scripta, sed nata lex, quam non audivimus, legimus, didicimus, sed ex natura arripuimus, hausimus, expressimus, ut eos [illegible] complectamur, qui modestia, humanitate, pietate & [illegible] aliis praestant. Hoc, inquam, [illegible] hominibus, qui non plane monstrosi & barbari sunt, naturae tributum [illegible] Satanas, [illegible] alios Angelos suos in omnes orbis partes, pallio humanitatis & modestiae contectos [illegible] hypocrisia indutos: simulatione sanctitatis & pietatis [illegible] inprimis verò [illegible] & eruditionis [illegible]. Sed nos fugere debemus pestem hanc, [illegible] tam pulchra & elegante veste [illegible]

quem latet, quam sit pestilentiae.

Deinde hos quoque suo se defendere conantur, parricidia, caedes, proditiones, veneficia & similia nefanda facinora, si patent sui Ordinis patratae, non tum Ordini imputanda esse.

Respondeo, Jesuitarum Constitutionum apertissimis testimoniis, & communibus scriptis eorum ostendi & probari potest, haec non unius alicujus Jesuitae [illegible] aut facinus esse, sed communi ipsorum consilio & perpetuo proposito, velut principia quaedam & praecepta ad instituendam Monarchiae Pontificis Roman. promovendam praecepta adinventa, praesertimque ad animos hominum in ejus modi [illegible] excitanda & exsequenda instigandos per Jesuitas constituta esse. Deinde, Jesuitas omnes ac singulos [illegible] sunt atrocissimis, ubi & quocunque tempore id Papae acceptum fore, vel graves & [illegible], aliaque id vel solo nutu indicet, [illegible] obedientia quam promptissime comprobare paratos fuisse, & etiam num esse. Non enim [illegible] est, singulis Jesuitis motu animi proprio aliquid tentare sub poena inobedientiae prohibitum esse. Sic enim habet Constitutio eorum part. 6. c. 1. ¶. 1. *[illegible]* Sed clarius hoc docetur Constitutione [illegible] cap. [illegible] lib. [illegible] de Vita Ignatii Loyolae, cujus haec sunt verba: *[illegible]*

Deinde, cum inter Papam, velut caput universale, Generalem Ordinis, & ipsos Jesuitas aequè arcta sit conjunctio, qualis inter caput & caetera membra est, absurdissimum foret, [illegible] aliquid [illegible], quòd à mente & consilio primum suum [illegible] habere [illegible] Regum [illegible] Constitutiones, comprobant, quòm nulli eorum vel scripto, vel verbo, vel facto, quid in publicum proferre liceat, quod non antè legitimè approbatum fuerit. An ergo Regum parricidia, Rerumpublicarum eversiones, & si quid gravius & majus [illegible], ut ipsi appellant, repentino [illegible] judicio permittuntur? Minimè. Sic enim Constitutio eorum habet part. 3. cap. 1. ¶. 13. *[illegible]* qua

qui quidem illi non poterunt in lucem sine approbatione & consensu Praepositi Generalis, imò & judiciorum de rebus agendis [illegible], quae maior [illegible] esse [illegible], & [illegible] quantum fieri potest, conari debet, [illegible] & conformitas [illegible] diligentissimè [illegible], [illegible] permittendo. Hinc vident Reges & Principes, veneficia, parricidia & incendia Iesuitarum non a propriis singulorum moribus, ac delicta maleficorum, procedere. Sensi illi hoc fraudum [illegible] imperitis persuadere conantur: sed ab unanimi totius [illegible] suo decreto, & ab ipsius Superioris voluntate ac judicio, cui motus animi proprios & cogitationes aperire debent, hoc [illegible] criminis omnes rei sint: Pontifex autem, velut caput omnium, praecipuè. Siquidem Bullam de Cruce Domini & Pontificis Breuia pro basi suarum actionum omnium sumunt cooperantes in Spiritu. Nisi fortè Regnum & Principum parricidas, Regnorumque & Rerumpub. eversiones, more suo, inter [illegible] referre velint, quae cuiusque arbitrio ac voluntati relicta sint. Hoc etiam factis suis & scriptis probant [illegible], ut suo loco pluribus indicamus. Neque tamen hic tantum Iesuitas Gallos intelligo, sed omnes eos quoque qui proditionum & rebellionum monita ex Iesuitica disciplina hauserunt, sive Iesuitae, Clerici, vel Laici sint.

Campianus Iesuita in sua Epistola ad Consiliarios Reginae Angliae, Treviris Anno 1583 excusa pag. [illegible] de *[illegible] in [illegible] [illegible] & Leges haereticas quovis modo tollendas jam pridem inisse. Quod, inquit, ad Societatem nostram attinet, certum sciatis, omnes nos, qui sumus de Societate, Iesu per totum terrarum orbem longè latéque diffusi, foedus inisse, [illegible] machinas facilè superaturos, neque unquam desperaturos, quamdiu vel unus quispiam è nobis supererit.* Et Philopater Cresvvel monet, *ut [illegible] quaecunque Catholicae [illegible] occasione, nullis impedimentis se [illegible] patiantur.*

De Tyrannide IESVITARVM in eos qui à Societate eorum deficiunt.

APostatas suos & Desertores Iesuitarum deferentes, in quocunque habitu conspecti inveniuntur, solent excommunicare, capere, [illegible], [illegible], & si opus sit, [illegible] [illegible], liberè & lautè [illegible], [illegible], & pro arbitrio tradere. Talem tyrannidem & insidias Viennae exercuerunt Iesuitae in [illegible], qui ex Societate eorum egressus est, sed mirandâ ope iterum saluus sanguinarias illorum manus effugit. Cùm etiam Hasenmullerus Ordinem eorum deseruisset, omnibus modis insidias illi strexerunt, sed Dei consilio insequentium manus quoque effugit. Et si qui fugam vel meditari saltem deprehenduntur, vel incarcerantur, vel gladio, vel aqua, vel fune, vel veneno tolluntur.

IESVITOGRAPHIA, *in qua Rhythmis omnia ferè, quae hactenus de* IESVITIS diximus, comprehenduntur.

O Potentes Civitates,
Vbi sunt commoditates,
Semper quaerunt isti patres.
Claras aedes, bonum vinum,
Bonum panem, bonum linum,
Et pallium tempestivum.
Indiae Galli, Capones,
Turdi, lepores, pavones,
Sunt horum patrum bucones.
Pingui carne vitulina,
Non bovina, sed ovina,
Horum plena est coquina.
Ambiunt ubique primum,
Non admittunt peregrinum,
Nec fugiunt ad [illegible].
Vivunt non [illegible]
Dies agunt festales.
Quos opinatur esse tales?
In singulos speculantur,
Et ubique perscrutantur,
Quid vel agant vel loquantur.
Confessores otiosi,
Praedicatores verbosi,
Et doctores fallaces.
Solliciti de gloria
Semper, & de pecunia,
Et [illegible].
Sui [illegible] laudatores,
Aliorum despectores,
Et omnium sunt Censores.
Et [illegible] juventutis
Illos agunt blandimentis,
In hos saeviunt tormentis.
Qui nobiles, qui formosi,
Divites, ingeniosi,
Sunt Iesuitis pretiosi.
Illos sibi [illegible]
In illos [illegible]
Exercent cum [illegible]
Si successio speratur,
Hoc [illegible],

Et qui

Et qui linquit, prædatur.
 Si eos assignant oculi
Circumdant ripam lethali
Iesuitæ, dæmon, angeli.
 Hi, vel ille morituri
Animam sunt habituri.
Illi bonis potiuntur.
 Ad illud institutio
Spectat vel substitutio,
Vel delegata portio.
 Nam semper ob causam piam,
Ad augendam familiam
Detrahunt Falcidiam.
 O vulpinam sanctimoniam!
Prædicando charitatem
Subducunt hæreditatem.
 Sunt audaces ad petendum,
Prompti sunt ad rapiendum,
Habiles ad succedendum.
 Norunt blanda cantilena
Cum doctrina Christiana,
Allicere aliena.
 Heus tu bone confrater,
Sed & nostri miserere,
Si saltem vis habere.
 Nil habemus ut videtis;
Date nobis quæ habetis,
Centuplum accipietis.
 Si quem contigit deliquisse,
Redi sæpe, semper certe,
Absolvo te, vade in pace.
 Hi periti mendicantes,
Sunt quasi nil habentes,
Et omnia possidentes.
 Simulant inter Clericos,
Imperant inter Laicos,
Excellunt inter aulicos.
 Heu sunt ex istis patribus
Spretis spiritualibus,
Incumbunt secularibus!
 Martem norunt animare,
Et tumultus suscitare,
Inter Reges, & sedare.
 In occulto multa tractant:
Quæ vel ipsum Papam celant
Quid non istæ vulpes tentant
 Multa mera ridicula,
Nihil valent Oracula.
Sed jactant Miracula.
 Versipelles, gloriosi
Vitiosi, seditiosi
Sunt isti religiosi.
 Si illos petunt pontifices,
Et opibus affluentes,
Pedes habent diligentes.
 Si quid quærant exterari,
Et omnibus spoliari,
Dicunt, fratres operari.
 Non hæc IESVS vos docuit,
Cujus nomen sibi placuit,
Cui & vitam non induit.
 Inter greges asinorum
Primus egit ille Chorum,
Turbam vanam superborum.
 At Iesuitæ non hos greges,
Sed solos sectantur Reges,
Ipsis & faciunt leges.
 IESVS parum & sæculum
Duxit esse ridiculum
Vellet ferre Apostolum.
 At hi quamvis in Matrimonium
De cubandis mutiterunt,
Semper ipsis vota sonant.
 Domos, agros, unquem,
Auratorum millones
Habent isti sancti patres,
 Abbatias, Prioratus
Habent, & Episcopatus
Tantum super est Papatum.
 Cum hæc sint dignitates
Longa votum paupertatis,
Et decus humilitatis.
 Habent opes Venetorum,
Habent fastum Hispanorum,
Imperium Romanorum.
 Tanquam sancti adorantur,
Tanquam Reges dominantur,
Tanquam fures deprædantur.
 Gubernant spiritualia,
Gubernant & temporalia,
Gubernant omnia male.
 Hos igitur Iesuitas,
Nebulones, Hypocritas
Fuge, si cœlum quæris.
 Vita namque Christiana
Abhorret ab hac doctrina
Tanquam ficta & insana.
Ergo
Vos qui estis Iesuitis
Non ite cum Iesuitis.

In Officinam IESVITICAM.

 Ego præco quis exclamans:
Quisquis mores novos amat,
Quisque in aula vult amari,
Et à vulgo collaudari:
 Si Magistros quæris doctos;
En præstantes probe coctos;
Ex Ignatii fabrica,
In hac nostra Officina.
 Quæris rectum Obicatorem
Et sagacem vendicatorem;
Vis' tu doctum Sycophantam,
Et peritum Halophantam,
 Vis' tu suavem palpatorem,
Auricumque assentatorem;
En tibi bona nostram Corinam.

Age veliſ vis Leonem,
Vis vivum tibi glorioſum:
Noſtique ſupercilioſum,
Sat eſt ſi habes Bellarminum,
Nil mavis Poſſevinum,
Idem Del'rio hoc præſtabit,
Et Gretſerus palmè dabit,
Nec quiſquam noſtrum hic ſubſidet.
Vis tu doctos prædicare,
Et Cottones nominare
Et alienis nam ſatentur,
Ut de ſuis admirentur?
Tunc imitare Maldonatum,
Vel quemvis illâ ſtirpe natum,
Carpe viros, carpe mores,
Quorum tu decerpis flores.
Vis' vivum loquaciſſimum,
Mendacem mendaciſſimum,
Os maledicentiſſimum,
Et detractorem peſſimum,
Qui ampullata verba fundat
Et ſcelerum theatrum condat,
Omnes bonos denigrando
Omnes peſſimos laudando;
Cloacam conviciorum,
Barathrum mendaciorum:
En ſcriſta & infamis.
Solus dabit hunc Scribanus.
Si nova quæris ex Inferno,
Non opus eſt nunc averno,
Nam quivis Dæmoniacus
Cottoni eſt veridicus.
Tu qui adis officinam
Audi noſtram diſciplinam;
Si piget multum laborare
Cùm velis lautè victitare,
Confer te ad noſtras aulas,
Faxo ſpernas Regum aulas.
Nos nihil vile obſonamus:
Auſterum vinum non potamus.
Non libet nobis mendicare,
Nudiſque plantis oberrare,
Nec nos duriter cubamus,
Plumam mollem nos amamus:
Odimus mendicantem,
Unà ſpernimus paupertatem.
Pauperes quidem nos vocamur,
Sed potiùs hos vitamus:
Divitum lectis aſſidemus,
Ubi eſt, unde quid ſperemus:
Dum narrant quantum peccaverint,
Nos quærimus quid legaverint:
Scribe filios nos hæredes,
Lega fundum, dona ædes,
Nos pro te ſupplicabimus
Et requiem cantabimus.
Semper auro eſt de avitum,
Hæc eſt noſtra diſciplina.
Quid tu qui hic ſubſiſtis?
An quod quæris inveniſti?
Dic in aurem, ſi profuit
Tanta, noli me celare:
Doceri vis æquivocare,
Abſque culpa pejerare,
Vis mentiendo non mentiri,
Et in actu hæc erudiri:
Lege noſtros Aphoriſmos,
Et contortos ſyllogiſmos.
Novi: quæris percuſſorem,
Vel mucorum ſuſſoſorem,
Qui nôrit ſicam intentare,
Vel venenum temperare;
Intra noſtrum penetrale,
Quamvis nil hic præſtet tale,
Producet tamen noſter penus
Omne ſicariorum genus.
Non nos ipſi hoc præſtamus,
Aſſaſſinos ſubornamus,
Magnis promiſſis oneratos,
Atque ad quidvis animatos.
Præcipui noſtri Rectores
Hujus ſunt artis Profeſſores,
Hi ſubmittunt proditores,
Hi ſubornant percuſſores,
Excitant ſeditiones,
Nutriunt rebelliones
Modò jubent Romanos
Vel ſic poſtulet Hiſpanos;
Serva hic, ecce, ſerunt, currunt.
Omnia jam terra noſtris ſcatet
Quà fidelis Orbis patet,
Ubique nos jam ſuccrevimus,
Aut jam ſemenem ſevimus.
Hiſpania nobis genitrix,
India nobis obſtetrix
Gallia nobis mammam dedit,
Atque hucuſque victum præbet.
Hinc Germania latè patens,
Et Polonia fructu ſcatens,
Noſter fundus, noſter penus,
Hic augeſcit noſtrum genus.
Hic altè præter glorietur.
Hos qui profectus admiretur,
Is notè vetus dictum noſcit,
Quòd mala herba citò creſcit.
Sed jam aucturus moratores
Nondum ſperneret mali mores.
Scelera dum reducit honores,
Nunquam deerunt hic cantores.

ALIVS.

Veni Rythme mi dilecte,
Surge verſu nunc neglecte,
Quondam lepos antiquorum,
Pange labes ſeductorum.
Fratrum ſæpe lectorum,

Et perversos hypocritas,
  Qui pudore gloriantur.
Cujus gregem populorum
  Sancto gaudentes nomine,
Sed cujus carent omine,
  Non sunt Christi satellites,
Sed Antichristi velites:
  Æri nostri Leguleii,
Renascentes Pharisæi,
  Quæ perversa sunt probantes,
Et quæ recta sugillantes.
  Christi legem ore sonant,
Iesu fidem verbis tonant,
  Sed dictis facta dissonant.
Nec sunt quod esse simulant.
  Iesus dabat cunctis pacem,
Sed hi tibicines bellis facem,
  Hi principum sicarii,
Orbisque incendiarii.
  Iesus regna stabilivit,
Legi Regis obedivit,
  Cæsari tributum pendit,
Dum quod juris sit ostendit.
  Hi regnorum proditores,
Atque legum fraudatores,
  Reges volunt jugulare,
Et sic plebem subjugare.
  Sensit magnus Rex Francorum
Ictum ferro sicariorum:
  Præsens lethum vix evasit,
Quod hic fecit ordo suasit.
  Rex Anglorum est documento,
Cum Magnatum Parlamento.
  Vnoque ictu destinati
Neci, Rex, Regina, Nati.
  Horum grex hoc adornârat,
Et Garnetus comprobârat,
  Cum Gerardo, cum Greenwello,
Et cum perfido Cresvello,
  Omnes falsi proditores,
Miserorum seductores
  Qui quod aliis præparârant
In se & suos devolvêrunt
  Dum Romanis famulantur,
Et Hispanis adulantur.
  Nil nisi lites quærunt
Et è bellis bella serunt.
  Testis bellum Hungarorum,
Testis lues Polonorum.
  Et Ruthenorum dira pestis
Largus nostris dictis testis.
  Nam cur aulas frequentatis,
Aulas principum expetatis,
  Nisi ut dolos nectatis,
Et scelera producatis?
  Iesus docet ignorantes,
Et ærumnis laborantes
  Ignorantes sibi invocant,
Laborantesque supplantant.
  Ignorantes magis reddunt,
Imprudentes rete tendunt.
  Tam nummorum appetentes,
Quam salutis negligentes.
  Hinc moribundos fascinant
Et cor ægrorum lancinant,
  Non ut ferant levamentum,
Sed ut auferant argentum.
  Sic professi paupertatem,
Et crepantes egestatem,
  Arcas suas implevêre
Opibus, quas corrasêre.
  Iesus non vult superbire
Suos nec fastu prurire,
  Sed suadens humilitatem
Omnes docet lenitatem.
  Quid istis arrogantius?
Quid istis petulantius?
  Dum detrectant alienis,
Sua laudant buccis plenis.
  Bonisque calumniantur,
Dum de bonis mentiuntur,
  Neve advertant hi qui legunt,
Probris sua furta tegunt.
  Gratis legunt, gratis docent,
Aurum legunt, sic nocent:
  Cùm promittant cunctis gratis
Nulla merces ipsis satis.
  Vt à luce lucus dictus,
Et ut homo est, homo pictus
  Sic à Iesu, Iesuita,
Quem, si sapis, semper vita.

Supplicationes THEOPHILI EVGENII ad PAVLVM V. Pontificem Rom. itemque ad Imperatorem Aug. Reges Franciæ & Hispaniæ, omnesque Principes Christianos pro Reformatione, seu redintegratione & restauratione ad primum institutum Ordinis IESVITARVM.

HÆc omnia quæ ab initio hujus Tractatûs Iesuitici huc usque commemoravimus, cùm ita se habeant, ut habent certissimè, non immeritò Theophilus Eugenius quidam in sua PROSOPEIA [illegible] vehementer conquestus, hanc præsentem Societatem, ut hodiè se habet, à prima sua institutione in pejus sublapsam [illegible], & in aliam prorsus declinasse, atque reformetur & in pristinum statum reducatur suppliciter petit. *Reipublicæ*, inquit, *[illegible] à Confessoribus ad Doctoratum [illegible], rursus à Doctoratu ad Consules [illegible], ab [illegible] Dynastas Athenienses [illegible] jugum, ut sibi sui* [illegible] professione. Hanc [illegible] profecto [illegible] Iesuitarum exquirit, quousque [illegible] Patres [illegible] eandem [illegible] sacram Theologiam [illegible] à nobis [illegible] Societati [illegible] sumus [illegible] Societas [illegible] primo [illegible], non votis, non [illegible], non professione, non duplex [illegible] professione [illegible], & [illegible] illi [illegible] religiosi, isti simplices. Duces sunt illi, & [illegible] isti & [illegible] li [illegible] ut [illegible], isti [illegible] habentur illi in Collegijs, ut [illegible] plebei. Illis obligare, ac debet [illegible] isti [illegible] obligare Societatem, nec [illegible] obligatur Societas, nihil promittit: [illegible] illi [illegible] si quid peccent [illegible] si quid [illegible] splendidi illi [illegible], & [illegible] isti [illegible], & commendam [illegible] [illegible], & [illegible] si quid facile ac [illegible] est, hoc illis [illegible] ac [illegible], si quid durum ac difficile, [illegible] Vbi primo Societas? in qua eadem [illegible] Religionis gradu ac [illegible]. Professi [illegible] singulari [illegible] beates [illegible], cum suis fratribus paupertatem, [illegible] in cruce [illegible] fratres [illegible] Xaverij, qui nostra [illegible] quoque [illegible] fratribus [illegible] Alij [illegible] temperata, ac non [illegible] imperitant, ac [illegible] labores [illegible] supra modum, semper [illegible], semper [illegible] ac nostros fratres [illegible] tur. Quis vero in Societate [illegible] si [illegible] adversum [illegible] si [illegible] Collateralis [illegible] qui [illegible] suffragio [illegible] superior, in [illegible], nihil [illegible] superiori [illegible] & [illegible] superior, quem non [illegible] si [illegible] quem non [illegible] [illegible] nomini [illegible] virtutem [illegible]. Quid [illegible] [illegible]

[illegible] frequentibus [illegible] quae tamen omnes Ordines [illegible] qui in caelum laudibus [illegible] Si non [illegible] aliquid [illegible] si [illegible] nullo [illegible] sit [illegible]. Quid [illegible] Collaterali, quid [illegible] externarum [illegible], quid [illegible] pertineat [illegible] suffragia. Nisi [illegible] prima Societatis [illegible] suffragijs [illegible] superiores [illegible] quam Patres [illegible] privatis [illegible] animos [illegible] Religiosi [illegible], nullo [illegible] privatis parietes.

Quod si externa referam, si [illegible] Xaverium ac sanctitate sua [illegible] nihil de paupertate, nihil de laboribus, nihil de mansuetudine, nihil de religioso [illegible], nihil de [illegible], quae omnia in illo [illegible]. Sed audiant, quae erga Episcopos fuerit [illegible] sui [illegible] singulari [illegible] praedicandi verbum Dei [illegible] Episcoporum [illegible] ut nihil [illegible] benedictionibus illis [illegible] cum omni [illegible] simplicitate [illegible] [illegible] ad regnum Dei [illegible] Episcopi [illegible] summum [illegible] benedictionem [illegible] paradisi [illegible] Episcopis [illegible] Clemens VIII [illegible] in Italia [illegible] Episcopum [illegible] Ecclesiae [illegible] Episcopi [illegible] quibus [illegible] si [illegible] disciplina [illegible] [illegible] Episcopis [illegible] [illegible]

[illegible] sunt [illegible], ut cum nostri Sacerdotes conspicerent, aut [illegible] sacramentorum [illegible] fuerat.

[illegible] prima Societas unam charitatem, unam professionem, unam vitae sanctitatem, ita unam Ecclesiae sanctae consuetudinem [illegible] Religionis [illegible] Christum [illegible] patres [illegible] Sed quis [illegible] Societatis [illegible] Cur [illegible] Societatem [illegible] Cur [illegible] Sacerdotes [illegible]

[illegible] Christus ait. [illegible] Apostolicae & Ecclesiae a Deo [illegible] [illegible]

[illegible]

Præsentis Ordinis IESVITARVM Gradus & Iura, & eiusdem ad primum Institutum Reformatio ac Reductio petitur.

Non [illegible]

[illegible]

[illegible] debuerant, [illegible] concedantur; [illegible] ra improvenit.

Nam sic factum in primo Societatis, quam re[illegible] [illegible] in vita Ignatij lib. 2. cap. 11. [illegible] [illegible] Scholasticorum ac Professorum tota Societas comprehendebatur. Scholastici, ut nomen, [illegible] probari debebant. Societatis [illegible] candidati habebantur. Professi & probati, post [illegible] [illegible] [illegible] Paulo III. [illegible] Pontifici anno 1540. [illegible]

PAVLI III. Prima Primi Instituti Societatis IESV Approbatio cum Restrictione Numeri ad Personas 60. [illegible], Anno 1540.

Paulus Episcopus servus servorum Dei, ad perpetuam rei memoriam. Regimini militantis Ecclesiae, meritis licet imparibus, disponente Domino praesidentes, & [illegible] pro ex debito pastoralis officij [illegible] [illegible] [illegible]

[illegible]

Quicunque in Societate nostra, quam Iesu nomine insigniri cupimus, vult sub crucis vexillo Deo militare, & soli Domino, atque Romano Pontifici eius in terris Vicario servire, post [illegible] [illegible]

[illegible]

sub praefati Domini nostri Papae, & Sedis Apostolicae beneplacito, de nostra professione typum quendam explicare potuimus. Quod nunc fecimus, ut summatim scriptione hac informaremus tum illos, qui nos de nostro vitae instituto interrogant, tum etiam posteros nostros, si quos, Deo volente, imitatores unquam habebimus hujus viae. Quam cum multas magnasque habere annexas difficultates fuerimus experti, opportunum duximus etiam statuere, ut nemo in hac Societate recipiatur, nisi diu ac diligentissime fuerit probatus: cumque prudens in Christo, & vel doctrina, vel vitae Christianae puritate apparuerit conspicuus, tum demum admittatur ad Jesu Christi militiam, qui tenuibus coeptis nostris favere dignetur ad gloriam Dei Patris, cui soli sit semper decus, & honor in saecula, Amen.

Cum autem nihil in praemissis reperiatur, quod pium non sit, aut sanctum; Nos, ut iidem Socii, qui nobis super hoc humillime supplicari fecerunt, eo promptiori devotione pia vivendi proposita prosequantur, quo se majori Sedis Apostolicae gratia complecti cognoverint, & praemissa per nos approbari viderint, praemissa omnia, & singula, tanquam ad spiritualem profectum eorundem Sociorum, & reliqui Christiani gregis opportuna, Apostolica auctoritate, tenore praesentium ex certa scientia approbamus, confirmamus, & benedicimus, ac perpetuae firmitatis robore communimus, ipsosque Socios sub nostra, & hujus sanctae Sedis Apostolicae protectione suscipimus. Eis nihilominus concedentes, ut quasdam particulares inter eos Constitutiones, quas ad Societatis hujusmodi finem, & Jesu Christi Domini nostri gloriam, ac proximi utilitatem conformes esse judicaverint, condere libere, & licite valeant. Non obstantibus Generalis Concilii, et felicis recordationis Gregorii Papae X. praedecessoris nostri, ac quibusvis aliis Constitutionibus, & ordinationibus Apostolicis, caeterisque contrariis quibuscunque. Volumus autem, quod in Societate hujusmodi, atque ad numerum sexaginta personarum, Normulam vivendi ejusmodi profiteri cupientium, & non ultra admitti, & Societati praefatae aggregari duntaxat valeant. NVLLI ergo omnino hominum liceat, hanc paginam nostrae approbationis, confirmationis, benedictionis, communitionis, susceptionis, concessionis, & voluntatis infringere, vel ei ausu temerario contraire. Si quis autem hoc attentare praesumpserit, indignationem omnipotentis Dei, &c. Datum Romae apud S. Marc. Anno 1540. 5. Cal. Octob. Pontificatus nostri anno 6.

In his principiis [inquit Theophilus Eugenius] animadvertere licet, quam sancte fuerint docti primi illi Patres, qui sese confessi, Christum unice & perpetuam ejus ac eundem vitae religiosae formam studuerunt. Hic gubernationem [illegible] commendari vides, quae ei magnae parti [illegible] debebant. Religionis autem, solemni professione suadent, probatorumque Scholasticorum agmen, quod dum in Collegiis pietate & literis exercebantur, [illegible] doctrina, ac prudentia ansata & puritate vitae spiritum conceperunt, ut solo Christo contenti, sine potentia, sine [illegible], quaecunque [illegible], [illegible] ad [illegible] Christi, infidelesque Provincias captivarent; nullos redditus, nullum ac [illegible] possiderent, ut sic expediret, atque [illegible] mundi [illegible] spoliati, qui mundo [illegible], nec Christi charitati [illegible]. Nihil in hac institutione, de amplissimis fundis, quibus nunc commodissime [illegible] in Collegiis [illegible] & [illegible] pace potiuntur. Nihil de excelsa illa principum Monarchia, tum Generalis, tum aliorum superiorum Societatis: nihil de [illegible] doctrina Christi non imbuenda [illegible], quod in speciem quartum ac capitum professi faciunt, quibus praesciunt [illegible], hoc prosperius insistunt, ut de sublimi loca directe, & in mobilitate circulo transferri possint. Absunt primorum Patrum Societatis Jesu paupertas reponenda est, & dispensatio rerum hujus saeculi, non altera despicienda, sed recipienda simplex, & novis artibus maxime versutiis vita repetenda.

Sanctissimo Domino Nostro Divo PAVLO QVINTO, Summo Ecclesiae DEI PONTIFICI.

Theophilus Eugenius pro redintegratione Ordinis IESVITARVM.

BEate, omnium Christianissimi Galliae Regibus, de sancti Ludovici semine & genere, sacratum te summum Antistitem, & universae Ecclesiae Patrem appellavit. Non minori [illegible] serenissima illa Angliae Regina, Te Patrem Collegam, Legatum Dei, Judicem orbis Christiani salutavit. Excellentius [illegible], & super omnes alias dignitates [illegible] Te, servus Christi, fore paterna sollicitudine, & Apostolica [illegible], obligatum facit. Non adhuc curas, sed [illegible] Patri principatus. Quondam ex veteribus, ut, sapiens superiorem profitetur ac prosequitur [illegible] virtutem eamque praestantiae elogium, summus Pontifex de summo potestatis solio, [illegible] omnia reddit, nulli possum quem [illegible] denegat. Multorum ego nomina, [illegible] licet mea conscius, ad hanc sedem [illegible], & iustitia, ad hanc tuam fiducia, ad hoc commune [illegible] [illegible] confugio. Non est nostra causa [illegible] argumentum. Accedebat illud, & [illegible] Maxime Pontifex, cum Religiosi ac viri graves quam plurimi periculis exposituri, & [illegible] esse.

Societatem Iesu, ordinem ab [illegible] bus suis approbatum, & auctum, [illegible] animas, si non adsit, nec hoc ab externo conflictu, sed ab intestinis malis creatur periculum. Periculosa sunt illa vulnera, quae sub assiduo [illegible] [illegible] sanitatem, [illegible] [illegible] [illegible] sub oculum veniunt [illegible] [illegible] & [illegible] plaga.

Animum est Pontificibus Romanis favere Societati, Pius Quartus maiore [illegible] amore prosequendos ajebat, Societatis Iesu Religiosos ab praestantiores ab ipsius Ecclesia Dei fructus [illegible]. Paulus Tertius, pius & sanctus [illegible], non patietur sanctitas vestra deficere, & videbit sublatam & sublatam a Pontificibus Societatem.

Non est deliberatio ullum consilium, quem primi Societatis constitutio, hoc est, quod [illegible] cupiunt omnes Societatis Patres, qui primi priorum Patrum fuerunt vestigia [illegible]. Convenerunt Romam Patres [illegible] [illegible] [illegible]. Anno millesimo quingentesimo trigesimo octavo [illegible] per tres menses effusa in preces mente, tum hac decernunt. Societatem sub uno Generali perpetuo constituendam, [illegible] Votum expressum obedientiae summo Pontifici, ac fere fidei causa, parati sint [illegible], ad nutum summi Pontificis, quolibet [illegible] [illegible], [illegible] pro animarum salute, [illegible], qui profitentur, [illegible] esse [illegible] Christiana [illegible], unum quoque [illegible] professionem, [illegible] [illegible] [illegible] suffragiorum [illegible] [illegible]. [illegible] ad Societatem [illegible], [illegible], & [illegible] [illegible]. Tum [illegible] est [illegible] : & summo Pontifici Paulo III. [illegible]. [illegible] [illegible], [illegible] [illegible] ad illud [illegible], quam [illegible]. [illegible] Sacerdotum Coadiutorum [illegible] [illegible] [illegible] Paulo [illegible], [illegible] ad Professionem [illegible] : nihil

sanctius, nihil religiosius, meus animus [illegible]. Paulo post accurrit, Sacerdotes aliquos Coadiutores Professis iungendos esse, qui absolvi possent a voto, & a Societate repelli. Difficile est hoc impetrare: non audit libenter Paulus III. tamen quinque anno circiter ab institutione Societatis, anno videlicet millesimo quingentesimo quadragesimo sexto, concedit, ut [illegible] Sacerdotes Coadiutores ascribantur. Animadvertebat optimus Pontifex, Religiosorum Ordinum aestimator, & iudex aequissimus, defectum sic Societatis spiritum, si votorum illa varietas passim liceret, latere sub illa novitate aliquid, quod postmodum experientia detexit. Sentit primum Societas sine illis Coadiutorum accessione, & [illegible] [illegible] [illegible] provecta est, [illegible] sine illis [illegible], quod, ut [illegible] lingua utar, [illegible] postea visum est: integra erat, nec tamen illo Coadiutorum [illegible] supplemento [illegible]. [illegible] Coadiutorum ad Societatem [illegible], Iulio III. [illegible] [illegible] anno millesimo quingentesimo quinquagesimo, tum sub Pio V. anno millesimo quingentesimo [illegible], & Gregorio XIII. millesimo quingentesimo octuagesimo quarto, [illegible] augetur, & illud praesertim de Coadiutoribus [illegible], & [illegible] iure [illegible] est. Et [illegible], & quae ad dignitatem [illegible] sunt [illegible] [illegible] est Professis, super Coadiutores [illegible], & ne molestum sit illis [illegible], debet [illegible] [illegible] conditionis [illegible] [illegible] familiaritate.

Professi Professis succedunt, Coadiutores Coadiutoribus, sed ubique datur [illegible] [illegible], illi de sanguine sua forte [illegible], illi de sua [illegible], [illegible] [illegible] sunt [illegible]. Professi Coadiutores [illegible] [illegible] [illegible] habere volunt. Coadiutores vero Professos, ut fratres. Sed cum apud Professos [illegible] [illegible] [illegible], [illegible] [illegible], & sub [illegible] Coadiutores [illegible], [illegible] ad [illegible] [illegible], [illegible] [illegible], in [illegible] Professorum & [illegible] [illegible] [illegible], [illegible] communicantur, [illegible] [illegible] [illegible]. Coadiutores [illegible], non debere fratres [illegible] in Christo, [illegible] esse, [illegible] [illegible] [illegible], [illegible] Societatis [illegible] [illegible], una professione, [illegible] [illegible] in [illegible] ordine [illegible], [illegible] [illegible] [illegible], [illegible] ex Apostoli [illegible] [illegible] in Christo, [illegible] [illegible] [illegible], [illegible], [illegible], quae [illegible] [illegible] [illegible], ad [illegible] [illegible]. [illegible] sunt Religionis [illegible], [illegible] [illegible], [illegible]

diversis

diversis meritis, sive honore, vita tamen religiosa statum, eadem Professione ac solemnitate votorum firmandum esse. Quid vetat Beatissime Pontifex, fore Societatem universam, Sacerdotes ad unam professionem admitti? qua Societate, ut quae [illegible] vitae? distinguunt status? diversa est Religio? Quomodo unus ordo, una Religio, in qua alii perpetuo ac solemni voto constant, alii nonnisi ad voluntatem praepositi, & ad arbitrium alienum professum? Quomodo non duplex [illegible] ordo, ubi duplex [illegible] conditio? Religiosi sunt Coadjutores, si dimittendi ad saeculum, si Societati videbitur, Religiosi sunt professi, sed a Religione nunquam absolvendi? Secura in Professis vita, in Coadjutoribus anceps, & plena periculi. Hanc inaequalitatem & injuriam aliquando Clemens VIII. Pontifex maximus, cum audiisset, qui ad Professionem Societatis provecti essent, non aliter efferri, quam si e Coadjutorum fortuna erepti essent. At una Religio, cur non una fruuntur? si una omnium pietas, cur non una Religionis in omnes charitas? cur alios ut filios adoptat, alios ut mancipia, & [illegible] fovent.

Consulat ordini, Beatissime Pontifex, si judicat, restaurato primo Societatis jure Sacerdotes omnes Societatis, ad professionem quatuor votorum admitti, nullum in Coadjutorum spiritualium coetum, ut ad unam planam, & constantem virtutis studium animi [illegible] professi accendat. Superesset scholastici simpliciter, [illegible] ambitio, tranquille tractabant litterarum studia Scholastici Societatis, cum tranquillitate sibi sperabant [illegible] cursum, nec nimis [illegible], quam doctrina se dabat, validissime versaret, & superiorum benevolentiam [illegible] non [illegible] sibi conciliabant, non [illegible] probe [illegible], & blanditiis, quae omnem [illegible] Religionis [illegible], non adulabant [illegible], non illi [illegible] debent operam, qua Professionem potius, quam pietatem valent. Satis acres sunt ad litterarum studia stimuli, [illegible] doctorum hominum judicia, excolligendum tantum ingeniis patens palaestra honoris [illegible], [illegible], cathedra, & alia [illegible] [illegible], [illegible] [illegible] ad gloriam [illegible] satis [illegible]. [illegible] vero [illegible], & Religionem [illegible] Professio. Libere & vere dicam, non ut Societati labem aspergam, aut [illegible] professionem [illegible] sed ut consulam Ordini [illegible]. Pontifex, quam si [illegible] [illegible] [illegible], in suam [illegible] [illegible] [illegible].

Duo sunt, quae ut [illegible] in hunc Ordinem sese ingerunt, Ambitionis ardor, studium, & astus, [illegible] simplicitatis [illegible] quae [illegible] sine [illegible] [illegible] sentiunt [illegible] & [illegible] Patres. Professorum [illegible], [illegible], dignitas, [illegible] [illegible] [illegible]. Coadjutorum [illegible] [illegible], [illegible], abjectio, Professorum [illegible] [illegible], [illegible] [illegible] [illegible] simplicitatis [illegible], [illegible] [illegible]. Professi [illegible] [illegible] ad [illegible], [illegible] [illegible] [illegible], [illegible] [illegible], vel [illegible], ut [illegible] [illegible], [illegible] [illegible] [illegible] [illegible], [illegible] [illegible] [illegible] [illegible] [illegible], [illegible] & [illegible] [illegible], [illegible], [illegible], & multa [illegible] [illegible] communia. Sed quod [illegible], [illegible] [illegible] [illegible] [illegible], [illegible] illis [illegible] congregationibus, [illegible] [illegible], [illegible] [illegible]: [illegible] [illegible], [illegible] [illegible], [illegible] [illegible] [illegible], [illegible] [illegible] [illegible] [illegible]; [illegible] [illegible] [illegible] Professus, non est qui judicium ferat, [illegible] [illegible] [illegible]. [illegible] [illegible] [illegible] [illegible] [illegible], [illegible] [illegible] [illegible] [illegible] [illegible] [illegible] possunt.

Tune Beatissime [illegible] [illegible] [illegible] [illegible] Professos? [illegible] [illegible] [illegible] [illegible] [illegible], Professi, [illegible] ad ambitionem [illegible] [illegible]: debent in domibus Professis arctissimam degere paupertatem, ut [illegible] [illegible], [illegible], [illegible] [illegible] [illegible] in Collegiis, [illegible] [illegible] [illegible], [illegible] [illegible], [illegible] [illegible], [illegible] fratribus ut [illegible], [illegible] [illegible], liberius loquantur. Quam [illegible] [illegible] Sanctitatem [illegible], ut [illegible] [illegible], [illegible] Christi [illegible] [illegible], vel ad [illegible], vel ad haereticos mittantur? Scholastici plures [illegible] ad Indias [illegible], [illegible] [illegible] [illegible] [illegible], [illegible] [illegible] [illegible], & [illegible] [illegible] [illegible], [illegible] se [illegible] in [illegible] [illegible], & cum [illegible] & [illegible] [illegible] [illegible], [illegible] & [illegible] sibi [illegible]. [illegible] cum prima B. Ignatii professione longe [illegible] vita, jam tamen Professi [illegible], & Scholastici [illegible] [illegible] [illegible].

Non ambitionis autem Professi sunt in [illegible] splendidioris & facilioris vitae. [illegible] Scholasticorum [illegible], ut hac [illegible] [illegible], [illegible] [illegible], sua [illegible] [illegible], [illegible] [illegible] quod placet, [illegible] [illegible] quod [illegible], [illegible] [illegible] [illegible], [illegible] [illegible], ob [illegible] [illegible] [illegible] [illegible], ad Coadjutores [illegible]. [illegible] [illegible] [illegible], quae Christiana vita perfectio? [illegible] [illegible] [illegible] [illegible] [illegible] [illegible] [illegible] religiosi [illegible]. Professionem [illegible], & [illegible], ut [illegible] [illegible] [illegible] [illegible] [illegible] ad dignitates Professionis sibi [illegible] fecisse: hoc attingenda est meta. Cum incumbimus in artem, profecto Condiscipulis [illegible] Sacerdotibus usque despiciunt, [illegible] de professis Auctores [illegible] [illegible], peritiori proditu [illegible], nullus [illegible] dare [illegible], quibus gradibus ascendit ambitio, ejsdem religiosa simplicitas [illegible], nihil proficit [illegible] [illegible] & [illegible] Societatis [illegible] [illegible], prudentes ac sinceri animi [illegible]: [illegible] est industria, [illegible] [illegible] est [illegible], [illegible] [illegible] [illegible]: quia [illegible] [illegible] hic [illegible] [illegible], [illegible] in illum ora & [illegible], [illegible] illi Collegae. Si qua sunt [illegible] cum [illegible] viris, [illegible] consilia [illegible], [illegible] quidem sed [illegible], & [illegible] à [illegible] [illegible] simplicitas, ne [illegible] quidem ad illum [illegible], [illegible] simulata [illegible]: per hanc [illegible] [illegible] quis [illegible] [illegible] [illegible]? [illegible] [illegible] [illegible] religiosa [illegible] animus, [illegible]? [illegible] nullus [illegible] dicta & factis candor? Nihil in hominum [illegible] illa, quae inter Socitates [illegible], [illegible] [illegible], nihil beatius, nullum gratius solatium viri fideli, & [illegible] pectore. Si vana, & [illegible] [illegible] se [illegible], [illegible] hoc omnia, [illegible] [illegible] est qui pigmentis bona [illegible] sua, & malis imagine [illegible] illudere quam [illegible] ambire. [illegible] religiosos habitus, [illegible], [illegible], [illegible] se blandus, & cum [illegible] disciplina [illegible], in [illegible], in cameris, in scholis, in portu, in [illegible], in Æde, in suggestu, [illegible] non [illegible] prudentia perversa genus, [illegible] [illegible] [illegible], [illegible] simplicitatis [illegible], & ad [illegible] verbi [illegible] [illegible]. Hinc illa [illegible] [illegible], [illegible] esse Jesuitas, non esse [illegible] [illegible] saecularis. Hinc [illegible] [illegible] fides [illegible] [illegible] [illegible], [illegible] [illegible] à Societate. [illegible] de fidelitate [illegible]. [illegible] [illegible] [illegible] [illegible] [illegible] [illegible] [illegible] [illegible] [illegible], & [illegible]. [illegible] [illegible] [illegible] [illegible], [illegible] [illegible] [illegible] [illegible] [illegible] [illegible].

[illegible] illa praeclara munia, si [illegible] ex animis hominum, [illegible] [illegible], [illegible] simplex, & à saeculo [illegible] [illegible] [illegible] habeatur.

[illegible] propterea [illegible], qui in [illegible] sunt, [illegible] [illegible], [illegible] [illegible] sapientiam & prudentiam [illegible] [illegible] Generalis, [illegible] [illegible] [illegible] [illegible], [illegible] de [illegible] [illegible], [illegible] [illegible] doctrinam & [illegible], & ut quidem plurimos alios [illegible], [illegible] [illegible] in [illegible] [illegible] illustrata sunt, & [illegible] [illegible] virtute [illegible]: sed [illegible] [illegible] [illegible] [illegible], quae [illegible] [illegible] vel [illegible], vel [illegible] [illegible] sunt, & [illegible]. Religiosa modestia [illegible] [illegible] est: [illegible]. [illegible] [illegible] simplicitati sua [illegible] [illegible]. [illegible] [illegible], [illegible] & [illegible] [illegible].

[illegible] [illegible] [illegible] Patres Societatis, ut [illegible] [illegible] [illegible], quae [illegible] ex majori suffragiorum [illegible], ut [illegible], & non ex [illegible] [illegible] [illegible]. [illegible] [illegible] [illegible] [illegible], ad [illegible] [illegible] ad fidem [illegible], [illegible] solus Pontifex [illegible] de [illegible] [illegible] [illegible], & [illegible] [illegible] [illegible] [illegible] [illegible], [illegible] [illegible]. [illegible] [illegible] [illegible], [illegible] [illegible] [illegible], [illegible] [illegible] [illegible] [illegible] [illegible] [illegible] [illegible]. [illegible] [illegible] [illegible] Collegium [illegible] [illegible], & in Ecclesia Dei [illegible] & [illegible] [illegible] [illegible], à [illegible] [illegible] [illegible] [illegible]. Hanc [illegible] [illegible], [illegible] [illegible] [illegible] [illegible] [illegible] [illegible] in Ecclesia Dei. [illegible] [illegible] [illegible] [illegible] [illegible] [illegible] [illegible] [illegible] [illegible] [illegible] suffragia, [illegible] [illegible] [illegible] [illegible], [illegible]. [illegible] [illegible] & [illegible] [illegible], [illegible] Rectores [illegible] Societatis [illegible] [illegible] [illegible]. [illegible] [illegible] [illegible] [illegible] [illegible] [illegible] [illegible] [illegible] Ecclesiae Episcopi, [illegible] [illegible] Episcopi, [illegible] [illegible] [illegible] [illegible] suffragiis [illegible] [illegible] [illegible] [illegible], [illegible] [illegible] [illegible], [illegible] [illegible] [illegible] [illegible] [illegible] [illegible] [illegible] Collegio [illegible] [illegible] auctoritatem, [illegible] Roma & [illegible] Ecclesia [illegible] [illegible] [illegible] [illegible] [illegible] [illegible] [illegible] [illegible] Clemens [illegible] [illegible], [illegible] [illegible] [illegible] Apostolicae [illegible], [illegible] [illegible] [illegible] [illegible] [illegible] [illegible] [illegible] Pontifex [illegible] [illegible] [illegible] [illegible] [illegible] [illegible] [illegible] [illegible] [illegible] ad [illegible] [illegible] [illegible] [illegible].

Hoc mihi semper suspectum fuit, atque [illegible] [illegible], Religiosos, qui se [illegible] [illegible] Pontifici [illegible], & [illegible], Pontificis [illegible] [illegible] [illegible] se [illegible], ut de [illegible] [illegible] ac robur [illegible] [illegible] [illegible] [illegible]. [illegible] [illegible] [illegible], [illegible] [illegible] [illegible] [illegible], [illegible] [illegible], si [illegible] Pontifices [illegible] [illegible] [illegible]

vel quod ad mensa[illegible] ministerium magis apti. Qui nempe[illegible] [illegible], communes Episcopus, dum Sacerdotes eos [illegible] videat, quos nec patrimonij, nec beneficij, nec Professionis titulo, [illegible] securum faciat quos habet Religiosos, tam saeculares esse posse [illegible]. Superiores vero? quos mediocriter literis tinctos, Philosophia ac Theologia rudes, ad gubernandas tamen conscientias destinari sciunt? Quod si sint Coadjutores aliqui Sacerdotes, qui virtute, scientia, eloquentia non solum adaequent Professos, sed superent, (non incredibile vero scribimus, sed exemplis clarum) quis non videt, diversam illam distributionem, ex aliquorum sensu, et voluntate, ut ambitioni suae velificentur, affirmatam animo retineri. Quis non hanc manifestam dissensionis, ac divisionis fomentum, ac segetem putet? Qui Sacerdotio dignus esse putatur, Professione sui ordinis (qua est Religionis et sanctitatis [illegible] [illegible]) indignum esse non debet. Rogant Episcopi, ut Sacerdotes vitae ac familiae suae interesse, ut parum ad Societatem [illegible] dignos [illegible]. Fratres Societatis [illegible], quorum hunc [illegible] [illegible], pro Christi amore, pro [illegible] [illegible], et [illegible] vehementer [illegible]. Reges et Principes [illegible], ut [illegible] suis et [illegible] tum suos Religiosos in suo Provinciis habeant, indigenas, ac [illegible] [illegible], ut de Societate Religiosi [illegible], ac [illegible] [illegible], sive Coadjutor, an Professus [illegible] Sacerdos [illegible] [illegible], an [illegible], [illegible] ex [illegible], [illegible] nec [illegible], Religiosus, an ad Superiorem [illegible] [illegible], Religiosis [illegible] [illegible] [illegible], [illegible] Patrum [illegible], et [illegible] Societatem [illegible] [illegible].

IMPERATORI AVGVSTO.

FRANCIÆ REGI CHRISTIANISSIMO; HISPANIÆ Regi CATHOLICO; omnibusque Principibus CHRISTIANIS.

PRO REFORMATIONE ORDINIS IESVITARVM,

Theophilus Eugenius.

CÆsar, Reges Augusti, manu, consilio, armis invicti, favete, et vobis bene. Non illum rerum Agamemnonem Achivorum Principem, nisi sit prorsus amentissimus vana et inepta dicentis, sed apud vos delectus et rerum et verborum cogitatum sit oportet. Quid [illegible] [illegible], qui non sit mente digna? quem non absolutae prudentiae [illegible]? nec levia, nec nimia referam, sed quae ab ornatissimis et sapientissimis de Societate IESV ordine amplissime didici, et quae denique [illegible] rerum experientia accepi. [illegible] [illegible] Societatis IESV vir religiosissimus, ultra Calpen, et non jam [illegible] [illegible] Thulem, praeter Herculis columnas, fidem apud Ignotas et [illegible] Regiones propagavit. Unus ex illorum decem primorum Patrum Societatis IESV, Collegis, familiaris cum Beato Patre Ignatio Loyola, et aliis decem, ad religiosam [illegible] [illegible] et [illegible] [illegible], quae [illegible] [illegible] Pontifex, [illegible] [illegible], [illegible] et [illegible] [illegible] Patrum [illegible] [illegible]. [illegible] [illegible] Beatus Ignatius [illegible], [illegible], quae [illegible] in [illegible] ordinis [illegible]. Privilegia et nova jura a sanctis Pontificibus [illegible], quibus nos sine [illegible] [illegible] [illegible], praeter [illegible] [illegible] [illegible] [illegible], ut videmus. Ne [illegible] [illegible] a Beato Ignatio, ac [illegible] ab illustri Xaverio [illegible], ut in Societatem se [illegible] Societas [illegible], ad [illegible] [illegible], [illegible] fontes. Vestri quotquot sunt in orbe subditi Christiani, et praesertim Patres Societatis, cum ij, qui [illegible] in Societate vivunt, [illegible] [illegible] [illegible] Superiorum quorundam animo [illegible] [illegible] compulsi, vestris [illegible] advolvuntur genibus, ut vere Christiani et justa [illegible] [illegible] [illegible] Religiosos ab [illegible] [illegible] liberos faciatis, [illegible] illam [illegible], atque [illegible] [illegible] [illegible] ac [illegible] vestris Imperijs [illegible]. Quid tam insolens? quid tam durum et [illegible], quam ut [illegible] Religiosi, quibus [illegible] ordo [illegible], ac [illegible] [illegible], a Societate [illegible]? [illegible] [illegible] non [illegible] a Christo, [illegible] [illegible] ab [illegible] [illegible] [illegible] [illegible]? quid tam [illegible]

[illegible]

GASPARI

CASPARI HAYVODI

ANGLICI IESVITÆ SVPPLICATIO PRO EIVSdem Ordinis Reformatione.

CAspar quoque Hayvodus Anglus, & Jesuitarum Anglorum cum in Anglia, tum extra eâ vitam degens, & natalium honestatem celeberrimus ante aliquot annos Neapoli dicitur mortem obiisse. Is postquam in Societate Jesu annos triginta unum egisset, & ejusdem Societatis per annos viginti tres professus esset, & per tantum temporis spatium Jesuitarum mores, & procedendi modum, ut ipse ait, in omnibus ferè Christiani Orbis Regionibus expertus esset, jam senex, totius Provinciæ Neapolitanæ professus (uno excepto) omnium antiquissimus esset, zelo ductus Societatis suæ ad patrem Claudium Aquavivam Præpositum generalem scripsit petiens, ut ipsum juberet Romam venire: Habere enim se multa, quæ illi coram adferret in bonum Societatis, cujus infirmitatibus mederi cupiebat, antequam aliquis Societatis vel adversarius, vel Apostata ejus defectus publicaret.

Ne verò pater Generalis rem levem, aut negligendam hanc illius petitionem existimaret, argumenta rerum, quæ complexa secum dicenda habuit, ad hæc quæ sequuntur capita revocavit, & Romam ad Patrem Generalem misit anno 1590.

1. Dicta, & facta publicè circa primatum summi Pontif. fidem sedis Apostolicæ, & potestatem illius.

2. De modo procedendi superiorum in Societate in gravissimis Christi causis, in quibus mori tenebantur potius quam sic prodere veritatem.

3. Concernit admiranda in administrando Sacramento Pœnitentiæ, & varias superiorum ordinationes in eadem materia.

4. De periculosis Dogmatibus & doctrinis inductis, quas (licet nostra ætas non intelligat) tamen nunquam tales audivit Reverentia vestra.

5. Aperiuntur multa, eaque periculosa, & contradictoria nostrorum in dictis & factis circa negotia maxima Christi & Ecclesiæ.

6. Continet stupenda de Societate in dictis factis tum Superiorum, tum aliorum, ad exaltationem Societatis nostræ.

7. Concernit varia negotia circa justitiam & injustitiam.

8. Quòd multis in locis de spoliis Amalech, & Jericho forte nostris adhæreat (nesciente vestra Paternitate) ut metuendum sit, ne tangatur anathemate.

9. De mala fide Superiorum Societatis, tum in mandandis suis subditis, tum in relationibus ad Provinciales, & Provincialium ad Patrem Generalem, & literis intercipiendis.

10. Concernit quasdam evasiones, quibus se defendunt in periculis, ne in lucem veniant, & illis remedium afferatur.

11. De fictionibus, Signis & Miraculis, narrationibus & mirandis, quibus non solùm apud nostros, sed etiam apud externos Societatis dignitatem extollunt, de quibus necesse est, ut veritas manifestetur, aliter metuendum est, ne veniat exitium Societatis.

His & hujusmodi literis ad Patrem Generalem semel atque iterum scriptis P. Caspar nihil responsi ab illo habere potuit, nisi molles & frigidas quasdam excusationes, scilicet, ob adventantes ad Congregationem Generalem instantem Procuratores tantas esse angustias domus & cubiculorum parvitatem, ut locus non esset P. Casparo recipiendo.

Ea tempestate D. Ludovicus Audoenus Anglus piæ memoriæ Episcopus Cassanensis in Curia Romana sanctiss. D. Nostri assistens Regularium omnium visitationi & reformationi præfuit, cui P. Caspar notus à multis annis, & carus fuit, quapropter P. Caspar decernens se zelumque suum à P. Generali suo contemptum esse, ad Episcopum Cassanensem tanquam Regularium Reformatorem, & Pontificis Regularium causis assistentem scripsit, & exemplar suarum literarum ad Patrem Generalem unà cum Patris Generalis ad illum responso misit, petens, ut Pontifici rem totam insinuaret, & si videretur, se Romam vocari curapararet ad reddendam summo Pontifici de his omnibus rationem, sed in hac re & secreto, & festinatione opus esse, periculum enim esse maximum, ne Patres sui Iesuitae, qui tantum possent, & omnia scirentur in Curia Romana, re comperta summi Pontificis jussum anteverterent, & se longius aliquo ablegent, ut in conspectum Pontificis unquam venire sibi impossibile sit.

Interea temporis P. Caspar nactus hominem C. P. Iosephum à Costa Hispanum Iesuitam, qui plurimum pollebat apud Nuncium in Vrbe Catholicorum, ad Pontificem scripsit literas, quae summam rerum continebant, quas D. Nuncius in Vrbe Catholicus summo Pontifici porrexit, is autem fuit Dux de Sessa.

Pontifex, & verbis Episcopi Casanensis monitus, & ipsius P. Caspari literis excitatus, rem putavit non esse negligendam. Antequam tamen P. Casparum Romam venire juberet, mandat Nuncio suo Neapoli agenti, ut P. Casparum Hoyvodum Iesuitam ad se accersitum audiret. Nuncius hominem accersit, mandata summi Pontificis exponit, hac de rebus differentem & plura, & singulis vicibus per aliquot horas audit. Quid Iesuitae? illico suspicantur, illico certa fide-nient. Quid multa? effectum est Neapoli, ut D. Nuncius Apostolicus perterritus P. Casparum desereret, Romae vero ut Pontifex persuasus, hunc P. Casparum insanire, ut a vocando Romam desisteret.

Pater Casparus veritus, se quidem à Domino Nuncio Apostolico & derelictum, & sanctissimum hac falsa suggestione delusum, scripsit ad Episcopum Casanensem, se quidem aequissimo animo ferre, quod nihil hactenus pro Domo Dei non fecisse fuerit, sufficere enim sibi, quod fecerit se, quod potuit, officio viri boni explendo Societati suae & Ecclesiae Catholicae, reliquum quod est, se Deo committere, demirari tamen se tam ineptam strophiam, qua Patres sui per sanctissimum Dominum deluserant: nam inquit, si me stultum sanctissimum Dominum nostrum alloqui sivissent, Pontifex sapientissimus me despicorem esse in primo congressu statim deprehendisset & rejecisset cum magno Patrum nostrorum honore, & conscientiae testimonio, constitisset enim illos se insontes esse, ut omnino invenirent reprehensorem nisi me tam insanum. Haec P. Caspar in literis suis ad Episcopum Casanensem.

FINIS.